武威市

凉州区志

（1990—2009）

武威市凉州区志编纂委员会 编

方志出版社
Publishing House of Local Records

图书在版编目（CIP）数据

武威市凉州区志 ：1990-2009 / 武威市凉州区志编纂委员会编. -- 北京 : 方志出版社, 2019.4
ISBN 978-7-5144-3110-0

Ⅰ. ①武… Ⅱ. ①凉… Ⅲ. ①凉州区—地方志—1990-2009 Ⅳ. ①K294.24

中国版本图书馆CIP数据核字(2018)第138524号

武威市凉州区志（1990—2009）

编　　者：武威市凉州区志编纂委员会
责任编辑：王　俊

出 版 者：方志出版社
地址　北京市朝阳区潘家园东里9号（国家方志馆4层）
邮编　100021
网址　http://www.fzph.org
发　　行：方志出版社图书经销中心
电话（010）67110500
经　　销：各地新华书店
印　　刷：东港股份有限公司

开　　本：889×1194　　1/16
印　　张：52.625
字　　数：1407千字
版　　次：2019年4月第1版　　2019年4月第1次印刷
印　　数　0001~8000册

ISBN　978-7-5144-3110-0　　定价：380.00元

序　一

贫困问题一直是困扰人类社会发展的重大问题。中国作为世界上最大的发展中国家，为解决贫困问题进行了长期不懈的努力。改革开放以来，特别是党的十八大以来，以习近平同志为核心的党中央把脱贫攻坚作为全面建成小康社会的底线任务和标志性指标，纳入“五位一体”总体布局和“四个全面”战略布局，以前所未有的力度推进精准扶贫、精准脱贫，扶贫开发成就举世瞩目，显著改善了贫困地区和贫困群众生产生活条件，具有重大的现实意义和深远的历史意义。身处中华民族几千年发展历史上将首次整体消除绝对贫困现象的伟大时代，如何更好地发挥地方志的存史、育人、资政的作用，是新时代全国地方志系统必须深入研究和着力解决的重大课题。

党的十八大以来，在党中央国务院的正确领导下，全国地方志系统深入学习贯彻习近平新时代中国特色社会主义思想，紧紧围绕党和国家事业发展需要，深入推进地方志改革创新发展，凝心聚力，稳扎稳打，勇于担当，主动作为，全国地方志形势和地方志工作者的精神面貌发生了深刻变化，取得了优异成绩。其中，为贯彻落实《全国地方志事业发展规划纲要（2015—2020 年）》，经中国地方志指导小组领导批准，中国地方志指导小组办公室于 2015 年、2017 年先后启动民族地区与贫困地区志书、年鉴出版资助工程（以下简称“志鉴出版资助工程”），对国家级贫困县（区、旗、县级市），中西部地区、少数民族边疆地区面临出版经费困难的志书和综合年鉴给予出版资助。实施志鉴出版资助工程是紧扣时代脉搏、坚持创新发展、传承弘扬中华优秀传统文化的一项创举，不仅有力推动了“两全目标”的实现，而且数十部资助出版的志书、年鉴及时记述了民族地区与贫困地区在全面建成小康社会伟大征程中取得的新成绩和新经验、出现的新情况和新问题、涌现的优秀人物和典型事迹，留住地方文化的“根”和“魂”，为这些地区的经济社会发展、地域文化传播、爱国主义教育、精神文明建设等提供了历史借鉴和智力支持，对全面提升民族地区与贫困地区文化建设水平、确保民族地区与贫困地区和全国其他地区同步全面建成小康社会具有重要意义。

尤为可喜的是，志鉴出版资助工程促成了一批扶贫志书的编纂出版，在文化脱贫攻坚中发挥了独特的作用。例如，《贵州省减贫志》全面系统客观记述了从 1978

年至2015年贵州省扶贫、减贫工作的历程及取得的经验，为贵州省实施大扶贫战略提供了有力的资政辅治参考，集中体现了地方志工作因时而动、顺势而为的新作为。前不久，由福建省地方志编委会和人民网共同编纂的《闽宁扶贫协作图志》，是全国首部扶贫协作图志，图文并茂、直观立体、全方位地展现闽宁扶贫协作波澜壮阔的历程，弘扬“闽宁一家亲”“携手奔小康”的深厚情谊和滴水穿石、久久为功的精神，是贯彻落实习近平总书记扶贫工作重要论述精神，服务国家精准扶贫、精准脱贫战略的有力举措。希望各地以此为鉴，编纂出版更多、更好的扶贫志书、年鉴，助力国家精准扶贫、精准脱贫战略的实施，充分展现地方志的独特价值和作用。

当前，我国脱贫攻坚已进入全面决战决胜的关键时期，尚未脱贫的贫困地区集中分布在中西部深山区、极端干旱山区、高寒阴湿地区等，文化建设还比较薄弱，文化产品还不够丰富，文化精品更是少之甚少。同时，这些地区往往是民族文化、历史文化、红色文化、生态文化富集区，具有发展文化旅游、推进文化扶贫的巨大潜在优势，也是繁荣发展地方志事业的巨大文化宝库。要发挥好文化扶贫凝聚人心的优势，善于利用方志文化优势为贫困地区“赋能”，在脱贫攻坚中做出方志人应有的贡献。要发挥好中国名镇志文化工程、中国名村志文化工程的引领作用，大力加强乡镇村志编纂，让百姓记得起乡情、记得住乡愁，凝聚贫困乡镇村庄的强大民心，补齐贫困乡镇村庄的文化短板，以“扶智”的方式“扶志”，践行习近平总书记强调的“扶贫先扶智，扶贫必扶志”的重要理念。

求木之长者，必固其根本；欲流之远者，必浚其泉源。扶贫扶起的是志气骨气，传承的是家国情怀，守护的是绿水青山。扶贫既要富口袋，也要富脑袋。必须坚持文化脱贫和物质脱贫两手抓，筑牢贫困地区文化之基，补足信仰精神之钙，引领脱贫发展之舵。全国地方志系统要围绕中心、服务大局，坚决投入脱贫攻坚这场必须打赢的硬仗，积极参与脱贫攻坚战，发挥优势和特长，深入挖掘文化资源，着力补齐文化短板，努力帮助民族地区与贫困地区的文化建设实现较大的发展提升，在全面建成小康社会、实现中华民族伟大复兴中国梦的征程中贡献方志人的力量。

是为序。

中国社会科学院院长
中国地方志指导小组组长　谢伏瞻

序　二

当前，在以习近平同志为核心的党中央的坚强领导下，全国各族人民正在全面建成小康社会的决胜阶段奋勇向前、阔步迈进。全面建成小康社会，最艰巨最繁重的任务是在革命老区、民族地区、边疆地区、贫困地区。消除贫困、改善民生、实现共同富裕，是中国特色社会主义的本质要求，是中国共产党的重要使命。为了全面实现小康，党中央高度重视扶贫开发工作，全力推进脱贫攻坚工程，实施精准扶贫、精准脱贫。习近平总书记明确提出，全面实现小康，一个民族也不能少，不能落下一个贫困家庭，丢下一个贫困群众。扶贫开发是个系统工程，发展是第一要务，只有发展，因地制宜找准路子，才能最终实现精准扶贫、精准脱贫。“治贫”必先“治愚”，在加强经济和基础设施建设、提高教育水平等方面的同时，扶贫开发还要注重文化扶贫，特别是通过挖掘革命老区、民族地区、边疆地区、贫困地区的文化内涵、历史底蕴、地情资源，让广大干部群众了解地情、了解历史、了解本地区的优势和劣势，在思想上脱贫，尤为关键。

赓续不断地编修地方志是我国独有的优秀文化传统，绵延千年而不断。党中央、国务院高度重视地方志工作，近几年来，习近平总书记、李克强总理、刘延东副总理作出了一系列的重要指示。2015 年 8 月，国务院办公厅印发《全国地方志事业发展规划纲要（2015—2020 年）》（以下简称《规划纲要》），明确要求到 2020 年必须全面完成第二轮修志规划任务，这是全国地方志工作在全面建成小康社会进程中的硬性任务，也是全国地方志系统为全面建成小康社会的献礼。届时，将同步实现省省有省志、市市有市志、县县有县志，这不仅在中国文化发展史上是绝无仅有的，在世界文化发展史上也是罕见的。从目前来看，要实现这一目标任务，还存在不少困难和问题，特别是民族地区与贫困地区，面临着缺乏人才、资金等诸多困难。实现到 2020 年必须全面完成第二轮修志规划任务，一个省、一个市、一个县都不能少。自 2015 年 8 月，经中国地方志指导小组批准，中国地方志指导小组办公室启动民族地区与贫困地区志书出版资助工程（以下简称“资助工程”），对经国务院扶贫开发领导小组办公室认定的国家级贫困县（区、旗、县级市），中西部地区、少数民族边疆地区、经济欠发达地区存在出版经费困难的省市县三级综合志书进行出版资助。截至目前，已经确定资助两批 20 多部志书。2016 年 4 月，该工程成功入选国家新闻出版广电总局实施的“十三五”国家重点图书、音像、电子出版物出版规划项目。当前正处于全面推进扶贫开发工程的攻坚阶段，深入推进资助工程，是全国地方志系统配合推进精准扶贫、精准脱贫的重要工作，必须引起高度重视。

资助工程是地方志系统的政治工程。革命老区、民族地区、边疆地区、贫困地区蕴含着极为丰富的文化内容，编纂出版志书，对于继承和发扬优秀传统文化、民族文化、革命文化，加强民族团结、促进当地经济社会建设意义重大。革命老区、民族地区、边疆地区、贫困地区的志书是充分展示在中国共产党领导下这些地区经济社会建设取得的巨大成就、各族人民生活幸福安定的历史依据。特别是边疆地区的志书，是历代王朝、社会主义新中国对该地区行使主权的文化宣示，是真实记录边疆地区与祖国一脉相承、荣辱与共的重要载体。《规划纲要》明确要求到2020年全面完成第二轮修志规划任务，是党中央、国务院对各级政府和地方志工作机构的政治要求，必须不打折扣坚决完成，革命老区、民族地区、边疆地区、贫困地区也不能例外。资助工程既是全国地方志系统的文化扶贫工程，又是确保到2020年全面完成第二轮修志规划任务的推进工程，具有重要的政治意义。

资助工程是促进民族地区与贫困地区文化建设的基础工程。地方志书是全面系统地记述本行政区域自然、政治、经济、文化和社会的历史与现状的资料性文献，记述内容包罗万象，记述对象丰富多彩，是对一个地方的文化普查和历史资料的全面梳理。一个地方的经济社会建设，离不开文化支持。发展是硬道理，只有真正实现全面、协调、可持续发展，才能最终实现小康。与此同时，发展也必须是有序的而不是盲目的，必须是实事求是的而不是凭空设想的，必须是因地制宜的而不是照搬照抄的。实践证明，脱离当地的自然条件、历史基础、文化传承、人文习俗等搞所谓的建设，要么是盲人摸象、坐井观天，要么是揠苗助长、掩耳盗铃，要么是削足适履、画蛇添足，最终会落得个水土不服、无疾而终。对于民族地区与贫困地区来说，立足本地的资源、市场、人文旅游等优势，因地制宜找准发展路子，是确保科学发展的首要任务。民族地区与贫困地区，尤其是那些自古以来还没有编修过志书的地区，开展志书编纂既是对当地自然、政治、经济、文化、社会、生态等方面的发展历史、发展脉络、发展规律的全面摸底和调查，又是总结历史经验、汲取历史教训、挖掘历史智慧的全面梳理和探求。通过学习、利用地方志书，让各级领导干部、广大人民群众了解当地的历史、了解实实在在的地情，从历史中汲取营养和智慧为现实提供借鉴和服务，是确保民族地区与贫困地区发展不走弯路、不走冤枉路的有效手段。

资助工程是全国地方志事业协调发展的促进工程。第五届中国地方志指导小组成立以来，一直把走基层、探实情作为一项重要任务，截至目前，已经到30个省（自治区、直辖市）开展了调研。通过座谈、实地考察等多种形式，充分了解了当前全国地方志事业发展面临的主要困难和问题。其中，区域发展不平衡，中西部地区特别是边疆少数民族地区地方志工作与东部地区相比还存在不少差距，是制约全国地方志事业实现全面、协调、可持续发展的瓶颈所在。有的地方甚至出现了花费了大量的人力、物力，经过十余年的艰辛努力编纂出志书，因为缺乏出版经费迟迟未能出版的状况。正是基于以上了解到的情况，中国地方志指导小组及其办公室才下定决心启动资助工程。到2020年全面建成小康社会时，地方志事业区域发展不平衡问题必须得到妥善解决，这也是深入贯彻《规划纲要》的应有之义。而作为主业的修志编鉴，到2020年全面完成第二轮修志规划任务、实现综合年鉴编纂全覆盖的“两全目标”，是中西部地区特别是边疆少数民族地区地方志工作发展的重中之重。从现实意义来说，资助工程对于实现全国地方志事业全面、协调、可持续发展具有重要的促进作用。

在党中央、国务院的高度重视下，全国地方志事业发展迎来重大战略机遇。越是发展的关键时期，越要有大局观，越要从全国一盘棋的角度考虑问题。《规划纲要》作为顶层设计，确定的各项目标任务都要落到实处，而作为“两全目标”之一的到2020年全面完成第二轮修志规划任务，实现省、市、县一个都不能少的目标，是关键中的关键。希望借助资助工程的深入推进，进一步引起全国地方志系统对实现“两全目标”的重视，确保按期保质完成，用志书客观而忠实地记述中国共产党人带领全国各族人民全面建成小康社会的光荣与曲折历程，为全面建成小康社会贡献“志”礼。

是为序。

中国社会科学院原院长 王伟光
中国地方志指导小组原组长

民族地区与贫困地区志书出版资助工程领导小组

组　　　长：谢伏瞻　中国社会科学院院长、中国地方志指导小组组长

常务副组长：高　翔　中国社会科学院副院长、中国地方志指导小组常务副组长

副　组　长：冀祥德　中国地方志指导小组秘书长、中国地方志指导小组办公室主任

成　　　员：高京斋　中国地方志指导小组办公室党组书记

邱新立　中国地方志指导小组办公室副主任

民族地区与贫困地区志书出版资助工程领导小组办公室

主　任：冀祥德　中国地方志指导小组秘书长、中国地方志指导小组办公室主任

副主任：邱新立　中国地方志指导小组办公室副主任

成　员：于伟平　方志出版社总编辑

陈　旭　中国地方志指导小组办公室方志处处长

杨海峰　中国地方志指导小组办公室方志处负责人

王丹林　中国地方志指导小组办公室方志处副处长

徐　宏　方志出版社地方史编辑部副主任

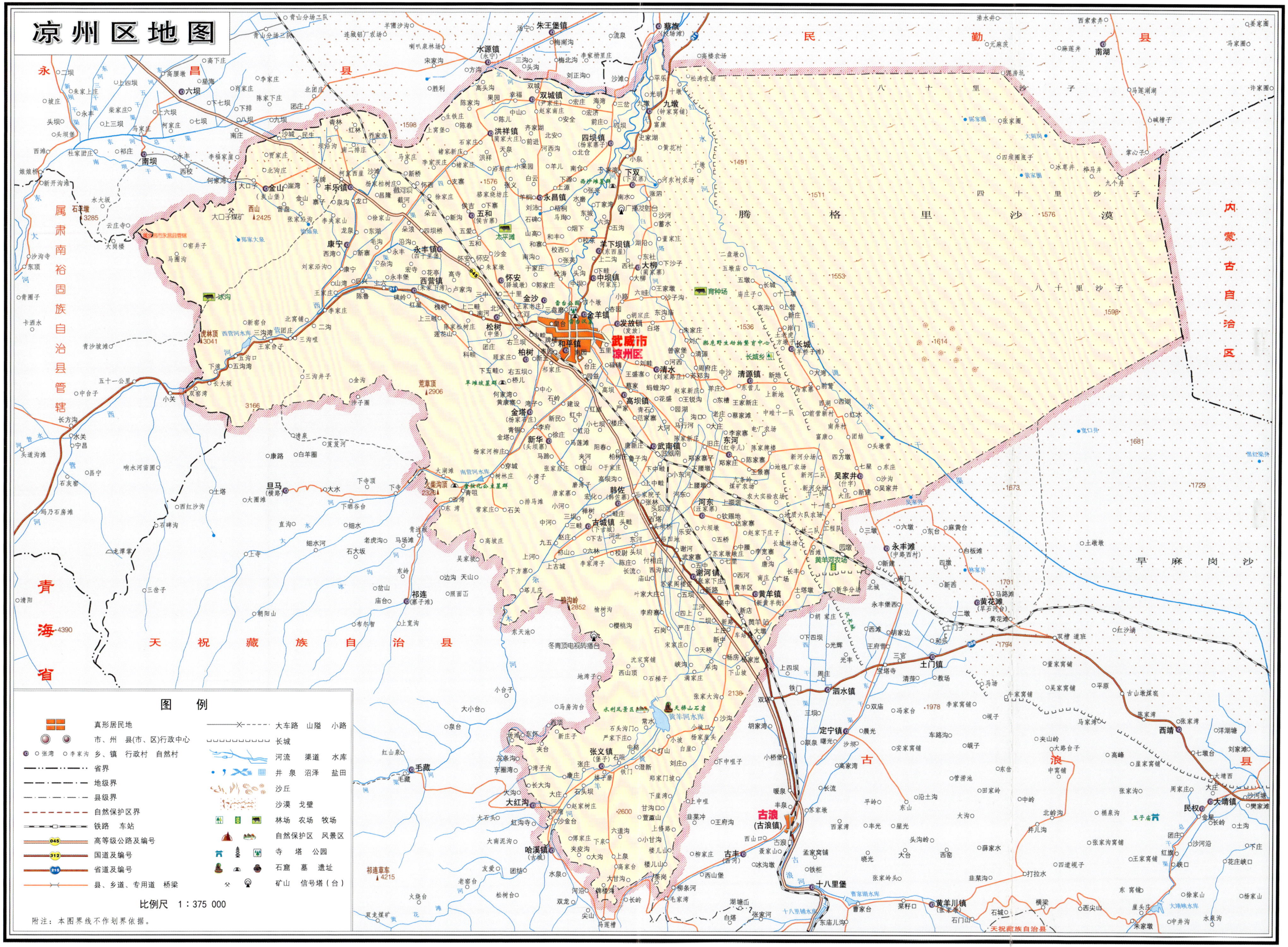

审图号:甘S（2015）13号

凉州区街区图

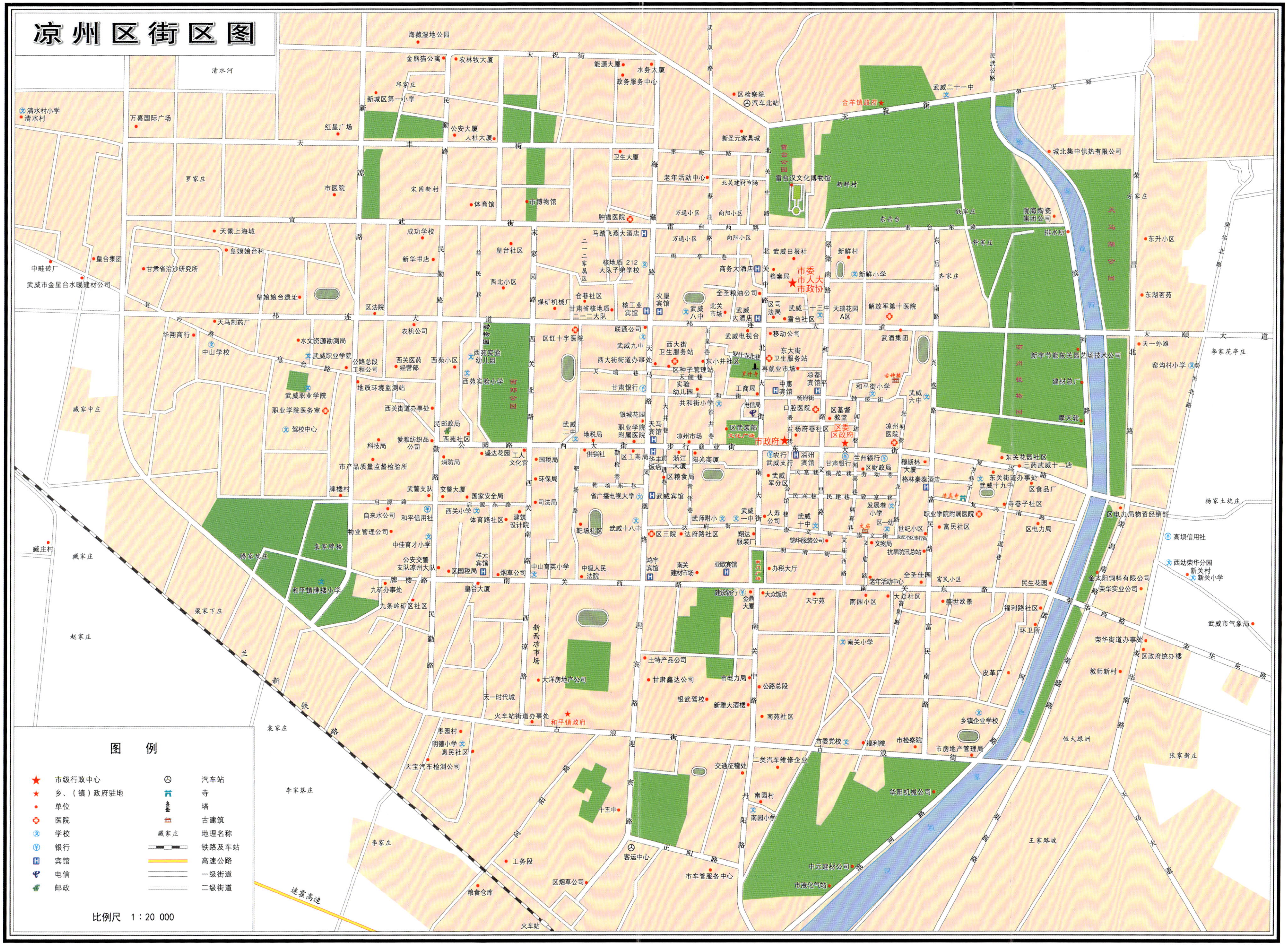

审图号:甘S（2015）13号

武威城标

雷台景区

铜奔马仪仗俑

白塔寺

① ②
③
④

① 海藏寺牌楼
② 天梯山石窟
③ 鸠摩罗什寺
④ 文庙棂星门

①

②

③

①海藏公园

②西郊公园

③摩天轮

莫高葡萄酒庄园

皇台葡萄酒发酵罐

威龙葡萄酒堡

葡萄长廊

威龙酒堡地下酒窖

酿酒葡萄

皇台葡萄酒

威龙葡萄酒

莫高葡萄酒

西夏博物馆

南城门楼

丹阳广场一角

“银武威”牌楼

天马广场

体育馆

影剧院

新城区一角

人社大厦

公安大厦

规划大厦

卫生大厦

天马湖

教师新村

皇台小区

双城镇南安新型农村社区

融城华府

移民搬迁安置新区荣华新村

皇台集团

啤酒麦芽加工生产线

白酒储藏罐

熏醋发酵罐

青岛啤酒武威分公司

武威工业园区

普安药业

甘肃达利食品有限公司

光伏发电

武威热电联产

兴旺农机生产车间

重通成飞新材料股份公司武威分公司

中国航天武威新能源装备制造产业园

下双镇出口农产品基地

无土栽培

工厂化育苗

玉米制种

凉州白猪

金鳟鱼养殖

规模养鸡

机械化耕种

规模养羊

规模养牛

机械化收割

田间渠道

向民勤调水

喷灌

梯级电站

黄羊水库

特色林果示范点

义务压沙

渠路林田

黄羊河生态观光旅游农业景区

武威火车站

武威客运中心　武威公交集团

金色大道

金沙物流园

保税物流中心

“天马号”国际货运班列

万嘉国际广场

红星时代广场

武威职业学院

武威六中

凉州区职业中专体育场

外教授课

舞蹈培训

武威市人民医院

凉州医院

武威肿瘤医院

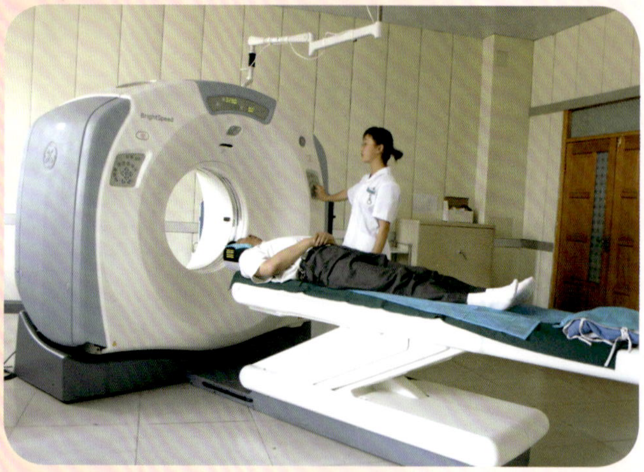
医疗设施

高坝镇中心卫生院

西关街社区卫生服务中心

武威重离子治疗肿瘤中心

凉州贤孝

凉州宝卷演唱

凉州攻鼓子

海藏庙会

麻狮舞

祭孔乐舞

凉州水陆画

凉州皮影戏

西凉乐舞

人民影院

凉州半台戏

戏 曲

舞 蹈

自行车环青海湖比赛

首届天马文化旅游节

蜻蜓村开心农场

温泉度假村

塔儿湾滑雪场

普康田园综合体

神州荒漠野生动物园

祁连山水源涵养林

绿洲风光

沙漠风光

梨

苹果

大蒜

无壳瓜子

金针菇

枸杞

肉苁蓉

红枣

人参果

红提葡萄

白酒

葡萄酒

啤酒

熏醋

达利园小食品

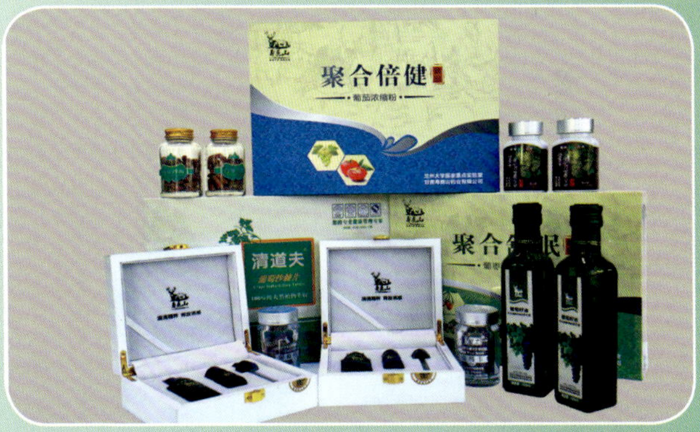

葡萄籽深加工产品

凉州核桃

凉州四宝

风电机组

甘肃建投治沙专用车

承威专用车

大江电动三轮车

兴旺农机

圣塔搅拌机

华一家具

凯帝斯电梯

凉州羊羔肉

凉粉

凉州大月饼

砂锅

米汤油馓子

三套车

凉州面皮子

米拉日巴泥塑像（西夏）

明鎏金十一面观音（明）

天梯山石窟佛像（北凉）

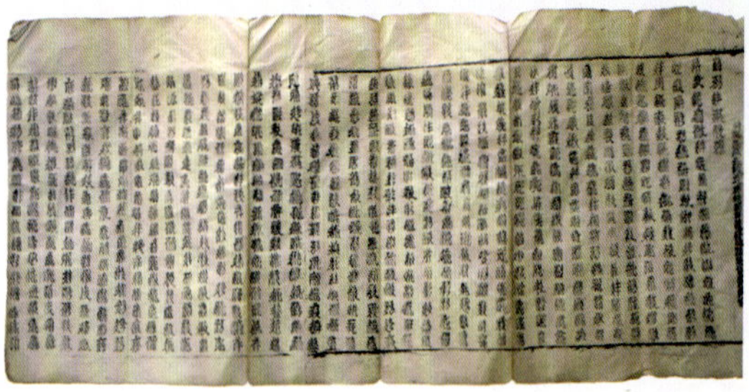

西夏文泥活字印本
《维摩诘所说经》

“五女侍”木板画（西夏）

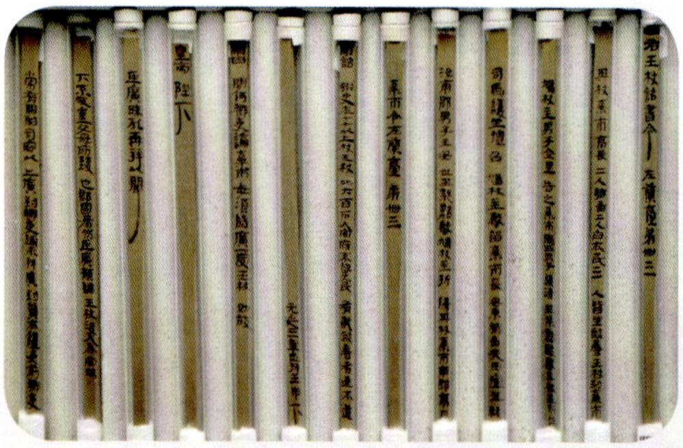

王杖诏书令简册（汉）

天梯山石窟壁画（北凉）

马踏飞燕（汉）

灰陶立马（汉）

彩绘木轺车（汉）

三虎耳小圈足青铜鍑（汉）

漩涡纹双耳彩陶罐
（新石器时代）

褐釉剔缠枝番莲纹瓷罐
（西夏）

齐家文化
网格纹双耳彩陶罐

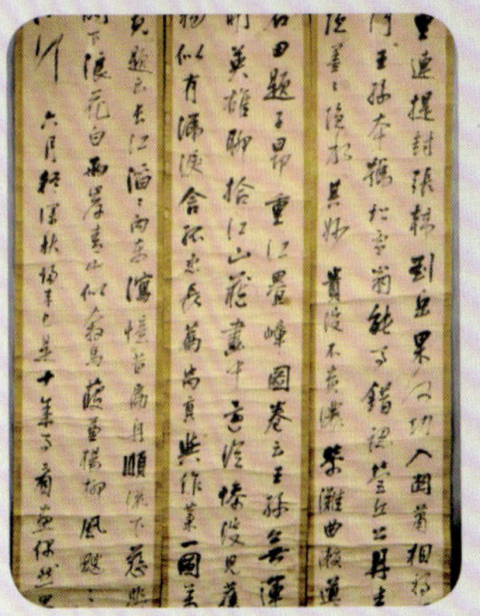

张美如草书联屏(清)

重彩水陆人物图轴(清)

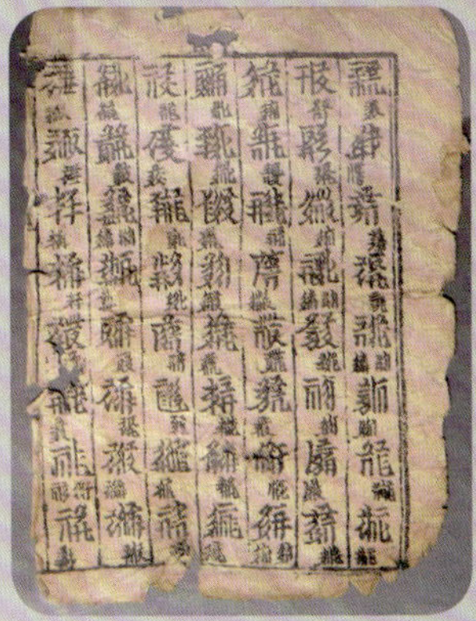

西夏文印本《音同》

木缘塔（西夏）

弘化公主墓志铭（唐）

西夏碑

唐三彩

木鸠（汉）

国画 丁二兵

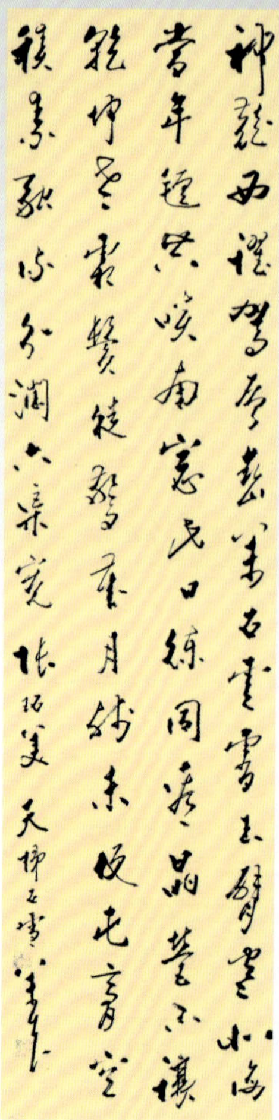

书法 徐万夫

国画 麻永忠

书法 郭子猷

国画 王金城

凉州区志编纂委员会

2006 年 1 月—2007 年 5 月

主　任:张效林

副主任:李俊星　杨得中　臧佑仁　张祥生　蔡凤琴

委　员:许福德　李　镜　王其英　甘延沛　王军成　沈建华　张鹏年　徐永福
李　鹏　李彩霞

2007 年 5 月—2009 年 10 月

主　任:张效林

副主任:黄　霓　王治安　魏建荣　王晓玲　赵永庆

委　员:许福德　苏　堂　王其英　宋长福　杜国万　苏万俊　张鹏年　徐永福
付国德　李彩霞

2009 年 10 月—2011 年 8 月

主　任:张效林

副主任:黄　霓　朱星海　魏建荣　沈忠道　赵永庆

委　员:屈永红　王宁德　刘万宏　宋长福　曹德福　苏万俊　蔡兆忠　张宝生
付国德　刘　珺

2011 年 9 月—2015 年 2 月

主　任:洪元涛

副主任:冯小强　王永平　李　英　王　晖　陈惠英

委　员:屈永红　王宁德　刘万宏　刘景鹏　曹德福　李生伟　蔡兆忠　张宝生
李　国　刘　珺

2015年2月—2016年9月

主　任:朱星海

副主任:冯小强　王永平　李　英　王　晖　陈惠英

委　员:王宁德　刘万宏　孟胜虎　王斌生　王　喜　刘景鹏　曹德福　蔡兆忠
张宝生　李　国　刘　珺

2016年9月—2018年2月

主　任:朱星海

副主任:高加志　张生春　许春文　牛生葆　赵永庆

委　员:孟胜虎　郑治年　王　毅　王斌生　王　吉　王大臣　张积祥　蔡兆忠
张宝生　蔡　珺　刘　珺

2018年2月—2019年2月

主　任:朱星海

副主任:李　耕　高加志　许春文　李晓瑛　赵永庆

委　员:孟胜虎　冯爱民　蔺银平　严　瑞　王　毅　王大臣　周　斌　张宝生
盛　玉　蔡　珺　李新华

2019年2月—

主　任:高加志

副主任:杨生展　孟胜虎　苏万俊　李晓瑛　赵永庆

委　员:褚志强　杨新年　蔺银平　胡　侃　王　毅　张万栋　张万飞　张宝生
盛　玉　蔡　珺　李新华

凉州区志编纂委员会办公室

主　　任:张鹏年（2006 年 1 月—2008 年 1 月）　蔡兆忠（2008 年 1 月—2017 年 1 月）

张宝生（2017 年 1 月— ）

副 主 任:徐永福（2006 年 1 月—2013 年 3 月）　张宝生（2009 年 3 月—2017 年 1 月）

盛　玉（2018 年 4 月—）

工作人员:张长生（2006 年 1 月—2010 年 10 月）　孙菊霞（2006 年 1 月—2010 年 10 月）

张宝生（2006 年 1 月—2009 年 3 月）　秦山山（2006 年 1 月—2011 年 6 月）

张洁琼（2008 年 10 月— ）　许建国（2012 年 6 月— ）

骆耀基（2017 年 1 月— ）　赵引祺（2017 年 12 月—）

冯　莉（2018 年 9 月—）

《凉州区志》编纂人员

主　　编:蔡兆忠（2008 年 1 月—2017 年 1 月）　张宝生（2017 年 1 月— ）

副 主 编:张宝生（2008 年 1 月—2017 年 1 月）　盛　玉（2018 年 4 月— ）

编　　审:宋振林

专职编辑:张洁琼　许建国　秦山山　李占胜　李旭明　刘鸿祖　张鹏年　徐永福　张长生

骆耀基　丁皎年　尚　梅　崔金龙　田峰毓　赵引祺

聘请编辑:陈开雄　杨发青　张积品　齐作峰　顾元泉　白　明　张国瑜

修　　订:王其英　刘多庆　丁皎年

摄　　影:刘　忠　胡林山　姜爱平　胡　斌

校　　对:王建梅　史晓琳　张洁君　孙菊霞　丁皎年　尚　梅　崔金龙　田峰毓　冯　莉

序

巍峨雄壮的祁连山下、美丽富饶的河西走廊，凉州以“通一线于广漠、控五郡之咽喉”的战略区位交通优势，成为一颗镶嵌在丝绸之路上的璀璨明珠。

沿着新石器时代皇娘娘台齐家文化的足迹一路走来，四千多年的历史造就了“人烟扑地桑柘稠”“车马相交错，歌吹日纵横”的“四凉京华”“西夏辅郡”“河西都会”，成就了凉州中国旅游标志之都、全国历史文化名城、中国优秀旅游城市、中国葡萄酒城的美誉，孕育了积淀深厚、内涵丰富、魅力无限、光辉灿烂的凉州文化，滋养着勤劳、勇敢、善良、朴实的凉州人民，为中华文明的传承发展做出了积极贡献。

伟大的时代造就伟大的事业。改革开放以来，凉州区历届党委、政府带领全区各级干部和广大群众凝心聚力、真抓实干，全区呈现出经济快速增长、生态持续改善、民生水平提高、开放不断扩大、社会和谐稳定的良好局面，凉州历史揭开了新的一页，城乡面貌发生了翻天覆地的变化，经济社会取得了前所未有的成绩。

以史为鉴，可知兴衰。《凉州区志》继承《武威市志》“存史、资政、育人”的宗旨，客观记载了1990—2009年凉州的发展历程。全志章节分明、体例完备、资料翔实、结构严谨、内容丰富、文字流畅，具有很强的系统性和可读性，有利于人们更好地了解凉州的过去、把握凉州的今天、展望凉州的未来。志书倾注了历届领导的关心，凝聚着编修人员、专家学者、社会各界人士的智慧，值此纂成付梓之时，向他们致以诚挚敬意和衷心感谢！

治天下者以史为鉴，治郡邑者以志为鉴。今日的文明，发轫于昨天，光明的未来，肇始于足下。站在新的历史起点上，我们将深入学习贯彻习近平新时代中国特色社会主义思想和党的十九大精神，全面贯彻落实市委“六个率先、三个防范、发挥龙头作用、实现率先发展”要求，坚定不移贯彻“走生态优先、绿色发展之路，努力建设经济强区、生态大区、文化旅游名区，全力打造生态美、产业优、百姓富的和谐凉州”总体思路，做大做强区域经济，持续推进脱贫攻坚，全面加强生态文明建设，切实加强城乡规划建设管理，积极创建全国文明城市，纵深推进全面深化改革，统筹发展社会事业，着力保障改善民生，加强创新社会治理，坚决全面从严治党，与时俱进，开拓创新，奋发有为，迎难而上，团结带领全区广大干部群众，在全面建成小康社会、建设幸福美好新凉州的伟大征程中继往开来、再创佳绩！

是为序。

中共武威市委常委、凉州区委书记

武威市凉州区人民政府区长

2019年4月

凡 例

一、本志以马克思列宁主义、毛泽东思想、邓小平理论、“三个代表”重要思想、科学发展观、习近平新时代中国特色社会主义思想为指导，坚持辩证唯物主义和历史唯物主义的立场观点和方法，遵循国务院《地方志工作条例》和《甘肃省地方志工作规定》，全面客观真实地反映凉州自然和经济社会等各方面的历史状况，准确记述全区各行各业发生的深刻变化和取得的显著成就，力求思想性、科学性和资料性的统一。

二、本志为《武威市志》续志，上起1990年，下限断至2009年底。部分图片、人物及附录资料下限有所延伸。

三、本志以现代社会分工和地方特点为依据谋篇布局，立足当代，横排纵述。层次结构分为编、章、节、目四层，部分章节设子目。

四、本志中述、志、记、传、图、表、录等多种体裁并用，以志为主。

五、本书采用国家规范的现代汉语语体文、记述体，述而不论。

六、本志将图片、序言、凡例、目录、概述、大事记置于第一编前。附录置于编末，辑录有关文献资料，以补正文。

七、本志记述撤市设区时间，2001年5月9日为国务院批准时间，2001年7月27日为换牌时间。换牌前武威市为县级武威市，之后称凉州区。本志换牌更名时间统一表述为2001年8月。

八、本志数字的使用遵循中华人民共和国国家标准《出版物上数字用法》(GB/T15835-2011)，计量单位遵循中华人民共和国国家标准《量和单位的规定》(GB/3011-3102)，标点符号的使用遵循中华人民共和国国家标准《标点符号用法》(GB/T 15834-2011)。

九、本志文字除个别特定意义的繁体字外，一律采用2013年6月5日中华人民共和国国务院公布《通用规范汉字表》中的简化字。

十、本志《人物编》所收人物以传略、简介、表录三种形式记入。立传人物为在本行政区域有重大影响的人物，或在外地有重大影响的本籍人物。正面记述，生不立传。简介分为副地(厅、师)级以上人物简介、获得正高级技术职称人物、全国劳动模范和社会知名人士简介。表录分为副县级以上人物表录、副高级技术职称人物表录、获得省部级以上表彰的先进人物表录。相同级别的职务，只收录第一次担任的职务；不同级别的职务，只收录第一次担任的高一级职务。

十一、本志所用的各种资料，均来源于区属各单位和中央、省、市驻凉单位，数字以统计部门公布的数字为准。部分资料和数字参考、引用了新编的各部门专业志有关内容。为节省篇幅，所用资料和数字，未一一注明出处。

十二、本志纪年，1949年以前采用朝代纪年，并括注公元纪年；1949年以后采用公元纪年。

目　　录

第三编 中国共产党地方组织

第四编　党派　社团

第五编　政权　政协

第六编 司法 军事

第九编 农业和农村经济

第十编 水利 电力

第十一编 工业 交通 通信

第十二编　商贸流通

第十三编　财税　金融

第十四编　城乡建设　环境保护

第十五编　教育　科技

第十六编 文化 旅游

第十七编 文 物

第十八编　卫生　计生

第十九编　社会生活

第二十编 人 物

凉州区志

概 述

本编目录

概　述

一

凉州区位于北纬 37°23′~38°12′，东经 101°59′~103°23′，地处甘肃省中部，是武威市人民政府所在地，东与内蒙古自治区接壤，南连天祝藏族自治县、古浪县，西邻肃南裕固族自治县，西北接永昌县，北抵民勤县。历为州、郡、府、县治所，素有“五凉古都”之称，是西藏纳入中央政府版图的历史见证地，是中国旅游标志“马踏飞燕”的出土地。元朔三年（前 126），汉武帝改雍州为凉州，以其金行，地处西方，土地寒凉，故名。自古以来，凉州以“通一线于广漠，控五郡之咽喉”的重要地理位置而成为西北战略要地，成为沟通中原和西域及亚欧各国的交通要冲。

1949 年 9 月 16 日，武威解放，武威县人民政府成立。1985 年 6 月 19 日，武威县更名为武威市（县级）。2001 年 7 月 27 日，武威撤地设市，撤销县级武威市，设立凉州区。

2009 年 12 月，凉州区辖 19 镇、18 乡、7 个城区街道办事处、2 个生态建设指挥部，共 449 个行政村。全区有汉、回、藏、满等 33 个民族，总人口 102.08 万人。辖区总面积 4907.1 平方公里，人口密度为每平方公里 208.03 人。

二

凉州区地域辽阔，地势西南高东北低，中心城区居于盆地位置，素有“金盆养鱼”之称。西南部为祁连山地，海拔 2000~3260 米，冰峰峻峙，是大自然赋予的天然水库，也是境内河流的源泉，为凉州人民的生产生活提供了丰富的水利资源。中部系走廊平原，海拔 1500~2000 米，地势平坦，耕地广布，渠道纵横，灌溉便利，形成走廊中部的一块天然绿洲，是主要农业生产区。东北部是八十里大沙漠和四十里大沙漠，属腾格里沙漠一部分，海拔 1500 米上下，部分区域水草丰美，利于畜牧。国土总面积 4907.1 平方公里，地貌类型分祁连山山地、走廊平原绿洲和腾格里沙漠三种，山区、川区、沙区分别占总土面积的 26.72%、45.83%、27.45%，平均海拔 1440~3263 米，属冷温带干旱区。凉州土地肥沃，物阜民殷，自古有“凉州不凉米粮川”之美誉。全区耕地面积 233.15 万亩，为国家的商品粮基地之一，也是甘肃省最具优势的天然绿色食品基地，盛产小麦、玉米、蔬菜、油料、瓜果及多种农畜产品。

1990 年，武威市开展完善土地承包合同管理工作，对家庭承包责任制以来的承包合同进行全面清理。1997 年，推行第二轮土地承包，将土地承包期延长至 30 年，将果树、林木、草场、荒山等稳定至30年以上，实行“增人不增地，减人不减地”和“大稳定、小调整”的原则，强化原有承包土地的稳定性政策。1999年，再次推行土地延包及续签承包合同工作，使农民感受到了稳定的国家土地及农业政策。2002年，实行农业税和农业税附加为主体的农村税制改革措施，逐步减轻农民负担，进而全面取消农业税，全区范围内的村级公益事业通过“一事一议”筹资筹劳解决。2008年，国家粮油直补、农机具补贴、农资综合补贴等各项强农惠农资金依次发放到位，农民人均受益214元。而后凉州区发布《关于推进城乡一体化进程中加快农村土地承包经营权流转的指导意见》，按照“依法、自愿、有偿”的原则，进行土地承包经营权流转。2009年，通过互换、转包、转让、托管等流转形式，共流转土地9.14万亩。

稳定的农村土地政策以及适应时代发展的强农惠农措施，促进了农业生产的发展。20世纪90年代后，武威市创立高效节水节地型农业、生态型林业、节粮型畜牧业的生产模式，强化双层经营体制，总结推广一批发展集体经济的先进典型。制定发展村级集体经济的措施，确立武南农村改革试验示范小区，为深化农村经济体制改革迈出试验示范的路子。针对长期干旱缺水的自然状况，把“节水增粮”和“科技兴农”作为发展农业生产的主要措施，提出综合节水1亿立方米、科技增粮3亿斤的决策，把粮食、蔬菜、乡镇企业、畜牧业、林果业等确定为重点发展的支柱产业，开展以增粮扩经、压夏扩秋、地膜覆盖、良种推广、温棚种植、暖棚养殖、规模经营以及修渠平地等一系列工作，最大程度提升农业科技含量，提高农业生产效益。农业生产的丰收局面又较好地促进了乡镇企业的发展，武威市城东工业小区被农业部确定为“全国乡镇企业东西合作示范区”，武威市连续两年被列为全省乡镇企业十强县（市）。

2000年以来，凉州区调整农业产业结构，扩大支柱产业和“订单”农业的种植规模，加大农业产业化经营和标准化生产的创建力度，增强了农业发展的后劲，生产经营状况逐年提高。至2006年12月，全区粮食总产量达63.09万吨，蔬菜总产量93.99万吨，外向型蔬菜营销工作取得了突破性进展，创汇农业开始起步，以日光温室为主的蔬菜产业产值占到种植业总产值的38.8%。国家和省市级农业产业化龙头企业发展到33户，农村专业合作经济组织达到310个。按照“整村整组整块规划建设”的原则，实施“一村一品、一乡一业”的发展策略，逐步建立起专业化生产基地，凉州区初步形成西北乃至全国有重要影响的反季节蔬菜生产基地。经过多年发展，凉州区充分发挥蔬菜、畜牧、葡萄和制种等特色优势产业的种植经营优势，注重特色产业的科技含量，初步形成“种养加一体化、产供销一条龙”的农业八大产业体系。即50万亩优质加工小麦基地，40万亩优质加工玉米基地，25万亩优质瓜菜种植基地，12万亩优质啤酒大麦种植基地，8万亩马铃薯种植基地，5万亩酿造葡萄种植基地，3000亩人参果种植基地，0.47万亩食用菌种植基地，34.2万头牛、67.5万头猪、56.5万只羊，690万只鸡的畜禽产品养殖生产基地。

2009年，凉州区粮食总产量达60.91万吨，瓜菜总产量达120万吨，瓜菜业增加值达9.49亿元，占农业增加值的29.3%。按照“公司+合作组织+农户”的模式，农业产业化龙头企业发展到48户，农民专业合作组织发展到220个，带动农户8.4万户，认证无公害畜产品产地4个、绿色农产品35个、有机农产品7个，建成无公害绿色农产品生产基地97.21万亩；引进农作物新品种133个。凉州区形成张义山区人参果产业带、沿山冷凉灌区经济林产业带、城郊精细蔬菜产业带、沿沙区瓜菜产业带和以四坝镇为中心的北片外向型蔬菜产业带等5个优势生产区。全区日光温室为主的瓜菜面积累计达到31万亩。初步建成瓜类、辣椒、油白菜、大蒜、韭菜、大白菜、大白葱等8个万亩专业瓜菜生产基地，形成武威阳光产业示范园区、甘肃威龙万亩葡萄基地、黄羊河集团、清水乡千亩日光温室示范园区等特色农业产业示范园区。

三

凉州是农业大区，经济总量小，城市反哺农业的能力较弱，工业对农业的带动能力不强。从1991年开始，武威市前后推行了两轮工业企业承包经营责任制，实行“以销定产”的管理目标，增强了工业企业自主经营、自负盈亏、自我约束、自我发展的意识。1994—1997年，先后推行“三改一加强”和“五整一改”的改革政策，一大批全民、集体工业企业转制为股份制、股份合作制、私营等不同类型的所有制企业，使一批“老字号”工业企业焕发了新的生机与活力。1999年，武威市有乡及乡以上工业企业148户，村及村以下工业企业1896户，工业产值达17.59亿元，工业企业上缴税金达1.15亿元。

2001年8月，武威地区撤地设市，撤销县级武威市，设立凉州区，凉州区的工业建设和改革进入新的历史时期，工业经济发展规模呈现出前所未有的变化。皇台酒业、荣华实业股票相继上市，为全区骨干企业的发展提供了融资渠道。工业企业产品质量稳步提高，皇台酒、雷台酒等产品在国际、国内多次获得金奖。2001年5月，凉州区集中力量建设武威、黄羊两个省级工业园区，工业园区的聚集效应和辐射功能日益增强。同时，在全面总结“五整一改”的基础上，启动以产权制度改革为核心的新一轮企业改革。至2005年，30户国有工业企业以出售、股份制改造、破产重组为主要形式的产权制度改革全部完成，初步建立了“归属清晰、权责明确、保护严格、流转顺畅”的现代产权制度。

2005年后，凉州区确立“工业强区”战略和项目建设的长效机制，一大批投资超千万元、过亿元且兼具科技含量高、附加值高的工业项目落户凉州，增强了工业经济发展的综合实力。逐步形成以太阳能光伏发电、太阳能光热综合利用为主的金太阳新能源高新技术集中区；以食品工业、生物化工、新型建材等为主的武威工业园区；以食品、生物医药等为主的黄羊工业园区。随着“工业强区”战略的逐步实施，工业化进程明显加快。到2009年底，在国民生产总值中，一、二、三产业比例由2005年的24.6∶37.3∶38.1调整为25.3∶39.3∶35.4，第二产业比重提高2个百分点；工业增加值在国民生产总值中的比重由2005年的23.3%调升到2009年的30.9%，提高7.6个百分点，工业经济在全区经济发展中占据“三分天下有其一”的地位，带动凉州区经济发展的基础更加牢固。产业结构进一步优化，食品、化工、建材、能源、医药、造纸、纺织、机械等产业协调发展的格局逐步形成，食品工业成为全区工业经济发展的主导产业。到2009年底，全区食品工业企业发展到200多家，占全区工业企业的7.05%。其中规模以上食品工业企业达到41户，从业人员达到12841人，分别占全部规模企业和从业人员的46.15%、52.3%。食品工业完成增加值达到18.2亿元，实现税收达到0.9亿元，分别占到规模以上工业增加值、实现利税的64.26%和75%。莫高干红葡萄酒、云晓熏醋、西凉啤酒、甘青牌面粉等食品类产品荣获“陇货精品”荣誉称号。工业园区的集聚功能和“洼地效应”显现。2006—2009年，武威、黄羊两个工业园区共投入资金4.09亿元，改善园区路网、电网、通信、给排水等基础设施，使园区承载能力和洼地效应进一步凸现，到2009年底，工业逐步向循环经济发展方式转变。凉州区和武威、黄羊两个工业园区分别被甘肃省人民政府列为全省循环经济试点区和试点园区，各项约束性指标均控制在省市要求范围之内。2009年12月，单位GDP能耗由2006年的1.1452吨标准煤下降到2009年的0.9925吨标准煤，下降18.37%。2006—2009年四年累计削减化学需氧量（COD）、二氧化硫（SO_2）排放总量573.2吨。

2009年，凉州区各类工业企业达1759户，从业人员达4.56万人，工业增加值达到36.85亿元。其中，国家和省、市、区级农业产业化龙头企业发展到41家，农副产品加工企业发展到近600户，完成增加值14.66亿元，占全区工业增加值的73.4%。培育了18个省级以上名牌产品、3个国家免检产品、38个绿色认证产品，并有11户企业通过环境管理体系认证、42户企业通过质量管理体系认证、5户企业通过食品安全认证。规模以上工业增加值达到28.4亿元，实现利润10641万元，规模以上工业经济效益综合指数达到119.67%，上缴税金20050万元，对财政的贡献率达32.25%。

四

凉州区处于全国荒漠化监控和重点防治的地理环境梯度区间，是石羊河流域重点治理的重要县区之一。石羊河水系发源于祁连山东段冷龙岭北坡，东南以乌鞘岭为界，与庄浪河分界，西北以永昌县西大河为界，由彼此不相连系的山水河流及其下游的泉水河流汇集而成，山水河流由东南向西北依次主要有古浪河、黄羊河、杂木河、金塔河、西营河及东大河，山水河下游形成的泉水河流依次有红水河、白塔河、清水河、南沙河、北沙河等。石羊河是上述山水河流与泉水河流汇集而成的主干流域。杨家坝河和清水河是构成石羊河径流的两条主要河流，分别从凉州城东西两面流向城北一带，在孟家柳湾以下汇合形成红柳湾河。红柳湾河持续向东和于家湾一带的白塔河汇合，形成的主流东北向流入四坝镇三岔村一带，先后汇入南沙河和北沙河，而后在民勤县蔡旗堡南花寨子处与东部红水河下游汇合，形成的河流始称为石羊大河。石羊大河向东北流至红崖山水库，由民勤县引流灌溉，之后没于民勤以北广阔的沙漠之中。

凉州区境内的西营河、杂木河、金塔河和黄羊河均属石羊河支流，是凉州区工农业生产的主要水源。进入20世纪90年代，祁连山雪线上升，冰川萎缩，河川径流量减少，位于流域中游的凉州绿洲地表水资源呈现出逐年衰减的趋势。据甘肃省水文资料显示，凉州境内河川径流量从50年代的每年11.14亿立方米减少到90年代的每年7.43亿立方米，整体比50年代减少了31%。人口膨胀、超载放牧、过度开垦，水资源的过度开发等原因，加剧石羊河流域生态环境恶化。1993年，凉州区地下水年均可利用量为2.816亿立方米，而全区地表水、地下水总的可利用量年平均为9.66亿立方米。经济社会发展用水的逐年增加，水资源供需矛盾更加突出。由于地处荒漠、半荒漠地区，降水稀少，干旱风沙等自然灾害频繁，同时在人口增加和经济发展所带来的环境压力下，区域生态环境形势十分严峻。

1990年，武威市开始建设田间节水工程，但由于末级渠系水利配套设施不完善，基本农田综合生产能力不高，高效节水技术推广面积不大，农田水资源利用率普遍较低。1993年发生的“五五黑风暴”灾难，导致武威市人员伤亡达124人，直接经济损失达7843.2万元，给人民群众的生命财产带来巨大损失。频频出现的沙尘暴天气，为流域人民敲响脆弱达至极限的生态警钟。2000年12月，凉州区仍有42%的农村人口处于饮水不安全状态，防洪工程设防标准偏低，水利基础设施相对薄弱。上游南部水源涵养林人类活动加剧，森林草场退化开垦，植被破坏严重，水土流失加剧。中游凉州绿洲境内也出现沙漠向中部良田入侵，资源性缺水与水质性缺水并存的困境。同时，污水处理系统建设进度缓慢，石羊河一直成为接纳工业废水、生活污水的主要河流，使沿岸部分区域水质和生态环境状况日渐恶化。

实现经济建设的发展目标，必须面对的巨大挑战便是遏制且治理日渐严峻艰难而脆弱的生态环境。从2001年7月开始，温家宝总理先后14次对石羊河流域的生态治理做出批示，表达了国家改善石羊河流域生态环境的决心和意志。2006年2月，由甘肃省人民政府主持，在西营河灌区召开石羊河流域重点治理暨应急项目启动大会。2007年12月，国家发改委、水利部联合印发《石羊河流域重点治理规划》，位于流域中游的凉州区在《石羊河流域重点治理规划》的总体指导下，提出了八项治理措施。强化节水，加大产业结构特别是农业种植结构调整力度，提高用水效率；减少配水面积，减少用水总量；修建专用输水渠，增加下泄水量；减少地下水开采，逐步恢复地下水位；建设绿洲防护林网体系，改善绿洲生活生产条件；建立健全合理的水价形成机制，全面推进节水型社会建设；加快灌区节水改造，完善用水计量设施；发展设施农业和劳务经济，促进农民增收。

凉州区工农业生产和水利建设都依石羊河流域重点治理工程为核心而开展工作。按照“南护水源、北治风沙、中建绿洲”的方针，凉州区加大以通道绿化、农田林网建设、荒漠化治理、山区小流域治理、林业生态、小康村镇建设、森林资源保护等为重点的生态修复治理力度，生态恶化的趋势得到有效控制。2007 年 11 月，根据《规划》总体安排，凉州区委托甘肃省水电勘测设计院编制完成西营、杂木、金塔、永昌、金羊、清源六个灌区节水改造专项规划，相继开工建设了西营灌区节水配套、黄羊节水灌溉、杂木渠首改建为重点的水利工程。在流域重点治理的严峻形势下，凉州区严格执行禁开荒、禁打井、禁重点区域放牧、禁滥挖滥采的“四禁”规定，重新配置水权，完成了规划确定的关井压田和向民勤绿洲的调水任务，彰显了凉州人民治理生态环境的奉献精神和顾全大局的整体意识。

发展高效节水农业成为流域重点治理的主要措施，凉州区逐步通过扶优扶强扶大，重点建设一批日光温室万亩乡镇、千亩示范园区和千亩村，建立专业化生产基地，稳步扩大生产规模，创建完成了西北地区有重要影响的反季节蔬菜生产基地。设施农业的建设发展有效减轻了夏灌压力，通过创造节水型农业生产模式，实现了农业增效和农民增收的目的。

至 2009 年，凉州区石羊河重点治理项目共修建各类渠道 2304.23 公里、输水管道 322.5 公里，配套面积 5.43 万亩；大田滴灌输水管道 41.2 公里，配套面积 1.31 万亩；温室滴灌和微灌 2.12 万亩，安装地下水计量设施 850 套，共完成投资 13283 万元，占任务计划数的 100%。日光温室为主的瓜菜面积累计达到 31 万亩，瓜菜总产量达到 115.76 万吨，总产值达到 9.49 亿元。以道路绿化为骨干，渠、路、林、田相配套的农田林网逐步完善，防沙治沙工作取得较好的成绩。完成沙化地治理 43 万亩，营造防风固沙林 18.1 万亩，封护沙生植被 17.5 万亩，使沿沙区的林草覆盖度由 15%提高到 30%以上。结合重点林业生态工程的建设工作，连年采取大面积连片荒山造林措施，有计划地退耕坡地，大大增加了山区林草植被面积，使局部区域的水土流失得到有效控制，生态环境有了明显改善。

五

凉州区地势较平坦，交通便利，曾为古丝绸之路重镇。兰（州）新（疆）、干（塘）武（威）铁路及 G30 连霍高速公路、国道 312 线和省道 211 线民（勤）仙（青海省仙米寺）公路贯穿全境，古（浪）永（昌）高速公路、武（威）民（勤）公路、武（威）九（条岭）公路、武（威）景（泰）公路等省市级干线公路网络四通八达。但是，由于人口密度较大，人流车流较多，道路通行能力差，农村客运网络还未形成，群众乘车难的问题仍然存在。城市基础设施落后，街区布局混乱，市容环境卫生较差。农村民宅修建杂乱，柴草乱垛、粪土乱堆、污水乱泼、垃圾乱倒、畜禽乱跑，以上“六乱”现象严重影响着农村环境卫生及农民的生活质量。

1992 年 3 月，武威市城乡建设环境保护委员会编制完成第一部《武威市城市总体规划》。城郊乡镇武南镇、和平镇、金羊镇的部分村组划入城市规划区范围，纳入城市总体规划。黄羊、高坝、双城、永昌、清源、丰乐、羊下坝、张义等小城镇完成初步规划。凉（州）古（浪）公路沿线村镇体系规划和金武公路沿线村镇体系规划现状勘察、现状地形测绘、村庄建设布局情况的调查工作，规划初步方案已编制完成。城市建设和城乡规划的逐步实施，标志着凉州区城乡建设工作迈上一个新的台阶。

1996年3月，武威市开启“旧城改造”工作，对城区道路、街景、住宅和公共设施等进行了较大规模的改造和建设，完成城区主街道及二环路等道路建设工作，陆续拆除城区的危旧平房，连片开发建设了一批新的居民楼住宅小区。在城区内建成购物商场和停车场，临街以固定服务半径筹建一处公共水厕，在市区内的主要街道新建成公共水厕26座。完成了日供水8万吨自来水扩建工程、日处理9万吨污水处理厂选址征地等前期工作，进行新建齐家坝窝垃圾处理厂的前期工作。旧城改造日益凸显出方便市民生活及出行的城市功能。从2000年1月开始，陆续建成二环路、雷台东路、南环东路等城市主干道，会馆巷、民富巷等城市次干路及支路，建成火车站广场、南城门广场、文化广场、文庙广场和南入市口绿地。2002年，全面开展农宅改造及农村小康住宅建设，按照实用、经济、安全、美观、节能的原则，进行农宅改造及小康住宅方案设计。先后开始农村电网改造、电视电话入户为重点的电力通信工程。随着旧城改造工作的逐年推进，城区二环路及自来水厂的扩建等重点城市基建工程全面实施，建成以凉州市场、建材市场、再就业市场、新西凉市场为重点的市场建设工程。凉州区城镇化水平达到34.9%，城市每人拥有铺砖道路面积达11平方米，城市人均拥有园林绿地面积7平方米。2003年，凉州区新增建制镇10个，总数达到19个。黄羊、武南、高坝等9个小城镇的基础设施和社会事业得到较快的发展，形成了各具特色的示范园区、工业园区。

2005年3月，在经济基础较好、村民热情较高的部分村庄进行农村小康住宅建设试点工作。先后建成长城西湖、黄羊上庄、东河蔡家滩、清源阳光住宅小区等一批小康住宅示范点。全面开展农村危旧房改造工程，划定危旧房改造范围，按国家政策标准对改建户予以补助。2009年补助资金3219.6万元，危旧房的改造任务共完成8049户。

2006年，组织编制村级基层组织活动场所规划设计方案，筛选一些切实可行的规划确立为实施方案，完成部分村组的建设规划工作。其中，高坝镇丁家园村建设规划获全省小康示范村建设规划二等奖，东河乡蔡家滩村被确定为甘肃省首批社会主义新农村建设试点村。2003—2009年，共投资16.7亿元，完成小康住宅建设达4.84万户。

随着城乡建设工作的全面启动，交通建设工作取得了一定成绩，武南一级公路、武（南）长（城）公路和武（威）民（勤）公路等重点道路建设工程相继完成，形成了与干线公路运输网络相协调，等级结构配置合理的农村公路运输网络。2009年12月，凉州区城乡道路达到327.65公里、乡际道路达到369.71公里、村际道路达到1933.29公里。全区有各类汽车2.4万辆，其中城乡公交240辆，出租车2800辆。公路客运量达到1002万人次，客运周转量56237万人公里，公路货运量671万吨，货运周转量69808万吨公里，全区行政村通路率达100%。初步建成新农村建设网、“农政通”手机短信等信息平台，凉州区被确定为全省农村信息化建设试点区。城市基础设施的不断完善和户籍制度的改革，提高了城市服务水平，扩大了人口规模。全区新增建制镇10个，总数达到19个。黄羊、武南、高坝等9个小城镇的基础设施和社会事业也得到较快的发展。

六

1994年，国家启动实施“八七”扶贫攻坚计划，根据《甘肃省“四七”扶贫攻坚计划》，武威市张义山区被列入甘肃省（省级）贫困片区。为加快贫困地区脱贫致富步伐，武威市制定扶贫攻坚计划，集中人力、财力和物力，在张义山区展开有计划、有组织和大规模的扶贫攻坚工作。2001年，采取“结构调整、项目带动、移民搬迁、劳务输出”等措施，加大科技扶贫开发力度，在张义山区发展以日光温室人参果为主的特色种植业，扶贫方式实现由“输血型”向“造血型”的措施转变。针对张义山区人多地少、十年九旱的现实，将生存条件极为恶劣的张义镇六道沟、夹皮沟、沙沟、萱麻山、大甘沟和小甘沟等村确立为移民搬迁对象，鼓励村民以整村搬迁方式“挖断穷根”，从根本上改变贫困病弱的生存环境。2009 年 12 月，贫困村共发展日光温室人参果种植棚 4301 亩，人均增收 908 元。争取国家扶贫专项资金，采取产业致富手段，培育了人参果种植基地，“张哈”片区被确定为甘肃省第一个扶贫开发省级试验示范区。

扶贫开发和社会民生工作，是党和政府在新时期开展的德政民心工程。特别是自然灾害、孤寡病残和城乡困难户的社会救济工作相继开展，以政府行为主动化解群众的特殊困难，有效缓解了部分群众因病、因灾、因学等原因造成的暂时性困难。1990 年，武威市在城区创建敬老院，将一些生活无着落的五保人员予以集中供养。至 1996 年，全市敬老院达到 21 所，集中供养 108 人。2009 年底，全区有敬老院 17 所，集中供养 485 人。1998 年，开始在城区居民中推行最低生活保障工作。最初的“低保”对象主要是城市无劳动能力、无生活来源、无法定赡养人或抚养人的“三无对象”。当年确定的低保标准为每人每月 90 元，全市共 1102 人。1999 年 7 月，保障范围扩大到城市贫困居民和下岗失业人员，低保标准提高到每人每月 117 元，保障人数扩大到 5365 人。2002 年 1 月，保障范围进一步扩大，保障人数大幅增加，保障工作步入制度化、常态化的路子，较好地维护了困难群众的基本生活权益。

2004 年，凉州区设置社区卫生服务中心 6 个，社区卫生服务站 20 个，初步形成较为合理的社区卫生服务体系，开展疾病预防、妇幼保健、健康教育、计生指导、基本医疗等六位一体工作。社区卫生工作者开展居民健康普查，为居民建立健康档案，建档率达到 80%以上。2005 年，城乡居民医疗救助工作及新型农村合作医疗工作开始启动。2006 年，按照国家对新型农村合作医疗基金筹集的具体政策，中央财政给每个参合农民补助 20 元，省上补助 10 元，市上补助 2 元，区上补助 3 元，个人交 10 元，人均 45 元，全区共筹集合作医疗资金 2477 万元，共有 619231 人参加合作医疗，参合率 85.1%，有 27960 人次的农民群众住院治疗得到了补偿。同年，农村居民最低生活保障工作开始实施，凉州区制定《农村居民最低生活保障实施细则（试行）》，农村居民最低生活保障实行差额补助，区财政配套资金列入区级财政预算。2009 年 12 月，凉州区有 6784 户 22000 人享受农村低保待遇。当年共建成农村敬老院 16 所，有五保对象 4182 人，五保供养金标准为每年 1700 元。城乡居民 1437 人进行大病医疗救助，发放救助金额 309 万元。

为了切实解决群众看病难、看病贵问题，凉州区加强医疗基础设施和卫生人才队伍建设工作，形成布局合理、网络健全、功能完善的医疗卫生服务体系，初步形成以凉州医院、凉州区中医医院、甘肃武威肿瘤医院、凉州区第三人民医院为骨干医疗机构，各乡镇卫生院、城镇社区卫生服务中心、村卫生所为基础的区（县）乡村三级医疗卫生保健网络。1997 年，武威市提出“九五”期间振兴全市中医事业的目标任务，确立了以市级综合医院中医科和乡镇卫生院为支点，以农村卫生所为基础，健全中医医疗网络的体系。中医工作者广泛应用新项目，采用药浴、牵引、针刀治疗、骶管注射、针灸推拿等传统疗法与现代医学技术相结合，综合治疗类风湿性关节炎、强直性脊柱炎、腰椎间盘突出、颈椎病等风湿病及颈肩腰腿疼等疾病，治愈有效率达 90%以上。卫生部门组织力量对张杰臣、刘子和、李明轩、邸膺卿、赵炎声、邵袭德等部分名老中医行医多年积累的经验进行挖掘整理，汇编《武威市名老中医验方选编》《武威市老中医医案选》《西凉医苑》等书籍。为发挥名中医的示范带动作用，全区实施乡镇（社区）名中医培养计划，把乡镇卫生院和社区卫生机构中中医药理论功底扎实，并在当地群众中有一定声望的中青年中医师培养成为乡镇名中医和城市社区名中医。2006 年，共有 10 位人员被评为乡村名中医。

2009 年，凉州区拥有乡镇以上卫生机构 59 个，医疗卫生系统有职工 2981 人，在职人员 1912 人，招聘人员 1069 人。专业技术人员 2663 人，占总人数的 87%。医疗机构中，有执业医师 685 人、医技人员 164 人、疾病预防控制人员 67 人、妇幼保健人员 43 人、城区社区卫生服务人员 265 人，每千人拥有卫生技术人员 2.98 人。农村取得执业医师资格的乡村医生 1860 人。各医疗单位床位总数为 3610 张，每万人拥有病床 0.4 张。城区区属各医疗单位共有病床 1429 张，其中凉州医院 600 张、武威肿瘤医院 352 张、凉州区中医医院 250 张、凉州区第三人民医院 210 张、凉州区妇幼保健院 17 张，乡镇中心卫生院 495 张、一般卫生院 605 张、卫生分院 66 张。全区人民的健康水平和身体素质大大提高，人口平均寿命已由解放前的 35 岁提高到 73 岁。凉州区先后被民政部、卫生部、国家中医药管理局授予“全国社区卫生服务示范区”“全国中医药特色社区卫生服务示范区”“全国农村中医工作先进区”和“全国艾滋病综合防治示范区”称号，并被甘肃省授予“全省城市社区卫生工作先进集体”称号。

七

改革开放以来，凉州区把“科教兴区”做为推动经济、科技、社会事业不断发展的重要措施，通过重视教育、引进推广先进实用技术，促进科技成果的有效转化，跨入“全国科教进步先进县（区）”行列。

科学技术已经成为推动凉州区经济快速发展的主要动力。凉州区诸多科技成果项目先后获市级科技进步二等奖以上奖励，其中暖棚养畜综合技术、规模养殖技术、规模养猪场疫病综合防治技术、重点动物疫病免疫检测技术、仔猪腹泻病因及其防治技术等畜牧兽医科技项目在省内也具有一定的科技领先意义。工业企业领域引进先进工艺技术和设备，开展各种科技攻关和技术创新活动，一大批科技含量高、市场前景好的科技应用项目落户凉州。全区乡镇企业创建科技进步示范企业，开展质量管理达标活动，建立成本核算控制为主的科学管理体系。2009 年 12 月，凉州区农业科技人员 827 人，乡镇农业技术机构 190 个，科普协会和农民专业合作组织 110 多个。聘用农民技术人员 93 人，引进省内外农业技术专家 169 人（次）。先后组织实施各类农业科技项目 481 项，引进推广农业新品种 1200 多个。全区推广科技种田、科技养殖的时代新风，农作物良种覆盖率达 95%，畜禽优良品种达 97%，科技事业对农业生产的贡献率提高到 48%。

教育实现“规模、结构、质量、效益”的协调发展。1992 年，武威市取消农村小学毕业生升初中考试，实行义务教育阶段适龄儿童强制入学的通知制度。在不到五年的时间里，顺利通过省地两级评估验收，率先在武威地区实现“两基”（基本普及九年义务教育、基本扫除青壮年文盲）达标任务。1998 年，甘肃省教职工住房建设现场会在武威市教师新村召开，全市建成教师住宅楼 36 幢，城镇教职工家庭人均居住面积达到 10.8 平方米，武威市获“全国教师康居工程模范建设（县）区”荣誉称号。从 2001 年开始，通过“新建、改办、分离”并举的办法，进行城区中小学布局调整，将原武威财校、武威师范分别改建武威第十五中学（完全中学）和武威第十八中学（独立高中），将凉州区教师进修学校原址新建武威第十三中学（独立初中）。2005 年，初中学生开始实行划片免试就近入学，从农村乡镇初中学校选送 10%的初三毕业生参加城区高中招生考试，规范城区中小学招生秩序。为应对九年义务教育不断发展的现状，武威市对中小学布局结构再次进行调整，凉州区东关民族小学改办武威第十九中学（九年制学校，保留小学），永丰中学并入武威五中，大河中学并入武威三中。相继撤销合并一部分中小学，改办成适应城乡人口都有的九年一贯制学校，并将一批完小改制为初小或教学点，将部分小学的六年级学生并入临近中小学。经过学校布局区域调整，教学场地分布更趋合理，较好地解决了城市人口不断增加、适龄儿童不断增多的入学难题。2009 年 12 月，凉州区共有小学 391 所、普通中学 77 所，特殊教育学校 1 所、职业中学 7 所、教职工 11350 人，在校学生 17.15 万人。武威六中、武威八中、武威三中、武威九中、和寨中学、谢河中学、四坝中学、青年巷小学、西苑小学、共和街小学、会馆巷小学等 30 所学校被命名为第四批“绿色学校”，成为凉州教育的样板示范点。高考升学率逐年提高，2009 年本专科录取人数为 7062 人，录取率达 59%。1990—2009 年，凉州区被各级各类高校录取的考生达 47210 名。

凉州是历史文化名城、中国旅游标志之都，数千年的历史给凉州留下了丰厚的历史文化积淀和众多的名胜古迹。据文物部门普查，全区有国家级重点文物保护单位 6 处，省、市、县级文物保护单位 72 处，可供游览观瞻的古建筑群、古遗迹、古墓葬、石刻等文物景点 200 多处，馆藏文物 5 万多件。出土的国宝级文物铜奔马、西夏碑、仪礼简、王杖简、医药简、六博俑、彩绘铜饰木轺马车、白马作毛笔、木缘塔、天梯彩绘泥塑像以及西夏文泥活字版本《维摩诘所说经》等，都是全国首屈一指的稀世珍宝。文物遗迹遍布域内，有“石窟艺术的鼻祖”天梯山石窟、中国旅游标志铜奔马的出土地雷台、“陇右学宫之冠”文庙、“丝路梵宫之珠”海藏寺、盛唐名寺大云寺、“鸠摩罗什葬舌之塔”罗什寺塔、西藏归属中原王朝的历史见证白塔寺、盘根错节的张清堡明代古槐、历经沧桑的古长城、唐代第一个嫁与异族的皇室女弘化公主墓地、悬挂着唐代大铜钟的古钟楼、下双大庙等历史文化遗存。境内既有集冰川雪山、森林草原、大漠奇观和绿洲风光于一体的自然奇观，又有堪称世界第一的沙漠公园和濒危野生动物繁育中心为代表的现代景点，更有邱少云烈士纪念馆和凉州战役纪念馆等红色旅游景点。2006 年 1 月，被国家旅游局命名为“中国优秀旅游城市”。

回顾过去的二十年，凉州区走过了不同寻常的历史征程，全区人民秉承国家实施西部大开发的战略发展机遇，推进农业现代化发展，石羊河流域重点治理取得阶段性成果，经济建设步伐加快，社会事业长足进步，民生有效改善，政治和社会大局和谐稳定，党的建设和民主政治建设、精神文明建设取得了一定的成绩。随着国家新一轮西部大开发战略的实施，凉州区遵循甘肃省开拓发展的总体目标，实施区域发展总体战略、循环经济和金武一体化规划，各项事业呈现出欣欣向荣的发展格局。立足现实，展望未来，凉州区仍处在扩大总量、调整结构、构建骨架、夯实基础、强化保障、改善民生的重要发展阶段。凉州人民将继续发挥智慧力量，奋发图强，团结拼搏，开拓进取，为加快建设富强、民主、文明、和谐、美丽的新凉州而努力奋斗！

凉州区志

大事记

本编目录

大事记

1990 年

1 月 5 日，全省土地监察会议在武威市召开，会议表彰奖励了一批秉公执法成绩显著单位，武威市土地管理局被授予“全省土地监察工作先进单位”荣誉称号。

1 月 21—22 日，省委常委、副省长张吾乐来武威市，对全市工农业生产、财政、供销、农副产品收购等工作进行调研。

1 月，省科委决定在武威城东区建立星火技术密集区，密集区包括城关镇部分区域和金羊、高坝、大柳、六坝 4 个乡镇的 10 个行政村，5.2 万人口，2.1 万亩耕地。密集区发展的重点是高产高效的粮菜种植业和家禽饲养业。

是月，武威市人民政府被省政府评为“改善办学条件先进单位”。

2 月 23—26 日，中国共产党武威市第二次代表大会召开，甘庭德作《认真贯彻党的十三届四中、五中全会精神，努力把全市社会主义建设事业不断推向前进》的报告。在二届一次全体委员会上，选举甘庭德、李宁平、袁森年、田宝忠、张柏、徐文善、俞存乃、陈生峥、张治中、蒋荷芳为常务委员，甘庭德当选为书记，李宁平、袁森年、田宝忠、张柏、徐文善当选为副书记。在市二届纪委一次全会上，选举陈生峥为市纪委书记。

3 月 29 日，市委、市政府实行第一个市级领导信访接待日，市委书记甘庭德现场接待来访群众 30 人（次），批阅来信 26 件。

4 月 24—26 日，甘肃省企业改革工作河西现场办公会议在武威市召开，省长贾志杰出席了办公会议。会议期间，贾志杰到武威市汽修厂、针织厂、地毯厂、武威酒厂、益民食品厂等企业进行调研，指出武威市国有和集体企业要探索出一条切合实际的以改革促进生产的发展道路。

6 月 22 日，省委书记李子奇、省长贾志杰到武威市调研经济工作。指出武威市要进一步贯彻执行治理整顿和深化改革的方针，保障经济工作的发展方向，促进政治和社会的全面稳定。市委书记甘庭德、市长李宁平陪同调研。

6 月 25 日，甘肃省人民政府发布《关于对 1989 年度全省售粮（油）模范乡镇进行表彰奖励的决定》文件，武威市丰乐镇、西营乡、武南镇、高坝乡和长城乡被评为“甘肃省 1989 年度售粮模范乡镇”。

7 月 2 日，省委副书记卢克俭到武威市调研，深入大柳乡村组看望农户，了解生产生活情况，并和农户就发展集体经济等工作进行交谈。

7 月 3—6 日，全省文化下乡经验交流武威现场会召开。各地、州、市及有关单位 130 多人参加，省委副书记卢克俭总结了武威的经验。会议就学习、推广武威经验提出了具体意见。

7月11日，司法部部长蔡诚到武威市视察司法行政工作。视察期间，召开了地市有关部门负责人座谈汇报会。

7月23日，民政部部长崔乃夫来武威市，对全市社会福利工作进行调研。

8月17日，市委、市政府发布《武威市企业新一轮承包经营责任制实施办法》。新一轮承包的主要内容是按企业的实际情况分别确定滚动承包、延长承包和重新承包的经营形式。《办法》要求认真做好原承包期满企业的审计工作，圆满完成对上轮承包的评价工作。

同日，武威市制定《武威市城市地下水饮用水源保护区污染防治管理办法》。

9月2日，全国供销系统部分县供销社主任培训班在武威举行。享受国家专项资金扶持的14个省、区的部分贫困县供销社主任参加了培训学习，商业部副部长潘遥参加开学典礼并发表了讲话。

9月2—3日，第11届亚运会"亚运之光"火炬传递到武威境内，城区各界群众、中小学生约1万多人，在武威灯光球场隆重举行火炬传递交接引火仪式。地、市主要领导传递了火种，同时点燃了民勤、古浪、天祝三县分火炬。

10月16—22日，国务院"三西"地区工作会议在武威市召开。会议按照"三西"建设总目标，总结经验，查找问题，分析原因，研究制定国家"三西"建设的各类发展措施。

10月25日，在甘肃省农田水利基本建设劳动竞赛活动中，武威市获先进县（市）一等奖。

12月15日，武威城北核工业地质212大队驻地发现一座魏晋砖室彩绘墓。发掘发现，该墓葬为砖室墓，座西向东，由墓道、前室、甬道、后室组成。墓室出土灰陶罐等文物，根据墓葬形制和出土文物推断，该墓葬为魏晋时期古墓，对研究武威地区魏晋时期的墓葬形制、葬俗等具有较高学术价值。

12月16日，在北京举办召开的首届全国轻工博览会上，武威酒厂生产的冬虫夏草酒荣获博览会银奖。中央领导宋平、田纪云、李铁映、宋健、邹家华等观看武威酒厂参展的产品，并给予高度评价。

1991年

1月1日，武威市西凉综合批发市场建成开业。西凉综合批发市场是一条沿街综合集贸市场，分设5个交易区，容纳国营、集体、个体私营工商业700多户。市场占地20160平方米，总建筑面积达3972平方米，市场总投资70余万元。

1月10—12日，副省长路明来武威市召开现场办公会，就农业节水、科技兴农、抗旱备耕、庭院经济等工作提出指导性意见。

1月23日，国务院《关于表彰1990年度全国粮食生产先进单位和先进个人的决定》文件发布，武威市被授予"1990年度全国粮食生产先进单位"称号。

3月，九墩滩开发指挥部成立。

4月2日，甘肃省人民政府关于农村社会化服务体系建设工作现场会议在黄羊河农场召开。会议由副省长路明主持，会议总结了黄羊河农场农村改革和农业发展的经验，讨论了河西农业发展目标、农业节水、社会化服务体系建设、解决"买难""卖难"等现实问题。

4月6日，甘肃省城市规划座谈会在武威市召开，会议评议和审查了武威市城市规划方案，总结了甘肃省"七五"城市规划工作，交流经验，明确"八五"目标，安排了1991年的城市规划工作。

4月30日，武威市百名青年集体婚礼在市农机修造厂礼堂举行。

5月10日，省长贾志杰、省政协主席葛士英、副省长李萍来武威市视察工作。贾志杰、葛士英一行到武威纺织厂等企业进行调研，指出武威工业发展要以欧亚大陆桥贯通为契机，制定出台搞活大中型企业的相应政策，调动企业的积极性，力争实现企业社会、经济效益双丰收。

5 月 11—14 日，省委书记顾金池来武威市视察工作。顾金池一行深入双城镇小果园村、双城造纸厂、羊下坝乡下畦村、清源镇宣庄村、沙漠公园、濒危动物繁育中心、东关农贸市场等地，了解了武威市村级集体经济、庭院经济及生态环境治理工作，对武威市节水农业设施建设中所取得的成绩予以肯定。

6 月 3 日，武威酒厂和《中国西部发展报》联合举办的“冬虫夏草酒杯全国征文大奖赛”颁奖活动在兰州天河大厦举行。省委书记顾金池出席会议并发表重要讲话，肯定武威酒厂在生产经营活动中取得的优秀成绩，对获奖作者给予热烈祝贺与热情鼓励。

7 月 23 日，著名科学家、教育家、全国政协副主席钱伟长到武威市视察工作。钱伟长一行参观了甘肃省濒危野生动物繁育中心、沙漠公园、文庙、罗什寺塔、古钟楼、雷台等文物景点。

8 月 5 日，省长贾志杰来武威市检查指导抗旱救灾工作。

8 月 9—11 日，中央顾问委员会委员、中国作家协会副主席张光年（笔名光未然，《黄河大合唱》的词作者）率中国作家访问团一行 21 人来武威，参观了文庙、雷台、海藏寺和沙漠公园等处。张光年在海藏寺和沙漠公园欣然命笔，写下了《武威感事》等诗作。

9 月 11—14 日，甘肃省庭院经济现场会在武威举行，省委常委韩正卿、副省长路明、省人大常委会副主任王道义等出席会议并讲话。会议认为，武威市发展庭院经济，加快致富步伐的经验在全省具有一定的典型推广意义。

9 月 18 日，省军区司令员孙粹屏来武威市，对民兵预备役工作进行检查，并到高坝、清源等乡镇视察民兵示范点工作和检阅民兵队伍。

10 月 12—14 日，全省农村教育综合改革工作会议在武威市举行。省委常委、副省长王金堂出席了会议，与会人员参观了永昌镇和寨中学、永昌职业中学，双城镇中山小学、幼儿园和市职业中学。会议对武威市农村教育综合改革中取得的经验给予了充分肯定。

11 月 16 日，省委常委、省纪委书记饶凤翥来武威市检查指导工作。

11 月 17 日，甘肃省民政厅批复，同意武威市将原来规模较大的金羊等 7 个乡划分为 15 个乡，撤销高坝乡，建立高坝镇。武威市的乡镇建制由原来的 39 个扩大到 47 个。其中金羊乡划为金羊、金沙二乡，大柳乡划分为大柳、双树、发放三乡，羊下坝乡划分为羊下坝、中坝二乡，古城乡划分为古城、韩佐二乡，西营乡划分为西营、红星二乡，金塔乡划分为金塔、和平二乡，永丰乡划分为永丰、五和二乡。

11 月，根据中央和省、地委关于开展农村社会主义思想教育的决定，从 1991 年 11 月至 1993 年 6 月，全市分三批开展社会主义思想教育工作。

1992 年

1 月 17—23 日，政协武威市三届一次会议召开。会议选举周大寿为政协武威市第三届委员会主席，谢俊、杜仲寿、白玉珍、段静容、李良国、姚明香为副主席。

1 月 18—26 日，武威市第三届人民代表大会第一次会议召开。大会选举李光辉为市人大常委会主任，王录、满生先、赵忠学、刘国新、蔡桂生、吴维文为副主任；选举俞存乃为市长，田宝忠、何吉元、顾元贵、贾成林、张立胜为副市长；选举赵长洋为市人民法院院长、翟玉春为市人民检察院检察长。

1 月 29 日，武威市举行首批“四放开”国有商业企业责任书签字仪式，标志着武威市国营商业改革工作向纵深推进。“四放开”改革的内容涉及经营范围、商品价格、企业用工、收入分配四个方面，为武威企业的经营活动注入活力并产生积极的初始效应。

2 月 24 日，甘肃凉州曲酒厂生产的凉州皇台酒在美国纽约举行的首届酒类国际博览会上荣获国际银奖。

3 月 19 日，省委书记顾金池来武威视察工作。顾金池一行参观了武威酒厂和高坝镇的两户企业，在听取市委书记甘庭德的工作汇报后作了重要指示，要求武威市做好调整结构和提高效益工作，特别是要在搞好乡镇企业方面取得更大成绩。地委书记朱炳麟陪同视察。

3 月 23—26 日，副省长路明来武威市，考察指导抗旱春耕生产工作。

4 月 11—13 日，市委、市政府召开会议，专题讨论部署改革开放工作，会议在听取 5 个企业主管部门和 7 个综合部门改革方案的基础上进行讨论，原则通过全市加快经济发展的几个方案，并要求付诸实施。方案主要涉及企业改革，综合配套改革，市场建设，武南、黄羊两个经济开发小区建设，政府职能转变等。

4 月 23—24 日，市委二届五次全委（扩大）会议召开，传达学习了中共中央〔1992〕2 号文件和省委 17 号文件精神，讨论了市委、市政府《关于进一步解放思想，加快改革步伐的意见》和《武威市改革总体方案》。

5 月，凉州皇台酒厂生产的凉州皇台酒和凉州古酒在日本举办的第四届国际酒类博览会上分别获得国际金奖、银奖。

6 月 15—17 日，甘肃省农村思想文化建设现场会在武威市举行。省委副书记卢克俭出席会议并讲话，全省各地、州（市）、县委主管宣传的副书记、宣传部长及《光明日报》《甘肃日报》、甘肃电视台、武威地市各新闻单位的记者共 160 多人参加会议。与会人员参观了武威市思想文化建设成果展、名优新特产品展及清水乡蚂蝗小学、清源镇宣庄村、六坝乡蜻蜓村、高坝镇、四坝乡、大柳乡党校、羊下坝乡下畦村、武威六中等 9 个精神文明建设示范点，观看了《凉州风·武威人》专题电视片。

6 月 30 日，甘肃省灌区节水工作会议在武威市召开。副省长路明出席会议，各地州（市）、水利处（局）长及省直有关厅、局的负责人参加会议。武威地区等 19 个单位介绍了节水和科技兴水经验，与会人员参观了黄羊灌区和杂木灌区的常规节水和管道灌溉节水工程。

7 月 15 日，“皇台杯”全国甲级队女子篮球邀请赛在武威举行。辽宁、河北、沈阳军区、北京军区四支球队参加比赛，辽宁队捧走“皇台杯”。

7 月 16 日，武威—哈密友好城市签字仪式在武威市举行，副市长田宝忠主持，武威市市长俞存乃和哈密市副市长姚挺签署了缔结友好城市协议书，武威市委书记甘庭德和哈密市委书记张晓峰出席签字仪式。

7 月 18 日，武威市发生一起特大机井缺氧伤亡事故。清源镇宣庄村因打井需要用水灌泥浆，先后有 6 人跌入井中遇难，事故定性为一氧化碳中毒事件。

7 月，全国卫生城市检查团甘肃省检查组检查评比活动结束，武威市被确认为省级卫生城市。

8 月 1—3 日，省人大常委会副主任邢安民、副省长穆永吉来武威市，慰问了驻武部队官兵和武警指战员，并和武威军民共同庆祝“八一”建军节。

8 月 12—13 日，中共中央总书记江泽民视察武威，其间挥毫题写了“银武威”三个大字。陪同江泽民视察的有国家计委副主任叶青、中国人民解放军副总参谋长韩怀智、中共中央办公厅副主任徐瑞新、中共中央政策研究室副主任滕文生、甘肃省委书记顾金池、省长贾志杰、兰州军区政委曹芃生等。

8 月 26 日，国务委员兼财政部部长王丙乾、省人大常委会主任许飞青、省委副书记阎海旺一行 17 人来武威，在地、市领导的陪同下视察了甘肃凉州曲酒厂，并参观了武威文庙等。

9 月 2 日，兰新铁路兰州西至武威南电气化改造工程全线贯通并投入运营。

9 月 12—16 日，甘肃凉州酒文化节暨丝路重镇科技成果交流洽谈会在西关体育场开幕，副省长路明到会祝贺。节会期间，共签订经济科技协作交流项目 32 项，引进资金 2570 万元，其中外资 270 万美元，商品成交额达 500 多万元。

9 月 14 日，全国政协副主席、佛教协会会长、著名书法家赵朴初在省政协副主席应中逸陪同下视察武威。赵朴初一行视察了海藏寺、大云寺、鸠摩罗什寺。在鸠摩罗什寺题诗："译经存舌思罗什，犯难忌躯念奘公。千古凉州豪杰地，故应天马自行空。"

9 月 19 日，兰新铁路武威南至疏勒河段复线开工典礼在武威市杨家坝河滩铁路桥边举行。铁道部部长韩杼滨、甘肃省省长贾志杰、武威行署专员李万林先后发表讲话。甘肃省委书记顾金池，甘肃省人大常委会原主任、中顾委委员王世泰，铁道部原部长李森茂等为开工剪彩并奠基。

11 月 3 日，甘肃省发布《关于命名表彰全省精神文明建设工作先进单位和先进工作者的决定》，武威市被省委、省政府命名为"全省精神文明建设先进县（市）"。

11 月 8 日，武威市城区盘旋路一家副食商店值班员被杀。武威市公安局警员赶赴现场勘查，认定是一起重大杀人、抢劫的恶性案件。经过调查摸排，拘传了重点嫌疑对象杨黎明、杨文礼和张文静。经办案人员指供、诱供、刑讯逼供，杨文礼等三人逼迫编造了与作案现场勘验笔录基本一致的口供，被市检察院批准逮捕，制造了震惊省内外的武威"92·11·8"冤假错案。

11 月 27 日，国家文物局在北京召开专家组会议，决定将原天梯山石窟文物迁回天梯山保存。

12 月 10 日，在泰国曼谷国际名酒博览会上，武威酒厂生产的冬虫夏草酒荣获最高金奖，雷台酒荣获银奖。

12 月 30 日，凉州皇台酒、凉州古酒获"92 巴黎国际名酒类展评金奖"的新闻发布会在人民大会堂湖北厅举行。凉州皇台酒、凉州古酒是甘肃皇台酒业股份有限公司创建的白酒品牌。"凉州皇台"酒曾荣获巴拿马国际金奖等大奖 100 多项，创造了"南有茅台，北有皇台"的声誉。

12 月，武威市被省委、省政府、省军区命名为"双拥模范城"。

1993 年

2 月 24—26 日，中国共产党武威市第三次代表大会召开。在三届一次全体委员会上，选举甘庭德、俞存乃、袁森年、张柏、徐文善、蒋荷芳、田宝忠、张治中、马景忠、靳开成、张伯福为常委；甘庭德当选为市委书记，俞存乃、袁森年、张柏、徐文善、蒋荷芳当选为副书记。在市纪委一次全会上选举马景忠为纪委书记。

3 月，武威市"希望工程"基金会成立。基金会由共青团武威市委、市妇联、市总工会和市教委联合成立，收到捐款 100 万元，1789 名面临失学的贫困儿童受到资助。

3 月 29 日，甘肃省人民政府公布省级文物保护单位，武威市天梯山石窟等 12 处被列为省级文物保护单位。

4 月 1 日，根据省政府决定，武威市全面放开省内粮食销售价格，取消城镇居民、农牧民、菜农口粮和农村返销粮的平价供应，各种粮票不再流通。

5 月 5 日，16 时许，武威市出现罕见的沙尘暴天气。初至风力 7~8 级，瞬间风力 9~12 级，能见度为零，风力持续两小时左右。沙尘暴天气给全市人民生命财产带来巨大损失，全市共伤亡 124 人，其中重伤 87 人，轻伤 17 人，死亡 20 人。农作物受灾面积达 31.6 万亩，造成直接经济损失 7843.2 万元。

5 月 24 日，省委书记顾金池来武威市视察沙尘暴灾害受灾情况。顾金池一行到长城乡和二坝乡新中村查看灾情并慰问灾民，指导开展救灾工作，要求地方政府倾力帮助受灾群众尽快恢复生产，把灾害造成的损失降到最低程度。

5月25日，武威市西夏文物陈列馆在钟鼓楼开馆。陈列馆中首度展出西夏文书、唐卡、泥塑佛像、石刻造像和部分塔碑等文物，对帮助游客直观了解西夏的文化、佛教和军事历史具有一定的现实意义。

7月11日，中共中央政治局委员、国务委员李铁映来武威市视察。李铁映一行视察了武威文庙、雷台、白塔寺遗址和凉州皇台酒厂，文化部副部长陈昌华、国家文物局局长张德勤、副省长张吾乐陪同视察。

7月22日，全国人大常委会副委员长孙起孟在副省长路明陪同下来武威市，视察了凉州皇台酒厂。

8月1日，武威8000门程控电话正式开通运行。程控电话开通运行后，武威城区电话号码由四位升至六位，标志着武威通信手段跨入全国通信行业先进行列。

8月8日，武威市纸箱厂和凉州皇台酒厂兼并大会举行。大会任命了纸箱厂新的领导班子，会后全厂职工上街游行庆祝。次日，二轻局不同意皇台酒厂兼并纸箱厂，派出工作组进驻纸箱厂，摘掉了刚挂出的“凉州皇台酒厂纸箱厂”牌子，开始了历时九个多月的纸箱厂“兼并风波”。

9月8—10日，中共中央政治局原常委宋平在省长阎海旺、省委副书记杨振杰、省政协副主席黎中的陪同下来武威市，视察了濒危野生动物繁育中心、沙漠公园、凉州皇台酒厂等单位。

9月，接地委通知，李保卫任中共武威地委委员、常委、市委书记，同时免去甘庭德武威市委委员、常委、书记职务。

1994年

1月4日，甘肃省旅游工作会议在武威市天马宾馆召开。各地、州、市旅游局、旅行社、各大宾馆负责人100多人参加了会议。会议总结了1993年全省旅游改革发展工作，安排部署了1994年全省旅游改革发展工作。

1月30—31日，省长张吾乐来武威市视察，调查察看了永昌镇白云村大田膜下滴灌节水工程和农民的生产生活情况。

3月15日，国家文物局发布《关于开展地县级博物馆评比创优和遴选“优秀社会教育基地”活动的通知》文件，武威市博物馆荣获“1993年全国优秀地县级博物馆”称号。

4月6日，武威市出现浮尘天气，持续时间长达100小时左右，能见度不足100米，在武威市乃至全区尚属首次，对农业生产造成严重影响。

4月9日，卫生部发布《关于继续作好促进母乳喂养、创建爱婴医院工作的通知》，武威市医院荣获“国家爱婴医院”称号，这是甘肃省唯一获此殊荣的一家县级医院。

4月14日，省委副书记孙英，省委常委、宣传部长石宗源，副省长陈绮玲等专程到武威审看由武威歌舞团排练的大型民族历史话剧《凉州秘史》。此剧全面反映了1247年西藏佛教萨迦派领袖萨迦班智达与当时蒙古汗国西凉王阔端在凉州会晤的史实。

4月27日，武威地区中级人民法院开庭审理武威市纸箱厂就“兼并事件”起诉二轻局的行政诉讼案。经过两天的法庭辩论，法庭作出一审判决：撤销武威市二轻工业局武二轻发（1993）164号《关于对武威市纸箱厂“申请批准书”的批复》，即不同意纸箱厂被皇台酒厂兼并的批复。二轻局在法定时间内未提出上诉，一审判决生效。轰动全国的“兼并风波”终于画上了句号。

6月23—25日，市三届人大常委会第十七次会议决定：任命田宝忠为市人民政府副市长、代理市长。

6 月 26 日，新华社原社长、著名记者穆青来武威视察指导工作。穆青一行参观了武威文庙和武威报社，指出武威市要进一步加强发掘和宣传，要让铜奔马的故乡名扬四方、声震中外。

6 月 27—28 日，甘肃省环保执法检查组来武威市检查工作。检查组由省人大常委会副主任姚文仓带队，听取了市环保执法检查工作汇报，现场查看了市纺织厂、造纸厂、排水所污水处理情况，对武威市重点污染大户提出了防治意见，并就武威市进一步开展环保执法检查工作提出了具体要求。

7 月 18 日，中国民主促进会武威市委员会成立。

7 月 25 日，全国人大民委主任伍精华在省人大常委会副主任王金堂的陪同下来武威市视察工作。

7 月 29—30 日，日本秋田县鹿角市副市长阿部节雄对武威市进行了友好访问。阿部节雄的友好访问增加了中日之间的接触与交流，促进了双方在经贸文化等领域的交流与合作。日本秋田县鹿角市议会议员、建设水道委员长大里恭司和企画部都市政策课职员石井富士一同访问。

8 月，农业部批准命名武威城东工业小区为第一批全国乡镇企业东西合作示范区，示范区辖高坝、武南、辛家河三个市级开发小区。

8 月 20 日，武威市日用百货公司正式接管了累计亏损 21 万元的九条岭贸易公司，集体企业承包国有企业在全市尚属首例。

8 月 26 日，中国专利信息中心、国家技术监督局、国内贸易部联合举办的中国名牌产品认定暨明星企业评选活动揭晓，甘肃凉州皇台酒厂被评为中国明星企业，凉州皇台酒、凉州古酒被认定为中国名优产品。

9 月 16 日，甘肃凉州益民有限责任公司挂牌成立。这是武威市首家国有企业改组的股份合作制企业，标志着全市产权制度改革迈出新的一步。

9 月 22 日，全国农村教育综合改革工作会议召开，国家教委对 240 个在农村教育综合改革方面取得突出成绩的先进集体予以表彰，武威市被授予“全国农村教育综合改革先进集体”荣誉称号。

10 月 20 日，武威市召开武威城区至武南一级公路建设动员大会。该工程计划总投资 3400 万元，投入人力达 11 万多人（次），投入车辆 3200 台（次），工期为 2 年。

11 月 8 日，第二届巴拿马万国博览会在美国华盛顿隆重举行，凉州皇台酒与茅台、五粮液等国酒齐名荣膺“特别金奖”。

12 月 28 日，九三学社武威市委员会成立。

12 月，武威市被省委、省政府、省军区被命名为“双拥模范城（县）”。

1995 年

2 月 17 日，省长张吾乐来武威市，到武威荣华工贸总公司、甘肃武威纺织厂、甘肃凉州皇台酒厂调研。

2 月 25 日至 3 月 2 日，市三届人大第五次会议举行。会议同意接受李光辉辞去市人大常委会主任职务、俞存乃辞去市人民政府市长职务的请求，吴维文、蔡桂生辞去市人大常委会副主任的请求。会议补选袁森年为市人大常委会主任，马景忠、王淑珍为副主任；田宝忠为市人民政府市长，靳开成为市人民法院院长，关运通为市人民检察院检察长。

2 月 27 日，甘肃省人民政府发布《关于表彰 1995 年度乡镇企业十强县（市、区）和百强乡镇企业的通报》，武威市被评为“全省乡镇企业 10 强县（市）”、武威荣华工贸总公司被评为“全省百强乡镇企业”。

4 月 22 日，省委副书记孙英来武威市，视察了部分工业企业、乡镇企业、规模养殖户。

4 月 28—29 日，副省长崔正华视察了凉州皇台酒厂、荣华公司等企业。

6 月 8 日，全省依法治厂现场会在甘肃凉州皇台酒厂召开，省委副书记杨振杰出席会议并讲话。

6 月 12 日，甘肃省城镇妇女“巾帼建功”活动现场经验交流会在武威市召开。全省 14 个地州（市）妇联主任参加会议，省委副书记杨振杰、地委书记王国文出席会议。

6 月 15 日，中共甘肃省委宣传部、甘肃省文明办发布全省爱国主义教育基地名单，武威文庙和解放军驻武某部邱少云烈士纪念馆被命名为“省级爱国主义教育基地”。

6 月 16—20 日，武威市旱情严重加剧，灌区乡镇和村组之间发生多起争水抢水事件，丰乐、五和、新华、金塔、河东等乡镇的农民发生了集体上访事件。武威市派遣 100 多名干部组成工作组，深入现场，维持秩序，调解用水矛盾，指导农民做好抗旱救灾工作。

6 月 21—24 日，全国县级计划工作交流会第八届年会筹备会在武威市召开。本届年会主要研究县级计划经济与市场调节相结合的问题，会议收到论文 38 篇，有 14 个县（市）代表出席了会议。

7 月 9—10 日，全国环境资源执法检查团来武威市检查工作。检查团由全国人大环境资源委员会和国务院环境保护委员会共同组织，对全国环境保护进行执法检查。检查团深入武威矿区、企业，围绕污染源日常监管领域进行随机抽验检查，对发现的问题现场提出了整改要求。

8 月 11 日，全国“三北”防护林建设视察团来武威市视察工作。视察团由全国人大常委会副委员长布赫率领，前往红水河沿岸东沙窝、濒危野生动物繁育中心，考查武威治沙造林、封沙育草的建设情况。

8 月 15 日，省委副书记孙英带领漳县县、乡两级干部 15 人到武威市参观科学种田、乡镇企业、规模养殖等，并作了指示。

8 月 18—25 日，武威市市长田宝忠、市人大常委会主任袁森年等一行 4 人，应邀访问了日本秋田县鹿角市，拜会鹿角市政府和秋田县知事，双方就开展经济文化交流进行了探讨和磋商。

8 月 30 日，晚 8 时，武威市校尉乡、双城镇、永昌镇遭受暴雨袭击，有 6 个村损失严重。共倒塌房屋 310 间，冲走粮食 27.5 万公斤，压死牲畜 1500 多头（只），冲走家电、家具等 4500 多台件，造成 34 户农民无家可归，3500 亩秋禾作物绝收，1 座教学楼裂缝下陷，1 所幼儿园教室倒塌，2 所学校围墙被冲毁，武双公路 18 公里处冲断 4 米。

8 月，经全国卫生城市检查团甘肃省检查组检查评比，武威市被确认为省级卫生城市。

10 月 25—26 日，副省长韩修国视察武威酒厂等企业。

10 月，全市普及九年义务教育和基本扫除青壮年文盲的“两基”达标工作顺利通过省上验收。

11 月 21 日，甘肃省财税物价大检查工作在武威启动。检查组由甘肃省审计厅、财政厅联合组成，对武威市财税物价工作进行了检查指导。

11 月 26 日，甘肃省河西走廊沙产业开发工作会议在武威召开。原中共中央政治局常委宋平出席会议，著名科学家钱学森向会议发来书面发言。与会代表参观了武威沙产业建设情况，并参观了高坝镇、发放乡的连片规模高效节能日光温室。

1996 年

2 月 19 日，武威出土“铜奔马”的雷台汉墓附近发现新的汉墓。城乡群众依乡俗在 2 月 19 日（农历大年初一）上雷台焚香祈福，因人多拥挤，台上主殿边上的台面踏陷一方，发现一处汉墓。墓室中发现了陶楼院、陶灶、陶制酒具、香炉、汉代五铢钱、铜马尾等文物。考古界将这处墓室命名为

“雷台二号汉墓”。

3 月 28 日，武威市旧城改造动员大会召开。会议安排了 3 年改造旧城的任务和政策措施，拆迁任务重点单位作了表态发言，标志着武威旧城改造工程全面启动。

5 月 10 日，武威市“百日严打”第一次行动开始，参战公安干警、民兵共 1500 多人，出动警车 30 多辆，当夜抓获嫌疑人 115 人，缴获各种枪支 6 支。

6 月 10 日，市委发出《关于在全市党员中广泛深入地开展“双学”活动的安排意见》。随后，全市的 29548 名党员开展了以学理论、学党章为内容的“双学”活动。通过近一年的学习活动，共查处违纪违法党员 27 名。

6 月 25—28 日，甘肃省环保执法检查组来武威市检查工作。检查组由省人大常委会副主任饶凤翥带领，深入武威市造纸厂、化工厂等，对排污设施进行检查，对企业存在的污染生态环境的生产现象提出了整改意见，要求武威市坚决关停污染生态环境且整改不到位的相关企业。

7 月 25 日，全国人大常委会民委主任吴精华来武威视察工作。吴精华一行前往白塔寺遗址实地考察，和武威文史工作者进行座谈，调研了解萨班与阔端“凉州会谈”发生的历史事实，要求武威市做好与白塔寺遗址有关史实的研究和开发工作。省人大常委会副主任王金堂陪同进行了视察调研工作。

8 月 17 日，《武威报》载，国家文物局认定，铜奔马、医药简、礼仪简、王杖诏书令册、木雕六博俑、彩绘铜饰木轺车、白马作毛笔、彩绘泥塑像、木缘塔为国宝级文物。

9 月 20 日，市委三届五次全委（扩大）会议召开，传达了省委八届四次全委（扩大）会议和地委（扩大）会议精神，研究了企业改革与发展问题，作出了《关于加快企业改革的决定》。

9 月 21 日，林业部防风固沙林建设研讨会在武威市召开。会议认为，西北沙漠地带要根据湿地、盐碱地、沙漠等不同土质情况，主要栽种生物油料树种沙棘、红枣、胡杨、沙枣、竹柳等不同树种，并以新疆杨、梭梭、红柳等为主力防护林，实现生态效益、经济效益和社会效益的多赢局面。

9 月 26 日，省长孙英来武威市视察工作。孙英一行前往粮农种植基地及粮食企业，对农业生产、粮食购销、农民增收等问题进行了调研。

9 月 27 日至 10 月 8 日，日本秋田县鹿角市市长彬江宗佑一行 6 人应邀访问了武威市，考察了武威市市情并拜会了市政府和行署领导，并就双方开展交流活动进行了广泛的探讨和可行性研究。

9 月 28 日，甘肃省人民政府办公厅发布《关于表彰文化先进县的通报》，武威市被省委、省政府评为“甘肃省文化先进县（市）”。

9 月，武威市被省委、省政府、省军区命名为“双拥模范城（县）”。

11 月 20 日，国务院发布《关于公布第四批全国重点文物保护单位的通知》文件，武威文庙被确定为第四批全国重点文物保护单位。

11 月 21 日，省军区副司令员刘登云、省政府副秘书长赵胜勤在武威市检查新兵征集工作，重点检查驻港部队兵员质量。

12 月 7 日，《武威报》载，武威市四坝乡攻鼓子舞参加第六届全国“群星奖”比赛，荣获“广场舞银奖”，四坝乡被文化部命名为“中国民间艺术之乡”。

12 月 10 日，省长贾志杰来武威市，会见了陈沛等 14 位农村致富能人代表，并鼓励他们说：“我希望武威市在发现和起用能人上为全省带个好头，涌现出更多的能人，不应满足于已有的成绩，要干大的事业。”

是年，武威市被农业部评为“菜篮子产品生产先进市”。

是年，武威市被省政府评为“1996 年度乡镇企业发展十强县”。

1997 年

1 月 10—11 日，省委书记阎海旺、副省长崔正华来武威市，慰问困难群众，并到部分企业进行考察。

3 月 14 日，市三届人大常委会第三十二次会议决定：任命任伯年为市人民政府副市长、代理市长。

3 月 17—18 日，甘肃省精神文明建设督查组来武威督查指导工作。督查组由省委宣传部、广电、卫生、教育、计生等部门联合组成。由省委常委、宣传部部长石宗源任督查组长。督查组一行通过听取汇报、开展座谈、查验资料、现场走访等形式进行督查工作，对武威市在精神文明建设工作中取得的成绩予以肯定。

3 月 24 日，副省长郭琨带领省计委、省体改委等有关部门负责同志到武威市纺织厂、凉州皇台酒厂等企业，对企业改革和工业生产情况进行了督查。

3 月 26—28 日，中国共产党武威市第四次代表大会召开。在四届一次全体委员会上，选举田宝忠、任伯年、王军、管钰年、王锦文、陈德兴、刘彦、陈义元、常海林、孙延寿、张发基为常委。田宝忠当选为市委书记，任伯年、王军、管钰年、王锦文、陈德兴当选为副书记。市纪委全会选举陈义元为书记。

3 月 28 日，科技部发布《关于公布 1997 年全国县市科技工作考核先进县（市）先进个人和优秀组织单位名单的通知》，武威市被科技部评为“全国科技工作先进县（市）”。

3 月 31 日至 4 月 5 日，政协武威市第四届第一次会议召开，会议选举张伯福为主席，满生先、郭怀发、邓钰、马序锭、蔡林、权学有为副主席。

4 月 1—7 日，武威市第四届人民代表大会第一次会议召开，会议选举张开甲为市人大常委会主任，马景忠、贾成林、王淑珍、景光虎、李积德为副主任；任伯年当选为市人民政府市长，刘彦、张琪海、师福学、张献庆、蒋海、车安宁、张镇当选为副市长；靳开成当选为市人民法院院长，关运通当选为市人民检察院检察长。

4 月 21 日，省政协副主席杜大仕到武威有威食品工业有限公司、荣华公司淀粉厂进行调研。

5 月 1—29 日，武威市金羊、永昌、黄羊、双树、九墩、清水等乡镇发生大面积小麦吸浆虫病。

6 月 3 日，国务委员陈俊生和国家供销总社监事会主任贺光辉一行，在省委书记阎海旺、副省长贠小苏的陪同下，视察了羊下坝乡地膜小麦种植情况。

6 月 12 日，中共中央政治局委员、国务院副总理邹家华来武威市，视察了黄羊镇地膜小麦种植情况。

同日，全国绿化委员会和林业部联合举办的防止荒漠化和干旱日全国百万人大型签名活动在武威开启，武威城区中小学校近五百名学生参加了活动。

6 月 13 日，全市企业改革会议召开，市长任伯年作了动员报告，市委副书记陈德兴介绍了赴内蒙古临河市考察企业改革的情况，市委书记田宝忠作了以“五个整体一步改制”为内容的讲话。之后，7—10 月，按照地委、行署“五个整体一步改制”（以产权制度为主线，以股份合作制为主要形式，整体买断产权、整体买断工龄、整体负担养老、整体安置职工、整体承担债务，一步转换经营机制的企业改革）的新思路，全市 158 户工商企业中 94 户完成了清产核资，57 户进行了资产评估，68 户拟定了改制方案，17 户进行了改制。

6 月 15 日，地委、行署表彰率先奔小康乡镇，武威市长城乡、双城镇、高坝镇、武南镇受到表彰。

6 月 28 日，“林则徐手迹纪念碑”揭幕仪式在武威文庙内举行。

7月12—13日，中共中央政治局委员、国务院副总理姜春云在省委书记阎海旺、省长孙英的陪同下，视察黄羊、谢河等乡镇的农业生产情况。

7月14日，武威市韩佐、永昌、高坝等乡镇相继发生牲畜死亡疫情，共病死羊24只、牛8头、骡子2匹。经检测为炭疽病，在确诊前已有680人误食病畜肉，造成3人感染炭疽。市上紧急采取防治措施，接种疫苗6000人（次），接种家畜1.35万头（次），有效控制了疫情的蔓延。

8月5日，全国政协副主席杨汝岱在省委副书记杨振杰等的陪同下，视察凉州皇台酒厂和武威文庙。

8月10日，邵逸夫赠予武威市的希望工程项目蚂蝗小学和新关小学“逸夫教学楼”开工建设。

8月18—19日，国家计生委党组书记、常务副主任张维庆在副省长陈绮玲的陪同下，到武威市检查计划生育工作。

8月26日，由中国社会经济调查所、全国产品（服务）质量消费者跟踪调查活动组织委员会举办的“消费者心中的理想啤酒品牌”调查活动中，西凉啤酒被评为“全国十佳理想啤酒品牌”。

8月，武威市四坝乡“攻鼓子”在全省首次“群星”艺术节上荣获金奖。

10月1日，经省政府批准，武威市开始实施乡镇财税合一试点。城区设立城关财税所，农村按一乡一镇设立46个乡镇财税所，分别负责个体工商税收和农业税收的征收管理。

10月4日，《武威报》载，震惊省内外的武威“92·11·8”冤案经历了四年坎坷曲折后终于有了结果，武威市人民法院将造成错案的4名主要责任人以刑讯逼供罪一审作出判决。甘肃省人大常委会副主任饶凤翥带领省人大调查组调查此案，对无辜者平反昭雪，按规定启动了国家赔偿程序。对参与此案刑讯逼供、错侦、错诉、错判21名办案人进行了严肃处理。

10月28日，副省长韩修国到武南化工厂、皇台酒厂等企业进行考察。

10月，武威市全面推行农村户口城市化管理，全市48个乡镇的农户统一发放了门牌号、户口簿等证件。

11月6日，市委、市政府发出《关于印发〈武威市市级党政机关改革方案的实施意见〉的通知》《关于〈武威市乡镇机构改革方案〉的通知》《关于党政群机构设置的通知》和《印发〈中共武威市委、市人大常委会、市政协、各民主党派、群团组织机关参照试行国家公务员制度过程中职位分类、人员过渡工作的实施意见〉的通知》。截止1997年底，全市推行国家公务员制度的参照管理、职位分类、人员过渡工作基本完成。首批过渡党的机关工作人员441名，国家公务员1349名。

11月18日，西大街凉州市场建成开业，市场占地4.3万平方米，建筑面积2.5万平方米，总投资1200万元，主要建有平顶营业房476间，高跨度营业大棚11架，防雨防晒棚240间，分设8个交易区。

11月29—30日，副省长崔正华来武威市，到金羊乡和张义乡实地考察了农村小康示范点建设情况。

12月10日，武威市被省政府评为全省教师“康居工程”建设先进单位。

12月29日，省委副书记李虎林来武威市慰问困难企业及特困群众。

12月，武威市撤销城关镇，将其所辖的东关、建国、和平、共和、北关、胜利、西关、南关、火车站、地质新村10个街道办事处合并为6个街道办事处，即东大街、东关街、西大街、西关街、火车站街和地质新村街街道办事处；丰乐镇划分为丰乐镇、康宁乡，金羊乡、和平乡分别改为金羊镇、和平镇。

1998年

1月14日，全国广播电视先进县（市）表彰大会在北京召开，武威市获“全国广播电视先进县（市）”荣誉称号。

2月2日，甘肃省人民政府发布《关于表彰社会治安综合治理先进集体和先进工作者的通知》，武威市被省委、省政府评为“社会治安综合治理模范县（市）”。

3月14—15日，副省长贠小苏来武威市，到高坝镇高效节能日光温室蔬菜产业示范园区、黄羊综合节水示范园区进行调研。

4月15日，武威市遭受罕见的强冷空气袭击，10分钟内平均风速达到11.9米/秒（6级），瞬间风速达到20.4米/秒（8级）。由于预测准确，预防有效，农业生产损失不大。

4月21日，武威市第一所私立中学——武威市育英初级中学成立。

6月19日，《武威市志》首发式举行。市委、市政府主要领导、历届市志编委会成员及有关部门负责人参加了首发式。《武威市志》全书18编80章156万多字、138幅彩色照片、3幅地图，由兰州大学出版社出版。

6月25—27日，省委副书记、代省长宋照肃来武威市视察工作。宋照肃一行到谢河乡节水灌溉点，武威荣华工贸总公司、武威纺织厂、蔡庄市场、西凉市场、皇台集团等单位，了解武威工农业生产、企业改革、市场建设等情况。

7月9日，武威市遭受暴雨袭击，西营、红星、松树、金塔、高坝、新华、丰乐、柏树、校尉、古城等乡镇，以及甘肃武威顺发麦芽有限公司、武威医疗器材有限公司受到洪水袭击，给农作物和生产生活造成较大损失。

8月14日，武威市召开支援长江流域赈灾动员大会。会后，共募集赈灾款30万元支援灾区。

8月15—16日，武威市西营、丰乐、康宁、中路、金山5个乡镇遭受特大暴雨袭击，造成了14个村的20个村民小组237户963人受灾，直接经济损失达660.14万元。

8月18—27日，武威市市长任伯年、市委副书记王军等一行4人，应邀访问了日本秋田县鹿角市，在全面考察鹿角市市情的基础上，双方就结为友好城市事宜进行了坦率而友好的磋商。

8月，经全国卫生城市检查团甘肃省检查组检查评比，武威市被确认为省级卫生城市。

9月4日，副省长李重庵视察了武威市教师新村建设情况。

9月5—8日，甘肃省第四届少数民族传统体育运动会在武威举行。全省17个代表团的藏、回、蒙古、东乡、保安、裕固等10个民族的217名运动员参加了比赛。酒泉地区表演的姑娘追、平凉地区的赛尕尕、张掖地区的顶杆子、临夏州的射弩获得优秀奖。

9月29日，全省城市教职工住房建设工作武威现场会在武威市召开。全省14个地州市的150多名代表参加会议并出席了武威市教师新村落成典礼。武威市教师新村位于城东荣华南路西侧，占地3.66万平方米，共建住宅楼21幢，660套单元房，总建筑面积6万平方米，总投资达3532万元。

10月14日，副省长崔正华来武威市，就粮食流通体制改革、小康建设、扶贫开发工作进行调研。

10月20日，由中纪委、监察部、国家技术监督局、国家环保总局组成的环保执法检查团来武威市，到羊下坝乡造纸厂、九墩造纸厂、双城造纸厂进行了环保督查。检查团指出，不符合环境保护要求的造纸企业，必须坚决依法予以关停。

11月10—12日，日本秋田县鹿角市市长助役佐藤秀郎、企画课课长畠山义孝一行访问武威市。

11月14—15日，副省长洛桑·灵智多杰来武威市视察政法工作。洛桑·灵智多杰带领省政法部门工作人员前往市公安局、看守所、戒毒所和金羊派出所等单位进行了调研。

12月21—24日，国家发展计划委员会价格司副司长张华中带领农业部、监察部、国家发展计划委员会联合检查组，对武威市减轻农民负担情况进行检查。

12月22日，甘肃省“陇货精品”新闻发布会在兰州举行，甘肃凉州益民有限责任公司生产的“云晓”牌熏醋被授予“陇货精品”品牌称号。

是年，武威市被省委、省政府评为“全省发展非公有制经济先进县（市）”。

是年，武威市被省政府评为“1998 年度乡镇企业发展十强县”。

1999 年

1 月 12—13 日，国家电力总公司、国家发展计划委员会、中国农业银行和省电力公司、省计划委、省农行一行 15 人到武威市永昌、洪祥等乡镇，对农电“两改一统价”（改革农电体制、改造农电线路、城乡实行统网统价）的贯彻执行情况进行了检查。

1 月 15 日，甘肃皇台酿造集团公司被省政府确立为全省第二批大型骨干企业，副省长韩修国、省政协副主席李宇鸿参加挂牌仪式。

2 月 5—6 日，省委书记孙英来武威市，视察教师新村、希望饲料有限责任公司、威嘉服装有限责任公司。

2 月 8 日，武威市自来水公司与韩国晓星株式会社正式签约引进韩国供水设备，标志着武威市供水扩建工程开始进入实施阶段。

3 月 25—27 日，省人大常委会主任卢克俭、副省长吴碧莲来武威市，视察了部分乡镇旱情，并慰问了受灾群众。

4 月 13 日，武威市人民对外友好协会筹建大会暨第一届理事会会议召开，大会讨论并通过了《武威市人民对外友好协会章程》，推选 51 个协会理事会成员单位，选举产生了第一届理事会会长、副会长和秘书长。

4 月 16 日，省政协副主席喇敏智来武威市，就落实农村政策、增加农民收入等问题进行调研。

4 月 27 日，受“干暖”气候影响，武威市遭受了罕见的小麦吸浆虫危害，全市 48 个乡镇小麦普遍受害。市上为各乡镇先后投入灭虫资金 1000 多万元，调入灭虫农药 453 吨，全力开展灭虫救灾工作。

5 月 6—7 日，省委书记孙英来武威视察工作。孙英一行深入到武威荣华公司等企业，了解了企业生产经营状况，指出武威是国家重要的种粮基地，要支持荣华公司这样的企业大力发展食品产业，让食品加工产业成为武威的经济支柱产业。

5 月 8—9 日，甘肃省乡镇企业工作会议在武威市举行。省委副书记仲兆隆主持会议，副省长贠小苏讲话。与会代表参观了武威荣华集团、武威市城东工业开发区、高坝花园什字集镇小区。

5 月 9 日，武威南城门楼重建工程正式开工，工程于 2000 年 9 月 30 日主楼竣工，2001 年全部建成。

5 月 14 日，副省长丁泽生到武威市沙漠公园等单位进行了视察。

5 月 21—30 日，应日本秋田县鹿角市市长杉江宗祐先生的邀请，副市长张献庆率领武威市经济考察团一行 8 人对鹿角市和东京、大阪市进行了考察访问。

6 月 20 日，中共中央政治局常委、中纪委书记尉健行来武威市，就党风廉政建设和反腐败斗争情况调研，省委、省政府和省纪委领导宋照肃、李虎林、牟本理等陪同调研。

6 月 26 日，武威市社会治安综合治理委员会、禁毒委员会在文化广场开展禁毒宣传万人签名活动，来自武威六中、八中的学生和城乡群众 1.5 万多人参加了活动。

7 月 5 日，武威市庙山乡、二坝乡突遭洪水暴雨侵袭，冲倒小麦 4540 亩，泥沙埋压小麦 1450 亩，倒塌房屋 85 间，造成危房 387 间，冲毁渠道 680 米、防洪堤坝 1280 米、道路 400 米，造成各种经济损失 205.25 万元。

7 月 12 日，23 时 30 分，武威市遭受特大暴雨侵袭。据气象部门测算，历时 4 小时 48 分的暴雨，降水量高达22.5~53.1毫米，其中尤以武威城区及周边乡镇降雨量最为集中，降水48毫米，降水量和降水强度均突破历史同期最高纪录。暴雨产生的洪水使武威城区及部分乡村严重受灾，城区部分居民室内积水深达0.4~1米，造成大片房屋倒塌。这次洪水也使金山、怀安、柏树等乡镇的部分村组受灾。

7月21日，19时左右，武威市清源镇遭受特大风雨、冰雹的袭击，风力9级以上，瞬间风速达11级，地面降雨量为100~150毫米，最大冰雹直径2厘米，地面积雹厚度10厘米，受灾面积达14735亩，受灾村民小组39个，受灾农户1886户，倒塌畜舍67间，刮倒刮折杨树1534棵，沙枣树587棵，砸伤人员139人，其中重伤7人，破坏高压线路2公里，直接经济损失1146.3万元。

8月4日，下午18时左右，武威市红星、西营、康宁、吴家井等乡镇突降暴雨并引发山洪，致使5816亩秋季作物严重受灾，1749亩绝收，冲走煤炭248吨，羊189只，倒塌房屋29间，造成危房145间，各种损失达173.8万元。

8月5日，第五届“中国治沙技术国际推广培训班”在武威治沙研究所开班。培训班受国家对外经济贸易部的委托，为期25天，来自伊朗、伊拉克、沙特阿拉伯、利比亚、阿曼、柬埔寨、乌兹别克斯坦等国的学员参加了培训。

8月6日，武威市黄羊镇被列为“全国首批农村小城镇建设试点乡镇”。

9月21日，全国第五届葡萄科学研讨会在武威召开。会议期间，代表们参观了黄羊河集团公司莫高酒业原料基地、皇台葡萄种植基地和武威农业综合开发高新技术推广中心。

10月23日，甘肃省档案局档案管理考评组来武威，对企业档案工作目标管理进行考评。考评结论认为，甘肃武威酒业集团有限责任公司、甘肃武威远通汽贸实业集团有限责任公司的档案工作目标管理达到国家二级标准。

11月，邓马营湖综合开发指挥部成立。

是月，根据武威市城市总体规划，经省计委批准立项，开始实施武威城区二环路建设工程。该路全长18.6公里。南、北路为双辅六车道，东、西路为单辅五车道。工程投资9000万元，2002年11月竣工通车。

12月2—3日，省委常委、组织部部长王安顺到武威检查工作。在地、市领导的陪同下，参观了武威市胜利街街道、荣华公司，并听取了武威市工作汇报。

12月3日，由省委政法委、省综治办组成甘肃省社会综合治理工作考核组来武威进行考核。考核组深入皇台集团、大井巷小区、武威啤酒厂家属区、荣华小区、教帅新村、高坝五里村，通过听取汇报、问卷调查、查核资料等方式，全面考核了武威市综合治理工作情况。

12月10日，“再造武威”赠书暨征文颁奖活动仪式在凉州宾馆进行。省政府参事室主任魏武峰、南京熊猫电子公司西北分公司经理洪伟等领导出席了征文颁奖活动仪式，现场向高坝镇农民文化站赠书200多册。

12月23日，省委党风廉政建设责任制考核组来武威进行考核工作。考核组一行在省委常委、纪委书记李虎林的带领下，抽查了武威市地方税务局、高坝镇丁家园村的党风廉政建设责任制建立及运行情况。通过核验资料、听取汇报，对武威市落实党风廉政责任制的建设运行工作予以肯定。

2000年

1月12日，武威市被国家双拥领导小组命名为“双拥模范城”。

3月2日，鸠摩罗什寺修复总体规划暨一期工程设计方案通过专家论证。

3月16日，省委副书记陆浩在地、市领导的陪同下视察了武威市农业高新技术示范中心。

3月20日，中国人民对外友好协会批复，同意武威市与日本秋田县鹿角市缔结友好城市关系。

3月23日，云南省委原书记、中央“三讲”教育检查组组长普朝柱来武威市，考察了荣华集团、高坝碌礴村日光温室、高科技组配中心、野生动物繁育中心和黄羊河农场。

3月31日，接地委通知，张余胜任中共武威市委委员、常委、书记。

同日，武威市市级领导班子和领导干部“三讲”教育动员大会在地区影剧院召开。省委副书记、省长宋照肃出席会议并作了重要讲话。市直各部门、各街道、市属企事业单位，中央、省、地、驻武单位的负责同志，离退休干部代表，开展“三讲”教育单位的全体干部共1000多人参加了会议。

4月12日，武威地区境内发生特大沙尘风暴，武威市的11个乡镇在当日18时至21时共发生火灾19起，受灾21户，201间房屋着火，死1人，伤2人，烧死耕牛4头，猪20头。

5月9日，全省水政水资源工作会议在武威市召开。

5月22日，农业部检查组来武威市，检查考核全市动物防疫检疫工作。

6月5日，武威市药王温矿泉疗养山庄建设项目通过省地有关专家的评审。该项目是甘肃省河西地区第一个开发温泉地热资源进行疗养的项目，是集疗养、住宿、娱乐、旅游为一体的新型旅游资源开发项目。

6月27日，省委副书记仲兆隆来武威市，调研禁毒、戒毒工作。

6月28日，甘肃沙产业工作会议在武威召开，原中共中央政治局常委宋平、中国科协副主席刘恕及中央有关部委派员出席了会议。会后，宋平在中共甘肃省委书记孙英、省长宋照肃的陪同下视察了武威沙产业基地和开发项目。

7月10日，联合国儿童基金会会同国家卫生部消除碘缺乏病国际合作项目调查组，到武威市盐务管理局、发放乡贾家墩村小学及食用盐零售商店、村民厨房等地进行调查。

7月16日，全国人大常委会副委员长蒋正华带领的西部大开发考察团来武威市考察工作。

7月17日，中央党建领导小组副组长、“三讲”教育联系会议负责人张全景来武威市考察工作。

7月18日，国家西部考察团考察武威希望饲料公司。考察团由中共中央统战部副部长胡德平、全国工商联常务副主席谢白杨带领，由各民主党派、工商联人士及专家、学者组成。

7月25日，文化部部长孙家正来武威市考察文化工作。

8月2日，南方证券有限公司在深圳证券交易所发布《甘肃皇台酒业股份有限公司股票上市公告书》，标志着武威首家地方企业成功注册成为上市企业。上市后的皇台证券简称“皇台酒业”，证券代码：000995，总股本14000万股，可流通股本4000万股。

8月6日，全省防害减灾工作会议在武威召开，副省长洛桑·灵智多杰、李重庵到会并讲话。会议要求，各级各有关部门要进一步提高认识，切实增强工作责任感，强化安全至上的理念，扎实做好防震减灾各项工作。

8月14日，省人大常委会副主任胡慧娥视察武威市《中华人民共和国城市居民委员会组织法》贯彻实施情况。胡慧娥一行深入东大街、西大街社区，和居民进行座谈，检查该法在基层的宣传、贯彻及实施情况。

8月15日，武威西夏博物馆建成庆典仪式在文庙广场进行。西夏博物馆于1999年6月18日动工兴建，位于甘肃武威文庙门前，座东向西，设计为“回”字形仿古框架结构建筑，占地面积约3570平方米，展厅面积1400平方米。

9月7日，全国政协副主席陈锦华在省政协副主席朱作勇陪同下在武威市考察。

10月1日，武威市交警大队在城区主干道路装备的电子监控设备开始启用。

11月3—10日，日本秋田县鹿角市市长佐藤洋辅应邀率领鹿角市政府代表团和市民代表团一行9

人访问了武威市，武威市与鹿角市签订了《关于缔结友好城市的协议书》。

11月22日，《武威报》载，由农业部、国家发展计划委员会、财政部等八部委审定公布的全国15家农业产业化重点龙头企业中，武威荣华实业（集团）股份有限公司、黄羊河农工商（集团）有限责任公司、农垦啤酒股份有限公司3家企业榜上有名，这也是甘肃省榜上仅有的3家企业。

12月22日，由国家防汛抗旱总指挥部办公室副主任赵广发率领的抗旱检查组，检查了黄羊灌区高新节水示范园区、西营渠首、西营一干渠改建工程、杂木灌区抗旱服务建设情况。

2001年

1月3日，市委召开全市农村“三个代表”重要思想学习教育工作会议，对农村开展“三个代表”重要思想教育活动作了安排部署，并就贯彻“三个代表”重要思想，改进农村基层干部的思想和工作作风制定了具体意见。

1月4日，由省档案局副局长拓志平带队的国家级考评组来武威市考评企业档案管理工作。通过考评认定，武酒集团、皇台集团、爱雅纺织有限责任公司三家单位档案目标管理达到国家一级标准，市农发行、房管局、杂木水管处三家单位的档案管理达到国家二级标准。

1月19日，中共武威市委、武威市人民政府制定下发《关于进一步深化企业改革的实施意见》，启动以产权制度为核心的新一轮企业改革。

3月1日，武威市被中宣部、司法部授予全国“三五”普法先进县（市）荣誉称号。

3月5—6日，副省长杨志明一行，在市上领导陪同下，对莫高酒业有限责任公司等5家企业进行了调研。

4月12日，水利部部长汪恕诚来武威市检查指导工作。

4月24—25日，由水利部发展研究中心副主任李焕雅为组长的中央农村工作领导小组调研组来武威市进行农业节水工作调研。调研组一行深入西营河灌区详细察看了干渠改建工程、渠系配套工程和高坝高效节水农业示范区。

5月9日，国务院作出《关于同意甘肃省撤销武威地区设立地级武威市的批复》。批复指出：（一）同意撤销武威地区和县级武威市，设立地级武威市。市人民政府驻新设立的凉州区。（二）武威市设立凉州区，以原县级武威市的行政区域为凉州区的行政区域，区人民政府驻东大街。

5月21日，《甘肃省发展中医条例》实施暨创建农村中医工作先进县（市）工作会议在武威市召开。与会代表参观了武威市中医医院及黄羊等3个乡镇中心卫生院，学习了全国中医药工作会议和全省卫生工作会议精神，讨论了中医发展工作条例。市委书记张余胜代表武威地、市两级向全省中医工作会议致辞。

5月24日，甘肃荣华实业（集团）股份有限公司80000万股普通股股票获准发行。28日下午，在上海举行了荣华实业新股发行网上路演。

5月31日，凉州白塔寺保护维修工程开工典礼在白塔寺遗址举行。国家文物局副局长郑欣淼、省政协副主席杨镇刚以及地委书记张绪胜、行署专员梁国安等为工程开工剪彩并培土奠基。白塔寺维修保护一期工程计划投资1040万元，将完成萨班灵骨塔遗址保护加固、复原萨班灵骨塔并修建白塔寺遗址文物陈列馆。

6月12日，省人大常委会副主任陈绮玲一行对武威市文物保护工作进行了视察，并对全市文物保护维修工作提出了指导性意见。

6月13—14日，由全国人大常委会委员贺一诚带领澳门特别行政区第九届全国人大代表来武威视察工作。代表团一行考查了武威市西部大开发、防沙治沙、旅游资源开发等工作情况。省人大常委会副主任杨作林及地区领导张绪胜、焦天成、祁子湘陪同视察工作。

6月14—16日，甘肃省环保联合执法检查组来武威检查工作。检查组由省环保、经贸、监察、林业4部门联合组成，前往武威部分乡镇和企业，对武威生态环保执法状况进行全面检查。

6月25日，国务院公布第五批全国重点文物保护单位，武威雷台汉墓、白塔寺、天梯山石窟名列其中。

7月3日，武威市四届人大常委会第二十三次会议召开。会议同意任伯年辞去武威市人民政府市长职务，任命王军为武威市人民政府副市长、代市长。

7月9—10日，甘肃文化资源保护利用情况视察组来武威视察工作。视察组由全国政协副主席王文元率领，部分全国政协常委、委员组成。视察组一行视察了文庙、雷台、大云寺、海藏寺等部分文化资源的保护开发利用现状，强调武威市要多渠道筹措资金，充分挖掘旅游文化资源潜力，切实保护好、利用好现有的文化资源。

7月12日，省委副书记仲兆隆来武威市，就深入开展“三个代表”重要思想学习教育活动和学习贯彻江泽民总书记“七一”重要讲话进行了专题调研和座谈。

7月24日，甘肃省人民政府全文转发《国务院同意甘肃省撤销武威地区设立地级武威市的批复》，同意撤销中共武威地委、武威地区纪委，成立中共武威市委、武威市纪委；撤销县级武威市，设立凉州区。

7月27日，武威市召开全市领导干部大会，传达国务院和省委、省政府关于武威地区撤地设市和撤销县级武威市，设立凉州区有关问题的决定，会议宣布凉州区正式成立。会后举行了中共凉州区委、区人大常委会、区政府、区政协的挂牌仪式。

8月1日，武威地区领导干部大会召开，会议传达国务院和省委、省政府关于武威撤地设市批复及有关通知精神，宣布地级武威市正式成立。会后举行了中共武威市委、武威市纪律检查委员会挂牌仪式。省委常委、组织部长王安顺出席挂牌仪式。

同日，接地委通知，苏振祥任中共凉州区委委员、常委、书记。

8月19—20日，省委副书记、省长陆浩来凉州区调研石羊河流域综合治理工作。陆浩指出，水资源日益减少及土地荒漠化程度加剧是武威面临的一个严峻课题，强调武威市要下决心实行石羊河流域水资源的统一管理，搞好综合治理，坚持走可持续发展的道路。

8月21—22日，省委副书记仲兆隆来凉州区检查实施西部大开发战略进展情况。在市领导张绪胜、梁国安陪同下，先后考察了皇台集团葡萄酒生产线、荣华集团玉米淀粉深加工、武酒集团马铃薯颗粒全粉、濒危野生动物繁育中心荒漠化治理情况及凉州区双树乡葡萄基地建设情况。

8月26日，全省公路巡警中队规范化建设工作会议在凉州区召开，区交警大队黄羊中队作了经验交流发言。

8月28—30日，民乐、阿拉善右旗、民勤、金川、永昌、天祝、古浪、山丹、高台等10县（区、旗）政协第十六次联谊会在凉州区召开。

9月2日，全国政协副主席、两院院士钱正英率有关专家来武威市，考察石羊河流域水资源综合治理情况。

9月5—6日，国务院参事室副主任蒋明麟一行13人来武威市，考察了凉州区生态建设、环境保护与荒漠化治理工作情况。

9月9—10日，全国麻纺专业年会在凉州区召开。

9月10日，在凉州区第四届人民代表大会上，王军当选为区人民政府区长。

9月22日，农业部部长杜青林在甘肃省委常委、省委秘书长洪毅陪同下来凉州区荣华公司、高坝镇碌碡村视察工作。

10月1日，市人大、市政府、市政协举行成立揭牌仪式。省委常委、秘书长洪毅，副省长洛桑·灵智多杰，省政协副主席杨镇刚分别与市人大常委会主任牛兆虎、市人民政府市长梁国安、市政协主席曾继伟揭牌，宣告武威市人民代表大会常务委员会、武威市人民政府、中国人民政治协商会议甘肃省武威市委员会成立。

10月15日，中共武威市委、武威市人民政府印发了《关于调整武威市与凉州区部分机构职能的决定》，该决定对撤地设市后城市规划区内的公安、城市规划、城市建设与管理、人民防空、广播电视、城市调查、医疗机构的审批和管理、文化市场和音像市场管理、公路和公交客货运输汽车维修市场管理机构职能作了明确规定。

11月1—3日，副省长吴碧莲来凉州区调研财政工作。

11月10日，国家教育督导团来凉州区督导视察教育工作。督导团由国家督学金汉杰和中国国际教育交流协会主任李顺兴带领，深入凉州区部分中小学，实地了解学校的软硬件建设及教师工资发放等情况。

11月19日，省委副书记、省长陆浩在武威市领导张绪胜、梁国安、苏振祥、刘存禄的陪同下，考察了皇台集团、爱雅集团、荣华集团等企业。

12月2日，经甘肃省委宣传部、省广播电影电视局批准，甘肃人民广播电台第四套节目——甘肃经济广播电台在凉州区冬青顶完成收装设备安装调试，正式向武威听众转播。

12月7日，武威市召开市区部分机构职能调整移接交签字仪式，凉州区建委、农牧、统计、民政、文化等五部门部分机构职能从即日起正式移交武威市管理。

12月8日，国家农发办、水利部农发办项目评估专家组来凉州区，对黄羊灌区农业综合开发水利骨干工程进行考察评估。

2002年

1月26日，凉州区人民政府发布《关于废止和修订部分规范性文件的决定》，决定废止《武威市乡镇行政处罚程序暂行办法》等97件规范性文件，将《武威市行政执法工作办法》等46件文件名称所用的“武威市”修订为“凉州区”，文中出现的“武威市”“市政府”等相应修订为“凉州区”、“区政府”后予以保留，继续施行。

2月22日，《北京青年报》载，国家主席江泽民将一尊编号为0222的“马踏飞燕”作为国礼赠予来访的美国总统乔治·布什。此“马踏飞燕”系仿制品，青铜铸造，24K镀金，与原件比例为1:1。

3月5—6日，省委常委、省委组织部部长徐守盛来凉州区，对西关街街道办事处社区党建工作、黄羊镇基层党组织建设进行了调研。

3月5—6日，甘肃省副省长杨志明与省经贸委、体改办、财政厅等部门负责人，在市上领导的陪同下，对莫高酒业有限责任公司等5家企业进行了调研。

3月28日，副省长吴碧莲来凉州区，到黄羊镇千亩节水农业示范园、甘肃药物碱厂及黄羊红太阳面粉厂进行调研。

4月7日，甘肃省统计局副局长白明、陈波到凉州区城东工业开发区、城东观光农业区、黄羊绿色食品开发区进行考察，考察期间，白明、陈波一行参观了荣华公司、沙漠公园、黄羊红太阳面粉厂等企业和单位。

4月8—9日，省政协副主席周宜兴带领调研组来凉州区就青少年违法犯罪问题进行调研。市政协主席曾继伟陪同调研。调研组在省少管所、凉州区高坝镇就青少年违法犯罪情况的现状、成因、强制改造、社会帮助等方面进行调研。

4月15日，甘肃省电力公司330千伏凉州送变电工程在凉州区东河乡旧庄村大沙河正式动工兴建。该工程是甘肃电力“十五”规划重点电网建设项目，也是河西走廊330千伏二回建设起点工程。

4月18日，凉州城区发现一处东汉晚期墓葬。墓葬位于武威市医院住院部南侧，经考古工作者清理发掘，共出土文物陶、铜两个器类的随葬品14件。

5月13—15日，省政协副主席杨镇刚带领省政协区域经济调查组来武威市调研。调查组一行在市上领导曾继伟、徐文善、田毅的陪同下，深入凉州区部分乡镇和城区骨干企业，调研武威市发展特色产业和小城镇建设的有关情况。

5月16日，省委副书记、省纪委书记韩忠信来凉州区，到黄羊红太阳面粉厂、莫高葡萄酒业股份公司了解企业的生产经营情况，同时视察了全区党建、经济、社会及纪检监察工作。

5月18日，省军区司令员赵建中来凉州区，检查指导武装工作并参观了荣华应急民兵连部、柏树乡民兵训练基地的建设情况。

5月23日，凉州区邀请南非农业专家洛道夫、南非合众国际投资股份有限公司经理郑宁举办无公害生产科技讲座。

5月31日，西大街11个社区党支部、社区居委会和社区工会委员会同时挂牌成立，标志着全区城市社区建设进入新阶段。

6月3—6日，日本秋田县鹿角市议会议长大里恭司一行5人来凉州区参观访问。访问团一行与凉州区有关部门、企业就两市区经贸、文化交流的具体事宜进行了商谈。

6月6—9日，凉州区出现强降雨，造成山洪暴发，沿山的西营、康宁、南营等6个乡镇受灾，受灾面积46万多亩，减产粮食2908万公斤。

6月19日，省委副书记仲兆隆来凉州区视察工作。仲兆隆一行先后参观视察了黄羊绿色食品科技示范园区万亩金盏花栽植示范基地、园区建设及省药物碱厂生产经营情况。

7月11日，省委常委、副省长洛桑·灵智多杰来凉州区，对城市低保工作进行检查。

7月14日，凉州区局部乡镇出现了一场罕见的龙卷风，风力达8~10级，致使金羊、永昌、羊下坝等19个乡镇的农作物遭到重大损失，受灾面积7.5万亩，减产粮食1728万公斤。

同日，全国人大农村委员会副主任杨振怀率领农业部、水利部、中科院、北京勘测设计院、黄河水利开发委员会等部门的专家学者，调研凉州区石羊河流域下游水资源开发利用情况。

7月28日，武威新西凉市场正式破土修建。该市场由甘肃大洋房地产开发有限公司承建，投资9000万元，建筑面积7万平方米。

7月31日，20集电视连续剧《大漠祭》摄制组在凉州区举行开镜仪式。这部电视连续剧是根据凉州区青年作家雪漠（陈开红）同名长篇小说改编而成的。该剧由江苏省委宣传部、甘肃省委宣传部、江苏元富投资公司联合拍摄，由江苏国际影视文化发展中心和甘肃电视台电视艺术制作中心联合制作出品。

8月1日，省人大常委会主任卢克俭来凉州区，视察了富民花园社区党建工作和荣华味精厂的生产情况。

8月1—5日，武威市聘请的荷兰马铃薯生产技术专家Jan.W.Henfling PH.D来凉州区武威酒业集团马铃薯颗粒全粉分厂，进行考察和交流。

8月11日，外经贸部部长石广生在甘肃省外经贸厅厅长毛郁生及市区领导的陪同下考察了凉州区白塔寺遗址保护和修复工程、雷台汉墓广场等文物景点和旅游开发工作。

8月16日，天梯山石窟陈列馆举行竣工开馆仪式。省文化厅副厅长、文物局局长马文治，市、区领导及市、区有关部门负责人、区老干部考察团参加了竣工开馆典礼，并参加了白塔寺复原萨班灵骨塔工程竣工仪式。

8月21日，甘肃武威首届天马文化旅游节开幕式在武威体育场举行。市委书记张绪胜主持开幕仪式。省委副书记马西林、原省委书记李子奇、省委副书记陈学亨、省人大常委会副主任杨作林、省人民政府副省长崔正华、省政协副主席杨镇刚、省高级人民法院院长张树兰、省军区副司令员姚汉信等省上领导参加开幕式。

8月，经省民政厅批复，永丰、洪祥、四坝、谢河、羊下坝、中坝、古城、红星、张义、发放10个乡镇撤乡建镇。撤乡建镇后政府驻地、行政区域、管辖范围不变，实行镇辖村体制。

9月26日，《武威日报》载，凉州区被评为“全国残疾人康复工作先进区”。

10月18日，甘肃省人大常委会副主任姚文仓在凉州区领导苏振祥、刘富祯、张琪海陪同下，视察了荣华集团生产经营及党建工作情况。

11月2日，省委副书记仲兆隆来武威调研。在市委书记张绪胜陪同下，仲兆隆先后参观了武威市火车站广场、城区二环路建设工程、新西凉市场建设、日处理9万立方米污水处理工程、雷台旅游区基础设施建设项目、红太阳面粉厂以及甘肃农大苜蓿原种基地和牛繁育基地建设。

11月3日，甘肃省委常委、省委组织部部长徐守盛在市委书记张绪胜及市、区相关部门负责人陪同下，视察了凉州区白塔寺修复工作。

11月6—9日，中国共产党凉州区第一次代表大会召开。在一届一次全委会议上，选举苏振祥、毛生武、张效林、许萍、刘富祯、张琪海、沈开祥、韩吉永、常海林、李俊星、田进良、费生云为常委，苏振祥当选为区委书记，毛生武、张效林、许萍、刘富祯、张琪海、沈开祥、韩吉永当选为区委副书记。在区纪委一次全会上，韩吉永当选为纪委书记。

12月2—5日，政协凉州区第五届第一次会议召开。会议选举师福学为政协凉州区第五届委员会主席，权学有、张兴明、蒲龙、张严德、张承潜、释理智、蔡凤琴为副主席，赵多斌为秘书长。

12月3—6日，凉州区第五届人民代表大会第一次会议召开。会议选举王锦文为人大常委会主任，张兰华、靳开成、卢万新、蔡太山、唐仁德、臧佑仁为副主任；选举毛生武为区长，刘富祯、刘兆祥、卢小亨、陈日清、王吉东、张祥生为副区长；选举朱进文为区人民法院院长，王诚为区人民检察院检察长。

2003年

1月6日，凉州区教育局撤销了各乡镇原学区辅导站，设立教育干事，削减170多名辅导站工作人员充实到教学第一线。

2月14日，凉州区莲花山发生重大火灾，莲花山风景区状元桥东侧的财神殿被焚烧殆尽，经济损失达30余万元。

2月18日，凉州区在荣华俱乐部召开全区四级干部大会。区委书记苏振祥作了题为《实施追赶战略，实现超常规发展，为加快全面建设小康社会进程而努力奋斗》的讲话。

3月13日，《武威日报》在头版显著位置刊登通讯《村民的好支书——苏全文》，介绍凉州区谢河镇五中村党支部书记苏全文的先进事迹，并配发评论员文章《基层干部的楷模》。

3月16日，白塔寺景区建设全面展开。白塔寺景区占地310亩，计划投资3770万元。景区现存灵骨塔基高8米、周长56米。国家文物局委托中国建筑技术研究院对凉州白塔寺的修复进行了缜密的规划设计，建筑学家傅熹年率领专家学者搜集了大量历史资料，尽可能还原具有七百多年历史的寺庙。

4 月 25—26 日，省政协副主席蔚振忠来凉州区，就全面建设小康社会进行调研。

4 月 29 日，凉州区从卫生、公安、交通等部门抽调 92 人，组成 5 个检查组，对进入市、区的武（威）双（城）公路松涛段、一级公路收费站、黄羊岔路口、枣园公路桥洞路口、武威火车站出口等五处设立的非典型肺炎检疫站进行检查，重点对进入市区的外来车辆和疫区来的车辆人员进行全面检查、体检、登记询问，严防“非典”病毒侵入凉州区。

6 月 3 日，中共凉州区委、凉州区人民政府召开会议，通报双城镇学生服食鼠药、农药事件发生的原因及处理情况。5 月 19—24 日，双城镇先后有 4 名学生服食鼠药、农药，经医院抢救、治疗，两名学生康复出院，两名学生抢救无效死亡。事件引发国内众多媒体关注，经凉州区专案组调查，该事件发生的主要原因是个别学生不能正确对待人生和把握自己，心理脆弱，导致轻生。会议对凉州区教育局提出了严肃批评，要求追究有关人员的责任。

6 月 6—7 日，兰州军区副司令员邹庚壬、省军区副司令员姚汉信到凉州区视察爱国主义教育基地及国防教育基地、民兵预备役工作。邹庚壬对凉州区国防动员和民兵预备役工作给予了充分肯定，并强调要强化忧患意识，建立健全国防动员工作法规、制度，使之走上法制化、规范化的道路。

6 月 9—10 日，省委书记宋照肃来凉州区，调研加强农村基层组织建设、推进全面建设小康社会进程等工作。

6 月 10—13 日，副省长罗笑虎来凉州区就公安、民政工作进行调研。罗笑虎一行深入看守所、派出所调查研究，慰问部分特困户、老红军、伤残军人。

6 月 16 日，凉州区南大街正在装修的三洋太宾馆发生火灾，造成 3 人死亡，2 人烧伤（其中 1 人重伤）。

6 月 20 日，区委印发《关于在全区党员干部中开展以“两个务必”为主要内容的作风纪律教育的安排意见》。

7 月 4 日，中国人口基金会副会长兼秘书长苗霞在甘肃省计生协会副会长何坚明及市、区领导陪同下，来凉州区调研人口与计划生育工作。

7 月 5 日，甘肃省人民政府公布第六批省级文物保护单位，凉州区郭家山遗址、亥母寺遗址、塔儿湾遗址、白塔寺遗址、旱台子墓群、五坝山墓群、南沙滩墓群名列其中。

7 月 9—10 日，受国家质监总局、国家标准委的委托，甘肃省技术监督局常务副局长李中和带领考核验收组，来凉州区现场考核验收优质小麦国家标准化示范区项目建设。

7 月 13 日，凉州区张义、中路、上泉三乡镇范围内骤降暴雨，引发山洪。三乡镇有 260 多户农户受灾，并有部分公用设施被毁，洪灾造成直接经济损失 60 多万元。

7 月 15—16 日，省委副书记、省委组织部长王宪魁来凉州区调研。在市委书记张绪胜、区委书记苏振祥等领导陪同下，王宪魁一行深入凉州区就经济建设、生态治理、基层组织建设特别是实施“双培双带”工程进行调研。

7 月 27 日，全国政协副主席李兆焯一行在市政协主席曾继伟等陪同下，视察武威市旅游景点开发工作。李兆焯指出，要聚合历史文化资源，全面提升文化旅游景点的品位；要切实处理景区开发建设同小康建设的关系，发挥好造福一方的龙头作用；加大保护力度，力求景点开发特色化、系统化、规范化，切实做好旅游产业优化整合工作。

同日，省委副书记马西林、省人大常委会副主任丁泽生来凉州区，视察白塔寺恢复建设情况。

7 月 28—30 日，2003 年全国乡镇企业东西合作经贸洽谈会暨第二届“天马”文化旅游节召开，来自全国 31 个省、市、自治区及 12 个国家的 6600 多名嘉宾参加了乡洽会开幕式。全国政协副主席李兆焯、农业部副部长刘坚、国家文物局原局长张文彬、国家有关部委负责人及省、市领导出席了大会开幕式。

7月31日，凉州区金山乡突降暴雨，引发山洪，造成直接经济损失15.6万元。

8月8日，省委常委、省政法委书记洛桑·灵智多杰，在市委书记张绪胜等领导陪同下，调研凉州区旅游业发展情况。

8月10日，中国民族语文翻译局党委书记、局长，中央民族大学教授、博士生导师丹珠昂奔就藏文化保护及文物保护工作来凉州区考察。丹珠昂奔一行参观了白塔寺、文庙、西夏博物馆、雷台汉墓，调研了凉州区文物保护情况及藏文化研究情况，就如何进一步做好文物保护及藏文化研究等工作提出了指导意见。

8月30日，凉州区柏树、红星、新华、西营、青林等乡镇遭受洪水侵袭，共造成直接经济损失307.5万元。

9月6—7日，全国人大常委会副委员长许嘉璐，全国政协副主席张怀西来凉州区，就“生态家园富民工程”实施情况进行了专题考察调研。

9月9日，在张掖召开的甘肃省河西走廊星火产业带建设启动仪式暨工作会议上，凉州区被列为省级星火西进示范县区。

9月15日，区委召开第十九次常委（扩大）会议，专题讨论通过了区委、区政府《关于实施“二次创业”，走新型工业化道路的决定》。

10月13—14日，省委副书记陈学亨来凉州区，视察了禁毒、“打防控”一体化治安防范体系建设工作。

10月17日，甘肃省首次中日联合考古项目——“武威磨嘴子遗址中日联合考古发掘项目”开工仪式在新华乡缠山村磨嘴子汉墓群遗址举行，省政府副秘书长孙公平、省外事办副主任费亚夫、市政府副市长赵永红和日本秋田县教育长小野寺清一行5人及省市有关部门负责人、专家30多人出席。

同日，水利部部长汪恕诚来凉州区考察文化旅游、水利工作。在水利部水利资源司司长吴季松、副省长罗笑虎等领导陪同下考察了雷台景区，并看望了杂木河水管处全体干部职工。

10月19日，凉州区古城镇光明路、古城、三畦、三坝4个村的14个村民小组，地表水位上涨，遭受涝灾，共造成直接经济损失70.14万元。

10月25日，张掖市民乐、山丹县一带于20时40分左右，发生Ms6.1级、Ms5.8级两次强烈地震，震波三次波及凉州区，给城乡居民的生产生活造成了一定的损失。据不完全统计，全区受灾范围涉及35个乡镇和街道，108个村（居）委会、3160户，共造成经济损失1285.88万元。

11月8日，甘肃武威国家粮食储备库扩建工程经过三年的施工和装粮压仓实验，正式竣工通过验收。该扩建工程是国家确定的2000年200亿斤国家储备粮库建设项目之一，批准建设仓容1.25亿斤，项目总投资3375万元。

11月29日，大云寺铜佛被盗一案成功侦破，凉州区公安局和市文物局在文庙桂籍殿举行了被盗铜佛的移交仪式。被盗的两尊铜像佛铸于明朝天启年间，原存于大云寺，于2000年11月24日被盗。

11月30日至12月9日，区长毛生武一行7人应邀对日本秋田县鹿角市进行了友好城市回访。

12月2日，《武威日报》载，中日两国联合进行的凉州区新华乡磨嘴子汉墓考古发掘获得重大发现，出土东汉时期的木器、漆器以及丝织品等文物。在已发掘的25座古墓中，出土的木器有木马、木牛、木俑、木独角兽、木狗、木鸡等，出土的漆器有漆盘、漆几、漆耳杯等，还有一些丝织衣物、铜镜、铜弩机、铜指环等。

12月8—17日，凉州区组织面粉和食品工业考察团一行9人赴意大利、法国、德国三国考察学习，学习借鉴经验，提出凉州区食品工业发展的实施意见。

2004 年

2 月 7—8 日，省长陆浩在凉州区考察调研。陆浩一行前往白塔寺、雷台公园、新西凉市场、火车站广场、南城门广场，了解武威城市基础设施建设情况，对城区 10 万吨垃圾处理工程项目、9 万吨污水处理工程项目的进展情况进行了调研，强调武威城市建设要坚持生态保护与科学发展相结合的发展方向。

2 月 12 日，10—17 时，凉州区遭受沙尘暴、大风袭击，丰乐、西营、红星、洪祥、永丰、怀安、永昌、下双、发放、双树、金沙、羊下坝、武南、东河等 14 个乡镇的 28 个村、31 个组的 84 户人家发生火灾，直接经济损失 34.51 万元。

2 月 19 日，副省长罗笑虎到凉州区，调研了荣华与皇台两大企业集团生产情况及项目建设情况。

2 月 28 日，全国“民主法治示范村”创建活动检查组来凉州区，到九墩乡平乐村、金羊镇宋家园村，对村级自治组织建设、民主选举、民主决策、法制宣传教育、村级法律服务、治保和人民调解等方面工作进行全面检查。

3 月 1 日，凉州区从区、乡两级抽调党政机关干部 1000 多名，组成“为民解难题、办实事暨春耕生产千人服务团”，分 48 个乡镇工作分团，深入乡镇村组，开展服务春耕生产工作。

3 月 8 日，省财政厅厅长苏志希带领省财政厅调研组，就凉州区落实全省财政工作会议精神、2004 年财政预算安排情况及围绕“发展抓项目，改革抓企业”加强财源建设情况进行了调研。

3 月 15—17 日，省政协副主席朱作勇来凉州区，到黄羊宾馆、莫高酒业集团、皇台集团、荣华集团、德农种业公司、武威工业园区、黄羊红太阳面粉厂，视察企业生产经营和项目建设情况。

4 月 30 日，《武威日报》载，凉州白塔寺被命名为“甘肃省爱国主义教育基地”。

5 月 2—3 日，由于受东移冷空气的影响，凉州区出现大范围降雨雪天气，3 日凌晨气温骤降至零下 16℃，地面温度降至零下 2.9℃，全区出现多年来少有的强霜冻，造成全区 48 个乡镇普遍受冻，其中山区和沿山地区的近 20 个乡镇的农作物冻害比较严重。全区农作物受灾面积达 74.29 万亩，其中玉米 44.4 万亩，豆类 5.2 万亩，洋芋 5.4 万亩，露地瓜菜 16.1 万亩，甜菜 1.09 万亩，胡麻 0.9 万亩，金盏花、中药材等经济作物 1.2 万亩，果树受冻面积 10 万亩。直接经济损失达 1.25 亿元。

5 月 9 日，农业部春耕生产督导组组长、全国农机推广总站副站长杨林来凉州区视察农作物受灾情况。省农牧厅厅长蒋文兰及市、区领导陪同视察了丰乐、中坝、下双等乡镇。

5 月 15 日，农业部种植司副司长陈鹏飞与民政部相关领导组成的工作组来到凉州区检查农业受灾情况，慰问受灾农户，指导救灾工作。

5 月 24 日，省委副书记马西林来凉州区，视察了张义镇、中路乡移民搬迁、日光温室、食用菌生产、中药材种植加工、规模养殖、人参果种植、小康住宅建设等情况。

5 月 27 日，凉州区在兰州宁卧庄宾馆举办了产品展示暨项目推介会，省委常委、省委统战部部长黄亦纯，省人大常委会副主任程有清，省政协副主席喇敏智参加了推介会。

6 月 3 日，水利部专家组来凉州区，考察了石羊河流域生态流域综合治理规划及治理情况。专家组指出，凉州区应树立节水为先的根本理念，强化对水资源的合理配置和统一管理，同时，要尽快修定好石羊河流域生态环境综合治理规划，争取国家的支持。

6 月 11 日，《武威日报》载，甘肃省统计局、省农调队发布第一届甘肃农村百强乡镇评选结果，凉州区金沙、黄羊、高坝、武南、双城、和平、金羊 7 个乡镇入围“甘肃农村百强乡镇”之列。

6 月 29 日，《武威日报》载，凉州区民营企业参与国有、集体企业改革，有 7 户民营企业先后购买、兼并了14户国有、集体企业，出资额达1.7亿，安置在职职工和离退休人员四千多人。

7月15日，副省长贠小苏考察中国西部（武威·黄羊）食品工业城建设情况。

7月15—16日，凉州区境内突降暴雨，致使古城、西营、上泉、中坝等乡镇发生严重洪灾，洪水引发的泥石流填埋了河道，待收的小麦被泥石淹埋，部分居民院落进水，共造成直接经济损失310多万元。

7月20日，上海市静安区党政代表团来凉州区，先后来皇台集团、文庙、西夏博物馆、白塔寺、莫高集团葡萄园、沙漠公园、濒危野生动物研究中心及腾格里沙漠进行了实地考察。

7月21日，省委副书记马西林带领省有关部门负责人，调研甘肃莫高实业发展股份有限公司莫高葡萄酒业公司。

7月，经省、市政府批准同意，凉州区撤销青林、南营、校尉、庙山、六坝、二坝、双树、上泉、中路、西营10个乡，并将其所辖村民委员会并入相邻的丰乐镇、新华乡、古城镇、谢河镇、高坝镇、武南镇、黄羊镇、发放镇、张义镇、红星镇。乡镇区划具体调整为：撤销青林乡，并入丰乐镇；撤销南营乡，并入新华乡；撤销校尉乡，并入古城镇；撤销庙山乡，并入谢河镇；撤销六坝乡，将该乡原辖的柏树庄村并入武南镇，将小七坝、严家、六坝、十三里堡、楼庄、阳春、刘畦、蔡家、蜻蜓9个村并入高坝镇；撤销二坝乡，并入黄羊镇；撤销双树乡，并入发放镇；撤销中路乡、上泉乡，并入张义镇；撤销西营乡，并入红星镇，调整后的红星镇更名为西营镇，镇政府驻地设在原红星镇政府驻地。从高坝镇划出新关村，东关街划出教师新村社区及荣华社区设立荣华街道办事处，办事处驻地设在荣华南路。

8月3日，日本秋田县文化事业交流协议团来凉州区考察，凉州区在新华乡磨嘴子汉墓遗址举行欢迎仪式。参加欢迎仪式的有省外事办副主任费亚夫和日本秋田县副知事西村哲男，秋田县教育厅教育次长木村充等人。

9月9—10日，省人大常委会副主任柯茂盛来凉州区调研重点项目建设情况。柯茂盛强调，项目建设要坚持可持续发展观，注意统筹协调发展，坚决防止单纯追求经济增长，不能以牺牲环境和资源为代价，换取一时一地的发展。

9月18日，330千伏凉州送变电工程顺利通过西北电网有限公司达标投产验收。该工程是甘肃河西电网二次回路重点建设项目，途经甘肃省永登县、天祝县、古浪县、凉州区，全线长141.247公里，共有铁塔348基。工程2002年4月15日开工，2003年5月20日投产。

9月23日，甘肃武威第三届天马文化旅游节开幕式暨白塔寺遗址保护维修一期工程竣工典礼仪式在白塔寺隆重举行。全国政协常委、甘肃省政协副主席、民盟甘肃省主委周宜兴宣布仪式开始，甘肃省省长助理郝远代表省上四大班子致辞祝贺，全国人大常委会副委员长李铁映，全国政协副主席、中共中央统战部部长刘延东，全国政协副主席张怀西发来贺电。

10月8日，省委副书记马西林来凉州区视察农村小康住宅建设工作。市、区领导高清和、苏振祥、郭承录、毛生武陪同视察了东河乡、双城镇等小康住宅建设示范点。视察中马西林指出，要把农村住宅改造工作作为政府的一项重要工作来抓，不断加大工作力度，加快农村小康住宅建设步伐。

10月12日，副省长冯健身来凉州区，视察了皇台集团1万吨葡萄酒生产线，荣华集团玉米淀粉生产线、味精生产线和谷氨酸生产线，莫高葡萄酒业公司葡萄酒生产线以及正在建设中的中国西部（武威·黄羊）食品工业城等项目建设情况。

10月14日，国务院整顿和规范市场经济秩序督察组来凉州区，重点对采用血安全、食品加工、集贸市场、知识产权保护等工作进行检查指导。

10月23日，中央综合治理委员会工作检查组来凉州区，检查社区社会治安综合治理工作暨治安防控体系建设工作。

11 月 1—4 日，国务院西部开发领导小组胡长顺博士一行来凉州区调研。胡长顺在区上领导及市、区计划、经贸、乡企、农口等相关部门负责人陪同下，先后到黄羊食品工业城、武南开发区、清源、双城、永昌等乡镇，详细了解了凉州区实施西部大开发四年来的主要成效、存在的问题及对策、措施和建议等。

11 月 9 日，省人大常委会副主任柯茂盛来凉州区，视察了荣华集团味精厂、复合肥厂，5 万吨麦草集中制浆分散造纸，普安药业 1000 万瓶宣肺止咳露等项目建设情况。

11 月 10 日，民革、民盟、民建、民进、农工党、九三学社凉州区代表大会在天马宾馆召开，大会选举产生了民革、民盟、民建、民进、农工党、九三学社凉州区新一届委员会。

同日，甘肃省佛教协会六届二次全会在武威市召开，会议期间，省人大常委会副主任、中国佛教协会副会长、甘肃省佛教协会会长嘉木样·洛桑久美·图丹却吉尼玛视察了海藏寺、罗什寺、白塔寺等佛教场所。

11 月 12 日，省委副书记、省长陆浩来凉州区调研。陆浩强调，凉州区要以党的十六届四中全会和省委十届六次全委会议精神为指导，认真贯彻落实科学发展观，坚定不移地实施“发展抓项目、改革抓企业、保证抓党建”的战略，促进经济社会快速健康可持续协调发展。

11 月 25 日，“凉州医院特困患者紧急医疗救助基金会”正式成立，并募集到首批基金 25 万元。

11 月 26 日，凉州区荣华街道办事处成立。

12 月 6 日，凉州区荣获“全省基层组织建设先进县区”荣誉称号，受到省委表彰奖励。

2005 年

1 月 5 日，凉州区出台了《关于开展节水型社会建设试点的决定》。

1 月 28 日，凉州区保持共产党员先进性教育活动动员大会召开。会议学习传达了中央和省、市委先进性教育活动工作会议精神，对凉州区开展先进性教育活动进行了安排部署。

3 月 30 日，凉州区高坝和张义两个蔬菜生产基地被认定为无公害蔬菜产地，这是凉州区在蔬菜产业领域首次获得认证的无公害产地。

4 月 4—9 日，副省长李膺带领省教育、卫生、文化、文物、财政、发改等部门主要负责人到武威市调研教育、卫生、文物保护工作。

4 月 6 日，凉州区永丰镇永丰村成立武威市第一家“农民节水协会”。

4 月 9 日，凉州区帮扶救助贫困家庭学生活动暨“爱心助学基金会”正式启动，在活动启动仪式上共收到社会各界捐款 35 万元。

4 月 16 日，由省发改、水利、卫生等省直部门的领导、专家组成的专家组对凉州区《农村饮水现状调查评估报告》进行核查。经调查评估，截至 2004 年底，凉州区已解决了 30.8 万人的饮水安全和基本安全问题，饮水安全人数占全区农村总人数的 18.09%，全区农村饮水不安全人数达 48.08 万人，占农业人口的 60.93%。

4 月 21—22 日，水利部专家组对西营灌区续建配套与节水改造项目建设情况进行综合评估。

4 月 23 日，省军区司令员陈知庶一行在市上领导苏振祥、潘家平、齐建新陪同下，对凉州区武装工作进行调研。

同日，凉州区公安局成功破获特大持枪抢劫藏獒案。案件发生于 2004 年 11 月 5 日，几名犯罪嫌疑人在凉州区黄羊镇中国藏獒西北繁育基地持枪抢劫了 3 条世界名犬白色藏獒（俗称雪獒），价值 100 余万元。凉州区公安局干警用 5 个多月时间，辗转 9 省 17 市，行程 30 余万公里，抓获犯罪嫌疑人7名，追回藏獒3条。

5月7日，中共中央政治局委员、国务院副总理回良玉来凉州区视察工作，到荣华集团公司详细了解企业的生产经营情况，参观了荣华集团公司复合肥生产车间。

5月12—13日，中国沙草产业促进会主任刘恕在省科协、省人事厅领导和市委书记、市人大常委会主任张绪胜陪同下，调研凉州区沙产业开发利用工作。

5月18日，甘肃畜牧工程职业技术学院在凉州区黄羊镇挂牌成立。该学院隶属甘肃省农牧厅，是经甘肃省人民政府批准，由原甘肃省畜牧学校与甘肃省农业机械化学校合并组建而成。

5月31日，凉州区"村村通"客车开通仪式在凉通运输公司举行。

6月7日，甘肃省创建社区卫生服务示范区工作会议在凉州区召开。来自全省10个市、县、区的领导、卫生局负责人及武威市、凉州区领导参加了会议。

6月13日，石羊河流域综合治理项目获国家批准立项。项目总投资43亿元，其中批列正在实施的项目总投资14亿元，新列入规划投资项目29亿元，武威属区近26亿元。

6月23日，凉州区被列入国家级农机购置补贴项目实施区，取得专项补贴资金60万元。

7月3—5日，凉州区主办的甘肃武威第四届天马文化旅游节暨食品工业经贸洽谈会召开，全国人大常委会副委员长许嘉璐、省人大常委会副主任杨作林、省政协副主席李宇鸿参加了节会开幕式。此届节会凉州区共签约项目20项，签约金额8.2亿元，其中合同项目16项，签约资金6.5亿元。

7月4日，中华"情系敦煌·两岸文化联谊行"大型文化交流活动访问团来武威市参观访问。访问团由中华文化联谊会、甘肃省人民政府主办，甘肃省文化厅等部门承办，由来自两岸四地的文化、艺术、新闻、影视、教育等各界人士150余人组成。访问期间，参观了武威文庙、雷台等文物景点，并在文庙观看了"祭孔乐舞"。

7月19日，一辆载有31吨易燃易爆液体的卡车在市区新建路发生机械事故，车体与液罐脱落，液罐倾斜。事故发生后，市、区领导与公安干警、消防官兵及时赶赴现场，采取紧急措施，及时疏散了事故现场周围的居民及商铺从业人员，顺利完成了对事故的处理，避免了一起恶性事故的发生。

7月20日，接市委通知，毛生武任中共凉州区委委员、常委、书记。

7月21日，中国妇女发展基金会"大地之爱·母亲水窖"项目在凉州区张义镇夹台村开工。项目由中国妇女发展基金会投放专项基金20万元，地方配套资金20万元，群众自筹资金7.37万元，共计修建水窖250眼，可解决张义镇夹台村8个村民小组、250户、1062人、1250头牲畜饮水困难问题。

7月22日，武威市文物考古研究所同中日联合磨嘴子考古队在凉州区新华乡磨嘴子缠山村东石顶山顶上发现一处距今约4000多年的甘肃仰韶文化马厂期新石器时代遗址。

7月29日，全省扶贫开发张义山区现场会在凉州区张义镇召开，省委副书记马西林出席会议并讲话。

8月22日，因天降暴雨，凉州区新华乡青嘴村4个村民小组的159户人家遭到洪水袭击。此次洪灾共造成直接经济损失318.5万元。

8月27日，《人民日报》《人民论坛》杂志社"循环经济与沙漠化治理陇原行"专题调研组来武威考查调研。专题调研组由全国人大常委会常委、农业和农村工作委员会副主任、民建中央副主席路明任组长，甘肃省人大常委会副主任吴碧莲陪同参加了调研活动。

9月8日，凉州区人民法院依法关闭了双城镇3家排污超标的造纸企业。

9月16日，甘肃皇台集团举行建厂20周年庆典活动，省人大常委会副主任杨作林出席庆典仪式。

9月22日，副省长冯健身来凉州区，考察了全圣纸业公司年产3.5万吨制浆项目、5万吨中高档文化纸项目、中国西部（武威·黄羊）食品工业城普安药业2000万瓶宣肺止嗽合剂项目。

9月27日，历史影片《月圆凉州》首映式在人民大会堂举行。《月圆凉州》是由甘肃省委宣传部，武威市委、市政府，省广电局，兰州电影制片厂，中央电视台电影频道节目中心联合摄制的彩色宽银幕立体声故事片。影片反映的是宋元之际发生在古凉州的“凉州会盟”事件。

9月28日，在孔子诞辰2556年纪念日之时，由联合国教科文组织、国际儒联、中华民族文化促进会、华夏文化纽带工程组委会、国家旅游局、山东省人民政府共同主办的“2005全球联合祭孔”活动在全球18个城市的文庙隆重举行。武威文庙是此次祭孔活动西北地区唯一的直播点，中央电视台对此次祭孔大典进行了现场直播。

10月13日，山东威龙集团公司10万吨葡萄榨汁生产项目在凉州区开工奠基。项目总投资2.5亿元，是集现代工业、现代农业及休闲观光旅游于一体的大型现代化企业项目，对促进凉州经济社会发展具有一定的影响意义。

10月16—17日，国家农业开发办项目验收组来凉州区，检查验收了凉州区2002—2004年农业综合开发竣工项目。

10月，历时3年的中日武威磨嘴子联合考古发掘队新发现了新石器时代晚期的翁罐葬、竖穴土坑墓葬、陶窑、房址以及具有重要意义的汉代墓葬，一些随葬品达到了国家一级文物的标准。其中，马厂类型翁罐葬是首次发现。

11月19日，中共中央办公厅、卫生部联合督查组来凉州区检查指导农村卫生工作。联合督查组深入凉州医院、区妇幼保健所、区疾控中心、区中医院和和平镇、永昌镇卫生院详细了解了医疗基础设施建设、医疗技术、业务培训、卫生防疫、生育保健、药品药械以及正在推行的农村合作医疗制度的实施情况。

同日，在北京人民大会堂召开的“第二批全国百姓放心示范医院”表彰颁奖大会上，凉州医院被命名为“全国百姓放心示范医院”。

12月24日，在兰州举行武威天梯山石窟文物移交签字仪式，省博物馆移交壁画、塑像579个序号，其中北魏、隋、唐、元、明时代的多层壁画120多平方米，塑像22尊，佛头9个，塑像、壁画残件25箱。2006年1月9日，移交文物抵达武威，暂存放于武威市考古研究所。

12月25日，副省长孙小系带领省政府“送温暖”慰问组来凉州区慰问困难群众。

12月28日，接国家旅游局通知，武威市被正式批准为“中国优秀旅游城市”。这一称号在2006年1月10日召开的全国旅游工作会议上正式宣布，并颁发证书和标牌。

2006年

1月11日，《武威日报》载，凉州区对2005年度项目工作中做出突出成绩的八个区直部门、园区管委会、乡镇进行了重奖，每个单位奖励小轿车一辆。

2月11日，共青团中央书记处常务书记赵勇为组长，国务院扶贫开发办公室党组成员、外资中心主任蔡晓华为副组长的中央先进性教育活动第八巡回检查组，对凉州区先进性教育活动进行了检查指导。

2月24日，《月圆凉州》在联合国总部进行全片放映，这是第一次在联合国总部全片放映的中国故事影片。

2月25日，甘肃省石羊河流域重点治理暨应急项目启动大会在凉州区西营灌区隆重举行。省委常委、常务副省长徐守盛出席并作了重要讲话，武威、金昌、张掖三市有关领导及武威各界群众约8000人参加会议，标志着石羊河流域重点治理工程进入了全面实施阶段。

3月1日，在凉州区第五届人民代表大会上，补选张效林为区人民政府区长。

3月3日，《武威日报》载，凉州区公安局成功破获一起甘肃省最大的团伙盗窃电力设施系列案，一举打掉了作案72起、涉案价值高达150万元的特大破坏农电设施犯罪团伙，抓获主要犯罪嫌疑人5名。

3月8日，武威市工商局凉州分局登记核准成立第一家“一人公司”。公司名为武威市乾程装饰设计工程有限公司，这是经国务院批准2006年1月1日起新《中华人民共和国公司法》实施后，武威市第一家由一个人出资注册的“一人有限责任公司”。

3月10日，石羊河流域重点治理首次向民勤调水仪式在西营水库举行。

3月14日，中央电视台《走进科学》栏目播出反映武威雷台汉墓古井神秘景观的专题片《古井悬疑》。雷台汉墓是中国旅游标志“马踏飞燕”的出土地，汉墓中现一古井，有放大钱币的神奇功效。神秘古井现身古墓，诡异现象让考古学家至今无解。

3月20日，来自以色列的两位农业专家在荣华俱乐部多功能厅对凉州区领导干部进行了“设施农业节水技术”专题培训。

3月24日，武威市天梯山人参果产业协会在凉州区张义镇正式成立。

4月1日，武威市第二次全国残疾人抽样调查启动仪式在凉州区高坝镇红崖村举行，这是继1987年之后的又一次全国范围的、大规模的残疾人专项调查。

4月10日，全省民办教育现场研讨会在凉州区召开，全省各市、州民办学校代表以及凉州区各民办学校负责人参加会议。与会代表认为，凉州区贯彻“积极鼓励、大力支持、正确引导、依法管理”的民办教育发展方针，成绩突出，促进民办教育走上了一条和谐发展的道路。

同日，受蒙古气旋和西西伯利亚强冷空气东移南压的影响，武威市出现了区域性强沙尘暴天气。沙尘暴过后，出现明显降温和降水过程，降温幅度达7~9℃。降温天气对已出苗的农作物造成冻害。

4月15—16日，国务院原副秘书长、中国治理荒漠化基金会理事长安成信一行来凉州区考察，与武威领导、专家共同探索荒漠化治理的有效途径。

4月27日，凉州区张义镇河湾村出土大型青铜器。省文物局专家鉴定，此青铜器为国家一级文物，命名为“三虎耳小圈足青铜鍑”，为战国至西汉时期北方游牧民族铸造的炊具，是甘肃迄今发现器型最大的早期青铜器。

同日，武威市城东工业园区被国家发改委审核认定为省级开发区。

同日，凉州区被中国绿色食品协会批准为国家绿色农业示范区（县）。

4月28日，凉州区第三批先进性教育活动工作会议召开，会议扩大到全区村党支部书记，是近年来规模最大的一次会议。

同日，下午14时，武威全圣实业集团纸业有限公司草料厂（位于凉州区发放镇沙子沟村三组）发生火灾。全圣纸业公司草料厂占地4万平方米，15个草垛全部着火，过火面积达2.4万平方米，麦草约2.6万吨。接到火警后，凉州区成立了临时指挥部，对抢险救灾作了统一部署安排。同时，启动了重特大安全事故应急救援预案，统一调集力量，出动挖掘机20多台、消防车15辆，协调驻武部队约1000人及公安干警、企业职工、驻地干部群众、市区机关干部共2800多人参与灭火，保障了灭火工作的顺利进行。至29日下午5时，火势已全部扑灭。此次事故造成经济损失1300多万元，但未造成人员伤亡。

4月28—29日，甘肃省中英合作水资源需求管理援助项目团队建设与利益相关者研讨会在武威市凉州宾馆召开。商务部、水利部相关领导、专家，英国麦克唐纳公司领导和专家、省项目办、石羊河流域管理局项目办，金昌、武威市水务局、发改委等部门及民勤县水务局负责人参加研讨会。

5月11日，凉州区委公选50名优秀年轻干部到清华大学继续教育学院进行为期两个月的培训学习，市委常委、凉州区委书记毛生武出席了11日的开班仪式。

5月14日，凌晨，因气温急剧下降，境内部分地区地温下降到零摄氏度以下，造成沿山区乡镇49897亩农作物受灾，其中玉米23101亩、豆类854亩、蔬菜4927亩、马铃薯21015亩，农作物减产2.5成左右，直接经济损失1150多万元。

5月19日，水利部副总工程师庞进武带领的水利部石羊河流域重点治理规划调研专家组来凉州区调研。

5月19日，《长征——永远的魂》摄制组在凉州区永丰镇四十里堡村开机拍摄。这是中央电视台新闻中心军事部为纪念红军长征70周年而拍摄的一部革命历史题材的专题片。

5月21日，凉州区被中共中央宣传部、司法部授予“2001—2005年全国法制宣传教育先进县(区)”。

5月20日，国务院发布《关于公布第一批国家级非物质文化遗产名录的通知》，“凉州贤孝”和“河西宝卷”列入第一批国家级非物质文化遗产名录。

5月23日，凉州区永昌、双城两个镇的农村客运站正式投运。

5月29—30日，中央党校第五期中青年领导干部培训班社会调研组来凉州区调研。调研组指出，要让世界了解武威、让武威走向世界，文化是一张不可缺少的名片。

6月8日，由中国绿色食品协会会长刘连馥率领的国家绿色农业考察团一行在凉州区考察。

6月10日，省委常委、省政法委书记洛桑·灵智多杰来凉州区，对全区集中开展社会主义法制理念教育、“规范执法行为，促进执法公正”专项整改、“大接访”活动及全区社会治安综合治理工作进行检查指导。

6月14日，《武威日报》载，“天梯山”牌人参果商标注册完成，“天梯山”人参果通过国家绿色食品认证。

6月19日，省政协主席仲兆隆来凉州区，就社会主义新农村建设工作进行调研。

6月23日，武威六中举行省级示范性普通高中揭牌仪式。

7月5日，中国科协原副主席、研究员刘恕，中国科学院综改会原副主任、教授田裕钊，中华慈善总会理事、中华慈善总会国际交流中心副主任蔡海兰到凉州区张义镇调研特色农业示范区建设工作。

7月6日，甘肃武威第五届天马文化旅游节开幕，省委常委、常务副省长徐守盛主持开幕式。主会场设在位于凉州区清源镇的钱学森沙产业基地，节会主题为“阳光·人与自然和谐发展”。

7月15日，省委常委、省军区政委刘巨魁来凉州区，调研基层人武部建设工作。

7月30日，凉州区境内突降冰雹、暴雨，并伴随8级阵风，短时间内降雨量达到48.5~58毫米，暴雨使城区7个街道的37个社区和35个乡镇的385个村2850个村民小组受灾，灾害造成3人死亡、16人重伤、136人轻伤，受灾群众50656户，27.66万人，直接经济损失达1.94亿元。

8月4日，《武威日报》载，武威市凉州区杨门元、杨万主、王雷中等7名民间艺人被甘肃省农村实用文化人才职评委员会评定为“农村实用文化人才”副高级职称。

8月7日，省委常委、省委组织部部长侯长安调研凉州区基层组织建设。

8月10日，凉州区突降暴雨及冰雹，短时间内降雨达13~20毫米，造成西营、黄羊、康宁、张义、谢河5个乡镇的17个村和城区东大街、西关街2300多人受灾。

8月21日，英国布朗大学博士钱楠筠和古拉德在农业部农研中心农村固定观察点办公室处长武志刚陪同下，来凉州区农村固定观察点永昌镇下源村进行考察调研。

同日，甘肃省第二次农业普查省级综合试点总结大会在凉州区召开，省农业普查办公室主任、省统计局副局长李秀娟及省农业普查领导小组成员参加了会议。

8月22日，白塔寺被命名为“全国首批民族团结进步教育基地”。

9 月 22—23 日，省委书记、省长陆浩在省政协副主席、省发改委主任邵克文、省委秘书长孙效东及省直有关部门负责同志，市委书记、市人大常委会主任张绪胜，市委副书记、市长肖庆平和市委常委、区委书记毛生武，区委副书记、区长张效林等市区领导的陪同下，就石羊河流域综合治理进行了专题调研。

9 月 22 日，武威市西夏博物馆被省委宣传部命名为第四批省级爱国主义教育基地。

9 月 28 日，国务院召开全国农田水利基本建设电视电话会议，凉州区获“全国农田水利建设先进县（区）”荣誉称号。

9 月初，省委、省政府、省军区召开全省双拥模范城（县）暨先进单位和个人命名表彰大会，凉州区被命名为“甘肃省双拥模范城”。

10 月 20 日，《武威日报》载，甘肃森泰公司完成欧盟标准的牛羊屠宰分割生产线正式投运，标志着武威市首家大型清真牛羊屠宰分割基地建立。

10 月 21 日，中央文献研究室副主任李健带领的中央文献研究室考察组对凉州区进行了考察。

10 月 27 日，全国“电视进万家”工程在凉州区正式启动，启动仪式上向张义镇部分贫困农民赠送了电视机。

12 月 1—3 日，中国共产党凉州区第二次代表大会召开。在二届一次全委会议上，选举李世英、张效林、沈天林、王治安、朱星海、夏文彬、陈日清、赵宝正、李俊星、李培才、许福德、王秀丽为常委，李世英当选为区委书记，张效林、沈天林当选为副书记。

12 月 21—25 日，政协武威市凉州区第六届第一次全体会议召开。会议选举刘兆祥为政协凉州区第六届委员会主席，宋力、释理智、周进学、姜学智、蔺雪梅、赵永庆为副主席，王宝发为秘书长。

12 月 22—26 日，凉州区第六届人民代表大会第一次会议召开。会议选举沈开祥为区人大常委会主任，田进良、刘彪、魏建荣、王宗柱、陆世虎、祁光绪为副主任；张效林当选为区人民政府区长，王治安、朱星海、陈日清、王晓玲、徐建林、邵新革当选为副区长；张建宗为当选区人民法院院长，张爱星当选为区人民检察院检察长。

12 月 22 日，《武威日报》载，凉州区正式被国土资源部确定为全国基本农田保护示范区，示范区规划整理区面积 28.79 万亩，整理基本农田面积 9.91 万亩；地方整理区面积 14.42 万亩，整理基本农田面积 9.87 万亩，投资 5.5624 亿元，其中国家投资 2.7854 亿元，地方投资 2.777 亿元。示范区在 5 年内要完成基本农田整理、基础工作建设、制度和机制建设、信息化建设四项任务，实现“基本农田标准化、基础工作规范化、保护责任社会化、监督管理信息化”的目标。

12 月 28 日，连霍国道主干线武威过境高速公路正式通车。该路线在凉州区路段起于韩佐乡，终于丰乐镇，全长 44.63 公里。

2007 年

1 月 4 日，《武威日报》载，全国旅游景区质量等级评定委员会发布公告，凉州白塔寺景区评为国家 AAA 级景区，西郊公园、天梯山石窟评为国家 AA 级景区。

1 月 9—11 日，中国国际工程咨询公司石羊河流域段重点治理规划评估专家组来凉州区考察。专家组先后深入到黄羊、清源、西营、杂木等灌区了解机井、渠道、管道老化破损等问题，对推进节水型社会建设提出了指导性意见和建议。

1 月 10 日，省政协副主席李宇鸿带领省直有关部门负责人，在市人大常委会副主任丁兆庆、副市长赵永红等领导陪同下，慰问了武南镇部分特困户、五保户、低保户及优抚对象，还慰问了困难企业武威汽配厂和该企业困难职工、农民工。

1 月 23 日，凉州区地方志工作会议召开。会议要求，各部门、各单位要高度重视地方史志的编纂工作，明确工作任务，落实工作责任，确保《凉州区志》编纂任务按时完成。

1 月 25 日，中共中央组织部、国土资源部、建设部、教育部联合举办的“全国农村地质灾害防治知识万村培训行动”在凉州区正式启动。西营镇、张义镇、古城镇的干部群众参加了相关培训活动。

2 月 2 日，《武威日报》载，凉州区被国家农业部列为 2006—2009 年度全国保护性耕作推广示范（县）区，成为全国 167 个国家级保护性耕作项目（县）区之一。

2 月，九墩滩开发指挥部更名为九墩滩生态建设指挥部，邓马营湖开发指挥部更名为邓马营湖生态建设指挥部。

3 月 11 日，副省长石军与省科学院副院长喜文华及大唐甘肃发电公司总经理燕海曾一行考察凉州区阳光产业示范园建设。

3 月 18 日，凉州区“千名干部帮扶石羊河流域重点治理工作”动员大会召开，区委书记李世英出席会议并讲话，区人大、政府和政协主要领导参加了会议。

4 月 8—9 日，全国人大常委会副委员长许嘉璐来凉州区，到张义镇人参果生产基地、清源沙产业暨循环农业示范园区、凉州区职业中专、白塔寺等地进行了视察。

4 月 10 日，国家旅游局和共青团中央《关于命名和认定旅游行业 2006 年度全国青年文明号的决定》文件发布，雷台公园青年集体被正式确定为“全国青年文明号”。

4 月 11 日，凉州区县级领导干部节水林示范点创建活动在清源镇举行。凉州区将清源镇关井压田退出的 94 亩耕地设立为县级领导干部节水林示范点，活动期间，80 多名县级领导干部在示范点进行了义务植树劳动。

4 月 13—16 日，荷兰农业专家 Lidwine Dellaert 女士来凉州区张义镇进行了日光温室种植技术指导。

4 月 18—20 日，人民日报社国内政治部副主任袁建达带领人民日报社、中央电视台、甘肃电视台等新闻媒体对凉州区石羊河流域重点治理工作进行采访报道。

4 月 20 日，凉州区政府第六次常务会议研究通过了《凉州区初始水权确定与初始水量配置办法》《凉州区农业用水交易管理指导意见》《凉州区水资源费征收使用管理办法》和《凉州区水票管理办法》。

5 月 15 日，武威职业学院建筑工地发现一座砖室墓。出土器物均为陶器，有罐、仓、井、灶、牛车、马、男女俑、陶楼院等文物 22 件，其中一匹陶马作飞奔状，右后足下有飞鸟一只，与 1969 年 9 月武威雷台出土的铜奔马形态相似。经考古人员初步考证，此墓系魏晋时期墓葬，陶奔马等文物具有很重要的研究价值。

6 月 23 日，世界银行发展项目经理苏莎瑞女士来凉州视察工作。苏莎瑞一行对凉州区世行牧业发展项目实施情况进行了核查。省农牧厅副厅长、省世行项目办主任黄金成陪同视察工作。

7 月 2 日，第六届武威天马文化旅游节暨加快石羊河流域重点治理推进会开幕。

7 月 8 日，全国人大常委会委员、民进中央副主席王立平参观考察了武威阳光产业示范园区，省长助理程正明陪同参观考察。

同日，“民进百企甘肃行”在凉州区考察并召开项目签约活动。

7 月 10 日，经区委常委会议研究决定，成立“中国共产党凉州区新经济组织和新社会组织工作委员会”，隶属区委管理，负责指导新经济组织和新社会组织党建工作。

8 月 7 日，国家发改委能源局局长赵小平一行调研凉州区农村能源开发利用及发展情况。省政协副主席、省发改委主任邵克文陪同调研。

8 月 11 日，下午 2 时 30 分，受强对流天气影响，凉州区沿山康宁、张义、西营等 9 个乡镇遭受暴雨冰雹洪涝灾害，倒塌房屋510间，形成危房1410间，6800亩秋田作物受灾，造成直接经济损失2140多万元。

8月16日，省政协主席仲兆隆来凉州区考察工作。

8月18日，凉州医院顺利通过卫生部医院评审委员会评审，升格为三级乙等医院，由省卫生厅正式挂牌。凉州医院是此次全省县区级医院评审工作中唯一成功达标的三级乙等医院。

8月24日，凉州举行先进事迹报告会，学习宣传、表彰奖励舍己救人的凉州区好青年郝光明。郝光明是凉州区双城镇北安村的一位普通青年，2007年6月19日在新疆伊犁察布尔锡自治县伊犁河工程处砂石厂务工时，因勇救落水工友而不幸牺牲。

10月24日，省政协副主席陈学亨来凉州区，对凉州区工业园区建设情况进行考察。

11月11—12日，凉州区文学艺术界联合会第一次代表大会召开。

11月28日，原联合国秘书长安南、新闻发言人埃克哈德教授一行3人来凉州区参观了雷台、文庙、白塔寺等旅游景点。

12月7日，《石羊河流域重点治理规划》经国务院同意，由国家发改委、水利部发布并实施。

2008年

1月9日，全国“电视进万家工程”凉州区赠发仪式暨文化进村活动在凉州区金山乡举行。

1月11日，凉州区发生低温冻害，38个乡镇的17944.06亩日光温室受灾，共造成经济损失11250.52多万元。

2月15日，西气东输二线工程（甘肃段）开工仪式在凉州区丰乐镇隆重举行。中国石油管道建设项目经理部副总经理董盛厚主持开工仪式，市委副书记、市长肖庆平在开工仪式上代表甘肃省管道沿线8个市讲话。

3月12—13日，水利部考察组来凉州区，对石羊河流域重点治理工作进行考察。

3月19日，武威监狱迁建工程奠基开工仪式在凉州区金羊镇皇台村进行。此工程是由国家发改委、财政部、司法部根据甘肃省监狱布局调整总体方案批准建设，由原武威监狱和天祝监狱合并而成。

3月22日，中纪委调研组来凉州区，就“加强县级纪检监察机关建设”问题进行专题调研。

4月21日，以民政部救灾救济司专员宋继华为组长的国务院雨雪冰冻灾后重建和促进农业粮食生产政策落实督导组一行先后深入凉州区张义镇河湾村、张庄村等农户的日光温室和家中详细了解人参果受冻绝收情况、因雪灾倒塌房屋重建等情况。

4月25日，凉州区被省财政厅和农牧厅列为“中央财政农机补贴实施县（区）”，获得财政补贴资金510万元，成为2008年全省补贴资金最多的实施县（区）。

4月28日，凉州区举办了“迎奥运·庆五一”第一届职工运动会。

5月26日，由香港国际无国界梦想成真慈善基金会援建的松树乡槐树村梦想成真慈善学校投入使用。

6月7日，国务院发布第二批国家级非物质文化遗产保护名录，“凉州攻鼓子”入选为民间舞蹈类国家级非遗保护名录。凉州区柏树乡中畦村42岁的女艺人冯兰芳入选曲艺类“凉州贤孝”项目传承人。

6月27日，《武威日报》载，凉州区创建“全国食品安全示范区”工作顺利通过国家、省上的综合评价验收。甘肃省综合评价验收报告显示，凉州居民对食品安全的综合满意率达80%。

6月30日，武威市召开庆“七一”暨百名优秀村党支部书记表彰大会。会议对石羊河流域重点治理中做出突出贡献的百名村党支部书记（村委会主任）予以表彰，40名优秀村党支部书记获“石羊河流域重点治理突出贡献奖”，并办理奖励性养老保险10000元。

7月9日，凉州区四坝镇特色蔬菜产业协会与深圳绿洲公司（香港）合作，已先后13次向香港市场运销特色蔬菜共计39吨，销售额达10万元，每公斤蔬菜比大陆市场多获利0.40元。

7月25日，“福建达利集团许世辉基金”成立大会暨“达利奖（助）学金”发放仪式在凉州区西苑实验小学举行。

8月9日，武威市文物专家在凉州区古城镇塔儿湾发现一件珍贵的西夏文物“浮雕瓷马头”。瓷马头长3.5厘米，头宽2厘米，颈长2.5厘米，颈宽2厘米，耳长8毫米。整个马头为白釉底色，黑斑点缀，造型十分精致。而后，又在离出土浮雕瓷马头十几米外的另一土层又发现了300余枚北宋时期的铜钱币。专家由此确定塔儿湾是研究西夏历史、文化的一处重要遗址。

8月22日，由凉州区委宣传部主管，区文联主办的《凉州文艺》正式创刊发行。

8月30日，“第十届敦煌国际服饰模特艺术节暨武威产品发布会”在雷台旅游景区举行。

9月12日，由武威市委宣传部、凉州区委、凉州区人民政府主办，甘肃移动公司武威分公司承办的“武威市纪念改革开放30周年中秋交响音乐会”在武威市植物园隆重举行。音乐会由兰州交响乐团承担演出。

10月12日，以色列海泽拉优质种子公司中国区首席执行官约西·崔一行4人来凉州区对设施农业及市场进行考察，并就有关合作事宜与区政府领导进行洽谈。

10月21日，《甘肃日报》载，国家投资1500万元的凉州区谢河镇基本农田整理项目近日竣工并通过验收。该项目涉及谢河镇2个行政村、17个村民小组，整理规模11770亩，其中耕地面积8470亩。

11月5日，副省长郝远调研武威市凉州区教育布局整合项目。

12月9日，武威市商业步行街被评为全国“百城万店无假货”活动示范单位。省委宣传部通报的入围2008年“百城万店无假货”活动国家级示范单位有11家，省级示范单位有35家。

12月28日，凉州区银隆小额贷款有限公司举行开业庆典仪式。中央财经领导小组办公室党委副书记董兆祥和市委副书记、市长郭承录为该公司揭牌。凉州区银隆小额贷款有限公司是经甘肃省人民政府金融办批准成立的首家小额贷款公司，公司注册资本1000万元。

2009年

1月4日，《武威日报》载，凉州区把做好零就业家庭就业援助工作作为特困群众解难题办实事和构建和谐社会的重要内容来抓，全区有2388名零就业家庭成员走上了工作岗位。

2月13—14日，省工业运行和循环经济推进调研组在凉州区考察调研。调研组先后到凉州种子公司、金苹果种业公司、西凉啤酒厂，了解凉州区工业运行和循环经济发展情况。

2月17日，《武威日报》载，凉州区对2008年度设施农业建设先进乡镇、先进村、先进个人，农产品营销优秀企业、优秀经纪人、优秀农民专业合作社经济组织，设施农业建设技术服务先进单位、先进个人进行表彰奖励，奖励资金共达100多万元。

3月5日，全区深入学习实践科学发展观活动动员大会召开。按照中央部署，2009年3月至2010年2月，区委分两批在全区组织开展学习实践科学发展观教育活动。

3月9—10日，副省长咸辉来凉州区，就城市卫生和人口工作进行调研。

3月18—21日，甘肃省重大项目建设进展及扩大内需政策落实情况督查组在凉州区进行督查。

督查组由省政协主席陈学亨带领，督查组一行实地察看了中央和省、市所列重点项目建设进展情况，广泛征询基层干部群众对农业结构战略性调整、节水型社会建设、龙头企业发展等方面的意见建议。市上领导肖庆平、郭承录、焦天成等陪同调研。

3月21日，以色列海泽拉凉州示范农场合作建设项目签约仪式在武威工业园区举行。高坝镇与海泽拉农业技术服务公司首席执行官约西·崔签订了《海泽拉凉州区示范农场长期租赁协议》，市委常委、副市长焦军毅与约西·崔互赠了礼物。

4月10日，省委、省政府发布《关于授予何福海、梁荷生等“甘肃省见义勇为英雄和先进分子”荣誉称号的决定》文件。何福海是凉州区黄羊镇中天智博星幼儿园园长，2008年4月28日，因抓获盗窃摩托车的两名歹徒时身受重伤。事件发生后，凉州区见义勇为基金会为何福海颁发了3000元奖励金。

5月13日，凉州区第一个“红盾爱心留守儿童之家”在永昌镇和寨九年制学校正式挂牌成立。“红盾爱心留守儿童之家”是市工商局凉州分局干部职工为当地留守儿童400多人创建的活动场所，配备有电脑、电视机、电子钢琴、书架、书刊及体育用品，是工商部门服务“三农”，关爱留守儿童健康成长的有益举措。

5月14日，武威文化广场南片开发项目全面启动。文化广场南片开发项目是市委、市政府确定的年度重点建设项目之一，该项目概算总投资20994万元，项目实施将对东至大什字、南至市医院北门、西至区工商局家属楼东山墙、北至步行街区域的建筑物进行拆改，并建成约2万平方米的地面广场、1000平方米的地下人行通道和约2万平方米的地下人防工程。

6月3日，副省长张晓兰来凉州区，对民政工作和工业园区建设工作进行调研。

6月16日，甘肃武威第七届天马文化旅游节在武威市体育场隆重开幕。省人大常委会主任朱志良、副省长咸辉、省政协副主席侯生华、省军区副政委樊印光、省人大常委会原副主任杨作林出席开幕式，武威市各界代表共1万多人参加了开幕式。

同日，甘肃省唐代文学学会第十届年会暨凉州文化与五凉文学研讨会在武威召开。研讨会由甘肃省唐代文学学会和兰州大学文学院主办。研讨会认为，武威有着深厚的历史文化底蕴，在中国丝路文化研究和唐代对外关系等文化领域研究有着举足轻重的地位。

6月18日，甘肃威龙10万吨葡萄酒堡项目开工建设仪式在凉州区清源镇举行。10万吨葡萄酒堡项目开工，标志着凉州区葡萄酒产业进入了一个新的发展阶段。

6月20日，凉州区为领导干部举办新能源开发利用专题讲座。中国科技大学教授、英国剑桥大学高级研究员、博士生导师陈应天教授进行了新能源开发利用专题讲座。

6月24日，水利部副部长矫勇来凉州区，就石羊河流域重点治理工作进行调研。

7月11—12日，水利部副部长周英来凉州区，对永丰镇永丰村农民用水者协会运行情况和怀安乡驿城村地下水计量设施运行情况进行调研。

8月3日，甘肃省扶贫开发武威“张哈”片省级试验示范区现场会在凉州区张义镇举行。省长助理、省扶贫开发领导小组副组长夏红民，市委书记、市人大常委会主任肖庆平共同为全省第一个扶贫开发省级试验示范区的成立揭碑。

8月12日，省委副书记刘伟平带领省直有关部门负责人来凉州区调研。刘伟平一行先后深入丰乐镇沙滩村千亩玉米垄膜沟灌节水示范点、丰乐镇新型太阳炉生成多晶硅材料和太阳能光伏发电、光热利用等太阳能综合开发利用项目，实地调研大田节水农业和清洁能源开发工作。

8月25日，凉州区被省上列为2009年中央财政小型农田水利重点县。

9月14日，农业部检查组来凉州区，对农业农机化推广工作落实情况进行检查。

10月1日，经凉州区建国60周年功勋人物评选委员会研究决定，并报请区委常委会研究同意，授予刘全国等60名同志“凉州区建国60周年功勋人物”荣誉称号。

10月21日，武威市委党校、凉州区委党校合并移交仪式在市委党校举行，合并后仍保留凉州区委党校的牌子。

11月25—26日，省委常委、省委宣传部部长励小捷一行来凉州区调研。励小捷一行实地察看基层党组织学习实践科学发展观教育活动开展情况。

11月26—29日，全国政协副主席罗富和，在省政协副主席李永军的陪同下来凉州区，实地考察了石羊河流域重点治理、节水设施农业、防沙治沙项目等工作。

12月8日，凉州区在深圳举行招商会。此次招商会共签约项目7个，总投资7.88亿元，其中合同项目2项，总投资2.33亿元。

12月24—25日，省委学习实践科学发展观教育活动第二巡回检查组组长、省政协文史资料和学习委员会副主任郑时森，省委学习实践科学发展观教育活动第二巡回检查组副组长、省疏勒河管理局副局长陆志雄一行深入凉州区检查指导工作。

第一编

自然资源与环境

本编目录

第一章　地形地貌

凉州区地处甘肃省西北部、河西走廊东端、祁连山北麓、武威市中部，位于北纬 37°23′~38°12′、东经 101°59′~103°23′之间。东与内蒙古自治区接壤，南连天祝藏族自治县、古浪县，西邻肃南裕固族自治县，西北接永昌县，北抵民勤县。全区总面积 4907.1 平方公里，东西长 122 公里，南北宽 90 公里，海拔 1440~3263 米，在大地构造上位于祁连褶皱系中的走廊过渡带。

凉州区地势西南高东北低，西南部是祁连山东段冷龙岭的前山地带，海拔在 2000~3200 米；东北部是河西走廊平原的东段，海拔在 1500~2000 米；东部是腾格里沙漠，海拔在 1500 米上下。

第一节　西南部祁连山区

祁连山东段的冷龙岭主要分布在天祝县境内，山岭高大雄伟，有许多山峰海拔超 4000 米，山上有终年积雪和冰川分布，是武威河流的发源地。冷龙岭以北属凉州区境，山势降为山、低山、丘陵和盆地。

一、中高山区

包括冬青顶、莲花山、九条岭及黄羊河与杂木河之间山地，属祁连山区二级夷平面，海拔 2700~3200 米，西高东低。夷平面被后期流水分割为不相连的山梁，但顶部仍保留着夷平面的特征。从凉州区南望，杂木河以东顶部平面，有笔立如屏的山岭，就是冬青岭夷平面。夷平面周围山坡陡峭，部分山顶有森林和灌丛分布。

二、低山丘陵区

包括张义堡、新华乡石关村及长岭山一带的垄岗低山和丘陵，属祁连山三级夷平面。海拔 2000~2600 米，顶部比较平缓并向北倾斜，上覆砂砾层和黄土状亚砂土，夷平面被后期流水分割为沟谷、长梁和丘陵，地面多为草原植被。

三、山间河谷与盆地

山区河流在中高山区河谷狭窄，水流湍急；在中低山区河谷变宽，两岸阶地发育，较宽的地段形成了张义堡和四沟嘴等山间盆地。河谷中 I 级阶地高出河面 4~10 米，Ⅱ级阶地高出河面 20~30 米，Ⅲ级阶地高出河面 50~60 米，个别河段高达 90 米。张义堡盆地呈东北—西南走向，长 12 公里，宽 1~3 公里。河流两岸阶地平坦，土地肥沃，宜于农耕。

四、主要山峰

境内海拔2000米以上的山峰主要有冬青顶、莲花山、天梯山和第五山。

冬青顶　是境内最高山峰，海拔3262.9米，在凉州城正南32公里处，顶上建有武威电视转播台。

莲花山　又名西山，在城西15公里的松树乡以南，海拔2765.6米。山峰层峦合抱，状如莲花，故名莲花山。

天梯山　位于城东南约50公里的张义镇灯山村，处在群山环抱之中，海拔2300米。山上有以"天梯山石窟"著称的石窟群，为凉州名胜之一。其山陡峻，道路曲折如梯，故名天梯山。

第五山　即今金山乡和永昌县交界的大口子山北的高峰，海拔2996米。因张掖太守第五曾访居于此而得名，后为隐士张忠所居，凿石为釜，容六斗四升。又名石佛崖，为凉州著名的石窟寺。

第二节　北部走廊平原

北部走廊平原位于祁连山与红崖山之间，呈西北—东南走向延伸，其北部属民勤，南部属凉州区。走廊平原按其成因和形态可分为：山前洪积—冲积平原、冲积细土平原。

一、山前洪积—冲积平原

山前洪积—冲积平原是黄羊、杂木、金塔、西营诸河的冲积扇联合而成的倾斜平原，东西伸展约80公里，南北宽15~20多公里，冲积扇的顶部海拔可达1850米，前缘泉水溢出带只有1500米上下。地面坡度上部为16‰~20‰，下部为13‰。地面上部为1~2.6米厚的亚砂土覆盖，下部为砂砾层。由于河道变迁，冲积扇上的表土被冲走，现遗留下20多条砾石河床和干沟。青林—丰乐—洪祥—太平滩一带，大片的砂砾石层裸露，成为典型的荒漠戈壁，黄土覆盖的扇面大都被开垦为台阶式的耕地。

二、冲积细土平原

冲积细土平原位于洪积扇前缘泉水溢出带以北，海拔1520米以下的地区。这里地势平坦，地面向北倾斜坡度不过3‰，泉水汇集形成的北沙河、南沙河、海藏河、白塔河、大沙河、石羊河等，河谷宽而浅，一般宽200~300米，深3~5米，曲流发育，在一些地区留下牛轭湖或沼泽地。细土平原上覆3~5米亚砂土和亚黏土，经过长期耕耘，土壤肥沃，水源充足，是凉州区农业的稳产高产区。

第三节　东部沙漠区

东部沙漠区以红水河为界，分为东沙窝和腾格里沙漠两部分。东沙窝位于石羊河、白塔河以东，红水河以西，九墩以南，区内多呈新月形沙丘和沙链，比高2~5米。红水河东岸属腾格里沙漠西南部，亦称八十里和四十里大沙，海拔在1500~1600米。靠近红水河沿岸多呈新月形沙丘和沙链，沙丘迎风坡朝向西北，坡度5°~20°，背风坡坡度28°~34°，比高1~5米。沙漠内部多呈固定沙丘，比高可达20米。东北部为邓马营湖已干涸。

1990—2009年凉州区地貌类型与面积一览表

表1-1-1

地貌类型	面积		占总面积（%）
	平方公里	万亩	
全区总计	4907.1	736.07	100
一、祁连山区	1310.97	196.65	26.72
二、走廊平原区	2249.16	337.37	45.83
三、东部沙漠	1346.97	202.05	27.45

第二章　自然环境

第一节　气候

凉州区属冷温带大陆性干旱气候，太阳辐射强、日照充足、降水稀少、蒸发量大；昼夜温差大，夏季短而炎热，冬季长而寒冷等。

一、日照

全年日照时数2923.2小时，日照百分率为65.9%。从季节分布看，川区冬季日照百分率最大，春、秋次之，夏季最小，但山区夏季阴雨天气多，日照百分率最小。川区夏作物生长季（4—7月）总日照时数1066.2小时，占全年日照时数的36.5%。秋作物生长季（8—9月）总日照时数470.6小时，占全年日照时数的16.1%。

凉州区历年各月平均日照、日照百分比一览表

表1-2-1

项目＼月份	1	2	3	4	5	6	7	8	9	10	11	12	全年
日照时数（小时）	223.6	224.2	238.8	247.1	278.1	275.4	265.6	253.5	217.1	238.6	234.7	226.5	2923.2
日照百分比（%）	73	73	65	63	63	62	59	60	58	69	78	77	65.9

二、温度

气温　川区年平均气温8.9℃，随海拔高度增高而递减，1月最冷，平均气温-7.1℃，7月最热，平均气温22.4℃。气温年较差和日较差大，并随着海拔高度的升高而减小，川区大部地区气温平均年

较差为29.9℃，气温平均日较差为13.9℃。

积温 气温高低与农业生产关系十分密切，一般情况下，日平均气温达0℃以上时，土壤开始解冻，田间耕作开始。凉州区境内由于自然条件不同，不同积温的开始、终期和积温都不同。日平均气温≥0℃的初日：川区3月8—9日，浅山区3月29日左右。终日：川区11月13—14日，浅山区11月2日左右。积温：川区3726℃，浅山区2650℃。日平均气温≥10℃的初日：川区4月23—24日，浅山区5月14—18日左右。终日：川区10月5—6日，浅山区9月16日左右。积温：川区2466~3586℃，浅山区1940~2010℃。

地温与冻土 地面多年平均温度为12.6℃，最高平均温度出现在7月，为29.4℃，地面最低温度出现在1月，为-6.5℃，极端最高73.0℃（2005年6月20日），极端最低-37.1℃（1991年12月27日）。冻土与地表温度有关，当地表温度下降到0度时，土壤地表开始向地中逐渐冻结。川区平均开始冻结日期为11月2日，最早10月12日，最迟为12月2日。解冻日期平均在3月24日，最早为3月2日，最迟为4月17日。历史上最大冻土深度为1.42米。

三、降水

降水量 凉州区深居内陆，远离海洋，加上境内地形和海拔高度的影响，不仅降水稀少，而且时空分布也十分不均。1990—2009年，年均降水量176.5毫米，比多年平均（171.0毫米）偏多5.5毫米。

降水量变化 降水量年际变化大，且各月分布不均。最大年降水量251.3毫米（1993年），最小年降水量101.6毫米（1991年），年降水量分布自南向北随海拔高度的降低而减少。各月分配也很不均匀。冬季受西伯利亚冷高压的控制，降水稀少，从10月到第二年3月降水仅占全年的16%，其中12月份降水只有1.6毫米。从春季3月份开始降水逐渐增多，7月增加最快，从秋季9月开始减少，10月份减少最多。降水主要集中在4—9月。据统计，全区4—9月降水量占全年的82%—85%左右，其中7—9月3个月最多，占全年的60%左右。每年平均出现小雨46.3次，中雨3.6次，大雨0.5次，暴雨出现几率较少。

降雪和积雪 降雪平均开始时间为10月29日，最早年份为9月30日，最迟为12月9日。平均结束日期为4月17日，最早年份为3月21日，最迟为5月13日。年平均降雪日数为26天左右，最多年份37天，最少年份13天。历年平均积雪日为20天左右，最多年份57天，最少年份7天，积雪最厚13厘米。祁连山区积雪开始于9月中下旬，结束于5月下旬到6月上旬，积雪期230~268天，积雪最厚可达18~25厘米。1990—2009年，平均每年出现降雪日数为26天左右，积雪日数19.3天，积雪最厚7厘米。降雪的时段为每年9月至次年5月，主要集中在11月至次年3月（占81%），尤以1—3月为甚（占55%）。

四、其他气象要素

相对湿度 气候干燥，近地层空气水汽含量较少，川区年平均相对湿度为51%。

蒸发 日照时间长，太阳辐射强，空气干燥，造成蒸发量大，川区年蒸发量达2000毫米左右，年蒸发量分布与降水量相反，随海拔高度增加而减小。

风 凉州区盛行西北风，年平均风速1.7米/秒。一年中春季风速最大，平均风速2.0~2.2米/秒，是风沙灾害最多的季节，冬季风速较小，平均风速1.4~1.6米/秒。

第二节　水文

2009年，凉州区有水域及水利设施面积5.56平方公里，其中河流水面5.03平方公里。

一、河流

（一）河流概况

凉州区的河流属内陆河流域石羊河水系。石羊河主要支流有大靖河、古浪河、黄羊河、杂木河、金塔河、西营河、东大河、西大河等，均源于南部祁连山区，故称山水河。诸山水河汇集祁连山区的降水、冰雪融水，北流进入走廊平原，经山前洪积扇，河道分叉，水流渗入地下，河水断流。地下潜流北到冲积扇前缘，出露汇集成红水河、白塔河、羊下坝河、海藏河、南沙河、北沙河等泉水河，诸泉水河北流汇合后始称石羊河。

（二）主要河流

西营河　位于武威城西南，山区流域面积1455平方公里，河长80公里，是凉州区境内的第一大河。西营河有两大源头，分别为西源水管河和东源宁昌河。西源水管河，东北汇集了大珠峰沟、二道沟、三道沟、冰沟等支流，至水管口与东源宁昌河汇合。宁昌河支流有青羊河、骆驼河、龙潭河，至张掖市肃南县铧尖乡，与水管河汇合后始称西营河。西营河再东北流有响水河、土塔河从南岸汇入，再东北过西营水库，出祁连山，进入走廊平原，河流分叉，渗漏严重，河流长年干涸，只有大洪水时才有水流通过。西营河水源主要来自肃南和天祝二县山区的降水与冰雪融水。上游冷龙岭一带有19.8平方公里的高山冰川分布。多年平均径流量3.79亿立方米，多年平均流量12.17立方米/秒。最大年径流量为4.9亿立方米，最小为2.83亿立方米，6—9月径流量占全年69%。年输沙量约为24.3万吨，其中6—9月占88.3%。河流结冰期长达4个月。

杂木河　凉州区境内的第二大河。上游位于天祝县境内，有两大发源地，即车龙沟和大牛头沟，分别源于大雪山和卡洼掌，汇合后称闸渠河，东流过毛藏寺转向东北，在塔儿庄南入凉州区境内，始称杂木河。进入平原后，河道分叉，河水断流。杂木河山区流域面积851平方公里，河长60公里，多年平均流量8.14立方米/秒，多年平均径流量2.4亿立方米。其中80%的径流由高山地带的降水和冰雪融化补给，冰川面积有3.86平方公里，冰雪融水量占年径流量的1.5%。最大年径流量4.95亿立方米，最小年径流量1.4亿立方米。年径流有67.4%集中在6—9月，11月到第二年5月只占14.25%。最大洪峰量为265立方米/秒。年输沙量为18.7万吨，其中6—9月占85.9%。

金塔河　位于凉州区南部，上游在天祝县境内。主流冰沟河，源于大雪山北麓的紫尔龙海，东北流汇南岔河，至团庄有西来的大水河、细水河、白水河等注入，南营以下始称金塔河。金塔河过南营水库，出祁连山，水流被引入灌区，河水断流。水量主要来自山区，山区流域面积有852平方公里，干流长45公里，多年平均径流量为1.4亿立方米，主要靠山区降水和冰雪融化补给，流域内有冰川6.73平方公里，春夏冰雪融水量占年径流量的5.5%。最大年径流量为3.04亿立方米，最小年径流量为0.86亿立方米，径流年内分配不均，6—9月径流量占全年66.33%。最大洪峰流量535立方米/秒。年输沙量47万立方米。

黄羊河　位于凉州区东南，上游有哈溪河和峡门河两条干流。哈溪河由东、西套子沟汇合而成；峡门河由直沟河、黄草河、清水河、双龙沟、西沟、北沟等汇合而成。二源到哈溪镇汇合，称哈溪河。哈溪河北流入凉州区境名黄羊河，也称张义大河，再东北流汇寺沟、大洪沟、大西沟、大沟等，再过黄羊河水库，出水峡口，入河西走廊。山区流域面积828平方公里，河长50公里，多年平均径流量 1.46 亿立方米，最大年径流量为 2.1 亿立方米，最小年径流量为 0.65 亿立方米。径流主要集中在 6—9 月，占年径流量的 61%。最大洪峰流量 549 立方米/秒。

沿山小沟小河　分布于凉州区前山一带的大洪沟、大沙沟、白齐沟、三沟、大二沟、小二沟、头沟、前沙沟、谢家沟、小井沟、大井沟、白石头沟、马蹄沟河、土佛沟、锁淌沟、大小干沟、下寺儿沟、张岭沟、臭牛沟、柳树沟、毛家石沟、沙沟河等 22 条沟河。因干旱少雨，植被稀少，除偶发山洪外，一般无地表径流。其中发源于天祝县境内黑沟山北坡的沙沟河支流，流域面积较大，上游有少量径流，多年平均年径流量 830 万立方米。

泉水河　山水河出山后渗入地下之水流，至泉水溢出带又以泉水的形式出露地表，再汇集形成了红水、白塔、大沙、海藏、南沙、北沙等泉水河。这些泉水河过去水量较大，后来由于山区来水量减少，河流、渠道、田间渗漏减少，加上人为的开采，致使泉水河的水量逐年减少，以至干涸。

（三）**径流变化**

凉州区山水河的径流年际变化小，变异系数在 0.2 左右。黄羊、杂木、金塔、西营 4 条河流多年平均径流总量为 9.14 亿立方米，山水河径流年际变化的总趋势是降水量逐年减少。径流的年内分配也很不均匀，6—9 月是降水集中的季节，也是高山冰雪融化期，这 4 个月的径流量占年径流量的 60%~70%，是河流的丰水期；11 月以后，降水稀少，山区多为固体降水，冰雪融水停止，故 11 月到第二年 3 月的径流量只有年径流量的 10%左右，这是河流的枯水期。山区诸河每年都有结冰期，据出山口水文站统计，每年 10 月 16 日至 11 月 24 日为初冰期；12 月 16 日到第二年 2 月 26 日为封冻期，封冻可达 102 天；终冰日 2 月 11 日—4 月 11 日。封冻时河心冰厚一般为 0.37~0.75 米。

二、地下水

凉州区地下水，按分布地区可分为南部山区地下水和北部山前倾斜平原地下水两种。

（一）**山区地下水**

基岩裂隙水分布在中高山区的古生代地层和火山岩的裂隙中，储量不大，常以泉的形式出露地表，单泉涌水量一般为 0.3~1.3 升/秒，大者可达 3~7.7 升/秒。

低山丘陵潜水分布在低山丘陵地区的第四系地层之下，河谷及两岸阶地之中，多沿坡面以潜流和泉的形式补给河流。储量小，单泉涌水量 0.2~0.5 升/秒。

（二）**走廊平原地下水**

走廊平原地下水属山前倾斜平原潜水，大体从洪祥向南，经武威城北，再东至黄羊河农场以北，是一条冲积扇前缘地下水溢出带。在泉水溢出带以南是潜水的补给区，以北是潜水的排泄区。

潜水补给区　由古浪、黄羊、杂木、金塔、西营等河形成的山前倾斜平原，宽 15~25 公里，地势从东南、南、西南，向武威城周倾斜，地下水流向与地面坡向一致。山前倾斜平原又被隐伏断层分为上下两部分。隐伏断层之上第三系不透水层埋藏浅，在西营附近只有 11.5 米，向东经怀安至高寺堡也只有 80 米。地下水深度大都在 5~30 米，含水层主要由砾石粗砂组成，厚 4~9 米，因补给水源少，含水层中的水量不大。隐伏断层以北第三系不透水层深达 300 米以上，有的地方达 800 米。由于第三系不透水层断裂下降，地下潜流形成了跌水，地下水深度也由 5~30 米猛降到 100 米左右。由隐伏断层向北，含水层厚度由 200 米逐渐减少到 50 米；潜水的埋藏深度也由 200 米左右逐渐减少到泉水溢出带附近的 2~5 米，含水层砂砾石由南向北变细，透水性能也随之变小，渗透系数由 400 米/昼夜，减到 100 米/昼夜，单位涌水量由 50 升/秒·米，降到 10 升/秒·米。山前倾斜平原潜水水质良好，属重碳酸盐水，矿化度为 0.3~0.1 克/米。

潜水排泄区　位于泉水溢出带以下，地下水以下降泉和上升泉（承压水）的形式排出地表。在发放、大柳、清源、清水、中坝、四坝、九墩滩，地层为砂砾石和黏性土交互层，构成多层含水层和承压水，水位深度在1~5米，单位涌水量小于5升/秒·米。

地下水的变化　走廊平原地下水总的趋势在逐年减少，20世纪50年代由于水利设施不全，山水河水量的70%通过河床、渠道、田间渗漏补给地下水。60年代以来，先后修建黄羊、南营、西营等水库，主要的干支渠道改造为高标准的防渗渠道，田间灌溉技术也不断改进，水的利用率由原来的30%，提高到50%以上，因此减少了地下水的补给量。山前倾斜平原的南部，地下水位下降6~10米，部分地区达10~20米，每年平均下降0.35米以上。山前倾斜平原的北部累计下降3~8米，每年平均下降0.15米以上。北部细土平原累计下降1~3米，每年平均下降0.05米以上。

三、湖泊

境内湖泊按其所在位置可分为高山湖泊和平原湖泊两类。

（一）高山湖泊

集中分布在南部祁连山区海拔3600米以上的一级夷平面上，是第四纪冰川作用形成的冰蚀湖和冰碛湖，其中比较大的有西营河支流龙潭河源头的龙潭、响水河源头的响水池、金塔河支流冰沟河源头的紫尔龙海（亦称打拉池）。第四纪冰川作用形成的湖泊很多，现大都已经消失，有的变成沼泽。

（二）平原湖泊

凉州区平原地区的湖泊也分为两类，洪积—冲积扇前缘之间低洼地湖泊和位于细土平原上的河道湖。在古代，凉州区湖泊众多，水域辽阔，可谓“水乡泽国”。后来由于气候变化，人类活动的影响，水源日益减少，湖泊逐渐变小干涸。20世纪90年代以来，随着耕地面积迅速扩大，工农业用水大量增加，凉州平原的湖泊大部分已经干涸，只有个别有地下水补给的地区，还保留为盐沼或沼泽地。干涸的湖盆，现都被垦为农田，个别的被流沙湮没。

邓马营湖　位于武威城东北腾格里沙漠之中，北部属民勤县，南部属凉州区，东临内蒙古自治区。邓马营湖水源靠地下水补给，古代水域辽阔，与东部的黄羊湖相连，现由于补给水源减少，已干涸。地下水埋深5~7米。1999年11月，成立邓马营湖开发指挥部，进行规范管理和治理保护。

黑马湖　亦称黑木湖。位于黄羊河冲积扇前缘的洼地中，西北距武威城18公里。黑马湖古代称文车泽，《元和郡县图志》载：“文车泽，在县东（姑臧县，今武威城）三十里。前秦苻坚遣将军苟苌、毛盛伐北凉，造机械冲车于此，因名。”黑马湖水量主要靠黄羊河补给，后来由于湖泊淤积，水源减少，湖泊面积日益缩小，20世纪50年代水域面积只有5000多亩，60年代以后，由于黄羊河水库建成，输水渠道渗漏减少，不仅无地面水补给，地下水位也不断降低，黑马湖完全失去了水源补给，现在已经全部干涸，被开垦为农田。

熊爪湖　位于西营河冲积扇前缘低洼地带，据《甘肃通志稿·舆地九·水道》载：“熊爪湖在县北五十里。”即今双城镇中山村六组南（古时称严家疙塄）一带，现仅留几处小的水池，大部分被开垦为农田。

武始泽　位于西营河与金塔河冲积扇前缘之间的洼地中，在今海藏寺以南，即《水经注》中：马城河“上承姑臧武始泽”，后由于泥沙淤积，已消失。

其他　如九墩的史家湖、上史湖、火庄子湖、岗上大湖、青草崖湖以及中部及西北部的海藏寺湖、雷台湖、中心湖等，因水源减少，绝大部分已干涸，被开垦为农田。

第三节　土壤

凉州区土壤分布南北差异大，南部山区地势高差变化大，土壤和植被都具有明显的垂直地带性变化规律，北部平原土壤分布除受自然条件制约外，对人类活动也有重大影响。

一、山区土壤

（一）高山灌丛草甸土

分布在海拔 3000~3500 米，有机质含量 10%~15%，全氮 0.3%~0.6%，全磷 0.15%~0.2%，全钾 3.0%~3.5%，碳酸盐反映表层弱，向下增强，pH 值 7.9~8.7。

（二）山地灰褐土

分布在海拔 2600~3000 米之间，与亚高山草甸土和山地黑钙土交错分布。有机质含量 5%~14%，全氮 0.2%~0.5%，全磷 0.12%~0.2%，全钾 2.5%~2.8%，pH 值 7.2~8.4。

（三）栗钙土

分布在海拔 2300~2600 米，有机质含量 2%~5%，全氮 0.12%~0.25%，全磷 0.10%~0.25%，全钾 2.5%~3.6%。通层碳酸盐反应强烈，pH 值 8.3~8.6。山地的阴坡由下向上又可分为淡栗钙土、山地栗钙土、山地暗栗钙土。

（四）灰钙土

分布在海拔 2000~2300 米，是山区与走廊平原之间的过渡地带，是丘陵、高阶地区的黄土母质上和干旱草原条件下形成的土壤，土层厚，但肥力低，有机质含量 1%~2%，全氮 0.08%，pH 值 8.2~9.9。这里多被垦为闯田，因降水的变化，产量很不稳定。

二、平原土壤

走廊平原按其地带性应属灰漠土分布区，但由于地形、母质、地下水等条件不同，还有草甸土、风沙土、盐碱土的分布。另外上述土壤在人类活动长期影响下，被改造成种类繁多的绿洲灌耕土。

（一）灰漠土

走廊平原分布面积最广的土类，现在已绝大部分改造为绿洲灌耕土，只有腾格里沙漠西部边缘尚有分布。土壤中有机质含量只有 0.2%~0.5%，全氮 0.03%，全磷 0.15%，全钾 2.13%，pH 值 8.2~9.2。

（二）草甸土

零星分布在泉水出露带的低洼地及河漫滩。有机质含量 1%~2%，全氮 0.05%~0.08%，全磷 0.13%，全钾 2.96%。20 世纪 80 年代后，由于地下水位下降，这种土地绝大部分改造为绿洲灌耕土。

（三）盐土

零星分布在平原的低洼地区，这里地下水埋深 1~3 米，矿化度 3~10 克/升，土壤中水溶性总盐度大于 1.5%~2%，氯化物为主的土壤含盐总量大于 1.5%。20 世纪 80 年代后，由于地下水下降，已被改造为绿洲灌耕土。

（四）风沙土

分布在腾格里西缘及东沙窝一带。有机质含量少，只有 0.1%~0.2%，全氮 0.003%~0.0008%，全磷 0.02%~0.03%，全钾 1.6%~1.8%。

（五）绿洲灌耕土

分布在洪积—冲积平原和细土平原的绿洲地区，成土母质为亚砂土和亚黏土。灌耕土由于所处地理条件和耕耘情况不同，又分为 13 个土属，69 个土种，其中主要土属有：

菜园土　分布于城郊蔬菜地区，面积较小，约 4000 亩左右，耕层有机质 1.96%，全氮 0.10%，有效磷 34.8ppm。熟化程度高，是全区最肥沃的高产稳产土壤类型。进入 21 世纪后，由于城区面积日益扩大，菜园土面积逐渐缩小。

黄立土　全区熟化程度较高、生产性较好的土壤类型，耕层以下土体结构为直垂节理，蚯蚓活动旺盛，通透性良好，耕层有机质平均1.44%，全氮0.08%，有效磷13ppm。全区约5000亩。

黄平土　全区分布地区最广、面积最多的土壤类型，约60万亩。在耕层以下土体内有层片状或鳞片状（泉水地区）或板块结构，属不良结构类型，但在长期灌溉、施肥、耕作培养下，蚯蚓活动频繁，粪穴孔洞较多，改善了通透性，熟化程度也较好。其耕层有机质为1.46%，全氮0.08%，有效磷14.6ppm，属全区较高产或中产土壤类型。

潮土　约3万亩，分布在井泉水地区北部边缘各乡镇，地下水一般在2米以下，土体中水分运行有明显的干湿交替过程，地下水沿毛管上升，可达地表，故有夜潮现象。土壤水分状况良好，土壤较肥，耕层有机质为1.58%，全氮0.08%，有效磷11ppm，是较高产土壤类型。

盐化潮土　约1.6万亩，分布在低洼河滩边沿和河流两岸。地下水一般在80~150厘米，因地下水位较高，可溶性盐分上升地表，有程度不同的盐渍化，对作物苗期有抑制或盐害。耕层有机质为1.66%，属中肥力土壤类型。

僵板土、砂土、漏砂土、黄岗土、盐碱土、胶泥土等低产土壤类型，约14万亩。

第四节　植被

凉州区由于地形、气候、水文、土壤等条件的不同，植被类型南北差别很大。

一、山区植被

南部祁连山区，由山麓向上，随着海拔高度的增加，降水逐渐增多，气温逐渐降低，植被由荒漠草原逐渐变为高山草甸，呈现明显的垂直地带性规律。

海拔2600~3200米为亚高山森林草原和高山灌丛带，主要种群有青海云杉、祁连圆柏、山杨、杜鹃、金腊梅、瓦氏柳、沙刺、枸子、小蘖、苔草、藏异燕麦、垂穗鸡冠草、萎陵菜、猪牙蓼、马莲、赖草、垂穗披碱草、矮锦鸡儿等。

海拔2300~2600米为山地草原带，主要种群有克氏针茅、冷蒿、紫艳针茅、短花针茅、羊草、芨芨草、火绒草、萎陵草，以及一年生蒿属草本植物等。

海拔2000~2300米为荒漠化山地草原带，主要种群有短花针茅、扁穗冰草、冷蒿、一年生茵陈蒿、蓖叶蒿等蒿属植物及珍珠、红沙、合头草等半灌木。

海拔1800~2000米为荒漠草原带，主要种群有珍珠、红沙、霸王、窄叶锦鸡儿、膜果麻黄、短叶假木贼等半灌木及短花针茅、戈壁针茅、蒿属植物等。

二、平原植被

走廊平原降水稀少，蒸发强烈，气候干旱，植被类型主要属荒漠和荒漠化草原。另外，由于地面物质结构和水分条件的差异，局部地区又有草甸和沼泽植被的分布。

荒漠化草原　分布在南部山麓，与山区荒漠化草原相连接。

荒漠植被　由于自然条件的不同分为沙生荒漠植被和盐生荒漠植被两种。沙生荒漠植被包括沙漠、沙漠化土地、碎石、砾石戈壁上的植被。在八十里大沙及东沙窝一带沙漠之中的植被主要有白茨、籽蒿、沙蓬、桦棒、沙蒿、芦苇等组成的沙生群落。在一些沙漠化和砾石戈壁上生长着白刺、木紫菀、猫头刺、骆驼蓬、蒺藜、沙蓬、苦豆子等。盐生荒漠植被分布在排水不良，土壤盐碱化严重的地区，生长着耐盐的白茨、红沙、圆叶盐爪爪、盐爪爪、细叶盐爪爪、碱蓬、芦苇、灰绿藜等。

草甸和沼泽植被　主要分布在泉水出露带及排水不畅的地区，主要种群有芦苇、香蒲、沙葱、扁穗藨草、三棱草、灯芯草、眼子菜、泽泻、睡莲、苔草、冰草等。

绿洲中田间路旁的杂草 主要有赖草、马莲、苦豆子、艾蒿、苏枸杞、芨芨草、甘草、铁线莲、苦蒿、紫菀、车前子、苍耳子、蒲公英、野苜蓿、苣荬菜、田旋花、稗子、谷莠、问荆、芦草、马齿盖、白藜、扁穗子、野燕麦、野决明及禾本莎草和一年生蒿属等。

第五节 自然灾害

凉州区的自然灾害有干旱、低温、冰雹、霜冻、低温、风灾、水灾和地震等，其中以干旱最多。

一、旱灾

干旱是凉州区最显著的气候特点，也是最主要的气象灾害，一年四季均有发生。干旱分为前春干旱（3—4月）、春末夏初干旱（5—6月）、伏秋干旱（7—9月）和冬季干旱（11月—次年2月）等类型。1991年降雨量仅102毫米。1995年春末初夏严重干旱，小麦减产约10%左右。1997年伴有干热风，旱情尤重，小麦青秕减产。1999年部分山、滩旱地无法下种，影响春耕生产。2000年连续150余天无有效降水，旱情严重。2001年，冬春夏三季连旱气候，连续200多天无有效降水，造成张义山区和南部山水灌区29个乡镇夏禾作物减产约8000万公斤。

1990—2009年，20年内出现对农业生产影响较大的春旱11次、春末初夏旱10次及秋旱12次。其中重、特旱达15次。其中：2005年出现比1962年更严重的春、夏、秋三季连旱；2008年出现了仅次于2005年的春、夏、秋三季连旱；2009年又出现严重的冬、春、初夏三季连旱。2005年、2008年和2009年三次干旱对农牧业生产造成了极大的经济损失，同时也加重了生态环境的进一步恶化。

二、雹灾

冰雹是凉州区重要灾害性天气之一，影响范围小、持续时间短、来势猛、强度大，一般都伴有强降水、大风，对人民生活、生命财产安全等造成严重危害，特别对农作物造成不可挽回的损失。沿山区常发生在6—9月，川区年平均不足1次，最多年为4次。

1990—2009年，冰雹发生次数不多，共出现冰雹4次，面积不大。其中较大的一次为1999年7月12日清源镇局部地区冰雹、暴雨、强风成灾，最大直径3.5厘米，砸伤139人，经济损失1000多万元。

三、霜冻灾

霜冻发生的时间和强度在地理分布上差异很大，春霜冻（晚霜）川区较山区结束得早，最早出现在4月8日，最迟出现在5月24日，相差46天；秋霜冻（早霜）川区较山区来得迟，最早出现在9月19日，最迟出现在10月24日，相差35天；无霜冻期山区比川区短，山区海拔2400~3000米为95~115天，2000~2400米为115~135天；川区海拔1700~2000米为135~150天，1700米以下为150~155天。无霜冻期平均155天，最长的年份为190天左右，最短的年份为120天左右，变幅为70天左右。

2004年5月2—3日，受西北气流中下滑冷空气的影响，凉州区出现低温霜冻等灾害性天气，致使大部分农作物遭受霜冻大面积死亡。这次霜冻灾害涉及全区48个乡镇的395个村、3065个组，受灾人口达17.6万户63.5万人，农作物受灾总面积达74.29万亩，其中玉米44.4万亩，豆类5.2万亩，洋芋5.4万亩，露地瓜菜16.1万亩，甜菜1.09万亩，胡麻0.9万亩，中药材、金盏花等经济作物1.2万亩，果树受冻面积10万亩。沿山地区乡镇的受灾程度尤为严重。受冻作物中除40%的大田玉米因出苗稍晚或受冻较轻可恢复生长外，其余60%的玉米和所有的豆类、甜菜、蔬菜、瓜类、油料等作物已全部被冻死，只能补种或改种其他作物。同时，经济林中花期较早的杏、梨、苹果等受冻程度也较严重，受灾面积达 8.4 万亩。此次霜冻灾害给全区造成的直接经济损失达 1.25 亿元。

四、低温

凉州区初霜冻出现日期最早在 9 月 5 日左右，最迟在 10 月 20 日左右，前后相差 45 天，平均日期为 10 月 1 日。进入 20 世纪 90 年代后受气候变暖影响，早霜冻出现的时间明显推迟，对秋粮和经济作物的成熟及收获极为有利。晚霜冻出现日期最早在 4 月 10 日左右，最迟在 6 月 5 日左右，前后相差 54 天，平均日期为 5 月 6 日，晚霜冻结束的越晚对农林牧业生产危害越大。

1990—2009 年，出现几次低温冷害天气，其中较大有两次。2004 年 5 月 2—3 日发生的寒潮，并伴有霜冻，致使全区农作物成灾面积达 74.29 万亩，共造成直接经济损失 1.25 亿元。2006 年 5 月 14 日凌晨，因气温急剧下降，境内部分地区地温下降到零摄氏度以下，造成沿山区乡镇 49597 亩农作物受灾，其中玉米 23101 亩、豆类 854 亩、蔬菜 4927 亩、马铃薯 21015 亩，农作物减产 2.5 成左右，直接经济损失 1150 多万元。

五、风灾

凉州区造成危害的风灾主要有大风和干热风。大风平均日数 4 天，各月均有出现，其中 3—7 月占 76%，特别是 4—5 月出现最多，占 41%。从大风年际变化分析，大风天气从 90 年代以来明显减少。1990—2009 年出现干热风 15 次，干热风造成的危害不大。

1993 年 5 月 5 日，出现强沙尘暴，风力 9~11 级，能见度近 0 米，造成全市死亡 20 人，沙埋大量农田，直接经济损失 7843.2 万元。

1996 年 3 月 29 日和 4 月 29 日，大风沙尘暴成灾。

1998 年 4 月 15 日，大风沙尘暴成灾，全市受灾面积 27 万亩，经济损失 357 万元。

1999 年 4 月 10 日，大风强沙尘暴成灾。

2000 年 4 月 12 日，大风引发火灾，死 1 人，伤 2 人，全市经济损失 1024 万元。

2001 年，先后遭受多次沙尘暴的侵袭，特别是 4 月 6 日和 4 月 28 日、29 日突发的 3 次特大沙尘暴，其瞬时风力达 8 级以上，致使双城、下双、九墩、金羊、发放等 16 个乡镇 69 个村的 28184 人受灾，毁没地膜小麦、玉米、洋芋、西瓜等 4747 亩；同时，一些日光温室遭到毁坏，造成经济损失 399.7 万元。沙尘暴还引发火灾 3 起，造成人员 1 死 2 伤，烧毁民房 6 户 32 间，烧死牛、羊等牲畜 19 头（只），烧毁面粉、小麦 3.92 万斤，造成经济损失 18.83 万元。

2004 年 2 月 12 日 10 时至 17 时，凉州区遭受沙尘暴、大风袭击，丰乐、西营、红星、洪祥、永丰、怀安、永昌、下双、发放、双树、金沙、羊下坝、武南、东河等 14 个乡镇的 28 个村、31 个组的 84 户人家发生火灾，直接经济损失 34.51 万元。

2006 年 3 月后，先后遭受几次较大规模的沙尘暴灾害，尤其是 4 月 11 日的强沙尘暴天气，致使部分乡镇的 86 座蔬菜大棚被大风摧毁，大棚内的蔬菜程度不同地遭受冻害，造成直接经济损失 210 万元。

六、水灾

水灾主要是大雨、暴雨、连阴雨造成的洪涝灾害。1990—2009 年，共发生洪涝灾害 41 次，造成直接经济损失 34220 万元。

1999 年 7 月 12 日晚，松树、怀安、永丰、中坝、丰乐、柏树、金羊、高坝、和平、金山、红星、金沙、西营、金塔、大柳和南营 16 个乡镇，共有 89 个村 505 个村民小组，13123 户 54526 人遭受暴雨袭击，重灾户达 1043 户 4489 人。全区农作物受灾面积 6.6 万亩，成灾面积 5.1 万亩，绝收 4.3 万亩，粮食减产 1500 万公斤，损坏日光温室 122 个，冲毁淤积各级渠道 119.58 公里，冲毁道路 23 公里，淹死牲畜 2800 头（只），损毁变压器 12 台，损坏房屋 4609 间。武威城区的复兴路、沿河路、光明巷、钟楼巷、生产巷、百家巷、新鲜中路、海子巷和雷台公园受灾最为严重，受灾居民 123 户 381 人，倒塌房屋 128 间，造成危房 392 间，其中因房屋全部倒塌造成 52 户 162 人无家可归；冲毁道路基础 1390 米，油面道路 5060 平方米，损毁电器 624 台，自行车 246 辆，炊具 453 件，共造成经济损失 4087.52 万元。

2005 年 8 月 22 日 14 时，南营水库上游突降冰雹和暴雨，河流来水达 180 立方米/秒，致使新华乡青嘴、石关、马蹄、缠山、头坝、夹河村和高坝镇碌礡村 7 个村 34 个组 1066 户 5060 人严重受灾，以青嘴村最为严重，4 个组 159 户 430 人严重受灾，同时冲毁小学一所，冲毁教室 2 幢 6 间，教师宿舍 8 间，教学设施全部毁坏；冲毁桥涵 5 座、乡村道路 5 公里、防洪堤坝 8.6 千米、提灌工程 3.5 千米和高压线路 6 级;冲毁和填埋渠道 16.7 千米;冲走大牲畜 7 头、猪羊 394 头（只），共造成直接经济损失 387.29 万元。

2006 年 7 月 30 日下午 5 时许，凉州区突降冰雹、暴雨，并伴随 8 级阵性大风，短时间内降雨量达 48.5~58 毫米，使城区 7 个街道的 37 个社区和 35 个乡镇的 385 个村 2850 个组受灾，灾害造成 3 人死亡、16 人重伤、136 人轻伤。有 2151 间房屋倒塌和 17772 间房成危房。灾害造成全区 33.11 万亩农作物受灾。洪水冲毁牲畜圈舍 1829 间，冲走牲畜 9638 头（只），冲毁乡村道路 173.17 千米，冲毁渠道 54 千米，填埋渠道 17 千米，毁坏河堤 12.54 千米，毁坏水井 10 眼，直接经济损失 1.94 亿元。同年 8 月 10 日晚，凉州区又突降暴雨及冰雹，短时间内降雨达 13~20 毫米，造成西营、黄羊、康宁、张义、谢河 5 个乡镇的 17 个村，城区东大街、西关街等部分社区居民遭受暴雨洪水的侵袭，致使 2300 多人受灾，其中 1 人受重伤，倒塌房屋 45 间，危房 100 多间；农田受灾 3185 亩，洪水冲走耕牛 5 头、羊 156 只，损坏乡村道路 22.5 公里；冲毁防洪堤 350 米、各级渠道 646 米，填埋渠道 525 米，淹没水井 11 眼，灌溉低压管道 1 条 20 米，共造成直接经济损失 1128 万元。

七、地震

凉州区地处祁连山地震带，1990—2009 年在凉州区及邻近地区发生地震 18 次，凉州区有震感的有以下几次：

1990 年 4 月 26 日，青海共和发生 MS6.9 级地震，武威市部分地区有震感。

1990 年 10 月 20 日 16 时 07 分，北纬 37°1′，东经 103°5′,（即天祝—景泰）发生 MS6.2 级地震，震中烈度 8 度，武威市震感强烈，部分区域遭受破坏。

1990 年 12 月 26 日 7 时 14 分，在九条岭煤矿发生 MS4.2 级地震，武威市城区居住五楼以上的人员有震感。

1991 年 2 月 27 日 5 时，在武威市庙山乡石岗村一带发生 MS3.7 级地震，谢河一带的群众普遍有感，黄羊水库有微感，无震害发生。

1995 年 7 月 22 日 06 时 44 分，北纬 36°23′，东经 103°13′（永登县七山乡）发生 MS5.8 级地震，武威市城市居住楼房的部分人员有震感。

1996 年 1 月 2 日 19 时 37 分 41.4 秒，北纬 38°33′，东经 102°48′（即民勤重兴乡北）发生 MS3.5 级地震。武威市九墩乡，民勤重兴乡、红崖山水库及县城等地有震感，震时伴有碗子滚动的声音，窗户作响，床摇动，地震烈度为 4 度，无破坏情况。

1996 年 6 月 1 日 20 时 49 分 12.8 秒，天祝藏族自治县抓喜秀龙乡和古浪黑松驿乡一带发生 MS5.4 级地震，震源深度 10 公里，地震波及武威市、天祝和古浪等地。

1998 年 3 月 1 日 22 时 12 分，北纬 37°18′，东经 102°40′，古浪黑松驿乡和天祝安远镇西发生 MS3.4 级地震，武威市居住五、六楼的部分人员有震感。

2000 年 6 月 6 日 18 时 59 分，在北纬 37°1′，东经 104°，景泰县城西南一带发生 MS5.9 级地震，武威市震感强烈。

2000 年 9 月 2 日 2 时 42 分 40.9 秒，古浪县土门—大靖一带发生 MS4.3 级地震，武威城区住楼房的居民有震感、

2003 年 1 月 7 日 17 时 43 分，古浪县双塔发生 MS3.3 级地震，凉州区室内人员多有震感。

2005 年 1 月 22 日 22 时 55 分 51.5 秒，北纬 37°42′，东经 102°32′，凉州区古城镇、谢河镇一带发生 MS3.5 级地震，凉州区城市居住楼房的部分人员有震感，南营水库也有震感。

2007 年 7 月 22 日 17 时 34 分 32.1 秒，北纬 38°21′，东经 101°18′，山丹县发生 MS4.7 级地震，凉州区城市居住楼房的部分人员有震感。

2007 年 7 月 22 日 17 时 34 分，北纬 38°21′，东经 101°18′，民乐县发生 MS5.1 级地震，凉州区大部分地区有震感，城区二楼以上居住的群众有较强的震感。

2007 年 10 月 1 日 8 时 25 分，北纬 37°54′，东经 101°59′，九条岭一带发生 MS4.1 级地震，凉州区金山乡一带和城区部分群众有震感。

2008 年 5 月 2 日 20 时 41 分 35.7 秒，北纬 37°30′，东经 102°46′，凉州区张义镇一带发生 MS3.2 级地震，张义镇、黄羊镇有震感。

2008 年 5 月 12 日 14 时 28 分 04 秒，北纬 37.986°，东经 103.364°，在四川汶川发生 MS8.0 级地震，凉州区境内大部分地区有明显震感。

2008 年 5 月 23 日 16 时 27 分 55.7 秒，北纬 37°33′，东经 102°39′，凉州区张义镇一带发生 MS3.4 级地震，当地群众有强烈震感。

第三章　自然资源

第一节　土地资源

凉州区行政辖区总土地面积 4907.1 平方公里（736.07 万亩）。根据 2009 年凉州区土地利用现状更新调查数据，农用地面积 2656.81 平方公里，占土地总面积的 54.14%；建设用地面积 253.76 平方公里，占土地总面积的 5.17%；未利用地面积 1996.54 平方公里，占土地总面积的 40.69%。

农用地中耕地面积 1554.32 平方公里，占农用地面积的 58.51%；园地面积 58.35 平方公里，占农用地面积的 2.2%；林地面积 354.73 平方公里，占农用地面积的 13.35%；牧草地面积 505.43 平方公里，占农用地面积的 19.02%；其它农用地面积 183.98 平方公里，占农用地面积的 6.92%。

建设用地中城镇村及工矿用地 232.09 平方公里，占建设用地面积的 91.46%；交通运输用地 16.11 平方公里，占建设用地面积的 6.35%；水域及水利设施用地 5.56 平方公里，占建设用地面积的 2.19%。

未利用地中沙地面积 1346.96 平方公里，占未利用地面积的 67.46%；裸地面积 224.17 平方公里，占未利用地面积的 11.23%；内陆滩涂面积 22.03 平方公里，占未利用地面积的 1.11%；河流水面面积 5.03 平方公里，占未利用地面积的 0.25%；其他草地面积 398.35 平方公里，占未利用地面积的 19.95%。

第二节　水资源

一、地表水资源

主要有西营、杂木、金塔、黄羊 4 条河流，均发源于祁连山冷龙岭北坡，属内陆河流，总集水面积为 3986 平方公里，多年平均径流量 8.95 亿立方米。另有小沟小河 22 条，集水面积 718.3 平方公里，年径流量 0.16 亿立方米。由于气候变化等原因，各河流径流量逐步减少。1990 年以来，实际每年引用的水量，平均每年为 7.1 亿立方米，占总来水量的 77.68%；中等干旱年为 6.4 亿立方米，占总来水量的 70%。

二、地下水资源

地下水来源大部分由地表水转化，凉州区每年可利用地下水资源为 3.2 亿~3.59 亿立方米。

三、水能资源

西营、金塔、杂木、黄羊河 4 条山水河流从主要汇流处到出山引水渠首，海拔高程 1850~2055 米，河床纵坡为 1/30~1/100，水能资源丰富。

第三节　植物资源

一、种植资源

凉州区种植以粮食作物为主，主要有小麦、大麦、谷子、玉米、洋芋、糜子等。经济作物以胡麻、大麻、蔬菜、甜菜等为主。绿肥有苜蓿、箭舌豌豆、毛苕子、草木樨等。

二、林木资源

古代，凉州区境内有大面积的天然林、混生林、灌木林，后来由于自然环境的变化及人们的乱砍滥伐，使茂密的森林遭到严重破坏，森林面积日益缩小。1990 年之后开始保护植被，由于多年植树造林和保护绿地，到 2009 年，凉州区森林面积达到 73.41 万亩。主要树种 25 科 43 属 85 种，即杉、柏、松、杨、柳、桑、槐、榆、桦、椿、槭、梅、条、茅、刺等，还有果树 2 科 6 属 14 种。为防风固沙，在 1990—2009 年中，全区共营造防风固沙林带长 70 多公里，面积 8.2 万亩，主要在田旁、路旁、渠旁、村旁的“四旁”植树，提高了植被程度。

三、草场资源

据 20 世纪 80 年代调查，凉州区有草场面积 220 万亩，实际利用面积 169.3 万亩，占草场面积的

77%。草场植被有中高山区的杂草、禾草、苔草、蒿草和灌丛结合的草甸草场、灌丛草甸草场、森林草甸草场；浅山低山区的中旱生和旱生的克氏针茅、短花针茅、冷蒿为主形成的草原草场和荒漠化草原草场；东北部覆盖着旱生、超旱生草和沙蒿、唐古特白刺、珫若藜灌丛为主的荒漠草场；红水河漫滩和邓马营湖分布有盐生草甸，常见的有佛子茅、芦苇等。

四、野生药用植物资源

据20世纪80年代普查，凉州区有药用植物169种，其中野生药用植物有24科41属48种，主要是木贼、麻黄、中麻黄、何首乌、棠叶大黄、王不留行、升麻、野芍药、川芍药、淫羊藿、紫堇（地丁草）、角茴香、葫芦巴、蒺藜、泽泻、大戟、甘肃瑞香（祖师麻）、狼毒、旱芹、柴胡、羌活、防风、尖叶龙胆、小旋花（小打碗花）、益母草、野薄荷、艾叶黄芩、甘肃黄芩、曼陀罗、野胡麻、肉苁蓉、大车前、接骨草、牛蒡、艾蒿、高山紫莺、刺儿菜、大蓟、旋复花、条叶旋复花、甘草、锁阳、沙地旋复花、大绒草、蒲公英、苍耳、小香蒲、芦苇、香附子、百合、马蔺等。

五、花卉资源

据清乾隆年间编纂的《武威县志》记载，凉州区当时种植的花卉就有玫瑰、牡丹、芍药、月季、珍珠、石榴、海棠、菊类、梅类等五六十种。1990年以来，凉州区有花卉60科122属181种，其中：木本类39科66属87种，草本类29科57属60种，多肉类6科24属27种，草坪类1科6属7种。优良品种有凤仙、水仙、金莲、虞美人、波斯菊、荷兰菊、美人蕉、君子兰、吊兰、文竹、秋海棠、腊梅、月季、山茶等。其中：大丽花有高、低秆，大花头、小花头等属种，1988年被评选为武威市市花。

第四节　动物资源

一、养殖的动物

据20世纪80年代普查，凉州区养殖的动物有牛、马、驴、骡、骆驼、羊、猪、鸡、鸭、鹅、兔、蜂、鱼等13种。

二、野生动物

凉州区地形复杂，地理环境多样，但气候干旱，植被稀少，野生动物种属少，数量不多。从收集到的资料和访问记录整理，凉州区的野生动物有7目15科57种，其中国家一类保护动物有野马、野驴；二类保护动物有马麝、马鹿、林麝、黄羊（蒙古原羚）、藏原羚、猞猁、草原斑猫；三类保护动物有石貂、水獭、雪豹、白唇鹿、梅花鹿、赛加羚羊、鹅喉羚、普氏臣羚等。其它动物还有刺猬、长耳猬、蝙蝠、高原兔（灰尾兔）、草兔（孙何兔）、蒙古兔、达乌尔鼠兔、大耳鼠兔、岩松鼠、旱獭、黄鼠、达乌尔黄鼠、大仓鼠、黑绒仓鼠、长尾仓鼠、龙仓鼠、荒漠毛蹠鼠、中华鼢鼠、普通田鼠、麝鼠、子午沙鼠、长爪沙鼠、海狸鼠、小家鼠、褐家鼠、五趾跳鼠、三趾跳鼠、长耳跳鼠、五心颅跳鼠、狼、豺、赤狐、沙狐（藏狐）、虎鼬、艾虎（艾鼬）、扫雪、狗獾、猪獾、野猪、青羊等。

三、野生鸟类

凉州区的鸟类分布在三个地带：第一地带为海拔2400~3300米的祁连山地草原地带，鸟类种类繁多、数量大、占 90%以上，代表鸟种有蓝马鸡、褐头山雀、黑啄木鸟、黄腰柳莺、灰背伯劳、戴胜等；第二地带为海拔 1800~2300 米的荒漠草原地带，鸟类稀少，代表鸟种有金翅雀、灰背伯劳、黄腰柳莺、沙鵰、漠鵰、斑翅山鹑、戴胜、小沙百灵等；第三地带为平川农区，由于人口密集，常见的代表鸟种有麻雀、喜鹊、乌鸦、野鸽等。据有关资料记载，凉州区共有鸟类 15 目 27 科 78 种，其中：珍稀鸟类 4 目 4 科 7 种，益鸟 2 目 5 科 7 种，其他鸟类 15 目 22 科 64 种。

第五节 矿产资源

一、能源矿产

凉州区能源矿产主要是煤矿，有大口子小型煤矿、小口子小型煤矿、柴窝铺沟小型煤矿、大沙沟煤矿点和上古城煤矿点等。储量 4033 千吨，资源储量 18694 千吨。其中大沙沟储量无烟煤约 20970 千吨，可开采储量为 2820 千吨；大、小口子储量烟煤约 23500 千吨，可开采储量为 4700 千吨。

二、金属矿产

铁矿 已发现有南营儿铁矿点和臭牛沟庄铁矿点。南营儿铁矿点位于凉州区南营儿西南 1 公里，北纬 37°47′20″，东经 102°31′10″，属沼泽沉积矿床。为区域地质调查时发现。为上三迭延长群红色砂岩砂砾岩及页岩夹不稳定菱铁矿层。矿体形状为透镜状，矿体长断续 2000 米，厚度 10~20 米。矿石的矿物组成为菱铁矿，品位目测 Fe 约 30%上下。臭牛沟庄赤铁矿点位于黄羊镇火车站 261 度方向直距 14 公里，北纬 37°38′50″，东经 102°40′30″，属中温热液矿床，做过地质普查，矿体产于毛藏复背斜北翼下奥陶统车轮沟群中，加里东中期花岗岩即沿此背斜轴部侵入，使车轮沟群产生了明显的接触变质带，并伴有小型断裂发生，矿体与裂隙及派生脉岩关系密切。围岩蚀变主要为绿泥石化、黄铁矿化、黄钾铁钒化。有 1 个矿体，形状为脉状，矿体长 39 米，厚 21 米，矿石自然类型为镜铁矿—褐铁矿，结构为中—细粒结构，构造为块状构造—蜂窝状构造，矿石的矿物组成为赤铁矿—褐铁矿，品位 TFe:最高 28.35%，一般 12%。

金矿 金矿已知有黄羊河砂金小型矿床和黄羊河口砂金矿点。黄羊河金矿距武威市 66 公里，属小型河谷砂矿，地理位置北纬 37°30′00″，东经 102°38′00″。含矿地层为第四系。该矿区进行过详查，已被开发利用。矿床有 1 个矿体，形状为单向延伸，走向 NW—SE，长度 8277.25 米，厚度 2.14 米，埋藏深度 3.07 米。矿石自然类型为砂金松散结构，矿石的矿物组成为自然金，品位 Au:0.6401g/t，金资源量 1495 千克。黄羊河口金矿位于黄羊镇火车站 230 度方向直距 15 公里，属洪积——冲积砂矿点，地理位置北纬 37°36′10″~37°37′43″，东经 102°45′17″~102°46′45″，进行过地质普查，第四系全新统是砂金的主要赋存层位，全部分布在现代河床、河漫滩，一般厚 2~3 米。金主要赋存在砂砾层的底部。有 4 个矿体，含 1 个主矿体，矿体形状为似层状，长度 400 米厚度 2.80 米，埋藏深度 0.4~3.2 米。矿石的矿物组成为自然金—磁铁矿—石榴子石—锆石—黄铁矿，品位 Au:0.23778 克/立方米，金资源量 15.33 千克。

三、非金属矿产

萤石 主要分布于大泉沟、大沙沟、韭菜沟等地。大泉沟萤石矿点位于武威市 N80 度 W 直距 41 公里，北纬 37°58′40″，东经 102°11′00″，属中温—低温热液矿床。地质工作程度属普查，萤石脉沿花岗岩裂隙穿入。圈定矿体 5 个，主矿体 1 个，为脉状矿体。矿体走向 15°~25°，倾角 45°~55°，长 250

米，厚 0.7 米。矿石的矿物组成为萤石—石英族，品位 CaF_2：58.82%~74.66%，SiO_2：19.9%~32.7%，FeO:0.29%~0.32%。大沙沟小型萤石矿床位于武威西 37 公里，西距九条岭煤矿 37 公里，地理位置北纬 37°58′30″，东经 102°12′30″，属中温—低温热液矿床，地质工作程度为普查。萤石产于萤石化伟晶花岗岩中。圈定矿体 8 个，主矿体 1 个，为脉状矿体。矿体倾向 49°，倾角 74°，长 275 米，厚 0.4~0.95 米。矿石的矿物组成为萤石—石英族，品位 CaF_2：39.77%~58.27%，资源储量 285433 吨。韭菜沟萤石矿点位于四沟咀北西 6 公里，北纬 37°58′30″，东经 102°12′30″，属中温—低温热液矿床。区内大面积出露加里东晚期花岗岩，萤石矿产于绿帘石化花岗岩节理裂隙中，为脉状矿体，走向 305 度，倾角 80 度。长 4 米，厚 1.3 米。矿石的矿物组成为萤石—石英族，品位 CaF_2：76.35%，SiO_2：18.50%，FeO：0.4%。

石英砂　主要产于丰乐镇长岭山，资源储量估计在 100 万吨以上，含硅量在 95%以上，可用于玻璃生产原料和铸造型砂等。

砖瓦黏土　砖瓦黏土主要分布在境内中部地区，潜在资源储量很大。

凉州区志

第二编

政　区

本编目录

第一章　政区区划

第一节　建置沿革

凉州区有着古老而悠久的历史，据考证，远在5000多年前，这里就有人类活动。4000年前居民的文化发展情况，已经与中原地区相接近。县城西北2.5公里处的皇娘娘台，1957年曾发现一处古文化遗址，属于新石器时代晚期的齐家文化。从出土的铜器来看，生产力已发展到了一定水平；从出土的大量石刀、石镰、石磨盘推断，那时已经有了原始的农业；从男女葬式和随葬品来看，以男子为中心的社会已经形成，私有制也已出现。

据乾隆时成书的《五凉考治六德集全志》(即《五凉全志》）记载：凉州在战国以前，是少数民族西戎部落的驻牧地。西戎是对西部少数民族的泛称，在河西地区居住的是古老的羌族。

战国时期，凉州为月氏占据。月氏是一个比较强盛的民族，有强大的军队，其实力足以和匈奴相对抗。

秦汉之际，匈奴冒顿为单于之后，势力空前强大。汉文帝前元六年（前174)，击败了月氏，占领了整个河西。匈奴统治河西走廊东端的是休屠王。休屠王在今凉州城所在地修筑了姑臧城，在今四坝镇的三岔堡修筑了休屠城，为自己的宫殿所在地。

元狩二年（前121）春，汉武帝派骠骑将军霍去病出陇西，击匈奴，过焉支山千余里，斩首虏近900级，缴获休屠王祭天金人。同年夏天，又出兵逾居延海，向南抵祁连山下，沉重地打击了匈奴右部。匈奴浑邪王杀休屠王，率众4万余投降汉朝，使整个河西走廊纳入西汉版图。

元鼎二年（前115)，汉朝在河西地区开始设置郡县，先设了武威郡和酒泉郡，到元鼎六年（前111）又从武威郡中分出张掖郡，酒泉郡中分出敦煌郡，属凉州刺史部。汉朝武威郡辖10县，即姑臧、张掖、武威、休屠、揟次、鸾鸟、朴劋、媪围、苍松、宣威。汉武威县在今民勤县东北百余里处，姑臧（即现在的凉州区）原名盖臧，是匈奴语，因盖臧山而得名，后讹为姑臧。东汉时又将原属安定郡的鹯阴、祖厉和张掖郡的显美划归武威郡。姑臧一直是西汉时期武威郡的治所。

三国时，武威郡属于魏国，仍以姑臧为郡治。黄初元年（220）魏文帝曹丕置凉州，以姑臧（今武威）为州治，并以安定太守邹岐为州刺史，这是武威为凉州治所的开始。当时的凉州共辖7郡，即金城、武威、张掖、酒泉、敦煌、西海、西平（包括湟水流域)。武威郡辖9县，即：姑臧、宣威、揟次、昌松、显美、武威、祖厉、鹯阴、朴劋。

西晋初年，鲜卑树机能在陇右反晋，凉州刺史杨欣战死，整个河西与中原的交通断绝，晋武帝派勇敢善战的马隆镇压了树机能的反抗，并接任武威太守，郡治仍在姑臧，管辖姑臧、宣威、揟次、昌松、显美、骊靬、番禾7县。

西晋末年，发生了“八王之乱”，动摇了西晋的统治基础。永嘉五年（311）匈奴刘聪攻入洛阳，麟嘉元年（316）刘曜又攻入长安，西晋灭亡，历史进入东晋。这一时期北方的地方势力和少数民族贵族纷纷起兵建立政权，形成了“东晋十六国”的局面，河西进入“五凉”割据时期。“五凉”中的前凉、后凉、南凉、北凉都曾建都于姑臧。

汉族人张轨，原为西晋护羌校尉、凉州刺史。“八王之乱”后，北方各地出现割据政权，凉州与中原隔绝。以后张轨的子孙们称王割据，是为前凉。前凉国力最强时，曾向西域用兵，征伐龟兹、鄯善等国，取得了胜利，国威远震。辖境共22郡，占有凉、河、沙3州之地，是北方的强国。前凉从张轨到张天锡，共9代76年。

东晋太元元年（376），前秦苻坚攻前凉，前凉王张天锡败于赤岸，投降于前秦。前秦派梁熙为凉州刺史，镇守姑臧。

太元十一年（386），前秦派去西域伐龟兹的骁骑将军吕光东归，受到梁熙的阻挠，吕光杀梁熙，取姑臧，后光闻苻坚为后秦姚苌杀害，便自称“大凉天王”，置百官，定年号，建立后凉。后凉建国初期，国土与前凉相等。后因吕光用刑太苛，人民不堪役使，部属背叛而分裂。吕光死后，子侄又互相猜忌，骨肉相残，国力虚弱，东晋元兴二年（403）为后秦姚兴所灭。后凉从建国到灭亡延续18年。

元兴二年（403），后秦派王尚为凉州刺史。广武郡公、河西鲜卑大都统秃发乌孤从后凉分裂出来后，占据祁连山南麓地区，建立南凉，定都于乐都（今青海乐都）。后凉投降后秦，南凉王秃发傉檀为取信于后秦，假意取消年号，给姚兴送了一份厚礼，姚兴便封他为凉州刺史。东晋义熙二年（406），傉檀从乐都迁于姑臧，名义上是后秦的臣属，实际上是一个国王。南凉占据姑臧后，与北凉时常发生矛盾，河西的地盘被北凉占去大半。南凉为保住后方，于义熙六年，又从姑臧迁都乐都。南凉占据姑臧约3年多。

早在东晋隆安元年（397），建康太守段业即背叛后凉，建立了北凉。后业被部将沮渠蒙逊（匈奴族）所杀。蒙逊向东扩展，赶走秃发傉檀，占据姑臧。于义熙八年（412），由张掖迁都姑臧。宋元嘉十六年（439），北凉被北魏所灭。北凉统治武威27年。

北魏灭北凉，姑臧仍为武威郡和凉州治所。后来北魏分裂为东魏和西魏，武威属西魏统辖，西魏被北周所取代，武威又属于北周。在此期间，凉州领10郡，其中武威郡领林中（由姑臧改置）、襄城2县。

公元581年，隋朝建立，初建凉、甘、瓜3州，分辖河西各县。姑臧是凉州治所，管辖河西东端诸县，到大业三年（607）隋炀帝改州为郡，姑臧为武威郡郡治，辖姑臧、昌松、番禾、允吾4县。

隋末，天下大乱。伴随着农民起义，各地隋官乘机割据，称王称帝。大业十三年（617），武威郡鹰扬府司马李轨自称河西大凉王，次年即皇帝位，建元安乐。他向东打败割据兰州的薛举，在张掖消灭曹琼的势力，进而又占据敦煌、西平、枹罕等地，辖境扩大到大夏河流域。

公元618年，李渊建立唐朝。武德二年（619），唐派安兴贵到姑臧劝说李轨向唐称臣，李轨执意不从。安兴贵与其弟安修仁联合凉州的少数民族打败李轨。轨被执送长安后处死。李轨的政权割据不到两年灭亡。

唐初，凉州仍沿用隋朝建置，姑臧为武威郡郡治。贞观元年（627）唐分全国为十道，凉州属陇右道。景云元年（710），因陇右道地域辽阔，分黄河以西为河西道，设置河西节度使，治凉州，派驻重兵防守。天宝元年（742）又改凉州为武威郡，辖姑臧、神鸟、昌松、天宝、嘉麟5县。

唐广德二年（764），因“安史之乱”河西兵力内调，吐蕃遂攻入凉州。直到咸通二年（861），归义军节度使张议潮才率军收复凉州。但不到10年，凉州又被吐蕃嗢末部占领。

从唐末到宋初，凉州居民多为吐蕃人，少数为汉人。他们自立政权，与中原政权保持联系。前期是汉人掌权，后唐时凉州地方官孙超遣人到京师（洛阳）朝贡，被封为河西节度使。其后李文谦、吴继兴、陈延晖、申师厚等都担任过凉州地方官。后周显德元年（954），申师厚被逐，凉州地方政权落入六谷吐蕃之手。

宋朝建国之初，凉州政权掌握在六谷吐蕃折逋氏手里。后来西夏崛起，迫使六谷吐蕃向宋朝靠拢，请求派官到凉州任职。至道二年（996），宋朝派丁惟清为凉州知州事。

宋咸平六年（1003），党项羌攻陷凉州，知州丁惟清被杀。1036年，武威及整个河西被西夏占领，西夏在今凉州区设西凉府，统治约190余年。

公元1226年7月，蒙古军队攻占西凉府，西夏守将斡札篑投降。蒙古占领凉州初期，仍沿袭西夏旧制，以凉州为西凉府。至元十五年（1278），元朝在凉州城西北30里的永昌府设立永昌路，降西凉府为州，隶属永昌路。

明朝建立后，洪武五年（1372），宋国公冯胜进军河西，赶走元朝残余势力，废永昌路仍为西凉州。于洪武九年（1376）置凉州卫，下设指挥3、千户10、百户25，军政合一，隶属于陕西行都司。

清初沿用明制，雍正二年（1724）改卫为府。凉州府治所武威县（今凉州区），管辖武威、永昌、古浪、镇番、平番5县。清末设甘凉道，增辖山丹、民乐、张掖、抚彝。

民国建立以后，仍沿用甘凉道，治所在武威，下辖武威、古浪、平番、镇番、永昌、张掖、山丹、民乐、抚彝9县。民国16年（1927），设立甘肃省第六行政督察专员公署，辖县与道同，公署设于武威。民国30年（1941）张掖另设专员公署，第六专员公署辖县缩小，领武威、永登（平番）、古浪、民勤（镇番）、永昌5县。

1949年中华人民共和国成立，设立武威专区，管辖武威、古浪、永登、民勤、永昌、山丹、民乐、张掖、景泰、天祝10县。1955年，撤武威专区和酒泉专区，设张掖专区。1961年分设武威、张掖、酒泉3专区。武威专区辖武威、古浪、民勤、永昌、永登、天祝、景泰7县。以后武威专区辖县有过多次变动，永登划归兰州市，将内蒙古阿拉善右旗一度划入武威，将永昌划归金昌市，将景泰划归白银市。

1985年4月15日，国务院批准武威县改为武威市，经过筹备，于1985年6月19日换牌建市。

2001年5月9日，国务院批准撤销武威地区和县级武威市，设立地级武威市，市人民政府驻新设立的凉州区。武威市设立凉州区，以原县级武威市的行政区域为凉州区的行政区域。武威市辖原武威地区的民勤县、古浪县、天祝藏族自治县和凉州区。7月27日，县级武威市更名为凉州区。

第二节　城市概况

武威城地处凉州区境内中心位置。东至省城兰州274公里，南至天祝县135.5公里，西至金昌115公里，北至民勤县90公里。城区平均海拔1531米。城市范围包括荣华街、东关街、东大街、火车站街、西关街、西大街、地质新村街7个街道办事处，以及高坝镇、和平镇、金羊镇、柏树乡和金沙乡的部分区域。

城区呈方形，东南西北方向分明。以大十字为中心，分东大街、南大街、西大街、北大街4条主大街，每条主大街又分小十字和某某关什字。东大街分东小十字和东关十字，南大街分南关十字，西大街分西小十字和西关十字，北大街分北关十字。在西大街自大十字至西小十字，于2003年建有总长度为635米的步行商业街。商业大楼、银行、政府机关、文化娱乐、教育科研等用地基本沿城区主大街和主干道两侧呈线性分布。武威市委机关位于北关中路64号院内，市政府机关位于东大街118号院内，凉州区委、区政府机关位于东大街66号院内。

天马广场夜景

2009年，城市化水平为37.7%，城区人口32万人，城区面积30平方公里；基础道路总长149.6平方公里，面积2.73平方公里，人均拥有面积9.79平方米；城市桥梁4座，总长度0.6公里；自来水厂1座，铺设干线水管146.6公里，生产能力10万吨。城区公园4个，面积0.96平方公里，园林绿地面积6平方公里，其中公共绿地面积1.7平方公里，城区绿化覆盖率25.1%，人均拥有公共绿地面积5.5平方米。城区房屋建筑面积10平方公里，楼房2808座，建筑面积9.7平方公里。

城区有高等学校1所，中等专业学校3所，中小学20所，幼儿园30所，医院16所，大型广场5个，步行商业街2条，大型商贸中心10个，建材市场2个，市内公交车线路13条。2006年修建一环路，总长10公里。2009年修建二环路，总长13公里。

城区有雷台、文庙、罗什寺、海藏寺、钟鼓楼等旅游景点。城区内通信设施完善，有电信、移动、联通、铁通等通信网络和广电网络，通信覆盖率达到100%。城市供排水系统健全，集中供暖入户率达85%以上。

城区历年平均降水量161.6毫米，年均气温7~8℃，冬季不严寒、夏季凉爽无酷暑，昼夜温差较大。常年主导风向为西北风，夜晚和早晨主刮南风，下午主刮西北风，年均风速2米/秒。

第三节 行政区划

1990年，武威市共有7个镇、32个乡，即黄羊、武南、清源、永昌、丰乐、双城、城关7个镇，清水、大柳、古城、吴家井、金羊、羊下坝、下双、九墩、四坝、洪祥、永丰、怀安、金山、青林、新华、高坝、六坝、南营、长城、校尉、河东、谢河、庙山、二坝、东河、西营、金塔、松树、柏树、张义、中路、上泉32个乡。

1991年3月，成立九墩滩开发指挥部。10月，经省民政厅批准，将8个乡的体制进行分乡调整：金羊乡分为金羊乡、金沙乡；大柳乡分为大柳乡、双树乡、发放乡；羊下坝乡分为羊下坝乡、中坝乡；古城乡分为古城乡、韩佐乡；西营乡分为西营乡、红星乡；金塔乡分为金塔乡、和平乡；永丰乡分为永丰乡、五和乡；高坝乡改建为高坝镇。全市其余乡镇未变，全市共47个乡镇、1个指挥部。

1997年12月，金羊乡、和平乡改为金羊镇、和平镇，丰乐镇分为丰乐镇、康宁乡；撤销城关镇，将其所辖的东关、建国、和平、共和、北关、胜利、西关、南关、火车站、地质新村10个街道办事处合并为6个街道办事处，即东大街、东关街、西大街、西关街、火车站街和地质新村街街道办事处。

1999年11月，成立邓马营湖综合开发指挥部。

2002年2月，邓马营湖综合开发指挥部更名为邓马营湖开发指挥部。8月，永丰、洪祥、四坝、谢河、羊下坝、中坝、古城、红星、张义、发放10个乡进行撤乡建镇。撤乡建镇后政府驻地、行政区划、管辖范围不变，实行镇辖村体制。

2004 年 7 月，撤销青林、南营、校尉、庙山、六坝、二坝、双树、上泉、中路、西营 10 个乡，并将其所辖村民委员会并入相邻的乡镇。具体调整为：青林乡撤并于丰乐镇；南营乡撤并于新华乡；校尉乡撤并于古城镇；庙山乡撤并于谢河镇；六坝乡撤并于高坝镇、武南镇；二坝乡撤并于黄羊镇；双树乡撤并于发放镇；上泉乡、中路乡撤并于张义镇；西营乡撤并于红星镇，同时更名为西营镇（镇政府驻朱家下湾）。从高坝镇划出新关村民委员会，东关街划出教师新村社区居民委员会，设立荣华街道办事处。

2007 年 2 月，九墩滩开发指挥部更名为九墩滩生态建设指挥部，邓马营湖开发指挥部更名为邓马营湖生态建设指挥部。

2009 年，全区共有 19 个镇，18 个乡，2 个开发指挥部，7 个城区街道办事处，即武南、古城、永昌、双城、洪祥、四坝、金羊、中坝、羊下坝、丰乐、永丰、西营、和平、高坝、黄羊、谢河、清源、发放、张义 19 个镇，东河、韩佐、金沙、下双、九墩、金山、康宁、五和、怀安、金塔、柏树、松树、新华、河东、长城、吴家井、大柳、清水 18 个乡，九墩滩、邓马营湖 2 个生态建设指挥部，东大街、东关街、西大街、西关街、火车站街、地质新村街、荣华街 7 个城区街道办事处，449 个村民委员会、3774 个村民小组，33 个社区居委会。

第二章　乡镇　街道

第一节　镇

一、武南镇

武南镇位于武威城区东南 10 公里。镇域面积 87.15 平方公里，其中城镇规划面积 17.68 平方公里，建成面积 5.5 平方公里，耕地面积 52396 亩，农民人均占有耕地 2 亩，辖范家寨、花盛、青石、元湖、马行河、宋府、大河、武南、西寨、小东河、百塔、张林、上中畦、下中畦、鲁子沟、唐新庄、柏树庄 17 个行政村、136 个村民小组；1 个街道办事处，迎宾、百花园、花明村、阳光、育才 5 个社区居委会，镇政

武南镇政府办公大楼

府驻地大河村。总人口 57486 人，其中农业人口 6614 户、27419 人，城镇化率达 52.4%。全镇有中小学 30 所，其中中学 4 所、小学 22 所、幼儿园 4 所，在校学生 11838 人，教职工 743 名。有卫生院 3 所，村级卫生所 17 个。镇区内的武南火车站是兰州以西最大的货运中心，兰新铁路、干武铁路交会于镇区，国道 312 线和武黄公路从镇区南北并行横穿全境，天马大道将武威城区、武威工业区、武南工业小区、武南镇区连成一片。镇区内有中央和省、市、区单位 86 家，乡镇企业 1211 个，其中工业企业 252 家，已形成煤化工业、建筑建材业、农副产品加工业和仓储物流业四大产业格局。全镇自来水入户率达 85%，道路硬化率 38%，电话入户率 97%。2009 年，全镇农民人均纯收入 6074 元。

镇区内的白塔寺是西藏纳入祖国版图的历史见证地，为全国首批民族团结进步教育基地，白塔寺景区为国家 AAA 级旅游景区。

二、古城镇

古城镇地处凉州区南部，因汉唐时曾设有屯兵戍边之所的古城而得名，东连谢河镇，西接新华乡，南与天祝藏族自治县接壤，北和韩佐乡为邻，属沿山冷凉灌区。镇域面积 155 平方公里，其中耕地面积 42786 亩，辖古城、下古、六林、祁山、上古、八五、九五、三畦、三坝、光明路、小河、中河、上河、东河、头坝、陈庄、长流、校尉、五畦、河北 20 个行政村、153 个村民小组、5989 户、26173 人。镇政府驻地古城村。全镇有中小学 18 所，其中中学 2 所、小学 12 所、幼儿园 4 所，教职工 203 人，在校学生 3414 人。有卫生院 1 所，村级卫生所 20 个。全镇 20 个村全部通电、通邮、通公路、通电话，有线电视已架通镇区和古城村、三坝村、光明路村。全镇依托沿山牧草资源丰富的优势，发展壮大以日光温室红提葡萄、养殖、商贸三大支柱产业。淡水养鱼，特别是虹鳟鱼的养殖在当地已有一定规模。2009 年，全镇农民人均纯收入 4284 元。

镇区内有磨嘴子汉墓群、塔儿湾西夏文物、杂木寺、千佛洞、水母三娘洞、西夏村落等历史文化遗址。

三、永昌镇

永昌镇，因古永昌府所在地而得名，位于武威城北 14 公里处。东靠石羊河，西邻太平滩、五和乡、洪祥镇，南毗金沙和金羊镇，北连双城镇，镇域面积 56.47 平方公里，耕地面积 75700 亩，人均 1.7 亩，全部为井水灌区。永昌镇境内道路纵横交错，金（昌）武（威）公路横贯南北，交通畅达。辖白洪、张英、南沟、中沟、和寨、校西、校东、和丰、烟下、东坡、水磨、马珣、上源、下源、张兴、石碑、梧桐、山高、刘沛、张义、白云、羊桐 22 个行政村、182 个村民小组、10511 户、43627 人。镇政府驻刘沛村。全镇有中小学 24 所，其中中学 3 所、小学 21 所，教职工 447 人。有卫生院 1 所，村级卫生所 22 个。镇区内较大的企业有 2 家，张义面粉厂可日加工小麦 900 吨，永昌蜂业有限公司是一家出口创汇企业。2009 年，全镇农民人均纯收入 5385 元。

石碑村原为“大元故路”驻地，曾出土元朝亦都护高昌王世勋碑，为省级文物保护单位，保存于武威市博物馆（文庙），对考证维吾尔族历史和研究元代书法艺术具有重要价值。另有西宁王忻都公神道碑，为省级文物保护单位，现存于原地碑亭内，保存完好。

每年正月十五，在永昌镇石碑村，当地村民都要在西宁王碑前，举行一种带有浓厚宗教色彩的祭祀舞蹈滚灯舞。现在，这种祭祀性的舞蹈艺术，已逐渐演变成群众性民间文化活动。

四、双城镇

双城镇位于武威城北 25 公里处，东连四坝镇，南接永昌镇，西邻洪祥镇，北隔北沙河与永昌县相望。明清时期，因地处武威北门户，常有驻军，建有两座小城故名双城堡，双城镇因此而得名。镇区内金（昌）武（威）公路贯穿全境，区位优势明显，交通条件便利，有凉州区“北大门”之称。全镇地势平坦，属井水灌区，镇域面积77平方公里，其中集镇面积3.7平方公里、耕地面积58901亩。辖双城、羊儿、河西、小果园、南安、前进、齐家湖、北安、中山、高头沟、达桐、幸福、徐信、宏济、宏庄、安全16个行政村、160个村民小组、8836户、33761人。镇政府驻地双城村。全镇有中小学幼儿园12所，其中中学1所、小学10所、幼儿园1所，有教职工159人，在校学生2664人。有卫生院1所、村级卫生所10个。1995年被建设部批准为全国500家小城镇建设试点镇。2002年被省乡镇企业局确定为省级乡镇企业示范区。2009年，全镇拥有工商企业67家，其中500万元以上规模企业有6家，个体工商户有950家，从业人员达2600人。2009年，全镇农民人均纯收入5450元。

镇域内的玉皇阁及魁星阁、土塔和双城故址为县级文物保护单位。

五、洪祥镇

洪祥镇位于武威城区西北24公里处，以洪福吉祥之意而得名。东南与双城、永昌镇毗邻，西与五和乡相接，北与永昌县水源镇接壤。镇域面积70平方公里，耕地43372亩，属山水、井水混灌区，辖洪祥、刘家沟、天泉、新泉、陈儿、果园、陈家沟、陈春8个行政村，110个村民小组，5583户，22303人。镇政府驻地刘家沟村。全镇有中小学幼儿园14所，其中中学1所，小学12所，幼儿园1所，在校学生4000多人。有卫生院1所，村级卫生所8所。洪祥镇玉米制种业发展迅速，已成为全区最大的玉米制种基地，年均制种面积在3万亩以上。大蒜种植历史悠久，被誉为武威“大蒜之乡”，年种植面积达1万多亩，可生产鲜蒜1万多吨、蒜薹6000多吨，已建成年储藏50吨的恒温保鲜库，大蒜产品已通过绿色认证，远销重庆、四川、青海、宁夏等地。镇区内企业有日处理200吨小麦的面粉加工企业——凉州区永山面粉厂，有武威市锦范工贸有限公司、武威市洪祥镇刘家沟铸造厂2家铸造企业。2009年，全镇农民人均纯收入5240元。

镇域内的陈春堡文昌阁，为市级文物保护单位，为明代建筑，有较高的艺术价值。

六、四坝镇

四坝镇位于凉州区北端。东临石羊河，南与永昌镇毗邻，西北与民勤县蔡旗乡和永昌县朱王堡镇接壤。镇域面积42平方公里，耕地面积26816亩，人均占有耕地1.9亩，属井水灌区，辖四坝、南仓、北仓、寨子、前庄、海湾、三岔7个行政村、68个村民小组、3417户、13825人。镇政府驻地寨子村。全镇有中小学8所，其中中学1所、小学7所，在校学生1178人，教职工200人。有卫生院1所，村级卫生所7个。2006年四坝镇特色蔬菜产业已形成一定规模，日光温室育苗棚2座，注册的“西凉绿”蔬菜产品远销兰州、西安、西宁、成都、香港、新疆等地，并出口到哈萨克斯坦等国。镇区内有3家年产值超过千万元的农业产业化龙头企业，即福利综合加工厂、晨光面粉公司和民富磁化肥有限责任公司。2009年，全镇农民人均纯收入5159元。

镇区内有多处汉墓群，在凉州、民勤、永昌三县交界处的休屠王古城遗址，是匈奴在凉州活动的历史见证，也是凉州历史上早期的城市雏形。

四坝镇是著名的“攻鼓子”舞蹈艺术发祥地，曾连续获得全国、全省舞蹈艺术大奖，是西部文化艺术的奇葩，1996年被文化部命名为“中国民间艺术之乡”。

七、金羊镇

金羊镇位于武威城区北郊，有“金盆养鱼之地”之美称。东、南、西三面与市区交错，南连城区，东靠中坝、发放镇，西连柏树、怀安、金沙乡，北与永昌镇接壤。南北长8公里，东西宽11.5公里，面积约25平方公里，其中耕地面积17672亩，辖东沟、窑沟、杏园、新城、新鲜、郭家寨、蔡庄、三盘磨、宋家园、皇娘娘台、海上、海藏、平苑、五一、松涛 15 个行政村、140 个村民小组、10330 户、39950 人。镇政府驻地郭家寨村。全镇有中小学 9 所，其中中学 1 所，小学 8 所，教职工 288 人，在校学生 1600 人。有卫生院 1 所，村级卫生所 15 个。金羊镇是典型的城郊乡镇，辖区内交通便捷，有城市二环路、民（勤）武（威）公路、金（昌）武（威）公路形成密集交通网，有河西最大的短程客运公交公司——海石公司。辖区内碧水兰庭、向阳花园、南湖嘉园、万通、雷台、雷海、天瑞、云翔、千聚园和新世纪花园 10 个住宅小区，人口达 1 万多人。2009 年，全镇农民人均纯收入 6517 元。

镇区内有国家旅游标志——“马踏飞燕”的出土地雷台，佛教胜地海藏寺、松涛寺，有皇娘娘台、齐家文化遗址以及全省爱国主义教育基地——邱少云烈士纪念馆。

八、中坝镇

中坝镇位于武威城北约 6 公里处，因在金塔沙堤渠中段而得名。东连发放镇，南靠金羊镇，西与永昌镇隔河相望，北与羊下坝镇接壤。镇域面积 21 平方公里，耕地面积 23748 亩，人均耕地 1.4 亩，辖中坝、上坝、花寨、汪泉、下畦、头沟、高楼 7 个行政村、69 个村民小组、4064 户、16916 人。镇政府驻地花寨村。全镇有中小学 15 所，其中中学 1 所、小学 7 所、幼儿园 7 所，在校学生 2516 人，教职工 168 人。有卫生院 1 所，村级卫生所 7 个。日光温室发展起步较早，全镇日光温室累计面积达 1553 亩，占可耕地面积的 7.1%；实现产值 2360 万元，占种植业产值的 54%。以养鸡业为主的养殖业蓬勃发展，畜牧业总产值占农业总产值的 35%。2009 年，全镇农民人均纯收入 5104 元。

九、羊下坝镇

羊下坝镇位于武威城北郊 8 公里处。东临大柳乡，南靠中坝镇，西接永昌镇，北连下双乡。镇域面积 21 平方公里，耕地面积 29171 亩。羊下坝镇地处城郊，交通便利，省道 211 线纵贯全镇。辖上二沟、下二沟、三沟、四沟、上双、五沟、六沟、七沟、丁家湾、地湾 10 个行政村、68 个村民小组、4237 户、17349 人。镇政府驻地上二沟村。全镇共有中小学 10 所，其中中学 1 所，小学 7 所，幼儿园 2 所。有卫生院 1 所，村级卫生所 10 个。有农产品深加工企业福康粉条厂和乐天食品厂 2 家。全镇日光温室发展迅速，累计建成日光温室面积 2400 多亩，占耕地面积的 8.2%，实现产值 1.2 亿元，占种植业产值的 20.6%。2009 年，全镇农民人均纯收入 4894 元。

十、丰乐镇

丰乐镇位于武威城西约 30 公里处。东靠永丰镇，南邻康宁乡，西邻永昌县，北接洪祥镇、五和乡。俗有“凉州西大门”之称，拥有“小凉州”之美誉。镇域面积 142 平方公里，耕地面积 47849 亩。境内交通便利，兰新铁路、312 国道、连霍高速公路横贯全境，辖丰乐、截河、新桥、怀西、沙滩、昌隆、龙口、头牌、寨子、泉沟、沙城、民生、青林、红林、乔家寺 15 个行政村、97 个村民小组、3883 户、16118 人。镇政府驻地丰乐村。全镇有中小学 15 所，其中中学 2 所、小学 13 所，教职工 172 人。有卫生院 2 所，村级卫生所 15 个。邮电所 1 所，敬老院 1 所。镇区内有自然泉水 3 处，小型水库 1 座。全镇已形成日光温室红提葡萄栽培、食用菌生产、精细蔬菜种植、露地特色经济林和规模养殖等特色优势产业。2009 年，全镇农民人均纯收入 5014 元。

位于丰乐镇、金山乡结合部空星墩滩的武威金太阳新能源高新技术集中区，总规划面积 67.32 平方公里，分Ⅰ、Ⅱ、Ⅲ三个板块区域，是太阳能光伏发电、光电原材料生产及装备制造基地。

十一、永丰镇

永丰镇位于武威城西 20 公里处，俗称四十里堡。因境内有古建筑“永润宫”，人们寄寓“乐业永丰”之意而得名。东临怀安乡，西接丰乐镇，南靠西营镇，北依五和乡。镇域面积40.43平方公里，总耕地面积27823亩，属山水灌区。永丰镇是城西各乡镇的中心，国道312线和兰新铁路穿境而过。辖永丰、毛沟、沿沟、大路、四坝桥、四十里、朵浪、朵云8个行政村、63个村民小组、2607户、11100人。镇政府驻地四十里村。全镇有中小学5所，其中中学1所、小学4所，在校学生1747人，教职工179人。有卫生院1所，村级卫生所9个。镇区有个体工商户234家，乡镇企业11家，从业人员2160人。全镇日光温室、暖棚养殖发展迅速。2009年，全镇农民人均纯收入4473元。

镇区内有名胜古迹祖师宫，为市级文物保护单位，始建于明洪武年间（1736—1795），由观音殿和祖师宫组成，保留了古代民间建筑艺术的精华。1936年冬，徐向前和李先念指挥红西路军在这里与国民党马家军进行了著名的四十里堡战役。2000年，永丰镇党委、镇政府筹资修建了红西路军纪念碑，成为凉州区重要的爱国主义教育基地。

十二、西营镇

西营镇位于武威城西12公里处，以境内有古“西把截营堡”而得名，东连松树乡，南靠祁连山山脉，西接肃南县铧尖乡，北依永丰镇。镇域面积357平方公里，其中耕地面积47972亩。镇区内省道武（威）九（条岭）公路纵贯全境，交通便利。西营河穿境而过，属山水冷凉灌区，辖五沟湾、三沟湾、二沟、营儿、陈鲁、后兴、前兴、永丰、杂沟、上六、碑岭、红星、接脑、宏寺、花亭、双庄16个村、131个村民小组、5644户、23544人。镇政府驻地接脑村。全镇有中小学18所，其中中学2所、小学16所。有卫生院1所，村级卫生所16所。在西营河建有双窑湾一号电站、双窑湾二号电站、三沟一级电站、五沟水电站。西营镇依托便利的交通条件和丰富的自然资源，形成煤炭加工销售业、交通运输业、餐饮业和养殖业四大支柱产业。2009年，全镇农民人均纯收入4826元。

镇区内旱滩坡汉墓群为省级文物重点保护单位，是凉州区出土文物较多的地方，1972年出土医药简92枚，2007年出土木彩俑等珍贵文物。五沟湾村有药王温泉1处，泉水温度常年达68摄氏度，含丰富的矿化物，水中达到有药用价值浓度的成分有氡、锂、偏硼酸等矿物质，有明显的医疗保健作用。

十三、和平镇

和平镇位于武威城区南郊。东邻高坝镇、南接金塔乡，西依柏树乡，北至武威城区。镇域面积22平方公里，耕地面积16711亩，属山水、井水混灌区，辖和平、南园、枣园、新胜、大众、韩寨、中庄、牌楼、新五、臧庄10个行政村、91个村民小组、4059户、16187人。镇政府驻地枣园村。全镇有中小学9所，其中中学1所、小学7所、幼儿园1所，教职工136人，在校学生2122人。有卫生院1所，村级卫生所9个。全镇已形成集农、工、商贸、交通、修理为一体的发展格局，以中国黑白花牛为主的奶牛养殖业成为和平镇特色优势产业。2009年，农民人均纯收入5878元。

十四、高坝镇

高坝镇位于武威城区东南郊，地处杂木河第七坝，因坝堤较高而得名。南邻新华乡，西接市区，北与金羊镇、发放镇接壤，东部毗邻武南镇。镇域面积93平方公里，其中耕地面积72667亩。国道312线以南为山水灌溉区，是粮食、果品作物的主产区。国道312线以北为井水灌溉区，属杂木、金塔2个混灌水系，是全区重点蔬菜生产区。辖高坝、五里、新庙、马儿、刘畦、蜻蜓、红崖、红沿、红中、阳春、小七坝、同心、二坝、石岭、建设、新民、丁家园、楼庄、路南、台庄、同益、蔡家、严家、六坝、十三里、碌碡26个行政村、262个村民小组、13444户、55929人。镇政府驻地碌碡村。全镇有中小学25所，其中中学3所、小学22所。有卫生院2所，村级卫生所26所。高坝镇属城郊乡镇，兰新铁路、国道312线、连霍高速公路、凉（州）古（浪）公路、天马大道横贯境内。镇

高坝镇政府办公大楼

区内武威工业园区规划面积12平方公里，分为生物化工、食品加工、商贸服务、高新技术、综合加工、仓储物流和生态绿化8大功能区。有上市公司荣华实业1家，产值过亿元的企业有荣华集团、达利食品公司、高坝建筑公司3家。在第一产业中形成以日光温室为主的蔬菜产业和以鸡牛为主的畜牧养殖业；在第二产业中以工业园区为平台，形成玉米淀粉、马铃薯颗料全粉加工制造、啤酒麦芽、饲料、种子加工、蔬菜脱水等为主的工业经济和以高坝建筑公司为龙头的建筑建材业；在第三产业中以荣华集团、武威工业园区和清代名人牛鉴故居为标志的花园小区为三大优势，形成以餐饮娱乐、休闲度假、物流配送、商贸流通为主的服务业。2009年，全镇农民人均纯收入5693元。

镇区内有县级文物保护单位牛家花园，为清代两江总督牛鉴故居。

十五、黄羊镇

黄羊镇位于武威城区东南34公里。东靠古浪县泗水镇，南邻张义镇，西接谢河镇，北依河东乡。镇域面积152.73平方公里，其中城镇面积4.5平方公里，耕地10.1万亩，辖1个街道办事处，科教园、新华、新街、岔路口4个社区，黄羊、峡沟、平沟、天桥、严庄、二坝、唐沟、西河、新店、七里、三河、土塔、大墩、广场、渠中、李宽、杨房、杨家洼、横沟、中腰、长丰、上庄、新中23个行政村、218个村民小组，总人口6.8万人，农业人口10215户、45027人，城镇化率达36.7%。镇政府驻地新店村。全镇有科研院所5所、大学2所、完全中学1所、初级中学4所、小学26所、幼儿园27所，在校学生5100人。有中心卫生院1所，村级卫生所23所。镇区内兰新铁路复线、兰新电气化铁路及干武铁路、国道312线、连霍高速公路、省道308线横贯其境。镇区主要道路总长32.6公里，已形成环城西路、发展路、新镇路、沿河路、地质路、农大路6条干道网。建成自来水厂2个，敷设上水管道78公里，铺筑排水管道11.2公里，架设路灯486盏，广播电视综合覆盖率达到100%，有线电视入户率达到30%，每百人拥有电话15部，宽带网络向村级延伸，部分农户已接通互联网。镇区内有甘肃武威黄羊工业园区，园区核心区域总规划面积20平方公里。全镇由四大板块构成，以原312国道为轴线的黄羊面粉工业区；以甘肃省畜牧工程职业技术学院、甘肃农垦电大、甘肃农垦农业研究院及新建的医药、食品工业为主导产业的甘肃黄羊农业科技示范园区；以葡萄酒酿造、啤酒麦芽产业为主的黄羊河实业；以镇区为中心的公共服务区。镇区有工业企业86家，其中规模以上工业企业25家。已形成面粉加工、葡萄酿造、啤酒麦芽、调味品、食品添加剂、方便食品和功能食品、特种药业七个产业类型。通过绿色食品认证的产品有22种，有6家企业通过了ISO 9001质量体系认证，有3家企业通过了ISO 14001环境体系认证，1家企业通过HACCP认证，“甘青”牌面粉被定为国家免检产品。2009年，全镇农民人均纯收入5050元。

十六、谢河镇

谢河镇位于武威城区东南30公里处，南至黄羊镇，北接武南镇，东靠河东乡，西邻古城镇。镇域面积105平方公里，耕地面积44286亩，人均耕地2.1亩，辖谢河、石岗、李府寨、叶家、庙山、付相庄、四上、五坝、武家寨、五中、四中、新路、樱桃沟13个行政村、116个村民小组、4847户、22192人。镇政府驻地五中村。全镇有中小学14所，其中中学2所、小学12所，在校学生2790人，教职工260人。有卫生院2所，村级卫生所13所。谢河镇以大田小麦、大麦、玉米种植为主，同时形成以暖棚养殖、日光温室红提葡萄、精细蔬菜、双孢菇生产的四大产业。依托谢河工业园区，以红太阳集团加工能力500吨面粉生产线和年产4万吨挂面生产线为代表的工业企业发展迅猛，带动周边各类加工企业共同发展，形成了以加工业为特色的工业发展体系。2009年，全镇农民人均纯收入4457元。

镇区内武家寨张家大墩张俊哲墓，为县级文物保护单位。冬青顶为凉州区境内最高峰。

十七、清源镇

清源镇位于武威城东18公里处，东靠长城乡，南邻东河乡，西接武南镇、清水乡，北与发放镇及二十里大沙漠接壤。因境内泉源密布，著名的三条沟、清源沟流经其境而得名。镇域面积106.8平方公里，其中耕地面积36346亩，属井水灌区。辖清源、新地、新东、清泉、新西、发展、王庄、羊庄、中沙、蔡寨、东槽、宣庄、周府庄、曾堡、刘广15个行政村、114个村民小组、5896户、23922人。镇政府驻地王庄村。全镇有中小学17所，其中中学1所、小学13所、幼儿园3所，在校学生5749人，教职工257人。有中心卫生院1所，村级卫生所15所。清源镇粮食作物主要种植玉米、甜菜等，经济作物以蔬菜、酿造葡萄、红枣、万寿菊、林木育苗为特色。依托两区（武威阳光产业示范园区、沙产业暨循环农业示范园区），两园（神州荒漠野生动物园、沙漠公园），两基地（威龙葡萄基地、皇台葡萄基地），两场（省狼墩滩原种场、清源良种场）示范带动优势，形成以农产品深加工、酿造葡萄、作物制种为特色的工业发展体系。2009年，全镇农民人均纯收入4937元。

镇区内有省级重点文物保护单位狼墩滩汉墓群、市级文物保护单位曾家堡延寿寺等历史文化遗存。

十八、发放镇

发放镇位于武威城郊东北4公里处，东与腾格里大沙漠接壤，南连高坝镇，西邻金羊镇，北接大柳乡。镇域面积22.4平方公里，耕地面积31660亩，人均耕地1.2亩，辖发放、双河、新兴、安置、马儿、贾家墩、双桥、小路、马莲、屯庄、西沟、六畦、双树、东沟庙、朱家庄、沙子沟、王家墩、下沙子18个行政村、112个村民小组、6597户、26612人。镇政府驻地发放村。全镇有中小学13所，其中中学1所、小学12所，在校学生2000名，教职工215人。有卫生院2所，村级卫生所18所。全镇已形成以日光温室为主的“一村一品”蔬菜产业、玉米制种业、养殖业和蔬菜运销业四大优势支柱产业。镇区内有规模以上企业5家，即全圣实业集团纸业有限责任公司、森泰种畜育种有限公司、武威市发放蔬菜有限公司、武威市旅游开发公司铜奔马复制厂和武威市鹏伟工贸有限责任公司。2009年，全镇农民人均纯收入5436元。

十九、张义镇

张义镇位于凉州区南端，东接古浪县古丰乡，南邻天祝县哈溪镇，北与黄羊镇相连。镇域面积347平方公里，耕地面积50147亩，辖堡子、灯山、张庄、大庄、康庄、石头坝、河湾、沙金台、夹台、长大沟、石咀、中路、常水、澄新、刘庄、沙沟、牌楼沟、夹皮沟、番城、上泉、萱麻山、大甘沟、小甘沟、甘沟口、六道沟、大沟 26 个行政村、185 个村民小组、10283 户、43221 人。镇政府驻地堡子村。全镇有中小学 27 所，其中中学 4 所、小学 23 所，在校学生 4900 名，教职工 313 人。有卫生院 3 所，村级卫生所 26 所。镇区内建成通乡通村公路 138 公里，其中实现油路通车 40.2 公里。建成堡子、灯山、石头坝中心集贸市场 3 个。全镇已形成日光温室人参果、中药材、洋芋、畜牧养殖四大优势支柱产业。日光温室种植生产的“天梯山人参果”，于 2004 年通过甘肃省农牧厅无公害农产品认证，2005 年被国家绿色食品发展认证中心认证为绿色食品，2008 年被北京中绿华夏有机产品认证中心认证为有机产品，2009 年获得出境水果果园注册登记证书并取得出口权，因此，张义镇被誉为“中国人参果之乡”。至 2009 年，张义镇建成以人参果种植为主的日光温室 3180 亩，年产量达 17390 吨，产值达 6856 万元。2009 年，全镇农民人均纯收入 2011 元。

镇区内天梯山石窟是我国早期石窟的杰出代表，被称为“中国石窟鼻祖”。2001 年 6 月被国务院公布为全国重点文物保护单位。

第二节　乡

一、东河乡

东河乡位于武威城东南部。东连黄羊镇，西邻武南镇，北接清源镇，南依河东乡。乡域面积 48 平方公里，耕地面积 23539 亩，属山水、井水混灌区，辖蔡家滩、王景寨、郑家庄、李家寨、陈家寨、旧庄、老庄、大庄、沟口 9 个行政村、67 个村民小组、3012 户、12866 人。乡政府驻地郑家庄村。全乡有中小学 10 所，其中中学 1 所、小学 8 所、幼儿园 1 所，在校学生 2016 人，教职工 124 人。有卫生院 1 所，村级卫生所 9 所。全乡已形成种植业、畜牧业、劳务输出和第三产业四大优势支柱产业。2009 年，全乡农民人均纯收入 4869 元。

二、韩佐乡

韩佐乡位于武威城南部 20 公里处。西南、东北分别与古城镇、武南镇相邻，杂木河自南向北流经全境，属典型的纯山水灌区。乡域面积 31.7 平方公里，耕地面积 22113 亩，属山水灌区。辖韩佐、宏化、禅树、头畦、高坝、阳畦、二畦 7 个行政村、58 个村民小组、2223 户、10050 人。乡政府驻地韩佐村。全乡有中小学 8 所，其中中学 1 所、小学 7 所、幼儿园 1 所，在校学生 1560 人、教职工 108 人。有卫生院 1 所，村级卫生所 7 所。农作物主要以冬、春小麦和玉米为主。近几年，全乡已建立节水农业、麦草加工销售、瓜菜种植、商品畜禽四大农业产业化基地。全乡有以农产品加工为主的企业 140 家，形成集汽车修理、停车食宿、餐饮娱乐、红砖销售、商贸流通为一体的经济发展体系。2009 年，全乡农民人均纯收入 4104 元。

三、金沙乡

金沙乡位于武威城西北郊 3 公里处，东靠金羊镇，北靠永昌镇，西邻怀安乡。乡域面积 18.66 平方公里，耕地面积 13405 亩，辖金沙、于家庄、郭家庄、赵家水坑、新中沟、朱庄、赵家磨、李家磨、吴府 9 个行政村，54 个村民小组、3240 户、13654 人。乡政府驻地金沙村。全乡有中小学 8 所，其中中学 1 所、小学 6 所、幼儿园 1 所，在校学生 2300 多人。有卫生院 1 所，村级卫生所 9 所。以金沙建筑公司为龙头，依托皇台工业园金沙工业小区，形成以建筑建材、木器加工、蔬菜营销和规模养殖为主的特色产业发展格局。全乡有各类企业 480 个，骨干企业有金沙建筑公司、武威永河锅炉厂、武威油毡原纸厂、长城昊轮轮胎厂、武威国标水泥制品厂、金玉采石厂、腾达采石厂等企业，其中金沙建筑公司承建省内外大型高层建筑，有省二级资质证书。2009 年，全乡农民人均纯收入 5588 元。

乡域内的海藏寺是河西地区著名的佛教活动场所，为省级重点文物保护单位。

四、下双乡

下双乡位于武威城北 18 公里处，因明代建筑下双大庙而得名。东连腾格里沙漠，西靠石羊河，南邻大柳乡，北与九墩乡接壤。乡域面积约 16.9 平方公里，其中耕地面积 20789 亩，属井泉灌区。辖下双、蓄水、沙河、涨泗、南水、河水、于家湾 7 个行政村、59 个村民小组、2822 户、11380 人。乡政府驻地下双村。全乡有中小学 9 所，其中中学 1 所、小学 6 所、幼儿园 2 所，在校学生 1370 人，教职工 117 人。有卫生院 1 所，村级卫生所 7 个。全乡已形成集畜牧养殖、日光温室和特色经济林为主的特色支柱产业。2009 年，全乡农民人均纯收入 5146 元。

乡域内有下双大庙、西沙滩汉墓群、蓄水瓦罐滩遗址 3 处省级文物保护单位。

五、九墩乡

九墩乡位于武威城北 21 公里处，因境内有古长城第九墩烽火台遗址而得名。南邻下双乡，西接四坝镇，北与民勤县蔡旗乡接壤，东部毗邻九墩滩生态指挥部。乡域面积约 20.2 平方公里，耕地面积 19670 亩，辖九墩、小泉、史家湖、光明、平乐、下窝 6 个行政村、43 个村民小组、1978 户、8842 人。乡政府驻地九墩村。全乡有中小学 8 所，其中中学 1 所、小学 6 所，在校学生 860 人，教职工 95 人。有中卫生院 1 所，村级卫生所 6 个。全乡以玉米制种业、小麦及养殖业为主，形成集畜牧养殖、日光温室、劳务输出和特色经济林为一体的发展格局，共发展餐饮、运输、商流、加工企业 96 家。2009 年，全乡农民人均纯收入 4520 元。

六、金山乡

金山乡位于凉州区西部，因境内原有古刹“金山寺”而得名。东邻丰乐镇，西与永昌县南坝乡接壤，南靠祁连山，与西营镇、肃南县相邻。乡域面积 58.1 平方公里，总耕地面积 16590 亩。全乡农业生产、生活用水大部分由永昌县东大河水系提供，所以金山乡素有“武威老子永昌娘”之说。辖金山、小口子、大口子、炭山、营盘、崖湾 6 个行政村、39 个村民小组、1643 户、6909 人。乡政府驻地炭山村。全乡有中小学 2 所，其中中学 1 所、小学 1 所，在校学生 960 人，教职工 76 人。有中卫生院 1 所，村级卫生院 6 所。全乡滩多地广，拥有广阔的草场，发展畜牧业具有良好条件。煤炭资源储量丰富，煤炭开采是全乡重要的支柱产业。种植业主要以啤酒大麦、小麦为主，洋芋、玉米、油菜籽等作物为辅。畜牧业以养羊、养牛为主，日光温室以双饱菇食用菌为主。2009 年，全乡农民人均纯收入 3603 元。

乡域内有石佛崖石窟寺，位于大口子第五山中，保存石窟 12 个，大约开凿于南北朝时期，根据塑像材料和造型、发式等推断是西夏作品，为县级文物保护单位。

七、康宁乡

康宁乡位于武威城西南部，因境内有自然村“康宁寨”而得名，意为康乐安宁。东临永丰镇，南接西营镇，北依丰乐镇，西靠金山乡。乡域面积 144 平方公里，耕地面积 24424 亩，辖康宁、山湾、西湾、新寨、东湖、龙泉 6 个行政村、57 个村民小组、2572 户、11405 人。乡政府驻地西湾村。全乡有中小学 7 所，其中中学 1 所、小学 6 所，在校学生 1530 人，教职工 105 人。有卫生院 1 所，村级卫生所 8 个。康宁乡属凉州区沿山乡镇，人口多，耕地少。西南山区萤石、白土、石英、花岗岩等矿物岩及砂石建筑材料蕴藏丰富，其中生产加工的康宁砂器久负盛名，远销新疆、内蒙古、青海等地。全乡地域狭长，禽畜防疫隔离较好，畜牧养殖业发展迅速，养殖业收入占农民纯收入的30%。日光温室以红提葡萄种植为主，已发展190多座，年种植垄膜马铃薯1500多亩。2009年，全乡农民人均纯收入4616元。

乡域内庙宇遗址较多，有海潮寺、油圣宫、龙王庙、雷祖庙、五神宫等遗址。东湖村郭家山遗址有早期人类生活遗址和汉墓群，曾发现半坡类型氏族文物，现遗址可见陶彩罐等碎片，具有重要的考古价值，为省级文物保护单位。

八、五和乡

五和乡位于凉州区西北部，在解放前有5个浇水口子，常因浇水闹纠纷而不和，新中国成立后为了团结协调用水而取乡名“五和”。东临永昌镇，西接永丰镇，南连怀安乡，北靠洪祥镇。乡域面积47平方公里，其中耕地面积39519亩，辖五和、侯吉、下寨、新沟、五爱、胜利、支寨、沙金8个行政村、81个村民小组、2826户、12292人。乡政府驻地侯吉村。全乡有中小学8所，其中中学1所、小学6所、幼儿园1所，在校学生1560人，教职工122人。有卫生院1所，村级卫生所8所。全乡以农业生产为主，已形成畜牧养殖、面粉加工、有机无机肥生产、农副产品运销和劳务输出为主的特色支柱产业。2009年，全乡农民人均纯收入4326元。

九、怀安乡

怀安乡位于武威城西北部12公里处，因汉、唐时期设有怀安驿而得名。东接金沙乡，南连松树乡，西邻永丰镇、西营镇，北靠五和乡。乡域面积45平方公里，耕地面积36080亩，辖怀安、高寺、芦家沟、三中、北河、二十里、驿城7个行政村、80个村民小组、3214户、14281人。乡政府驻地驿城村。全乡有中小学8所，其中中学1所、小学7所，在校学生1502人，教职工130人。有卫生院1所，村级卫生所7所。怀安乡农业生产以粮食、蔬菜为主。2009年，全乡农民人均纯收入4372元。

十、金塔乡

金塔乡位于武威城西南，以境内金塔寺而得名。东靠高坝镇和新华乡，南接新华乡，西邻柏树乡，北至和平镇。乡域面积37.1平方公里，其中耕地面积19910亩，辖金塔、青铜、日畦、湾子、中心、黄康寨、何家湾、右二坝、右五坝9个行政村、80个村民小组、3346户、14808人。乡政府驻地日畦村。全乡有中小学及幼儿园10所，其中中学1所、小学8所、幼儿园1所，在校学生2283人，教职工134人。有卫生院1所，村级卫生所9个。乡域内山地多，耕地少，自然资源贫乏，耕地受水的制约大，以粮食、蔬菜为主。全乡已形成集畜牧养殖、日光温室、劳务输出和特色经济林为一体的发展格局。2009年，全乡农民人均纯收入4474元。

十一、柏树乡

柏树乡位于武威城西南8公里处。东至和平镇，南接金塔乡，西邻祁连山脉，北至松树乡。乡域面积25平方公里，其中耕地面积23393亩，辖柏树、清水、中畦、右三、接引、杨寨、小寨、张寨、下五畦、桥儿10个行政村、64个村民小组、3779户、17125人。乡政府驻地柏树村。全乡有中小学11所，其中中学1所，小学10所，在校学生1383人，教职工117人。有卫生院1所，村级卫生所10所。全乡已形成以奶牛、育肥牛、瘦肉猪、绒山羊为主的养殖业，以地膜玉米、地膜洋芋、食用菌为主的种植业。2009年，全乡农民人均纯收入4504元。

乡域内有旱滩坡墓群，曾出土许多著名文物，为省级重点文物保护单位。

十二、松树乡

松树乡位于武威城西8公里处的莲花山脚下，以自然村陈家松树庄而得名。东靠柏树乡，南依祁连山，西邻西营镇，北连怀安乡。乡域面积28.2平方公里，其中耕地面积33806亩，辖松树、槐树、上三畦、莲花山、科畦、上二畦、南河、中堡、团庄、冯良10个行政村、88个村民小组、3470户、14482人。乡政府驻地中堡村。全乡有中小学11所，其中中学1所、小学10所，在校学生2628名，教职工252人。有中心卫生院1所，村级卫生所10所。全乡已形成集日光温室、畜牧养殖、劳务输出和特色经济林为主的经济发展支柱产业。2009年，全乡农民人均纯收入4423元。

乡域内有市级文物保护单位莲花山塔和松树天主教堂，有药王泉、财神殿、兽纹石等旅游景点。每年农历五月十三的莲花山庙会，吸引着方圆百里的群众。

十三、新华乡

新华乡位于武威城南部，东与高坝镇接壤，南靠古城镇，西与天祝县祁连乡为邻，北接金塔乡，属纯山水灌区。乡域面积145平方公里，耕地25843亩，辖新华、青嘴、南营、穿城、石关、李府、头坝、徐庄、深沟、马蹄、马莲、缠山、夹河13个行政村、99个村民小组、4335户、18358人。乡政府驻地头坝村。全乡有中小学14所，其中中学2所，小学11所，在校学生2247人，教职工192名。有卫生院2所，村级卫生所13所。薄皮核桃、软儿梨特色果品在新华乡有悠久的栽培历史，截至2009年底，全乡建成薄皮核桃示范基地860亩、软儿梨示范基地560亩。2009年，全乡农民人均纯收入4208元。

乡域内的亥母洞寺，是一处历史悠久的藏传佛教胜地，曾出土大量的西夏文物，其中有西夏文、藏文文书、经卷和帛画，尤以西夏文经卷《维摩诘所说经》驰名中外，这是国内迄今发现的第一部泥活字印刷版本，填补了我国泥活字印刷版本的空白，对研究我国印刷术提供了珍贵的资料。位于缠山村的磨嘴子汉墓群，是一处蕴藏丰富的地下文物宝库，以出土大批汉简、木雕、丝、麻、草编织物等重要文物而闻名于世。青嘴村的青嘴喇嘛湾墓群，是唐代少数民族吐谷浑族的王族陵墓，这里先后出土了弘化公主、青海王慕容忠等9通墓志铭，为研究吐谷浑的历史提供了可靠的资料。

十四、河东乡

河东乡位于武威城东南，东连黄羊镇，南临谢河镇，西靠武南镇，北与东河乡接壤。乡域面积65.6平方公里，耕地面积37837亩，属黄羊、杂木灌区下游山水、井水混灌区，辖河东、上腰墩、下腰墩、头坝河、王家庄、乐安、五桥、汪家寨、钦赐地、达家寨、新腰墩11个行政村、78个村民小组、3678户、16250人。乡政府驻地汪家寨村。全乡有中小学10所，其中中学1所、小学9所，在校学生2595人，教职工151人。有卫生院1所，村级卫生所11个。全乡已形成日光温室蔬菜生产、养殖暖棚、玉米制种、加工型马铃薯种植的经济发展支柱产业。2009年，全乡农民人均纯收入4580元。

十五、长城乡

长城乡位于武威城东30公里处，因明长城穿境而过得名。东临腾格里沙漠，南接黄羊镇、吴家井乡，西靠二十里沙漠和清源镇，北与九墩滩指挥部相连。乡域面积98.8平方公里，耕地面积24623亩，属井水灌区，以红水河西岸为主要耕作区。辖长城、红水、西湖、前营、大湾、岸门、新庄、上营、高沟、十二墩、五墩11个行政村，105个村民小组、3727户，16396人。乡政府驻地大湾村。全乡有中小学10所，其中中学1所，小学9所，在校学生2093人，教职工137人。有中卫生院1个，村级卫生所11个。长城乡地势平坦，人均耕地多，但水资源和自然资源贫乏。全乡已形成集畜牧养殖、日光温室蔬菜生产、劳务输出和红枣经济林为一体的发展格局。以暖棚养殖、日光温室为主的设施农业成为全乡经济发展的支柱产业。因乡域靠近沙漠，已形成沙漠风情旅游、农家乐及长城羊羔肉、沙米粉、沙葱等特色产业。2009 年，全乡农民人均纯收入 5586 元。

乡域内有著名的高沟堡古城和明长城遗址，俗语称“先有高沟堡，后有凉州城”。境内明长城遗址南北顺红水河岸穿境而过。高沟堡古城为市级文物保护单位，古长城遗址为全国重点文物保护单位。

十六、吴家井乡

吴家井乡位于武威城东南部 40 公里处。东邻腾格里沙漠，南接古浪县永丰滩乡，西连黄羊镇，北靠长城乡。乡域面积 96 平方公里，耕地面积 13609 亩，辖吴家井、新建、七星、四方墩 4 个行政村、35 个村民小组、1660 户、7524 人。乡政府驻地七星村。全乡有中小学 5 所，其中中学 1 所、小学 4 所、幼儿园 1 所，在校学生 1263 人，教职工 76 人。有卫生院 1 所，村级卫生所 4 所。境内有砂石滩 3048 亩，蕴藏着丰富的建筑材料。主要农作物以小麦、玉米、蔬菜等为主，现形成枸杞、红枣为主的特色林果业和马鹿养殖为主的特种养殖业。2009 年，全乡农民人均纯收入 5071 元。

十七、大柳乡

大柳乡位于武威城东北郊。东南邻发放镇，西连羊下坝镇，北靠下双乡。乡域面积 19 平方公里，其中耕地面积 18911 亩，属井水灌区。辖大柳、烟房、桥坡、西社、东社、湖沿、王城 7 个行政村、66 个村民小组、3390 户、14486 人。乡政府驻地东社村。全乡有中小学 6 所，其中中学 1 所、小学 5 所，在校学生 505 人，教职工 98 人。有卫生院 1 所，村级卫生所 7 所。全乡已形成以日光温室蔬菜生产、暖棚养殖、劳务经济为主的产业发展格局。2009 年，全乡农民人均纯收入 4995 元。

乡域内有大柳关帝庙，为清代建筑，是研究清代建筑的重要实物资料，为市级文物保护单位。

十八、清水乡

清水乡位于武威城东 8 公里处。东接清源镇，南与武南镇相连，西与高坝镇接壤，北依发放镇。乡域面积 19.24 平方公里，耕地面积 28194 亩。辖上四、王锐、苏邓、张清、蚂蝗、河西、王盛、菖蒲、杨台、白塔 10 个行政村、91 个村民小组、4975 户、20357 人。乡政府驻地菖蒲村。全乡有中小学 10 所，其中中学 1 所、小学 9 所，在校学生 2888 人、教职工 250 人。有卫生院 1 所，村级卫生所 10 个。全乡已形成以日光温室瓜菜、食用菌栽培、养殖业为主的三大特色产业，2009 年，全乡农民人均纯收入 4939 元。

乡域内的张清堡古槐，树围 6.9 米，树高 15 米，树冠高大，枝叶繁茂，距今已有 600 多年的历史。

第三节　生态建设指挥部

一、九墩滩生态建设指挥部

九墩滩生态建设指挥部位于武威城北 28 公里处，东靠八十里大沙漠，南与清源镇和下双乡接壤，西邻九墩乡，北接民勤县。行政区域面积 14 平方公里，其中耕地面积 3.6 万亩，农场耕地面积 25000 亩，辖红水河、沿河、十墩、富康、黄花 5 个行政村、53 个村民小组，农场 4 个，现有移民 1499 户、7743 人。指挥部驻地富康村。有中小学 3 所，其中中学 1 所，小学 2 所，在校学生 1200 多人，教职工 44 人。有卫生院 1 所，村级卫生所 5 所。1991 年成立九墩滩开发指挥部。2007 年更名为九墩滩生态建设指挥部。九墩滩具有地多草多、光热资源丰富、沙丘自然隔离好等优势，已形成玉米种植、加工型马铃薯、畜牧养殖业为主的三大特色产业。2009 年，农民人均纯收入 2888 元。

二、邓马营湖生态建设指挥部

邓马营湖位于武威城东北 60 公里处，地处腾格里沙漠腹地，地势由西南向东北倾斜。湖区土地总面积 21.02 万亩，其中生态公益林面积 15.64 万亩、耕地面积 5.38 万亩。有种植户 86 户。湖区主要农作物有小麦、玉米、大瓜、葵花等，天然植被主要有芨芨草、芦草、冰草、苦豆子、白刺、碱柴等；人工植被主要有沙枣、杨树、柠条、红柳、枸杞等。邓马营湖在 1995 年开发，1999 年 11 月，成立邓马营湖综合开发指挥部，2002 年 2 月更名为邓马营开发指挥部，2007 年更名为邓马营湖生态建设指挥部。2007 年，累计关闭机井 13 眼，压减农田灌溉面积 1.8 万亩，使农田灌溉面积由 5.38 万亩减少为 3.58 万亩。栽植柠条、沙枣、红柳等灌木 8562 亩；累计发展大田枸杞 3545 亩，育苗 260 亩，建立试验示范面积 100 亩。2008 年以来，湖区加大对天然植被的保护力度，加大天然林保护宣传力度，栽植公益林保护界桩 133 个，制作树立永久性宣传碑、牌 204 块，落实公益林管护人员 35 名，在湖区禁止放牧。

第四节　街道办事处

一、城区街道办事处

东关街街道办事处　东关街街道办事处东与荣华街教师新村相接，西与东大街的兴胜路、市民路、市民南路中心线为界，南与和平镇南园村接壤，北与金羊镇新鲜村相连，区域面积约 2.2 平方公里。街道辖福利路、富民花园、寺巷子、东关花园 4 个社区居委会，常住人口 6577 户、20010 人，有回、东乡、藏、满等 13 个少数民族，是市、区伊斯兰教和民族工作的重点区域。辖区内有凉州植物园、东关清真寺等，有东关蔬菜批发市场等商业网点 460 多个、从业人员 1100 多人。有省理工中专、市卫生学校、十九中、市检察院、市房管局、市中医院、区社保局等企业事业单位 30 多家，其中中小学 1 所，卫生医疗机构 8 个。

东大街街道办事处　东大街街道办事处东至东关什字，南至华阳路，西至大什字，北至碧水兰庭，区域面积约 4.8 平方公里。街道辖南苑、大众、文庙路、会馆巷、杨府、古钟楼、雷台 7 个社区居委会，常住人口 24718 户、67869 人。辖区内有文庙、雷台、大云寺及古钟楼、西夏博物馆等旅游景点，有大众市场、文庙路市场、再就业综合市场、明清街、义乌商贸城、丽达百货、穆斯林大厦、云祥茶屋一条街等商业网点 2000 多个，从业人员 6000 多人。有市委、市政府、武威军分区、中国移动武威分公司、区政府、解放军第十医院、凉州医院、武威六中、凉州区会馆小学、凉州区第一幼儿园等企业事业单位 80 多家，其中中小学 10 所、卫生医疗机构 5 个。

西关街街道办事处　西关街街道办事处南临和平镇，西靠柏树乡，北接金羊镇，东至西凉市场，区域面积 2.7 平方公里。街道辖皇台、科技巷、西苑、体育路 4 个社区居委会，常住人口 9236 户、29127 人，有回、藏、苗等 5 个少数民族。有皇娘娘台、西郊公园旅游景点，有西凉市场等商业网点 1100 个，从业人员 2000 多人。有省治沙研究所、武威职业学院、武警支队、武威消防支队、市烟草公司、区检察院、区法院、十三中、皇台集团、爱雅纺织集团、益民有限责任公司、武威制药厂、泰康制药厂等企事业单位 65 家，其中中小学 5 所，卫生医疗机构 5 个。

西大街街道办事处　西大街街道办事处东至大什字，南靠南二环路，西临西凉市场，北与金羊镇蔡家社接壤，区域面积2.61平方公里。街道辖东小井、靶场、仓巷、达府、雨亭巷5个社区居委会，常住人口18358户、53392人。辖区内有鸠摩罗什寺、南城门广场、文化广场等旅游景点，有步行街、浙江大厦、天马宾馆、凉州市场、东小井茶屋一条街、国际家具中心、南关建材市场、北关蔬菜批发市场等商业网点1200个，从业人员2500多人。有武威农垦公司、市文联、一中、二中、八中、市医院、青年巷小学、河西三洲药业等行政企事业单位129家，其中中小学10所、医疗卫生机构6家。

荣华街街道办事处　荣华街街道办事处东临高坝镇五里村，西靠杨家坝河，南接高坝镇台庄村，北至金羊镇窑沟村，区域面积约4平方公里。街道辖荣华社区、新关村民委员会，有藏、满、回、东乡5个少数民族，常住人口3656户、10634人。辖区内有商业网点196个，从业人员1000多人。有区政府统办一号楼、统办二号楼、荣华宾馆、荣华集团等企事业单位49家，其中小学1所、幼儿园2所、卫生医疗机构9个。

火车站街街道办事处　火车站街街道办事处北以南关西路为界，南至火车站，西至二环西路，东至南关中路，区域面积6.8平方公里。街道辖大新、火车站2个社区居委会，常住人口5081户、11319人。辖区内有火车站广场，有新西凉市场、西凉大酒店等商业网点2432家，从业人员4000多人。有武威火车站、客运中心，有武威铁路工务段、市石油公司油库、市粮食储备库、市车管所、市供电公司、十五中、区烟草公司、建设银行武威分行等企事业单位46家，其中中小学、幼儿园7所，医疗卫生机构4家。

地质新村街街道办事处　地质新村街街道办事处东至海藏路，西与西大街仓巷社区相邻，南至北关西路，北至卫生巷与肿瘤医院相接，区域面积0.21平方公里。街道辖地质新村社区居委会1个，常住人口1865户、4269人，主要集中在212大队大院。有212大队、市公安局212大队治安派出所、212大队职工子弟学校、化学研究所、同心起重机械厂、阿尔法淀粉厂等企事业单位。

二、乡镇街道办事处

武南镇街道办事处　位于武南镇，街道辖育才、百花园、阳光、迎宾、花明村5个社区居委会、38个居民小组，常住人口9329户、23995人。

黄羊镇街道办事处　位于黄羊镇，街道辖科教园、新华、新街、岔路口4个社区居委会、43个居民小组，常住人口4936户、11266人。

凉州区志

第三编

中国共产党地方组织

本编目录

第一章　中国共产党凉州区（武威市）委员会

第一节　历次党员代表大会

一、中国共产党武威市第二次代表大会

1990年2月23—26日，在市委党校举行，出席会议的代表449名。甘庭德代表市委作了《认真贯彻党的十三届四中、五中全会精神，努力把我市社会主义建设事业不断推向前进》的工作报告。大会确定今后的工作任务是：认清当前国内外形势，巩固和发展全市安定团结的政治局面，认真搞好治理整顿，促进经济持续、稳定、协调发展，坚持社会主义方向，继续深化城乡改革；推进精神文明建设，不断提高人民群众的思想文化素质；切实加强党的领导，增强党的凝聚力、战斗力和吸引力，发挥党的核心领导作用；充分调动各方面的积极因素，促进全市经济和各项社会事业的全面发展。陈生峥代表市纪律检查委员会作了《严肃党的纪律，加强党风建设，保证治理整顿和深化改革的顺利进行》的工作报告。会议选举产生了中国共产党武威市第二届委员会委员46名，市纪律检查委员会委员15名。会议还讨论通过中共武威市委《关于加强市委领导班子建设，改进工作作风的决定》《关于市委工作报告的决议》和《关于市纪律检查委员会工作报告的决议》。在二届一次全体委员会上，选举甘庭德、李宁平、袁森年、田宝忠、张柏、徐文善、俞存乃、陈生峥、张治中、蒋荷芳（女）10人为常委，甘庭德当选为书记，李宁平、袁森年、田宝忠、张柏、徐文善当选为副书记。

二、中国共产党武威市第三次代表大会

1993年2月24—26日，在市委党校举行。出席会议的代表450名，邀请代表38名。甘庭德代表市委作了《认真贯彻十四大精神，抓住机遇，加快发展，为“再造一个银武威”而努力奋斗》的工作报告。《报告》提出，认真贯彻十四大精神，以社会主义市场经济理论为指导，加快经济改革步伐；调整和优化产业结构，切实抓好农业、工业、乡镇企业和第三产业的发展；加速科技进步，大力发展教育，严格控制人口增长；积极推进行政管理体制改革，切实转变政府职能，提高工作效率；坚持两手抓、两手都要硬，把社会主义精神文明建设提高到新水平的各项任务。市纪委书记马景忠作了《支持保护改革，加强党风建设，为“再造一个银武威”保驾护航》的工作报告。大会通过关于市委工作、市纪委工作报告的决议。会议选举产生了中国共产党武威市第三届委员会委员49名，市纪律检查委员会委员15名。在三届一次全体委员会上，选举甘庭德、俞存乃、袁森年、张柏、徐文善、蒋荷芳（女）、田宝忠、张治中、马景忠、靳开成、张伯福11人为常委，甘庭德当选为书记，俞存乃、袁森年、张柏、徐文善、蒋荷芳（女）当选为副书记。

三、中国共产党武威市第四次代表大会

1997年3月26—28日，在市委党校举行，参加会议的代表460名，列席代表39名。田宝忠代表市委作了《把握大局，加快发展，为实现富民强市的跨世纪目标而努力奋斗》的工作报告。《报告》提出，努力实现由农业大市向经济强市的跨越，把一个富裕、文明、繁荣、兴旺的“银武威”带入21世纪。陈义元代表市纪委作了《加强党风廉政建设，深入开展反腐败斗争，保证两个文明建设的健康发展》的工作报告，会议选举产生了中国共产党武威市第四届委员会委员51名，市纪律检查委员会委员15名。会议通过关于市委工作、市纪委工作报告的决议。在四届一次全体委员会上，选举田宝忠、任伯年、王军、管钰年、王锦文、陈德兴、刘彦、陈义元、常海林、孙延寿、张发基11人为常委，田宝忠当选为书记，任伯年、王军、管钰年、王锦文、陈德兴当选为副书记。

四、中国共产党武威市凉州区第一次代表大会

2002年11月6—9日，中国共产党武威市凉州区第一次代表大会在人民饭店召开，出席大会的代表381名。苏振祥代表中共武威市第四届委员会向大会作了《全面贯彻落实党的十六大精神，认真实践“三个代表”重要思想，为加快凉州经济发展和社会进步而努力奋斗》的工作报告。《报告》提出，以西部大开发总揽经济工作全局，以加快发展为主题，以结构调整为主线，以体制创新和科技创新为动力，突出工业，提高农业，搞活第三产业，加速推进产业化、工业化、城镇化和信息化，不断提高人民群众的物质文化生活水平，促进经济和社会持续快速健康发展，为建设现代化的新凉州奠定坚实的基础。大会印发中共武威市凉州区纪律检查委员会题为《认真实践“三个代表”重要思想，深入推进反腐倡廉，为全区改革发展稳定提供强有力的政治保证》的书面报告。会议通过了关于区委工作、区纪委工作报告的决议。在凉州区一届一次全体委员会上，选举苏振祥、毛生武、张效林、许萍（女）、刘富祯、张琪海、沈开祥、韩吉永、常海林、李俊星、田进良、费生云12人为常委，苏振祥当选为书记，毛生武、张效林、许萍（女）、刘富祯、张琪海、沈开祥、韩吉永当选为副书记。

五、中国共产党武威市凉州区第二次代表大会

2006年12月1—3日，在武威大酒店召开，出席大会的代表399名。李世英代表中共武威市凉州区第一届委员会向大会作了《高举科学发展观的伟大旗帜，为构建繁荣和谐新凉州而努力奋斗》的工作报告。报告提出，以加快发展为主题，以石羊河流域综合治理为主线，以全面加强党的执政能力和先进性建设为保障，坚持工业强区战略不动摇，坚持发展抓项目不动摇，坚持发展循环经济不动摇，加快社会主义新农村和全面小康社会建设进程，推进经济、政治、文化、社会建设和党的建设，构建繁荣和谐新凉州。大会印发了中共武威市凉州区纪律检查委员会题为《深入开展党风廉政建设和反腐败斗争，为构

区委全委（扩大）会议

建繁荣和谐新凉州提供坚强的政治保障》的书面报告。会议通过关于区委工作、区纪委工作报告的决议。大会选举产生了中国共产党武威市凉州区第二届委员会委员 41 人。在区委二届一次全体委员会上，选举李世英、张效林、沈天林、王治安、朱星海、夏文彬、陈日清、赵宝正、李俊星、李培才、许福德、王秀丽（女）12 人为常委，李世英当选为书记，张效林、沈天林当选为副书记。

1990—2009 年凉州区（武威市）委历届书记名录一览表

表 3-1-1

姓　名	籍　贯	任　期
甘庭德	甘肃省永登县	1990.1 — 1993.9
李保卫	甘肃省景泰县	1993.9 — 1997.3
田宝忠	甘肃省天水市	1997.3 — 2000.3
张余胜	甘肃省甘谷县	2000.3 — 2001.7
苏振祥	甘肃省兰州市	2001.8 — 2005.7
毛生武	甘肃省天祝县	2005.7 — 2006.12
李世英	甘肃省瓜州县	2006.12 — 2009.12

1990—2009 年凉州区（武威市）委历届副书记名录一览表

表 3-1-2

姓　名	籍　贯	任　期
柳宏克	辽宁省新民县	1990.1 — 1990.2
朱　寅	江苏省扬州市	1990.1 — 1990.2
李宁平	陕西省神木县	1990.1 — 1992.4
袁森年	陕西省蓝田县	1990.1 — 1997.3
田宝忠	甘肃省天水市	1990.2 — 1997.3
张　柏	甘肃省武威市	1990.2 — 1994.3
徐文善	甘肃省武威市	1990.2 — 1995.6
俞存乃	甘肃省武威市	1992.2 — 1994.6
蒋荷芳	江苏省常州市	1992.2 — 1994.3
张开甲	甘肃省武威市	1994.3 — 1997.3
王　军	甘肃省临洮县	1994.3 — 2002.9
管钰年	甘肃省武威市	1995.6 — 2001.6
任伯年	河南省沁阳市	1997.3 — 2001.6
王锦文	甘肃省会宁县	1997.3 — 2002.7
陈德兴	甘肃省武威市	1997.3 — 2001.11
许　萍	甘肃省民勤县	1998.7 — 2004.9

续表 3-1-2

姓　名	籍　贯	任　期
刘富祯	甘肃省会宁县	2000.7 — 2005.2
冯　铁	—	2000.10 — 2002.7
张效林	甘肃省临洮县	2001.11 — 2009.12
戴道中	—	2002.8 — 2003.8
熊若愚	—	2002.11 — 2003.11
毛生武	甘肃省天祝县	2002.11 — 2005.7
张琪海	甘肃省武威市	2002.11 — 2005.2
沈开祥	甘肃省古浪县	2002.11 — 2006.9
韩吉永	甘肃省武威市	2002.11 — 2005.9
朱星海	甘肃省民勤县	2003.7 — 2006.9
李国胜	甘肃省白银市	2004.8 — 2006.8
刘兆祥	甘肃省民勤县	2005.2 — 2006.9
马国荣	甘肃省天祝县	2005.2 — 2006.9
夏文彬	甘肃省山丹县	2005.9 — 2006.9
沈天林	甘肃省景泰县	2006.9 — 2009.8
唐　祐	甘肃省武威市	2009.8 — 2009.12
张吉林	甘肃省武威市	2009.12 — 2009.12

1990—2009 年凉州区委历届常委名录一览表

表 3-1-3

届　别	姓　名	籍　贯	职　务	任职时间
武威市第二届	甘庭德	甘肃省永登县	常委	1990.1 — 1993.2
	柳宏克	辽宁省新民县	常委	1990.1 — 1990.2
	朱　寅	江苏省扬州市	常委	1990.1 — 1990.2
	李宁平	陕西省神木县	常委	1990.2 — 1992.4
	袁森年	陕西省蓝田县	常委	1990.2 — 1993.2
	田宝忠	甘肃省天水市	常委	1990.2 — 1992.2
	张　柏	甘肃省武威市	常委	1990.2 — 1993.2
	徐文善	甘肃省武威市	常委	1990.2 — 1993.2
	俞存乃	甘肃省武威市	常委	1990.2 — 1993.2
	陈生峥	甘肃省民勤县	常委	1990.2 — 1993.2
	张治中	甘肃省民勤县	常委	1990.2 — 1993.2
	蒋荷芳	江苏省常州市	常委	1990.2 — 1993.2
	靳开成	甘肃省武威市	常委	1992.6 — 1993.2
	张伯福	甘肃省武威市	常委	1992.11 — 1993.2

续表 3-1-3

届　别	姓　名	籍　贯	职　务	任职时间
武威市第三届	甘庭德	甘肃省永登县	常委	1993.2 — 1993.9
	李保卫	甘肃省景泰县	常委	1993.9 — 1997.3
	俞存乃	甘肃省武威市	常委	1993.2 — 1994.6
	田宝忠	甘肃省天水市	常委	1994.6 — 1997.3
	袁森年	陕西省蓝田县	常委	1993.2 — 1997.3
	张　柏	甘肃省武威市	常委	1993.2 — 1994.3
	徐文善	甘肃省武威市	常委	1993.2 — 1995.6
	蒋荷芳	江苏省常州市	常委	1993.2 — 1994.3
	马景忠	甘肃省武威市	常委	1993.2 — 1995.6
	张伯福	甘肃省武威市	常委	1993.2 — 1995.6
	靳开成	甘肃省武威市	常委	1992.2 — 1994.3
	张治中	甘肃省武威市	常委	1993.2 — 1993.10
	张开甲	甘肃省武威市	常委	1994.3 — 1997.3
	王　军	甘肃省临洮县	常委	1994.3 — 1997.3
	赵长洋	甘肃省武威市	常委	1994.3 — 1997.3
	管钰年	甘肃省武威市	常委	1995.6 — 1997.3
	高　杰	山西省山阴县	常委	1995.9 — 1997.3
	陈义元	甘肃省武威市	常委	1995.6 — 1998.12
	王锦文	甘肃省会宁县	常委	1996.1 — 1997.3
	常海林	河北省定兴县	常委	1996.1 — 1997.3
武威市第四届	田宝忠	甘肃省天水市	常委	1997.3 — 2000.3
	任伯年	河南省沁阳市	常委	1997.3 — 2001.6
	王　军	甘肃省临洮县	常委	1997.3 — 2002.9
	管钰年	甘肃省武威市	常委	1997.3 — 2001.6
	王锦文	甘肃省会宁县	常委	1997.3 — 2002.7
	陈德兴	甘肃省武威市	常委	1997.3 — 2001.11
	许　萍	甘肃省民勤县	常委	1998.7 — 2002.11
	刘　彦	甘肃省古浪县	常委	1997.3 — 2001.11
	陈义元	甘肃省武威市	常委	1997.3 — 2001.11
	常海林	河北省定兴县	常委	1997.3 — 2002.11
	孙延寿	甘肃省武威市	常委	1997.3 — 2002.1
	张发基	甘肃省武威市	常委	1997.3 — 2001.5

续表 3-1-3

届　别	姓　名	籍　贯	职　务	任职时间
武威市第四届	张余胜	甘肃省甘谷县	常委	2000.3 — 2001.7
	刘富祯	甘肃省会宁县	常委	2000.7 — 2002.11
	韩吉永	甘肃省武威市	常委	2000.8 — 2002.11
	冯　铁	—	常委	2000.10 — 2002.7
	蔡太山	甘肃省武威市	常委	2001.5 — 2002.11
	苏振祥	甘肃省兰州市	常委	2001.8 — 2002.11
	张琪海	甘肃省武威市	常委	2001.11 — 2002.11
	张效林	甘肃省临洮县	常委	2001.11 — 2002.11
	陈日清	甘肃省武威市	常委	2002.1 — 2002.7
	田进良	甘肃省静宁县	常委	2002.4 — 2002.11
	戴道中	—	常委	2002.8 — 2002.11
凉州区第一届	田进良	甘肃省静宁县	常委	2002.11 — 2006.9
	苏振祥	甘肃省兰州市	常委	2002.11 — 2005.7
	毛生武	甘肃省天祝县	常委	2002.11 — 2006.12
	张效林	甘肃省临洮县	常委	2002.11 — 2006.12
	许　萍	甘肃省民勤县	常委	2002.11 — 2004.9
	刘富祯	甘肃省会宁县	常委	2002.11 — 2005.2
	张琪海	甘肃省武威市	常委	2002.11 — 2005.2
	沈开祥	甘肃省古浪县	常委	2002.11 — 2006.9
	韩吉永	甘肃省武威市	常委	2002.11 — 2006.9
	常海林	河北省定兴县	常委	2002.11 — 2003.5
	李俊星	甘肃省永登县	常委	2002.11 — 2006.12
	戴道中	—	常委	2002.11 — 2003.8
	熊若愚	—	常委	2002.11 — 2003.11
	费生云	甘肃省景泰县	常委	2003.2 — 2005.2
	谢抓喜东珠	甘肃省天祝县	常委	2003.5 — 2005.7
	朱星海	甘肃省民勤县	常委	2003.7 — 2006.12
	李国胜	甘肃省白银市	常委	2004.8 — 2006.8
	马国荣	甘肃省天祝县	常委	2005.2 — 2006.9
	刘兆祥	甘肃省民勤县	常委	2005.2 — 2006.9
	杨得中	甘肃省民勤县	常委	2005.2 — 2006.9
	李培才	甘肃省民勤县	常委	2005.7 — 2006.12

续表 3-1-3

届　别	姓　名	籍　贯	职　务	任职时间
凉州区第一届	夏文彬	甘肃省山丹县	常委	2005.9 — 2006.9
	许福德	甘肃省武威市	常委	2005.9 — 2006.12
	沈天林	甘肃省景泰县	常委	2006.9 — 2006.12
	王治安	甘肃省古浪县	常委	2006.9 — 2006.12
	陈日清	甘肃省武威市	常委	2006.9 — 2006.12
	赵宝正	甘肃省兰州市	常委	2006.9 — 2006.12
	王秀丽	河北省石家庄市	常委	2006.9 — 2006.12
凉州区第二届	李世英	甘肃省瓜州县	常委	2006.12 — 2009.12
	张效林	甘肃省临洮县	常委	2006.12 — 2009.12
	沈天林	甘肃省景泰县	常委	2006.12 — 2009.8
	王治安	甘肃省古浪县	常委	2006.12 — 2009.4
	朱星海	甘肃省民勤县	常委	2006.12 — 2009.12
	夏文彬	甘肃省山丹县	常委	2006.12 — 2009.12
	李俊星	甘肃省永登县	常委	2006.12 — 2007.4
	陈日清	甘肃省武威市	常委	2006.12 — 2007.8
	赵宝正	甘肃省武威市	常委	2006.12 — 2009.4
	李培才	甘肃省民勤县	常委	2006.12 — 2009.1
	许福德	甘肃省武威市	常委	2006.12 — 2007.8
	王秀丽	河北省石家庄市	常委	2006.12 — 2009.12
	黄　霓	甘肃省定西市	常委	2007.6 — 2009.12
	屈永红	甘肃省武威市	常委	2007.8 — 2009.12
	王卫红	—	常委	2008.10 — 2009.10
	周鹏飞	江苏省泰州市	常委	2008.11 — 2009.12
	孙兰峰	陕西省户县	常委	2009.1 — 2009.12
	李能文	甘肃省古浪县	常委	2009.4 — 2009.12
	唐　祐	甘肃省武威市	常委	2009.8 — 2009.12
	王永平	内蒙古包头市	常委	2009.8 — 2009.12
	王宁德	甘肃省武威市	常委	2009.8 — 2009.12
	孙　伟	山东省文登县	常委	2009.11 — 2009.12
	张吉林	甘肃省武威市	常委	2009.12 — 2009.12

第二节　区委决策方式

一、区委全委会

区委全委会一般每半年召开一次，遇重要情况可临时召开，全委会由区委常委会召集，必须有三分之二以上委员到会方能举行。根据工作需要，可以召开扩大会议，扩大参加人员范围。凡属全区经济建设和社会发展战略、指导方针、中长期规划、年度计划和重要部署等重大问题，都要由全委会讨论决定。

二、区委常委会

区委常委会一般每月召开 2~3 次，须有半数以上常委到会方能举行。讨论干部问题时，应有三分之二以上常委到会方能举行。区人大常委会党组书记、区政协党组书记列席常委会。根据会议内容，可以确定其他人员列席，也可以召开扩大会议。

三、书记办公会

区委书记办公会视工作需要召开，参加人员为区委书记和副书记，会议可根据需要确定有关区委常委及部门负责人列席会议。2006 年后，新的地方党委领导体制改革后，取消书记办公会。2007 年，实行常委分工负责制，按照集体领导、民主集中、个别酝酿、会议决定的原则，建立健全《区委议事制度》《定期通报情况制度》《四大班子联席会议制度》以及专家咨询制度、代表听证制度和重大事项决策公示制度等工作制度，完善了区委决策程序。

第三节　区委工作机构

1990 年，市委设办公室、组织部、宣传部、统战部、调查研究室、纪律检查委员会、政法委员会、老干部工作局、经济体制改革办公室、党校、党史办公室，老龄办公室、机关党委 13 个工作机构，归口管理机构 7 个，即：机要室、知识分子办公室、报道组、讲师组、精神文明办、综治办、对台办。

1991 年 7 月，将武威市经济体制改革委员会办公室改名为武威市经济体制改革委员会，隶属市政府。是月，在武威市保密委员会加挂武威市保密局的牌子。

1992 年 4 月，成立武威市关心下一代工作委员会，属市委领导下从事群众工作的组织，其办事机构归属党群口，进入党群序列。

1997 年 11 月，根据市委、市政府《关于党群政机构设置的通知》精神，市委设 5 个工作部门，即办公室、组织部、宣传部、统战部和政法委。调查研究室、保密委员会办公室（保密局）、机要室的职能并入市委办公室，保留调查研究室、保密委员会办公室（保密局）、机要室的牌子；信访接待办公室归口市委、市政府办公室管理；撤销机关行政事务管理室；中共武威市市直机关工作委员会作为市委的派出机构，设在组织部；老干部工作局归组织部管理；撤销知识分子工作办公室，将其职能划归组织部；精神文明建设委员会办公室的职能并入宣传部，保留精神文明建设委员会办公室的牌子；讲师组为事业单位，归口宣传部管理；撤销报道组，将其职能划归宣传部；对台湾工作办公室、民族宗教事务局职能并入统战部，保留对台湾工作办公室、民族宗教事务局的牌子；社会治安综合治理委员会办公室职能并入政法委员会，保留社会治安综合治理委员会办公室的牌子；档案局、档案馆合并，一个机构，两块牌子，隶属市委。纪律检查委员会机关与监察局合署办公，一个机构，两块牌子。

1999 年 10 月，市委党史资料征集领导小组办公室更名为市委党史研究室。

2001 年 8 月撤市设区后，市委工作机构随之更名。

2002 年，根据区委、区政府《关于党群政机构设置的通知》精神，区委设 6 个工作部门，即：办公室、组织部、宣传部、统战部、政法委员会、纪律检查委员会机关；直属单位 4 个，即政策研究室、信访办公室（与区政府信访办公室合署办公）、区直机关工作委员会、老干部工作局（关工委办公室与老干局合署办公）；直属事业单位 3 个，即党校、档案局（馆）、党史办。保密委员会办公室（保密局）、机要室、督查室的职能并入办公室，保留保密委员会办公室（保密局）、机要室、督查室的牌子；区委精神文明建设指导委员会办公室、国防教育委员会办公室职能并入宣传部，保留精神文明建设指导委员会办公室、国防教育委员会办公室的牌子；区委对台湾工作办公室和区政府对台事务办公室职能并入统一战线工作部，保留对台湾工作办公室和对台事务办公室的牌子；社会治安综合治理委员会办公室职能并入政法委员会，保留社会治安综合治理委员会办公室的牌子。

2003 年 2 月，区委党史研究室与区志编纂委员会办公室合署办公，一个机构，两块牌子。10 月，信访办公室更名为信访局。

2009 年 9 月，区委党校合并到武威市委党校，合并后仍保留区委党校牌子。

截至 2009 年底，区委设办公室、纪委、组织部、宣传部、统战部、政法委、政策研究室、信访局、机关工委、老干局、党校、党史研究室、档案局（馆）13 个工作机构。

第四节　区委重大决策纪略

1990 年，武威市委作出《认真贯彻党的十三届四中、五中全会精神，努力把我市社会主义建设事业不断推向前进》的决定。8 月，市委关于《武威市企业新一轮承包经营责任制实施办法》正式下发实施。11 月，市委制定《武威市科技兴农规划》《武威市“八五”期间及今后十年农业综合开发规划》，并发布实施。

1991 年，根据省民政厅批复，武威市将规模较大的 7 个乡划分为 15 个乡，乡镇建制由原来的 39 个扩大为 47 个。

1992 年，武威市作为全省综合改革试点市，市委制定《武威市改革总体方案》，全面进行经济、政治体制改革。在城市深化企业内部改革，加强企业内部管理，转换企业经营机制，全面推行厂长（经理）任期目标责任制，坚持发展工业“六条途径”，不断推动地方工业的发展。同年 5 月，市委印发《大力发展非公有制经济的实施方案》，明确奋斗目标、基本思路、具体措施和优惠政策。同年 12 月，市委作出“抢抓机遇，加快发展，到本世纪末再造一个‘银武威’”的决定和“加快发展乡镇企业”的决定。

1993 年，按照再造一个银武威的总目标，以“三个大办”（大办地方工业、大办乡镇企业、大办第三产业）为重点，强化农业基础，大力发展工业、乡镇企业和第三产业。在农村，重点调整产业结构，推广科学种田，发展“两高一优”（高产、高效、优质）农业，完善双层经营机制，强化合作经济，实施“星火”“燎原”计划，抗旱保粮，灭虫防灾，使农业生产稳步发展。进一步深化政治体制改革，实行政企分开，扩大企业自主权，逐步理顺党与政、政与企的关系，在全市党政机关进行机构改革，全面清理、精减临时机构和重叠部门，提高工作效率。强化城市管理，加强旧城改造的力度，加快小区建设步伐，不断增强城市的辐射力和吸引力。在积极实施综合改革方案的基础上，在深化农村、企业改革的同时，对教育、卫生、科技、文化等领域的体制进行配套改革，促进经济建设和社会各项事业的全面发展。在党的建设方面，突出思想政治建设，全面开展“双学”（学党章、学理论）活动，使广大党员干部普遍受到一次党性党风和理想信念教育。

1994 年，市委作出干部任职交流的七条规定和两条补充规定，制定《武威市干部管理体制的改革意见》，按照“四化”方针，选拔任用一大批年富力强、德才兼备的年轻干部，使各级领导班子结构优化，整体功能不断增强；坚持从严治党的方针，强化党员的教育管理和发展工作，开展党员冬训和民主评议，积极推行农村党员目标管理，妥善处理不合格党员，全力推进农村基层组织建设。开展创建小康示范村、“五好村”和“六好乡镇党委”活动，整顿治理处于软弱涣散状态的后进村，取得明显成效；以全面推行公务员制度为突破口，狠抓干部人事制度的改革，建立健全各项管理制度，开展社会主义思想教育，努力提高党员干部的思想认识。

1995 年，市委为进一步解放思想、转变观念，促进全市经济发展，先后组织市、乡镇和部门领导赴天津、河北、山东等地挂职、考察，学习经验。对 14 户企业进行了股份制改造，并筹资 7900 万元对武南、高坝、辛家河滩等小区的基础设施进行了重点改造。组织发放贴息贷款 2000 多万元，扶持农业商品基地建设和支柱产业的发展。

1996 年，市委通过《关于实施旧城改造建设意见的三年规划》《武威市三年旧城改造建设拆迁安置办法》和《武威市三年旧城改造建设优惠政策和筹资办法》，全市旧城改造工作全面展开。8 月，市委通过《关于动员和组织全市广大党员、人民群众办成几件实事的决定》，决定分节水增粮、旧城改造、小区建设、扶贫开发、科教兴市五个方面。

1997 年，市委作出《关于切实做好减轻农民负担的决定》。

1998 年，市委制定《武威市 1998—2003 年干部培训规划》，干部教育培训全面实施。并作出《关于做好第二轮土地承包工作的意见》，安排部署全市第二轮土地承包工作。

1999 年，为切实加强企业、街道、机关党建工作，市委制定《农村基层组织建设规划》和《加强基层组织建设的意见》。

2000 年，市委贯彻落实《党政干部选拔任用工作暂行条例》，按照竞争上岗、双向选择的原则，大力推进人事制度改革。

2001 年，在深入实际调查研究，进一步分析区情的基础上，完善拓宽了发展思路，即：紧紧抓住西部大开发的历史机遇，坚持以经济建设为中心，牢固树立突出工业，提高农业，搞活第三产业的思想，以工业经济带动农业经济，发挥土地资源、食品加工、人口密集、文化旅游资源丰富四大优势，实施内调外引、城镇带动和科教兴区三大战略，抓好以工业为龙头，以农业为基础，以乡镇企业为支柱，以非公有制经济为新增长点，把凉州区建成河西地区农副产品深加工基地，全省较大的商品集散中心和全省文化旅游大区。同时，为了使各级部门不断适应党建工作的新要求，区委制定《关于加强改制企业党建工作意见》《关于加强街道党建工作意见》《关于切实加强机关党建工作意见》。

2002 年，区委作出《关于加强街道、社区党的建设工作的意见》，使街道、社区的党建工作逐步走上制度化、规范化的轨道。同年，全面贯彻落实党的民主集中制原则，制定《中共武威市凉州区任免干部票决制实施办法》，顺利完成区乡两级党委换届工作。

2003 年，区委以全面建设小康社会为目标，作出“项目建设年”“基层组织建设创新年”的活动安排。着力实施“双培双带”工程，不断提高基层组织的创建水平。

2004 年，区委坚持科学发展观，作出实施“工业强区”战略，开展“项目建设发展年”“基层组织建设效益年”“生态环境建设年”的决定。制定并实施《凉州区全面建设小康社会总体规划》。

2005年，区委大力实施工业“二次创业”战略，加快推进农业产业化进程，深入开展“发展抓项目、凉州大行动”活动，凉州区被省委、省政府评为全省非公有制经济先进县（区），黄羊镇被中央文明委评为“全国文明乡镇”。

2006年，区委制定《凉州区国民经济和社会发展第十一个五年规划纲要》，并作出围绕石羊河流域重点治理主线，抓好项目建设和招商引资工作的安排。12月，召开中国共产党武威市凉州区第二次代表大会。

2007年，区委围绕石羊河流域重点治理目标，细化石羊河流域重点治理的具体措施和各项要求，全面推进石羊河流域重点治理工作。特别是在日光温室建设上，实行区级领导“五包一挂”责任制和区直部门“四帮一挂”帮扶制，为推进石羊河流域重点治理提供保障。

2008年，区委全面推进社会主义新农村建设，大力发展节水高效农业，加快农业产业化进程。

2009年，区委以深入学习实践科学发展观为动力，在全区实施“项目带动”和“工业强区”战略，保增长、扩内需、强基础、调结构、促和谐，注重改善民生，促进社会和谐，推进石羊河流域重点治理和农村改革。

第二章　中共凉州区（武威市）纪律检查委员会

第一节　历届纪律检查委员会

中共凉州区（武威市）纪律检查委员会与中共凉州区（武威市）委员会届别相同。

一、武威市第二届纪律检查委员会

1990年2月，中共武威市第二次代表大会召开，选举产生第二届武威市纪律检查委员会委员15人。在纪委第一次全体会议上，选举陈生峥、马景忠、陈义元、蒋荷芳（女）、陈国柱、王宝发、许锡元7人为纪律检查委员会常委，陈生峥当选为纪委书记，马景忠、陈义元当选为副书记。

二、武威市第三届纪律检查委员会

1993年2月，中共武威市第三次代表大会召开，选举产生第三届武威市纪律检查委员会委员15人。在纪委第一次全体会议上，选举马景忠、陈义元、王宝发、张伯福、王辉、许锡元、陈国柱7人为纪律检查委员会常委，马景忠当选为纪委书记，陈义元、王宝发当选为副书记。

三、武威市第四届纪律检查委员会

1997年3月，中共武威市第四次代表大会召开，选举产生第四届武威市纪律检查委员会委员15人。在纪委第一次全体会议上，选举陈义元、孙延寿、陈宗普、胡延年、张永胜、周光海、许锡元、陈全年、张兆斌、王生林、王宝发11人为纪律检查委员会常委，陈义元当选为纪委书记，陈宗普、胡延年当选为副书记。

四、凉州区第一届纪律检查委员会

2002 年 11 月，中共武威市凉州区第一次代表大会召开，选举产生第一届武威市凉州区纪律检查委员会委员 15 人。在纪委第一次全体会议上，选举陈宗普、许锡元、王宝发、韩吉永、张兆斌、周廷虎、马生智 7 人为纪律检查委员会常委，韩吉永当选为纪委书记，陈宗普、王宝发、许锡元当选为副书记。

五、凉州区第二届纪律检查委员会

2006 年 12 月，中共武威市凉州区第二次代表大会召开，选举产生第二届武威市凉州区纪律检查委员会委员 15 人。在纪委第一次全体会议上，选举夏文彬、杨善民、谢复学、王大臣、宋长福、段天红、张万平 7 人为纪律检查委员会常委，夏文彬当选为纪委书记，杨善民、谢复学当选为副书记。

1990—2009 年凉州区（武威市）历届纪委书记名录一览表

表 3-2-1

姓　名	籍　贯	任　期
陈生峥	甘肃省民勤县	1990.1 — 1992.2
马景忠	甘肃省武威市	1992.2 — 1995.6
陈义元	甘肃省武威市	1995.6 — 2001.11
许　萍	甘肃省民勤县	2001.11 — 2002.11
韩吉永	甘肃省武威市	2001.11 — 2005.2
马国荣	甘肃省天祝县	2005.2 — 2006.9
夏文彬	甘肃省山丹县	2006.9 — 2009.12
陈晓峰	甘肃省天祝县	2009.12 — 2009.12

第二节　纪检监察组织机构

一、区级纪检监察机构

1993 年，市纪委和监察局合署办公，实行一套工作机关、两个机关名称的新体制，履行党的纪律检查和政府行政监察两种职能，对市委全面负责，监察局仍隶属于市政府序列部门。1998 年机构改革中，市纪委机关、监察局内设办公室、纪检监察一科、纪检监察二科、案件审理科、信访科（含举报中心）、教育调研科、党风廉政建设科 7 个职能科室。2001 年撤市设区后，市纪委更名为区纪委，市监察局更名为区监察局。2009 年，区纪委、监察局内设办公室（加挂反腐败工作办公室牌子）、纪检监察一科、纪检监察二科、案件审理科、信访科（含举报中心）、教育调研科、党风廉政建设科（加挂纠正行业不正之风办公室牌子）、执法监察科 8 个职能科室。

二、基层纪检监察机构

1990年，基层党组织设立纪律检查委员会，实行同级党委和上级纪委双重领导，配备专职纪委书记，或由同级党委副书记兼任。2005年，全区38个乡镇都健全了纪委委员会，设立纪委工作办公室，配备60名纪检监察专干、110名兼职纪检监察干部。2006年，城区各街道、有党委的区直部门健全纪委委员会，配备了纪委委员或专职干部；对下属单位较多的教育、卫生、水利、公安工商、税务、粮食、农牧和法院、检察院等部门和单位设立监察室，配备专职干部；在18个设立党组的部门任命了纪检组长。2007年，区纪委、监察局向17个区直部门派驻纪检监察机构，向街道党工委派驻纪工委。

第三节　党风党纪教育

一、主题教育活动

六项教育活动　1990年，对党员进行“六项教育活动”，即党的基本知识的教育、党规党纪教育、正反典型教育、肃贪倡廉教育、马列主义理论教育、对受处分党员进行回访教育。

正确的权力观教育活动　2002年，按照省委《关于开展牢固树立正确的权力观教育活动的通知》要求，组织全区党员领导干部集中两个月时间开展牢固树立正确的权力观教育活动，着重解决党员干部特别是领导干部在作风方面存在的突出问题。

机关效能建设活动　2006年，以大学习、大宣传、大讨论、大揭摆、大提效为主要活动形式，在全区开展机关效能建设活动，重点解决职能错位、效率不高、推诿扯皮、精神疲软四种“机关病”和领导班子、干部队伍中存在的思想平庸、工作平庸、作风平庸三种“平庸倾向”，治理不作为、乱作为、不会作为三种行为。采取抓点带面、示范带动的方法，确立黄羊镇、区教育局等11个单位为市级示范单位，中坝镇、区水利局等15个单位为区级示范单位，建立“一账一栏一榜一台”和“十曝光”的工作制度。制定《凉州区行政首长问责办法》，建立健全岗位责任制、服务承诺制、限时办结制、首问责任制、AB岗工作制、窗口部门一次性告知制和政务公开等制度。全区共建章立制157项，其中新建52项，完善105项。各乡镇、部门、单位围绕服务态度、工作作风、办事效率、服务质量、依法行政、执行政策、组织纪律、廉洁自律、队伍建设等9个方面的问题，共梳理归类影响机关效能的突出问题9类672条。

“作风建设年”活动　2008年，在全区组织开展以转作风、抓落实、促治理为主要内容的“作风建设年”活动。按照学习调研、揭摆评议、整改落实三个阶段，先后开展以石羊河流域重点治理为主要内容的大学习、大讨论活动，“千名干部进万家”调研月活动，“无会月抓落实”活动和作风集中整治活动。在市电视台凉州频道开辟“一把手”谈作风专栏。

二、制度建设

1990年，市纪委、监察局制定《关于坚决刹住用公款吃喝、送礼风的规定》《关于坚决制止干部职工婚丧事大操大办的试行规定》《关于坚决刹住建房、分房中的不正之风的规定》等制度。

1993年，制定《关于支持保护改革开放，促进经济发展的意见》和《武威市实施〈农民负担费用和劳务管理条例〉的办法》。

2001年，制定凉州区《党风廉政建设五项制度》。

2002 年，制定《关于贯彻落实党风廉政建设制的实施办法》《党风廉政建设责任制五项制度》。

2003 年，制定出台《关于在企业改制中应遵守的纪律》《政务公开实施方案》《村务公开实施方案》《村账乡管实施办法》《村组范围内一事一议筹资筹劳实施细则》。

2005 年，制定《进一步加强秘书管理的规定》《领导车辆管理制度》和《领导干部廉政谈话暂行办法》。

2006 年，制定《领导干部廉政谈话暂行办法》和《行政首长问责办法》。

2007 年，制定《机关事业单位公务用车配备管理办法》和《农村基层党风廉政建设十二项制度》。

2008 年，制定《案件查办联席会议制度》。

2009 年，制定《党员领导干部和国家公职人员操办婚丧喜庆等事宜严格执行有关规定的通知》《反腐败大案要案查处协调领导小组联席会议制度》《关于进一步严肃工作纪律禁止乡镇干部“走读”的通知》《公务用车配备使用、建设和装修党政机关办公楼等楼堂馆所、建设领导干部住房等事项向纪检监察机关备案制度》《预防腐败试点工作联席会议制度》《预防腐败试点工作督查制度》《纪检监察干部“十坚持、十严禁”规定》和《区纪委监察局工作制度》等各项制度。

第四节　党内监督

一、党风大检查

1990—1994 年，党内监督的方式主要为开展党风大检查活动。检查工作采取以支部自查为主，党委（总支）检查、市上重点抽查的办法进行。共进行 4 次重点检查，并对全市 47 个乡镇党委、市直 16 个党委、10 个党总支、45 个党支部的党风工作进行全面检查验收，对检查中反映出的问题进行分类，向市委作出汇报。市纪委组织干部先后深入到市直 5 个部门、农村 8 个乡镇、12 个村委会就党风和廉政建设上存在的问题进行专门调查，形成《农村党风和廉政建设情况调查》《关于农民经济负担的调查》《关于公款吃喝问题的调查》等专题调查报告。按照市委、市政府的要求，全市各级党组织把清理“小金库”作为整风肃纪、履行党内职责、深入开展反腐败的一项重要内容来抓，采取单位自查和市上抽查相结合的方法，分阶段、有步骤地对“小金库”进行清理检查。

二、民主生活会

1995—1997 年，市纪委、市委组织部领导有重点地参加 40 多个单位的民主生活会，指导民主生活会进行党内监督，帮助解决存在的问题。1998 年后，各级党政组织按照《廉政准则》及有关规定要求，坚持把专题民主生活会作为领导干部廉洁自律、自查自纠的主要形式，落实廉政工作责任制，按规定一年平均两次召开民主生活会。

三、党风廉政建设责任制

2000—2004 年，党内监督转变为落实党风廉政建设责任制，成立全区党风廉政建设责任制领导小组和党风廉政建设责任制考核领导小组，全区有 119 个单位制订了责任制实施办法和考核办法。在全区各乡镇推行组账村管、村账站审、零户统管，强化对乡镇、村财务运行过程的监督。加强对党风廉政建设责任制落实情况的监督检查，建立廉政档案 3333 人（次）。

四、述职述廉

2005—2009年，党内监督对领导干部增加述职述廉、任前廉政谈话、签订廉政承诺书等内容。出台《领导干部廉政谈话暂行办法》，按要求对拟提拔任用的125名领导干部进行任前廉政考察和谈话，签定《廉政承诺书》，为全区副科级以上领导干部建立个人廉政台账，开设党员干部廉政“581”专用账户。

第五节 纪检监察工作

一、行政执法检查

1990—2009年，开展土地、统计、环境保护、安全生产、金融法规以及整顿和规范市场经济秩序等工作专项检查11次，共清理出未批用地案件225起，面积达5652亩，其中耕地532亩，发出处罚决定225份。对25个建设单位的34个建设项目进行审计，查处超投资1521万元，超建筑面积8408平方米，超付工程款14万元，漏税184.1万元。实行政府集中采购资金达1597万元，节约资金78万元。对在执法中不同程度存在问题的6个单位发出行政监察建议，对2个单位进行通报批评，对2个单位给予批评教育，对问题较严重的2个单位进行经济处罚。

二、重点工作检查

1990—2009年，围绕建设私房、分配公房，党政机关、企事业单位领导干部用公款出国出境旅游，利用公款送子女、亲属上学，党政机关办实体，领导干部违反房改规定多占住房、压级压价购买住房，党政机关、企事业单位干部职工借欠公款、粮食流通体制改革、关井压田、专项资金、拖欠农民工工资、石羊河流域治理等重点工作开展监督检查46次，清理出违纪建房、多占公房的108户，涉及108人，收回公房135间，私房作价归公30间，罚没款额3.77万元，收回宅基地343平方米。清理出花费公款53万元出国出境旅游的单位16个，出国人员37人（次）。清理出用公款送子女上学的各类人员555人，资金达86万元。清理出党政机关、事业单位办经济实体75个，其中全民所有制的9个，集体所有制的62个，其他形式的4个。清理出售房单位78个3035套19万平方米，售房金额3075万元，经核查清理出超标购房违纪人员76人。清理出有借欠款的单位341个8609人，借欠款4602.14万元，收回1199.35万元。查处违法收购粮食案件87起，扣留非法收购粮食392958公斤，没收非法收购粮食资金46.01万元。关闭不合法的煤矿12个，压产14万吨。对15673.76万元项目资金拨付、管理、使用进行专项检查。清理出拖欠农民工工资943.42万元，向农民工兑付316.8万元。立案查处违法经营农资单位30多户，销售假劣农资（种子）5000多件，违法金额1800多元。

三、农民减负检查

1993—2009年，开展行政事业性收费、减轻农民负担、清理中小学乱收费等检查13次，清理出收费项目908项，收费标准2668个，规范收费项目28项，取消不合理收费项目62项。清理出涉及农民负担的文件340多份，查处加重农民负担的违纪案件59件，涉及资金328.55万元，削减超预算农民负担456万元，向农民清退8.66万元，有21人受到党政纪处分。督促落实“两免一补”资金565.7万元，17.78万名学生受益。清理和整顿、撤销收费卡3处。没收上缴财政不合理收费800多元。通过开展减负专项检查，取消一批“三乱”项目和达标升级活动，查处挪用克扣政策性补助资金及乱收费、乱罚款、乱摊派等损害农民利益的案件，规范了涉农收费行为。

四、行政效能检查

1990—2009 年，共开展行政效能检查 5 次，受理投诉 5 件，查处政府机关和部门效率低下、办事推诿、不作为、乱作为等问题 5 起，收缴处理后未落实的违纪款 6700 多元。

五、基础设施检查

1996—2003 年，开展以建筑工程项目质量为主的基础设施检查 6 次，对 106 个单位的 240 项工程项目进行抽查，涉及建筑面积 43.49 万平方米，总投资 34931.69 万元，责令 59 个存在问题的建筑施工企业进行整改，使质量监督覆盖率达到 85%以上。

六、立案案件检查

1990—2009 年，全区共立案查处各类案件 1039 件，其中给予党纪处分 755 人，政纪处分 324 人。

1990—2009 年凉州区纪检监察查办案件统计表

表 3-2-2

年份	立案（件）	涉案人员（人）	党纪处分（人）								政纪处分（人）									
			小计	开除党籍	留党察看	撤销职务	严重警告	警告	免予处分	免职	小计	警告	记过	记大过	降级	降职	撤职	开除留用	开除公职	免于处分
1990	61	—	61	12	24	—	15	6	4	—	—	—	—	—	—	—	—	—	—	—
1991	74	—	68	11	30	—	5	22	—	—	—	—	—	—	—	—	—	—	—	—
1992	52	—	55	17	18	—	7	8	5	—	—	—	—	—	—	—	—	—	—	—
1993	54	56	38	7	15	—	8	7	1	—	19	3	4	6	—	—	—	6	—	—
1994	46	39	28	6	6	—	5	7	4	—	11	—	1	1	—	—	1	7	1	—
1995	51	39	24	5	2	1	8	8	—	—	15	3	4	1	6	—	—	1	—	—
1996	60	50	39	8	10	1	6	10	4	—	25	1	1	2	5	1	1	14	—	—
1997	63	63	45	7	6	—	15	12	5	—	18	2	4	4	6	—	1	—	1	—
1998	65	68	49	7	12	2	11	17	—	—	19	9	2	1	3	—	2	—	2	—
1999	68	82	75	9	9	4	21	24	8	—	15	2	5	2	2	—	—	2	2	—
2000	64	80	35	3	8	—	12	12	—	—	45	8	4	6	6	—	1	2	3	15
2001	55	58	33	3	3	—	10	17	—	—	25	2	7	6	4	—	4	1	—	1
2002	66	66	54	3	1	1	30	19	—	—	12	5	—	2	4	—	—	—	1	—
2003	56	62	39	7	3	1	21	7	—	—	23	6	4	2	1	—	1	5	1	3
2004	30	30	15	1	5	—	4	5	—	—	15	9	1	1	—	—	—	—	—	4
2005	35	32	16	1	1	—	5	6	3	—	16	9	3	3	—	—	1	—	—	—
2006	37	39	25	6	—	—	10	7	2	—	14	9	1	—	1	—	—	—	3	—
2007	37	40	21	5	—	—	9	5	2	—	19	4	4	5	4	—	1	1	—	—
2008	29	32	18	—	3	—	6	7	2	—	14	4	8	1	—	—	1	—	—	—
2009	36	36	17	—	—	—	8	8	1	—	19	15	2	—	—	—	1	—	—	1
合计	1039	—	755	—	—	—	—	—	—	—	324	—	—	—	—	—	—	—	—	—

第三章　党务工作

第一节　组织工作

一、基层组织建设

机关党组织建设　1990年以后，武威市党组织变化较大。1990年1月，市委撤销公交财贸、文教卫生、农业3个工委，重新恢复被撤销的城建委、经委、教委、卫生局、农牧局、农机局、水电局、商业局、粮食局、文化局、乡企局、工商局等12个市直部门的党委（总支）。8月，成立林业局党总支。1992年7月，撤销商业局党委、粮食局党委、物资局党总支、二轻工业局党委，分别设立隶属市委管理的商业总公司党委、物资总公司党总支、二轻工业总公司党委。1993年6月，地、市人行分设，市人行成立党组，隶属市委。7月，供销合作联合社党委更名为供销合作总社党委。1994年5月，水电局分为水利局和电力局，分别设立党委。12月，市人民武装部划归军队建制，中共甘肃省武威市人民武装部委员会改称中共中国人民解放军甘肃省武威市人民武装部委员会。1996年5月，撤销文化局和体育运动委员会，建立文化体育局，成立市文化体育局党总支。8月，设立市国家税务局党组。1999年6月，设立市地方税务局党组。9月，成立市司法局党总支，撤销市文化体育局党总支，成立市文化体育局党委。2000年9月，成立市技术监督局党组。2001年5月，撤销市工商行政管理局党委，成立市工商行政管理局党组。8月，市城乡建设环境保护委员会党委更名为区城乡建设局党委，市工商行政管理局党组更名为市工商行政管理局凉州分局党组，市技术监督局党组更名为市质量技术监督局凉州分局党组。2002年4月，成立区广播电影电视局党总支。6月，区经济贸易委员会党委更名为区经济贸易局党委，区教育委员会党委更名为区教育局党委。8月，市劳动局党总支更名为区劳动和社会保障局党总支。2004年6月，成立区科学技术局党组、区财政局党组、区审计局党组、区发展计划局党组、区农业委员会党组、区人事局党组、区环境保护局党组、区计划生育局党组、区统计局党组、区物价局党组、区国土资源局党组、区蔬菜产业局党组、区旅游局党组、团区委党组、区妇联党组、区总工会党组。2007年3月，成立石羊河流域综合治理凉州区工程建设管理局党总支和区商务局党总支。2009年5月，区石管局、区交通局、区信访局、区安监局4个部门成立党组。截至2009年底，全区有区人大、政府、政协、检察院、法院、国税局、地税局、工商分局、团委、妇联、工会、发改局、科技局、财政局、人事局、环保局、计生局、审计局、统计局、物价局、旅游局21个党组，中小企业局、城建局、公安局、卫生局、农牧局、水利局、教育局、文体局、农机局、劳动局、粮食局、供销社12个区委直属党委，民政局、林业局、司法局、广电局、工商联5个区委直属党总支，甘肃武威黄羊工业园区管委会党工委、凉州区“两新”组织党工委、区直机关工委、西大街街道党工委、西关街街道党工委、东大街街道党工委、东关街街道党工委、火车站街道党工委、荣华街街道党工委9个党工委。

街道、社区党组织建设　1997年12月，撤销城关镇，将镇辖的10个街道办事处重新划分为东大街、东关街、西大街、西关街、火车站街、地质新村街6个街道办事处，成立东大街、东关街、西大街、西关街街道办事处党委。1998年3月，成立火车站街道办事处党委。截至2003年10月，全区有东大街、东关街、西大街、西关街、火车站街5个街道办事处党委，地质新村街1个支部。2003年11月，根据区委《关于将城区各街道党委改设为街道党的工作委员会及有关问题的通知》，撤销东大街、西大街、东关街、西关街和火车站街道办事处党委，成立东大街、西大街、东关街、西关街和火车站街党工委。2004年7月，成立荣华街道办事处党工委。至2009年底，全区有东大街、东关街、西大街、西关街、火车站街、荣华街6个街道办事处党工委和地质新村街1个党支部。2002年后，将城区原来的93个居委会、14个家委会合并为33个社区居委会，并以“一居一支”为目标，建立了36个城市社区、14个农村社区党支部（总支）。在武南、黄羊街道科学划分了12个社区，设立12个党支部。

农村党组织建设　1990年1月至2006年9月，各乡（镇）党组织分别于1990年1月、1993年1月、1997年3月、2001年12月和2006年9月换届选举产生了各乡（镇）第二届、第三届、第四届、第五届、第六届委员会。1990年1月，市委辖城关、黄羊、武南、双城、永昌、丰乐、清源等7个镇党委，金羊、羊下坝、下双、九墩、高坝、六坝、新华、南营、四坝、洪祥、西营、松树、金塔、柏树、怀安、永丰、青林、金山、古城、谢河、校尉、东河、二坝、河东、庙山、张义、中路、上泉、大柳、清水、长城、吴家井32个乡党委。1991年11月，分乡建镇，高坝乡改为高坝镇，金羊乡分为金羊乡、金沙乡，羊下坝乡分为羊下坝乡、中坝乡，金塔乡分为金塔乡、和平乡，西营乡分为西营乡、红星乡，永丰乡分为永丰乡、五和乡，古城乡分为古城乡、韩佐乡，大柳乡分为大柳乡、双树乡、发放乡，各乡都设立了党委。1994年5月，成立九墩滩开发指挥部党总支。1997年12月，金羊乡、和平乡改为金羊镇、和平镇，两镇党委随之更名；丰乐镇划分为丰乐镇和康宁乡，新成立康宁乡党委。到2001年6月，全市有黄羊镇、武南镇、双城镇、永昌镇、丰乐镇、清源镇、高坝镇、金羊镇、和平镇9个镇党委和金沙乡、羊下坝乡、中坝乡、下双乡、九墩乡、六坝乡、新华乡、南营乡、四坝乡、洪祥乡、西营乡、红星乡、松树乡、金塔乡、柏树乡、怀安乡、永丰乡、五和乡、青林乡、金山乡、古城乡、韩佐乡、谢河乡、校尉乡、东河乡、二坝乡、河东乡、庙山乡、张义乡、中路乡、上泉乡、大柳乡、双树乡、发放乡、清水乡、长城乡、吴家井乡、康宁乡38个乡党委和九墩滩开发指挥部党总支。2001年8月，撤市设区后，中国共产党武威市委员会更名为中国共产党凉州区委员会。各乡（镇）委员会相应更名。2002年8月，永丰、洪祥、四坝、谢河、羊下坝、中坝、古城、红星、张义、发放10个乡撤乡建镇后，10个乡镇同时撤销原乡党委，设立镇党委。2004年7月，撤销青林、南营、校尉、庙山、六坝、二坝、双树、上泉、中路、西营10个乡党委，并将其所辖村民委员会党组织分别并入相邻的丰乐镇、新华乡、古城镇、谢河镇、高坝镇、武南镇、黄羊镇、发放镇、张义镇、红星镇党委。同时，红星镇党委更名为西营镇党委。2006年8月，撤销九墩滩开发指挥部党总支，成立九墩滩开发指挥部党委。2007年2月，九墩滩开发指挥部党委更名为九墩滩生态建设指挥部党委。截至2009年底，全区有黄羊镇、武南镇、双城镇、永昌镇、丰乐镇、清源镇、高坝镇、金羊镇、和平镇、张义镇、古城镇、谢河镇、发放镇、中坝镇、羊下坝镇、四坝镇、洪祥镇、永丰镇、西营镇19个镇党委，金沙乡、下双乡、九墩乡、新华乡、松树乡、金塔乡、柏树乡、怀安乡、五和乡、金山乡、韩佐乡、东河乡、河东乡、大柳乡、清水乡、长城乡、吴家井乡、康宁乡18个乡党委和1个九墩滩生态建设指挥部党委。

“两新”组织党组织建设　2007年7月10日，经区委常委会议研究决定，成立“中国共产党凉州区新经济组织和新社会组织工作委员会”，隶属区委管理，负责指导“两新”组织党建工作。2007—2009年，将由区委直接管理的甘肃皇台酿造（集团）有限公司党委等8个企业党委调整由

“两新”组织党工委管理。

1990—2009年凉州区基层党组织基本情况统计表

表 3-3-1 单位：个

项目 年度	党委	党工委	党组	党总支	党支部
1990	43	—	6	19	945
1991	50	—	6	22	991
1992	50	—	6	22	991
1993	65	—	6	10	984
1994	52	—	6	21	1036
1995	68	—	6	9	1048
1996	68	—	6	9	1048
1997	70	1	7	9	1052
1998	75	1	7	10	1129
1999	75	1	7	10	1129
2000	75	1	7	10	1129
2001	76	1	7	11	1004
2002	75	1	8	10	1048
2003	70	6	9	16	1064
2004	60	7	24	21	1046
2005	59	7	24	50	1082
2006	59	8	23	60	1198
2007	60	9	22	54	1157
2008	56	9	22	62	1192
2009	56	9	21	64	1186

二、党员队伍

1990年，武威市有党员26015名，其中女党员3307名，占党员总数的12.7%；党员中35岁以下的4977名，占党员总数的19.1%；大专以上学历的649名，占党员总数的2.49%；初中及以下学历的21081名，占党员总数的81.03%。2009年，凉州区有党员35926名，与1990年相比净增党员9911名，平均每年新增496名。

1990—2009 年凉州区党员统计一览表

表 3-3-2　　单位：人

年度＼项目	党员总数	性别	
		男	女
1990	26015	22708	3307
1991	26327	23081	3246
1992	26327	23081	3246
1993	27035	23683	3352
1994	27567	24189	3378
1995	28606	25079	3527
1996	29548	25891	3657
1997	30276	26478	3798
1998	30679	27009	3670
1999	30978	27228	3750
2000	31279	27389	3890
2001	31771	27810	3961
2002	31620	27701	3919
2003	32401	28355	4046
2004	33106	28886	4220
2005	34065	29763	4302
2006	34461	30075	4386
2007	34690	30209	4481
2008	33882	29516	4366
2009	35926	31063	4863

三、领导班子建设

1991 年，武威市委制定《关于科级干部选拔任用审批程序的规定》《关于选拔任用科级领导干部组织程序的暂行规定》，对科级干部的选拔任用从组织程序、群众路线、严格考察、任用制定、组织监督五个方面做了明确规定。

1995 年，市委通过公开选拔和“公推优选”的方式，为市直部门和乡镇选拔配备 395 名领导干部。

2000 年，制定《关于领导干部管理暂行规定》，加强对领导干部的日常监督管理。

2003 年，凉州区全面推行领导班子和领导干部工作实绩考核，制定《领导班子和领导干部工作实绩考核实施意见》和《领导班子和领导干部工作实绩考核实施细则》。

2005 年，下发《关于下放部分科级事业单位领导干部管理权限的通知》，把区再就业服务中心等 38 个二级科级事业单位领导干部的管理权限全部或部分下放给主管部门党组织，建立分类分层管理领导干部的办法。

2006 年，在乡镇换届中，配备乡镇党政领导干部 297 名，减少党委副书记职数 53 名。

2007 年，制定《凉州区挂职科技副乡镇长管理办法》，加强和规范全区挂职科技副乡镇长的管理工作，选拔科技人员到乡镇担任科技副乡镇长，优化乡镇领导班子。

2009 年，制定《凉州区差额选任领导干部试点工作方案》，通过“五公开、五差额”（公开空缺职位、公开资格条件、公开选任办法、公开选任程序、公开选任结果和差额提名、差额推荐、差额考察、差额酝酿、差额票决）的方式，差额选任区城建局副局长等 5 名领导干部。至 2009 年底，全区科级干部 1772 人，平均年龄 42 岁，大专以上文化程度的占 95%。

四、重大教育活动

社会主义思想教育　1991 年 11 月至 1993 年 6 月，根据中共中央、省、地委关于开展农村社会主义思想教育的决定，全市分三批开展社会主义思想教育工作。教育活动涉及 319 个地、市延伸在基层的机关单位，46 个乡（镇），440 个村委会 3602 个村民小组，193 个乡镇企业，共抽调 3477 名队员。活动中，共查出问题资金 274.08 万元，其中查出贪污资金 12.98 万元，涉及 739 人；清理出各种欠款 928.98 万元；发展新党员 196 人。

“双学”教育活动　1996 年 6 月至 1997 年 1 月，根据中共中央部署，市委分两批在全市党员干部中开展“学理论、学党章”教育活动。第一批从 1996 年 6 月中旬开始到 10 月底结束，全市共有市直部门、单位、县级企业和乡镇机关 453 个党组织 10422 名党员参加学习教育活动。第二批从 1996 年 11 月开始到 1997 年 1 月结束，全市市直部门所属单位和乡镇、街道所属村、社区 595 个基层党组织 19126 名党员参加学习教育活动。各级党组织结合实际，采取自学、集中学、举办培训班、座谈讨论、知识竞赛、观看录像等形式，对党员进行理论、职业道德、党纪政纪条规和科技业务知识教育学习，加强党的思想建设，提高党员队伍整体素质。

“三讲”教育活动　2000 年 3—5 月，按照中共中央部署，市委在全市党员干部中开展以“讲学习、讲政治、讲正气”为主要内容的党性党风教育活动。活动分四个阶段进行。第一阶段：思想发动、学习提高；第二阶段：自我剖析、听取意见；第三阶段：交流思想、听取批评；第四阶段：认真整改、巩固成果。活动以整风的精神，着重解决党员干部在党性党风方面存在的突出问题。通过开展活动，提高党员干部政治素质，加强党性修养，端正思想作风。

“三个代表”重要思想教育活动　2001 年 1—6 月，按照中共中央部署，全市各单位分三个阶段开展“三个代表”重要思想学习教育活动，第一阶段学习培训，第二阶段对照检查，第三阶段整改提高。全市有 14500 名党员干部参加教育活动，为民办实事 15517 件。通过开展“三个代表”重要思想教育活动，增强了党员干部实践“三个代表”重要思想的自觉性和坚定性，达到干部受教育、群众得实惠的目的。

先进性教育活动　2005 年 1 月至 2006 年 6 月，按照中共中央部署，区委分三批在全区党员干部（包括外出务工党员和离退休党员）中深入开展保持共产党员先进性教育活动。第一批在区直部门单位和部分企事业单位党组织进行，第二批在城市基层和乡镇机关党组织进行，第三批在农村和基层党组织进行。全区共有 72 个区直部门单位的 274 个党组织 4686 名党员和 968 个基层党组织 13951 名党员，先后分批参加先进性教育活动。活动分学习动员、分析评议、整改提高三个阶段进行。通过开展先进性教育活动，加强党的作风建设和制度建设，永葆党的先进性，建立健全了保持党的先进性的长效机制。

学习实践科学发展观教育活动　2009 年 3 月至 2010 年 2 月，按照中共中央部署，区委分两批在全区组织开展学习实践科学发展观教育活动。第一批从 2009 年 3 月开始到 2009 年 8 月结束，区直机关共有 78 个单位、359 个党组织、5470 名党员参加教育活动。第二批从 2009 年 9 月开始到 2010 年

2月结束，乡镇、街道和中小学校共有1130个单位、916个党组织、28734名党员参加教育活动。活动以“提高思想认识，解决突出问题，创新体制机制，加强党的建设，促进科学发展”为目标，以开展“察民情、解民忧、集民智、帮民富、促发展”和“万名干部进村组、科学发展到农户”活动为载体。

第二节　宣传工作

一、精神文明建设

1990—1992年，精神文明创建工作按照“经济工作的重点到哪里，精神文明建设工作要跟进到哪里”的目标要求，开展军民共建、厂校共建、企地共建、城乡共建等各类共建活动。

1993年，全市开展工业学王进喜，干部学焦裕禄，学生学赖宁，卫生系统学白求恩，财贸系统学“两兰”（潘星兰、杨大兰），解放军和民兵学张子祥、李润虎，农民学史来贺活动。

1997年，在全市范围内开展“讲文明、树新风”活动。

1999—2000年，武威市下发《关于认真开展文化科技卫生法律“四下乡”活动》的通知。在全市组织开展“迎国庆、讲文明、树新风——广场文艺演出”“四下乡”“千台大戏送农村”“精神文化进村”“心连心、同呼吸、共命运”文艺联欢晚会等活动。

2002—2003年，《公民道德建设实施纲要》颁布后，全区先后创作20多首《公民道德歌》，在居民小区楼院张贴1000多块公民道德建设公益性宣传牌，开展宣传《纲要》演出活动50多场（次）。在全区开展首届道德模范评选表彰活动，评选出10名区级道德模范、1名省级道德模范。

2004年，下发《关于切实加强和改进未成年人思想道德建设的实施意见》，先后开展“邮政杯”少儿书画大奖赛、“大禹节水杯”青少年石羊河流域重点治理知识竞赛活动。

2005年3月，集中开展了以“讲文明、树新风”为主题的“文明礼貌月”活动，确定了以“学雷锋树新风”、卫生整治、“三优”创建为内容的集中活动。扎实推进“个十百千”诚信建设工程，深入开展“共筑诚信”活动。深化诚信行业、诚信单位、诚信商店、诚信家庭等各项创建活动。

2006—2007年，全区组织中小学生开展“缅怀革命先烈，继承革命传统”“网上祭英烈”“祝福祖国”“向国旗敬礼，做一个有道德的人”网上签名寄语和“经典诗文朗诵”等活动。

2009年，全区开展“精神文明创建年”活动。国道312线武威段通过省部级文明样板路的检查验收，黄羊镇、武南镇、高坝镇创建为国家级文明单位，和平镇、区水务局、火车站街道、西大街靶场社区等24个单位创建为省级文明单位，区教育局和凉州三院、武威新野麦芽有限公司、永丰镇永丰村等108个单位创建为市级文明单位，区商务局、武威二中、中国人民解放军68068部队等423个单位创建为区级文明单位。9月，全区组织开展“凉州区建国60周年功勋人物评选活动”，评选出凉州区各行各业“建国60周年60名功勋人物”，在全区进行表彰奖励。

二、干部理论学习

中心组学习　1990年，武威市委制定完善中心组学习制度，加强理论学习和业务学习，不断增强政治理论素质。2002年，区委中心组共学习12次，重点学习党的十六大精神，为中心组成员发放理论书籍400多本。2004年，区委中心组共学习12次，发放学习资料400多本，区级领导撰写理论和调研文章30多篇，并编印《凉州区党员干部学理论学党章学条例知识读本》2000多册。2006年，区委中心组共学习14次，学习贯彻十六届六中全会精神，学习《构建社会主义和谐社会的若干决定》等理论文章。2007年，区委中心组共学习15次，印发《2007年区委中心组学习要点》，把学习石羊河流域重点治理规划作为中心组第一季度学习的重点内容。2008 年，区委中心组共学习 12 次，印发《2008 年凉州区委中心组学习计划》，重点学习《中共中央国务院关于切实加强农业基础建设进一步促进农业发展农民增收的若干意见》。2009 年，制定《关于进一步加强和改进党委（党组）中心组学习的实施意见》，中心组学习中坚持“中心发言制”“预告制”“交流研讨制”“走出去，请进来”等学习形式。

理论宣讲活动　20 世纪 90 年代后，理论宣讲紧紧围绕建设有中国特色社会主义理论，突出宣讲从计划经济体制向社会主义市场经济体制的转变，经济增长方式从粗放型向集约型转变，实施科教兴国战略，促进区域经济协调发展，实施可持续发展战略，建设“双文明”等内容。2002 年，全区理论宣讲围绕“三个代表”重要思想、江泽民“七一”讲话等精神，开展“百日万场”宣讲活动 20 多场，共宣讲 2000 多场（次），组织广大干部群众观看科教片《深渊——邪教的本质》，使干部群众看清邪教本质，坚决反对“法轮功”等邪教组织。2003 年，组织“百日万场”宣讲活动 118 场，组织理论对谈宣讲活动 150 场。结合全区开展春耕生产千人服务团活动，抽调 1399 名干部组成 38 个工作队，利用 40 多天时间，深入全区 3226 个村组，开展“五进”活动（进课堂、进村、进组、进户、进大棚）。2004 年，结合全区开展春耕生产千人服务团活动，举办学习十六届四中全会精神和《公民道德建设实施纲要》为主题的理论宣讲活动，宣讲 120 多场，听众达 3 万多人。2007 年，全区举办 3 期党的十七大精神理论骨干培训班，培训理论骨干 600 多人，专题培训 280 场，听众达 8.5 万多人。开展 5 轮大规模的理论对谈宣讲活动 36 场，参与群众 5000 人。2008 年，编写《学习宣传贯彻十七大精神，加快石羊河流域重点治理宣传材料》《新型日光温室建造及栽培技术》《新型农民实用技术读本》《推进石羊河流域重点治理政策法规问题解答》等书籍，在全区发放 19.4 万册。2009 年，围绕学习实践科学发展观，以区委宣传部、讲师组、党校和区水务、林业、农牧等部门组成 4 个宣讲组，在全区巡回宣讲 85 场（次）。

干部理论考试　从 1990 年起，按照省、市委要求，全市干部理论考试每两年举行一次。2003 年，全区组织开展十六大精神知识竞赛和理论考试，参考率 95%，及格率 97.8%。2004 年，组织全区党员干部开展学理论学党章学条例理论考试，共有 6000 多人参加，参考率 95%，及格率 97.8%。2005 年，组织以“学习贯彻十六届四中全会精神，贯彻科学发展观，坚持党的执政能力和党员先进性教育”为主要内容的理论考试。2009 年，组织学习贯彻党的十七大精神和十七届一中、二中全会精神干部理论考试。

三、新闻宣传

对外宣传　1990 年，完成大型画册《今日武威》的拍摄和印刷工作，由上海三联书店出版《中国历史文化名城丛书——今日武威》分册。1997 年，省政府新闻办投入 10 万元在北京给武威市印制了国家标准的外宣品折页 3 万份，其中 2 万份通过国务院新闻办、国家外文局、中国国图总公司赠发给世界上 160 多个国家或地区和外国驻中国大使馆。3 月，接待 8 名美国环球学习公司考察组人员，参观考察高坝镇碌碡村和市博物馆，在美国中小学生中通过计算机宣传武威，扩大武威的影响。2002 年，共邀请和接待省外新闻界客人 132 人（次），接待中央电视台“走进西部”摄制组拍摄凉州攻鼓子、甘肃电视台 2002 年春节联欢晚会摄制组拍摄“天马之乡迎新春”专题片。编辑出版《西部明珠凉州》《今日凉州》《温泉胜地——西营乡》和《神州荒漠野生动物园》。2004 年，策划制作 6 部对外电视专题片，其中《源泉——凉州区“双培双带”工程纪实》《武威——天马的故乡》在中央和省、市、区级电视台相继播出，取得对外宣传明显效果。同年，组织撰写的《银武威——蜚声世界的天马之都》一文分别在香港《文汇报》和《甘肃日报》发表。2007 年，在中央电视台节目主持人白岩松主持的《新闻周刊》中，播出凉州区六旬农妇张桂英历经 12 年创作的长篇小说《月亮弯弯》的新闻评说；在《人民日报》《经济日报》《甘肃日报》刊登《凉州区特色蔬菜产业富农家》《甘肃武威：一村一景看变化》《古凉州的新变化》《天梯山下突起人参果产业》等稿件。

经济宣传　1990—1993年，围绕经济工作重点，相继宣传党的“三农”政策、全市发展“两高一优”农业战略和发展农业的八条路子。1996年，围绕市委、市政府确定的节水增收、旧城改造、小区建设、扶贫开发、科教兴市五件大事，会同有关部门进行宣传。1998年，重点对国有企业改革、发展非公有制经济和第三产业、市场建设、发展特色优势产业等工作进行宣传报道。2002年，重点对区上制定的“三大战略”(内调外引、城镇带动、科教兴区)、农村“四大支柱产业”(蔬菜、畜牧、制种、葡萄）和工业酒类酿造、玉米淀粉、机器制造、亚麻纺织、建筑建材、食品加工进行宣传报道。2008—2009年，以石羊河流域重点治理为主线，围绕日光温室建设、项目建设、招商引资、新农村建设进行报道。

专题宣传　1993年，围绕市上“再造一个银武威”和“三个大办”的战略部署，在《人民政协报》《甘肃日报》、甘肃电视台等新闻媒体上，分别刊登以“抓住机遇快发展，再造一个银武威”为宣传提纲的专版文章和系列报道10多条。1995年，组织拍摄《高坝放歌》《变废为宝的人们》《为了大地的丰收》《古城春秋》等6部反映武威城市建设、经济发展的电视专题片。2000年，配合中央电视台《新春走河西》和甘肃电视台《开发在陇原》《中国西夏文泥活字第一人》等电视专题片的采访工作。11月，启动大型综合信息网站——铜奔马驿站。网站创设“今日武威、凉州史话、民俗风情、旅游名胜、马踏飞燕、乡镇风貌、名优特产、新闻媒体、办事指南、凉州英才、西部论坛、文化艺术”12个栏目，全面介绍武威市情和特色优势。2001年，通过开设凉州网、凉州文明网、凉州新闻网等渠道，扩大新闻宣传的覆盖面。2005年，邀请中宣部、新华社、人民日报、中央电视台等12家国家级新闻媒体，对凉州区建设“文化凉州、绿色凉州、生态凉州、自然凉州”进行实地采访，在人民网、新华网、《甘肃日报》《武威日报》上刊登反映凉州区经济社会发展情况新闻稿件27篇（其中人民网10篇、新华网4篇、图片13幅)。2008—2009年，围绕全区日光温室建设、暖棚养殖、生态建设、石羊河流域重点治理、文化旅游产业开发等重点工作，与《党的建设》杂志社、《改革开放30年图片展》组委会、《2008甘肃大盘点》编委会、武威日报社进行合作，完成《五凉古都展新姿》《改革开放30年凉州经济社会发展巡礼》等特约稿件和专题图片的撰写采集工作。

报刊征订　1990年以来，全市报刊征订工作按照下达的报刊征订数量，确保重点党报党刊发行数量逐年稳中有升。2003年，针对党报党刊发行基数大、征订任务重、征订价格高等困难，采取上门征订、数据核实、电话督促、媒体曝光等方式，做到严要求、不松口、保进度，确保重点党报党刊征订任务的按时完成。2009年，根据省上关于做好重点党报党刊发行工作的通知精神，采取“财政划拨，集订分送”的办法，按照区上下达的订阅任务数，由区委宣传部提供订阅数量及资金数额，区财政局从各单位公用经费中扣除，统一集中支付，全面完成了重点党报党刊征订任务。

第三节　政法工作

一、队伍建设

从1990年起，从加强政治理论学习教育活动入手，提高广大干警的政治素质，树立政法队伍良好形象。

1995年，开展争创“人民忠诚卫士”“侦察破案能手”“十佳法官、检察官”“优秀司法所长、司法助理员”和“最佳公证员、律师”评选活动，增强政法队伍的活力。

1998—2000 年，以“热情服务，严格执法”为载体，开展“人民满意的派出所（法庭）”评选活动，提升队伍形象，密切警民关系。

2003 年，按照公开、公平、择优的原则，对公检法系统的 23 个科级岗位，通过民主测评和推荐，实行公开选拔。公安局任命正副科级侦察员 16 名，检察院提拔正科级干部 1 人、副科级干部 2 人，法院提拔正科级干部 5 人、副科级干部 5 人。通过人事制度改革，提高领导班子的整体素质。

2007 年，通过竞职上岗，为 94 名政法干警解决职级待遇，其中区法院 30 名、检察院 10 名、公安局 54 名，调动了政法干警工作热情和积极性。

2008 年，采取学历教育、在职培训、岗位练兵、业务竞赛、检查评比等形式，提高政法干警的业务能力，全区有 23 个基层政法单位和 76 名政法干警受到表彰奖励。

2009 年，开展以“服务经济求发展、服务人民保平安、服务社会促和谐”为主题的实践活动，转变工作作风，解决突出问题，提升政法队伍综合素质。

二、打击犯罪

1990—1993 年，通过开展打击盗窃破坏农电水利设施专项斗争，先后在西营镇、城区召开 3 次捕判大会，对 156 名犯罪分子进行公开逮捕和宣判。

1996—1997 年，政法系统把破大案、追逃犯、打团伙作为严打主攻方向，采取点上打、面上查、路上堵、外地追的方法，打击各类违法犯罪活动。

2002 年，坚持“严打、严治、严管、严防”四严并举，落实了社会治安综合治理各项措施。在 1 月 5 日、1 月 8 日、4 月 28 日 3 次行动中，先后破获刑事系列案件 40 余起，盗窃案件 39 起。

2003 年，继续开展反盗窃专项斗争，通过“缉枪治爆 ”和“百日会战”等一系列严打整治专项斗争，打掉一批村霸恶势力团伙，破获抢劫、盗窃、敲诈勒索、投毒、放火等案件 30 余起。全年全区共立各类刑事案件 1895 起，与上年同比上升 38.6%，现案破案率 34%，共刑事拘留犯罪嫌疑人 425 人，与上年同比上升 4.4%。打掉犯罪团伙 28 个，追回逃犯 67 名，追回赃款赃物总价值 139.63 万元。特别是一举破获省公安厅挂牌督办的盗窃破坏农电设施案件 31 起，打掉盗剪电线、销赃一条龙的犯罪团伙，受到省公安厅的表彰奖励。

2005 年，成功破获全国范围内抢劫、盗窃世界名犬案件 10 起，追回价值过百万元的藏獒等名犬 3 条，为受害群众及时挽回损失，受到社会各界和新闻媒体的广泛关注。

2007 年，通过开展“五排查、五整治、一打击”、百日追逃“猎鹰”行动等打黑除恶专项斗争，严厉打击各类违法犯罪活动。一举打掉流窜到凉州区的外籍“飞贼”盗窃团伙，侦破攀楼入室盗窃案件 39 起，追回被盗钱物折合人民币 5 万余元，9 名犯罪嫌疑人被依法刑事拘留，使人民群众的安全感明显增强。

2009 年，适时分析各个阶段、时段、地域的治安形势，以黑恶势力犯罪、有组织犯罪、严重暴力犯罪、“两抢一盗”等严重影响群众安全感的多发性侵财犯罪为重点，有针对性地组织开展了一系列专项斗争，打击了犯罪分子嚣张气焰，净化了社会治安环境。

三、综合治理

基层基础建设　1990 年以来，武威市把加强基层基础建设作为落实社会治安综合治理的有效措施，建立健全基层组织机构，为社会治安综合治理奠定基础。1991 年，制定《社会治安综合治理分工责任制》，建立市、乡镇（街道）、村（居委）、组四级责任区，确定社会治安责任人，推进社会治安综合治理各项措施的落实。1995 年，在乡镇、街道配备专职政法副书记，各乡镇建立健全派出所和司法所，达到一乡一所，并为司法所配齐司法助理员。1996 年，制定《社会治安综合治理领导责任制》《目标管理责任实施细则》，使综合治理责任制形成“条块结合、纵横交错”的责任网络。1997年，建立《四大班子领导包片责任制》《综治委成员单位包乡镇责任制》，将综治工作同各级领导年度考核和晋级晋职挂钩，增强各级领导保一方平安的责任感。2005年，加大基层综治组织建设力度，全区共配齐综治专职干部82名，从办公用房、人员待遇等方面给予落实。2006—2007年，凉州区被授予全省“平安（县）区”荣誉称号，命名为省级“治安模范区”。2009年，凉州区下发《关于进一步加强社会治安综合治理的实施意见》，进一步夯实综合治理基层基础工作。

治安防控体系建设　1990年以来，为加强街面路段、居民楼院、单位内部和公共复杂场所的治安安全管理，武威市加大专业联防队、巡警队、看楼护院治安员、单位内部的护厂护校队等联防组织建设力度，做到“三有”（有组织、有人员、有制度），在全市形成点、线、面互动的社会治安防范网络和工作机制，做到人防、物防、技防“三结合”，以及交警、巡警、治安警、刑警、社区民警联动。1994年，在农村推行以青年民兵、村组干部为主体的季节性治安巡逻和村民联户推牌值勤的治安安全管理制度。1999年，在全市治安复杂路段、区域、集贸市场和公共场所都设立“110”报警点。2002年，在城区街道、社区成立社会治安综合治理、治保调解、治安联防、禁毒、暂住流动人口管理、“两劳”释解人员安置帮教和普法宣传等综治工作机构，为全区36个社区配齐社区民警，实现一区一警。为单位家属楼、居民住宅楼和平房院落指定一名治安楼长或义务治安员，达到一楼一长（楼长）、一室（治安室）一员（治安员）和一队（义务看楼护院队）。2003年，调整充实交警、治安警、巡警一线力量，在农村各乡镇成立10人以上的治安联防大队，各村成立5人以上的治安联防中队。2004年，区上把安置在公益性岗位的“4050”人员充实到有偿服务治安队伍，经费由再就业部分资金解决。在城区社区设定治安综治员岗位144个，对社区进行24小时全天候的治安巡逻，及时掌握社区社会治安动态和反馈治安信息，预防各类社会治安案件的发生。2006年，在城区各街道组建专业联防队、单位内保队、义务治安队1854支、人员9270名，在67个机关企事业单位和大型商场（店）、宾馆、酒店等配备专职保安员262名。2009年，在做好人防、物防工作的基础上，加强技防建设，城区沿街铺面（门店）技防安装率达到70%以上，农户技防安装率达40%。

第四节　统战工作

一、民主党派参政议政

2009年，凉州区有6个区级民主党派机构，各民主党派成员总数达381名。

1990年后，区委、区政府征求民主党派、无党派代表人士的意见建议116条，向民主党派和无党派代表人士通报各项工作情况40次。1995—2000年，按照“党委出题、党派调研、政府采纳、部门落实”的要求，围绕中心工作和社会关注的民生问题，为民主党派拟出调研题目，组织民主党派和无党派人士开展考察调研，共形成调研报告423篇，其中《金羊灌区水权水价改革运行现状及应对策略》等60多篇调研报告得到市委、市政府重视或采纳。2007—2009年，中共凉州区委出台《关于建立区级领导干部与各界代表人士联系制度的意见》。区级党员领导干部分别与50多名民主党派及各界代表人士建立联系，全年共开展结对联系活动96次。

二、举荐党外人士

1990—2000年，武威市对党外干部和知识分子建立后备人才库，实行动态化、电子化管理，向人大、政府、政协及政府有关部门推荐党外干部104名。2001年，制定《关于进一步做好培养选拔少数民族干部、妇女干部和党外干部工作的实施意见》《关于加强统一战线工作的实施意见》。2006年，区人大、政府、政协换届时，有1名党外干部担任区人大常委会副主任职务，1名党外干部担任区政府副区长职务，2名党外人士担任区政协副主席职务。2007年，区委把统战工作纳入全区乡镇、街道和区直部门单位年度工作的考核内容。

至2009年，全区有党外干部7253名，占干部总数的45.5%，其中民主党派人士303名，占党外干部总数的4.2%；无党派干部6950名，占党外干部总数的95.8%；县级党外干部4名，科级党外干部25名，一般干部7224名；具有高级技术职称的党外干部69名。在公务员机关工作的有242名，占3.3%；在事业单位工作的有5226名，占72.1%；在企业单位工作的有1785名，占24.6%。各民主党派和无党派人士中有区人大代表60人，区政协委员99人，市人大代表51人，市政协委员28人。

三、对台工作

1990年，武威市在1947—1948年去台湾人员（简称台胞）登记在册的有54人，在武威的亲属（简称台属）有113户。至2009年在凉州区居住的台胞（祖籍在台湾）有6户、台属91户（其中农村32户），与台属有电话、书信联系的台胞有47人。1991—2000年，武威市先后在《人民日报（海外版）》《甘肃旅游》上刊载《秦月汉关说武威》《凉州古寺何处寻》《多元文化会凉州》和《海藏“三奇”》等80多篇稿件，在中国新闻社、海峡之声广播电台等对台宣传渠道，组发对台宣传文字、图片30多篇（幅），向台胞、台属宣传武威，提高武威在台湾的知名度。2001—2009年，随着两岸经济文化交流的日益增多，凉州区年均接待旅游、观光、考察和探亲祭祖的台胞达4000多人（次）。每年在中秋佳节之际，组织台胞台属召开“度中秋，话统一”座谈会，向台胞台属宣传党的对台政策，联络沟通感情，引导他们为维护祖国统一献计出力。在台胞台属中开展“写好一封家信、介绍一个项目、办成一个企业、引进一笔资金”的“四个一”活动，促进对台经济工作。

1995年，在武威工业园区建成台资企业——武威有威食品工业有限公司、武威有威医疗器材有限公司。2001年，受台胞张启泰先生的委托在凉州区设立“张梁瑞芳科技教育奖学金”，为凉州区高考理科前5名的16名学生捐助奖学金1.6万元。2002年，澳门中华总商会副会长廖泽云先生捐资20万元，在大柳乡修建了澳海联大柳小学教学楼。2005年，中国“千乡万才”科技有限公司捐资7万元，对凉州区“千乡万才”会员学校的70多名贫困生进行救助。同年，天津市对台办向凉州区“千乡万才”会员学校金沙中学捐赠27台电脑以及体育和学习用品。2006—2008年，台塑集团董事长王永庆先生捐资500多万元，分别在古城、洪祥、丰乐、高坝、和平、黄羊6个乡镇建成“明德小学”各1所。2009年，在武威工业园区建成台资企业——武威宥辰彩印制品包装有限公司，企业注册资金3000多万元，主要为各种产品的包装盒进行设计、印刷与制作。

第五节 党校工作

一、机构设置

2001年，中共武威市委党校更名为中共凉州区委党校。2004年，撤销党校总支部委员会，成立党校机关总支部委员会，隶属区直机关工委管理。2009年，为落实党校大规模培训干部任务，进一步夯实工作基础，整合党校资源，中共武威市委决定，将凉州区委党校人员（包括离退休人员）、职能整体合并到武威市委党校，合并后仍保留凉州区委党校的牌子。

二、干部培训

全区村党支部书记在党校培训学习

1990—2009年，区委党校以马列主义、毛泽东思想、邓小平理论、"三个代表"重要思想、科学发展观、党的路线方针政策、党员先进性教育、社会主义荣辱观教育、构建社会主义和谐社会、建设社会主义新农村、社会主义市场经济知识、行政管理知识、法律知识、科技知识及相关的业务知识、石羊河流域重点治理等内容，分别对全区乡镇、部门和企业领导干部、村级干部、科级后备干部、妇女干部、党外干部、公务员、企业管理人员、各事业单位专业技术人员进行培训。先后举办各类短期培训班361期，培训干部43987人（次）。

三、函授教育

1991年，市委党校设立中央党校函授学院甘肃分院武威市辅导站，开始招收中央党校函授大专班，设立党政管理1个专业。1992年，开设党政管理、经济管理2个专业。1997年，开设党政管理、经济管理、政法3个专业。1998年，设立中共甘肃省委党校走读大专班，开设经济管理、思想政治、政法3个专业。1999年，设立村干部经济管理大专班。2001年，设立中共甘肃省委党校函授本科班，开设党政管理、经济管理2个专业。2008年，中央党校函授教育和甘肃省委党校函授教育停止招生。

至2009年，凉州区委党校函授本科、大专班学员共毕业1718人，其中中央党校函授大专736人，甘肃省委党校函授大专685人、函授本科297人。

四、理论研讨

1990—2009年，区委党校编辑出版《建立社会主义市场经济的途径措施与方式》《把党建设成为领导有中国特色社会主义事业的坚强核心》《迈向21世纪的宏伟蓝图》《高举伟大旗帜推进宏伟事业》《建设现代农村的伟大纲领》《国有企业政策和发展的指导纲领》《农村基层干部基本知识读本》《农村基层干部学校培训讲义汇编》等10部教材。在国家级刊物《人大研究》《学习时报》上发表论文《加强地方国家权力机关建设完善社会民主政治》和《条例教学的步骤》2篇。在《甘肃理论学刊》等刊物先后发表28篇理论文章。在《天马论坛》《武威日报》等刊物先后发表65篇理论文章。参加省、市委党校系统组织的理论研讨会，获得国家级三等奖1篇，省级三等奖3篇，市级一等奖3篇、二等奖4篇、三等奖9篇。

第六节　老干部工作

一、老干部待遇

1996年，武威市为121名老干部落实了交通费，对分布在56个国营企业单位的132名离休干部的工资进行统筹统发。2002 年，为企业单位 108 名离休干部参加基本养老保险统筹，由社保局统一发放。区财政拨出专款 10 万元，为企业部分老干部报销医药费。2004 年，区财政拨出专款，为 200 多名离休干部和县级退休老干部进行健康体检。2005 年，区政府把全区行政事业单位离休干部的门诊费定额包干标准进行了调整：老红军和抗战时期参加革命的，年龄在 85 周岁以上的，按每人每年 2600 元的标准发放，其余每人每年按 2000 元的标准发放，住院费按人均 3600 元统筹，纳入财政预算。2007 年，将红军时期参加革命工作的离休干部护理费由每人每月 150 元提高到 500 元，抗战时期的，由原来每人每年 150 元提高到 400 元，解放时期的，由原来每人每月 150 元提高到 300 元。交通费县处级的由每人每月 80 元提高到 160 元，科级及以下由原来每人每月 60 元提高到 120 元。2009年，将离休干部公用经费由每人每年 350 元提高到 500 元，退休干部的活动经费按每人每年 200 元发放。

二、老干部活动

1990 年以来，武威市根据老干部的特点和爱好，在老年活动中心开设象棋、麻将、扑克牌、乒乓球等活动项目，成立夕阳红艺术团和老年秧歌队。每逢重大节日，以“健身、友谊、安全、娱乐”为原则，组织老干部开展门球赛、象棋赛、乒乓球赛、文艺演出等活动，丰富了老干部精神文化生活。1991 年，组织 50 多名老干部参加“长寿杯”中国象棋赛。1996 年，组织 20 多名老干部赴天祝三峡参观考察。1999 年，组织 40 多名离退休老干部到武酒集团参观生产线并进行座谈。2000 年，组织 20 多名老干部赴新加坡、马来西亚、泰国进行考察。2001 年，区财政拨专款 2 万元在西郊公园为老干部修建门球场，并购置体育器材。2002 年，分两批组织离退休老干部到西夏博物馆、天梯山石窟参观考察，观摩武威城乡发展成就。2007 年，组织部分离退休老干部对全区石羊河流域重点治理和项目建设情况进行观摩。

三、关心下一代工作

1992 年，武威市成立关心下一代工作委员会，主任由市委分管领导担任，设办公室。2002 年关工委办公室与老干部局合署办公。1993 年后，武威市“五老”（老干部、老战士、老专家、老教师、老模范）队伍逐年壮大，全市“五老”队伍达 3000 多人。发挥“五老”队伍的优势和特长，组织“五老”配合共青团、妇联、教育等部门开展校外辅导团、关爱工作团、科普知识宣讲团、法制教育宣讲团等活动，为青少年身心健康教育和关爱救助发挥作用。在学雷锋活动中，印发宣传资料 7120 份，购买雷锋书刊 55420 册，组织青少年看雷锋电影 223 场，演出文艺节目 3210 个。组织退休老教师深入各学校举办各类讲座 78 场（次），协助学校举办学雷锋演讲会 9626 场（次）、学雷锋经验交流会 66 场（次）、先进事迹报告会 98 场（次），服务对象达 19286 人。2000 年，关工委会同团市委等单位在全市开展百日扫毒统一行动，在青少年中进行“珍爱生命，拒绝毒品”演讲、万人签名和禁毒挂图巡回展活动，组织火车站老年艺术团到武威监狱为 1000 多名服刑人员进行帮教演出。

2005—2007 年，关工委会同团区委、教育局组织中小学生开展孝亲敬老“五个一”活动，即每天给家中的老人说一句问候或祝福的话、休息日做一件家务活、父母生日或节日送一件自制的小礼物、帮身边的老人做一件好事、写一篇感谢父母养育之恩的作文。2009 年，结合普法教育，把关心下一代工作重点放在帮扶失足青少年工作上，成立帮教小组 462 个，帮教对象 982 名，转化率达 90% 以上。

第七节　政策研究

一、调查研究

农业工作调查研究　1990—2000 年，武威市以家庭联产承包责任制为重点，围绕调整农村经济结构、发展庭院经济、培育特色优势产业、发展高产高效优质农业、加快农业产业化经营步伐，全面建设小康社会等工作进行调查研究，形成《保粮增收——确保粮食生产不放松》《因地制宜，多措并举——全市发展庭院经济的调研报告》《建设农田水利工程，保障农业发展》《不让土渠跨世纪》《调整农业结构，向现代农业看齐》等 145 篇调研报告，为市委科学决策提供依据。2001—2006 年，围绕发展特色优势产业、劳务经济、落实各项惠农政策、社会主义新农村建设等工作进行调查研究，形成《龙头企业给我们的启示》《加强营销队伍建设，促进农产品流通》《发展特色支柱产业，实现农业产业化经营》《推进农村经济发展，建设社会主义新农村》等 80 多篇调研报告，为加快全区农业产业化进程提供依据。2007—2009 年，围绕推进石羊河流域重点治理工作、设施农业建设、节水型社会建设、发展现代农业、特色产业发展、土地流转、落实各项支农惠民政策等工作进行调查研究，形成《石羊河流域节水型社会建设模式探讨》《对于凉州区发展日光温室产业的思考》《因地制宜抓治理，多措并举促增收》《健全完善保障机制，维护失地农民权益》《凉州区种植业结构调整的现状及今后发展的方向》《大力发展温室蔬菜，实现节水增收目标》等 110 篇调研报告，为区委科学决策提供可靠依据。结合石羊河流域重点治理工作，起草编印《凉州区推进石羊河流域综合治理政策法规问题解答》一书。

工业工作调查研究　1990—2000 年，围绕治理整顿和深化改革、稳定发展工业、发展乡镇企业、加快企业经营机制转换、建立社会主义市场经济体制、推进全市国有企业和集体企业改制等工作进行调查研究，形成《深化企业改革，稳定工业经济发展》《积极发展企业集团，推动企业的改组和联合》《股份合作，体现职工的主体作用》《多轮驱动，兴办企业》《加快企业改革步伐，重振武威工业经济》等 110 篇调研报告，总结全市工业经济发展的先进经验和好做法。2001—2009 年，围绕工业强区战略的实施、解决企业改制遗留问题、发展非公有制经济、工业园区建设、全民创业、项目建设及发展壮大优势产业等工作进行调查研究，形成《转换企业经营模式，减轻政府负担压力》《加快工业小区开发，走集群化发展之路》《进军资本市场》《食品工业武威经济的领路者》《关于凉州区流通企业改革情况的调研报告》《落实科学发展观，走工业强区之路》《大力实施“工业强区”战略，加快推进新型工业化进程》等调研报告 156 篇。

其他工作调查研究　1990—2000 年，围绕维护安定团结、基层组织建设、社会治安综合治理、精神文明建设等工作进行调查研究，形成《深入学习马克思主义理论文献，不断提升党员干部思想政治水平》《到田间地头去做群众思想工作》《解放思想，放心迈开脚步》《干部人事制度改革的探索和实践》等 123 篇调研报告和理论文章。2001—2009 年，围绕思想作风建设、领导班子建设、乡镇职能转变、撤市设区后城市管理体制、小城镇建设等工作进行调查研究，形成《引进先进理念，全民参与共建和谐城市》《保障稳定不变，安定民心更重要》《新形势下乡镇职能转变工作的调查与思考》《关于加强和改进农村党组织建设的调查与思考》《加强“五支队伍”建设，为构建繁荣和谐新凉州提供智力支持和人才保证》等 150 篇调研报告，为全区各项事业改革提供指导。

二、农村固定观察点

1990—2009 年，区委政研室一直承担着中央政策研究室和农业部在永昌镇下源村设立的农村固定观察点调查工作，负责对43户农户进行专项调查和常规调查。完成每月1次的农产品价格调查和年终农户固定资产情况、农产品出售情况、家庭全年收支情况等调查工作。

农村固定调查 区委政研室每年和村上辅助调查员对43户记账户进行调查，对记账户的收入情况如实填报，做到填报项目数据准确可靠，对所得到的数据录入电脑，进行核对，按要求做到零差错，使上报的户表、村表和数据准确无误。通过户表、村表的调查上报，向中央直接真实反映农民的收支情况和农村经济社会的发展情况。每年利用农闲季节，采取以会代训的形式，对记账农户进行培训，引导调查户如实反映所调查的情况，作好记账工作，加强核算和管理。

农产品价格调查 每月深入城区各大农贸市场、粮油商场和农资集散市场，详细了解农产品价格信息，在15日左右按期向上级部门上报农产品价格信息。

三、信息报送及分析

1990—2009年，在完成农民家庭现金收支情况、农村劳动力就业情况等专项调查的同时，区委政研室及时向中央政策研究室、农业部和省政府研究室报送农村经济发展方面的信息，撰写形成《永昌镇下源村农民现金收支情况分析》《永昌镇下源村劳动力就业情况调查报告》等分析调研报告。在汇总分析观察点数据的基础上，结合全区经济发展的实际情况，撰写《关于推进凉州县域经济发展的调查报告》《关于加快凉州区城乡一体化建设的调查报告》等调研报告，以“参阅件”的形式呈送区委、区政府领导参考。

四、凉州政研

《凉州政研》是由区委政策研究室承办的凉州区委（内部）机关刊物，主要刊登全区党政、城乡、工农、科教、文体、商贸、金融等各条战线的改革发展情况。2004年创刊，初版为16K黑白版面，2007年改版为16K彩色版面，2009年改版为A4彩色版面。设置的栏目有领导言论、领导论坛、决策参阅、调查与思考、作风建设活动专栏、政策解读、时政观察、领导风范、走进凉州、感悟与点拨、发展论坛、经济纵横、专题调研、党的建设、三农问题、工作研究、乡镇领导谈发展、价格信息快递等。在栏目内容的选择上突出理论性、政策性、指导性和地方特色，重点展示全区经济社会发展所取得的成就和经验，研究解决工作中遇到的新问题、新情况，破解发展难题，交流工作经验，服务领导决策，谋划凉州发展。2004—2009年，《凉州政研》共刊发42期，刊登文稿630多篇。

第八节 党史工作

一、党史征编

1994年6月，编纂出版《红旗漫卷古凉州——武威解放史料选编》。1999年9月，编纂出版《中共武威市党史大事记（1949.9—1998.12）》。2008年10月，编纂出版《春到石羊河——凉州区石羊河流域重点治理工作纪实》。2009年3月，编纂出版《中国共产党甘肃省武威市凉州区组织史资料（1999.1—2007.5）》。2009年，开始启动编纂《中国共产党凉州区大事记（1999—2008）》，并于2010年5月出版；启动编纂《中国共产党凉州历史（1924—1949）》，并于2011年6月出版。

1990—2009 年凉州区党史丛书出版情况一览表

表 3-3-3

书名	编者	出版情况	出版刊印时间
红旗漫卷古凉州	中共武威市委党史办公室	甘新出 054 字总 035 号（1993）06 号	1994.6
中共武威市党史大事记（1949.9—1998.12）	中共武威市委党史办公室	甘新出 063 字总 054 号（99）22 号	1999.9
春到石羊河	中共凉州区委党史研究室	内部刊印	2008.10
中国共产党甘肃省武威市凉州区组织史资料（1999.01—2007.05）	中共凉州区委组织部 中共凉州区委党史研究室 凉州区档案局（馆）	甘出准 063 字总 625 号（2009）010 号	2009.3
中国共产党凉州区大事记（1999—2008）	中共凉州区委党史研究室 凉州区档案局（馆）	内部刊印	2010.5
中国共产党凉州历史（1924—1949）	中共凉州区委党史研究室	甘出准 063 字总 712 号（2011）015 号	2011.6

二、党史研究

2005 年，整理撰写《抗战时期凉州区人口伤亡财产损失情况》《武威人民的抗日救亡运动》《难以忘却的记忆——日军对武威的几次轰炸》，在《甘肃党史》《时代风》《武威日报》上发表，并被市、区政协文史资料刊载。2008 年，整理撰写《60 年代武威国民经济的调整》《武威县农业合作化运动》《建国初期武威基础教育的发展及扫盲运动》《武威县“大跃进”运动》《整风运动和反右派斗争在武威》《凉州区改革开放 30 周年成就》等社会主义建设时期资料 50 多篇。

至 2009 年，先后有 36 篇专题研究文章在省、市报刊和地方文史资料上发表。利用工作调研、理论研讨等方式，撰写《党史工作要把握规律性，体现时代性，富于创造性》《党史工作要努力为党的建设服务》《谈党史部门的观念更新与工作方式的转变》等 40 多篇理论研讨文章，向省市报送论文 10 多篇。

三、党史宣传

1990 年以来，武威市每年结合开展建党、国庆等重大庆典活动，开展党史专题教育、党史知识竞赛和党史问卷测试等活动 40 多次。在党建网站开辟党史专栏，共发表党史文章和史志动态 30 多篇，向电视台和报社报送党史工作信息 300 多篇，推进党史宣传方式的多样化和有效性。2000—2004 年，启动党史成果“六进”(进机关、进学校、进企业、进军营、进社区、进乡村）活动，先后向机关、学校、村组、社区和企业累计赠送党史书籍 1000 多册。2005—2009 年，凉州区将永丰镇四十里堡红西路军革命纪念遗址——祖师宫、西郊公园董振堂烈士头颅埋葬地、东关烈士陵园和邱少云烈士纪念馆确定为区级党史教育基地。永丰四十里堡红西路军革命纪念遗址——祖师宫被公布为市级文物保护单位，东关烈士陵园被命名为武威市爱国主义教育基地，邱少云烈士纪念馆被命名为甘肃省爱国主义教育基地。利用电影、电视、网络等现代媒体宣传革命事迹，先后配合上海电影制片厂和八一电影制片厂，拍摄《永远的红军》《西路军的历程》等反映红军革命军事题材的影视片，扩大党史宣传教育的覆盖面。

第九节　保密工作

一、机构设置

1990—2009 年，全区保密工作由区委保密委员会领导管理，委员会主任由区委副书记担任，区委常委、区政府副区长，区委办公室主任兼任副主任；区委办、区政府办、区纪委、组织部、宣传部、政法委、统战部、机要局和区发改局、工信局、教育局、科技局、司法局、财政局、人社局、法院、检察院、公安局、保密局等 19 个单位为成员单位，区委保密委员会设办公室，与区保密局合署办公，负责日常工作。

二、主要工作

1990 年，根据国家保密局发布的《中华人民共和国保守国家秘密法实施条例》，主要抓好学习贯彻《中华人民共和国保守国家秘密法》和《中华人民共和国保守国家秘密法实施办法》，依法加强保密监督检查，严肃查处失泄密案件，建立健全保密机构，充实工作人员。

1991 年，根据《中共中央关于各级领导干部保守党和国家秘密的规定》，武威市提出具体落实意见，制定相应制度，切实提高领导干部的保密意识。

1992 年，武威市制定《涉密文件管理办法》，对密级文件的制定、传阅、借用、归档、销毁等环节提出明确要求，每年对全市党政机关产生的文件进行集中统一清退和销毁，年平均销毁量为 2000 多吨。

1998 年，根据《中共中央关于加强新形势下保密工作的决定》，结合保密工作实际，提出贯彻意见，并向全市各单位统一配发《保密工作手册（一）》600 多本。

1999—2000 年，武威市下发《关于进一步加强保密工作的意见》，要求各单位采取有效措施，堵塞漏洞，防止失泄密事件的发生。将保密工作重点放在计算机信息系统的技术防范方面，加强涉密计算机的管理，开展空中信号泄密技术检查，为重点涉密单位的涉密计算机配备信号干扰器。向全市各单位累计发放保密工作宣传资料 8 万多份，组织宣传活动 1600 多场（次）。

2002 年，凉州区举办全区保密知识培训班，76 人参加培训。《中共中央保密委员会办公室、国家保密局关于国家秘密载体保密管理的规定》下发以后，凉州区要求各单位认真组织学习和贯彻落实，进一步加强涉密载体保密管理的硬件建设。

2003—2005 年，全区重点加强对涉密计算机和涉密载体的管理。加大保密检查力度，每年定期对计算机进行抽查，累计检查计算机 400 台（次）。向各单位配发《保密工作手册（二）》400 多本。

2006 年，全区上报登记涉密计算机 500 多台，上网计算机 60 台。

2007—2009 年，全区各单位相继建立《涉密计算机及网络信息系统管理办法》《涉密移动存储介质管理暂行办法》《信息网络安全和保密工作制度》和《计算机信息系统国际互联网保密管理制度》等。

第十节　机关党建工作

一、基层组织建设

1990年，机关党委下属党委1个，党总支1个，党支部47个，党员732人。2009年，机关工委下属党总支8个，党支部44个，党员970人。

二、开展活动情况

1990—2009年，区直机关工委共举办新党员、入党积极分子培训班20多期，培训新党员600多人、入党积极分子2000多人。

1999年，组织各支部党员深入农村防虫第一线过组织生活，捐款3万多元，买农药3853瓶，喷雾器291台，捐献衣服130多件。2001年，举办建党80周年演讲比赛，歌颂党的光辉历史和改革开放的巨大成就。2004年，举办“忆党史、谋发展”活动，开展党课培训、重温入党誓词、慰问困难党员等。2006年，举办“学习党章、遵守党章、贯彻党章、维护党章”演讲比赛，进一步提高党员意识和增强党性观念。2007年，举办“加强作风建设、树立公仆形象”高唱廉政歌曲歌咏比赛，提高广大党员的廉洁从政意识。2009年，按照区委部署，区直机关工委组织所属党支部开展学习实践科学发展观教育活动。活动以“加强党的建设，促进科学发展”为目标，以开展“转变机关工作作风，提升机关党员干部整体素质”和“机关干部进村组、科学发展到农户”活动为载体。通过学习教育活动，使机关党员干部系统学习了科学发展观理论，为全区经济社会科学发展发挥表率作用。

凉州区志

第四编

党派　社团

本编目录

第一章　民主党派

第一节　中国国民党革命委员会

一、组织沿革

1990 年，武威市有民革党员 42 名，具有中、高级职称的 18 人，占总数的 42.9%。委员会辖第一、二、三、四 4 个支部。2009 年，凉州区有民革党员 72 名，具有中、高级职称的 48 人，占总数的 66.7%。委员会辖第一、二、三 3 个支部；有省人大代表 1 人、省政协委员 1 人，市人大代表 2 人、市政协委员 3 人，区政协委员 13 人，其中特邀审计员、监察员和行风评议员 3 人。

二、代表大会

第三次代表大会　1991 年 11 月 29 日，民革武威市第三次代表大会召开，解海鹏代表民革武威市第二届委员会作《肩负光荣使命，发挥自身优势，为两个文明建设和统一祖国贡献力量》的工作报告。会议选举产生民革武威市第三届委员会，解海鹏当选为主委，段静容、李家骈当选为副主委。

第四次代表大会　1996 年 11 月 21 日，民革武威市第四次代表大会召开，解海鹏代表民革武威市第三届委员会作《为实现祖国统一和跨世纪的宏伟蓝图而奋斗》的工作报告。会议选举产生民革武威市第四届委员会，李家骈当选为主委，周瑞英当选为副主委。

第五次代表大会　2001 年 11 月 18 日，民革凉州区第五次代表大会召开，周瑞英代表民革凉州区第四届委员会作《坚定信念，开拓进取，为振兴凉州做出新贡献》的工作报告。会议选举产生民革凉州区第五届委员会，周瑞英当选为主委，毕丰耀、郭赟、段培龙、孙凤云当选为副主委。

第六次代表大会　2004 年 11 月 20 日，民革凉州区第六次代表大会召开，会议选举产生民革凉州区第六届委员会。俞贵勤当选为主委，郭赟、丁雄文当选为副主委。

第七次代表大会　2009 年 12 月 18 日，民革凉州区第七次代表大会召开，俞贵勤代表民革凉州区第六届委员会作《围绕中心，服务大局，为凉州经济社会发展努力奋斗》的工作报告。会议选举产生民革凉州区第七届委员会，严世明当选为主委，丁雄文、李和庆当选为副主委。

三、主要活动

参政议政　1990—2009 年，完成上报调研报告 120 多篇，其中《关于凉州区实行分流教育情况的调研与思考》《关于在全市农村开展阳光产业知识大宣传大促进活动，为推进日光温室建设营造良好环境的建议》《凉州区民营企业贯彻实施〈劳动合同法〉的调研报告》《关于对凉州区农村留守儿童教育问题的调研与思考》和《关于对金羊灌区水权水价改革运行情况的调研与思考》等24篇调研报告受到市、区的重视和采纳。向市、区政协会议提交提案180多件，其中《关于改善凉州区青年巷小学周边安全环境的提案》《关于在我区农村尽快修建沼气池的建议提案》《尽快立项建设武威市综合性体育场馆的建议提案》《关于在城区增加中小学缓解就学压力提案》《关于加快农村医疗卫生保障体系建议的提案》《抓住关键环节，努力推进节水型社会建设的建议提案》《关于解决日光温室建设中技术问题的几点建议提案》和《关于加强通村公路养护的建议提案》等48件，先后被市、区政协评为优秀提案、重点提案或主席督办案。围绕市、区党委、政府的中心工作，就社会关注、群众关心、领导重视的热点难点问题，通过各种渠道报送社情民意信息60余条。

民主监督　1990—2009年，参加区上四大班子和区纪委等单位召开的意见征询、情况通报会等各种会议26场（次），为促进机关单位和执法部门改进工作作风、增强行业自律发挥积极作用。

兴教办学　1990年以来，民革区委会积极引导、支持有能力的党员发扬传统，兴教办学，服务社会。至2009年，有5名党员创办了武威信息工程学校、武威中山育英学校、武威阳光英语学校、武威中山幼儿园、东关幼儿园和中山书画学校6所学校。涉及学前教育、小学、初中和英语、美术特长辅导等多种类型。6所学校共投资1200多万元，解决就业380多人，在读全日制学生和幼儿5100多人，短训班学生3400多人。

爱心捐赠　1990—2009年，累计捐款达5万元。2006年，民革区委会发起"爱心民革支持张义山区农民搭建日光温室"为主题的捐款活动，募集捐款2500元。同年7月，凉州区部分乡镇遭遇暴雨洪水灾害，区委会组织开展为"7·30"受灾地区灾民奉献爱心的捐款活动，募集捐款2800元。2008年，四川汶川特大地震灾害发生后，区委会积极响应中共各级党委、政府和上级民革组织的号召，组织开展"地震无情人有情，民革党员献爱心"为主题的捐款捐物活动。区委会机关和全区民革党员累计捐款（捐物折合）24540元。同年6月，区委会与中共凉州区委宣传部等9家单位联合举行"众志成城·重建家园"凉州区书画赈灾义卖活动，来自凉州区书画界的26名艺术家奉献各种书画作品122幅，现场出售62幅，募集爱心捐款2.3万元。

服务三农　1990—2009年，区委会先后开展送科技、教育、卫生、文化下乡活动16场（次），为贫困家庭和偏远农村捐赠现金（物品折合人民币）达2万元。其中，由民革党员创办的6所民办学校累计为贫困家庭学生减免学杂费、为农村学校捐款捐物共计8万多元。2005年，区委会组织党派内2名资深教师，为新华学区教师做新课改辅导讲座和示范性教学，捐赠新课桌20套，价值2千多元。2007年，区委会与其他党派联合组织党派内的农技专家和医疗专家，到凉州区金山乡开展送科技、医疗下乡活动，共举办4场专题讲座，免费接诊120多人次，散发农业科技、卫生防疫等方面的资料近万份，发放近4千元的药品和农资。2008年，区委会联合其他党派在金羊镇和新华乡开展送农资、医药、学习用品下乡活动，送去价值1.73万元的高效液体肥、暖棚养殖消毒液、叶面肥、磷肥和近1.1万元的学习用品和常用药品。为清水乡王盛村日光温室种植户提供价值近万元的"秸秆生物反应堆"技术设备。2009年，区委会联合其他党派在清水乡举行"服务三农"系列活动，为该乡生活困难的部分群众捐助现金3千多元，来自民主党派的4名医疗专家进行义诊，2名教师在清水中学分别进行数学教学辅导讲座和英语示范课教学，2名农技、畜牧专家在种植、养殖大棚现场进行技术指导。

第二节　中国民主同盟

一、组织沿革

1990年，民盟武威市委员会共有盟员118名，设科技、一中、二中、六中、七中、八中、武师、机关、文艺9个支部。2000年，根据需要增设医卫支部，其盟员主要为市肿瘤医院等医疗机构工作人员。2003年，民盟武威市委员会成立，一中、二中、武师、文艺支部划归民盟武威市委员会管理。2009年，民盟凉州区委员会设科技、六中、七中、八中、机关、医卫6个支部，共有盟员96名，具有中、高级职称的69人，占总人数的71.9%；有市人大代表1人、市政协委员2人、区政协委员9人，特邀审计员和行风评议员2人。

二、代表大会

第三次盟员大会　1991年1月18—19日，民盟武威市第三次盟员大会召开，穆锡主代表民盟武威市第二届委员会作《在社会主义和爱国主义旗帜下加强盟的自身建设，发挥盟的优势，为武威“两个文明”建设做贡献》的工作报告。会议选举产生民盟武威市第三届委员会，杜仲寿当选为主委，陈世贵、王则琳、罗海当选为副主委。

第四次盟员大会　1995年12月22日，民盟武威市第四次盟员大会召开，杜仲寿代表民盟武威市第三届委员会作《加强自身建设，积极参政议政，为促进“两个文明”建设贡献力量》的工作报告。会议选举产生民盟武威市第四届委员会。王则琳当选为主委，罗海、闫卫东、张承潜当选为副主委。

第五次盟员大会　2000年11月19日，民盟武威市第五次盟员大会召开，王则琳代表民盟武威市第四届委员会作《认真履行参政党职能，为武威“两个文明”建设做贡献》的工作报告。会议选举产生民盟武威市第五届委员会，张承潜当选为主委，罗海、闫卫东当选为副主委。

第六次代表大会　2004年11月10日，民盟凉州区第六次代表大会召开，闫卫东代表民盟凉州区第五届委员会作《积极参政议政，为凉州经济社会又好又快发展做贡献》的工作报告。会议选举产生民盟凉州区第六届委员会，闫卫东当选为主委，李生华、李万勋当选为副主委。

第七次代表大会　2009年12月18日，民盟凉州区第七次代表大会召开，闫卫东代表民盟凉州区第六届委员会作《与时俱进，开拓创新，为构建和谐凉州贡献力量》的工作报告。会议选举产生民盟凉州区第七届委员会，牛生葆当选为主委，李生华、郭应喜、李登吉当选为副主委。

三、主要活动

参政议政　1990—2009年，参加中共凉州区委、区政府及有关部门召开的协商会、政府工作情况通报会等各种会议264场（次），累计提交提案284件，形成74篇调研报告。1995年，在政协会议上提交《关于尽快在西关适当地方修建一所实验小学的建议》，引起市委、市政府的高度重视并予以实施，于1996年修建了西苑实验小学。2003年，民盟区委会向区委报送《实施心理健康教育，优化教育环境，塑造健全人格》的报告，得到区委领导的高度重视，批转区教育局认真落实，使全区各个学校都开设了心理健康教育课。

社会服务　1990—2009年，民盟区委会开展各类科技咨询、扶贫济困、送医助教活动102次。1991年，开展为期4天的鸡病防治技术服务，咨询人数达4000余人（次），共发放鸡病防治宣传材料600多份。1998年，西营乡遭受水灾后，民盟市委会通过各种形式累计捐款6万多元、捐物1千多件。2005年，民盟区委会组织盟员中优秀教师赴丰乐镇中学开展送教下乡活动。2006年，民盟区委会在凉州区高坝、永昌、新华等5个乡镇开展“科技入户率问卷调查”活动。2008—2009年，民盟区委会先后7次开展科技咨询活动，深入怀安乡富民生态养殖小区和双城镇北安村大棚种植基地为养殖及种植户免费发放60袋消毒药品和价值3千多元的生物肥。

第三节 中国民主建国会

一、组织沿革

1990年，民建武威市委员会下设商业企业第一、二支部，工业企业第一、二支部，财经支部，综合支部，退休支部7个支部，会员90人。2002年，民建凉州区委员会下设老龄、退休、工业、商业、非公经济、文教、医卫、财经、综合9个支部，会员117人。2004年，民建凉州区委员会下设晚霞、夕阳、工业、商贸、非公经济、文教、医卫、财经、综合9个支部，会员92人。2009年，民建凉州区委员会下设晚霞、夕阳、工商、医疗、综合、文教6个支部，会员81人；有市人大代表1人、区人大代表2人，省政协委员1人、市政协委员3人、区政协委员10人，其中特邀审计员和行风评议员2人。

二、代表大会

第二次会员大会 1991年12月11—12日，民建武威市第二次会员大会召开，邓钰代表民建武威市第一届委员会作《立足本职，面向社会，努力为“两个文明”建设服务》的工作报告。会议选举产生民建武威市第二届委员会，邓钰当选为主委，陈克强当选为副主委。

第三次会员大会 1996年10月29日，民建武威市第三次会员大会召开，邓钰代表民建武威市第二届委员会作《健全完善参政党机制，充分发挥参政议政职能，为武威市经济发展和社会稳定做贡献》的工作报告。会议选举产生民建武威市第三届委员会，邓钰当选为主委，祁光绪、刘汉修、赵永庆、侯桂香当选为副主委。

第四次会员大会 2002年3月26日，民建凉州区第四次会员大会召开，祁光绪代表民建凉州区第三届委员会作《履行参政党职能，为凉州区“两个文明”建设做贡献》的工作报告。会议选举产生民建凉州区第四届委员会，祁光绪当选为主委，赵永庆、侯桂香、南德祥当选为副主委。

第五次代表大会 2004年11月10日，民建凉州区第五次代表大会召开，会议选举产生民建凉州区第五届委员会，赵永庆当选为主委，姜春年当选为副主委。

第六次代表大会 2009年12月18日，民建凉州区第六次代表大会召开，赵永庆代表民建凉州区第五届委员会作《围绕中心，服务大局，为促进全区经济社会又好又快发展贡献力量》的工作报告。会议选举产生民建凉州区第六届委员会，赵永庆当选为主委，李德存、李俊、张万雄当选为副主委。

三、主要活动

参政议政 1991—2009年，提交提案178件，2005年、2007年被区政协评为“优秀提案单位”。

民主监督 民建区委会有各级政协委员12人，占会员总数的16%；特邀审计员和行风评议员2人。至2009年，向党委、政府和有关部门提出意见、建议184条，为促进全区经济社会发展和改进行业作风发挥了积极作用。

社会服务 1990—2009年，共开展送科技、教育、卫生“三下乡”服务活动6次，发放科技资料6.6万多份，为农户送去价值3.47万元的农资、农药和药品，为1000多名患者进行义诊。2003年、2009年两次发动会员为修复白塔寺捐款达1.15万元。发挥经济界会员集中的优势，在教育、餐饮、商贸等行业为社会提供就业岗位146个，缴纳税金32.1万元。

爱心捐款 1990—2009年，为长江和松花江流域洪水灾区、全区防治“非典”、2006年凉州区

“7·30”暴雨泥石流灾害受灾家庭和“5·12”汶川大地震灾区共捐款2.5万多元，衣物5631件。

第四节　中国民主促进会

一、组织沿革

1994年7月18日，民进武威市委员会成立，下设第一支部、第二支部、第三支部。2004年11月10日，民进凉州区委员会成立。2009年，民进凉州区委员会下设六中支部、十中支部、综合支部，会员58人；有省人大代表1人、市人大代表1人，市政协委员3人、区政协委员21人，行风评议员和特邀人员4人。

二、代表大会

第二次会员大会　1991年10月12日，民进武威市支部委员会第二次会员大会召开，会议选举产生民进武威市第二届支部委员会，马序锭当选为主委，司俭当选为副主委。

第三次会员大会　1994年7月18日，民进武威市第三次会员大会召开，马序锭作《加强自身建设，履行参政党职能，为武威市的经济繁荣和社会稳定做贡献》的工作报告，会议选举产生民进武威市第一届委员会，马序锭当选为主委，司俭、徐黛丽当选为副主委。

第四次会员大会　1999年7月17日，民进武威市第四次会员大会召开，马序锭作《切实履行参政党职能，为实现跨世纪宏伟目标做贡献》的工作报告。会议选举产生民进武威市第二届委员会，马序锭当选为主委，司俭、徐黛丽、张祥生当选为副主委。

第五次会员大会　2004年11月10日，民进凉州区第五次会员大会召开。会议选举产生民进凉州区第三届委员会，王兴瑞当选为主委，香千远当选为副主委。

第六次代表大会　2009年12月18日，民进凉州区第六次会员代表大会召开。王兴瑞代表民进凉州区第三届委员会作《科学发展，团结奋进，为构建和谐凉州贡献力量》的工作报告。会议选举产生民进凉州区第四届委员会，王兴瑞当选为主委，香千远、吴开华、谢安国当选为副主委。

三、主要活动

参政议政　1996—2007年，民进凉州区委会在政协会上以集体名义提交提案50余件，立案率达70%以上，《关于减轻中小学生课业负担过重的建议案》《关于积极稳妥地搞好全市小城镇开发与建设的案》《关于农村土地流转的案》等提案被评为优秀和重点提案，产生一定的社会效益。通过开展深入细致的调查研究，撰写各类调研报告36篇，一些调研报告因有一定的参考价值受到党委、政府的肯定与采纳。2007年，民进凉州区委会被区政协评为“提案先进单位”。2008年，民进凉州区委员会被民进省委会评为“先进集体”。

社会服务　1990—2009年，先后举办“天马杯”硬笔书法竞赛及棋类比赛。1998年，民进市委会牵头主办统战系统“迎澳门回归”大型文艺晚会。2003年，民进区委会为高坝镇丁家园小学争取教育捐款20万元，被民进中央主席许嘉璐命名为“丁家园瑞安小学”。民进区委会累计参与捐款救灾活动4次，为1991年南方特大洪灾、2006年凉州区“7·30”暴雨泥石流灾害、“5·12”汶川大地震共捐款2万多元。

第五节　农工民主党

一、组织沿革

1994年，农工党武威市支部成立。2000年，农工党武威市委员会成立。2009年，农工党凉州区委员会下设第一、二、三、四4个支部，有农工党员62名，分布在医疗卫生、教育、科技等行业，具有高、中级职称的有45人，占总人数的72.6%。

二、代表大会

第一次党员大会　1994年10月27日，农工党武威市支部第一次党员大会召开，张子乾作《关于农工党武威市支部筹备工作》的报告，会议选举产生农工党武威市第一届支部委员会，张子乾当选为主委，权学有当选为副主委。

第二次党员大会　1997年4月29日，农工党武威市支部第二次党员大会召开，权学有作《农工党武威市支部三年来的工作总结》的报告，会议选举产生农工党武威市第二届支部委员会，权学有当选为主委，郭爱义、顾耀芳当选为副主委。

第三次党员大会　2000年12月12日，农工党武威市第三次党员大会召开，权学有作《总结经验，坚定信念，迈向新世纪》的工作报告，会议选举产生农工党武威市第三届委员会，权学有当选为主委，郭爱义、顾耀芳、张天德当选为副主委。

第一次代表大会　2004年11月，农工党凉州区第一次代表大会召开，会议选举产生农工党凉州区第一届委员会，郭爱义当选为主委，冯金山当选为副主委。

第二次代表大会　2009年12月18日，农工党凉州区第二次代表大会召开，冯金山作《围绕中心，彰显特色，发挥优势，为构建和谐凉州做出新的更大的贡献》的工作报告，会议选举产生农工党凉州区第二届委员会，冯金山当选为主委，李景永、王树功、陈雪兰当选为副主委。

三、主要活动

参政议政　1994—2009年，农工党凉州区委员会组织党内的专家、学者深入基层倾听群众的愿望和要求，将了解到的社情民意通过调研报告、政协提案的方式反映给党委、政府，累计完成调研报告46篇，其中《加大卫生改革力度，为全市人民健康服务的调查报告》《关于进一步提高农村卫生院（所）管理工作的建议》《关于新型农村合作医疗实施情况的调研报告》《健全农村医疗保障体系，提高农民群众健康水平——关于对农村医疗保障体系的调查与思考》等11篇调研报告，受到党委、政府和有关部门的重视和采纳。1994年以来，累计在各级政协会议上提交提案130件，其中《关于严厉打击和整顿肉品注水案》《关于尽快落实市人民医院门诊大楼修建资金的案》《关于治理武威市城区锅炉烟尘污染案》《关于建议在旧城改造拓宽道路中注意解决好各种线路零乱的案》《关于加强文化广场环境美化和管理的案》《关于加大新农村建设项目监督检查力度的案》《关于发展壮大农民专业合作组织的案》等30件提案被区政协列为重点督办提案和优秀提案。

民主监督　1994—2009年，共有11名农工党员被聘为特约监察员和行风评议员，积极参与地方政治、经济、教育、行业作风等方面的协商、监督和管理，客观公正、实事求是进行行风评议。

社会服务　1994—2009年，每年组织党内的医疗专家赴新华、金山、西营、长城、永昌、张义等乡镇开展医疗咨询、义务就诊活动，共接待应诊群众1.1万人（次），听健康讲座的群众达2万人（次），为500名患者做B超和心电图检查，免费发放药品50种，价值3万元。先后分发卫生防疫、计生宣传、疾病预防等方面的宣传材料5万多份。开展“送农资、送农技、送科学”服务活动，邀请28名农业畜牧专家进行农业科技培训与讲座，累计为特困群众捐赠价值2万多元农业肥料，发放种植、养殖、施肥、病虫害防治农业科技资料3万多份。

第六节　九三学社

一、组织沿革

1990年，九三学社武威市支社有社员14名。1994年12月28日，九三学社武威市委员会成立。2009年，九三学社凉州区委员会有社员21名，主要为农林、畜牧、水利、医疗、经济界的高中级知识分子，其中具有高级职称的9名，占社员总数的42.9%；中级职称12名，占社员总数的57.1%。

二、代表大会

第三次社员大会　1994年12月28日，九三学社武威市支社第三次社员大会召开，会议选举产生九三学社武威市第三届委员会，白玉珍当选为主委，杨健、张国祺、陈荣贤当选为副主委。

第四次社员大会　2000年3月15日，九三学社武威市第四次社员大会召开，会议选举产生九三学社武威市第四届委员会，张国祺当选为主委，陈荣贤、韦瑛当选为副主委。

第五次社员大会　2004年11月10日，九三学社凉州区第五次社员大会召开，会议选举产生九三学社凉州区第五届委员会，张国祺当选为主委，李岩当选为副主委。

第六次社员大会　2007年8月10日，九三学社凉州区第六次社员大会召开，张国祺代表九三学社凉州区第五届委员会作《围绕中心，服务大局，为凉州经济社会发展而努力奋斗》的工作报告，会议选举产生九三学社凉州区第六届委员会，侯玉兰当选为主委，王生祥、杨百泉、罗彩虹当选为副主委。

第七次社员大会　2009年12月18日，九三学社凉州区第七次社员大会召开，侯玉兰代表九三学社凉州区第六届委员会作《大力加强自身建设，认真履行参政党职能，为全面建设小康社会而努力奋斗》的工作报告，会议选举产生九三学社凉州区第七届委员会，杨百泉当选为主委，罗彩虹、范红梅当选为副主委。

三、主要活动

参政议政　自1990年以来，组织社员在调查研究的基础上，撰写调研报告50多篇，其中《关于凉州区工业强区战略实施状况的调研报告》《凉州区农业产业化发展的调研报告》《凉州区中药产业发展状况的调研报告》《石羊河流域综合治理关井压田后土地的合理有效利用的调研报告》《石羊河流域综合治理中高效日光温室产业发展的调研报告》《加快凉州区社会主义新农村建设的调研报告》《凉州区马铃薯产业发展的调研报告》《凉州区日光温室冻害及补救措施落实情况调查报告》《凉州区农村现代流通网络发展状况调研报告》《凉州新农村建设现状调研报告》《凉州区农村土地流转现状调研报告》等，受到区委、区政府和有关部门的重视和采纳。

提案工作　至2009年，共有200多件提案被立案，其中《关于在事业单位内部实行人员逢进必考制的建议》《关于发展循环经济的建议》《在新农村建设中加强民主管理的建议》《加强劳动保障的建议》《乡村客运安全的建议》《构建和谐医疗环境的建议》《加强民营中小企业服务体系的建议》《社区建立心理咨询的建议》等30多件提案被评为优秀提案。

社会服务　发挥社内高、中级专业人员优势，每年组织农技、畜牧、水利、医疗卫生界的专家，围绕种植结构调整、科学防治病虫害、地膜玉米的栽培方法、青饲料储藏、无公害农产品栽培技术、疾病预防控制等进行宣讲和指导。累计培训农民200多人，发放各类宣传材料1万多份，赠送价值2千多元的种子、农药和化肥。在东河乡蔡家滩村建立“农业科技服务联系点”，定期对日光温室种植中的疑难问题进行指导。医疗专家定期在凉州区偏远乡镇进行义诊，免费发放价值2千多元的药品，发放疾病预防宣传材料3千多份。在黄羊镇残疾人康复中心设立九三学社医疗帮扶点，定期组织专家现场义诊和发放药品。组织社员为修复白塔寺捐款1.36万元，为张义镇人参果项目提供技术指导2场次，为农业产业化项目捐助帮扶资金5千多元。

爱心救助　在2006年凉州区“7·30”暴雨泥石流灾害和2008年“5·12”汶川大地震灾害发生后，为灾区捐款8150元。

第二章　群众团体

第一节　工　会

一、代表大会

第二次代表大会　1992年8月28—29日，武威市总工会第二次代表大会召开，出席代表237人，会议选举产生武威市总工会第二届委员会，王清武当选为主席，杨立荣、杨新年当选为副主席。

工会第三次代表大会

第三次代表大会　2008年2月28—29日，凉州区总工会第三次代表大会召开，出席代表210人，会议选举产生凉州区总工会第三届委员会，张才山当选为主席，孙永斌、俞瑞萍当选为副主席。

二、主要活动

“职工之家”建设　至2009年，全区累计建成国家级“模范职工之家”2家，省级“模范职工之家”

13家，市级“先进职工之家”45家，区级“模范职工之家”“先进职工之家”“合格职工之家”345家。

职工权益维护　2009年，全区728家企事业单位与职工签订集体合同，涉及职工58240人；调解处理涉及35名职工拖欠工资的个案维权；参与仲裁劳动关系纠纷110起；进行维权援助90起，补助援助金2.4万元；聘用外出务工人员维权代表271名，建立驻外维权工作站4家，成立劳动争议调解组织246个，配备调解员440多人。

困难职工帮扶救助　2006—2009年，筹资90多万元，对因企业改制下岗致困的800多名职工进行生活救助，对110名患重大疾病的困难职工（农民工）进行医疗救助，对140名考入大学的困难职工子女实施“金秋助学”，推荐108名困难职工子女就读江苏镇江电子工业学校和武威信息工程学校，进行学历教育培训，享受工会补助金10.8万元。全区各基层工会筹资300多万元，救助困难职工1万多人（次）。

职工民主管理　至2009年，全区国有、集体企事业单位全部落实职工代表大会制度，896家非公企业每年至少召开一次职工代表大会。

职工教育　1995—2009年，举办工会干部培训班25期，培训工会干部1500多人（次），参加省、市总工会调训500多人（次），313名工会干部获得上岗资格证。先后组织基层工会干部360人（次）赴外地考察学习。

职工开展经济技术创新　1992—2009年，开展岗位练兵、技术比武活动45场（次），其中区级技术比武18场（次），参与职工达2.8万多人；征集合理化建议4126条，被采纳1382条；涌现出地、市级技术标兵、能手、行业状元228名。2008—2009年，围绕石羊河流域重点治理工作，动员19家机关企事业单位工会与14个乡镇工会结对帮扶，筹资9万多元支持乡镇建立日光温室示范点19个。

第二节　共青团

一、代表大会

第二次代表大会　1990年6月11—13日，共青团武威市第二次代表大会召开，出席代表195名，张家骏作《坚定信念，振奋精神，在振兴武威的伟大实践中艰苦奋斗锻炼成才》的工作报告，会议选举产生共青团武威市第二届委员会，张家骏当选为书记，李开斌当选为副书记。

第三次代表大会　1994年7月13—15日，共青团武威市第三次代表大会召开，出席代表296名，李开斌作《肩负起跨世纪的历史重任，团结带领全市各族青年为加快武威发展再立新功》的工作报告，会议选举产生共青团武威市第三届委员会，李开斌当选为书记，景泽年当选为副书记。

第四次代表大会　1997年9月23—24日，共青团武威市第四次代表大会召开，出席代表293名，王喜作《求真务实，开拓创新，为实现跨世纪宏伟目标而努力奋斗》的工作报告，会议选举产生共青团武威市第四届委员会，王喜当选为书记，景泽年、张冬梅当选为副书记。

第五次代表大会　2002年1月16—18日，共青团凉州区第五次代表大会召开，出席代表251名，杨新年作《与时俱进，开拓创新，团结带领全区团员青年努力实践“三个代表”》的工作报告，会议选举产生共青团凉州区第五届委员会，杨新年当选为书记，赵斌、高小茹当选为副书记。

第六次代表大会　2005年8月1—2日，共青团凉州区第六次代表大会召开，出席代表251名，高小茹作《立足新起点，肩负新使命，实现新目标，在全面建设小康进程中谱写壮丽的青春篇章》的工作报告，会议选举产生共青团凉州区第六届委员会，高小茹当选为书记，祁永军、鲁学瑜当选为副书记。

第七次代表大会　2009年6月9—11日，共青团凉州区第七次代表大会召开，出席代表239名，李泊作《勇立时代潮头，坚持科学发展，团结带领全区广大团员青年在建设“繁荣和谐新凉州”的伟大实践中奉献青春、智慧和力量》的工作报告，会议选举产生共青团凉州区第七届委员会，李泊当选为书记，黄正伟、赵美当选为副书记。

二、基层组织

1990年，全市有基层团组织1519个，其中团委73个，团总支70个；共青团员34885名，其中女团员10505名。2009年，全区有基层团组织1154个，其中团委67个，团总支91个；共青团员39176名，其中女团员18160名。

三、主要活动

思想政治教育　1993年，共青团武威地、市委和驻武某部队团委在3月5日组织开展“军地青年大团日”活动，全市42个团委（总支）组织团员青年8340多人参加服务活动，开设综合性服务摊点39处，服务项目20多项，服务点240多个，受益人数达3万多人次。1994年，团地、市委联合举办以“新世纪召唤”为主题的卡拉OK大奖赛，216名青少年歌手参加大奖赛，90名选手获奖。1997年，为庆祝香港回归，教育广大青少年勿忘国耻，牢记历史，团市委、市教委、城关镇联合举行以“雪百年耻辱，迎香港回归”为主题的演讲比赛，18名选手获奖。2006年，团区委举办以“知荣明耻我先行，我与祖国共奋进”为主题的合唱比赛，全区青少年参与率达99%。

希望工程工作　1990年，团市委在“共同关注，圆梦行动”的活动中，利用“希望工程”救助款，资助30名因家庭贫困的失学儿童重返校园。2006年，在农村中小学校建立大红鹰希望图书室37所，捐赠图书8万多册，书架226副，金额达115万元。通过向社会公开募捐的形式募集书籍1万多册，在3个乡镇建起“红领巾爱心书屋”3所。2007年，由香港著名医生杜景成捐资25万元，地方配套20多万元，在凉州区康宁乡建成“杜景成希望小学”1所。

第三节　少年先锋队

一、代表大会

2006年6月1日，中国少年先锋队凉州区第一次代表大会召开，高小茹作了《知荣明辱，承载希望，为建设和谐美好新凉州时刻准备着》的工作报告。会议选举产生少先队凉州区第一届委员会，高小茹当选为主任。

二、主要活动

1990—1995年，武威市少先队先后开展“寻先辈足迹、

少先队升旗仪式

做时代小主人”“我与祖国共奋进”“新世纪我能行”和“跨世纪中国少年雏鹰行动”等系列教育活动。

2000—2004 年，凉州区少先队开展了以“学赖宁、学苏成，争做五星队员”的活动，引导少先队员做全面发展的“四有”新人。在活动中，清水乡蚂蝗小学少先队荣获“全国红旗大队”称号，会馆巷小学五年级三中队、青年巷小学五年级二中队获得“全国红旗中队”称号，城关镇团委获得全省学赖宁活动最佳组织奖，共和街小学大队部等 4 个单位被评为全省少先队工作先进集体，有 10 名少先队员荣获全国“学赖宁奖章队员”称号。

2005—2009 年，凉州区少先队先后开展“手拉手互动活动”“启明星科技活动”“启明星”和“雏鹰争章”等活动。全区共结成少先队员手拉手好朋友 6600 对，辅导员结对交友 140 对，联谊学校 78 所。在“启明星”科技活动中，共组建各类科技兴趣小组 81 个。在“雏鹰争章”活动中，共更换“雏鹰争章”新式手册 10 万册，“雏鹰争章”活动普及面在城市达到 85%，在农村达到 50%。

第四节　妇女联合会

一、代表大会

武威市第二次代表大会　1998 年 5 月 27—29 日，武威市第二次妇女代表大会召开，出席代表 245 名，蔡凤琴作《服务大局，再做贡献，努力开创全市妇女工作新局面》的工作报告。会议选举产生武威市第二届妇女联合会委员会，蔡凤琴当选为主任，刘珺当选为副主任。

妇女权益保护巡回宣讲

凉州区第一次代表大会　2003 年 9 月 4—5 日，凉州区第一次妇女代表大会召开，出席代表 248 名，会议选举产生凉州区第一届妇女联合会委员会，蔺雪梅当选为主席，郑彩玲当选为副主席。

凉州区第二次代表大会　2009 年 3 月 5—6 日，凉州区第二次妇女代表大会召开，出席代表 256 名，李英作《坚持科学发展，奋力开拓创新，团结动员广大妇女为推动凉州又好又快发展而努力奋斗》的工作报告，会议选举产生凉州区第二届妇女联合会委员会，李英当选为主席，和爱玲当选为副主席。

二、主要活动

巾帼建功　1990 年以来，创建 40 个区级、6 个市级、3 个省级、1 个国家级“巾帼文明岗”。全区涌现出 20 名市级、省级和国家级“三八红旗手”和“巾帼建功标兵”。2004—2005 年，举办妇女实用技术培训班 150 期，培训妇女 4 万余人（次），建立科技含量高、辐射带动面广的“妇”字号基地 40 个。2008—2009 年，围绕全区石羊河流域重点治理政策和规划，组织种养女能手赴各乡镇村组巡回宣讲和种植养殖棚效益观摩 190 场（次），组织 79 名农村妇女赴张掖、酒泉、山东寿光等省内外考察学习日光温室种植、规模养殖和新农村建设先进经验。组建“巾帼科技服务队”进棚入户进行技术指导，组织无棚户妇女到效益棚观摩学习。

维护妇女儿童权益 1993年，武威市妇联举办《中华人民共和国妇女权益保障法》知识竞赛活动，全市有33个代表队、100多名选手参加竞赛。2009年，全区建立34所留守儿童之家，建立留守流动儿童示范学校10所。

妇女教育培训 1993年3月8日，举办《中华人民共和国妇女权益保障法》知识竞赛，33个代表队百名选手参加竞赛。2009年组织举办畜牧养殖、食用菌种植、日光温室栽培等实用技术培训班320期，参训妇女达6万多人；成立日光温室建设巾帼科技服务队，深入全区各乡镇开展日光温室种植技术服务。

妇女儿童救助 1997—1999年，全市实施“春蕾计划”，在中路乡开办全市第一个“春蕾儿童班”，救助贫困学生376名。2005年，在全区实施“大地之爱·母亲水窖”项目，解决了张义镇夹台村1062人、1250头牲畜的饮水困难问题。2007年，救助贫困孕产妇1898人。为鸿翔面业公司协调贷款400万元，安排女劳力50多人。2009年，全区落实巾帼致富日光温室建设贴息贷款100万元，重点对黄羊镇、清水乡、古城镇的128户妇女建设日光温室进行扶持。

第五节 科学技术协会

一、组织沿革

2001年8月，武威市科学技术协会更名为凉州区科学技术协会。2009年，凉州区科学技术协会内设办公室、学会部、普及部，下属凉州区青少年科技活动中心。有区级学会8个。

二、主要活动

科普宣传 1995年，结合“世界碘缺乏日”，在全市组织实施与联合国儿童基金会合作项目，联合妇联、团委等部门，在缺碘严重的10个乡镇通过播放录像、发放宣传材料、展出版面、张贴宣传画、卫生工作者咨询服务等形式开展巡回宣传活动，有13.5万人（次）受益。1998年，组织开展“净化生态环境，保护美丽家园”为主题的“甘肃省98青少年科技传播行动系列科普活动”，参与人数达8000多人。同年6月，结合“世界环境日”相关活动，在文化广场举行“净化生态环境，保护美丽家园——武威市青少年科普宣传日”活动，全市2000多名中小学生在书写有“为了地球上的生命——拯救我们的海洋”长绢上签名。2006—2009年，每年在“全国科普日”活动中，通过科普文艺节目表演、展板展出、资料发放、义诊咨询等方式，向群众提供科普服务和传播科学知识。举办大型科普日系列活动48场（次），参与群众12万人（次），发放科普资料20多万份。

农业实用技术推广普及 1993年，制订《武威市科学技术协会“金桥工程”实施方案》，对先进技术的引进、开发、推广、服务、咨询、转让、实施等提出明确要求。1994—1997年，举办农业实用技术培训班123期，培训乡村农技人员3500人（次）、乡村干部2260人（次）、农民群众3万人（次），科技入户率达到95%。1998年，组织实施“武威市秸秆养牛示范县”建设项目，通过省级验收。全年指导农民新建规模养牛棚舍1200多个，引进良种牛187头。2009年，围绕石羊河流域重点治理，在西营、永丰等10个乡镇开展科技惠农节水增收技术培训专题讲座，培训农民群众1160人，发放各类书籍16种3500本，印发科技资料15种3万份，发放种、养、加为内容的技术光盘14种1120张，展出科普展板880块。

学术交流 1999年，主办全市节能日光温室生产高效持续发展学术研讨会，共收到论文42篇，

其中20篇论文荣获优秀论文奖。2000年，邀请省科协专家咨询服务团来武威市举办“西部大开发与农村经济结构调整”“实施西部大开发与推进无公害反季节蔬菜产业发展”专题报告会，270多人参加报告会。2007年，全省以石羊河流域重点治理为主题的学术年会在武威市举行，凉州区有11篇论文在学术年会上进行交流。2009年，组织全区科技工作者围绕祁连山生态环境建设及可持续发展撰写学术论文，有3篇论文入选论文集。

青少年科技活动　2008—2009年，在全区农村学校和部分城区学校组织开展“科普大篷车进校园”活动62场（次），展示科普仪器850台件，播放科普影片48场（次），进行科普讲座25场（次），受益青少年学生2.3万人（次）。

第六节　文学艺术界联合会

一、代表大会

2003年12月9日，凉州区戏剧舞蹈家协会成立。12日，凉州区作家协会成立。13日，凉州区民间文艺家协会成立。15日，凉州区音乐家协会成立。20日，凉州区美术家协会成立。21日，凉州区书法家协会成立。

2007年11月11—12日，凉州区文学艺术界联合会第一次代表大会召开，出席代表97名。会议选举产生了凉州区文学艺术界联合会第一届委员会。李晓燕当选为主席，周万永、杨奎等3名同志当选为副主席。

二、文联报刊

《凉州文艺》是区文联主办的综合性文艺季刊，于2008年8月创刊。该刊物为大16开本，64页码，设凉州文艺动态、佳作欣赏、文学之路、民间文艺、书苑画坛、摄影天地、音乐世界、艺苑漫步8个栏目，每期容量约8万字。

三、主要活动

2007—2009年，区文联分4次组织区内外文艺工作者举办“凉州文化行·走近中医”“凉州文化行·走进沙海第一园”“凉州文化行·走进敬老院”“凉州文化行·走进小康住宅”等采风创作活动。

第七节　残疾人联合会

一、代表大会

第二次代表大会　1994年12月12日，武威市残疾人联合会第二次代表大会在人民饭店召开，出席代表104名。会议选举产生第二届执行理事会，唐国当选为理事长，殷大元、张开奎当选为副理事长。

第三次代表大会　1998年6月9日，武威市残疾人联合会第三次代表大会在人民饭店召开，出席代表108名。会议选举产生第三届执行理事会，张怀平当选为理事长，叶永成当选为副理事长。

第四次代表大会　2003年3月19日，凉州区残疾人联合会第四次代表大会在人民饭店召开。会议选举产生第四届执行理事会，李长清当选为理事长，叶永成当选为副理事长。

第五次代表大会 2007 年 10 月 26 日，凉州区残疾人联合会第五次代表大会在人民饭店召开，出席代表 109 名。会议选举产生第五届执行理事会，包涌泉当选为理事长，张德龙当选为副理事长。

二、主要活动

残疾人教育 1990—2000 年，有 2018 名残疾青少年在全市 244 所中小学随班就读，残儿入学率达 85%以上。2000—2005 年，凉州区特殊教育学校共有 1000 多名残疾学生就学。2006—2009 年，建立区级残疾人培训点 4 处，每年新培训残疾人 300 多名。

残疾人文体活动 1998 年，组织武威市肢残运动员参加全省第五届残运会，荣获田径长跑、短跑银牌 2 枚、铜牌 1 枚，打破 1 项全省纪录。2000 年，武威十中组织开展"送温暖、红领巾助残"小分队文艺演出活动，120 名残疾人和驻武官兵同台演出。

残疾人就业安置 1990—2006 年，安置 4716 名残疾人就业。2007—2009 年，新增就业人员 150 多名。

扶残助残 2004 年，将"凉州区法律援助中心"确定为"凉州区爱心助残法律援助单位"，无偿为残疾人提供法律援助。2005—2009 年，接受党政机关干部、企事业单位及社会各界人士捐款 151.5 万多元，用于资助残疾学生和慰问救济贫困残疾人家庭。为 10 户农村贫困残疾人进行危房改造，每户补助资金 9000 元。

残疾人康复 1990—2000 年，防治精神病 5400 多人（次），完成白内障复明手术 1597 例，配用低视力助视器 90 部，完成儿麻矫治手术 47 例，施行肢残矫治手术 34 例，装配矫形器 96 例，装配假肢 137 例，完成聋儿培训 59 名，完成智力残疾儿童康复训练 43 名，完成唇腭裂手术 216 例，赠送轮椅 170 辆，发放残疾人用品用具 400 多件，发放钉鞋机 100 台，为 100 名精神病患者医疗救助三年。2009 年，新办、换发二代残疾人证 7000 本，为 389 名残疾人补贴养老保险缴费 46 万多元。

第二次全国残疾人抽样调查 2006 年 4 月 1 日至 5 月 31 日，对抽中的武南、高坝、新华、西大街 4 个样本乡镇（街道）的 8 个样本村（小区）进行入户调查，共调查 890 户、3260 人，定性残疾人 205 人，残疾定性率为 6.29%。

第八节 工商业联合会

一、代表大会

第二次代表大会 1992 年 5 月 14—15 日，武威市工商业联合会第二次会员代表大会召开，出席代表 200 名，于志挺作《适应新形势，担当新任务，更好地为社会主义现代化建设服务》的工作报告；会议选举产生武威市工商业联合会第二届执行委员会，贾文兴当选为主任，徐德元、朱玉明、孙海元、王笃才、孙兆元当选为副主任，王笃才当选为秘书长。

第三次代表大会 1996 年 12 月 26—27 日，武威市工商业联合会第三次会员代表大会召开，出席代表 109 名，苏延山作《抓住机遇，发挥优势，为振兴武威做贡献》的工作报告；会议选举产生武威市工商业联合会第三届执行委员会，苏延山为会长，朱玉明、徐德元、任继有、张严德、赵相才、孙兆元、苏长文、李永祥、顾德寿、冯晓明为副会长，朱玉明为秘书长。

第四次代表大会 2002 年 4 月 15—16 日，凉州区工商业联合会第四次会员代表大会召开，出席代表 150 名，朱玉明作《与时俱进，开拓创新，为实现全区"十五"计划的宏伟目标而努力奋斗》的工作报告；会议选举产生凉州区工商业联合会第四届执行委员会，朱玉明当选为会长，严新林、张全年、赵生义、冯晓明、田战军、郭必珊、李海泉、杨作忠、丁燕、沈金山当选为副会长，赵生义当选为秘书长。

第五次代表大会　2006年9月20—21日，凉州区工商业联合会第五次会员代表大会召开，出席代表100名，朱玉明作《发挥优势，开拓进取，为促进全区非公有制经济快速健康发展做出新的贡献》的工作报告；会议选举产生凉州区工商业联合会第五届执行委员会，朱玉明当选为会长，褚中峰、严新林、张全年、田战军、郭必珊、李海泉、冯晓明、管兴、吴锦华、陈永年当选为副会长，相红梅当选为秘书长。

二、主要活动

参政议政　1990—2009年，在区人大、政协"两会"期间提出提案210件，议案80件，其中有50件被列为重点办理提案。2002年，在区政协会议上提交《关于治理"三乱"现象的提案》《关于制定个体工商户和私营企业权益保护办法的提案》《关于制定发展非公有制经济条例的提案》《关于创造宽松投资环境，积极引导和发展非公有制经济的提案》，受到区委、区政府的重视。

调查研究　针对全区经济社会发展情况，开展调研活动62次，撰写调研报告82篇，其中《发展势头好，政策、环境、体制、自身素质诸问题尚待进一步探讨》《新时期党组织怎样做好非公有制经济人士的思想政治工作》和《个体工商户谈发展个体经济》等调研报告，受到市委、市政府的重视和采纳。2002年，为配合区委抓好非公有企业党建工作，工商联深入9个市场和62家私营企业，对1230户个体工商户进行调查摸底，了解掌握全区非公有制经济组织的现状和党员分布情况，撰写《凉州区非公有制经济领域党员活动现状的调查报告》，向区委提出在非公有制企业中抓好党建工作的建议。

献计献策　2004年，深入海石公交公司、市医药公司等30多家民营企业进行调查，撰写《关于民营企业中需要协调解决的八个突出问题的情况汇报》，组织体改、土地、税务等部门召开现场会议，为民营企业解决问题。

爱心救助　2001年，凉州区工商联建立凉州区"爱心助学基金会"，动员全区非公有制经济人士为爱心助学基金会捐款11万元，救助失学儿童117名。2005年，组织开展"百名企业结对帮扶百户贫困户"活动，帮扶贫困户500多户。2008年，在清水乡王盛村开展日光温室秸秆生物反应堆技术示范帮扶活动，建成示范棚8座。在"5·12"汶川大地震灾害发生后，组织动员民营企业家捐款80多万元，捐赠价值20多万元的物资。

第五编

政权　政协

本编目录

第一章　凉州区（武威市）人民代表大会

第一节　历届人民代表大会

一、武威市第二届人民代表大会

第二次会议　1990 年 3 月 3—7 日在市委党校礼堂召开，应出席代表 347 人，实到 345 人。大会听取并审议市长李宁平所作的《政府工作报告》、市人大常委会主任李光辉所作的《人大常委会工作报告》以及市法院、市检察院的工作报告，并作出相应决议。大会审议并批准《1989 年国民经济和社会发展计划执行情况及 1990 年国民经济和社会发展计划（草案）报告》和《1989 年财政预算执行情况和 1990 年财政预算（草案）报告》，并作出相应决议。

第三次会议　1991 年 3 月 2—6 日在市委党校礼堂召开，应出席代表 349 人，实到 347 人。大会听取并审议市长李宁平所作的《政府工作报告》、市人大常委会主任李光辉所作的《人大常委会工作报告》以及市法院、市检察院的工作报告，并作出相应决议。大会审议并批准《1990 年国民经济和社会发展计划执行情况及 1991 年国民经济和社会发展计划（草案）的报告》和《1990 年财政预算执行情况和 1991 年财政预算（草案）报告》，并作出相应决议。大会补选满生先为市人大常委会副主任。

二、武威市第三届人民代表大会

第一次会议　1992 年 1 月 18—26 日在市委党校礼堂举行，应出席代表 392 人，实到 383 人。大会听取并审议市长李宁平所作的《政府工作报告》、市人大常委会主任李光辉所作的《人大常委会工作报告》以及市法院、市检察院的工作报告，并作出相应决议。审议批准《武威市 1991 年国民经济和社会发展计划执行情况及 1992 年国民经济和社会发展计划（草案）报告》和《武威市 1991 年财政预算执行情况和 1992 年财政预算（草案）报告》，并作出相应决议。大会选举李光辉为市人大常委会主任，王录、满生先、赵忠学、刘国新、蔡桂生、吴维文为副主任；选举俞存乃为市长，田宝忠、何吉元、顾元贵、贾成林、张立胜为副市长；选举赵长洋为市人民法院院长、翟玉春为市人民检察院检察长。

第二次会议　1992 年 11 月 24—25 日在市委党校礼堂召开，应出席代表 388 人，实到 331 人。大会听取并审议市长俞存乃所作的《政府工作报告》、市人大常委会主任李光辉所作的《人大常委会工作报告》以及市法院、市检察院的工作报告，并作出相应决议。审议批准了《武威市 1992 年国民经济和社会发展计划执行情况及 1993 年国民经济和社会发展计划（草案）报告》和《武威市 1992 年财政预算执行情况和 1993 年财政预算（草案）报告》，并作出相应决议。选举李文辉、刘毓汉、李万林、李光辉、俞存乃、张宏科、唐光禄、张景发、白玉珍、苏梦珠等 16 人为出席省八届人民代表大会的代表。

第三次会议　1993 年 3 月 3—7 日在市委党校礼堂召开，应出席代表 386 人，实到 368 人。会议听取并审议市长俞存乃所作的《政府工作报告》、市人大常委会主任李光辉所作的《人大常委会工作报告》以及市法院、市检察院的工作报告，并作出相应决议。大会审议批准了《武威市 1992 年国民经济和社会发展计划执行情况及 1993 年国民经济和社会发展计划（草案）报告》和《1992 年财政预算执行情况和 1993 年财政预算（草案）报告》，并作出相应决议。

第四次会议　1994 年 1 月 20—23 日在市委党校礼堂召开，应出席代表 382 人，实到 358 人。会议听取并审议市长俞存乃所作的《政府工作报告》、市人大常委会主任李光辉所作的《人大常委会工作报告》以及市法院、市检察院的工作报告，并作出相应决议。大会审查批准了《武威市 1993 年国民经济和社会发展计划执行情况及 1994 年国民经济和社会发展计划（草案）报告》和《1993 年财政预算执行情况和 1994 年财政预算（草案）报告》，并作出相应的决议。人大常委会还书面报告了代表议案和意见、建议的办理情况。

第五次会议　1995 年 2 月 25 日至 3 月 2 日在市委党校礼堂召开，应出席代表 389 人，实到 348 人。会议听取并审议代市长田宝忠所作的《政府工作报告》、人大常委会主任李光辉所作的《人大常委会工作报告》以及市法院、市检察院的工作报告，并作出相应决议。大会审查批准了《武威市 1994 年国民经济和社会发展计划执行情况及 1995 年国民经济和社会发展计划（草案）报告》和《武威市 1994 年财政预算执行情况和 1995 年财政预算（草案）报告》，并作出相应决议。大会选举袁森年为市人大常委会主任，补选马景忠、王淑珍（女）为副主任；选举田宝忠为市人民政府市长；选举靳开成为市人民法院院长、关运通为市人民检察院检察长。大会还授予清水乡蚂蝗小学校长丁尔英为教书育人楷模、二坝乡农民包含芳为抢险救人模范、青年工人吴志刚为见义勇为勇士称号。

第六次会议　1996 年 1 月 26—30 日在市委党校礼堂举行，应出席代表 381 人，实到 345 人。会议听取并审议市长田宝忠所作的《政府工作报告》、市人大常委会副主任马景忠所作的《人大常委会工作报告》以及市法院、市检察院的工作报告，并作出相应决议。大会审查批准了《武威市 1996 年国民经济和社会发展计划执行情况及 1997 年国民经济和社会发展计划（草案）的报告》和《武威市 1996 年财政预算执行情况和 1997 年财政预算（草案）报告》，并作出相应决议。

三、凉州区（武威市）第四届人民代表大会

第一次会议　1997 年 4 月 1—7 日在市委党校礼堂举行，应出席代表 305 人，实到 273 人。大会听取并审议代市长任伯年所作的《政府工作报告》、市人大常委会副主任马景忠所作的第三届《人大常委会工作报告》以及市法院、市检察院的工作报告，并作出相应决议。大会审查批准了《武威市 1997 年国民经济和社会发展计划执行情况及 1998 年国民经济和社会发展计划（草案）的报告》和《武威市 1997 年财政预算执行情况和 1998 年财政预算（草案）报告》，并作出相应决议。大会选举张开甲为市人大常委会主任，马景忠、贾成林、王淑珍（女）、景光虎、李积德为副主任；选举任伯年为市长，刘彦、张琪海、师福学、张献庆、蒋海、车安宁、张镇为副市长；选举靳开成为市人民法院院长、关运通为市人民检察院检察长。

第二次会议　1997 年 11 月 20—21 日在市委党校礼堂举行，应出席代表 305 人，实到 251 人。选举石宗源、杨兴昌、田宝忠、张开甲、任伯年、张国定、张景发、许萍（女）、张国祺、赵秀英

(女)、马秀莲（女)、段晓波（女)、张严德、杨玉贵、黄天柱15人为出席省九届人民代表大会的代表。

第三次会议　1998年3月1—5日在市委党校礼堂举行，应出席代表305人，实到298人。会议听取并审议市长任伯年所作的《政府工作报告》、市人大常委会主任张开甲所作的《人大常委会工作报告》以及市法院、市检察院的工作报告，并作出相应决议。大会审查批准了《武威市1997年国民经济和社会发展计划执行情况及1998年国民经济和社会发展计划（草案）的报告》和《武威市1997年财政预算执行情况和1998年财政预算（草案）的报告》，并作出相应决议。补选张延峰为市人民检察院检察长。

第四次会议　1999年3月31日至4月3日在市委党校礼堂举行，应出席代表302人，实到298人。会议听取并审议市长任伯年所作的《政府工作报告》、市人大常委会主任张开甲所作的《人大常委会工作报告》以及市法院、市检察院的工作报告，并形成相应决议。大会审查和批准了《武威市1998年国民经济和社会发展计划执行情况及1999年国民经济和社会发展计划（草案）报告》和《武威市1998年财政预算执行情况和1999年全市及市级财政预算（草案）报告》，并作出相应决议。

第五次会议　2000年3月1—3日在市委党校礼堂举行，应出席代表306人，实到295人。会议听取并审议市长任伯年所作的《政府工作报告》、市人大常委会主任张开甲所作的《人大常委会工作报告》以及市法院、市检察院的工作报告，并作出相应决议。大会审查并批准了《武威市1999年国民经济和社会发展计划执行情况及2000年国民经济和社会发展计划（草案）报告》和《武威市1999年财政预算执行情况和2000年全市及市本级财政预算（草案）报告》，并作出相应决议。大会补选金士媛（女）为市人大常委会副主任。

第六次会议　2001年2月28日至3月4日在皇台集团工人俱乐部召开，应出席代表302人，实到271人。会议听取并审议市长任伯年所作的《政府工作报告》、市人大常委会主任张开甲所作的《人大常委会工作报告》以及市法院、市检察院的工作报告，并作出相应决议。大会审查并批准了《武威市国民经济和社会发展第十个五年计划纲要的报告》《武威市2000年国民经济和社会发展计划执行情况及2001年国民经济和社会发展计划草案报告》和《武威市2000年财政预算执行情况和2001年全市及市本级财政预算草案报告》，并作出相应决议。

第七次会议　2001年9月9—10日在人民饭店召开，应出席代表301人，实到269人。会议听取并审议代区长王军所作的《政府工作报告》、区人大常委会主任张开甲所作的《人大常委会工作报告》以及区法院、区检察院的工作报告，并作出相应决议。会议审查批准《武威市凉州区2001年国民经济和社会发展运行情况及2002年国民经济和社会发展计划（草案）报告》和《武威市凉州区2000年财政决算和2001年财政预算（草案）执行情况及2002年财政预算建议报告》，并作出相关决议。大会补选王军为区长，选举张绪胜等160人为出席武威市第一届人民代表大会的代表。

四、凉州区第五届人民代表大会

第一次会议　2002年12月3—6日在人民影剧院召开，应出席代表306人，实到274人。会议听取并审议代区长毛生武所作的《政府工作报告》、区人大常委会主任张开甲所作的《人大常委会工作报告》，以及区法院、区检察院的工作报告，并作出相应决议。会议审查批准《武威市凉州区2002年国民经济和社会发展运行情况及2003年国民经济和社会发展计划（草案）报告》和《武威市凉州区2001年财政决算和2002年财政预算（草案）执行情况及2003年财政预算建议报告》，并作出相应决议。会议选举王锦文为区人大常委会主任，张兰华（女)、靳开成、卢万新、蔡太山、唐仁德、臧佑仁为副主任；选举毛生武为区长，刘富祯、刘兆祥、卢小亨、陈日清、王吉东、张祥生为副区长；

选举朱进文为区人民法院院长，王诚为区人民检察院检察长。

第二次会议 2004年2月24—26日在荣华俱乐部召开，应出席代表306人，实到273人。会议听取并审议区长毛生武所作的《政府工作报告》、区人大常委会主任王锦文所作的《人大常委会工作报告》，以及区法院、区检察院的工作报告，并作出相应决议。大会审查批准《凉州区2003年国民经济和社会发展运行情况及2004年国民经济和社会发展计划（草案）报告》和《凉州区2003年财政预算（草案）执行情况及2004年财政预算建议报告》，并作出相应决议。

第三次会议 2005年3月5—7日在人民饭店召开，应出席代表305人，实到269人。会议听取并审议区长毛生武所作的《政府工作报告》、区人大常委会主任王锦文所作的《人大常委会工作报告》，以及区法院、区检察院的工作报告，并作出相应决议。大会审查批准《凉州区2004年国民经济和社会发展运行情况及2005年国民经济和社会发展计划（草案）报告》和《凉州区2004年财政预算（草案）执行情况及2005年财政预算建议报告》，并作出相应决议。

第四次会议 2006年2月26日至3月1日在人民饭店召开，应出席代表305人，实到278人。会议听取并审议代区长张效林所作的《政府工作报告》、区人大常委会主任王锦文所作的《人大常委会工作报告》，以及区法院、区检察院的工作报告，并作出相应决议。大会审查批准《凉州区国民经济和社会发展第十一个五年规划纲要》和《凉州区2005年财政预算执行情况的报告及2006年区级财政预算（草案）报告》，并作出相应决议。大会补选张效林为区长。

五、凉州区第六届人民代表大会

第一次会议 2006年12月22—26日在人民饭店召开，应出席代表306人，实到284人。会议听取并审议区长张效林所作的《政府工作报告》、区人大常委会主任王锦文所作的《人大常委会工作报告》，以及区法院、区检察院的工作报告，并作出相应决议。大会审查批准《凉州区2006年国民经济和社会发展运行情况及2007年国民经济和社会发展计划（草案）报告》和《凉州区2006年财政预算（草案）执行情况及2007年财政预算建议报告》，并作出相应决议。选举出席市二届人民代表大会的代表162名。大会选举沈开祥为区人大常委会主任，田进良、刘彪、魏建荣、王宗柱、陆世虎、祁光绪为副主任；选举张效林为区长，王治安、朱星海、陈日清、王晓玲（女）、徐建林、邵新革为副区长；选举张建宗为区人民法院院长、张爱星为区人民检察院检察长。

第二次会议 2007年12月24—27日在人民饭店召开，应出席代表306人，实到301人。会议听取并审议区长张效林所作的《政府工作报告》、区人大常委会主任沈开祥所作的《凉州区人大常委会工作报告》，以及区法院、区检察院的工作报告，并作出相应决议。大会审查和批准《凉州区2007年国民经济和社会发展计划执行情况及2008年国民经济和社会发展计划（草案）报告》和《凉州区2007年财政预算执行情况和2008年财政预算（草案）报告》，审议了《武威市凉州区第六届人民代表大会第二次会议选举办法（草案）》，并作出相应决议。

第三次会议 2009年1月5—8日在荣华俱乐部召开，应出席代表304人，实到297人。大会听取并审议区长张效林所作的《政府工作报告》、沈开祥所作的《人大常委会工作报告》，以及区法院、区检察院的工作报告，并作出相应决议。大会审查并通过《关于凉州区2008年国民经济和社会发展计划执行情况及2009年国民经济和社会发展计划（草案）报告》和《凉州区2008年财政预算执行情况和2009年财政预算（草案）报告》，并作出相应决议。

1990—2009年凉州区（武威市）人大常委会主任、副主任名录一览表

表 5-1-1

届　别	姓　名	籍　贯	职　务	任职时间
第二届	李光辉	甘肃省武威市	主　任	1990.1 — 1992.1
	窦武奎	甘肃省武威市	副主任	1990.1 — 1992.1
	寇永倬	甘肃省景泰县	副主任	1990.1 — 1990.6
	王　录	甘肃省武威市	副主任	1990.1 — 1992.1
	王崇湘	甘肃省金塔县	副主任	1990.1 — 1992.1
	周大寿	甘肃省武威市	副主任	1990.1 — 1992.1
	郑玉成	甘肃省武威市	副主任	1990.1 — 1992.1
	孙文山	甘肃省武威市	副主任	1990.1 — 1992.1
	唐光如	甘肃省武威市	副主任	1990.1 — 1992.1
	满生先	甘肃省武威市	副主任	1991.3 — 1992.1
第三届	李光辉	甘肃省武威市	主　任	1992.1 — 1995.3
	袁森年	陕西省蓝田县	主　任	1995.3 — 1997.4
	王　录	甘肃省武威市	副主任	1992.1 — 1997.4
	满生先	甘肃省武威市	副主任	1992.1 — 1997.4
	赵忠学	甘肃省武威市	副主任	1992.1 — 1997.4
	刘国新	甘肃省武威市	副主任	1992.1 — 1997.4
	蔡桂生	甘肃省武威市	副主任	1992.1 — 1995.3
	吴维文	甘肃省武威市	副主任	1992.1 — 1995.3
	马景忠	甘肃省武威市	副主任	1995.3 — 1997.4
	王淑珍	甘肃省武威市	副主任	1995.3 — 1997.4
第四届	张开甲	甘肃省武威市	主　任	1997.4 — 2002.12
	马景忠	甘肃省武威市	副主任	1997.4 — 2002.12
	贾成林	甘肃省武威市	副主任	1997.4 — 2002.1
	王淑珍	甘肃省武威市	副主任	1997.4 — 2000.3
	景光虎	甘肃省武威市	副主任	1997.4 — 2002.12
	李积德	甘肃省武威市	副主任	1997.4 — 2002.12
	金士媛	甘肃省靖远县	副主任	2000.3 — 2002.12
第五届	王锦文	甘肃省会宁县	主　任	2002.12 — 2006.12
	张兰华	甘肃省甘谷县	副主任	2002.12 — 2005.7
	靳开成	甘肃省武威市	副主任	2002.12 — 2006.12
	卢万新	甘肃省武威市	副主任	2002.12 — 2006.12
	蔡太山	甘肃省武威市	副主任	2002.12 — 2006.12
	唐仁德	甘肃省武威市	副主任	2002.12 — 2006.12
	臧佑仁	甘肃省武威市	副主任	2002.12 — 2006.12
第六届	沈开祥	甘肃省古浪县	主　任	2006.12 — 2009.12
	田进良	甘肃省静宁县	副主任	2006.12 — 2009.12
	刘　彪	甘肃省武威市	副主任	2006.12 — 2009.12
	魏建荣	甘肃省武威市	副主任	2006.12 — 2009.12
	王宗柱	甘肃省武威市	副主任	2006.12 — 2009.12
	陆世虎	甘肃省武威市	副主任	2006.12 — 2009.12
	祁光绪	甘肃省武威市	副主任	2006.12 — 2009.8

第二节　人大常委会内设机构

1990 年，武威市人大常委会内设办公室、信访办公室、司法民政工作委员会、人事代表工作委员会、财政经济工作委员会、农业工作委员会、科教文卫工作委员会 7 个工作部门。

1992 年 3 月，增设人大工作研究室。

1997 年 4 月，撤销市人大常委会信访办公室和人大工作研究室。

1998 年，市人大常委会内设办公室、教科文卫工作委员会、司法民政工作委员会、农业工作委员会、人事代表工作委员会、财经工作委员会。

2006 年 1 月，成立区人大常委会信访室。

2009 年，凉州区人大常委会内设办公室、教科文卫工作委员会、司法民政工作委员会、农业工作委员会、人事代表工作委员会、财经工作委员会、信访室 7 个工作机构。

第三节　人大常委会工作

一、监督法律实施

第二届人民代表大会第二次会议至第六届人民代表大会第三次会议期间，人大常委会每年均开展执法检查。1990—2009 年，累计对 231 件法律、法规和地方性法规执行情况进行检查，对涉及企业改革、环境保护、食品卫生等重要法律、法规执行情况进行反复检查，发现、督促有关部门纠正执法不严肃和违法问题。1990 年，市人大常委会检查组深入 19 个乡镇和 62 个卫生院，对落实基本国策，执行“两法”“两条例”和 4 月份计划生育突击月的情况进行了检查。1991 年，市人大常委会检查组对《中华人民共和国婚姻法》《中华人民共和国森林法》《中华人民共和国企业法》《工业产品质量条例》《保护消费者合法权益条例》《甘肃省计划生育条例》等 40 多个法律法规的贯彻实施情况进行自查、自纠。1992 年，市人大常委会检查组重点对《中华人民共和国矿产资源法》《中华人民共和国未成年人保护法》《中华人民共和国刑法》《中华人民共和国行政诉讼法》《中华人民共和国城市规划法》等 10 多项法律法规的执行情况进行检查、抽查。1997 年，市人大常委会检查组重点对《中华人民共和国乡镇企业法》《中华人民共和国药品管理法》《中华人民共和国食品卫生法》《中华人民共和国妇女权益保障法》《中华人民共和国中国人民银行法》《中华人民共和国商业银行法》《中华人民共和国票据法》《中华人民共和国保险法》和《全国人大常委会关于惩治破坏金融秩序犯罪的决定》及社会治安综合治理等 10 多项法律法规的贯彻执行情况进行检查、视察、调查，对存在的问题提出意见、建议。2007 年，区人大常委会对《中华人民共和国预算法》《中华人民共和国统计法》《中华人民共和国安全生产法》《中华人民共和国公路法》《计划生育技术服务管理条例》《粮食流通条例》等 10 部法律、法规执行情况进行 8 次检查，将检查中发现的问题提出意见反馈到有关部门，并跟踪问效。

二、人事任免

第二届人民代表大会第二次会议至第六届人民代表大会第三次会议期间，区（市）人大常委会先后任命代区（市）长 5 人，副区（市）长 21 人；任命人大各委办主任、副主任 25 人；任命政府办、委、局正科级干部 145 人；任命区（市）人民法院院长 8 人，审判委员会委员、副院长、正副庭长、审判员 183 人；任命区（市）人民检察院代检察长 7 人，检察委员会委员、副检察长、检察员 72 人。依法接受副区（市）长辞呈 16 人；免去人大各委办主任、副主任 14 人，政府办、委、局科级干部 91 人，法院科级干部 114 人，检察院科级干部 31 人。先后评议有关部门和单位负责人 23 人，递交述职报告 55 人。

三、组织代表视察、调查

第二届人民代表大会第二次会议至第六届人民代表大会第三次会议期间，人大常委会组织省、市、区人大代表主要对企业改革、农业产业化经营、农村小康建设、农村医疗卫生发展、项目建设、为民办实事情况、法律法规执行等开展 22 次视察、调查，写出调查报告 400 多份，为促进“一府两院”工作提供依据。1993 年，市人大常委会组织人大代表对贯彻实施《农民承担费用和劳务管理条例》和农业产业结构调整的情况进行调查，提出进一步减轻农民负担、发展优质经济林、规模养殖、连片种植经济作物等 4 条意见、建议。清理、废止涉农负担的文件 25 个，取消 21 项由农民出物、出工、出钱的达标活动和 32 个集资摊派项目。1998 年，市人大常委会组织部分省、市人大代表对旧城改造、治理城市脏乱差工作进行视察，向有关部门提出关于建筑市场管理、旧城改造、城市脏乱差治理等意见、建议 10 条，促进建筑业的健康发展和旧城改造三年规划的顺利实施。2009 年，区人大常委会先后组织部分市、区人大代表对政府承诺为民办的“十件实事”落实情况进行视察、调研，并跟踪问效，督促落实。

四、工作评议

2004 年，区人大常委会对区公安局、水利局、城建局、计生局、财政局等部门进行述职评议，召开述职测评大会 10 场（次），发放征求意见表 1000 多份，分别与被评议机关 2/3 以上干部进行谈话。2008 年，区人大常委会对教育局、计生局、安监局进行述职评议，召开座谈会 3 场（次），参加评议干部职工、人大代表 400 多人，听取审议被评议对象的工作报告。

凉州区人大常委会评议教育工作测评会

五、代表议案、意见、建议办理

第二届人民代表大会第二次会议至第六届人民代表大会第三次会议期间，人大代表围绕生态环境保护、土地管理、教育卫生、农村电网改造、劳动保险、财政金融、社会治安、工业园区建设、城市居民医疗报销、新农村建设、石羊河流域重点治理、设施农业建设等方面，累计提出议案 65 件，意见建议 537 件。人大常委会按照“分级负责，归口管理”的原则，转交政府和有关部门办理。

六、信访办理

市三届人大常委会五年来接待来信来访 4820 件（次），督办 4232 件（次），办结率 87.8%。市四届人大常委会五年来，受理来信 1124 件（次），办理 1071 件（次），办结率 95.3%，接待来访 3125 人（次）。区五届人大常委会五年来接待来信来访 235 件，其中省、市转来 17 件（次），转办率为

100%，答复率为 100%，办结率 74%。2004 年，区人大常委会组织 14 个部门在文化广场开展法律宣传、信访接待活动。2007 年，区人大常委会督促法院清理执行信访积案 110 件，办结 78 件。2009 年，接待来访群众 95 批 111 人（次），受理人民群众来信 101 件，其中省、市人大交办 21 件，及时转交有关部门处理，办结率达 100%。

第四节　基层人大组织

一、乡镇人大主席团

1990 年开始，武威市在各乡、镇人大主席团设立专职常务主席，并配备一名做人大工作为主的兼职工作人员。至 2009 年，全区在 19 个镇、18 个乡配备了人民代表大会主席。

根据相关法律，各乡镇人民代表大会每年至少召开 1 次，代表听取和审议本级政府的政府工作报告，审议上年度财政预算执行情况和本年度财政预算报告，形成关于人大工作、政府工作以及财政预决算报告的决议；选举人民代表大会主席，选举乡长、副乡长，镇长、副镇长；对本级政府辖区内的经济、文化、社会发展计划和问题，提出相应的议案和意见建议。

乡镇人民代表大会主席团由本级人民代表大会通过选举产生。主席团主持召开代表大会，在会议期间行使职权。乡镇人大主席团设主席 1 名，任期与大会任期相同，在大会闭会期间负责组织代表学习、宣传法律法规，联系代表，组织执法检查、视察、调研，督促议案和建议意见办理，反映代表和群众对本级人民政府工作的意见建议，做好下次人民代表的准备工作。

二、人民代表大会联络处

2006 年 1 月，设立东大街、东关街、西大街、西关街、火车站街、荣华街人民代表大会联络处。2006 年 8 月，设立九墩滩生态建设指挥部人民代表大会联络处。截至 2009 年 9 月，全区在东大街、东关街、西大街、西关街、火车站街、荣华街 6 个街道和九墩滩生态建设指挥部配备了人民代表大会联络处主任。

第五节　人大代表选举

一、区人大代表选举

第三届人民代表大会代表选举　1991 年 11 月 11 日开始，12 月 30 日结束。划分选举市人大代表选区 162 个，乡镇人大代表选区 808 个，登记选民 575826 人。选民直接选出市人大代表 392 名，选出乡镇人大代表 2230 名。

第四届人民代表大会代表选举　1997 年，选举产生市人大代表 305 名（缺额 1 名），其中工人代表 25 名，农民代表 118 名，知识分子、科技人员代表 26 名，干部代表 124 名，解放军代表 4 名，其他代表 8 名。代表中妇女代表 62 名，少数民族代表 5 名。

第五届人民代表大会代表选举　2002 年 11 月 18 日，参加投票选举的选民 635610 人，参选率为 98.6%。选出区人大代表 306 名，其中干部代表 127 名，农民代表 89 名，知识分子代表 19 名，工人代表 17 名，解放军代表 4 名。代表中妇女代表 53 名，少数民族代表 8 名，其他代表 50 名。

第六届人民代表大会代表选举　2006年11月20日开始，参加投票选举的选民627640人，参选率为97.7%，选出区人大代表306名，其中干部代表124名，农（居）民代表120名，知识分子代表19名，工人及民营工商企业界代表39名，解放军代表4名；妇女代表61名，党员代表247名，民主党派代表4名，少数民族代表7名。

二、乡镇人大代表选举

乡镇人民代表大会代表由选民直接选举产生，每届任期3年。2001年后，每届任期改为5年。自1990—2009年，乡镇共进行过5次换届选举工作。

第二章　凉州区（武威市）人民政府

第一节　政府工作机构

1990年，武威市政府工作机构设办公室、经济技术协作办公室、市容整治指挥部办公室、市志编纂委员会办公室、人民防空办公室、人民来信来访办公室、计划委员会、经济贸易委员会、教育委员会、农业委员会、城乡建设环境保护委员会、科学技术委员会、体育运动委员会、物价委员会、民政局、人事局、劳动局、监察局、司法局、法制局、公安局、统计局、审计局、财政局、税务局、商业局、粮食局、物资局、工商行政管理局、土地管理局、文化局、卫生局、计划生育局、广播电视局、档案局、民族宗教局、农牧局、林业局、水电局、农机局、二轻工业局、乡镇企业管理局、中国人民银行武威市支行、中国工商银行武威市支行、中国农业银行武威市支行、中国人民保险公司武威市支公司、供销合作社联合社47个工作机构。

1991年7月，武威市经济体制改革委员会办公室更名为武威市经济体制改革委员会，隶属市政府。8月，地震办公室更名为地震局，隶属市政府。

1993年7月，供销合作社联合社更名为供销合作总社；8月，税务局分设为国家税务局和地方税务局；12月，水利电力局分设为水利局和电力局，市容整治指挥部办公室更名为城市管理委员会办公室。1995年3月，成立市旅游局，为事业单位，隶属市政府办公室管理。

1996年5月，撤销文化局、体育运动委员会，组建市文化体育局。

1997年1月，地区人防办与市人防办合署办公，一个机构两块牌子。11月，根据市委、市政府《关于党群政机构设置的通知》精神，将市政府工作机构由45个精减为27个，即办公室、计划委员会、经济贸易委员会、农业委员会、教育委员会、科学技术委员会、公安局、监察局、民政局、司法局、财政局、人事局、机构编制委员会办公室（不占机构限额）、劳动局、城乡建设局、环境保护局、水利局、农牧局、林业局、卫生局、计划生育委员会、文化体育局、审计局、统计局、地方税务局（不占机构限额）、工商行政管理局、土地管理局、乡镇企业管理局、粮食局。档案局、广播电视局和农业机械管理局改为事业单位；法制局、外事办公室、侨务办公室职能并入市政府办公室，保留法制局、外事办公室、侨务办公室牌子；旅游局、市志编纂委员会办公室归口市政府办公室管理，撤销接待办公室、机关行政事务管理室；物价委员会改为物价局，并入计划委员会；地质矿产局职能并入计划委员会，保留地质矿产局的牌子；经济项目办公室改为事业单位，归口计划委员会管理；撤销经济委员会，组建经济贸易委员会，加挂交通局的牌子；经济体制改革委员会、技术监督局并入经济贸易委员会，保留经济体制改革委员会、技术监督局的牌子；撤销物资局、商业局、二轻局，将其改为经济实体，行政职能并入经济贸易委员会；农建指挥部、扶贫办公室并入农业委员会；地震局归口科学技术委员会管理；老龄委员会改为老龄协会，职能并入民政局；国有资产管理局职能并入财政局，保留国有资产管理局的牌子；撤销城乡建设环境保护委员会，组建城乡建设局、环境保护局；绿化委员会办公室并入林业局，保留绿化委员会办公室的牌子；爱国卫生运动委员会办公室并入卫生局，保留爱国卫生运动委员会办公室的牌子；撤销计划生育局，组建计划生育委员会。

2000 年 8 月，成立蔬菜产业局。11 月，成立招商局。

2002 年，根据区委、区政府《关于党群政机构设置的通知》的精神，区政府设 26 个工作部门，即：办公室、发展计划局、经济贸易局、农业委员会、教育局、科学技术局、公安局、监察局（与区纪律检查委员会合署办公，不占机构限额）、民政局、司法局、财政局、人事局、机构编制委员会办公室（与人事局合署办公，不占机构限额）、劳动和社会保障局、城乡建设局、环境保护局、水利局、农牧局、林业局、卫生局、计划生育局、文化体育局、审计局、统计局、国土资源局、乡镇企业管理局、粮食局、民族宗教局；区政府直属单位 5 个，即法制局、物价局、交通局、经济体制改革办公室、信访办公室（与区委信访办公室合署办公）；区政府直属事业单位 13 个，即，农业机械局、广播电影电视局、电力局、地震局、蔬菜产业局、残疾人联合会、旅游局、招商局、项目办公室（挂靠发展计划局）、非公有制经济发展局（挂靠经贸局）、安全生产监督管理局与安委会办公室合署办公（挂靠经贸局）、区志编纂委员会办公室、武威黄羊绿色食品科技示范区管理委员会。外事办公室、侨务办公室职能并入政府办公室，保留外事办公室、侨务办公室的牌子。农业综合开发办公室、扶贫办公室并入农业委员会，保留农业综合开发办公室、扶贫办公室的牌子。老龄委员会办公室归口民政局管理。区委法制宣传领导小组办公室与司法局合署办公。国有资产管理局职能并入财政局，保留国有资产管理局的牌子。绿化委员会办公室并入林业局，保留绿化委员会办公室的牌子。爱国卫生运动委员会办公室并入卫生局，保留爱国卫生运动委员会办公室的牌子。撤销计划委员会，组建发展计划局；撤销经济贸易委员会，组建经济贸易局；撤销教育委员会，组建教育局；撤销科学技术委员会，组建科学技术局；撤销土地管理局、地质矿产局，组建国土资源局；撤销经济体制改革委员会，组建经济体制改革办公室；撤销经济协作办公室，职能并入招商局。

2002 年 12 月，成立武威城东工业区管理委员会、武威城东生态农业观光旅游区管理委员会。

2004 年 8 月，安监局单设，不再挂靠区经贸局，为区政府工作部门；计划生育局更名为人口和计划生育局；发展计划局更名为发展和改革局，撤销经济体制改革办公室，职能并入发展和改革局。

2006 年 6 月，成立药监局。8 月，区国土局移交市政府管理，国土局实行派出制，更名为武威市国土局凉州分局。9 月，武威黄羊绿色食品科技示范区管理委员会更名为甘肃黄羊食品工业城管理委员会，12 月，更名为黄羊工业园区管委会。10 月，武威城东工业区管理委员会更名为甘肃武威工业园区管理委员会。

2007 年 2 月，成立石羊河流域综合治理凉州区工程建设管理局、凉州区商务局。9 月，农业委员会更名为农业办公室，由区政府工作部门序列调整为区政府直属机构；交通局调整为区政府工作部门；蔬菜产业局更名为区蔬菜产业办公室，由区政府直属机构调整为区农牧局管理；中小企业局、经济贸易局、乡镇企业管理局和非公经济发展局合署办公，撤销武威城东生态农业观光旅游管理委员会。11 月，水利局更名为水务局。12 月，成立武威金太阳新能源高新技术集中区管委会。

2009 年底，区政府设办公室、发展和改革局、教育局、科技局、公安局、监察局（不占机构编制个数)、民政局、司法局、财政局、人事局（编办)、劳动和社会保障局、城建局、环保局、水务局、农牧局、林业局、卫生局、人口和计划生育局、文体局、审计局、统计局、中小企业局（经贸局、乡镇企业管理局、非公经济发展局)、粮食局、安监局、民族宗教局、交通局25个工作部门，法制局、物价局、农办3个直属机构，农机局、广电局、旅游局、招商局、项目办、商务局、地震局、电力局、石羊河流域综合治理凉州区工程建设管理局、甘肃武威工业园区管委会、黄羊工业园区管委会、金太阳新能源高新技术集中区管委会12个直属事业单位。

1990—2009年凉州区（武威市）政府区（市）长、副区（市）长名录一览表

表5-2-1

届　别	姓　名	籍　贯	职　务	任职时间
第二届	李宁平	陕西省神木县	市　长	1990.1 — 1992.1
	俞存乃	甘肃省武威市	副市长	1990.1 — 1992.1
	夏振寿	江苏省泰州市	副市长	1990.1 — 1992.1
	吴人瑞	甘肃省武威市	副市长	1990.1 — 1990.2
	蔡云山	甘肃省武威市	副市长	1990.1 — 1992.1
	何吉元	甘肃省武威市	副市长	1990.1 — 1992.1
	孙升元	甘肃省武威市	副市长	1990.1 — 1992.1
第三届	俞存乃	甘肃省武威市	市　长	1992.1 — 1994.6
	田宝忠	甘肃省天水市	代市长	1994.6 — 1995.3
	田宝忠	甘肃省天水市	市　长	1995.3 — 1997.3
	任伯年	河南省沁阳市	代市长	1997.3 — 1997.4
	田宝忠	甘肃省天水市	副市长	1992.1 — 1994.6
	高　杰	山西省山阴县	副市长	1993.4 — 1997.4
	何吉元	甘肃省武威市	副市长	1992.1 — 1993.4
	顾元贵	甘肃省武威市	副市长	1992.1 — 1997.4
	贾成林	甘肃省武威市	副市长	1992.1 — 1997.4
	张立胜	甘肃省武威市	副市长	1992.1 — 1997.4
	曹碧生	甘肃省武威市	副市长	1992.8 — 1995.12
	刘　彦	甘肃省古浪县	副市长	1995.6 — 1997.4
	张　镇	甘肃省会宁县	副市长	1995.6 — 1997.4
	车安宁	陕西省西安市	副市长	1995.12 — 1997.4
第四届	任伯年	河南省沁阳市	市　长	1997.4 — 2001.6
	王　军	甘肃省临洮县	代区（市）长	2001.6 —2001. 9
	王　军	甘肃省临洮县	区　长	2001.9 — 2002.10
	毛生武	甘肃省天祝县	代区长	2002.11 —2002. 12
	刘　彦	甘肃省古浪县	副区（市）长	1997.4 — 2002.1
	张琪海	甘肃省武威市	副区（市）长	1997.4 — 2002.11
	师福学	甘肃省武威市	副区（市）长	1997.4 — 2002.1
	张献庆	甘肃省景泰县	副区（市）长	1997.4 — 2002.11

续表 5-2-1

届 别	姓 名	籍 贯	职 务	任职时间
第四届	蒋　海	甘肃省武威市	副区（市）长	1997.4 — 2002.8
	车安宁	陕西省西安市	副市长	1997.4 — 1998.1
	张　镇	甘肃省宁县	副区（市）长	1997.4 — 2002.10
	庞晓林	—	副区长	2001.8 — 2002.8
	卢小亨	甘肃省通渭县	副区长	2001.9 — 2002.12
	王吉东	甘肃省武威市	副区长	2002.1 — 2002.12
	张祥生	甘肃省民勤县	副区长	2002.1 — 2002.12
第五届	毛生武	甘肃省天祝县	区　长	2002.12 — 2005.7
	张效林	甘肃省临洮县	代区长	2005.7 — 2006.3
	张效林	甘肃省临洮县	区　长	2006.3 — 2006.12
	刘富祯	甘肃省会宁县	副区长	2002.12 — 2005.2
	刘兆祥	甘肃省民勤县	副区长	2002.12 — 2005.2
	卢小亨	甘肃省通渭县	副区长	2002.12 — 2004.2
	陈日清	甘肃省武威市	副区长	2002.12 — 2006.12
	王吉东	甘肃省武威市	副区长	2002.12 — 2006.9
	张祥生	甘肃省民勤县	副区长	2002.12 — 2006.9
	李　斌	—	副区长	2002.12 — 2003.10
	李健斌	甘肃省武威市	副区长	2004.2 — 2006.9
	杨得中	甘肃省民勤县	副区长	2005.2 — 2006.9
	王晓玲	陕西省宝鸡市	副区长	2005.2 — 2006.12
第六届	张效林	甘肃省临洮县	区　长	2006.12 — 2009.12
	王治安	甘肃省古浪县	副区长	2006.12 — 2009.4
	朱星海	甘肃省民勤县	副区长	2006.12 — 2009.12
	陈日清	甘肃省武威市	副区长	2006.12 — 2007.9
	王晓玲	陕西省宝鸡市	副区长	2006.12 — 2009.8
	徐建林	甘肃省武威市	副区长	2006.12 — 2009.8
	邵新革	甘肃省兰州市	副区长	2006.12 — 2009.12
	王永平	内蒙古包头市	副区长	2007.9 — 2009.12
	王以兵	—	副区长	2007.12 — 2009.10
	王卫红	—	副区长	2008.11 — 2009.10
	周鹏飞	江苏省泰州市	副区长	2008.11 — 2009.12
	张志殿	甘肃省古浪县	副区长	2009.8 — 2009.12
	沈忠道	甘肃省民勤县	副区长	2009.10 — 2009.12
	孟灵芝	甘肃省武威市	副区长	2009.10 — 2009.12
	夏文彬	甘肃省山丹县	副区长	2009.12 — 2009.12
	孙　伟	山东省文登县	副区长	2009.12 — 2009.12

第二节　政府重要会议

区政府根据全区经济社会发展和行政决策等需要，实行区政府全体会议、常务会议和区长办公会议制度，讨论决定全区重大事宜。必要时也可召开区长碰头会、联席会、工作协调会议研究具体事宜。

一、政府全体会议

区政府全体会议又称区政府组成人员会议，一般每季度或半年召开一次，由区长或区长委托常务副区长召集和主持，由区长、副区长、区长助理和区政府组成部门负责人共同参加。会议内容一般为传达上级党委、政府和区委、区人大重要指示、决定、决议；讨论决定全区性重大行政措施和重大经济建设、改革与社会发展问题；通报区内外形势，安排部署全局性工作，研究讨论重要议题和阶段性工作；讨论通过其他需经区政府全体会议决定的事项。

二、政府常务会议

政府常务会议由区长、副区长组成，区长或区长委托常务副区长主持，区政府各相关部门（单位）负责人和政府办公室主任、副主任及区法制局局长根据情况列席会议。会议主要讨论决定各乡镇政府、区政府各部门（单位）请示区政府的重要事项；听取重要工作汇报；讨论行政区划调整、临时机构设置、村委会设置与变更、财政收支预算、国民经济与社会发展计划及其他需要常务会议研究决定的事项。

三、区长办公会议

由区长或常务副区长主持召开，区政府办公室主任或副主任及区政府有关部门单位负责人参加，根据需要不定期召开。其主要任务是研究乡镇政府和区政府部门请示决定的一般性事项，安排需要有关部门配合做好的具体工作，讨论决定区长、副区长提请需要会议研究的具体问题，会议结果要形成会议纪要。

区长、副区长也可根据工作需要不定期召开现场办公会、工作协调会，研究解决具体问题。会议由分管具体工作的副区长与区长沟通后决定，会议结果要形成会议纪要。

第三节　政府施政纪略

1990—2009 年是第二届、第三届、第四届、第五届、第六届政府任期。

一、第二届政府（1989—1992）

1989—1991 年，市政府切实加强对农业及农村工作的组织领导，提出发展农村经济的八条基本思路，坚持工业在全市国民经济中的主导地位，努力搞活全民骨干企业。以提高经济效益为中心，努力深化企业改革，把发展城市集体经济作为兴工富市的突破口来抓，多渠道、多形式地兴办集体企业。进行清理在建项目、整顿公司、整顿流通秩序、清理和制止“三乱”等工作。

农业　衬砌渠道 30 条 54.3 公里，完成田间配套 17.3 万亩，平整条田 18.3 万亩，对 50 万亩中低产田初步进行改造，更新改造机井 851 眼，铺设低压输水管道 65.72 公里，控制面积 1.73 万亩，修建人畜饮水管道 40 条 141.3 公里，架设 6~10 千伏农电线路 155.7 公里、低压线路 141.7 公里，改造新建变电所 3 个，进行南营水库二期除险加固工程建设。建成小麦原种、玉米杂交制种、蔬菜良种、父母代种鸡等良种繁育基地 4 个。1991 年深耕、机播和机收面积分别达到 37 万亩、31.4 万亩和 30 万亩。三年共向国家交售商品粮 32322 万公斤，成为全国 100 个交粮大县（市）之一。新增造林面积 9.3 万亩，全市森林覆盖率由 1988 年的 8.5%增加到 9.16%。1991 年全市农业总产值达到 53493.8 万元。

工业 1991 年，全市工业总产值达到 32197 万元（不含村及村以下工业）。全民企业产值达到 15856.7 万元，增长 28.8%，集体企业产值达到 13010 万元，增长 30.1%。白酒、毛线、毛呢、地毯、服装、皮革、原煤、电力、水泥制品和五金制品等主要产品的产量，都有较大幅度的增长。共创部优产品 2 项、省优产品 7 项，优质产品产值率达到 11.54 %，比 1988 年提高 3.1 个百分点。开发新产品 87 项，新产品产值率达 10.3%。新上 100 万套轴承、10 万只包装铁桶、30 万双注塑凉鞋、10 万件高档刺绣衬衫、3300 吨低温烘干挂面、30 万双旅游鞋、500 吨包装纸以及半自动化汽车组装线等 22 个技改项目。进行黄（羊）哈（溪）、武（威）双（城）等道路的建设。新建 HPVC 玻璃纸包装材料生产线、百安灶具厂等 66 个企业。1991 年全市乡镇企业产值达到 2.471 亿元，占计划的 100%，比 1988 年增长 48.8%；组织劳务输出 19.5 万人（次），1991 年劳务总收入达 4062 万元，比 1988 年增长 61%。全市财政收入 1991 年完成 6350.9 万元，占预算的 109.78%，上缴财政 4462.4 万元。

城市建设 完成上下水铺设工程 11.8 公里，铺装道路 32 条，整修巷道 28 条，铺筑油路路面 11.3 万多平方米，新增路灯 193 盏，新建商品房 112 幢 23 万平方米，改建厕所 16 所。城市植树 4756 株，城市绿化覆盖率由 1988 年的 9.2%上升到 12%。加强城市的依法管理和人防工程管护，拆除违章建筑 170 处，修建人防五级工程 650 平方米。重视市容整治工作，进行经常性检查。加强旅游资源的开发、保护和利用，三年接待中外游客 212.3 万人。

社会事业 调整信贷结构，把资金投放的重点放在农业基础建设、农副产品收购、工业和乡镇企业的技术改造、生产启动和其他事业建设上。开展农业、企业财产和人身安全等保险事业，提供 32 个险种的配套服务，使 5.5 亿元的财产、17.6 万人的人身安全得到保险保障，支付赔款 466 万元。全市农民人均纯收入 1991 年达到 505 元。张义山区通过落实扶贫政策，人均收入达到 202 元，人均占有粮食 126 公斤。城市居民生活费收入 1991 年达到 1125 元，比 1988 年净增 363 元。城乡居民储蓄余额达到 5.7 亿元，净增 1.14 亿元。输送各级各类大中专学生 3035 人，培训职业技术人员 10500 多人。修建学校 243 所 11.84 万平方米，改造危房 59906 平方米，购置课桌凳 5827 套。进行东城区“星火”技术密集区的规划和实施工作。从天津、福建、北京、广州、兰州等地的企业和大专院校引进技术 87 项，引进资金 789 万元。加强与新疆等地的横向联合和经济技术协作，与吐鲁番等 5 个城市结为友好市，与十月拖拉机厂等企业和单位达成协作关系和项目 139 个。购置监测仪器和通信设备，加强地震预测预报工作。建成市文化大楼和电视转播台；新建和维修卫生院 21 所、新增床位 145 张。重视体育工作，体育人口达到 27 万多人。1991 年全市计划生育率达到 90.6%，人口自然增长率为 14.04%。

二、第三届政府（1993—1996）

市政府提出以农业为基础，以工业为主导，大力发展乡镇企业，推进科技进步，搞活商品流通，协调发展社会各项事业，发挥城市功能，以工支农，以农促工，以城带乡，城乡互补，促进全市经济和社会的持续、稳定、协调发展。

农业 1993 年，全市粮食总产首次突破 4 亿公斤大关。1996 年，达到 4.31 亿公斤。高效节能日光温室蔬菜面积从无到有，由 1993 年的 110 亩发展到 7800 亩，经济林面积达到 13.3 万亩，规模养殖户发展到 4.2 万户，肉类总产量达到 5.1 万吨。全市投入资金 1.76 亿元，新建、改建各级渠道 1305

公里（其中1996年完成1005公里），平田整地24万亩，改造旧井1086眼，完成农电线路改造1536公里，建成清源和黄羊两个变电所，完成刘沛、于家湾、长城、丰乐四个变电所的增容改造。迁移贫困人口8100人，新上扶贫项目10个，发展养殖大户940户。到1996年有4.6万农户基本达到小康标准。

工业　完成3000吨凉州系列酒、2000吨松鹿系列酒、3000吨凉州熏醋、1000吨食用明胶、1.5万吨水泥等47个工业技术改造项目；新建成5万吨玉米淀粉厂、3万吨稀土复合肥、650吨精细化工、3000吨高频焊管等20个工业项目。中央、省属单位在武威市境内新建3000吨α变性淀粉、3000吨颗粒啤酒花、80吨药用碱、400万平方米纸面石膏板等8个项目。全市有31户工业企业实行兼并和合并。通过实施“33551”工程和名牌战略，开发新产品60项，新产品产值率达18%，先后有26种产品获国家和省部级优质产品称号。形成以武南、高坝、辛家河滩三个开发小区为结点的新型工业长廊；形成以黄羊面粉加工为龙头的面粉加工集散地和以武双路为纽带的工业及商贸综合开发辐射带。1996年全市完成商品总购进98729万元，商品总销售101558万元，社会消费品零售总额67454万元，比1991年增长58.6%、58.1%和70.7%。

项目建设　开展“项目发展年”“项目建设年”“项目效益年”和“发展抓项目，凉州大行动”等活动，组织实施各类项目768项，完成投资85.1亿元，全社会固定资产投资连续四年保持了两位数增长。新建改建通乡通村公路600多公里。广泛开展农田水利基本建设，三座水库除险加固、灌区续建配套、节水改造和人畜饮水等一批水利基础建设项目相继实施，被评为“全国农田水利基本建设先进县（区）”。城乡电网全面改造，教育危改、城乡医疗卫生基础设施、基层司法“两所一庭”和基层政权建设等重点社会事业项目建成并投入使用。高度重视南护水源和北治风沙，启动实施了“三北”四期、荒山造林、风沙治理和退耕还林等生态建设工程。

社会事业　1992年武威市被命名为“省级文明县市”；双拥工作连续三年获得省级“双拥模范城”称号。科技人员承包科技项目94个，开发新产品106种，有84个科研推广项目获得国家、省、地科技进步奖。新建、维修校舍26万平方米，率先完成“两基”达标验收；建成乡镇文化站和文化中心48个，有12个乡镇被省、地评为丝绸之路文化长廊示范点。新建和扩建乡镇卫生院、预防保健所53个，全市计划免疫四苗接种率连续三年实现85%的目标，人口自然增长率控制在7.06‰以内，计划生育率达到88.3%。关停一批污染型小企业，全面推行城市分片集中供暖。广播电视覆盖率达到97.3%和91%。开展清理行政事业单位超编人员，清理预算外资金。发放贴息贷款5095万元，扶持农村支柱产业和企业挖潜改造。1996年全市农民人均纯收入达到1480元，比1991年增加975元；城市居民生活费收入达到2721元，比1991年增加1596元；企业职工年均工资达3965元，比1991年增加2276元；城乡居民储蓄余额达19.4亿元，比1991年增长1.2倍。

三、第四届政府（1997—2001）

市政府坚持以经济建设为中心，树立突出工业、提高农业、搞活第三产业的思想，以工业经济带动农业经济，以城市经济带动农村经济，发挥土地资源、食品加工、人口密集、文化旅游资源丰富等四大优势，实现内调外引、城镇带动和科技兴区三大战略，抓住以工业为龙头，以农村为基础，以乡镇企业为支柱，以非公有制经济为新增长点，加快扶贫奔小康五件大事，把武威建成河西地区农副产品深加工基地，全省较大的商品集散中心和全省文化旅游大区，实现农业大区向经济强区的跨越。

农业　发挥比较优势，推进科技兴农，大力调整农业结构，粮食生产稳定增长，酿造葡萄、日光温室蔬菜、制种等特色产业的规模、效益和科技含量大大提高，成为农业增效、农民增收的重要支柱。以规模养殖为主的牛、羊、猪出栏数量继续提高，规模养殖户进一步扩大；食用菌产业得到较快发展。积极完成造林任务，大力开展退耕还林和荒山造林工作；积极组织开展河堤义务植树活动，高标准植树和整修河堤。加大扶贫开发工作力度，继续开展张义三乡搬迁移民工作，脱贫解困工作取得了阶段性成果；积极实施人工降雨作业。农村家庭承包责任制和统分结合的双层经营体制继续得到完善和提高，粮食流通体制、住房制度等方面的改革稳步推进。

工业　紧紧围绕工业强区战略的全面实施，加快技术改造，加大项目建设，加强企业管理，各企业在成本核算、节能降耗、产品质量、新产品开发、安全生产等环节制定了一系列行之有效的管理办法和措施，工业生产保持较好的发展势头，经济效益稳中有升。皇台酒业、荣华实业两个股份制企业集团组建，挂牌运营。以独资经营方式组建武威金蛙车辆制造有限责任公司；关闭污染严重的小煤窑和小造纸企业；市区饮用水源水质、地面水质达标率为 100%，区域环境噪声平均值控制在 55.2 分贝。加强区内外的经济技术合作，与日本国秋田县鹿角市、新疆昌吉市、江苏溧水县等建立了友好城市关系，初步形成全方位开放的格局。至 2002 年，全区工业增加值完成 11.1 亿元，同比增长 35.83%。

项目建设　对境内的八条主干道全面进行绿化美化，完成黄羊总干改造、洪祥变电所和南营水库除险加固扫尾工程。城东经济小区已被列为国家级星火密集区。西营灌区续建配套与节水改造项目工程全部完成并投入运行；黄羊灌区节水增效示范项目竣工；西营水库除险加固工程进展顺利。农村电网改造已争取省上立项投资，农村电气化达标工作顺利通过验收。330 千伏凉州送变电工程施工进展顺利，变电站土建工程完工。皇台（集团）万吨葡萄酒生产线、武酒集团马铃薯颗粒全粉生产线、青岛海牛轮胎公司年产 6 万套汽车外胎生产线、荣华集团 10 万吨玉米淀粉扩建、万吨乳酸、万吨赖氨酸、10 万吨饲料、污水处理等项目相继建成并投入生产。青年巷小学、武威五中、中坝中学、南园小学、红星小学等教学楼建设已完工并投入使用。截河坝国家储备粮库项目建设工程全部完工。建成白塔寺（一期修复工程）、天梯山石窟陈列馆、西宁王碑亭等旅游项目。组织参加北京、西安、兰州等一系列经贸洽谈会议，组团赴上海、浙江、广东、福建、宁夏、陕西、河南、新疆等地考察学习，引进各类项目。组团参加广州博览会、全国乡镇企业经贸洽谈会、兰洽会等重大节会，组织参加甘肃武威首届“天马”国际文化旅游节暨经贸洽谈会的各项活动。

社会事业　科技工作以引进示范高新技术、推广普及实用技术为重点，推广落实农业科技项目和工业科技项目。进一步巩固和发展“普九”成果，教师康居工程建设受到省政府的奖励；完成职业中专、西苑小学、会馆巷小学教学楼等重点建设工程；顺利完成“三五”普法教育工作。对文化市场、农资市场、种子市场、粮食收购、烟花爆竹市场、成品油市场和零用品市场等进行专项治理；对北大街、东大街、和平街等主干道和重点区域进行改造；拓宽道路，拆除危旧房屋，搬迁安置单位和居民。《武威市志》出版发行，编写制作了一批宣传武威的书刊和光盘。市医院门诊大楼开工修建。农村改水改厕、合作医疗推广以及乡镇卫生院建设有了新的进展；人口与计划生育任务全面完成。新建西夏博物馆，复建南城门楼；天梯山石窟完成一期修复工程并对外开放；白塔寺被列为国家文物重点恢复建设项目，顺利完成考古发掘、整理工作；罗什寺建设前期工作完成。获得全国第五次人口普查、审计工作、残疾人事业先进集体和全省发展非公有制经济先进单位等多项荣誉称号。推行城市分片集中供暖，环境污染得到有效治理。组织开展政务公开、村务公开及厂务公开活动，坚决清理“三乱”现象。增加办案经费，充实公检法队伍，组织开展扫黄打非、禁毒等系列专项严打活动，完成公安局、检察院、法院办公大楼和看守所、戒毒所的搬迁与建设，组建“110”报警服务队和防暴警察大队。环境保护、土地管理、民政双拥、防震减灾、文化体育、外事侨务、民族宗教、人事档案、统计审计、金融保险、气象预报等方面的工作都有新的发展。

四、第五届政府（2002—2006）

区人民政府以加快发展为主题，以项目建设为重点，加快经济结构的战略性调整，大力推进农业产业化进程，全力实施“工业强区”战略，积极发展循环经济，国民经济快速发展，社会事业全面进步，人民生活不断改善，全面完成了“十五”计划和区五届人大一次会议确定的各项任务。

国民经济　2006年，实现生产总值93.52亿元，比2002年翻了一番，提前一年实现区五届人大一次会议提出的奋斗目标。大口径财政收入预计完成39001万元，一般预算收入预计完成11300万元，基本实现与生产总值同步增长。对黄羊、城东两个生态工业园区进行整体规划，对玉米淀粉、酒类酿造等10个产业进行生态产业链网设计。确定20家企业先行推行清洁生产，23户企业通过质量管理体系（ISO 9001）认证，5户企业通过环境管理体系（ISO 14001）认证，26个工业产品通过绿色认证。推进沙产业暨循环农业示范园区、生态文明小康示范村等项目建设。广泛开展绿色单位创建活动，有24家单位分别被评为省、市和区级绿色单位。农业产业化龙头企业达到120多家，培育和扶持各类专业合作组织82家。无公害生产面积达到83万亩，12个农产品通过了绿色认证，“天梯山”牌人参果顺利通过国家有机食品认证。输转城乡劳动力72.1万人（次），劳务收入20.5亿元。城镇化水平提高8.3个百分点，新建和改造小康住宅4万余户。玉米淀粉、面粉加工、酿造酒业、调味品加工、畜产品加工、绿色果蔬贮运及加工、造纸印刷包装、亚麻纺织、医药化工、建筑建材十大循环型产业体系初具规模。2006年实现工业增加值29.7亿元，比2002年增加15.9亿元，综合效益指数达107%，比2002年提高20个百分点。实现社会消费品零售总额20.9亿元，是2002年的1.2倍。第三产业增加值达到40亿元，比2002年增长53.5%。重视旅游配套设施建设，编制完成《凉州旅游发展总体规划》。

综合改革　对134户国有集体企业进行改制重组，以产权制度改革为主体的企业改制总体完成，盘活存量资产19.8亿元，处理企业债务15.4亿元，置换安置职工2.9万人。皇台、荣华股权分置改革顺利完成；对244户乡镇集体企业采取“整体出售、一步到位”的办法进行改制，盘活存量资产3.1亿元。非公有制经济组织达到2万多个，从业人员超过15万人，荣获“全省非公有制经济先进县（区）”称号。加快推进政府机构改革和职能转变，完成乡镇撤并和1438个事业单位的改革。精简审批事项225项。依托“天马”文化旅游节等平台，引进并建成各类招商项目117项。

项目建设　组织实施各类项目768项，完成投资85.1亿元，全社会固定资产投资连续四年保持两位数增长。新建改建通乡通村公路600多公里。广泛开展农田水利基本建设，三座水库除险加固、灌区续建配套、节水改造和人畜饮水等一批水利基础建设项目相继实施，被评为“全国农田水利基本建设先进县（区）”。城乡电网全面改造，教育危改、城乡医疗卫生基础设施、基层司法“两所一庭”和基层政权建设等重点社会事业项目建成并投入使用。启动实施“三北”四期、荒山造林、风沙治理和退耕还林等生态建设工程。

社会事业　城镇居民收入达到7266元，年均增长7.9%；农民人均纯收入预计达到3820元，年均增长9.7%；居民储蓄存款余额年均增长16%。实施“五险合一”试点工作，覆盖面进一步扩大。连续三次提高低保标准，农村“五保户”全部纳入财政供养范围。城镇“零就业”家庭就业援助工作全面展开；切实做好救济救灾和受灾群众安置工作，累计发放救灾资金800多万元。新型农村合作医疗试点工作健康推进，参合面达85.1%。落实“两免一补”政策，加大贫困家庭学生救助力度。突发公共卫生事件应急机制、疾病预防控制体系和卫生监督体系全面建立。人口和计划生育工作健康发展，顺利通过省级优质服务区验收。完成第一次全国经济普查和人口抽样调查任务。“打防控”一体化治安防范体系不断健全，被评为“全省平安创建活动先进县（区）”。开展“双拥”共建活动，第六次获得“全省双拥模范城”称号。

五、第六届政府（2007—2009）

区政府以石羊河流域综合治理为主线，坚持工业强区战略不动摇，坚持发展抓项目不动摇，坚持发展循环经济不动摇，加快社会主义新农村和全面小康社会的建设进程，加快和谐凉州的建设步伐。

新农村建设　组建成立兴牧担保公司和兴农担保中心；引进荷兰瑞克斯旺、宁夏晨曦等知名种苗公司；率先在全省实施农村信息化建设工程。推进省、市、区确定的50个新农村试点村建设，从政策、资金、项目上加大对示范村的扶持力度。建成通乡通村公路及园区道路301公里，改建斗农渠405公里，新增农村沼气用户2500户。发展劳务经济、输转城乡富余劳动力、推进扶贫开发和搬迁移民等工作成效显著。关闭机井，压减耕地，削减地下水开采，积极向下游调水。安装地下水智能化计量设施，全区农灌用电量、农业用水量同比减少，水电联动、水电共管机制初步建立。新建日光温室、养殖暖棚和拱型温室亩数进一步扩大。加大生态建设保护力度，进一步开展人工造林、义务植树、封山（沙）育林（草）、通道绿化和农田林网更新改造等工作。

工业　拓宽融资渠道，组建成立兴工担保公司，银隆小额贷款公司落户凉州。皇台、武酒、全圣纸业等重点骨干企业生产经营趋向好转。重点企业污水处理达标排放，全区万元GDP能耗、万元GDP电耗、规模以上工业企业万元增加值能耗以及主要污染物、工业固体废物排放量均在控制指标以内。荣华公司12万吨谷氨酸生产线、红太阳面粉厂4万吨挂面生产线、赫原生物制品公司5000吨结晶木糖、赛诺公司4万吨番茄加工等一批重点工业项目相继建成投产；天祥公司肉类屠宰及深加工项目和达利公司1万吨小食品生产线、20万吨饮料生产线、1.5万吨马铃薯颗粒全粉生产线等一批新建项目进展顺利。武威、黄羊两个省级工业园区被列为全省循环经济示范园区，凉州区被列为全省第一个循环经济试点区（县）。达利公司污水处理和中水回用工程投入试运营，首次采取资本运营BOT方式建立的武威、黄羊两个工业园区污水处理项目顺利开工。

项目建设　武威肿瘤医院大楼、天乙生态园、戒毒康复中心和武威七中、八中及兴宇职业技术学校教学楼等一批社会事业项目实施。灌区节水改造、农村电网改造、道路建设等一批基础设施建设项目进展良好；完成天马大道建设工程。申报争取新增国债项目，筛选上报项目294项。引进大禹公司节水灌溉材料生产线、雨润集团智能化种猪研究所等一批重大项目，签约招商引资项目40项。城乡医疗卫生基础设施、基层“两所一庭”、城乡电网改造等一批基础设施建设项目进展良好。引进江苏雨润肉类屠宰加工、杭州汇能生物发酵、浙江锦厦房地产开发等一批重大项目。完成西营河专用输水渠主体工程，开展重点治理中期评估，编制完成《节水型社会建设规划》，积极推进35个农业综合节水示范点建设。天祥肉类屠宰及深加工、西营三沟二级水电站等一批重点项目建成投产，西营三沟三级水电站、双窑湾一号水电站、杂木寺水电站等重点续建项目有序推进。甘电投100吨多晶硅及太阳能综合开发、威龙10万吨葡萄酒堡、达利三期扩建等一批重大项目开工建设。节能减排年度目标全面完成，万元GDP能耗同比下降4.8%，二氧化硫和化学需氧量排放分别削减1651吨和422吨。

社会事业　完善农村义务教育经费保障机制，高考成绩上线率继续提高；加快中小学布局结构调整，整合职业教育资源，建成标准化初中和中心小学50所。乡镇文化站、农家书屋、农村儿童留守之家启动建设。全国第三次文物普查有序开展。设立“达利集团许世辉教育基金”，落实“两免一补”政策。城区中小学实行划片招生，初中免试就近入学。健全完善公共卫生服务体系，乡镇卫生院人员工资由财政全额供给；落实计划生育各项奖励优惠政策。完成中心卫生院的规范化建设和标准化村卫生所的建设；城镇居民基本医疗保险参保率和新型农村合作医疗农民参合率继续提高。在高校毕业生中公开招聘事业单位工作人员，分配“三支一扶”人员、“进村（社区）”人员。解决怀安、西营、古城、黄羊等乡镇19个村3万多人的饮水安全问题；解决城区部分低收入家庭住房困难；建成廉租住房144套、经济适用房60套。完善区、乡、村三级农业科技服务体系。新建牛祁公路、金中公路等3条通乡公路和48条通村公路。建成39个乡镇体育活动站、100个村级篮球场和130个农家书屋；广播电视信号无线覆盖率达到98%，数字微波信号覆盖率达到95%。举办“迎奥运、庆五一”全区第一届职工运动会；完成第六届“天马”节会的各项工作任务。组织实施“万村千乡市场工程”

“双百市场工程”“退市还路工程” 和 “以奖代补” 建设项目，共新建、续建、改造提升各类市场25个。

第三章　政协凉州区（武威市）委员会

第一节　历届政协委员会

一、政协武威市第二届委员会

第二次会议　1990年3月1—6日召开，出席委员110人，列席26人。会议听取并审议《关于市政协二届一次会议以来常务委员会工作报告》和《关于市政协二届一次会议以来提案办理情况的报告》，并作出相应决议。与会委员列席市二届二次人代会第一次大会，听取并讨论《政府工作报告》及有关报告。

第三次会议　1991年3月1—6日召开，出席委员120人，列席29人。会议听取并审议《关于市政协二届二次会议以来常务委员会工作报告》和《关于市政协二届二次会议以来提案办理情况的报告》，并作出相应决议。与会委员列席市二届三次人代会第一次大会，听取并讨论《政府工作报告》及有关报告。

二、政协武威市第三届委员会

第一次会议　1992年1月17—23日召开，出席委员135人，列席15人。会议听取并审议《关于市政协二届常务委员会工作报告》和《关于市政协二届三次会议以来提案办理情况的报告》，并作出相应决议。与会委员列席市三届一次人代会第一次大会，听取并讨论《政府工作报告》及有关报告。会议选举周大寿为政协武威市第三届委员会主席，谢俊、杜仲寿、白玉珍、段静容（女）、李良国、姚明香为副主席。

第二次会议　1993年3月2—6日召开，出席委员136人，列席15人。会议听取并审议《关于市政协三届一次会议以来常务委员会工作报告》和《关于市政协三届一次会议以来提案办理情况的报告》，并作出相应决议。与会委员列席市三届二次人代会第一次大会，听取并讨论《政府工作报告》及有关报告。会议增选郭怀发为政协武威市第三届委员会副主席，选举赵多斌为政协武威市第三届委员会秘书长。

第三次会议　1994年1月19—22日召开，出席委员130人，列席23人。会议听取并审议《关于市政协三届二次会议以来常务委员会工作报告》和《关于市政协三届二次会议以来提案办理情况的报告》，并作出相应决议。与会委员列席市三届三次人代会第一次大会，听取并讨论《政府工作报告》及有关报告。

第四次会议　1995年2月24日至3月1日召开，出席委员148人，列席21人。会议听取并审议《关于市政协三届三次会议以来常务委员会工作报告》和《关于市政协三届三次会议以来提案办理情况的报告》，并作出相应决议。与会委员列席市三届四次人代会第一次大会，听取并讨论《政府工作报告》及有关报告。会议补选张伯福、邓钰、马序锭为政协武威市第三届委员会副主席。

第五次会议　1996年1月25—29日召开，出席委员146人，列席28人。会议听取并审议《关于市政协三届四次会议以来常务委员会工作报告》和《关于市政协三届四次会议以来提案办理情况的报告》，并作出相应决议。与会委员列席市三届五次人代会第一次大会，听取并讨论《政府工作报告》及有关报告。

三、政协凉州区（武威市）第四届委员会

第一次会议　1997年3月31日至4月5日召开，出席委员145人，列席9人。会议听取并审议《关于市政协三届常务委员会工作报告》和《关于市政协三届五次会议以来提案办理情况的报告》，并作出相应决议。与会委员列席市四届一次人代会第一次大会，听取并讨论《政府工作报告》及有关报告。会议选举张伯福为政协武威市第四届委员会主席，满生先、郭怀发、邓钰、马序锭、蔡林、权学有为副主席，赵多斌为秘书长。

第二次会议　1998年3月31日至4月3日召开，出席委员133人，列席9人。会议听取并审议《关于市政协四届一次会议以来常务委员会工作报告》和《关于市政协四届一次会议以来提案办理情况的报告》，并作出相应决议。与会委员列席市四届二次人代会第一次大会，听取并讨论《政府工作报告》及有关报告。会议补选张兴明为政协武威市第四届委员会副主席。

第三次会议　1999年3月31日至4月2日召开，出席委员145人，列席12人。会议听取并审议《关于市政协四届二次会议以来常务委员会工作报告》和《关于市政协四届二次会议以来提案办理情况的报告》，并作出相应决议。与会委员列席市四届三次人代会第一次大会，听取并讨论《政府工作报告》及有关报告。

第四次会议　2000年2月29日至3月2日召开，出席委员143人，列席13人。会议听取并审议《关于市政协四届三次会议以来常务委员会工作报告》和《关于市政协四届三次会议以来提案办理情况的报告》，并作出相应决议。与会委员列席市四届四次人代会第一次大会，听取并讨论《政府工作报告》及有关报告。会议补选张兰华（女）为政协武威市第四届委员会副主席。

第五次会议　2001年2月28日至3月2日召开，出席委员164人，列席15人。会议听取并审议《关于市政协四届四次会议以来常务委员会工作报告》和《关于市政协四届四次会议以来提案办理情况的报告》，并作出相应决议。与会委员列席市四届五次人代会第一次大会，听取并讨论《政府工作报告》及有关报告。

第六次会议　2001年8月3日召开，出席委员111人、列席9人。会议听取凉州区政府上半年工作通报，补选蒲龙为政协凉州区第四届委员会副主席。

第七次会议　2002年6月12日召开，出席委员139人。区政协副主席满生先代表区政协常委会通报了政协工作情况；听取了凉州区政府工作情况通报。会议补选师福学为政协武威市凉州区第四届委员会主席，补选靳开成、张严德、张承潜、释理智为政协凉州区第四届委员会副主席。

四、政协凉州区第五届委员会

第一次会议　2002年12月2—5日召开，出席委员165人，列席10人。会议听取并审议《关于区政协四届常务委员会工作报告》和《关于区政协四届七次会议以来提案办理情况的报告》，并作出相应决议。与会委员列席区五届一次人代会第一次大会，听取并讨论《政府工作报告》及有关报告。会议选举师福学为政协凉州区第五届委员会主席，权学有、张兴明、蒲龙、张严德、张承潜、释理智、蔡凤琴（女）为副主席，赵多斌为秘书长。

第二次会议　2004年2月23—25日召开，出席委员171人、列席9人。会议听取并审议《关于区政协五届一次会议以来常务委员会工作报告》和《关于区政协五届一次会议以来提案办理情况的报

告》，并作出相应决议。与会委员列席区五届二次人代会第一次大会，听取并讨论《政府工作报告》及有关报告。会议补选刘珺为政协凉州区第五届委员会常务委员。

第三次会议　2005 年 3 月 5—7 日召开，出席委员 170 人，会议听取并审议《关于区政协五届二次会议以来常务委员会工作报告》和《关于区政协五届二次会议以来提案办理情况的报告》，并作出相应决议。与会委员列席区五届三次人代会第一次大会，听取并讨论《政府工作报告》及有关报告。会议补选宋力为政协凉州区第五届委员会常务委员。

第四次会议　2006 年 2 月 25—27 日召开，出席委员 175 人，列席 1 人。会议听取并审议《关于区政协五届三次会议以来常务委员会工作报告》和《关于区政协五届三次会议以来提案办理情况的报告》，并作出相应决议。与会委员列席区五届四次人代会第一次大会，听取并讨论《政府工作报告》及有关报告。会议补选宋力为政协凉州区第五届委员会副主席。

五、政协凉州区第六届委员会

第一次会议　2006 年 12 月 21—25 日召开，出席委员 181 人，列席 2 人。会议听取并审议《关于区政协五届常务委员会工作报告》和《关于区政协五届常务委员会提案办理情况的报告》，并作出相应决议。与会委员列席区六届一次人代会第一次大会，听取并讨论《政府工作报告》及有关报告。会议选举刘兆祥为政协凉州区第六届委员会主席，宋力、释理智、周进学、姜学智、蔺雪梅（女）、赵永庆为副主席，王宝发为秘书长。

第二次会议　2007 年 12 月 23—25 日召开，出席委员 185 人，列席 1 人。会议听取并审议《关于区政协六届一次会议以来常务委员会工作报告》和《关于区政协六届一次会议以来提案办理情况的报告》，并作出相应决议。与会委员列席区六届二次人代会第一次大会，听取并讨论《政府工作报告》及有关报告。会议补选孙兰峰、朱建功、刘建平为政协凉州区第六届委员会常务委员。

第三次会议　2009 年 1 月 4—7 日召开，出席委员 190 人，列席 2 人。会议听取并审议《关于区政协六届二次会议以来常务委员会工作报告》和《关于区政协六届二次会议以来提案办理情况的报告》，并作出相应决议。与会委员列席区六届三次人代会第一次大会，听取并讨论《政府工作报告》及有关报告。

1990—2009 年凉州区（武威市）政协主席、副主席名录一览表

表 5-3-1

届　别	姓　名	籍　贯	职　务	任职时间
第二届	徐光明	甘肃省武威市	主　席	1990.1 — 1992.1
	王寿天	甘肃省武威市	副主席	1990.1 — 1992.1
	杜仲寿	甘肃省武威市	副主席	1990.1 — 1992.1
	王　钧	甘肃省武威市	副主席	1990.1 — 1992.1
	周光恩	甘肃省武威市	副主席	1990.1 — 1992.1
	陈作臣	甘肃省武威市	副主席	1990.1 — 1992.1
	白玉珍	甘肃省武威市	副主席	1990.1 — 1992.1
	段静容	甘肃省武威市	副主席	1990.1 — 1992.1
	谢　俊	甘肃省武威市	副主席	1990.1 — 1992.1

续表 5-3-1

届　别	姓　名	籍　贯	职　务	任职时间
第三届	周大寿	甘肃省武威市	主　席	1992.1 — 1997.4
	谢　俊	甘肃省武威市	副主席	1992.1 — 1995.2
	杜仲寿	甘肃省武威市	副主席	1992.1 — 1997.2
	白玉珍	甘肃省武威市	副主席	1992.1 — 1997.4
	段静容	甘肃省武威市	副主席	1992.1 — 1995.2
	李良国	甘肃省武威市	副主席	1992.1 — 1997.4
	姚明香	甘肃省民勤县	副主席	1992.1 — 1996.10
	郭怀发	甘肃省武威市	副主席	1993.3 — 1997.4
	张伯福	甘肃省武威市	副主席	1995.2 — 1997.4
	邓　钰	甘肃省武威市	副主席	1995.2 — 1997.4
	马序锭	甘肃省民勤县	副主席	1995.2 — 1997.4
第四届	张伯福	甘肃省武威市	主　席	1997.4 — 2002.6
	师福学	甘肃省武威市	主　席	2002.6 — 2002.12
	满生先	甘肃省武威市	副主席	1997.4 — 2002.12
	邓　钰	甘肃省武威市	副主席	1997.4 — 2001.11
	马序锭	甘肃省民勤县	副主席	1997.4 — 2002.9
	郭怀发	甘肃省武威市	副主席	1997.4 — 2001.2
	蔡　林	甘肃省武威市	副主席	1997.4 — 2002.12
	权学有	甘肃省武威市	副主席	1997.4 — 2002.12
	张兴明	甘肃省武威市	副主席	1998.4 — 2002.12
	张兰华	甘肃省甘谷县	副主席	2000.3 — 2002.12
	蒲　龙	甘肃省武山县	副主席	2001.8 — 2002.12
	靳开成	甘肃省武威市	副主席	2002.6 — 2002.12
	张严德	甘肃省武威市	副主席	2002.6 — 2002.12
	张承潜	甘肃省景泰县	副主席	2002.6 — 2002.12
	释理智	甘肃省武威市	副主席	2002.6 — 2002.12
第五届	师福学	甘肃省武威市	主　席	2002.12 — 2006.12
	权学有	甘肃省武威市	副主席	2002.12 — 2006.2
	张兴明	甘肃省武威市	副主席	2002.12 — 2006.2
	蒲　龙	甘肃省武威市	副主席	2002.12 — 2006.12
	张严德	甘肃省武威市	副主席	2002.12 — 2006.12
	张承潜	甘肃省景泰县	副主席	2002.12 — 2005.3
	释理智	甘肃省武威市	副主席	2002.12 — 2006.12
	蔡凤琴	甘肃省武威市	副主席	2002.12 — 2006.12
	宋　力	甘肃省武威市	副主席	2006.2 — 2006.12

续表 5-3-1

届　别	姓　名	籍　贯	职　务	任职时间
第六届	刘兆祥	甘肃省民勤县	主　席	2006.12 — 2009.12
	宋　力	甘肃省武威市	副主席	2006.12 — 2009.12
	释理智	甘肃省武威市	副主席	2006.12 — 2007.8
	周进学	甘肃省武威市	副主席	2006.12 — 2009.12
	姜学智	甘肃省金昌市	副主席	2006.12 — 2009.12
	蔺雪梅	甘肃省武威市	副主席	2006.12 — 2009.12
	赵永庆	甘肃省武威市	副主席	2006.12 — 2009.12

第二节　政协凉州区常务委员会

一、常务委员会会议

政协凉州区委员会设常务委员会主持会务。常务委员会由政协凉州区委员会主席、副主席、秘书长和常务委员会委员组成，经政协凉州区委员会全体会议选举产生。政协凉州区委员会全体会议根据工作需要和常务委员会组成人员的工作、职务变动情况增选或补选常务委员会成员。常务委员会会议一般每季度举行 1 次，由主席会议拟订会议议程等事宜，提请常委会议决定。会议讨论决定区政协工作中的重大问题，听取区委、区政府及其部门关于凉州区大政方针及经济社会发展中重大问题的报告或说明，并进行协商讨论，提出建议和意见；审议提交政协凉州区委员会全体会议的文件，审查重要建议提案、调查报告和视察报告等。

第二届常务委员会从 1989—1992 年共召开常务会议 20 次，组织专题学习讨论 12 次，听取各项工作汇报 7 次，作出各项决议、决定 5 项，任免机关工作人员 4 次；第三届常务委员会从 1992—1997 年共召开常务会议 26 次，组织专题学习讨论 12 次，听取各项工作汇报 10 次，作出各项决议、决定 18 项，任免机关工作人员 1 次；第四届常务委员会从 1997—2002 年共召开常务会议 25 次，组织专题学习讨论 10 次，听取各项工作汇报 6 次，作出各项决议、决定 17 项，任免机关工作人员 2 次；第五届常务委员会从 2002—2006 年共召开常务会议 18 次，组织专题学习讨论 11 次，听取各项工作汇报 2 次，作出各项决议、决定 9 项，任免机关工作人员 6 次。第六届常务委员会从 2006—2009 年共召开常务会议 12 次，组织专题学习讨论 8 次，听取各项工作汇报 5 次，作出各项决议、决定 5 项，任免机关工作人员 4 次。

二、内设机构

1990 年，政协武威市常务委员会内设办公室、提案法制委员会、经济委员会、农业委员会、祖国统一民族宗教委员会、教科文体委员会、学习宣传文史青年妇女委员会。

1992 年，教科文体委员会更名为宣教委员会，学习宣传文史青年妇女委员会更名为文史资料委员会。

2009 年，政协凉州区委员会内设办公室、提案法制委员会、经济委员会、农业委员会、祖国统一民族宗教委员会、宣教委员会、文史资料委员会。

第三节 政协工作

一、学习工作

自1990年市政协二届二次会议以来，通过召开常委会议、主席会议、专题座谈会、学习报告会和举办委员培训班等多种形式，深入学习中共十四、十五、十六、十七大及历届全会精神等重要文件，重点学习《中共中央关于坚持和完善中国共产党领导的多党合作和政治协商制度的意见》《中共中央关于进一步加强中国共产党领导的多党合作和政治协商制度的意见》《中共中央关于加强人民政协工作的意见》和新修订的《政协章程》，以及全国政协制定的各项规章制度。

二、提案工作

从二届二次会议到六届三次会议期间，共提交提案1853件，经审查立案1222件。按提案类别分，有关经济建设方面的提案532件，占43.5%；教科文卫方面的提案405件，占33.1%；政法、劳动、人事方面的提案227件，占18.6%；统战、政协、民族宗教和其他方面的提案58件，占4.8%。按照提案工作条例和有关制度要求，这些提案分别送交区委、区政府有关部门和区人民法院、检察院和武装部等承办单位办理。对未予立案的作为委员来信转交有关部门研究处理。从办复情况看，通过采取多种形式的办理措施，99%的提案已经办复。先后6次召开提案办理表彰大会，表彰提案办理先进单位38个，先进个人40个，优秀提案者35人。

三、专题调研

政协调研

从二届二次会议到六届三次会议期间，坚持从政协自身特点出发，注重发挥专委会的作用，紧紧围绕区委、区政府不同阶段的中心工作和人民群众普遍关心的热点、难点问题，选准调研项目，组织委员先后就加强“三农”工作，强化农业基础地位、调整产业结构、减轻农民负担、促进农民增收、推动张义山区扶贫开发、实施石羊河流域重点治理、日光温室建设、关井压田、节约用水、深化企业改革、转换经营机制、大力发展非公经济、加大招商引资力度和项目建设、加强财源建设和税收征管、退耕还林和生态环境保护、文化旅游产业发展、文化市场管理、教育体制改革和医疗卫生事业发展和城市居民低保工作等重大问题，深入开展调查研究，形成调研报告47份。部分调研报告被区委批转，许多意见建议得到重视和采纳，有的在《人民政协报》《甘肃日报》《民主协商报》《武威日报》《武威工作》上刊载。

四、委员视察

1990—2009 年，组织政协委员视察 87 次。

1990 年 5 月，组织部分政协委员深入城关镇共和街小学，对小学生课业负担过重的问题进行视察。1992 年 10 月，组织政协委员就贯彻落实《全民所有制工业企业转换经营机制条例》情况，深入市食品厂、大华衬衫厂、武南化工厂等企业进行视察。1999 年 10 月，组织科技教育界和农林经济界政协委员，深入荣华公司玉米淀粉厂、顺心生物化工厂等企业对全市"科技推广年"工作情况进行视察。2002 年 7 月，组织政协部分委员深入城区和农村 28 个乡镇的 47 所中小学、幼儿园和职业学校，对全区教育工作情况进行视察。2003 年 9 月，组织政协委员和提案者，深入环保局、林业局、蔬菜局、工商局、文体局、旅游局等提案承办单位，对提案办理工作进行视察。2009 年 4 月，组织政协部分委员，深入有关企业对全区节能减排工作进行视察。政协委员通过视察向区委、区政府和有关部门提出意见建议，共提交视察报告 34 份，为区委、区政府科学决策提供参考依据。

五、民族工作

围绕贯彻国务院《宗教事务条例》，区政协组织政协委员深入宗教场所，听取和了解宗教工作情况，共同座谈讨论依法加强宗教工作等问题，向党委、政府提出进一步加强宗教工作及宗教活动场所管理等方面的意见建议，协助政府做好宗教事务工作。

六、文史资料工作

1990—2009 年，区政协共征集政协文史资料 320 多篇，130 万多字，编辑刊印《武威文史资料》第 2~6 辑和《凉州文史资料》第 7~8 辑，收编史料稿件 218 篇，121 万余字。

凉州区志

第六编

司法　军事

本编目录

第一章　公安

第一节　机构设置

一、内设机构

1990年，武威市公安局内设行政办公室、政工办公室、政保股、内保股、治保股、预审股、消防股、技术股、行政监察室、法制调研室、居民身份证管理股和后勤装备股，下辖交警队、刑警队、治安队和看守所。

2001年8月，武威市公安局更名为凉州区公安局，凉州区交警大队整体移交武威市公安局管理。

2009年，凉州区公安局内设政工监督室（加挂督察大队牌子）、法制室（负责信访工作）、警务保障室、指挥中心（加挂办公室牌子）、国内安全保卫大队、刑事侦查大队（加挂刑事科学技术鉴定室和刑事科学法医鉴定室牌子）、治安管理大队、禁毒大队（加挂区禁毒委员会办公室牌子）、经济犯罪侦查大队、巡警大队、看守所、治安拘留所、强制戒毒所、解毒康复中心和46个派出所。

二、派出机构

1990年，武威市有派出所26个，其中城区有东街、西街、城郊、火车站、西郊、东关街、胜利街和212大队8个派出所，乡镇有武南、黄羊、张义、古城、谢河、高坝、清源、永昌、丰乐、羊下坝、松树、双城、金羊、大柳和九条岭、黄羊河农场16个派出所，企业派出所2个。

1993年，设立南关派出所。

1995年，设立河东、新华、双树、六坝、洪祥、吴家井、金沙、金塔、中路、下双、清水、上泉、和平、九墩、中坝、韩佐、西营、金山、五和、二坝、校尉、柏树、红星、青林、东河、永丰、庙山、发放、四坝、南营、长城、荣华32个派出所。

1997年，林业派出所设立，同时撤销林业公安派出所。

1998年，设立西大街派出所，撤销南关、城郊和胜利街3个派出所。

1999年，设立上方寺森林派出所，负责林场设施、区内森林资源保护和林区治安管理工作。12月设立东沙窝森林派出所，负责东沙窝保护区内的动植物资源保卫和治安管理工作。2001年，撤地设市后，全区有基层公安派出所59个。

2004年，乡镇撤并后，相应撤并中路、上泉、庙山、校尉、南营、六坝、双树、红星、二坝、青林10个派出所。

2009年，全区共有46个派出所，城区有东大街、西大街、东关街、西关街、火车站街、荣华街

6个派出所，农村有羊下坝、吴家井、武南、黄羊、金羊、和平、高坝、永昌、清源、丰乐、双城、张义、谢河、古城、西营、发放、洪祥、四坝、永丰、中坝、河东、韩佐、新华、金塔、柏树、松树、金山、五和、九墩、下双、金沙、大柳、清水、长城、东河、康宁、西郊、九条岭38个派出所，另设有黄羊河农场、212大队2个治安派出所。

三、队伍

1990年，武威市在册民警305人，其中女民警39人。1992—2000年，全市从警察院校和公安政法院校毕业生、军队转业干部和行政机关工作人员中选拔录用民警227人，民警数量达到493人，其中女民警63人。警力与全市人口的万分比由1992年的3.54增加到2000年的5.04。2001—2009年，凉州区坚持“凡进必考”的原则，考录34人，调入39人，军转21人，招录事业干部91名。至2009年，全区共有民警465人，其中女民警107人。警力与全区人口万分比由2001年的4.09提高到2009年的4.69。

四、警衔评授

1992年，《中华人民共和国人民警察警衔条例》颁布实施。1993年，武威市首次对符合授衔条件的280名警察评授警衔，之后每年对符合条件者评授、调整警衔。1994—2000年，武威市为458名民警调整警衔，给216名民警评授警衔。2001—2009年，凉州区为574名民警评授和调整警衔。2009年，凉州区评授警衔的民警共有386人。

第二节　国内安全保卫

1990年，武威市公安局政保股承担国内安全保卫工作。1997年，更名为政治侦察大队，并设出入境管理办公室，实行两块牌子，一套人马。1999年，更名为国内安全保卫大队。

一、情报信息及处置

1990年后，武威市国内安全保卫工作，主要是搜集各类情报信息，严密注视敌情、政情、社情和外情动态，做好国内安全保卫工作。每逢敏感时期，对全市可能影响政治安定的因素进行全面分析、重点调查和摸排掌握，并深入有关企业和大中专学校掌握了解情况，发现问题，及时制定处置突发事件的预案，按照“区分性质、讲究策略、把握时机、严格执法、冷静稳妥”的基本要求，妥善处置一些因人民内部矛盾引发的群体事件。1991年，严查危害国家安全犯罪，破获3起反动标语案件，依法处理3名案犯。1992年，妥善处置四坝乡天主教徒王某私自收养弃婴16个，企图创办“育婴堂”的严重违法事件。3月，获取反革命组织“民主自由党”（后改为“民心党”）的纲领材料等主要犯罪证据，并彻底查清它的全部犯罪事实。1993年，破获与敌特机关挂钩信件案1起。1994年，依法查处谢河镇道士何某在海藏公园开办“娘娘会”的违法行为。1998年，破获兰州市无业人员林某等12人组织成立的非法组织“红花会”，冒充国家机关工作人员，以搞旧有资产解冻为名，大搞经济诈骗的案件。2000年，依法制止天主教兰州教区地下势力在武威市借“复活节”进行非法聚会活动的预谋。

二、出入境与往来港澳台管理

1990年后，武威市严格遵守《中华人民共和国出境入境管理法》和《中华人民共和国外国人入境出境管理法》。1997年，在公安局设立出入境管理办公室，加强和规范出入境管理工作。1990—2009年，全区累计对来自40多个国家的11735名外国人和31655名港澳台同胞进行登记和管理，查处涉外案件13起，依法为全区申请出境的5539件6346人（次）办理出入境证件。

1990—2009年凉州区出入境与往来港澳台管理情况和受理涉外案件统计表

表6-1-1

项目/年份	入境与港澳台出入往来			出 境		受理涉外案件（个）
	国家和地区（个）	外国人（人）	港澳台同胞（人）	件数（个）	人 数（人）	
1990	32	648	92	10	13	2
1991	26	421	105	10	14	—
1992	25	830	260	11	16	—
1993	34	939	285	9	15	—
1994	27	1096	358	6	8	5
1995	44	1142	1064	—	—	3
1996	28	1317	1499	—	30	1
1997	27	1095	2783	25	33	1
1998	27	1301	5404	—	46	—
1999	30	1164	5941	25	31	1
2000	31	1181	6071	29	43	—
2001	5	21	198	31	31	—
2002	4	90	275	45	45	—
2003	7	93	281	73	73	—
2004	10	43	481	127	135	—
2005	3	31	1203	817	923	—
2006	2	98	3001	1000	1120	—
2007	3	73	1501	1011	1200	—
2008	5	101	450	1100	1285	—
2009	13	51	403	1210	1285	—

三、取缔邪教

1995年，遵照公安部《关于查禁邪教组织工作意见》和最高人民法院《关于依法严厉打击邪教组织违法犯罪活动的通告》，以及“露头就打”的精神，在全市集中开展打击邪教的专项斗争，查获邪教组织“门徒会”“新约教会”“全范围教会”等在境内20个乡镇所设小分会（点）7处、教会28处以及骨干分子70个、参加成员571人，受影响群众1500多人。查获这些邪教组织在天祝、古浪、民勤等地设立的分会点和教会10处、骨干人员21人。

1996年，在全市先后召开公开取缔邪教组织“门徒会”“新约教会”和“全范围教会”的万人大会5次，收容审查骨干分子31人，依法逮捕2人，提请逮捕4人，治安处罚66人，具结登记456人，追缴非法所得1200多元，查缴非法书刊12册，宣传品6份，执事证2份，录音带1盒，以及其他书证、物证等。

1997年，全市查处邪教组织活动案2起，摧毁邪教组织“门徒会”的组织机构61个，3名首要分子被刑事拘留后逮捕，30人给予治安处罚，21人给予批评教育，清理登记并教育受蒙蔽的群众402人。

1998年，破获2起邪教案件。3月对邪教组织“门徒会”依法予以取缔，对所有参与人员全部予以登记并责令退出。11月对邪教组织“新约教会”依法予以取缔，对骨干成员提请逮捕，对其余人员予以治安处罚。

1999—2000年，全市对“法轮功”邪教组织进行调查摸排，制订《预防和处置“法轮功”活动的预案》，全面开展查禁取缔工作，共查禁、收缴、销毁邪教“法轮功”非法宣传品7185件，成立帮教小组421个，教育转化和登记劝退1000多人。依法取缔“法轮功”邪教组织在武威设立的辅导站1个，练功点21处，对104名“法轮功”邪教组织顽固分子进行经济处罚。

2005年2月，查获金羊镇三盘磨村邪教组织“门徒会”成员张某某兄弟借其母死亡为由，纠集20余名“门徒会”成员进行邪教非法活动，区公安局对参与非法活动的邪教骨干成员予以拘留，其余人员予以训诫并责令具结悔改，后对扰乱公安机关正常工作秩序的张某某等人予以刑事拘留。

2007年8月，破获“法轮功”顽固分子张某某、王某某等人非法印制、散发、张贴“法轮功”宣传材料，严重扰乱社会治安秩序一案，将涉案人员全部抓获归案。

第三节 刑事侦查

1990年，武威市公安局刑警队承担刑事侦查工作。1997年，刑警队更名为刑事侦查大队。1998年，刑事侦查大队下设预审中队，将技术鉴定中心划归刑事侦查大队管辖，在东大街和西大街派出所设置刑事侦探组，专门从事刑事案件的侦破工作。2000年，增设重案防暴中队、反盗窃中队和机动追逃中队，撤销预审中队。2002年，将重案防暴中队升格为独立的防暴大队，负责预防、处置和侦破恐怖恶性暴力案件及突发性事件。2006年，刑事侦查大队和防暴大队更名为刑事侦查一大队和刑事侦查二大队，共同负责刑侦工作。

一、打击刑事犯罪

1990—2000年，武威市发生刑事案件10681起，破获9691起，抓获作案成员7704人，挽回经济损失1616.1万元。2001年，在统计刑事案件时，重点对故意杀人、故意伤害致人重伤或死亡、强奸、抢劫、贩卖毒品、放火、爆炸、投毒等八类案件的立破案情况进行统计。2002—2009年，发生刑事案件14467起，破获9631起（其中八类案件3267起，破获2480起），挽回经济损失2694.79万元。

二、刑事技术

1990年后，技术股一直承担刑事技术工作。1998年，成立刑事技术鉴定中心，为公安局专门从事技术鉴定工作的一个独立部门。2006年，刑事技术鉴定中心更名为刑事科学技术鉴定室，负责现场勘查、技术鉴定、犯罪情报资料管理等工作。2007年，法医鉴定中心并入刑事科学技术鉴定室。2008年，刑事科学技术鉴定室设痕迹检验室、指纹室、影像室、档案室、信息查询室、法医实验室、物证档案室和解剖室等13个办公实验区间，有各类技术人员17人。在刑事科学技术鉴定中主要开展以物证、法医检验鉴定为基础的各项业务工作，涵盖指纹、足迹、工具、枪弹、文鉴等各种痕迹物证的提取以及活体检验和尸体检验鉴定，为侦破各类刑事案件提供重要依据。2001—2009年，勘验现场4029起，检验尸体739具，出具尸检报告442份，出具各类鉴定8966份，利用技术手段破案94起，收集资料2143份，接待门诊病人2831人（次），住院治疗748人（次）。

第四节　经济犯罪侦查

1998年，武威市公安局成立经济文化保卫大队，负责受理和侦破境内的涉税犯罪、破坏金融管理秩序、金融诈骗、扰乱市场秩序，以及侵犯知识产权等犯罪案件。1998年年底，经济文化保卫大队更名为经济犯罪侦查大队，受理和侦破管辖区的经济犯罪案件。1998—2009年，在打击经济领域的犯罪活动中，重点打击非法传销犯罪，以及偷税、漏税、贪污、挪用、私分公款的违法犯罪行为，立案侦查各类经济案件629起，破案593起，涉案金额7135.13万元，追回经济损失3455.12万元。

1998—2009年凉州区经济案件受理、侦破情况统计表

表6-1-2

年度＼项目	立案（起）	侦破（起）	涉案金额（万元）	追回金额（万元）
1998	65	57	432	283.1
1999	164	159	751	315.4
2000	76	76	530	275.15
2001	94	93	377.38	197.94
2002	41	38	419.08	176.6
2003	4	3	40.18	34.45
2004	34	30	1905.2	1142.58
2005	17	9	110.1	6.4
2006	31	27	298.63	138.44
2007	30	32	1349.12	72.40
2008	34	26	690.56	434.8
2009	39	43	231.88	377.86

第五节　禁毒工作

一、打击毒品犯罪

1992年，武威市公安局成立缉毒队。1997年，缉毒队更名为缉毒缉私大队。2008年，更名为禁毒大队，专门从事全市侦破毒品犯罪案件，打击毒品犯罪活动。1992—2000年，全市侦破制贩毒案

件1203起，缴获毒品海洛因4438.95克，鸦片30193克，罂粟壳141千克，罂粟籽5220千克，其他毒品6694.2克，查处制贩毒人员1763人。2001—2009年，全区侦破毒品案件550起，抓获制贩毒人员616人，缴获毒品海洛因12.26千克，鸦片39.6千克，吗啡51.32千克，罂粟壳1288.6千克，其他毒品5082.5克。

1992—2009年凉州区破获毒品案件情况统计表

表6–1–3

项目 / 年份	破案毒品案件数（起）	抓获涉案人员数（人）	缴获毒品		
			海洛因（克）	鸦片（克）	其他
1992	228	265	264	357.5	—
1993	147	278	619.5	750	非那西丁30克
1994	84	488	896.4	1730	—
1995	73	—	382.25	516	罂粟籽20千克
1996	58	—	272.8	278	44.2克
1997	225	264	428	886	鸦片水溶液4470克；麻黄素1500克；罂粟壳51千克；罂粟籽5200千克
1998	48	48	287.3	4481	—
1999	123	264	604.7	5584.5	鸦片水溶液200克
2000	217	156	684	15610	大麻450克，罂粟壳90千克
2001	70	58	6139	3131	—
2002	57	51	514	5123	吗啡4461克
2003	47	59	677	7028	—
2004	30	38	213	4119.6	吗啡5030克
2005	62	59	847.8	3810.5	—
2006	72	79	1205.5	1225	吗啡41340克，罂粟壳294900克
2007	76	84	1197.1	28	吗啡204克，罂粟壳296000克
2008	82	104	807.6	14535	吗啡284.5克，罂粟壳615500克，其他毒品5082.5克
2009	54	84	659.1	597.6	罂粟壳82200克

二、强制戒毒

1995年，武威市公安局成立戒烟所。1997年，更名为戒毒所。1998—2000年，全市收戒毒、吸毒人员3533人（次），脱瘾康复率达100%。对强戒后又吸食毒品的319人，全部报批了劳动教养。2002年，在邓马营湖筹建戒毒康复农场，后迁址清源镇，更名为戒毒康复中心。2009年，戒毒康复中心共收治戒毒人员135名。

1990—2009年，全区登记在册吸毒人数23918人，强制戒毒6541人次，自愿戒毒378人次，劳动教养948人。

1990—2009年凉州区吸毒人员戒毒情况统计表

表6-1-4

项目 年份	登记在册吸毒人数	强制戒毒（人次）	自愿戒毒（人次）	劳动教养（人）
1990	318	116	—	—
1991	303	180	55	15
1992	520	80	—	—
1993	—	176	75	41
1994	700	244	86	38
1995	—	37	100	—
1996	—	468	40	—
1997	624	480	16	38
1998	1081	580	21	64
1999	1617	996	22	100
2000	1935	1009	20	117
2001	2051	509	9	146
2002	2051	414	17	125
2003	2066	247	—	34
2004	2066	133	—	40
2005	1844	195	—	43
2006	1819	160	—	38
2007	1816	211	—	36
2008	1511	171	—	29
2009	1596	135	—	44

三、查铲毒品原植物

1990年以来，武威市在严厉打击毒品犯罪活动的同时，组织专门力量深入城乡单位、村组、居民院落和田间地头，坚持“不放过一村一组、一户一院、一株一苗”的“三不放过”原则，全力铲除毒品原植物。据不完全统计，1990—1999年共铲除罂粟14498株、米兰籽326370株，对种植毒品原植物情节较为严重的123人给予严厉处罚。每年结合“6·26”国际禁毒日，在武威城区、武南、黄羊等地悬挂标语，散发宣传材料，举行“爱我中华，禁绝毒品”和“扫除毒害，人人有责”的万人签名活动，组织强制戒毒人员到城乡各中小学进行现身说法。经过几年的查禁和打击处理，至2009年，全区再没有发现种植毒品原植物的现象。

四、创建无毒市

2000年，全市禁毒工作会议召开，作出全市三年创建无毒市的决定，制订《创建无毒社区工作实施方案》，提出通过三年的努力，在全市实现基本无吸毒、基本无贩毒、基本无种植毒品原植物的工作目标。禁毒工作由政府行为转变为全社会行为，形成党委、政府统一领导，各部门齐抓共管，全社会积极参与的工作格局。结合“五四”青年节、“6·26”国际禁毒日等活动，加大禁毒宣传力度，深入学校、工厂、机关、街道、乡村，开展“珍爱生命，远离毒品”的宣传教育活动。会同乡镇、街道、机关、工厂，共摸排出吸毒人员2269名。在落实“百日扫毒”统一行动中，全区开展6次统一清查行动，出动警力2400余人次，清查公共复杂场所4000余处，遏制毒品犯罪活动的上升势头。加大硬件设施建设力度，将吸毒人员的基本情况全部输入微机，实行微机管理。为戒毒人员提供必要的检查手段和娱乐设施，购置了韩氏戒毒仪、α光尿检设备和健身器材。对吸毒强戒人员实行“五化”管理和“六包”服务（管理军事化、治疗医院化、教育学校化、康复劳动化、环境园林化；包管理、包安全、包教育、包生产、包劳动、包定期康复），努力创建无毒乡镇、街道社区和村组。2001—2009年，全区共创建金沙乡等15个一级无毒乡镇，韩佐乡等4个二级无毒乡镇，和平镇等10个三级无毒乡镇；创建一级无毒社区（村）372个，二、三级无毒社区（村）29个。

第六节　治安案件管理

1990年以来，武威市公安局在对治安案件的查处上，严格执行《中华人民共和国治安管理处罚条例》及有关法律、法规，做到事实清楚、定性准确、处罚适当、材料完整、手续齐全，使教育与处罚有机结合，防止错、漏和败诉案件的发生。

1990—2009年，全区共查处治安案件42208起，治安处罚当事人56322人（次）。

1990—2009年凉州区查处治安案件情况统计表

表6-1-5

年份＼项目	查处案件（起）	处理违法人员			
		合　计（人次）	警　告（人次）	罚　款（万元）	拘　留（人次）
1990	1120	1359	159	932	268
1991	1002	1425	186	919	228
1992	909	1221	130	754	153
1993	1375	1468	139	956	245
1994	2229	2526	197	1883	219
1995	2887	3235	116	2878	182
1996	3541	4446	96	4003	155
1997	2564	3344	177	2928	167
1998	2002	3086	56	2765	191
1999	2351	3928	150	3290	268
2000	2314	4283	107	3296	313
2001	2059	2856	110	2516	230
2002	1746	3838	194	3007	210

续表 6-1-5

年份 \ 项目	查处案件（起）	处理违法人员			
		合计（人次）	警告（人次）	罚款（万元）	拘留（人次）
2003	995	1767	101	1322	170
2004	1524	2164	300	1363	264
2005	1874	3016	267	2268	297
2006	2051	2518	94	1982	442
2007	2166	2502	197	1972	515
2008	3552	4473	24	3527	922
2009	3947	2867	69	2241	557

第七节　特种行业治安管理

20 世纪 90 年代后，被国家列为特种行业的有旅店业、印章业、印刷业、废旧金属收购业、信托寄卖业、典当业和拍卖业。

一、旅店业治安管理

1990 年，武威市有旅店 97 家。通过换发特种行业许可证，对旅店业的治安管理进行监控。1994 年，武威市召开全市特种行业治安管理工作会议，按照“经济效益与社会效益并重，经营管理与治安管理齐抓”的指导思想，对管理混乱、发案突出的人民饭店等 5 个单位依照法规进行处罚。1999 年，全市形成“治安管理大队—派出所—责任区民警”层层负责的管理网络，签订《经营负责人治安责任保证书》，落实旅店业治安防范责任制。2000 年，全市旅店业增加到 165 家，对全市旅店业加强基础管理，进行建档立卡，对住宿人员实行微机化管理。2006 年，对全区旅店业登记录入系统进行升级，启用新的信息录入系统，安装监控设施。当年公安机关利用旅馆业管理信息系统抓获吸毒等违法犯罪人员 68 名。2007—2009 年，通过对全区旅店业的检查，查处吸毒人员 110 人，容留他人卖淫嫖娼案件 90 起，赌博案件 125 起。

防暴处突综合演练

二、刻字业治安管理

纳入公安机关特种行业管理的刻字业主要包括刻字厂（社、店）、流动刻字摊、原子印章厂等，重点对刻制党、政、军机关，人民团体，企事业单位公章的行业进行管理。1990 年，武威市有刻字业 23 家。1995 年，有刻字业 35 家。2000 年，有刻字业 90 家。2001 年，凉州区刻字业统一上交武威市公安局管理。2004 年，对全区刻字业市场进行清理整顿，对 7 家无证从业人员进行治安处罚，取缔 10 家无固定摊位的流动刻字点。2009 年，根据《甘肃省特种行业管理条例》的有关规定，对文化广场、天马市场、再就业市场以及农村集贸市场私刻印章的行为进行清理整顿，取缔无证流动刻字的摊位 39 家，对违法人员按照相关规定进行了处罚。

三、废旧金属回收业治安管理

1990 年，武威市印发《关于加强废旧物品收购行业管理的通知》，对全市 38 家废旧金属收购企业及收购点进行检查整顿。1991 年，对物资、供销等部门下设的收购站点，依据有关规定进行资格审查，重新核发证件。2001 年，全区有 49 家废旧金属收购业，查处无证废旧金属收购业 3 家，对不符合规定的 12 家废旧金属收购业进行责令停业整顿。2005 年，结合打击侵财犯罪专项行动，对废旧金属收购业进行清查整顿，破获盗割电缆线案件 12 起。2009 年，全区废旧金属收购业 103 家，办理特种行业许可证的废旧金属收购业有 94 家。

第八节　户政管理

一、户口登记

1990 年后，依据《户口登记条例》的规定，对全区人口按照城镇为常住、暂住、出生、死亡、迁出、迁入、变更更正 7 项，农村为常住、出生、死亡、迁出、迁入 5 项的内容进行登记。2001—2009 年，迁入 260856 人，迁出 155399 人。

二、户口整顿

1990—2000 年，武威市进行了两次户口整顿。第一次是 1990 年 2 月至 5 月。抽调 3800 多人，对全市人口底数、流动人口和超生等问题，进行摸底调查。整顿后比整顿前增加 10543 户、24907 人。第二次是 2000 年 5 月至 9 月。全市抽调 2067 人，经整顿摸清全市常住人口和暂住人口的底数，纠正户口项目差错，解决漏登户口 1239 人，重登户口 7634 人，应销未销户口 7634 人（其中死亡未销 5970 人），变更户口项目 12224 项，更正户口项目 1330 项，登记人户分离人员 57373 人（其中有人无户 19461 人，有户无人 37912 人），纠正公民身份证号码重错号 149 人。建起局域网，实现人口信息计算机管理，至 2000 年底共录入人口 216908 人。2002 年，推进户政改革，进行人口信息局域网建设，重点解决居民户口漏登、漏报、年龄不符、身份证错码等问题，为 6299 名群众纠正了户口。2005 年，全区开展户口核对工作，为第二代居民身份证的换发奠定基础。2009 年，为各派出所配备户口办公微机、人像采集设备和移动硬盘，全区实现户口微机化统一管理。

三、居民身份证管理

1995 年，全国启用新的防伪居民身份证，号码由 15 位升至 18 位。1996—2000 年，全市颁发新居民身份证 356363 人。2004—2006 年，换发第二代居民身份证工作全面启动，换发办理第二代居民身份证 80461 个。2008—2009 年，换发办理第二代居民身份证 1089714 个。

第九节　交通管理

20 世纪 90 年代，武威市的道路交通管理职能由武威市公安局承担。1993 年，成立武威市公安局交通警察大队，内设办公室、事故处理股、城关中队、西关中队、黄羊中队和丰乐中队。1995 年，增设武南中队和车辆管理股。1996 年，增设出租车管理股。2000 年，增设安全宣传股和巡查中队。2001 年 8 月撤地设市后，凉州区交警大队整体移交武威市公安局管理。

值勤交警

1990—1993 年，武威市开展交通法规宣传活动，对驾驶人员进行安全教育，印发交通安全宣传材料 2 万多份，纠正违章 7920 人（次），路查车辆 5377 辆，审验机动车辆 5556 辆，驾驶员证件 5179 个，送审驾驶员 6620 人，依法查处交通事故 211 起，逮捕交通肇事者 11 人，吊销驾驶证件 12 人，对交通肇事的 27 个单位、62 人罚款 75354 元。1995 年，以城区为重点，大力整治在交通要道和街面乱摆摊设点、乱堆放杂物及乱停放车辆的问题。检查车辆 95162 台（次），查处各类违章 15546 次，处罚 15676 人，罚款 481810 元，吊扣驾驶执照 15 人，警告 110 人。2000 年，全市开展“百日无特大事故”活动，召开宣传会 10 余场，张贴标语 6785 幅。加强对农用机动车辆的管理工作，对拖拉机及农用车违章拉客的问题进行查处，共查车 24879 台（次），纠正违章 24892 台（次）。2005 年，对各乡镇农用车辆进行调查摸底，督促办理证照手续，做好车辆审验工作，送检机动车辆 7257 台，送审驾驶员 7156 人。2009 年，制订《武威市城市交通管理“畅通工程”实施方案》，在春运客运车辆专项整顿中，检查机动车 3400 辆，查处违章车辆 327 辆，清理摊点 35 处，马路市场 7 处，查获“三品”50 千克，破获逃逸案件 15 起。

第十节　“110”报警服务

1997 年，武威市成立“110”报警服务大队，当年接到报警 1876 起，有效接警 1838 起，其中刑事案件 123 起，治安案件 1193 起，各类纠纷 205 起，火灾、交通事故 150 起，群众求助 167 起；缴获自制手枪 2 支，管制刀具 25 把，炸药 1 箱，挽回经济损失约 15 万元。

1998 年，全市接到报警 2668 起，有效接警 2413 起，其中刑事案件 245 起，治安案件 1538 起，火灾、交通事故 171 起，调解民事纠纷、化解矛盾 339 起，救助 120 起；现场抓获违法犯罪嫌疑人 263 人。

2001年，凉州区加强“110”报警服务大队力量，增加接处警车辆和人员。

2006年，撤销“110”报警服务大队，成立“110”指挥中心，全面负责全区接处警工作。

2006年6月至2009年底，全区接处警39949起，做到有警必接警，接警必出警。

第十一节 消防工作

1990—2000年，全市进行消防安全检查120次，查处火灾隐患10000多处，提出整改建议698条，下发《火险隐患通知书》325份。通过检查，取缔不合格加油站38个，歌舞厅8家，对存在火灾隐患较多、消防问题较为突出的96个单位进行停业整顿。2001—2009年，全区审查各类建筑项目353个，验收竣工工程191个，查处违章工程22个，督促安装消防安全器材3061件，依法查处火灾事故1960起。

1990—2009年，全区发生火灾2408起，造成死亡35人，伤53人，经济损失1149万元。

1990—2009年凉州区火灾损失情况统计表

表6-1-6

项目 年度	火灾起数（起）	死 亡（人）	伤 人（人）	经济损失（万元）
1990	23	1	4	13.7
1991	15	4	3	14.5
1992	23	3	—	13.4
1993	38	2	8	75.5
1994	16	3	1	29.7
1995	26	8	10	60
1996	22	2	4	54
1997	73	1	4	24.8
1998	81	2	4	53.9
1999	131	3	4	14.2
2000	148	2	5	72
2001	300	—	—	94.8
2002	290	—	—	96.7
2003	297	3	3	107.8
2004	436	1	3	107.8
2005	146	—	—	57.4
2006	99	—	—	121.8
2007	144	—	—	59.9
2008	51	—	—	43.3
2009	49	—	—	33.8

第二章　检察

第一节　机构设置

1990 年，武威市人民检察院内设刑事检察批捕科、刑事检察起诉科、经济检察科、法纪检察科、控告申诉检察科、监所检察科、刑事技术科、人事教育科、税务检察室、办公室、民事检察组和经济犯罪举报中心。

1992 年，举报中心并入控告申诉检察科。

1996 年，成立反贪污贿赂局。

2001 年 8 月，武威市人民检察院更名为凉州区人民检察院。

2009 年，凉州区人民检察院内设办公室、政工科、侦查监督科、公诉科、控告申诉检察科、民事行政检察科、监所检察科、检察技术科、纪检监察科、职务犯罪预防科、法律政策研究室、反贪污贿赂局、反渎职侵权局和法警队。

第二节　刑事检察

一、侦查监督工作

审查逮捕　1990—1992 年，武威市刑事批捕工作以“抓治安，保稳定，开展严打斗争”为主要任务，以严厉打击严重危害社会治安的刑事犯罪分子为重点，批捕 1339 人。1993 年，在围歼“车匪路霸”专项斗争中，摧毁危害严重的犯罪团伙 3 个，依法严惩严重危害铁路、公路交通秩序的车匪路霸 9 人。1994 年，针对自 1988 年以来刑事案件逐年上升的趋势，与公安机关配合，开展 8 次“严打”集中统一行动。1996 年开展“百日严打”集中统一行动。1997—2000 年，严格执行修改后的《中华人民共和国刑事诉讼法》，批准逮捕 1483 人。2001—2002 年，以“四类”犯罪（有组织犯罪及黑恶势力团伙犯罪、严重暴力犯罪、毒品犯罪、盗窃等多发性犯罪）为重点，坚持“从重从快”和“稳准狠”的打击方针，配合公安机关开展“打黑除恶”“治爆缉枪”“百日扫毒”等专项斗争。2006 年，侦查监督工作严格依据法律规定，认真执行刑事司法政策，全面把握逮捕条件，尽量化解社会矛盾，减少社会不和谐因素，对未成年人犯罪案件慎用逮捕或强制措施，实现法律效果与社会效果的有机统一。2007—2009 年，侦查监督工作坚持贯彻宽严相济的刑事政策，严把案件事实关、证据关、程序关和适用法律关，确保稳、准、狠地打击犯罪。

侦查活动监督　在审查逮捕工作中，对侦查活动的监督主要采用追加逮捕、提前介入侦查、发出检察建议、要求补充侦查和发出纠正违法通知书等方式进行。1990—2000 年，共追加逮捕遗漏的该捕而未提请逮捕的犯罪嫌疑人 219 人。2002—2009 年，提前介入侦查 180 件，发出检察建议 35 份，补充侦查提纲 259 份，不批准逮捕理由说明书 12 份，纠正违法通知书 25 份，切实保证侦查活动的合法进行。

刑事立案监督 1990—1995 年，检察机关对公安机关侦查活动的监督仅限于对公安提请逮捕的案件进行审查。1996 年《中华人民共和国刑事诉讼法》修改后，新增人民检察院对公安机关的立案监督内容，检察机关开始进行立案监督。1997 年发出通知立案书 4 份，口头提出立案意见 12 次，撤销侦查部门以罚代刑、处罚不当的 5 人。1990 年通知立案 1 件 1 人。1999—2000 年，检察机关组织开展立案监督专项检查，共抽查市公安局所属的队、所、办等单位 28 个，抽查刑事案件 375 件，治安案件 2576 件，监督立案 2 件 2 人。2001—2009 年，检察机关监督侦查机关立案 33 件 51 人。

1990—2009 年凉州区审查逮捕工作情况统计表

表 6-2-1

项目 年份	受理各类刑事案件		批准（决定）逮捕		不批准（决定）逮捕		侦查机关撤回案件		退回补充侦查	
	件	人	件	人	件	人	件	人	件	人
1990—1992	874	1693	714	1339	50	116	—	—	110	238
1993	—	—	260	458	11	15	—	—	9	18
1994	—	527	—	—	—	—	—	—	—	—
1995	276	489	239	385	8	39	—	—	29	65
1996	378	670	313	514	24	63	—	—	41	93
1997	255	416	217	346	6	17	—	—	32	53
1998—2000	865	1384	712	1137	149	241	4	6	—	—
2001	316	555	251	433	—	—	—	—	—	—
2002	181	522	238	444	43	78	—	—	—	—
2003—2005	1044	1677	783	1240	257	432	4	5	—	—
2006	330	567	269	468	51	82	10	17	—	—
2007—2009	854	1490	741	1281	107	200	6	9	—	—

二、公诉工作

审查起诉 1990—1992 年，检察机关贯彻“稳定压倒一切”的方针，以“抓治安、保稳定，开展严打斗争”为主要任务，提起公诉 704 件 1105 人。1993—1995 年，继续保持严打高压态势，严守法定时限，快审快诉，提起公诉 742 件 1076 人。1996 年，开展“百日严打”集中统一行动，全年提起公诉 278 件 386 人。1997—1998 年，修改后的《中华人民共和国刑事诉讼法》施行，诉讼制度随之改革，审查起诉部门按照高检院提出的“学懂、弄通、会用”的要求，熟悉新程序，提高抗辩能力，提起公诉 414 件 609 人，起诉后判无罪 4 件 5 人。1999 年，武威市人民检察院被甘肃省人民检察院确定为主诉检察官负责制试点单位，制定《主诉检察官试行办法》，首批聘任 4 名主诉检察官，组成各自的办案小组开展工作。全年提起公诉 288 件 376 人。2000 年，主诉检察官办案责任制全面推行，全年提起公诉 226 件 316 人。2003 年，结合最高人民检察院在全国检察机关开展的“强化法律监督，维护公平正义”教育活动，坚持主诉检察官负责办案制度，全年受案 335 件 499 人，审查后向凉州区法院提起公诉 260 件 394 人。同年，录入完成《中国刑事犯罪数据案》2001—2002 年案件 553 件 831 人的审查信息。2004年提起公诉272件303人。2005—2009年，公诉工作以保持社会稳定，构建和谐社会为目标，以案件质量为核心，以审查、判断证据为重点，向区法院提起公诉1940件2114人，被判无罪1件1人。

免予起诉或不起诉　1990—1996年，检察机关共决定免予起诉209件316人。1998—2009年，决定不起诉314件432人。

出席法庭支持公诉　1990—1996年，庭审方式基本上采用究问式，凡由检察机关起诉到法院的案件都由检察员或助理检察员出席法庭支持公诉，出庭公诉率在95%以上。1997年以后，随着《中华人民共和国刑事诉讼法》的修改和主诉检察官办案责任制的实施，庭审方式改为控辩式，公诉人在庭审中的作用明显加强，律师介入案件的时间提前，出庭支持公诉的难度加大。对此，检察机关组织模拟法庭、法庭公诉论辩赛、争当优秀公诉人等活动。修改后的《中华人民共和国刑事诉讼法》规定对依法可能判处三年以下有期徒刑、管制、拘役、单处罚金的公诉案件，事实清楚、证据充分的，法院可采用简易程序进行审理。1997—2009年，适用简易程序审理的案件约占公诉案件的10%，其余约90%的案件全部出席法庭支持公诉。

1990—2009年凉州区审查起诉工作情况统计表

表6-2-2

年度＼项目	提起公诉		被判无罪	
	件	人	件	人
1990—1992	704	1105	—	—
1993—1995	742	1076	—	—
1996	278	386	—	—
1997	244	348	2	2
1998	170	261	2	3
1999	288	376	—	—
2000	226	316	—	—
2001—2002	526	801	—	—
2003	260	394	—	—
2004	272	303	3	4
2005—2009	1940	2114	1	1

第三节　反贪污贿赂和预防职务犯罪检察

一、反贪污贿赂

1990—1992年，检察机关依法查处在经济活动和企业生产经营中发生的贪污贿赂犯罪案件，立案48件62人（其中大案18件28人），挽回经济损失171.4万元。1993年，加大反腐败力度，适时调整工作部署，利用广播、电视、报刊等媒体，动员群众举报经济犯罪，向全社会通报举报规定和电话，全年受理各类经济案件线索 52 件 60 人，决定立案侦查 14 件 18 人（其中万元以上大案 5 件 5 人），挽回经济损失 98.6 万元。1997 年，反贪污贿赂局成立后，全年立案 22 件 31 人，其中大案 16 件，挽回经济损失 64 万元。2002—2005 年，随着国有企业改制，检察机关把工作重心放在查处国企改制过程中发生的职务犯罪上，组成专门调查小组，深入武酒集团、皇台集团、凉州区种子公司等企业，惩治犯罪，支持企业顺利改制，立案侦查 36 件 40 人，挽回经济损失 373.3 万元。2006 年，反贪工作重点放在新农村建设上，立案侦查 11 件 17 人，挽回经济损失 100 万元。2007—2009 年，以查办发生在党政机关、行政执法机关、司法机关和经济管理部门的职务犯罪案件和石羊河流域重点治理项目实施中的职务犯罪案件为重点，立案 27 件 38 人，挽回经济损失 277.91 万元。

1990—2009 年凉州区办理贪污贿赂案件统计表

表 6-2-3

项目 年度	立案		挽回经济损失（万元）
	件	人	
1990	15	16	—
1991	19	24	46.98
1992	14	22	124.42
1993	14	18	98.60
1994	28	32	74.10
1995	28	28	157
1996	28	36	168
1997	22	31	64
1998	7	12	173.9
1999	10	13	134.51
2000	12	18	280
2001	9	12	150
2002	9	9	23.3
2003	9	9	130
2004	10	11	150
2005	8	11	70
2006	11	17	100
2007	11	12	150
2008	8	10	27.91
2009	8	16	100

二、预防职务犯罪工作

1990—2001 年，主要在发案单位以检察建议的方式开展预防职务犯罪工作，办案人员帮助发案单位吸取教训，加强管理。2002年，制订《凉州区人民检察院职务犯罪预防工作实施纲要》，重点在国营企业开展工作，分别在荣华集团公司、武威市农机修造厂、凉州区麦芽厂、武南粮库、截河坝粮库、凉州区粮油购销公司等企业中建立预防联系点6个，开展法制宣传教育6次；在武酒集团设立预防职务犯罪办公室1个，立案查处职务犯罪案件1件1人，为企业挽回经济损失600余万元。2003年，按照标本兼治、综合治理的方针，逐步加大治本力度，建立职务犯罪预防机构18个，开展法律宣传2次，法律咨询6次，发放宣传材料3000余份。2004—2006年，个案预防有效开展，预防9件12人；系统预防稳步推进，在区国土局、文化局、财政局设立职务犯罪预防工作办公室，在粮食、国土、文化、财政、电力、国税、经贸等系统开展预防工作。开展法制宣传活动20余次，发放宣传材料10000余份，举办法制讲座30余次，培训干部5000余人次。2007—2009年，围绕新农村建设、石羊河流域重点治理等中心工作，开展预防调查3次，撰写调研报告3份，发出检察建议14份，开展预防警示教育、专题讲座、法律咨询等宣传活动20次，参与重大工程项目招投标现场监督3次。

第四节　反渎职侵权检察

1990—1991年，检察机关以查处侵权、渎职、重大责任事故等案件为重点，立案侦查13件24人。

1992—1996年，以查处徇私舞弊、刑讯逼供、非法拘禁、玩忽职守和重大责任事故等渎职侵权案件为重点，立案侦查33件54人。

1997年，法纪案件种类增多而案源减少，法纪案件的查处成为反腐败查办职务犯罪的一项重要内容，面对新情况，坚持"抓学习、促办案、保质量"的工作方法，立案侦查8件15人。

1998—2001年，以查处国家机关工作人员涉嫌侵权渎职、徇私舞弊案件为重点，立案侦查8件10人。

2004年，开展严肃查办国家机关工作人员利用职权侵犯人权专项行动，立案2件2人，向发案单位发出书面检察建议6份。

2006年，集中开展查办破坏社会主义市场经济秩序渎职犯罪专项活动，立案3件3人。

2007—2009年，立案7件9人，涉案人员均为市区国土、财政、经贸、公安等部门领导干部和基层站（所）负责人，对广大国家机关工作人员起到警示教育作用。

1990—2009年凉州区办理渎职侵权案件情况统计表

表6-2-4

项目／年度	受理		立案	
	件	人	件	人
1990	20	25	5	7
1991	35	51	8	17
1992	25	30	6	9
1993	26	29	6	9
1994	21	31	7	14
1995	27	32	7	12

续表 6-2-4

项目 年度	受　理		立　案	
	件	人	件	人
1996	29	37	7	10
1997	33	40	8	15
1998	11	16	3	4
1999	21	28	3	3
2000	11	11	—	—
2001	5	8	2	3
2002	9	9	3	4
2003	10	14	2	2
2004	10	10	2	2
2005	7	7	—	—
2006	13	13	3	3
2007	11	11	3	3
2008	12	14	3	5
2009	11	11	1	1

第五节　控告申诉检察

一、信访工作

1990—2000 年，检察机关受理来信 1399 件，接待来访 855 人次。1992 年，检察机关开展创建“文明接待室”工作，建立健全信访工作制度，规定每月 15 日为检察长接待日，确定星期三为党组成员接待日。信访工作从亲民、为民、便民的角度出发，坚持检察长接待日制度和检察长阅批群众来信制度，对来访群众可随时接待，也可预约接访。2005 年，开展集中处理涉检信访案件的“大接访”活动，在长城、吴家井等 9 个乡镇开展下访巡访工作，受理来信 18 件，接待来访 15 人（次）。2007—2009 年，开展涉检信访积案排查清理工作，排查清理检察院历年来的信访积案 13 件 18 人，年底办结 10 件 10 人。

举报宣传活动

二、举报工作

1990—2009年，受理各类举报线索820件，其中检察院自办755件，转其他部门办理65件。为鼓励群众举报，检察机关加强举报线索的受理、分流、初查（初核）及答复，防止线索流失，开展举报宣传、奖励、保护工作，开通举报专用电话“12309”、专用网址www.12309.gov.cn，设立举报箱，加强举报保密工作。

三、刑事申诉工作

1990—1997年，受理的刑事申诉案件主要是不服检察院免予起诉和不起诉的案件，受理22件，经审查维持15件，建议法院复查2件，纠正5件。从1998年6月开始，刑事申诉工作管辖范围是原案当事人及其法定代理人、近亲属、受委托的律师对检察院诉讼终结的刑事处理决定以及同级人民法院已经发生法律效力的刑事判决、裁定（含刑事附带民事判决、裁定）不服提出的申诉。1998—2001年，办理各类刑事申诉案件15件15人，立案复查9件9人，做其他处理的6件6人。2002—2009年，受理刑事申诉5件5人，其中立案复查3件3人，建议武威市人民检察院纠正1件1人，建议区公安局重新移送1件1人，维持原处理决定1件1人；调解息诉2件2人。

四、刑事赔偿工作

1995年，《中华人民共和国国家赔偿法》施行，在控申科设立刑事赔偿工作办公室，确定专人开展赔偿工作。1997年，开始收到受害人请求刑事赔偿的申请，当年受理申请赔偿案2件2人，经审查，均依法不予确认。1998年，受理10件10人，经审查，依法不予确认9件9人，决定赔偿1件1人。1999—2000年，受理5件5人，经审查，决定均不予确认。2001—2009年，受理刑事赔偿案件15件20人，经审查，属检察院管辖的12件17人，不属检察院管辖告知赔偿请求人向武威市人民检察院申请赔偿2件2人，向武威市中级人民法院申请赔偿1件1人。属检察院管辖的案件中，决定赔偿4件4人，不予赔偿2件6人，不予确认3件3人。

第六节　监所检察

检察院监督的对象主要是公安局看守所和武威监狱羁押的犯罪嫌疑人、劳改犯以及暂予监外执行人员。从1990年起，针对不同年度的工作重点，在全面发挥监所检察职能的基础上，以安全稳定为中心，配合公安机关对在押犯、劳改犯进行改恶从善的思想教育，加强对超期羁押的检察监督，严厉打击狱内和监内重新犯罪案件，维护正常的监管改造秩序。

1991—1993年，查处在押犯重新犯罪案件4件13人。

1994年，处理在押犯重新犯罪案1件1人，纠正看守所不及时执行不批准逮捕决定的案件1件1人。开展打击牢头狱霸专项斗争，建议看守所处罚11起16人。

1996—2001年，查处看守干部违纪问题3件，2人受到政纪处分，1人被批评教育。

2002年，开展“四查”活动（一查收押犯罪嫌疑人的法律手续是否完备、合法；二查对决定不捕、不诉、撤案、判处无罪和缓刑的人员是否及时释放；三查投劳、刑满释放、取保候审、保外就医是否符合法律规定；四查留所服刑人员是否合法），使看守所工作做到依法管教、文明管教。依法纠正超期羁押案件4件7人，维护了在押人员的合法权益。

2003年，纠正超期羁押案14件35人，考查暂予监外执行人员26名，受理看守所在押人员的控告、申诉15件22人（次）。

2004—2005年，与公安机关联合开展“双加强、双保障”示范创建活动，办理在押犯重新犯罪案件5件5人，考察监外执行人员698人（次）。

2006年，对分布在44个乡镇、隶属42个基层派出所的339名暂予监外执行罪犯进行专项监督检查，加强对监外执行罪犯的法律监督工作，全年办理监管场所在押犯又犯罪案5件，受理在押人员及其家属的控告申诉3件3人。

2007—2009年，考察暂予监外执行人员1205人（次），纠正刑期计算错误案3件5人，办理在押人员控告申诉案8件8人，对超期羁押提出纠正意见15次，纠正超期羁押案件2件6人，约见在押人员193人（次），举行法制讲座12场（次）。

第七节　民事行政检察

1990年，检察机关设立民事行政检察科，开展民事行政检察工作。

1993年，向农村乡镇、派出所、法庭、城市重点单位和一些经济实体印发检察机关受理民事行政检察业务的法律宣传材料350份，通过广播电台进行宣传。

1996年，重点加强对确有错误的民事、经济、行政判决、裁定的抗诉工作，全年受理民事、行政申诉案17件24人，办结8件14人。

1997—1999年，受理民事、行政申诉案33件，经审查决定提请上级检察机关抗诉6件，建议再审1件，息诉17件，转其他部门处理5件。

2001—2004年，立案审查民事经济案件16件，法院决定正确、劝导申诉人服判息诉17件，对区法院强制执行的民行案件进行现场监督19件，提出监督意见9件。

2005—2006年，立案审查民事、行政申诉案件8件。

2007年，在民事审判和行政诉讼监督中，注意突出监督重点，增强监督实效，提出再审检察建议5件，监督区法院执行案件15起。编印《民事行政检察办案规则》600余册发放至各乡镇村组。

2008—2009年，审查民事案件10件，监督区法院执行案件6起，发出检察建议7件，对确有错误的民事、行政判决和裁定提请市检察院抗诉2件，向区法院提出再审检察建议2件。

第八节　税务检察

1990年，针对一些纳税单位和纳税户采用各种手段偷、漏国家税款的现象，加强涉税案件检查，受理涉税案件线索13件，追缴入库税款3.5万余元。

1992年，对全市45个砖厂和部分村办企业进行专项检查，追缴税款41万余元，全年累计挽回经济损失68.3万元。

1993年，深入12户乡镇企业、17户欠税企业、15户拖欠农林税户进行专项检查，查出偷漏税款39.3万元，年底追缴入库72.8万元。

1995年，受理涉税案件线索18件18人，共查补偷、漏、欠税款125.2万元，年底追缴入库120.75万元。

1996年，受理涉税案件线索25件44人，追缴税款255万元。

1997年，修改后的刑事诉讼法正式施行，涉税案件移交公安机关办理，检察机关税务检察室撤销。

第三章　法院

第一节　机构设置

1990 年，武威市人民法院内设行政办公室、政工办公室、刑事审判庭、民事审判庭、经济审判庭、行政审判庭、申诉告诉庭和执行庭，设城关第一、第二人民法庭和黄羊、武南、永昌、张义、高坝、西营、丰乐、金羊、清源、谢河、古城、新华、金塔、永丰、双城、羊下坝、下双、长城、大柳、黄羊河农场、九条岭煤矿人民法庭 23 个基层人民法庭。

2001 年 8 月，武威市人民法院更名为凉州区人民法院。

2009 年，凉州区人民法院内设行政办公室、政治处、司法警察大队、研究室、信访办公室、监察室、立案庭、刑事审判第一庭、刑事审判第二庭、民事审判第一庭、民事审判第二庭，民事审判第三庭、行政审判庭、执行庭（局）和审判监督庭，同时设武南、黄羊、中坝、永昌、双城、下双、永丰、丰乐、红星、和平、高坝、清源、双树和张义人民法庭 14 个基层人民法庭。

第二节　刑事审判

1990 年后，人民法院继续坚持严厉打击刑事犯罪的方针，全力维护社会稳定，始终把打击的锋芒对准团伙犯罪和黑社会性质的犯罪以及杀人、放火、爆炸、强奸、抢劫、绑架、车匪路霸等恶性犯罪，做到重点突出，打击有力。在具体贯彻严打方针过程中，根据社会治安形势的新动向，将严重败坏社会风气的色情犯罪、赌博犯罪、毒品犯罪列入“严打”的重点；根据社会经济发展的需要，将经济犯罪也列入严打的重点。2005 年 3 月最高人民法院工作报告中第一次提出了“宽严相济”的刑事方针。此后，区法院在刑事审判领域开始贯彻宽严相济的方针，即注意有力打击和震慑犯罪，维护法制的严肃性，又注意对犯罪情节轻微或具有从轻、减轻、免除处罚的情节依法从宽处罚，以减小社会对抗，化消极因素为积极因素，实现法律效果和社会效果的统一。

1999 年以后交通肇事犯罪呈上升趋势。1990—2009 年，法院共审理交通肇事犯罪案 300 件，而 1999—2009 年就达 259 件，其中 2005 年 28 件，2006 年达到 49 件，2007 年审结 35 件。交通肇事犯罪案件不仅绝对数量逐年增加，而且占全部刑事案件的比率节节攀升，到 2009 年，已成为仅次于盗窃、故意伤害案件的第三大类刑事犯罪案件。

2001 年后，法院立足服务经济建设，支持发展，依法严惩破坏市场经济秩序犯罪。审结破坏金融管理秩序、危害税收征管、非法持有假币和出售、购买、运输假币等犯罪案件 41 件。同时，法院把严惩贪污、贿赂等职务犯罪，推动反腐败斗争深入进行作为一项重要工作。1990—2009 年，共审理职务犯罪案件 207 件。

2002—2009 年，区法院审结涉“法轮功”等邪教犯罪案件 34 件。在审理中，重点打击“法轮功”“门徒会”等邪教活动的组织者、策划者、指挥者、职业“法轮功”犯罪分子以及传播“法轮功”邪教宣传品的主犯。

2003 年后，区法院对故意伤害、过失致人重伤、交通肇事等类型的刑事附带民事案件的民事赔偿加强调解，对积极赔偿受害人经济损失，主观恶性不深的被告人多从轻处罚，处以缓刑。2004 年，审理刑事附带民事案件 85 件，涉及赔偿金额 120.6 万元。在审理中，民事部分调解率达到 90.1%。之后，刑事附带民事调解率逐年上升，至 2009 年，调解率达到 98%，调解赔偿款当庭执行率达到 100%。

在审理各类案件中，法院坚持“以事实为依据，以法律为准绳”的原则，严把案件质量关，做到事实清楚、定罪有据、不枉不纵，对案件事实不清、证据不足的，坚决退回补充侦查，决不轻率下判。对一些社会危害大，但法律无明文规定的犯罪行为，层报上级法院类推定罪量刑。1997 年，《中华人民共和国刑法》和《中华人民共和国刑事诉讼法》进行重大修改，“罪刑法定”成为《中华人民共和国刑法》的重要原则，适用了几十年的类推制度被取消。在刑罚上，取消“反革命罪”，增设“危害国家安全罪”，而且提高审级，市法院不再审理此类案件。刑事新的两法更加重视对犯罪嫌疑人人身权利的保护。市法院在审理未成年人犯罪以及涉及个人隐私犯罪案件时，注意严格落实不公开规定，对未成年人犯罪案件的审判，坚持寓教于审，引入庭审直接教育机制，对主观恶性不大的未成年被告人一律从轻处罚。对于犯罪情节轻微，社会危害不大，依照刑法判处 3 年以下有期徒刑的犯罪分子，如果其认罪态度较好，自身又系初犯、偶犯、协从犯的，能适用缓刑的，量刑时尽量适用缓刑，给他们以重新做人的机会。从 2004 年开始，区法院对被告人押解时采取戴头套的措施。加强对缓刑、免刑、拘役刑三类人员的教育管理和回访考察工作。对缓刑人员提出正视犯罪事实，虚心接受各级组织的帮助教育，遵纪守法，努力改造，争取宽大处理的要求，从 2004 年后，对上列人员的回访考察形成一种制度，坚持执行。

在审判方式上，20 世纪 90 年代后，以庭审方式改革为重点的审判方式改革开始在法院进行探索，审判工作逐步走上专业化的发展道路。审判方式改革主要是用控辩式庭审方式取代传统的纠问式庭审方式，确立法官居中裁判的地位。坚持公开审判原则，除法律明确规定不公开开庭审理的案件外，一律公开审理。实行控辩式庭审方式，法官居中驾驭庭审，由控辩双方分别就案件事实进行举证，法官当庭进行质证和认证，从而最大限度地保护了被告人的合法权益。严格遵守审限和辩护制度，杜绝超审限，确保从程序保障被告人的合法权益，实现公正司法。对于依法可能判处三年以下有期徒刑、拘役、管制、单处罚金的公诉案件，只要事实清楚、证据充分，检察院建议或者同意适用简易程序的，一律适用简易程序审理。提高案件的当庭宣判率，规定凡是适用普通程序简化审和适用简易程序审理的案件，应尽量当庭宣判，使刑事案件的当庭宣判率达到 35.8%。

2001 年起，法院改革刑事裁判文书。在制作的刑事案件裁判文书中列明证据，充实对证据的分析认定过程、理由等内容，提高透明度，增加说理性。

2003 年后，法院实行案件审判流程管理制度，由立案庭对审判流程中的立案、开庭、结案、归档等不同环节进行跟踪管理。建立了案件审限提示制度，排期开庭制度，保证案件审理的公正与高效。

随着刑事审判工作的发展，法院审判注重司法礼仪，2002 年开始使用法槌，2004 年法官开庭着法袍。

1990—2009 年，审结各类刑事案件 6723 件。其中，占据前几位的是：盗窃罪 1754 件，占 26.1%；故意伤害罪 1755 件，占 26%；贩卖、运输、制造毒品罪 610 件，占 9.1%；抢劫罪 482 件，占 7.2%。刑事犯罪整体上呈下降态势，1998 年以后，发案比较平稳，基本维持在 300 件左右。

1990—2009 年凉州区刑事审判案件统计表

表 6-3-1　　单位：件

项目／年度	盗窃罪	故意伤害罪	贩卖运输制造毒品罪	抢劫罪	交通肇事罪	职务犯罪案件	其他类犯罪	小计
1990	104	72	32	35	—	9	121	373
1991	144	103	11	31	—	8	105	402
1992	101	94	16	17	3	7	126	364
1993	119	95	33	15	15	3	90	370
1994	138	100	37	16	3	15	98	407
1995	122	85	39	13	4	19	73	355
1996	142	104	37	17	7	28	71	406
1997	127	109	30	20	1	9	62	358
1998	95	114	30	8	8	11	53	319
1999	74	86	42	21	21	8	69	321
2000	78	100	31	15	17	6	76	323
2001	67	89	28	19	13	9	87	312
2002	71	85	26	42	11	7	66	308
2003	73	93	29	25	10	8	86	324
2004	54	73	16	31	13	4	34	225
2005	63	83	21	27	28	10	76	308
2006	35	72	22	34	49	9	79	300
2007	45	51	50	31	35	8	82	302
2008	55	63	41	41	26	12	81	319
2009	47	84	39	24	36	17	80	327

第三节　民事审判

20 世纪 90 年代，通过普法教育的广泛深入开展，人民群众法律意识增强，通过法律途径解决人身、经济与财产纠纷以保护合法权益的观念逐渐增强，法院受理的民事案件总体呈上升趋势。随着城镇化建设进程的加快，产生房屋拆迁纠纷、土地补偿协议纠纷；随着国家土地制度、住房制度的改革，产生房屋按揭、商品房预售、物业管理纠纷；随着企业改制以后各类新型市场主体的出现，产生企业破产、兼并、股权确认、股权转让、公司决议效力、公司解散和并购纠纷；随着冬季供暖由单位福利化向市场化的转变，产生大量的供热合同纠纷，2002 年仅有 1 件，到 2005 年上涨至 467 件。随着通讯业的发展，产生许多电信合同纠纷。

审结的侵权纠纷案件中以人身损害赔偿案件居多，原因主要是邻里之间因过错性结怨斗殴。在农村多因邻里间争水、争地（耕地、宅基地、滩地）、生活琐事争气以及饲养的家畜、家禽管理不善引发；城市多因排水、采光、通信、道路等相邻关系纠纷以及肖像使用、名誉、荣誉受损、情感纠葛引发。随着机动车数量逐渐增加，因交通事故引起的人身损害赔偿案件也呈上升趋势。

与人身侵权案件相比，财产类侵权案件相对较少，20 年间，审结此类案件 975 件。继承案件多发生于城市，多为房屋，尤以铺面房的继承争议较多。

2000 年后，随着武威市企业改制基本完成和民营经济成分增加，劳动纠纷案件逐渐增多，每年受理约 20 件左右，最多达 47 件。

因民事案件数量多，涉及面广，法院 70%的审判力量都集中在民事案件的审判上。坚持“该调则调、当判则判、调判结合、案结事了”的原则，从根本上化解矛盾纠纷，力求使矛盾纠纷化解在案发地。在审结的民事案件中，有 80%采用简易程序灵活审理。所结案件中，有 60%以调解方式结案。1990—2009 年，区法院审结各类民事案件 27389 件，年均结案 1369 件。

1990—2009 年凉州区民事审判案件统计表

表 6-3-2　　单位：件

项目 年份	离婚纠纷案件	抚养赡仰纠纷	财物纠纷案件	借款债务案件	买卖纠纷案件	继承纠纷案件	侵权纠纷案件	其他案件	小　计
1990	432	35	76	18	10	10	164	301	1046
1991	532	17	67	9	21	6	170	358	1180
1992	471	15	73	108	94	5	161	232	1159
1993	577	20	52	107	130	4	166	173	1229
1994	709	36	36	104	106	7	125	161	1284
1995	695	39	25	211	151	7	207	210	1545
1996	653	37	13	630	411	8	160	328	2240
1997	720	25	15	487	144	11	200	297	1899
1998	715	41	9	516	252	7	166	229	1935
1999	702	29	10	206	141	11	188	459	1746
2000	627	37	15	354	429	7	185	391	2045
2001	514	42	39	219	147	16	323	434	1734
2002	495	33	21	99	62	4	136	32	882
2003	519	38	9	58	36	8	244	30	942
2004	411	43	8	17	11	13	216	21	740
2005	455	45	20	39	22	8	307	62	958
2006	427	31	19	71	43	8	300	87	986
2007	610	42	25	73	44	4	294	48	1140
2008	722	76	44	62	38	9	310	122	1383
2009	770	57	40	41	27	17	324	40	1316

第四节　经济审判

1990—2009年，凉州区人民法院共审结各类经济合同案件20562件，其中购销合同纠纷案件7741件，建设工程承包合同案件488件，加工承揽财产租赁案件156件，借款合同案件4714件，农村承包合同案件522件，企业承包合同案件64件，企业联营企业破产案件21件，其他经济纠纷案件6856件。

1990—2009年凉州区经济审判案件统计表

表6-3-3　单位：件

项目 年度	购销合同纠纷	建设工程合同	加工承揽财产租赁	借款合同	农村承包合同	企业承包经营合同	企业联营企业破产	其他经济纠纷	小　计
1990	36	3	12	16	13	—	2	133	215
1991	45	2	3	21	19	—	—	108	198
1992	26	—	6	35	15	15	1	147	245
1993	43	5	9	39	35	8	4	188	331
1994	59	4	4	73	12	11	2	433	598
1995	54	2	4	102	18	13	—	554	747
1996	774	38	8	468	23	—	3	270	1584
1997	391	22	4	415	23	—	4	117	976
1998	400	26	2	221	15	—	1	126	791
1999	464	16	1	308	5	15	4	54	867
2000	254	8	7	85	5	2	—	151	512
2001	432	21	4	269	12	—	—	249	987
2002	562	27	3	377	15	—	—	153	1137
2003	497	14	2	360	14	—	—	143	1030
2004	657	32	2	322	17	—	—	424	1454
2005	672	39	20	371	15	—	—	468	1585
2006	529	31	6	203	26	—	—	856	1651
2007	613	55	20	438	43	—	—	586	1755
2008	696	64	21	313	56	—	—	825	1975
2009	537	79	18	278	141	—	—	871	1924

第五节　行政审判

20 世纪 90 年代后，行政诉讼案件类型结构日趋复杂化和多样化，基本上已覆盖大部分行政管理领域。其中受案最多的是行政治安案件，其次是农业和土地方面的纠纷案件。

在具体审判中，法庭严格落实行政诉讼法“不适用调解”的特有原则，但这一原则的贯彻遭遇到行政诉讼实践中高达 30%~50%的原告撤诉率的挑战，一些行政机关应诉后，经过审查发现自己具体行政行为存在问题，主动纠正，原告以此申请撤诉。对此区法院加强行政案件的和解工作，降低诉讼成本，节约诉讼资源，促成行政机关自纠。特别是在审理行政案件时，按照行政诉讼法规定组成合议庭公开审理，坚持“法律面前人人平等”原则，诉讼双方在庭上举证、质证、认证和辩论，依法为公民讨回公道，也对行政机关依法行政起到促进作用。

1990—2009 年，审理行政案件 340 件，最多的年份 41 件，最少的 4 件，案件数量没有呈现逐年增长的趋势。

1990—2009 年凉州区行政审判案件统计表

表 6-3-4　　单位：件

项目 / 年度	治安	土地	城建	工商	林业	卫生	计划生育	其他	小计
1990	9	12	—	—	—	—	—	2	23
1991	14	3	—	—	2	—	—	1	20
1992	7	4	1	1	—	—	—	2	15
1993	7	4	1	1	1	1	—	4	19
1994	8	4	1	1	—	—	—	4	18
1995	7	—	—	—	—	—	1	1	9
1996	10	1	1	—	—	—	—	11	23
1997	7	2	3	1	—	—	—	1	14
1998	4	—	2	2	—	1	—	10	19
1999	8	1	5	—	—	—	—	2	16
2000	8	—	—	—	—	—	—	3	11
2001	6	1	1	1	—	—	—	7	16
2002	10	3	2	2	1	—	—	9	27
2003	1	—	1	—	1	—	—	2	5
2004	1	3	1	1	—	—	—	15	21
2005	2	—	1	—	37	—	—	1	41
2006	—	1	—	—	1	—	—	2	4
2007	1	1	—	—	—	—	—	8	10
2008	1	1	6	—	—	—	—	5	13
2009	7	2	4	—	—	—	—	3	16

第六节 审判执行

1990—2000 年，武威市人民法院审判和执行不分离，谁判决的案件由谁负责执行，相当一部分案件未正式立案即已执结，还有一部分已立的案件在实际执结前已由主办法官随机补办立案手续。基于上述原因，当时院内上年度执行积案一般不超过 5%。

2001—2009 年，凉州区人民法院实施流程管理，实行“审执分离”制度，除当事人当庭履行完毕案件外，各审判庭作出其他有财产执行内容的判决书、调解书、裁定书移送执行庭执行。随着市场经济发展，人们的利益观念普遍增强，而诚信意识、契约意识却没有同步增强，导致当事人对生效的法律文书的自觉履行率逐年下降，债权人的申请执行率上升，执行难的问题逐渐暴露。其主要表现是被执行人难找、被执行财产难寻、协助执行人难求、应执行财产难动。同时，暴力抗拒执行的现象也时有发生。为解决执行难的问题，区法院对一些拒不执行的被执行人采取强制执行措施，并进行媒体曝光。

1990—2009 年，凉州区法院受理各类执行案件 12481 件。案件数量呈上升趋势，2002 年达到高峰，执行案件达到 2212 件。

1990—2009 年凉州区执行案件统计表

表 6-3-5 单位：件

项目 年度	民事	经济	行政	其他	小计
1990	123	55	2	—	180
1991	134	58	3	—	195
1992	186	46	5	—	237
1993	184	74	36	10	304
1994	201	140	28	14	383
1995	250	160	79	19	508
1996	267	175	108	45	595
1997	109	59	156	12	336
1998	348	160	169	6	683
1999	223	171	109	6	509
2000	278	232	165	19	694
2001	253	685	82	12	1032
2002	667	1245	66	234	2212
2003	268	787	63	25	1143
2004	143	365	36	97	641
2005	202	563	177	23	965
2006	148	420	29	2	599
2007	113	177	16	—	306
2008	83	188	—	—	271
2009	176	447	63	2	688

第七节　其他工作

一、审判监督

2000 年，凉州区法院设立审判监督庭，全面实行立审、审执、审监分离，形成立、审、监相互衔接，相互制约的审判监督工作机制，判定完善审判监督工作各项制度、办法、措施、标准，对法院审判工作实施全方位有效监督。对申诉案件的审判监督主要是对原审裁判不服，申诉要求再审。此类申诉，以民商事案件居多。审判监督庭逐案进行复查，若符合再审的法定条件，即依程序裁定再审，反之，则予以书面通知驳回。2000—2009 年，审判监督庭共审结民商事再审案件 96 件，其中凉州区人民法院决定再审 72 件，检察院抗诉 10 件，上级法院指令再审 14 件。经过再审，维持原判 38 件，撤销原判并重新判决的 42 件，调解 5 件，撤诉 8 件，用其他方式处理的 1 件。共复查民事案件（含执行案件）1052 件、刑事案件 461 件、行政案件 34 件，平均每年复查 155 件。案件再审后，原裁判被撤销，对裁判公信力的负面影响较大。原审裁判被再审撤销，主要是由于原审办案人员业务水平有限，或在案件审判时限于客观因素制约对事实认定不清。

二、法制宣传工作

20 世纪 90 年代，正值全国“二五”“三五”普法时期，法制宣传工作重点是通过对典型个案的裁判向社会宣传法律知识，主要通过公开审理案件和召开刑事审判集中宣判大会的机会，扩大法制宣传面。每年召开集中公判大会都在 10 次以上，每次宣判大会均组织学生和群众参加。2000 年以来，随着“四五”普法的展开，法制宣传工作更加普及。一方面，把公开审判作为法制宣传教育的课堂，进行巡回就地开庭和公开审判，吸引群众旁听。另一方面，广泛开展法制讲座、送法下乡入户、进校园等活动，通过开展《中华人民共和国宪法》《中华人民共和国刑法》《中华人民共和国婚姻法》《中华人民共和国合同法》《中华人民共和国劳动法》《中华人民共和国行政复议法》等法律的宣传教育，提高人民群众自觉运用法律武器维护自身合法权益的能力。

法庭开放日活动

2001—2009 年，实行法制宣传工作责任制，在凉州电视台、《武威日报》上开辟普及法律知识专栏，定期播放和刊发以案说法节目，扩大宣传效果。在新闻媒体刊登、播发普法宣传稿 890 多件（次），每年利用“3·8 国际妇女节”“3·15 消费者权益保护日”“6·26 世界禁毒日”“12·4 法制宣传日”等特殊时期，走上街头开展法律咨询活动，派出宣传车在人口较多的乡镇进行集中宣传，每年分发法律知识宣传资料 10000 多份。

三、信访接待工作

2004年，法院制定《涉诉信访案件处理办法》，使信访工作得到加强。2005年，成立专门的信访接待室，信访接待工作进一步专业化。1990—2001年，处理人民来信13093件，接待来访13046人（次）。2002—2009年，受理涉诉信访案件1682件，接待来访群众12647人（次）。在涉诉信访案件中，要求再审600件，要求执行已生效的法律文书1034件，提出控告48件。

第四章　司法行政

第一节　机构设置

1990年，武威市司法局内设人秘办公室、法制宣传教育办公室、宣传教育股、基层工作管理股、公证律师管理股，下辖公证处、律师事务所。

1991年，成立武威市劳动就业中心育才分校。

1996年，成立武威市法律事务中心。

1999年，成立“148”法律服务中心。

2000年，成立法律援助中心。

2001年8月，武威市司法局更名为凉州区司法局。

2009年，凉州区司法局内设党政办公室、宣传教育办公室、基层工作管理股、公证律师管理股、“两劳”安置帮教办公室、“148”法律服务中心，下辖依法治区领导小组办公室、区公证处、区法律援助中心、区法律事务中心。同年，司法行政体制理顺，基层司法所划归司法局直接管理，下辖47个司法所。

第二节　普法工作

1990年，武威市普及法律常识教育领导小组办公室，更名为武威市法制宣传教育领导小组办公室。1998年，武威市法制宣传教育领导小组办公室更名为武威市依法治市工作领导小组办公室。2001年8月，更名为凉州区依法治区领导小组办公室。1990—2009年，法制宣传教育工作先后经历“二五”“三五”“四五”和“五五”普法规划时期。

一、“二五”普法时期（1990—1995年）

主要贯彻“以宪法为核心，以专业法为重点，坚持学用结合”的要求，在干部和青少年学生中推进普法教育。共举办《中华人民共和国宪法》《中华人民共和国行政诉讼法》《中华人民共和国集会游行示威法》《中华人民共和国婚姻法》等法规的骨干培训班45期，23个系统197个城区单位的9836人

（次）参加培训，其中科级以上干部 1523 人（次）。专场专人讲授“四法”71 场（次），组织发行《行政诉讼法》《集会游行示威法》读本 5519 册，印发《中华人民共和国行政诉讼法》《中华人民共和国婚姻法》宣传材料 67000 份。为配合“严打”活动，开展以禁毒扫黄除“六害”为重点的法制宣传工作，选编印发宣传材料 78760 份，举办大型法律咨询服务 10 次，接待群众 12000 人（次），解答法律咨询 3500 多条，放映法律录像 2430 场（次），观众达 20 多万人，出动法制宣传车 98 天（次），督促基层举办各类法制培训班 2348 次，参加学习达到 12 万多人，张贴除“六害”标语 50716 条，横幅 28 条，刊出专栏 1652 期、黑板报 1230 块。

二、“三五”普法期间（1996—2000 年）

普法工作紧紧围绕“改革、发展、稳定”，坚持法制宣传教育与法制实践相结合，领导干部学法用法走向制度化、规范化，举办科级领导干部培训班 60 期，培训 2560 人，合格率 100%；开展法律咨询活动 12000 场（次），播出法制广播讲座稿件 1820 篇，制作法制专栏 4056 期，举办法制竞赛 452 场（次），刊登黑板报 35200 期（块），悬挂横幅 2562 条，张贴标语 30 多万条，发表通讯报道 2716 次。组织普法考试 5 次，参加 55806 人，合格率达 99.5%。编写各类法律辅导教材 8 本，共印发 1.8 万册。

法律宣传

三、“四五”普法期间（2001—2005 年）

全区举办各类法制培训班 2600 多场（次），培训 8 万多人（次）。两次组织 12 万多名中小学生参加“雷台杯”“海石杯”法律知识问答、竞赛和电视辩论赛 3 项系列活动。开展“送法下乡进社区”等各类活动 580 多场（次），举办各类法制讲座 610 多场（次），张挂法制图片 6400 多幅，发放资料 26 万多份，解答法律咨询 1 万多人（次）；在电台、电视台和《武威日报》等开设 13 个法制宣传栏目，累计刊播达 600 多期；在互联网上建立全省首家普法网页和律师网页，点击达 5000 多次；依法开展专项治理 120 场次。

四、“五五”普法期间（2006—2009 年）

普法工作主要以“法律七进”（进机关、进单位、进校园、进企业、进社区、进乡村、进宗教场所）活动为载体，通过多种形式，突出重点对象的学法、用法，推动“五五”普法的持续开展。向全区行政事业单位进行法制讲座 125 场（次），法制培训 67 场（次），受训各类干部 8650 人（次）。在全区中小学聘请 450 多名法制副校长（辅导员），实现中小学法制教育有计划、有教材、有课时、有师资的“四落实”。区司法局和教育局向全区中小学下发“为了明天——法律进校园”为主题的法制教育挂图 400 多套。全区共开展“送法进校园”活动 3920 多场次，上各类法制示范课 4358 课时，近 20 万青少年学生普遍接受了经常性的法制宣传教育。开展以安全生产、守法经营、依法纳税、打击假冒伪劣商品、食品药品安全为主题的法制宣传活动 46 场（次），举办企业经营管理人员法制培训班 6 期 378 人（次），发放企业普法读本 1000 多册。结合重大节假日，向社区居民发放宣传资料 12 余万份，发放居民普法读本 3700 多册，张贴挂图片 235 多幅，解答法律咨询 1267 人（次）。各街道组织开展“为了明天——未成年人零犯罪社区”“文明社区”“无毒社区”创建活动。向宗教场所散发宣传资料 8 万余份，举办法制讲座 23 场次，召开座谈会 9 场次。通过凉州政府门户网、凉州旅游网、红盾信息网、天马在线及律师个人网页广泛宣传全区“五五”普法动态和成果。在各乡镇、街道和学校制作树立永久性普法宣传标牌 13 块，刷写普法宣传标语 560 多条，报送工作信息 634 条，在动态专刊选登 135 条。

第三节　人民调解

调解纠纷

人民调解组织以人民调解委员会为主体，以专职调解干部为骨干，以业余调解员为基础。至 2009 年，全区有人民调解委员会 626 个，人民调解员 4159 名，其中村居调解委员会 449 个，企事业单位调解委员会 86 个，乡镇街道调解委员会 44 个，其他调解委员会 47 个。

1990—2009 年，全区共调解纠纷 46070 件，其中婚姻家庭纠纷 8683 件，邻里纠纷 9756 件，赡（抚）养纠纷 2380 件，债务纠纷 2629 件，生产经营纠纷 5809 件，赔偿纠纷 2575 件，房屋宅基地纠纷 4793 件，其他纠纷 6584 件，调处率达 96.6%，成功率达 95.9%。防止可能发生的非正常死亡 208 件、220 人，防止民间纠纷转化为刑事案件 292 件。各级人民调解组织进行 1500 多次矛盾纠纷大排查活动，充分发挥人民调解的“第一道防线”作用。

1990—2003 年凉州区人民调解工作情况统计表

表 6-4-1

项目	调解纠纷情况												防激化情况	
	总数（件）	成功数（件）	纠纷分类										防止民间纠纷引起自杀（件\人）	防止民间纠纷转化为刑事案件（件\人）
年度			婚姻纠纷（件）	继承纠纷（件）	赡（抚）养纠纷（件）	家庭纠纷（件）	宅基地纠纷（件）	债务纠纷（件）	生产经营纠纷（件）	邻里纠纷（件）	赔偿纠纷（件）	其他纠纷（件）		
1990	5008	4890	286	51	207	778	388	131	1544	962	263	398	5\5	—
1991	4142	3902	378	84	188	383	451	268	745	1005	240	400	15\15	5\7
1992	3295	3097	287	64	156	296	898	305	232	561	216	280	11\12	23\33
1993	3465	3323	293	53	223	264	309	212	620	904	215	372	6\6	43\72

续表 6-4-1

年度＼项目	调解纠纷情况												防激化情况	
	总数(件)	成功数(件)	纠纷分类										防止民间纠纷引起自杀(件\人)	防止民间纠纷转化为刑事案件(件\人)
			婚姻纠纷(件)	继承纠纷(件)	赡(抚)养纠纷(件)	家庭纠纷(件)	宅基地纠纷(件)	债务纠纷(件)	生产经营纠纷(件)	邻里纠纷(件)	赔偿纠纷(件)	其他纠纷(件)		
1994	2789	2637	367	60	218	245	196	169	443	740	116	235	20\22	52\81
1995	3150	2975	448	61	209	257	253	196	493	747	198	288	39\43	50\62
1996	3599	3495	392	78	249	280	418	328	498	786	238	332	31\38	55\230
1997	3316	3142	379	107	228	264	364	228	483	701	276	286	12\16	21\30
1998	2165	2078	298	86	189	230	235	156	238	344	135	254	—	—
1999	1856	1781	321	55	158	187	165	138	145	261	98	328	—	—
2000	1698	1628	268	52	134	217	236	115	153	234	21	268	—	—
2001	1392	1350	158	23	65	68	156	160	57	278	30	397	—	—
2002	1240	1217	134	19	88	80	257	134	76	205	22	225	3\3	17\52
2003	1135	1086	120	20	68	75	186	89	89	196	35	264	2\2	10\56

2004—2009 年凉州区人民调解工作情况统计表

表 6-4-2

年度＼项目	调解纠纷情况														防激化情况	
	总数(件)	成功数(件)	纠纷分类												防止民间纠纷引起自杀(件\人)	防止民间纠纷转化为刑事案件(件\人)
			婚姻家庭纠纷(件)	邻里纠纷(件)	合同纠纷(件)	赔偿纠纷(件)	劳动纠纷(件)	村务管理纠纷(件)	土地承包纠纷(件)	征地拆迁纠纷(件)	计划生育纠纷(件)	施工扰民纠纷(件)	房屋宅基地纠纷(件)	其他纠纷(件)		
2004	857	831	67	113	25	38	142	—	—	—	—	—	63	409	—	—
2005	1137	1098	140	275	42	76	29	8	200	23	4	—	56	284	—	1\1
2006	1152	1124	158	318	44	63	23	18	120	17	6	1	38	346	—	1\1
2007	1214	1169	142	323	36	98	121	24	166	29	15	3	43	214	1\1	1\1
2008	1520	1494	164	348	45	74	48	40	147	109	12	32	38	463	11\23	13\46
2009	1940	1871	259	455	48	123	17	45	232	112	13	52	43	541	—	—

第四节　律师事务及法律援助工作

1990 年，武威市律师事务所有人员 13 人，取得律师资格 4 人。1995 年，武威市律师事务所更名为武威银迪律师事务所。1996 年，成立武威市法律事务中心和银城律师事务所。1999 年，成立武威市“148”法律服务中心。2000 年，成立武威市法律援助中心，为贫困群众提供免费的法律服务。

2009年，有律师事务所3个，法律服务所50个，从事法律服务人员45人，律师11人。

1990—2009年，共承担机关、企事业单位常年法律顾问567家，办理刑事诉讼代理981件、民事诉讼代理1123件、经济诉讼代理509件、行政诉讼代理51件，办理非诉讼法律事务207件，解答法律咨询3.6万人次，代写法律文书7993份，为贫困当事人提供法律援助1208件，参加公益事业和社会活动458次，接待群众来访3.9万人（次），处理群众来信260件。

1990—2009年凉州区律师事务工作情况统计表

表6-4-3

项目 年度	担任法律顾问（家）	刑事诉讼辩护代理（件）	民事案件诉讼代理（件）	经济案件诉讼代理（件）	行政案件诉讼代理（件）	非诉讼法律事务（件）	解答法律咨询（人次）	代写法律事务文书（件）	律师收费（万元）	法律援助案件（件）	参加公益活动（次）
1990	31	125	76	37	—	19	2303	283	5.1	—	20
1991	30	120	60	32	2	12	2012	200	5	—	15
1992	46	118	89	33	10	28	793	93	6.58	—	10
1993	42	110	85	32	5	23	600	102	4.3	—	15
1994	41	71	65	57	4	12	256	44	5.6	—	14
1995	42	29	55	35	6	5	7865	135	13.9	—	29
1996	19	40	66	51	2	2	3510	102	8.1	—	18
1997	13	23	16	17	2	1	2838	998	4.3	5	16
1998	13	18	17	19	2	2	3600	120	3.19	—	12
1999	18	41	59	29	1	11	2100	1100	6.5	18	23
2000	17	40	55	26	1	6	1200	562	4.5	10	21
2001	8	31	31	21	—	21	650	362	4	1	10
2002	8	30	30	21	—	18	620	350	4.3	2	9
2003	28	13	55	5	—	2	2800	304	5.6	51	20
2004	16	15	68	6	2	6	876	785	5.8	196	30
2005	19	28	58	17	2	9	876	785	5.6	202	12
2006	13	30	60	18	3	10	657	600	5.2	186	13
2007	55	36	68	19	2	15	896	680	5.6	196	15
2008	96	33	73	18	2	1	1200	200	5.7	185	62
2009	12	30	37	16	5	4	523	188	5	156	94

第五节　公证工作

1990年，武威市公证处正式开始办理涉外公证业务。2006年，凉州区公证处更名为甘肃省武威市中信公证处。至2009年，有公证人员7人，具备办理涉外公证资格4人。

1990—2009年，全区共办理公证17047件，其中国内公证16196件，涉外公证851件，公证合格率达100%，优良率98.2%。接待群众来访2.5万人（次），处理来信63件，经过公证的合同履约率达99%。

1990—2009年凉州区公证工作统计表

表6-4-4

项目 年度	办理公证情况			公证收费（万元）	接待来访（人次）	处理来信（件）
	合 计（件）	国内公证（件）	国外及港澳台公证（件）			
1990	2502	2500	2	1.16	980	2
1991	2203	2200	3	1.33	1000	2
1992	1470	1452	18	1.79	1102	3
1993	1370	1365	5	1.25	1110	3
1994	601	599	2	3.30	263	1
1995	600	599	1	3.80	700	6
1996	625	588	37	3.80	1210	4
1997	488	450	38	3.80	270	2
1998	705	674	31	5.10	1000	4
1999	604	549	55	4.64	1000	4
2000	443	379	64	4.85	450	4
2001	566	483	83	5.25	500	4
2002	686	614	72	7.93	400	5
2003	1159	1103	56	10.02	2000	5
2004	721	645	76	11.35	988	3
2005	487	426	61	7.97	1200	6
2006	423	388	35	7.70	2700	1
2007	469	385	84	8.00	6000	0
2008	460	390	70	9.00	2100	3
2009	465	407	58	8.00	100	1

第六节 “两劳”安置帮教工作

1996年，武威市“两劳”（劳动改造和劳动教养人员）安置帮教工作正式启动，成立刑释解教人员安置帮教工作协调小组及办公室。各乡镇、街道相应成立“两劳”人员安置帮教工作站。

1999年，根据中央四部委《关于进一步做好服刑、在教人员刑满释放、解除劳教时衔接工作的意见》和省上《关于加强刑释解教人员衔接工作的通知》要求，安置帮教工作组织机构进一步健全和完善。全市各乡镇、街道及社区居委会、行政村均建立刑释解教人员安置帮教工作网络，形成市、乡（镇）、村、组4级帮教网络。

凉州区社区服刑人员心理辅导讲座

2004—2009年，全区有刑释解教人员1533人，其中刑满释放人员1273人，解除劳教人员260人，城市560人，农村973人，帮教1505人，帮教率达到98%，安置就业1346人，安置率达到88%。

2004—2009年凉州区刑释解教人员安置帮教工作统计表

表6-4-5　　单位：人

项目/年度	总计	刑满释放数			解除劳教数			帮教数	帮教率（%）	安置数	安置率（%）
		合计	城市	农村	合计	城市	农村				
2004	336	260	98	162	76	50	26	330	98	288	86
2005	270	220	66	154	50	35	15	267	99	256	95
2006	297	239	71	168	58	37	21	289	97	273	92
2007	223	197	66	131	26	20	6	212	95	212	95
2008	213	197	50	147	16	5	11	213	100	213	100
2009	194	160	39	121	34	23	11	194	100	194	100

第七节　基层司法所

1990年，武威市有乡镇司法所14个。1997年，全市有乡镇、街道司法所和法律服务所47个，司法所、法律服务所实行“两块牌子，一套人马”，两所的合格率达到96%。至2009年，全区共有基层司法所47个，乡镇37个、街道7个、指挥部1个和武威、黄羊工业园区2个。经过司法所体制改革，基层司法所成为区司法局的派出机构，区司法局对司法所实现人、财、物的直接管理。

2004—2009年，全区司法所共参与调解民间纠纷496件，宣讲法律1239场（次），受教育人数达到172.23万人（次），为基层政府提供司法建议369条，协助基层政府处理社会矛盾纠纷2108件，调处成功2026件，调处率达到96%；开展矛盾纠纷大排查1339次，防止群体性上访54件，制止群体性械斗 21 件，参与“严打”整治活动 855 人（次）。

2004—2009 年凉州区司法所、司法助理员工作情况统计表

表 6-4-6

项目 年度	参与调解疑难复杂民间纠纷（件）	法制宣传		依法治理				协助基层政府处理社会矛盾纠纷		开展矛盾纠纷大排查（次）	防止群体性上访（件）	制止群体性械斗（件）	参与“严打”整治专项治理活动（人次）
		宣讲法律（场次）	受教育人数（万人次）	为基层政府提供司法建议（条）	基层政府采纳建议（条）	制定规范性文件（件）	制定村规民约（件）	处理纠纷（件）	处理成功（件）				
2004	—	296	108.7	25	8	8	—	6	6	—	5	—	172
2005	418	296	10.9	26	16	16	—	190	190	456	13	6	12
2006	—	166	6.4	42	26	—	448	124	93	220	6	1	660
2007	—	90	32.4	50	30	—	224	440	418	250	5	1	—
2008	31	176	6.27	94	85	39	34	623	616	193	23	12	11
2009	47	215	7.56	132	121	90	48	725	703	220	2	1	—

第五章　军事

第一节　人民武装

一、人民武装机构

凉州区人民武装部　凉州区人民武装部隶属武威军分区管辖，是凉州区委的军事部门兼人民政府的兵役机关，受军队和地方双重领导。1994 年 12 月，根据国家八部（委）《关于将甘肃、宁夏、青海、新疆四省（自治区）现归地方建制的县（市、区）人民武装部均收归军队建制的有关问题的通知》，武威市人民武装部收归军队建制，实行军队和地方党委的双重领导制度，同时恢复县（市、区）委书记兼任人民武装部党委第一书记制度。2001 年 8 月，武威市人民武装部更名为凉州区人民武装部。

基层人民武装部　基层人民武装部包括乡镇人民武装部、工矿企业人民武装部和街道人民武装部，是国防体制和基层政权的组成部分，是同级党委的军事部门和同级人民政府的兵役机构。基层人民武装部受同级党委、政府和上级军事机关的双重领导，军事工作由上级军事机关主管。2004 年 8 月，撤乡并镇，乡镇武装部撤为 38 个。至 2009 年，全区有 38 个乡镇武装部、9 个企事业武装部、7 个街道武装部，共 54 个武装部，配备专职武装干部 97 人。

二、民兵工作

民兵组织　1990年以后，根据中央“减少数量、提高质量、抓好重点、打好基础”的民兵工作方针，在省军区、武威军分区的具体指导下，落实基干民兵编组规模，重点抓作战队伍、应急队伍、勤务保障队伍、其他队伍“四种”队伍的调整组建工作，逐步调整压缩规模，使凉州区民兵组织建设走上规范化发展轨道。至2009年，全区38个乡镇、7个街道、9个企事业单位都建立了民兵组织。

民兵训练　凉州区民兵根据上级下达的各项训练任务，坚持劳武结合的原则，采取就地、分散、集中等灵活多样的训练方法，积极开展军事训练，提高军事技术。1997年9月，总参谋部、总政治部下发《关于深化民兵工作调整改革的意见》后，武威市民兵训练形式由过去各乡镇分散训练改为基地训练与分片设点结合的方法施训，专职武装干部、民兵干部和应急分队，集中在基地训练，其分队集中在各片训练。训练内容严格按照总参谋部1998年8月发布的《民兵军事训练大纲》施训。2008年后，按照新一代《民兵军事训练大纲》进一步规范训练的各项制度，把会议制度、备课示教制度、请示报告制度、惩罚制度等贯穿于训练的全过程，严格按制度办事，做到管理有章法，行为有规范，训练有依据，优劣有奖惩。

民兵教育　1999年1月，总政治部下发《参训民兵政治教育纲目》后，武威市人武部门配合地方宣传、文化、工会、共青团、妇联等有关部门共同搞好民兵教育，做到统一布置、统一组织，统一考核、统一检查验收。凡属“兵”的教育，按照上级军事机关的指示要求，由人武部单独组织实施。基干民兵的政治教育时间，保证全年在16小时之内。主要由乡镇（街道）武装部组织实施，以集中课堂教育为主，辅助以多种形式的分散教育。普通民兵的政治教育每年不少于2次，主要结合整组、征兵或集会进行应急分队的政治教育，保证全年在16小时以上，主要由应急分队所在厂矿企业组织实施。

民兵训练

训练基地建设　凉州区民兵训练基地地处武威城西，距市区约12公里（原松树乡政府所在地）。始建于1998年，占地9220平方米，射击场占地20000平方米，多功能训练场占地4600平方米，教学生活区占地4620平方米。各种房屋56间，建筑面积1980平方米，多功能教学厅建筑面积180平方米，餐厅建筑面积130平方米，宿舍32间，会议室、教研室3间，建筑面积1670平方米。田园菜地3.5亩，塑料大棚两座，保温猪圈2间。至2009年，已累计投资47万元，对射击场、综合训练厅、教学大厅、餐厅、宿舍等场地、设施进行了修缮、购置教学和保障设备，已具备一次承训150人的教学、住宿、就餐等保障能力，基本达到吃、住、训、管、养五配套的要求。

三、义务兵征集

义务兵征集工作每年进行1次。每年冬季由武威军分区下达冬季征兵命令，凉州区人民武装部按照上级征兵具体要求动员、组织适龄青年应征入伍。

欢送新兵

四、预备役登记

预备役登记分为军官预备役和士兵预备役登记。凉州区人武部结合每年退伍军人接收安置工作，对退伍军人进行预备役登记统计工作，按照规定，对凡35岁以下，在部队服现役期满和服现役一年以上退伍的义务兵、退出现役的士官进行预备役登记，对不属于军队序列的消防民警、武装民警、边防民警的退伍军人也进行预备役登记。

凉州区没有建立专门的预备役部队，对预备役人员主要实行的是民兵与预备役结合的形式进行编组。对服预备役的退伍军人，凉州区除进行正常的建档登记外，在一年一度的民兵组织整顿工作中，尽可能地将符合条件的预备役人员按年龄要求编入民兵组织，实行属地集中管理。

第二节 人民防空

一、机构

1997年1月，武威地区人防办与市人防办合署办公，一个机构，两块牌子。2002年，凉州区人防办上划武威市人民政府，归口市建委管理。之后，市、区人防办实行合建，区人防工作由市人防办代管。本着平战结合，专业对口，既利于平时工作、生产，又便于战时执行任务的原则，依靠城市的卫生、市政、建设、邮电、公安、交通等有关单位，组建人民防空专业队伍。具体有防化队、医疗救护队、通信队、抢修队、运输队、消防队、治安队、对空射击队等。各专业队伍根据人防工作的要求，组建大小不等的队伍，参加人员必须由熟悉专业的青年人组成。

二、人民防空宣传教育

政策法规教育　1990—2009年人防部门将人民防空的方针、政策、条例和法规宣传作为教育的重要内容，采取多种途径，结合人防建设的任务与要求，重点对人民群众进行《人民防空条例》《人民防空法》等宣传教育，提高广大干部群众对人民防空地位、作用及战略意义的认识，增强国防观念，促进人防事业的发展。2001年，根据中发〔2001〕9号文件精神，凉州区把人防宣传教育纳入国防教育体系，统一部署，统筹安排，并纳入社会普法教育规划。

战备思想教育　1990—2009年，武威人防部门遵照党中央、国务院、中央军委的指示和上级人防部门的部署，针对不同时期人防建设的重点和要求，在宣传、教育、军事、新闻等部门的配合下，采取多种形式，进行经常性的战备思想教育，不断增强人民群众的战备观念和参与人防战备建设的积极性。主要宣传人防知识、人民防空工作在未来反侵略战争中的地位作用、《人民防空条例》和《人民防空法》，以增强各级领导和广大人民群众的忧患意识和依法办人防的意识，积极支持和参与人防建设。

防空知识教育　1990—2009年，武威人防办通过媒体传播、张贴标语、定时报警鸣号等形式向广大人民群众进行防空知识教育。在一些学校进行防空知识试点教育，将防空知识教育纳入学校教学计划，逐步使人民防空知识和“三防”常识教育转入经常化、制度化。

第三节　双拥工作

1990年，武威市双拥工作以创建双拥模范城为目标，以解决部队建设和优抚对象关注的热点难点问题为切入点，不断加强军政军民团结，扎实推进双拥工作。1991年，召开拥军优属、拥政爱民工作会议。1993年，印发《1993—1995年双拥工作规划》。1994年，下发《创建河西双拥模范走廊实施意见》和《双拥模范乡镇、街道、单位标准》。1996年，制定《关于创建全国双拥模范城的实施意见》。1999年，印发《开展“爱心献功臣行动”实施方案》《双拥工作领导小组成员单位职责》《拥军优属若干规定》和《现役军人优待金社会统筹暂行办法》，制定军地领导联系会议、党委议军会议、党政领导过军事日活动、现场办公会议、党政军领导互访、检查评比、双拥工作职责等制度。2006年，凉州区制定《创建双拥模范城实施意见》，修订《双拥工作领导小组成员单位职责》。2009年，凉州区下发《军民共建社会主义新农村试点实施意见》。

一、拥军优属

1990—2009年，全区在战备训练、生活保障、家属就业等方面开展拥军优属活动。先后投资1000多万元，修建拥军桥2座，拥军路4条，开通拥军公交专线2条。为建设武威军警民综合训练场和民兵训练基地，划拨土地400多亩，投入资金100万元，为武警武威支队凉州区中队修建训练馆和维修宿舍食堂，安装空调和太阳能热水器各2台。将34名在农村学校工作的随军家属调入城区学校工作，将122名部队子女转入城区教学质量好的中小学就读，对168名军嫂进行就业培训，解决就业76人。

全省拥军优属先进单位奖牌

二、拥政爱民

1990—2009年，驻军部队在完成军事训练、战备值勤及部队建设任务的同时，充分发挥其政治、技术和人员集中、突击力强的优势，开展拥政爱民活动。驻军部队先后共投入兵力近25万人（次），车辆机械8万台（次），参加沙漠公园生态绿化工程、武威—武南一级公路建设、天梯山生态治理工程、杨家坝河堤绿化工程、白塔寺景区建设、防沙治沙工程、凉（州）古（浪）公路建设、通道绿化工程以及城市改造、平田整地、水利设施、植树造林和工业园区基础建设。驻军官兵救助失学儿童近2000多名，援建希望小学16所，帮扶农村敬老院14所，解放军第十医院和驻军部队医院送医下乡，义务为5000多名群众治病。在凉州区部分沿山乡镇、城区遭受洪涝灾害、特大火灾及特大沙尘暴袭击时，驻军部队第一时间紧急出动官兵抗击自然灾害和抢救人民生命财产。

三、双拥模范城创建

1990—2009 年，凉州区按照《双拥模范城创建工作实施方案》，坚持军民携手共同开展双拥模范城创建工作。全区结成军民双拥文明社区 17 个、文明村镇 148 个、文明企业 22 个、文明学校 58 所、文明帮扶对子 346 个。在全区开展“援建军营图书室，共建学习型军营”活动，为驻军 15 个部队捐赠图书 3 万余册，建成军营图书室 15 个，希望小学 4 所。为驻军培养军地两用人才 1260 多人，进行学历教育 630 多人。区政府每年为区人武部解决建设资金 40 多万元。凉州区根据“双拥模范城”争创标准和要求，落实优抚安置政策，为优抚对象排忧解难。将 264 名参战退役人员分别安排到公安部门和乡镇、街道、学校、社区等公益性岗位工作就业，为 68 户符合城镇居民最低生活保障的重点优抚对象和 401 名申请农村低保的在乡重点优抚对象解决低保问题，为 264 名下岗失业的参战退役人员办理城镇居民基本医疗保险，采取临时救助的形式，资助部分城镇优抚对象参加城镇居民基本医疗保险，参保率达 85%以上。由区民政局筹资为全区所有在乡重点优抚对象办理农村新型合作医疗，在城乡大病医疗救助中对患病的重点优抚对象予以倾斜。为全区 17 名军队复员干部办理养老保险和医疗保险，为移交到凉州区的 57 名军队无军籍退休、退职职工全部办理医疗保险。为重点优抚对象在城镇困难居民廉租房和经济适用房中解决住房 114 套，筹资 86 万元为 160 户农村重点优抚对象修建住房。

1991 年，武威市被省委、省政府、省军区表彰为双拥工作先进单位。1992 年、1994 年和 1996 年，武威市（城市）被省委、省政府、省军区命名为“双拥模范城”。1998 年，被省委、省政府、省军区评为“创建河西千里双拥模范走廊”先进单位。2000 年，被国家民政部、解放军总政治部命名为“全国双拥模范城”和“全国献爱心功臣行动先进市”。2003 年、2006 年，被省委、省政府、省军区命名为“双拥模范城”。至 2009 年，全区共命名双拥模范居（村）委 97 个，表彰双拥工作先进单位 202 个，双拥先进个人 189 名。

第四节 国防教育

一、国防教育基地

20 世纪 90 年代以后，武威市把国防教育纳入全民教育规划，充分利用和发挥国防教育课堂、国防教育阵地和新闻媒体的作用，在全社会形成人人关心国防教育工作、参与国防教育活动的新风尚。1997 年后，凉州区培育国防教育先进基地 21 个，西郊公园被命名为省级国防教育基地，武威少年军校（今凉州成人中专）被命名为省级少年军校，东关烈士陵园、永丰红军西路军烈士纪念碑、武威文庙、六中、十中、会馆巷小学被命名为市级国防教育基地。投资 140 多万元，对全区国防教育基地设施进行改造、亮化和美化，使所有基地达到“四有”（有明显的标牌、有专人负责、有专业人员讲解、有丰富的活动内容）标准。

二、国防教育活动

2001 年 4 月 28 日《中华人民共和国国防教育法》颁布后，凉州区把国防教育做到“三结合”（经常教育与集中教育相结合、普及教育与重点教育相结合、理论教育与行为教育相结合）。针对不同对象确定相应的教育内容，进行分类组织实施，切实增强全区人民的国防教育意识。2001—2009 年，每年在各级各类媒体上播报国防教育新闻 40 多条，刊登国防教育稿件 50 多篇；在连霍高速公路和凉

国防教育

（州）古（浪）、民（勤）武（威）、金（昌）武（威）公路沿线及重要区乡公路干线、城区繁华地段和荣华大桥东侧制作大型国防教育宣传标牌186块，营造国防教育氛围。每年在邱少云烈士纪念馆、东关烈士陵园、永丰红军西路军烈士纪念碑等国防教育基地组织参观学习，参观人数达1.5万人（次）。每年7月，组织全区领导干部过“军事日”，区上四大班子领导、区直各部门、乡镇领导共计200多人开展打靶等活动。每年9月18日，组织区直机关干部参加全市军事斗争形势报告会，使广大干部普遍接受国防教育。为加强青少年学生的国防教育，在调研的基础上，为全区1405所中小学及区内6所大中专院校全部开设国防教育课，城区有11所小学聘请驻军部队31名官兵担任校外辅导员，配合学校定期组织开展国防知识讲座和军训活动，使学生受教育面和军训率达到95%以上。2004年，在全区中小学分别组织开展“好为尔杯”“青岛啤酒杯”“宝山口腔杯”青少年学生国防教育知识竞赛，参赛人数达10万多人（次）。2005年11月，凉州区被评为“全省国防教育先进集体”。

凉州区志

第七编

社会行政管理

本编目录

第一章　民政

第一节　机构设置

1990 年，武威市民政局内设办公室、地名办公室（勘界办公室）、民政股、优抚股、安置办公室、社会股、基层政权建设股、计划财务股，下辖事业单位有残疾人联合会、殡仪馆、殡葬管理所、收容遣送站、军供站、军队离退休干部休养所、社会福利工厂、武威民政工贸总公司。

1993 年，设立武威市婚姻服务中心。

1997 年，成立武威市农村社会养老保险办公室。

2001 年 8 月，武威市民政局更名为凉州区民政局，军供站、收容遣送站、军队离退休干部休养所划归市民政局管理。

2002 年，凉州区民政局内设办公室、民间组织管理办公室、优抚股、低保股、社会股、民政股、基层政权建设股、社区办公室，下辖殡仪馆、殡葬管理所、福利工厂、婚姻服务中心，地名边界办公室、双拥办公室、安置办公室挂靠民政局管理。

2004 年，凉州区老龄工作委员会办公室挂靠民政局管理。

2009 年，凉州区民政局内设办公室、民间组织管理办公室、优抚股、救灾股、社会救助股、基层政权和社区建设股、社会福利和社会事务股、财务股，下辖凉州区殡葬管理所、凉州区殡仪馆、凉州区社会福利工厂、凉州区民政局婚姻登记处、凉州区婚姻服务中心。挂靠单位有凉州区老龄工作委员会办公室、凉州区双拥工作领导小组办公室、凉州区地名边界办公室、凉州区退伍军人和军队离退休干部安置领导小组办公室。

第二节　优待抚恤

一、农村义务兵家庭优待

1990—1999 年，武威市农村义务兵家庭优待金逐年提高。2000 年，优待标准最高为 930 元，最低为 360 元。2004—2009 年，经区政府确定对农村义务兵家庭优待金逐年提高，分别为 2004 年不低于 2200 元、2005 年不低于 3078 元、2006 年不低于 3450 元、2007 年不低于 3720 元、2008 年不低于 4032 元、2009 年不低于 4380 元。

二、死亡抚恤

1990—1993 年，武威市调整“三属”(烈属、因公牺牲军人遗属、病故军人遗属）定期抚恤金标准，在 1989 年确定的基础上，每人每月增加 10 元。1994—1996 年,“三属”定期抚恤金每人每月增加 5 元。2002 年,“三属”定期抚恤金，居住在城镇的每人每月提高 40 元；居住在农村的，每人每月提高 25 元。2003 年，城镇籍“三属”抚恤标准每人每月提高 60 元，农村籍“三属”每人每月提高 30 元。2005 年，城镇籍“三属”抚恤金每人每月分别提高 95 元、75 元、55 元；农村籍“三属”抚恤金每人每月分别提高 25 元、20 元、10 元。2006—2007 年，国家两次提高“三属”抚恤金补助标准。2009 年，全区共有“三属”187 户（其中烈属 66 户、因公牺牲军人遗属 55 户、病故军人遗属 66 户）。

三、伤残抚恤

民政部门办理和管理的伤残抚恤对象包括革命军人、参战民兵、民工、人民警察和革命工作人员，残废等级分为 4 等 6 级。1990—2009 年，凉州区先后 14 次提高革命伤残人员的抚恤金标准。2004 年，为 320 名残疾军人、2 名伤残人民警察、12 名伤残国家机关工作人员换发新证，统一抚恤金补助标准。2005 年，对原 8023 部队 181 名退伍人员进行身体检查，7 名评定伤残等级，3 名享受带病回乡退伍军人待遇。至 2009 年，全区有残疾军人（含人民警察、国家机关工作人员、民兵、民工等）501 名，享受带病回乡退伍军人待遇的有 278 人。

四、定期定量补助

1990 年，武威市享受定期定量补助的优抚对象有 428 名。从 2007 年，根据国家《关于落实优抚对象和部分军队退役人员有关政策》的文件精神，对 1954 年 11 月 1 日后入伍并参战和参加核试验的军队退役人员给予生活补助，标准为每人每月 130 元。2009 年，对全区 1532 名无工作单位的“参战参试”人员给予优抚待遇，每人每年 2400 元。

五、西路红军老战士优待补助

1990 年，武威市对西路红军老战士每人每月定补标准提高 75 元。1992 年，根据民政部有关文件精神，对“三红”（在乡退伍红军老战士、在乡西路红军老战士、红军失散人员）人员的生活补助标准重新作调整，分别为 166 元、90 元和 35 元，所需新增经费由中央财政拨专款解决。1994—1995 年，两次对“三红”人员生活补助标准进行调整，1994 年为每月 226 元、120 元和 45 元；1995 年为每月 251 元、135 元和 55 元。1996 年对“三红”人员生活补助标准进行调整，在 1995 年标准基础上，每人每月分别提高 49 元、65 元和 15 元。1998 年，武威市尚健在的西路红军老战士有于长青、李文英、赵天明、邓有永、王家祥、罗加贵、佘文玉、张万斗 8 人。2001 年再次提高“三红”人员的生活补助标准，分别为每月 590 元、450 元和 120 元。2002 年，将尚健在的西路红军老战士佘文玉、李文英、王家祥、赵天明个人信息全部录入电脑，进行自动化管理，在各个方面给予照顾。2009 年，凉州区尚健在的西路红军战士有李文英、赵天明 2 人，其生活补助费提高到每人每年 18080 元。

第三节　社会福利

一、福利奖券、彩票

1990 年，武威市销售社会福利奖券 30 万张，销售额达 60 万元，提取福利基金 12.6 万元。1992 年，社会福利奖券销售额达 70 万元，完成当年销售任务的 133.3%，创武威市有奖募捐最高水平。1995 年，与地区募委会共同开展大规模募捐活动，3 天时间销售奖券 480 万张。1998—1999 年，武威地、市联合举办福利奖券、彩票销售活动，分别销售 216 万元、104 万元。2000—2009 年，受电脑彩票的影响，福利奖券、彩票销售市场销售额逐年下降。

二、福利企业

1990 年，武威市把发展社会福利企业作为扶贫、济困、助残工作的重点，对原有的 14 户福利企业进行全面清理整顿，对 5 户存在严重问题的福利企业进行停业整顿。当年，新批办福利企业 5 户。1991 年，全市累计发展福利企业 20 户，安置残疾职工 109 名。1992—2001 年，凉州区福利企业有 40 户，年产值 1010 万元，实现利润 98 万元，安置残疾职工 665 人。2004 年，全区福利企业受企业改制等方面的影响，企业个数及效益逐年下降。2009 年，全区仅剩 6 户福利企业，年产值 260 万元。

第四节　灾害救助

20 世纪 90 年代后，武威市旱灾、洪涝、霜冻、病虫害、大风、沙尘暴、冰雹等自然灾害频繁发生。

1993 年 5 月 5 日，16 时许，武威市出现罕见的沙尘暴天气。初至风力 7~8 级，瞬间风力 9~12 级，能见度为零，风力持续两小时左右。这次沙尘暴天气给武威市人民生命财产带来了巨大损失。据统计，全市共伤亡 124 人，其中重伤 87 人，死亡 20 人（15 名中小学学生）；农作物受灾面积达 31.6 万亩，其中重灾 7.65 万亩，夏粮作物受灾 11.05 万亩，果园受灾 3.1 万亩，引起火灾 14 起；牲畜伤亡 3862 头（只），丢失 915 头（只）；折断树 1.6472 万株及部分电杆；城区停电 22 小时，停水 18 小时，造成直接经济损失 7843.2 万元。灾情发生后，市上立即组织群众抗灾自救，社会各界捐款捐物支援灾区，政府下拨救灾款 78 万元，化肥 150 吨，水泥 50 吨，汽、柴油 200 吨，用于安置灾民和重建家园。

抢险救灾

1999 年 7 月 5 日、7 月 12 日、7 月 21 日、8 月 4 日，武威市连续发生数十年罕见的洪暴灾害，庙山、二坝、金山、怀安、柏树、清源、红星、西营、康宁、吴家井等乡镇造成重大经济损失。灾情发生后，驻武部队出动 3010 人（次）、车辆 143 台（次）参加抗洪抢险；市政府拨款 45 万元用于解决灾民生活困难。

2000 年，连续 4 个月无有效降水，气温持续偏高 3~5 度，祁连山积雪和四大水系水量锐减，受灾面积 4116 万亩。发生大范围的农作物病虫害、沙尘暴。市政府先后发放救灾粮 68 万公斤、面粉及大米 414 万公斤、救灾款 65 万元。

2009 年，发生严重旱灾，全区农业生产受旱面积达 27.79 万亩，损失 4000 万元；灾害造成 3.03 万头（匹）大牲畜饮水困难，74.63 万亩草原无法返青或干枯，造成经济损失 1.49 亿元。区政府发放救灾粮 77 万公斤、面粉及大米 527 万公斤、救灾款 81 万元。

第五节 社会救济

一、60 年代精减退职职工救济

1990 年，武威市有 60 年代精减退职老职工 168 人，年救济金额 4.92 万元；2001 年为 158 人，年救济金额 4.5 万元。2004 年，对 60 年代精减退职职工生活补助标准进行调整，所需资金由原渠道解决，原单位因改制不存在的，由原单位所在地民政部门按标准发放，所需经费由当地财政部门列入预算。2006 年，由民政部门发放生活补助的 60 年代精减退职老职工有 65 人，发放生活补助金 8.4 万元。至 2009 年为 51 人，发放生活补助金 12.5 万元。

二、“五保”供养

1990 年，武威市累计建成敬老院 7 所，集中供养“五保”对象 54 名。1991 年，武南镇新建敬老院 1 所，入住“五保”对象 15 名。1996 年，全市敬老院达到 21 所，集中供养 108 人。2003 年，凉州区新建农村敬老院 4 所，“五保”供养经费实行财政转移支付，人均供养标准每年 800 元。2006 年，全区按新“五保”条例审批“五保”对象 3488 名，将标准提高为每人每年 1300 元。2008 年，全区共有“五保”对象 3815 名，供养标准为每人每年 1300 元。2009 年，全区有农村敬老院 17 所，集中供养 485 人；有“五保”对象 4182 人，“五保”供养金标准为每年 1700 元。

三、城市居民最低生活保障

1998 年，武威市城市居民最低生活保障工作开始实施。低保工作大致可分为 3 个阶段：1998 年 7 月至 1999 年 6 月为起步阶段，保障对象主要是城市无劳动能力，无生活来源，无法定赡养人、抚养人的“三无对象”，低保标准为每人每月 90 元，全市共 1102 人；1999 年 7 月至 2001 年 12 月为逐步拓展阶段，保障范围扩大到城市贫困居民和下岗失业人员，低保标准提高到每人每月 117 元，保障人数扩大到 5365 人；2002 年 1 月至 2005 年 1 月为应保尽保阶段，保障范围进一步扩大，保障人数大幅增加，保障工作步入制度化。

2005 年，低保对象达 9672 户 23074 人，月保金额为 113 万元。根据省政府低保标准调高的要求，全区低保标准由原来的 117 元分两次调整为 129 元，月保金额为 127.7 万元。2006 年，全区低保标准分两次提高到 142 元、157 元。2007 年低保标准调高到 173 元，从 2007 年 8 月起发放物价补贴。2009 年，全区共保障各类低保对象 10785 户 28457 人，占全区非农业人口的 11.7%，低保标准调高到 190 元。

四、农村居民最低生活保障

2006年，凉州区农村居民最低生活保障工作开始实施，在武南、中坝、金山3个乡镇进行农村低保试点工作。区政府制定《凉州区农村居民最低生活保障实施细则（试行）》，农村居民最低生活保障实行差额补助，区财政配套资金列入区级财政预算。2006年，全区第一批纳入低保314户1142人。2007年，第二批纳入低保2344户8858人。2008年，第三批纳入低保4126户12000人。2009年底，共有6784户22000人享受农村低保待遇。

五、城乡居民大病医疗救助

2005年，凉州区城乡居民医疗救助工作开始实施。区政府制定《关于建立农村医疗救助制度的实施意见》《城市医疗救助试点工作实施方案》。2008年，全区累计救助3683名城乡患重病的困难群众，救助资金617万元，资助农村五保户参加新型农村合作医疗，资助城市低保对象中的一、二类人员参加城镇医疗保险。2009年，全区城乡居民1437人进行大病医疗救助，发放救助金额309万元。

六、收容救助

1990—1992年，武威市收容流浪乞讨人员3094人（次），其中：补给路费自行返回的2125人（次），派人派车送回原籍的969人（次）。1993—1998年，全市收容流浪乞讨人员4307人（次），分别进行遣送和劝返工作。1999—2001年，新建收容站办公大楼，配备收容车辆，成立流浪儿童救助中心。2001年8月，撤市改区后，收容站移交武威市民政局管理。

第六节　退伍军人安置

1990年，武威市共接收退伍军人508名，当年安置符合城镇安置工作条件的退伍军人318名。2007年，根据有关文件精神，出台《凉州区城镇退役士兵自谋职业实施意见》，鼓励城镇退役士兵自谋职业。1990—2009年，共安置退伍军人11330人。

1990—2009年凉州区城镇退伍军人安置情况一览表

表7-1-1　　单位：人

年度	城镇	伤残	转业士官	农村	合计
1990	318	—	30	190	538
1991	406	—	46	115	567
1992	253	—	38	280	571
1993	510	—	40	196	746
1994	317	—	35	180	532
1995	405	—	86	162	653
1996	281	—	87	265	633
1997	277	—	86	270	633
1998	247	—	62	273	582

续表 7-1-1 单位：人

年度	城镇	伤残	转业士官	农村	合计
1999	241	—	75	313	629
2000	331	—	86	435	852
2001	164	—	35	291	490
2002	225	—	37	257	519
2003	347	—	29	183	559
2004	217	—	13	310	540
2005	201	—	10	296	507
2006	120	—	20	287	427
2007	110	8	12	336	466
2008	114	7	5	320	446
2009	132	4	16	288	440

第七节 社会事务管理

一、婚姻登记

1993 年，武威市婚姻服务中心成立，为 4500 对初婚人员进行婚前体检和优生优育知识宣传咨询。1997 年，武威市城关镇撤销后，城区婚姻登记工作以婚姻服务中心为依托，由武威市民政局直接办理。2004 年，全国新婚姻登记条例实施，凉州区民政局设立婚姻登记处，集中办理婚姻登记工作，各乡镇再不办理婚姻登记工作。2004 年，区民政局婚姻登记处被省民政厅评为全省优秀婚姻登记机关。2009 年，被民政部授予“全国婚姻登记规范化单位”荣誉称号。

二、殡葬管理

1993 年，武威市七架沙滩陵园（位于羊下坝乡七沟村）建成使用。1998 年，武威市殡仪馆在永丰滩建成公墓一处，占地 350 亩。2005—2006 年，武南公墓建成使用，占地 300 多亩。

三、地名管理

凉州区地名边界办公室负责全区行政区划及行政区域界线的管理工作，承办行政区域的设立、撤销、调整、更名和界线变更及政府驻地迁移的审核报批工作，并负责地名管理和服务工作。1997 年，在国道 312 线武威过境 85 公里处的路段上，按照国道两侧位置村镇名称标志技术规定，设置自然村镇名称标志 30 块。2005 年，市政府对城区部分道路和广场进行更名（详见表 7-1-2）。2008 年，将武南一级公路更名为天马大道。2009 年，将国道 312 线北河十字至 94129 部队门前道路命名为航天路。

2005年凉州城区道路、广场命名一览表

表7-1-2

原用名称	更名名称	起止点	原用名称	更名名称	起止点	原用名称	更名名称	起止点
市民路	富民路	东关什字—南关东路	民主路	达府街	凤凰路—南大街	海藏路	海藏路	农垦什字—二环北路
发展巷	龙门路	东大街—崇文街	南城巷	运输巷	凤凰路—南关西路	宋家园	宋家园路	北关西路—二环北路
建国巷	报捷巷	东大街—崇文街	靶场东巷	靶场东巷	凤凰路—靶场小区	蔡庄路	蔡庄路	阜康路—二环北路
学习巷	闻喜巷	东大街—崇文街	靶场西巷	靶场西巷	靶场小区—西关南路	雨亭巷	雨亭巷	北关中路—阜康路
文庙路	文庙路	崇文街—南关东路	裕瑞巷	裕瑞巷	凤凰路—裕瑞嘉苑	蔬菜巷	悦蔬巷	北关中路—农行宅
建国街	文昌路	东大街—崇文街	环保巷	环保巷	西关南路—环保局家属院	新建规划路	雷台路	北关中路—二环东路
会馆巷	会馆巷	东大街—崇文街	西关南路	西关南路	西关什字—南关西路	拟建规划路	阜康路	北关中路—二环西路
南大街	南大街	大什字—南关什字	西大街	西大街	大十字—西关什字	雷海路	雷海路	北关中路—海藏路
新青年巷	崇文街	南大街—富民路	西巷子	罗什寺北巷	北大街—玉泉巷	农林巷	雨霖巷	海藏路—农行宅
民建巷、致富巷（两巷合并）	书院巷	文昌路—龙门路	后自觉巷	厚德巷	天马路—玉泉巷	新建规划路	西凉路	南关西路—二环西路
模范巷、复兴巷、劳动巷（三巷并）	贡元巷	文昌路—龙门路	前自觉巷	天健巷	天马路—甘泉巷	西关南路	西关南路	西关什字—南关西路
民乐巷	民乐巷	文昌路—会馆巷	太平巷	天瑞巷	天马路—小区	西关北路	西关北路	西关什字—北关西路
民兴巷	民兴巷	文昌路—会馆巷	仓巷	仓巷	天马路—西大街	拟建规划路	宋家园路	北关西路—二环南路
民富巷	民富巷	文昌路—会馆巷	共和街	共和街	北大街—天马路	枣园路	枣园路	南关西路—二环南路
南关东路	南关东路	南关什字—荣华桥	平等巷	罗什寺西巷	罗什寺北巷—共和街	牌楼路	牌楼路	二环西路—牌楼村
东大街	东大街	大十字—东关十字	粮食巷	玉泉巷	北关西路—甘泉巷	体育西路	启源路	二环西路—自来水厂
兴盛路	兴盛路	东关什字—北关东路	建新巷	甘泉巷	玉泉巷—共和街	体育东路	启源东路	二环西路—西关南路
和平街	和平路	东大街—北关东路	东小井	东小井	玉泉巷—共和街	益民路	益民路	二环西路—益民厂
北大街	北大街	大十字—北关什字	沙井巷	沙井巷	共和街—西大街	新建路	皇台路	二环西路—皇台集团
光明巷	光明巷	东大街—钟楼街	大井巷	大井巷	天健巷—西大街	公园路	公园路	西关什字—二环西路
生产巷	钟楼东巷	钟楼街—武酒厂	西城巷	西城巷	北关西路—小区	阜康路	阜康路	二环西路—北关中路
百家巷	百家巷	钟楼街—海子巷	民族街	天马路	西大街—北关西路	科技巷	科技巷	二环西路—市科委
东城巷	东城巷	钟楼街—光明巷	西关北路	西关北路	西关什字—北关西路	西关巷	西平巷	二环西路—22号院

续表 7–1–2

原用名称	更名名称	起止点	原用名称	更名名称	起止点	原用名称	更名名称	起止点
和平巷	和平巷	钟楼街—县府巷	北关西路	北关西路	北关什字—二环西路	体育路南巷	安平巷	体育路—南关西路
觉悟巷	大云巷	钟楼街—县府巷	建设路	迎宾路	盘旋路口—火车站	体育路东巷	金叶巷	西关南路—安平巷
提高巷	振声巷	县府巷—东大街	王建庄路	向阳路	二环南路—西闸门	—	荣昌北路	双拥桥—光明桥
正义巷、进步巷	闻达巷	县府巷—东大街	—	富阳路	南关东路—福利院	—	荣昌南路	光明桥—荣华桥
署东巷	署东巷	东大街—杨府巷和平路	南关中路	南关中路	南关什字—二环南路口	—	荣盛路	荣华桥—天马桥
中心巷	中心巷	杨府街—北大街	南关中路南段	丹阳路	南关中路—二环东路	—	荣华北路	荣华什字—炮校
县府巷	县府巷	和平路—大云巷	二环南段中段	正阳路	建设路—丹阳路	—	荣华南路	荣华什字—荣和路
海子巷	海子巷	和平路—武酒厂	拟建二环南路中段	二环南路	建设路—南关中路	—	荣安路	双拥桥—炮校
北城巷	北城巷	和平路—预制厂家属院	福利路	凤阳路	南关东路—二环南路	—	荣祥路	光明桥—荣华北路
钟巷南巷	钟楼街	—	福利东路	凤阳东路	福利路—二环东路	—	荣华西路	荣华侨—荣华什字
钟楼巷	钟楼街	和平路—兴盛路	饮料厂内路	宏阳路	南关西路—饮料厂住宅区	—	荣和路	天马桥—荣华南路
杨府巷	杨府街	北大街—和平路	朝阳巷	朝阳巷	南关中路—肉联厂宅	—	荣宁路	荣华北路—武长路口
东巷子	东巷子	北大街—区党校	—	丽阳巷	南关中路—南关小学	—	荣华东路	荣华什字—武长路口
土城巷	土城巷	北大街—和平路	华阳路	华阳路	南关中路—党校	文化广场	天马广场	—
解放巷	解放巷	西大街—市医院后	车站东路	车站东路	车站广场—货场	南城门广场	南城门广场	—
青年巷	青年巷	西大街—前进巷	车站西路	车站西路	车站广场—西闸口	南关桥头广场	丹阳广场	—
前进巷	前进巷	西大街—达府街	建材路	东盛路	兴盛路—建材厂	文庙广场	崇文广场	—
勤俭巷	勤俭巷	西大街—靶场东巷	拟建规划路	东岳南路	兴盛路—雷台路	二环南路广场	正阳广场	—
靶场北路	靶场北路	西大街—靶场小区	拟建规划路	东岳北路	雷台路—二环北路	达府街路广场	庆余园	—
靶场南路	靶场南路	靶场小区—南关西路	拟建规划路(新鲜路)	翠微南路	和平路—雷台路	火车站广场	火车站广场	—
胜利街	凤凰路	西大街—南关西路	拟建规划路(新鲜路)	翠微北路	雷台路—二环北路	—	—	—
浙江大厦南路	庆余巷	凤凰路—南大街	北关中路	北关中路	北关什字—二环北路	—	—	—

四、边界管理

1992年，武威市相继勘定了与武威市接壤的古浪、天祝、民勤、阿拉善左旗、永昌县的行政区域界线，对辖区乡镇行政区域界线进行勘定。1994—1995年，按照甘肃省1995年出版的地图界线，分别踏勘与古浪、天祝、民勤的边界实地，对双方有争议地段边界线达成共识。对其余地段边界走向，武威地区行署根据双方意见和现实状况予以裁定。边界全部勘定后，一并完成勘测埋设界桩工作，汇总勘界成果资料，通过省边界办公室派工作组的检查验收。1999—2000年，对全市的乡镇行政区域界线进行勘定。全市乡镇行政区域界线共126条，长约1025.55公里（不含濒危野生动物繁育中心与周边乡镇的5条界线长度），三乡镇交会点81个。

五、民间组织

社会团体登记管理　1990年，武威市制定《武威市社会团体登记管理条例》，对全市社会团体进行清理整顿。按照法定程序，对全市23个市级社团进行登记。1991年开始，武威市每年都对社会团体进行年检。2009年，全区共有社会团体420个（包括农村乡镇村民用水户协会）。

民办非企业单位登记管理　1996年，武威市民办非企业单位登记工作开始实施。1999年，全市从加强领导、理顺管理体制入手，对民办非企业单位进行分类管理和登记工作。2005年，下发《关于民办非企业单位复查登记工作的实施意见》。2009年，全区共有102家民办非企业单位进行了登记工作。

第八节　慈善事业

1991年，武威市向遭受特大洪涝灾害的江苏、安徽等省受灾地区捐款9.6万元，粮票11478公斤。

1993年，武威市发生特大沙尘风暴，市政府发出《关于积极行动起来，支援灾区灾民的倡议书》，全市共有149个单位、3445人进行捐款捐物，捐款15.97万元，全部用于灾区。

1995年，武威市党政机关、学校、企事业单位、城市居民向受到特大沙尘风暴危害的灾民捐赠衣物201373件、现金9.396万元。

2004年，开展“慈善一日捐”活动，捐款31.34万元。

2005年，开展“扶贫助困送温暖献爱心”活动，捐款52.37万元。通过省慈善总会与美国视博恩公司联系协调，引进慈善资金3.5万元，为张义镇牌楼村修建集雨水窖35眼。

2006年，凉州区发生“7·30”特大暴雨泥石流灾害，全区共收到捐款110.9万元。同年11月，全区开展“扶贫助困送温暖献爱心”活动，募捐49万元。

2007年，争取省慈善总会集雨水窖款20万元，为金山、金塔2个乡修建集雨水窖200眼。

2008年，四川“5·12”汶川特大地震发生后，全区共收到各类捐款542.48万元，收到捐助物资5282件（包），全部用于灾区。

第九节　基层政权建设

一、村民委员会

村民委员会是村民自我管理、自我教育、自我服务的群众性自治组织。1990年，为加强对村级基层组织建设的领导，市上成立了基层政权建设领导小组，并在民政局设立基层政权建设股。

1992 年，全市开展村委会换届选举，并建立村民代表会议制度。

1994 年，按照省、地部署，对全市 441 个村委会班子进行整顿和建设，选派 95 名乡镇干部担任村主任或副主任。

1996 年，九墩滩开发指挥部设立红水河、沿河、十墩、富康、黄花村民委员会，河东乡设立新腰墩村民委员会；撤销庙山乡西山顶村民委员会。

1998 年，河东乡设立头坝河、王家庄村民委员会。

1999 年，全市开展第三次村委会换届选举工作。

2002 年 3 月，全区开展第四次村委会换届选举，选举产生 1184 名村干部，村委会主任的平均年龄为 40.2 岁。有 95 个村实行村党支部书记 、村委会主任“一肩挑”，占 448 个村的 21.2%。

2004 年 10 月，全区开展第五次村委会换届选举，选举产生 1321 名村干部，村委会主任的平均年龄为 38.2 岁。有 212 个村实行了村党支部书记 、村委会主任“一肩挑”，占全区 448 个村的 47.3 %。

2005 年 3 月，区委、区政府为贯彻落实好中办 17 号文件精神，建立健全村级组织建设领导体制，制定下发《落实〈关于健全和完善村务公开和民主管理制度的意见〉目标任务分工的通知》。

2007 年，全区开展第六次村两委换届选举后，村“两委”班子成员的平均年龄为 39 岁。其中，村党支部书记为 41.4 岁，村委会主任为 38 岁，比原来分别降低 2 岁、4 岁；文化程度高中以上的达到 3455 人，其中中专 125 人，大专 15 人。全区先后涌现出村民自治“示范村”386 个，文明村 276 个。

二、社区居民委员会

社区居民委员会是由原城市居委会、家委会调整合并而来的新型城市居民基层自治组织。1990 年，全市共有 120 个居（家）委会。1997 年开始，市委、市政府加强城市居委会建设。至 2001 年，全区共有居委会 134 个，家委会 10 个（其中城区有居委会 93 个，家委会 10 个）。

2001 年 8 月，凉州区在开展了城市社区建设试点工作。区委、区政府制定《凉州区社区建设实施方案》《凉州区城市社区建设五年规划（2002—2007 年）》。

2002 年，城区 6 个街道 93 个居委会、14 个家委会，按板块型、小区型、单位型、功能型四种类型，调整合并为 36 个社区居委会，比原来减少 71 个，压缩率为 66.35%。36 个社区居委会主任、副主任全部依法进行了民主选举，社区居委会干部队伍结构趋向优化，书记（兼主任）平均年龄为 32.5 岁，专职副主任平均年龄为 33.5 岁，书记（兼主任）文化程度全部达到大专以上，专职副主任达到高中以上。区政府采取无偿划拨、个体私营企业用房中租用、借用等多种形式，为 36 个社区解决了办公用房，平均每个社区居委会拥有用房面积 30 平方米；区财政每月为每个社区解决 120 元办公经费，社区工作的基本条件初步具备。9 月，经区政府批准，武南镇、黄羊镇开始进行社区建设，将 41 个居委会调整合并为 14 个社区居委会。

2004 年，黄羊镇科技园、黄羊、新路社区分别更名为科教园、发展、岔路口社区；设立荣华街道办事处，将东关街教师新村社区划归荣华街管辖。

2005 年 10—12 月，全区开展第二届社区居委会换届选举。

2006 年，经区政府批准，荣华街设立了荣华社区居委会。

2007 年 10 月，全区城市社区进行整合，西关街辖西苑、皇台、体育路、科技巷 4 个社区，东关街辖东关花园、富民花园、福利路、寺巷子 4 个社区，东大街辖雷台、杨府、古钟楼、会馆巷、文庙路、大众、南苑 7 个社区，西大街辖雨亭巷、东小井、达府、靶场、仓巷 5 个社区，火车站街辖大新、火车站 2 个社区，地质新村街辖地质新村 1 个社区，荣华街辖荣华 1 个社区。武南镇街道办事处辖迎宾、百花园、百花新村、阳光、育才 5 个社区，黄羊镇街道办事处辖科教园、新华、新街、岔路口 4 个社区。

第二章　劳动与社会保障

第一节　机构设置

1990 年，武威市劳动局内设党政办公室、计划调配股（加挂劳动能力鉴定委员会办公室和职业介绍所牌子）、财务审计股、工资福利股、安全保护股、劳动监察办公室，挂靠机构有安全生产委员会办公室（加挂矿山安全卫生监察室牌子）、劳动争议仲裁委员会办公室。

2001 年 8 月，武威市劳动局更名为凉州区劳动局。

2002 年，凉州区劳动局更名为凉州区劳动和社会保障局。

2009 年，内设党政办公室、劳动和社会保障监察办公室（加挂凉州区劳动和社会保障监察大队牌子）、财务与审计股、就业与职业技能培训股（加挂凉州区再就业工作领导小组办公室牌子）、社会保险股、劳动力管理股（加挂凉州区劳动能力鉴定委员会和凉州区解困办公室牌子），挂靠机构有凉州区劳动争议仲裁委员会办公室。下辖社会保险事业管理局、就业服务局（劳务经济发展局）、新疆吐哈油田劳务办事处、再就业小额贷款信用担保中心。

第二节　劳务输出

1990—1991 年，武威市向新疆生产建设兵团石河子农八师输出农户 625 户、劳动力 1250 人安家落户。

1992—1997 年，新建凉州、西凉、皮毛、农贸、天马、建材、蔬菜及再就业等 20 多处市场，从业人员近万人，促进了劳动就业与再就业工作。

1998 年，按照“立足新疆、开辟内地，南下北上、面向国外”的工作思路，开拓劳务基地，引导城乡剩余劳动力到本省及新疆、青海、宁夏、内蒙古、西藏等地开展劳务输出工作。在全市 48 个乡镇建立劳务工作站，城区街道建立劳务所，形成“市

劳务输出

有办、乡有站、街有所”的三级服务网络。

1999 年，武威市被列为全国农村劳动力就业重点监控的 100 个地区之一，并确定 3 个乡镇为重点监控点。在原有 178 个劳务基地的基础上，新开辟基地 34 个。

2007—2008 年，凉州区同全国 14 个省、市、区的用工单位建立长期的劳务输转协作关系。

2009 年，全区输转城乡富余劳动力 20.06 万人（次），创劳务收入 16.82 亿元，劳动力转移培训 23510 人。

第三节　就业服务

1990—1997 年，随着市场经济体制的建立，武威市国有集体企业改革全面展开，国有集体企业大量裁减人员，出现下岗职工。

1998—2001 年，凉州区有下岗职工的企业 53 户，下岗职工 5844 人。为确保下岗职工的基本生活，促使其尽快实现二次就业，全市共建立再就业服务中心 53 个，累计有 4253 人享受基本生活保障，发放基本生活保障费 1120 万元，代扣代缴“两金”238 万元。

2003 年，对下岗失业人员中的“4050”人员（指女 40 周岁，男 50 周岁以上的无业人员）和夫妻双双下岗失业人员按照社区推荐、街道审核、劳动保障部门确定的程序，采取开发公益性岗位等方式进行安置，先后从治安巡逻、卫生保洁、社区管理、劳动保障、计生协管、后勤服务、保洁保绿、社区服务和楼院看护等开发公益性岗位。

截至 2009 年，全区累计安置 5234 人，公益性岗位安置 3512 人，灵活就业人员 1722 人。

第四节　劳动工资

1990 年，武威市对全市各类全民所有制企业的职工工资、奖金津贴、劳保福利待遇进行清理整顿，对 50 户全民所有制企业职工 8488 人增加一级工资，月增资总额 106330 元，人均 12.50 元；对倒班生产工人的夜班津贴标准适当调高。

1991 年，武威市对市汽修厂、饮料厂、益民食品厂、水泥厂、水泥制品厂、武南化工厂、印刷厂、蔬菜公司、食品公司、百货公司、食品厂、武南工业品公司、物资局等企业 3131 名职工实行浮动升级，占全市国营企业职工总数的 30%。

1992 年，确定武威酒厂、植物油脂厂为首批岗位技能工资制试点企业，通过在企业推行岗位技能工资制，破除平均主义“大锅饭”的弊端。

1994 年，武威市企业经营者收入实行年薪制，武威市物资总公司和武威酒厂等企业为全市首批企业经营者收入实行年薪制的试点单位。

1995 年，全市企业、各用工单位制定内部工资支付制度，一律实行《工资总额使用手册》管理制度。

1997 年，全市实行年薪制的企业达到 56 户，全市职工平均每人年工资额为 4393 元。

1998 年，继续执行工资总额宏观调控，国有企业仍然采用工资总额同经济效益挂钩，集体企业采用工资总额全年管理办法，全市职工平均每人年工资额为 4944 元。

1999 年，全市企业工资总额一定三年不变，武威酒厂、天马宾馆、黄羊自来水公司 3 户企业执行经营者年薪制，全市职工平均每人年工资额为 5615 元。

2000 年，全市 53 户国有企业、42 户集体企业共 2800 多人调整了工资，职工平均每人年工资额为 5905 元。

2001 年以后，随着企业自主用工形式的不断深入，劳动工资随之由企业和职工协商自主确定。

第五节　社会保障

1990 年，武威市劳动合同制工人社会保险制度建立，全市参加合同制工人退休养老保险的单位有 280 个，5205 人，累计收缴养老金 365.27 万元；参加待业保险的单位有 293 个，投保 35203 人，累计缴纳待业保险金 146.22 万元；参加国营企业固定职工退休费用社会统筹的单位有 106 个，累计收缴统筹金 491.62 万元，及时足额拨付退休费用 456.93 万元；通过统筹减轻负担的企业 11 个，金额 59920 元，涉及退休职工 966 人。集体企业职工退休费用社会统筹工作开始实施。

1991 年，参加合同制工人退休养老费用社会统筹的单位达到 300 个，6965 人，累计缴纳养老金 537.37 万元；参加职工待业保险单位 309 个，37239 人，累计缴纳待业保险金 190.72 万元；参加国营企业固定职工退休费用社会统筹的单位 106 个，职工 16975 人，累计收缴统筹金 616.45 万元。

1992 年，地级以上企事业单位社会养老保险业务移交武威地区社会保险劳动局，市属单位职工待业保险业务移交市就业服务局。对国营企业固定职工退休费用省级统筹进行了调查测算。

1993 年，开展了企业补充养老保险和职工个人储蓄型养老保险试点工作，对企业职工工伤、大病医疗和单位使用临时工进行了调查测算。

1994 年，出台了《武威市国有企业补充养老保险和职工个人储蓄型养老保险试行办法》《武威市职工工伤保险试行办法》。

1995 年，全市参加职工养老保险的国有企业 94 户、7115 人，收缴养老保险金 602.6 万元。参加职工工伤社会保险的企业 120 户、15445 人，全年收缴工伤保险金 32.6 万元。

1996 年，市属国有企业实行了大病医疗社会保险统筹。城镇私营企业个体工商户职工社会养老保险政策出台。

1997 年，全市参加职工养老保险的国有企业达到 96 户，13943 人，收缴养老保险费 972.57 万元，为 2223 人退休人员发放养老金 891.67 万元；城镇集体企业 102 户，职工 6469 人，收缴养老保险费 370.44 万元，为 1885 名离退休职工支付离退休养老金 377.15 万元；私营企业员工、个体工商户 51 人，收缴养老保险金 5068 万元。参加职工工伤保险的国有、集体企业 145 户，职工 15820 人，收缴工伤保险金 22.91 万元，支付工伤保险费 11.91 万元。参加职工大病医疗的国有企业 66 户，职工 7543 人，离退休人员 1244 人，收缴医疗保险金 85.20 万元，为 275 人（次）报销医疗费用 64.28 万元。

1998 年，将全市国有企业职工养老保险和集体企业职工养老保险制度实行并轨，将养老保险费缴纳标准由原来的按工资总额和退休费用比例计算调整为按企业负担离退休人员的不同情况，分档次按在职职工工资总额计算。7 月全区启动生育保险覆盖试点。

1999 年，稳步推进医疗改革工作，出台了《武威市职工基本医疗保险实施方案》。

2000 年 4 月，全区社会保险费由地税部门代征。城镇职工基本医疗保险制度改革进展顺利，确定定点医疗机构 5 家，举办改革培训班，为正式启动奠定了基础。

2001 年 7 月，全区城镇职工基本医疗保险制度改革全面启动。同时，出台《企业离退休人员医药费报销办法》。

2002 年，出台《关于深化企业改革中有关社会保险问题的处理意见》，促进了全区企业改制。

2003 年 4 月，区社保局成立了专门的社会保险稽核检查股室，依法对全区社会保险费缴纳情况和社会保险待遇领取情况进行核查。4 月，出台了《关于加强城镇职工基本医疗保险异地就医管理工作的通知》，规范了职工异地就医结算报销办法。

2004 年 1 月，国务院《工伤保险条例》颁布实施，全区工伤保险工作正式启动运行。

2005 年 3 月，凉州区被甘肃省社保局确定为“全省完善社会保险业务体系建设示范点”，区社保局被省劳动和社会保障厅确定为“全省建立被征地农民社会保障制度试点单位”。8 月，建立了“一站式”服务大厅。9 月，凉州区率先在全省探索开展被征地农民养老保险工作。10 月，将失业保险业务经办由区就业服务局划归区社保局，实现了全区社会保险“五险合一”。

2006 年 12 月，区政府印发《凉州区城市低保人员医疗保险实施细则》，全面开展城市低保人员医疗保险工作。

2007 年 6 月，区政府制定出台《凉州区被征地农民基本养老保险实施细则》。9 月，召开全区社会保险工作会议，被征地农民养老保险工作全面开展。同月，出台《凉州区城镇居民基本医疗保险实施办法》，启动了全区城镇居民基本医疗保险工作。

2008 年 11 月，区政府办公室印发《关于批转凉州区地方关闭破产国有企业退休人员参加城镇职工基本医疗保险实施办法》的通知，将 2008 年底前区属政策性关闭破产国有企业退休人员全部纳入城镇职工基本医疗保险。12 月，区政府办公室印发《关于做好区属机关事业单位劳动合同制工人参加基本养老保险工作的通知》，全面启动全区机关事业单位合同制工人、合同制临时聘用人员参保缴费工作。同月，市委办、市政府办印发《武威市村干部养老保险试行办法》，全区村干部养老保险自 2008 年 1 月起全面启动运行。

2009 年 1 月，区政府办印发《凉州区残疾人基本养老保险缴费补贴暂行办法》，标志着残疾人基本养老保险补贴政策的全面落实。区政府办印发《凉州区城镇职工大额医疗保险暂行办法》，全区城镇职工大额医疗保险启动运行。4 月，凉州区社保局整体搬迁至东关社会保险服务中心大楼办公。8 月，启动“老工伤”纳入工伤保险统筹工作和未参保集体企业职工参加养老保险缴费工作。12 月，凉州区在全省率先启动了建筑业农民工工伤保险，全国统一的企业职工基本养老保险关系转移接续工作全面开展。12 月起，全区城镇职工医疗保险、城镇居民医疗保险、失业保险、工伤保险实行统一政策。

第六节 重大伤亡事故

1990 年 3 月 15 日，大口子煤矿发生顶板掉落事故，造成 1 人死亡。5 月 15 日，武南化工厂混肥车间发生机械伤害事故，造成 1 人严重受伤。10 月 5 日，小口子煤矿联办矿的井底西冀平巷发生一氧化碳中毒责任事故，造成 6 人死亡、3 人严重中毒、8 人轻微中毒。

1991 年 1 月 12 日，大口子煤矿泉沟新井发生瓦斯燃烧事故，造成 2 人死亡、2 人轻伤。

1992 年 3 月 16 日，大口子煤矿照面上主井发生瓦斯窒息事故，造成 1 人死亡。

1993 年 7 月 14 日，怀安乡北河村新建砖窑发生坍塌事故，造成 5 人残废、1 人重伤。

1994 年 2 月 4 日，丰乐镇个体修理部发生汽车油罐爆炸事故，造成 2 人死亡。4 月 5 日，市二建公司十队在地区林业处科技巷 36 号职工住宅楼施工现场发生高处坠落事故，造成 3 人死亡。4 月 13 日，皇台酒厂饮料厂发生高处坠落重伤事故，造成 1 人重伤。

1995 年 6 月 4 日，金山乡崖湾小口子煤矿发生车辆伤人事故，造成 1 人死亡。8 月 5 日，双城镇福利化工厂发生泡花碱反应釜操作烫伤事故，造成 1 人死亡。9 月 3 日，金山乡崖山村煤矿发生冒顶事故，造成 1 人死亡、2 人轻伤。11 月 8 日，大口子煤矿账房沙沟发生冒顶事故，造成 1 人死亡。11

月21日，市二建公司因围墙倒塌，压伤过路学生2人。

1996年3月19日，市机械工具厂发生锻造炉倒塌事故，造成1人严重受伤。5月19日，武南化工厂硫酸二车间焙烧炉内发生坍塌事故，造成1人死亡。6月17日，市建二公司四处建筑水利处综合楼发生触电事故，造成1人死亡。11月15日，金山乡小口子煤矿发生事故，造成1人死亡。

1997年1月15日，双城造纸厂蒸球车间发生烫伤事故，造成1人死亡、1人重伤。7月18日，皇台酒厂酿造二分厂发生高处坠落事故，造成1人死亡。12月8日，大口子煤矿发生冒顶事故，造成1人死亡。

1999年1月7日，凉州益民食品厂发生高处坠落事故，造成1人死亡，经济损失3.2万元。6月6日，市一建公司在承修南城门楼施工时因土方塌落，1人死亡，造成经济损失5万元。10月7日，银武建材公司在装电线杆时因防护措施不当，电线杆滑落，1人死亡，造成经济损失3万元。

2000年8月19日，大口子煤矿发生冒顶事故，造成1人死亡、1人轻伤，经济损失4万元。

2001年3月10日，金羊建筑公司第四工程处发生重大责任事故，死亡2人、重伤2人、轻伤1人，经济损失12万元。

2004年4月28日，凉州金塔乡河湾砂石料厂发生一起物体打击事故，造成1人死亡。5月9日，双城镇永靖福利化工厂发生一起触电事故，造成1人死亡。7月7日，武威西凉水泥有限责任公司发生一起灼烫事故，造成1人死亡。

2006年6月7日，武威明胶有限责任公司发生一起车辆伤害事故，造成1人死亡。

2008年6月22日，凉州区杂木寺水电站发电引水隧洞施工现场发生一起冒顶事故，造成1人死亡，经济损失14万元。

第七节 劳动技术培训

1990年以后，按照“两个面向”（面向企业、面向生产）的原则，在职工教育培训上做到“六有”（有计划、有目标、有场地、有教师、有教学内容、有措施办法），在全市形成劳动部门和企业、培训机构三结合的培训网络。

1994年，开展6次青工技术比武活动，选拔技术能手60人。

1995年，开展专业训练，举办失业人员培训班1期，培训62人。

1996—1997年，发挥培训中心、社会力量办学、企业自培“三结合”的培训优势，举办各类培训班72期，参加培训13340人，就业转岗培训2601人，培训待业人员1343人，其中培训中心培训2481人，社会力量办学机构培训2210人，企业全员培训8649人。

1998—2001年，结合企业改革，开展职工技能培训和下岗职工转岗培训，对失业职工免费培训，举办各类培训班221期，参加培训11905人，其中市培训中心培训3663人（免费培训下岗失业职工1696人），社会力量办学机构培训4308人，企业自培3934人。

至2009年，全区共培训城乡劳动力283785人，其中技能培训16210人，就业再就业培训3844人。

第八节 劳动监察

1990年以后，武威市劳动监察职能由市劳动局承担。

1995年，全市开展《中华人民共和国劳动法》宣传活动，举办《中华人民共和国劳动法》培训班8起，印发劳动法规专辑1800多册，宣传材料7000多份。对全市乡镇企业遵守《劳动法》情况进行检查，检查内容为用人单位与劳动者是否依法订立劳动合同，有无招用童工及擅自招用非法劳动力的行为，外来人员是否到劳动部门办理“就业登记证”，用人单位执行工作时间和休息、休假法规的情况，有无强制职工加班加点及工资发放情况，有无克扣拖欠职工工资的行为，用人单位是否遵守劳动安全卫生法规，女职工、未成年工劳动权益保障情况以及有无侵害职工人身权益的违法行为，企业职工享受保险福利待遇的情况。检查用人单位缴纳社会养老保险费的情况，用人单位擅自向劳动者收取货币、食物等作为“入场押金”“周转金”“保证金”等侵害劳动者合法权益的行为，用人单位制定的规章制度是否违反法律、法规规定，有无非法劳务、违反《劳动法》的其他事项。

1996—1997年，全市受理劳动监察案件32件，落实整改18件，限期整改14件。接受职工来信来访案件102件，调查处理案件101件。

1998年，开展国有企业下岗职工基本生活保障工作的专项检查。全年检查4次，被检查单位累计达126户（次），涉及劳动者总人数2.3万人，取缔非法职业中介机构2家，清退童工2人，清退各类风险抵押金1.5万元，涉及劳动者37人。

2000年，对乡镇企业劳动合同的订立和履行情况、使用童工情况和女职工劳动保护情况进行专项检查，检查乡镇企业24户，涉及职工847人，监察督促补签劳动合同571份。

2001年，开展社会保险基金的征缴专项检查，促缴社会保险费200多万元，其中养老保险费190万元，失业保险费10万元，确保企业离退休人员养老金的按时足额发放。

2003年，对农民工工资支付情况进行专项检查，以使用农民工较多的建筑业、餐饮业为重点，检查各类用工单位61户，涉及农民工1065人，督促用工单位为154人补发拖欠工资11.13万元，年检单位105户。

2006年，开展劳动合同签订情况专项检查，检查各类用工单位92户，补签劳动合同2246份。国有企业劳动合同签订率达100%，集体企业劳动合同签订率达98%，非公企业劳动合同签订率达72%，年检单位204户。

2009年，开展清欠农民工工资专项检查，检查用工单位637家，涉及劳动者13030人。受理群众举报、投诉案件46件，结案46件，为77名农民工追回工资22.8万元，清退押金3.26万元，督促用人单位补签劳动合同3085份。

第九节　劳动仲裁

1990年，武威市设立基层劳动争议调解委员会34家，推选调解干部208人。基层劳动争议调解委员会办事机构由企业职工代表（职工代表大会推举产生）、企业代表（厂长、经理指定）、企业工会代表（企业工会委员会指定）三方参加，其具体机构设在企业工会委员会，主任由工会代表担任。为妥善处理企业劳资纠纷，市劳动局举办为期15天的企业基层劳资调解干部培训班2期，64名基层调解干部领取培训合格证，建立健全调解、仲裁文书和办案制度。

1990—1993年，全市受理劳动争议案件40起，结案34起，结案率85%，接待上访申诉咨询283人（次）。

1994年，根据《中华人民共和国企业劳动争议处理条例》和《企业劳动争议调解委员会组织及工作规则》，实行仲裁员、仲裁庭及劳动仲裁办案制度。

1994—1997年，全市共受理案件80起，结案72起。

1998—2001年，全区受理劳动争议案件130起，结案130起。

2002—2009年，全区受理劳动争议案件162起，结案161起。

第三章　人事

第一节　机构设置

1990年，武威市人事局内设办公室、干部管理股、科技干部管理股、专业技术人员职称股（加挂武威市职称改革工作领导小组办公室牌子）、工资福利股（加挂武威市机关事业工资制度改革办公室牌子）。武威市机构编制委员会办公室与人事局合署办公。

2001年8月，武威市人事局更名为凉州区人事局。

2009年，凉州区人事局内设办公室、科技人员管理股、专业技术人员职称股（加挂凉州区职称改革工作领导小组办公室牌子）、干部管理股、工资福利股（加挂凉州区机关事业工资制度改革办公室牌子）。凉州区机构编制委员会办公室与人事局合署办公。

第二节　干部来源

一、干部吸收录用

凉州区大中专技校毕业生就业服务周

1990年，武威市面向社会公开招干，从“五大”（广播电视大学、职工大学、职工业余大学、函授大学和夜大学）毕业生中录用干部26名，充实到基层企业单位。为在乡镇工作且担任乡镇党政领导职务的8名招聘干部、8名省乡镇企业学校毕业生和企事业单位招聘的52名干部办理正式干部录用手续。1991年，将选拔录用的156名在干部岗位工作的工人转为国家干部，将武威地区卫校毕业的“七三”至“七七”届的47名中专毕业生转为国家干部。1992—1994年，择优录用“五大”毕业生112名和计划生育专干65名。1995—1997年，全市招聘乡镇农财员212名、计划生育专干8名、农经干部22名、农技干部6名、农机干部13名、畜牧干部35名；录用民办教师715名、乡镇经委干部27名、乡镇企业干部13名；录用世行贷款培训的医务人员42名、乡镇企业专干和乡镇企业家17名、企业干部27名。1998年以后，全市干部来源主要为大中专毕业生，不再向社会大规模录（聘）用干部。

二、大中专毕业生分配

1990—2002 年，全区大中专毕业生实行国家统一计划下的国家直接分配、部门分配和地方分配相结合的分配形式。未实行招生“并轨”院校的国家任务毕业生，仍由国家负责，通过“供需见面”和一定范围内“双向选择”的办法落实就业；已实行招生“并轨”院校的毕业生，在国家就业方针、政策的指导下，原则上实行自主择业，落实就业；委托培养和定向招生的毕业生，按合同就业；计划内自费生“自主择业”。2003 年，采取“公开招考，择优聘用”的方式分配大中专毕业生。2006 年，实施“三支一扶”（支教、支农、支医和扶贫工作）和进村（社区）服务项目，服务人员由省上通过考试公开选拔，在基层服务 2 年期满后，经考核合格者进行直接安置。2006 年，根据《事业单位公开招聘人员暂行规定》，取消行政事业单位直接分配大中专毕业生的政策，一律通过“凡进必考”的方式安置。2007 年，事业单位公开招聘工作由武威市统一组织实施，招聘范围从国家计划内大中专毕业生扩大到“五大”毕业生。至 2009 年，全区选拔“三支一扶”人员 123 名，选拔进村（社区）人员 254 名。

1990—2009 年凉州区大中专毕业生分配情况一览表

表 7-3-1　　单位：人

年　度	分配人数			备　注
	合　计	大专以上	中专生	
1990	169	28	141	—
1991	200	51	149	—
1992	205	41	164	—
1993	160	25	135	—
1994	251	40	211	—
1995	292	118	174	—
1996	293	85	208	—
1997	266	92	174	—
1998	299	86	213	—
1999	370	114	256	—
2000	377	83	294	选拔基层工作人员 11 名
2001	700	209	491	选拔基层工作人员 18 名
2002	—	—	—	选拔基层工作人员 15 名
2003	280	191	89	—
2004	404	385	19	—
2005	316	309	7	考录公务员 58 名
2006	202	202	—	—
2007	622	551	71	考录公务员 44 名
2008	380	359	21	—
2009	364	364	—	考录公务员 55 名

三、军队转业干部接受安置

凉州区每年接受军转干部主要安置到政法、税务、工商等部门。在安置中实行计划分配与推荐选用相结合的分配办法，组织军转干部进行专业培训，使之尽快适应地方工作的需要。到20世纪90年代中后期，随着市场经济体制的建立，社会对各类专业技术人员的需求和干部的标准也越来越高，凉州区坚持从有利于军队和经济建设的大局出发，与有关部门协商，使转业到地方的军队干部得到妥善安置，基本上做到部队、接收单位、军转干部本人“三满意”。

1990—2009年凉州区军转干部安置情况表

表7-3-2　单位：人

年度	安置数	分配去向	
		行政	企事业
1990	3	3	—
1991	1	1	—
1992	2	—	—
1993	3	—	—
1994	8	8	—
1995	7	6	1
1996	8	8	—
1997	12	12	—
1998	9	8	1
1999	21	16	5
2000	18	11	7
2001	2	—	2
2002	3	3	—
2003	3	3	—
2004	2	2	—
2005	6	6	—
2006	8	8	—
2007	4	4	—
2008	3	3	—
2009	—	—	—

第三节　干部管理

一、干部权限的调整

1990年后，武威市人事局对干部管理的权限和职能是：市政府直属各委、办、局、企事业单位一般干部的调配、调整、培训、考核等工作；乡镇服务体系干部的调配、调整、培训、晋升等工作；负责全市事业单位工作人员的吸收、录（聘）用工作；军队转业军官的安置、培训工作；承办政府机关副科级以上干部的行政任免手续；负责一般干部参加工作时间和工龄计算；干部退休、退职工作；综合管理全市科技人员工作；综合管理全市专业技术人员职称改革工作；综合管理全市机关、事业单位的工资福利工作；负责由人事局管理的国家公务员的人事档案管理工作；对全市国家公务员的考核、奖励、纪律、惩戒、职位分类、职务任免、辞职辞退、申诉、控告、非领导职务设置等实施细则的拟定及管理工作，编制全市公务员、企事业单位行政管理人员培训教育规划，并协调指导、组织实施；制定全市公务员考试录用、交流、回避、人才流动和开发的办法并组织实施；指导、管理人事争议仲裁工作；干部的调查统计工作。

2001年8月，撤市设区后，全区副科级以上领导干部由区委管理，区委口一般干部由区委组织部管理，政府口一般干部由人事局管理。

2007年，对全区干部管理权限做了调整：全区党政群机关和事业单位副科及副科级以上干部由区委管理，区委、人大、政协机关及法院、检察院、民主党派、群团一般干部由区委组织部管理，区政府所属部门、事业单位、乡镇一般干部（包括公务员）和党政群机关、事业单位工人由人社局管理。

二、行政任免

1990年后，根据民主集中制的原则，由人事局依照法律规定承办市政府任免的干部有市政府及其所属各部门管理干部，即市政府各委、办、局的副主任、副局长、调研员、正副科级干部；经委、计委、教委、城建委内部科室的正副科长、正副主任；乡镇的经委主任、村镇办主任，县级企业的厂长（经理）；区政府各委、办、局根据区委常委会议讨论意见任免所属科级企事业单位的厂（场）长、经理、主任、所长、院长、校长、站长等。2001年8月，撤市设区后，干部的任免权限无较大变化。

三、干部调配

1990—2009年，凉州区从省内外调进、调出的干部逐年减少，调出的主要是专业技术人员较多，调进的主要是落实有关政策或引进急缺人才。凉州区注重调进干部的选拔考察，尽量做到按需调进。

1990—2009年凉州区干部调配情况一览表

表7-3-3　　单位：人

项目/年度	调入			调出		
	合计	外省调入	省内调入	合计	调到外省	调到省内
1990	73	13	60	60	10	50
1991	16	1	15	16	5	11
1992	14	6	8	23	12	11

续表 7-3-3　　单位：人

项目 年度	调　入			调　出		
	合　计	外省调入	省内调入	合　计	调到外省	调到省内
1993	1	—	1	3	—	3
1994	7	—	7	4	—	4
1995	137	45	92	233	82	151
1996	7	—	7	8	4	4
1997	130	—	130	112	—	112
1998	1	—	1	7	2	5
1999	15	6	9	15	4	11
2000	12	1	11	8	1	7
2001	19	1	18	11	3	8
2002	14	4	10	9	1	8
2003	7	—	7	5	1	4
2004	22	2	20	14	2	12
2005	5	—	5	7	1	6
2006	12	3	9	24	6	18
2007	1	—	1	1	—	1
2008	34	1	33	61	7	54
2009	40	1	39	38	2	36

四、职称评定和晋升

1990 年，甘肃省职称外语首次进行统一考试，全市聘评的 23 个系列 5795 名专业技术人员参加全省统考。

1991 年，进行经济员资格考试，经济系列专业技术人员中，初级职务任职资格（除初聘定职者外）均由考试取得，武威市经济专业初级职务评审委员会随之撤销。共审报 37 名高级职务任职资格，为 231 名评审中级职务任职资格，为 1680 名评定初级职务任职资格。新聘续聘 39 名高级专业技术职务，496 名中级专业技术职务，2144 名初级专业技术职务。

1992 年，会计专业职称考试开考，武威市会计专业初级职务评审委员会随之撤销。有 10 名企业科技人员破格晋升专业技术职务，其中高职 2 名，中职 8 名。在专业技术职务限额分配时优先考虑经济建设第一线与农村工作的科技人员，其中卫生系统上报评审中级职务的 71 名人员中农村占 49 人。

1993 年，进行高、中、初级职务任职资格的补缺推荐评审工作，全年推荐上报高职 14 名、中职 272 名、初职 645 名，为全市 5275 名专业技术人员颁发专业技术职务资格证书。

1994 年，续聘专业技术人员 300 名，颁发专业技术人员任职资格证书 8451 份。

1995 年，对专业技术人员进行计算机应用能力培训考试，为 12 名中青年优秀人才申报高、中级职称，审核上报各级职称评审材料 618 份。

1996 年，审核上报各级职称评审材料 600 份，在企事业单位中选拔 6 名有突出贡献的专业技术人员破格晋升高级专业技术职称，为 241 名小学教师申报高、中级职称。

1997 年，审核上报各级职称评审材料 697 份，聘任（续聘）高职 6 名、中职 338 名、初职 573 名。

1998 年，审批任届期满重新组建的市中学教师中级职务评审委员会、市农业技术初级职务评审委员会等 4 个评审委员会。审查上报高级、中级、初级职务评审材料 800 多份。

1999 年，开展专业技术岗位设置和结构比例的核定工作，审核上报高、中、初级任职资格评审材料 523 份，聘任高职 75 人、中职 253 人、初职 414 人。

2000 年，审批任期届满、重新组建的市中学教师中级职务评审委员会、市小学教师高级职务评审委员会、市卫生技术初级职务评审委员会，审核上报高、中、初级任职资格评审材料 1155 份。

2001 年，在卫生、农业、新闻、播音、档案、文博、图书资料、群众文化、会计、统计、经济、工程技术、中小学及党校教师、工艺美术、律师 17 个系列开展了专业技术职务续聘工作，审核上报高、中级职称续聘材料 366 份，为 904 人评审确认初级职务任职资格。

2002 年，审查报送高职评审材料 35 份，中职评审材料 325 份，为 713 人评审确认了初级职务任职资格，为 21 名高职、289 名中职、316 名初职人员办理了任职资格证书和聘任手续。

2003 年，开展事业单位专业技术岗位设置和结构比例核定、报批工作，共报批高级岗位 488 个，核定中级岗位 3997 个。初步建立"按需设岗，按岗聘任，竞争择优"的专业技术职务聘任机制。审查上报高职评审材料 96 份，中职评审材料 403 份，为 770 人评审确认初级职务任职资格。

2004 年，审查报送高、中职称评审材料 392 份，为 713 人确认初级职务任职资格，全年有 2 人破格评审取得高级职称资格。2007 年，制订《关于专业技术人员继续教育培训计划》，全年有 1.03 万名专业技术人员接受继续教育培训，取得继续教育培训合格证。2008 年，为 63 名符合条件的老教师解决职称评聘待遇，推荐选拔享受政府特殊津贴人员 1 名。

2005 年，在职称限额分配上，适度向农村事业单位尤其是农村中小学倾斜，对长期在乡镇工作，女在 50 周岁、男在 55 周岁以上的老教师分配专项中职限额，解决了 37 名符合条件的老教师评聘职称的实际困难。全年分配高级职称限额 80 个，中级职称限额 456 个，为 808 人评审确认初级职务任职资格。为 110 个单位建立专业技术职务管理台帐。聘任高级 187 人，聘任中级 3143 人。重新设置凉州区中小学教师初级职务任职资格评审委员会和凉州区农业专业初级职务任职资格评审委员会。

2006 年，开展新一轮事业单位专业技术岗位设置、结构比例核定和报批工作，共报批高级岗位 673 个，核定中级岗位 5142 个。为各系统专业技术人员办理资格证 1200 多本，对取得中高级专业技术职务资格的 552 人进行了聘任。审查报送了高职评审材料 65 份，中职评审材料 359 份，为 790 人评审确认初级职务任职资格。

2007 年，制订《关于专业技术人员继续教育培训计划》，全年有 1.03 万名专业技术人员接受继续教育培训，取得继续教育培训合格证。

2008 年，为 63 名符合条件的老教师解决职称评聘待遇，推荐选拔享受政府特殊津贴人员 1 名。

2009 年，全区共分配高级职务限额 46 个、中级职务限额 349 个，评审确定初级职务 706 人。为 50 名非公有制经济企业人员评定初级职称，办理资格证书 856 本；推荐选拔甘肃省一、二层次领军人才候选人 9 名，省级优秀专家候选人 1 名。

1990—2009 年凉州区专业技术人员基本情况统计表

表 7-3-4　　单位：人

年度	工程技术			农业技术			卫生技术			中学教师			小学教师			经济会计统计			文博图书档案			新闻播音			律师公证			工艺美术艺术			翻译出版			中专教师		
	高级	中级	初级	高级	中级	初级	高级	中级	初级	高级	中级	初级	高级	中级	初级	高级	中级	初级	高级	中级	初级	高级	中级	初级	高级	中级	初级	高级	中级	初级	高级	中级	初级	高级	中级	初级
1990	3	52	354	7	56	107	12	167	652	37	372	901	—	273	1014	—	51	596	—	6	12	—	1	1	—	1	15	1	2	8	—	—	—	4	11	15
1991	7	71	392	8	61	107	12	188	745	28	411	975	—	352	1236	—	68	672	1	6	15	—	1	1	—	1	15	1	2	8	—	—	—	4	15	15
1992	10	94	403	9	64	122	13	202	836	23	493	1057	—	429	1572	—	73	735	1	6	15	—	1	1	—	1	15	1	2	8	—	—	—	4	15	15
1993	12	120	549	10	70	131	15	248	924	21	551	1199	—	493	2258	2	84	783	1	6	17	—	1	1	1	3	15	1	3	8	1	2	3	4	17	15
1994	12	123	589	11	76	159	17	273	967	22	587	1311	—	514	2370	—	72	783	1	3	14	—	1	4	—	3	15	1	3	8	1	2	3	4	20	15
1995	12	128	614	11	80	201	18	310	1020	23	631	1487	—	538	2519	2	67	778	1	3	21	—	1	5	—	3	15	1	2	8	1	3	3	4	21	13
1996	16	136	677	12	85	261	26	326	1057	31	692	1721	—	683	2728	—	67	781	1	5	23	—	1	5	—	3	15	1	2	12	1	3	3	4	21	13
1997	18	149	736	14	88	280	32	348	1071	45	743	2233	—	793	2963	1	64	790	—	7	26	—	2	6	—	1	18	1	6	16	—	3	3	1	18	10
1998	7	67	210	19	335	25	236	674	34	711	2376	—	710	3865	—	6	132	—	10	12	—	4	18	—	—	17	—	—	—	—	—	—	2	20	17	—
1999	6	73	240	—	6	501	25	231	637	38	1517	6572	—	—	—	—	6	148	—	8	8	—	7	20	—	—	4	4	21	4	—	—	—	—	—	—
2000	4	76	212	8	62	492	30	208	651	41	1691	6776	—	—	—	3	12	174	1	11	19	—	5	20	—	—	5	3	19	6	—	—	—	—	—	—

1990—2009 年凉州区专业技术人员基本情况统计表

续表 7-3-4　　　　单位：人

年度	工程技术			农业技术			卫生技术			教育行业			经济会计统计			文博图书档案			新闻出版播音			律师公证			工艺美术艺术			翻译出版			中专教师		
	高级	中级	初级	高级	中级	初级	高级	中级	初级	高级	中级	初级	高级	中级	初级	高级	中级	初级	高级	中级	初级	高级	中级	初级	高级	中级	初级	高级	中级	初级	高级	中级	初级
2001	7	99	242	6	62	389	36	247	549	54	1963	6231	0	16	133	1	11	16	0	8	18	0	0	0	3	19	3	—	—	—	—	—	—
2002	7	188	360	6	62	436	38	245	639	75	2224	6345	3	44	344	0	7	7	0	8	24	0	0	0	2	0	0	—	—	—	—	—	—
2003	5	77	208	5	60	476	46	241	640	94	2444	6084	0	12	115	1	6	11	0	12	19	0	0	0	0	0	0	—	—	—	—	—	—
2004	4	83	264	10	141	449	58	368	720	155	2716	5154	9	26	96	0	3	9	0	13	15	0	0	9	1	8	5	—	—	—	—	—	—
2005	4	57	175	7	92	177	59	380	1049	202	2884	5893	0	24	98	1	12	17	2	13	15	0	0	0	0	0	0	—	—	—	—	—	—
2006	8	55	145	3	226	375	61	6	438	253	3233	5434	0	19	44	1	12	26	4	14	18	0	0	0	0	0	0	—	—	—	—	—	—
2007	16	114	386	31	229	333	71	408	984	291	3429	5484	0	14	35	0	9	14	1	2	2	0	0	0	1	7	1	—	—	—	—	—	—
2008	9	60	229	15	166	268	90	454	986	342	3592	5366	0	13	33	0	6	7	0	0	0	0	0	0	2	8	2	—	—	—	—	—	—
2009	10	70	223	13	150	265	89	471	964	378	3868	5241	0	16	17	1	7	6	0	0	0	0	0	0	3	7	3	—	—	—	—	—	—

第四节　机构与人员编制

一、机构编制

凉州区行政机关、企事业单位机构设置，根据国家各个时期的发展和机构改革的精神，根据凉州区实际情况，几经变更。1990 年，武威市机构总数为 1062 个，其中：党政群机构 70 个，乡镇 39 个，事业单位 953 个。2001 年，全区机构总数为 1557 个，其中：党政群机构 68 个、公检法司 4 个、乡镇 47 个，开发指挥部 2 个，城区街道办事处 5 个，事业单位 1431 个。至 2009 年，全区机构总数为 1462 个，其中：党政群机构 68 个、公检法司 4 个、乡镇 37 个、开发指挥部 2 个、城区街道办事处 7 个、事业单位 1344 个。

二、人员编制

20 世纪 90 年代以后，随着机构改革不断深化，区乡机关工作人员增幅逐年减缓。1990 年，全市共有行政编制 2402 人，实有人数 2354 人，其中党政群机关编制 870 名，实有人数 856 人；公检法司编制 585 人，实有人数 577 人；乡镇编制 947 人，实有人数 921 人。全市事业编制 14017 人，实有人数 13534 人。至 2009 年，全区行政编制 2169 人，实有人数 2015 人，其中：党政群机关编制 593 人，实有人数 623 人；公检法司编制 760 人，实有人数 651 人；乡镇编制 816 人，实有人数 741 人。全区共有事业编制 19521 人，实有人数 18123 人。

1990—2009 年凉州区行政事业单位人员编制一览表

表 7-3-5　　单位：人

年度	行政编制		事业编制	
	现有编制	实有人数	现有编制	实有人数
1990	2402	2354	14107	13534
1991	2398	2325	14224	13983
1992	2398	2306	14502	14562
1993	2398	2316	14416	14406
1994	2398	2309	14421	15019
1995	2446	2231	14522	15269
1996	2446	2231	14522	15269
1997	2376	2329	15699	15949
1998	2480	2619	14802	15631
1999	2355	2315	16591	15954
2000	2355	2155	16721	15811
2001	1959	2124	16727	15811
2002	1971	2114	15958	15574

续表 7-3-5　　单位：人

年 度	行政编制		事业编制	
	现有编制	实有人数	现有编制	实有人数
2003	1983	1957	16308	15958
2004	1986	2036	17191	16898
2005	2023	2017	17564	17048
2006	2032	1963	18231	17572
2007	2131	2017	19521	18468
2008	2151	2017	19544	18914
2009	2169	2015	19521	18123

第五节　事业单位登记管理

1999 年，武威市登记法人事业单位 268 个，非法人事业单位 342 个。

2003 年，登记法人事业单位 205 个，撤销登记 63 个，不再对非法人事业单位进行登记。

2004 年，登记法人事业单位 231 个。

2005 年，登记法人事业单位 236 个，撤销登记 5 个。

2006 年，对乡镇重点小学进行法人登记，全区共登记法人事业单位 631 个，撤销登记 7 个，变更登记 45 个。

2007 年，登记法人事业单位 660 个，撤销登记 4 个，重新办证 8 个，变更登记 238 个。

2008 年，登记法人事业单位 626 个，新设立登记 4 个，撤销登记 38 个，重新办证 5 个，变更登记 202 个。

2009 年，登记法人事业单位 589 个，新设立登记 2 个，撤销登记 37 个，重新办证 9 个，变更登记 148 个。

第六节　工资福利

一、干部工资

1990 年，武威市机关事业单位工作人员现行工资制度沿用 1985 年第三次工资制度改革办法实施。

1993 年，机关事业单位工作人员现行工资制度进行第四次改革。改革主要内容为机关工作人员（除工勤人员外）实行职员工资制，其工资按不同职能，分为职务工资、级别工资、基础工资和工龄工资 4 部分。事业单位人员根据事业单位特点和经费来源不同，对全额、差额、自收自支 3 种不同类型事业单位，实行不同管理办法，全额拨款单位执行国家统一工资制度和工资标准，工资结构中固定部分为 70%，其他部分为 30%；差额拨款单位固定部分为 60%，其他部分为 40%；自收自支单位自主经营，自负盈亏。对事业单位专业技术人员和管理人员，实行两种工资制度，专业技术人员实行职务等级工资制度，其构成分专业技术职务工资和津贴两部分，体现工效挂钩；管理人员实行职员职务等级工资制度，其构成分专业技术职务工资和岗位目标管理津贴两部分。对机关技术工人岗位实行技术等级工资制度，由岗位工资、技术工资和奖金3部分构成；对事业单位工人实行技术等级工资制，工资构成主要分为技术等级工资和岗位津贴两部分。

2006年，根据甘肃省公务员工资制度改革和事业单位工作人员收入分配制度改革实施意见，公务员基本工资构成由现行职务工资、级别工资、基础工资、工龄工资四项调整为职务工资和级别工资两项，取消基础工资和工龄工资。事业单位中，专业技术人员按本人现聘用的专业技术岗位，执行相应的岗位工资标准；管理人员按本人现聘用岗位（任命的职务）执行相应的岗位工资标准；技术工人仍实行岗位技术等级工资制，基本工资构成由现行岗位工资、技术等级（职务）工资和奖金三项调整为岗位工资和技术等级（职务）工资两项。

二、干部福利待遇

假期　国家机关事业单位工作人员因病、有事可以请假；本人结婚可以请婚假；配偶、父母、子女、岳父母、公婆死亡，可以请丧葬假；连续工作一年，配偶与父母不住在一起并不能在公休假日团聚的，可以请探亲假；女性国家机关工作人员视情况可以请产假、休假；工作人员因公受伤，必须治疗和休息的，给予工伤假；在法定假日或公休假日值班的，应在两周内补给与值班时间相等的休息时间；连续工作1年以上，可享受带薪年休假。

死亡抚恤　1990—1992年，死亡抚恤按1986年7月国家规定标准执行。1993年，国家机关事业单位工资制度改革后，工作人员死亡一次性抚恤金发放标准为：被批准为革命烈士的，为本人生前40个月基本工资；因公死亡的，为本人生前20个月基本工资；病故的，为本人生前10个月基本工资。

遗属生活补助　1990—1996年，遗属生活补助按1990年规定标准执行。1997年，城市配偶孤身每人每月补助110元，非孤身每人每月补助100元；农村配偶孤身补助90元，非孤身补助80元；城市子女孤身补助100元，非孤身补助90元；农村子女孤身补助80元，非孤身补助70元。2002年，父母和配偶享受同等补助，弟妹和子女享受同等补助。

乡镇机关事业单位浮动工资　1990—1992年，武威市大专以上毕业在农村工作的教师、医务工作者和乡镇机关事业单位的工作人员其工资可在本人现等级工资基础上，向上浮动一级；张义、上泉、中路、庙山、南营、金山、青林等乡镇满3年，其他乡镇满5年，将原享受的浮动工资予以固定后再享受一级浮动工资；实行浮动工资的人员调离乡镇后，除固定的一级外，正在浮动的一级工资即行取消，实行浮动工资的人员固定和浮动的工资不影响正常升级，按有关规定调升工资时可在浮动前的工资基础上升级，再在升级后的基础上向上浮动一级工资。1993年，工资制度改革后，浮动工资继续执行，浮动时间连续计算。2006年，全区乡镇机关事业单位的浮动工资取消。

第七节　干部离退休待遇

1949年9月30日前参加革命工作的干部，可以享受离休待遇。离休干部待遇分政治待遇和生活待遇。生活待遇主要包括工资待遇、生活补贴、福利、病故抚恤和困难照顾。离休干部待遇严格按照国家有关规定执行。

1990年以后，凉州区退休干部逐年增多，干部退休制度按国务院文件规定执行，严格执行到龄即退制度。干部退休条件，主要依据干部的年龄、工龄而定，有的还要考虑身体条件和劳动条件等因素。凡已到退休年龄的人员，一律按时办理退休手续。

1990—2009 年凉州区退休干部人数一览表

表 7-3-6　单位：人

年　度	合　计	行政机关	企事业	备　注
1990	127	31	96	—
1991	122	33	89	—
1992	210	40	170	—
1993	750	—	—	—
1994	—	—	—	—
1995	1185	251	934	—
1996	1272	271	1001	—
1997	1634	320	1314	—
1998	1833	345	1488	事业 821，企业 667
1999	245	19	226	事业 204 人，企业 22 人
2000	2228	415	1813	事业 1119 人，企业 694 人
2001	174	24	150	—
2002	167	33	134	—
2003	203	44	159	—
2004	293	40	253	—
2005	202	17	185	—
2006	115	25	90	—
2007	156	42	114	—
2008	345	87	258	—
2009	247	48	199	—

第八节　人事制度改革

一、推行国家公务员制度

1997 年，武威市根据全市各级国家行政机关机构编制的实际情况，实行国家公务员制度。在事业单位中，凡行使国家行政职能，从事行政管理活动的事业单位，除工勤人员以外，实行参照国家公务员制度。根据《武威市国家机关现有工作人员向国家公务员过渡的实施意见》，凡实行国家公务员制度的单位，不得实行企业、事业单位的职称、工资及奖金等人事管理制度；乡镇机关聘用制干部准许参加过渡，过渡后仍实行聘用制。1998 年 5 月，全市有符合条件的国家工作人员 1448 人。按职务层次统计：副科级以上领导干部 407 人，科级调研员 101 人，主任科员 48 人，副主任科员 33 人，科员 859 人。确定“准予过渡”1448 人、“暂缓过渡”51 人、“不予过渡”15 人。对参加过渡人员进行业务知识和公共课考试，全市应考人员 1417 人，实考 1417 人，成绩合格。过渡人员上岗定位后，及时任命职务，确定相应级别，按管理权限办理报批手续，填写《国家公务员过渡审批表》和过渡人员报批花名册，报组织、人事部门审查确定其公务员身份，并为1448人颁发国家公务员证，完成现有人员向国家公务员的过渡。

二、国家公务员制度规范化管理

1999年，武威市加强公务员制度入轨后的规范化管理工作，健全完善平时考核制度和办法，把平时考核与履行岗位职责、年终考核、职务晋升、表彰奖励等结合起来，使平时考核工作纳入公务员管理的各个环节。同年，报批依照公务员条例管理的事业单位11个。通过考试考核，依照公务员条例管理的事业单位的44名现有工作人员过渡为公务员。2000年，报批依照公务员条例管理的事业单位3个，为符合条件的工作人员办理公务员过渡手续。

三、公务员登记

从2006年起，为做好公务员登记工作，制订《凉州区实施中华人民共和国公务员法实施方案》，对具有行政编制的人员进行了公务员登记。全区党政群机关符合公务员法管理的单位共83个，核定行政编制1972名、事业编制518名。经初步审核，符合登记条件已登记的单位83个，核定行政编制1894人，其中政府行政部门单位30个868人，区委、人大、政协、法院、检察院、工商联、民主党派等机关14个388人，乡镇39个（包括两个指挥部）638人，暂缓登记21人。2007年，对1883名干部依法登记为公务员。2008年，对86名干部依法登记为公务员。2009年，对任职试用期满的114名干部依法登记为公务员，根据《武威市关于参照公务员法管理单位登记工作的安排意见》精神，全区审批参照公务员法管理单位共57个，387名事业干部依法登记为参照公务员法管理单位工作人员。

四、事业单位人事制度改革

2002年，凉州区出台《关于加快推进区属事业单位改革的意见》和《关于全区事业单位试点工作的安排意见》。

2003年，25个事业单位改革试点工作完成，区热力公司和区电影发行放映公司与财政脱钩改制为企业。

2005年，凉州区下发《关于全面推进事业单位改革的实施方案》，全区第一批事业单位改革开始，涉及9个部门、14个乡镇、800个单位，占全区事业单位的55.6%，涉及人数11113人。在改革中，强化乡镇政府管理经济社会发展的功能，将乡镇服务体系站所的财政支配权、人事管理权、规划决策权和计划协调权一律下放给乡镇，实行以块为主的管理；对区委下放给主管部门管理的部分二级事业单位的领导、乡镇中小学校长、卫生院院长、服务体系站所长及科级以下事业单位负责人和中层干部不再进行委任，一律实行竞争上岗；第一批改革的自收自支事业单位可以自主用人和自主调资。各单位在改革中全面推行聘用制，实现人员管理由身份管理转为岗位管理；打破干部与工人的身份界限，实行竞争上岗，形成以能力选人用人的管理机制；各单位还普遍建立津贴账户，实行干部津贴二次分配，实现按岗定酬，绩效挂钩。各乡镇将党政内设机构和事业站所统一整合为“一办四中心”，即党政综合办公室、农业产业发展中心、经济发展中心、社会事务服务中心、综合治理及法律服务中心，使乡镇的内设机构由原来的14个减少为5个。

2006年，第二批事业单位改革工作开始，涉及380个事业单位、3016人。第二批改革进一步完善了竞争上岗办法、内部分配制度和人员分流办法，完善了乡镇“一办四中心”的运行机制。同年7月，事业单位改革工作全面结束。在事业单位改革中，整合事业单位4个，撤销事业单位3个，改制为企业的事业单位2个，脱钩的自收自支事业单位4个，有14517人竞聘上岗，落聘待岗361人，其中低职高聘 36 人，高职低聘 62 人。

第四章 信访

第一节 受理查办

一、受理

1990 年，武威市信访工作群众信访渠道比较单一，还处于被动接访、办理来信的层面。1991 年，制定《关于进一步加强信访工作的实施意见》，建立市委、市政府领导信访接待日制度，拟定星期四为信访接待日，每两周进行一次，接访领导有访接访，无访听取汇报或阅批重要信件。1992 年，在各乡镇建立乡镇、村、组三级信访调解组织，强化基层信访工作。2000 年，随着群众信访诉求的增多和内容日趋多元，全市各乡镇和部门大力拓展信访渠道，依法规范信访秩序。各乡镇、部门、街道普遍公布了信访工作机构的通信办法、接待时间和地点，改善接待场所和接待条件，对群众来访坚持文明接待，对群众来信认真办理。

2001—2009 年，采取开门接访、联合接访、下访约访等方式，使群众诉求得到及时反映和有效处理。区委、区政府主要领导坚持亲自阅批群众来信，督促有关单位解决群众信访问题。开通“书记热线”“区长热线”“民情邮箱”等，建立信访信息系统。推行“网上信访”，构建高效便捷的反映民意、受理民诉、疏解民困的渠道和平台。

二、查办

1992 年，制定《关于全市党政机关各部门归口处理人民来信来访的办法》，进一步明确各单位处理信访问题的主体责任。

1993—2004 年，凉州区建立高效率、快节奏、讲实效的工作机制，推行“见信见人、马上就办、一步到位”的工作方法，采取立案交办、受理自办、联合督办等措施，重点解决一批重大、疑难信访问题，每年结案率均达到省上要求的 85%以上。

2005—2009 年，根据国务院新的《信访条例》，区委、区政府召开信访工作会议，进一步明确“属地管理，分级负责”“谁主管，谁负责”的信访工作机制，建立健全科学规范的信访制度，用制度确保信访事项及时进入程序，及时得到妥善处理。教育和引导信访群众以合理的方式表达个人诉求，进一步强化信访人的法制意识，规范信访人的行为，全区呈现出信访“四下降”（即信访总量下降、集体上访量下降、非正常上访量下降、群体性事件发生量下降）的状况。

1990—2009 年凉州区人民群众来信来访受理、办理情况一览表

表 7-4-1

项目 年度	合计（件）	受理来信（件）	接待来访			结案率（%）
			个人访（件）	集体访		
				批次（件）	人数（人）	
1990	2381	1550	821	10	269	85.1
1991	1986	1428	546	12	241	86.3
1992	1536	1114	396	26	265	86.7
1993	2038	1301	692	45	738	87.3
1994	2166	1390	717	59	1343	86.5
1995	2498	1635	769	94	3747	87.8
1996	2091	1534	513	44	943	88.6
2000	4288	2561	1426	301	4198	86.3
2001	4725	2423	1925	377	7266	87.1
2002	4287	2213	1801	273	6605	88.2
2003	4072	2018	1765	289	6276	89.2
2004	3320	1669	1312	339	7404	90.3
2005	2682	1360	1009	313	5309	90.5
2006	1521	865	489	167	2630	92.4
2007	1760	870	777	113	1500	93.6
2008	1595	716	732	147	2394	92.2
2009	1034	508	460	66	863	92.8

第二节　督办回复

一、督办

凉州区采取多种形式，定期或不定期对上级机关交办的信访件、领导批示件和群众集体访、越级访以及信访疑难案件进行督查督办。建立健全信访问题排查化解机制，把信访工作的重心从事后处理转移到事前排查化解上。坚持经常排查和集中排查相结合，及早发现信访苗头，周密部署，落实化解责任，限期妥善解决，使一大批信访隐患化解在初始状态。2004 年，建立全区集中处理涉访群体性事件联席会议制度，区信访联席会议办公室（信访局）连续 4 年筛选出 300 多件重要信访事项进行交办督办，办结率达 90%以上。2007—2009 年，开展区委书记大接访、领导干部下访督导活动，协调解决疑难复杂问题，减少信访“存量”。对跨地区、跨行业、跨部门的疑难复杂信访事项，信访联席会议协调各方力量，采取综合调度、会诊会办等方式，靠实责任，强化措施，督办解决。

二、回复

1990—2009 年，凉州区各乡镇、部门、街道普遍实行首问、首办责任制，坚持在第一时间、地点把问题解决到位，矛盾化解到位。认真落实限时办结制度，对群众反映的信访问题当天能解决的必须当天解决；当天不能解决的，在 3 个工作日内给予解决；村（下属单位、社区居委会）在 5 个工作日内处理完毕；乡镇部门和街道在 15 个工作日内予以解决；对重大信访问题在 30 日内办结，复杂疑难问题在 60 日内办结，情况特别复杂的，经本行政机关负责人批准，可以适当延长办理期限，但延长期限不超过 30 日，并告知信访人延期理由。区信访部门对所有交办的信访案件实行挂账销号，办理结果必须由责任单位主要领导审核、签发，以正式文件上报。在向区委、区政府上报《结案报告》的同时，将《处理意见书》送达信访人；信访人对处理意见不服的，信访部门可明确告知信访人复查或复核的时间和机构，实现信访程序的法定终结。

第三节　制度建设

1990 年，印发《市委、市政府信访办公室工作人员“马上就办”岗位责任制》，建立健全信访工作的“五项制度”(复信制度、回访制度、“面对面”处理问题制度、自检制度、回头看制度)。

1995 年，印发《武威市逐级受理人民群众来访制度的通知》，从政策层面上规范信访工作的制度原则。

2003 年，区委、区政府出台《关于进一步加强信访工作的意见》。

2004 年，区委、区政府办公室印发《关于建立凉州区集中处理信访突出问题及涉访群体性事件联席会议制度的通知》《关于成立凉州区信访工作领导小组的通知》《关于建立凉州区集中处理信访突出问题工作领导小组的通知》。

2005 年，凉州区制定《信访事项办信程序》《信访事项接访程序》《信访事项督查程序》等规范性文件。

2007 年，区委、区政府办公室印发《关于建立区委、区政府领导信访接待日制度的通知》《关于建立信访突出问题定期通报制度和谈话制度的通知》。

2009 年，制定《凉州区党政领导“信访大接访”活动实施方案》。

第五章　法制建设

第一节　行政执法监督

1990—2000 年，武威市结合实际，相继开展行政执法监督检查工作，相关部门组成督查组监督检查全市贯彻实施法律法规的情况。先后对《中华人民共和国义务教育法》《中华人民共和国土地管理法》《工业产品质量责任条例》《农民承担费用和劳务管理条例》等280多部法律、法规的实施情况进行监督检查，对检查中发现的执法不严、程序违法、执法主体不合适、使用法律不当等问题，采取现场纠正或下发限期整改书等形式，切实规范执法行为。依照《国务院关于全面推进依法行政的决定》，制订《武威市依法行政工作实施方案》。

2001年，下发《关于开展行政执法案卷评查活动的通知》，首次在全区范围内对城建委、物价委等40个区政府执法部门的2000年下半年以来的执法案卷进行评查，共评查案卷65卷，评出优秀卷、合格卷、不合格卷。

2002年，结合实际进行行政执法检查工作，对被检查单位的行政处罚、行政许可、行政强制、行政裁决等行政执法案卷进行评查，通过案卷来纠正和指导行政机关的执法行为，提高执法水平。

2003年，下发《关于聘任执法监督员加强行政执法监督工作的通知》，对劳动局、地税局、水利局、卫生局4个部门进行执法评议。发放《行政执法民主测评表》2千多份，分15个项目对行政执法案卷进行评查，整改行政执法中存在的问题24件。

2005—2008年，根据《国务院全面推进依法行政实施纲要》，区政府制订《凉州区全面推进依法行政实施意见》和《落实全面推进依法行政实施意见工作任务分解表》，对全区依法行政工作，确定重点任务、目标要求和责任任务分解。

2009年，根据市上统一要求，在全区开展行政执法大检查活动，通过听汇报、查资料、召开座谈会和开展行政执法案卷评查等形式，对一些执法单位执法存在的问题进行纠正或提出整改意见，推进依法行政工作，确保纲要的贯彻实施。

第二节　推行执法责任制

1990年，武威市下发《关于在市政府部门实行执法责任制的通知》。全市具有行政执法职能的城建委、水利局、土管局、国税局、公安局、劳动局等40个部门和机构实行行政执法责任制，落实执法责任。

1998年，行政执法责任制开始全面实施，按照行政执法主体一把手负总责的原则，自上而下逐级确定执法责任人。制定印发《行政执法责任分解》，对国家现行法律法规进行梳理，按照职责确定负责实施的部门，明确行政执法主体及执法权限、执法责任，建立责任体系。

1999年，武威市与各单位以签订行政执法责任书的形式，将执法职责分解落实到所属执法机构和人员，规定具体指标，提出工作要求和目标任务，做到执法职能清楚，执法任务明确，执法责任到位。

2000年，武威市制订《依法行政工作实施方案》《行政执法责任书考核办法》，同执法部门、乡镇、街道签订执法责任书89份。年底对89个执法单位进行考核，评选出15个执法先进单位和50名执法先进个人，进行表彰奖励。

2003年，按照区政府领导的分工，印发《凉州区人民政府行政执法责任分解》，将行政执法责任内容统一纳入区委、区政府与乡镇、部门签订的工作目标管理实绩考核责任书中，与经济工作、精神文明、综合治理等工作同部署、同检查、同考核，将考核结果与工作奖惩、干部任用相挂钩。

2006年，制订《凉州区推行行政执法责任制方案》，各执法单位制定实施方案，进一步梳理执法依据，分解执法职权，明确执法责任，建立科学民主评议制度，全面推进行政执法责任制工作。人事局、民政局、林业局、卫生局等22个执法部门在单位橱窗公布本单位行政执法依据。

2008年，印发《依法行政工作考核标准》，进一步建立和完善行政执法责任制各项制度。劳动局、公安局、城建局、文体局等 11 个执法部门公布了本单位行政执法依据。

2009 年，全区 34 个执法部门共梳理出行政行为 2184 项，其中行政许可 162 项，行政处罚 1796 项，行政征收 25 项，行政强制 23 项，行政确认 18 项，行政给付 5 项，其他行政行为 155 项。

第三节 行政复议

1990 年，武威市行政复议委员会成立，设立办公室，为科级机构，与法制局合署办公。

1992 年，武威市制定《武威市行政复议工作办法》，明确行政复议工作的办案程序。

2000—2009 年，凉州区共收到公民、法人和其他组织不服区政府所属部门、乡镇政府、街道办事处的具体行政行为的案件 121 起，依据《中华人民共和国行政复议法》及《中华人民共和国行政复议法实施条例》，经审查审理后，依法作出处理，其中维持原具体行政行为 22 件，撤销 4 件，不予受理 11 件，和解 1 件，申请人撤回 28 件，其他处理 56 件。

1992—2009 年凉州区行政复议案件一览表

表 7-5-1　　单位：件

年　度	小　计	维　持	不予受理	撤　销	申请人撤回	和　解	其他处理
1992	3	1	1	—	—	—	1
1993	5	1	—	1	1	—	2
1994	3	1	—	1	1	—	—
1995	3	1	—	1	1	—	—
1996	8	2	—	—	2	—	4
1997	3	—	—	—	—	—	3
1998	3	1	—	—	1	—	1
1999	4	1	—	—	1	—	2
2000	10	2	2	—	3	—	3
2001	15	3	2	—	4	—	6
2002	11	2	—	—	2	—	7
2003	11	2	—	—	4	—	5
2004	6	—	1	—	1	—	4
2005	10	2	1	—	2	—	5
2006	12	3	2	—	2	—	5
2007	2	—	1	—	—	—	1
2008	5	—	—	1	—	1	3
2009	7	—	—	—	3	—	4
总 计	121	22	10	4	28	1	56

第四节 制度建设

1990 年，武威市发布《规章性文件制定程序暂行办法》，对规章性文件的计划、起草、审查、审议、发布等做了明确规定，使政府抽象行政行为纳入规范法、制度化、程序化管理的轨道。对 1985 年后市政府制定发布或批准发布的 139 件规章性文件进行清理，决定废止 24 个规章性文件。

1992 年，制定《乡镇行政处罚程序暂行办法》。

1993 年，对《关于清退压缩计划外用工的决定》等 13 件政策性文件予以废止。

1995 年，清理市政府历年发布的《生猪定点屠宰办法（试行）》等规范性文件 12 件。

1997—1998 年，下发《关于贯彻实施行政处罚法实行持证执法有关问题的通知》，开展行政执法人员持证执法和上岗培训发证工作，举办培训班 31 期，培训行政执法人员 2731 人，给符合条件的 2729 人颁发监督证和行政执法证，给 252 个机构颁发行政处罚主体资格证。

1999 年，举办全市听证主持人培训班，给 96 个符合条件的人员核发听证主持人资格。

2000 年，武威市印发《清理规范性文件工作实施方案》，分四个阶段对 1996 年以来市政府及其各部门、各乡镇制定的规范性文件进行清理，清理规范性文件 158 件，对其中不符合法律、法规或不利于经济发展的 95 件，分别做出修改和废止的决定。出台《制定规范性文件办法》，规定凡提请政府发布的规范性文件，应当从实际出发，以贯彻实施国家法律和规范行政活动为目的，坚持合法性、必要性和可操作性三项原则，遵循“三审一签一备案”的程序，进一步加强对规范性文件的管理。

2001 年，武威市印发《关于配合整顿规范市场经济秩序工作清理修订规范性文件的通知》，组织清理 1985 年县改市至撤市设区阶段政府制定发布的规范性文件和政策措施 160 件。

2002 年，对《规章性文件制定程序暂行办法》《集中供热收费办法》等不符合现行法律、法规或不利于经济发展的 114 件文件予以废止，对决定继续执行的《武威市人民政府督办工作制度》《武威市水土保持管理办法》等 46 件进行必要的修订。

2003 年，组织开展全区第二轮行政执法人员培训换证工作，对培训合格的 1806 人分别颁发、换发了行政执法监督证或行政执法证，给 204 个机构颁发行政处罚实施机构资格证。

2004 年，按照国务院《全面推进依法行政实施纲要》的要求，区政府每年以书面汇报的形式，向区人大和市政府汇报全区推进依法行政工作情况。各乡镇、区政府各部门、城区各街道办事处向区政府报告依法行政工作情况。

2006 年，为营造非公有制经济发展的良好环境，支持非公有制经济健康、快速、可持续发展，对全区现行规范性文件进行清理。对凉州区《取水许可制度管理办法》《国有土地使用权抵押贷款管理办法》等 10 件规范性文件予以废止。

2008 年，按照第三轮持证执法工作有关文件和会议精神，下发《关于第三轮持证执法培训换证工作的通知》，对全区执法人员进行公共法律知识培训，举办培训班 10 期，考核合格的 1892 名行政执法人员取得行政执法证，139 个经审查符合条件的单位取得执法主体资格。严格按照《甘肃省行政执法证件管理办法》规定，对退休、调离行政执法岗位的工作人员的执法证件全部收回注销；对新从事行政执法工作的人员进行法律培训，取得行政执法资格后方可从事行政执法工作；对遗失的证件，按规定进行补办。

2009 年，依照《武威市行政执法错案责任追究实施办法》，追究行政执法过错和错案 22 起，追究责任人员 35 人。

第八编

国民经济管理

本编目录

第一章　发展与改革

第一节　机构设置

1990 年，武威市计划委员会内设办公室、综合计划科、基本建设科。

1994 年，成立建设项目办公室和经济协作办公室，挂靠计划委员会。

1995 年，区建设项目办公室和经济协作办公室合署办公，更名为经济项目办公室。

1996 年，经济项目办公室分设为建设项目办公室和招商局，经济协作办公室单列，并挂靠计划委员会。

1997 年，成立经济动员办公室，挂靠计划委员会；地质矿产局挂靠计划委员会，负责管理全市矿产资源和制订国土规划。

2001 年 8 月，武威市计划委员会更名为凉州区发展计划局。成立凉州区经济研究所，挂靠发展计划局。

2002 年，撤销地质矿产局，职能并入区国土资源局；建设项目办公室单列，为区政府直属事业单位。

2004 年 8 月，凉州区发展计划局更名为凉州发展和改革局。

2007 年 2 月，经济体制办公室并入发展和改革局。区发展和改革局内设办公室、综合计划科、农村经济科、固定资产投资科和经济体制改革科。

2009 年，凉州区发展和改革局内设办公室、投资科、能源科、计划科、体改科、农经科，下辖经济动员办公室、经济研究所。

第二节　计划编制与实施

一、计划编制

“八五”计划　“八五”时期（1991—1995 年）的主要目标为：到 1995 年，全市国内生产总值比 1990 年翻一番，年均增长 14.2%，达到 19 亿元。其中工业总产值年均增长 18.3%，达到 29.59 亿元；农业总产值年均增长 7.3%，达到 20.67 亿元，粮食总产量达到 49.35 万吨；农民人均纯收入年均增长 16.4%，达到 2312 元；乡镇企业总产值年均增长 22.8%，达到 15.96 亿元；财政收入年均增长 11.2%，达到 1.72 亿元；城乡居民储蓄存款年均增长 18.14%，达到 35.86 亿元；在校学生总数达到

19.81 万人；卫生技术人员达到 3894 人；总人口控制在 99.2 万人以内；人口自然增长率“八五”时期控制在 13.3‰以内。

“九五”计划　“九五”时期（1996—2000 年）的主要目标为：到 2000 年，全市国内生产总值达到 34 亿元，其中第一产业增加值达 12.9 亿元，第二产业增加值达到 8.9 亿元，工业总产值达到 26 亿元；第三产业增加值达到 12.2 亿元；农业总产值达到 12.5 亿元；乡镇企业总产值达到 60 亿元；财政收入达到 2.5 亿元；总人口控制在 100 万人以内，人口自然增长率控制在 13.7‰以下。完成国内生产总值 42.76 亿元，年均增长 17.1%，其中第一产业增加值 13.25 亿元、第二产业增加值 11.38 亿元、第三产业增加值 12.9 亿元；财政收入 17236 万元，年均增长 16%；农民人均纯收入 2312 元，年均增长 15.6%。

“十五”计划　“十五”时期（2001—2005 年）的主要目标为：到 2005 年，全区国内生产总值年均增长 12.6%，达到 75 亿元；一、二、三产业的比重由“九五”时期的 32.81:25.72:41.47 调整到 26:31:43；财政收入年均增长 10%，达到 2.9 亿元；农民人均纯收入年均增长 8.6%，达到 3500 元；电话普及率平均每百人达到 15 部以上；科技对经济的贡献率达到 50%以上；适龄幼儿入园率达 90%以上，应届初中升学率达 45%以上；每千人卫生技术人员达到 18 人、病床 2 张；广播、电视覆盖率分别达到 100%、99.5%；人口自然增长率控制在国家控制目标以内；城镇登记失业率控制在 4.5%以内。

“十一五”计划　“十一五”时期（2006—2010 年）的主要目标为：到 2010 年，全区国内生产总值达到 170 亿元，年均增长 12.5%，力争达到 190 亿元，比“十五”末翻一番；人均 GDP 达到 16000 元，力争达到 18000 元，比“十五”末翻一番；全社会固定资产投资达到 85 亿元，年均增长 20%，比“十五”末翻一番；大口径财政收入突破 6 亿元，年均增长 13.62%，比“十五”时期高 5 个百分点；城镇居民可支配收入突破 10000 元，年均增长 9%，增速高于“十五”时期 2 个百分点；农民人均纯收入突破 5000 元，年均增长 8.5%，增速略高于“十五”时期；单位生产总值能源消耗比“十五”末降低 25%左右。

二、计划实施

“八五”计划执行情况　1995 年，全市完成生产总值 19.43 亿元，其中：第一产业 8.55 亿元，第二产业 3.81 亿元，第三产业 7.06 亿元，一、二、三产业比重调整为 40.3:19.6:36.37；农业总产值 17.8 亿元，粮食总产量 37.5 万吨；工业总产值 8.13 亿元，乡镇企业总产值 13.28 亿元；农民人均纯收入 1120 元；地方财政收入 7707 万元；城乡居民储蓄存款 18.93 亿元；在校学生总数 16.78 万人，卫生技术人员 3217 人；总人口控制在 99.01 万人。

“九五”计划执行情况　2000 年，全市完成生产总值 43 亿元，一、二、三产业比重调整为 30.83:27.29:41.88；农业总产值 20.68 亿元，工业总产值 29.59 亿元，乡镇企业总产值 55.18 亿元；大口径财政收入 25502 万元，年均增长 14.14%；市本级财政收入 17236 万元，年均增长 17.47%；农民人均纯收入 2312 元，年均增长 15.6%；总人口控制在 99.3 万人。

“十五”计划执行情况　2005 年，全区完成生产总值 84.93 亿元，其中：第一产业 23.4 亿元，第二产业 33.67 亿元，第三产业 27.86 亿元，一、二、三产业比重调整为 27.56:39.64:32.8；大口径财政收入 31928 万元，年均增长 4.6%；一般预算收入 9106 万元；城镇居民人均可支配收入 6606 元，年均增长 6.87%；农民人均纯收入 3423 元，年均增长 8.2%；总人口控制在 101.5 万人。

2009 年计划执行情况　2009 年，全区完成生产总值 127.97 亿元，增长 9.34%，其中：第一产业 32.34 亿元，增长 6.23%，第二产业 50.28 亿元，增长 11.33%，第三产业 45.35 亿元，增长 9.59%，一、二、三产业比重调整为 25.27:39.29:25.44；全社会固定资产投资 71.48 亿元，增长 21.32%；大口径财政收入 6.01 亿元，增长 15.12%；一般预算收入 1.81 亿元，增长 11.12%；城镇居民人均可支配收入 10446.58 元，增长 10.08%；农民人均纯收入 4823.3 元，年均增长 10.12%。

1990—2009 年凉州区主要经济指标一览表

表 8-1-1

指标 年份	生产总值（万元）	第一产业（万元）	第二产业（万元）			第三产业（万元）	大口径财政收入（万元）	公共财政预算支出（万元）	全社会固定资产投资总额（万元）	社会消费品零售总额（万元）	农村居民人均纯收入（元）	城镇居民人均可支配收入（元）
				工业	建筑业							
1990	72611	30860	18481	—	—	23270	5974	8638	9443	42808	505	1062
1991	74258	29826	19485	—	—	24947	6430	8272	12000	45064	505	1125
1992	86461	35790	24177	—	—	26494	7034	7990	24887	48330	557	1320
1993	102137	42247	28950	—	—	30940	8730	8617	18680	57024	630	1494
1994	165185	65242	31816	13838	17978	68127	11617	11890	19453	73829	830	1866
1995	194255	85537	38077	19657	18420	70641	13165	11800	29855	81784	1120	2417
1996	244028	106993	49720	39100	10620	87315	16178	12802	38949	76864	1480	2721
1997	280098	117382	60751	44191	16560	101965	19564	15150	46117	73308	1788	3306
1998	329399	130402	81143	54912	26231	117854	22231	18319	53298	72029	2064	3784
1999	377797	133376	94393	69360	25033	150028	23788	23066	58706	78570	2265	4133
2000	430013	132575	117367	97902	19465	180071	25502	29328	76229	84768	2312	4739
2001	476281	139058	138868	114717	24151	198355	29001	40093	85856	97506	2405	4973
2002	536091	148283	169688	138576	31092	218120	34983	39091	113447	105483	2585	5123
2003	620333	161283	199508	155853	43655	259542	34244	43541	173440	119133	2777	5530
2004	823968	215990	287861	190880	96981	320117	32326	45396	227267	175959	3078	5995
2005	849281	234024	336697	226323	110374	278560	31927	51866	337217	203296	3423	6606
2006	935237	246465	368876	257919	110957	319897	39001	67259	441249	209210	3724	7465
2007	1027755	260205	414249	293424	120825	353301	46958	97386	514936	244700	4034	8547
2008	1156227	297595	448014	322229	125785	410618	52176	150008	619705	288509	4380	9490
2009	1279793	323468	502825	368473	134352	453500	60066	237803	714819	339287	4823	10446

第三节　企业改革

一、企业二轮承包（1990—1991 年）

1990 年，根据全国经济体制改革工作会议关于继续坚持和完善承包制的要求。武威市工业企业启动第二轮承包经营。新一轮承包强调：一是明确责、权、利的关系，使“责、权、利”相互配套、相互制约、相互促进；二是承包指标确定，承包指标有效益指标、管理指标、后劲指标；三是承包形式有滚动承包、顺延承包、重新承包三种承包方式；四是对企业资产评估力求账物相符，账账相符。在新一轮承包中，武威市制定了《武威市企业第二轮承包经营责任制实施办法》，对承包（租赁）经营的原则，承包（租赁）经营的主要内容，承包形式的选择，承包基数的确定，承包指标体系的健全，承包合同内容、发包和承包双方的权利与责任，承包经营的奖罚做了详细规定。

企业实施二轮承包后，促进了企业经营机制的转变，加强了管理，调动了企业经营者和职工的积极性，促进了生产，增加了财政收入，同时也不同程度地增强了企业后劲，总体上增强了企业自主经营、自我约束、自我发展的能力，使国家、集体、个人三者之间的利益关系得以有效解决，各企业经济效益逐步好转。

但是，第二轮承包结束后，也存在一些问题和不足，一是企业经营机制转变缓慢，企业“三铁”（铁饭碗、铁交椅、铁工资）现象未从根本上解决，企业依赖政府的现象仍然存在；二是企业短期行为严重，对企业的经济行为不从全方位考虑，没有可持续发展的战略；三是企业经营自主权落实不够，行政干预现象仍然存在；四是技术落后，管理薄弱，企业中“脏、乱、差”及“跑、冒、滴、漏”现象严重，设备陈旧，技术老化，企业活力不够。这些现象的存在，严重束缚工业经济的发展，使企业改革受到一定限制。

二、放开经营，配套改革（1992—1997年）

1992年，武威市在总结一、二轮承包经验的基础上，实施“放开经营，配套改革”的试点工作，试点企业坚持包合同、包上缴、增后劲、促发展；坚持全面规划，分步实施，重点突破的原则；坚持解放思想，把握政策，循序渐进，积极稳妥的改革发展策略。

对试点企业，市上制定奋斗目标进行宏观管理，具体包括的指标有工业总产值、销售收入、实现利润、上缴税金，对各项量化承包指标、试点目标、增长幅度。试点企业，在政府下指标基础上，向政府要求落实优惠政策和享受优惠政策。概括起来，各企业主要从以下几方面向政府要政策：要求每年度对企业的考核以承包合同为准；落实超收利润全留的政策；工资总额要与企业年度经济效益挂钩；在国家税种、税率变动的情况下，应及时对调整利润基数，递增幅度，剔除增加部分进行考核；各部门凡截留企业的资金，应根据《企业法》中有关规定返还和放移；企业的各种“摊派”“收费”、“罚款”等费用，有关部门要严格按照规定执行。

武威市放开经营，配套改革试点从武威市水泥厂、饮料厂等9户工业企业开始，在总结经验的基础上，于1993年在全市企业全面推行。

（一）企业三项制度改革

1992年4月21日，武威市劳动局下发了《关于深化企业劳动用工社会保险制度改革的实施方案》，拉开了武威市企业三项制度改革的序幕。

从1993年起，武威市各骨干企业着手进行了三项制度改革，改革以中办、国办发〔1992〕2号文件精神为政策依据，结合武威市实情，进一步改革劳动用工、工资分配、社会保险制度，扩大企业自主权，促进企业劳动力的合理配置与流动，使之达到与生产资料的最佳组合。

三项制度改革的内容：

改革企业干部人事制度，破除“铁交椅”。在企业内部取消干部和工人的身份界限，实行承包责任合同制。通过引入竞争机制，企业领导干部实行委任、聘任或选举制，管理人员和技术人员实行聘任制，干部能干能工，工人能工能干，公开考核，择优选用。

改革用工制度，打破“铁饭碗”，实行全员劳动合同制。企业内部全体成员实行劳动合同制，打破企业管理干部与工人，固定工与合同制工人界线，企业所有职工（包括计划内临时工）统称为“企业职工”，均应通过严格地“双定”和考试后录用。优化劳动组合，竞争上岗，择优聘用，并与企业签定劳动（聘用）合同，明确双方的责任、权利和义务。职工原身份作档案保留，签订合同时按照“照顾老职工，保护依靠中年职工和业务骨干，激励青年职工”的原则，不搞一刀切，技术要求高，年龄过大的可定长期合同；技术性强的岗位可定为五至十年；苦、脏、累岗位三至五年，一般岗位可定一至三年。

企业内部实行在岗、试岗、待岗的“三岗”制。对考核达不到上岗要求和优化组合后下岗的职工，实行内部待业制。对富余人员坚持以企业内部消化为主，组织培训后上岗或者开辟新的就业渠道（如办三产）予以解决。

改革分配制度，取消“铁工资”，实行按劳分配为主体的多种分配形式。各企业在三项制度改革中，将改革分配关系做为改革的重中之重，按照“按劳分配，多劳多得，奖勤罚懒”的原则，实行以岗位的劳动责任，劳动强度、劳动条件和劳动技能等要素为基础，以实际劳动贡献为依据，确定劳动报酬，真正做到了“易岗即易薪”。同时将工资分为基本工资、浮动工资、奖金。并拉开苦脏累险工种、高技术工种和一般工种的工资差距，形成在什么岗拿什么工资的分配机制。

三项制度改革，使各企业、职工积极性空前高涨，职工岗位练兵，岗位学技能的意识增强，一些刚开始不赞成进行三项制度改革的企业受大气候影响，也纷纷着手进行了三项制度改革。到1994年，全市实行三项制度改革的企业有武威酒厂、植物油脂厂、凉州皇台酒厂、红柳面粉厂、武威纺织厂、建材总厂、水泥厂、大口子煤矿、印刷厂、粮机厂、造纸厂、市自来水公司、黄羊自来水公司、野果食品厂、生物制品厂、油毡原纸厂等17户企业。

（二）企业“三改一加强”改革

武威市从1992年起，实施了兼并、联合、租赁等企业改革形式。在改革中，坚持五改并举、改组突破、综合配套、整体推进的基本方针，以资产流动重组、提高效益为重点，从企业与行业的实际出发，通过企业综合改革，使企业真正成为自主经营、自负盈亏、自我发展、自我约束的法人实体。

改建为股份合作制企业　吸收全体职工入股，将企业职工变为企业股东，每个股东享受应有的权利和承担相应的义务。武威市股份制改造中，凉州熏醋厂最先于1994年4月实施。凉州熏醋厂在股份改造中，将股份划分为国有股、法人股和内部职工个人股，其中国有股占45%，法人股占10%，内部职工个人股占45%。国有股以国家历年全部投资为依据，法人股由具有法人资格的单位认购的公司股份，个人股为内部职工以资金向企业投入形成的股份，个人入股的方式有现金入股和负债入股。

组建企业集团　1994年4月，为使企业更快地参与市场经济和国内外市场竞争，使企业起到以大带小、以城带乡、以点带面的积极作用，经武威市人民政府批准，以甘肃凉州皇台酒厂为龙头，同武威市颗粒饲料厂、武威市纸箱厂、武威市饮料厂、武威市造纸厂、武威市印刷厂、武威市玻璃厂组建了甘肃凉州皇台集团公司。1996年，甘肃武威酒厂在总结兼并原武威市链条厂成功经验的基础上，顺利地合并了甘肃凉州野果食品厂，1997年兼并了武威市油毡原纸厂、联营了天祝县食品厂、租赁经营了乡镇企业双城酒厂，组建成立了甘肃武威酒业集团公司。通过以“小小联合、弱弱联合、强强联合、强弱联合”等多种联合方式还组建了银武建材集团、武南化工集团、纺织集团等。

兼并　采取优势企业以承担债务、购买、控股和行政划拨等方式兼并国有小型企业。武威市兼并的第一例是1991年7月武南化工厂兼并教育综合化工厂，接着武威酒厂于1992年5月兼并武威市链条厂，兼并方式是武威酒厂将链条厂的债务全部承担；1993年8月，皇台酒厂又先后兼并纸箱厂、颗粒饲料厂。1993年8月27日，凉州皇台酒厂兼并武威市饮料厂；同月，由于皇台酒厂兼并纸箱厂事件的特殊性，引起中央电视台及国内有关各大媒体的报道。1994年3月7日，武威生物制品厂兼并皮毛制品厂。1995年5月，武威酒厂兼并野果食品厂。

租赁经营　承租者可以是集体，也可以是个人，在承租前交纳一定的风险租赁金。武威市租赁经

营的时期主要在 1998 年以后，进行租赁经营的企业主要有塑料化工公司、远通汽贸公司、铝制品厂、神光鞋厂、五金制品公司、武威市民政工贸公司、开元实业公司。

承包经营　承包方式有资产承包，也有净利润承包。承包人是指法人、自然人、全体职工、经营班子、合伙人。1999 年，武威市饲料厂和全元化肥厂两户企业承包经营。

实行“退二进三”　退二进三即退出第二产业进入第三产业。从 1992 年后，由于一部分企业生产经营不正常，经济效益差，利用原有厂区发展第三产业，在武威较有影响的是皇台集团于 1996 年动工兴建的“皇台大厦”；武威酒厂兴建的“凉都商贸城”；武威汽修厂组建的汽车销售公司。

嫁接改制　引进省外、境外投资者，通过出售部分产权、引进技术、设备等与武威市企业存量资产相融合。嫁接较成功的有：武威天马制药厂于 1998 年嫁接的武威希望饲料公司，1999 年嫁接的武威金桥食品公司；武威皮件皮具公司与威嘉服装厂的嫁接。

剥离分立　对部分经营严重困难，暂时难以从整体上搞活的企业，将企业中部分有效资产从母体中剥离，在合理承担相应债务的前提下，组建新的法人实体，形成企业效益新的增长点，逐步解决原企业的遗留问题。1995 年，武威市铝制品厂为解决企业负债过重现象，与兰武油脂化工厂进行了剥离。1996 年，油毡原纸厂将纸箱生产线剥离。1997 年，武南化工厂表面活性剂生产线全面剥离。地毯厂剥离出毛纺织厂。这些企业的剥离，为原企业轻装上阵创造了条件，其中地毯厂与毛纺织厂的剥离是武威较成功的一例。

破产解体　对于长期亏损、资不抵债、不能偿还到期债务的企业，按《破产法》实施破产。从 1994 年开始武威市工业企业破产的有武威市大华衬衫厂、兰武油脂厂、天津外贸纸箱分厂。

三、企业“五整一改”改革（1997—1999 年）

为了从整体上搞好国有经济，对国有企业实施战略性改组，抓大放小，加大国有小型企业放开搞活的改革力度。省委、省政府批转省体改委等 11 部门《关于进一步放开搞活国有小型企业的若干意见》，明确提出了放开搞活国有小型企业的主要方式有：改建为股份合作制，改建为有限责任公司，出售，债权转股权，兼并，租赁经营，承包经营，嫁接改造，实行“退二进三”，挂靠联合，托管经营，组建企业集团，剥离分立，破产解体等。

武威地区国有企业多数是中小企业，其中绝大多数是小企业，由于普遍经营困难，亏损面不断扩大，资金困难加剧，下岗职工人数增加，不仅影响经济的发展，而且直接影响到社会的稳定。1997 年 8 月，武威地委、行署、企业界对本地区企业改革的实践进行了总结，并借鉴了省内外企业改革的成功经验，最后确定了：“以产权制度改革为主线，以股份合作制为主要形式，全面进行企业配套改革；整体买断产权，整体买断工龄，整体负担养老，整体安置职工，整体承担债务，一步转换机制。”为核心的“五整一改”改革新思路。

根据省委、省政府有关企业改革政策及地委、行署“五整一改”改革思路，结合全市企业实际，武威市制定了《武威市国有企业改革中需要明确的若干具体政策》，并对全市 158 户国有、集体工商企业进了改制。三年时间，通过多种形式改制的企业达 140 户，占企业总数的 88.6%。在已改制的企业中，按照“五整一改”要求进行改制的 91 户，占 65%；按照有限责任公司改制的 16 户，占 11.4%；实行抽资经营 21 户，占 15%；其他形式改制的 12 户，占 8.6%。

四、产权制度改革（2000—2009 年）

由于“五整一改”实行了职工平均持股，股权结构不合理，企业经济责任没有落到实处；产权改革不到位，配套改革滞后而使企业没有建立起适应市场经济的运行机制，不少企业经济效益没有明显改善；配套改革措施未跟上，出现了股权、资产、人员及企业领导人的固化和流动不畅，阻碍了生产

企业改革表彰大会

要素的合理流动和优化配置。为进一步放开搞好企业，彻底转换经营机制，2000年12月，中共武威地委、武威地区行署下发了《关于进一步深化企业改革的意见》，2001年2月，地委秘书处、行署办公室转发了地区体改委《关于深化企业改革的配套政策和具体问题的处理意见》。中共武威市委、武威市人民政府也制定下发了《关于进一步深化企业改革的实施意见》，武威市人民政府下发了《关于企业产权转让出售的若干规定》。2001年8月后，武威市凉州区人民政府下发了《关于企业产权转让出售中有关问题的补充规定》，标志着凉州区的企业改革工作进入了以产权制度为主的新一轮改革。

这次企业改革的总体思路是：大的骨干企业扶优扶强，规范完善，中小企业转让出售，经营不善、资不抵债的破产重组。一是对上市的皇台和荣华公司，严格按照《公司法》及有关股票上市的法律、法规规范运行，完善法人治理结构，加强企业内部管理，接受公众、股民监督、提高运营水平和经济效益。二是对武酒、爱雅纺织、陇海陶瓷等骨干企业按照《公司法》的要求规范运行，积极创造条件，促进股权流转，鼓励经营者持大股。同时积极吸收市内外社会个人、各类企业和自然人投资入股，构建合理的股本结构，形成股权多元化的有限责任公司。三是对中小企业，以出售转让产权为主进行改革。四是对因经营管理不善，严重亏损，无力清偿到期债务，确属资不抵债救活无望的企业，要依照《破产法》规定，由企业或者债权人向法院提出申请，依法实施了破产。

2001年3月，以产权制度为核心的第二轮企业改革工作正式启动。2005年11月，列入改制的工商企业134户（其中国有工业企业30户，国有商流企业31户，集体工业企业34户，集体商流企业39户），基本完成改制。其中：出售99户，改为股份制4户，破产21户，其他形式改制10户。盘活有效资产19.18亿元，妥善安置职工2.4万人。通过多种形式解除了企业债务15.42亿元，理顺职工劳动关系24154人。共引进区内外资本和非国有资本8.66亿元参与改组，实现了投资主体多元化。企业经过脱胎换骨的改革，体制机制得到了全面创新，企业进入了一个全新的发展阶段。

2006—2009年，凉州区继续深化企业改革，成立工作组对改制企业进行“回头看”。协助皇台集团完成了股权分置改革，对改制后企业中存在的欠发职工工资、欠缴职工养老金、身份置换资金不到位的问题进行了落实整改；武酒集团由武威市中级人民法院依法定程序宣告破产；武威化工集团宣告破产终结，职工妥当安置，企业资产顺利完成交接；武威明胶公司剩余220万元改制资金全部落实到位，企业顺利完成整体出售改制工作，有效地维护了改制企业中职工利益和社会的稳定。

第四节　扶贫开发

一、扶贫攻坚

凉州区张义镇由于自然条件恶劣、生态环境脆弱，从20世纪70年代起，大部分群众的基本生活处于吃饭靠天、生活靠救济的状况。1994年，甘肃省制定《全省“四七”扶贫攻坚计划》作为全省1994—2000年扶贫开发工作的行动纲领，张义山区被列入全省扶贫开发的范围。通过“两西”项目建设，实行“三上两下”、一带一帮（政策上山、产品扩散上山、公路上山、以城带乡、区直机关及厂矿企业帮扶），改善了张义镇贫困地区生产生活条件，贫困群众面貌有了明显改善，贫困群众人口逐年减少。

2001年，新一轮扶贫开发确定凉州区张义乡、上泉乡为扶贫开发工作重点乡镇，有重点村19个，贫困人口5.1万人，其中绝对贫困人口1.05万人，低收入人口4.05万人。凉州区制定了《凉州区张义山区2001—2010年农村扶贫开发规划》，积极探索符合张义山区实际情况的脱贫致富新路子，内抓扶贫开发、外抓劳务移民，走好移民搬迁、劳务输转、结构调整、项目带动、班子建设五条路子，张义山区扶贫开发工作进入了良性发展的快车道。

2005年，张义镇依靠区位资源特色，制定了突破行政区域限制，联手发展具备地域优势的日光温室红提葡萄、日光温室人参果等特色产业，实施产业扶贫的“张（义）哈（溪）”模式。

2007年，甘肃省确立了“张（义）哈（溪）”片省级扶贫开发示范区，从政策层面对产业扶贫加以强化。

截至2009年，张义镇累计建成以人参果种植为主的日光温室4600亩，申请注册了“天梯山”人参果商标，通过了甘肃省无公害农产品产地认证、中国绿色食品认证、中绿华夏有机食品认证和出口商检备案，人参鲜果远销北京、广州、上海、乌鲁木齐等大中城市，仅人参果种植这一项，人均增收就达908元。充分利用山区水质洁净、空气无污染的自然优势，依托武威市医药公司，采取订单种植模式，在川区水浇地村年均种植以黄芪、当归为主的中药材达1000亩以上，种植加工型马铃薯达3万亩，亩均纯收入1500元。建成16个标准化养殖小区，规模养殖户达700多户，暖棚养殖面积达到1800多亩。围绕特色基地，发展特色加工业，建设张义中药材加工厂、马铃薯淀粉粉丝加工厂等龙头企业9家，提高农产品附加值，净增1500多万元，人均增收310元。在全镇累计开展科技培训301场次，培训农民16万人（次），印发各类实用技术资料23份、科普培训及展览58场次，培养农民技术员1100多人，致富带头人650人。在新疆、广州、

移民搬迁

北京、上海等地建立稳固的劳务基地23处，每年输出人数都保持在1.5万人次以上，年劳务收入稳定在6000万元左右，全镇农民人均纯收入达到2011元。

二、移民搬迁

1990—2009年，凉州区针对张义山区人多地少、自然条件差、群众增收渠道狭窄、山区人口占比大的实际情况，把移民搬迁作为扶贫攻坚的重要举措来抓。重点以张义山区的纯干旱、生存条件极为恶劣的六道沟村、夹皮沟村、萱蔴山村、大沟村、小甘沟村作为搬迁对象，进行整村整组搬迁。全区20年共向省内外搬迁移民3238户，15184人，其中：省外新疆、内蒙古等地1864户、9175人；省内区外的玉门、瓜州、金塔等地889户、3854人；区内的清源、吴家井、九墩滩等地485户、2155人。其中张义镇六道沟、沙沟、夹皮沟3个村基本实现整村整组搬迁。

1990—2009年凉州区搬迁移民一览表

表8-1-2

年份	户数	人数	移民地
1990	58	293	吴家井滩、清源新地滩
1991	61	300	清源新地滩、九墩滩
2001	82	343	酒泉市的玉门、瓜州、金塔（自行移民），新疆军湖农场
2002	135	552	酒泉市的玉门、瓜州、金塔（自行移民），新疆芳草湖农场
2003	211	873	酒泉市肃州区下河清农场、新疆芳草湖农场
2004	339	1388	清源镇王庄村，酒泉市的玉门、瓜州、金塔（自行移民），新疆军湖农场
2005	376	1533	酒泉市的玉门、瓜州、金塔（自行移民），新疆军湖农场
2006	477	2153	九墩滩红水河村，酒泉市的玉门、瓜州、金塔（自行移民），新疆军湖农场
2007	969	3950	九墩滩十墩村，酒泉市的玉门、瓜州、金塔（自行移民），新疆农七师、克拉玛依、农三师，新疆墨县蓝态农场、兵团技校等
2008	42	1776	九墩滩十墩村，新疆的钢铁学校和兵团学校，酒泉市的玉门、瓜州、金塔，新疆的白杨农场等（均为自行移民），内蒙古磴口县实验农场（自行移民）。
2009	488	2023	九墩滩富康村，新疆富康职中、昌吉军湖农场，酒泉市的玉门、瓜州、金塔（自行移民），新疆吉瑞祥集团、沙湾、呼图壁（自行移民）等

第五节　项目建设

一、机构设置

1994年，武威市建设项目办公室成立，挂靠武威市计划委员会，属科级事业单位。2001年8月，武威市建设项目办公室更名为凉州区建设项目办公室，挂靠凉州区发改局。2002年，凉州区建设项目办公室与凉州区发改局分设，成为区政府直属事业单位。2005年，凉州区筹建凉州区项目库，网址为：http://xmk.gsliangzhou.gov.cn，区上每年拨付专项经费进行维护。

二、项目编制

1990年后，凉州区结合实际，每年精心筛选100多个适合本区经济社会发展的大、中、小型项目，充实到凉州区项目库。每年从项目库精选100多个项目，编印《凉州区重点项目推介册》1000多册，提供给相关部门用于招商引资。至2009年，累计更新储备项目1280个，累计编制《项目建议书》307个，编制《项目可行性研究报告》62个，为全区项目建设提供基础保障。

三、项目实施

1990—1995年，武威市批准建设的20万元以上的技改项目有47项，50万至100万元以下的项目有30项，100万元以上的项目有15项，1000万元以上的项目有2项，完成投资18179万元，占总投资的97%。兴建5万吨玉米淀粉、3万吨稀土复合肥、3000吨高频焊管等41个工业项目；完成3000吨凉州系列酒、2000吨松鹿牌系列酒、3000吨凉州熏醋、1000吨食用明胶等47个工业技术改造项目；完成武南一级公路、荣华桥、312国道改建、兰新铁路复线铁路桥涵等20个重点工程；新建和扩建西凉市场、西城区蔬菜批发市场、东城区蔬菜批发市场、北关综合市场等大型交易市场24个，占地面积达27.3万平方米；建成武南、黄羊、高坝、辛家河滩、金羊蔡庄、双城、永昌7个乡镇企业开发小区；累计投入资金2.7亿多元，架设供电线路70多公里，铺筑小区道路62公里，铺设给排水管道36公里，实现“五通一平”。

1996—2000年，武威市制定“加快结构调整，促进两个转变，全面实施科教兴市战略，推进农业大市向经济强市跨越”的奋斗目标。全市兴建各级渠道5000多公里，平田整地63万亩。在项目建设上，兴建青林空星墩滩、韩佐阳畦两个乡镇企业开发小区；对东大街、北大街、和平街等主干道和重点区域进行改造；完成武威—庙山、武（威）下（双）路发放段、武威—金沙、双树—白塔等市乡道路的建设和改造；完成3000吨印书刊纸、600吨黄原胶、1000锭亚麻纱扩建和DDGS高原蛋白饲料分离工艺项目改造；引进金蛙集团农用车生产线、国际家具中心、义务商贸城、富民花园住宅小区、丽达百货等项目。

2001—2005年，全区组织实施各类项目600多项，完成投资42亿元。主要有黄羊灌区人畜饮水工程、西营灌区节水配套工程，毛藏水库、西营水库、南营水库除险加固；天梯山石窟修复工程、白塔寺遗址保护和纪念馆修建工程；扩建荣华公司10万吨玉米淀粉、黄羊金三角面粉厂、金穗面粉厂7.2万吨高精粉二期工程；兴建药物碱厂2000万瓶止咳露生产线、益民公司3万吨熏醋和1万吨保健醋、荣宝公司10万套灯具生产线、达利园2万吨马铃薯全粉生产等重点项目；完成金（昌）武（威）公路（武威段）、凉（州）古（浪）公路、黄（羊）哈（溪）公路的铺油工程。

2006—2009年，累计实施各类重点项目936项，完成投资26.3亿元。加快节水改造工程建设，修建渠道6150公里，新建日光温室和养殖暖棚15.9万亩；新建武威金太阳新能源新技术工业园区和甘肃武威新能源装备制造产业园；兴建今麦郎方便面生产线、东方希望20万吨饲料生产线、铁骑力士集团18万吨饲料加工、达利园20万吨饮料生产线和中旺集团2亿包非油炸方便面生产线、荣华公司12万吨谷氨酸生产线等项目；金（昌）武（威）高速公路、甘电投和中节能各10兆瓦光伏发电等重点项目开工建设；新建、改建通乡、通村公路1232公里；推进“万公里渠（管）道建设工程”，累计完成渠道建设6000多公里。

第二章　统计

第一节　机构设置

1990 年，武威市统计局内设办公室、综合股、社会股、工商股、法制股、农业股。

2001 年 8 月，武威市统计局更名为凉州区统计局。

2002 年，成立凉州区农村社会经济调查队，隶属区统计局管理。

2009 年，凉州区统计局内设办公室、工商能源股、综合核算股、社会科技股、农业股、法规股(行政审批股)。

第二节　经常性统计

1990 年，开展的统计业务有农业统计、工业统计、商业统计、固定资产投资建筑业统计、物资能源统计、劳动工资统计、综合平衡统计、物价调查统计、城市住户调查统计、农村住户调查统计、农产量抽样调查统计等 11 项。截至 2009 年，除城市住户调查统计外，还开展人口统计、劳动力调查、文化产业调查、妇女儿童两纲检测、贫困检测等。

一、农业统计

1990 年，执行全省统一制定的“农村统计基层一套表”的方案，进行微机汇总。主要有农村基层组织和乡村建设情况、农村社会发展情况、农村从业人员、耕地状况、种植业生产情况、林业生产情况、畜牧业生产经营情况、农村新经济联合体、农村专业户基本情况、农业机械、农村电气化、农村自然灾害、乡镇企业主要经济指标以及农业总产值的计算等统计报表。1998 年，增设中药材生产情况统计；2001 年，增设花卉生产情况统计；2003 年，增设西部开发生态建设情况统计；2007 年，增设乡镇统计网络建设统计。

二、工业统计

1990 年，有工业企业单位数、工业总产值、主要工业产品产量、 村以下工业及城镇个体工业总产值、独立核算工业企业净产值、全民所有制独立核算工业企业主要财务成本指标、集体所有制独立核算工业企业主要经济指标等统计。工业年报进行超级汇总。1993 年，工业统计年报和 1994 年工业定期统计报表开始实施新的国家统计报表制度，形成价值量与实物量两张表。2000 年，工业统计更改为：规模以下工业主要产品产量、规模以下工业企业增加变动原因一览表、法人单位基本情况、产业活动单位基本情况、工业企业生产销售总值、工业企业财务状况、规模以上工业主要产品生产能力、信息化情况主要指标、工业产销总值及主要产品产量、主要工业产品销售、库存、订货、工业生产与经营预计完成情况表等 14 种表式。

三、商业统计

1990 年，商业统计有社会商品零售额、农村产品收购量、粮油购销存情况、社会商品购销存总额、社会商品购销存数量、主要消费品零售量、社会农副产品收购总额和数量、个体工商户基本情况、工业部门产品销售情况、城乡集市贸易各类商品成交额、商业零售机构与人员、饮食业、服务业机构与人员、工业部门商品零售额和零售量等商业统计报表。1993—1994 年，合并国内商业、对外贸易业、物资供销业 3 个专业，形成批发、零售贸易业的统计总体。2000 年，统计表式更改为：规模以上批发和零售业商品购进、销售、库存总额、星级住宿业和限额以上餐饮业经营情况、限额以上批发和零售业企业财务状况、星级住宿业和限额以上餐饮业企业财务状况、限额以上餐饮企业能源消费情况、限额以下餐饮业企业和个体户能源消费情况、批发和零售业商品销售情况、限额以上批发和零售业商品销售分类情况、社会消费品零售总额、限额以上批发和零售企业主要经济指标等 34 种表式。

四、固定资产投资和建筑业统计

1990 年，根据国家统计局重新制定的固定资产投资统计年报基层表的标准表式和统一指标代码统计上报，标准表内容有：基本概况、投资完成情况和新增固定资产、财务拨款与支出、建设规模与新增生产能力、房屋建筑面积及价值、投资效益等。1992 年，进行农村集体所有制单位固定资产投资情况普查。1994 年，增加国有建筑业生产情况季报、主要财务指标季报和集体建筑业生产情况半年报等。2000 年，增设房地产开发统计报表、建筑企业生产经营情况报表等统计表式 30 种。建筑业统计的主要内容有建筑业企业的基本情况、生产情况、财务状况、房屋建筑完成情况以及劳务分包建筑业企业生产经营情况等。固定资产投资统计的主要内容有城镇建设项目投资、农村非农户建设项目投资和国防、人防建设项目投资。从第一次全国经济普查开始，物业管理、中介服务和其他房地产业正式纳入统计调查范围。房地产开发投资统计的主要内容包括法人单位基本情况，产业活动单位基本情况、房地产开发企业（单位）投资、资金和土地情况，房地产开发企业（单位）施工、销售和空置情况。

五、物资能源统计

1990 年，有主要物资消费量、全民企业生产用主要物资使用方向、集体企业生产用主要物资使用方向、工业品销售与库存、全民单位物资消费与库存总值、集体单位物资消费与库存总值、新机电设备与使用情况、主要原材料消费库存、主要能源消费与库存、物资供应机构购销存总值等 17 种统计报表。1993 年，对县及县以上的农林牧渔业、工业、建筑业、运输邮电业、批发零售贸易、餐饮服务业、行政事业 7 大行业的消费量与库存量实行全面统计。1994 年，物资与能源两项统计报表制度合并为原材料、能源统计报表制度，综合年报由 13 张简化为 9 张。1998 年，取消物资统计。2000 年，能源统计表更改为工业企业能源购进、消费与库存一种统计表式。2006 年，将工业企业能源购进、消费与库存拆分为三张表，新增主要耗能工业企业单位产品能源消耗情况表和原油及石油制品资源与去向表。

六、劳动工资统计

1990 年，有国民经济各部门年末职工人数和国民经济各部门职工工资总额统计。全民所有制单位职工人数、集体所有制单位职工人数及职工平均人数、职工平均工资、工资总额及各种津贴、奖金构成情况等统计。全民工业、建筑业全部职工分类，全民工业、建筑业职工平均人数及工资总额，城镇集体工业、建筑业职工人数，城镇集体职工人数分类，城镇青年待业人数与就业状况，城乡劳动力资源与分配等统计报表 20 种。2000 年以后，劳动工资统计表式更改为单位从业人员和劳动报酬情况、单位从业人员变动情况和劳动情况等 3 种表式。

七、综合平衡统计

综合平衡统计包括综合统计和平衡统计两部分。综合统计的内容主要是统计资料整理编辑、统计分析、统计信息发布三个方面。平衡统计的主要内容是编制全区社会总产值和国民收入、生产、消费、积累平衡表。计算国民生产总值，分别计算第一、第二、第三产业的产值分布与构成情况以及城市统计年报。1990 年，平衡统计是以年份进行核算的，2002 年，开始按季进行核算。2000 年，撤地设市后“城市统计年报”划归市上。

八、物价调查统计

1990 年，有商品平均零售价格、县零售物价指数、农村物价指数、职工生活费用及零售物价指数、农民生活费用及零售物价指数、集市贸易及国营与集体差价指数、农业生产资料价格指数等调查统计报表 9 种。2000 年，城调队划到市上后，物价调查的业务划归市上。后增设工业品出厂价格和原材料、燃料、动力购进价格调查，由凉州区统计调查。

九、城市住户调查统计

主要内容包括城市居民家庭的成员基本情况、住房基本情况、就业情况、主要耐用消费品拥有情况、现金收支情况、消费支出、非现金（实物及服务）收入等情况。2000 年城调队划到市上后，再不统计。

十、农产量抽样调查统计

1994 年，农产量抽样调查统计实行季报与年报两种。季报有全年、秋冬播农作物播种面积安排调查表，调查县春耕农用生产资料准备情况，夏禾实测作物情况，调查县秋粮生产情况调查表，全年粮食、棉花、油料、糖料预测产量等 8 张。年报为全年实测粮食产量综合统计表。调查品种包括稻谷、大小麦、甘薯、马铃薯、杂粮、大豆及杂豆等 7 类。1991 年开始，抽选红星乡上六村、双城镇高头沟村等 18 个村民小组作为新的调查点进行调查。1996 年，调查点变更为双城镇宏济村、怀安乡芦家沟村等 12 个村民小组。2001 年，调查点变更为四坝镇四坝村、双城镇安全村等 12 个村民小组。调查点每 5 年更换一次。

十一、农村住户调查统计

调查内容为按月填送家庭收支登记簿，要求逐日记录全部现金收入和支出。收入项目包括工资收入、借贷收入、变卖收入和其他劳务收入；支出项目包括商品支出（含食品、燃料、日用杂品、衣着、文化医药等）及非商品支出。对农民生活水平进行定点调查，按抽样调查在全区范围内抽选 12 个村民小组的 60 户（每个组 5 户）农民家庭，确定为经常性调查点。对抽中户的生产、投入、收入及消费坚持经常性记账调查，按季汇总上报，一年全面汇总。调查户每 5 年更换一次。2000 年改为按月汇总上报。1990—2009 年，调查户更换了 3 次。

十二、人口统计

1990 年以后，人口抽样调查方案在不断地改进和完善。调查对象为抽中小区内具有中华人民共和国国籍的人口，调查以户为单位进行，既调查家庭户，也调查集体户，调查项目包括姓名、性别、出生年月、民族、受教育程度、婚姻状况、就业身份等30多个项目。至2009年，除1990年和2000年进行人口普查外，其他年份都进行人口统计调查。

十三、劳动力调查

从1996年起，开始进行城乡劳动力调查。调查范围为城镇和乡村16岁及以上人口，调查对象为抽中小区内的全部16岁及以上的常住人口，调查以户为单位进行，既调查家庭户，也调查集体户，调查项目包括姓名、性别、出生年月、民族、受教育程度、婚姻状况、就业身份、行业、职业等21个项目。

十四、文化产业调查

从2006年起，开展文化产业统计调查，调查对象为全区范围内的所有国家机关、社会团体、企事业单位和私营企业、个体户，调查内容为从事文化产业的单位数、企业业务活动、资产情况、财务收支情况、从业人员等。

十五、妇女儿童两纲检测

2001年5月22日，国务院颁布实施《中国妇女发展纲要（2001—2010年)》和《中国儿童发展纲要（2001—2010年)》（简称“两纲”），确定2001—2010年中国妇女儿童发展的目标、优先领域、主要目标及策略措施。“两纲”确定的目标和任务，由凉州区统计部门每年进行监测，内容包括妇女与经济、妇女与决策管理、妇女与教育、妇女与健康、妇女与法律保障、妇女与社会环境、儿童与健康、儿童与教育、儿童与法律保护、儿童与环境10项内容。

十六、贫困监测

从1997年起，国家开展农村贫困监测调查，对农村贫困进行全面、系统的监测，在张义、中路、上泉三个乡镇抽中部分农户进行统计监测。2002年以后，农村贫困监测工作新增加特困村农民生产、生活、特困村扶贫资金使用及效果等情况的监测网络，在张义镇的萱麻、沙金台、刘庄3个村抽中30户农户进行监测。

第三节 普查

一、人口普查

1990—2009年，凉州区进行2次大规模人口普查。1990年7月1日零时，武威市全国第四次人口普查进行。2000年11月1日零时，武威市全国第五次人口普查进行。两次大规模人口普查的登记项目和普查方法大致相同。普查资料在手工汇总的基础上运用计算机进行数据处理，经过严格检查验收，质量全部达到国家要求。

二、第三产业普查

1991—1992年，武威市进行首次全国第三产业普查。经普查至1991年年底，全市第三产业单位总数为2786个，其中国有经济占25%，集体经济占21%，个体、私营和其他股份制经济占54%。从业人员总数最多的是商业、零售业和餐饮业，占95.3%。1994年，完成第三产业普查资料的分类整理。1995年，编辑出版《武威市首届第三产业普查资料》汇编。

三、工业普查

1995年，武威市进行了第三次全国工业普查，普查对象为全市的全部工业企业和附营工作单位，主要内容为工业企业基本情况，财务状况，劳动情况，工业产品生产、销售、库存总值和主要工业产品产、销、存等16个方面，查清全市工业企业的家底，全市法人单位1892个，产业活动单位2757个。

四、农业普查

1997年，武威市进行第一次全国农业普查。普查的对象为全市的各类农业生产经营单位、乡镇、行政村、农村住户和乡镇企业。普查内容包括农业生产条件、农业生产经营活动、农业土地利用、农村劳动力及就业、农村基础设施、农村社会服务、农民生活，以及乡镇、村民委员会和社区环境等情况。

2007年，进行第二次全国农业普查，普查对象和范围同第一次普查一样。经普查，2006年年末全区农业生产经营户17.28万户，农业生产经营单位345个，农业从业人员43.4万人。

五、经济普查

2004—2005年，凉州区进行第一次全国经济普查。此次普查把第二产业和第三产业普查合并进行。通过摸查清底和入户登记，2004年年末全区共有法人单位2657个、产业活动单位3746个、个体户21210户。2006年，发布《凉州区第一次全国经济普查主要数据公报》。

2008—2009年，凉州区进行第二次全国经济普查，2008年年末全区共有法人单位3663个、产业活动单位6209个、个体户20288户。

六、1%人口抽样调查

凉州区分别于1995年、2005年进行2次1%人口抽样调查。1%人口抽样调查的目的是为了了解人口普查以来人口在数量、素质、结构分布以及居住等方面的变化情况，为制定国民经济和社会发展规划提供科学准确的统计信息支持。调查不仅包括人口普查的全部项目，而且增加了反映经济体制改革以来的人口迁移状况和反映死亡人口特征的有关指标，调查范围涉及全区部分乡镇、街道。

第四节　统计成果

一、统计资料整理

从1990年起，凉州区每年都编辑刊印《统计年鉴》《统计提要》和《统计调查快报》。1991年，编辑出版《武威七五时期统计资料（1986—1990）》。1992年，编辑《甘肃省武威市第四次人口普查资料汇编》。1995年，编辑出版《武威市首届第三产业普查资料》；编辑《奋进的武威》，反映县改市10年以来全市经济社会发展取得的成果。1996年，编辑《武威市八五时期统计资料》(1986—1990)》。2001年，编辑《武威市历史统计年鉴（1996—2000)》。2005年，编辑《数字看“十五”》，反映“十五”期间全区经济社会发展的成就。2008年，编辑《凉州区“十五”统计年鉴（2001—2005)》。2009年，《统计调查快报》改版为《凉州统计月报》，按月反映全区经济社会情况。

二、统计分析

1990 年，武威市创办《统计资料》专刊。1992—1995 年，全市有统计分析文章被国家级采用 2 篇、省级采用 15 篇、地级采用 12 篇、市级采用 33 篇。1997 年，全市共刊发《统计资料》36 期。1999 年，全市共刊发《统计资料》42 期，其中发表的统计分析文章被国家级采用 1 篇、省级采用 4 篇、地级采用 5 篇、市级采用 2 篇。2005 年，凉州区获得全省统计系统网络先进单位奖。2007 年，统计分析资料《凉州区经济发展的定位思考》《凉州区人力资源调查报告》，在全市分别获得一等奖和三等奖。2009 年，统计分析资料《建国 60 年凉州区经济社会发展综述》《六大行动初显成效，农民收入大幅增长》在全市分别获得二等奖和三等奖。

第三章 工商

第一节 机构设置

1990 年，武威市工商局是武威市人民政府的职能部门，内设经济检查队、人秘股、监察室、个体私营经济管理股、经济合同管理股、财统股、企业登记管理股、市场管理股、保卫股、法制办公室，下辖城关、东关、火车站、黄羊、武南、张义、古城、大柳、金羊、羊下坝、永昌、四十里、高坝、清源、丰乐、西营、双城 17 个工商行政管理所。

1998 年，工商行政管理系统体制实行省以下垂直管理，市工商局退出市政府部门序列，接受甘肃省、武威地区工商局的垂直管理。2001 年 8 月，武威市工商局更名为武威市工商局凉州分局。

2009 年，武威市工商局凉州分局内设办公室、人事教育科、财务审计科、企业登记注册管理科、个体私营经济登记注册监督管理科、商标广告监督管理科、消费者权益保护科、市场监督管理（公平交易）科、法规科和 1 个直属机构经济检查大队，下辖东城、西城、南城、北城、武南、黄羊、高坝、清源、西营、丰乐、永昌、双城、羊下坝、张义 14 个派出工商所和 1 个客货运输车辆市场管理所。

第二节 非公有制经济管理

1992 年，武威市制定《关于加快个体、私营经济发展的政策、措施和规定》，对个体、私营经济经营范围与经营方式进一步放宽，除国家法律、法规明令禁止的行业和品种外，允许个体、私营企业进行生产经营、综合经营、长途贩运和经营批发业务；支持个体、私营企业创办合资、合作企业；并扩大登记范围，简化登记注册手续，除国家专门规定外，个体私营经济的申请人，只凭本人身份证和申请书即可向工商行政管理部门申请登记颁发执照开展营业，其他业务部门的规定一律不作为登记发照的条件。简化审批手续，随到随办，现场审查，当即发照。对个别手续一时不全的，允许先发照、后补办。对边远山区、贫困地区从事个体私营经济的实行“先发展、后规范”，不登记、不发照、不收费，在具备一定经营能力后，再按规定补办登记发照手续。

1995 年，武威市私营企业第一次代表大会召开。

1996 年，武威市召开全市先进个体工商户、私营企业、支持和发展个体私营经济先进乡镇、单位表彰大会。同年 5 月，武威市被评为全省发展个体私营经济的“十强县（市）”，西凉市场被评为全省“十大集贸市场”。

2002 年，召开全区发展非公有制经济暨项目建设表彰大会，大会表彰了发展非公有制经济先进乡镇 14 个、先进单位 4 个、先进街道 2 个、先进村 8 个、先进社区 2 个、非公有制经济先进企业 50 户、优秀个体工商户 50 户、招商引资项目建设先进个人 20 名。

2004 年，经省、市工商局批准，凉州分局成立个体私营经济登记注册监督管理科，全面负责全区合资企业、个人独资企业以及自然人出资有限责任公司的设立、变更、注销登记和监督管理，并依法组织开展企业年检，查处违反企业和个体工商户登记管理法律法规的行为，以及私营企业、个体工商户登记档案管理等工作。

2009 年，全区个体工商户累计达 37219 户，从业人员 63773 人，注册资金 115379 万元，私营企业 1202 户。

第三节　市场管理

一、市场整治

1990 年，武威市市场监管以有形市场为重点，采取划片包段、一场一所的驻场式监管。1999 年，在借鉴外地先进经验的基础上，成立市场巡查指挥中心，增设市场巡查大队，形成局、所、巡查大队“三位一体”的三级市场巡查监管网络。2000 年，市场整治加强制度建设，制定了考勤制度、交接班制度、值班制度、受理消费投诉举报制度和市场巡查考评办法、市场监督管理执法不作为追究制度、追究处罚标准、督察制度及“四簿、两单、一台账”的责任制度。2003 年，武威市制定《市场预警整改考核制度》《市场预警实施步骤》《市场预警报告制度》《市场预警例会制度》《市场预警行为规范》等 6 项制度，以及《各类市场经营者预警整改内容及测试标准》《工商管理人员预警整改内容及测试标准》《市场主办单位预警整改内容及测试标准》，进一步完善和延伸市场巡查制度，促进了规范执法、公正执法、公平执法。2005—2009 年，在市场监管中将市场巡查与市场预警有机结合起来，通过市场巡查及时收集市场秩序信息，发布市场警示和提示信息，以引起经营者和消费者的警觉和注意维护良好的市场经济秩序。

二、扫黄、打非

1990 年，武威市加强对旅店、歌舞厅、茶馆、电子游艺室、印刷、书刊发行等行业登记发照的审查工作，取缔无照经营。1991 年，重点整治旅店业、公共娱乐业、出租汽车营运业、餐饮服务业、理发美容业。1998 年，加大执法力度，对走私出版物和盗印、盗版的非法出版物进行审查，对印刷业进行压缩整顿。2001 年，清理整顿文化市场，严厉打击盗版盗印活动，查缴政治性非法出版物、非法电子出版物，全面清理各种非法出版物市场。2002 年，凉州区按照省、市工商局《“扫黄”“打非”行动方案》的要求，对文化市场进行审查，以打击非法出版物为主，坚决杜绝“黄、赌、毒”和淫秽出版物的上市。2003 年，开展查缴“法轮功”等邪教组织宣传品及其他非法出版物活动。2009 年，组织力量对全区的图书摊点、音像制品出租和印刷、复制经营户共 1200 多户，进行清理审查。

三、打击非法电子游戏活动和网吧管理

1990 年，随着电子游戏经营业务和网吧的不断发展，一些非法电子游戏活动和违法违规经营的网吧也随之出现。为严厉打击违法经营活动，工商部门定期开展清理整顿，全市清理整顿 75 户。1996 年，对电子游戏机娱乐场所经营单位进行重新审核登记，审核登记 131 户，对 13 户奖钱、奖物的有奖电子游戏机经营场所予以取缔。2004 年，对中小学校园周围 200 米和居民住宅楼（院）内设立的互联网服务营业场所，一律取缔关闭。2009 年，全区共检查互联网服务营业场所 83 户，立案查处“黑网吧”12 户。

四、整顿规范市场经济秩序

1990—2001 年，凉州区围绕市场主体行为、市场交易行为和市场竞争行为对市场经济秩序进行整顿和规范，进一步营造公平交易的市场经济秩序。2002 年，对区内的加油站进行专项检查。从检查成品油经营许可证、消防安全许可证、营业执照入手，查出无照经营 3 户、未检定的磅秤 2 台，不合格抽油泵、抽油器等经营器具 8 台。查扣柴油 1233 公斤、机油 246 公斤、汽油 180 公斤。下达市场预警整改通知书 6 份，吊销营业执照 2 户。2003 年，开展检查鼠药、兽药和农药的专项活动。查处违章案件 6 起，发出责令整改通知书 12 份，查获“毒鼠强”“闻到死”“杀死敌”“三步倒”“气死猫”等 31 个品种 20200 瓶（袋、支），农药“敌敌畏乳油”等 18 个品种 20501 瓶（袋）、兽药 1737 盒，维护“三药”市场经营秩序。2005—2009 年，开展对食品、种子、化肥、农药及涉农合同的监管活动，开展清理白色污染和以煤矿、非煤矿开采、危险化学品，以及交通运输、宾馆、商场、市场等公共聚集场所为重点的安全生产大检查。在市场监管中加强市场消防安全监管。

第四节　经济检查

一、打击不正当竞争行为

1990 年，武威市把查处不正当竞争行为、维护公平竞争，作为经济检查的重点。2002 年，查获冒用注册商标及企业名称、企业地址的青稞藏酒 1110 公斤和卫生纸 650 件。2005 年，查获侵犯“皮尔·卡丹”名称权和商标权的男西服 26 套。2009 年，先后 3 次开展查处假冒他人注册商标标识、仿冒知名商品特有的名称、包装、装潢，以及擅自使用他人的姓名、企业名称、伪造认证标志、名优标志等不正当竞争行为的专项行动。

二、打击传销和变相传销行为

20 世纪 90 年代初，直销传入我国。由于当时我国市场发育程度较低，有关管理法规不够完善，直销逐步发展成为各种形式的传销活动。一些传销企业和不法单位及个人，打着“快速致富”的旗号，诱骗群众参与传销，采取虚假宣传组成封闭人际网络、收取高额入门费等手段敛取钱财，有的还利用传销从事迷信、帮会等违法犯罪活动，不仅干扰正常的经济秩序，损害人民群众的利益，还严重影响社会的稳定。2005 年，共查办传销或变相传销案件 4 起。2009 年，开展打击传销百日联合行动，共取缔涉嫌传销窝点 47 个，遣散传销人员 925 人，移交公安机关刑拘 4 人，解救受困人员 3 人。

三、打击非法拼组装汽车行动

1996 年，武威市把拼组装汽车、摩托车市场的监管列入议事日程，查获广东省一家贸易有限公司来武威市销售拼组装翻新摩托车案，依法没收当事人的 13 辆本田 CG125 二轮拼装翻新摩托车。2001 年，对全区的废旧金属回收点、汽车修理厂及汽车配件经营部进行全面检查，查获涉嫌拆解回收的报废汽车 11 辆，无厂名、厂址、商品名称的汽车配件 1542 件（套），对 10 家涉嫌违法的经营户依法进行经济处罚。2005—2009 年，查处非法收购拆解拼组装汽车的违法违章案件 45 起，收缴罚没款 8 万余元。

第五节　经济合同管理

1990 年，武威市加强经济合同管理工作，推行经济合同示范文本，在企业中开展“重合同、守信用”评比活动。

1996 年，开展打击合同欺诈专项执法行动，重点打击利用购销合同、建筑合同、信贷合同、加工承揽合同和农资合同进行的欺诈行为。

2003 年，加强经济合同日常监管，强化和落实基层工商所合同监管职能，使合同日常监管贯穿于企业经济户口回访、市场预警、市场巡查和专项整治等执法活动中。

2005 年，加强“订单农业”合同监管工作，确定黄羊、清源、永昌工商所为“订单农业”合同监管工作试点单位，从产前指导订立合同、产中监督执行合同、产后检查兑现合同三个环节入手，抓好“订单农业”合同监管工作，共对 3667 份“订单农业”合同进行备案，种植品种有玉米、小麦、甜菜、金盏花，种植面积 1.86 万亩，合同金额 2742 万元。

2006—2009 年，加大经济合同的监督管理力度，逐步形成“检查合同+推行合同示范文本+宣传指导签约+督促履约+查处违法合同”的监管模式，使经济合同管理规范化运行。

第六节　工商企业登记管理

1990 年，武威市加强工商企业登记管理工作，对具备法人条件的企业，核发企业法人营业执照，确认企业法人资格和合法经营资格。经过清理整顿，对撤销的 34 户公司办理注销登记，对保留的 95 户予以重新登记。

1997 年，对国有集体企业按照“五整一改”政策，进行公司股份合作制改制，完成的企业予以登记；对严重违反法律法规的企业，依法吊销其营业执照。

2001 年，按照“产权明晰、权责明确、政企分开、管理科学”的现代企业标准，以企业产权制度改革为重点，进行企业的公司制改制，对已完成改制的企业办理注册登记。

2002 年，对 2055 户企业建立“经济户口”档案，依托“经济户口”档案掌握企业形成的信用信息和其他信息。

2005 年，对 1394 户经济效益好的企业建立信用信息档案。对历年来严重失信和被吊销营业执照的企业，建立被吊销营业执照企业的黑名单数据库。

2009 年，新登记内资企业 275 户，比上年同期增长 60.8%，其中国有集体新登记 91 户、私营企业新登记 184 户；办理变更登记 207 户，注销 81 户，内资企业累计达 2069 户（集体企业 867 户，私营企业 1202 户）。

第七节　商标广告管理

一、商标管理

1990 年，武威市的工商企业累计注册商标 53 件，对全市药品企业在商标使用中存在商标图案小、位置不明显、标识不显著等问题进行了整改。1991 年，全市注册商标 16 件。1992 年，甘肃凉州曲酒厂的“凉州皇台”注册商标、甘肃武威酒厂的“雷台”注册商标被评为甘肃省著名商标。1993—1994 年，注册商标 25 件。1995 年，开展集中打击假冒注册商标专项整治活动，立案查处商标案件 18 件，没收实物 1.23 万瓶（袋），没收商标标识 13.5 万个，物品价值 14.89 万元，罚款 9.41 万元。1997 年，累计注册商标达 110 件，拥有注册企业 46 户。1998 年，甘肃皇台酒厂的“凉州皇台”注册商标、甘肃武威酒厂的“凉都”注册商标、武威啤酒厂的“西凉”注册商标、甘肃凉州葡萄酒厂的“莫高”注册商标、甘肃凉州熏醋厂的“云晓”注册商标被评为甘肃省著名商标。1999 年，在保护商标专用权行动中，收缴商标标识 1.45 万个，立案查处商标侵权案件 10 件。2000 年，查获假酒 169 箱，收缴商标标识 2060 个；查处案件 8 件，查处非法印制商标企业 1 户，收缴印模 4 套，商标标识 300 张。2001 年，累计注册商标已达 179 件，拥有注册企业 66 户。2002 年，加大商标印制监管力度，检查印制企业和门点 36 户，立案查处非法承印注册商标业务的企业 1 户，查封非法印制注册商标包装盒 6300 个、包装箱 1.24 万个和合格证 2500 个。2004 年，新注册商标 78 件。开展保护注册商专用权行动，检查各类企业 3200 户、个体工商户 1.8 万户，查处假冒注册商标和侵犯注册商标专用权违法案件 10 起、商标一般违法案件 11 件，没收商标标识及包装袋 5000 多个（张）、印模印版 24 套（件），查获冒牌“育达”牌作业本 5 万余本。没收、销毁侵权商品 3.8 吨，罚没款 9.16 万元。2009 年，有效注册商标 546 件（其中涉农商标 104 件），有 14 件被认定为甘肃省著名商标，占全省著名商标的 70%。

二、广告管理

1995 年，随着武威市进行旧城改造，在城区主干道设置大量的路牌广告。开展集中打击虚假违法广告专项整治活动，检查电视广告 232 条，收缴违法广告 1399 张。1997 年，全市检查广告 1760 条，发出整改书 120 份，清除违法广告 2600 份，销毁印刷品广告 12 万份，查处违法广告案件 55 起。1999 年，对各类药品、保健药品、保健食品生产经销企业散发的违法印刷品广告进行集中检查整治，共查处广告案件 25 件，案值 3.3 万元，收缴印刷品广告 30 多万份。2002 年，查处广告案件 72 件，罚没款 1.1 万元，收缴非法广告 3 万张。2003 年，广告业处于快速发展时期，各类广告经营单位数量猛增，出现大量的广告专业制作和设计公司。年末，全区广告经营单位有 35 家，从业人员达 246 人，注册资金 489.3 万元，广告经营额达 990 万元。2004 年，广告从地方电视、报纸及简单的印刷品张贴，发展到报纸、电视、广播、网络、户外广告（路牌和霓虹灯），显示屏广告，店堂广告，移动广告（车身和车厢广告），印刷品邮寄广告和固定印刷品广告。2005 年，制定《整治虚假违法广告实施方案》《整治虚假违法广告专项行动联席会议制度》。全年收缴未经登记的布幅广告 247 条、印刷品广告 34000 余张，拆除烟草广告 85 块和清洗小广告 2 万余块。查处一般广告违法案件 60 件，罚款 2.26 万元。2009 年，全区核发户外广告登记证 181 户，查处食品、药品、医疗广告，非法涉性低俗不良的违法广告 13 件。

第八节　工商管理费的收取及使用

一、工商管理费的收取

工商管理费包括个体工商户管理费和城乡集贸市场管理费两部分。1992 年，武威市个体工商户管理费收费标准分为，对从事购销活动的按营业额的 0.5%~1.5%收取；对从事劳务活动的按收入总额的 1%~2%收取。市场管理费收费标准为工业品、大牲畜最高不得超过成交额的 1%，其他商品最高不得超过成交额的 2%。1999 年，对城乡集贸市场管理费和个体工商户管理费在现行收费标准基础上下调 20%，改为定额核收。

二、工商管理费的使用

个体工商户管理费的使用范围：一是个体劳动者协会经费开支，包括常设机构人员工资、福利、办公费以及法律顾问费等；二是为个体工商户服务的费用，包括宣传教育、技术培训、误工补助、奖励等费用。市场管理费的使用原则是“取之于市场、用之于市场”，主要用于开展宣传活动、建设市场、提供服务设施、搞好场地卫生、开支服务人员工资福利费用及临时聘请的维持市场秩序人员的误工补贴。1990—1998 年，城乡集贸市场管理费和个体工商户管理费 2 项累计收取 1516 万元，全部用于市场建设。1999 年，工商系统开始实行省以下垂直管理。2007—2009 年，全区城乡集贸市场管理费和个体工商户管理费 2 项累计收取 1432.99 万元，全部上缴省财政。

第九节　维护消费者权益

2002 年，武威市工商局凉州分局“12315”消费者申诉举报中心成立。

2004 年，结合全省“12315”消费者申诉举报指挥中心网络的正式投入使用，形成省、市、分局、工商所四级“12315”维权网络运行的格局。

2002—2005 年，受理申诉案件 1590 件，受理举报案件 1035 件，挽回经济损失 82.7 万元。

2006—2008 年，结合信息网络建设，推行“12315”消费者投诉举报专线电话，“12315”申诉举报“五进”（进社区、进村镇、进市场、进厂家、进商家）活动，共建成 12315 消费者申诉举报（站）点 161 个。

2009 年，开展放心店、放心超市、放心市场、购物放心街和百城万店无假货评选活动，共推荐申报 275 家食品安全示范点。

第十节　个体劳动者协会与私营企业协会

一、个体劳动者协会

第四次代表大会　1990 年 9 月 24—25 日，武威市个体劳动者协会第四次代表大会召开，186 名代表参加大会，选举 23 人为理事会成员，选举产生会长 1 名、副会长 3 名。同年末，全市有基层个协分会 17 个，建立行业小组 89 个，有会员 14501 人。期间，组织会员开展形势教育、职业道德教育、法制教育等活动，举办理发、家电、裁剪、缝纫技术培训 6 期，培训会员 100 多人。

第五次代表大会　1994 年 8 月 24 日，武威市个体劳动者协会第五次代表大会召开，149 名代表参加大会，选举 23 人为理事会成员，选举产生会长 1 名、副会长 4 名、秘书长 1 人。同年末，全市有基层个协分会 17 个，建立行业小组 105 个，有会员 19301 人。期间，组织开展形势教育、职业道德教育、法制教育活动，举办理发、家电、裁剪、缝纫技术培训 12 期，培训会员 410 多人。

第六次代表大会　2002 年 10 月 18 日，凉州区个体劳动者协会第六次代表大会召开，142 名代表参加了大会，选举 34 人为理事会成员，选举产生会长 1 名、副会长 10 名、秘书长 1 名、副秘书长 1 名。将 17 个基层协会合并为西城、东城、南城、北城、武南、黄羊、清源、高坝、双城、丰乐、西营、永昌 12 个基层协会；建立行业小组 128 个，有会员 36822 人。期间，组织会员开展形势教育、职业道德教育、法制教育活动，建立普法学习小组 127 个，举办各类座谈会、学习会、报告会、演讲会 2500 多次，举办协会骨干培训班 530 多期，先后有 1640 多个会员参加美发、缝纫、裁剪、电器维修培训班，184 人取得初中级职称，1420 人取得技术合格证书。

二、私营企业协会

第一次代表大会　1995 年 10 月 26 日，武威市私营企业第一次代表大会召开，宣告武威市私营企业协会成立。149 名私营企业代表参加会议，选举 25 人为理事会成员，选举会长 1 名、副会长 6 名、秘书长 1 名。

第二次代表大会　2002 年 10 月 18 日，凉州区私营企业第二次代表大会召开，124 名私营企业代表参加会议，选举 36 人为理事会成员，选举会长 1 名、副会长 13 名、秘书长 1 名、副秘书长 1 名。2004 年，凉州区私营企业协会组织 5 户私营企业的产品到“兰洽会”参会参展。2005 年，凉州区私营企业协会具体承担凉州区组织第十三届“兰洽会”的参会参展工作，对全区有参展能力的 80 多户私营企业进行摸底调查，筛选确定有竞争能力产品的 8 户私营企业参加“兰洽会”，参展商品达 46 个品种，现场交易额达 8.6 万元。在“兰洽会”上除商品展销外，还进行项目签约，签约项目资金 6000 万元。

第四章　物价

第一节　机构设置

1990 年，武威市物价委员会内设人秘股、价格管理股和综合股 3 个股级机构，下设武威市物价检查所 1 个科级事业单位。

1997 年 1 月，武威市物价委员会改为武威市物价局，并入市计划委员会。8 月，将人秘股改设为办公室，新增设行政事业性收费管理股。

2001 年 8 月，武威市物价局更名为凉州区物价局。

2009年底，区物价局内设办公室、价格管理股、综合股、价格监测中心和价格认证中心。下设区物价检查所1个科级事业单位，内设检查股、法规股、价格举报中心。

第二节 物价管理

一、价格管理

1995年，武威市对全市的商品房开发单位纳入物价管理，对已建的19栋商品房价格进行审定。对化肥等农业生产资料的38个品种的价格进行了核定，稳定了农资价格。

1996年，对农村综合电价进行了调查测算，分别到井泉、山水、混灌三个区域调查30台变压器范围的数据，完成了10个项目的测算和小水电价格的测算；上报审定了武南到武威一级公路的收费标准；测定了农村自来水厂的水费价格和城市排水设施的有偿使用费。

1997—1998年，继续实行居民生活必需品及服务收费提价申报和备案制度，坚持差率控制和最高限价等价格管理办法，确保“粮袋子、菜篮子、火炉子”价格稳定；大力推行《企业定价资格证制度》，进一步落实和扩大企业定价权，全市换发新证的单位240户，培训企业物价管理人员180人，有210户企业建立健全了物价管理制度；开展“三业”（即餐饮、娱乐、修理业）等级评定和价格管理工作，全市餐饮、娱乐业为219户，评等定级190户，其中评出地区特级2户、地区甲级29户、地区乙级36户、地区丙级12户、普通级111户。

1999年，加强种子价格管理，制定小麦和玉米种子价格，全市实行统一价格供种；制定全市机耕、深农田作业收费标准；加强成品油、液化气销售价格管理；加强粮食价格管理与监测工作，合理核定陈旧粮价格，按照“购得进，销得出，保本微利”的原则，坚持顺价销售；制定小区物业管理价格管理办法，对物业管理实行有偿服务。

2000年，全市在种子价格管理中，春种前及时制定种子价格，实行差率控制，小麦、玉米种子实行全市统一价格，油料、甜菜、蔬菜、瓜菜等种子实行批次作价；小麦收购价继续执行定购价和保护价同一价格政策，优质优价等价格政策。结合全市公有住房提租规划的要求，对公有住房租金在1999年的基础上提高23%，缩小租售比价。在市人民医院、第三人民医院、市中医院、肿瘤医院四大医院推行住院“医疗费用明白卡”制度。清理整顿商品房开发、销售环节的各种收费，严格控制房地产开发企业的利润率，稳定住宅价格，共审批商品房27275.29平方米的销售价。

2001年，凉州区推进水价改革，对全区水利工程供水生产成本费进行调查测算，提出河水灌区、井泉灌区、张义灌区、黄羊水管处的计量水费和基本水费的标准，并上报审批；加强药品价格管理，整顿药品价格秩序，共上报审批23种医院新增药品和自制药品价格。

2002年，凉州区先后两次对现行的行政审批项目进行清理，取消审批事项4项，保留审批事项12项，审核上报3项；对区热力公司等7个供热单位的供热成本、运转费用进行调查测算；加强集中招标采购药品价格管理，先后组织2次药品集中招标采购，招标品种达13000个，招标金额为1400万元。

2003年，凉州区根据医疗单位的申报，严格测算制定54种规格剂型的自制药品最高零售价格；按照“保本微利，从严核算”的原则核定了黄羊自来水公司自来水净化费和杂木水管处武南供水厂农村供水价格收取标准。2月，全国部分地区相继发生“非典”疫情，凉州区发生了消毒药品“84消毒液”“过氧乙酸”暂时短缺的情况，价格上扬，清热解毒制剂“板蓝根”冲剂价格也大幅上扬；食盐、鸡蛋、大米、白醋、食用油、面粉、温度计等商品价格也随之波动。凉州区物价局与区疾控中心制定消毒液销售价格，与区盐务局发出了《关于盐业价格管理问题的通知》；研究制定了《关于加强药品价格管理稳定市场药品价格的紧急通知》，对防治“非典”的药品价格进行分类管理，制定分类差价率，使防治“非典”的药品价格迅速回落；坚决果断制止有关乡镇、单位收取消毒费的行为。

2004 年，按照“勤俭办班，以收抵支”的原则，规范各类培训班收费行为，对区人事局和农收局等单位的培训收费标准进行重新核定，制定和调整各类收费项目 7 项、标准 45 个。3 月，对全区城乡所有有收费的行政事业单位检查了涉农收费执行情况、收费公示落实情况及教育收费公示制度的贯彻情况，以及“两证、一票、一卡、一标志”的收费管理机制运行情况，审查收费项目及标准1120个，降低收费项目 29 项。8、9 月份以来，由于国家煤、电、油、运价格上涨，凉州区粮油价格大幅上扬，凉州区物价局研究制定控制价格继续波动的措施办法。为制止部分主要农业生产资料价格上涨过猛势头，采取干预措施，实行差率控制及最高限价，并启动非常时期价格应急处理预案，稳定农业生产资料价格。

2005 年，加强对民办教育的收费管理，相继对兴宇辅导学校、区知音辅导中心收费标准进行核定，对奥林匹克英语教育中心、万邦儿童智能训练馆凉州分馆、武威芭菲尔艺术教育中心、新世纪少儿英语培训班、育才培训班收费标准进行备案管理。对丰乐镇供水厂、212 大队物业管理公司、上坝水厂、双城水厂、刘茨水厂、永昌水管所水厂价格进行了适度调整。对 212 大队、天宁苑、幸幸、西苑、怡景园等物业管理公司的物业管理费价格标准进行测算调整。对区医院、区中医院、武威肿瘤医院新开发研制的 200 种药品价格进行逐一核定，制定了最高零售价格。

2006 年，加强对人民生活必需品及生产资料等 221 个重要商品价格的定期监测，按季度做出价格分析及预测报告。

2007 年，加强涉农价格和收费的检查整治力度，建立农村价格服务监督管理体系。制定《凉州区物价局 2007 年运用价格手段服务新农村建设的十件实事》。依据各灌区地理条件和灌水定额不同，制定了超定额用水累进加价和节约用水累进减价的办法。

2008—2009 年，围绕石羊河流域重点治理，制定了水权水价改革方案，对水价及农民水费负担情况分灌区进行实地调研，对清源、西营灌区地下水、地表水同水同价工作进行测算，完善有关配套政策，制定规范水价行为的意见措施，逐步实现终端水价制度，全面推进水权水价改革。

二、年审工作

1990 年，武威市完成收费年审单位 1053 个，其中换证 531 户、新领证 522 户。1994 年，全市通过年审发现和停止无政策依据自立的收费项目 28 个，查出违纪单位 25 个。2000 年，完成收费年审单位 1016 个，收费项目 377 项，收费标准 2121 个。2006 年，对全区 1200 户行政事业单位收费全部进行年审，年审收费项目 987 项，收费标准 2040 个。2008 年，对 923 户行政事业性单位全部进行年审，对使用票据不规范、提高收费标准和自立项目乱收费的 5 个单位进行处罚。2009 年，全区完成年审单位 920 个，验收收费项目 893 项，标准 2893 个。

第三节　明码标价

一、明码标价

1990 年，国家物价局《关于商品和收费实行明码标价的通知》发布，武威市印发宣传材料 800 多份，对城市和郊区个体户行业进行宣传动员，并组成 4 个检查组，对城乡贯彻明码标价实施情况进行检查。

1991 年，坚持物价检查工作和明码标价检查整顿相结合，大力宣传明码标价政策规定，督促企业增强明码标价意识和做好明码标价工作。

1994年，全市推行明码标价制度，采取以点带面、分步实施的方法，印发宣传材料5000份，利用广播、电视等新闻媒体，宣传推行明码标价。对明码标价示范单位海燕商场、东升商店、大什字百货大楼及东街灯具店进行表彰；对明码标价后进单位南百大楼和丽达鞋店进行经济处罚。

1998年，对武威城区及高坝、武南、丰乐等8个较大集镇集贸市场的明码标价执行情况进行检查整顿。在各大集贸市场检查中，张贴通告60份，散发小通告4000份，宣传“一法一例”贯彻实施，指导经营者实行明码标价。

2000年，全市开展创建明码标价“示范店、示范街、示范市场”活动。武威城区南大街被树立为“明码标价示范街”，凉州市场饮食区为“明码标价示范市场”。

2001年，凉州区重点对城区四大街和凉州市场、农贸市场、北关市场等6个市场的1136个经营户的明码标价执行情况进行了整顿检查，印发宣传材料1000多份。在检查中，对拒不执行标价的3户经营者进行了经济处罚。

2002年，为配合武威市举办首届武威天马国际文化旅游节，对城区各旅游景点、宾馆、饭店、娱乐场所、医院、出租车、集贸市场等从事商品或提供服务的单位，以及2000个经营户的价格执行和明码标价情况进行了全面检查整顿，印发通告2000份，发放商品标价签28万张，价目表2000多张。经检查整顿，明码标价普及率达90%以上，准确率达80%以上，巩固率达80%，示范行业普及率达100%。

2005年，全区扩大明码标价和价格公示的覆盖面和准确率，重点对美容美发、娱乐、汽车修理、家电维修、广告等行业大力推行明码标价和收费公示制度，积极倡导明码实价。对农业生产性费用、农民建房收费、农村中小学收费、农民进城务工收费及农民负担的其他事业性收费在村级组织所在地进行公示，对新调整收费项目在公示栏上及时变更，保持了价格政策执行的连续性、及时性。

2007年，全区重点对城区商业网点、餐饮、药品、汽油、液化气、粮油行业1000多户经营户的价格和明码标价执行情况进行了检查。结合开展资源价格和环境收费专项检查，分别对供电、供水、供暖、天然气销售企业和技术监督、公安、消防、建设、国土、环保、各类协会、中介组织、各行业的明码标价执行情况进行了检查，纠正了一批明码标价不规范的行为，维护了市场价格秩序。

2008年，利用全省“价格服务进万家”活动，向全区农户、社区、学校、医院、企业、景区、商场推行了价格（收费）公示卡（牌），使价格服务工作进一步深入。

2009年，凉州区采取先城市、后农村，先国营集体单位、后集贸市场及零星摊点的检查方法。检查指导6396户企业，其中国营260户、集体436户、个体5700户，进行明码标价普及工作，使国营、集体单位标价率达100%，集贸市场及零星摊点标价率达到80%。同时健全完善药品价格明码标价规定和医疗收费公示制度，在各大医院推行住院病人收费“一日清单”制度，做到让患者明明白白看病，清清楚楚消费。

二、“物价、计量信得过单位”评选

1990年，武威市在物价、计量信得过单位评选活动中，有5个单位荣获武威地区“物价、计量信得过单位”荣誉称号。2000年，武威市中医医院、市医药有限责任公司、皇台酒业股份有限公司等单位被甘肃省物价局、省技术监督局命名为全省“价格计量信得过单位”。2002年，凉州区医院、中医医院、武威肿瘤医院等单位被甘肃省物价局命名为省级“价格诚信单位”。2006年，凉州区在开展“双信”评选活动的同时，开展了“收费公示示范单位”等活动，命名凉州区东关民族小学、凉州区第一幼儿园等2家单位为“收费公示示范单位”。2007—2009年，凉州区制定了《凉州区价格诚信建设方案》，在全区开展价格（收费）诚信单位评选活动，共评出价格（收费）诚信单位6户，物价、计量信得过单位12户。

第四节 物价监督检查

1990年，武威市开展春耕时期农用生产资料价格、群众生活必需品价格、行政事业性收费和税收、财务、物价等4次专项检查活动。查处违纪单位50户，重大价格违法案件3件，一般价格违法案件18件，违纪金额36.23万元，接待群众来信来访14件（次）。

1991年，对经营国家管理的药品、中成药和中药材的收购、批发、零售价格执行情况进行检查。查处有违纪问题的单位23户，罚款16.6万元。

1993年，全市在税收、财务、物价大检查中，查处违纪单位28户，各种违法案件27件，违纪金额29.36万元。

1996年，开展公用电话乱收费专项检查，先后清理整顿电话亭280个，规范电话亭的收费工作。

1997年，在全市教育系统开展了清理收费项目和治理乱收费专项检查，采取重点抽查的方法，主要对学杂费等规定项目标准执行情况、教育附加费的收支情况和代收代办费用的管理使用情况进行了检查。

1998年，对全市16个农村供销社、32个乡镇基层分销店的春播化肥、农膜等农业生产资料价格执行情况进行了全面检查，查处各类价格违法案件47件，违纪金额98万元，年内处理各类违法案件38件。

2000年，重点开展了全市电力价格专项检查，对市电力局所属14个站、所的电价政策执行情况进行了检查，查处在农网改造中向农民收取高压线路施工费、票据不规范等问题。全年查处各类价格违法案件43件，违纪金额31万元，当年处理40件，经济制裁总额为28万元。

2001年，对全区18个中小学及幼儿园进行重点检查，查出了自立项目、提高收费标准等问题，多收金额12万元责令如数退还学生。

2003年，凉州区开展了“非典”期间的市场价格检查。主要是食盐、鸡蛋、大米、白醋、食用油、面粉、消毒液、温度计等商品的市场价格检查，查处价格违法案件10件，实施经济制裁总额8.5万元。

2004年，对凉州区各大医院实行下查一级，查出有价格违法行为的医院4家，价格违纪金额达20多万元。

2005年，开展了涉农收费专项检查，对不按规定差率销售化肥、收费票据不规范等问题进行查处，全年共检查单位120个，查处各类价格违法案件18件，违纪金额9万元。

2007年，对城区各旅游景点、宾馆、饭店、购物场所、医院、学校、交通运输、集贸市场的明码标价工作进行专项检查，共检查1200多户，对明码标价不规范的行为进行了纠正。

2008年，对全区茶屋及相关服务行业进行明码标价、诚信经营整顿工作，检查茶屋及相关行业446户，受理价格举报47件，办理47件。

2009年，对市场明码标价进行专项检查，检查单位和经营点1800多户，散发宣传材料4000份，查处不严格执行明码标价政策的单位1户，经济处罚200元。

第五节 物价调整

1990年，武威市对地产皇台酒等价格进行审核整顿，正式确定全市地产酿酒价格。并调整上级物价部门下达的36类901个品种和地方工业品17类109个品种的价格，颁发行政事业性收费许可证434个，调整非商品收费标准70项。

1991 年，全市先后调整凉州熏醋、皇台系列酒、机制砖瓦等地方工业品 34 类 122 个品种的价格，并依据《甘肃省农村分类综合电价测算办法》，测算拟定了武威市农村分类综合电价，综合平均电价为 0.13 元/千瓦时。

1992 年，先后对市属食品企业生产的酱油、陈醋、普醋、熏醋；粮食系统的平价馒头、挂面、糖酥饼等相关产品做了价格调整。

1994 年，按照差率控制的办法，核定蜂窝煤、石油液化气零售价；对猪、牛、羊肉等 13 种副食品实行最高限价；对农业所需的化肥、农膜、柴油等产品，遵照国家农资价格管理政策，根据不同购入渠道，按照进货价加运杂费加差率的办法，统一核定零售价。对辖区内所有收费项目和标准进行清理，取消和停止收费项目 349 项。

1995 年，对居民生活必需品价格和服务收费实行监审制度，对面粉、食用油、肉类、蔬菜等主要生活用品的价格变动，严格执行提价申报、调价备案和差率控制。

1998 年，对市住宅合作总社修建的国家安居工程房销售价格进行审批，以销售面积确定的不含税最高销售基准限价为：南环东路 1~2 号楼按每平方米不超过 650 元，西苑 F-10 号楼房按每平方米不超过 680 元；勤俭巷 1~4 号楼按每平方米不超过 735 元，靶场 5 号楼按每平方米不超过 735 元，大井巷 5A、5B、6A、6B 号楼按每平方米不超过 730 元执行，海子巷一号楼按每平方米不超过 720 元执行。

2000 年，对居民生活（包括行政事业单位）用水价格进行调整，调整为 0.85 元/立方米，工业用水为 1.00 元/立方米，建筑、营业性用水为 1.40 元/立方米。

2001 年，按照国家有关规定，对 491 个品种规格的药品实施降价措施，平均降价幅度 17%左右，降低金额约 170 万元。

2002 年，全区调整不合理收费标准 33 项，调价总金额 260 万元，取消不合理收费 12 项，降低过高的收费标准 9 项，减轻企业和农民负担约 860 万元，降低药品价格 930 个品种，平均降价幅度 20%。

2003 年，全区取消不合理收费 10 项、免收 23 项、减收 14 项，减轻企业及农民负担约 800 万元；在防治“非典”期间，与区疾控中心迅速制定了消毒液销售价格，对防治“非典”的药品价格进行分类管理。

2005 年，全区调整各类价费项目 1100 多项，标准 3200 个，调价总金额 100 多万元，清理各类不合理的收费项目 29 项，降低 11 项，减轻社会负担 1000 余万元。

2007 年，全区以石羊河流域重点治理为主线，大力推进水权水价改革，区政府印发《关于进一步推进水利工程水价改革推动节水型社会建设的实施意见》，制定了全区水利工程水价制度。2009 年，围绕石羊河流域重点治理工作和临时价格干预措施的落实，对全区日光温室建设材料的价格进行了监测。针对汶川特大地震发生后，一些建筑材料经营者借机乱涨价，损害日光温室、暖棚养殖等农户利益的问题，根据区政府公告（2008 年第 2 号），对钢材、水泥、砖瓦、石油液化气、煤炭、部分药品等实行提价申报和调价备案，凉州区列入武南水泥有限公司等 7 家企业。

第六节　农产品成本调查和价格认证

一、农产品成本调查

1990—1992 年，武威市对 11 个农业成本调查点的小麦、玉米、油菜籽、甜菜、蔬菜、生猪、鲜蛋等 14 个农副产品的生产成本和收益情况进行调查。

1993 年，对全市小麦和生猪的产量、生产成本、收益情况进行了调查。

1994—1995 年，对农村 3 个点的小麦、玉米、油菜籽（含胡麻）和生猪的生产成本及收益情况进行调查。

1996 年，对农村 4 个点的小麦、玉米、油菜籽、甜菜、生猪和鸡蛋等 6 个农产品生产成本及收益情况进行调查，为制定农产品价格政策提供了第一手资料。2000 年，根据国家对农产品结构调整的要求，在黄羊、永昌、永丰、清源等乡镇完成了小麦、玉米、油菜、甜菜、生猪 5 个品种的调查任务。

2001 年，在黄羊、永昌、永丰、清源等乡镇设立农民调查户 11 户，完成小麦、玉米、油菜、甜菜、胡麻、生猪等 6 个品种的调查任务。

2002—2003 年，在乡镇选定 4 个调查点，对 12 户农户的小麦、玉米、油菜籽、甜菜、散养生猪、中小规模养猪 6 个品种的生产成本及纯收益作调查。并通过对农业支柱产业成本价格的调查，积极向农民提供市场价格信息。2004 年，对黄羊、永丰、永昌、清水 4 个乡镇调查点的小麦、玉米、油菜籽、生猪等 11 个类别 47 个品种的生产成本及纯收益进行调查分析，为农民调整种植、养殖结构提供了依据。

2006 年，凉州区重新调整农村调查点的设置，在完成小麦、油菜籽等 4 个品种成本调查的同时，进行农产品成本收益调查分析。

2009 年，在完成小麦、玉米和生猪 3 个品种成本调查的同时，对设施黄瓜、设施小乳瓜、设施西瓜、设施西红柿、设施葫芦、设施陇椒、设施茄子、设施人参果、设施双孢菇、露地大白葱、露地地膜洋芋、大蒜套玉米、露地啤酒大麦、制种玉米、地膜当归、肉鸽和肉牛 18 个特色农产品生产成本进行调查。

二、价格认证

1992 年，武威市价格事务所成立，为自收自支的事业单位，主要职责是对罚没、破产、抵押、偷盗等物品及其他商品进行估价。1994 年，配合公检法等部门对罚没、破产、抵押、偷盗等物品进行现场作价 30 次，作价金额达 31.13 万元，出具作价证明 26 份。1999 年，开始面向企事业单位和个人开展价格鉴证咨询服务工作。2002 年，凉州区价格事务所更名为凉州区价格认证中心。2004 年，根据国务院关于规范价格鉴证机构管理意见，在凉州区交警大队设立了价格认证中心办事机构，专门负责交通车辆损毁认证业务工作。2007 年，把价格认证业务工作领域拓展到武威铁路法院、铁路公安处、中财保武威分公司。2008 年，加强对涉案财物价格鉴定的管理，规范涉案财物价格鉴定的认证，使仲裁活动客观公正。2009 年，受理各类物品价格鉴证及价格评估业务 163 件，出具价格鉴证及评估结论证书 163 份，鉴证及评估总值达 267 万多元。

第五章　质量技术监督

第一节　机构设置

1995 年，武威市质量技术监督局成立，挂靠武威市经济贸易委员会。

1998 年，武威市计量检定测试所成立，为质监局的下设机构，负责全市一吨以下衡器检、测、修工作。

2000 年，武威市质量技术监督局实行垂直管理。

2001 年 8 月，武威市质量技术监督局更名为武威市质量技术监督局凉州分局。

2009 年，武威市质量技术监督局凉州分局内设办公室、稽查队、特种设备安全监察室、质量监督室、标准计量室。

第二节　计量监督管理

1990—1999 年，在全市开展 1 吨以下衡器的计量检定工作，建立强制检定计量器具档案。

2000 年，按照固定摊点定时查，流动摊点实时抓的原则，强制检定计量器具 4000 台件，流通领域 1 吨以下衡器受检率达 91%，为单位和个人维修计量器具 500 多台，依法处理“八两秤”80 多台。

2001 年，凉州区针对区内流动摊点多、区域分布广的特点，进行分阶段、分区域检查工作，全年检定计量器具 4500 台，没收不合格计量器具 60 多台，查处利用计量器具伪造数据案件 1 起，涉案货值 5.7 万元。针对市场上“八两秤”坑害消费者利益的行为，在做好周期检定的同时，不定期对市场上计量器具进行抽样和复查，依法处理“八两秤”50 多台。

2002 年，将计量器具周期检定同修理计量器具相结合，检定计量器具 800 多台，受检率达 95%，查处计量违法案件 9 起。2004 年，开展对食品生产加工企业、农副产品收购企业、集贸市场的计量器具周期检定工作，检定计量器具 2200 多台件，计量器具周期检定率达 92%，完成中小企业计量合格确认 16 户，对 4 户企业的定量包装商品计量保证能力进行评价，并授予“C”标志。

2005 年，对全区医疗卫生机构在用计量器具进行了专项检查，检查各类医疗机构 31 家，医用计量器具 186 台件，查处未经检定或超周期使用的在用计量器具 42 台件。

2006 年，对区内 15 户中小企业计量合格进行确认，对 2 户企业的定量包装商品计量保证能力进行评价，并授予“C”标志。

2007 年，完成对凉州区永山面粉厂、武威市金穗面业有限责任公司等 17 户企业的计量合格确认工作。

2008 年，通过开展“C”标核查工作，对 10 家眼镜店和 12 家食品企业的计量工作情况进行现场考核，共有 15 家企业通过计量合格确认验收。

2009 年，通过开展诚信计量进市场活动，免费为再就业市场和北关蔬菜批发市场检定计量器具，检定度盘秤、台秤等计量器具 293 台件，免去检定费 1 万多元。结合“世界计量日”主题活动，在谢河镇谢河村举行“服务计量进社区”活动，为当地居民及周边卫生院免费检定计量器具 108 台，免去检定费 5000 余元。

第三节　标准化监督管理

1990 年，通过开展广泛宣传、调查摸底、检查整改、建档立册、检查验收等工作，全面完成消灭无标生产试点的各项工作任务，武威市被国家质量技术监督局授予“全国消灭无标生产县荣誉证书”。

1998年，武威市被国家质量技术监督局列为全国消灭无标生产试点县。

2000年，加强标准化信息库建设工作，收集标准目录7册，国家标准汇编28950项，采集与全市经济发展相适应的标准文本300多份。

2002年，根据标准化工作动态管理的原则，帮助中小企业制定产品标准4份，注册备案2份，对全区砖瓦厂、蜂窝煤厂、乳制品加工企业进行执行标准登记75份。

2003年，根据本地企业产品实际，新采集标准文本30多套，使工业企业产品标准覆盖率达到98%以上，为企业采标提供便捷信息服务。

2008年，对区内2家标准化良好行为的企业进行考核验收，对2家企业的采标情况进行复审。

2009年，围绕全省第六批农业标准化示范区项目建设，会同农技中心、张义镇等相关单位，完成优质人参果标准化示范区考核评价工作。张义镇人参果农业标准化示范区，被列为国家农业标准化示范区。

第四节　特种设备安全监察

1990—1995年，根据事权划分，武威市只负责二环路以外的特种设备监管。

2001年，特种设备安全监察室从凉州区劳动局移交武威市质量技术监督局凉州分局。

2004—2006年，凉州区制定《特种设备巡查工作纲要》《特种设备安全监察工作责任追究办法》《特种设备安全监察举报制度》和《特种设备安全监察登记表、指令书规范使用要求》。

2007年，制定《特种设备使用单位考核办法》。

2008年，区政府与全区所有生产使用单位签订《特种设备使用单位安全生产责任书》，并建立电子动态监管档案和纸质档案，使监察工作常态化和动态化。

2009年，凉州区除少数几家常压锅炉生产企业外，绝大部分单位为特种设备使用单位。全年对特种设备使用单位进行不定期抽查，并提出整改措施，使特种设备事故率控制在2%以下，始终处于低位。

2000—2009年凉州区特种设备使用情况统计表

表8-5-1　　单位：个

年度 设备种类	2000年	2005年	2009年
锅炉	181	189	174
压力容器	6	18	38
压力管道	0	2	2
电梯	12	40	59
起重机械	6	8	21
客运索道	0	0	0
大型游乐设施	10	21	31
场地机动车辆	11	54	59

2000—2009 年凉州区特种设备使用单位分布统计表

表 8-5-2　　单位：个

领域	2000 年		2005 年		2009 年	
	数　量	种　类	数　量	种　类	数　量	种　类
工业	109	锅炉、起重机械、场地机动车辆	148	锅炉、起重机械、场地机动车辆、压力容器	184	锅炉、起重机械、场地机动车辆、压力容器
服务业	53	锅炉、电梯、压力容器、压力管道、大型游乐设施	127	锅炉、电梯、压力容器、压力管道、大型游乐设施	144	锅炉、电梯、压力容器、压力管道、大型游乐设施
学校	8	锅炉	9	锅炉	5	锅炉
医院	20	锅炉	24	锅炉、电梯	35	锅炉、电梯
机关	19	锅炉	18	锅炉	15	锅炉、电梯
其他	6	锅炉	6	锅炉	1	锅炉

2001—2009 年凉州区特种设备安全隐患排查、整改情况统计表

表 8-5-3

项目 / 年　份	发现隐患（个）	隐患比例（%）	整改单位（个）	整改比例（%）
2001	28	22	24	85.7
2002	21	22	17	80.9
2003	29	24	24	82.8
2004	22	20	18	81.9
2005	33	24	20	60.6
2006	61	28	29	47.5
2007	41	25	26	63.4
2008	44	23	35	79.5
2009	33	19	30	90.9

第五节　质量技术监督行政执法

1990—1995 年，武威市质量技术监督行政执法工作，主要查处质量、计量、标准化等违法行为，查处质量违法案件 20 起。

2001 年，按照农资专项检查安排，开展对全区磷肥加工企业的集中整治，全年立案查处案件 25 起，查处各类假冒伪劣产（商）品货值 30 多万元。

2002 年，受理消费者投诉 5 起，立案查处案件 21 起，查处各类假冒伪劣产（商）品货值 30 多万元。

2003—2004 年，立案查处案件 53 起，查处各类假冒伪劣产（商）品货值 90 多万元。

2006 年，制定《双责双能行政执法打假责任制实施办法》，将全区划分为 2 个大责任区和 38 个小责任区，将执法打假责任分解到乡镇和街道。全年立案查处案件 42 起，现场处罚案件 20 起，受理消

费者投诉6起，查处各类假冒伪劣产（商）品货值100多万元。

2008—2009年，开展对“三鹿奶粉”事件的全面检查。共立案查处案件70起，现场处罚案件20起，受理消费者投诉24起，查处各类假冒伪劣产（商）品货值300多万元。

第六章 安全监督管理

第一节 机构设置

2001年前，武威市安全生产监督工作由武威市劳动局承担。

2002年，凉州区安全生产监督管理局成立，与凉州区安委会办公室合署办公，实行“两块牌子，一套人马”，挂靠区经贸局。

2004年8月，区安监局单设，不再挂靠经贸局，为区政府工作部门。

2005年，全区38个乡镇、6个街道办事处设立安监站。

2006年，成立凉州区煤矿安全生产监督管理局，与区安全生产监督管理局和区安委会办公室合署办公。

2009年，凉州区安全生产监督管理局内设党政办公室、综合协调办公室（加挂区安委会办公室、区安全生产应急救援办公室牌子）、安全生产监督监察办公室、矿山安全监督监察办公室（挂靠煤矿安全监察室牌子）和凉州区安全生产执法检查大队。

第二节 安全生产监管

一、安全生产监督管理

2004年，凉州区对荣华味精公司危化库4种危化品混存、高坝粮管所存放的剧毒药品进行整改治理。2005年，对区属新、改、扩建项目安全设施与主体工程进行检查，督促84户企业办理“三同时”（同时设计、同时施工、同时投入生产）手续。2006年，督促9户煤矿企业、75户非煤矿山企业办理安全生产许可证，督促315户危险化学品生产经营单位办理危险化学品经营许可证（乙种证），为350个烟花爆竹经营户办理烟花爆竹经营（零售）许可证。2007年，对荣华什字的广播电视发射塔进行督促拆除，消除安全隐患。2009年，凉州区制订《安全生产隐患排查治理实施方案》《安全生产百日督查专项行动实施方案》，各有关部门也分别制定了煤矿、非煤矿山、危险化学品、道路交通、建筑施工等行业部门的安全隐患排查治理实施方案。

二、安全生产检查

1990年，武威市对煤矿、非煤矿山、危化品、烟花爆竹生产经营企业的安全生产进行全面检查，

安全生产检查

全年检查 60 次，检查面达到 90%。2000 年，检查生产经营企业 720 次，查处事故隐患 960 条，完成事故隐患整改 950 条，下达行政执法文书 780 份，其中现场检查笔录 350 份，责令整改指令书 280 份，整改复查意见书 126 份，强制措施决定书 20 份，对 8 户生产经营企业下达停业整顿的行政处罚。2003 年，检查生产经营企业 815 次，查处事故隐患 886 条，完成事故隐患整改 876 条，下达行政执法文书 880 份，其中现场检查笔录 420 份，责令整改指令书 311 份，整改复查意见书 125 份，强制措施决定书 17 份。2005 年，检查生产经营企业 830 次，查处事故隐患 1258 处，完成事故隐患整改 1220 处，下达行政执法文书 1190 份，其中现场检查笔录 560 份，责令整改指令书 518 份，询问笔录 12 份，整改复查意见书 66 份，强制措施决定书 16 份，对 10 户生产经营企业下达停业整顿、罚款等行政处罚。2007 年，检查生产经营企业 859 次，查处事故隐患 1968 处，完成事故隐患整改 1924 处，下达行政执法文书 1395 份，其中现场检查笔录 669 份，责令整改指令书 614 份，询问笔录 2 份，整改复查意见书 56 份，强制措施决定书 18 份，对 17 户生产经营企业下达停业整顿、罚款等行政处罚。2009 年，检查生产经营企业 986 次，查处事故隐患 3285 处，完成事故隐患整改 3251 处，下达行政执法文书 1562 份，其中现场检查笔录 826 份，责令整改指令书 640 份，询问笔录 26 份，整改复查意见书 55 份，强制措施决定书 2 份，对 2 户企业进行行政处罚。

三、安全生产状况

从 2002 年起，全区安全生产形势逐年平稳，事故起数、死亡人数、受伤人数、经济损失呈下降态势。2003—2009 年，全区事故起数由 386 起下降到 139 起，减少 247 起，下降 63.9%；死亡人数由 43 人下降到 40 人，减少 3 人，下降 7%；受伤人数由 84 人下降到 64 人，减少 20 人，下降 23.8%；直接经济损失由 160.41 万元下降到 62.98 万元，减少 97.43 万元，下降 60.7%。连续 7 年完成安全生产目标任务。

四、安全生产培训教育

2000—2002 年，全区举办煤矿从业人员培训班 32 期，培训人员 1.2 万多人（次）。2007 年，在乡镇举办安全生产培训班 12 期，培训企业管理人员 700 多人（次），并为特种作业人员颁发安监培训合格证 205 本。2009 年，编印《安全生产文件选编》1.2 万本，《安全生产实用手册》1000 多本，下发到乡镇、街道、区直相关部门和生产经营企业，扩大教育覆盖面，增强安全防范意识。

第七章 食品药品监管

第一节 机构设置

2001年12月之前，食品监督管理工作分别由工商、质监、卫生部门等承担；药品监督管理工作分别由卫生（药政）、药检、医药等管理部门承担。

2001年12月，药品监管体制改革，武威市药品监督管理局成立，内设办公室、生产监管科、流通监管科、使用监管科。同年成立各县分局，凉州区不设药品监督管理局，这一时期，药品管理工作由武威市药品监督管理局代管。

2005年6月，武威市药品监督管理局更名为武威市食品药品监督管理局，同时加挂武威市食品安全委员会办公室的牌子，增加对食品、保健品、化妆品安全监管的综合监督，凉州区食品药品安全监管继续由武威市局代管。

2006年7月，凉州区食品药品监督管理局成立，正式监管凉州区食品药品安全，内设办公室、法规监督室、药品市场监管室、药品安全监管室、医疗器械监管室、食品安全协调监察室。8月，凉州区食品安全委员会成立。

2007年凉州区食品安全委员会办公室更名为凉州区食品药品安全委员会办公室，与凉州区食品药品监督管理局合署办公。

第二节 食品药品市场监管

2002年武威市药品监督管理局成立后，凉州区药品监管工作由武威市药品监督管理局代管。新的药品监管体制改革后，武威市药品监督管理局在全区宣传《药品管理法》《药品管理法实施条例》和药品监督管理局的工作职责，开展药品经营、使用情况的“拉网式”检查，重点查处使用假劣药品、过期药品、虫蛀霉变药品、假冒药品批准文号、假冒制剂批准文号、无证配制制剂和医院在市场销售等违法行为，从末端切断假劣药品流通渠道。

2003年，坚持抓源头和整治末端用药并重的原则，出台了《武威市药品医疗器械购销监督管理办法》，加大药品市场的监管，全面整顿和规范药品市场秩序。

2004年，在药品经营企业GSP认证、药品生产企业GMP认证、全区药品零售企业和药品生产企业按国家要求全部通过GSP认证和GMP认证。进一步完善行政许可、监督检查和行政处罚等执法程序，强化对药品经营的准入管理。

2005年，制定并印发《药品放心工程实施方案》，开展“药品放心工程”，启动“食品放心工程”实施方案和食品安全信用体系建设试点工作，组织卫生、质监、工商等部门开展食品安全专项整治检查工作，制定《关于进一步加强食品安全工作的实施意见》，会同卫生、教育部门下发《关于进一步加强学校食堂食品安全工作的意见》，加大食品领域质量安全全范围监管力度。

2006 年 7 月，凉州区食品药品监督管理局接管全区食品药品安全监管工作，启动农村药品“两网”(供应网络和监督网络）建设，以新型农村合作医疗为切入点，进一步健全农村药品供应网络。

2008 年，出台《凉州区食品药品质量监督协管员、信息员聘任管理办法》，全区共聘请食品药品质量监督协管员 38 名、信息员 93 名，构建了区、乡、村三级监管网络体系。

2009 年，建立健全《进一步加强农村食品药品监督和药品供应网络建设的实施意见》《乡镇食品药品安全目标管理责任制考核办法》《食品药品安全工作例会制度》等制度。在 37 个乡镇和 6 个街道成立食品药品安全监管办公室，形成专业监督与义务监督相结合，集法律、技术、社会监督“三位一体”的食品药品监管网络。

第三节　食品药品安全监管

一、食品安全监管

2005 年 6 月，武威市食品药品监督管理局正式接管食品监管工作，开展食品信用体系建设试点工作，摸清食品生产、流通、使用各环节现状，加大各环节食品安全监管力度。协同商务、农牧等部门进行联合执法，清理整顿了生猪定点屠宰厂，制定《关于进一步加强生猪定点屠宰集中检疫管理工作的意见》。

2006 年，凉州区食品药品监督管理局下发《重大食品安全突发事件应急处理预案》，开展全区食品安全现状调查，摸清全区食品生产加工、经营销售、餐饮业、学生食堂等的监管情况。组织开展“放心粮油店”“放心水果”“放心肉店”的创建评审工作。开展食品安全信用体系建设试点创建工作。

2007 年，下发《凉州区创建全国食品安全示范区（县）工作实施方案》。

2008 年，制定《农村家庭自办群体性筵席食品安全管理办法》，对农村家庭及社区居民聘请流动厨师在自家举办宴席活动进行了重点整治和规范，对承办家宴的厨师实行登记备案，备案厨师达 86 人。

2009 年，全区有 8 个乡镇创建为市级食品安全示范乡镇，10 个乡镇创建为区级食品安全示范乡镇。全年受理餐饮服务许可申请 231 件，核审发放餐饮服务许可证 206 件。

二、药品安全监管

2002 年，武威市药品监督管理局选编《药品管理法》《医疗器械监督管理条例》《药品监督行政处罚程序》等政策法规 17 个，向全区执法人员及经营单位发放。开展一次性使用无菌器械专项检查、医院制剂的专项检查和对凉州区城区、乡镇的药品生产、经营、使用单位进行专项整治。与工商部门、新闻宣传部门联合联手封杀虚假广告，建立健全集中采购招标制度、跟踪检查制度，严格规范药品采购行为。

2004 年，加强对医疗机构药品医疗器械采购渠道、药品仓储管理、药房管理的力度，开展药品法律法规和安全用药、合理用药知识宣传活动，开展辖区内药品医疗器械生产、经营、使用单位的稽查工作和药品经营企业的 GSP 认证检查及零售药店的验收工作；对通过 GSP 认证的部分药品批发企业进行认证后跟踪检查。

2007 年，为确保药品类易制毒化学品的合理使用，配合区禁毒办公室对辖区内经营麻黄碱的药品经营企业、配制制剂的医疗机构进行专项检查。对全区农村药品零售企业、医疗机构的药品、医疗器械的采购、储存、养护、管理进行全面检查，及时清理过期和霉变药品、不合格医疗器械。立案查处药械违法案件97起，罚没金额65252.75元。同时，对21家经营不善、不符合GSP管理要求的企业吊销“药品经营许可证”。

第八章 审计

第一节 机构设置

1990年，武威市审计局内设综合人秘、财政金融、工商企业、行政事业四个股，下设社会审计事务所。

1996年，武威市审计局增设固定资产投资审计办公室。

1998年，武威市审计局内设办公室、综合股、财政金融审计股、行政事业审计股、固定资产投资审计股和工商企业审计股。

2001年8月，武威市审计局更名为凉州区审计局。

2002年，凉州区审计局内设办公室、综合股、财政金融审计股、固定资产投资审计股、工商企业审计股、行政事业审计股和经济责任审计股。

2004年，成立区经济责任审计办公室，隶属区审计局管理。

2007年，撤销工商企业审计股，成立农业审计股，增设社会审计核查股。

2009年，凉州区审计局内设办公室、法制股、财政金融审计股、固定资产投资审计股、行政事业审计股、经济责任审计股、农业审计股、社会审计核查股，下设区经济责任审计办公室一个科级事业单位。

第二节 国家审计

1990年以来，武威市开展审计监督的主要内容为财政预（决）算执行审计、经济责任审计、固定资产投资审计、专项资金审计（调查）、行政事业审计、企业审计、外资审计和政府交办的其他审计任务。

一、财政预算执行和决算审计

从1996年起，组织开展预算执行审计工作。1996—2009年，共完成202项，发现和查处各类违纪违规资金13.44亿元。在搞好同级财政预算执行审计工作的同时，每年有重点地对部分乡镇年度财政决算进行审计。至2009年，共完成财政预算执行和决算审计54项 。

二、经济责任审计

从1999年起，开展党政主要领导干部经济责任审计工作。2004年，成立凉州区经济责任审计办公室。2007年，组织召开全区党政领导干部经济责任审计工作联席会议，制定和出台凉州区《党政领导干部经济责任审计实施办法》《领导干部离任前经济责任和公有财物交接制度》《关于严肃离任前经济责任和公有财物交接纪律的通知》和《审计结论落实办法》等4项制度和纪律要求；报请区政府批转凉州区审计局《关于加强乡镇财政财务管理的意见》。2008年，凉州区纪律检查委员会、区委组织部、区审计局共同转发《甘肃省党政领导干部及企事业单位领导人员任期经济责任审计责任追究办法》。至2009年，完成党政主要领导和国有企业主要领导经济责任审计366项，查出各类违纪违规资金3.7亿元，处理违纪责任人32人。

三、固定资产投资和外资审计

1993年，武威市转发《关于开展基建项目竣工决算审计的实施意见》。1995—2006年，对世行贷款卫V、VI、VII等利用外资项目资金的管理使用情况进行审计，完成16项。至2009年，完成开工前审计111项，竣工决算审计439项，审计资金总额达13.28亿元，核减工程预决算6637.04万元，查出资金不落实4858.5万元，超规模资金8340.55万元。

四、专项资金审计和审计调查

1990—2009年，先后对武威酒厂、供销社、农资系统、教育系统等单位的企业负担、农民负担、教育乱收费、强农惠农、新“农合”、民政、社保、就业再就业、石羊河流域重点治理、扶贫、救灾救济资金等专项资金进行审计和审计调查，完成审计和审计调查项目152项，审计资金总额5.45亿元，查出各类违纪违规资金4004.55万元。

五、企业审计

1994年，武威市发布《企业审计监督办法》。1995年，出台《关于进一步加强审计监督，严格企业财经纪律的通知》。至2009年，完成企业审计117项，审计资金总额4.02亿元，查出违纪违规金额5927.11万元。

1990—2009年凉州区国家审计情况统计表

表8-8-1

项目/年份	任务计划数（项）	实际完成数（项）	占计划数的（%）	查出违纪违规金额（万元）	应上缴财政（万元）	已上缴财政（万元）	处理违纪责任人（人）	工程造价（万元）
1990	86	106	123.26	277.58	18.68	26.01	—	—
1991	91	120	131.87	93.81	16.96	11.18	—	—
1992	72	130	180.56	429.2	21.4	15.88	—	—
1993	53	56	105.66	92.99	0.8	4.11	—	—
1994	41	42	102.44	303.3	124.6	47.5	—	—
1995	41	49	119.5	10	10	5.8	—	—
1996	47	88	187.23	1058.7	370.02	361.85	1	89
1997	48	177	368.75	204.08	184.38	21.6	—	114
1998	52	109	209.62	861.83	291.42	0.43	—	528.4
1999	48	105	218.75	132.6	5.08	0.28	2	347
2000	22	95	431.82	661	—	—	—	140
2001	15	88	586.67	4208	7.5	6.5	—	123

续表 8-8-1

项目 年份	任务计划数（项）	实际完成数（项）	占计划数的（%）	查出违纪违规金额（万元）	应上缴财政（万元）	已上缴财政（万元）	处理违纪责任人（人）	工程造价（万元）
2002	57	123	215.79	3794.3	62.3	62.3	8	218
2003	31	70	225.81	7074.2	84.6	67.2	2	69.2
2004	20	74	370	6013.1	14.6	14.6	5	166.9
2005	17	59	347.06	6510	4.71	—	—	269
2006	41	106	258.54	3654	32	32	2	995
2007	42	144	342.86	15226	24	24	7	1484
2008	57	118	207.02	21000	29	25	16	280
2009	57	146	256.14	21859	379	379	1	781

第三节 内部审计和社会审计

1990 年，武威市有内部审计机构 14 个，专职机构 13 个，配备内审人员 50 人，专职人员 29 人。至 2009 年，全区有专兼职内审机构 96 个，配备专兼职内审人员 192 人。1990—2009 年，共审计单位 1867 个，查出各类违纪违规资金 8978 万元，促进增收节支 3712 万元。

1990 年，武威市审计事务所隶属武威市审计局管理，为科级事业单位。主要开展企业注册资金验证、年检、审计会计查询、经济案件鉴定、资产评估、基建审计和企业破产清算等审计业务。1990—1998 年，完成各类委托审计事项 2197 项，其中企业承包期终审 6 项、财务收支审计 285 项、承包离任审计 70 项、基建审计 75 项、经济案件鉴定 29 项、验资年检 932 项、资产评估 18 项、企业破产清算 6 项，其他各类查证事项共 776 项。通过审计核减虚假注册资金 4784 万元，挽回经济损失 1435 万元。1999 年，根据国务院关于社会中介组织与行政机关实行脱钩的规定，武威市审计事务所与武威市审计局实行“四脱钩”，即人员、业务、财务和名称脱钩，成立三人合伙制事务所，更名为甘肃武威贤达会计师事务所。

第九章 土地管理

第一节 机构设置

1990 年，武威市土地管理局内设办公室、财务管理股、地籍管理股、建设用地管理股、监督检查股 5 个股室，以及土地估价事务所、土地利用勘测规划室、城镇国有土地资产管理所、土地执法大队 4 个科级单位。

2001 年 8 月，武威市土地管理局更名为凉州区土地管理局，成立土地征购储备办公室，为自收自支科级事业单位，隶属凉州区土管局管理。10 月，土地估价事务所与土地管理局脱钩，更名为天平不动产评估咨询有限公司。

2002 年，撤销凉州区土地管理局与地质矿产局，成立凉州区国土资源局，局内增设地质矿产股，城镇国有土地资产管理所移交凉州区国土资源局管理。

2006 年，凉州区国土资源局上划市政府管理，实行派出制，更名为武威市国土资源局凉州区分局，凉州区天平不动产评估咨询有限公司移交武威市国土资源局管理。

第二节　地籍管理

一、城区地籍调查

1993 年，武威市开展城区地籍调查，地籍调查面积 2.35 万亩，完成权属调查 5478 宗，填制地籍调查表 8397 份，设置界址点 26007 个。布设四等导线点 21 个，四等水准点 4 个。一级导线点 126 个，二级导线点 132 个。绘制 1:500 地籍图 360 幅，1:2000 地籍图 1 幅，1:2500 宗地分布图 26 幅，1:5000 权属分布图 2 幅，1:1000 控制网图 1 幅，1:500、1:2500 比例尺地籍接图表 1 幅，宗地图 5478 幅。

二、乡镇地籍调查

武南镇是全国乡镇企业东西合作示范区和全国小城镇综合改革试点之一，随着经济社会的发展，武南镇土地交易活跃，建设用地逐步扩大。为科学规范管理土地资源，1998 年，武威市政府决定对武南镇镇区的地籍进行调查。完成权属调查 406 宗，填制地籍调查表 410 份，其中个人 293 宗，单位 113 宗。地籍测量面积 5100 亩。设置界址点 1294 个。布设一级导线 3 条，一级导线点 27 个；二级导线 3 条，二级导线点 25 个；一级图根导线 10 条，一级图根点 66 个，二级图根线 5 条，二级图根点 27 个；布设图根支导线 49 条，支导线点 73 个。绘制 1:1000 地籍原图 29 幅，1:3000 权属界线图 1 幅，1:1000 着墨地籍二底图 29 幅，1:10000 地籍测量控制网图 1 幅，1:1000 地籍图接图表 1 幅，宗地图 401 幅。

三、土地变更调查

1995 年以前，武威市的土地变更调查工作基本处于停止状态。从 1996 年 8 月外业变更调查开始，9 月转入内业，10 月完成全市土地变更调查。完成重点区 16 个乡镇和单位、195 个行政村，非重点区 32 个乡镇和单位，245 个行政村的详查数据变更。累计变更图幅 128 幅、图斑 8456 个，面积 195184.7 亩；零星地类统计 62723 处，面积 91851.6 亩；形成 2.46 万份变更调查记录表、土地利用现状变更表、城镇面积统计表等资料，并撰写变更调查工作总结、数据分析报告。

四、土地登记发证

1990—1991 年，对全市农村宅基地进行清理调查确权，颁发集体土地建设使用权证书 13.4 万本。

1993 年，对水利用地进行清理调查确权，共颁发国有土地使用权证 358 本。

1995 年，开展土地使用权抵押登记，并采取“低起步、短期限”的出让形式，使原国有划拨土地使用权能够抵押贷款。

1997 年，在土地详查资料的基础上，完成以行政村为单位的全市土地初始统计登记工作，形成统计台账 65 本（册）。

1998 年，在土地详查资料的基础上，完成 163 个村的集体土地所有权登记发证工作。对城区外的一些行政、企事业单位、农林场用地进行了调查确权登记发证。

2001 年，对国有土地使用权登记发证 366 宗，面积 33.13 万平方米。集体建设用地使用权登记发证 451 宗，面积 10.8 万平方米。农村集体土地所有权登记发证 163 宗，耕地面积 57.1 万亩。土地使用权抵押登记 16 宗，面积 30.27 万平方米。可贷款额 8262 万元。

2002 年，对 15 宗 545 亩用地进行了变更调查、登记发证。对 4 个单位 10 宗 2.24 万平方米用地，资产额 740.9 万元的土地资产进行处置和变更登记。完成 48 个乡镇 448 个行政村的集体土地所有权登记发证工作。

2003 年，审查核发国有土地使用证 60 本，面积 305.8 万平方米；核发集体土地建设用地使用证 30 本，面积 0.9 万平方米；核发集体土地所有证 104 本，面积 32 万亩。

2004 年，审查核发国有土地使用证 76 本，集体建设用地使用证 248 本，集体土地所有证 137 本，补签界线协议 26 份。办理土地抵押登记 3 宗，为企业融资 366 万元；完成建设用地勘测定界 57 宗，矿界范围勘测定界 11 宗，完成土地资产评估 50 宗，面积 3147.21 亩，显化土地资产 1.22 亿元。

2007—2008 年，对农村中小学、幼儿园和学校学农基地、农林场共 533 宗地，面积 566 万平方米的土地进行了权属调查和宗地勘丈工作。审查受理土地登记 250 宗，登记发证 51 宗。审查核发国有土地使用证 310 本，面积 232.7 万平方米；土地他项权利证书 25 本，面积 620 万平方米，为企业融资 1.7 亿元。

2009 年，审查核发国有土地使用权证 687 本，面积 15364.06 亩；集体土地使用证 2 本，面积 7.4 亩；土地他项权利证明书 13 本，抵押面积 16928.37 亩，为企业融资 10745.32 万元。

五、土地估价

1995 年，武威市对地区石油公司下属的润滑油配制厂 7.36 亩的工业用地进行评估。对全市 101 个企业单位（系统）使用的 348 宗土地进行土地清查估价。1996—1997 年，开展城区基准地价评估工作，将城区估价面积 19.34 平方公里确定为 5 个级别，划分定级单元 221 个，计算地价样点 748 个，形成各种调查资料 4605 份，绘制图件 20 份。1998 年，评估土地 56 宗，面积 50 万平方米，评估土地资产额 12157 万元。1999 年，评估改制企业用地等 79 宗，面积 149 万平方米，盘活土地资产额 1.9 亿元。2000—2002 年，完成各类用地评估 334 宗，面积为 200.17 万平方米，显化土地资产 22482.95 万元。2005 年，完成土地资产评估 73 宗，面积 4773.6 亩，显化国有土地资产 2.72 亿元；上报审批抵押登记土地 6 宗，面积 1161 亩，为企业融资 1329.1 万元。2009 年，进行土地资产评估 78 宗，面积 438.2 万平方米，显化土地资产 39217.34 万元。

六、宗地调查和勘测定界

2001 年，完成各类用地勘测定界 313 宗，面积 266.13 万平方米（包括城区用地 92 宗，面积 14.61 万平方米；农村用地 33 宗，面积 206.35 万平方米；企业改制用地 188 宗，面积 45.17 万平方米）。2002 年，完成各类用地勘测定界 42 宗，面积 1358.2 亩。2003 年，完成黄羊镇地籍调查工作，调查面积 9000 亩，调查宗地 700 宗，设立界址点 3500 个。2004 年，完成城东工业区 3 平方公里的地籍调查工作，调查宗地 239 宗。2005 年，完成 19 个建制镇和 4 个工业园区建设用地专项调查，调查面积 28.22 平方公里；调查清理出存量建设用地 26 宗，面积 31.75 万平方米；完成土地勘测定界 84 宗，面积 18929.68 亩；完成地价评估 64 宗，面积 4886.34 亩，显化土地资产 2.67 亿元。2007 年，完成永丰镇3.5平方公里地籍调查，完成全区37个乡镇、2个指挥部的农用地分等定级、资料收集、前期调查工作。2009年，完成凉州区土地利用更新调查全国试点任务和37个乡镇、2个指挥部及农林场的土地利用更新调查工作，调查面积821万亩，涉及图幅164幅。完成勘测定界162宗，面积3125.43亩。

第三节　建设用地管理

1990，武威市批准建设用地40宗（项）832.7亩。

1999年，全市批准建设用地93宗1872.3亩。

2000年，计划建设用地4995亩，实际用地130宗，面积4146.8亩。

2001年，审查报批建设用地131宗794.7亩，其中，报批存量国有土地98宗19.55万平方米，报批新增建设用地17宗，原建设用地处置的16宗6.30万平方米，批报国有农用地转让1宗119.91万平方米。

2002年，审查报批建设用地16宗1199.8亩，其中耕地54.5亩，按权限和程序报批国有农用地转让2宗6868.4亩。

2003年，审查报批各类项目建设用地53宗6364.6亩，批准供地的项目建设用地37宗4766.6亩，报政府待批16宗1598亩。

2004年，共申请各类项目用地57宗5118.43亩，批准供地41宗4354.39亩。

2006年，审查报批农用地转用4个批次，面积282.5亩，报批各类项目建设用地53宗1630.3亩。

2009年，报批建设用地48宗3510.73亩，办理国有土地修建用地许可证41宗，集体土地修建用地许可证1宗，审查上报临时用地121宗171.42亩。

1990—2009年凉州区各类建设用地面积统计一览表

表8-8-2

项目/年份	国家建设		集体建设		合计	
	宗数	面积（亩）	宗数	面积（亩）	宗数	面积（亩）
1990	40	832.7	—	—	40	832.7
1991	21	135	—	—	21	135
1992	35	473.98	40	44.5	75	518.48
1993	64	1997.8	19	331.85	83	2329.65
1994	99	1414.4	14	177.3	113	1591.7
1995	43	2934.27	18	144.11	61	3078.38
1996	25	1878.27	—	—	25	1878.27
1997	26	382.78	—	—	26	382.78
1998	26	1076.52	—	—	26	1076.52
1999	87	795.4	6	1076.9	93	1872.3
2000	102	901.6	28	3245.2	130	4146.8

表 8-8-2

项目 / 年份	国家建设		集体建设		合计	
	宗数	面积（亩）	宗数	面积（亩）	宗数	面积（亩）
2001	131	794.7	—	—	131	794.7
2002	13	1195.9	3	3.9	16	1199.8
2003	47	6110.56	6	254.04	53	6364.6
2004	41	4354.39	—	—	41	4354.39
2005	61	5291.76	—	—	61	5291.76
2006	53	1630.3	—	—	53	1630.3
2007	32	7543.08	—	—	32	7543.08
2008	41	1971.19	8	38.69	49	2009.88
2009	33	3485.64	15	25.09	48	3510.73

第四节　土地规划

1993—1994 年，编制完成全市土地利用总体规划并公布实施。

1998—1999 年，重新修编全市土地利用总体规划并公布实施。

2000 年，编制完成乡镇级土地利用规划并公布实施。2000 年全市耕地面积稳定在 177 万亩，耕地减少量控制在 2.22 万亩以内，补充耕地 2.64 万亩，其中占用耕地控制在 4507.5 亩以内；开发宜农荒地 25.5 万亩，其中开垦耕地 9990 亩。

到 2009 年，全区土地利用率由 1999 年的 49.4%提高到 61.2%，利用土地达到 447 万亩。耕地减少量控制在 6.56 万亩以内，通过土地开发和农地整理，增加耕地 8.06 万亩，耕地总面积稳定在 178.5 万亩。划定基本农田保护面积 150 万亩，规划保护率 84.2%。扩建园地 6.14 万亩，使园地总面积达到 17.39 万亩，林地增加 75 万亩，林地总面积达到 96 万亩，森林覆盖率力争达到 13.1%；牧草地发展到 99 万亩，增加 0.5 万亩。新建水库增加水面 125.5 万平方米，水面面积达到 1962.1 万平方米。增加各类建设用地 4 万亩，其中占用耕地控制在 1.5 万亩以内。

第五节　基本农田保护

2002 年，凉州区申请武威市国土资源局验收宜农荒地开发 1200 亩，占补平衡后增加耕地 921.6 亩。

2003 年，按照“七有”(有政府文件或公告、有管护组织、有保护图件、有登记档案、有乡规民约、有保护协议、有重点地块保护标志）标准，完成全区乡镇的基本农田保护档案，做到表、卡、册与实地相一致。在基本农田保护范围内设置基本农田保护标志牌 2000 块，基本农田保护面积达到 152 万亩，保护率达到 87%。

2004 年，编制完成下双乡涨泗村、沙河村红岗墩滩宜农荒地开发整理项目 2 个，面积 5736.3 亩。全区完成耕地补充 2100 亩，批准各类建设项目用地占用耕地 434.42 亩，占补平衡后净增耕地

1665.58 亩。

2005 年，全面落实基本农田保护责任制，全区划定基本农田 11295 片、90246 块，设置基本农田保护标志牌 4343 块，补划基本农田 256.5 亩，签订基本农田保护责任书 3427 份，把基本农田的保护责任层层落实到村、组、农户，确保全区 156 万亩基本农田面积不减少。

基本农田

2007 年，进一步完善基本农田的管护措施，更新基本农田管护档案和图件，新设立高标准基本农田保护标志牌 100 多块，开展基本农田动态巡查 18 次，制止违法占用基本农田案件 2 起。

2008 年，把保护耕地作为基本农田管护的重中之重。总投资 1500 万元的谢河镇基本农田整理项目工程按期竣工，项目建设规模 11000 亩，完成土地平整 9022 亩，新增耕地 552 亩，在增加耕地数量的同时，提高了项目区耕地的质量。

2009 年，区、乡、村、组四级进行签订《基本农田保护目标责任书》，建立基本农田 4 级保护网络，新设立基本农田永久性保护标志牌 32 块。并结合第二次土地大调查，重新核实调整优化基本农田，做到基本农田保护档案、图、表、卡、册与地块相符，档案、图件、数据齐全，建立基本农田保护档案 38 卷。全区基本农田保有量为 147.9288 万亩，基本农田保护率为 85%。

第六节　矿产资源管理

凉州区境内有铁、铜、金、煤、地热、砖瓦黏土、石灰岩、萤石、重晶石、建筑用砂、建筑用石料凝灰岩等 13 种矿产，矿床、矿点、矿化点 20 多处，以煤、砖瓦黏土、凝灰岩等非金属矿床（点）及其资源储量居多。

2002 年，在进一步摸清全区矿点的基础上，建立新的矿产企业档案，全区有矿点 150 个，其中正常经营的有 88 个，处于半停产状态的有 28 个，停产的有 34 个。矿点中砖厂 90 个、小煤窑 15 个、其他 45 个。区内原有小煤矿 15 个，经整顿已关闭停产 5 个，暂保留 10 个，其中：6 个经上级部门验收，核发采矿许可证。

2003 年，对 115 家矿山企业进行矿产资源开发利用年度检查（其中煤炭企业 11 家、耐火土矿 2 家、建筑用砂石 26 家、砖瓦黏土 76 家），为 5 户企业换发采矿许可证，26 户企业办理矿产许可证手续，取缔无证开采的 5 个矿点，查出越界开采 6 处，吊销采矿许可证 1 个，设立禁采区 1 个，限采区 2 个，责令停产整顿矿山企业 24 家，会同有关部门处理矿界纠纷 14 起，建立矿产资源信息管理系统“数据库”，实现矿产资源的微机管理。

2004 年，开展矿业秩序专项治理整顿，对 98 家矿产企业进行矿产资源开发利用年度检查，下发责令停工通知书 35 份，依法取缔关闭非法采矿点 1 处。采取市场运作的方式，挂牌出让采矿权 11 宗，其中确认成交 9 宗。依法办理采矿许可证 8 个，依法征收各类矿费 12.23 万元。

2005 年，进一步推进矿产资源的市场化配置，共下达责令停止矿产资源违法通知书 18 份，对大沙沟矿区 5 处非法开采的小煤窑予以取缔，对谢家河滩内 2 处无证开采的非法采石场进行处罚。

2007 年，对全区 143 家矿山企业进行拉网式的执法检查，对各类问题进行梳理归类，通过对采矿企业进行年检，有不合格砖厂 8 家、采石场 19 家，限期进行整改。

2009 年，对 131 个采矿企业、4 个探矿企业进行年检，完成 131 个企业年检报告书和固体矿产资源统计基础表的填报和计算机录入管理。

第七节　土地监察

一、制度建设

1990 年，武威市转发《民政部、国家土地管理局关于制止丧葬滥占土地私建坟墓的通知》。1991 年，下发《关于收回部分单位农场土地使用权的批复》《土地开发实施方案》《关于违反土地管理法律、法规行政纪律处分的规定》。1994 年，下发《城东经济开发区工业小区土地使用管理办法》《城镇房地产交易管理试行办法》。1997 年，下发《各类非农业建设用地清查中有关问题的处理办法》。2002 年，制定《土地估价事务所组织章程》。2005 年，制定《土地登记资料公开查询办法》。2007 年，编制完成了《2007 年度地质灾害防治预案》。2009 年，下发《关于确定土地权属若干问题的规定》和《关于城乡建设用地管理办法》。

二、执法

1990 年，武威市对南营等 6 个乡镇的 21205 户农民建房用地进行清理，查出违章违法占地 763 户 167 亩，收回 52 户的超占用地 28 亩，依法调处 34 起土地侵权纠纷，涉案面积 109.2 亩。

1991 年，全市立案 31 起，其中侵权案 9 起，涉及土地面积 1391 亩，擅自占地案 22 起，占地 8.2 亩，拆除违章建筑物 2107 平方米，收回土地 8.2 亩，罚款 9730 元。

1992 年，立案 59 起，结案 56 起，涉及土地面积 506.39 亩。

1994 年，查处违法用地案件 4 起，面积 75 亩；调处土地纠纷 16 件，面积 1079.8 亩；土地权属争议案 17 件，面积 1029.4 亩。

1995 年，查处违法占地案 2 件，面积为 0.4 亩。土地纠纷立案 14 件，纠纷涉及面积为 794.6 亩，结案 13 件，面积 752.1 亩，调处率达 92.9%。

1996 年，查处违法占地案件 2 起，面积 0.4 亩，土地侵权案件 2 起，面积 0.1 亩。

1997 年，对非农业建设占用耕地冻结一年，查处违法占地案件 227 起，调处土地权属纠纷 4 起。

1998 年，查处违法占地案件 6 起，调处各种土地纠纷 8 起，涉及土地面积 1223 亩。

2001 年，实施动态巡查，一级巡查区巡查 11 次，二级巡查区巡查 23 次，查处和制止土地违法案件 4 起，涉及面积 2.06 万平方米；强制当事人履行义务案件 8 起，涉案面积 0.52 万平方米；查处土地侵权案件 2 起，涉案面积 21.33 万平方米；调处土地纠纷 2 起，涉案面积 3.67 万平方米。

2003 年，开展国土资源动态巡查 22 次，查处各类土地违法案件 19 起，其中拒不交出土地案 6 起，涉案面积 1401.44 亩；调处土地权属纠纷 6 起，确定村与村之间的土地界线 12 条。

2004 年，开展国土资源动态巡查 65 次，调处土地权属纠纷 7 起，查处各类土地违法案件 11 起，涉案面积 1126 亩，罚款 45922.72 元。

2006 年，开展动态巡查 48 次，查处国土资源违法案件 13 起，罚款 15.65 万元；拆除违法建筑面积 2738.4 平方米；查处矿产资源违法案件 5 起，罚款 5.85 万元；调处土地权属纠纷 8 起，涉及面积 510 亩；制止非法开荒 8 起，面积 697 亩。

2007 年，重点加强对国省道沿线、城乡结合部及基本农田范围内农村宅基地的巡查监督，全年开展动态巡查 54 次，其中土地巡查 31 次，矿产资源巡查 23 次；查处土地违法案件 23 起，涉案面积 1025.63 亩，罚款 1210958.4 元；调处各类土地权属纠纷 3 起，涉及面积 45 亩；土地行政复议案件 3 起；查处各类土地违法案件 91 件，涉案面积 1141.3 亩。

2008 年，开展动态巡查 58 次，查处土地违法案件 12 起，涉案面积 57.13 亩，罚没款 25 万元，拆除违法建筑 1126 平方米；调处土地权属纠纷 4 起。

2009 年，开展动态巡查 63 次，依法立案查处土地违法案件 13 起，涉案面积 22.8 亩，共罚款 41104.66 元，拆除违法占地上的建筑物 6344.55 平方米。依法立案查处矿产资源违法案件 2 起，罚款 9080 元。

第十章　国有资产管理

第一节　机构设置

1992 年，成立国有资产管理办公室，为财政局内设股室，对全市国有企业进行产权登记，并在部分行政事业单位进行财产清查登记试点工作。

1996 年，国有资产管理局职能并入财政局，保留国有资产管理局的牌子。财政局加挂国有资产管理局的牌子，实行两块牌子、一套人马，行使全市国有资产管理职能。

2001 年 8 月，武威市国有资产管理局更名为凉州区国有资产管理局，之后，机构与管理体制无变化。

第二节　产权登记年检与评估

一、产权登记年检

1992 年，武威市按照有关规定确定全市产权登记的范围、内容和程序。1996 年，将产权登记纳入经常性产权管理之中，对全市的行政事业单位进行产权登记工作，登记单位 274 户。1997—1999 年，对 248 户行政事业单位、51 户国有企业进行产权登记和年度检查工作，基本上掌握了全市行政事业和国有企业单位的国有资产占有使用及增减变化情况。2000—2003 年，对 38 户行政事业单位占有使用原始价值在 1000 元以上，使用年限在一年以上的所有资产进行登记检查。通过对比分析，初步核实被查单位的资产占有使用和增减变化情况，以及国有资产管理使用中存在的问题。2007 年，对全区 283 户行政、事业、国有企业单位进行年检，对部分未经批准随意处置国有资产的单位进行遏制。2009 年，对 260 户行政、事业、国有企业单位进行产权登记发证工作，有 17 户单位换发产权登记新证，对 128 户行政企事业单位的国有资产进行信息化管理。行政事业单位资产总额 295257 万元，负债总额 120964 万元，国有资产总额 183863 万元，固定资产总额 178435 万元。

二、评估

1996 年，制定《关于资产评估立项和确认工作的若干规范意见》《国有企业不良资产清理和处理的暂行规定》《国有企业不良资产清理和处置的暂行规定实施细则》。2002 年，对全区国有改制企业的资产进行评估，完成 18 户企业的资产评估工作。2003 年，对 22 户国有改制企业和 17 户集体企业进行资产评估审核备案工作。

第三节 清产核资

1994 年，根据《武威地区 1994 年清产核资工作方案》的通知精神，对甘肃武威酒厂、甘肃凉州皇台酒厂、武威纺织厂、武威建筑材料总厂 4 户国有企业进行清产核资工作。

1996 年，为理顺国家和企业的产权关系，建立权责明确的国有资产营运体系和统计体系，对全市国有企业进行清理调查。

2003 年，下发《预算单位清产核资实施办法》《预算单位清产核资资金核实办法》。全区成立清产核资领导机构 60 个，清理预算单位 280 户，对预算单位的“资产、人员、收入、资金”进行清理核实。经核查全区预算单位资产总额 79016.71 万元，负债总额 23080.27 万元，资产盘盈 20305.80 万元，资产盘亏和损失 935.24 万元，资金挂账总额 1303.4 万元，待界定资产 3502.68 万元。同时，对全区 63 户国有企业的国有资产进行全面核查，经核查，全区国有企业国有资本 73302 万元，国有资产 143834 万元。

2004 年，开展预算单位清产核资的检查验收工作。完成 86 户一级预算单位、194 户二级预算单位、9 户自收自支事业单位的清产核资资金核实工作。全区预算单位清产核资全部资产盘盈批复入账 20305.8 万元（固定资产 19946.76 万元，流动资产 359.04 万元），全部财产盘亏和损失批复核减 935.24 万元（固定资产 932.51 万元，流动资产 2.73 万元）。

2006 年，为进一步做好产权转移、转让工作，对凉州区广播电视局上划武威市广播电视局和保留区上的资产进行清理、清查和核实工作。经核实，区广播电视局及其播出机构资产总额为 1441.14 万元（含土地资产 209.90 万元），其中区广播电视局保留资产 294.07 万元（不含土地资产），占资产总额的 23.80%；划转市广播电视局的资产 937.17 万元（不含土地资产），占资产总额的 76.12%，并相应做了资产移交的有关工作。完成对黄羊河农场、甘肃省农科院、甘肃省畜牧工程职业技术学院所属 4 所小学移交凉州区管理的资产进行清理核实。2007 年，对 375 个行政事业单位国有资产进行全面清查核实。通过清查工作，全区行政事业单位账面总资产为 112685 万元，清查数为 113306 万元，增加 621 万元。固定资产净值账面数为 80218 万元，清查数为 84254 万元，增加 4036 万元。流动资产及其他资产账面数为 32467 万元，清查数为 29052 万元，减少 3415 万元。资产盘盈合计 5666 万元。流动资产盘盈 126 万元（其中事业单位盘盈 126 万元、固定资产盘盈 5540 万元）。资产损失合计 2008 万元（其中流动资产损失 346 万元、固定资产及其他资产损失 1662 万元）。

2009 年，建立全区行政事业单位国有资产信息化管理系统。

第四节　产权转让与资产处置

一、产权转让

2001年，对武威市工商局凉州分局创办的市场建设服务中心负责经营管理的19个市场（其中城区11个、农村8个），以及所属市场信息中心的房屋、建筑物、机械设备以及低值易耗品采取以物对账、以账对物的方式逐一进行清理清查，并对未上账的资产现场进行评估入账。通过清理清查，19个市场及市场信息中心的账面固定资产2535.59万元，实际固定资产2112.92万元，土地面积25.5万平方米，全部划转移交凉州区经济贸易委员会管理。

2002年，对产权划转移交的区建设、文化、民政系统及统计局城调队共17个行政、企事业单位的房屋、建筑物、机械设备、其他固定资产及低值易耗品进行了清理清查，清查出固定资产17578.84万元，流动、长期及其他资产8847.52万元，资产总额26426.36万元（其中负债12548.10万元），全部由凉州区划转移交武威市。其中建设系统9个行政、企事业单位，划转移交固定资产16296.36万元，流动、长期及其他资产8751.13万元，资产总额25047.49万元，负债总额11855.23万元；文化系统4个事业单位，划转移交固定资产1033.83万元，流动、长期及其他资产61.24万元，资产总额1095.07万元，负债总额660.17万元；民政系统3个事业单位，划转移交固定资产244.26万元，流动、长期及其他资产35.15万元，资产总额279.41万元，负债32.70万元。

2003年，完成对区委原办公平房资产划转移交武威市博物馆（文庙）的工作，划转移交固定资产55万元，建筑面积1549.31平方米。

2004年，将区委原综合办公楼及所属建筑物的资产一次性划转移交区教育局使用，划转移交固定资产223.17万元，建筑面积4669.21平方米，土地面积3120平方米。

2005年，对区卫生学校、水电学校、乡企技术学校的资产进行清理清查，将区卫生学校资产整合到凉州医院管理，将区水电学校、乡企技术学校资产移交凉州区教育局管理。

2006年，完成撤并乡镇资产移交工作。将上泉、二坝、庙山、南营、校尉5个乡政府及原中路乡卫生院的全部资产534.21万元（含土地资产）划转区教育局管理；将原双树乡政府全部资产84.39万元、青林乡政府全部资产82.57万元和原中路乡政府的前院资产40.94万元分别划转发放、丰乐和张义镇，由以上三镇创办敬老院；将原西营镇政府的全部资产127.77万元（含土地资产）划转区卫生局管理；将六坝乡政府的全部资产97.06万元（含土地资产），出让给金马力车辆制造公司，用于农用车项目建设。

2007年，区政府、中国储备粮总公司兰州分公司签定《关于武威市凉州区第一粮食仓库、南园粮食仓库与中储粮总公司兰州分公司资产重组整体接管交接协议》，将上述单位的资产、负债整体划转中央储备粮武威直属库管理使用。划转资产总额6014.16万元（其中负债5880.19万元）。

二、资产处置

2001年，凉州区对全区改制企业的资产评估情况进行评价，组织国有企业对产权进行整体出售工作。当年出售国有企业4户，出售资产总额2957万元（其中负债1983.77万元），出售改制费用1523.42万元。核销凉州医院、中医医院、第三医院、公路管理站等8户行政、事业单位报废、报损的资产155.47万元。

2002年，凉州区组织国有资产产权出售1次，出售资产总额2612.15万元（其中负债2074.51万元)，出售改制费用 628.83 万元。核销武威六中、甘肃濒危动物研究中心等 10 个单位报废、报损的资产 106.2 万元。

2003 年，按照区政府《企业产权整体出售实施方案的批复》的精神，组织出售武威市植物油脂有限公司、人民饭店、武威南水泥有限责任公司等 13 户企业的产权，出售资产总额 22051.14 万元(其中负债 12342.61 万元)，出售改制费用 9854.95 万元。

2004 年，完成武威市糖业烟酒有限公司、武威市商业大厦有限公司、武威市红柳面粉有限责任公司、甘肃陇海陶瓷有限责任公司 4 户企业的产权出售工作，出售资产总额 10524.94 万元（其中负债 7504.07 万元)，出售改制费用 3736.08 万元。对西关小学、凉州医院、四坝镇人民政府、区人民法院、第十二中学、区第一幼儿园、第十中学、第四中学、第五中学、区第四人民医院等 18 户行政、事业单位报废、报损、拆除的资产进行核实和核销，核销报废和报损资产 299.187 万元。

2005 年，全区与购买者签订《产权出售协议》7 份，出售资产总额 25835.96 万元（其中负债总额 8864.13 万元)，出售改制费用 9734.32 万元。对凉州区广播电视局、西关街街道办事处、武威第七中学、第十六中学、凉州医院、清水乡政府、区机关事务中心、区教育局等 16 户行政、事业单位报废、报损、拆除的资产进行核实、核销。在企业改制中，对武酒集团和爱雅公司的改制采用“划转有效资产”的方式，分别成立武威雷台酒厂、武威银河亚麻纺织厂。对陇海陶瓷公司的改制采用“分离剥离”的方式，将水泥制品和陶瓷厂分设。

2006 年，完成黄羊镇政府原办公场所、发放镇原卫生院的国有资产产权的转让，签定《产权出售协议书》2 份，出售资产金额 217.32 万元。与武威市五金交电化工有限责任公司签订《产权出售协议》1 份，出售资产总额 3495.98 万元（其中负债总额 2659.05 万元)，出售改制费用 768.43 万元。

2007 年，与武威市粮油购销公司签订《产权出售协议》1 份，出售资产总额 1585.67 万元（其中负债总额 1408.77 万元)，出售改制费用 117.70 万元。对区法院、检察院、文体局、区农办、农机局、审计局、卫生局、经贸局、畜牧中心、武威第十三中学、武威第十六中学、东关民族小学等 28 户行政、企事业单位报废、报损、拆除、划转、处置的资产进行核实和批复工作，报废、报损、划转和处置资产 6887.75 万元（包括房屋建筑面积 13546.48 平方米，价值 625.65 万元)；对区检察院、卫生局药检大楼处置、划转资产（建筑面积 6087.53 平方米，占地面积 2813 平方米)、评估值 575.65 万元(含扣除的土地出让金）进行监督、检查工作。

2008 年，出台《凉州区行政事业单位国有资产处置意见》，对区法院、检察院、畜牧中心、农牧局、团区委、人大、区政府办、公安局、武威第八中学、武威第六中学等 33 户行政、企事业单位报废、报损、拆除、划转、处置的资产进行核实和批复工作，报废、报损、划转和处置资产 1212.7 万元（其中包括房屋建筑面积 27149.26 平方米，价值 177.7 万元)；对农机推广站处置的办公楼（建筑面积 1182.16 平方米，资产评估值 187.06 万元）进行处置；将荣华公司所属的味精公司和工贸公司办公楼资产（总建筑面积 15184.24 平方米，评估价 1735.86 万元)，计评估值 638.77 万元，抵顶区财政借款 2300 万元，解决区属的 15 个行政事业单位办公用房的问题。

2009 年，对批准处置的国有土地使用权、房屋资产、车辆、设备进行集中统一处置。完成区乡企局原办公楼、火车站街道办事处办公楼、区委党校等单位的资产处置工作。

第九编

农业和农村经济

本编目录

第一章　农业

第一节　机构设置

1990 年，武威市农牧局内设党委办公室、人秘股、农业股、畜牧股，下属单位有市农技中心、畜牧兽医中心、经管站、农广校、园艺工作站、农业商品基地办、种子管理站、农业技术学校、白猪育种场、种子公司、良种繁殖场、东关园艺场、太平滩园林场。

1995 年，新设法制办和财务股。

1996 年，新设科教股、农业信息股和兽医卫生兽药监督所。

1997 年，新设企业管理股。

2001 年 8 月，武威市农牧局更名为凉州区农牧局。

2002 年，农牧局内设党政办公室、农业股、计财股、农业法制办、畜牧水产股、种子产业股，成立凉州区农产品质量检测检验站，隶属区农牧局管理。

2007 年，将区农业委员会管辖的区能源办公室、区划办公室、基地办公室划入农牧局管理；将凉州区农业商品粮基地建设领导小组办公室更名为凉州区种子产业办公室；凉州区农业信息中心更名为凉州区农业产业化研究中心；撤销区园艺工作站，组建凉州区农业综合执法大队，加挂凉州区种子质量监督站、凉州区农药监督所牌子；将区蔬菜产业局划归农牧局管理，更名为凉州区蔬菜产业办公室；将农牧局管理的区农作物原种场、清源良种场、太平滩园林场、农产品质量检验检测站划归农技推广中心管理，兽医卫生兽药监督所、白猪育种场划归区畜牧兽医中心管理。

2008 年，凉州区农产品质量检验检测站由区农技推广中心划归区农牧局管理，更名为凉州区农畜产品质量检验检测站。

2009 年，在区畜牧兽医中心的基础上组建凉州区畜牧兽医局，隶属区农牧局管理。凉州区农牧局内设党政办公室、农业办、畜牧水产办、项目管理办、计财办、法制科教办。下属区农技中心、畜牧兽医局、经管站、农业综合执法大队、蔬菜产业办公室、能源办公室、种子管理站、产业化研究中心、种子产业办公室、区划办公室。

第二节　农村经济改革

一、统分结合的双层经营体制

1990 年，武威市在四坝乡和六坝乡开展完善农村合作经济组织双层经营体制工作试点。通过试点建立健全合作经济组织，以村民小组为单位，建立经济合作社，以村为单位建立经济联合社。在不断完善土地承包合同管理的基础上，对家庭承包责任制以来的承包合同进行全面清理，对历年承包合同未兑现的10739户，涉及金额65.1万元进行清理；对到期的31份专业承包合同，重新进行发包；对内容不完备、条款不清楚、手续不健全的137份合同，补办和完善合同手续，签订承包合同131226份，其中专业承包合同达1613份。

1997年，按照《市政府关于进一步稳定和完善农村土地承包关系的通知》，关于“土地承包期再延长三十年不变”“承包土地大稳定，小调整”“增人不增地，减人不减地”等稳定农村土地承包政策，统一使用由省农业厅印制、市政府套章的“土地承包经营权证书”，统一为乡镇的“土地经营权证书”《土地承包合同书》编制序号，统一制定《第二轮土地承包工作具体操作方法》。

1998—1999年，全面开展土地延包工作，续签土地承包合同的农户达到17.08万户，占应续签总农户数18.16万户的94.1%；颁发土地经营权证书17.01万户，占93.7%；已颁证的承包面积达到162.24万亩，占全市集体所属总耕地140.58万亩的115.4%。

2008年，出台《关于推进城乡一体化进程中加快农村土地承包经营权流转的指导意见》，按照“依法、自愿、有偿”的原则，进行土地承包经营权流转。

2009年，通过互换、转包、转让、托管等流转形式，共流转土地9.14万亩，续签土地合同和颁发经营权证书的农户18.14万户，占应续签总农户数18.2万户的99.67%；已颁证的承包地面积135.86万亩，占集体所属耕地总面积136.48万亩的99.55%；机动地6045亩，占0.44%。

二、建立社会服务体系

1990年，武威市建立农村合作基金会的乡镇有26个，占全市乡镇的68.4%，统筹资金802万元，累计融资量达1331万元。向99家乡镇企业投放448万元，向223家联营体投放31.3万元，向430家专业户投放51.6万元，向2.3万家一般农户投放393.3万元，占75.5%。

1993—1995年，出台《农村合作基金会规范化管理办法》，全市农村合作基金会有34个（其中乡会33个、村会1个），统管可融资金2163.1万元，投放资金总额1427.1万元，其中为1万多农户生产投放659.9万元，平均每户616元；为45个农业服务组织投放82.7万元；为开展统筹服务代垫资金32万元；为39家乡镇企业投放113.4万元；为34家村组企业投放115.8万元；为64户联户企业投放231.3万元，其他投资165万元。

2000年，农村合作基金会总资产达到3711.5万元，其中现金120.5万元，存款329.42万元，有价证券0.74万元，放款2319.5万元，呆账准备金（减）10.61万元，应收利息787.1万元，暂付应收款130.6万元，固定资产净值32.75万元，库存物资1.6万元。总负债为2723.52万元，其中存款化股金997.47万元，代管资金1375.37万元，拆入资金87.2万元，应付利息98384万元，暂收应付款164.64万元。所有者权益为987.63万元，其中实收资本0.8万元，公积金244.29万元，公益金31.07万元，未分配利润102.82万元。

2001年，各农村合作基金会开始集中兑付存款，共兑付存款本金469.32万元，占应兑付存款本金2372.84万元的19.8%，其中兑付农户381.7万元，村组集体85.48万元，兑付利息30.38万元，占应兑付利息98.84万元的30.7%。应付未付的存款本金1903.64万元，其中农户537万元，村组集体855万元，行政事业单位315.2万元，企业0.14万元，外单位个人196.3万元，应付未付的利息68.46万元，对遗留问题逐一进行检查、落实和妥善处理。

2008—2009年，依托区经管站成立凉州区兴农信用担保中心，受理申请担保的贷户85户，申请贷款593万元，其中凉州区兴农信用担保中心和金融机构考察发放贷款的24户，贷款金额150万元，涉及高坝、张义、羊下坝、洪祥、五和、东河6个乡镇。

第三节　农业生产条件

一、农业气候与人工增雨

进行火箭人工增雨作业现场

农业气候　凉州区地形由西南向东北倾斜，海拔高度1440~3262.9米，属温带大陆性干旱半干旱气候，常年干旱少雨，日照充足，温差较大，年均气温7.8℃，无霜期150天，初霜日一般在10月5—15日，终霜日一般在4月20日至5月5日，降水量161.6毫米，川区蒸发量≧2020毫米，年光热总辐射量138.45千卡/平方厘米，≥0℃的有效积温平川区为3500~3650℃，>10℃的有效积温平川区为3000~3200℃，全年日照时数2967.8小时。主要灾害性天气有干旱、大风、沙尘暴、干热风、霜冻等，连阴雨天气主要集中在7、8、9三个月，7—9月降雨量占全年降雨量的60%以上。自然生态环境复杂多样，适应发展农林牧副业。

人工增雨　全区人工影响天气（人工增雨）工作始于1995年，至2009年，在丰乐、南营水库设有两个高炮人工影响天气作业点。年均组织人工增雨（雪）作业100次，通过发射高炮弹、增雨火箭和施放增雪焰弹增雨，年均增水量0.2亿~0.5亿立方米。

二、农用地与劳动力

农用地　2009年，全区农用地面积398.52万亩，耕地面积233.15万亩，常年粮食作物播种面积115.7万亩，瓜菜播种面积30多万亩。

劳动力　1990年，武威市有农业人口74.24万人，农村向外输转劳动力21.52万人（次）。15—64岁劳动人口由2000年的68.80%上升到2005年的72.69%。2009年，有农业人口78.11万人，劳动力适龄人口比重加大，达到72.7%，处在劳动力适龄人口比例最高时期。

三、农田基本建设

耕地　凉州区土壤类型以中壤土为主，土壤容重1.42吨/立方米，田间持水量23%左右，土壤pH值为7~8，耕作层土壤平均有机质含量达1.5%，土层深厚，质地优良，适宜于多种农作物生长。1990年，全市耕地面积有146.13万亩，1995年后减少至145.9万亩。1997—2001年，通过土地开发、整理和复垦，耕地及基本农田保护面积比上一阶段有所增加。2009年，根据第二次全国土地调查，全区耕地面积233.15万亩。

灌溉　凉州区处于祁连山下，祁连山终年积雪以及冰川分布是凉州区境内西营、金塔、杂木、黄羊等河流的发源地，是全区农业用水的主要水源，这4条河流均发源于祁连山北端的冷龙岭北坡，属石羊河流域。从 20 世纪 90 年代以来，初步形成蓄、引、提、输结合，干、支、斗、农渠道配套，喷、滴、管高新节水技术协调发展的灌溉体系。2000—2007 年，实施大型灌区续建配套与节水改造、日协项目（由日本协力公司援助）、农业综合开发和节水灌溉等项目。特别是 2007 年，石羊河流域重点治理项目和中央财政小型农田水利重点县项目实施以来，极大地改善了全区农田水利基础设施条件。2009 年，衬砌干支渠道 247 条 1026 公里，斗、农（井）渠道 11291 条 6753.74 公里，修建各类建筑物 14.06 万座，兴建引水渠首枢纽 8 座，配套机电井 4856 眼，河水灌区渠系水利用率提高到 60%，井水灌区提高到 90%，但田间渠系配套率仅为 70%，河水灌区修建的斗、农渠量水设施配套率只有 65%和 17%。

四、农业机械

实行家庭联产承包责任制后，农民独户经营的小型机具迅猛发展。1990 年，全市有耕作机械 11119 台，其中大中型拖拉机 1067 台，小型拖拉机 10052 台，配套农具 21391 台，排灌机械 5224 台。1994 年，农用平价柴油取消后，全市农机发展市场化加快。1999 年，武威市高坝镇碌碡村安装第一台日光温室电动卷帘机，带动起一批新机具在日光温室中运用。2004 年，随着中央财政加大农机购置补贴扶持力度，凉州区大中型拖拉机发展速度明显加快。2009 年，农业机械总值达到 9.25 亿元，耕作机械总数为 41500 台，其中大中型拖拉机 1803 台，小型拖拉机 39700 台，配套农具 84500 台，排灌机械 13100 台，农机经营纯收入达到 1.25 亿元。

第四节　农业区划与结构

一、区域布局

1990—1995 年，采取“一压两扩”,在保证粮食生产的前提下，有计划的发展甜菜、亚麻、蔬菜、果品等经济作物，到 1995 年，建成 7 个农业商品生产基地，东部山水灌区（黄羊、杂木河系）以甜菜为主，西部山水灌区（西营、金塔河系）以亚麻为主，井泉灌区和混灌区以粮经带种、粮经复种和蔬菜果品为主，其中甜菜基地 4.7 万亩，亚麻基地 1.4 万亩，酒原料基地 6 万亩，蔬菜基地 8 万亩，果品基地 4.9 万亩。

1996—2000 年，进一步采取“两压三扩”（压粮、压夏、扩秋、扩经、扩草），大力发展蔬菜、畜牧、葡萄，制种四大支柱产业，其中以玉米、瓜菜为主的制种面积达 10.78 万亩，以日光温室为主的蔬菜面积达到 25.3 万亩。

2001—2005 年，即“十五”期间，相继建成以黄羊、谢河、清源、武南、高坝、羊下坝为主的优质专用粮经济产业带；以双城、洪祥、长城、永昌、清源、九墩、丰乐为主的农作物制种经济产业带；以高坝、金羊、清水、发放、中坝、清源、大柳为主的蔬菜经济产业带；以张义、黄羊、古城为主的中药材经济产业带。这些经济产业带的建成和发展，带动了农村经济的快速发展。

2006—2009 年，即“十一五”期间，在区域布局上，张义山区重点发展日光温室人参果产业，发展加工型马铃薯、中药材、亚麻等作物，逐步建立马铃薯脱毒种薯繁育基地；沿山冷凉灌区黄羊、谢河、河东、古城、韩佐、新华、金塔、柏树、松树、西营、康宁、丰乐、永丰、怀安、金山、五和等乡镇，重点发展优质小麦、大田玉米、啤酒大麦、甜菜和加工型马铃薯，发展日光温室食用菌和特色林果，以及核桃、软儿梨、枸杞等露地林果；西营灌区把大田玉米、加工型马铃薯、优质林果等节水作物作为推广的重点，进行区域化布局，集中连片规模生产，实现大田节水的新突破；城（近）郊高坝、清水、发放、中坝、金羊、金沙、和平等乡镇，重点发展日光温室精细蔬菜和特色林果以及露地蔬菜，发展城郊休闲观光农业；井水灌区清源、大柳、羊下坝、下双、四坝、永昌等乡镇，重点发展日光温室外向型瓜菜，发展露地蔬菜、瓜菜制种、加工型番茄、优质小麦和玉米等作物；沿沙（滩）区吴家井、长城、东河、九墩、九墩滩、双城、洪祥等乡镇，重点发展种子产业，发展酿造葡萄、枸杞、红枣等经济林果，以及瓜类、加工型番茄、优质小麦和玉米等作物。

二、农业结构

1995 年，武威市农作物播种面积 140.3 万亩，其中粮食作物播种面积 103.5 万亩，建成吨粮田 12 万亩，双千田 5 万亩，经济作物面积 25.9 万亩，蔬菜面积 9.4 万亩。

2000 年，全市农作物播种面积 174.55 万亩，其中粮食作物面积 111.07 万亩，经济作物面积 22.45 万亩，蔬菜作物面积 25.29 万亩。夏秋比例达到 52.6:47.4，粮经饲比例达到 74.88:10.05:15.07。

2005 年，凉州区农作物播种面积 176.66 万亩，其中粮食作物面积 113.71 万亩，以瓜菜为主的经济作物面积 49.82 万亩，饲草及绿色作物面积 13.13 万亩。粮食作物夏秋比例由“九五”末的 52.6:47.4 调整为 47:53；粮经饲作物比例由“九五”末的 63.6:32.7:3.7 调整为 64.4:28.5:7.1。

2006—2009 年，即“十一五”以来，全区以落实石羊河流域重点治理各项措施为重点，实施“主辅转换”战略等措施，加大农业结构调整力度。农业内部农、林、牧结构由 2006 年的 71.8:0.1:28.1 调整到 2009 年的 65.2:1.1:33.7，种植业中夏秋比例由 2006 年的 56:44 调整到 2009 年的 40:60，粮经比例由 2006 年的 68:32 调整到 2009 年的 64:36。

第五节　种植业

凉州区适宜种植的农作物有小麦、啤酒大麦、玉米、马铃薯、谷子、豆类、油菜籽、胡麻、甜菜、大麻、向日葵、中药材、蔬菜、瓜类等。常年农作物播种面积 170 万亩左右，俗有“米粮川”之称。随着石羊河流域重点治理的全面实施，坚持“以水调结构，以水定产业，以水定规模”和“压夏扩秋、压粮扩经”“压低效作物、扩高效作物”的原则，加大种植业结构调整力度，使小麦、大麦种植面积逐年减少，玉米、马铃薯、瓜菜及其他经济作物面积逐年增加。

一、粮食作物

凉州区常年粮食作物播种面积 110 万亩左右，总产量 60 万吨左右，其中以小麦、大麦为主的夏粮作物面积 55 万亩左右，产量 23 万吨左右；以玉米、马铃薯为主的秋粮作物面积 55 万亩左右，产量 37 万吨左右。

春小麦　春小麦种植历史悠久，遍布全区山川，是主要的粮食作物。20 世纪 90 年代种植品种主要有武春系列、农春系列，穗大粒多，平均亩产 360 公斤。主要推广的品种有宁春 4 号、宁春 15 号、宁春 39 号、陇春 24 号等，较以往小麦有更好的丰产、稳产、抗病虫性能，且大多品种均为硬质品种，含有更多蛋白质，研磨出的面粉筋度高，加工性能较好，平均亩产 420 公斤。

冬小麦　20 世纪 50 年代，在武威市良种繁殖场开始试种，冬小麦春季返青比春小麦提前 10 天到半月，起到调节用水、用肥、用工和提前成熟，缓解农民饥荒用粮的作用，有效缓解夏季用水紧张的突出矛盾。20 世纪 80 年代以后，冬小麦调蓄用水的作用逐步被中小型水库取代，加之冬小麦越冬期的保苗问题没有解决，致使产量一般低于春小麦，种植面积逐年下降，仅在杂木河下游的古城、韩佐、武南和高坝等乡镇的个别村、组、户零星种植。2009 年，全区冬小麦播种面积达 2.96 万亩，平均亩产量达510公斤。

玉米　20世纪80年代以来，全市把扩大玉米、小麦玉米带田、地膜玉米的种植面积，作为提高粮食产量的重要措施，在地膜价格上给予补贴，优先供应化肥。推广单交一代优良品种，如京黄417、凉单1号、中单2号，种植范围逐步扩大。2000年，玉米种植面积达36.7万亩，在粮食作物中仅次于小麦，位居第二。通过集成推广优良品种、合理密植、全膜垄作、测土施肥、病虫综防等高产技术，对垄膜沟灌技术给予地膜补贴，有效促进了玉米生产发展。2009年，玉米种植面积达47.9万亩，推广金穗4号、临单217、沈单16号、豫玉22号等一批优质品种，平均亩产达750公斤以上，在粮食作物中位居首位。

马铃薯　适合与其他作物间作套种，实现两种两收。2009年，马铃薯种植面积达11.45万亩，总产达5.32万吨（折主粮）。主要推广了陇薯3号、克新1号、夏菠蒂等加工专用和粮菜兼用型品种。

大麦　大麦具有抗旱、耐瘠、早熟稳产等特点。20世纪80年代，洪祥乡的农民开始试种啤酒大麦，参试品种6个，其中有3个品种平均亩产高于春小麦，生育期缩短10~12天，刚好躲过7月份的高温天气，经济效益高。之后，在其他乡镇推广种植，面积逐年扩大。

豆类　主要有大豆（俗称黄豆）、扁豆、豌豆、蚕豆（俗称大豆）和鹰嘴豆。黄豆主要与小麦、玉米、谷子等作物间作套种，2009年，豆类种植面积达2.1万亩。扁豆和豌豆主要在山旱地种植，利用其早熟、茬口肥的特点，轮作倒茬，恢复地力。川区多在小麦地边点种扁豆，麦地混种豌豆，零星空地种植鹰嘴豆。吴家井、长城、清源等乡镇部分农户采用豌豆同玉米、甜菜等套种，效果较好。蚕豆多在盐碱地、二潮地种植，优质耕地单种较少，多在麦地周边点种。

谷子　耐旱、耐瘠、适应性强，又是秋禾作物，能调节用水，利于倒茬，仅有沿山河水灌区个别农户少量种植。

二、经济作物

胡麻　以种植油用品种为主，一年一熟，一般在4月上旬播种，8月上旬收获，生长期120天左右，具有耐高寒、耐瘠薄、耐干旱和喜长日照等特点。2009年，全区仅张义镇种植兼用型胡麻1500亩。

油菜　油菜性喜冷凉、湿润，生长期较短，适应凉州气候条件和地少人多的特点，实现两种两收，也是春小麦的良好前茬。以秋油菜为主，常年播种面积10万亩以上。2006年，全区限制复种，油菜种植面积急剧下降，仅剩春油菜，面积不足2万亩。

向日葵　主要与小麦、油菜间作套种，吴家井、长城、清源、九墩、四坝、洪祥等乡镇间作套种占有一定的比例，年产量达100万吨左右。2000年，播种面积达5100亩。2005—2009年，播种面积基本稳定在1000亩左右。

大麻　大麻种植历史悠久，麻皮薄、韧性强，在全省享有盛名，俗有“马儿坝的西瓜洪祥的蒜，海藏寺（金羊）的挑麻赛扣线”之美称。20世纪90年代后，原来生产用绳、做鞋用麻已被化纤原料所取代，因而种植面积急剧下降，种植区域不断缩小。2009年，仅在城郊的金羊、金沙等乡镇零星种植，面积不足千亩。

三、药材种植

凉州区产出的中药材质量好、品质优，市场价格逐年攀升，经济效益日益显著。种植品种主要有枸杞、甘草、牛蒡子、当归、板蓝根、黄芪等，种植区域主要分布在沿山和沿沙乡镇。沿沙乡镇以种植枸杞、甘草、金盏花、甜叶菊为主，沿山乡镇以甘草、金盏花为主。张义山区重点以牛蒡子、黄芪、当归、板蓝根品种为主。种植面积近万亩，年产药材达到450万吨，亩均纯收入1500元以上。

四、花卉栽培

20 世纪 90 年代，清源、清水、武南、高坝等乡镇开始零星种植日光温室花卉，面积只有 20 多亩，品种有玫瑰、康乃馨等，产值较低。2002 年，农技推广中心从上海、云南调进市场畅销的百合、玫瑰、康乃馨、非洲菊等鲜切花品种，在金羊、发放、双城、清水、清源、金沙等乡镇种植，面积达 500 多亩，带动了全区鲜切花的生产发展，远销新疆、青海、宁夏及省内其他地方。2003 年，农技推广中心和农户签订了花卉种植协议，农技中心负责技术指导和产品销售，农户负责生产。由于销售市场网络尚未健全，保鲜措施跟不上，发往乌鲁木齐、上海等外地城市的鲜切花发生霉变等现象时有发生，商家的回款率大幅下降，影响农户花款的及时兑付。2005 年，全区种植面积大幅缩减，只有 80 多亩的玫瑰、26 亩的康乃馨，除农技中心收购一部分外，农户自己送往本市的一些花店进行自销。2009 年，随着蔬菜效益的逐步回升，大部分花卉种植棚改种蔬菜，仅有清水、清源、张义的老种植户种植康乃馨、非洲菊等花卉品种，以及部分适合城市绿化的草本花卉品种如三色堇、矮牵牛、万寿菊、金盏菊、雏菊、凤仙花、鸡冠花和羽衣甘蓝等。

第六节　瓜菜产业

一、种植品种

2003 年，据凉州区蔬菜产业局调查统计，全区种植的蔬菜品种有 10 大类 37 种。2004—2006 年，在清水、发放、永昌、高坝、四坝、黄羊镇相继建立 6 个育苗中心，荷兰瑞克斯旺、以色列海泽拉等世界知名蔬菜种子企业相继入驻育苗中心。2008 年，引进蔬菜、瓜果、林果新品种 158 个，筛选出适宜推广的品种有 35 个。2009 年，日光温室生产栽培的各类产品共 12 类 40 种约 400 个品种。

黄瓜　种植面积 2 万亩左右，年产 15 万吨，特别是乳黄瓜瓜条顺直、色泽浓绿、果实肉厚、味道鲜美，“武尔威”牌黄瓜已通过绿色食品认证，主要销往乌鲁木齐、西宁、成都等地。

西瓜　栽培面积 3 万亩左右，种植区域分布在高坝、发放等乡镇，年产 10 万吨，品种以美丽、京欣等为主，产品皮薄、瓤沙、汁多肉嫩、味甜爽口。主要销往乌鲁木齐、呼和浩特、长沙、郑州、西宁等地。

番茄　栽培面积 3 万亩左右，年产 20 万吨以上，品种以宝冠、浙丰等为主，产品色泽鲜艳，柔嫩多汁，酸甜适度，清爽可口，主要销往青海、新疆、内蒙古、成都等地。“彩龙”牌番茄已通过绿色食品认证。

茄子　常年种植面积 1.5 万亩左右，年产 4 万吨，品种以长野狼、兰杂等为主，产品色泽鲜艳、外形均匀整齐。80%的产品主要销往国内各大蔬菜市场。

辣椒　种植面积 3 万亩左右，年产 12 万吨，品种以陇椒 2 号、3 号等为主，果形呈羊角形，果面皱，果皮蜡质少，果色浓绿，果宽个大，单果重在 30~50 克，果实商品性好，辣味纯正，耐贮运，主要销往青海、新疆、四川、武汉、广东等。“发放”牌辣椒已通过绿色食品认证。

西葫芦　常年种植面积 1 万亩左右，年产 3 万吨，品种以玉帅、冬玉等为主，产品表皮光滑、色泽艳丽、果肉鲜脆、风味佳、清淡可口、商品性好，主要销往青海、新疆、四川、武汉等地。

架豆　种植面积 1 万亩左右，年产 1.5 万吨，品种以泰国架豆、架豆王等为主，产品肉厚、质细、无筋、纤维少、耐老、食用性佳。新鲜产品销往青海、新疆等地市场，脱水加工产品销往俄罗斯、日本、韩国等国外市场。“彩龙”牌架豆已通过绿色食品认证。

人参果 种植面积3000亩以上，年产5000万吨，产品外形似心脏型或椭圆形，色泽鲜艳，外皮呈金黄色，带有紫色条纹，果肉清爽多汁，风味独特，重点分布在张义镇，主要销往北京、新疆、兰州、郑州等地。"天梯山"牌人参果已通过有机食品认证。

大蒜 常年播种面积1.2万亩，年产1.5万吨，重点分布在洪祥、双城等乡镇，品种以红皮大蒜为主，主要销往日本、韩国等国内外市场。洪祥大蒜已通过绿色食品认证。

食用菌 重点分布在沿山冷凉灌区乡镇，种植面积5000亩，年产1.7万吨，以双孢菇、平菇为主，主要销往兰州、新疆、内蒙古、河南、青海等地。

1992—2009年凉州区种植蔬菜品种一览表

表9-1-1

种类 \ 项目		品种	数量（个）
根菜类	萝卜	花缨春萝卜、白水萝卜、新翘头青萝卜、红水萝卜、满堂红、红丁水萝卜、天脊五寸参、赛白玉、春白玉	9
	胡萝卜	黑田五寸参、红金、五寸参（汉城）、新红五寸参、丰力正宗透心红	5
茄果类	番茄	柿都粉王、金棚一号、保冠一号、毛粉802、佳粉15号、中杂9号、厚皮402、金城、太空、常绿园卡鲁索、霞光、华比粉王F1、L-402、世纪星、秦丰保冠、秦皇2008、秦皇908、博玉367、红峰、赛丽、桃太朗、双冠王、早丰、中蔬4号、大民603、大民120、金谷、保粉一号、Fs粉都女皇、东圣一号、粉都新秀、宝粉2002、金冠一号、T粉15号、T粉86、美国粉冠军、粉霸王、台湾圣女、玉金香樱桃番茄、棚冠1号、玛丽亚、早冠30、仙女（酒泉）、白果强丰、上海908	45
	辣椒	陇椒2号、陇椒3号、陇椒6号、太空椒、美国红辣椒、猪大肠、特大羊角椒、美国牛角王、天脊改良猪大肠、内椒二号、赤选一号、保椒二号、太空757甜椒、特大甜椒巨早851、武星一号、17民欣早椒、茄门甜椒	17
	茄子	兰杂长茄，内蒙古二苠茄，天津丰牌二民茄，兰苏长茄，黑龙长茄，兰竹长茄，金棚早茄，奔马特选紫红长茄，黑马长，鲁梅克斯，快圆茄，日本长野狼，黑大长茄，玉金香紫长茄，早生紫长茄，凉茄1号，沈茄3号，兰杂1、2号，二苠茄，大苠茄	20
瓜类	西瓜	京欣一号，威龙八号，西农八号，美丽，抗枯早冠龙，郑杂9号，美国抗病黑巨冠，丰抗八八，金龙宝，兰州P2（金花宝），特大新郑王，大民509、505、2、3、5、508号，地雷王，玉玲龙，甘抗早冠龙，碾丰7号，红优2号，嘉优1号，美丰，今夏美，蜜龙，冰淇淋2、3号	28
	甜瓜	郁金香、金沙、长女、金香玉	4
	黄瓜	津春2、3号，津优2、3、5、10、20、30号，新优88-8，雷优2号，温棚2号，冠军王，鲁优1号，津绿3、4号，冬棚优8号，巨丰98-8号，祥云30-1，山农六号，绿金条B，新泰密刺，温棚王，鲁优2号，绿优1号，绿色天使，圭谷1258，神农春3号，强大1号，金种子998，美国绿冠，强大世纪王，温棚519，韩引天使，世纪2、3号，特早5号，改良李氏21、28，李氏世纪王，冬密刺王，兆丰金瓜，顶峰一号，新世纪瓜王，山农八号，东洋天使，丰源2000，美国绿竹，长春密刺，祥云瓜王，祥云冠军王，祥云早春王，祥云绿园，温棚1、3号，冬魁，冬圣，津育2、3、5号，津园1号，富江2号（韩国），保优22	62
	西葫芦	晶莹一号、双丰特早、特早秀西葫芦、绿波、早青一代、银青一代、大正特早玉、赛早、西凉特早西葫芦、晓银、翠玉早丰、金皮西葫芦、强盛特早、常绿园007、9795、白剑、阿兰番瓜、特早1代、天脊白剑、神育、银翠、翡玉、玉帅	24
	瓠子	孝感瓠子	1
	丝瓜	四月肉丝瓜	1
	南瓜	红宝石、绿宝石定、墨宝石、日本南瓜	4
	苦瓜	蓝山长白苦瓜	1
	甜粟	奔马日本甜粟	1

续表 9-1-1

种类	项目	品 种	数量(个)
食用菌		平菇、香菇、金针菇、双孢菇、茶树菇、白灵菇、杏孢菇、鸡腿菇	8
		灵芝、黑木耳、银耳	3
薯芋类	马铃薯	陇薯 1、2、3 号，大西洋，费乌瑞它	5
	甘薯	玉薯 8 号	1
豆类	架豆	天马 95-33 架豆王、甘科架豆王、泰国架豆、宝丰架豆、特长双丰三号、大民架豆	6
	地豆	矮生地豆、北研 50、黑地豆、美国供给者地豆、地豆王 1 号	5
	豇豆	之豇 28-2，头王 1、2、3 号虹豆	4
叶菜类	油菜	四月慢、五月慢（杭州）、苏州青	3
	茼蒿	小叶茼蒿	1
	生菜	美国大速生菜	1
	菠菜	日本大叶菠菜	1
	小白菜	四季小白菜	1
	芹菜	美国西芹、新玻璃实芹、美国华盛顿西芹、玻璃脆实芹、日本文图拉西芹、美国文图拉西芹、津南实芹、四季西芹	8
	香菜	美国大叶香菜、民勤大叶香菜	2
甘蓝类	白菜	高抗二号，秋珍白六号，改良城东五号，武白一号，天脊秋实，丰抗 70、78、80、90 号世纪夏王，丰研夏帅，小杂 55、56、60，山东 6 号，春大王，春大强	16
	甘蓝	晚丰，中甘 15、11 号，庆丰，8132，8398，金春早，金春王，双龙 2、3 号，晚丰，中甘 12 号，庆丰，聚丰全美，早红（紫）	15
	菜花	祁连白雪、荷兰 83、一代助农 90 天、富士花王	4
特菜		四季油麦菜、苔干、糯玉米	3
葱蒜类	葱	章丘大葱、金麦杂交大葱、高白杂交大葱、杨氏大葱	4
	韭葱	奔马韭葱、美国花旗韭葱、宁夏臣丰韭葱、西夏韭葱	4
	洋葱	红皮洋葱、丰力高桩二号圆葱、日本二白雪、美国白玉、红金圆葱、白皮洋葱	6
	蒜	武威紫皮大蒜	1
	韭菜	中华韭王、791 雪韭、马蔺韭	3
合计		共 10 大类、37 种、327 个品种	327

二、种植规模

1995 年，全市瓜菜总面积 10.2 万亩，其中蔬菜 9.4 万亩，瓜类 0.8 万亩，日光温室推广面积达到了 0.4 万亩，瓜菜总产量达到 28.57 万吨。2000 年，全市瓜菜总面积达到 28.52 万亩，瓜菜总产量达到 81.72 万吨。其中瓜菜正茬面积达到 20 万亩，日光温室增加到 2.8 万亩。2009 年，全区瓜菜总面积达 32.27 万亩，其中正茬蔬菜 24.45 万亩（其中日光温室面积累计达 6.7 万亩），复种蔬菜达 11.2 万亩；瓜菜总产量达到 120.12 万吨（其中日光温室产量累计达 40 万吨），总产值 17.83 亿元（其中日光温室总产值 8 亿元）。

三、栽培技术

主要有有机无土穴盘育苗技术，日光温室喷、渗、滴灌节水技术，病虫害综合防控技术，测土配方施肥技术，日光温室蔬菜标准化生产技术，无公害、绿色、有机蔬菜生产技术等。

建造高效节能日光温室技术　主要推广适合西北地区的高效节能二代日光温室，提高棚体建设标准，改进设计及配套装置，提高了采光保温性能。

育苗技术　重点推广嫁接育苗技术、穴盘无土基质育苗技术，在张义、谢河、清水、清源、四坝等乡镇建成工厂化育苗中心（公司）6 家。

有机生态型无土栽培技术　主要用基质代替天然土壤、使用有机固态肥并直接用清水灌溉作物代替传统营养液灌溉植物根系。其特点是：固态肥取代传统的营养液；操作管理简便，节省生产费用；大幅度降低无土栽培设施系统的一次性投资；对环境无污染；产品品质容易达到“绿色食品”标准，人参果、辣椒、西红柿等作物试验成功，开始推广。

节水灌溉技术　主要推广膜下暗灌、滴灌、渗灌等节水灌溉技术，有利于提高地温、降低空气湿度以及抑制病害发生发展、减少灌水量。

补光技术　在温室内北墙张挂银色反光铝膜，增加光照强度，改善温室内中后部光照。

病虫害综合防控技术　坚持“预防为主、综合防治”的方针，协调运用包括选用优良品种；合理轮作倒茬，深翻土地，清除病残体，减少病虫源；合理调控棚室内的温、湿、光，创造不利于病虫发生的条件；加强合理施肥、灌水、修枝、疏果等管理措施，促进植株健壮生长，增强抗病力；合理利用物理机械措施消灭病虫，包括温汤浸种、诱虫黄板、防虫网、避蚜银膜、杀虫灯等；引进、饲养和释放天敌控制蚜虫、飞虱、斑潜蝇等农业、物理、生物等多种措施，合理使用高效、低毒、低残留农药，改进使用技术，以配套集成的、环境友好的综合治理技术，从作物生长发育的全程，进行质量控制，生产优质产品，确保日光温室农产品质量安全。

施肥技术　针对全区设施农业生产实际，总结多年试验资料和实践经验，提出“控氮、稳磷、补钾、添中微、重有机”的温室蔬菜无公害平衡施肥技术。针对菜农在日光温室生产中过量使用肥料，导致资源浪费、环境污染和土壤次生盐渍化的情况，根据作物需肥规律和土壤含有可利用养分，运用测土配方施肥技术。试验推广的秸秆反应堆技术、二氧化碳施肥技术，通过将秸秆在微生物菌种、催化剂、净化剂的作用下定向转化成植物生长所需的二氧化碳、热量、抗病孢子、酶、有机和无机养料，进而实现作物高产、优质和无公害。

保温覆盖技术　推广采用超强、高温、新型复合材料加工而成的新型复合保温被，具有质轻、防水、防老化、保温隔热、反射远红外线等功能，是草帘的最佳替代品。采取多种措施，增强抵御低温及其他灾害性天气的能力。草苫上覆废旧棚膜的多层覆膜保温技术，应对夜间低温；在特殊天气条件下进行人工加温、补光，应对低温冻害。

四、成本效益

2007—2009 年，凉州区日光温室平均亩产量 6000 公斤，亩生产成本 5500 元，亩产值 14329 元，平均亩纯收入 8829 元，单方水效益 39 元。其中拱型温室平均亩产量 9380 公斤，亩均产值 9380 元，亩均投入 3000 元，亩均纯收入 6380 元，单方水效益 18 元。日光温室特色果品平均亩产量为 1566 公斤，平均亩产值为 27666 元，平均亩生产成本为 14500 元，平均亩纯收入为 13166 元。日光温室蔬菜多茬立体栽培平均亩产量为 8707 公斤，平均亩产值为 13123 元，平均亩生产成本为 4382 元，平均亩纯收入为 9001 元；日光温室其他特色种植平均亩产量为 5650 公斤，平均亩产值为 13125 元，平均亩生产成本为 4271 元，平均亩纯收入为 8854 元；塑料大棚瓜菜平均亩产量为 5233 公斤，平均亩产值为 7233 元，平均亩生产成本为 2836 元，平均亩纯收入为 4397 元。地膜及露地瓜菜平均亩产量为 2575 公斤，平均亩产值为 2375 元，平均亩生产成本为 530 元，平均亩纯收入为 1845 元；粮菜间作平均亩产量为粮 706 公斤、菜 2362 公斤，平均亩产值为 2187 元，平均亩生产成本为 528 元，平均亩纯收入为 1659 元；人参果平均亩产量 4200 公斤，平均亩产值 15120 元，平均亩总投入 4647 元，平均亩纯收入 10473 元；水果型黄瓜平均亩产量为 7500 公斤，平均亩产值为 12000 元，亩纯收入 8000 元；鲜食白雪红桃平均亩产可达 1000 千克，每公斤售价 20 元，亩产值达 20000 元，扣除亩成本 8500 元，亩纯收入达 11500 元；双孢菇平均亩产量 5250 公斤，平均亩产值 12250 元，平均亩投入 4166 元，平均亩纯收入 8084 元。

2007—2009 年凉州区不同种植模式与传统小麦、玉米带田效益比较一览表

表 9-1-2

种植模式	亩产量（千克）	亩产值（元）	亩投入（元）	亩纯收入（元）	与小麦玉米带田效益比值（倍）
日光温室特色果品	1566	27666	14500	13166	15.49
日光温室瓜菜多茬立体栽培	8707	13123	4382	9001	10.58
日光温室其他特色种植	5650	13125	4271	8854	10.41
塑料大棚	5233	7233	2836	4397	5.17
露地及地膜覆盖	2575	2375	530	1845	2.17
粮菜间作	3068	2187	528	1659	1.95
小麦玉米带田	1100	1300	450	850	—

2007—2009 年凉州区日光温室瓜菜不同种植茬口效益比较一览表

表 9-1-3

栽培模式	亩产量（千克）	亩产值（元）	亩生产成本（元）	亩纯收入（元）
黄瓜—番茄	11270	13906	4838	9068
黄瓜—辣椒	7617	15657	5300	10351
西瓜—茄子	7812	15199	4625	10574
番茄—西瓜	7692	10186	3893	8920
黄瓜—架豆	7438	12644	4250	8394
茄子—番茄	8780	12480	3948	8532
番茄—辣椒	8335	13316	4544	8772
番茄—黄瓜	10721	12880	4340	8540
西葫芦—番茄	9078	11715	3713	7982
西瓜—番茄	8333	13249	4370	8879
平　均	8707	13123	4382	9001

五、市场体系

从2000年起，凉州区已初步形成城郊精细蔬菜生产区、张义山区人参果生产区、沿山冷凉灌区果品食用菌生产带、沿沙区瓜菜生产区和四坝镇为中心的北片外向型蔬菜生产区5个特色优势生产区。2005年以来，加快绿色、有机食品的认证步伐。2009年，有效使用绿色食品标志的农产品32个，使用有机食品标志的产品4个，其中日光温室人参果通过有机食品认证，日光温室白雪红桃、黄瓜、番茄、辣椒、茄子、架豆6个产品通过绿色食品认证。国家商标局已核准注册“彩龙”“武尔威”“发放”“天梯山”“柳烟春”“西凉绿”“老土”等11个地方名优品牌。现有蔬菜批发市场3个，瓜菜运销企业6家，合伙制运销组织3家，运销大户25家，运销户300多户，瓜菜产销合作社（协会）47个，经纪人600多人。产品主要销往乌鲁木齐、呼和浩特、西安、西宁、成都等20多个大中城市，部分产品远销哈萨克斯坦等中亚国家。区内现有蔬菜脱水加工厂3家，主要加工洋葱、辣椒、四季豆、胡萝卜等产品，年加工各类脱水蔬菜250多吨（折合鲜菜6000吨），采用传统晾晒风干脱水油白菜年加工量达3000吨（折合鲜菜6万吨）。蔬菜冷藏保鲜企业5家，保鲜能力达3万吨。

第七节　制种业

一、种子繁育

20世纪90年代初，武威市陆续建立种子公司、良种繁殖场、农作物原种繁殖场和瓜果蔬菜公司等国营繁育单位，主要承担小麦、玉米、瓜菜类的繁殖种，繁殖小麦原（良）种面积达到1万亩。1996年，玉米制种面积发展到5324亩。辣椒、小白菜、大葱、黑瓜子、油菜、甜菜种子主要由武威市种子公司繁育和原种场小面积繁殖。

1997年，武威市种子公司在两个原良种场共配套种植小麦“三圃田”4个品种共1000亩，玉米杂交制种品种7个共4760亩。

2000年，随着《中华人民共和国种子法》的实施，繁制种业进入快速发展的阶段，全市农作物繁制种面积达到10.78万亩，在市原种场、市良种场建立小麦“三圃田”面积1385亩。

2001年，总繁制种面积达12.35万亩（含对外制种10.6万亩），其中小麦繁种3.27万亩，玉米制种5.48万亩（对外制种5.1万亩），蔬菜繁制种0.97万亩，瓜类制种2.11万亩，牧草繁种0.51万亩，花卉繁种20亩，中药材繁种90亩，脱毒洋芋制种650亩。

2004年，总繁制种面积20.06万亩，其中玉米杂交制种12.71万亩，小麦、啤酒大麦繁种4.41万亩，蔬菜繁制种0.94万亩，瓜类制种0.79万亩。

2006年，各类农作物繁制种面积达38.32万亩，其中玉米制种达27.37万亩；小麦繁种4.8万亩，比上年增加0.39万亩；瓜菜繁制种2.09万亩，比上年增加0.36万亩；脱毒马铃薯、甜菜、啤酒大麦、牧草等其他农作物繁种1.37万亩。

2008年，各类农作物繁制种面积达19.55万亩，其中玉米制种15.83万亩，小麦繁种2.35万亩，蔬菜0.21万亩，瓜类0.41万亩，其他农作物0.75万亩。特别是洪祥、双城、东河、下双4个乡镇繁制种面积达1.5万亩，四坝、吴家井、长城、羊下坝4个乡镇繁制种面积达0.5万亩。

2009年，各类农作物繁制种面积达23.38万亩，其中玉米制种21.8万亩，小麦繁种0.85万亩，瓜菜0.21万亩，马铃薯0.25万亩，其它农作物0.27万亩，特别是洪祥、双城2个乡镇玉米制种面积达3万亩，东河、长城、吴家井、下双、四坝、羊下坝、丰乐、五和8个乡镇繁制种面积达1万亩。生产的作物种类主要有玉米杂交种郑单958、浚单20、武科2号等综合性状较好、丰产、高产的品种。瓜菜种子主要有西瓜、黄瓜、辣椒、茄子、番茄等。生产的玉米、瓜菜种子除供应本区用种外，90%的种子外销到黄、淮、海地区及云、贵、川和东北地区。

二、种子管理

20世纪90年代初，全市有经营种子的国营公司、场（站）12家，乡镇农技站46家，基层供销社5家，个体门店、摊点50多家，仅集体、个体户经营的种子类别达30多种，品种上百余种，办理“种子经营许可证”和工商执照的合法经营者只有32家，占24.8%；无证经营者97家，占75.2%。1990年，成立种子管理站和种子质量检验监督站，与市种子公司合署办公，三块牌子、一套班子。1994年，种子管理站、种子质量检验监督站与种子公司机构分设。2001年，市种子公司改制为凉州区银武种业有限责任公司。2007年，《甘肃省农作物种子生产基地管理办法》颁布后，凉州区先后出台《关于进一步促进和规范制种产业发展的意见》《农作物种子生产管理暂行办法》等7个规范性文件，进一步规范了种子生产管理秩序。

三、种子企业

截至2009年，区境内从事各类农作物种子生产、经营的单位和个人175个，其中，生产兼经营的单位58个，委托代销经营种子网点104个，专门生产经营食用菌栽培种的单位和个人7家，专门生产经营日光温室瓜菜种苗的单位和个人6家。在生产兼经营各类农作物种子的单位和个人中，有30家玉米制种企业，45个小麦、瓜菜等繁制种企业。

武威金苹果有限公司　创办于1995年，是从事农作物新品种的研究、种子繁育、经营以及果仁类食品的加工和出口贸易的科技创新型企业。由全国星火科技工作者、科普惠农带头人陈荣贤创办，公司下设武威金苹果新果仁食品有限责任公司、西甜瓜种子分公司、玉米种子第一分公司、玉米种子第二分公司和武威农业科学技术研究院五个分支机构。2009年，拥有各类资产5000多万元，年经营额近亿元，纳各类税费近200万元，跻身于中国最具竞争实力农业100强企业行列。公司先后培育出在国际国内处于先进水平的新品种21个，获国家专利9项，完成国家级科研项目3项。中国著名品牌、甘肃省著名商标“金平果”系列产品畅销国内17个省市和英、荷、德、法、意等国，并通过美国市场准入许可。公司先后取得“甘肃省河西走廊星火示范企业”“国家星火计划农村区域科技成果转化中心”“甘肃省科技创新型企业试点单位”及“武威市农业产业重点龙头企业”等认定，连续多年被评为甘肃省“AAA”级企业，并被评为“中国质量、服务、信誉AAA级”品牌企业。

北京德农种业有限公司武禾分公司　原武威市种子公司，始建于1993年7月，位于凉州区西大街太平巷29号。2002年8月，经企业改制，北京德农种业出资进行资源整合，成立北京德农种业有限公司武禾分公司，为玉米杂交种专业型生产分公司。公司拥有资产4800万元，连续五年被省、市工商部门评为“诚信纳税企业”，连续六年被评为省级“种子质量信得过单位”，连续七年被农行甘肃省分行评为“AAA级信用企业”。2002年，公司通过ISO 9001质量管理体系认证，2003年12月，被甘肃省确定为首批“全省农业产业化重点龙头企业”。

甘肃黄羊河集团种业公司　成立于2003年，主要经营玉米杂交种、油葵杂交种的生产与销售，主要农作物的种子批发、零售；农药及其他农资销售。公司以黄羊河天然大农场为依托，辐射带动周边一县一区，发展玉米制种基地5万余亩，油葵基地1万余亩，年生产加工良种3万吨，实现销售收入1亿元，创利税800万元，是凉州区农业产业化重点龙头企业，生产的“黄羊河”牌玉米良种畅销东北、华北、西南、西北、华东等地。

玉米制种

甘肃祁连山种业有限公司　成立于2003年11月，位于凉州区武南工业小区，占地面积4万平方米。公司拥有标准化种子库房1500平方米，晒场35000平方米，种子脱粒、精选、包衣、定量包装线3条，种子检验设备30余台，种子烘干成套设备1套。拥有9300亩的玉米种子生产基地，累计生产和销售各类农作物种子达5万吨。公司创立的“祁连山”牌玉米种子品牌，产品远销河南、河北、山东、山西、四川、重庆、辽宁、吉林、安徽、陕西等十多个省市。2009年，完成销售收入4500万元，上缴税金15万元，实现利润380万元。

武威金西北种业有限公司　始建于2000年9月，位于武南工业小区，是一家集科研、专业选育、生产、销售玉米杂交种子的民营科技企业。公司主要从事农作物种子的生产、加工、包衣、分装和销售。2003年，公司先后建成种子加工中心47000平方米、晒场35000平方米、标准仓库3200平方米。装配集脱粒、烘干、风筛选、比重选、包衣、分装为一体的成套大型种子加工生产线，日加工能力达310吨。2009年，生产销售各类农作物种子5000万公斤，销售收入6500万元，利税50多万元。

武威甘鑫种业有限公司　始建于2005年1月，位于武南工业小区，企业占地面积4.67万平方米，建筑面积4600平方米，建成年加工2万吨玉米杂交种子和1000吨包衣剂生产线项目，年处理9280吨玉米籽种。2009年，完成销售收入7716万元，上缴税金65万元，实现利润175万元。

第八节　生态农业与循环农业建设

20世纪90年代后，凉州区化肥、农药年施用量超过安全上限，畜禽粪、污水只有30%得到无害化处理。全区每年60万吨左右的秸秆，通过直接还田等进行资源化利用的不到20%，养殖业青贮量不到30%，其余全部被用作燃料直接焚烧，造成空气污染，化肥、农药、地膜等投入品的污染已成为农业生态环境污染的重要原因。

2003年，按照“发展、高产、优质、高效、生态、安全”农业的要求，积极探索构建新型生态农业模式，有力推进了全区农业的可持续发展。建成清水乡千亩日光温室、发放镇蔬菜新品种引进繁育、张义镇特色果蔬、清源镇王庄生态文明示范村等20个生态农业示范园区。建成优质小麦基地45万亩，产量20万吨；加工型玉米基地48万亩，产量34万吨（其中玉米制种21万亩）；啤酒大麦基地8万亩，产量4万吨；酿造葡萄基地2.54万亩；制种38万亩；专用马铃薯生产基地6万亩，产量12万吨。

至2009年，建立张义镇堡子村、高坝镇希望鸡场等标准化生产示范点16个。组织申报认证红提葡萄、糯玉米等绿色产品6个，认证规模3.365万吨，基地面积2.07万亩。续展认证绿色食品12个，全区有效使用有机食品标志的企业3家，产品7个，认证规模2.9万吨，建立生产基地2.6万亩。有效使用绿色食品标志的企业22家，产品35个，认证规模44.39多万吨，建立生产基地94.61万亩。认定牛、羊、猪、鸡无公害畜产品产地4个，标准化生产基地养殖规模达125.61万头（只）。以小麦为例，亩均农药使用量由原来的0.38公斤下降为0.22公斤，亩均农药投入由原来的15元下降为9元，亩均节约农药投入6元，全区年减少农药308吨，降低农业生产成本840万元。

第九节 农业技术

一、耕作方法

（一）轮作倒茬

山旱区轮作方式 青稞、豆类→小麦歇地，歇地→小麦→油菜（马铃薯）

河水灌区轮作方式 玉米带马铃薯、小麦套黄豆。

井水灌区轮作方式 小麦→玉米→小麦，小麦（套甜菜、黄豆、玉米、复种油菜、白菜、小葱）→小麦→玉米（油葵），小麦（套复种绿肥）→小麦→玉米（小麦、玉米带田），小麦（套复种绿肥）→玉米→小麦（小麦、玉米带田），小麦套葵花，油菜套马铃薯，小麦带蒜苗。

（二）间作（包括带田）、套种及混种

粮粮间作套种 玉米带马铃薯、小麦套马铃薯、小麦套黄豆、小麦带玉米、玉米套豌豆、冬小麦复种大白葱。

粮油间作套种 小麦套葵花、小油菜套马铃薯、小油菜带玉米。

粮糖间作套种 小麦套甜菜、小麦带甜菜。

粮瓜菜间作套种 早甘蓝间作玉米、蒜苗套种玉米、蒜苗收后复种玉米、大棚西瓜套玉米、西瓜套种马铃薯、小麦套种胡萝卜。

（三）复种

主要有春油菜、小麦收后移栽马铃薯，复种荞麦、糜子、油菜、大白菜、白葱、萝卜、芹菜、芫荽等。

二、土壤改良

深耕 结合农田水利基本建设，平整土地、机耕、人翻、人挖、畜犁，使僵板地、漏沙地、石岗岩、盐碱地等低产土壤得以改良。

成熟地 在土地休闲期，用传统耕作方法，恢复地力。

二煞地 收割后引水泡茬，泡深泡透，然后耕犁2~3遍，耙平，冬天用石磙或镇压器镇压一次，使表土细绵。同时将肥料送入地里，春天撒开后浅耕一遍，耙平即可播种。也有的春天耕地解冻后，用老犁开沟把粪集中溜到沟里，然后播种。

冬水地 作物收获后，翻耕灭茬，冻前浇透水，冬季镇压保墒，春季土壤解冻后再行镇压耙耱，然后播种。

春水地 上年未灌秋水或冬水的耕地，翌年开春后灌水，浅耕耙压，施肥播种。

铺沙压碱 适合湖滩地和地下水位较高的地方采用，每亩地掺沙30~40架子车，或掺墙土40~50架子车，以达到压碱耕种的目的。

种植豆科绿肥　通过种植豆科绿肥，达到利用生物本能固定大气中的氮素，增加土壤有机质和提高养分的目的。

客土法　挖去漏沙地中的漏沙层，换上好土。这种方法比较费工，只适用于斑块漏沙地，不适于对大面积的漏沙田改良。

配方施肥　通过推广配方施肥技术，调整作物氮、磷化肥用量比例，调节土壤酸碱平衡，从而达到改良土壤的目的。

三、肥料施用

肥料有农肥、绿肥、菌肥、微肥、化肥五大类。施用的氮素化肥有尿素、硫酸铵、硝酸铵、碳酸氢铵、氯化铵、氨水等，磷素化肥有重过磷酸钙、普通过磷酸钙，钾肥有氯化钾、硫酸钾、硝酸钾等，复合肥有磷酸二铵、磷酸二氢钾、钙镁磷肥及其他复混肥料等。在20世纪80年代，第二次土壤肥料普查的基础上，根据土壤养分状况，武威市重点推广化肥配方施肥新技术，在相同条件下，配方施肥比传统施肥平均增产8.5%。在农作物生育期推广“三喷”技术（小麦喷磷酸二氢钾、玉米喷锌、油菜喷硼）。重点试用推广小麦联合固氮菌拌种、玉米锌肥拌种、施用稀土微肥、三十烷醇、叶面宝、喷施宝、健力素等。在玉米、马铃薯、果树行间铺盖麦草每亩100~150公斤，使秸秆直接还田。

四、良种推广

春小麦　20世纪90年代中后期，武威市相继引进推广永良4号、宁春18号等小麦新品种，平均亩产450公斤以上，高的可达520公斤，比武春121增产15%，且具有抗性强、蛋白质含量高，加工面粉精度高等特点，是主栽品种。

冬小麦　20世纪80年代由于冬小麦条锈病严重，种植面积逐渐缩小，到90年代中后期相继引进豫麦34号、温麦6号、豫麦54号、新麦9号、兰考906、内乡188、闫麦9811、临抗1号和3号等品种。其中临抗1、3号性状最好，亩产可达479公斤，2009年达510公斤以上。

玉米　20世纪90年代初，武威市农科所选育凉单1号，引进中单2号、黄417、户单1号、酒单3号等品种。2000年以后，相继引进8703、高油115、农大108、中试20号、豫玉25号、豫玉26号、太单30号、晋单36号、黑珍珠、RT110甜玉米等品种，凉单1号、中单2号占玉米播种面积的80%以上。2001年以后，又引进推广豫玉22号、沈单16、郑单958、掖单、鲁单等品种。2005年，引进金穗4号、临单217、正德304等新品种，基本实现玉米不同成熟期品种合理搭配。2008年，农业部玉米专家组对凉州区1.2万亩玉米高产田进行测产验收，结果显示万亩连片示范区玉米亩产970.52公斤，创全国玉米大面积高产纪录。2009年，全区玉米种植面积达56.1万亩，大田玉米平均亩产750公斤以上。

马铃薯　20世纪90年代中后期，从青海、定西相继引进了青薯、渭薯等新品种，提高了马铃薯产量。2000年以后，生产的主导品种以会川品种为多，由于农户连续多年重复用商品留种，导致品种退化严重，产量下降，病害发生严重，面积迅速减少。2005年以后，甘肃达利食品公司马铃薯加工项目带动马铃薯产业的发展，引进推广适宜加工的陇薯3号、陇薯6号、克新1号、大西洋、夏波蒂、费乌瑞它等新品种。陇薯系列品种适应性好，产量高，平均亩产鲜薯达2300公斤以上，克新等其他品种对肥水条件要求较高，平均亩产可达2000公斤以上。

油菜　1995年，引进推广青油3号、青油9号。2000年，相继引进青油331、9801、华协1号、双低杂支油菜品种，平均亩产在220公斤以上。生产上的品种主要有浩油11号、青油6号等。

甜菜　20世纪90年代初，从内蒙古引进工农2号品种，在狼墩滩甜菜良种场试种，产量和含糖量均高于原有品种，且产量比较稳定。近年来，又引进推广6203（国产、含糖量13%），221（中美双培、含糖量16%），218（美国、含糖量16%），2409（德国、含糖量16%）等品种，平均亩产在5000公斤以上，高的可达8000公斤。

五、农作物保护

凉州区在保护农作物、防治病虫害过程中，采取生物防治、病虫害预测预报、植物检疫、天敌昆虫防治等综合办法。

（一）主要粮食作物病虫害防治

区内小麦的主要病虫害有腥黑穗病、锈病、黄矮病、小麦赤霉病、小麦全蚀病、小麦吸浆虫、蚜虫、金针虫、麦穗夜蛾等。1993年，在金羊乡松涛村发生小麦吸浆虫害60亩。1998年，全市偏重发生小麦吸浆虫害。1999年，全市发生大面积小麦吸浆虫害，武威市分别在蛹期和成虫期两次关键时期，在全市范围内组织开展联防联治、群防群治集中灭虫活动，有效控制吸浆虫危害，挽回粮食5276万公斤，挽回经济损失6436.7万元。

玉米的主要病虫害有玉米丝黑穗病、瘤黑粉病、玉米蚜虫、玉米红蜘蛛、地老虎、玉米螟等。随着玉米种植面积的不断扩大，黑粉病、丝黑穗病的发生也逐年增加。通过选用抗病品种、选用玉米包衣种子、合理轮作倒茬，扩大蔬菜面积和全膜单种玉米面积，以减少土壤中病菌量、深翻土壤，高温堆肥、及时拔除田间病株，可有效控制病菌积累，减轻危害。

马铃薯的病害以早（晚）疫病为主，病毒病、环腐病、黑茎病危害严重。虫害主要是蛴螬（金龟甲幼虫）、地老虎。马铃薯病虫害发生范围较广，在沿山地区的古城、谢河等地较为严重。马铃薯病害防治方法有六种。一是选用抗病品种，二是选用3年以上没有种过马铃薯或土壤疏松、土质深厚、灌排条件良好的地块，三是播前严格淘汰感病薯块，四是杜绝从疫病发生区调种，五是防止切刀病，剔除病烂薯块，六是发病早期采用硫酸铜液防治。

（二）瓜菜作物主要病虫害防治

区内瓜菜的主要病害有枯萎病、立枯病、炭疽病、霜霉病、病毒病、番茄蕨叶病、辣椒黑茎病（辣椒疫病）、美洲斑潜蝇等。主要虫害有菜青虫、地老虎、各种蚜虫、种蝇、小菜蛾等。

20世纪80年代后，在辣椒黑茎病的防治上采取垄作的方法，减小土壤湿度，增强植株抗性，在苗期喷施甲霜锰锌或甲霜铝铜等，均有良好的防治效果。1997年，在辣椒黑茎病的防治上采用高垄栽培、灌水控水，选用优良抗病品种，用75%垦原霜疫净75克，兑水100千克喷雾防治，防效达90%以上。1998年，武威市农技中心技术人员在高坝、金羊、金沙、发放等乡镇日光温室首次发现少量美洲斑潜蝇。1999年，美洲斑潜蝇在全市日光温室蔬菜上普遍发生，平均虫口密度2头/叶，平均植株被害率67.9%，叶片被害率14.17%。防治方法为用80%敌敌畏乳油100克兑水1千克，喷于锯末上熏蒸；或用1.8%集琦虫满无或0.2%阿维虫清喷雾防治，也可用10%大功臣可湿性粉剂和25%马拉硫磷喷雾防治。

（三）农田鼠害防治

农田鼠害主要发生在张义等乡镇的山旱地上，以黄鼠、沙土鼠较多，危害严重。一般年份造成粮食损失5%~7%，严重年份达15%~20%。一般用烟熏，雨后踏洞、弓箭射等土办法防治。后来多用磷化锌毒饵，投放到鼠洞，配合上述方法扫残，大大提高了防治效果。

六、地膜种植

1996—1997年，武威市围绕“抗旱、节水、增粮、增收”的目标，推广棚地膜覆盖栽培技术，在沿山冷凉灌区的29个乡镇重点推广地膜小麦、地膜玉米以及地膜马铃薯、地膜甜菜栽培技术，在城郊井泉灌区乡镇重点推广高效节能日光温室、棚（地）膜瓜菜等栽培技术。全市落实各类棚（地）

膜面积 38.8 万亩，其中地膜小麦较露地小麦亩增产 89 公斤，增产 21.6%；地膜玉米较露地玉米亩增产 110 公斤，增产 18.9%；地膜马铃薯较露地马铃薯亩增产 573 公斤，增产 39.2%。棚（地）膜面积的扩大，不仅增加作物产量，同时为抗旱、节水、农民增收找出了一条新路子。2006 年，实施石羊河流域重点治理后，全区依托省旱作农业项目、河西及沿黄灌区高效农田节水技术推广等项目实施，围绕玉米、马铃薯、瓜菜等重点产业，大力推广以全膜双垄沟播、全膜垄作沟灌、马铃薯膜侧栽培、麦类垄作沟灌等为主的大田节水技术，节水农业快速发展。2009 年，制订《大力推行大田节水的指导意见》《2009 年西营灌区区域化种植的指导意见》和《西营灌区 2009 年全膜覆盖、垄膜沟灌节水农业项目地膜补助和验收办法》，从省上争取 10 万亩旱作农业节水项目，市、区财政配套补助资金 300 多万元，完成全膜垄膜节水种植面积 57 万亩，降低田间渠系输水消耗，最大限度地提高水利用率，实现示范推广、节水增收、技术提升的目标，西营灌区成为 2009 年 50 年不遇严重干旱年份中受旱灾影响最小的山水灌区。

七、日光温室种植

1992 年，武威市高坝镇农民从山东寿光引进日光温室种植技术，自此，武威市将日光温室建设作为蔬菜产业发展的支柱产业。至 2006 年，日光温室累计面积达 4.65 万亩，瓜菜总产量达 27.9 万吨，总产值达 5.58 亿元。把日光温室建设作为加快石羊河流域重点治理的重要举措。至 2009 年，全区日光温室面积累计达到 7.56 万亩，瓜菜总产量达 42.6 万吨，总产值达 9.37 亿元，农民人均日光温室纯收入达 790 元。

八、中低产田改造

1990 年，武威市有高产田 19.5 万亩，中产田 74.5 万亩，低产田 52 万亩，中低产田占种植面积的 86.6%。通过各项改造，1990—2009 年，共有 62.8 万亩地力等级上升。其中 1.5 万亩低产田改造为高产田，28.4 万亩中产田改造为高产田，32.9 万亩低产田改造为中产田。2009 年，高产田达到 49.4 万亩，中产田 79 万亩，低产田 17.6 万亩，中低产田占种植面积的 66.2%。改造农艺措施主要有：耕作培肥，因土种植与测土配方施肥，高茬收割，推广优良新品，选用耐旱作物品种，改革耕作制度、推广免冬灌、免耕种植技术，充分利用地膜覆盖技术，病虫害综合防治，规范化种植，推广旱作农业技术。

九、节水农业

20 世纪 90 年代后，累计完成以一膜两年用、垄膜沟灌、垄作沟灌为主的农艺节水推广面积 172.3 万亩，推广范围及面积逐年扩大。以垄膜沟灌、垄作沟灌为主的高效农田节水技术平均亩增产 66.5 公斤，亩节水 63.7 方。至 2009 年，累计实现增产 1.15 万公斤，增加经济效益 2.3 亿元，节水 1.09 亿立方，缓解了水资源匮乏的矛盾。

第十节 农技培训与项目推广

一、农技培训

1990 年，武威市农技中心结合各项科技承包项目，编写《武威市农业技术实用手册》，举办学习培训班 731 场（次），培训农户 20.6 万人（次），印发教材和科普宣传材料 19.56 万份（册）。并派出科技人员120多人（次），深入农村巡回宣讲604场（次），培训农户达13.4万人（次）。

1993年，围绕发展“两高一优”农业（高产、高效、优质农业），组织技术力量举办各类培训班795场（次），主要培训吨粮田、双千田、千斤田及经济作物丰产栽培技术，果粮间作、高效节能日光温室栽培、农作物病虫害防治、作物良种繁育和庭院经济知识。

1994年，实行“抓住生产搞培训，现场咨询解难题”的方法，举办农业科技培训班945场（次），培训人数20.62万人（次），印发资料10.58万份。

1996—1997年，以中低产田改造、优化配方施肥、地膜工程、种子工程、日光温室、“三田”建设、模式化栽培、分区轮作、规模经营为培训内容，两年共举办各类培训班968场（次），培训人数22.6万人（次），印发培训材料10.58万份，放映科普录像176场（次），广播讲座170次，农业“两广”毕业学员150人，招收学员388人。

2000年，全市共举办各种农业技术培训班200期，培训农技干部、农户7.5万人（次），开展各种科技宣传活动300场（次），印发各种科技资料3.5万份。

2001—2009年，围绕日光温室生产、病虫害防治、旱作农业、高产创建、农田节水灌溉等重点工作，采取集中培训、电教培训、现场指导、包乡包片培训以及项目课题实施等多种方式，在全区范围内开展科技培训和科普宣传活动。印发《二代日光温室建设栽培技术》《小麦吸浆虫防治》《美洲斑潜蝇》《全膜玉米栽培技术》《日光温室蔬菜栽培技术》《农民实用新技术》等培训教材8万多份。

二、农业科技项目推广

1990—1993年，由武威市农技中心承担的5万亩油纤兼用亚麻技术承包课题超额完成任务。4年累计完成面积20.26万亩，超额2.62万亩，年均完成承包面积5.07万亩。1993年油籽亩产达146.8公斤，比1989年增产37.7公斤，增产率34.6%，比原任务指标139.1千克超额7.7公斤。1993年亩产原茎达212.2公斤，比1989年增加58公斤，增产率37.1%。累计增加油籽总产427.53公斤，新增产值598.54万元。累计增加原茎总产555.8万公斤，新增副产品产值111.16万元，主副产品合计新增总产值709.58万元。累计投入课题资金8万元，产投比为88.1:1，新增产值纯收益636.74万元，推广投资效益为31.84元/亩。

1994年，武威市农技中心采用“抓重点、带一段、分区域”实施的方法，完成省、地下达的21项科技项目。

1998年，武威市农技中心承担国家和省、地下达的科技推广项目19项（次），其中承担的10万亩国家级项目“春小麦全生育期地膜覆盖穴播栽培技术示范推广”（1997—1998），经过两年的实施，亩产达到171.6公斤，各项指标均符合项目技术要求。38.5万亩“河西沿祁连山冷凉灌区粮食作物大面积亩产超千斤试验示范”(1996—1998）项目，经过三年实施，完成各项指标任务，亩产达513.8公斤，顺利通过省科委和省农委的验收。

1999年，武威市农技中心承担由省农业厅组织实施的“甘肃省智能化农业信息和技术应用示范工程”项目，示范面积达20.57万亩，粮食总产量增加859.23万公斤，其中1999年完成10.18万亩，占计划的101.8%，粮食平均混合亩产达到510.65公斤，总产达到5198.39万公斤，比基础亩产485.05公斤增加25.6公斤，增产5.28%，增产粮食260.61万公斤，其中小麦6.29亩，亩产409.64公斤，玉米3.89万亩，亩产673.96公斤。

2000—2009年，完成10.39万亩，占计划的103.9%，粮食平均混合亩产达到543公斤，总产达到5609.23万公斤，比基础亩产485.05公斤亩增产57.95公斤，增产11.95%，新增粮食598.62万公斤，其中小麦5.8万亩，亩产427.6公斤，玉米4.53万亩，亩产690.76公斤。蔬菜生产推广面积600亩，平均亩产6500公斤，新增总产50.39万公斤，新增总产值75.59万元。

第十一节　农村经营管理

一、农村集体资金管理

农村实行家庭联产承包责任制后，集体资产管理是财务管理的一项重要内容。

1992 年，省上把武威市列为全省农村财务规范化管理试点县（市），地、市两级农经部门在长城乡红水村进行“借贷”式新财会制度的试点。

1995 年，全市 48 个乡镇的 448 个村普遍推行“借贷”记账方法，统一设置总分类账、明细分类账、现金日记账和各种登记簿。武威市农村经济合作社（组织）总资产 18736 万元，按农业人口计算，人均 247 元，其中长期资产 15635.5 万元，流动资产 1601.1 万元，借出资金 2847.9 万元。

1998 年，出台《村务“八公开”实施办法》，对涉及农村和农民切身利益的水电费收支、征地补偿、救济救灾、“三提五统”提取使用等八方面的内容进行详细规定。市农牧局配套制订《村组财务管理示范制度》，规范村、组财务管理。

2003 年，开始全面实行“村账乡管”新机制，制订出台《关于全面推行农村集体财务规范化管理的安排意见》，颁布《村账乡管实施办法》。各乡镇建立起以乡代理会计管账、村出纳管钱、村干部审批，民主理财监督的“账、钱、批”三权分离的集体财务管理新机制，解决了长期以来村组财务管理混乱等“老大难”问题，使村、组管理费用支出大幅下降，全区减少村会计 448 名，人均年报酬按 2500~3000 元计算，可节支 112 万~134.4 万元；取消村组招待费，节约开支 800 万元，农民每人约 10 元，非生产开支大幅下降；因财务问题越级上访大幅下降，区以上的越级上访由 2001 年前的每年 70 多起，降为 2004 年的不到 10 起，降幅 80%以上。

2006 年，凉州区被省上列为会计电算化示范推广体系建设单位后，制定农村财务会计电算化操作、软件运行和数据管理、硬件管理、管理员职责、审核员职责、操作员职责等制度。全区统一使用性能稳定、适合农村财务管理的“中农信达农村集体财务会计核算软件”，确保财务会计电算化的规范运行。

2009 年，武南镇因会计委托代理、电算化等方面成绩显著而荣获“第二批全国农村集体财务管理规范化示范单位”荣誉称号。

二、农村审计与监察

1990 年，武威市对农村财务审计实行市审乡、乡审村、村审组的财务审计分组责任制。市减负办每年对各乡镇提取使用的统筹费进行全面审计，出具审计结论，各乡镇也对各村每年的所有财务收支进行审计。

1992 年，《农村合作经济内部审计暂行规定》发布后，对 2321 个村合作经济组织进行了审计，参加人员 2938 人。审计的范围主要包括农业承包合同的兑现和实际开支；历年集体积累的开支使用结果；农民负担情况；乡镇合作基金会和农经站的存贷款业务、财务收支、利息结算、受益分配等。

1996 年，甘肃省农业厅印发《关于对村集体财务和审计规范化试点进行检查验收的通知》，武威市根据通知精神，先进行自查，总结经验，顺利完成省上的检查验收。

1998 年，审计基本核算单位 5627 个，审计资金 14352 万元，审计违规违纪资金 567.6 万元。全市 1128 个村集体经济组织中，规范公开财务的有 572 个，占总数的 51%；一般公开的有 443 个，占总数的 39%。

2004年，以财务清理审计为重点，全面做好了换届中村组财务的手续交接与新旧账衔接工作。

2005年，出台《农村集体财务审计暂行办法》，建立起区审乡、乡审村、村审组的三级审计工作机制，形成了农村集体财务“一年一度普遍审、重大事项专项审、人员变化随时审、信访上访跟踪审”的审计制度，推动全区农村财务审计规范化运行。

2006年，对2005年以前的债权债务进行了清理汇总，清理审计出违规资金96.8万元，其中白条顶库45.6万元，挪用集体资金的有38人，挪用资额16.6万元。

2008年，根据《甘肃省农村集体经济审计工作报告制度》的要求，专题安排2008年农村财务审计工作。在全区开展农村财务审计和干部任期离任经济责任审计工作，审计单位401个，审计面积达89.7%，审计总金额14963万元，其中违纪金额22.9万元，违纪单位8个，违规金额已全部追回，达到预期目的。

2009年，下发《关于进一步加强农村集体财务规范化管理的通知》，进一步规范了“村账乡代管”的运行机制。

三、农村承包合同管理

1990年，武威市农业承包合同管理委员会成立，各乡镇建立承包合同管理委员会，全部配发合同管理委员会印章和签证专用章，使农村承包合同管理走向正规。1998—1999年，开展第二轮土地延包工作。健全完善市、乡承包合同管理机构496个，配备专兼职人员2380名，形成以村农村承包管理小组为基础，市、乡、村三级上下贯通的管理网络。2006年，区政府下发《农村土地承包纠纷仲裁试点工作实施方案》《关于成立凉州区农村土地承包仲裁委员会的通知》，建立健全区、乡两级土地承包经营纠纷调解仲裁机构。同年，全区共发生各类土地承包经营纠纷237起，其中调解221起，仲裁16起。2009年，区政府下发《关于在推进城乡一体化进程中加快土地流转的指导意见》，成立凉州区农村土地流转服务中心，协助办理有关土地流转手续，配合乡镇土地流转服务站对土地流转过程实施监督和管理。

四、农民负担监督管理

1990—2001年，武威市乡村统筹33252万元，其中村提留15663万元，乡统筹17589万元。从2001年开始推行农村税费改革，2002年开始全面取消“三提五统”，逐步取消劳动积累工和义务工，建立农业税和农业税附加为主体的农村税制。2005年全面取消农业税，全区范围内的村级公益事业通过“一事一议”筹资筹劳解决。

五、农村会计队伍培训

自1990年后，采取集中培训的方式，每年于5月下旬至6月上旬对乡镇农经人员和村级财务人员进行具体业务及相关内容的培训，编发凉州区《村级财务规范化管理政策文件汇编》和《农村财务会计培训教材》各3600份。至2009年，区上举办培训班46场（次），培训人员6500人（次），使村账乡管机制运行更加规范。

第二章　畜牧业

第一节　畜禽养殖

一、大家畜

（一）马

属蒙古马类型，具挽乘兼用略偏挽用体型，头型正直，体躯粗壮，四肢较发达。毛色以黑、红、栗色居多。随着汽车和农业机械的增加，马匹饲养量逐年减少，2009 年，全区马存栏 1400 多匹。

（二）驴

属小型驴品种，头大小适中，鼻梁微突，鼻孔开张较大，嘴钝而圆，耳大竖立，耳壳外生有短毛；颈脖较长，颈部鬃毛少，多呈黑色，颈背结合紧凑；背平直，体躯稍长。凉州驴性情温顺，适应粗放的饲养管理条件，能拉善驮，是山区和农村常用的役畜。2009 年，全区驴存栏 1.69 万头。

（三）骡

分两类：一类是公驴配母马产生的杂交种，俗称"马骡"；另一类是公马配母驴产生的杂交种，俗称"驴骡"。驴骡占总养骡数的 60%以上。1990 年，全市养骡 1.96 万头，是历史上养骡最多的时期。随着农业机械化程度的提高数量逐年下降。2009 年，全区骡存栏 5200 多头。

（四）驼

属关内沙漠型，体质紧凑细致，头略小，颈长短适中，躯短肢长，胸发育中等，腹大而圆，双峰中等。毛色以褐色、杏黄色和黄色为主，白色和棕色较少，毛纤维较粗，以长城乡最多。1990 年下降到 400 峰，2000 年存栏 1200 峰，2009 年，全区仅存栏 700 峰。

（五）牛

有黄牛、奶牛、犏牛、牦牛等，2009 年全区牛存栏 30.43 万头。

黄牛　属蒙古牛类型，体小紧凑，被毛粗糙，耐粗放饲养，抗病力强，具有一定的使役能力，若使役得当，一对牛（二牛抬杠）每天可犁茬板地 4.5 亩。

荷斯坦奶牛　原产于荷兰，风土驯化能力极强，世界上绝大多数国家均能饲养，并培育出了各具本土特色的荷斯坦奶牛。中国荷斯坦奶牛原名中国黑白花牛，1998 年正式更名，是由纯种荷兰牛与我国黄牛的高代杂交品种，经 100 多年选育而成。这也是我国唯一的奶牛品种，现已遍布全国。荷斯坦奶牛体格健壮，结构匀称。毛色呈黑白花，花片分明，具有明显的乳用型牛的外貌特征。

犏牛　属黄牛和牦牛的杂交后代，体健力强，耐苦役，役用寿命长。犏雌牛用于挤奶，产奶量优于牦牛，主要分布在怀安、松树、柏树、西营、永丰、丰乐、五和、康宁、金山、新华、张义等乡镇。春播后，大部分犏牛在天祝、肃南县浅山草场代牧，夏收后陆续返回役用。2009 年，全区存栏 5732 头。

牦牛　牦牛是高寒山区特有畜种，在牧区常供乘骑或驮运，为人们提供乳、肉、毛、皮等产品。

成年公牦牛体重360公斤，母牦牛243公斤。2009年，牦牛存栏289头，零散分布在张义及浅山区的康宁、西营等乡镇。

二、小家畜

（一）猪

分大小型两种，大型猪习惯称“麻猪”，在20世纪60年代绝迹。小型猪头长而直，与体长的比例为1:4~1:5；嘴较短，呈楔状，头宽9~12厘米，额部有不明显的纵行皱纹，鼻梁有清晰的横行皱纹；耳大下垂，耳长26~35厘米，宽17~22厘米，人们形象说“两耳4斤，垂过嘴唇”。小型猪按经济类型划分，归为脂用型猪，花板油多。2009年，全区猪存栏69.4万头，出栏72.44万头。

（二）羊

有绵羊、山羊两种。2009年，全区羊存栏81.46万只。

绵羊　主要有蒙古羊、藏羊和蒙藏混血羊。蒙古羊分布在井泉灌区沙漠边缘的九墩、下双、发放、长城、吴家井等乡镇。体躯被毛多为白色，头肢多杂色，被毛异质。成年公羊平均体重47公斤，净毛率为77.3%，屠宰率50%，母羊产羔率为102%。藏羊主要分布在张义高寒山区。体格稍大，被毛多白色、异质，两型毛含量高，毛辫长，弹性大，可供织毯、擀毡。成年公羊体重44公斤，成年母羊38公斤，成年羊剪毛量1千克，屠宰率45%；繁殖力不高，母羊年产羔率103%。蒙藏混血羊主要分布在祁连山浅山和沿山河水灌区，体型体格因其混血程度类似于蒙古羊或藏羊。

山羊　绒山羊主要分布在西营、新华等浅山、漫坡乡镇。武威绒山羊属河西绒山羊。公、母羊均有扁角，体质结实，体形紧凑，毛色多白，间有少量栗色或黑色。成年公羊体重平均38公斤，成年母羊体重平均26公斤，成年羊产绒平均200克。长期以来，农牧民对山羊进行自然选择，多在严重退化的草场放牧。

三、家禽

鸡　主要品种有迪卡、来航、罗曼、星杂288蛋鸡、依莎褐、AA肉鸡、海兰、海赛克斯、罗曼褐壳蛋鸡、艾维茵和三黄肉鸡等，主要分布在高坝、清源、黄羊、大柳、四坝、新华、和平、金羊、中坝、双城等乡镇。2009年，存栏256万只。

鸭　主要品种有麻鸭等，在各乡镇零散分布。1990年，鸭存栏730多只。2009年，存栏9500多只。

鹅　主要品种有太湖鹅等，在各乡镇零散分布。1990年，鹅存栏800多只。2009年，存栏2200多只。

鸽　主要品种有美国王鸽、土种肉鸽和信鸽等，主要分布在双城、洪祥、四坝、高坝和金羊等乡镇。1990年，鸽存栏8000多只。2009年，存栏1万多只。

四、特种动物养殖

20世纪80年代初，武威市开始特种动物养殖。1993年，清水乡河西村农民养殖海狸鼠，曾在金都饭店发布海狸鼠保健菜肴新闻。1997年，高坝镇农民引进美国牛蛙，在院落搭棚修池养育。1998年，洪祥镇20余户农民养殖药用蚂蚁。同年，柏树乡玻璃厂院内养肉用犬24只，开创武威市饲养肉用犬先河。1999年，武威水暖配件厂从兰州引入蝎子600条，在怀安乡荒滩建蝎棚90平方米。2000年，谢河镇兽医站修建暖室从山东省引进土鳖虫卵，孵化后饲养20架（2千克/每架）土鳖虫。从湖北省引种蝎10万条，与蝎种场家签订技术指导和产品回收合同，办起武威市最大的个体养蝎场。1997—2000年，武威城市居民租赁武威地区林业处种子管理站农场土地15亩，修建狐棚10个，购置狐笼400余个，养殖狐狸369只，其中蓝狐300只、银黑狐30只、雪狐30只、彩狐9只，成为全市最大的种狐场。1998—2000 年，谢河镇五坝村农民先后引进美国七彩山鸡 200 只、珍珠鸡 31 只、宫廷黄鸡 95 只、黑凤鸡 60 只，金丝鸡 70 只利用自家庭院养殖。随着人们生活水平的提高和生活方式的多样化，城乡居民也有爱好笼鸟的，一些退休老人乐于饲养画眉、百灵、虎皮鹦鹉等观赏珍禽，节假日期间，凉州市场东口珍禽及宠物猫、犬交易十分活跃。

五、濒危动物养护

赛加羚羊

凉州区濒危动物的保护、养殖主要由甘肃濒危动物繁育中心承担。1991—1992 年，甘肃濒危野生动物繁育中心首次从甘肃白水江自然保护区引进金丝猴 8 只、羚牛 4 只，开始进行繁育研究。1994 年，甘肃濒危野生动物繁育中心承担的国家“七五”科技攻关项目“引进赛加羚羊驯化研究”课题通过专家验收，获得国家中医药管理局科技进步三等奖。同年 12 月，从德国慕尼黑引进普氏野马 8 匹进行繁育研究。1995 年，从甘肃白水江自然保护区成功救助川金丝猴 7 只，进行荒漠区适应性人工饲养。2000 年，分别从美国、德国引入的普氏野马表现出良好的适应性和繁殖能力，已发展到 62 匹，种群数量达到放野的条件。2001 年，养殖的赛加羚羊在世界范围内人工驯养失败的情况下，种群数量由引进初期的 11 只发展壮大到 65 只，成为目前国内唯一的赛加羚羊人工驯养、繁殖、保护、研究基地。2002 年，陆续引进梅花鹿、白天鹅、黑天鹅、红腹锦鸡、蓝马鸡、原驼、浣熊、黑颈鹤、蓑羽鹤、灰鹤、鸵鸟、岩羊等珍稀观赏性动物 27 种 100 余头（只、匹）。2005 年，甘肃濒危动物研究中心被国家林业局确定为全国首批陆生野生动物疫源疫病国家级监测站，全面负责武威、金昌两地野生动物疫病防控和疫情报告工作。至 2009 年，成功繁育各类濒危动物 196 头（只、匹），存养各类野生动物（包括鸟类）48 种、400 余头（只、匹），其中国家一、二级保护动物 31 种、232 头（只、匹）；有世界级濒危物种野生双峰驼 20 峰，是国内最大的人工饲养种群。

六、水产业

凉州区水产业始于 20 世纪 80 年代，长城乡红水村利用红水河沿岸自然条件筑塘坝 35 亩，放养草鱼、鲢鱼。1995 年，新华乡从永登县引进红鳟鱼种在青嘴村试养，由于昼夜温差大，冬季气候寒冷，结冰厚，鱼苗成活率低，试养失败。1996 年，古城镇因有冬季水温较高的泉源，修建鱼塘 2.5 亩，放养红鳟鱼成功，年产鱼 4 吨。1997 年，金羊镇三盘磨村养鱼 47 亩，羊下坝镇海龙度假村养鱼 30 亩，丰乐镇昌隆水库养鱼 15 亩。2009 年，有效养鱼水面积 359 亩，有多处私人开辟的鱼塘供人们垂钓之用。

第二节　草场与饲料

一、草场管理

1990—2003年，凉州区草场管理由所属乡镇进行管理。2005年，出台《凉州区草原承包管理暂行办法》，累计落实草原承包面积3.1万亩，实施草原禁牧、休牧、轮牧面积3.1万亩，建设草原围栏3.1万亩。2009年，凉州区有可利用草场138.41万亩，年均产牧草6.2万吨（风干）。

草原草场　主要有各类针茅、小花亚菊、小叶锦鸡儿、冷蒿等，分布在海拔2000~2600米之间的祁连山余脉峡谷、沟壑、慢坡地带，面积约84.3万亩，金山、康宁、西营、金塔、古城、张义等乡镇“上山”草原多产此类牧草。由于气候干旱、降雨量少、超载放牧、失于管理等原因，“上山”草场植被稀疏，平均20亩草场可载养一个羊单位，每年有8~10个月有牛羊放牧。

荒漠化草原草场　主要有针茅、驴驴蒿、茵陈、合头草、菝若藜、红沙、珍珠草、芨芨草等，分布在海拔1600~2300米间的浅山地带，东起中路乡沙沟村，西至金山乡大口子村，中跨古城、新华、金塔、柏树、松树、西营、康宁等乡镇，面积13.5万亩。平均25亩草场可载养一个羊单位，年均草场放牧期6个月。

荒漠草场　主要有刺叶柄棘豆、沙生针茅、沙蒿、唐古特白刺、菝若藜、沙竹等。分布在海拔1400~1600米间的四十里大沙漠、八十里大沙漠、吴家井乡以西、金山乡西河滩等地，面积33.4万亩。在多雨年份此类草场牧草丰茂，可供放牧，干旱年份多弃置。

盐生草甸草场　主要有佛子茅、赖草、冰草、碱芦苇等，分布在邓马营湖、四方寨滩等处，面积7.2万亩，平均5亩草场可载养一个羊单位。

二、饲料

20世纪90年代后，凉州区猪鸡配合饲料加工业迅猛发展。2001年，各类粗饲料加工量达到5万吨，正大、富昌、希望等品牌的全价、预混合饲料相继面市。2009年，各类配合饲料加工量达到12.5万吨。

籽实类饲料　主要有玉米、小麦、豌豆、蚕豆等。玉米、小麦是凉州区主要农作物产品，张义镇是豌豆的主产区，蚕豆在农村分布广泛，多零星点种于地头、田埂。2000年，籽实类饲料提留约6万吨，占粮食总产量的13%。2009年，用作饲料的籽实约31.5万吨，占粮食总产量的6%。在各类籽实类饲料中占总提留量的70%以上，主要供猪、鸡配合饲料生产。

糠麸类饲料　20世纪90年代，凉州区粮食作物连年丰收，次粉在井泉灌区被广泛用做牛、猪、鸡饲料，麸皮、次粉年均产量7.5万吨，黄羊镇面粉加工区是集中产区。另外粮食公司及各村组小型面粉加工作坊也有生产，2009年凉州区加工小麦粉136.88万吨，生产麸皮及次粉30万吨。

饼粕类饲料　20世纪90年代后，农户作坊式油坊已不多见，除黄羊、丰乐一带山水灌区零星种植胡麻外，农村大部分地区以单种或复种小油菜为主，年均产油菜饼粕9600吨，以武威榨油厂生产最多。2009年，约生产油料饼粕2.8万吨。

农作物秸秆　20世纪90年代后，武威市大麦、谷类播种面积锐减，玉米面积迅速扩大，农作物秸秆主要是小麦秸、玉米秸、油菜秸、蚕豆秸、洋芋秧、甜菜叶。2000年，各类农作物秸秆66.5万吨。其中小麦秸26.5万吨，玉米秸37万吨，薯、豆、油菜秸等3万吨，分别占秸秆总量的39.8%、55.6%和4.5%。农作物秸秆与籽实类饲料分布区域一致，数量随作物丰歉波动。2009年，农作物秸秆产量达到181.35万吨，加工利用率达到27.6%。

人工种草　1989年绿肥面积（复种箭舌豌豆和毛苕子）24万亩。亩产干草300公斤。20世纪90

年代，绿肥播种面积迅速下降，2000 年复种豆科绿肥 6 万亩，2007 年复套种牧草 23.5 万亩。草谷子、草高粱、燕麦草在山水灌区有零星种植，合计播种面积 1.2 万亩。

多汁饲料　主要有洋芋、甜菜、胡萝卜等。20 世纪 90 年代，年均种植 4 万亩。甜菜种植高峰期是 1995 年，种植 8.4 万亩，亩均产甜菜叶 3000 公斤。2000 年由于黄羊糖厂停产，甜菜无销路，大部分农民已停种。胡萝卜在农村有零星种植，每年收获后，质次的洋芋、甜菜、胡萝卜喂猪。2009 年多汁饲料达 17.5 万吨。

糟渣类饲料　主要包括酒糟、酱醋渣、淀粉渣等，主要来源有酒厂、啤酒厂、酱醋厂、荣华公司淀粉厂、食醋、豆腐、粉条等小型作坊。2009 年，各类糟渣产量为 10.21 万吨。糟渣类饲料多喂奶牛、肉牛和生产母猪。

第三节　畜禽品种改良

一、家畜改良

牛　20 世纪 80 年代，武威市被定为全省黄牛改良重点县，省畜牧厅配发冻精液氮运输车、液氮罐、显微镜等改良器械，无偿提供冻精、液氮经费，补充配种改良器械，使黄牛改良得到长足发展。1995 年，武威市实施国家级“秸秆养牛示范县”项目，进一步扩大黄牛冻配改良面。至 2009 年，黄牛血缘构成发生根本变化，58%的黄牛已成为西门塔尔牛或各期级进杂交后代。原以褐、黑、黄为代表的蒙古牛毛色，已变成典型的黄白花色，黄牛体格也明显增大。2009 年，全区牛存栏 30.43 万头，出栏 10.1 万头，其中繁殖母牛 14.6 万头，有黄牛改良冻配点 214 处，年授配母牛 12.3 万头。

荷斯坦奶牛　20 世纪 80 年代，武威南关黄牛冻配点采用兰州奶牛场优秀荷斯坦公牛冻精授配改良牛。1999 年，执行“欧盟—中国奶援项目”，改良和平、柏树、金羊等乡镇奶牛收到良好效果。2000 年，荷斯坦奶牛存栏 2957 头，主要分布在和平、柏树、金塔、金羊、怀安（省家畜改良站牛场）及黄羊河农场。2009 年，奶牛存栏达 1.36 万头，头均产奶量较 2000 年提高 7%。

猪　20 世纪 80—90 年代，武威市执行省畜牧厅“商品瘦肉型猪基地建设”项目，成功培育“武威白猪”地方品种后，农民自发购买武威白猪种猪进行养殖在全市大面积普及。1998—2000 年，市财政安排资金 48 万元，实行农业增效、财政增税的“双增”工程项目，由项目责任单位武威市白猪场从四川省内江中加（中国、加拿大）瘦肉型猪繁育总场和德阳市原种猪场引进加拿大长白种猪 71 头、大约克种猪 56 头，建立双城镇达桐村加系长白猪纯繁点、韩佐乡二畦村加系大约克猪纯繁点和六坝乡刘畦村美系杜洛克猪纯繁点，全面推广以杜洛克、长白、大约克为主体的“杜×长×大”“杜×大×长”三元杂交良种猪生产模式。2000 年产仔 2060 头，经选育投放 1483 头（其中公猪 363 头）。2001 年，饲养种公猪 707 头，其中美系杜洛克 45 头、加系长白 396 头、加系大约克 226 头，“三元”仔猪生产能力 18 万头。2009 年，猪存栏 69.4 万头，出栏 72.44 万头，种公猪全部实现瘦肉型良种化。

绵羊　1991—1994 年，谢河镇、怀安乡和市农委、市检察院等单位分别从山东省嘉祥县和甘肃省东乡县引进粗毛型小尾寒羊 400 余只。小尾寒羊生长发育快，性成熟早，肉用性能好，母羊在营养较好条件下全年均可发情，产羔率平均 270%。1998 年，省畜牧厅为武威市引进边区莱斯特（半细毛）成年公羊 5 只，分别投放到五和乡下寨村、清源镇清泉村、松树乡莲花山村改良当地绵羊。期间，下寨村饲养的 3 只种羊因患肺炎先后死亡，其余改良授配母羊产羔 300 余只，适应性良好。2000 年，武威地区畜牧兽医技术服务中心调入邦德羊（肉毛兼用）公羊 4 只，投放到四坝乡寨子、前庄、三岔村和下双乡喜盛农场；引进德国美利奴公羊（细毛）3 只，投放给怀安乡芦家沟村及下双乡喜盛农场；无角陶赛特3只（公1母2）、萨福克2只（公1母1），均投放到清源镇王家新庄供绵改试点。2009年，绵羊存栏73.28万只。

绒山羊　1996年，西营乡农民自筹资金从内蒙古阿拉善右旗引进内蒙古绒山羊种羊130只，融入当地山羊生产村组，收到明显改良效果。1997年，市财政局拨款3万元，由市畜牧兽医服务中心组织从辽宁省盖县引进辽宁绒山羊（成年公羊年产绒平均473克，成年母羊产绒282克）37只（其中母羊21只），种公羊大部分投放到西营乡，少量分散到新华、金塔、金山等乡镇，改良本地绒山羊。据测定，辽宁绒山羊与河西绒山羊交配生产的杂一代平均产绒量350克，较本地山羊增加150克。2009年，山羊存栏8.18万只。

二、家禽改良

20世纪90年代后，省畜牧学校、兰州鸡场、金昌鸡场等龙头企业陆续为武威市调入迪卡、罗斯、依莎褐、三黄、星布罗、海兰、京白、海赛克斯等多类种蛋种雏。正大集团、宁夏中卫养鸡集团、河南、四川、陕西、山西的一些贩运户，每年春季大量销售商品代雏鸡。永昌镇东坡村、双城镇北安村、羊下坝镇上双村、清水乡王锐村、清源镇中沙村形成大规模育雏专业村，年育雏量300多万只，使凉州区鸡种显得“博而杂”。2009年，鸡存栏256多万只，良种化程度100%。

第四节　疫病防治

一、机构设置

凉州区畜禽疫病防治机构有区畜牧兽医服务中心和乡镇畜牧兽医站。1990—2000年，武威市有乡镇畜牧兽医站及其分站53个，畜牧兽医人员429人，其中乡镇畜牧兽医站230人，市畜牧兽医服务中心69人。2001年8月，市畜牧兽医服务中心更名为凉州区畜牧兽医服务中心。2004年，随着乡镇撤并，乡镇畜牧兽医站合并为38个。2009年，有畜牧兽医专业技术人员175人，其中区畜牧兽医服务中心59人，并由区财政进行定额补助在全区449个村组建了445人的村级防疫员队伍。

二、家畜、家禽疫病防治

（一）消灭和被全面控制的疫病

牛瘟、牛肺疫、鼻疽在1990年之前已经被消灭，此后在凉州区再未发生过。

（二）计划免疫

20世纪90年代，武威市贯彻“因病设防，科学免疫，突出重点，综合防治”的原则，改春秋两季防疫为“一次防疫为主，结合常年补针”，积极推行各种形式的防疫承包责任制。2000年，全市供应猪瘟疫苗90万头份、鸡新城疫疫苗（I、II系）560万头份，进行常年或季节性免疫注射畜禽疫苗。供应炭疽苗2万头份、牛出败12000头份、W苗15万头份、羊痘2万头份、“羊三联”苗8万头份、破伤风芽孢苗5000毫升、仔猪副伤寒苗5万头份、猪丹毒苗12万头份、猪肺疫苗5万头份、猪大肠杆菌工程苗2万头份、兔瘟苗2万头份、犬五联苗200头份、鸡传染性喉气管炎苗20万头份、鸡法氏囊苗50万头份。部分中、小型饲养场和养殖专业户通过各种渠道，引进马立克、法氏囊、传染性喉气管炎、减蛋综合症、禽霍乱、鸡新城疫等外地或进口疫苗免疫自养畜禽，经过预防注射，畜禽传染病得到有效控制。

（三）重大动物疫病防治

口蹄疫防治　1992年，金羊镇平苑村、甘肃省家畜繁育中心共发现染疫牛3头，遂后及时扑杀同群牛36头，彻底进行无害化处理，未使疫情蔓延。1999年，谢河镇武家寨村四组、驻武84808部队猪场先后发现口蹄疫病染疫猪，经确诊后，同群猪被焚烧深埋。同年9月，张义镇上山牧场发现牛口蹄疫疫情，及时进行无害化处理，并注射疫苗，由于代牧畜下山，疫情在黄羊灌区扩散。2000年，在和平、东河、清源、金羊、松树、四坝、金沙、大柳、发放、康宁、怀安和黄羊河农场都不同程度发生疫情，捕杀染疫及可疑病畜250头（只），其中牛65头、羊104只、猪81头。2002年，全区先后有武南、清水、金羊、双城、河东、金沙、发放等乡镇发生口蹄疫疫情，发病疫点14个，扑杀染疫畜328头，扑杀率100%。其中发病牛1头、猪98头，同群猪229头。2003年，驻武86086部队猪场和东河乡、清源镇发生口蹄疫，共扑杀染疫及同群畜62头，其中发病牛5头，同群牛3头，发病猪12头，同群猪42头。2005年，驻武68303部队猪场发生口蹄疫，确诊后扑杀病猪4头，同群猪32头。2006年，驻武68303部队3营猪场发生O型口蹄疫，扑杀病猪4头，同群猪36头。通过加强强制免疫，该病得到有效控制，至2009年再未发现该病。

炭疽防治　1990—2000年，在洪祥、双城、六坝、高坝、黄羊、武南、大柳、古城、西营、怀安、河东、韩佐、永昌等乡镇曾发生炭疽疫情23起，发病畜112头（只），死亡99头（只），扑杀家犬152只。另有15人感染皮肤、肠型炭疽，均得到有效救治。1997年，韩佐、永昌、高坝等乡镇陆续发生人、畜间炭疽病后，划定疫点、疫区和受威胁区，分别采取隔离、扑杀、销毁、消毒、紧急免疫接种等强制性扑灭措施。在短期内预防接种易感畜12万头（只），消毒圈舍、场地、库房等1.5万平方米，车辆257台（次），皮张3.6万张，通过新闻媒体向群众介绍炭疽病知识，端正舆论导向，及时扑灭疫情，稳定群众情绪，减少了危害程度。2009年，金羊镇平苑村9组发生炭疽疫情1起，死亡牛羊40头（只），死亡的牛大多为4~5个月的犊牛、2月龄内的羔羊。无炭疽感染人病例，对死亡畜进行无害化处理，之后，对易感动物实行计划免疫，对圈舍、场地、库房进行消毒等措施。

高致病性禽流感防治　2004年，全国有12个省（区）发生高致病性禽流感疫情或疑似疫情。为严防高致病禽流感传入全区，成立凉州区禽流感防治工作指挥部，下发《高致病性禽流感疫情处置技术规范（试行）》，全力组织开展高致病性禽流感强制免疫和以规模养鸡场（户）为重点的疫情普查和监测工作。同年，甘肃省酒泉市也发生高致病性禽流感疫情。为加强源头控制，凉州区畜牧兽医服务中心在武南、武威火车站派专人进行外来禽类检疫，在高坝、黄羊、武南、和平、丰乐、吴家井等重点乡镇设立流动消毒检查站，有效杜绝了该疫病的传入。

第五节　兽医卫生检疫

一、肉品检疫

1990年，武威市有动物检疫站33处，动物检疫人员62人。1990—2000年，城区动物检疫站累计检验各类肉品3197.1万公斤，检出病害肉7.8万公斤；检疫各类活畜禽12.1万头（只），检出病畜986头；检疫蜜蜂2.04万箱；消毒动物骨、角、毛、皮张等畜产品350.6万公斤，产地检疫畜禽727万头（只），检出病畜禽6068头（只），均做无害化处理。

2003年，产地检疫各类畜禽107.8万头（只），检出染疫畜禽2100头（只），检疫各类肉品340.1万公斤，检出病害肉2960公斤，无害化处理率达100%；检疫消毒皮张2万张，骨、角、毛等1万公斤，消毒运输车辆587辆，运输检疫率达100%。

2005年，全区38个乡镇开展产地检疫工作，村组产地检疫开展面达100%，规模养殖场（户）的产地检疫率达100%，散养户达90%以上。全年检疫各类畜禽547.86万头（只），检疫各类肉品

561.32 万公斤，检出病害肉 4670 公斤，全部进行无害化处理；消毒皮张 7.16 万张，检疫骨、角、毛等畜产品 72.45 万公斤，运输检疫活畜禽 22.44 万头（只），消毒运输车辆 1527 辆。

2006 年，为强化运输检疫，在黄羊镇、双城镇、区畜牧中心建立 3 个运输检疫报检点。在 37 个乡镇开展产地检疫，村组产地检疫开展面达 100%，规模养殖场（户）产地检疫达 100%。全年检疫各类畜禽 547 万头（只），检疫各类肉品 561 万公斤，检出病害肉 5600 公斤，全部进行无害化处理。消毒皮张 7.2 万张，检疫骨、角、毛等畜产品 72.5 万公斤，运输检疫畜禽 22.5 万头（只），消毒运输车辆 1530 辆（次）。

2007 年，全面加强对动物及其产品产地、屠宰和流通环节的检疫工作，全年检疫各类活畜禽 406 万头（只），检疫各类肉品 626 万公斤，检出病害肉 6010 公斤，全部按要求进行无害化处理；运输检疫活畜禽 13.22 万头（只），运输检疫各类肉品 158.6 万公斤，检疫骨、角、毛等畜产品 123.2 万公斤，消毒皮张 5.78 万张，消毒运输车辆 2680 台（次）。查处病害肉 1870 公斤，并全部进行无害化处理。

2008 年，建立动物产地检疫报检点 98 个，坚持到场到户临栏检疫，使动物检疫率不断提高。全年产地检疫各类活畜禽 207 万头（只），屠宰检疫各类肉品 298.2 万公斤，检出病害肉品 2369 公斤，运输检疫活畜禽 28.66 万头（只），运输检疫各类肉品 246.5 万公斤，检疫皮张 4158 万张，检疫骨、角、毛等畜产品 29.6 万公斤。

2009 年，全区检疫各类肉品 791.4 万公斤，检出并无害化处理病害肉 3760 公斤；产地检疫各类畜禽 526.3 万头（只），检出并无害化处理染疫畜禽 2452 头（只）；运输检疫各类活畜禽 24.36 万头（只），肉品 37.4 万公斤，骨、角、毛等畜产品 48 万公斤，消毒皮张 4.8 万张，消毒车辆 5700 辆（次）。检查动物产品经营者 213 户（次），家畜定点屠宰场 63 家（次），检查上市销售的猪 780 头、牛 117 头、羊 810 只，查处未经检疫的肉品 5200 公斤，依法全部进行现场补检，并对检出的 326 公斤病害肉进行无害化处理。

二、定点屠宰

1998 年，武威市生猪定点屠宰办公室成立，当年设立生猪定点屠宰点 34 处。城区食品公司定点屠宰点检疫由食品公司与畜牧兽医服务中心共同承担，南关肉联厂定点屠宰点由地区畜牧兽医技术服务中心负责检疫，各乡镇定点屠宰点由乡镇畜牧兽医站负责检疫。动物检疫员业务考核合格者发动物检疫员证。2009 年，兽医卫生监督所对乡镇定点屠宰厂进行监督检查，与各定点屠宰企业签订猪肉质量安全承诺书，要求屠宰厂（场）严格按照《畜类屠宰加工通用技术条件》和《肉类加工厂卫生规范》的要求进行屠宰加工。

三、疫病监测

2000 年，武威市动物疫情测报站建成，配有超净工作台、电泳仪、酶标仪、切片机等各种诊测设备，装备有电脑、传真等信息系统，可独立完成解剖学、血清学、细菌学和寄生虫学的初步检测，定期向国家动物防疫机构传送疫情监测情况。

2001 年，凉州区疫情测报站配备测报人员 6 名（专职 2 名，兼职 4 名），乡镇确定动物疫情测报员 97 人，开展全区主要动物疫病的疫情测报工作，重点加强对规模养殖场（户）的疫情监测，以年出栏生猪 50 头以上、养鸡 500 只以上、养牛 15 头以上、养羊 30 只以上的养殖场（户）作为监测重点。

2002 年，实验检测疫病样品 10583 份，向省防疫总站送检牛瘟、牛肺疫检测血清 80 份，上报农业部、省、市疫情报表和监测信息 150 份。在加强对牲畜口蹄疫、猪瘟、炭疽、鸡新城疫等重点疫情监测的同时，把黄羊、武南、高坝、丰乐、和平、清源、张义、西营等乡镇和城郊作为重点测报区域。

2005年，对猪瘟、猪链球菌病、鸡法氏囊病、禽流感、鸡新城疫、鸡白痢、鸡传染性支气管炎、马立克氏病8种动物疫病实验室检测血样样品4147份，其中检测各乡镇送检样品580份，禽流感免疫效果检测1222份，检测猪链球菌病127份，检测布鲁氏菌病611份，检测猪瘟997份，鸡新城疫554份，向省防疫总站报送口蹄疫检测样品24份，禽流感检测样品32份。

2007年，围绕重大动物疫情和重点的疫病开展检测，以规模养殖户、牲畜交易市场、屠宰场、贩运户、交通沿线村、组为重点，对禽流感、口蹄疫、猪瘟、鸡新城疫、牛布鲁氏菌病、牛结核病6种动物疫病进行检测。全年发生各类动物疫病19起，9种，均为零星散发，对全区畜牧业未造成大的损失。

2009年，对禽流感、口蹄疫（O型）、猪瘟、新城疫、奶牛布鲁氏菌病、奶牛结核病、猪伪狂犬病、猪乙型脑炎8种动物疫病通过血凝和血凝抑制、正向间接血凝、平板凝集、变态反应、乳胶凝集试验等方法进行了检测。检测血样样品4127份，全年发病总数189头，死亡87头，均为零星散发。

四、兽医卫生监督

1996年，武威市为全市304家肉品销售门店办理兽医卫生合格证，检查肉食品销售门店860户（次），查处违法违章经销户16户，处罚6户。

1997—1998年，市场检查监督以检查兽医卫生合格证、畜禽产品检疫证明、检疫章、生猪定点屠宰章、一证一票两章为主，对全市40多个肉食品市场开展监督检查，核发兽医卫生合格证230张。

1999年，对农村肉品市场猪、牛、羊肉的检疫率分别88.7%、70%、59%，城区为100%、95%、90%。检疫率较往年有不同程度提高，查处未检疫经营的肉品114头（只），不合格肉品三起35公斤，查处逃避拒绝监督检查5起，无证经营户67户，共对违法经营者罚款3700元，审核换发兽医卫生合格证198张。

2000年，对动物及产品在养殖、屠宰、加工、仓储、运输和流通环节等方面依法实施监督检查管理，审核换发动物防疫合格证210张，对全市68家已核发家畜定点屠宰许可证的家畜屠宰厂点实施监督检查。

2002年，结合实施《动物免疫标识管理办法》《动物防疫条件审核管理办法》等法律法规，加大对宾馆、饭店、餐厅等肉食品加工场所的动物防疫条件审核监督管理力度。对辖区内的4个动物交易市场、53个肉品销售市场、28家家畜定点屠宰厂（点）和乡镇的40个肉品销售场所进行了监督检查，检出兽医卫生违法案件45起，其中未取得动物防疫合格证加工销售肉品的4起，不符合动物防疫条件的18起，销售病害肉3起，拒绝检疫监督的4起，罚款3000元。审检换发动物防疫合格证200张，其中饭店餐厅102张，兽医卫生许可证40张。

2007—2009年，对全区14家家畜定点屠宰厂（点）全部纳入监督范围，配合协调市、区商务局依法取缔了不符合动物防疫条件的生猪屠宰厂（点）6家。检查动物产品经营户249户（次），加工肉品的饭店餐厅59家（次），家畜定点屠宰厂（点）25家（次），上市销售的猪1645头、牛743头、羊1961只，检疫率分别达94%、82%、70%。查处兽医卫生违法案件31起，其中不符合动物卫生防疫条件，未取得动物防疫合格证屠宰、加工销售肉品的17起，销售病害肉的3起，销售未经检疫肉品的11起，对责令限期整改后仍不符合动物防疫条件的2家屠宰厂（点）依法进行立案处罚。销毁处理中毒死亡的家畜4头，销毁变质中毒肉品412公斤，审核换发动物防疫合格证142张。

第六节　畜牧业产业化建设

1992年，武威市畜产品开发服务中心成立，全市畜牧业产业化建设正式起步。1995年，市白猪育种场采取“统一管理、分户喂养、回收仔猪”的办法，把武威白猪投放到五和、羊下坝、清水、黄羊等乡镇，与农户签订养殖合同，探索育种场加农户的发展模式。2001 年，先后制定《关于加快发展畜牧产业的意见》《畜牧业发展指导意见》《畜牧业区域布局规划（2003—2007 年）》《发展畜牧业的奖励办法》等一系列政策，拿出专项资金对在规模养殖、畜产品营销、品牌开发、畜种改良、疫病防治等方面做出突出贡献的单位和个人进行奖励，激励社会各界大力发展畜牧业。2007 年，出台《关于加快生态养殖小区建设的实施意见》，将养殖暖棚建设纳入石羊河流域重点治理项目补助范围。

一、畜牧产业区域规划

肉牛产业带　重点以双城、永昌、洪祥、金沙、东河、谢河等饲草料资源丰富且养殖基础好的乡镇为主，利用玉米秸秆青黄贮氨化饲料，大力推行分户繁育、规模育肥，加快规模化、标准化养殖步伐，提高肉牛产业综合实力。

肉羊产业带　重点以西营、松树、九墩滩、长城、吴家井等沿山及沿沙区乡镇为主，结合养殖暖棚建设，积极引导肉羊生产向舍饲养殖的方向发展，加快绵羊改良步伐，努力提高肉羊出栏率和养殖效益。

奶牛产业带　重点以和平、金羊、柏树、金塔等城郊乡镇为主，发展奶牛养殖小区和适度规模奶牛场，形成奶牛产业集群，促进奶业集约化、标准化、优质化生产。

生猪产业带　重点以黄羊、谢河、清水、四坝、永丰等乡镇为主，大力推进标准化规模养殖，积极培育产品品牌，全面提高生猪及产品质量和市场竞争力。

蛋肉鸡产业带　重点以高坝、中坝、羊下坝、永昌等乡镇为主，加强疫病防治及基础设施建设，大力推行标准化饲养，加强生产管理，提高产品质量和效益。

二、畜牧业基地建设

至 2009 年，凉州区累计建成各类畜禽规模养殖场（小区）354 个，规模养殖户 2.3 万户，规模饲养量达 545.8 万头（只），占全区畜禽饲养总量的 65%。建成以江苏雨润集团武威天祥肉类加工有限公司、甘肃森泰种畜育种有限公司和凉州区白猪育种场为重点的畜牧业产业化龙头企业，成立畜产品营销公司 2 个、养殖协会和合作社 91 个，发展各类畜产品运销户 180 多户，向西宁、银川、兰州、金昌、张掖、平凉等地运销活畜 60 多万头（只）。

第三章　林业

第一节　机构设置

1990 年，武威市林业局内设党政办公室、业务股，下辖林业技术推广中心、头墩营林场、太平滩林场、甘肃濒危野生动物繁育中心。

2001年8月，武威市林业局更名为凉州区林业局。

2006年，凉州区沙产业办公室成立，隶属凉州区林业局管理。甘肃濒危野生动物繁育中心移交武威市林业局管理。

2009年，凉州区林业局内设党政办公室、业务股、退耕还林办公室、公益林办公室，下辖林业技术推广中心、头墩营林场、太平滩林场、沙产业办公室、森林公安分局。

第二节　林业资源

一、天然林

凉州区境内天然林主要分布在祁连山区，分上方寺和西营河两个林区。2009年，自然保护区总面积33万亩，其中林地8.4万亩，总蓄积量326181立方米，为凉州区的水源涵养林。

上方寺林区　位于武威城南30公里，东与张义镇、谢河镇相接，南与天祝县、张义镇相连，西邻天祝县，北靠凉州区古城镇，包括大黄大板、小黄大板、黑沟、毛大板4个林班。据2009年森林资源二类调查结果显示，上方寺林区总面积3.8万亩，其中乔木林1.4万亩，灌木林0.5万亩，未成林地0.15万亩，非林地4.7万亩，蓄积量72157立方米。树种以山杨和云杉纯林为主，均为天然次生林。云杉林平均年龄85年左右，山杨林平均年龄28年，林内有金腊梅、爬地柏等下木。

西营河林区　位于武威城西北20公里，东接凉州区西营镇的头沟，南临天祝县祁连林场，西至土塔河，北靠查树大板，包括头沟、五沟、土塔河、虎林顶4个林班。据2009年森林资源二类调查结果显示，西营河林区总面积26.2万亩，其中林地6.3万亩，非林业用地19.9万亩。林地中乔木林3.02万亩，灌木林3.3万亩，蓄积量254024立方米。树种以云杉纯林为主，平均年龄80年左右，局部地带伴有小片山杨，均为次生林，林下树木主要有金腊梅、锦鸡儿、小蘖、绣线菊等。

二、人工林

凉州区人工林主要分布在川区、沿沙区和山区水系周围及盆地。据2009年森林资源二类资源调查统计，人工林保存面积77.24万亩，其中乔木林地31.23万亩、灌木林38.46万亩、未成林造林地3.16万亩、四旁植树2156万株，活立木蓄积量165.4立方米。年木材采伐量3000立方米左右，收入果品42599吨，其中核桃、红枣等干果148吨，林果业总产值12087万元，增加值6520万元。按林种分：农田防护林18.03万亩（含小片林2.45万亩，四旁植树折合面积7.08万亩），防风固沙林38.46万亩，水源涵养林8.37万亩，经济林13.2万亩（含葡萄栽培面积）。

三、树木种类

凉州区树种资源相对稀少，20世纪90年代后，凉州区不断引进新的树种和品种。据2009年森林资源二类调查结果显示，主要树种有25科43属85种，其中天然林树木22种、人工林树木63种。特别是引进的苹果、梨、桃、杏、葡萄、红枣等经济树木品种较多，有4科6属10多种。

2009 年凉州区调查主要树种名录一览表

表 9-3-1

科	属	种	分布情况	主要用途
松科	云杉属	青海云杉 Picea crassifolia Kom.	分布祁连山海拔 2300~3300 米阴坡	主要用于涵养水源 用材、庭园绿化
	松属	油松 Pinus tabulaeformis Carr.	山川区、古庙、庭院零星分布	适宜街道、庭院绿化
		火炬松 Pinus taeda L.	个别单位庭院栽植	适宜庭院绿化
		樟子松 Pinus sylvestris L. var. mongholica Litv.	个别单位庭院栽植	适宜庭院绿化
	落叶松	落叶松 Larix gmelinii （Rupr.） Kuzen.	个别单位庭院栽植	适宜庭院绿化
杉科	柳杉属	水杉 Metasequoia glyptostroboides Hu et Cheng	—	用于庭院绿化、盆栽
		柳杉 Cryptomeria fortunei Hooibrenk ex Otto et Dietr	—	用于庭院绿化
柏科	刺柏属	刺柏 Juniperus formosana Hayata	—	城市庭院、街道绿化
		杜松 Juniperus rigida S. et Z.	—	城市庭院、街道绿化
	侧柏属	侧柏 Platycladus orientalis （L.） Franco	—	城乡零星栽植，街道、庭院绿化
	圆柏属	叉子圆柏 Sabina vulgaris Ant.	祁连山	城市庭院绿化盆栽
		祁连山圆柏 Sabina przewalskii Komar.	分布祁连山海拔 3000~3200 米	天然林，涵养水源、保持水土
		桧柏 Sabina chinensis （L.） Ant.	—	城市庭院、街道绿化或盆栽
杨柳科	杨属	新疆杨 Populus alba L. var. pyramidalis Bunge	川区四旁或零星栽植	用材、农田防护
		河北杨 Populus X hopeiensis Hu& Chow	川区零星分布	—
		加拿大杨 Populus X canadensis Moench	川区零星分布	—
		小叶杨 Populus simonii Carr	川区四旁零星栽植	用材、农田防护
		胡杨 Populus euphratica	长城红水河湾个别地段生存	—
		钻天杨 Populus nigra var. italica （Moench） Koehne	川区四旁零星栽植	—
		二白杨 Populus gansuensis C. Wang et H. L. Yang	川区四旁，片林，普遍栽植	农田防护
		青杨 Populus cathayana Rehd.	山区河川四旁栽植	—
		山杨 Populus davidiana	祁连山区小片天然林，零星分布	—
		银白杨 Populus alba L.	川区零星分布	—
		箭杆杨 Populus nigracv.Afghanica	川区零星栽植	用材、农田防护
		沙兰杨 Populus P. X canadensis Moench cv. 'Sacrou 79'	川区零星栽植	
	柳属	龙爪柳 Salix matsudana f. tortuosa	庭院零星栽植	庭院、小区绿化
		垂柳 Salix babylonica	川区、河滩零星分布	庭院零星栽植
		绵柳 S.sp	川区零星分布	用于编制、护渠、固沙、护岸、薪材
		刺柳 S.Cheibophyla Schneid	沙区边缘、河岸、零星栽植	用于固沙、护岸
		白柳 Salix alba L	零星栽植	用于护渠、用材

续表 9-3-1

科	属	种	分布情况	主要用途
桦木科	桦木属	白桦 Betula platyphylla Suk	祁连山区小片天然林，零星分布	涵养水源
榆科	榆属	白榆 UlmuspumilaL	引进树种，川区、四旁零星分布	庭院绿化、用材、农田防护
柽柳科	柽柳属	柽柳 Tamarix chinensis Lour.	白塔、红水河沿岸零星分布	可防风、固沙、护岸、编织
胡颓子科	胡颓子属	沙枣 Elaeagnus angustifolia Linn.	沿沙区成片栽植	可用材、防风固沙
	沙棘属	沙棘 Hippophae rhamnoides Linn.	白塔河、北沙河、张义河湾小片分布	可护岸，果实加工饮料
木樨科	白蜡属	连翘 Forsythia suspensa	—	用于城市绿化
		大叶白蜡 Fraxinus rhynchophylla	—	用于城市绿化、用材
		小叶白蜡 Fraxinus bungeana DC.	引进树种	用于城市绿化、用材
		水曲柳 Fraxinus mandshurica Rupr	川区零星栽植	—
	丁香属	紫丁香 Syringa oblata Lindl.	庭院零星栽植	用于城市绿化、药用
槭树科	槭树属	复叶槭 Acer negundo L.	庭院零星栽植	用于城市绿化、用材
苦木科	臭椿属	臭椿　Ailanthus altissima　(Mill.)　Swingle	庭院零星栽植	用于城市绿化、用材
藜科	梭梭树属	梭梭　Haloxylon ammodendron　(C. A. Mey.)　Bunge Bunge	分布沙区	可防风固沙（种子基地）
		白梭梭 Haloxylon Persicum Bunge ex Boiss. Et　Buhse	沙区成片栽植	为治沙造林的主要树种
蝶形花科	槐属	国槐 Sophora japonica Linn.	川区四旁零星栽植	城市和通道主要绿化树种
	刺槐属	刺槐 Robinia pseudoacacia Linn.	川区四旁零星栽植	城市绿化树种，可用材
	锦鸡儿属	柠条 Caragana Korshinskii Kom	二十里沙区零星分布	适宜沙漠丘间地栽植
		毛条 Caragana korskinskii kom	二十里沙区成片分布	适宜沙漠丘间地栽植
		小叶锦鸡儿 Caragana microphylla Lam	祁连山区零星分布	可防风固沙，水土保持
	紫穗槐属	紫穗槐 Amorpha fruticosa Linn.	川区零星分布	可防护农田，用于饲料、编织
	岩黄蓍属	花棒 Hedysarum scoparium	沙区零星分布	可防风固沙，用于薪材
茄科	枸杞属	枸杞 Lycium chinses Mill	川区分布	药用、实用
蒺藜科	泡泡刺属	小果白刺　Nitraria sibirica	—	防风固沙，果实可生产饮料，药用
		唐古特白刺 N.tengutorun Bder	吴家井沙滩、红水河河床零星分布	—
蔷薇科	绣线菊属	高山绣线菊 Spiraea alpina Pall.	祁连山区零星分布	水土保持、涵养水源
	珍珠梅属	珍珠梅　Sorbaria sorbifolia　(L.)　A. Br.	城市庭院零星分布	庭院绿化
	山楂属	甘肃山楂（野生）Crataegus kansuensis Wils.	—	水土保持、药用
		金腊梅　Potentilla fruticosa	祁连山区零星分布	水土保持，涵养水源
		银腊梅 DL.davurica　(Nestl) kom op klab Alis	祁连山区零星分布	水土保持，涵养水源

续表 9-3-1

科	属	种	分布情况	主要用途
蔷薇科	蔷薇属	玫瑰 Rosa rugosa Thunb.	庭院零星栽植	用于庭院绿化，花可食用
		野蔷薇 Rosa multiflora Thunb.	零星分布	—
	樱属	李 Prunus salicina Lindl.	川区果园零星栽植	生产果实
		桃 Amygdalus persica L.	川区果园零星栽植	生产果实
		杏 Armeniaca vulgaris Lam.	川区果园零星栽植	生产果实
		榆叶梅 Amygdalus triloba	城区零星栽植	用于城市绿化
		山毛桃 prunus davidiana（carr）franch	川区果园零星栽植	可食用，果核药用
	苹果属	沙果、海棠、苹果等，苹果品种有：红黄元帅、国光、红玉、倭锦、青香蕉、新红星、首红、长富 2 号、长富 6 号、秋富、宫腾富士、145、2001、矮 15、北海岛九号	川区果园零星栽植	生产果品
	梨属	皇冠梨、巴梨、早酥、神不知、长把、猪头、川口、软儿、香水、红稍、锦丰、苹果梨等	川区果园零星栽植	生产果品
蓼科	沙拐枣属	沙拐枣 Calligonum mongolicum	沙漠成片栽植	防风固沙
	木蓼属	沙木蓼 Atraphaxis frutescens	二十里沙漠小片零星栽植	防风固沙
鼠李科	枣属	红枣 Zizyphus jujube Mill rar inermis（Bunge）Rehd	川区庭院零星栽植	生产果品、药用
		酸枣 Ziziphus jujuba Mill. var. spinosa（Bunge）Hu ex H. F. Chow	川区种植育苗	嫁接红枣
小檗科	小檗属	刺黄蘖 B.Valgoris L	祁连山区零星小片分布	水土保持、涵养水源、药用
杜鹃花科	杜鹃花属	杜鹃 Rhododendron simsii Planch.	祁连山区零星小片分布	水土保持、涵养水源、药用
忍冬科	忍冬属	刚毛忍冬 Lonicera hispida Pall. ex Roem. et Schult.	祁连山区零星小片分布	水土保持、涵养水源、药用
		小叶忍冬 Lonicera microphylla Willd. ex Roem. et Schult.	祁连山区零星小片分布	水土保持、涵养水源、药用
卫茅科	卫茅属	纤齿卫茅 Schult E.giraldii loes	祁连山区零星小片分布	水土保持、涵养水源、药用
桑科	桑属	桑树 Morus alba Linn. Sp.	川区果园零星分布	子实食用、药用
葡萄科	葡萄属	葡萄 Vitis vinifera	川区庭院、果园及温棚内栽植	可食用、酿酒，近年引进品种较多
核桃科	核桃属	核桃 Juglans regia	川区果园栽植	可食用、药用，制核桃油

四、宜林地

凉州区宜林地主要分布在祁连山浅山区、二十里沙漠、川区荒滩、荒地和卵石河滩等地，据 2009 年森林资源二类调查结果显示，全区宜林地面积 82 万亩，其中山区 16.1 万亩、川区 14.6 万亩、沙区 51.3 万亩。

五、古树、名木

凉州区现存古木稀少，仅一些古迹内所存较为完整，据2009年古树名木调查，现存古木主要有：

海藏古木　海藏寺现有古木87株，其中油松7株、云杉3株（已枯）、侧柏10株、圆柏和国槐67株。为明代成化十九年（1483）所植。

文庙古木　古木为明正统四年（1439）所植，有国槐、侧柏、圆柏、千头柏、油松、白榆等，共53株。

张清古槐　位于清水乡张清村，距今约500多年，相传是由山西洪洞县大槐树村移民，带来树苗栽植，是全区现存古木中最大、最古老的一株。该树树冠高大，板状根突出，树围需4人合抱，且长势良好，每年有新枝抽发。

薄皮核桃树　凉州区境内分布不足千株，凉州植物园有300多株。

康家圆柏　位于黄羊镇黄羊村五组康家柏树庄，栽植年代不详。该树树形高大，树冠如伞盖，冠幅面积280平方米。

第三节　林政管理

一、林权

1990年，武威市按照“谁造谁有”的原则，将集体林木划给个人经营，农民在承包地头植树，林权没有大的变动。天然林和国营造林，林权仍属国有，由国营林场经营管理。2001年，按照市政府《关于森林分类区划界定工作意见的通知》要求，重新确定公益林经营管理权限，政府制订森林分类区划工作方案。2002年，对全区林业资源进行全面调查，进一步明确林木管理权限，核定发放林权证。2004年，为鼓励个体户参与全区造林绿化的积极性，继续实施“谁造谁有、合造共有”的政策，造林后及时确权发证，明确责、权、利关系，促进了林业的发展。

2009年，通过调查摸底，全区进行林权制度改革面积5.95万亩，其中有林地1.83万亩、宜林地4.12万亩，涉及36个乡镇和1个生态建设指挥部（除五和乡和邓马营生态建设指挥部）。在中坝、康宁两个乡镇先期进行试点改革，为全区林改工作探索经验。落实到农户的林地林木产权，归属清楚，产权明晰，为林权证发放、林地林木流转提供可靠依据，保证了林改工作稳步推进。

二、护林

1990年，武威市林业部门派出专人调查处理农民在造林当中的纠纷，制止乱砍滥伐等毁林事件，查处盗伐林木案件7起、乱砍滥伐案件9起、毁坏林木案件1起、调解造林纠纷2起。

1991年，武威市下发《关于加强林木管护工作的紧急通知》，在秋末冬初来临时对幼树采取刷白、扎刺、围栏等保护性措施，保证树木安全越冬。全年查处各类毁林案件37起，行政处罚104人，罚款8149元，收缴木材4.8立方米，责令赔偿损失1405元，补植树5050株。

1992—1995年，全市查处林木案件24起，行政处理144人，罚款12750元，责令赔偿损失8100元，补交育林基金2833元，责令补植树木35株，林木案件查处率达到了100%。

1997年，武威市公安局林业派出所成立，有了专业执法队伍，全年查处林木案件61起，处理133人，追究刑事责任4人，林木案件结案率达100%。

1998年，实行“统一栽植、统一灌水、门前三包、分户管理”的管护办法，对新栽树木进行确权，颁发林权证，明确管护责任，各乡镇组织专业护林员巡回检查管护，保证了新栽树木的成活。

2001 年，发生大面积杨树食叶害虫，在永昌、武南、金羊等 20 多个乡镇集中开展防治活动，面积达 10 万亩，防治率 90%以上。

2002 年，对木材市场进行清理整顿，从源头上制止乱砍滥伐、偷盗林木、毁坏植被、非法滥垦土地的不法行为，先后查处林木案件 26 起，对大柳、黄羊发生的典型案件公开曝光，对带有危险性检疫对象的木材、苗木，就地封存、销毁和查扣。

2004 年，制订《凉州区重点区域封山（沙）禁牧实施方案》，把全区封山禁牧工作列为重点。

2006 年，凉州区公安局林业派出所更名为凉州区森林公安分局，并加挂凉州区公安局森林警察大队的牌子。同年，重点清理关闭武（威）九（条岭）公路沿线的 9 个木材经营摊点，防止资源的非法收购、买卖。共查处林业行政案件 12 起，处理涉案人员 15 人，调处林木、林地纠纷 24 起。

2007 年，下发《封山（沙）禁牧实施意见的通知》《在重点生态区域实施封禁的通告》，全年查处林业行政案件 30 起，处理涉案人员 32 人，林业行政案件查处率达到 100%。

2008 年，受理各类林政案件 45 起，结案 45 起，其中滥伐林木案件 28 起，毁坏林木、苗木案件 4 起，非法运输木材案件 13 起。并结合封山禁牧，区政府修订《处置重大森林火灾应急预案》。

2009 年，林木凭证采伐率达到 100%，年内未发生征占用林地情况。完成林业有害生物防治面积 6 万亩。

三、林业有害生物防治

凉州区林业病虫害主要有 40 多种。主要病虫害有褐斑病、杨树叶锈病、白粉病、腐烂病、瘿螨病、梨叶锈病、苹果小吉丁虫、白杨透翅蛾、介壳虫、槐尺蠖、杨潜叶叶蜂、桃小食心虫、苹果蠹蛾、山楂红蜘蛛、刺槐蚜、梨星毛虫、大沙鼠、黄斑星天牛、春尺蠖、天幕毛虫、梭梭白粉病、杨树烂皮病、果树黄化病、中华鼢鼠、草兔等 26 种。害虫天敌主要有小姬蜂、中华草岭、大草岭、食虫虻、中国虎甲、中华广肩步甲、异色瓢虫、七星瓢虫、二星瓢虫等 9 种。天敌鸟类主要有燕子、麻雀、喜鹊、大斑啄木鸟、夜鹰等 5 种。天敌动物主要有艾虎、野猫、狐、黄鼬、蝙蝠、青蛙、蟾蜍、蜥蜴等 8 种。

1990 年，武威市高坝、金羊、和平、金塔 4 个乡镇的部分村组发生杨树黄斑星天牛危害，发生面积 0.26 万亩。财税局农林场和二十里沙漠发生梭梭白粉病危害，发生面积 2 万多亩。均采用粉锈宁喷雾进行防治，防治面积达 2.18 万亩，但未达到预期防治效果。

1991 年，市林业技术推广中心成立林木病虫防治检疫站，负责对全市林业有害生物进行检疫、测报和防治工作。

1992 年，和平镇、金羊镇、金沙乡、高坝镇发生杨树黄斑星天牛危害，发生面积 1.5861 万亩，占全区杨树寄主面积 22.67 万亩的 6.9%。

1993 年，全市果树黄化病普遍发生，采用根部埋施废铁渣、叶面喷施硫酸亚铁溶液、富绿宝等化学防治，并采用增施农家肥、改善土壤条件、加强树体管理等营林措施，减小了危害，防治果园面积 15200 亩。

1994—1995 年，开展森林病虫害普查工作，发现森林害虫 132 种、病害 31 种、鼠害 3 种，一次性发生面积 12.5 万亩，成灾面积 1.4 万亩。

1998—1999 年，春尺蠖等食叶害虫在武南、双城等 10 个乡镇发生，在局部地方危害成灾。全市主要采用氧化乐果和敌敌畏化学药剂，大面积连续喷施化学药剂，降低了虫口密度，但大量的麻雀等天敌鸟类受害死亡后，推动杨核多角体病毒防治，防治效果好。

2000—2002 年，对林业有害生物进行普查，记录有害昆虫 146 种；天敌昆虫 28 种；天敌鸟类 22

种；病害42种，其中真菌病害33种、细菌病害2种、病毒病害2种、螨类引起的病害2种、生理性病害3种；森林害鼠（兔）3种。林业有害生物发生总面积21.74万亩，其中成灾面积8.6万亩，危害率为42.5%。

2004年，凉州区森林病虫害防治检疫站引进“触破式微胶囊剂（绿色威雷）”防治技术，在杨家坝河堤和西郊公园进行试验，推广防治面积3.6万多亩，效果明显。为降低防治成本，延长药剂防效期，区森林病虫害防治检疫站引进了江西天人生物有限公司生产的“噻虫啉微胶囊剂”，在新华乡夹河村试验，达到了预期目的，推广面积2.4万亩，有效控制了天牛的传播蔓延。

2005—2006年，苹果小吉丁虫爆发成灾，使四坝、康宁、黄羊等乡镇2万多亩丰产果园造成巨大经济损失。

2007年，区政府下发《黄斑星天牛防治方案》，每年解决25万元配套防治经费。

至2009年，先后利用化学、生物、物理机械等方法，防治林业有害生物危害面积达108.89万亩，有效保护了林木的健康生长。

第四节 营林生产

一、植树造林

中部绿洲区农田林网建设 1990—1995年，武威市以山水灌区农田林网建设为重点，采取全民义务植树、重点地段绿化、城乡造林绿化相结合的办法，完成农田林网建设4403亩。1996—1998年，重点在林网更新和通道绿化上下功夫，当年完成农田防护林1000亩，其中武（威）民（勤）、武（威）长（城）、武（威）九（条岭）等公路绿化总长25公里，植树5万余株。完成各级道路绿化1073.44公里，栽植通道绿化苗木40.23万株。1999年，随着西部大开发战略实施，市上实行造林绿化目标管理责任制，将造林完成情况纳入各乡镇目标管理体系。并把国道312线82.6公里绿化作为当年造林重点，栽植国槐9200株、侧柏1.28万株、杨树6万株。2000年，以农业示范园区林网配套为重点，在示范园区的二坝、谢河、黄羊、康宁、永丰、丰乐、五和、金塔、和平、清源、永昌、韩佐、古城13个乡镇开展林网配套。在苗木、技术等方面给予倾斜，注重多树种搭配，总体绿化水平有了很大的提高。2001年，按照省上“大通道、宽林带、多树种、高标准”的要求，在武（威）长（城）、韩（佐）古（城）公路的8个地段高标准完成绿化50公里，完成乡村主干道路绿化200公里。2002年，高标准完成武（威）民（勤）绿化带长35.1公里、宽7米，栽植金丝柳、馒头柳、国槐、刺柏、红柳、玫瑰等12个树种，植树14.53万株。2003年，结合义务植树，在羊下坝河堤栽植护岸林带3.3公里，填挖土石方7218立方米，投资132万元，植树3850株。2004年，在“三北”四期工程的带动下，主要开展区、乡、村主干道路绿化和农田林网更新改造工作，当年完成农田林网建设4000亩。在完成白塔寺旅游景区绿化的同时，高标准完成国道至白塔寺景区道路绿化2.8公里。2005—2006年，凉（州）古（浪）公路扩建工程开工建设，栽植杨树、国槐、垂柳等苗木3.1万株。2008年，以西营灌区和石羊河流域重点治理示范乡镇为重点，重点在连霍高速公路凉州段、清源镇至戒毒康复中心道路、武南镇至大河街道路以及武（威）黄（城）公路、凉（州）古（浪）公路开展通道绿化工作，完成通道绿化200公里，栽植国槐、杨树和花灌木16.2万多株。2009年，农田林网保存面积达180300亩，占林网耕地面积的15.40%，农田林网控制面积达1259700亩，林网控制率为95%以上。

北部沙区防风固沙林营造 1990年，武威市把防沙治沙林列入林业建设十大重点工程，采取春秋两季造林，加快造林进度，当年完成治沙造林9000亩，造林成活率达74%。1991年，编制《武威

人工固沙草格

市治沙造林 10 年规划》，提出今后 10 年综合治理沙漠的总任务和治理重点。1993 年，防沙治沙工程全面启动，头墩营苗圃当年完成治理面积 2500 亩，九墩滩指挥部结合移民开发完成治沙造林 15014 亩。1996 年，武威市被列入全国荒漠化治理重点市，治沙造林列入荒漠化治理工程。以头墩营沙产业试验示范区为重点，采取补墒造林的办法，提高造林成活率。全年完成综合治理面积 33200 亩，其中治沙造林 13800 亩、封沙育草 15000 亩、治沙造田 4400 亩。2003 年，将治沙造林列入“三北”四期工程进行，主要采取封、育、造的措施，开展综合治理，防止土地沙化，当年造林 4000 亩。2004 年，将治沙造林与退耕还林工程实施相结合，重点在沿沙区的长城、九墩、九墩滩指挥部和区治沙站、林技中心等乡镇和单位完成退耕还林工程（荒山荒滩造林）10000 亩。2007—2008 年，组织全区机关干部、乡镇群众、学校师生，在东沙窝发放镇下沙子村沙窝、头墩营沙产业示范区、八十里大沙长（城）邓（马营）路等区域，开展治沙造林活动。结合扩大内需项目实施，在红水河东岸长（城）邓（马营）路以南完成压沙造林 30000 亩。2009 年，实施部门造林与义务植树相结合，大力实施治沙造林、封沙育林（草）工程，共完成治沙造林 22300 亩，封沙育林（草）27000 亩。由头墩营苗圃负责在红水河东岸西湖段实施农业综合开发林业生态建设示范项目，完成治沙造林 3000 亩，封沙育林（草）5200 亩。

南部山区水源涵养林、水土保持造林建设　1990—1999 年，武威市山区水土保持林主要在河川坡地、耕地周围和居民区域建设，而干旱荒山造林较少，10 年累计造林 24091 亩。2007—2008 年，结合石羊河流域重点治理项目实施，在山区及沿山区的张义、古城、新华、西营、黄羊、金塔等乡镇，及西营水库库区周围，开展林草植被保护工作，在宜林荒山荒坡营造水源涵养林、水土保持林 1000 亩。2009 年，重点开展荒山和沙区的造林工作，但干旱荒山自然条件差，管理困难，整体造林成效不显著。

经济林营造　凉州区经济林主要种植的品种有苹果、梨、葡萄、杏、桃、山楂、核桃等。苹果品种有首红、新红星、北海岛 9 号、145、2001、长富 2 号、秋富、宫滕富士、A-15、红元帅、黄元帅、红冠、青香蕉、国光、红玉、印度、魁红等。梨品种有皇冠梨、苹果梨、早酥、软儿梨、锦丰、巴梨、神不知、香蕉梨、冬果梨等。鲜食葡萄品种有红提、黑提、里扎马特、沙巴珍珠、金皇后、红玫瑰、无核白、黑汗、巨峰、玫瑰香、先锋、乍娜、京早晶等。酿酒葡萄品种有梅鹿辄、品丽珠、赤霞珠、黑比诺、法国兰、意斯林、霞多丽等。杏品种有大接杏、金妈妈、李广杏、唐玉川等。枣品种有河南灰枣、灵宝大枣、赞皇大枣、临泽小枣、鸡心枣、婆婆吊、兰州小枣、骏枣等。桃品种有白粉桃、油桃、水蜜桃、深州桃等。山楂品种有大金星、子北红、棉球等。核桃品种有露仁薄皮核桃及辽核系列核桃等。1990 年，武威市按照“国家投一点，集体、个人集一点”的办法，发展经济林 2976 亩。洪祥镇自筹资金 1680 元，买枣树苗 4200 株，栽培枣粮间作 68 亩。1994 年，在沙区和冷凉灌区建立以苹果、红枣、梨为主的经济林商品生产基地。地、市林技中心，甘肃省治沙研究所等有关单位及技术人员参加了经济林基地建设的技术承包，当年建成经济林基地 21307 亩。1996 年，全市把经济林建设列入重点工作来抓，突出优质示范基地建设和低产果园改造，完成经济林丰产栽培技术推广面积2.5万亩。1998年，进行酿酒葡萄、红枣基地建设和低产果园改造工作。1999年，建成酿酒葡萄基地6000亩，其中皇台集团3000亩、市林技中心1000亩、九墩滩指挥部800亩、中泰公司500亩、地区林科所700亩。长城、吴家井、怀安、清源等乡镇完成枣粮间作2000亩。金塔、西营等乡镇推广仁用杏5000株，鲜食葡萄10000株。2001年，凉州区成立葡萄产业局。皇台集团从河北等地引进酿酒葡萄插穗，葡萄产业局组织人员，采用温床催芽的办法进行催根。以合同制形式确定日光温室大棚68个，培育酿酒葡萄营养袋苗300万株，在九墩、大柳、清源、长城、双树等乡镇定植酿酒葡萄8300亩。2004年，经济林经营管理以低产低效果园改造为主，当年改造更新面积10000亩。大柳乡烟房村从北京引进白雪红桃，进行日光温室栽培，获得成功。金羊镇新鲜等村大力发展日光温室鲜食葡萄栽培，为经济林果增效探索了新路。2007年，大力开展以威龙集团为主的酿酒葡萄栽植，以清源沙产业暨循环农业示范园区为主的高效设施林业建设，及新华栽培的核桃、软儿梨基地建设。完成经济林造林10000亩。2008年，以新华乡、金塔乡为重点栽植薄皮核桃6000亩；以长城乡、吴家井乡为重点栽植红枣林带1000亩；以威龙公司为主，栽植酿酒葡萄6500亩；以松树、西营、丰乐、高坝等乡镇为主，栽培李、杏、小杂果、皇冠梨等特色经济林1500亩；在西营、大柳、金羊等乡镇，利用日光温室引进栽培白雪红桃、油桃、蟠桃、木瓜、红提葡萄等新品种，示范推广设施经济林300亩。至2009年，经济林保存面积达132000亩，部分果园已挂果投产，果品产量提高到48007吨。

二、幼林抚育

农田林网抚育 20世纪90年代后，武威市逐步加强农田防护林的抚育工作。以幼林抚育为重点，大部分林带都能结合农灌浇水3~5次，做到涂干、防冻、除蘖、修枝和病虫害防治，有条件的地方还可做到施肥、松土、除草。如黄羊三干渠和金塔西干渠等地的林带，抚育措施完善，管护方法得当，林木生长旺盛，保存率达90%以上。

零星树木及小片林抚育 凉州区零星树木及小片林大部分分布在乡村房前屋后，多年来由群众自发地采用传统的抚育措施，每年进行灌水、除草、围刺、涂干、修枝等，使幼林的保存率较高，生长较快。

山区幼林抚育 以张义山区和上方寺林场为重点，以封为主，封育结合。经多年封护，张义镇的白桦、山杨幼林都已郁闭成林，荒山营造的柠条、黑刺、山杏等水土保持林，因自然条件严酷，封护不严，尚未成林。

防风固沙林抚育 1990—2009年，对治沙站、吴家井、长城、清源、下双、双树、九墩等乡镇的15万亩人工固沙林、天然沙生植被进行有效的封护，发挥了一定的社会、生态效益。

三、义务植树

1990—1991年，武威市以义务植树基地创建为重点，开展义务植树活动。

1992年，贯彻“全社会办林业、全民搞绿化”的方针，以太平滩林场、市治沙站、地区林科所、头墩营苗圃、城区为义务植树基地，进行义务植树活动，参加义务植树人数30万人（次），占适龄公民总人数的60%以上，完成填挖土石方18.8万立方米，栽植各类树木150万株。

1994年，全面推行义务植树登记卡制度，落实义务植树的地点和任务，义务植树向规模化、基地化、系统化方向发展。新闻媒体对义务植树重点进行跟踪报道，对未完成任务的单位，收缴绿化费。

1998—1999年，有5.6万城市居民参加义务植树活动。把义务植树列入目标管理责任制，对完不成义务植树的单位取消精神文明单位称号，对商业门店、个体户拒不完成义务植树的责令工商部门吊销营业证。

2001 年，在文化广场举办“绿色风暴”万人签名活动。

2005 年，区上将义务植树与通道绿化结合起来，在金（昌）武（威）、凉（州）古（浪）公路及通道沿线的清水、清源、金羊、永昌、双城等乡镇，完成绿化任务 28.1 公里，栽植杨树、国槐、垂柳 3.1 万株，全区完成义务植树 250 万株。

2007—2008 年，各乡镇以创建“生态文明村”“生态文明户”活动为目标，把乡镇、机关、学校、居民住宅区周围、村庄、巷道作为绿化重点，组织开展全民义务植树活动。

2009 年，累计参加义务植树人数达 61 万人（次），植树 915 万株。

1990—2009 年凉州区义务植树完成情况表

表 9-3-2 单位：万株

年份	1990	1991	1992	1993	1994	1995	1996	1997	1998	1999	2000	2001	2002	2003	2004	2005	2006	2007	2008	2009
株数	202	208	150	250	150	279	252	250	250	250	276	296	320	255	250	250	250	531	214	915

四、苗木培育

1990—1995 年，武威市造林绿化主要以“三北”防护林建设工程为重点，造林所需苗木主要通过安排头墩营苗圃、太平滩林场、林技中心九墩滩基地等国有林业事业单位所育苗木为主，树种以适宜本地生长的新疆杨、二白杨、国槐等为主。

1999 年，随着林业投资的逐步加大，育苗品种逐渐增多，扦插育苗也由早期的小叶杨、二白杨、旱柳、沙枣 4 个树种发展到 20 多个树种；同时梭梭、花棒、毛（柠）条、沙枣、酸枣、沙棘、白腊、刺槐、国槐、白榆及各种果树种籽育苗也发展起来，群众育苗的技术大大提高。

2000 年，把培育良种壮苗作为育苗重点，育苗 2715 亩。市林业局在清源镇承包王庄村土地 170 亩，建立新品种引进示范基地，引进培育优良苗木 80 亩、24 个品种。在示范带动下，清源镇群众大力开展种苗培育，使育苗产业迅速扩展。随着退耕还林等重点生态工程的实施，种苗需求量不断加大，育苗户发展迅速，以清源镇蔡寨、王庄、羊庄、周府庄村为主的育苗户就达 3540 多户，新育苗 1440 亩。

2005—2007 年，在抓好常规育苗的同时，应用林业高新技术，促进快速育苗的发展，先后开展白雪红桃、反季节葡萄栽培、林木新品种引进繁育工作，加大了育苗的技术含量。

2008 年，从河北引进五角枫、金叶榆、红叶杨等林木新品种 10 个，积极开展节水育苗示范推广。

2009 年，累计育苗 3.29 万亩。

第五节 林产品利用

一、木材利用

木材经销 1990 年，物资购销部门经营的木材已不能满足市场需求，个体木材经营户迅速增多。至 1999 年，武威市有木材市场 3 处，经营户 280 个，经营木材约 1 万立方米。2000 年，随着林业法规的实施，加强木材市场的整顿管理，2009 年，规模经营的木材市场有北关木材市场和黄羊木材市场两处，合法经营户 144 个。

木材加工与利用 20世纪90年代初，随着森林采伐的有关政策和法规的出台，武威市实行限额采伐，尤其对祁连山水源涵养林和绿洲农田防护林的采伐做了严格限制，木材市场经营的松木主要来自东北林区，杨木主要来自本地和张掖等周边地区。1999年，武威市有木材加工点12处，加工个体户达80个，加工机具更加先进。2009年，凉州区木材限额采伐量为3400立方米，全年经营的木材蓄积量为10000立方米，木材加工点27处，木材加工企业5户，生产系列品种13个。

二、果品生产

1990年以后，经济林逐步转入产业化发展阶段。全区大力调整农林产业结构，积极发展经济林，掀起新的高潮。名优新品种不断增加，果品产量逐年提高。

据1995年、2005年调查，经济林栽培面积分别为5160、9472.97公顷，品种主要有苹果、梨、杏、桃、葡萄等。2005年，全区果园面积达到13.2万亩，收入果品4.1215万吨，总产值16794.14万元，总收入5399.06万元，上缴利税503.81万元。至2009年，全区果园面积达到12.86万亩，收入果品4.8万吨，其中，苹果3.25万吨，梨0.83万吨，葡萄0.69万吨，总产值1133万元。

1990—2009年凉州区林果业产值、收入、利税统计表

表9-3-3

年度	总产值		总收入			利税
	金额（万元）	占农业总产值的（%）	金额（万元）	占农村人口的（%）	占农业人口的（%）	金额（万元）
1990	698.28	1.3	215.08	2.89	0.49	20.94
1991	1054.5	1.9	216	2.87	0.34	31.64
1992	1056	1.68	99	1.3	0.12	31.68
1993	919	1.25	104	1.39	0.87	27.57
1994	970	0.79	245	3.18	0.14	29.1
1995	1700	0.96	236	3.23	0.16	51
1996	906	1.5	194	1.36	0.11	27.18
1997	494	0.68	185	1.47	0.14	14.82
1998	561	0.78	244	2.83	0.16	16.83
1999	577	0.73	205	2.89	0.19	17.31
2000	831	0.96	256	2.36	0.13	24.93
2001	763	0.84	216	2.12	0.13	22.89
2002	789	0.88	207	1.96	0.17	23.67
2003	860	0.72	226	2.21	0.2	25.8
2004	812	0.78	217	2.07	0.15	24.36
2005	833	0.83	226	2.81	0.15	24.99
2006	642	0.38	—	—	—	—
2007	940	0.65	—	—	—	—
2008	1186	0.77	—	—	—	—
2009	1133	0.68	—	—	—	—
合计	17724.78	19.06	3291.08	36.94	3.65	414.71

1995 年、2005 年凉州区经济林树种栽培面积调查统计表

表 9-3-4　单位：公顷

年份	总面积（公倾）	苹果		梨		杏		桃		葡萄	
		面积（公倾）	占比（%）	面积（公倾）	占比（%）	面积（公倾）	占比（%）	面积（公倾）	占比（%）	面积（公倾）	占比（%）
1995	5160	3467	67.19	1533	29.71	13.33	0.26	6.67	0.13	140	2.71
2005	9472.97	5400	57.01	3200	33.78	26.67	0.28	13.3	0.14	833	8.79

第六节　林业基础建设

一、林业调查与规划

（一）林业调查及监测

森林资源调查　2008 年，凉州区森林资源二类调查启动，经过省、市、县三级培训，参加调查培训的队员 8 人，分成 4 组，于 2008 年 10 月正式展开调查工作，至 2009 年底完成。区划调查有林地面积 117.8 万亩，非林地 587.3 万亩，森林覆盖率 10.33%，林木绿化率 10.44%（不包括代管面积）。

沙化土地监测　凉州区是全国荒漠化监测和沙化土地监测的重点县（区）。1999 年，开展沙化土地监测的外业调查和内业整理，利用 1994 年和 1998 年的 TM 卫片、GPS 定位仪和明显地物引点定位，以野外实测和室内卫片解译调绘相结合，同年 10 月底完成监测。监测范围涉及九墩、下双、双树、清源、长城、吴家井、青林、洪祥 8 个乡镇和太平滩林场。通过对 1994—1999 年的监测数据对比分析，沙区的流动沙丘地以年平均 6.8 万亩的速度在缩小，至 1999 年底已减少 31.5 万亩，新增半固定沙丘地 2.8 万亩，固定沙丘地 16.1 万亩，沙化区域范围缩小 12.6 万亩。

沙漠化普查　凉州区沙化危害严重。1994—1995 年，完成沙漠化普查工作的外业调查和内业整理汇总。普查范围有吴家井、九墩、双树、下双、长城和清源 6 个乡镇，面积 319.1 万亩，该区域内沙漠化土地 274.2 万亩，其中流动沙丘 242.6 万亩、半固定沙丘 17.1 万亩、固定沙丘 14.5 万亩。

生态公益林调查　2004 年，凉州区被列入首批国家重点公益林森林生态效益补偿范围。2009 年，区划公益林面积 82.15 万亩，其中国家级公益林 42.61 万亩、一般公益林 39.54 万亩。国家级公益林分布在石羊河流域两岸及荒漠化和水土流失严重地区。

（二）林业规划与设计

1993 年，制定武威市《"三北"防护林体系建设三期工程规划》。

1995—2000 年，制定《"九五"林业发展计划》《"九五"治沙造林工程规划》《武威市"九五"经济林发展规划》《"九五"山区林业综合开发治理规划》，进行了现场造林、封沙育林规划和作业设计，发布《金塔河灌区农田林网规划与设计》《杂木河灌区农田林网规划与设计》《西营河灌区农田林网规划与设计》《黄羊灌区农田林网规划与设计》《井泉灌区农田林网规划与设计》以及《经济林基地建设规划与设计》《治沙造林工程规划与设计》《沙产业开发利用工程规划与设计》等重点工程规划与作业设计 20 多项。

2001—2009 年，完成《"三北"四期工程规划》《林业产业化发展规划》《林业生态小康村镇建设规划》《酿酒葡萄产业建设规划》《农田林网更新改造规划》《日光温室蟠桃发展规划》《沙区生态综合治理规划》《生态节水规划》《石羊河流域防沙治沙及生态恢复规划》《特色林果业发展规划》《凉古公路沿线红枣

经济林带建设规划》《沙产业发展规划》《新华薄皮核桃、软儿梨产业发展规划》《红水河东岸民调渠两侧生态治理实施方案》《枸杞产业发展规划》《太平滩林场棚户区改造工程规划说明》《太平滩林场危房改造工程建设专项规划》《皇冠梨基地发展规划》《国营林场道路建设规划》《邓马营湖枸杞基地建设规划》的制定与发布编制工作。

二、退耕还林工程

2002 年，凉州区开始实施退耕还林工程，按照“退耕还林、封山绿化，以粮代赈、个体承包”的方针，在沿山、沿沙区乡镇开展退耕还林工程，推广发展林草间作高效模式，大力发展林草畜产业，实现经济效益、社会效益、生态效益三大效益的兼顾。退耕还林补助有粮食补助、现金补助和种苗补助。2002—2009 年，国家下达全区退耕还林补助资金 4192.25 万元。至 2009 年，完成退耕还林工程建设任务 9.9 万亩，其中退耕地造林 3.3 万亩、宜林荒山荒地造林 5.1 万亩、封山育林（草）1.5 万亩，植被覆盖率明显提高。

三、林业场站

太平滩林场　总面积 3255 亩，其中果园 740 亩、防护林 380 亩、育苗用地 900 亩、其他作物 270 亩，房屋占地 60 亩，道路占地 90 亩，卵石荒滩 815 亩。2002 年，结合事业单位改革，实行职工土地承包经营。

头墩营林场　前身为凉州区头墩营苗圃，科级事业单位，始建于 1976 年。2009 年，更名为凉州区头墩营林场，并加挂“凉州区头墩营植被管护站”牌子。主要负责苗木新品种引进、驯化、推广、培育和八十里大沙国家重点公益林的管护等工作。

凉州区治沙站　甘肃濒危野生动物繁育中心成立后，治沙站由濒危野生动物繁育中心和林业局双重管理。2005 年，划归林业局管理，保留治沙站机构。2006 年，区治沙站、区沙产业办公室合署办公，为科级建制事业单位，负责全区沙产业发展、科技推广、二十里大沙和八十里大沙防沙治沙等重点工程的实施。

四、林业投资

1990—1999 年，武威市林业投资的主要来源有“三北”防护林体系建设，“两西”建设，地方投资和林业技术培训，林业调查、救灾、扶贫、基地建设等专项投资 4 个部分。总投资金额 1420.04 万元，其中“三北”投资 264.81 万元、“两西”投资 138.75 万元、地方投资 872.9 万元，其他专项投资 143.58 万元。

2000—2009 年，国家整合林业重点工程，凉州区林业建设投资来源包括退耕还林、“三北”防护林建设、公益林补助基金、农业综合开发、通道绿化、林木病虫害防治、治沙造林补助、基地建设等专项投资。总投资金额 7200.15 万元，其中退耕还林 4192.25 万元、“三北”投资 1223 万元、公益林补助基金 916.3 万元、农业综合开发投资 342 万元、防沙治沙工程投资 227 万元、其他专项投资 299.6 万元。

第四章　特色农产品

第一节　农产品

一、无壳瓜子

凉州天然无壳瓜子，是瓜子繁育中的重大科研成果。经科学鉴定，该无壳瓜子含有丰富的脂肪、蛋白质和碳水化合物，其中蛋白质的含量与号称为“植物蛋白王”的黄豆接近，远超过黑瓜子和葵花子，还含有 19 种氨基酸和钙、磷、铁、硒等成分。无壳瓜子吃起来香脆甜美，食用卫生方便，无环境污染，被誉为“中国食品奇葩”。1991 年，无壳瓜子荣获北京博览会银奖，产品远销泰国、马来西亚等国家和地区。

二、甜菜

也叫糖萝卜、糖甜菜，是一年、二年或多年生的草本植物，经济价值高，分布地区广。凉州种植甜菜的条件得天独厚，所产甜菜的含糖量高。据测定，1 吨甜菜块可制 120 公斤至 140 公斤的白砂糖，同时得废糖蜜 40 公斤。甜菜的茎、叶、青头、尾根和榨糖后的废丝是营养价值较高的饲料。

三、小茴香

又名回茴香，属伞科多年生草本植物，茎高二三尺，叶互生，羽状复叶，叶嫩可食，果实呈椭圆形。凉州所产的小茴香主要成分为挥发油（茴香醚、小茴香酮、甲级胡椒酚、茴香醛）及脂肪油，可健胃、理气、兴奋、强壮，有催乳、消疝气之功，可作香料，亦可供药用。

四、凉州大白葱

凉州区栽种大白葱已有近 500 多年的历史，种植区域主要包括高坝、武南、金羊、柏树等乡镇。凉州区干旱少雨、日照充足，气候冷凉，凉州大白葱品质优良，葱白肥大，细嫩多汁，于淡辣味中略带清甜，生吃、凉拌最佳，熟食、调味、和馅也好，且耐久藏，堪称葱中珍品。区内栽培品种以山东章丘大白葱为主，栽培模式以垄作沟灌为主。大白葱已成为凉州区特色农产品之一，产品畅销新疆、内蒙古、重庆、青海、四川、宁夏、广东等省市。至 2009 年，全区发展大白葱种植面积 0.3 万亩，总产量达 1.5 万吨。

五、凉州大蒜

凉州区自古以盛产大蒜而闻名，其种植历史悠久，品质优良，个头饱满、瓣大、易去皮、蒜肉色泽亮丽，味浓汁粘、蒜味纯美，是食用，烹饪，加工蒜泥、蒜粉、蒜油的上等原料。特别是洪祥镇的大蒜最有名，民间歌谣就有“发放的辣子，洪祥（儿）的大蒜，马儿坝的西瓜比蜜甜，海藏寺的大麻赛扣线”之美誉。长期食用，具有软化血管、降低血脂、防癌祛病、延年益寿的功效，大蒜已成为凉州区特色农产品之一。大蒜主要种植在洪祥、双城、永昌等乡镇，常年种植面积达 3 万多亩，总产量达 1 万多吨，栽培模式以玉米套大蒜、玉米制种套大蒜为主。21 世纪后，依托旱作农业、高效农田节水技术推广、高产创建等项目，集成推广优良品种、测土配方施肥、病虫害综合防治等技术，大大提高了大蒜的品质和产量，节水增收效益明显，大蒜产品远销新疆、青海、内蒙古、四川、重庆、广东等地。至 2009 年，全区发展大蒜种植面积 3.8 万亩，总产量达 1.2 万多吨。

六、凉州胡萝卜

凉州区光热资源丰富，气候冷凉，土壤有机质含量高，是种植优质胡萝卜的理想地带，主要种植区域在张义、永昌、武南、新华、长城、发放、清源、古城等乡镇。凉州区种植的胡萝卜顺直、肉质细密、质脆味美，素有“小人参”之称。主要种植品种有幕田佳参、古仕旗等，主要种植模式有垄作沟灌、垄膜沟灌等，主要以土地流转的方式订单种植，产品远销北京、上海、广州、新疆、西宁、陕西、四川、湖北等多个省市。2009 年，全区发展胡萝卜种植面积达 1400 亩，总产量达 4480 吨。

七、凉州马铃薯

别称土豆、山药蛋、洋芋，武威、定西已成为全国马铃薯三大主产区之一、全国最大的脱毒种薯繁育基地、全国重要的商品薯生产基地和薯制品加工基地。凉州区各乡镇都有种植，以张义镇为主。凉州区种植的马铃薯个大、产量高、品质好，淀粉含量高，主要种植品种有陇薯 3 号、陇薯 6 号、大西洋（Atlantic）、费乌瑞它、克新 4 号、陇薯 5 号等品种。主要种植模式为垄作沟灌。21 世纪后，凉州区依托旱作农业、高效农田节水技术推广等项目，通过建立“合作社+基地+农户”种植模式，集成推广测土配方施肥、垄膜沟灌、垄作沟灌、机械化作业、病虫害综合防控等技术，产量和品质、节水增收效益明显，马铃薯产业已成为凉州区农业增效、农民增收的特色支柱产业。凉州区张义镇松山马铃薯产销农民专业合作社、武威市乾宏马铃薯产业合作社等合作组织专门从事马铃薯的生产、加工、销售、贮藏，产品畅销北京、广东等省市区。至 2009 年，全区发展马铃薯种植面积 8.3 万亩，总产量达 18.8 万多吨。

八、凉州辣椒

凉州区辣椒栽培历史悠久。据记载，清乾隆十四年（1749）编撰的《武威县志·物产篇》中记载的蔬菜有白菜、萝卜、芹菜、辣椒等 26 种。区内发放镇的辣椒最有名，是久负盛名的地方特产。凉州辣椒品质优良，富含维生素 C、胡萝卜素、蛋白质、糖类、矿物质（钙、磷、铁、硒、钴）、色素（隐黄素、辣椒红素、微量辣椒玉红素）、龙葵素、脂肪油、树脂、挥发油等。凉州辣椒所特有的品质与产区所处的自然环境密不可分。凉州区辣椒常年种植面积约 5.3 万亩，其中：设施辣椒 2.4 万亩，主要集中于

凉州辣椒

高坝、发放、清水、清源、下双、中坝等中部乡镇；露地辣椒2.9万亩，主要分布在洪祥、双城、四坝、下双等北部乡镇。栽培品种以陇椒系列、航椒系列、美国红等为主。辣椒已成为凉州区特色农产品之一，产品畅销新疆、内蒙古、重庆、青海、陕西、广东、兰州等省市，常年出口。

九、凉州玉米种子

凉州区是国家重要的杂交玉米种子生产基地之一，被农业部认定为“国家级杂交玉米种子生产基地”。生产的玉米种子色泽鲜艳，籽粒饱满，纯度和发芽率高，水分含量低，商品性好，以其独特优势远销华北、东北和西南等地区。凉州玉米种子早期生产品种主要以英拉子、紫玉米等常规品种为主。20世纪60年代初，军双1号等玉米杂交种在生产中推广应用，开创推广种植杂交玉米种子的先河。1972年，武威县种子公司在四坝公社建立玉米种子生产基地，主要生产威尔156、威尔42、军双1号等杂交玉米品种。1985年，武威地区农科所成功培育凉单1号玉米杂交种，在本地和周边省、市得到大面积推广应用。1995年，先后引进掖单2号、豫玉22、郑单958等杂交玉米品种。21世纪初，着力建设以玉米制种为主的特色高效制种基地，在双城、洪祥等26个乡镇、188个村、1240个村民小组，玉米制种面积达35万亩，总产量达1.5亿公斤。全区有玉米制种企业16家，企业资产总额达4亿元，北京德农、敦煌种业等国内50强种子企业相继落户凉州，凉州玉米种子在国内市场的占有率逐年提升。至2009年，玉米制种面积达33.04万亩，总产量达1.7亿公斤。

第二节　畜产品

一、凉州黄白花牛

从1978年10月开始，以原蒙古牛为母本，引进西门塔尔牛冻精与其授配杂交，经30多年的级进杂交、繁育形成的肉乳兼用杂种牛，具有耐粗饲、性情温顺、体格大、生长快、肌肉多、脂肪少，肉品等级高等特点。毛色逐步由过去的褐、黑、黄为代表的蒙古牛毛色变成现在典型的黄白花毛色，在肉、乳生产性能方面有着良好效果，6月龄和18月龄体重分别为185千克、420千克左右。进入21世纪，凉州区不断加大凉州黄白花牛培育力度，建成标准化养牛场123个，规模养牛户8400多户，全区存栏牛中三代以上西门塔尔杂交黄白花牛比例已达85%以上。2009年，全区黄白花牛存栏量达50万头，年出栏20万头。

二、凉州羊羔肉

凉州羊羔肉历史悠久，肉质细嫩，肥而不腻，一直作为凉州人待客的美食佳肴备受推崇。20世纪90年代后，不断加大小尾寒羊引进与繁育力度，扩大小尾寒羊与本地母羊的经济杂交，在长城、西营、九墩滩、丰乐、新华、金塔、张义等乡镇为重点建立小尾寒羊杂交繁育基地，推广标准化养殖，突出发挥凉州羊羔肉的品牌优势，进一步做大做强羊产业。2007年，凉州区被确定为全省肉羊产业强县之一。2009年，全区共建成标准化养羊场（小区）192个，规模养羊户发展到6500多户，肉羊饲养量达210万只，年出栏肉羊60万只。

三、凉州白猪

凉州白猪是在甘肃白猪武威品系的基础上进行育种，在原武威县白猪育种场（1977年国家农业部批准投资建设的国营种畜场，2001年后为凉州区白猪育种场）建立核心群，以长白猪和苏大白猪为父本，经杂交改良、横交固定和品系繁育 3 个阶段，历时 10 余年，于 1986 年 9 月育成并经甘肃省畜牧厅主持通过鉴定验收的瘦肉型猪品种。具有性情温顺，性成熟较早，繁殖力强，抗逆性强，肉质好等特点。成年公猪体重 150~180 公斤，母猪 140~170 公斤。初配适宜月龄为 8 个月，体重 90 千克。20 世纪 90 年代后，充分发挥凉州白猪的品牌优势，以黄羊、谢河、九墩、丰乐、大柳、高坝、永昌等乡镇为重点区域，建设瘦肉型猪生产基地，建成标准化养猪场（小区）280 多个，猪人工授精点 70 个。2009 年，全区规模养猪户 1.5 万多户，猪饲养量达 190 多万头，年出栏 110 多万头。

第三节　林果产品

一、酿造葡萄

凉州酿造葡萄种植和酿酒的历史已有 2000 多年，凉州葡萄及凉州葡萄酒名扬天下，成为历朝贡品。唐代边塞诗人王翰脍炙人口的《凉州词》“葡萄美酒夜光杯，欲饮琵琶马上催。醉卧沙场君莫笑，古来征战几人回”，就是对凉州葡萄酒醇美香甜的赞美。凉州区东部沿沙区正处于北纬 30~40 度世界种植酿造葡萄的“黄金”地带，土壤以质地疏松、pH 值为 8 左右的沙质土为主，加之气候干燥，降水稀少，蒸发强烈，昼夜温差大，日照充足，非常适宜极早、早、中、晚熟品种的酿造葡萄种植。因病虫害极少发生，农药使用量极低，产品无污染。20 世纪 80 年代，区内的甘肃黄羊河农场先后引进“雷司令”“贵人香”等优质酿造葡萄品种，建立酿造葡萄基地 1 万亩，以其优质酿造葡萄原料生产的“莫高”牌干红、干白葡萄酒先后十余次荣获国内大奖，被评为首批陇货精品，通过绿色食品认证，并获甘肃名牌产品称号。1999 年 10 月，全国第五次葡萄科学研讨会在武威召开，全国 14 个省、市的 158 位专家、学者参加会议，专家们通过现场考察，一致认为“武威是全国生产葡萄酒原料的最佳区域之一，是最有希望酿造绿色食品的地方”。随着国家葡萄产业发展重点逐步西移，凉州区被农业部列为我国六大酿造葡萄生产基地之一。主要栽植品种为赤霞珠、黑比诺等抗性和适应性较强的晚熟型品种，重点以威龙葡萄基地和莫高葡萄庄园为依托，沿红水河两岸向外延伸，沿岸的长城、吴家井及周边的清源、发放、下双、九墩、九墩滩等乡镇和黄羊河农场辐射发展。至 2009 年，累计建立酿造葡萄基地 6.88 万亩。

二、红提葡萄

20 世纪 80 年代初，凉州区以独特的地域环境和酿造葡萄种植技术为依托，在沿山冷凉灌区的黄羊、谢河等 20 多个乡镇发展日光温室红提葡萄。经测定，凉州区生产的日光温室红提葡萄穗重在 800~2000 克，粒重 8~12 克，最大可达 25 克，含糖量达 18~22 度，具有耐贮运、含糖量高、色泽鲜艳、商品价值高等特点。在“全国第十七届葡萄学术研讨会全国优质葡萄评比”和“全国设施延后葡萄产品”评比中，凉州红提葡萄分别荣获优质奖和金奖。至 2009 年，全区已建成生产红提葡萄的日光温室 2357 座，面积达 0.43 万亩，产量达到 1200 多吨。

三、人参果

产区位于武威城南 67 公里处的祁连山腹地——张义山区。产区四面环山，海拔 2100~2800 米，属冷凉二阴山区。所需水源主要依靠祁连山天然雪水，加之种植纯施农家肥，不施农药，成熟的人参果果肉厚实多汁、无核，吃起来脆爽如梨，淡雅清香，不酸不涩，风味独特，属纯天然绿色保健水果。20 世纪 80 年代，凉州区开始引进种植。21 世纪初，在张义山区大力推进人参果产业基地建设，先后建成标准化示范展示棚1座，育苗棚1座。2004年，凉州人参果通过甘肃省农牧厅无公害蔬菜产地认证。2005年，被国家绿色食品发展认证中心认证为绿色食品。2008年，被北京中绿华夏有机产品认证中心认证为有机产品。2009年，获得出境水果果园注册登记证书，从此人参果获得了出口权，为人参果产业的规模发展打下基础，张义山区被誉为“中国人参果之乡”。凉州人参果种植可四季定植，四季采收。至2009年，凉州区发展以人参果为主的日光温室4060亩，年产量达5万公斤，产值达1.1亿元。

收获人参果

四、猪头梨

又称鬼头梨，是凉州果中珍品，以风味独特、味道甜美而著称。清顺治十四年（1683）编写的《凉镇志》中曾有“梨河西皆有，唯凉州西宁独佳”的记载。猪头梨属白梨系，果实中大，倒圆锥形，呈黄绿色，蜡质薄，果皮粗糙，果肉乳黄色，入口甜酸适度，风味极佳。

五、软儿梨

又名香水梨，软儿梨近圆形，单果平均重在125克左右，到10月成熟采收，属晚熟品种。刚采收的梨果，色绿皮厚，肉硬无香，又酸又涩，经冷冻贮藏后，果皮变黄，果肉变软，酸度降低，甜味增强，香味浓郁。吃时撕破表皮，用嘴吸吮，如糖似蜜的果汁溶入口中，清香无比。于右任先生《河西道中》所赞：“莫道葡萄最甘美，冰天雪地软儿香。”软儿梨富含果酸、苹果酸、柠檬酸、葡萄酸和维生素，营养丰富，有清热、滋阴、润燥、生津、醒酒、润肺止咳、凉心消痰、解疮毒等功效。

六、皇冠梨

凉州栽植梨树有三百多年的历史。清代名医叶天士所著医书《温热论》曾载曰：“甘凉道之梨，以千年冰雪水灌之，其大如拳、甘如蜜、脆如菱，食之可透热转气，通结平邪。” 20世纪80年代，全区梨树种植至鼎盛时期，成片梨树村村环绕、路路相通，在当地及周边地区享有盛誉。进入90年代末期，通过砧木嫁接建园，对梨树进行优化改良，由于其果形似皇冠，故称之为“皇冠梨”。凉州皇冠梨具有结果早、丰产稳产、抗病性强、栽培效益高等特点，是目前国内市场上售价较高的优良梨果之一。2001年，在西营镇率先尝试采用杜梨苗砧木建园，当年及次年春季嫁接以皇冠梨为主栽品种，建成皇冠梨密植园43.6亩。2004年，70%幼树开花挂果。2005年，进入丰产期。2006年，进入稳产期，产量稳定在每亩4000公斤左右，每亩年平均净收入3000多元。2006—2008年，凉州区把大力发展皇冠梨产业作为全区农业结构调整的重要内容之一，构建发展优质皇冠梨为主的产业带。2009年，全区皇冠梨种植面积达1.63万亩。

七、薄皮露仁核桃

凉州薄皮露仁核桃栽培历史悠久，20 世纪 50 年代末，开始在金塔乡、新华乡大面积栽植建园，在东关园艺场引进新疆露仁核桃建成全县第一个核桃果园。核桃因其坚果壳面光滑、大小均匀、果形美观、核仁饱满、香味适口、品质佳，深受市场青睐。此后，正式以“凉州薄皮露仁核桃”作为地域品牌，向省内外大量出售。经过 60 多年的不断发展，凉州核桃已成为具有地域特色的优质林果产品。1994 年，在全国林业名特优新产品博览会上获银奖。1996 年，获甘肃省名优特林果产品鉴评会银奖。2006 年，在“北京奥运推荐果品暨中华名果评选”活动中，被评为北京奥运推荐果品一等奖，同时荣获“中华名果”称号。2007 年，被“中国果品流通协会”评为“中国核桃著名品牌”。2008 年，凉州区扩大薄皮露仁核桃的种植规模，重点培育的“西扶 1 号”“鲁光”等优良新品种，栽培面积占 80%以上，主要分布于金塔、新华、松树等沿山冷凉灌区和井泉灌区的 22 个乡镇，其中新华乡核桃基地已经完成产品国家 A 级绿色质量认证和产地质量环境检测认证。2009 年，全区栽植核桃苗木面积达 0.42 万亩，产量约 2.4 万公斤。

八、枸杞

枸杞是多年生灌木，是防风固沙和改良土壤盐碱地的先锋树种。凉州区沿沙区昼夜温差大，日照长，降雨量少，是发展枸杞的优势产区之一。凉州枸杞品质高、个头圆、味甘甜、含糖量高，具有皮薄、颜色鲜红、色泽光亮、肉质饱满和药用价值高等特点，含有 14 种氨基酸，并含有甜菜碱、玉蜀黄素、酸浆果红素、胡萝卜素、多种维生素和钙、铁等特殊营养成分。20 世纪 60 年代初，凉州区开始进行枸杞栽培并获得成功。21 世纪初，主要在日照充足、光热资源丰富、干旱少雨的吴家井、长城、下双、九墩滩、邓马营湖、清源和黄羊等乡镇种植，种植品种为宁杞 1 号和 4 号。2003 年，凉州区申请注册“西凉红”牌枸杞商标。2004 年，黄羊镇成立惠宝枸杞农民产销专业合作社，专门从事枸杞生产和加工销售。2005—2008 年，通过建立“农户+合作社+企业”的经营模式，凉州枸杞远销新疆、青海、宁夏和内蒙古等省区。至 2009 年，全区发展枸杞种植面积达 0.9 万亩。

九、红枣

枣树是一个生态、经济兼用的树种。沿沙区有着得天独厚发展红枣产业的条件。20 世纪 70 年代以来，凉州区陆续从省内外引入新郑灰枣、山西骏枣、壶瓶枣、梨枣、临泽小枣等枣树新品种，在石羊河中下游的乡镇散布栽培。2000 年，全区把大力发展以红枣为主的特色林果业作为全区农业结构调整的重点之一，在气候、地理条件适宜的黄羊、清源、发放、吴家井、清水、长城、下双、大柳等乡镇推广发展以骏枣、园丰枣为主的红枣产业，形成一定规模的红枣产业带。至 2009 年，全区已发展红枣产业 0.5 万亩。

十、甜杏

杏作为常见水果之一，营养丰富，内含较多的糖、蛋白质以及钙、磷等矿物质，另含维杏生素 A 原、维生素 C 和 B 族维生素等。凉州区自古就是生产杏的优势产区之一，杏的栽植历史悠久，超长日照和较大的昼夜温差，使“凉州甜杏”品质极佳，风味独特，其果皮光滑无毛、肉质橙黄甜脆。

十一、苹果

凉州区苹果栽植历史悠久，最早可追溯到汉魏时期，凉州的苹果（柰）就是朝廷首选的贡品，知名度可见一斑。新中国成立以来，凉州区分别在80年代和90年代有过两次大规模栽植苹果的过程，累计栽植面积超过10万亩。2009年，林果产业在凉州区迅速壮大，苹果栽植品种也紧跟步伐，不断更新，已形成以富士为主，红元帅、黄元帅、国光、红玉等为补充的品种体系。

第五章　农业机具

第一节　机构设置

1990年，武威市农业机械局内设人秘股、党委办公室、农机管理股、企管股、财务后勤股5个股室，下辖武威市农机修造厂、武威市农业机械化服务公司、武威市农业机械化技术推广站、武威市农业机械化学校、武威市农机监理站5个正科级单位。4月，武威市农业机械化服务公司业务上划归甘肃省农业机械总公司统一管理、统一经营，党、团、工会工作仍由武威市农业机械局代管。

1997年2月，武威市农机修造厂整体划归武威地区劳动处管理。

2001年8月，武威市农业械机局更名为凉州区农业机械局，内设党政办公室、农机管理股、科技综合股、财务后勤股4个股室。

2007年9月，凉州区农业机械化学校整体划归凉州区教育局管理。

2008年，设立监管股。

2009年，凉州区农业机械局内设党政办公室、农机管理股、科技综合股、监管股、财务后勤股，下辖凉州区农业机械化技术推广站、凉州区农机监理站。

第二节　农机具发展

20世纪90年代后，农村实行家庭联产承包责任制后，集体经营的机械大部分实行转让，农业机械经营以农户经营为主。

1990年，推广七行分层施肥播种机，主要型号有配手拖的2BF（S）-7型和配小四轮的2BF-7型两种。后来推广应用九行、十一行、十二行小麦分层施肥播种机。

1996年，在黄羊、武南、高坝、丰乐和西营的沿山河水灌区推广使用与小四轮拖拉机相匹配的2BMX-7型

玉米联合收获机现场作业

覆膜小麦穴播机。

1997 年，覆膜小麦穴播技术在全市大面积推广。

1998 年，部分农机制造企业开发研制成功多功能揉草粉碎机，结束该机完全由外地企业生产的历史。

1999 年，高坝镇碌碡村安装第一台日光温室电动卷帘机。

2003 年，区农机推广中心引进 1 台郑州产小型背负式玉米联合收割机，在长城、清源等乡镇进行实验。

2009 年，农业耕作机械总数为 41500 台。

1990—2009 年凉州区农业机械拥有量发展情况统计表

表 9-5-1

项目 ＼ 年份	1990	1995	2001	2003	2005	2007	2008	2009
一、农机总动力（千瓦）	301556	380994	764394	847361	1010746	1175050	1244266	13740000
二、耕作机械（台 / 千瓦）	11119/131348	14769/162830	22111/233106	26611/304110	28327 / 326164	34740 / 413280	35632 / 435518	41500/507100
1.大中型拖拉机（台 / 千瓦）	1067/34820	589/20449	379/14336	362/14527	401/15934	578/20277	943/35432	1803/56000
2.小型拖拉机（台 / 千瓦）	10052/96527	14180/142381	22285/218770	23368/289583	27926/310230	34162 / 393003	34689/400095	39700/451100
3.配套农具（台 / 部）	21391	30761	47519	67370	69627	82424	86011	84500
（1）机引犁（部）	7384	10523	16652	21183	21960	25133	25549	23100
（2）深松机（部）	—	1	20	60	139	492	593	300
（3）耙（台）	2472	3383	5545	9824	10277	14196	14062	10600
（4）镇压器（台）	9602	13491	19351	24317	23550	24890	25928	▲
（5）旋耕机（台）	893	1224	3229	7758	8591	10569	11643	14400
（6）播种机（台）	1040	2139	2624	3929	4299	6486	7449	7300
（7）铺膜机（台）	—	—	98	299	811	158	787	400
三、排灌机械（台 / 千瓦）	5224/77532	4696/76630	7875/87905	7511/87536	6533 / 89630	12484/110116	14904 / 129725	13100/109400
1.柴油机（台 / 千瓦）	1500/20556	681/8561	834/10380	820/10616	810/10616	789/10604	799/10604	600/7800
2.电动机（台 / 千瓦）	3710/15618	3941/65887	7013/76795	6691/76920	5713/79014	11685/99512	14105/119121	12500/101600
3.发电机组（台、套）	14	—	28	10	10	10	10	▲
4.农用水泵（台）	3589	3397	6501	6722	5520	5780	11090	11240
5.节水灌溉机械（套）	—	—	—	—	—	90	280	90
四、收获机械（台）	1252	1868	2454	2927	3217	3904	4526	4400
1.联合收获机（台 / 千瓦）	—	7/110	68/6782	128/5280	189/8756	215/10185	232/11303	300/16700
2.机动割晒机（台）	1252	1861	2385	2798	3026	3685	4290	4100
3.其它作物收获机（台）	—	—	1	1	2	4	4	0

续表 9-5-1

项目 \ 年份	1990	1995	2001	2003	2005	2007	2008	2009
五、场上作业机械（台）	426	842	5483	8684	9810	11595	14101	9300
1.配套动力（台 / 千瓦）	—	—	1510/ 13761	1944 / 20625	2614/ 27775	2590 / 27465	4539 / 46858	▲
2.谷物脱粒机（台）	391	672	3973	6740	7196	8645	9148	9300
六、植保机械（台 / 千瓦）	42/30	8/23	37/32	231/1526	229/1526	229/1526	229/1526	200/1400
机动喷雾（粉）机（台 / 千瓦）	42/30	8/23	37/32	231/1526	229/1526	229/1526	229/1526	200/1400
七、畜牧机械（台）	3064	2716	5179	6372	6731	9318	8534	5274
1.饲草粉碎机（台）	3047	2712	2774	3056	3337	4509	4580	4900
2.牧草收获机（台）	—	—	—	4	14	193	194	194
3.牧草打捆机（台）	—	—	—	129	152	266	180	180
八、农副产品加工机械（台）	3839	3183	6614	6146	6162	6163	6191	6200
1.粮食加工机械（台）	3117	2627	2522	2590	2602	2604	2555	2600
2.油料加工机械（台）	288	276	323	245	352	352	378	400
九、运输机械（辆 / 千瓦）	1010/ 38401	7086/ 97253	27437/ 336688	37868/ 486187	39780/ 507652	43785/ 561478	45483/ 605042	45200/ 506500
1.农用载重汽车（辆 / 千瓦）	464/ 35566	456/ 39919	635/ 56762	1201/ 70460	1243/ 73418	2984/ 91615	1308/ 78375	1700/ 45900
2.三轮运输车（辆 / 千瓦）	538/ 2550	6402/ 50080	25879/ 251341	35370/ 367985	37143/ 398160	39423/ 408615	42789/ 488001	43500/ 458100
3.四轮运输车（辆 / 千瓦）	8/ 285	228/ 7254	923/ 28585	1297/ 47742	1337/ 36074	1378 / 38257	1386/ 38666	▲
十、农田基本建设机械（台）	45	56	75	94	101	23	26	0
1.推土机（铲）（台）	45	56	75	88	90	统计列入拖拉机	统计列入拖拉机	▲
2.挖掘机（台）	—	—	—	—	—	2	3	▲
3.装载机（台）	—	—	—	6	11	19	21	▲
十一、半机械化机具（台、部）	307427	366904	203148	138471	165876	177469	185311	▲
1.人畜力谷物播种机（台）	467	655	8725	19332	21057	21703	26296	▲
2.人畜力铺膜机（台）	1	1	2145	7980	7703	8908	6670	▲
3.玉米点播机（台）	—	—	3893	13993	20342	24674	33269	▲
4.人力喷粉（雾）器（台）	27749	41458	101165	97166	116774	122184	119076	▲
5.犁（部）	47152	68344	87220	▲	▲	▲	▲	—

说明：▲为不列为当年和要统计而未进行统计

第三节 农机科研推广与培训

一、农机科研推广

1990—1991 年，武威市农机局参加农业部“丰收计划”——“武威地区 30 万亩小麦机械化综合增产技术”实施项目。其中武威市承担 20 万亩小麦机械化综合增产技术推广任务，获农业部“丰收计划”二等奖、甘肃省农机化技术改进成果一等奖、武威市科技进步一等奖。

1992—1993 年，由武威市农机修造厂生产配套手扶拖拉机作业的 2BF-7 型分层施肥播种机荣获国家“星火计划”产品质量银奖和“兰州丝路节”银奖；205 型轴承荣获国家“星火计划”产品质量金奖。

1993—1996 年，武威市农业机械化服务中心与省农机推广总站进行 1LF-130 型和 1LF-135 型翻转双向犁的性能试验和生产考核。经田间试验结果分析，各项性能良好，适应本地机械作业，应大力推广应用。

1994 年，武威市农机局承担并组织实施甘肃省农机局委托的国家重点农业新技术推广项目——“化肥机械化深施技术”示范推广科技项目。投放化肥深施作业的拖拉机 3200 台，旋耕机 640 台，浅耕机 425 台，分层施肥播机 1573 台，畜力播种机 269 台，碳铵深施器 30 台。完成小麦深施化肥面积 32.4 万亩，其中深施底肥面积 15.5 万亩，种肥面积 22.4 万亩。完成玉米化肥深施面积 1.25 万亩。

1995 年，武威市农机局承担并组织实施甘肃省农机局委托的国家重点农业新技术推广项目——农业部蹲点县节种及精少量播种技术推广项目。此项技术在武南、黄羊、长城、双城等 33 个乡镇推广应用，完成精少量播种面积 34.6 万亩，投入作业的拖拉机 3890 台，旋耕机 750 台，浅耕机 532 台，分层施肥播种机 1656 台。

1999—2001 年，武威市农机局承担甘肃省科委下达的“全方位深松技术推广”农业科技项目。投放推广全方位深松机 27 台，其中 ISQ-240 型 16 台，ISQ-340 型 11 台，累计完成机械深松面积 12.45 万亩。

2000—2003 年，凉州区农机局承担农业部下达的“河西及沿黄灌区玉米生产机械化技术”课题项目，作为区列科技推广项目在凉州区组织实施以玉米机械化覆膜播种技术为主体技术的“丰收计划”项目。

2004 年，凉州区被甘肃省列为试点实施县（区）实施购机补贴项目。

2004—2006 年，凉州区农机局把“多功能揉搓机引进、试验、推广”项目作为凉州区科技推广自列项目实施，推广多功能秸秆揉搓机 4510 台，促进了凉州区畜牧养殖业快速、健康发展。

2004—2008 年，凉州区共利用中央资金 867.11 万元补贴各类农机具 5013 台（件），带动农民投入农业机械购置的资金达 2428.91 万元。

2005—2008 年，凉州区农机局又连续四年承担了国家农业机械购置补贴项目（中央财政资金补贴县）。

2006—2008 年，凉州区被农业部列为 167 个国家级保护性耕作项目县（区）之一，主要推广秸秆根茬覆盖，少耕、免耕播种 2 项核心技术和杂草病虫害控制与防治，深松与表土处理 2 项配套技术，三年完成保护性耕作实施面积 10.39 万亩，新增保护性耕作机具 214 台，共完成投资 572 万元。

2007 年，凉州区农机局承担了中国和澳大利亚合作项目——固定道保护性耕作项目的实施，项目试验面积 10.8 亩。

2009 年，凉州区农机局组织实施保护性耕作项目，共组织作业队 17 个，组织投放保护性耕作机具32台，完成保护性耕作面积31000亩。

二、农机培训

1990—1999年，武威市农业机械化学校主要开展以拖拉机驾驶员和农机具操作为主的岗位培训。1999年12月5日，《甘肃省农机管理条例》颁布实施，农用运输车归农机部门管理。从2000年初到2003年底，主要开展以拖拉机、农用运输车驾驶员和农机实用技术为主的岗位培训，培训各类农机驾驶操作人员12000多人。

2004年5月1日《中华人民共和国道路交通安全法》颁布实施后，农用运输车划归公安部门管理。凉州区农业机械化学校采取"送教下乡""上门培训"等多渠道、多层次、灵活多样的培训形式，2006年，争取到省农牧厅、财政厅"农村劳动力转移阳光培训工程项目"示范性培训任务500人，当年完成260多人。

2007年9月，凉州区农业机械化学校划归凉州区教育局后，农机具操作手及农机实用人才的培训工作逐步转移到区农机局、区农机推广站和乡镇农机管理服务站。2009年，培训小型拖拉机驾驶员1260人，大中型拖拉机驾驶员240人，农机具操作手及其他农机人员32782人。

1991—2009年，累计培训小型拖拉机驾驶员14857人，大中型拖拉机驾驶员837人，农机具操作手及其他农机人员97061人。

第四节 农业机械化

20世纪90年代后，凉州区农业机械的装备量随着农村经济的发展，由半机械化向机械化、小型向大中型、单式作业向复式作业转变。机械作业发展到耕（深耕）、耙、压、深松、旋耕，以及少量播种、小麦玉米覆膜播种、化肥深施、农田基本建设、机械排灌、植保、小麦玉米联合收获、洋芋机械收获、机械脱粒、打碾、种子清选、农副产品加工、饲草粉碎、秸秆综合利用和机械运输等农业生产的20多个重要领域。农业机械化水平大幅度提高，提高了劳动效率，成为农业节水增效的重要手段。

2009年，全区机耕面积达114.23万亩，机耕水平达79.3%；机播面积75.95万亩，机播水平达55.3%；机收面积56万亩，机收水平达40%；机械打碾、脱粒粮食51.77万吨，占总产量的82%；农村粮油加工全部机械化；农机运输作业量达75660万吨公里；机械深施化肥93.6万亩；纯农田作业量达2561.45万亩。

1990—2009年凉州区农业机械化程度统计表

表9-5-2

项目 / 数量 / 年份	耕地		播种		收获	
	机耕面积（万亩）	占总耕地面积（%）	机播面积（万亩）	占播种面积（%）	机收面积（万亩）	占播种面积（%）
1990	70.9	48.6	3.3	2.8	5.2	4.4
1995	80.3	55	40.2	28.5	38.7	27.6
2000	89.3	61.2	65	48	51.2	37.9
2001	90.7	62.1	65.1	48	52.3	38.7
2002	93.3	63.9	62.2	46	44.4	33

续表 9-5-2

项目/数量/年份	耕地		播种		收获	
	机耕面积（万亩）	占总耕地面积（%）	机播面积（万亩）	占播种面积（%）	机收面积（万亩）	占播种面积（%）
2003	95.3	65.3	63.5	47	45.7	34
2004	96.7	66.2	65.3	48	50.1	37
2005	98.6	67.5	37.4	50	51.8	38
2006	101.6	69.6	72.7	51	53.8	39
2007	112.9	77.3	73.6	53.7	54	39
2008	114.23	78.2	75.95	55.3	56	40
2009	115.8	79.3	76.5	52.75	57.75	39.82

第五节 农机直补与安全监理

一、农机直补

2004 年，中央一号文件决定实施农机具购置补贴政策，省农机局下达凉州区中央财政农业机械购置补贴专项资金 10 万元，实际利用中央财政补贴资金 7.15 万元，补贴购置大中型拖拉机 6 台、单圆盘割草机 5 台。机具总价款 35.80 万元，农民自筹 28.65 万元。

2005 年，使用中央财政补贴资金 59.98 万元，当年补贴购置各类农业机械 485 台，机具总价款 255.1 万元，农民自筹 195.12 万元。

2006 年，使用中央财政补贴资金 70 万元，当年补贴购置各类农业机械 387 台，机具总价款 325.83 万元，农民自筹 255.83 万元。

2007 年，使用中央财政补贴资金 219.98 万元，当年补贴购置各类农业机械 1559 台，机具总价款 865.70 万元，农民自筹 645.72 万元。

2008 年，使用中央财政补贴资金 500 万元，省财政补贴资金 10 万元，补贴购置各种农业机械 2571 台，机具总价格 1813.60 万元，农民自筹 1303.60 万元。

2009 年，全区农机购置补贴项目共投入资金 2849.34 万元，其中中央财政补贴资金 780 万元，省财政补贴资金 10 万元、农民自筹资金 2059.34 万元；补贴各种农业机械 3072 台，其中拖拉机 612 台、联合收割机 75 台、卷帘机 109 台、玉米起垄覆膜播种机 75 台，其他配套机具 2201 台。

二、农机监理

1990—1993 年，武威市农机安全监理工作严格实行牌证管理。农机监理站将原交通部门颁发的机动车行驶证和驾驶证，换发为中华人民共和国农用拖拉机行驶证和驾驶证。1994 年，重新换发为中华人民共和国机动车行驶证和驾驶证。1999 年，将农用运输车划归农机部门管理，对农用运输车进行安全监理和牌证管理。2005—2009 年，检验拖拉机 8300 多台，驾驶员到期审验 600 余人。拖拉机、联合收割机检验率及驾驶员到期审验率分别达到 82%、85%。创建平安农机示范乡镇 10 个，平安农机示范村 60 个、平安农机示范户 160 户。

第十编

水利　电力

本编目录

第一章　水利

第一节　机构设置

1990 年，武威市水利电力局内设党委办公室、综合经营办公室、人秘股、业务股、保卫股、计划财务股、勘测设计队 7 个股室，下属 17 个科级事业单位、5 个股级事业单位、1 个国有企业和 1 个集体企业。

1994 年，市水利电力局分设为武威市电力局和武威市水利局。

2001 年 8 月，武威市水利局更名为凉州区水利局。

2007 年，凉州区水利局更名为凉州区水务局。

2009 年，区水务局内设党政办公室、财务审计股、水利管理股、水利经济与安监股、规划与建设管理股 5 个股室，下辖黄羊河、杂木河、金塔河、西营河 4 个水利管理处，金羊、清源、永昌 3 个水利管理所及张义水土保持工作站、南营水电站、黄羊水电站、西营总干电站、防汛抗旱办公室、水政水资源办公室、节约用水办公室、农村卫生改水项目办公室、水电勘测设计队、杨家坝河堤管理所、水电工程局 11 个单位。

第二节　蓄水

凉州区有中、小型蓄水水库 9 座、塘坝 2 座，总库容 1 亿立方米。

一、中型水库

黄羊河水库　位于张义镇黄羊河水峡口入口处，距武威城区东南 40 公里。总库容 5644 万立方米，死库容 600 万立方米，是一座以灌溉为主，结合防洪，兼顾发电的中型水库，达到百年一遇洪水设计、千年一遇洪水校核的标准。2003—2005 年，实施黄羊水库除险加固工程，投资 2200.46 万元，完成工程量 20.91 万立方米。大坝为黏土心墙砂砾坝，坝高 52 米，顶长 126 米，顶宽 8 米，底宽 237 米，黏土心墙顶宽 4 米，底宽 101 米。输水洞位于大坝左岸，洞长 168.7 米，圆形压力隧洞，洞径 2 米，洞底比降 1/250，最大输水量 32 立方米/秒，进口高程 2015 米，配有 50 吨螺杆式启闭机。泄洪洞位于大坝左岸，洞长 154.47 米，城门洞型无压隧洞，最大泄流量 348 立方米/秒，进口底高程2038.5 米，配有 2×7.5 吨电动卷扬式启闭机。水库设计灌溉面积 21.32 万亩，有效灌溉面积 16.7 万亩。

南营水库　位于新华乡南营村金塔河出山口处，距武威城区 18 公里。水库总库容 1626 万立方

米，兴利库容 1080 万立方米，防洪库容 1205 万立方米，死库容 652 万立方米，是一座以灌溉为主，结合防洪兼顾发电的中型水库。2002—2005 年，实施南营水库除险加固工程，投资 1888.91 万元，完成工程量 20.26 万立方米，耗用水泥 4620 吨，钢材 478.6 吨，木材 157 立方米，投入劳力 36 万工日。大坝为黄土宽心墙砂壳坝，坝高 42.1 米，底宽 237.1 米，坝顶宽 6 米，坝长 300.2 米。输水洞位于河床左岸，圆形隧洞，直径 4 米，洞身长 201.98 米，纵坡 1/100，最大泄洪量 225 立方米/秒，全部用钢筋混凝土衬砌。泄洪洞位于左岸输水洞之上，与输水洞交叉而过，断面为圆拱直墙型，宽 4.8 米，高 7.4 米，洞身长 164.15 米。进口用 3 台卷扬式启闭机操作，出口用差动式挑流消能。水库设计灌溉面积 13.85 万亩，有效灌溉面积 11.34 万亩。

西营水库

西营水库　位于西营镇三沟村，距武威城区 35 公里。水库总库容 2350 万立方米，兴利库容 1800 万立方米，防洪库容 1850 万立方米，死库容 200 万立方米，是一座以灌溉为主，结合防汛的中型水库。2002—2005 年，西营水库除险加固工程被国家计委、水利部列入病险水库除险加固计划，进行除险加固。投资 1756.81 万元，完成工程量 18.72 万立方米。大坝分主坝和副坝两部分，主坝为黄土宽心墙砂砾壳坝，坝高 40.7 米，底宽 260 米，坝顶宽 8 米，坝长 230 米。输水洞位于主坝和副坝结合部，为圆形断面有压洞，直径 4.4 米，洞身长 293.5 米，纵坡 1/20，最大泄洪量 180 立方米/秒，全部用 200 号钢筋混凝土衬砌。老泄洪洞位于大坝左岸，洞身长 267 米，为无压洞，洞身断面为圆拱直墙型，宽 4.4 米，高 2.2 米，用 200 号钢筋混凝土衬砌。新泄洪洞位于大坝左岸老泄洪洞外侧，近似平行老泄洪洞，与老泄洪洞最小距离为 30 米，全长 533.6 米，为有压隧洞，最大泄流量 152 立方米/秒，用 200 号钢筋混凝土衬砌。由 1 台 50/15 吨电动螺杆式启闭机控制，出口与曲线消能设施衔接。水库设计灌溉面积 38.45 万亩，有效灌溉面积 25 万亩。

二、小型水库

1990 年，武威市有吴家磨、四坝、校西、宏济、张英、东湖沟 6 座小型水库，至 2009 年，东湖沟、吴家磨水库仍在使用，其他 4 座小型水库已干涸。

吴家磨水库　位于发放镇，于 1960 年建成。分主坝和副坝两部分，主坝坝长 244 米，坝高 6 米；副坝坝长 66 米，坝高 2.5 米。总库容 108 万立方米，兴利库容 80 万立方米，现有防洪标准 2%，有效灌溉面积 0.4 万亩。

四坝水库　位于四坝镇，于 1958 年建成。分主坝和副坝两部分，主坝坝长 500 米，坝高 5 米；副坝坝长 580 米，坝高 3 米。总库容 174 万立方米，兴利库容 154 万立方米，有效灌溉面积 0.72 万亩，20 世纪 90 年代初，因地下水位下降，已干涸。

校西水库　位于永昌镇，于 1958 年建成。分主坝和副坝两部分，主坝坝长 108 米，坝高 6.3 米；副坝坝长 147 米，坝高 6.2 米。总库容 22 万立方米，兴利库容 22 万立方米，有效灌溉面积 0.226 万亩，20 世纪 90 年代初，因地下水位下降，已干涸。

张英水库　位于永昌镇，于 1958 年建成。主坝坝长 158 米，坝高 5.6 米。总库容 15 万立方米，兴利库容 15 万立方米，现有防洪标准 5%，有效灌溉面积 0.42 万亩，20 世纪 90 年代初，因地下水位下降，已干涸。

宏济水库　位于双城镇，于 1966 年建成。分主坝和副坝两部分，主坝坝长 350 米，坝高 4.3 米；副坝坝长 1134 米，坝高 3 米。总库容 36 万立方米，兴利库容 36 万立方米，有效灌溉面积 0.3477 万亩，20 世纪 90 年代初，因地下水位下降，已干涸。

东湖沟水库　位于丰乐镇，于 1960 年建成。主坝坝长 200 米，坝高 10 米。总库容 25 万立方米，兴利库容 20 万立方米，有效灌溉面积 0.1 万亩。

三、塘坝

樱桃沟塘坝　位于谢河镇樱桃沟村。水源系大沟截引水及 1.5 平方公里山坡产生的径流。大坝为黄土均质坝，坝高 19 米，坝顶长 115 米，顶宽 4 米，迎水坡中间有宽 1 米的马道。输水洞为直径 400 毫米，长 73 米的预制混凝土管，前端混凝土管中间安装直径 400 毫米的两个控制阀操作。泄洪设施为无压涵洞，长 133 米，宽 1.5 米，过流 0.8 立方米/秒。总库容 17.5 万立方米，有效灌溉面积 150 亩。

庙台塘坝　位于黄羊水库上游的西沟。塘坝以上流域面积 30 平方公里，水源有阴山峡、大沟、西沟的山洪集水。大坝为大体积黄土心墙坝，高 15 米，长 63 米，顶宽 3 米。输水洞位于坝左侧基岩上，洞身为长 64 米、直径 500 毫米的预制混凝土管，进口高程 2378.5 米，出口 2375.3 米，输水流量 0.2 立方米/秒。泄洪槽位于大坝左侧岩石山体上，明槽长 85 米，进口高程 2385 米，泄洪量 108 立方米/秒，有效灌溉面积 970 亩。

第三节　渠系

一、西营灌区

西营河渠首位于石嘴子山口，按 200 年一遇洪水流量 800 立方米/秒设计，千年一遇洪水流量 1000 立方米/秒校核，最大引水流量 60 立方米/秒。灌区东西长 70 公里，南北宽 35 公里，总面积 1455 平方公里。灌区总人口 15.60 万人，耕地 41.18 万亩，有效灌溉面积 37.55 万亩，保灌面积 29.98 万亩。

1990—1995 年，灌区改建支渠 2 条，长 4.5 千米，修建各类建筑物 23 座，新建斗农渠 138 条，长 126.53 千米，建筑物 480 座。

1996—1998 年，灌区依托“1131”水利工程建设计划，进行农田水利基本建设，改建干支渠 15 条，长 36.63 千米，修建各类建筑物 192 座；新建斗农渠 1805 条，长 878.21 千米，建筑物 2750 座。

1999—2006 年，灌区列入国家大型灌区续建配套与节水改造项目，利用国家预算内资金对西营河灌区的骨干工程进行以节水为中心的工程改造，完成改建渠首 1 座，改建干支渠 14 条，长 87.42 千米，修建各类建筑物 184 座。

2009 年，灌区有干渠 6 条，长 93.78 千米，有各类建筑物 215 座；支渠 81 条，长 245.98 千米，有各类建筑物 939 座；斗农渠 2680 条，长 1809 千米。打成机井 104 眼，安装地下水计量设施 104 套，建成小水电站 10 座，形成蓄、引、提相配套的水利工程网络，成为完整的灌溉工程体系。

二、黄羊灌区

黄羊河渠首位于黄羊镇峡沟村，在黄羊水库以下 7 公里处，防洪标准按 50 年一遇设计、千年一

干渠

遇校核，最大引水流量18立方米/秒。灌区总人口10.22万，农田灌溉面积29.74万亩。

1990—1996年，灌区改建干支渠6条，长8.06千米，新建斗农渠315.6千米，修建各类建筑物9715座。

1997—1999年，灌区依托灌溉试点项目工程，改建干支渠8条，长23.41千米，修建各类建筑物60座；新建斗农渠844条，长401.73千米，建筑物15710座。

2002—2004年，灌区实施农业综合开发水利骨干工程项目，完成改建渠首1座，改建干支渠33条，长118.31千米，修建各类建筑物230座。

2005—2006年，灌区依托“甘肃省利用日元贷款建设农业节水灌溉工程”项目，完成改建支渠3条，长16千米，修建各类建筑物25座；新建斗农渠24条，长32.93千米，建筑物727座。

2009年，灌区有总干渠1条，长8.4千米，建筑物23座；干渠5条，长50.36千米，建筑物140座；支渠40条，长143.63千米，建筑物463座；斗农渠1493条，长933.21千米，建筑物27125座。

三、金塔灌区

金塔河渠首位于南营水库以下3.5公里处的杨家河柳庄附近的河床中，防洪标准按50年一遇、200年一遇校核，最大引水流量25立方米/秒。金塔灌区总面积299.59平方公里，农田灌溉面积13.85万亩。

1996—1998年，灌区改建支渠5条，长5.02千米，修建各类建筑物12座；新建斗农渠100条，长29.17千米，建筑物147座。

2004—2006年，灌区依托“甘肃省利用日元贷款建设农业节水灌溉工程”项目，完成改建支渠4条，长8.5千米，修建各类建筑物49座；新建斗农渠10条，长15.5千米，建筑物125座。

2009年，灌区有总干渠1条，长4千米，干渠2条，长31.6千米，建筑物97座；支渠23条，长73.49千米，建筑物313座；斗农渠679条，长342.5千米。灌区下游为井河混灌区，主要分布在干支渠的末端控制范围，建成机井106眼，安装地下水计量设施106套。

四、杂木灌区

杂木河灌区是石羊河流域唯一没有水库调节的大型自流灌区。灌区位于武威城东南，南靠天祝，东临黄羊灌区，西与金塔灌区接壤，北与清源、金羊灌区毗邻，东西宽约20公里，南北长约40公里。农田灌溉面积37.72万亩，其中纯井灌区面积3.92万亩，有效灌溉面积30.6万亩，保灌面积16万亩。

1990—1999年，灌区改建干支渠6条，长24.2千米；新建斗农渠1697条，长775.83千米。

2004—2006年，灌区依托“甘肃省利用日元贷款建设农业节水灌溉工程”项目，完成改建支渠2条，长15千米，修建各类建筑物43座；新建斗农渠35条，长33.35千米，建筑物572座。

2009年，灌区有渠首枢纽工程1座，总干渠1条，长9.22千米；干渠3条，长53.08千米；支渠 50 条，长 163.71 千米；斗农渠 2740 条，长 1452.7 千米；建成机井 459 眼，安装地下水计量设施 459 套。

五、永昌灌区

永昌灌区在 20 世纪 70 年代以前以泉水灌溉为主，有大小泉沟 116 条。20 世纪 70 年代后，随着灌区泉水大量减少，大部分泉源干枯断流，泉水灌溉渠系大部分被废弃，在平田整地过程中被平整为农田，农田灌溉改为机电井提灌为主。灌区农田灌溉面积 27.52 万亩，保灌面积 23.27 万亩。

1990—1995 年，灌区更新改造机电井 328 眼，铺设低压管道 9.54 千米，涉及机电井 17 眼。

1996—2004 年，灌区新建斗渠 2 条，长 1.9 千米；新建农井渠 902 条，长 657.93 千米，建筑物 21156 座，更新改造机井 621 眼。

2005—2006 年，灌区依托“甘肃省利用日元贷款建设农业节水灌溉工程”项目，完成新建农井渠 78 条，长 80.41 千米，建筑物 1607 座，建成管灌 6.2 千米。

2009 年，灌区有机电井 1192 眼，配套地下水计量设施 1192 套，配套农井渠道 1339，长 885 千米。

六、金羊灌区

金羊灌区是纯井水灌区，农田灌溉面积 25.63 万亩。

1990—1995 年，灌区依托“河西百万亩节水增产”灌溉示范推广项目，建成低压管道主管 56 条，长 29.36 千米，支管 58 条，长 17.331 千米，控制面积 1.403 万亩。

1996—2000 年，灌区大搞农田水利基本建设，完成新建农井渠 549 条，长 289.39 千米。

2004—2006 年，灌区依托“甘肃省利用日元贷款建设农业节水灌溉工程”项目，建成滴灌面积 0.04 万亩，建设渠灌 49.21 千米，配套喷灌面积 0.21 万亩，配套管灌面积 0.2 万亩。

2009 年，灌区有七条沟引水渠首、海藏沟引水坝、九墩沟引水控制枢纽各 1 处，支渠 2 条 16.55 千米，各类农井渠道 1068 条 663 千米，灌区有机井 1127 眼，配套地下水计量设施 1127 套。

七、清源灌区

清源灌区是纯井水灌区，农田灌溉面积 24.67 万亩。

1990—1998 年，灌区新建农井渠 1001 条，长 416.84 千米，修建各类建筑物 10309 座。

2003—2005 年，灌区依托农业综合开发中低产田改造项目，衬砌“U”型农井渠 51 千米，修复配套机井 44 眼。2003 年，灌区依托农业生态工程建设项目，衬砌“U”型农井渠 6 千米，修复配套机井 5 眼。

2004—2006 年，灌区依托“甘肃省利用日元贷款建设农业节水灌溉工程”项目，完成衬砌“U”型农井渠 162 条，长 80.28 千米，修复配套机电井 85 眼。

2009 年，灌区有机井 1466 眼，配套地下水计量设施 1466 套，配套农井渠道 2035 条 884 千米。

八、张义灌区

张义灌区以旱作农业为主，农田灌溉面积 2.31 万亩。

1996—1999 年，灌区改建渠首 1 座，改建支渠 4 条，长 4.18 千米。

2006—2007 年，张义灌区实施续建配套与节水改造项目工程，完成改建干支渠 20.25 千米，修建各类建筑物 167 座；新建斗渠 10 千米，建筑物 150 座。

2009 年，灌区建成引水渠首 2 座，干渠 3 条，长 18.46 千米；支渠 16 条，长 27.51 千米；配套斗农渠 48 条 37.37 千米。

第四节　打井提灌

一、井灌区分布

凉州区井水灌区分布在中北部和东部乡镇，以兰新铁路和312国道为界，以北为河井混灌区和纯井灌区，主要包括金羊、永昌、清源3个井灌区和西营、金塔、杂木、黄羊4个河水灌区的混灌带，属冲积—洪积细土平原区，地面坡度平缓，海拔1400~1550米，降水稀少，蒸发强烈，属温带干旱半干旱气候区。土壤以黄平土、灰黄平土、黄沙土和灰黄沙土为主。

2009年，地下水配水量40129.79万立方米，地下水农业及生态配水面积83.47万亩，占全区配水面积166.64万亩的50%。

二、大口井

1990年，有机井3243眼，其中大口井98眼。

2009年，有机井5001眼，其中大口井320眼，占全区机井数量的6.3%，这部分机井以农业灌溉为主，成井时间大多在20世纪70年代后期和80年代初期，大部分为人工开挖，成井工艺差，因地下水位下降，年久失修，淤积严重，出水量少，基本属于改造或更新的机井。

三、小口井

1990年，有小口井2341眼。

2009年，有小口井4681眼，占全区机井数量的93.6%。这部分机井以农业、工业、生活和生态用水井为主，成井时间大多在20世纪90年代，成井工艺好，配套设施完善，井管大多是铸铁管和水泥管，出水量好，是全区提采地下水的主要用水井。

第五节　其他小型工程

一、防洪工程

杨家坝河防洪堤　杨家坝河是宣泄金塔河洪水的唯一通道，从杨家河柳庄起，经武威城区东关，在松涛寺汇入石羊河，全长约26公里。1995年，对杨家坝河防洪堤的铁路桥至拥军桥城区段两岸进行续建和加固，续建防洪堤长1.73公里。

杂木河防洪堤　杂木河防洪堤从古城镇上河村起，由南向北，经五坝土山鸭儿嘴，折向东北，跨三干渠涵洞，穿过甘新公路和兰新铁路，到高坝镇蜻蜓村，全长25.4公里。1996—1999年，在杂木河行洪的险要地段，陆续修防洪堤35道，总长19.36公里。

截河防洪堤　截河原名为永渠上五坝河，与西营灌区合渠并坝后，成为行洪主河道，河道长15公里，尾水汇入北沙河，最大泄洪流量582立方米/秒。1994年，完成截河右岸防洪堤3.24公里，堤高2.5米，堤顶宽3米。

黄羊灌区防洪工程　黄羊灌区自黄羊水库建成后，径流得以调解，故未修大的防洪工程，只在黄羊河山内段和沿山渠道上，建有零星而简陋的防洪设施。

二、喷灌、滴灌工程

喷灌工程　2000年，黄羊灌区建成黄羊水库喷灌工程1处，配套面积0.5万亩；铺设PVC管道49.21千米，修建配套建筑物53座。2002年，杂木灌区建成白塔寺喷灌工程和杂木水管处农场喷灌工程2处，配套面积0.3万亩；铺设PVC管道44.29千米，修建配套建筑物144座。2003—2004年，金塔灌区建成南营水库喷灌工程1处，配套面积0.194万亩；铺设PVC管道22.58千米，修建配套建筑物17座。2005年，清源灌区建成城东沙生植物园喷灌工程和森泰种畜公司喷灌工程2处，配套面积0.3万亩；铺设PVC管道52.8千米，修建配套建筑物60座。2006年，金羊灌区建成全圣林业种苗繁育中心喷灌工程和全圣林苑中心喷灌工程2处，配套面积0.206万亩；铺设PVC管道27.17千米，修建配套建筑物75座。2009年，全区实施日协（日本协力公司援助）贷款农业节水喷灌工程建设，完成喷灌节水灌溉面积1.5万亩，铺设PVC管道196.05千米，修建配套建筑物349座。

滴灌

滴灌工程　2004年，全区向杂木、张义、清源、金羊和永昌5个灌区，投资267.92万元，安装日光温室滴灌系统2004套，完成滴灌面积2000亩。2005年，杂木灌区实施了节水灌溉示范项目，建设滴灌464亩。2007年，清源灌区完成日光温室滴灌1500亩，安装滴灌设备761套，修建蓄水池775座。2008年，西营灌区完成日光温室滴灌500亩，安装滴灌设备250套，修建蓄水池456座。2009年，西营、清源2个灌区通过实施石羊河流域重点治理项目工程，完成日光温室滴灌4500亩，安装滴灌设备2314套，修建蓄水池1865座，

三、水土保持工程

1990年，武威市水土流失总面积达3132.34平方公里，占土地总面积的63.6%，其中风蚀面积1949.26平方公里，占流失面积的62.2%；水蚀面积1183.08平方公里，占流失面积的37.9%。水蚀面积主要集中在南部乡镇山区，在发生强降雨和持续降雨的情况下，南部乡镇山区径流极易形成洪水，使切沟、冲沟发育强烈。

2009年，水土流失治理面积达到389.1平方公里，治理程度12.4%，完成谷坊138座，沟头防护14处。在农业耕作措施上重点采用少耕、免耕、秸秆还田、水平阶、横坡种植和地膜覆盖等措施。

第六节　抗旱防汛

一、抗旱

1995年，武威市遭受大旱，地下水位下降3~6米，有558眼机井出水不足，全市3座中型水库总库容仅有1000万立方米（除去死库容），实际蓄水量仅为200万立方米，全市受旱面积30万亩，成灾面积17万亩。全市抗旱工作采取四项应急抗旱措施，即在西营灌区的康宁、青林两地实施人工增雨作业；进行压夏扩秋种植，严格控制夏秋种植比例；落实“三七”“二八”闭口灌溉技术；采取喷灌和滴灌。

1998—1999年，遭受大旱，有近10万人、12万头牲畜饮水发生严重困难。通过调整种植结构、推广地面常规节水技术、落实“三七”“二八”闭口灌溉技术等措施，实施3000亩半固定式、2000亩全移动式喷灌，投入喷灌机8台，进行应急抗旱。

2000年，全市遭受大旱，有56.89万亩农作物不同程度受灾，重灾面积21.35万亩。张义山区旱灾极为严重，部分农作物绝收，山区牧草枯萎，造成人缺粮、畜缺草。采取渠道衬砌、沟畦灌溉、管道输水、移动喷灌和滴灌技术等措施进行抗旱。

2001年，出现冬、春、夏三季连旱，连续200天无有效降水，有11.79万亩夏禾作物未能浇灌头轮苗水，15.5万亩夏禾作物未能灌二轮水，减产5成以上；张义山区成灾面积达8.3万亩；全区因旱灾造成粮食减产11701万公斤，造成经济损失13105万元。全区落实“总量控制、定量供水、水量包干、分时到户”的灌水制度，实行井、泉、河水统一调度，以井水弥补河水的不足。

2008年4—6月，全区基本无有效降水，河源来水锐减，水库蓄水严重不足，土壤失墒严重。在抗击旱灾中，投入资金165.98万元，进行人工增雨11次，清淤干支渠道150条243.12公里，维修保养建筑物13200座，维修更换闸板、启闭机420台（套），检查维修机电井设备756台（套）。

2009年1—4月，发生特大干旱，无降水日达46天。农作物受旱面积34.02万亩，成灾面积20.88万亩，绝收0.705万亩，因旱灾全区造成农业经济损失9482.57万元。各灌区完成维修、清淤各类渠道4100条，建筑物2万座，机电井2300眼，移动喷管机组60台套。落实大田小畦节水面积88.73万亩，安装各类干管28千米，支管189千米，入户管160千米。通过调整种植比例，扩大秋禾面积，推广种植覆膜垄作沟灌玉米及全膜垄作马铃薯，实施人工增雨作业有效缓解了旱情。

二、防汛

1990—2009年，发生洪涝灾害41次，造成直接经济损失达34220万元。水利部门共投入资金2509万元，对河道重点段防洪堤进行水毁修复治理，修复防洪堤长83.42公里，完成总工程量63.3万立方米，保障了河道安全。区政府与各乡镇、有关单位签订防汛安全责任书，根据不同阶段的防汛工作重点，有针对性召开行洪河道治理专题会议，制定完善各行洪河道治理规划和管理的具体措施，明确任务、责任、工作措施及时限要求。组织开展汛前及汛期大检查，对水库、行洪河道、沿山泄洪沟道等重点地段和部位进行全面检查，清理河道垃圾，规范河道采砂，确保安全度汛。健全防汛应急体系，组织成立防汛抢险队伍，落实抢险人员，储备防汛物资，实行24小时防汛值班和领导带班制度，保证通讯畅通，落实水情日报制度，及时准确掌握雨情、水情信息和天气变化情况，为防汛指挥提供可靠决策依据。

第七节　水利管理

一、水利设施管理

20世纪90年代后，凉州区在水利骨干工程管理中，推行“四护两管一固定”(护渠、护堤、护路、护树、管水、管工程、固定责任）工程管护模式，把管理任务量化到职工。对斗农（井）渠实行群众管理和专业管理相结合，由受益村组承包管理和农户租赁经营。对机井等小型水利设施的管理，采取“谁建设、谁受益、谁管理”的原则，实行多种形式承包经营。2003—2004年，进行节水型社会建设试点工作，在西营灌区永丰镇永丰村建立第一个农民用水户协会，开始进行水权水价改革及节水型社会建设试点。2009年，以村为单位成立427个农民用水户协会，将斗农渠管理和养护移交给农民用水户协会，逐步形成“农户+用水户协会+水管单位”的民主管理机制。

二、小水电站管理

黄羊、南营、西营总干3座装机1000千瓦以上的电站分别由黄羊电站、南营电站、西营总干电站负责管理。装机500千瓦以下的黄羊四干、杂木峡口和西营水管处3座小水电站，分别由黄羊、杂木和西营水管处管理。西营水库电站由甘肃电投大容电力有限公司管理，西营三沟一级水电站由武威三沟发电有限公司管理。杂沟、营儿等10处小水电站，由受益区所在乡镇、村自行管理。

三、用水管理

1990年后，在清源、金羊、永昌3个井灌区推广地埋管灌系统，管路布置为鱼骨形，主管两侧分支管，主支管连接出装有阀门，控制水量，支管延伸到田间，按作物需水要求适时适量的供水灌溉。在4个山水灌区严格执行计划用水，改进灌水方法，推行沟、畦小块灌，采用科学的灌溉制度，根据作物不同生育期的需水情况，合理用水。

2007年石羊河流域重点治理开始后，凉州区出台《初始水权确定及初始水量配置办法》《农业用水定额指标》和《农业用水交易管理指导意见》等文件，进一步优化生活、生态、生产用水比例，将全区水权总量逐级分解到灌区、乡镇、协会和用水户，向全区427个协会、17.95万户农业用水户发放水权证。农业用水管理实行“总量控制、定额管理”。重点以灌区为单元，对地表水用水总量、地下水可采总量“两个总量”进行控制。在地表水灌溉区，结合上游来水分析和种植结构，进一步细化轮次供用水计划，并在用水过程中通过减少灌溉次数，拉长灌溉周期等措施适时调整灌溉计划。在地下水灌溉区，以单井制定轮次供用水计划，严格刷卡程序和管理，通过“农业卡、生态卡、生活

用水宣传

卡”分别控制各行业用水量，从根本上保证水权控制。工业用水水权由灌区水管单位直接管理，根据企业申请，依据取水方式不同配置到自来水公司、水厂和机井等供水点或单位。建设完善污水处理设施，充分利用再生水，有效降低万元产值耗水量。将生态用水分为农田防护林和公益经济林分别配置到农户和相关责任主体单位，在地下水智能化取水计量设施运行中专门设置生态卡。

四、经营管理

水利投资　水利投资主要用于水利基础设施建设、农田配套工程、人饮安全工程、水库除险加固、灌区节水改造和水利工程防洪工程建设。1990—1999 年，累计完成水利投资 141308.1 万元，其中国家投入 85626.7 万元，地方配套资金 11949.4 万元，水利部门投资 10936.4 万元，群众自筹 32841.6 万元；累计完成工程量 7490 万立方米，投入劳动力 8935 万个工日。石羊河流域重点治理项目实施后，2009 年全区共完成水利投资 71576 万元。

水费管理　凉州区水费管理方式主要由各水管单位自行管理，水费主要作为自收自支资金专款专用，可连年接转使用，各水管单位每年对水费使用情况进行公示，接受主管部门和社会的监督。

第二章　石羊河流域重点治理

自 20 世纪 90 年代后，石羊河流域的生态问题引起社会各界的深切关注，尤其是党和国家领导人高度关注石羊河流域的综合治理。2001 年 7 月，国务院副总理温家宝在一份关于河西走廊石羊河流域生态环境恶化的调查上作出了“决不让民勤成为第二个罗布泊”的批示。2001 年后，温家宝就石羊河流域综合治理先后做出十次重要批示和指示。为贯彻落实温家宝总理指示精神，改善石羊河流域生态环境状况，加快石羊河流域综合治理步伐，从 2002 年开始，甘肃省组织力量启动了石羊河流域综合治理规划编制工作，几经论证评估，反复修改，最终编制完成《石羊河流域重点治理规划》，并于 2007 年 12 月 7 日获国家发改委、水利部正式批准实施。

第一节　流域状况

凉州区地处石羊河流域中上游，是石羊河流域重要的组成部分，是全流域人口多、密度大、水资源缺乏、生态环境脆弱的地区之一，也是实施石羊河流域重点治理的重点区域。凉州区集中了全流域人口的 45%，水资源总量的 55%，耕地总面积的 28%，生产总值的 35%。区内每平方公里土地承载人口 198 人，绿洲部分高达 512 人，高于联合国制定的干旱荒漠地区每平方公里只能承载 8 人的标准。区内 4 条河流实际多年平均径流量为 8.95 亿立方米，全区地下水资源量为 0.88 亿立方米（不包括重复利用部分），人均可利用水资源量远低于全省、全国水平。全区现状总用水资源量为 10.22 亿立方米，供需矛盾突出。

石羊河水系发源祁连山北麓，源头冷龙岭地区冰川储量 21.34 亿立方米，储水量 18.2 亿立方米，年平均融水量0.599亿立方米。境内的4条山水河（西营河、杂木河、金塔河、黄羊河）总集水面积3986平方公里，河道总长235公里，年平均径流量8.95亿立方米。河水自南向北流出山后，基本上全部被水库拦蓄和引入渠道灌溉，引水渠和山水灌区在强透水的洪积扇带，地表水大量渗漏转化为地下水，至中游山前冲积扇边缘又出露成泉，各河的泉水及上游部分下泄洪水汇流成石羊河，穿过下游民勤地区汇集于民勤北部青土湖。由于受自然环境演变和人为活动的影响，流域源头冰川萎缩，雪线上升，高山湿地消退，水源涵养林蓄水保水功能急剧减弱，上游来水逐年减少，下游民勤盆地地下水位下降、水质矿化度上升，天然植被大面积枯萎死亡，土地沙漠化、盐渍化进程加快，面临着绿洲渐趋消亡，腾格里与巴丹吉林两大沙漠渐趋合拢的严峻形势。

第二节　流域治理

一、宣传发动

2005年6月13日，石羊河流域综合治理项目获国家批准。2006年2月25日，甘肃省石羊河流域重点治理暨应急项目启动大会在凉州区西营灌区举行，标志着石羊河流域重点治理工程进入全面实施阶段。2006年，凉州区充分利用电视广播、报刊、网络等新闻媒介，开展多种形式的宣传教育活动，向全社会广泛宣传流域治理的重点和意义，调动广大干部群众参与重点治理的积极性。各乡镇、各部门围绕石羊河流域重点治理，引导农民调整种植结构，加强日光温室、暖棚养殖、经济林栽培等方面的技术培训，强化劳务输转技能培训，为石羊河流域重点治理奠定思想基础。

二、治理政策

石羊河流域重点治理暨应急项目启动大会

2007年，凉州区成立石羊河流域重点治理工程建设管理局。12月7日，《石羊河流域重点治理规划》经国务院同意，由国家发改委、水利部印发实施后，石羊河流域重点治理工程进入全面实施。根据《石羊河流域重点治理规划》，凉州区境内投资21.21亿元，其中凉州区境内2010年前计划投资16.65亿元。2007—2009年，凉州区以石羊河流域重点治理为主线，先后出台《节水型社会建设试点实施方案》《进一步推进水权水价制度改革的意见》《大力提倡节约用水指导意见》《初始水权确定及初始水量配置办法》《农业用水定额指标》《2007—2010年限制地下水超采安装智能化取水计量设施规划》《水资源费征收使用管理办法》《水票管理办法》《水利工程供水价格改革实施意见》《农业用水交易管理指导意见》等方案和办法，为石羊河流域重点治理提供政策依据。

三、日光温室建设

2007年后，按照“当年建设、当年扣棚、当年定植、当年见效”的要求，大力实行区级领导、区直部门、单位包抓的工作责任制，各乡镇实行主要领导、分管领导、包村干部和包乡部门挂牌包抓示范点片责任制，推进全区日光温室的建设工作。与省农科院等单位合作，聘请技术专家着力解决日光温室建设产前、产中、产后的疑难问题。2009年，建设日光温室65327座、面积85964亩，落实100亩以上连片示范点123个。

四、水权水价改革

2006年，凉州区农民用水户协会建设工作全面开展。截至2009年，全区8个灌区38个乡镇共组建协会427个，以灌水小组为单位发放集体会员证3643本，进一步明确用水者的权利和责任。2008—2009年，向农户发放《地下水计量设施应知应会手册》，发放水权明白卡17.89万份，运行水票57.5万张，发放率达100%。安装智能化取水计量设施4688套，使全区水权水价制度改革落到实处。

五、关井压田

按照《凉州区2008—2010年关井压田三年规划》，坚持把“三沿一场两地带”（沿沙、沿山、沿滩，机关农林场及源泉地带、报废水库地带）作为重点区域，将关井任务落实到农户、地块和井位。2007—2009年，累计关闭机井270眼，占任务的100%。对符合补助条件的218眼机井拨付关井补助资金376.93万元。加快推进农林场土地处置工作，鼓励农民调整种植结构，做到“减地不减收”。

六、重点项目建设

2007—2008年，凉州区利用日协（日本协力公司）贷款，在全区重点实施农业节水、灌区续建配套与节水改造、节水增效示范、节水农业示范、中低产田改造等工程项目，实施石羊河流域重点治理的农业综合开发水利骨干工程的改造。至2009年，全区修建各类渠道2304.23公里、输水管道322.5公里，配套面积5.43万亩；大田滴灌输水管道41.2公里，配套面积1.31万亩；温室滴灌和微灌2.12万亩，安装地下水计量设施850套，完成投资13283万元，占任务计划数的100%。

第三章 电力

第一节 机构设置

1990年，武威市农电公司更名为武威市农电管理处，隶属武威市水利电力局管理。

1994年，撤销市农电管理处，成立武威市电力局，并与武威市水利局分设，为科级事业单位，实行企业管理、独立核算、自收自支。

1998 年，市政府与武威地区电力工业局签订《代管协议书》，将武威市电力局交由武威地区电力工业局实行行业代管，人事由甘肃省电力公司管理，业务由武威地区电力工业局管理。

2001 年 8 月，武威市电力局更名为凉州区电力局。

2009 年，凉州区电力局内设经理工作部、人力资源部、财务部、生产技术部、营销部、安全监察部、监察审计部和党群工作部 8 个部门，下辖双城、大河、长城、刘沛、丰乐、张义、于家湾、城郊、清源、古城、洪祥、东河、怀安、谢河、金羊、建设 16 个供电所。

第二节　电网

1990—2009 年，凉州区境内的电力网络由武威供电公司和凉州区电力局管理。网内有 8 个电压等级，750、330、220 千伏为主网电压，低压网供电电压均为 0.4 千伏。35 千伏电网线路大多由凉州区电力局管理，220 千伏、330 千伏、750 千伏线路由武威供电公司管理。

一、35 千伏线路

武（威）于（家湾）线　由武威 110 千伏变电站出线至于家湾 35 千伏变电站进线，架设砼杆 114 基，线路全长 13.4 千米、LGJ-120 轻型钢芯铝绞线。

九（墩）于（家湾）线　原名武（威）双（城）线，由九墩 110 千伏变电站出线至于家湾 35 千伏变电站进线。运行至 2001 年，改建成九（墩）于（家湾）线。

武（威）清（源）线　1996 年，清源变电站新建，起名为武（威）清（源）线，由武威 110 千伏变电站出线至清源 35 千伏变电站进线。

武（威）怀（安）线　由武威 110 千伏变电站出线至怀安 35 千伏变电站进线。

皇（台）刘（沛）线　1999 年由刘（沛）丰（乐）线改建投运，由皇台 110 千伏变电站出线至刘沛 35 千伏变电站进线。

皇（台）丰（乐）线　1999 年由刘（沛）丰（乐）线改建投运，由皇台 110 千伏变电站出线至丰乐 35 千伏变电站进线。

高（坝）吴（家井）线　1999 年从高（坝）长（城）线“T”接至吴家井 35 千伏变电站进线。

丰（乐）西（营）线　由丰乐 35 千伏变电站出线至西营水电 35 千伏变电站。

黄（羊）张（义）线　由黄羊水电站 35 千伏变电站出线至张义 35 千伏变电站进线，全长 10.3 千米。

高（坝）长（城）线　1999 年 8 月投运，由高坝 110 千伏变电站出线至长城 35 千伏变电站进线。

化（工）古（城）线　1992 年投运，由化工 35 千伏变电站出线至古城 35 千伏变电站进线。

清（源）高（沟）线　1999 年投运，由清源 35 千伏变电站出线至高沟 35 千伏变电站进线。

高（坝）大（河）线　由武威 110 千伏变电站出线至大河 35 千伏变电站进线，运行至 1999 年，由高坝 110 千伏变电站出线至大河 35 千伏变电站进线，改称高（坝）大（河）线。

大（河）东（河）线　2000 年投运，由大河 35 千伏变电站出线至东河 35 千伏变电站进线。

黄（羊）（谢）河线　2000 年投运，由黄羊 110 千伏变电站出线至谢河 35 千伏变电站进线。

高（坝）建（设）线　2001 年投运，由高坝 110 千伏变电站出线至建设 35 千伏变电站进线。

九（墩）双（城）线　2001 年投运，由九墩 110 千伏变电站出线至双城 35 千伏变电站进线。

九（墩）洪（祥）线　1998 年投运，由刘沛 35 千伏变电站出线至洪祥 35 千伏变电站进线，运行至 2001 年，由九墩 110 千伏变电站出线至洪祥 35 千伏变电站进线，改称九（墩）洪（祥）线。

于（家湾）十（墩）线　2002年投运，由于家湾35千伏变电站出线至十墩35千伏变电站进线。

武（威）（城）郊线　2003年投运，由武威110千伏变电站出线至城郊35千伏变电站进线。

建（设）南（营）线　原由大河35千伏变电站出线至南营水电站35千伏变电站进线，运行至2003年，再由建设35千伏变电站出线至南营水电站35千伏变电站进线，改称建（设）南（营）线。

（城）郊圣（全圣纸业）线　2005年投运，由城郊35千伏变电站出线至全圣纸业35千伏变电站进线。

二、110千伏线路

水（源）武（威）线　原名河武线，由水源变电站出线至武威110千伏变电站进线，全长37.07千米。

发（放）武（威）线　1990年投运，由发放220千伏变电站出线至武威110千伏变电站进线，全长6.24千米。

黄（羊）牵（引）一回线　1990年投运，由黄羊110千伏变电站出线至黄羊牵引变电站进线，全长6.24千米。

黄（羊）牵（引）二回线　2006年投运，由黄羊110千伏变电站出线至黄羊牵引变电站进线，全长6.027千米。

黄（羊）十（八里堡）线　1990年投运，由黄羊110千伏变电站出线至十八里堡牵引变电站进线，全长34.26千米。

发（放）土（门）线　1996年投运，由发放220千伏变电站出线至土门110千伏牵引变电站进线，全长48.28千米。

发（放）高（坝）线　1990年投运，由发放220千伏变电站出线至高坝110千伏变电站进线，全长8.52千米。

发（放）九（墩）线　2002年投运，由发放220千伏变电站出线至高坝110千伏变电站进线，全长19.21千米。

高（坝）城西线　2003年投运，由高坝110千伏变电站出线至城西110千伏变电站进线，全长7.31千米。

凉（州）泗（水）线　2003年投运，由凉州330千伏变电站出线至泗水110千伏变电站进线，全长32.64千米。

凉（州）土（门）线　2003年投运，由凉州330千伏变电站出线至土门110千伏牵引变电站进线，全长32.53千米。

凉（州）发（放）一回线　原发（放）黄（羊）一回线，1991年投运，2003年改建为凉（州）发（放）一回线。由凉州330千伏变电站出线至发放220千伏变电站进线，线路全长16.49千米。

凉（州）发（放）二回线　原发（放）黄（羊）二回线，1992年投运，2003年改建成凉（州）发（放）二回线。由凉州330千伏变电站出线至发放220千伏变电站进线，线路全长16.66千米。

凉（州）黄（羊）一回线　原发（放）黄（羊）二回线，1992年投运，2003年改建成凉（州）黄（羊）一回线。由凉州330千伏变电站出线至黄羊110千伏变电站进线，线路全长24.1千米。

凉（州）黄（羊）二回线　原发（放）黄（羊）二回线，1992年投运，2003年改建成凉（州）黄（羊）二回线。由凉州330千伏变电站出线至黄羊220千伏变电站进线，线路全长23.75千米。

凉（州）高（坝）一回线　2003年投运，由凉州330千伏变电站出线至高坝110千伏变电站进线，线路全长14.44千米。

凉（州）高（坝）二回线　2003年投运，由凉州330千伏变电站出线至高坝110千伏变电站进线。

发（放）城西线　2003年投运，由发放220千伏变电站出线至城西110千伏变电站进线。

凉（州）泗（水）二回线　2005年投运，出线由凉州330千伏变电站至泗水110千伏变电站进线，线路全长32.36千米。

凉（州）（武）南一回线　2006年投运，由凉州330千伏变电站出线至武南110千伏变电站进线，线路全长7.78千米。

凉（州）（武）南二回线　2006年投运，由凉州330千伏变电站出线至武南110千伏变电站进线，线路全长7.78千米。

发（放）武（威）二回线　2006年投运，由发放220千伏变电站出线至武威110千伏变电站进线，线路全长6.55千米。

（武）南牵（引）一回线　2005年投运，2006年改建，由武南110千伏变电站出线至武南110千伏牵引变电站进线，线路全长6.19千米。

（武）南牵（引）二回线　2005年投运，2006年改建，由武南110千伏变电站出线至武南110千伏牵引变电站进线，线路全长26.1千米。

黄（羊）深（沟）线　原名黄（羊）天（祝）线、天（祝）深（沟）线，1992年投运，2006年改建成黄（羊）深（沟）线。由黄羊110千伏变电站出线至深沟110千伏牵引变电站进线，线路全长73.75千米。

凉（州）裴（家营）线　2006年投运，由凉州330千伏变电站出线至裴家营110千伏变电站进线，线路全长79.2千米。

三、220千伏线路

连（城）发（放）线　1990年发放220千伏变电站建成，与原连宁线形成连发、发宁2条220千伏线路，由连城电厂220千伏变电站出线至发放220千伏牵引变电站进线，线路全长181.16千米。

四、330千伏线路

永（登）凉（州）线　2003年投运，由永登330千伏变电站出线至凉州330千伏变电站进线，线路全长141.247千米。

海（石湾）凉（州）线　原名海（石湾）金（昌）线，1990年投运，2003年东河乡330千伏凉州变电站建成后，与原海（石湾）金（昌）线形成海（石湾）凉（州）、凉（州）金（昌）2条330千伏线路。海（石湾）凉（州）线由海石湾330千伏变电站出线至凉州330千伏牵引变电站进线，线路全长182.156千米。

第三节　变电

一、35千伏变电站

双城变电站　为综合自动化变电站，有主变2台，1号主变容量6300千伏安，2号主变容量4000千伏安。2009年挂网运行配电变压器424台，年最高负荷7800千瓦，最低负荷600千瓦。

大河变电站　有主变2台，1号主变容量4000千伏安，2号主变容量6300千伏安。2009年底，挂网运行配电变压器272台，年最高负荷8400千瓦，最低负荷1200千瓦。

长城变电站　有主变2台，1号主变容量3150千伏安，2号主变容量6300千伏安，2009年挂网运行配电变压器379台，年最高负荷8044千瓦，最低负荷420千瓦。

南营水电变电站 有变压器2台，容量5550千伏安（STL-3150/35、SJ1-2400/35），水电站夏季发电送给系统，停水和冬季时间由电网返送供电，解决金塔供电区和水库电站用电。

黄羊水电变电站 安装1台2500千伏安变压器，由升压站引出两回出线，一回至黄羊电厂与武威电网并网，一回送至张义变电站和天祝县哈溪变电站，张义变电站建成后终止一回供电。

西营总干水电变电站 安装变压器2台，1号变压器容量3150千伏安，2号变压器容量1600千伏安，经丰（乐）西（营）35千伏线路与大网并网运行。发电期间将剩余电量送入大网，停发电时由大网反馈送电，以满足西营供电片用电需要。

刘沛变电站 有主变2台，1号主变容量10000千伏安，2号主变容量6300千伏安。2001年进行设备改造。2009年年底挂网运行配电变压器444台，年最高负荷12000千瓦，最低负荷800千瓦。

丰乐变电站 有主变2台，1号主变容量6300千伏安，2号主变容量4000千伏安。2009年底，挂网运行配电变压器475台，年最高负荷2540千瓦，最低负荷400千瓦。

吴家井变电站 有主变2台，1号主变容量8000千伏安，2号主变容量4000千伏安。年最高负荷6200千瓦，最低负荷300千瓦。

张义变电站 有主变2台，1号主变容量4000千伏安，2号主变容量2000千伏安。2009年底，挂网运行配电变压器170台，年最高负荷1300千瓦，最低负荷400千瓦。

于家湾变电站 有主变2台，1号主变容量5000千伏安，2号主变容量4000千伏安。2009年底，挂网运行配电变压器379台。年最高负荷5000千瓦，最低负荷320千瓦。

化工变电站 有主变1台，容量8000千伏安，1990年投运，年最高负荷500千瓦。

古城变电站 1993年投运，有主变2台，1号主变容量4000千伏安，2号主变容量4000千伏安。2009年底，挂网运行配电变压器301台，年最高负荷3930千瓦，最低负荷450千瓦。

清源变电站 1996年投运，有主变2台，1号主变容量8000千伏安，2号主变容量4000千伏安。2009年底，挂网运行配电变压器386台。年最高负荷6030千瓦，最低负荷650千瓦。

洪祥变电站 1999年投运，有主变2台，1号主变容量6300千伏安，2号主变容量2000千伏安。2009年底，挂网运行配电变压器331台。集中无功补偿电容器容量1200千乏。年最高负荷6600千瓦，最低负荷300千瓦。

高沟变电站 1999年投运，有主变2台，1号主变容量3150千伏安，2号主变容量1250千伏安。2009年底，挂网运行配电变压器138台，年最高负荷3000千瓦，最低负荷150千瓦。

东河变电站 1999年投运，有主变2台，1号主变容量4000千伏安，2号主变容量6300千伏安。2009年底，挂网运行配电变压器270台，年最高负荷6500千瓦，最低负荷800千瓦。

谢河变电站 2001年投运，有主变2台，1号主变容量4000千伏安，2号主变容量2000千伏安。2009年底，挂网运行配电变压器271台，年最高负荷3500千瓦，最低负荷700千瓦。

建设变电站 2002年投运，有主变2台，1、2号主变容量均为2000千伏安。2009年挂网投运，配电变压器300台，集中无功补偿电容器容量1200千乏，年最高负荷2300千瓦，最低负荷450千瓦。

怀安变电站 2001年投运，有主变2台，1号主变容量4000千伏安、2号主变容量6300千伏安。2009年底，挂网运行配电变压器392台。年最高负荷7000千瓦，最低负荷500千瓦。

新华变电站 2003年投运，为武威电力系统第九座综合自动化无人值班变电站。该站有主变2台，1号主变容量3150千伏安，2号主变容量4000千伏安。母线电压2个等级分别为35千伏和10千伏，年最高负荷15550千瓦。

十墩变电站 2003年投运，有主变2台，容量均为4000千伏安。2009年挂网运行配电变压器271台，年最高负荷6400千瓦，最低负荷500千瓦。

城郊变电站 2003年投运，有主变2台，1号主变容量6300千伏安，2号主变容量4000千伏安。2009年挂网运行配电变压器626台，年最高负荷5600千瓦，最低负荷1200千瓦。

二、110千伏变电站

区境内的110千伏变电站由武威供电公司管理。

武威变电站　有主变2台，年最高负荷46800千瓦，承担着武威城区、凉州区北部部分乡镇工农业生产及电气化铁路的供电。

黄羊变电站　1991年投运，有主变2台，单台容量31500千伏安，年最高负荷57000千瓦，承担着凉州区黄羊镇工农业生产及兰武电气化铁路的供电。

高坝变电站　1999年投运，是武威电网系统第一座110千伏综合自动化变电站，有主变3台，单台容量31500千伏安，总容量94500千伏安，年最高负荷43200千瓦。

九墩变电站　2002年投运，是武威电网系统第一座无人值班变电站，第二座综合自动化变电站，有主变2台，单台容量均为31500千伏安，年最高负荷22310千瓦，承担凉州区北部部分乡镇工农业生产的供电。

城西变电站　2003年投运，有主变2台，单台容量均为31500千伏安，年最高负荷16050千瓦，承担城区部分工农业生产的供电。

武南变电站　2006年投运，有主变1台，容量为31500千伏安，承担武南镇部分工农业生产及电气化铁路的供电。

三、发放220千伏变电站

1990年投运，属双电源结构变电站，是甘肃电网第一座纳入集控中心管理的220千伏变电站，是武威电力系统第一座220千伏变电站，由武威供电公司管理。有主变2台，单台容量均为120000千伏安，年最高负荷118000千瓦，承担凉州区、永昌县工农业生产以及兰武、干武电气化铁路供电。

四、凉州330千伏变电站

位于东河乡旧庄村，2003年投运，属双电源结构变电站，是甘肃省一座联络东、西部电网的枢纽变电站，是武威电力系统第一座330千伏综合自动化变电站，由武威供电公司管理。有主变2台，单台容量均为240000千伏安，年最高负荷264000千瓦，承担凉州区和古浪县的工农业生产、电气化铁路以及河西电网转供负荷的供电。

330千伏变电站

五、集控中心

发放集控中心　2002年成立，由武威供电公司管理，承担110千伏高坝、武威、城西、九墩、泗水（古浪）、武南6座无人值班变电站，以及220千伏发放、35千伏化工2座无人值班变电站的负荷监控、倒闸操作、设备管理、运行维护和事故处理等工作。

凉州集控中心　2003年成立，属凉州区供电公司变电工区管理，承担18座35千伏电站的运行值班、设备遥测遥控和负荷监控工作。配置监控机1台，安全监控显示器1台，监控操作采用北海银河 YH-9100 系统，通讯采用无线扩频与无线网桥组成调度专用通道连接网络，为调度自动化和通讯提供数据、语音传输通道。

第四节 发电厂

一、水电站

到 2009 年底，全区有南营水电站、黄羊水电站、西营总干电站、西营水管处电站、西营水库电站、营儿电站、五沟湾电站、杂木峡口电站、黄羊水管处四干电站、杂沟电站、三沟电站、永丰电站、山湾电站、康宁电站、上河电站、红花电站、金塔电站、石嘴子电站等 18 座小水电站，总装机容量达 22823 千瓦。

南营水电站 位于金塔河出山口，是一座水库坝后式以防洪为主、结合灌溉、兼顾发电的季节性小型水电站。总装机容量 4560 千瓦，年发电量为 833 万千瓦时。

黄羊水电站 位于张义镇常水村，系坝后隧洞引水式季节性水电站。1998 年，实施 3 号机扩建工程，总装机容量达 4200 千瓦，年发电量 638 万千瓦时。

西营总干电站 位于西营镇陈鲁村，距西营水库 13 公里，是一座渠道引水式季节性发电站。总装机容量 3750 千瓦，年发电量 1225 万千瓦时。

西营水库电站 位于西营水库，系坝后引水式利用灌溉用水发电的水电站。2004 年 9 月投产，3 台机组全部并网发电，总装机容量 6400 千瓦，设计年发电量 2360 万千瓦时，设计年利用小时数 3659 小时。

西营三沟一级水电站 2005 年开工，2007 年 11 月完工并投入运行。装机 3 台，总装机容量 4450 千瓦，设计年发电量 1901 万千瓦时，设计年利用小时 4273 小时。

截至 2009 年底，西营三沟二级水电站、西营三沟三级电站、西营河双窑湾一号水电站、杂木寺水电站等 4 座水电站已开工建设，尚未完工投入运行。

2009 年凉州区水电站一览表

表 10-3-1

电站名称	所在流域	装机容量（台/kw）	年发电量（万度）	年设备利用小时（小时）	建成时间	所在乡镇	主管单位
南营水电站	金塔河	16×160 2×1000	833	1827	1979	新华乡	区水务局
黄羊水电站	黄羊河	2×1600 1×1000	638	1519	1980	张义镇	区水务局
西营总干电站	西营河	3×1250	1225	3267	1988	西营镇	区水务局
西营水管处电站	西营河	2×630	—	—	1979	西营镇	西营水管处
杂木峡口电站	杂木河	4×120	132	2750	1985	古城镇	杂木水管处
黄羊四干电站	黄羊河	1×84	8.7	1036	1976	谢河镇	黄羊水管处
杂沟电站	西营河	1×160	44	2750	1976	西营镇	西营镇
营儿电站	西营河	1×160	45	2813	1978	西营镇	西营镇
三沟电站	西营河	1×84	24	2857	1976	西营镇	西营镇
永丰电站	西营河	1×84	22	2619	1979	永丰镇	永丰镇

续表 10-3-1

电站名称	所在流域	装机容量（台/kw）	年发电量（万度）	年设备利用小时（小时）	建成时间	所在乡镇	主管单位
山湾电站	西营河	1×84	21	2500	1976	康宁乡	康宁镇
康宁电站	西营河	1×84	21	2500	1976	康宁乡	康宁镇
上河电站	杂木河	1×84	20	2381	1972	古城镇	古城镇
红花电站	杂木河	2×120	65	2708	1979	韩佐乡	韩佐镇
金塔电站	杂木河	1×84	20	2381	1973	新华乡	新华镇
石嘴子电站	张义大河	1×50	13	2600	1971	张义镇	张义镇
五沟湾电站	西营河	2×400　1×125	360	4506	1973	西营镇	西营镇
西营水库电站	西营河	3×2150	2360	3659	2004	西营镇	西营镇

二、火电厂

皇台酒业制糖分公司热电厂　位于黄羊镇，1995 年进行第二次改扩建，总容量增至 4500 千瓦，供汽能力为 95 吨/小时。

皇台集团公司热电厂　1995 年开工，隶属于甘肃皇台酒业股份有限公司热电联产企业，装机容量 1500 千瓦，总投资 1625 万元。

武威荣华公司热电厂　荣华生化集团公司的热电联产企业，1999 年正式投产发电，总投资 8988 万元。设计装机容量为 2 台 6000 千瓦汽轮发电机，当年安装 1 台。为减少降尘量，建造了 50 米超高烟囱，锅炉配用电场静电除尘器，除尘效率达 98%以上，采用闭式循环冷却水系统，有 30 米自然通风冷却塔 2 座，年发电量 1080 万千瓦时。

三、太阳能电厂

武威 500 千瓦太阳能光伏电站　位于甘肃濒危野生动物研究中心，由大唐甘肃发电有限公司和市政府联建，为全国第一批光伏发电项目和全国首批 6 个光伏发电大规模应用示范基地之一。2008 年 4 月，一期工程正式开工建设，12 月并网发电。一期工程装机容量 500 千瓦，装设 2300 个太阳能电池板，投资 3500 万元，国家“863 计划”无偿资助 1400 万元。

第五节　供电

一、供电区域

凉州区境内供电区域由武威城镇、凉州农电、黄羊农场三部分构成。其中，武威城镇部分由武威供电公司管理，供电区域涉及武威城区、武南城镇、黄羊城镇、工业开发区的工业和生活供电，以及 3 个城镇周边的部分农电。1990 年，武威市供电量首次突破 1.39 亿千瓦时。1999 年，突破 2.019 亿千瓦时。2007 年，全面实现 100%户户通电；2009 年，供电量突破 3.072 亿千瓦时。

二、供电片区

2009年，凉州区共有20个供电片区。

大河供电片　以武南镇形成的供电片区，涉及电压4个等级，分别为35、10、0.4、0.22千伏。有电机井137眼，井灌面积3.9万亩，营业用电户6605户。

双城供电片　以双城镇形成的供电片区，涉及电压5个等级，分别为220、35、10、0.4、0.22千伏。有电机井327眼，井灌面积6.0万亩，营业用电户8882户。

长城供电片　以长城乡中部形成的供电片区，涉及电压7个等级，分别为330、220、110、35、10、0.4、0.22千伏。有电机井381眼，井灌面积4.2万亩，营业用电户3920户。

吴家井供电片　以长城乡南部形成的供电片区，有电机井109眼，井灌面积10258亩，营业用电户1561户。

城郊供电片　以高坝镇、发放镇、大柳乡形成的供电片区，涉及电压7个等级，分别为330、220、110、35、10、0.4、0.22千伏。有电机井583眼，井灌面积93462亩，营业用电户18856户。

刘沛供电片　以永昌镇形成的供电片区，涉及电压7个等级，分别为330、220、110、35、10、0.4、0.22千伏。有电机井408眼，井灌面积8.75万亩，营业用电户10341户。

建设供电片　以高坝镇、新华乡、金塔乡形成的供电片区，涉及电压6个等级，分别为750、110、35、10、0.4、0.22千伏。有电机井2眼，营业用户分类中，低压动力用户541户，照明户10511户。

张义供电片　以张义镇形成的供电片区，涉及电压5个等级，分别为750、35、10、0.4、0.22千伏。有电机井23眼，井灌面积2403亩，营业用电户5504户。

丰乐供电片　以丰乐镇、永丰镇、康宁乡、金山乡形成的供电片区，涉及电压6个等级，分别为750、35、10、0.6、0.4、0.22千伏。有电机井9眼，井灌面积0.26万亩，营业用电户1.7万户。

于家湾供电片　以羊下坝镇、四坝镇、下双乡形成的供电片区，涉及电压5个等级，分别为110、35、10、0.4、0.22千伏。有电机井558眼，井灌面积6.1万亩，营业用电户9087户。

十墩供电片　以十墩滩开发区形成的供电片区，涉及电压5个等级，分别为110、35、10、0.4、0.22千伏。有电机井311眼，井灌面积34245亩，营业用电户3683户。

古城供电片　以古城镇、韩佐乡、武南镇开发区形成的供电片区，涉及电压6个等级，分别为750、220、35、10、0.4、0.22千伏。有电机井2眼，井灌面积0.1万亩，营业用电户9273户。

清源供电片　以清源镇、清水乡形成的供电片区，涉及电压等级5个，分别为220、35、10、0.4、0.22千伏。有电机井410眼，井灌面积66594亩，营业用电户8227户。

洪祥供电片　以洪祥镇、五和乡形成的供电片区，涉及电压6个等级，分别为330、220、35、10、0.4、0.22。有电机井247眼，井灌面积56700亩，营业用电户8002户。

高沟供电片　以长城乡北部形成的供电片区，营业用电户1415户、电机井144眼，井灌面积28900亩。

东河供电片　以东河乡、河东乡形成的供电片区，涉及电压7个等级，分别为330、220、110、35、10、0.4、0.22千伏。有电机井261眼，井灌面积37500亩，营业用电户6512户。

谢河供电片　以谢河镇、黄羊镇形成的供电片区，涉及电压5个等级，分别为220、35、10、0.4、0.22千伏。有电机井3眼，井灌面积0.12万亩，营业用电户9720户。

怀安供电片　以和平镇、怀安乡、柏树乡、松树乡形成的供电片区，涉及电压5个等级，分别为750、35、10、0.4、0.22千伏，有电机井57眼，井灌面积24986亩，营业用电户12840户。

金羊供电片　以金羊镇、中坝镇、金沙乡形成的供电片区，涉及电压6个等级，分别为330、220、110、10、0.4、0.22千伏。有电机井385眼，井灌面积5.9万亩，营业用电户11187户。

西营供电片　以西营镇形成的供电片区，供电区内涉及电压 5 个等级，分别为 35、10、0.6、0.4、0.22 千伏。有电机井 6 眼，井灌面积 830 亩，营业用电户 5123 户。

第六节　用电

一、用电水平

农村用电主要有农业排灌、农副产品加工、乡镇企业、居民生活。1990 年，全市共有机井 3243 眼，灌溉面积 604825 亩，动力用电总户数 4183 户。年供电量仅为 13896.9 万千瓦时，售电量 12218.1 万千瓦时，其中农灌电量 10247.1 万千瓦时，占总用电量的 83.8%；“五小”电量 846 万千瓦时，占总用电量的 6.92%；照明电量 1125 万千瓦时，占总用电量的 9.2%。

1994 年，全市的动力用电总户数 4183 户，机井数为 4042 眼，灌溉面积 663879 亩。年供电量达到 16976.74 万千瓦时，售电量 15420.68 万千瓦时，其中农灌电量 12435.52 万千瓦时，占总用电量的 80.64%；“五小”电量 1640.46 万千瓦时，占总用电量的 10.63%；照明电量 1344.68 万千瓦时，占总用电量的 8.72%。

1998 年，实现农村电气化建设达标，全市人均年用电量达 331 千瓦时（标准为 331 千瓦时），当年供电量达到 18829.4 万千瓦时，售电量 17135.4 万千瓦时，其中农灌电量 13429.3 万千瓦时，占总用电量的 78.37%；“五小”电量 1538.3 万千瓦时，占总用电量的 8.97%；照明电量 2167.8 万千瓦时，占总用电量的 12.65%。

1999—2005 年，通过一、二期农网建设和改造，农村电网更加安全可靠，提高了电压质量。

2006 年，乡、村、组通电率达到 100%，年人均用电量达到 233 千瓦时。

2009 年，国家实施“家电下乡”工程后，农村家用电器数量大增，年供电量突破 3 亿大关，达到 30718.05 万千瓦时，售电量 27815.5 万千瓦时，其中农灌电量 13103.17 万千瓦时，占总用电量的 47.11%；“五小”电量 8561.68 千瓦时，占总用电量的 30.78%；照明电量 6150.65 万千瓦时，占总用电量的 22.11%。全区 37 个乡镇、449 个行政村、80 万农业人口，农村用电客户达到 18 万，年人均用电量达到 348 千瓦时。

1990—2009 年凉州区电力局供电设备分类一览表

表 10-3-2

项目 年度	配电设备					用电设备								
	6~10 千伏线路		0.4/0.22 千伏线路	配电变压器		合计		农灌		农业生产		五小工业		生活用电
	基	千米	千米	台	千伏安	台	千瓦	台	千瓦	台	千瓦	台	千瓦	千瓦
1990	27146	1993.4	1027.76	3605	148563	10967	113969.3	3463	54115.8	5406	35611.5	2098	16813.4	7428.6
1991	29052	2040.94	1043.2	3723	152085	11128	115502.4	3620	57176.4	5401	35409.6	2107	15454.6	7461.8
1992	27794	2066.13	1281.82	3904	161393	11690	122486.6	3768	61378.1	5420	35732.8	2502	17645.7	7730
1993	30666	2146.62	1314.51	4147	176071	12829	133476.4	4126	66477	5318	34068.4	3385	25040.7	7890.6
1994	315.15	2216.02	1288.9	4335	184526	13922	143285.4	4325	69632	5293	34224.7	4304	30434.8	8993.9
1995	31764	2223.38	1303.44	4449	190233	14377	148459.2	4362	71643.7	5315	34673	4700	33080	9063

续表 10-3-2

项目 年度	配电设备					用电设备								
	6~10 千伏线路		0.4/0.22 千伏线路	配电变压器		合计		农灌		农业生产		五小工业		生活用电
	基	千米	千米	台	千伏安	台	千瓦	台	千瓦	台	千瓦	台	千瓦	千瓦
1996	32154	2249.95	1402.84	4527	192576	14139	151491	4280	74264	5088	33316	4771	33794	10117
1997	32028	2240.28	1420.02	4629	196779	14271	451481	4455	77066	5052	330167	4764	34136	10112
1998	33108	2319.39	1623.11	4820	203148	14864	456750	4482	78195	5050	330918	5332	36777	10860
1999	33893	2368.24	1671.28	4923	207668	15196	163186	4516	80065	—	—	10680	72179	10942
2000	35408	2476.28	1235.81	5060	215006	15340	167531	4563	82393	—	—	10777	72849	12289
2001	35768	2499.3	1239	5182	221365	15647	170526	4617	83008	—	—	11030	74784	12734
2002	36902	2576.8	1318	5350	233769	15845	174370	4865	85703	—	—	10980	75719	12948
2003	37029	2627.1	1237	5516	248771	16019	171458	4928	76616	—	—	11091	81859	12983
2004	37862	2638.74	1265.2	5637	259975	15821	176392	4866	77163	—	—	10955	85511	13718
2005	39274	2747.25	1327.2	5759	268457	16077	194270	4849	91187	—	—	11228	89263	13820
2006	38319	2601.93	2749.66	5875	277899	16096	105965.2	4629	8825.06	—	—	11467	83586.2	13554
2007	38877	2679.15	2845.61	5969	285942	16771	211891.7	4520	95527.1	3045	20711.9	9206	76624.3	19028.4
2008	39340	2716.9	2282.6	6043	302867	15545	220433.4	4544	96605.3	3794	27908.4	7207	70418.3	25507.4
2009	38906	2742.7	2988.7	6314	315758	17573	257418	4106	94408	4480	26794	8987	79196	57020

二、电价电费

电价分为居民生活用电、非居民生活用电、商业用电、贫困县农业排灌、农业生产和大工业电价。

居民生活用电　1993—1997 年，武威市农村执行县级趸售电价中 1 千伏~10 千伏的电价批准。1993 年每千瓦时为 0.157 元。1997 年每千瓦时为 0.238 元。1998—1999 年，开始执行农村综合分类电价，为每千瓦时 0.48 元。2000—2001 年，农村执行农村综合分类电价和甘肃省电网销售电价表武威市分类综合电价。2002 年每千瓦时为 0.466 元。2003 年每千瓦时为 0.47 元。2004 年每千瓦时为 0.47 元。2005 年每千瓦时分别为 0.47 和 0.49 元。2006 年，开始执行居民生活用电同网同价，调整为每千瓦时为 0.51 元。2008—2009 年，凉州区农村执行的是甘肃省电网销售目录电价和凉州区农村综合分类电价两种。

非居民生活用电　1993—1997 年，武威市农村执行县级趸售电价中 1 千伏~10 千伏的电价批准。1993 年每千瓦时为 0.205 元，1997 年每千瓦时为 0.332 元。1998—1999 年，开始执行武威市农村综合分类电价，每千瓦时为 0.64 元。2000—2001 年，农村执行农村综合分类电价和甘肃省电网销售电价表武威市分类综合电价，每千瓦时为 0.69 元。2002 年每千瓦时为 0.558 元。2003 年每千瓦时为 0.74 元。2004 年每千瓦时为 0.808 元。2005 年每千瓦时为 0.658 元。2009 年每千瓦时为 0.51 元。

1990—2009 年凉州区电力局供售电量一览表

表 10-3-3

项目 年度	供电量	售电量				线损		电费回收		
	万千瓦时	万千瓦时				电量	线损率	应收	尽收	回收率
		合计	农灌	五小	照明	万千瓦时	%	万元	万元	%
1990	13875.41	12218.1	10247.1	846	1125	1678.8	12.1	862.64	839.39	97.3
1991	15758.7	13875.41	12001.01	902.5	971.9	1874.2	11.89	985.8	983.1	97.3
1992	15508.99	13694.44	11749.86	917.5	1027.08	1814.55	11.7	1032.38	1015.86	98.41
1993	15616.61	13836.32	11712.57	1018.23	1105.52	1780.29	11.4	1154.43	1137.4	98.52
1994	16976.74	15420.66	12435.52	1640.46	1344.68	1556.08	9.2	1402	1390.3	99.17
1995	15446.68	14041.03	11183.68	1339.12	1518.23	1405.65	9.1	1541.3	1529.75	99.3
1996	14212.93	12926.66	10380.42	1133.42	1412.82	1286.27	9.05	1630	1607.38	98.61
1997	17567	15985.9	12261	1449.5	2275.4	1581.9	9.02	2830.8	2828.7	99.9
1998	18829.4	17135.4	13429.3	1538.3	2167.8	1694.7	9.0	3140.3	3135.4	99.8
1999	20189.7	18380.7	13075.4	2649.4	2655.9	1809	8.96	3437.4	3437.4	100
2000	20316.0	18501.9	13809.2	2352.4	2340.3	1814.1	8.93	3947.5	3947.5	100
2001	22571.8	20550.4	13740.6	3190.8	3619.0	2021.4	8.96	4469.6	4468	99.96
2002	22027.8	20349	12802.5	3611	3935.5	1678.8	7.62	4606.1	4596.9	99.8
2003	22712.2	20920.5	12788.5	3808.1	4323.9	1791.7	7.59	5875.92	5849.2	99.55
2004	26686	25409.6	14859.8	5048.1	4653.5	2124.6	7.96	7077.64	7050.27	99.61
2005	28002.1	25410	15528.5	4835.3	5045.8	2592.1	9.26	7871.07	7862.45	99.89
2006	27414	25567.5	14955.7	5659	4952.8	1846.5	6.7	8235.5	8235.5	100
2007	26771.6	24942.8	14103.3	5463.9	5375.6	1828.8	6.8	8379.24	8379.24	100
2008	26775.37	25980.13	12732.76	7040.41	6206.96	795.23	2.97	9422.45	9422.45	100
2009	30718.05	27815.50	13103.17	8561.68	6150.65	2902.55	9.45	12235.03	12235.03	100

商业用电　2001 年，凉州区分类综合电价开始执行商业电价，每千瓦时为 0.80 元。2006 年每千瓦时为 0.8787 元。2008 年每千瓦时为 0.7373 元。2009 年开始执行一般工商业电价，每千瓦时为 0.7678 元。

农业排灌用电　1993—1997 年，执行甘肃省电网销售电价，农村执行县级趸售电价中 1 千伏~10 千伏的电价批准。1993 年每千瓦时为 0.035 元，1997 年每千瓦时为 0.10 元。1998—1999 年，开始执行农村综合分类电价，执行深井优待电价，其中 100 米以下的每千瓦时为 0.11 元，200 米及以下的每千瓦时为 0.10 元。2000—2001 年，农村执行农村综合分类电价和甘肃省电网销售电价表武威市分类综合电价，开始执行农业排灌电价，其中 100 米以下的每千瓦时为 0.13 元，200 米及以下的每千瓦时为 0.12 元，2001 年的农业排灌电价为每千瓦时为 0.25 元，深井电价每千瓦时为 0.17 元。2003—2006 年，凉州区统一为农业排灌电价 0.186 元，2003 年每千瓦时为 0.29 元，2005 年每千瓦时为 0.29 元。

2006 年又开始执行深井电价，每千瓦时为 0.296 元和 0.22 元。2009 年每千瓦时为 0.32 元和 0.23 元。

农业生产用电　1993—1997 年，武威市执行的是甘肃省电网销售电价，农村执行县级趸售电价中 1 千伏~10 千伏的电价批准。1993 年每千瓦时为 0.107 元，1997 年每千瓦时为 0.221 元。1998—1999 年，开始执行农村综合分类电价，未执行农业生产电价。2000—2001 年，农村执行农村综合分类电价和甘肃省电网销售电价表武威市分类综合电价，农业生产电价为每千瓦时为 0.49 元，2001 年的农业生产电价为每千瓦时为 0. 49 元。2002 年每千瓦时为 0.39 元。2003—2005 年每千瓦时为 0.54 元。2006 年每千瓦时为 0.545 元。2009 年每千瓦时为 0.50 元。

大工业电价　2002 年，农村执行的是甘肃省电网销售目录电价和凉州区农村综合分类电价两种。大工业电价按 1 千伏~10 千伏电价标准执行。2002 年每千瓦时为 0.322 元。2004 年每千瓦时为 0.357 元。2005 年每千瓦时为 0.377 元。2006 年每千瓦时分别为 0.387 元和 0.3877 元。2008 年每千瓦时为 0.4167。2009 年每千瓦时为 0.4383 元。

凉州区志

第十一编

工业　交通　通信

本编目录

第一章　工业

第一节　工业经济体制

一、管理机构

1990年，工业企业由过去的生产性逐步向生产经营性转变，武威市工业企业管理机构的名称、职能也随着经济政策和工业发展情况而不断发生变化，以适应工业企业的经营发展需要。1990—2009年，武威市工业经济综合管理部门有经济贸易局、中小企业局、乡镇企业管理局、二轻工业总公司、工业园区管委会。承担工业经济管理职能的部门还有粮食总公司、水利局、电力局、城建委、商业总公司、民政局、供销联社、劳动局、街道办事处等。

凉州区经济贸易局　前身为武威市经济委员会，办公地点在西大街56号。1997年，武威市经济委员会更名为武威市经济贸易委员会，并加挂武威市交通局牌子，承担全市工业、交通、商贸企业综合管理职能。下设质量技术监督局、经济体制改革委员会、交通局，内设党政办公室、工业科、商贸科、技术科、财务科、经济信息科、墙体材料改革办公室。2001年，武威市经济贸易委员会更名为凉州区经济贸易委员会。2002年，更名为凉州区经济贸易局，加挂凉州区非公有制经济发展局、凉州区安全生产监督管理局（与凉州区安委会办公室合署办公）牌子，实行“三块牌子，一套人马”管理体制，为全区工业经济综合管理部门。2007年9月，凉州区经济贸易局、中小企业局、非公有制经济发展局、乡镇企业管理局合署办公，对外总称凉州区中小企业局。

凉州区二轻工业总公司　前身为武威市二轻工业局，办公地点在北关东路55号。1990年，撤销武威市二轻工业局，组建武威市二轻工业总公司，内设党委办公室、行政办公室、劳资人事科、生产技术科、财务科、保卫科和审计科。2001年8月，武威市二轻工业总公司更名为凉州区二轻工业总公司。2007年，撤销凉州区二轻工业总公司，行政职能并入凉州区商务局。

凉州区乡镇企业管理局　前身为武威市乡镇企业管理局，办公地点在西大街新建路31号。2001年，武威市乡镇企业管理局更名为凉州区乡镇企业管理局。2003年，凉州区非公有制经济发展局从凉州区经济贸易局分离，并入凉州区乡镇企业管理局，实行“两块牌子、一套人马”的管理体制。2006年，凉州区乡镇企业管理局加挂凉州区中小企业局牌子。2007年9月，凉州区经济贸易局、中小企业局、非公有制经济发展局、乡镇企业管理局合署办公，对外总称凉州区中小企业局。

凉州区中小企业局　2006年，凉州区乡镇企业管理局加挂凉州区中小企业局牌子。2007年9月，凉州区经济贸易局、中小企业局、非公有制经济发展局、乡镇企业管理局合署办公，对外总称凉州区中小企业局。主要职能是对全区国有工业企业、城市集体工业企业、乡镇企业和非公有制企业进行综合管理。2009 年 12 月，凉州区中小企业局（经济贸易局、非公有制经济发展局、乡镇企业管理局）内设党政办公室、企业改革办公室、政策法规和节能监察股、规划统计股、经济合作股、经济运行股。

武威工业园区管委会　为省级开发区武威工业园区的管理机构，前身为武威城东工业区管理委员会，2002 年 12 月成立。2006 年 10 月，更名为甘肃武威工业园区管理委员会，为市政府直属的正县级事业单位，委托凉州区政府管理，实行市、区共管，以区为主的管理体制。2009 年，管委会内设综合办公室、项目发展部、规划财务部。

武威黄羊工业园区管委会　为省级开发区武威黄羊工业园区的管理机构，前身为武威黄羊绿色食品科技示范区管理委员会，成立于 2002 年 5 月。2006 年 9 月，更名为甘肃黄羊食品工业城管理委员会；同年 12 月，更名为黄羊工业园区管理委员会，为市政府直属的正县级事业单位，委托凉州区政府管理，实行市、区共管，以区为主的管理体制。2009 年，管委会内设综合办公室、企业管理与项目发展部、规划建设部、计划财务部、食品研究所。

二、国营企业

1990 年，武威市国营工业企业有 31 户，拥有固定资产原值 10476 万元，员工 6568 人，工业总产值 8954 万元。工业门类有电力、煤炭、纺织、汽车装配、粮油机械、食品加工、酿酒、饮料、机械制造、制胶、化工、印刷、磨粉、造纸、水泥制造、水泥制品、饲料加工等，主要产品有电、原煤、针织绒线、硬化油、粮油设备、汽车、机制纸、水泥、皮胶、骨胶、明胶、皮毛制品、面粉、糕点、熏醋、白酒、饮料、磷肥、食用植物油、铝制品等。1994 年，武威市工业企业通过改革建立健全第一、二轮的承包经营责任制，政府定目标、定指标，企业自行组织生产与经营，实行以销定产。1995 年，武威市对所属企业实行“三改一加强”（改组、改造、改革，加强管理）改革。一大批全民、集体工业企业转制为股份制、股份合作制、私营等不同类型所有制性质的企业，形成轻纺、食品、冶金、建材、化工、煤炭为主导产业的发展格局。代表企业有皇台集团、武酒集团、纺织集团、建材集团等。

1999 年，市属国营企业有 24 户，固定资产原值 73685 万元，工业总产值 1773 万元，职工人数 8214 人，全员劳动生产率人均 1.86 万元。

1990—1999 年度武威市国营工业企业发展状况统计表

表 11-1-1

项目 年度	企业数 （户）	固定资产原值 （万元）	固定资产净值 （万元）	职工 （人）	全员劳动生产率 （元/人）	工业总产值 （万元）	递增速度 （%）
1990	31	10476	7317	6568	13633	8954	5
1991	32	15254	11710	7372	6271	15857	71
1992	31	15717	11970	7548	6798	16723	5
1993	33	16276	12396	7499	7385	18036	8
1994	33	33486	19510	8380	10833	19454	19
1995	29	39097	28167	8803	12916	25637	19
1996	26	33462	25024	9304	9398	35774	2
1997	24	47075	32882	9720	10313	41673	18
1998	24	62486	54314	8714	17473	5256	9
1999	24	73685	58860	8214	18647	1773	10

2001—2005年，在以产权制度改革为核心的新一轮改革中，国有工业、企业，以整体出售、破产重组为主要形式的产权制度改革全部完成，全面走民营化，激发了企业的生产经营活力。

三、集体企业

1990年，武威市有集体工业企业160户，实现工业总产值9808万元，城市二轻集体工业企业产值达7479.9万元。1994年，一些长期亏损、资不抵债、不能偿还到期债务的企业，按照《破产法》实施破产解体。破产企业有大华衬衫厂、兰武油脂厂和天津外贸纸箱分厂等。对于部分经营困难，暂时难以整体改变经营面貌的企业，实行改制，组建新的法人实体，逐步解决了企业发展的滞留困难问题。1995年，武威市集体工业企业实现工业总产值27936万元，这个阶段乡镇工业企业发展迅猛，城市二轻集体工业趋于下滑，产值6634万元，占集体工业企业产值的24%。1996年，一大批集体工业企业转制为股份制、股份合作制、私营等不同类型所有制性质的企业。1999年12月，武威市有集体工业企业120家，企业职工2517人，实现工业总产值91320万元，其中乡镇企业工业产值占整个产值的50%，城市二轻集体工业企业无力生产，大多处于停产或半生产状态。

1990—1999年度武威市集体工业企业发展状况统计表

表11-1-2

项目 年度	企业数（户）	固定资产原值（万元）	固定资产净值（万元）	职工（人）	全员劳动生产率（元/人）	工业总产值（万元）	递增速度（%）
1990	160	7908	5217	11825	—	9808	12.1
1991	163	8951	5632	12019	3037	11988	19.66
1992	164	9851	5968	12446	3147	13946	7.1
1993	174	9983	6983	10495	4316	17670	26.7
1994	88	14575	7173	9826	4865	21783	23.27
1995	85	19402	7994	9273	6308	27936	28.24
1996	191	—	—	5882	9010	40269	50.03
1997	123	—	—	4142	26000	51487	21.95
1998	114	—	—	3206	20900	72681	31.25
1999	120	—	—	2517	22100	91320	31

2001—2005年，在以产权制度改革为核心的新一轮企业改革中，集体工业企业以出售、股份制改造、破产重组为主要形式的产权制度改革全部完成，其中武威地毯厂、武威市针织厂、武威服装厂、武威市神光布鞋厂、武威市皮革厂、武威市皮鞋厂、武威市长城皮鞋厂、武威市皮件厂、武威市家具厂、武威市纸箱厂、武威市化工塑料厂和武威市金属厂12户企业破产。

四、个体及私营企业

20世纪90年代，武威市国民经济出现暂时困难，城乡个体企业不断崛起，发展势头良好。1990年12月，武威市个体工业达1715户，从业人数4135人，个体工业总产值2039万元。1995年后，武威市鼓励发展以公有制经济为主体的多种所有制经济，个体工业首先在农村起步，后来逐步发展壮大。1999 年，武威市城乡个体工业企业 3336 户，工业总产值 21306 万元。2000—2009 年，凉州区对个体工业的发展制定各种优惠政策，使个体工业较快发展，至 2009 年，全区个体工业企业达 636 户(其中轻工业 395 户，重工业 241 户)，从业人员 36711 人，总产值 837880 万元。

第二节　工业发展状况

1990 年，随着社会主义市场经济体系逐步确立，股份制、股份合作制、私营和个体工业崭露头角，武威市形成以全民、集体、股份制、股份合作制、私营和个体工业并存，相互促进、共同发展的新格局。

1991 年 3 月，武威地委、行署提出“大办工业、大办乡镇企业、大办第三产业”的号召，武威市工业经济发展得到有力推进，一大批工业骨干项目相继建成投产，发挥效益。是年，武威市建立健全工业企业第一、二轮的承包经营责任制，企业实行“以销定产”的管理目标，生产经营方式实现由过去的生产型向生产经营型的转化，增强了企业自主经营、自负盈亏、自我约束、自我发展的意识。1994 年 4 月，武威地委、行署提出“三改一加强”企业改革政策，武威市对现有全民、集体企业从体制、机制等方面进行了配套的改革。一大批全民、集体工业企业转制为股份制、股份合作制、私营等不同类型所有制性质的企业，使一批“老字号”工业企业焕发新的生机和活力。

1996—2000 年，武威市先后新建、技改 50 万元以上工业项目 40 多个，累计投入资金 5 亿多元，新增生产能力 10 亿多元；开发新产品 180 多个，新产品产值率、科技贡献率分别达到 25%和 36%，产值千万元以上的企业 16 户；创省级名牌产品 9 个，其中“陇货精品”2 个。到 2000 年底，武威市基本形成以农副产品加工和日用消费品生产为主的食品加工、轻纺造纸、建筑建材、医药化工、机械制造、印刷包装、矿山采掘、工艺美术等 20 多个门类，1000 多种产品的地方工业体系，培育了皇台集团、荣华集团、陇海陶瓷公司、武酒集团、爱雅纺织公司、凉州益民公司、武南水泥厂、红太阳集团、金三角面业、金穗面业、延年面业、金马力车辆制造公司、纸业公司、天力彩印公司、海牛轮胎、海宁家具、武港麦芽等一批骨干项目和龙头企业，建成皇台酒业、荣华实业、莫高实业三家上市公司，初步形成城东工业区、黄羊（西部）食品工业城和皇台酿酒工业园三个工业园区。

2001 年 5 月，武威市编制《武威城东生态工业园区控制性详细规划》和《中国西部（武威·黄羊）食品工业城产业规划》，集中力量建设武威、黄羊两个省级工业园区，初步形成比较完善的循环经济发展体系。2001 年 12 月，全区各类工业企业达 1880 户，年产值在 300 万元以上的规模企业 67 户，从业职工 42000 多人，总资产达 42.8 亿元；工业总产值达 340639 万元，工业增加值 114717 万元，销售收入 13.8 亿元，工业经济效益综合指数 83，在国民生产总值中，一、二、三产业比例 30:27.9:42.4，工业产值在国民生产总值中的比例占 37.5%。

2003 年 9 月，凉州区做出“实施‘二次创业’，走新型工业化道路的决定”，通过“二次创业”，着力解决企业改革与发展中存在的突出问题，摆脱困境，全面提升工业竞争力，工业经济进入了全新的发展阶段。到 2004 年 12 月，全区各类工业企业达 2823 户，从业人员 41200 多人，限额以上工业企业 67 户，工业总产值 548639.9 万元，工业增加值 190880 万元，销售收入 12.92 亿元，利税 11093.3 万元，工业经济效益综合指数 90.7。

2006 年，凉州区确立“工业强区”战略目标和项目建设长效机制，制定区（县）级领导、区直部门项目建设责任制和招商引资激励政策，招商引资和项目建设有了突破性进展。一大批投资超千万元、过亿元并具备科技含量高、附加值高的工业项目落户凉州，增强了工业发展的后劲和经济发展的综合实力。武威、黄羊、武南三个工业园区建设步伐加快，基础设施日益完善，成为工业经济发展的重要平台。2007年12月，全区各类工业企业1672户，实现工业增加值293424万元。上缴税金2.1亿元，从业人员达4.52万人，占全区城乡劳动力的10.76%。其中：规模以上工业企业101户。销售收入500万元以上的13户，销售收入1亿元以上的6户；国家级龙头企业3户，省级龙头企业11户。形成以酒类酿造、玉米淀粉、面粉加工、调味品、畜产品加工、蔬菜加工、马铃薯加工、造纸及印刷包装、亚麻纺织、医药化工、建材加工等产业为主体的地方工业体系。食品工业581户，成为凉州工业发展的主导产业，增加值占到工业经济总量的70%以上。

根据第二次全国经济普查结果，2008年12月，凉州区共有工业企业法人单位491个，从业人员54409人。有证照的工业个体经营户1198户。在工业企业法人单位中，国有企业及国有独资公司31个，占6.3%；集体企业33个，占6.7%；私营企业348个，占71%；港、澳、台商投资企业2个，占1%；其余类型企业77个，占15%。在工业企业法人单位从业人员中，国有企业及国有独资公司占9%，集体企业占3%，私营企业占52%，港、澳、台商投资企业占0.5%，其余类型企业占35.5%。

2008年凉州区按登记注册类型分组的工业企业法人单位和从业人员一览表

表11-1-3

指　标	企业法人（个）	从业人员（人）
合计	491	54409
国有企业	30	4596
集体企业	33	1692
股份合作企业	7	518
国有联营企业	1	28
集体联营企业	4	96
国有与集体联营企业	1	11
其他联营企业	1	29
固有独资公司	1	392
其他有限责任公司	40	11485
股份有限公司	18	6769
私营企业	348	28353
其他企业	5	141
港、澳、台商投资企业	2	299

根据第二次全国经济普查结果，2008年12月，凉州区工业企业法人单位中，采矿业28个，制造业419个，电力、燃气及水的生产和供应业44个，分别占5.7%、85%和9.3%。在工业企业法人单位的从业人员中，采矿业占5%，制造业占87%，电力、燃气及水的生产和供应业占8%。主要工业产品产量中，原煤达19.88万吨，化肥（折纯）达5.17万吨，水泥达25.14万吨，发电量达3.39亿千瓦时。在工业行业大类中，农副食品加工业、食品制造业、饮料制造业从业人员数位居前三位，分别占31%、10%和10%。工业企业法人单位主营业务收入635361.7万元，比2004年增长17%。其中，采矿业占3.2%，制造业占91%，电力、燃气及水的生产和供应业占5.8%。主营业务收入超过亿元的行业有10个。

2008年凉州区工业企业法人就业人员及主营业务收入的行业分布表

表 11-1-4

工业企业门类	企业法人（个）	就业人员（个）	主营业务收入（万元）
采矿业	28	2754	20387
煤炭开采和洗选业	11	2359	12357
有色金属矿采选业	1	99	2086.1
非金属矿采选业	15	282	5567.9
其他采矿业	1	14	376
制造业	419	47281	581027.2
农副食品加工业	94	17087	280892.9
食品制造业	29	5564	67812.9
饮料制造业	14	5514	60870.4
纺织业	3	2216	4237.3
纺织服装、鞋帽制造业	4	106	1244.1
皮革、毛皮、羽毛（绒）及其制品业	1	108	1564.6
木材加工及木、竹、藤、棕、草制品业	5	139	1669
家具制造业	8	880	6568
造纸及纸制品业	7	1842	9396.3
印刷业和记录媒介的复制	29	917	12065.4
文教体育用品制造业	2	32	708.1
化学原料及化学制品制造业	23	1424	15877.4
医药制造业	9	1405	24704.6
橡胶制品业	5	621	4632.5
塑料制品业	6	1040	3954.5
非金属矿物制品业	108	4324	46709.8
黑色金属冶炼及压延加工业	1	23	420
金属制品业	18	1433	10317.3
通用设备制造业	13	647	7114.3
专用设备制造业	10	984	6313.9
交通运输设备制造业	6	171	2464.3
电气机械及器材制造业	2	365	2800.4
工艺品及其他制造业	19	374	7691.9
废弃资源和废旧材料回收加工业	3	65	997.3
电力、燃气及水的生产和供应业	44	4374	33947.5

续表 11-1-4

工业企业门类	企业法人（个）	就业人员（个）	主营业务收入（万元）
电力、热力的生产和供应业	36	3674	29284.7
燃气生产和供应业	2	30	742.1
水的生产和供应业	6	670	3920.7
合　计	491	54409	635361.7

2009 年 9 月，武威金太阳新能源高新技术集中区在凉州区丰乐镇破土动工，标志着凉州区工业发展空间呈现出新的经济格局。由江苏雨润公司投资建设的天祥肉类屠宰及分割生产线落户凉州，使全区农业畜牧板块的产业链延伸成为可能。武威、黄羊两个工业园区的基础设施建设取得阶段性的成效，三大工业园区初具规模，形成以食品工业为主导，能源、化工、医药、建材、纺织、造纸、机械加工等行业协调发展的具有地方特色的工业体系。以山东威龙、福建达利、皇台酒业、荣华实业、武酒集团、莫高股份、红太阳面业等为代表的企业集团引领全区工业经济健康发展。

2000—2009 年凉州区规模以上工业企业发展状况统计表

表 11-1-5

年度	企业数（户）	资产合计（万元）	固定资产净值（万元）	职工（人）	全员劳动生产率（元/人）	工业总产值（万元）
2000	—	362121	107417	17384	20116	17086
2001	67	464335	204115	17481	23295	143010
2002	65	468566	159709	17483	22300	160282
2003	65	531128	203271	18078	25626	189130
2004	68	506841.4	240794	17844	46315	269741
2005	68	507972.7	245017	18502	65120	368515
2006	101	734861	383506	31329	64470	447513
2007	101	806557	401202	32064	69487	520470
2008	91	965403	513732	45566	71178	587345
2009	91	1222220	444722	45633	76752	882946

围绕“工业强区”战略，凉州区不断创新招商方式，拓宽招商领域，为工业经济发展注入生机和活力。2006—2009 年，全区累计签约招商引资合同项目 174 项，项目履约率达 72%，实际到位资金 36.51 亿元；开工建设各类工业项目 394 项，完成固定资产投资 54.34 亿元。建设完成四川铁骑力士饲料、凉州益民公司熏醋保健醋、福建达利公司饮料、山东威龙公司葡萄基地建设及其深加工、武威天祥肉类屠宰及深加工等一批重点工业项目。

2009 年 12 月，凉州区实现工业增加值 368473 万元，其中：规模以上工业实现增加值 284045 万元；上缴税金 2.005 亿元，其中，规模以上工业企业上缴税金 4000 万元，规模以上工业经济效益综合指数 119；工业对财政的贡献率 32.25%，对 GDP 的贡献率达 40.96%，在国民经济中的比重达到 41.84%；全区工业企业总数 1759 户，从业人员达 45633 人；其中规模以上工业 91 户。2009 年，凉州区销售额达 1000 万元以上重点工业企业达 11 户。

2009 年凉州区销售额 1000 万元以上重点企业经营状况一览表

表 11-1-6

企业名称	企业总资产（亿元）	销售收入（亿元）	上缴税金（万元）	实现利润（万元）	员工数（人）
荣华集团	11.3	1.02	400	-8825	1278
武威红太阳面粉公司	2.81	6.27	267.7	2291	750
甘肃威龙公司	1.3	1.25	1229	0	580
甘肃达利公司	2.7	4.7	1865	2600	1200
甘肃皇台酒业股份有限责任公司	5.46	0.79	729	1056	1062
甘肃省药物碱厂	3.42	1.01	1285	1914	181
武威市形型煤化厂	0.33	3.32	988	0	195
凉州区供电公司	0.36	0.93	452	-225	740
甘肃武酒酒业集团公司	0.76	1.62	-337	297	300
武威市新野麦芽有限公司	0.8	1.12	530	86	180
凉州区永昌张义面粉厂	0.71	1.19	89	5.62	157

第三节 工业门类及重点企业

到 2009 年 12 月，凉州区培育形成荣华、皇台、莫高 3 家上市公司，建成以皇台酒业、威龙公司、青岛啤酒武威分公司、莫高股份、武酒酒业为代表的年产 1 万吨白酒、8 万吨啤酒、2 万吨葡萄酒的酿造酒业，以荣华实业为代表的年产 40 万吨玉米淀粉和 12 万吨谷氨酸的玉米淀粉加工业，以红太阳面业、金三角面业、延年面业为代表的年加工能力超过 100 万吨的面粉加工业，以凉州熏醋、荣华味精为代表的年产 1 万吨熏醋、12 万吨味精的调味品加工业，以顺发麦芽、金叶麦芽为代表的年产 27 万吨的啤酒麦芽加工业，以药物碱厂、普安药业为代表的医药产业，年加工 50 万吨的畜产品加工业以及亚麻纺织业、建材加工业等 20 多个门类，1000 多种产品的地方工业体系。基本形成市场牵龙头、龙头带基地、基地联农户、产加销一条龙的产业化经营格局和以农副产品加工为主的食品工业体系，食品工业成为地方工业的主体。

一、酿造酒业

至 2009 年底，凉州区共有酒类酿造企业 13 家，其中：白酒酿造企业有皇台酒业股份有限公司、武酒酒业有限公司等 9 家（上市公司 1 家），设计生产能力 1.8 万吨；葡萄酒生产企业有甘肃莫高酒业股份有限公司、甘肃威龙有机葡萄酒有限公司和甘肃皇台酒业股份有限公司 3 家（上市公司 2 家），设计生产能力 3 万吨；啤酒生产企业有青岛啤酒武威分公司 1 家（上市公司），设计生产能力 8 万吨。

甘肃皇台酒业股份有限公司 原名甘肃凉州曲酒厂，位于西关街新建路 55 号。1993 年，更名为甘肃凉州皇台酒厂。1997 年，改制为股份制企业，更名为甘肃皇台实业（集团）有限责任公司，业务范围涉及白酒、葡萄酒、食用酒精、葡萄种植、白砂糖、DDGS 蛋白饲料、热电联产等。2000 年 8 月公司股票在深圳证券交易所正式挂牌交易。2001 年，将其优良资产分离成立甘肃皇台酿造（集团）

有限责任公司，不良资产及债务根据国家相关政策实施破产。2003年，整体出售给民营企业，更名为甘肃皇台酒业股份有限公司。2009年，企业总产值5005万元，销售收入4213万元。

皇台集团葡萄酒生产线

甘肃武酒酒业有限公司　原名甘肃武威酒厂，位于东大街北关东路1号。1997年，晋升为国家大型二档企业。1998年，企业改制为股份制企业，更名为甘肃武威酒业（集团）有限责任公司，主要产品有雷台、武酒、凉都三个系列的白酒产品，其中雷台和凉都系列白酒荣获甘肃省名牌产品。2005年，由甘肃三丰农业生产资料有限公司出资4300万元对武酒集团进行收购重组。2009年，工业总产值800万元，实现销售收入1100万元，上缴税金227.52万元。

甘肃莫高酒业股份有限公司　始建于1985年，位于黄羊河农场，占地6.5万平方米，建筑面积约3万平方米，是上市公司甘肃莫高实业发展股份有限公司的下属企业。酒厂有"莫高"牌系列葡萄酒2.5万吨生产线一条，主要产品有"莫高"牌干红、干白葡萄酒、冰葡萄酒、白兰地、莫高XO、莫高VSOP等。2008年，"莫高黑比诺"干红在第三届世界名酒节获得葡萄酒干红品牌系列的"金橡木桶"大奖，莫高顶级干红获得"中国轻工精品展金奖"。2009年，"莫高"牌葡萄酒被国家工商总局认定为"中国驰名商标"。葡萄种植面积达2万亩，年生产能力2.5万吨，总资产17092万元，累计上缴税金1530万元。

甘肃威龙有机葡萄酒有限公司　位于清源镇刘广村，公司以"林+草+果+牧+气"循环生态产业链为模式，成为节水示范园区和集生产加工、观光旅游、休闲娱乐为一体的庄园式工厂，经营范围为食品（葡萄酒）生产、销售和葡萄、蔬菜、水果等系列产品种植、销售。2007年，由中绿华夏食品认证中心颁发有机食品认证证书，威龙葡萄酒被认定为"中国有机产品"，同年被评为省级重点龙头企业。2008年，投资3亿元，新建10万吨优质葡萄酒加工生产线威龙酒堡和地下酒窖。地下酒窖建筑面积3000多平方米，储存国际标准225升橡木桶3000个。酒堡占地面积27万平方米，建筑面积10万平方米。2009年12月，发展优质酿酒葡萄4万余亩，生产各类葡萄酒1.2万吨。公司拥有总资产1.3亿元，销售收入1.25亿元，上缴税金1229万元。

青岛啤酒武威分公司　位于南关街南关西路19号，2004年6月，由原甘肃农垦啤酒股份公司与青岛啤酒集团以增资扩股方式合作，更名注册的控股子公司。企业始建于1963年，原系甘肃服务农业的农机修配企业，1982年开始部分转产啤酒，1997年联合重组原兰州啤酒厂，组建甘肃农垦啤酒股份有限公司，2004年6月加盟青岛啤酒。有员工1032人，已形成8万吨啤酒、1.5万吨麦芽的年生产能力，是国内最早生产"绿色食品"的企业之一，是国家八部委确认的"农业产业化龙头企业"，生产的西凉啤酒以"绿色西凉，酿造健康"闻名大西北。青岛啤酒武威公司累计上缴税金达1.5亿元。

二、淀粉加工业

凉州区淀粉加工业主要包括玉米淀粉加工业和马铃薯淀粉加工业。玉米淀粉加工业以荣华实业

(集团)公司为主，到2009年，荣华实业（集团）公司玉米淀粉年生产能力达到30万吨。

马铃薯淀粉加工业以甘肃达利食品有限公司和核工业武威阿尔法淀粉厂为主。2005年9月，凉州区引进福建达利集团，在原武威天艺食品公司3000吨马铃薯颗粒全粉生产线的基础上，投入1.2亿元新建4条生产线，成立甘肃达利食品有限公司。2009年，马铃薯淀粉年生产能力达到2万吨。

甘肃荣华实业（集团）股份有限公司　原名为荣华集团公司，始建于1987年，位于荣华路1号，占地面积约54万平方米。1997年，被农业部列为大型一档乡镇企业。1998年，经省政府批准，由武威荣华工贸总公司联合武威淀粉厂、荣华实业集团股份有限公司、武威塑料农膜厂、宜发投资发展有限公司和武威饴糖厂成立甘肃荣华实业集团股份有限公司。至2009年，先后建成年产30万吨玉米淀粉、12万吨谷氨酸、18万吨生物发酵肥、10万吨高蛋白饲料、1万吨玉米精炼油和年产气量252万吨热电联产生产线，以及日处理2万立方米的污水处理厂等配套项目，逐步形成清洁生产、完整闭合的玉米淀粉循环经济产业链。主要产品有玉米淀粉及其副产品、谷氨酸、有机复合肥、玉米精炼油、高蛋白饲料等。2001年6月，荣华实业股票在上海证券交易所正式挂牌交易。2003年，甘肃省武威荣华工贸总公司更名为武威荣华工贸有限公司。2006年，完成股权分置改革。2008年，成功收购肃北县浙商矿业投资有限责任公司下属的金山金矿和警鑫金矿，形成以资本市场为平台，向黄金矿业领域转型发展的经营格局。2009年，总资产11.48亿元。

荣华集团

核工业武威阿尔法淀粉厂　创建于1996年11月，位于北关西路32号。1997年，引进俄罗斯15级全旋机器生产工艺，年生产精制马铃薯淀粉5000吨。1999年，合作开发熟胶粉的工业生产技术，是国内生产熟胶粉最早的企业，年生产环保型熟胶粉3000吨。2007年，引进荷兰滚筒干燥机，生产过程全部实现自动化控制，是国内阿尔法淀粉的最先进生产设备，设计年生产阿尔法淀粉3000吨。2009年，企业员工100多人，其中大中专以上学历28人，高中级技术职称18人。

三、面粉加工业

20世纪90年代初期，武威市粮食产量接连高产，按照中央的政策和省地的统一部署，进行粮食流通体制改革，允许农民自由入市销售和个体户、供销等部门多渠道经营，城市企业、个体、联户、乡镇磨粉企业纷纷建立。面粉加工集中在黄羊镇、谢河乡、永昌镇一带，产品销往兰州、陇东、青海等地。2009年12月，重点面粉加工企业有武威红太阳面粉集团、金三角面业、金穗面业、永昌张义面粉厂等60多家，其中：规模以上面粉加工企业11户。生产设计能力达到195万吨，实际生产能力达100万吨，主要产品有各种高精粉、强力粉、中力粉、薄力粉、高档挂面。至2009年底，面粉加工业实现销售产值2.82亿元，增加值达7.91亿元，占全区工业增加值的15.9%，上缴税金1935万元。

武威红太阳面粉有限责任公司　始建于1994年，占地29.6万平方米，总资产28142万元，员工700余人，为非公有制企业，属国家农业产业化重点龙头企业。企业原名武威市黄羊红太阳面粉厂，

2005 年 10 月，改制为武威红太阳面粉有限责任公司。拥有 4 条面粉加工生产线和 2 条挂面生产线，年加工小麦约 35 万吨，仓储能力达 10 万吨；2 条挂面生产线年加工挂面 4 万吨。企业辖黄羊面粉分厂、谢河面粉分厂和挂面分公司。2005 年 6 月，公司通过 ISO 9001 质量管理体系认证，2007 年 2 月通过 ISO 14001 环境管理体系认证。2008 年 8 月，公司所属“甘青”商标被认证为甘肃省著名商标。

面粉生产车间

武威市金三角面粉有限公司　创建于 1992 年，位于黄羊镇，占地 2.33 万平方米，员工 67 人，总资产达 3600 多万元，拥有 2 条全自动瑞士布勒面粉生产线，年加工能力达到 10 多万吨。“丰兰”牌面粉被评为“甘肃省乡镇企业名牌产品”、在行业内率先取得“全国工业产品许可证”“绿色食品”等认证证书并通过 ISO 9001 质量管理体系、ISO 14001 环境管理体系认证。

武威延年面业有限公司　始建于 1991 年，原名张义面粉厂，位于永昌镇张义村，占地 1.67 万平方米。设计产能日处理小麦 400 吨，年产 12 万吨面粉。总资产达 8000 多万元，员工 168 人，其中专业技术人员 28 人。生产的主要产品有“延年”牌系列面粉，2000 年获“甘肃省乡镇企业名牌产品”，是甘肃省面粉加工行业中首家通过 ISO 9001 质量管理体系认证的企业。

武威市金穗面业食品有限责任公司　始建于 1997 年，位于黄羊镇，占地 2 万多平方米，总资产 4469 万元，员工 110 人，年加工小麦 15 万吨。2003 年取得食品生产许可证书（即 QS 标志）；2004 年通过国家绿色食品标志，2005 年 3 月通过 ISO 9001 质量管理体系认证。

武威市鸿翔面业有限公司　前身是武威市大柳鸿翔面粉厂，始建于 1998 年 3 月，位于大柳乡，占地面积 4374 平方米，总资产 2100 万元，员工 75 人。

武威市利兴面业有限责任公司　始建于 1993 年，位于黄羊镇，占地 3300 万平方米，总资产 800 万元，员工 18 人，年加工小麦 5 万吨。2005 年 7 月，被中国绿色食品发展中心认定为绿色食品 A 级产品。

凉州区四坝福利综合加工厂　位于四坝镇，原属镇办集体企业，创办于 1976 年，后改制为私营公司。1997 年，企业生产的“石羊河”牌面粉和挂面被国家评为金杯奖，被甘肃省同行业评为“名牌产品”。2001 年，被甘肃省评为“全省乡镇企业名牌产品”。2009 年，企业固定资产 350 万元，流动资金 400 万元。为面粉、挂面、红砖、食用油、塑料制品、农副产品营销、饲草料种植和奶牛养殖等多种行业为一体的综合性经济实体。

武威市双城镇银城面粉厂　始建于 1992 年，位于双城镇小果园村，总资产 4500 多万元，员工 120 人，年加工小麦 6 万吨。2007 年，企业通过 ISO 9001 质量管理体系认证。

武威市红柳面粉有限责任公司　原为国营企业武威市面粉厂，位于西大街民族街 70 号。1994 年，武威市面粉厂与武威市第一粮食仓库合并，后又于 1997 年分开。1998 年，武威市面粉厂改制为股份制企业，更名为武威市红柳面粉有限责任公司。其主导产品“红柳牌”面粉被评为“陇货精品”。2003 年，企业整体出售给民营企业。

四、小食品加工业

1990—2009年，凉州区逐步形成以方便食品、糕点、罐头、豆制品、制糖、食品添加剂等小食品加工产业格局，小食品加工企业达到上百家，占据凉州区食品加工业主导产业的“半壁江山”。主要产品有饮料、方便面、方便米饭、方便粉丝、月饼、糕点、饼干、腐竹、蛋白肉、甜糯玉米、木糖醇、白砂糖、食用油、天然色素等几十个品种。

甘肃达利食品小食品生产线

甘肃达利食品有限公司　始建于2005年9月，位于武威工业园区，是福建达利集团在西北地区创办的重要生产、营销基地，是全国最大的马铃薯全粉生产基地，西北地区最大的集饮料、食品于一体的综合加工企业。占地33.33万平方米，员工2000多人，自2005年建成以来，累计完成投资8.5亿元，建成5条马铃薯全粉生产线，年生产能力达到2万吨；PET饮料线2条、饮用水生产线1条、1条无菌灌装线、1条利乐包饮料生产线和1条两片罐、三片罐一体化饮料灌装生产线，年产饮料能力达到40万吨；小食品生产线15条，生产能力达到4万吨。公司可生产福建达利集团旗下“和其正”凉茶、“乐虎”维生素功能饮料、“达利园”系列饮料、“好吃点”饼干、“可比克”薯片、“达利园”糕点等系列著名品牌饮料和小食品。

武威市榨油厂　位于南关西路24号。1995年，加工油料6899.8吨，生产油品2508.3吨，完成产值1217万元。1999年，收购油料340万公斤，加工量560万公斤，实现销售收入1047万元。2003年，企业整体出售给民营企业。

凉州区食品有限责任公司　由原国营中型企业武威市食品厂改制而成，是一家集粮油加工、食品生产、豆制品生产、热力供应、食宿服务为一体的综合性食品生产企业。改制后，公司拥有固定资产1400多万元、各类工程技术人员23人、员工80人。1994年，公司生产的“得力奇康”产品经权威部门多次市场抽查各项质量指标均符合国家有关标准。2009年12月，形成年产3万吨两大系列七个食品品种，产品远销全国各地。公司先后被授予“中华老字号”“诚信单位”“工业强区先进单位”“劳动保障守法诚信单位”“新型劳动关系和谐企业”等荣誉称号。

武威市大众工贸有限责任公司　始建于1994年7月，位于武威工业园区，占地7000平方米，建筑面积2600平方米，是一家以生产食用油、菜籽粕、豆粕、棉粕为主的农副产品加工企业。2009年，公司固定资产561万元，生产“西凉天裕”牌油料产品质量达到国标一级水平，销往天津、辽宁、西安、兰州、银川等地区。

甘肃丰蕾天然色素有限公司　位于黄羊工业园区，始建于2001年，占地1.9万平方米，是集科学研究、产业开发与市场经营于一体的外向型科技企业。主要从事金盏花颗粒加工，设计年加工能力3000吨，主要产品万寿菊颗粒和浸膏全部为出口产品。2003年，公司被国家外资企业协会授予“双优企业”荣誉称号。2005年，公司通过ISO 9001质量管理体系认证。2009年，拥有资产859万元，员工11人。

甘肃我爱食品有限公司　位于黄羊工业园区，始建于2007年9月，占地2.13万平方米。产品主要以方便米饭、方便粉丝、方便米线、方便水饺、方便馄饨、方便靓汤、方便粥，冻干蔬菜、冻干果品、冻干肉类等冻干脱水制品为主，年产量1000吨。

武威天源食品有限公司　位于黄羊工业园区，始建于2006年4月，是甜糯玉米速冻生产及甜玉米饮料生产企业。拥有速冻及真空包装甜糯玉米200万穗生产线、年加工糯玉米糁1000吨、甜玉米饮料2500吨生产线各一条。

武威一峰食品有限公司　位于黄羊工业园区，始建于2005年5月，是一家甜糯玉米加工生产企业。占地6867平方米，拥有甜糯玉米1500吨、玉米糁21000吨加工生产线各一条。

武威市永鑫食品有限责任公司　位于中坝镇花寨村，始建于2005年10月，总投资400万元，占地4600平方米。生产的永鑫牌饼干品种有麦香园、绿豆酥、早餐饼等40多个品种，产品远销西北五省。

武威远洋实业有限责任公司　位于黄羊工业园区，是2003年在原国有企业黄羊糖厂政策性破产后重组的股份制企业，主要产品有优质白砂糖和其他副产品。企业总资产974.80万元，员工130人。

五、调味品加工业

调味品加工业是凉州区食品工业的重要组成部分，以酿造熏醋为主，凉州熏醋是闻名省内外的名优产品。2009年12月，凉州区生产熏醋的龙头企业达到5家，主要品种有：熏醋、保健醋、白醋、酱油、酱制品等。

甘肃凉州益民有限责任公司　原武威益民食品厂，1993年更名为甘肃凉州熏醋厂，1994年改制为甘肃凉州益民有限责任公司。产品注册商标为“云晓牌”，是甘肃省调味品行业中唯一的陇货精品生产企业。主要产品有云晓牌熏醋及系列风味醋，云晓牌养生保健醋；云晓牌酱油及系列风味酱油、酱制品；云晓牌中秋月饼、汤圆等。其中云晓牌熏醋自1984年起连续11年荣获甘肃省优质产品称号。2003年1月，云晓牌熏醋、酱油获国家质监总局颁发的“全国工业产品生产许可证”，通过IS0 9001质量管理体系认证。2005年企业整体搬迁至武南工业小区，2009年12月，企业总资产8000多万元，员工120多人。

武威柏树庄醋业有限责任公司　始建于1983年2月，位于黄羊镇黄羊村，占地2万平方米，总资产600万元，为省内酿造食醋产能较大的企业。拥有8500吨熏醋、1000吨白醋年生产能力。2006年5月，“柏树庄”酿造食醋被中国绿色食品发展中心认定为绿色食品，为甘肃省食醋行业唯一绿色食品。2009年12月，被农业部评为“全面质量管理达标企业”。

武威市味味晓食品酿造厂　始建于2003年7月，位于金羊镇蔡庄村，是非物质文化遗产保护项目凉州熏醋酿造技术传承人郭旭光创办的食品企业。主要生产“味味晓”酱醋系列、保健醋系列和调味酱系列产品等10多个品种，多次获甘肃名牌、陇货精品、省著名商标、部级名牌、国家级免检产品等荣誉称号。

武威凉都熏醋酿造厂　始建于1998年6月，位于北关东路6号，占地8000多平方米，总资产500多万元，年生产能力2000吨熏醋、酱油。主要产品有“凉都牌”系列熏醋、酱油、老抽王、白醋、豆瓣酱、豆瓣辣酱和月饼等。2003年7月，通过质检部门验收审查，授予“安全质量准入”证书，获得“中国消费者放心购物质量可信产品”等荣誉称号。

武威市凉州区九天食品有限责任公司　始建于2001年7月，位于高坝镇，占地8658平方米，总资产500万元。是一家以生产各类熏醋、酱油和食用植物油为主的食品企业。2003年，企业拥有现代化的集酿造、发酵、包装、灭菌为一体的全封闭无菌灌装生产线，年产熏醋5000吨，酱油3000吨。生产的“春晓熏醋”“春晓老抽王”畅销西北各省。

六、啤酒麦芽加工业

20 世纪 90 年代，武威市农业产业结构向节水型优势产业调整，农村开始大量种植耐旱性的大麦农作物。1994 年，永昌镇梧桐村农民吴山国创建武威市第一家以大麦为原料制造啤酒麦芽的企业——永泰麦芽厂，之后啤酒麦芽企业发展到多家。至 2009 年 12 月，凉州区啤酒麦芽生产企业达到 60 多家，设计产能达到 30 万吨，实际产能达到 17.5 万吨，实现销售产值 1.78 亿元；增加值达 5859 万元；占全区工业增加值的 1.18%；上缴税金 335 万元。龙头麦芽企业有长城麦芽、顺发麦芽、新野麦芽、金业麦芽等。

甘肃长城麦芽有限公司　位于武威工业园区，占地 3.33 万平方米，总资产 7000 万元，职工 100 余人，为年产 6 万吨啤酒麦芽大型企业。企业已通过 ISO 9001 质量管理体系认证和绿色认证。主要经营啤酒麦芽加工与销售、果蔬仓储销售、机械加工、房屋开发、物业管理等产业。

武威顺发麦芽有限公司　位于武威工业园区，始建于 1995 年，占地 3.36 万平方米，总资产 2358 万元，是集研发、生产、销售于一体化的专业啤酒原料加工生产企业。拥有年产 4 万吨啤酒麦芽生产能力。

武威市新野麦芽有限公司　位于武威工业园区，占地 6.4 万平方米，总资产 7982 万元，年生产能力 5 万吨啤酒麦芽。2006 年，通过绿色食品标志认证、ISO 9001 质量管理体系认证和 ISO 14001 环境管理体系认证。被认定为“甘肃省农业产业化龙头企业”。

武威市金业麦芽有限公司　位于武南工业小区，占地 2.13 万平方米，总资产 5000 万元，年加工大麦、小麦、啤酒麦芽 2 万吨。

甘肃武港食品有限公司　始建于 1993 年，位于武威工业园区，是甘肃最早的对外销售啤酒麦芽的加工企业。公司所创“武港”商标被授予“绿色食品”标志，啤酒麦芽加工新技术体系的研制与应用示范科研项目被国家科学技术部列为“国家级星火计划项目”。麦芽的生产、加工及销售通过 ISO 9001 管理质量体系认证、ISO 14001 环境管理体系认证，研制开发生产的小麦麦芽经中国啤酒专业学会检验各项指标，达到国外同类产品水平。

武威百立晔麦芽科技有限责任公司　位于永昌镇，占地 6600 平方米。公司原名永泰麦芽厂，由永昌镇梧桐村农民吴山国于 1994 年创建投产。1999 年，永泰麦芽厂停产。2004 年 8 月，企业更名为百立晔麦芽科技有限责任公司。2009 年 12 月，企业建筑面积达 1500 多平方米，固定资产达 1000 多万元，流动资金 700 多万元，年加工能力 1 万吨，年产值达 2000 多万元。

七、畜产品加工业

1990 年，国家对肉类市场全面开放，国营屠宰生产能力下降。1993 年，随着改革开放的深入，畜产品屠宰加工市场政策调整，武威市出现一些个体畜产品加工企业，畜产品加工业得到快速发展。至 2009 年 12 月，凉州区共有 22 户畜产品屠宰企业，其中具有规模以上畜产品屠宰加工企业 2 户，即武威天祥肉类加工有限公司和甘肃森泰种畜育种有限公司；畜产品屠宰加工业实现销售产值 1650 万元，增加值达 609 万元，占全区工业增加值的 0.12%；上缴税金 6 万元。

武威天祥肉类加工有限公司　是江苏雨润食品产业集团在武南工业小区投资兴建的集猪牛羊屠宰与加工、营销为一体的企业，原名武威牧村肉食品公司，始建于 2004 年 6 月。2007 年 11 月，江苏雨润食品产业集团出资重组牧村肉食品公司，更名为武威天祥肉类加工有限公司。公司占地 240945.4 平方米，年设计产能为 60 万头猪、30 万只羊、3 万头牛屠宰线。2009 年 12 月，屠宰线通过调试验收。

甘肃森泰种畜育种公司　始建于 2003 年 5 月，是一家集牛羊良种繁育、示范推广、养殖育肥、屠宰、加工高档无菌真空小包装分割产品的牛羊产业化企业。占地 24.09 万平方米，固定资产 4200

万元。年屠宰分割育肥牛 3.5 万头，肉羊 10 万只，销售收入 2.2 亿元。

武威海林食品有限公司　原武威地区肉类联合加工厂，位于南关中路 30 号。公司占地 8.2 万平方米，有屠宰加工和熟食制品加工两个车间及铁路专用线 1.66 公里。主要产品有猪白条肉，精加工小包装副产品、熟卤制品、灌制品等。2003 年 3 月，企业整体改制重组后，更名为武威海林食品有限公司。2004 年，公司有 1200 吨冷库 1 座，“放心肉”配送车 7 辆。2009 年 3 月，武威海林食品有限责任公司迁入武威工业园区，年收购屠宰生猪 10 万头，年屠宰加工 700 万公斤生猪肉品。

武威市金凤凰禽业有限公司　由高坝镇五里村七组农民李寿昌于 1999 年注册成立，该公司是集养鸡、屠宰为一体的区级农业产业化龙头企业。年饲养蛋鸡 20000 只，年产鲜蛋 30 万公斤，日屠宰家禽 5000 只。

八、饲料加工业

20 世纪 90 年代初，武威市饲料加工企业以国营武威市饲料加工厂为主，1995 年后民营饲料加工企业逐步发展起来。2002 年，国营武威市饲料加工厂在第二轮企业改革时破产。2000 年后，凉州区大力发展暖棚养殖，引进、鼓励发展饲料加工产业，饲料加工产业步入快速发展轨道。至 2009 年 12 月，饲料加工企业共 11 家。

武威铁骑力士饲料公司

武威铁骑力士饲料有限公司　始建于 2006 年 7 月，位于黄羊工业园区，是四川铁骑力士集团公司在西部投资建设的饲料加工企业。占地 4.93 万平方米，固定资产 1.3 亿元，年产鸡、猪、牛三大系列共 36 个品种的饲料产品 18 万吨。

武威希望饲料有限公司　始建于 1998 年 7 月，位于新建路 55 号，占地 2.67 万平方米，是天马制药集团公司与四川希望集团共同投资新建的合资公司。主要生产“希望”“高远”两大品牌及猪、牛、羊、鸡、鸭、鱼等六大系列 40 余个品种的饲料产品，年生产能力 10 万吨。

甘肃汇能生物工程有限公司　位于武威工业园区，是杭州汇能生物技术有限公司收购原甘肃天成生物制品有限责任公司（武威顺兴生物化工厂）后组建的全资子公司，成立于 2007 年 1 月，主要生产兽药及饲料添加剂。

新疆天康畜牧生物技术股份有限公司武威分公司　始建于 2004 年，位于双城镇小果园村，总投资 1000 万，员工 75 人。以种畜种禽繁育、饲料及饲料添加剂生产、动物生物药品及化学药品生产、畜禽养殖、畜禽屠宰加工及连锁配售为主。

禾丰饲料有限公司武威分公司　始建于 1995 年 4 月，位于武南工业小区，属禾丰集团第 43 家子公司，是国家级农业产业化重点龙头企业，是中国优秀民营科技企业和国家饲料免检企业，生产的 20 多类高品质浓缩饲料和全价饲料产品，先后通过 ISO 9001 质量管理体系和 HACCP 食品安全管理体系双认证。

武威市智慧农业科技有限责任公司　始建于 2002 年 10 月，位于武威工业园区，占地 1 万平方米，拥有国内先进的自动化颗粒和浓缩饲料生产线各一条，年生产能力5万吨。2008年12月，公司依托西北农大、四川农大动物营养专家的技术后盾，将先进的畜禽饲料营养理论同西北地区的养殖实际相结合，研制生产出适应西北地区养殖业需要的猪、鸡、牛、羊等系列饲料产品共9个种类，年产销售猪饲料、鸡饲料、肉牛饲料达12000吨。

武威新正大饲料有限公司 始建于2006年7月，位于永昌镇，占地2万平方米，是西部农牧业中青年专家和相关专业人士共同组建的高科技型股份制企业。固定资产500万元，主要从事畜禽、水产全价、浓缩料的研制开发、生产和销售。公司创新出一套完善的产品质量保障体系，应用“客户解决方案”和“技术管理体系”为用户提供优质畜禽、水产、浓缩型系列饲料产品。

武威荣兴生物科技有限公司 始建于2002年4月，位于武威工业园区，占地1.7万平方米，固定资产3000万元。主要经营配合饲料、浓缩饲料、精料补充料、单一饲料（饲料用玉米蛋白粉）、玉米蛋白粉、玉米纤维、玉米胚芽粕、棉粕、棉蛋白、菜粕、酒精粕、麦芽根的生产销售，以及农副土特产品的收购加工。

九、医药产业

医药产业是凉州区支柱产业之一，主要包括国营医药制造企业、国控特种药制造企业、医疗器械及兽药制造企业，药品批发、零售、配送。至2009年12月，凉州区共有9家医药制造企业，从业人数达1405人，主营业收入达24704.6万元。

甘肃省药物碱厂 始建于1996年，位于黄羊工业园区，隶属于甘肃省农垦集团有限责任公司管理。占地5.61万平方米，总资产4.2亿元。拥有甘肃省药物碱厂、甘肃普安制药有限公司、甘肃普华甜菊糖开发有限公司、甘肃普瑞制药有限公司、兰州绿源辐照有限公司、甘肃普利保健食品有限公司、甘肃普源医药科技有限公司7家子公司，主要产品有国控特种药及宣肺止嗽合剂、膜剂、原料药以及甜菊糖。

甘肃普安制药有限责任公司 始建于2004年6月，位于武威黄羊工业园区，是甘肃省药物碱厂的子公司。占地12万平方米，总资产3878万元。以生产中西药制剂、中药前处理、中药提取及化学合成原料药为主，主要产品有纯中药制剂宣肺止嗽合剂，属国家中药注册六类新药。

甘肃泰康制药公司 原甘肃武威制药有限责任公司，始建于1970年，位于北关西路，是省属一级中西药综合制药企业，占地4.42万平方米。2005年1月，公司改制为民营企业。主要生产以国家三类新药“宫瘤宁片”为主的片剂、丸剂、胶囊剂、颗粒剂、橡胶膏剂等7个剂型140个品种。

武威市医药有限责任公司 始建于1956年，位于西关街8号，是“中华老字号”医药企业。1990年，固定资产1055万元。2002年8月，企业改制为民营企业，成为集医药物流配送，商贸物流配送，零售连锁，中药材种植、生产、加工、产品研发，中医药养生生态旅游观光为一体的现代企业。公司下设阳光医药零售连锁有限公司、甘肃蓉宝生物科技有限公司、嘉庆商贸有限责任公司、甘肃蓉宝中医药养生生态旅游创新园有限公司四个子公司。拥有员工260多人，其中：执业药师、主管药师、药师、会计师、经济师等各类专业技术人员82人。取得国家知识产权局专利技术13项，梭梭及肉苁蓉栽培技术规程取得甘肃省地方标准2项。研发“蓉宝牌”中药饮片，包括肉苁蓉、锁阳、甘草等精制中药饮片近20多种。2007年以来，被评为甘肃省农业产业化重点龙头企业。

甘肃新天马制药股份有限公司 原甘肃武威天马制药厂，始建于1985年，位于新建路27号。2005年4月，企业产权制度改革后重组为股份制企业。2006年1月，通过农业部兽药GMP检查验收。2007年4月，公司变更为甘肃武威新天马制药有限责任公司。建筑面积5.8万平方米，总资产1.5亿元。建成最终灭菌大容量注射剂、非最终灭菌无菌粉末注射剂、中药超微粉、颗粒剂、粉剂、散剂、预混剂、片剂等8条现代化兽药生产线的GMP认证车间。拥有取得批准文号的产品130余个，形成年产输液剂1000万瓶、粉针剂6000万支、片剂10亿片、中西药散剂各2000吨、预混料添加剂1000吨的生产规模。

甘肃宏康医疗器械有限公司　原武威有威医疗器械有限公司，始建于1995年10月，位于武威工业园区，是台湾友淞贸易有限公司在武威注册成立的医疗器械制造企业。占地2.16万平方米，总资产1100万元。2003年12月，更名为甘肃宏康医疗器械有限公司，下设生产及经营两个子公司，生产三类一次性使用医疗器械及卫生材料敷料，形成年生产输、注器具3000万套（支）的生产规模，并代理经营全国一百多家企业的各类医疗器械产品。

武威红牛农牧科技有限公司　始建于2005年1月，是以服务农牧业为主的科技型民营企业。主要从事兽药、饲料、添加剂的研发、生产、加工和销售以及城市绿化、园林工程设计与施工，是中国农业科学院兰州畜牧与兽医研究所中试生产基地、中国动物保健品协会成员之一。2007年，公司通过该项目建设改造现有片剂生产线，使片剂生产能力达到6亿片。

十、亚麻纺织业

1990年，武威市纺织业企业有武威麻纺织厂、武威市毛纺织厂和武威地毯厂等。1992年12月，棉纺织业和针织业的产量逐年减少，武威市毛纺织厂和武威地毯厂相继停产。2009年12月，凉州区纺织企业共3家，从业人员达2216人。

甘肃爱雅纺织有限责任公司　原武威麻纺织厂，2000年3月，香港金龙公司参股经营，成为国有控股公司。总资产16211万元，有麻纺、毛纺、针织服装三条生产线。生产规模为麻纺8000锭，年产亚麻纱2100吨（按12.35公支折算）；毛纺3200锭，年产羊毛、驼绒、牦牛绒线800吨；针织横机100台，生产羊毛衫、亚麻针织服装50000件。2001年，在现有8000锭麻纺生产线基础上扩增到15000锭，居全国第3至第4位。2005年3月，企业经营资不抵债，2008年10月，申请破产。

甘肃高新纺织有限公司　中国高新投资集团公司控股的全资公司。2005年3月，中国高新投资集团公司收购武威爱雅纺织有限责任公司，注册成立甘肃高新纺织有限公司，注册资金2000万元。2005年12月，总资产4350万元。2006年3月，公司启动生产，当年实现产值3270万元，年生产亚麻纱1800吨。主要产品为亚麻纱、亚麻凉席、来麻床单、亚麻袜、亚麻针织服装。产品出口欧美，内销黑龙江、江苏、浙江、广东、湖南等地。

十一、建材加工业

凉州区建材加工业以武南水泥厂、水泥制品厂和松树新型建材有限公司为代表企业，主要产品水泥、水泥电杆、空心楼板、水泥闸、渡槽、涵管、井壁管、彩色水磨石地面砖、彩色釉地面砖、豪华水晶砖、建筑陶瓷、轻集料砼小型砌块、多孔砖、非烧结砖（标砖）、路面砖以及机制砖等建筑材料制品。2009年，全区建材加工企业达70多家，从业人员3000多人。

武威市武南水泥有限责任公司　原武威市水泥厂，位于武南镇二马路，始建于1970年。1997年，改制为股份合作制企业。2003年，改制为私营企业，占地4.6万平方米，总资产1750万元。主要产品为“西凉牌”32.5级、42.5级矿渣硅酸盐水泥和普通硅酸盐水泥，年产水泥10万吨。

甘肃陇岩建材有限责任公司　原武威市水泥制品厂，位于东关园艺场北侧，占地6.4万平方米。1990年企业更名为武威建材总厂，1995年企业改制重组为甘肃陇海陶瓷有限责任公司。主要生产各种规格的钢筋混凝土排水管，预制混凝土电杆、瓷质水晶砖、彩釉砖。2005年停产。2006年，陇海陶瓷有限责任公司宣告破产。2007年，企业整体出售，更名为甘肃陇岩建材有限责任公司。

武威市松树新型建材有限公司　始建于2007年11月，位于松树乡，是一家专业生产新型建筑墙体材料的企业。公司利用可再生资源，运用新型JFS活性激发技术，生产各种规格、型号的轻集料砼小型砌块、多孔砖、非烧结砖（标砖），以及路面砖系列。拥有 QTY4-18 型两条全自动砌块生产线和一条欧洲条纹布道石路面砖生产线，年生产能力 10 万立方米。

十二、机械制造业

凉州区是农业大区，农机制造业起步较早，至 20 世纪 90 年代，区内农机制造企业遍地开花。国营企业有武威汽车修理厂、武威汽车配件厂、武威农机修造厂、武威煤矿机械厂、甘肃省第二拖拉机配件厂、核工业武威二一二机械厂等，大部分乡镇也建立了农具厂、农机修理厂。进入 21 世纪，随着社会主义市场经济体制的不断完善，国营、集体企业通过破产重组，实行转产、合并、调整，凉州区农机制造业步入新的发展时期，主要产品包括农用三轮车、农用小挂车、脱粒机、镇压器、小麦铺膜穴播机、磨面机、拖拉机配件、矿车、刮板机、绞车、翻车机、矿山机械配件、起重机械、汽车配件、各种小型农机具等。至 2009 年，机械制造企业 30 多家，其中：规模以上企业 3 户，年生产各种农机具 9 万台件，机械制造业实现销售产值 8800 万元，增加值 2736 万元，占全区工业增加值的 0.55%，上缴税金 710 万元。

武威核工业同心起重设备有限公司　位于北关西路 199 号，前身是核工业武威二一二机械厂，始建于 1955 年，隶属于核工业武威工贸总公司，系全民所有制企业。1997 年，在国家商标局注册“同心牌”商标，主要产品有塔式、门（桥）起重机、施工升降机、双卧轴强制式混凝土搅拌机、混凝土配料机、输送泵等多种起重、工程机械产品。其中起重机产品远销哈萨克斯坦、吉尔吉斯斯坦。2003 年，公司通过 ISO 9001 质量管理体系认证。2009 年，塔式起重机两次被评为甘肃省名牌产品。

武威兴旺农机制造有限公司　位于双城镇达桐村，原名武威玛钢厂，始建于 1993 年，占地 6600 平方米。主要生产小麦播种机、棉花播种机、旋耕机、犁铧、麦草打包机等兴旺牌系列农业机械产品，产品远销新疆、青海、宁夏等地，生产的“兴旺牌”农机被甘肃省乡镇企业管理局评为“乡镇企业名牌产品”。

武威市圣塔农机制造有限公司　始建于 1992 年，位于双城镇双城村，主要生产精粮机、小麦磨粉机、联合去石洗麦机、多功能施肥铺播种机、玉米脱粒机、畜力播种机、折叠翻转犁、翻转双铧犁、手扶转头犁、四轮旋耕机、农用挂车、玉米（棉花）穴播机等 20 多种产品，被农业部确定为农机推广产品和甘肃省乡镇企业系统名牌产品。

武威石油机械有限责任公司　位于武威工业园区，始建于 1998 年 4 月，总资产 4100 万元，有大型冷热加工设备 239 台，其中微电子技术控制的加工设备 20 多台。主要生产 ZLY10A 型轮式装载机，集推土、装载、自动翻斗为一体的 DL24 型多功能工程机，DG6A、DG6B 多功能微耕机，4YL-1 型玉米联合收获机、NJ7-5 型泥浆搅拌机，石油机械配件。获甘肃省优质产品称号的小型四轮拖拉机七刹装置，同时承担对外机械设计和制造。

武威市粮油机械有限公司　原名为武威粮食机械厂，位于北关中路 181 号。主要生产电动力清理筛、配合饲料粉碎机组、皮带输送机、提升机等粮油加工机械设备，还承接一定数量的机械修理业务。1990 年后粮油机械加工生产时断时续，粮油机械根据用户需要定向生产加工。1998 年改制为股份制企业，更名为武威市粮油机械有限公司，2003 年整体出售给民营企业。

武威市新鲜农具厂　创建于 1950 年，由手工业生产发展到综合性农机制造，历经 50 年，是武威乡镇企业中持续最长的企业之一。位于北关中路，占地 5600 平方米。主要产品有小型钢磨辊子、粉碎机、ZBMX-7 玉米穴播机、ZBMX-7 小麦铺膜穴播机、建筑机械和农机具配件、民用铁木家具等。1997 年，“新鲜”牌小麦铺膜穴播机荣获“甘肃省乡企局优质名牌产品”。2001 年，企业整体转让出售。

甘肃武威机械工业有限责任总公司　位于南关东路，原名武威市农机修造厂，占地 6000 平方米。主要生产农用系列挂车、V 型镇压器、旋耕机、脱粒机、铺膜穴播机及各类农机配件，O 类系列轴承，三行、七行、九行种肥分层播种机。1990年，与天水拖拉机厂和兰州轴承厂联营建立组装和加工点，组装拖拉机，生产不同类型的轴承，为甘肃省二级企业。1993年，生产的2BFS-7型分层施肥播种机，荣获全国星火计划成果金奖。1998年3月，重组更名为甘肃武威机械工业有限责任总公司。2003年，企业被全圣集团收购改制，原址开发为住宅小区。

武威煤矿机械厂　始建于1968年，位于北关西路。主要生产矿车、刮板机、绞车、翻车机、矿山机械配件、煤机产品、筑路机械产品、建筑用空心钢球、生活锅炉和肥力高科技产品等，产品销往甘肃省各市县和青海、宁夏、新疆、内蒙古及西藏等。1998年后，煤机产品销售市场逐渐萎缩。2008年8月，改制破产，原址开发为今朝阳光城住宅小区。

武威金马力车辆制造有限公司　1999年5月，武威市人民政府通过招商引资，引进南京金蛙集团，收购武威汽修厂，成立武威金蛙车辆制造有限公司，1999年年底投产。2000年生产销售"金蛙"方向盘式农用三轮车14850多台，实现销售收入1亿多元，利润超过1500万元。2001年底停产。2002年重新注册成立武威金马力车辆制造有限公司。2003—2005年，武威金蛙车辆制造有限公司进行改制，设备全部转给武威金马力车辆制造有限公司，土地由武威宏业房地产公司开发"天宁苑"小区。2006年底武威金马力车辆制造有限公司年产3万辆"金蛙"牌农用三轮车生产项目整体搬迁改造，一期工程完成焊接生产线、总装生产线及小件加工生产线的安装改造，并投入生产近一年。但由于南京金蛙集团改组，产品目录被注销，被迫停产。

十三、造纸及印刷包装业

20世纪90年代，武威市造纸及印刷包装产业，呈现欣欣向荣的发展态势。区内有国营造纸企业——武威造纸厂，1991年改制为武威市纸业有限责任公司，主要生产书写纸、凸版纸、卫生纸、彩色纸、再生牛皮纸、招贴纸、瓦楞纸、黄板纸、色袋纸等，机制纸生产能力3400吨。乡镇造纸企业有70多家，主要生产白板纸、黄板纸、瓦楞纸、文化用纸、再生挂面纸、卫生纸、普通纸箱等。进入21世纪，因环保治理需要，武威纸业有限责任公司停产，改制重组为武威全圣纸业有限公司，并整体搬迁至发放镇。依法关停境内8家造纸企业，拆除18台蒸球、清理关闭17家作坊式造纸厂。

1990年，武威市印刷业随着技术装备和印刷技术的提高，拥有凸印、平印、丝网印刷和种类齐全、设备配套的激光照排、彩色胶印、照片制板、烫金上光覆膜、制箱制盒等全套设备及工艺，形成照、排、胶、印、装配套的流水线。至1999年，印刷品的花色品种、质量档次和科技含量均达到较高水平，平色印刷产量达1.83万令，多色印刷品达1.4万对开令，书册225.82万册。2009年12月，凉州区印刷包装企业共有23户，其中规模以上企业有武威华文印刷有限公司和武威天力彩印有限公司2家；印刷包装企业产能达到3400吨胶印书刊纸，销售产值2.55亿元，增加值达7106万元，占全区工业增加值的1.44%；上缴税金450万元。

武威全圣实业集团纸业有限公司　位于腾格里沙漠边缘的发放镇，距武威城区14公里。企业原为武威市纸业有限责任公司，2005年由武威全圣集团公司收购改制为全圣纸业有限公司。占地67万平方米，总资产3.2亿元。主要生产胶版印刷纸、书写纸、干法静电复印纸等中高档文化用纸。

武威华文印刷有限公司　原武威市印刷厂，1997年改制为武威华文印刷有限公司，位于共和街39号。建筑面积9500平方米，拥有各类机器设备120台（套），固定资产777万元。1998年，企业拥有三个分厂、四个科室、四个车间，一个供热站，先后取得甘肃省新闻出版局颁发的各类许可证，被国内贸易部认定为"中华老字号企业"。2002年，在企业产权制度改革中整体出售，转制为民营企业。

武威天力彩印有限公司　始建于1999年6月，位于西关中路8号，是武威彩印包装行业的骨干企业。产品集彩色胶印、柔印、塑凹印、纸箱、纸盒、纸塑托、吹塑膜、啤酒铝箔标八大系列百余个品种。2004年，通过ISO 9001质量管理体系认证和进出口商检认证。

武威市双城造纸厂　始建于1977年，位于双城镇，占地2600平方米。主要产品瓦楞纸。2004年12月因环保治理被关停。

十四、化工产业

20世纪90年代初期，武威市化工产业主要以磷肥、混配复合肥加工为主。90年代后期到2004年，国营企业武威市铝制品厂与兰州日用化工厂联营建成3000吨硬化油生产线、武威顺兴生物化工厂年产300吨的精细化黄原胶生产线建成投产、武南化工厂引进混配复合肥生产线、1500吨环氧乙烷及配套2000吨非离子表面活性剂生产装置，民营企业甘肃华源肥业有限责任公司、甘肃绿原生物科技有限公司相继建成投产，化工产品种类由单一的磷肥生产发展到综合化肥和精细化工两大类十多个产品。至2009年，凉州区化工企业共23个，从业人数达1424人，主营业务收入达15877.4万元。

武威化工（集团）有限责任公司　原武南化工有限责任公司，位于武南镇，始建于1972年，占地面积16.8万平方米，固定资产4000多万元。主要产品有乳化剂，油田助剂，粉、粒状过磷酸钙，硫酸，农药，农作物专用肥等20多个品种。2004年8月破产重组，被全圣集团收购，更名为武威化工（集团）有限责任公司。

甘肃华源肥业有限责任公司　位于武南工业小区，始建于2001年，总资产2000万元。拥有年产10万吨复混肥，5万吨BB肥及年产1万吨氮肥生产线各一条。2005年通过ISO 9001质量管理体系认证和ISO 14001环境管理体系认证。2006年，公司生产的“富润”牌系列专用肥、复混肥、BB肥、大颗粒氮肥等肥料销往省内各地和新疆、宁夏等。“富润”牌复合肥被评为甘肃省名牌产品，2008年，“富润”获甘肃省著名商标称号。

甘肃绿原生物科技有限公司武威分公司　始建于2004年6月，位于武南工业小区，占地2.02万平方米，年生产能力3万吨生物有机肥。公司生产的“绿原康”生物有机肥系列产品通过甘肃省无公害农产品生产资料认证。

十五、塑胶制品业

1990年，市属国营武威制胶厂是专门生产皮胶、明胶和骨胶产品的企业。至2009年，凉州区橡胶制品企业共5家，从业人员621人，主营业收入4632.5万元。塑料制品企业法人共6家，从业人数1040人，主营业收入3954.5万元。

武威生物制品有限公司　原武威市制胶厂，始建于1961年，位于武威工业园区，主要生产皮胶、明胶、骨胶。1994年3月，武威制胶厂与武威皮毛制品厂合并为武威生物制品厂。1997年，改制为武威生物制品有限公司，主要生产磷酸氢钙、皮胶、食用明胶、肉骨粉。2005年，企业破产重组。

武威橡胶制品厂　原武南橡胶厂，始建于1985年7月，隶属于兰州铁路局甘肃铁联运输服务有限责任公司，占地面积23.5亩。1990年5月，企业改制后，更名为武威橡胶制品厂。2000年，企业通过ISO 9001质量管理体系认证、弹条I型和II型扣件CRCC认证、铁道混凝土枕轨下用橡胶垫板制造特许证，IIIa、IIIb型轨枕及60KG/M提速道岔橡胶垫板铁道部运输局上道技术审查证，弹条III型扣件绝缘轨距块铁道部运输局上道技术审查证。2005年，企业破产重组。

甘肃双美科工贸发展有限公司　始建于2009年7月，位于武南工业小区，由新疆乌鲁木齐科工贸发展有限公司投资建设，是一家集管业、塑业、化工、新型室内装饰装潢材料、再生塑料颗粒等五大支柱产业的研发、生产、销售于一体的高新技术现代化综合企业，占地面积30亩，拥有国际领先的PP-R/PVC管材管件生产线25条，塑料日用制品、新型装饰材料生产线15条，生产模具350余台，各类生产设备技术检测仪器50余台。管业项目产品取得“国家质量认证证书”和“工业企业环保产品生产许可证书”；新型装饰材料获得国家六项专利。产品销往中亚五国及蒙古、巴基斯坦、德国、阿联酋、伊朗、阿富汗等国家。

十六、服装加工业

20世纪90年代，武威市服装加工业主要以服装、鞋帽加工、销售为主，主要企业有武威服装厂(后改制为武威服装有限责任公司)、武威锦华服装有限公司、武威神光布鞋厂、武威市皮鞋厂、武威市长城皮鞋厂等。主要产品有中高档面料中山服、军便服、毛呢大衣、短大衣、衬衣、流行时装、童装、旗袍、筒裙、男女单棉布鞋、胶粘皮鞋、软质皮鞋、人造革系列工艺凉鞋以及手套、书包、帽子、塑料制品等500多个品种。进入21世纪，国营、集体企业改制、重组，民营企业逐步占据主导市场，到2009年，凉州区服装加工企业共4家，从业人员106人，主营业收入1244.1万元。

武威锦华服装有限公司　始建于1992年，原名武威锦华服装厂，位于南大街新青年巷60号。1998年9月，公司正式注册为武威锦华服装有限公司。是一家集设计、生产、加工、销售于一体的私营企业，拥有4个自动化生产车间和数百套全自动制衣设备。2005年，武威锦华服装有限公司兼并武威神光布鞋厂，企业迁至崇文街46号。2009年，年产服装达10万套。

十七、皮革加工业

20世纪90年代，武威市皮革加工业主要有武威市皮件厂、武威市皮革厂、张义皮革厂等，主要产品有皮革服装、衬衫、羊皮单棉手套等。到2009年，皮革制品企业仅有华伟革业公司1家，有职工108人，主营业收入达1564.6万元。

武威华伟革业公司　原张义皮革厂，位于武南工业小区，始建于1984年7月。1997年3月，张义皮革厂搬迁至武南工业小区，投资6031万元，建成年产10万张牛软面革、50万张羊服装革生产线项目，填补了国家“毛革一体”服装的高档产品空白。2006年8月，甘肃两西物资供应公司整体收购张义皮革厂，更名为武威华伟革业公司，固定资产4831万元。2008年，生产40%的牛软面革、60%的羊服装革出口，年实现创汇500万美元。

十八、家具制造业

20世纪90年代初期，武威市从事家具制造的企业主要是武威市家具厂，属二轻集体工业企业，位于南关东路4号，占地3.49万平方米，主要生产写字台、二斗桌、椅子、沙发等80多个品种的木器家具。1995年，开始生产刨花板并承接木材来料加工业务，后停产。进入21世纪，民营家具制造业快速发展，宁海商贸有限责任公司振威家具厂、武威基业家具有限公司、凉州区胜麒麟家具厂、武威宏鑫达家具有限公司等企业相继建成投产，产品也由传统木材家具转为强化复合材料，橱柜、卫浴柜、衣柜等现代家具。到2009年，凉州区家具制造企业共8家，主营业收入6568万元。

武威市宁海商贸有限责任公司振威家具厂　始建于1997年，位于武威工业园区，是专门生产高档家具及装饰装修材料的大型民营企业，占地4.67万平方米，年产家具5万件。主要生产办公、酒店民用、宾馆、装饰装修四大系列106个品种。企业被省质检局确定为“质量体系A级企业”，连续四年评为合格产品。

十九、金属制品业

20世纪90年代，武威市金属制品企业主要以国营、集体企业武威市铝制品厂和武威市金属厂为主，主要生产铸铝制品炊事用具、铸铁制品、铜奔马复制品等。进入21世纪，国营、集体企业改制转产退出市场，民营企业异军突起。到2000年，全市金属制品企业共18家，从业人员达1433人，主营业收入达10317.3万元。主要生产铬锡、锰锡、镍铬合金、球磨铸铁、钢条、钢段、球磨机衬板、护板、筛条、破碎机颚板、锤头、反击破碎棒槌、钢模板、铝型材等几十个品种。

武威市永鑫钢模板有限责任公司 始建于2002年6月，位于武南工业小区，是由永昌物资公司投资兴建的年产6000吨钢模板的新型建材企业。占地0.67万平方米，总资产500万元，从业人员50多人。

武威吉祥铝型材有限责任公司 始建于2002年6月，位于武南工业小区，是江苏吉祥铝型材有限公司与武威三龙贸易公司合资创建的金属制品企业，占地2.67万平方米，年产铝型材4000吨，总资产2355万元。

甘肃中大铝型材有限公司 始建于2007年5月，位于武南工业小区，是集技术开发、设计、生产、销售为一体的铝型材生产企业。总资产5000多万元，从业人员150多人。

武威市锦范工贸有限责任公司 位于洪祥镇果园村，始建于2001年11月，占地1万平方米，总资产3000万元，年生产能力9610吨。是专业从事金属加工、铸造、耐磨材料生产的现代化企业。主要通过制造工艺以及高科技检测方式生产铬锡、锰锡、镍铬合金、球磨铸铁、钢条、钢段、球磨机衬板、护板、筛条、破碎机颚板、锤头、反击破碎棒槌及各种工矿备件。2004年，公司通过ISO 9001质量管理体系认证。

二十、煤炭采掘及加工业

凉州区煤炭资源主要有无烟煤和烟煤，无烟煤主要分布在九条岭一带，烟煤主要分布在金山乡大口子、西营镇小口子、南营、小红沟、臭牛沟等地。20世纪90年代，主要以煤炭采掘为主，国营企业为大口子煤矿和九条岭煤矿，其他大部分为乡镇小煤矿。1995年，武威市对采煤业实行“关、停、并、转”，一批规模小、储量少且安全生产条件差的企业被依法关闭或取缔。1999年12月，采煤业平均年产量31.8万吨。进入21世纪，国营煤炭企业改制重组，引进建设煤炭加工企业，产业链得以延伸。到2009年12月，全区共有煤炭采掘企业7户，其中规模以上企业3户；煤炭加工企业50多户，其中规模以上2户；煤炭采掘企业设计产能30万吨，实际产能为12万吨。煤炭加工企业实际产能110万吨。2009年底，煤炭业共实现销售产值1.66亿元；增加值5886万元；占全区工业增加值的1.19%；上缴税金383万元。

甘肃九条岭煤业有限公司 甘肃省唯一的无烟煤生产企业。1954年10月，甘肃省重工业厅批准成立甘肃省九条岭煤矿。2005年10月，被国家列入政策性关闭破产企业，依法宣告破产。2006年11月，九条岭煤矿破产重组，企业更名为甘肃九条岭煤业有限责任公司。

武威市大口子煤炭有限责任公司 原武威市大口子煤矿，1958年建成投产，生产的原煤属中灰低硫焦率煤，发热量在每公斤6000大卡以上，是优质工业用煤。1996年，经过多次改造，到1999年生产能力达到12.68万吨。2001年12月，由国营企业改制为民营企业。2009年12月，有员工165人，管理人员18人，生产原煤4.5万吨，完成销售收入1271万元，上缴税金93.5万元。

武威市形型煤化厂 位于松树乡，始建于2002年4月，占地3.5万平方米，固定资产6560万元。主要从事煤炭销售、加工及煤炭加工技术研究与应用。拥有年产5万吨型煤生产线、年产20万吨洗煤生产线以及30万吨干选线，有全分析化验系统，拥有装载铲车6台，运输车辆35台。企业下辖松树煤厂和永昌煤厂，松树煤厂主要从事原煤的筛选工作，永昌煤厂主要存放原煤和进行煤炭销售。在武威车站和玉门南车站建有两个货运场。

张掖市响水河煤业集团武威公司 始建于1993年，位于天马大道南路1号，占地面积约166.75万平方米。是集煤炭开采、洗选、煤矸石综合利用制砖、新型建材制造、环保型煤制作和现代物流运输为一体的民营公司。拥有年产60万吨洗精煤生产线2条，年产40万吨环保型煤生产线、年产6000万块煤矸石烧结砖生产线、年产30万立方米粉煤灰加气块生产线、年产20万立方米粉煤灰砂加气板材生产线、200 万吨洗精煤生产线各 1 条。

二十一、电力、热力生产和供应业

凉州区电力生产包括国网电力大电网输入、水利发电和光伏发电三大类，电力供应业以国有凉州区供电公司大电网供应。水力发电和光伏发电并入大电网后，由大电网统一生产和供应。到 2009 年，区内共有水电站 18 多座，装机总容量 22823 千瓦，比较大的电站有南营水电站、黄羊水电站、西营水电站。

热力生产和供应主要由国有凉州区热力公司承担。2008 年 12 月，凉州区电力、热力的生产和供应企业共 36 家，从业人员 3674 人，主营业收入 29284.7 万元。

凉州区供电公司　隶属武威市水利电力局管理。2001 年 8 月，撤地设市后，武威市电力局更名为凉州区电力局。2003 年，供电公司有职工 817 人，下设职能部室 8 个，有二级单位 23 个。公司共有 35 千伏变电站 18 座，主变压器 36 台，总容量 151400 千伏安，35 千伏输电线路 270.35 千米，6–10 千伏配电线路 2716.90 千米，0.4 千伏低压线路 2282.64 千米，配电变压器 6043 台、30.29 万千伏安。承担全区的生产、生活用电供应。2009 年，供电量 30718.05 万千瓦时，售电量 27815.5 万千瓦时，电费收入 12235 万元，上缴增值税 400.62 万元。先后被国家电网公司评为“三为服务达标单位”“电气化市达标单位”。

凉州区热力公司　原为自收自支的供热事业单位。2001 年，改为国有供热企业，隶属凉州区城乡建设局。2002 年，武威市城南区集中供热工程立项建设，2007 年 2 月建成后，热力生产和供应职能划归武威市城南集中供热有限责任公司。

武威市城南集中供热有限责任公司　组建于 2007 年 2 月，隶属武威市经济发展投资有限公司，占地面积 8486.80 平方米，2008 年 11 月建成投运，启动区热力公司、公路总段、土特产、第三监狱、市体校、市委党校、全圣小区、天宁苑小区、农机修造厂、区电力局、东南小区等 11 家换热站。一期实现供热面积 120 万平方米，受热用户 1.21 万户。

甘肃富安电力变压器有限责任公司　始建于 1999 年 1 月，位于武威工业园区，注册资金 1000 万元，占地面积 8553 平方米，员工 42 人，是一家电力、热力、燃气及水生产设备的制造和供应企业。主要生产 S11、S13 油浸式、干式、箱式变电站等系列产品。

二十二、 水生产和供应业

凉州区水生产和供应业主要包括水生产和供应、水生产供应设施制造两大类。城区自来水由国营武威自来水公司负责生产供应。中心集镇设有黄羊自来水公司、武南供水厂，分别生产供应。至 2009 年，全区水生产供应和供应设施制造企业共有 6 家，从业人员 670 人，主营业收入 3920.7 万元。

武威市自来水公司　始建于 1983 年 5 月，原名武威县给排水公司。1985 年，武威县给排水公司改为武威市自来水公司。公司建有自来水厂，主要承担城区自来水的生产和供应，日供水能力 3.5 万立方米，供水人口 30 万人。

凉州区黄羊自来水公司　始建于 1958 年，前身是黄羊镇建设委员会供水办公室，1968 年成立黄羊自来水站，后改为黄羊自来水公司，隶属凉州区城乡建设局管理。拥有固定资产 921 万元，供水设施资产 764 万元。承担黄羊镇及周边乡镇、黄羊工业园区生产生活供水，水源来自黄羊水库，日供水能力 1.1 万立方米。

凉州区武南供水厂　始建于 1995 年 6 月，水厂从武威杂木河水管处引磨嘴子泉水，建造引水工程和配套供水工程。年供水能力 210 万立方米。承担武南镇及周边乡镇、武威工业园区生产生活供水。

武威大禹节水有限责任公司　始建于 2005 年 1 月，位于武威新能源装备制造产业园区，注册资本

7.9 亿元。主要经营节水灌溉用塑料制品及过滤器、施肥器、排灌机械、建筑用塑料管材、管件、型材、板材、滴灌管、滴灌带的制造和安装等。产品包括滴灌管（带）、施肥器、过滤器和输配水管材等 5 大类 20 多个系列近 1000 个品种，产品辐射国内数千万亩节水农田，并远销国外。

武威全圣节水塑管公司　始建于 2009 年 4 月，位于武威工业园区，注册资本 7200 万元。拥有 UPVC 管材注塑机、锥形双螺杆挤出机、全自动扩口机生产线 2 条，主要生产 PVC 管材、PE 管材，滴灌和喷灌节水器材，农膜、地膜、棚膜等塑料制品。

第四节　园区建设

一、工业园区建设发展概况

1993 年 10 月，武威城东工业园区在高坝镇动工兴建。1994 年 6 月，武威市确立“以城市为中心，以 312 国道为主线，以四小区（黄羊、武南、高坝、蔡庄）开发为重点，以乡镇所在地为基点，争取点线面结合，相对集中，连片开发，整体推进”的发展战略，颁布《乡镇企业开发区优惠政策》。1994 年 8 月 18 日，国家农业部批准建立“全国乡镇企业东西合作示范区武威市城东工业小区”。武威市投资 3800 万元，修建武威至武南一级公路，把高坝、辛家河滩、武南小区连成一片。

1996 年 8 月，武威地区行署专门成立地区乡镇企业东西合作示范工程领导小组和地区乡镇企业示范区领导小组。1997 年，武威市把“高档次、高科技含量、高市场占有率、高附加值、高效益”作为园区内创办企业和项目建设的指导方针，在武威城东业工业园区内共投入基础建设资金 11088 万元，确立荣华公司玉米淀粉厂等 18 户（项）达到“五高”标准的企业和项目。

1999 年，投入 2620.9 万元，用于园区道路、给排水、绿化等基础设施建设。是年，正式形成的示范区有 9 个，其中部级示范区 1 个（武威城东工业园区：含高坝、辛家河滩、武南三个开发小区）、省级 1 个（黄羊）、地（市）级 2 个（双城、金羊镇蔡庄）、市（区）级 5 个（永昌镇、丰乐镇、永丰乡、青林乡空星墩、韩佐乡）。各园区入驻企业总户数达 1331 家，职工人数 18430 人，固定资产 80180.5 万元，完成产值 137228 万元，增加值 29482.8 万元，创利润 13995.4 万元，上缴税金 2651.3 万元。

2005 年，黄羊、城东、武南三个园区续建新建项目 36 项，总投资 10.3 亿元。其中黄羊食品工业城建设年产 10 万吨蔬菜营养挂面生产线和年产 2000 万瓶宣肺止咳露生产线等 14 个项目。城东生态工业园新上年产 5 万吨啤酒麦芽生产线和年产 5 万件家具生产线等 11 个项目。从城区迁往工业园区的项目 10 个，园区入驻不少高起点、高科技含量的企业，如甘肃赫原生物制品公司、新疆天康畜牧生物技术股份公司、华源肥业有限公司、铁骑力士公司等。在这些新企业和园区内一些老企业中，一部分通过国家级质量管理体系认证、环保体系认证、食品安全强制认证和绿色食品认证。

2006 年，经国家发改委核定，省政府批准武威城东工业园区为省级开发区，更名为武威工业园区。黄羊工业园区被甘肃省人民政府命名为“中国西部（武威·黄羊）食品工业城”。武威工业园区形成玉米淀粉精深加工、马铃薯加工及饮料休闲食品加工、调味品、啤酒麦芽、玉米制种、饲料加工、蔬菜加工、畜禽肉类加工和生物化工等九大类产业体系。黄羊工业园区分为面粉加工密集区、综合服务区、绿色科技示范区和黄羊河集团产业集聚区四个主体功能板块，形成面粉加工、葡萄酒酿造、啤酒麦芽、调味品、食品添加剂、方便食品与功能食品、特种药业等七个产业类型。双城镇是凉州区的北大门，历来是工业强镇，示范区的许多行业如农业机械加工、造纸印刷、化工建材等都在凉州区占有重要位置。金羊示范区形成以集贸市场建设、房地产开发、餐饮社会服务业为主体的发展特色。丰乐镇、永丰镇、永昌镇等三个示范区远离城区，形成各有侧重的发展模式。

2007 年，各工业园区及示范区基础设施建设累计投入资金 91464 万元，用于园区内的道路、供电、供暖、供水、排水、通讯及信息传送以及绿化等方面的建设。

2009 年 5 月，武威金太阳新能源高新技术集中区在丰乐镇、金山乡结合部的空星墩滩开工建设。金太阳新能源高新技术集中区距武威城区约 35 公里，占地面积 6700 万平方米。集中区重点发展以光伏、光热为主的清洁能源，建设太阳能光伏发电基地。

2009 年 12 月，凉州区在工业园区投入资金 8000 多万元，实施万吨供水、5000 吨污水处理和园区道路修建，高低压线路架设等工程已完成。全年续建新建项目 36 项，总投资 10.3 亿元，各园区的占地面积近 50 平方公里，企业总户数为 3968 户，职工人数 37336 人，固定资产达 453322 万元，完成产值 768168 万元，增加值 201771 万元，实现利润 75479 万元，上缴税金 9205 万元。

二、甘肃武威工业园区

武威工业园区始建于 1993 年 10 月，位于凉州区高坝镇，占地 1200 万平方米，当时称为武威城东工业园区。1994 年 8 月 18 日，国家农业部批准建立“全国乡镇企业东西合作示范区武威市城东工业小区”。1999 年 12 月，园区占 地 5.5 平方公里，分为八大功能区，分别为食品加工区（Ⅰ）、食品加工区（Ⅱ）、生物技术产业区、综合加工区、商贸服务区、高新技术产业区、仓储物流区和生态绿化区。

武威工业园区标志

2003 年 6 月，凉州区成立城东工业园区管委会，福建达利、杭州汇能、青岛啤酒等知名企业先后落户园区，逐步奠定和壮大了园区产业发展的主框架，初步形成以农副产品加工、食品及饮料制造、生物医药等为主的三大产业体系。

2006 年 3 月，经国家发改委核定，省政府批准为省级开发区，武威城东工业园区更名为武威工业园区，为甘肃省人民政府批准设立的第一批省级工业园区之一。

2007 年，园区管委会被列为武威市人民政府直属正县级事业单位，委托凉州区政府管理。园区当年新入驻企业 24 户，新增就业 1300 人；实现工业增加值 14.36 亿元，完成税收 4800 万元。

2008 年，园区建成 “经纬交错、四纵三横”道路交通网络 64.7 公里，供水管网 61.5 公里，排水管网 42.3 公里。核心区形成 “六通一平” （路、上水、下水、电、通信、燃气、土地平整）的建设条件，天然气管道铺设至园区主干道（部分企业实现入户），热电联产、110 千伏变电站、污水厂项目启动建设。

2009 年 12 月，园区入驻企业 105 户，个体工商户 2282 户，从业人员 2.76 万人。完成固定资产投资 66.4 亿元。

2009 年武威工业园区部分企业经营状况一览表

表 11–1–7

企业名称	企业门类	固定资产（万元）	销售收入（万元）	上缴税金（万元）	实现利润（万元）	员工（人）	入驻时间
北京德农种业有限公司武禾分公司	种子加工	4200	780	—	—	97	2002
甘肃达利食品有限公司	食品加工	—	46000	1889	2600	1300	2005
甘肃长城麦芽有限公司	啤酒麦芽加工	22000	6830	150	302	2004	—
甘肃富安电力变压器有限责任公司	电力设备生产	680	500	90	100	42	1999
甘肃中大铝型材有限公司	铝合金型材生产	—	—	—	—	80	2007
武威海林食品有限责任公司	食品加工	500	14000	—	200	80	2009
武威宏威物流有限责任公司	物流业	4800	6000	—	213	36	2008
武威全圣节水塑管公司	建材业	—	800	126	210	50	2009
武威荣兴生物科技有限公司	化学工业	3000	5300	36	—	36	2007
武威市中元建材有限责任公司	建材业	260	200	—	—	35	2007
中央储备粮武威直属库	粮食企业	—	—	—	—	187	2006

三、甘肃武威黄羊工业园区

黄羊工业园区始建于 2002 年，位于凉州区黄羊镇，距武威城区 35 公里，占地 4400 万平方米，原名为武威黄羊绿色食品科技示范区。2004 年 3 月，甘肃省人民政府批准建设武威黄羊绿色食品科技示范区为省级开发区，规划面积 16 平方公里。

2006 年 9 月，国家发改委正式批准黄羊工业园区为省级工业园区，园区更名为甘肃黄羊食品工业城。12 月，更名为甘肃武威黄羊工业园区。甘肃省发改委将黄羊镇列为全省“四个特色乡镇”进行重点建设，园区总规划面积扩大为 20 平方公里，核心区规划面积 4 平方公里。园区从空间布局上已形成四个功能版块。（一）以原 312 国道为轴线的面粉工业区。（二）以特种药业和方便食品为主的绿色农业科技示范区。（三）以葡萄酒酿造、啤酒麦芽产业为主的黄羊河实业集团产业聚集区。（四）以甘肃畜牧工程技术学院等科研院所和公共服务业为主的综合服务区。

2007 年，园区实施环城西路、上跨公铁立交桥、下跨公铁立交桥、110 千伏变电所、黄羊镇生活垃圾处理场、黄羊镇污水处理厂等基础设施项目。先后铺筑道路 34.3 公里，敷设给水管网 31.6 公里，排水管网 16.2 公里，改造高低压输电线路 65 公里，架设路灯 537 盏；栽植各类树木 13 万余株，营造绿地 3 万平方米。

2008 年，引进国内知名品牌企业 2 家，6 家企业通过 ISO 9001 质量管理体系认证，4 家企业通过 ISO 14001 环境管理体系认证，22 种产品取得“绿色食品”认证，两种产品通过国家有机食品认证。

2009 年 12 月，园区入驻企业 54 户，规模以上企业 3 户，从业人员 0.74 万人。完成全社会固定资产投资 8.25 亿元。

2009年黄羊工业园区部分企业经营状况一览表

表 11-1-8

企业名称	企业门类	固定资产（万元）	销售收入（万元）	上缴税金（万元）	实现利润（万元）	员工（人）	入驻时间
武威昶佳牧业有限责任公司	饲料加工	251.7	38300	—	—	176	2009
甘肃省丰蕾天然色素有限公司	食品加工	859	360	57.02	140	11	2001
甘肃普安制药有限责任公司	医药业	3878	696.8	53.8	—	52	2004
武威红太阳面粉有限责任公司	面粉加工	28000	62700	268	2291	485	1994
武威市利兴面业有限责任公司	面粉加工	800	1500	—	—	18	1993
武威天源食品有限公司	食品加工	—	1200	—	240	15	2006
武威市金穗面业食品有限责任公司	面粉加工	4469	5952	43	72	110	1996
武威铁骑力士饲料有限公司	饲料加工	13000	12600	87	3.7	87	2007
甘肃省药物碱厂	医药业	42000	9663	646	2000	180	1996
武威市一峰食品有限责任公司	食品加工	—	625	200	—	7	2005
武威远洋实业有限责任公司	食品加工	974.8	722.39	26	—	130	2003

四、武南工业小区

武南工业小区成立于1994年，位于凉州区武南镇，是农业部批准的“全国乡镇企业东西合作示范区”。1996年，被国家科委批准为“全国星火技术密集区”。小区原规划占地面积710万平方米，1999年，新增兰新铁路线以南近5.2平方公里区域及武南煤化工园区7.33平方公里，总体规划19.63平方公里。

2007年12月，小区建成区面积1.06平方公里，共建成道路5条7.8公里，硬化面积达15万平方米；建成供水厂1座，日供水能力0.5万吨；建成污水处理厂1座，日处理污水能力8000吨；建有110千伏变电站1座，供电能力33.52千伏安。固定资产总投资7.8亿元，其中公共基础设施建设投资4279万元，企业固定资产总投资73843万元。实现工业产值76810万元，工业增加值22275万元，实现利润7604万元，上缴税金691万元。

2009年12月，入驻益民公司、吉祥铝型材、天翔肉类加工、双美公司、金业麦芽公司、华源肥业、响煤集团武威选煤公司等企业52户，其中正常生产运营的35户，处于停产半停产状态的10户，未经营的7户。初步形成煤化工、建筑建材、农副产品加工业、仓储物流业四大产业发展格局。

2009 年武南工业小区部分企业经营状况一览表

表 11-1-9

企业名称	企业门类	固定资产（万元）	销售收入（万元）	上缴税金（万元）	实现利润（万元）	员工（人）	入驻时间
甘肃华源肥业有限责任公司	化学工业	—	1400	150	—	98	2001
甘肃绿源科技生物有限公司	化学工业	—	500	40	38	28	2004
武威吉祥铝型材有限责任公司	建材业	—	355	11	25	50	2002
武威金西北种业有限公司	植种业	—	6500	50	—	110	2000
甘肃凉州益民有限责任公司	食品加工	—	46157	1613	1644	117	2003
甘肃祁连山种业有限公司	植种业	—	4500	15	380	38	2003
武南橡胶厂	塑胶加工	—	3016	197.5	20	178	1985
武威华邦物流中心	物流业	—	—	—	—	—	2005
武威金业麦芽有限责任公司	啤酒麦芽	—	4330	146.5	479	90	2002
甘鑫种业有限公司	植种业	—	7716	65	175	55	2005

第五节　名优产品

至 2009 年 12 月，凉州区企业产品拥有 18 个省级以上名牌产品、8 个国家免检产品、39 个绿色认证产品，共有 11 户企业通过环境管理体系认证、42 户企业通过质量管理体系认证、5 户企业通过食品安全认证。

一、凉州熏醋

凉州益民公司生产的“云晓”牌熏醋，历获甘肃名牌、陇货精品、绿色食品、国家行业名牌、国家首批免检产品及著名商标等荣誉称号。熏醋年生产能力 3 万吨、保健醋年生产能力 1 万吨。武威柏树庄醋业公司生产的“柏树庄”牌熏醋，2003 年获国家首批市场准入证。2006 年 6 月，“柏树庄”牌熏醋被中国绿色食品发展中心认定为绿色食品。武威市味味晓食品酿造厂生产的“味味晓”牌熏醋，历获甘肃名牌、陇货精品、省著名商标、部级名牌、国家级免检产品等荣誉称号。

二、凉州面粉

1997 年 10 月，四坝福利综合厂生产的“石羊河”牌特一粉、黄羊金宏面粉厂的“汉漠”牌特一粉、黄羊兴隆面粉厂生产的“保善”牌特一粉、黄羊玉峰面粉厂生产的“光顺”牌特一粉，相继被评为甘肃省乡镇企业系统“名牌产品”。2003 年 1 月，武威红太阳面粉集团生产的“甘青”牌特一粉获全国食品质量安全市场准入资格，先后被评为“十大名牌”“放心面”“绿色食品”和“甘肃名牌”。金穗面业公司生产的“康瑞”“漠北雪”牌系列面粉，先后被评为“绿色食品”“甘肃省名牌产品”和“甘肃省乡镇企业名牌产品”。延年面业有限公司生产的“延年”“宜寿”牌系列面粉，先后被评为“放心面”和“甘肃省名牌产品”。

三、凉州啤酒

1990 年 12 月，甘肃武威农垦啤酒股份有限公司生产的“西凉啤酒”以高品质享誉省内外，成为西北地区最有影响的啤酒品牌之一。1996 年 8 月 26 日，由中国社会经济调查所、全国产品（服务）质量消费者跟踪调查活动组委会举办的“消费者心中的理想啤酒品牌”调查活动中，西凉啤酒被评为“全国十佳理想啤酒品牌”。

四、凉州白酒

1990 年，甘肃皇台酒业有限责任公司生产的凉州皇台酒在首届全国轻工业博览会上荣获银奖。1992 年，凉州皇台酒荣获全国“九五”星火计划金奖和法国巴黎国际名优酒类展评会金奖。1994 年 2 月，凉州皇台酒、凉州古酒获美国第三届国际酒饮博览会金奖。1994 年 11 月，在第二届巴拿马万国博览会上，凉州皇台酒荣获特别金奖，皇台贡酒、凉州古酒获金奖。1995 年，甘肃武酒（集团）有限责任公司生产的“雷台”“凉都”牌获甘肃省白酒类连续三届的著名商标，“松鹿”牌松鹿曲酒是甘肃省连续十届的省名优产品。2006 年 7 月，“圣武酒”和“凉都老窖”被甘肃酿酒行业协会评为甘肃省酒类产品质量鉴评优秀产品。

五、凉州葡萄酒

2008 年，甘肃莫高葡萄酒业公司生产的“莫高黑比诺”干红葡萄酒在第三届世界名酒节获得葡萄酒干红品牌系列的“金橡木桶”大奖，莫高顶级干红获得“中国轻工精品展金奖”。2009 年，“莫高”牌葡萄酒被国家工商总局认定为“中国驰名商标”。2007 年，甘肃威龙有机葡萄酒有限公司生产的威龙葡萄酒被中绿华夏食品认证中心认定为“中国有机产品”。同年，“威龙”品牌入选“中国 500 最具价值品牌”排行榜。

六、凉州食品

甘肃武威达利食品公司生产“和其正”“青梅绿茶”和“优先乳” 6 大类 35 个品种的 PET 饮料系列产品，获甘肃省“名牌产品”荣誉称号。荣华集团公司的“荣兴”牌淀粉、“荣华”牌 L-谷氨酸、谷氨酸钠（99%味精）获甘肃省乡镇企业系统名牌产品和甘肃省优质产品称号。

七、凉州宣肺止嗽合剂

2005 年，甘肃普安药业有限公司生产的宣肺止嗽合剂获得国家食品药品监督管理局下发的新药证书。2006 年，宣肺止嗽合剂获甘肃省经济委员会颁发的“新产品新技术”奖。2008 年，宣肺止嗽合剂获甘肃省农垦总公司颁发的“甘肃农垦科技进步”奖。

八、农机制造

1997 年 12 月，新鲜农机厂生产的“新鲜”牌 ZBMX-7 小麦铺膜穴播机、双城农机修造厂生产的“圣塔”牌脱粒机、谢河机械厂生产的“银武”牌 6FG-350 型磨面机、双城玛钢厂生产的“兴旺”牌脱扬机等产品相继获得甘肃省乡镇企业系统名牌产品和甘肃省优质产品称号。

九、家具

2004—2005 年，武威市振威家具厂生产的“振威”牌家具获甘肃省名牌产品称号。

十、铜奔马复制品

凉州铜奔马复件厂生产的“马踏飞燕”复制品获得 2005 年度甘肃省名牌产品称号。

1990—2009年凉州区部分工业企业名优产品一览表

表11–1–10

工业门类	产品商标名称	所在企业	荣誉称号	授奖单位	创建时间
食品加工	“荣兴”牌淀粉	甘肃荣华集团公司	甘肃省乡镇企业名牌产品	甘肃省乡镇企业管理局	1997
	“云晓”牌熏醋	甘肃凉州益民有限责任公司	甘肃省名牌产品、陇货精品、绿色食品	甘肃省人民政府	1997
	“味味晓”牌熏醋	武威市味味晓食品酿造厂	甘肃名牌、陇货精品、绿色食品、国家级免检产品	甘肃省人民政府、中国绿色食品发展中心	2002
	“柏树庄”牌熏醋	武威柏树庄醋业公司	绿色食品	中国绿色食品发展中心	2003
	“荣华”牌味精	甘肃荣华集团公司	甘肃省名牌产品	甘肃省人民政府	2005
面粉业	“石羊河”牌特一粉	武威市四坝福利综合厂	甘肃省乡镇企业名牌产品	甘肃省乡镇企业管理局	1997
	“汉漠”牌特一粉	武威市黄羊金宏面粉厂	甘肃省乡镇企业名牌产品	甘肃省乡镇企业管理局	1998
	“保善”牌特一粉	武威市黄羊兴隆面粉厂	甘肃省乡镇企业名牌产品	甘肃省乡镇企业管理局	1998
	“康瑞”牌系列面粉	武威市金穗面业公司	绿色食品、甘肃省名牌产品、甘肃省乡镇企业名牌产品	甘肃省人民政府、中国绿色食品发展中心、甘肃省乡镇企业管理局	2002
	“漠北雪”牌系列面粉	武威市金穗面业公司	绿色食品、甘肃省名牌产品、甘肃省乡镇企业名牌产品	甘肃省人民政府、中国绿色食品发展中心、甘肃省乡镇企业管理局	2002
	“甘青”牌特一粉	武威红太阳面粉集团	绿色食品、甘肃省名牌产品	甘肃省人民政府、中国绿色食品发展中心	2003
	“延年”牌系列面粉	武威延年面业公司	放心面、甘肃省名牌产品	甘肃省粮食行业协会、甘肃省人民政府	2006
	“宜寿”牌系列面粉	武威延年面业公司	放心面、甘肃省名牌产品	甘肃省粮食行业协会、甘肃省人民政府	2006
酒类酿造	“西凉”啤酒	青岛啤酒股份公司武威分公司	绿色食品、甘肃省名牌产品	甘肃省人民政府、中国绿色食品发展中心	1990
	凉州皇台酒	甘肃皇台酒业有限责任公司	全国轻工业博览会上荣获银奖 特别金奖	国家轻工业部 第二届巴拿马万国博览会	1990 1994
	凉州古酒	甘肃皇台酒业有限责任公司	全国轻工业博览会上荣获银奖 特别金奖	国家轻工业部 第二届巴拿马万国博览会	1990 1994
	“松鹿”牌曲酒	甘肃武酒（集团）有限责任公司	省优产品	甘肃省人民政府	1992
	皇台贡酒	甘肃皇台酒业有限责任公司	国际名优酒金奖	第二届巴拿马万国博览会	1994
	“圣武”酒	甘肃武酒（集团）有限责任公司	酒类产品质量鉴评优秀产品	甘肃酿酒行业协会	2006
	凉都老窖酒	甘肃武酒（集团）有限责任公司	酒类产品质量鉴评优秀产品	甘肃酿酒行业协会	2006
	“威龙”牌干红葡萄酒	甘肃威龙有机葡萄酒有限公司	中国有机产品、中国500最具价值品牌	中绿华夏食品认证中心、中国500最具价值品牌排行榜	2007
	“莫高黑比诺”干红葡萄酒	甘肃莫高葡萄酒业公司	"金橡木桶"奖	第三届广州世界名酒节	2008
	“莫高”顶级干红葡萄酒	甘肃莫高葡萄酒业公司	中国轻工精品展金奖	国家轻工业部	2008
	“莫高”牌干红葡萄酒	甘肃莫高葡萄酒业公司	中国驰名商标	国家工商总局	2008

续表 11-1-10

工业门类	产品商标名称	所在企业	荣誉称号	授奖单位	创建时间
医药制造	凉州宣肺止嗽合剂	甘肃普安制药有限公司	新产品新技术	甘肃省经济委员会	2006
机械制造	“圣塔”牌脱粒机	武威市双城农机修造厂	甘肃省乡镇企业名牌产品	甘肃省乡镇企业管理局	1997
	“兴旺”牌脱扬机	武威市双城玛钢厂	甘肃省乡镇企业名牌产品	甘肃省乡镇企业管理局	1997
	“银武”牌 6FG-350 型磨面机	武威市谢河机械厂	甘肃省乡镇企业名牌产品	甘肃省乡镇企业管理局	1997
	“新鲜”牌 ZBMX-7 小麦铺膜穴播机	武威市新鲜农机厂	甘肃省乡镇企业名牌产品	甘肃省乡镇企业管理局	1997
	“同心”牌塔机	核工业武威二一二机械厂	甘肃省名牌产品	甘肃省人民政府	2006
家具制造	“振威”牌家具	武威市振伟家具厂	甘肃省名牌产品	甘肃省人民政府	2004
化学工业	“富润”牌复混肥	武威市华源肥业有限责任公司	甘肃省名牌产品	甘肃省人民政府	2004
	“富润”牌复混肥	武威市华源肥业有限责任公司	甘肃省名牌产品	甘肃省人民政府	2004
金属业	“马踏飞燕”复制品	凉州铜奔马复件厂	甘肃省名牌产品	甘肃省人民政府	2005

第六节　招商引资

1990 年，武威市与新疆吐鲁番市结为友好城市。1992 年，经济技术协作范围扩大至福建、北京、内蒙古等地，与内蒙古二连浩特市和新疆哈密等市结为友好城市，成立博乐边贸公司武威分公司和二连浩特边贸公司武威分公司。

1993 年 12 月，武威市驻新疆博乐办事处和驻内蒙古二连浩特办事处的筹建工作完成。1995 年 3 月，组织参加了武威地区联合主办的“黄河流域九省区经济技术项目洽谈会”，引进 4 项种植业开发、养殖业和工业企业项目。1996 年与嘉峪关、庆阳、天水等地区建立了横向联系。1998 年 10 月，武威市被甘肃省经济技术协作办公室授予先进单位荣誉称号。1999 年 6 月，引进浙商投资 3300 万元建设义乌商贸城。至 1999 年 12 月，武威市招商引资共达成协作项目 331 项，引进资金 5.6 亿元，物资协作总金额达 2.1 亿元。

1990—1999 年武威市招商引资统计表

表 11-1-11

年份	经济技术协作（项）	引进工程技术人员（人次）	引进资金（万元）	物资协作总金额（万元）	培训技工合计（人次）	联营项目（项）	引进技术（项）	输出技术（项）	三资企业（项）
1990	45	—	201	2488	210	—	—	—	—
1991	50	—	430	3800	435	8	41	1	—
1992	44	21	1798	5647	—	7	22	1	—
1993	79	—	4156	—	2	38	28	—	2
1994	41	35	6817	8800	—	13	9	—	—

续表 11-1-11

年份	经济技术协作(项)	引进工程技术人员(人次)	引进资金(万元)	物资协作总金额(万元)	培训技工合计(人次)	联营项目(项)	引进技术(项)	输出技术(项)	三资企业(项)
1995	4	—	—	—	—	—	—	—	—
1996	20	—	12000	—	—	11	2	—	7
1997	10	—	2440	—	2	—	7	—	3
1998	12	—	3110	—	—	—	—	—	—
1999	26	—	25000	—	—	—	—	—	—

2008 年，再次与福建达利集团签署投资 2.2 亿元建设三条小食品生产线、两条马铃薯雪花粉生产线和两条 PET 饮料生产线，引进江苏雨润食品产业集团投资 3 亿元建设的年屠宰 200 万头猪、100 万只羊、10 万头牛生产线，引进浙江锦厦房地产开发公司投资 9 亿元建设"盛世欧景"小区开发项目，引进酒泉赛诺农业有限公司投资 3000 万元建设年产 4 万吨番茄加工生产线等重点项目。2009 年，引进甘肃电力投资公司投资 20 亿元建设多晶硅项目、张掖响水河煤炭有限责任公司投资 6000 万元建设年加工 60 万吨洗净煤项目、今麦郎集团投资 5000 万元建设 4 条挂面生产线和 4 条非油炸方便面生产线项目和新疆双美科工贸有限公司投资 3000 万元建设新型室内建材生产线等项目。

招商引资项目签约仪式

2001—2009 年，凉州区累计签约招商引资项目 475 项，到位资金 51.95 亿元。引进的项目涉及医药、化工、建材、畜产品和农副产品加工、饲料、商贸零售、制种、机械制造和房地产开发等多个领域。

2001—2009 年凉州区招商引资统计表

表 11-1-12

年份	签约项目			资金		
	合计(项)	合同项目(项)	协议项目(项)	项目总投资(万元)	到位资金(万元)	合同项目总投资(万元)
2001	36	—	—	226500	—	—
2002	89	—	—	377000	48700	—
2003	75	54	21	342500	—	168200
2004	55	40	15	235900	43000	168000
2005	46	40	6	156300	56000	148800
2006	48	40	8	175600	76500	127000
2007	46	27	19	414500	86600	203900
2008	40	30	10	320600	90200	209400
2009	40	32	8	504700	118500	—

第二章　乡镇企业

第一节　发展状况

一、发展水平

20 世纪 80 年代前期乡镇企业通称为社队企业。进入 90 年代，乡镇企业发展迅速。至 1993 年，全市乡镇企业发展到 6500 家，从业人员 5.96 万人，总产值达到 50200 万元。金羊、高坝、武南、永昌、双城、黄羊、柏树、中坝、金沙 9 个乡镇的乡镇企业产值在 2000 万元以上。

1995 年，制订《武威市乡镇企业“33551”工程规划及实施方案》，在农村开展“万千百十”（指乡镇企业产值达亿元乡镇、千万元村、百万元组、十万元户）活动。

1996 年，在乡镇企业中开展“远学邯钢，近学外贸，内学新鲜农机厂，加强企业管理”的活动。

1999 年，武威市提出要“两结合，三为主”（与农业产业化经营相结合、与小集镇建设相结合、以农副产品深加工为主，以中小型项目建设为主、以非公有制经济为主）发展乡镇企业。同年，全市乡镇企业发展到 9912 家，从业人员 91600 人，固定资产原值 107393 万元，总产值 421600 万元，实现利润 34100 万元，上缴税金 8825 万元。10 年间，固定资产原值、总产值、实现利润、上缴税金的年均递增率分别是 37.3%、36.8%、35.4%和 33.7%。

2002 年，提出“突出加工业，提高建筑业，搞活服务业，加快发展包装业”的乡镇企业发展思路。

2003 年，提出“优化环境，扩大开放，外引内联，突出特色，加快发展”的乡镇企业发展思路。

2005 年，区委、区政府先后下发《关于进一步加快工业“二次创业”进程的决定》《关于加快城东、武南、黄羊生态工业园区建设的意见》。

2007 年，制定《凉州区中小企业“611”成长计划实施方案》，提出支持 60 户中小企业做专、做强的实施意见，扶持 100 户中小企业发展壮大的主要措施，培育 100 户中小企业成为成长型企业的总体计划。

2008 年，乡镇企业总数为 903 户（新统计口径统计），从业人员 65500 人，实现总产值 1297286 万元，增加值 364800 万元；实现营业收入 1163184 万元，税金 14700 万元，利润总额 119845 万元。

2009 年，根据有关要求，乡镇企业各项数据不再单独统计。

二、发展规模

1994 年，为增强企业市场抗风险能力，武威市将经营不善的 8 个脱水蔬菜厂组建为脱水蔬菜集团公司。1995 年，组建甘肃武威建筑安装有限责任集团总公司，属市乡镇企业管理局管理，下辖武威市第二、三、四、五建筑工程公司及金沙、金羊、金塔、和平、高坝、武南、九龙建筑工程公司等 11 个建筑企业。1996 年，荣华公司年产 5 万吨玉米淀粉生产线投产，是全市乡镇企业的第一个规模化生产项目。以双城造纸厂为核心，由全市 14 户造纸及相关企业参加组建甘肃武威双城纸品业集团

1990—2009 年凉州区乡镇企业发展概况统计表

表 11-2-1 单位：万元

年份	企业数（个）	从业人员年末数（个）	总产值	增加值	营业总收入	利润	税金	劳动者报酬	流动资金	固定资产原值
1990	4500	45000	20100	—	20100	1750	544	3750	3680	4600
1991	4600	46000	24710	—	23507	2108	552	4450	4400	5000
1992	5010	54600	32250	—	30000	2700	750	5280	5000	8000
1993	6500	59600	50200	—	47100	3946	1603	7141	13334	21334
1994	7680	68840	82000	—	75100	6800	1820	9600	29472	25132
1995	8661	76500	132800	—	128000	13084	3820	16000	36564	42261
1996	10668	91648	213510	—	198600	22156	5719	27162	39696	65360
1997	12806	107770	342000	—	327960	31646	7744	38797	51108	109263
1998	9644	83317	310600	—	285900	25400	6741	34180	39560	86887
1999	9912	91600	421600	—	389300	34100	8825	39000	52824	107393
2000	13297	98230	569276	1225716	521276	53025	9073	48924	70269	142670
2001	10124	107900	663900	140700	608660	62300	7910	59100	115800	247900
2002	10326	116000	800000	176600	729000	76885	9180	69277	—	280682
2003	10526	122000	972100	217500	880300	92820	10370	71805	—	352404
2004	10588	125800	1176800	265600	1066000	112400	11840	78636	—	336894
2005	16300	131249	1368073	325787	1236799	130466	13300	90130	—	417434
2006	10820	136100	1630030	370040	1471020	150560	16895	98270	—	442636
2007	869	62470	1064247	299820	961623	105166	12585	40696	—	—
2008	903	65500	1297286	364800	1163184	119845	14700	50539	—	—

公司。1997年，黄羊镇面粉企业达到10家以上，组建了黄羊面粉集团公司，奠定了全市面粉加工业规模化生产的基础。2005年，金沙建筑工程公司年产值超过7亿元。2009年，红太阳面粉有限责任公司已成为总资产2.4亿元，年加工能力45万吨小麦，年产值超过7亿元的西北地区最大的面粉加工企业。全区乡镇企业中规模以上的企业共有192户，其中年产值在1亿元以上的16户，5000万元以上的19户，1000万元以上的83户，500万元以上的75户。

三、产业结构

1990—2009年，境内乡镇企业的主体一直是第二产业（包括制造业、采掘业和建筑业），占60%~70%，第三产业（包括交通仓储、批发零售、住宿餐饮及其他服务业）占30%左右，第一产业即农业企业占1%左右。

第二节 体制改革

一、产权结构改革

20世纪90年代后，武威市乡镇企业经济形式主要有乡镇办集体企业、村办集体企业、私营企业、个体企业。集体企业是乡镇企业的骨干力量。1990年，乡镇企业中乡、村两级集体企业共有318个，总产值7950万元，固定资产原值2981.6万元，总产值和固定资产原值分别占全部乡镇企业总量的39.6%和64.8%。1995年，乡、村两级的集体企业数共有413个，总产值62635万元，固定资产原值19170万元，分别占全部乡镇企业总量的47.2%和45.4%。

2000年以后，由于集体企业产权制度改革的深化和私营经济发展，集体企业的数量急剧减少。2000年减少为265个，总产值181231.3万元，固定资产原值65753.9万元。2001年为97个，2002年为75个，2003年为43个，2004年为8个，2005年为4个。

二、经营体制改革

股份合作制　1992年，武威市首家股份合作制乡镇企业永昌镇梧桐工贸公司成立。1993年，制定《乡镇企业推行股份合作制试行办法》，推广武南、双城、高坝、黄羊等乡镇在发展股份合作制企业方面的经验。全市共新办、改造股份合作制企业115个，吸纳入股资金2898万元，入股户数达1190户，新增产值1100多万元。在推行股份合作制过程中，涌现出了双城玛钢厂、黄羊酱醋厂等60多个典型股份合作制企业。1994年，在乡镇企业中推行股份合作制产权制度改革，新增股份合作制企业96个，吸纳各类入股资金2254万元。同年，对20余家企业进行了改造，对已经发展起来的进行了规范。1995年，新增股份合作制企业56个，吸纳股金2100万元，相继建成和平镇大众榨油厂、金塔乡养殖场、饲料厂、榨油厂、蜂窝煤厂和永昌镇甘闽造纸厂，以及与台湾客商合资的有威医疗器械厂等一批具有股份合作制性质的企业。1996年，全市新办股份合作制企业41个，新增股金1810万元。1997年，《武威市乡镇企业改革实施方案》明确提出乡村集体企业设置乡村集体股、职工个人股、社会法人股、外资股以及社会个人股等股权形式，为乡镇集体企业在股合制形式下的发展起到了政策引导作用。1998年，有乡、村两级集体企业380个，2000年减少至265个。

产权制度改革　2000年以后，全市乡镇企业进行新一轮产权制度改革，重点是把非国民经济支柱行业的公有制中小企业采取各种形式转化为民营企业。2001年，出售集体企业77个，股份合作制改造40个，正在实行改制的50多个。2002年，将一批小型、微利、亏损和停产企业一步到位改制成私营企业，实现政企分开，盘活了存量资金。2003 年，区委、区政府出台《关于进一步加快企业改革的实施意见》，加大对乡镇企业的改革力度，新组建一批按照现代企业制度运行的“公司制”企业，对无经济效益、亏损严重、难以搞活的企业，依法实行破产。年初，全区乡镇集体企业有 75 个，当年采取出售方式的 33 个，实行承包租赁的 42 个，改制工作进入攻坚阶段。武威全圣实业集团有限公司先后收购武威市植物油脂公司、粮食机械厂、造纸厂、大众饭店、武威市第四建筑工程公司、武威市水利电力工程局、武威南化工厂、明胶厂等一批国有老企业，武威建隆房地产开发公司出资收购了凉州熏醋厂，武威华都有限公司收购了武威肉联厂。2004 年年底，全区 59 家（包括历年来以承包形式改革现需彻底改制的）集体企业已完成改制 51 个，其中出售 32 个、租赁 18 个、破产 1 个、未改制 8 个。2009 年，全区乡镇企业（不包括个体户）共 903 个，其中集体企业 4 个，股份合作企业 1 个，联营企业 3 个，有限责任公司 48 个，股份有限公司 1 个，私营企业 846 个。

第三节　行业结构

在乡镇企业发展历程中，逐步形成农业、工业、建筑业、交通运输仓储业、批发零售业、住宿及餐饮业、社会服务业和其他行业门类。

一、农业企业

1990—1994 年，全市农业企业发展缓慢。1995 年，共有 21 家农业企业，是数量最多的年份，比较突出的是股份合作制企业——清源镇万头猪场。2002 年，农业企业进入低谷，产值仅 900 万元，占当年乡镇企业产值总量的 0.11%。2003—2006 年，农业企业比重逐年增大，2006 年达到最高点，达 1.16%。2007 年后，乡镇企业的统计口径发生变化，将个体经济另外计算。2009 年，乡镇企业中有农业企业 15 家，产值 12805 万元，占当年乡镇企业总量的 1.04%。

二、工业企业

（一）煤炭开采业和洗选加工业

煤炭开采业　20 世纪 90 年代，全市乡镇小煤矿快速发展。1999 年，乡镇村集体小煤矿 30 个，从业人员 700 人。2000 年，将一批生产条件达不到国家标准的小煤矿相继关停，有的矿点资源枯竭。2009 年，小煤矿 23 家（其中在凉州区注册且“六证”齐全的有 7 家，其余多在肃南县九条岭矿区注册），开采原煤 39 万吨，总产值为 5972 万元。小煤矿主要分布在金山乡的小口子烟煤矿区、西营镇的大沙沟无烟煤矿区以及九条岭南大坡矿区，其中金山乡 5 家、西营镇 5 家、九条岭矿区 13 家。

洗选加工业　2000 年，乡镇企业的洗选煤厂、煤球厂、蜂窝煤厂呈遍地开花之势。据不完全统计，这类企业大约有 50 多家，其中规模较大的是创建于 2002 年 4 月，位于松树乡的武威市形型煤化厂，企业占地面积 35000 平方米，拥有固定资产 6560 万元，员工 2158 人，辖两个分厂，已形成年产 20 万吨洗煤生产线、5 万吨型煤生产线和 30 万吨干选煤生产线的生产能力。2009 年，实现销售收入 1091 万元，上缴各种税金 387.5 万元。

建筑材料业　2009 年，乡镇建筑材料工业已有水泥、水泥预制板、砖瓦、玻璃制品、耐火材料、金属门窗、地面装饰板材和砂石料等八大门类，受市场需求的拉动，产品更新换代加快，产能逐步提升，在经济发展中的作用越来越明显。

水泥制造业　1993 年，武南镇水泥厂和永昌镇水泥厂成立。武南镇水泥厂主要生产 32.5 级和 42.5 级硅酸盐水泥，2003 年，技术改造后，拥有固定资产 2800 万元。2009 年，生产水泥约 2.83 万吨，实现总产值1867万元，缴纳税金21万元。

水泥预制件制造业　1993年，水泥预制构件总产量4.3万立方米。至2009年，全区乡镇预制件制造企业共有11家，年产达39万立方米，总产值达3764万元。其中下双水泥预制件厂的规模较大，2009年，总产值1124万元，上缴税金22万元。

砖瓦制造业　随着城镇建设的发展和人们追求居住条件的改善，砖瓦的需求量不断增加，1993—1997年5年平均产量为24374万块砖，2006—2008年3年平均年产量为22267万块砖2305.7万片瓦。2009年，砖瓦生产企业有80多家。单一黏土砖瓦发展到灰砂砖、空心砖、多孔砖、轻集料砼小型砌块、非烧结砖、超薄瓦、路面砖、装饰砖等环保、节能、节土、利废的多品种、多用途的新型建筑材料。金沙乡赵家磨砖厂始建于1956年，占地18000平方米，固定资产80万元，职工260余人，建有机制红砖线一条，可年产400万块红砖、6万块空心砖。新型墙体材料的代表企业松树新型建材有限公司，拥有QTY4-18型两条全自动砌块生产线和一条欧洲条纹布道石路面砖生产线，年生产能力达10万立方米，生产各种规格型号的轻集料砼小型砌块、多孔砖、非烧结砖（标砖）、路面砖系列等。

玻璃制品业　20世纪90年代，仅有始建于1975年的柏树玻璃厂一家，1991年，拥有固定资产200万元，生产玻璃制品5500吨，产值300万元，职工150多人。1995年产量降到400吨，1998年因经营不善停产。2005年，武威工业园区新建金峰玻璃厂，2009年生产玻璃瓶283万多只，产值497万元。

金属型材业　武威市吉祥铝型材有限公司成立于2002年，次年试产，2009年实现产值1027万元，从业人员39人。甘肃中大铝型材加工有限公司成立于2007年，占地面积65亩，年产1万吨铝型材加工项目已于2008年11月完工并投入生产。一期工程共投资5100万元（其中固定资产3000万元），建成熔铸等4个主要生产车间及生活附属设施，二期工程已于2009年4月开工。其余企业规模较小。

砂石开采业　2009年，全区乡镇采石企业14家，以高坝镇最为集中。采砂业主要分布在下双乡、九墩乡，有4户。当年采石约25万立方米，采砂约10万立方米，实现产值800万元左右，从业人员250余人。

（二）机械工业及金属制品业

1990—1996年，武威市机械加工及金属制品业年产值均居乡镇企业之首，呈稳步上升趋势，1997年以后有所回落。新鲜农机厂、谢河农具厂、高坝百安灶具厂是当时较有影响的企业。2000年后机械工业在全区乡镇企业的比重开始下滑。2009年，机械制造及金属制品企业主要集中在双城、洪祥、谢河、永丰等乡镇，年产值500万元以上企业有11家。始建于1992年的武威圣塔农机制造有限公司，拥有固定资产400多万元，主要产品有清粮机、小麦磨粉机、联合去石洗麦机、多功能施肥播种机、玉米脱粒机、畜力播种机、折叠翻转犁、翻转双铧犁、手扶转头犁、四轮旋耕机、农用挂车、玉米（棉花）穴播机等20多种产品，被农业部确定为农业推广产品和甘肃省乡镇企业系统名牌产品，2009年完成生产总值1800多万元，上缴税金16万多元。始建于1993年的武威兴旺农机制造有限公司，拥有固定资产240多万元，主要产品有小麦播种机、棉花播种机、旋耕机、犁铧、麦草打包机等，被省乡镇企业管理局评为名牌产品；2009年完成生产总值2400万元，上缴税金6万多元，被评为全省私营明星企业。

（三）化学工业

主要是肥料企业。1999年以前，全市乡镇企业肥料生产主要以单一的磷肥为主。2009年，全区各乡镇的小磷肥厂有20家左右，小磷肥厂设施简陋，工艺简单，质量难以保证，市场需求不大，有时停产。荣华公司有机化肥项目建成后，年生产复合肥1.6万吨。

（四）食品工业

1990年，武威市乡镇食品工业的总产值为549.3万元，占乡镇工业总产值的10.2%。1997年，食品工业总产值为28334万元，占乡镇工业总产值的25%。2008年，食品工业的总产值为517634万元，占乡镇工业总产值的61.8%，并逐渐发展成为农副产品加工、食品制品、饮料制造3大门类10多个小门类。

（五）粮食加工业

1990年，武威市乡镇企业粮食加工企业有18家。1991年，共生产面粉3万吨。1997年，有50多家，产量达到6.5万吨。2003年，乡镇面粉企业达到110多家，年加工能力达100万吨，当年完成产值138000万元，占全区工业产值的35.9%，实现增加值32200万元，占全区国内生产总值的6.5%。以红太阳面业集团为龙头，包括金三角面业公司、金穗面业公司、张义面业公司等一批面粉企业向规模化、大型化方向发展，一些小型面粉企业逐渐被市场淘汰。2009年，乡镇面粉企业降至50家，产量186万吨，产值达282575万元，占乡镇工业总产值的33.7%。

（六）植物油加工业

1990—1997年，武威市新增植物油加工企业10家，其中规模最大的是和平镇大众榨油厂。2009年，植物油加工企业8户，从业人员142人，生产食用植物油10780吨，实现产值5291万元。武威市大众工贸有限责任公司（前身是和平镇大众榨油厂）生产的“西凉天裕”牌油品，质量达到国标一级，行销西北数省和辽宁、天津等地。

（七）玉米淀粉及其深加工

1990—2009年，全区以玉米淀粉为原料的企业有2家。荣华生化（实业）集团股份有限公司1996年建成年产5万吨玉米淀粉项目，后又陆续扩建到年产40万吨玉米淀粉的生产能力。永鑫实业公司下属的生物工程分公司，产品主要有玉米淀粉、有机复合肥、高蛋白饲料、玉米胚芽及玉米精炼油、乳酸系列产品、葡萄糖、高麦芽糖、焦糖色素等。

（八）酿造业

酒类酿造　1992年，全市仅有乡镇酒厂2家。2009年，有下双乡金武酒业公司、金羊镇九州酒业公司、清水乡酒厂、永丰镇恒生酒业公司4家小白酒厂，基本处于半停产状态。

酱醋酿造　1990年后，随着人民生活水平的提高和“凉州熏醋”在省内外名气的扩大，乡镇酱醋业也蓬勃发展起来。1994年，乡镇企业生产的酱醋达到3360吨，1997年达到8473吨。2000年以后，酱醋产业在乡镇企业中发展迅速。2009年，有21家酱醋企业，从业人员780多人，酱醋产量3.9万吨，产值25314万元，其中武威柏树庄醋业有限责任公司的“柏树庄”牌食醋为全省同行业中唯一的绿色食品。

啤酒麦芽生产　1994年，第一家乡镇麦芽企业永昌镇永泰麦芽厂创建。1995年，顺发麦芽厂创建。2006年，啤酒麦芽企业又增加3家。2008年，又增加6家。其中新野、长城两公司年产麦芽能力均为5万吨，顺发公司为3万吨，金业、吉泰两公司为2万吨，百立晔公司（其前身为永泰麦芽厂）为1万吨。2009年，麦芽企业工业总产值为19947万元。

（九）蔬菜脱水、保鲜及运销

1990—2000年，全市乡镇企业有10家脱水蔬菜厂。2002年，高坝镇祁连蔬菜有限公司成立，集种植、建立蔬菜基地、保鲜和运销一体化，年外销蔬菜2.5万吨，实现营业收入7000万元。2009年，全区有高坝脱水蔬菜厂和清源脱水蔬菜厂2家，当年生产脱水蔬菜1400吨，另外有蔬菜保鲜及运销企业4家。

（十）造纸及纸制品业

造纸工业　1991—1999年，武威市乡镇造纸企业平均年产量为7032吨。2000年以后由于小造纸厂的污染严重，2004 年关停双城白板纸厂等 18 家小造纸企业，做到了生产断电、蒸球落地，剩余 14 家小造纸企业于 2007 年全部关闭。

纸制品业　1999 年以前，全市只有黄羊纸箱厂等 4 家企业，到 2008 年发展到 7 家，从业人员 310 人，产值为 3350 万元。其中较大的华艺包装厂始建于 2001 年，企业总资产达 420 万元，具有年产 1000 万只纸箱系列产品的能力，2005 年实现总产值 360 万元，利税 41 万元，从业人员 24 人。

（十一）木材加工业

1990 年，武威市乡镇企业木材加工主要由一些综合加工厂兼营，1993 年，武南胶合板厂等 4 家生产胶合板、富丽板和人造板的企业陆续建成。至 2009 年，有木材加工企业 13 家，其中胶合板企业 3 家、富丽板企业 1 家。实现产值 6160 万元，从业人员 322 人。武南福海木业有限公司（其前身是武南镇胶合板厂）和洪祥天泉木材加工厂规模较大。

（十二）塑料工业

1990 年，武威市乡镇企业只有黄羊塑料厂和武南华新塑料厂 2 家。1991—1996 年，全市生产塑料的企业增加到 13 家。主要产品有打包带、编织袋、塑料软包装、农用地膜、棚膜等。荣华工贸公司的包塑材料厂、农膜厂生产的 HPYC 扭结膜、真空铝膜和无滴棚膜，填补了全区塑料工业的空白，其产值也占行业的 50%以上。2001 年，黄羊新时代塑料制品有限公司建成投产，建成年产 1000 万条编织袋和 2000 万条彩印包装袋生产线各 1 条，拥有固定资产 300 多万元，产值达 6747 万元。至 2009 年，全区有塑料加工企业 10 家，其中编织袋企业 1 家、农用地膜企业 1 家、包装袋企业 1 家，其他企业主要加工废塑料。

三、乡镇建筑业

1990 年，乡镇建筑业拥有固定资产 1952.95 万元，当年实现总产值 6460 万元，占乡镇企业总产值的 32.13%，居各行业之首。1991 年，出台《武威市乡镇建筑企业管理暂行办法》，对 34 家三级以上的建筑企业进行资格审查，帮助企业建立健全规章制度。2000 年，隶属于乡镇管理的 11 家建筑公司全部改造为公司制。1999—2006 年，全区有建筑资质的企业从 11 家增加到 27 家。2009 年，金沙、高坝、金塔、和平、金羊 5 家建筑公司的年产值超过 6000 万元，规模较大的有高坝建筑工程有限公司和金羊建筑工程公司。

四、交通运输业

1990—1999 年，武威市乡镇交通运输业快速发展，一些先富裕起来的特别是地处产煤区的农民，开始购买载重汽车进行煤炭长途运输。一些蔬菜生产区、粮食主产区的农民也开始购买汽车用于长途贩运。在短途运输方面，中小型拖拉机也逐渐被农用汽车和农用三轮车取代。2000—2009 年，货运汽车数量大增，而且在客运、出租等方面也有大的发展，洪祥镇建立汽车客运站，双城镇成立公交公司，清源镇建立客货服务站，许多行政村都有和城市对开的小型客车。

五、商业饮食服务业

（一）商业

20 世纪 90 年代后，武威市乡镇商贸企业规模逐步扩大，如荣华经销公司下属企业荣华综合批发站、荣华商场、天龙商场、荣鑫商场和古城经销部，其规模和营业额在当时武威乡镇商贸企业中位居前列。1996 年，青林乡建成空星墩滩商贸饮食服务长廊，高坝镇建成商贸中心。1997 年，永丰镇建成商贸一条街，高坝镇建成高坝花园什字商贸一条街。2000 年以后，乡镇商贸企业实力日益增强，出现许多年营业收入上千万元的商贸企业，如双城农贸市场、华都工贸公司、华隆商贸公司、蔡庄家具广场。2005 年，洪祥镇建成洪祥集贸市场，发放镇建成了发放蔬菜批发市场，金羊镇建成海藏路蔬菜批发市场。2009 年，乡镇企业中个体工商户为 16915 户，从业人员 81200 人，营业收入 734489 万元，经营范围包括粮油购销、蔬菜外销、农资、农机、建材、装潢材料、五金家电和日用百货等。

（二）住宿、餐饮及服务业

1992 年，武南镇建成武南饭店，占地 3800 平方米。1996 年，高坝镇建成高坝雪银饭店，集停车、住宿、餐饮于一体，占地 2000 平方米。1996 年，乡镇饮食业的总收入 4098 万元，为 1989 年的 6 倍。2000—2005 年，食宿餐饮服务业发展较快。金羊镇赵氏三兄弟的果木烤土鸡、双城镇世纪红酒楼的乳鸽菜肴系列等当地特色的名优小吃相继推出。2009 年，全区住宿、餐饮及服务业的营业收入为 93437 万元。

第四节 效益

一、经济效益

20 世纪 90 年代后，武威市乡镇企业加快了农村经济的发展。1990 年，乡镇企业总产值相当于农业总产值的 66.1%。1991 年，有 8 个乡镇的乡镇企业总产值超过 1000 万元。1999 年，全市乡镇企业总产值是农业总产值的 3.66 倍，有 11 个乡镇的乡镇企业总产值超过亿元。2006 年，乡镇企业的总产值为 163 亿元，是农业总产值 37.59 亿元（现价）的 4.33 倍，增加值为 37 亿元。2007 年，乡镇企业总产值 129.73 亿元，总产值达 5 亿元的乡镇有 7 个，其中黄羊镇和高坝镇的乡镇企业总产值分别为 27.92 亿元和 21.18 亿元。2009 年，乡镇企业累计上缴税金 14.37 亿元，累计发放职工工资 69.2 亿元，农村人均收入增加 2315 元，占当年农民人均纯收入的 41.53%。

二、社会效益

1990—1997 年，乡镇企业从业人员增长缓慢，1997 年只有 12806 人。1998 年，乡镇企业从业人员开始大增，达到 83317 人。2000 年达到 136100 人，约占当年全区农村劳动力的 1/3。2001 年，乡镇农副产品加工企业的兴起，缓解大宗农产品卖难的问题，带动了全区农村第三产业的发展。2002 年，从业人数达到 84102 人，经营收入达到 122652 万元。部分乡镇企业在实现经济效益的同时，发挥社会效益回馈社会。如中坝镇下畦实业开发公司，1990—1996 年，先后投资 210 万元，用于打井架线、平地修路。高坝、金羊、金沙、和平等乡镇建筑公司，共投资 200 余万元，用于“希望工程”和兴修水利等社会福利事业。全圣实业集团公司先后在希望工程、敬老助残、抗震救灾、修桥铺路、南城门楼和白塔寺修建、援助家庭贫困大学生等社会福利事业方面共捐款 480 万元。2008 年“5·12”汶川大地震发生后，乡镇企业和农村个体工商户捐款捐物。据统计，有 11 个乡镇企业和团体共捐款 76 万元，其中荣华公司捐款 30 万元，个体工商业协会中的农村会员捐款 30 万元。

第五节 管理

一、安全管理

1990 年，乡镇企业共发生安全事故 10 起，造成 15 人死亡，其中金山乡小口子煤矿发生的一起由于违章指挥造成一氧化碳中毒的重大事故，造成死亡 6 人、中毒 11 人。1991—1995 年，乡镇企业发生安全事故 13 起，造成死亡 19 人。1996—1999 年，全市乡镇企业没有发生重大安全事故，事故发生率呈下降趋势。2001 年，取缔关闭不符合安全生产要求的小煤矿 6 个，压产 3 万吨。2006 年，金山乡小口子煤矿发生一起因副井筒顶取板事故，造成死亡 1 人，直接经济损失 26 万元。2007 年，谢河镇宏达砖厂发生采场坍塌事故，造成 3 人受伤，直接经济损失 20 万元。2008—2009 年，乡镇工矿企业发生安全生产事故 9 起，安全事故逐年减少。

二、标准化管理

20 世纪 90 年代后，全市乡镇企业都进行达标生产，消灭“无标”生产，为提高产品质量打下基础。2000 年，在工业领域乡镇企业推行 ISO 9001 质量管理体系和 ISO 14001 环境管理体系认证标准，在食品行业乡镇企业推行 HACCP（危害分析重要控制点系统）认证标准，在电器制造行业乡镇企业推行 3C（中国强制认证）认证标准。据不完全统计，2001—2009 年，全区乡镇企业共制定涉及产品的企业标准有 170 多个，有 120 多家乡镇企业通过计量认证，30 多家（包括建筑企业）通过 ISO 9001 质量管理体系认证，金三角面粉公司等 4 家企业通过 ISO 14001 环境管理体系认证，荣华（集团）公司等 2 家企业通过 HACCP 认证，宇通电线电缆公司等 2 家企业通过 3C 认证。

三、环境管理

1996 年，国务院下发《关于环境保护若干问题的决定》。同年 10 月，关闭羊下坝造纸厂等 4 家小造纸企业及张义皮革厂。2001 年，关闭武南、永昌 2 家小水泥厂。2004 年，关停 18 家小造纸企业，做到蒸球落地，停产治理。2005 年，关闭大沙沟矿区的柳树泉煤矿。2007 年，对剩余的 14 家小造纸企业进行彻底关闭。

四、职工培训

20 世纪 80 年代，武威市成立乡镇企业技术学校。1990—1995 年，学校设有企业管理、财统、煤炭砖建筑、建材、电脑、信息化管理、质量和环保安全等 10 个专业。1996—1997 年，学校培训各类技术人员 5516 人（次）。2000—2009 年，培训各类人员 15000 人（次）。

第三章　交通运输

第一节　机构设置

一、交通运输管理机构

凉州区交通局　1990 年，武威市经济委员会交通科负责市属公路建设、养护和交通运输行政管理职能。1997 年，撤销武威市经济委员会组建武威市经济贸易委员会，并加挂武威市交通局牌子。

1999年，武威市交通局成立，隶属于武威市经济贸易委员会管理，负责全市公路建设和交通运输工作。2001年8月，更名为凉州区交通局。2002年，列为区政府直属单位。2007年9月，调整为区政府工作部门，负责全区交通运输行政管理，内设综合办公室、交通战备办公室、农村公路建设办公室、计划财务办公室和路政大队。

凉州区公路建设养护站　原名为凉州区公路管理站，负责全区区乡公路修建及养护管理。2007年，公路养护站承担的行政职能划归区交通局，公路管理站更名为凉州区公路建设养护站，保留原公路管理站牌子。将原公路管理站拖拉机养路费征收管理职能分离，设立拖拉机养路费征稽所，隶属区交通局管理。2008年，养路费改为燃油税后，拖拉机养路费征稽所随之撤销。

二、铁路管理机构

武威铁路办事处　原名为兰州铁路局武威铁路分局。1990年，武威铁路分局内设办公室、总工程师办公室、安全监察室、运输处、机务分处、工务分处、电务分处和车辆分处。2005年，武威铁路分局撤销，原管辖站段由兰州铁路局直接管辖，成立武威铁路办事处，为兰州铁路局的派出机构，办事处内设综合办公室、党群办公室、安全监察室、财务室、离退休职工管理办公室和保险事业管理办公室。2009年，武威铁路办事处撤销。

第二节　交通

一、公路

1990年，武威市公路网由凉（州）古（浪）公路、黄（羊）哈（溪）公路、牛（家花园）祁（连）公路、黄（羊）吴（家井）公路、丰（乐）西（营）公路、前（庄）西（营）公路、刘（畦）黄（羊）和天马大道等构成。至2009年，凉州区境内有上霍高速公路 、连霍高速公路古（浪）永（昌）段2条国道，总长172.284公里；省道民（勤）九（条岭）公路，长99.77公里；有专道8条，县道12条，乡道39条。全区乡镇四级以上油路通达率100%，乡镇通行政村农二级以上公路通达率100%，农村公路密度为52公里/百平方公里。

（一）干线公路

国道上（海）霍（尔果斯）公路（沪霍线G312）　区境内全长77.2公里，于1996年12月通过验收并交付运行，有互通式立交桥2座、分离式立交桥1座、大桥1座、中桥2座、小桥13座、涵洞287道和通道54处，在六坝河、丰乐设二级汽车专用收费站。2002年，古（浪）永（昌）高速公路开工建设，收费站撤销。

G030连霍高速武威入市口

连（云港）霍（尔果斯）公路（连霍线G030）　区境内全长95.05公里。2000—2002年，对古浪至永昌段按平原微丘高速公路标准进行建设，新建全封闭、全幅式双向4车道，设计行车时速为100公里，路基宽度25.5米，连霍公路古浪至永昌段的建成结束了凉州区境内没有高速公路的历史。2007年，成立古永高速公路管理所，分别在武南、武威城东、黄羊和丰乐匝道设立高速公路收费站。

民（勤）九（条岭）公路　区境内全长99.77公里。为原民（勤）仙（米寺）省际公路的区境内部分，是经民勤县、凉州区和张掖肃南裕固族自治县至青海省门源回族自治县的一条跨省公路，连接内蒙古自治区阿拉善右旗等地区，沟通国道及省道S308线及兰新、甘武铁路，部分路段为城市二级公路，其余56.31公里为平原微丘区三级标准公路。2001—2002年，该路在原三级公路基础上开始新建和改建，并全线通车，由武威市交通局负责管养，成立民（勤）武（威）公路建设管理处，设有中坝收费站。2003—2004年，先后三次对该路武威城区南关桥至九条岭段个别路段进行改造重铺。

金（昌）武（威）公路　原名为武（威）双（城）公路，区境内全长33.88公里。境内起点位于永昌县与凉州区交界的北沙河桥，终点至海藏路，经金羊、永昌、双城3镇，与永昌县朱王堡镇相接，是连接金昌、武威两市的主要干线公路。1990年，成立武（威）双（城）公路改造工程指挥部，在沥青渣油表处四级公路基础上进行二级公路改造。2003年，经省计委、省交通厅批准建设金昌至武威公路，对全线重新进行建设，2005年，建成三级标准全幅式主线和支线，并全线投入运行。

凉（州）古（浪）公路　区境内全长60.4公里，由主干线和两条支线组成。主干线长43.4公里，起点荣华桥，终点至吴家井乡吴家井村；支线2条，即刘（畦）陈（家庄）支线3.97公里和前（营）五（墩）支线13.03公里。2002年，在原有公路基础上，改建完成主干线K0+000—K5+005段二级公路，建成清水河大桥。2003年，凉（州）古（浪）公路建设工程指挥部成立。2006年，高坝镇至长城乡前营段30.3公里二级标准公路全线建设完成。2007年，主线16.927公里、支线前营至五墩13.53公里全线建设完成。

黄（羊镇）吴（家井）公路　全长31.19公里。起点于国道312线K2452+952处，终点吴家井大甘沟，与凉（州）古（浪）公路相接，是凉州区东南部区域交通运输干线。2006—2007年，进行了分段改建，主线采用平原微丘区四级公路技术标准设计，其中前3.1公里建成宽度24米的全幅式城市主干道二级标准公路。

黄（羊镇）哈（溪）公路　区境内全长40.33公里。起点为国道线黄羊立交桥，终点为天祝县哈溪镇，沿线海拔2000~2600米。1992年，开始对低等级砂砾路进行改造建设。1993年，完成10公里路面铺油工程。1994年，完成中段路基改建工程，新建、改建涵洞18道和防护工程。1997年，完成末端路基改建，新建小型桥梁3座、涵洞14道及防护工程。2005年，全路投入运行，为山岭重丘区三级标准沥青油路。

天马大道　原为武威至武南一级公路，全长32.42公里。主线15.72公里，起自天马桥，终点至韩佐乡阳畦村，与古（浪）永（昌）高速公路武威南收费站路口相接。支线起自高坝镇刘畦村，终点至河东乡，长16.7公里。1994—1996年开工建设并投入运行，成立武威至武南一级公路管理所，负责该公路通行费收取、养护、绿化管理。2003年，根据省政府通知，停止收取通行费，公路管养业务移交凉州区交通局。2007年，凉州区决定将武威至武南一级公路命名为天马大道，并对天马大道路基和路面进行全线重建。2008年，天马大道主干线建成双向四车道城市二级标准公路，加宽改建大中型桥梁3座及小型桥涵，完成支线四级标准改建。2009年，开工建设公路两侧各22米宽非机动车道和人行道。

牛（家花园）祁（连）旦（马）公路　区境内全长22.22公里。主线自牛家花园至天祝县祁连乡，支线自新华乡青嘴湾至天祝县旦马乡，长28.73公里，在区境内6.0公里。1992年，在原三级砂砾公路基础上铺筑3厘米沥青表处路面。2007—2008年，经省发改委批准立项改建，建成平原微丘区四级标准公路并投入运行。

双（树）清（源）公路　全长22.34公里。主线发放镇双树村连接武（威）下（双）公路，终点至清源镇宣庄村与凉（州）古（浪）公路相接。支线发放镇至朱家庄村，长 6.6 公里。分别于 1998—2003 年 3 次对该公路进行修补、补强罩面及部分路段的改线改造。2009 年，全面完成全线大修改造工程。

凉（州）下（双）公路　全长 22 公里。起点自城东拥军南路中段，经发放、大柳、双树至下双乡与民（勤）武（威）公路相接。1998 年，以民工建勤和民办公助的方式对该公路进行二级标准改造工程。2004 年，对部分路段油面重铺。2009 年，对全路进行补强罩面，部分路段进行翻修，提高了路况及通行能力。

前（庄）西（营）公路　全长 40.99 公里。起点自四坝镇前庄村与于家湾至蔡旗公路相接，经双城、洪祥至西营镇与武威至九条岭公路相接，为民勤县到九条岭的便捷通道。2009 年，对全线改造建设，建成四级标准公路。

于（家湾）蔡（旗）公路　全长 10.02 公里。起点自下双乡于家湾村连接民（勤）武（威）公路，经四坝镇与民勤县蔡旗乡相接，是凉州区北部重要的通乡跨境公路。1998 年，对连接民勤县的末端进行改造铺油。2009 年，对该路全线进行大修。

永（昌）至洪（祥）至双（城）公路　全长 37.01 公里。由主线永昌至洪祥、双城公路和支线怀安至洪祥公路组成。主线起点为永昌镇，经洪祥、怀安、五和至双城镇，是凉州区北部乡镇主要交通干线。支线起自怀安乡政府西侧，经永丰、五和、洪祥 4 乡镇三角地带，终点至洪祥镇。1991 年至 1993 年，对怀（安）洪（祥）支线进行路基建设。2009 年，与主线永（昌）洪（祥）段同时建成长 27.01 公里平原微丘区四级标准公路并投入运行。

韩（佐）古（城）公路　全长 14.12 公里。起点自 G312 国道，经韩佐、二畦、八五等村，终点至杂木河渠。2007 年，重新整建，建成四级标准公路。

石（油库）金（塔）公路　全长 15.3 公里。起点自城区二环路，经石油库、和平镇、柏树乡、金塔乡，终点至金塔河东干渠与牛（家花园）祁（连）公路相接。1994 年，兰新铁路复线建设时，建成与西闸口铁路立交配套的引道。2007 年，对全路分段大修或重建，建成三级标准公路并投入运行。

东（河）黄（羊河农场）公路　全长 19.91 公里。起点自东河乡李家寨与刘（畦）黄（羊镇）公路相接，经王景寨、黄羊河农场新河分场，终点与黄（羊镇）吴（家井）公路相接，2009 年，对部分路段进行改建，建成四级标准公路。

城区二环公路　全长 18.53 公里，为城市主干道二级标准，其中新建 13.07 公里，改建 2.57 公里，连接段 2.89 公里，分二环南路、二环西路、二环北路、二环东路。2000—2002 年，建成二环线北、西、南、东路。

（二）专用公路

在区境内有专用公路 8 条，总长 79.75 公里。

武（威）火（车站）公路　全长 2.05 公里。2002 年，按城市三级道路标准进行改建。

Z034 怀（安）仙（米寺）公路　全长 12.35 公里。为砂砾路面三级标准公路。

区级通乡公路

Z035 国道 G312 线至驻武飞行学院公路 全长 2.5 公里。2004 年，在原低等级公路基础上改建成三级标准公路。

Z043 九（矿桥）水（磨沟）公路 全长 15 公里，其中简易铺装 13 公里。

Z044 九（矿桥）卫（星台）公路 全长 8.5 公里，砂砾等级路。

Z045 丰（乐）大（口子）公路 全长 12 公里，简易铺装四级标准公路。

Z045 炮校南门至北门公路 全长 5.9 公里。2006 年，建成三级标准公路。

Z049 高（坝）四（十里堡）公路 全长 21.28 公里。原国道 G312 线一段，部分路段与武（威）九（条岭）公路重叠，现为连霍高速公路辅道。

（三）旅游公路

天梯山石窟旅游公路 全长 3.2 公里，1993—1994 年利用省上下达的以工代赈资金建成。2007 年，投资 105 万元重建双向二车道全幅水泥混凝土公路，完成山体护坡加固和排水工程，道路两侧分别建有 1 米绿化带。

白塔寺旅游公路 全长 2.58 公里，连接国道 G312 线辅道与白塔寺景区。2003 年，建成双向六车道城市主干道二级标准公路，道路中央设宽 7 米的绿化带，两侧各设宽 9.5 米的人行道。

新华金刚亥母洞旅游公路 全长 3.4 公里，连接新华通乡公路与亥母洞寺。2007 年，建成四级标准公路。

二、铁路

20 世纪 90 年代后，武威市境内的兰（州）新（疆）铁路和干（塘）武（威南）铁路分别连接陇海铁路和包兰铁路，由原武威铁路分局管辖，所辖正线长度 1705.69 公里，其中兰新线 1394.89 公里，干武线 171 公里。1991 年，完成干（塘）武（威南）铁路的电气化改造。1992—1995 年，对兰新干线武威至金昌段进行复线建设并全线开通。2003 年，兰新干线兰州至武威南段二线开工建设。2005 年，乌鞘岭双隧道贯通，兰武新增二线开通运营。兰武二线开通运营后，旅客列车最高时速达 160 公里/小时，列车牵引质量从上行 2300 吨/列、下行 1800 吨/列均提高到 4000 吨/列。2006—2009 年，武威南至嘉峪关电气化工程完工，标志着兰新铁路兰州至嘉峪关段全线实现双线电气化运行。兰新铁路为双线一级铁路。

三、桥涵

1996—2004 年，随着国道 G312 线和 G030 线的改造和高速公路建设，凉州区境内铁路段先后建成大中型桥梁 237 座、小桥 41 座、大中型立交桥 15 座、小型分离式立交桥 66 座。2000 年，先后对南（营）旦（马）公路大水河桥、于（家湾）蔡（旗）公路红柳湾桥和黄（羊）哈（溪）公路张义大桥等 9 座大中型桥梁进行加固和改造维修。至 2009 年，区辖地方公路建成大中型桥梁 11 座、小型桥梁 22 座。

第三节 运输

一、公路运输

20 世纪 90 年代初，武威市运输业以“人便于行，货畅其流；服务社会，提高效益”为目标，打破以国营运输企业为主的局面，鼓励多种所有制经济入市参与道路运输的市场竞争，出现“国有、集体、个体运输业户一齐干，各种运输工具一齐上”的运输经营新格局。1993 年，全市拥有营运客车 188 辆、3983 座；营运货车 961 辆，其中大客车 46 辆（国有 30 辆、集体 12 辆、个体 4 辆），定线面包车 125 辆，其中国有 13 辆、集体 10 辆、个体 102 辆；出租车 17 辆，其中国有 6 辆、个体 11 辆；货车 961 辆，其中国有 621 辆、个体 340 辆。至 1998 年，全市营运客车（包括出租车）增加到 830 辆，营运货车增加到 1768 辆，其他农运运输车辆 11000 多辆。这一时期，针对道路运输市场大幅度增长出现的问题，武威市在客运方面根据市场需要，合理调控运力，坚持“先内置、后审批”的原则，努力把客运市场向大中小齐全、高中低配套、干支线相连、长短途结合、集约化经营的综合运输网络方向调控引导。货运方面积极引导货运车辆向大型、专业、安全、环保方向发展。

2009 年，全区从事道路客运经营的车辆达 3690 辆，从事道路货物运输的车辆达 5762 辆，全年全区道路运输行业完成客运量 1090 万人（次），客运周转量 54825 万人公里；完成货运量 710 万吨、货物周转量 69163 万吨公里，年新增货车 2152 辆；通往各乡镇的客运线 35 条，城乡客运一体化线路 23 条，乡镇通车率 100%，行政村通车率达 96%以上，全区从事道路运输经营活动的人员达 15200 多人。

二、运输站场

20 世纪 90 年代初，全市货运站场以市第二运输公司公用型车站和武威市联合运输公司火车站货运服务站为主。1996 年，编制完成《武威市 1996—2010 年公路客货运输站场建设规划》，逐步完善和重新组建东、西、南、北四关共 7 个临时客运始发站点，由于建设资金所限，《规划》没能全部落实完成。2005 年，随着全省农村客运网络化建设和城乡客运一体化建设规划的出台，当年在张义、黄羊、武南、永昌、双城、丰乐和洪祥 7 个乡镇新建汽车站。2009 年，37 个乡镇共建成 29 个乡镇汽车站、3 个景区汽车站和 319 个行政村停靠站，其中 5 个乡镇客运站投资在百万元以上，城区北关建成二级以上客运站 1 个。

三、运输企业

20 世纪 90 年代初，全市有武威市运输公司和武威市联合运输公司。武威市运输公司属国营运输企业，有客车 60 多辆、货车 16 辆。1994 年，道路运输市场全面放开后，公司货运业务因经营不善失去竞争优势，货车单车全部拍卖。武威市联合运输公司主要从事货物运输，因经营不善于 1995 年并入武威市运输公司。1996 年，引进外资 200 多万元，扶持武威市海石实业有限责任公司，开辟武威市 10 条小公共汽车客运线路。2004 年，武威市汽车运输公司经第一轮企业改革，重组改制为武威交通运输集团有限责任公司，简称“武运集团”。武运集团日发送旅客 1200 人次，日发送货物 500 吨。客车跨省运输线路 19 条，23 个班次，跨区线路 50 条 233 班次。2005 年，按照“城乡公交一体化”运输发展思路，通过招投标，成立了城乡公交公司。至 2009 年，全区有武威交通运输集团有限责任公司、武威市永通城乡公交客运有限公司、武威市通利汽车运输有限公司、武威市凉州区宏远城乡公交客运有限公司、武威市凉州区兴盛公交有限公司、武威德盛公交有限公司、武威市海石公共交通有限责任公司等 7 家线路公司，按定点、定班、定时公交化运行模式运营。

武威交通运输集团有限责任公司 原甘肃省第五汽车运输公司，始建于 1961 年 10 月，位于城区南关街。后经多次企业改革措施，更名为武威市汽车运输公司。2002 年 6 月，被交通部授予“国家公路客运二级资质企业”。2004 年 5 月，公司改制为武威交通运输集团有限责任公司。2009 年 12 月，公司下辖武威客运中心、武威汽车站等 8 个汽车站，营运客车 277 辆，其中 19 座以上客车 168 辆，19 座以下客车 116 辆，包含有卧铺客车 9 辆。营运省际班线 12 条，市际班线 17 条，区县客运班线 25 条，其中营运里程超过 1000 公里的线路有 2 条，营运里程超过 400 公里的线路有 13 条，正常始发的夜班车线路有5条，包括临河、酒泉、敦煌、瓜州、兰州线，12辆车轮班发车。

武威市海石公共交通有限责任公司 始建于1996年，位于凉州区雷海路，系非公有制城市公共交通企业，承担着武威城市公共交通的公益职能。海石公交在全国开创民营公交企业公开承担政府城市公共交通公益职能的先河，填补了武威没有城市公交的空白。公司拥有公交营运车206辆，营运线路13条，营运里程约139公里。公交线路网络覆盖了武威城区主干道并连通近郊卫星乡镇，实现武威城区公交科学管理和便民服务，每日送往乘客约8万人次。2009年12月，公司总资产4000多万元，完成客运量349.1万人次，拥有员工303人，上缴税金1820多万元。

凉州区兴盛公交有限公司 成立于2005年9月，位于凉州区金羊镇五一村，金（昌）武（威）公路西侧，是集站、运、维修一体的公交运输企业。2006年，公司先后建成洪祥、双城、四坝、沙子沟、五一、松涛、中坝、贾家敦8个乡镇客运站，占地28000平方米。2008年12月，公司拥有营运客车258辆，其中城市公交55辆、镇区出租汽车20辆。经营城区至洪祥、双城、永昌、上下原、张兴、东坡、校东、四坝、煌辉新村、羊下坝、下沙子、曾家堡、红花寺、杂木一干、新能源产业园区15条城乡公交线路，3条城市公交线路。2009年12月，公司拥有从业人员430人，固定资产4230万元，上缴税收40万元。

四、城区出租车

1994年，出租车开始在武威城区运营，以小型面包车为主（俗称面的），运价、标识、配置比较杂乱。1997年，成立规范管理出租车运营业务的出租车行，后升格为出租客运有限公司。经营规模较好的有武威泰兴出租公司和武威市昌达小型汽车出租客运有限公司。2003年，出租车逐步发展为两厢夏利、吉利为主的车型，标识、计价器、顶灯等车辆配置也逐步统一，起步价统一为3元/2公里。2005年，面的出租车车型退出出租车市场。武威市运管局成立出租车整顿领导小组，进一步规范了出租车市场，车型逐步更替为三厢夏利、吉利和起亚千里马。对出租车市场准入实行严格的总量控制，坚持不懈地打击“黑车”非法经营行为，不断提升出租车行业管理和文明服务水平。2008—2009年，对车况比较破旧的156辆夏利出租车进行陆续更新，更新为100辆一汽威志和56辆东风雪铁龙。2009年，出租车起步价由原来的3元/2公里调整为4元/2公里。城区共有出租车1111辆，有百顺、昌达、泰兴、万里、运通5家出租车行。

第四节 快递与物流

一、发展概况

1990年，随着市场经济的发展，物流业已由过去的末端行业，上升为引导生产、促进消费的先导行业，武威市邮政局开始办理全球邮政特快专递业务（EMS）。

1994年1月，中国速递服务的最早供应商全球邮政特快专递EMS服务开通邮政特快专递跟踪查询网，实现快件网上跟踪查询。主要的速递服务则由武威邮政EMS公司承担。

2002年7月，凉州区高坝镇碌碡村10位从事蔬菜运销大户出资100万元注册成立武威市祁连蔬菜有限责任公司，公司以现代运输业为重点，以信息技术为支撑，以现代制造业和商业为基础，成集系统化、信息化、仓储现代化为一体的综合性物流销售产业。

2005年，大型物流公司在凉州区陆续成立，武威华邦物流中心入驻武南工业小区。

2006年12月，武威邮政速递EMS物流服务收入达195.64万元。

2007年7月，甘肃省邮政管理局批准成立武威申通快递有限公司，位于凉州区祁连大道，注册资金50万元。

2008年，武威宏威物流有限责任公司入驻武威工业园区，贯通凉州工业产品的销售流通渠道，促进了工业经济的发展。

2009年3月，武威申通快递有限公司更名为武威申通快递服务有限公司，公司设有综合部、业务部、财务部3个部门和凉州区南关、北关、西关及新西凉4个营业部。6月，武威圆通有限责任公司成立，位于凉州区东小北街丽阳巷，公司在凉州城区设立3个分部，后在武南镇和黄羊镇设立2个乡村网点。8月，甘肃巨龙农网武威物流配送中心在武威工业园区成立，公司以“大农资、大市场、大流通”为目标，构建贯穿河西走廊，辐射新疆的农资市场网络体系，标志着凉州区现代物流业具有一定的发展规模。

二、部分物流企业

甘肃巨龙农网武威物流配送中心　始建于2009年8月，位于武威工业园区，是由甘肃巨龙供销集团股份有限公司与省农资化肥有限公司联合建设的现代物流企业。公司以“大农资、大市场、大流通”为目标，成为西北地区最大的农资物流配送中心，企业经营网络辐射全省及新疆，建有40个配送中心，300个连锁店和加盟店。2009年12月，公司总投资达6000多万，容纳农资经营户80多户，年交易量16万吨，交易额达3亿元。

武威宏威物流有限责任公司　始建于2008年3月，位于武威工业园区。公司占地9.2万平方米，建有黑瓜籽、葵花籽筛选加工生产线一条，年加工能力3万吨。2009年，拥有固定资产4800万元，完成销售收入6000万元，实现利润213万元，员工36人。

武威华邦物流中心　始建于2005年7月，位于武南工业小区。公司是兰州兰山旅游投资有限公司投资建设的物流项目，占地3.67万平方米。2009年12月，公司基地建筑面积13570平方米，物流企业办公楼2720平方米，仓库819平方米，汽修厂840平方米，饭店3642平方米，风味特色户外餐饮7200平方米。

第四章　邮政　通信

第一节　机构设置

一、邮政机构

1990—1998年，武威市邮电业务一直由武威地区邮电局承担。1990年，武威地区邮电局有6个科室，辖15个班组、8个支局、16个邮电所、2个代办所和邮票公司、劳动服务公司。1998年，实行邮电分营，成立武威地区邮政局。2001年8月，武威地区邮政局更名为武威市邮政局。2007年，武威市邮政局下设综合部、计划财务部、经营运维部、工会和人力资源部。经营运维部下设函件局、速递局、物流局、报刊发行局、电子商务局、信息技术局、储汇局、邮区中心局和集邮公司9个专业局（公司），以及黄羊、武南2个支局。2009年，武威市邮政局成立电子商务与信息技术局、发行投递局、邮政速递物流局和分销业务局，并在凉州区成立武南、黄羊、双城、清源、四十里堡、金羊6个农村中心支局。

二、电信机构

1990—1997年，电信机构与邮政机构统为武威地区邮电局。1998年，邮电实行分营，成立武威地区电信局，是武威地区第一家独立的电信机构。

中国电信武威分公司　成立于1999年，原名为武威地区电信局，辖民勤、古浪、天祝、武南4个县级分公司，有员工312人。2009年，拥有固定资产8亿多元，建成覆盖全市的公用数据通信网络平台。

中国移动武威分公司　成立于1999年，辖凉州区营销中心和武南等4个分公司。2009年，公司拥有固定资产5.86亿元，客户总数突破83万，累计上缴税收金1.5亿元，是武威市最大的集GSM数字移动通信网络、TD网络、WLAN无线宽带、信息化产品和信息服务为一体的综合信息运营企业。

中国联通武威分公司　成立于2001年，辖民勤县、天祝县、古浪县3个县级分公司和城东营销中心（含武南、黄羊两镇）。2008年，与中国网通合并后，经营WCDMA移动通信业务、GSM移动通信、数据通信、固定电话、SCDMA大灵通、长途通信、宽带互联网和电子商务，以及其他电信增值业务。

中国铁通武威分公司　成立于2001年，是铁通通信网西北通信主干线上的通信枢纽，辖张掖、金昌、武威3个经营部，在凉州区的经营主体是武威经营部。2007年，中国铁通武威分公司与金昌分公司和张掖分公司合并。

第二节　邮政

一、邮路及投递

1990年，武威邮政邮路总长1022公里，其中二级邮路95公里、市内邮路27公里、农村邮路900公里。1998年，邮电分营后，拥有各式邮政生产车辆30辆，自行车、摩托车投递邮路1500公里，汽车邮路20条1000公里，负责全市的邮件进出口运输、大段投递、特快揽收等任务。城市有邮政网点29个、农村有邮政网点64个、邮政电子化营业网点80余处，覆盖全市、运行快速、信息畅通、安全可靠的实物配送网络遍布城乡，建成标准化“三农”服务点112处。

二、函件

武威邮政局经办的函件业务包括信函、明信片、印刷品、盲人读物4种，主要业务是信函。1990年，发出函件45.72万件，收入46.6万元。随着我国市场经济的蓬勃发展，邮政信函开始向广告媒体发展，业务量和收入规模逐年增加。1998年，随着邮电业务分营，函件业务作为邮政的专营业务得到长足的发展，邮政广告也迅速发展。2008年，发出函件140.58万件，收入340.6万元，占邮政总收入的9.18%，邮送广告56.32万件。2009年，发出函件148万件，收入411.2万元。

三、包件

武威邮政城市和各农村支局、所均办理包件收投业务。1990年，包件交换量12.82万件，其中收进 5.36 万件，发出 3.41 万件，转局 4.05 万件；包件收入 5.08 万元，占邮电总收入的 2.99%。2008 年，包件交换量 4.45 万件，实现收入 340.6 万元。2009 年，包件交换量 5.54 万件，实现收入 357 万元。

四、汇兑

随着经济社会的发展，武威市汇兑业务持续增长。1990 年，汇票交换量 25.85 万张，其中发出汇票 12.95 万张，收入 11.42 万元，占邮电总收入的 6.7%。2008 年，汇票交换量 10.60 万张，业务收入 68.5 万元。2009 年，汇票交换量 12.4 万张，业务收入 72 万元。

五、报刊发行

1990 年，武威市的报刊零售由武威地区邮电局劳动服务公司办理，设有报刊零售门市部 1 处、零售摊点 7 处，分布于武威城区和黄羊镇、武南镇。全年累计发行报纸 1162.88 万份、刊物 63.8 万份，收入 53.9 万元，零售报刊流转额 18.5 万元。2007 年，武威市邮政局成立报刊发行局，主办报刊发行业务。2008 年，设有报刊零售亭 31 处，报刊发行收入达到 409 万元，零售报刊流转额 69.9 万元。2009 年，报刊发行收入达到 496 万元，零售报刊流转额 180 万元。

六、机要通信

从 1990 年起，武威地区邮电局办理的机要通信业务量逐步增加，平均每天接发火车机要邮件 4 次、汽车机要邮件 3 次、转趟 2 次，投递段道 5 个，投递点 92 个，最远单程长度 80 公里，配有幸福 250A 型摩托车 l 辆。2008 年，武威邮政局建成投递段道 1 个，投递点 132 个，设有机要专用投递车 1 辆，机要通信业务收入 6 万元，占全局收入的 0.16%。2009 年，机要通信业务收入 7 万元。

七、分拣封发

1990 年，武威邮政有分拣封发格眼 185 个，年封发邮件 20 多万袋（捆、套），其中发出 6.9 万袋（捆、套），收进 10.2 万袋（捆、套），转局 3.2 万袋（捆、套）。总包邮件延误差错率为 0.1%，总包邮件损失率为零。2008 年，邮政分拣封发格眼增至 600 多个，年封发邮件 70 多万袋（捆、套），转局 30 多万袋（捆、套），总包邮件延误差率为 0.1%，总包邮件损失率为零。2009 年，共封发邮件 80 多万袋（捆、套），转局 40 多万袋（捆、套）。

八、邮政快递

1990 年，武威市开始办理全球邮政特快专递业务（EMS）。1994 年，武威邮政开通邮政特快专递跟踪查询网，实现快件的网上跟踪查询。2004 年，武威邮政通过优化网络结构，相继提供次晨达、次日递和一系列增值服务。2009 年，投递特快邮件 25 万件，实现业务收入 516 万元。

九、物流配送

2003 年，成立中邮物流有限责任公司，隶属武威邮政速递物流局管理，采用先进物流运作模式和技术手段，为客户提供个性化的各类物流解决方案。2009 年，共建成邮政物流揽收点 2 个，发货量 18 万件，实现业务收入 400 万元。

十、邮票公司及集邮协会

1990 年，经营的集邮品有纪念邮票、特种邮票、首日封、纪念卡、纪念币、邮折、邮刊、集邮册、集邮用品及少量外国邮票。全年集邮收入 258 万元。1998 年，成立武威市集邮公司，开始开发有本地特色的集邮品。2008 年，集邮业务实现收入 211 万元，占邮政收入 6.17%。2009 年，集邮业务实现收入 249.22 万元，同比增长 8.1%。

十一、电子商务

2008 年，武威市开办邮政电子商务业务，业务主要代理电信业务、邮政信息类业务和代理票务。2008 年，电子商务业务收入 100 万元。2009 年，电子商务业务收入增长 40%，占邮政收入的 2.5%。

十二、服务“三农”

2001 年，武威邮政开始服务“三农”工作。2005 年，邮政实现服务“三农”物流收入 85 万元。2008 年，实现收入 238 万元。2009 年，建成邮政“三农”服务站点 600 处，配送产品近 400 个单品，先后建立玉米新品种试验田 300 余块，配送玉米种子 25 万公斤，配送复合肥 3.3 万吨、叶面肥 48 吨、农药 35 吨，洗化产品 2 万余件，酒水 700 余万元，净水宝 3000 袋，科普图书 1000 余册，累计实现配送额 1 亿多元。同年 3 月，创办全省第一家“棚邮 1 族”俱乐部，发展会员 600 余人。

十三、服务中小企业

2007 年，武威邮政启动服务中小企业工作，新增揽收投送车辆 7 辆，先后与 30 多家企业签订快递业务协议，与 50 多家中小企业签订长期合作协议，收集全市各类名址数据信息 35 万条，与全国邮政名址数据信息库实现联网共享。

第三节　通信

一、固定电话

20 世纪 90 年代后，随着电信业务的迅速发展，电报逐步被传真和电话所取代。

1993 年 8 月 1 日，武威 8000 门程控电话正式开通运行，武威城区电话号码由四位升至六位，标志着武威通信手段跨入全国通信行业先进行列。

1999 年，武威电信电话交换机总容量达到 7.6 万门，光缆总长度 732 公里。

2000 年，武威电信实现公司化改制后，光缆总长度达到 1167.7 公里，乡镇光缆通达率 90%。

武威电信大厦

2005 年，武威电信枢纽楼落成，农话交换业务全面实现程控化，固定电话用户突破 30 万户，无线市话小灵通用户突破 10 万户。

2009 年，武威电信电话交换机总容量达到 50 万门，电话用户规模达到 40 万户，其中农村电话用户 15 万户，基本实现村村通电话目标。

二、移动电话

1993 年，武威邮电局从美国引进了 APX-1000 移动通信设备，开通模拟移动通话，移动通信在武威就此起步。1996 年，GSM 数字移动电话开通。

1999 年，建有 6 个基站，模拟交换机摩托罗拉 EMX100 一部，客户容量达 7500 户。

2001—2007 年，随着联通 GSM130 数字移动电话网络的建成和完善，GSM 数字基站迅猛发展，在全区共建成基站 500 多个，移动电话通话质量和数量大幅提升。

2009 年，移动电话在全区城乡基本普及。随着 TDCDMA、WCDMA3G 网络、天翼 3G 网络的全面开通运营，开通基站 669 个，本地网光缆及管道长度达 5466.90 公里；移动通信网络乡镇覆盖率达 100%，行政村覆盖率 99.80%。以“全球通”“动感地带”“神州行”“天翼”“沃”等众多产品向广大用户提供即时通信、智能控制、娱乐共享以及固定、移动电话业务、互联网接入及应用、视讯服务等优质高效的综合信息服务业务。

三、网络网站

2003 年，电信公司的 ADSL 宽带网络一期扩容工程、农话交换一期扩容工程分别竣工，二期扩容工程结束后，共计扩容 2000 线。

2004 年起，电信公司建成通达全市城区及 91%以上乡镇的“教育城域网”。最大限度发挥网络资源优势，使全市各级教育机构接入“教育城域网”，提高了全市教育信息化水平。

2007 年，建成农村信息化接入点 207 个，敷设光缆 390 公里，增加 3472 个宽带用户的接入能力，使通宽带的乡镇比例达到 100%。

2008 年，有 11 个涉农部门、39 个乡镇（含 2 个指挥部）、7 个街道办事处、主要涉农企业和农业协会全部纳入“农政通”移动网络平台管理，提高了信息支农和惠农力度。在谢河镇双孢菇示范园区安装了大棚温湿度监控系统，实现对大棚温湿度的全天候实时监控，使对温度敏感的蔬菜免受因温度异常变化所带来的影响。先后建成石羊河流域水文水情监测系统和污水治理监测系统，推出校讯通、警务通、配货通、企业建站、企业邮箱等行业应用产品，使信息化渗透到了生产生活的各个层面。

2009 年，建成覆盖全区所有乡镇的光缆传输网和数字数据网、分组交换网和公众多媒体信息平台。武威电信 Internet 出口总带宽达到 14G，在城市实施“光纤到户”建设，在农村实施“光纤到村”建设，互联网用户超过 5 万户，其中农村宽带用户超过 1 万户。建成凉州区新农村建设门户主网站，开辟建言凉州、视频教育、龙头企业、园区风采等栏目，下挂 37 个乡镇及涉农部门的分站。

凉州区志

第十二编

商贸流通

本编目录

第一章　商业

第一节　机构设置

1992 年 8 月 27 日，武威市商业总公司挂牌成立，暂时保留商业局的牌子。

1997 年，撤销商业局，行政职能并入武威市经济贸易委员会，将商业总公司改为经济实体。商业总公司有所属企业 20 户，其中国有企业 15 户，集体企业 3 户，有限责任制企业 2 户，在职职工 3491 人，离退休职工 981 人。

1997—2005 年，商业总公司对所属 20 户企业进行改制，其中有 18 户企业改制，2 户企业依法破产。2007 年，成立凉州区商务局，撤销商业总公司，将行政职能并入凉州区商务局，主管全区商贸流通工作的管理和指导，并培育和完善市场流通体系，履行监测、分析、调节市场运行和流通市场监管等职能。

第二节　商业企业管理

20 世纪 90 年代，武威商业经济由国有、集体所有制为主导地位的商业经济逐步转变国退民进的商业发展新格局。20 世纪 90 年代初期，武威市商业局所属国有、集体商业企业商业网点覆盖武威市区、武南镇、黄羊镇、九条岭等，经营百货五金、糖酒副食、交电化工、蔬菜日杂、餐饮住宿、理发照相、食盐供应、煤炭、食品加工等。有武威市百货公司、武威市五金交电化工公司、武威市糖业烟酒公司、武威市蔬菜副食品公司、武威市食品公司、武威市煤炭公司、武威市工业品贸易公司、武威市工业品批发公司、武威市九条岭贸易公司、武威市食品厂 10 户国有商业企业和工业企业。武威市人民饭店、武威市饮食服务公司 2 户国有餐饮企业；武威市日用百货公司、武威市副食杂货公司 2 户集体企业。这些国有集体企业下属近 400 个中小批零网点，主要零售网点有武威市百货公司百货大楼，武威市百货公司商业大厦，五金交化公司银武商店，武威市糖业烟酒公司日夜商店（后改名为糖酒大楼），武威市百货公司东升商店、迎宾商店，武威市五金交电化工公司北街商店，武威市糖业烟酒公司泰源和、西街、北街商店，武威市工业品贸易公司武南商店，武威市工业品批发公司大众商场等。主要批发网点有武威市百货公司批发部、武威市五金交电化工公司五金批发部、武威市糖业烟酒公司食盐批发部、武威市百货公司北街批发部、武威市糖业烟酒公司北街批发部、武威市日用百货公司北街批发部、武威市蔬菜副食公司东关批发部等。饮食业主要网点有武威市饮食服务公司西夏饭店、和平饭店、大众饭店、武威市人民饭店等。

1990 年，商业系统完成国内纯购进 6191.3 万元，占年计划 6620 万元的 93.5%，其中省内工业品购进完成 2094.8 万元，农副产品购进完成 2015.2 万元，完成国内销售额 9848.5 万元，完成工业总产值 701.7 万元，完成商品（产品）销售收入 18.31 万元，上缴财政税利 954.5 万元。

1992 年，党的十四大明确提出建立社会主义市场经济体制，政策支持发展私营经济，武威市私营、个体商业日渐繁荣，已经渗透到武威市流通各个区域，国有商业市场份额日渐萎缩，有的企业开始亏损。

1993 年，232 户商业网点实行“国有民营”改革，1668 名职工参与改革，走自养自的路子。当年上缴管理费 190.1 万元，收缴风险抵押金 269 万元，占应交的 89%；抽回商品流动资金 479 万元，占应抽回的 28.5%。实行“国有民营”后经营效益明显提高，在分配上破除“大锅饭”，采用工效挂钩、超利分成、节约分成和购销挂钩分成等分配形式，先后在兰州、金昌和新疆、上海等地成立燃化、金属、汽车购销等 10 个经济实体，并租赁场地门店 8 处开展业务，全年完成商品销售 219.3 万元，上缴税金 1.4 万元。

1994 年初，在较大企业中采取“母体裂变，划小核算单位”等改革措施，使武威市国有商业重新焕发生机，l994 年上缴各种税金 500 多万元，利润 300 多万元。全系统职工收入得到大幅度提高，使武威市商业走在全省前列。

l995 年，因旧城改造武威市商业系统 70%的网点被拆除，经营面积近 3 万平方米。商业系统新建东升商厦、金鼎商厦、国茂商厦等一批中型商业网点，投资约 1 亿元，由于建设项目大部分来自银行贷款，使企业负担加重，大部分企业处于停顿状态。

1997 年，大部分企业亏损，武威市国有商业失去主导地位。据统计，1997 年武威市国有商业市场份额已不到 20%。1998—2003 年，由于商业经营管理体制改革的不断深入，凉州区商业系统的 18 户集体商业企业先后推行划小核算、承包、租赁、转制、拍卖等经营机制和产权制度改革，18 户企业中 16 户完成改制，2 户企业破产，置换职工身份 2800 多人，1300 多名离退休职工得到安置。改制后，国营、集体商业的经营空间被压缩，商业企业的计划经营管理最终转变为市场经济条件下的民营企业经营管理机制，新的流通体制已经形成。个体、民营、股份制商业的经营空间逐步扩大，城乡街市店铺林立，摊点遍布，集市贸易逐渐活跃，大商场、大超市、专营店、特色店鳞次栉比。商品花色、品种、数量日益增多，经营范围日益扩大，相对单一传统的百货店、日杂店封闭式经营逐步被开架售货、自选、超市等新型业态所取代，商品购销两旺，除食盐、烟草等专营商品外，其他商品全部放开经营，全区商业以多元化的经营方式快速向前发展。

2009 年，凉州区全年实现社会消费品零售额 33.92 亿元。其中，城市市场实现零售额 24.04 亿元，农村市场实现零售额 9.88 亿元。从行业看，零售业实现零售额 23.87 亿元，住宿和餐饮业实现零售额 9.66 亿元。

第三节　市场建设

1990 年，武威市有各类市场 4 个，即西凉综合批发市场、东关农贸市场、西城区蔬菜瓜果批发市场和东城区蔬菜瓜果批发市场。2000 年后，全区集贸市场和各类专业市场迅速发展。至 2009 年，全区已建成城乡集贸市场（点）和各类专业批发市场 74 个，其中集贸市场 24 个，专业市场 19 个；其他市场 55 个、城区市场 31 个、农村市场 43 个，年成交额达 22.71 亿元。其中有一定规模和影响的市场有凉州市场、天马市场、再就业市场、北关市场、南关建材批发市场、北关建材批发市场、南关蔬菜瓜果批发市场、西凉综合批发市场、新西凉综合批发市场、南关花鸟市场和东关农贸市场。各乡镇都有较大的市场，黄羊、武南、高坝、双城、永昌、丰乐、清源、永丰、张义已形成一定规模的中心市场。

2009年，城区内有大型超市6家，接待能力在200人以上的宾馆、饭店达20多家，各类购物中心、百货商场和商业广场20多个，"万村千乡"工程乡、村连锁经营店200多家。全区初步形成以城区商贸流通企业为主体，城郊市场为补充，村镇超市为延伸和节点的商品流通网络体系。

武威农产品批发市场

1990—2009年凉州区市场建设基本情况统计表

表12-1-1

名 称	地理位置	占地面积（万平方米）	建成时间	经营范围	备 注
凉州市场	西大街19号	4.3	1996	日用百货、五金交电、农副产品（不含粮食收购）、建筑材料、装潢材料、工艺品、金银珠宝饰品、服装鞋帽、针纺织品、文体用品批发零售、房屋租赁、物业管理、茶屋、餐饮等	—
天马市场	南关西路10号	1	1998	餐饮、瓜果、生肉、日用百货、茶屋、餐饮等	—
北关市场	北关西路22号	0.45	1996.2	餐饮	—
再就业市场	北大街26号	3.53	2003	服装鞋帽、日用百货、农副产品（不含粮食收购）、针纺织品、文化用品批发零售、生肉、茶水服务、蔬菜瓜果、水产、饮食、房屋租赁、物业管理、茶屋、餐饮等	—
大众市场	南关中路311号	0.4	2000.10	餐饮	—
文庙市场	闻喜巷	0.54	2008	瓜果蔬菜、生肉、日用百货、针纺织品、文化用品零售、茶水服务	—
南关花鸟市场	南关西路3号	0.15	2000.6	花鸟鱼市	—
南关建材批发市场	南关西路8号	0.47	1997.5	五金、建材、机械设备	—
北关蔬菜批发市场	金羊镇平苑1号	2	2010.1	蔬菜瓜果、肉类、蛋禽	—
北关建材批发市场	金羊镇蔡庄开发小区	0.73	1998.12	五金、建材、机械设备批发零售	—
南关蔬菜瓜果批发市场	南关东路	0.67	1992.10	蔬菜瓜果、肉类、蛋禽	2009年市政建设规划拆迁，改建为马路
皮毛市场	南关东路	0.46	1992.10	活羊及牛羊产品的批发零售	2009年市政建设规划拆迁，改建为马路
西凉综合批发市场	西环南北路	6.5	1990.5	日用百货、服装鞋帽、五金交电、文化用品、糖酒副食、针纺织品	2005年市政建设规划拆迁，改建为马路
新西凉批发市场	南二环路2号	11.5	2004.12	日用百货、服装鞋帽、五金交电、文化用品、糖酒副食、针纺织品	—
东关农贸市场	东大街2号	1.2	1987.5	化纤布料、服装鞋帽、农副产品、日用杂品、餐饮服务	2004年拆除，现规划为五层建筑商厦

第四节　对外贸易

20 世纪 90 年代后，伴随着国有、集体企业的逐渐衰落与消亡，许多出口商品随着企业的破产，逐渐退出市场。21 世纪后，随着经济的发展，外贸出口有较快发展。

1990 年，武威市外贸出口商品有 5 大类 29 种。

2007 年，凉州区商务局在为外贸出口企业搞好服务的同时，积极支持和帮助外贸企业出口创汇。协助有出口条件的企业办理对外贸易经营者备案登记，引导和支持企业参加国际标准认证、安全认证和环保认证。进出口贸易总额达 140 万美元，其中出口 90 万美元，进口 50 万美元。有对外贸易经营资格的企业 25 家。

2008 年，实现外贸进出口额 574.5 万美元，其中直接进出口 174.5 万美元，间接进出口 400 万美元。

2009 年，面对全球外贸出口持续下滑严峻形势，凉州区商务局积极协调甘肃省商务厅外经、外贸处对外贸企业争取国家、省外经贸政策支持，在保持稳定生产的同时，积极开拓国际市场，使全区外贸出口企业的创汇取得了新突破。完成外贸出口额 613 万美元，年均增速超过 50%。随着外贸出口的不断发展，商品品种也陆续增多，出口额较大的商品是无壳瓜子、色素浸膏、冷鲜牛羊肉、亚麻纱、日光温室蔬菜等，主要出口法国、荷兰、德国、韩国、哈萨克斯坦等国家和地区。至 2009 年，外贸进出口企业达到 39 家，外商投资的企业达到 14 家。

第二章　供销

第一节　机构设置

1993 年 5 月，武威市供销合作社联合社更名为武威市供销合作总社，内设办公室、人事保卫科、财会审计科、业务信息科。

2001 年 8 月，武威市供销合作总社更名为凉州区供销合作总社，内设行政办公室、组织人事科、财会审计科、业务信息科、资产管理科和保卫监察处。

2007 年，凉州区供销合作总社机关列为区政府直属事业单位。

2009 年，凉州区供销社内设行政办公室、组织人事科、财会审计科、业务信息科、资产管理科和保卫监察处。

第二节　经营管理

1990—1994 年，武威市供销社全面实行以风险金抵押承包为主的“社有自营”，以及“承包、抽资、租赁”三种形式的经营责任制。全市供销系统有269个门店实行风险金抵押承包经营，24个门店实行抽资经营，32个门店实行租赁经营。

1994年，按照《武威市供销合作总社章程》规定，将理事会改为社务管理委员会。实行“一级所有，二级法人，统一管理，分级核算，统负盈亏，照章纳税”的管理体制。

2000年，总社所属企事业单位相继出现亏损。

2001—2003年，有20户企业进行改制，其中1户破产，1户注销，1户整体出售，17户分块出售。在企业改制中，有1430名职工与企业解除劳动关系，安置职工54人，安置病残职工18人，安置企业供养人员117人，移送社保部门实行社会统筹养老的离退休人员532人，兑付职工置换金2058万元，向社保局缴纳社保基金1556.2万元，出售职工住房713套。

至2009年，凉州区供销总社共有商业网点210个，从业人员960多人，拥有自有资金和固定资产7081.7万元。

第三节　供销企业

1990年，武威市供销社系统有农副产品公司、农业生产资料公司、棉麻土畜产公司、日用杂品公司、金属回收公司、综合贸易中心、黄羊购销站、供销学校、武威市供销联社招待所9个社直企业。

1992年，武威市棉麻加工厂更名为武威市供销合作联社综合加工厂。市供销总社与市工商局联合将综合加工厂改扩建为西凉市场东批发区，武威市金属回收公司更名为武威市再生资源回收公司。以双城供销社面粉厂、挂面厂、榨油厂为依托，成立武威市供销社粮油公司，隶属于市供销总社管理。

1993年，将棉麻土畜产公司所属的土畜产经营部、综合批发部、水产肉食门市部、综合副食门市部、文庙收购门市部由农副产品公司兼并，金龙商场由综合贸易中心兼并，新建的西凉市场东批发区由日杂公司兼并，丝路商店由再生资源回收公司兼并。以供销学校的场地、设施为基础，成立武威市供销社经贸公司。5月，成立武威市供销社建筑工程公司，后更名为武威市金桥建筑工程公司。8月，将综合贸易中心下属的海燕商场、西街购物中心、新时代商场分离出来成立武威市海燕商贸公司；以综合贸易中心的南库和金凉联营食品厂为经营场地，恢复武威市棉麻土畜产公司。

1995年，以黄羊购销站为依托成立武威市黄羊农业生产资料公司，并保留黄羊购销站建制。8月，以清源供销社为依托，成立武威市供销社清源农副土特产公司；以丰乐供销社为依托，成立武威市供销社丰乐贸易公司；以武南供销社为依托，成立武威市供销社武南工业品公司。武威市供销合作总社综合贸易中心更名为武威市供销社工业品公司。至1995年底，全系统独立核算的社直企业有11个，即农业生产资料公司、农副产品公司、再生资源回收公司、海燕商贸公司、棉麻土畜产公司、黄羊农业生产资料公司暨黄羊购销站、武威市供销社工业品公司、武威市供销社经贸公司、武威市金桥建筑工程公司、武威市供销社招待所、武威市供销学校。与所在基层供销社统一核算，实行一套班子、两块牌子的社直企业有4个，即武威市供销社粮油公司、武威市供销社清源农副土特产公司、武威市供销社丰乐贸易公司、武威市供销社武南工业品公司。

1997年，总社按照“经营专业划细，核算单位划小”的原则，将农副产品公司的糖酒副食经营部、农副商场、农副招待所划出，组建武威市供销社百货副食有限责任公司；将农副产品公司的干鲜土产经营部、文庙商店划出，组建武威市供销社土特产品有限责任公司。8月，将日用杂品公司的凉州商场分离出来，成立了武威市凉州商场有限责任公司。

1998年，将海燕商贸公司的西街购物中心和工业品公司的胜利商场连同人员、商品一齐划拨给经贸公司。将日杂公司的日杂商场分离出来，组建了日杂商场有限责任公司。

2000 年，将武威市海燕商贸公司、武威市供销总社经贸公司合并，成立武威市海燕商贸公司，撤销武威市供销总社经贸公司；将武威市凉州商场有限责任公司并入武威市日用杂品公司，撤销武威市凉州商场有限责任公司；将武威市供销合作总社百货副食公司并入武威市农副产品公司，撤销武威市供销合作总社百货副食公司。同年 8 月，将武威市棉麻土畜产公司、武威市供销总社土特产品公司整体并入武威市农副产品公司，同时撤销武威市棉麻土畜产公司和武威市供销总社土特产品公司。10 月，撤销武威市日杂商场有限责任公司，将其全部人、财、物并入武威市日用杂品公司。至 2000 年底，独立核算的社直企事业单位有武威市农业生产资料公司、农副产品公司、再生资源回收公司、海燕商贸公司、日用杂品公司、供销总社工业品公司、黄羊农业生产资料公司暨黄羊购销站、供销学校、金桥建筑工程公司。

2001 年，供销系统企业进行改制，撤销供销社工业品公司，将工业品公司和日杂公司所属的靶场市场的人、财、物全部划拨海燕商贸公司管理和使用。6 月，社直企业改制工作全面铺开。

2002—2003 年，再生资源回收公司和日杂公司分别被重组为股份制企业，注册为有限责任公司。农业生产资料公司整体出售，供销学校、金桥建筑公司和兴社房地产开发公司随企业改制企业建制撤销。

2005—2007 年，海燕商贸公司靶场市场东侧土地被武威市政府土地储备委员会储备。海燕商贸公司在靶场市场西侧投资 500 多万元分别于 2006 年和 2007 年分两期修建靶场商业二层营业楼，建筑面积近 3000 平方米。农副公司依托原东小什字日杂商场土地，投资 700 万元修建了 6 层综合性大楼，建筑面积 3200 多平方米，被命名为供销商厦。

2008 年，总社出资控股，所属各企业 44 名职工入股，注册资金 500 万元，组建成立武威市凉州区鑫富农农业生产资料有限公司。

2009 年，总社有直属企业 6 户，即凉州区农副产品公司、凉州区海燕商贸公司、凉州区日用杂品有限责任公司、凉州区再生资源回收有限责任公司、凉州区鑫富农农业生产资料有限公司、凉州区金桥供热站；有农村基层供销社 12 个，即金羊、清源、和平、武南、双城、丰乐、红星、黄羊、古城、高坝、四坝、大柳供销社。

第四节　农业生产资料供应

一、化肥供应

1990 年，根据省计委下发的《关于刘家峡化肥厂采用向农民集资偿还化肥进行技术改造的通知》要求，全省按每亩耕地 1 元集资，全市有 46 个乡镇通过供销社农资公司共向刘家峡化肥厂集资 1083 万元，并由农资公司与刘家峡化肥厂签订《集资供销合同书》，规定从 1990 年起每集资 1000 元优先供应尿素化肥指标 1 吨，价格按当年省定价的 66%为计划内平价，34%为计划外高价，在 11 年时间内还清集资化肥。1994 年因刘家峡化肥厂尿素生产装置发生爆炸，加之国家税制改革，原料价格并轨，致使刘家峡化肥厂生产经营出现困难，指标时供时断，尿素价格大幅度上涨，至 2009 年，尚有 14.6%的集资化肥仍未能偿还付清。

1993 年，全市化肥、农药、农膜由供销社专营改为经营，流通渠道由供销社一家改为“一主两辅”（各级农资公司和供销社为主渠道，生产企业和农业“三站”即农技站、土肥站、植保站为辅助渠道）。随之将粮食、生猪、种籽、甜菜、蔬菜、药材、科研、林业“两西”、救灾扶贫等专项平价奖售化肥逐步取消。1994 年，经营渠道放宽后的农资市场价格发生很大变化，化肥价格过快上涨，尤其是尿素、硝酸铵零售价均比 1992 年翻了近一番。1996 年，在全市范围内开展大规模价格检查整顿工作，查处、取缔非法经营化肥的单位和个体商户 50 多户，查缴化肥 1000 多吨。通过大力整顿，化肥市场价格在当年下半年开始回落。2002 年，供销社垄断经营化肥的格局被彻底打破，全区供销社系统当年的化肥销量达到 13.69 万吨。

2008—2009 年，由区供销社牵头发起，新组建社有控股企业——凉州区鑫富农农业生产资料有限公司和 12 个农村区域性农资配送中心，新公司组建后，申请贷款 1500 多万元，与省内外农资生产厂家联系相互协作，实行区域总代理等方式，当年购进并销售优质化肥 2 万多吨。

1990—2009 年凉州区化肥供应情况统计表

表 12-2-1　　单位：吨

品名 / 年份	氮肥					磷肥	复合肥		混合肥	合计
	小计	尿素	硝铵	碳铵	其他氮肥		小计	磷二氨		
1990	86914	60834	19826	3650	2604	12471	25182	24342	—	124567
1991	80784	58632	14624	4974	2554	17069	38178	35034	1876	137907
1992	94990	75418	11745	6760	1067	17211	35803	35355	957	148961
1993	99937	79256	14078	5609	994	34555	26431	26325	98	161021
1994	84278	72118	6907	4119	1134	24978	21359	20667	413	131028
1995	78907	61478	12675	4652	102	32552	27796	27132	1657	140912
1996	85882	61262	21569	2963	88	29558	26396	26058	2767	144603
1997	67903	48174	18076	1605	48	29376	34073	33999	857	132209
1998	44758	31530	12053	1152	23	18234	23880	23850	384	87256
1999	62506	48804	12164	1448	90	17856	32773	32763	118	113253
2000	69767	52472	16376	919	—	16417	29747	29649	75	116006
2001	64757	42542	15828	6387	—	35935	15836	15826	112	116640
2002	75554	52805	19360	3389	—	40230	21071	18424	50	136905
2003	76025	42105	19293	14627	—	27515	19539	15123	740	123819
2004	54402	47447	5141	1814	—	18509	16313	13585	328	89552
2005	72148	61188	8384	2576	—	23851	17933	14336	240	114172
2006	17771	12591	3214	1966	—	6113	7112	4907	348	31344
2007	8807	6954	347	1506	—	1920	2224	1849	—	12951
2008	24203	19513	2995	1695	—	9028	11206	7401	150	44587
2009	18751	17280	1133	338	—	5320	14155	12193	117	38343

二、农药供应

20 世纪 90 年代后，国务院将农药、农膜列入供销社专营范围后，供销系统先后办起 59 所“庄稼医院”，既开处方又供药，指导农民科学用药。1998 年，实行农药经营许可证制度，取缔无证经营。同年，全市发生小麦吸浆虫灾害，面积达 23 万亩，导致粮食大面积减产，供销社对小麦吸浆虫农药实行155个网点持证定点销售。供销社的59所庄稼医院和98个农资系列化服务站坚持昼夜值班，并出动100多辆车（次）送药下乡到户，共进行土壤幼虫防治60多万亩，成虫喷雾防治85万亩，当年供应甲基乙柳磷和敌敌畏农药521吨、药械7200架，保证了全市防灾灭虫保粮工作的顺利进行。

三、农用塑料薄膜供应

自供销社专营以后，随着农业种植结构的调整，蔬菜大棚和地膜覆盖大面积推广，供需量与日俱增，1994年供销社农用塑料薄膜供应达到1565吨。之后因退出专营放开市场，供销社的农用塑料薄膜销量逐年下降。

1990—2009年凉州区农药、药械、中小农具、塑料薄膜供应情况统计表

表12-2-2

年份	化学农药（公斤）	喷雾（粉）器（架）	中小农具（件）	塑料薄模（公斤）
1990	83671	2602	199610	186050
1991	123023	3925	138656	515174
1992	95103	4821	111532	650431
1993	81348	3802	74469	503000
1994	103705	3453	80373	1565000
1995	120189	3155	46587	448000
1996	90719	2891	34169	340000
1997	102013	1280	23200	275000
1998	56562	800	4900	143000
1999	521100	7200	2500	104000
2000	134000	1000	2650	118000
2001	143000	162000	3200	18700
2002	151000	16000	2800	372000
2003	201000	600	2450	351000
2004	69000	300	1890	226000
2005	41000	1500	1540	61000
2006	19000	7000	1690	33000
2007	11000	2600	2150	8000
2008	25000	8000	2680	113000
2009	3000	2680	1500	54000

第五节　生产资料供应

1990年后，生产资料销售额日趋下滑，市场份额逐年减少。全市供销社系统内商品零售额中生产资料销售所占的比重由1990年53.1%下降到2000年的3.5%，年均下跌近5个百分点。到2001年后，因产权制度改革，供销社的生产资料销售业务已名存实亡。

1990年，完成生产资料供应5801.9万元，与上年同比下降3.8%。

1995年，在城区和农村重点集镇投资新建和改造经营网点18处，全年完成销售额4642万元，这是1993年以来相对较好的一年。

1997年，因销售不畅、资金困难、商品陈旧、负担过重、观念落后、管理跟不上等诸多因素，未能使改制后的企业走出困境。当年完成生产资料销售额2123.5万元，与上年同比下降46%。

1998—1999年，生产资料销售大幅度下降，经营无法继续维持，关门歇业的门店越来越多，供销社几十年的经营阵地基本丧失。

2000年，生产资料销售只有272.5万元，同比上年下降56.7%。

2001—2003年，通过“动产权、换身份，转机制、创新路”的产权制度改革，供销社企业的大部分资产因破产转让，职工全员下岗分流，仅剩未能出售转让的部分资产由返聘的几十名职工以租赁经营的形式维持运营。之后，社有社营的生产资料销售业务退出市场，被个体私营商户所替代。

第六节　农副产品购销

农副产品购销是供销合作社经营业务的重要组成部分。1990年，完成收购总值3315.9万元，同比上年增长23.4%，其中收购葵花籽4811300公斤、小茴香1047700公斤、粮食16239吨。

1993年，基层供销社增加向外自销的比重，提高经济效益，全年完成收购总值3770.9万元，同比上年增长20%。

1994年，完成收购总值3821.4万元，创历史最高水平，其中收购绵羊毛124330公斤、粮食24721吨。

1995—2000年，农副产品市场发生巨变，价格波动，销路不畅，资金紧缺，经营萎缩，农副产品购销陷入困境。

1996年，收购总值跌破1000万元，完成991万元，同比上年下降62%。

2000年，全市供销社系统收购总值只有102.6万元。

2001年以后，随着产权制度的改革，供销合作社社有社营的农副产品购销业务已退出市场，转入资产租赁经营。

1990—2009 年凉州区农副产品收购总额及主要品种完成情况一览表

表 12–2–3

年份＼品名	农副产品购进总额(万元)	大麻及麻绳(公斤)	蜂蜜(公斤)	淀粉(公斤)	黑瓜籽(公斤)	葵花籽(公斤)	小茴香(公斤)	辣椒干(公斤)	发菜(公斤)	绵羊毛(公斤)	山羊毛(公斤)	牛羊皮(公斤)	山羊绒(公斤)	粮食(公斤)	花椒(公斤)	黑木耳(公斤)
1990	3315.9	1000	93000	10600	577550	4811300	1047700	100	264	88500	101	18	44	16239	—	—
1991	3074.3	30200	733000	12390	171851	4896610	1534720	12364	113	111280	696	49	56	11600	—	—
1992	3137.5	22200	38900	11500	102710	3177840	707890	3970	169	35970	34	—	1	16359	—	—
1993	3770.9	6500	26800	—	731450	2210320	305900	45060	—	10000	—	—	—	17783	—	—
1994	3821.4	10320	26940	—	489930	567500	576000	39530	—	124330	—	—	—	24721	—	—
1995	2611.3	29200	45330	—	275450	1110000	178570	22700	—	28470	—	—	—	9765	—	—
1996	991	—	370	—	283300	187000	40000	2500	—	500	—	—	—	2753	—	—
1997	523.6	—	—	—	111350	274900	76000	—	—	—	—	—	—	894	—	—
1998	394.3	—	110	—	370	40	148500	—	—	—	—	—	—	1989	—	—
1999	220.1	—	—	—	—	—	—	—	—	—	—	—	—	272	—	—
2000	102.6	—	—	—	—	—	—	—	—	—	—	—	—	—	—	—
2001	21	—	—	—	—	—	—	—	—	—	—	—	—	—	200	—
2002	996	—	—	—	—	—	—	—	—	—	—	—	—	—	—	—
2003	1002	—	—	—	—	—	—	—	—	—	—	—	—	—	—	—
2004	500	—	—	—	—	—	—	—	—	—	—	—	—	1050	—	—
2005	588	—	—	—	—	—	—	—	—	—	—	—	—	3125	—	—
2006	2371	—	—	—	—	—	—	—	—	—	—	—	—	11268	—	—
2007	3000	—	—	—	—	—	—	—	—	—	—	—	—	9044	200	100
2008	4232	—	—	—	—	—	—	100	—	—	—	—	—	10710	200	100
2009	977	—	—	—	—	—	—	—	—	—	—	—	—	2831	—	—

第七节 废旧物资回收

废旧物资回收又称再生资源回收，是供销合作社的主营业务之一。1992 年，武威市金属回收公司改名为武威市再生资源回收公司，各基层供销社所属的收购站改名为“XX 供销合作社再生资源回收站”。

1993 年，废旧物资回收总值达 1538 万元，比 1990 年增长 4.5 倍，创历史最高水平。再生资源回收公司本身的经营门店由 1989 年的 7 个扩大到 1997 年的 21 个，8 年共增加 14 个，再加上各基层供销社收购站、分销店、双代店共 431 个和部分个体经营户，形成遍布全市城乡的回收网络。

1995 年之前，老旧报废汽车的认证、报废收购由物资系统的专业公司经营。

1996 年，市政府正式批准供销社系统的武威市再生资源回收公司作为报废老旧汽车的收购点，从事除党政机关和事业单位以外的企业、私营、个体等汽车、拖拉机报废回收工作。

1997 年实行“抽资经营”改革以后，除回收公司本身的业务继续开展外，其余单位的回收业务基本停止。

1998 年，国内贸易部再生资源管理办公室、全国老旧汽车更新领导小组办公室向武威市再生资源回收公司核发资格认证书，批准经营老旧汽车回收业务。2001 年，进入产权制度改革，武威市再生资源回收公司撤销，原批准的老旧报废汽车资格认证回收业务随着国家政府机构改革也被相应取消，至此，供销社的废旧物资回收业务消失。

1990—2009 年凉州区废旧物资回收主要品种统计表

表 12-2-4

品名 年份	收购总值 (万元)	杂铜 (公斤)	废铝 (公斤)	废钢铁 (吨)	杂骨 (吨)
1990	279.8	86769	—	3912.2	333.9
1991	387.4	114370	—	5535.6	329.7
1992	499.6	122894	—	6564.4	238.8
1993	1538	132358	—	11034	61.4
1994	1510.5	42097	8096	11366	9.1
1995	514.4	12026	5845	4396	—
1996	307.9	1890	—	1745	—
1997	195.5	27000	—	2096	—
1998	59.3	3199	—	447	—
1999	2.3	—	—	—	—
2000	3	—	—	—	—
2001	—	—	—	—	—
2002	214	—	—	2000	—
2003	80	—	—	369	—
2004	214	—	—	1054	—
2005	256	—	—	1646	—
2006	205	—	—	984	—
2007	14	—	—	30	—
2008	3	—	—	7	—
2009	1.8	—	—	5	—

第三章 粮油

第一节 机构设置

1990年，武威市粮食局机关内设党委办公室、行政办公室、购销股、储运股、基建财会股、人劳股、保卫股、食品工业股，直属单位有城镇粮油供应公司、饲料公司（饲料厂）、油脂公司（榨油厂）、议价粮油公司、粮食机械厂、面粉厂、汽车队、城关粮食仓库、畜禽场、苗圃和13个农村粮管所，职工1500多人。

2000年，武威市粮食局下属单位有粮油购销公司、第一粮食仓库、第二粮食仓库、第三粮食仓库、第四粮食仓库、粮油贸易运输有限责任公司、粮油机械有限公司、南园粮食仓库、植物油脂公司（植物油脂厂）、饲料公司（饲料厂）、红柳面粉有限责任公司（面粉厂）、武威市粮隆工贸有限责任公司、华丰饭店和13个农村粮管所，职工2200多人。

2000年，经国家计委同意，武威市将第二粮食仓库改扩建为甘肃省武威国家粮食储备库。

2006年，甘肃省武威国家粮食储备库与凉州区第二粮食仓库合并后，经中国储备粮管理总公司兰州分公司与武威市凉州区人民政府协议整体上交，由中国储备粮管理总公司接管，并更名为中央储备粮武威直属库。

2007年，凉州区粮食局与粮食总公司实行政企分开，粮食局内设党政办公室、业务股、财务股和监督检查股（加挂粮食稽查大队的牌子），核定行政事业编制10名；粮食总公司内设办公室、财务部和经营部，所有关闭企业购销站点划归粮食总公司管理。

2009年，凉州区粮食总公司成立金谷粮油贸易有限责任公司和谷源粮油贸易有限责任公司。

第二节 粮食流通体制改革

1998年，武威市根据国务院《粮食收购条例》，对全市符合粮食收购资格条件的粮食企业颁发粮食收购许可证。

2001年，第一轮粮改工作启动，粮食购销企业加大促销压库力度，为市场化改革奠定了基础。

2003年，区政府下发《加快全区粮食购销企业改革和发展的实施方案》的批复，对粮食购销企业业务量不大以及山区、边远地区等分散的收购站点，通过兼并、租赁和拍卖等形式，减少独立核算购销企业，压缩管理人员。对各粮管所（库）按“一置换，一保障，一创新”的要求进行改革，按照粮食收购、销售、储存数量和正常盈利水平重新核定企业合理用工负荷，按业务量定岗、定编、定员，达到减员分流的目标。对国有粮食购销企业职工，在全员身份置换、工龄补偿后，按照公开、公平、公正的原则，经过严格的考试考核，以及双向选择和竞争返聘上岗，重新签订劳动合同，继续按照国有企业职工身份参加养老保险金社会统筹，达到法定退休年龄后，进入社会养老保险统筹。上岗人员补偿金可暂不兑现，未返聘人员一次性结清置换补偿金。除退休、内退的职工外，在职人员全部进行身份置换，给予一次性经济补偿，解除劳动合同，不再保留原国有（集体）职工身份，其个人档案移交就业局代为保管，补偿标准原则上按一年工龄1000元以内掌握，无论工龄多长，补偿总额最高不超过3万元，职工补偿主要通过出售企业有效资产、国有土地和政府补助解决。

2004年，全面放开粮食购销市场后，使粮食行业计划经济模式终止。

2006年，开始对国有粮食购销企业进行产权制度改革，凉州区仅保留一家国有粮食购销企业——凉州区粮食总公司。区政府将甘肃武威国家粮食储备库（含原凉州区第二粮库，以及丰乐、康宁、青林、金山、朵浪5个粮站）按照整体无偿的原则移交中储粮总公司管理，成立中央储备粮武威直属库，形成的债权债务一并划转。

2007年，第二轮粮改工作全面开始，对张义、黄羊、高坝、清源、双城、武南、大柳、下双、金羊、永昌、永丰、西营等粮站及第三粮库、第四粮库、粮油公司进行关闭，核销银行债务21160万元，通过省财政拨补、企业自筹等方式共支付职工安置费用2524万元。对粮食局职能配置、内设机构和人员编制进行重新调整，区粮食局与区粮食总公司实行政企分开。将第一粮食仓库、南园粮食仓库的资产和负债整体划转中央储备粮武威直属库管理使用，划转资产总额6014.16万元，负债总额（含银行贷款）5880.19万元，所有者权益133.97万元。

2009年，凉州区粮食总公司分别成立凉州区金谷粮油贸易有限责任公司和凉州区谷源粮油贸易有限责任公司，承担各级储备粮的承储和救灾粮的应急供应任务，以及粮油及农副产品购销业务。全区粮食企业按照粮食流通体制改革的要求，实现企业经营机制的转换，地方国有粮食企业不再享受国家对粮食企业补贴的优惠政策，全面走向粮食购销市场化。

第三节　粮食收购

从1990年起，武威市制定国家定购粮收购任务，粮食收购实行合同定购，通过合同形式进行计划调节，在农村实行粮食购销同价。之后，经过稳购放销时期（1993—1995年）、敞开收购时期（1996—2003年）、放开收购市场时期（2004—2009年）共三个阶段。

1990年，省政府调减粮食收购任务500万公斤，定购粮食为11000万公斤。1993年1月起，全面放开食油购销价格，取消国家油品定购任务、定购价格以及挂钩化肥的政策，油品、油料购销放开，价格随行就市。1995年入夏以后，因持续干旱，严重影响全市粮食生产。张义山区及沿山地区11万亩旱地基本绝收。全市上下号召党政机关干部、企事业单位家在农村有缴粮任务的职工带头缴粮，乡村组三级干部、党团员先缴粮，各级表彰过的先进人物、各乡镇企业厂长（经理）、农村中小学民办教师、乡镇各单位的招聘干部、所有的个体工商户带头先缴粮。是年，粮食总产37500万公斤，到1995年底，全市100%完成省、地下达的定购任务。市粮食局被国家粮食储备局评为“1995年度粮食收购先进单位”。

1996年1月，省政府决定在全省粮食部门建立两条线运行机制，即实行政策性业务与商业性经营分开运行的新机制。从7月1日起取消价外加价和粮肥挂钩补贴。1997年12月底，入库新粮10072.5万公斤，占下达任务的105%。严格执行按保护价敞开收购议购粮的政策，保护价收购小麦2876.5万公斤、玉米11320.4万公斤，突破9亿斤大关。1998年夏粮收购工作开始后，贯彻按保护价敞开收购农民余粮的政策，粮食收储企业实行顺价销售粮食，粮食收购资金实行封闭运行和加快粮食企业自身改革，确保粮改的顺利进行。1998年粮食定购任务分夏、秋两季安排。1999年7月，根据中央、省、地的通知精神，按定购价和保护价向农民收购的粮食品种为小麦和玉米，祁连山冷凉区海拔 2000 米以上区域即张义、上泉、中路 3 个乡镇的小麦及全市范围内的等外小麦、玉米，一律退出订购和保护价收购范围。2000 年粮食继续实行定购和保护价收购的制度，定购和保护价收购的品种为小麦，全区玉米退出定购价和保护价收购范围。2001 年各购销企业采取腾、销、并、组的办法，全系统腾仓并库 1365 万公斤，集并粮油 700 万公斤，增设收购网点 91 处，充分利用现有场地、人员、资金优势，坚持上门收购，服务到仓，保证了收购工作的顺利进行。

2004 年是全面放开粮食收购市场和价格的第一年。全区粮食收购不再实行按保护价敞开收购的政策，国有粮食购销企业一律按照“购得进、销得出、有效益”的原则，随行就市，自主定价，自主收购。2006 年，全区粮食部门积极推进粮食购销企业改革，加大对“老粮”的销售力度。2007 年因企业处于改制过程中，全区粮食收购量锐减，收购农副产品 3448 万公斤，销售 1493 万公斤。2007 年凉州区被确定为创建全国食品安全示范区（县）。全区评选出凉州区粮油购销公司放心粮油批发部等三户为“放心粮店”，红太阳面粉有限责任公司、延年面业有限公司、武威市金穗面业有限责任公司为区上创建食品安全示范区的重点诚信企业，这三家企业生产的 6 种面粉获得全国粮食行业协会“放心面”称号。其中红太阳面粉有限责任公司生产的面粉在 2005 年 12 月被国家质检总局评为“国家免检产品”，2007 年 5 月，“甘青”牌特制一等粉被中国绿色食品发展中心认证为“绿色食品 A 级”产品。2009 年，国有粮食企业没有银行贷款支持，粮食收购几乎停顿，全区粮食主要靠面粉加工企业和小型粮食经纪人外调完成。从省外购进粮食 320727 吨（含省内购进 128867 吨），其中小麦 270803 吨（含省内购进 128867 吨）、稻谷 14409 吨。小麦主要从主产区河南、内蒙古、江苏、安徽等省购进，稻谷从黑龙江等省购进。

1990—2009 年凉州区粮食收购情况一览表

表 12-3-1　　　　单位：万公斤

项目 / 数量 / 年份	粮食总产量	定购任务	收购粮食
1990	391578	11000	10681
1991	358242	10550	10539.7
1992	376089	11000	9832.2
1993	400883	11000	9650.6
1994	372001	10150	15366.8
1995	375000	9700	16062.2
1996	431070	9700	13883.8
1997	450020	9700	10348.6
1998	462150	9700	9824.4
1999	491090	8800	17988
2000	493495	8800	15323
2001	459812	5877	23535
2002	486717	5445	6119
2003	589565	6500	6870

续表 12-3-1　　单位：万公斤

项目 数量 年份	粮食总产量	定购任务	收购粮食
2004	580097	—	17334
2005	609746	—	28547
2006	630949	—	9945
2007	626671	—	—
2008	598617	—	693.4
2009	609169	—	320727

第四节　粮油供销

一、城镇居民粮油供应

1990 年，城镇定量人口口粮供应 10%的杂粮，菜农供应 20%的杂粮，农村返销一律不准销售小麦。1993 年，除军供油外，食油购销价格全面放开，取消国家食油统购统销价格，划入定量供应节日补助和保健油供应，油品、油料购销放开，价格市场化。同年 4 月 1 日，取消城镇居民、牧民、菜农口粮和农村返销粮的平价供应，各种粮票不再流通，城镇居民结存的粮食指标予以冻结，城镇定量人口的粮食关系继续保留，军供粮食价格和结算办法不变。1995 年，城镇居民口粮实行凭信誉卡（证）限量供应，供应标准按每人每月不超过 10 公斤成品粮掌握，大中专在校学生、城镇救急对象每人每月不超过 15 公斤，当月购清，跨月作废。1996 年，使用新的市镇居民粮油供应证，原粮食供应信誉卡同时作废。1997 年，市场粮价下滑，市场价低于粮油供应价格，居民直接到市场上购粮，市镇居民粮油供应证逐渐停止使用。

二、粮油销售

20 世纪 90 年代初，粮油销售主要以城镇居民粮油供应和省政府下达调拨计划对外调粮，武威市粮食主要调往省内河东地区。

1993 年，全省粮食和食油购销价格全面放开后，取消城镇居民、牧民、菜农和农村返销粮的平价供应。之后，随着粮食流通体制改革，粮油销售业务也逐渐由政府调控向企业自主经营购销转变。

2000 年，累计销售粮油 9138 万公斤，其中小麦 2917 万公斤、玉米 5573 万公斤、其他品种 648 万公斤。

2001 年，销售小麦 5789 万公斤、玉米 10349 万公斤，销售成品粮 390 万公斤，完成促销压库任务。

2002 年，兑现退耕还林第一年粮款，凉州区退耕还林任务为 12000 亩，当年任务完成率为 71.20%，兑现任务面积 8543.6 亩，补助粮食 85.436 万公斤，补助现金 170872 元。

2003 年，根据省粮食局《关于下达 2003 年退牧还草补助饲料陈化销售处理计划的通知》精神，分配凉州区销售 2003 年退牧还草补助饲料陈化粮 393.5 万公斤。在“非典”期间，粮食部门经营的粮油企业带头承诺不涨价，保持粮油市场的稳定。

2004 年，甘肃省财政厅等五部门决定，将原向退耕户补助的粮食改为现金补助。销售粮食 26109 万公斤，其中小麦 20200 万公斤、玉米 5853 万公斤，实现粮油销售总额 35275 万元、销售毛利 3022 万元。

2005 年，向荣华公司销售玉米 1500 万公斤，向红太阳、永昌、张义等面粉加工企业销售小麦 1.8 亿公斤。

2007 年，随着粮食企业的改革进程，根据区委、区政府《粮食流通体制改革方案实施细则》，采取和农发行、面粉加工企业共同协商定价的办法和采取竞价、议价相结合的方式，达到老粮销售组议定的价格后再销售，对出售站点的粮食实行整体趸销，销售老粮 25 万吨，其中销售老库存小麦 1.8 亿公斤。

2008 年，重新修订和完善《凉州区地震粮食应急预案》。在此基础上，又制定《凉州区粮食监测预警和保障应急预案》。12 月，省粮食局经省级粮油批发市场公开销售 1977.5 吨省级储备油，低于市场批发价 480 元/吨，平抑市场油价，达到了预期调控的目的。同年，国有粮食购销企业不断适应粮食购销市场化改革要求，将部分粮站的土地、房屋等资产承包、租赁给原粮食购销站点职工，全年收购粮食 6934 吨，销售粮食 1974 吨。

2009 年，国有粮食企业销售减少，而民营粮食加工企业销量大幅增加，销售粮食 835044 吨，主要销售口粮、饲料用粮、工业用粮和种子用粮。其中大部分销往省外和全区城乡人口口粮消费，分别为 349022 吨和 248554 吨，占全年粮食总需求的 41.8%和 29.8%。

三、军粮供给

武威市军粮供应工作始终坚持“先前方后后方，先军队后地方”的供应原则，保证驻武部队的粮油供应。20 世纪 90 年代初，部队粮油供应实行定量供应，执行统销价格。1993 年，供应部队的小麦粉由标准粉提高到特制二等粉，大米由标准二等提高到标准一等；军供粮油不再拨付军用供给粗粮票，取消驻武部队粮食品种中的粗粮，原军粮供应比例中 10%的粗粮改供大米。部队节余的粗粮票，原则上供应玉米粉，如部队自愿调整大米和面粉，也给予供应，但找回差价；海勤、空勤人员、伤病员、休养员全部供应特制一等小麦粉和特等大米。部队购小麦粉以袋换袋时，粮食部门可在每条 0.3 元以内收取面袋折旧费。1994 年，新的《军粮供应与管理办法》开始实施，军供的大米和大豆由省粮食局统一采购，面粉用定购小麦就地加工供应，食油为议价保证供应。购粮部队凭所提军用粮票到驻地军粮供应站（点）购粮。

2000 年，省粮食局规定，各地、州、市粮食处（局）设立的军粮供应管理机构，是本辖区军粮供应的职能部门。2007 年前，凉州区大多数军粮供应由区粮食局军粮供应站负责供应，地点设在第一粮食仓库。2007 年后，第一粮食仓库整体移交中储粮公司，凉州区军粮供应全部由武威市粮食局军粮供应站供应。

第五节　粮油储运

一、粮仓建设

武威市粮仓主要有民房庙宇仓、简易仓、圆式仓、苏式仓、基建房式仓和高大平房仓 6 种，民房庙宇仓因处在新旧时代过渡期，后陆续进行改建、扩建、更新和拆除。简易仓和圆式仓随着粮食仓储发展的需要，不宜储存粮食，到 20 世纪 90 年代后逐步用来储存副产品和小品种粮食，部分改成器材

始建于 1976 年的砖圆仓

库使用。至 2009 年，存在的粮库主要还是苏式仓、基建房式仓和高大平房仓。全市的粮仓建设到 2000 年基本上达到片有所、乡有站、站有库。当时建仓的原则是“一般分散，适当集中”，有利于战备、经营管理、方便群众和合理运输。至 2009 年，储存粮食主要以基建仓为主。

1999 年，市粮食局以引进社会闲散资金、职工集资的办法，在黄羊、西营、大柳、下双、武南、永昌、高坝、清源和一库、二库建仓 25 座，设计容量为 3570 万公斤，实际仓容为 2705 万公斤。用贴息贷款的办法为黄羊、下双、武南、永昌、高坝建仓 5 座，设计容量为 520 万公斤，实际容量为 390 万公斤。向上争取到简易建仓贷款 665 万元，逐年发放分配到 13 个基层国有粮食企业。

2000 年，独立核算的国有粮食购销企业 19 户，粮油仓储站点 64 个，当年新增临时收购点 38 个，综合库存高达 51.4 万吨。当时为解决仓容紧张，向荣华公司和外贸公司租借库房 23 栋，贮存玉米 4 万吨，全市粮食企业共拥有各式仓库 166 座，总占地面积 91735 平方米，总仓容 17 万吨，粮仓建设及固定资产投资达 2985 万元。7 月，甘肃武威国家粮食储备库扩建工程批准立项，核定投资概算 3375 万元，建设用地迁址到武威工业园区，总建筑面积 18229 平方米（后期复调为 20478 平方米），扩建仓容 1.25 亿斤，工程于 2003 年 11 正式竣工验收。

2007 年，国有粮食购销企业经过改革合并为粮食总公司，仓储站点为 67 个，仓库 153 座，总占地面积 679970 平方米，总仓容 125442 吨，其中有效仓容 86571 吨（平房仓 85311 吨、浅圆仓 1260 吨），简易仓容 11291 吨，需大修仓容 23520 吨，待报废仓容 4060 吨，地坪 178096 平方米。2007 年年底由于库存粮食总数急剧下降为 18986 吨，不再需要外租仓库，无露天储粮。

2008 年，对区粮食局管理的红太阳面粉厂等 5 户重点民营企业的仓储设施统计，占地面积 119552 平方米，库区数 8 个，总仓容 105470 吨，全部为有效仓容，其中平房仓 86070 吨、立筒仓 19400 吨，另有罩棚 4600 平方米，地坪 100800 平方米。为确保粮食安全以及突发事件应急预案的要求，在区粮食总公司所属的金谷粮油贸易有限责任公司参照国库标准新建平房仓 2 座，仓容 1.5 万吨。

二、外租仓储粮

20 世纪 90 年代初，由于武威市仓容充足，所收购的粮食全部储存在各粮食购销站点的粮仓。从 1997 年起，按照国务院敞开收购农民余粮的政策，市粮食局决定租借社会闲散库房集并储存粮食。2000 年，武威市粮食库存量达 513909 吨，其中露天储粮达 266709 吨，全市粮食系统仓容日趋紧张，向社会外租借仓存粮 87710 吨，14 个国有粮食收购企业向社会租借仓储粮。到 2003 年，粮食总库存达 581773 吨，其中露天储粮 240885 吨，为历年来库存最高的一年，当年向社会外租仓储粮 64522 吨。后两年，库存均在 48 万吨以上，外租仓储粮均在 4 万吨以上。2006 年，由于大力开展促销压库，库存量急剧下降。年底，全区粮食企业库存为 19.2 万吨，露天储粮 9.4 万吨，外租仓储粮 19466 吨。至 2009 年，通过大量向社会租借粮仓储粮，有效缓解了粮食系统仓容紧张的矛盾。

三、储油设备

1990年，武威市储油设备主要是用武威市植物油脂公司储油罐储存。2000年，武威市植物油脂公司有储油罐5个，库存油料45吨，油脂1247吨，其中国家储备油脂150吨，其余储油设备的油桶基本为空桶。2002年，植物油脂有限责任公司进行改制，产权整体出售。之后凉州区规模以上油脂加工企业仅有大众工贸有限责任公司一户，该公司系民营企业，对改制后的武威市植物油脂有限责任公司实行承包经营，该企业有储油罐5个，罐容共1800吨。据对大众等3户油脂加工企业的调查，当年末库存食油为40吨、胡麻油1吨。其余从事油脂加工经营的民营企业和个体户的储油设施较小，主要有小型油罐（圆柱体和长方体两种）的油桶，经营主要采取随行就市销售，基本上无储备。

四、粮油保管

20世纪90年代后，粮食系统逐渐采用一些科学储粮的办法，主要有常规储藏、机械通风储藏、“双低”储粮和“四合一”新技术储粮。2000年后，武威市每年粮食库存量达50万吨左右，2002年库存达到最高，总库存为551316吨，其中露天储粮达301254吨。各储粮企业按照“一符四无”粮仓（账实相符，无虫、无霉、无鼠雀、无事故）建设工作，坚持春秋两季粮油普查，对发现的半安全粮及时处理，有效杜绝了各类事故的发生。2007年，粮食局对所属粮食总公司等企业库存的所有粮食进行一次大检查，检查储粮单位16个（其中粮库4个、粮管所12个），储粮站点66个，仓库186座，综合粮食库存13647.4万公斤（其中省储粮600万公斤、露天储粮4500万公斤、外租仓储粮3900万公斤），全部符合“一符四无”标准，凉州区保持一类“一符四无”粮仓县（区）的称号。2008年，区粮食局对东河、古城、永昌、永丰4个乡镇的16户农户的储粮损失进行调查，为国家粮食局有关课题组提供相关数据资料。2009年，对全区所有国有粮食企业各储粮点（包括中储粮武威直属库、凉州直属库、甘肃省武威南粮食储备库及市属粮库）的库存情况进行全面、细致、彻底的普查，凉州区境内所有国有粮食企业检查时点统计库存与实际库存差数1吨，单仓库存粮食清查差率不超过正负3%，认定为账实相符。2009年，社会粮食总库存354086吨，其中小麦182148吨、稻谷2738吨、玉米74777吨、大豆1622吨、其他92801吨，粮食经营企业商品粮库存202739吨，占社会粮食总库存的57.3%。

清仓查库工作　从1990年起，全市粮食系统每年都要进行清仓查库工作，摸清粮食库存的底数，为各级政府进行粮食宏观调控提供准确、可靠的政策依据。2001年4月，利用15天时间，对境内的25个购销企业（其中市属企业20个、地直企业4个、省属粮库1个），1440个货位（其中库房389座、露天垛1051个）库存的粮食进行清查，粮仓统计账总库存（贸易粮）591274吨，清查实际粮食数570242吨，差数21032吨，扣除水分减量16556吨，差率0.75%。2003年，区粮食局对全区18个国有粮食购销企业的粮食库存进行调查，粮食统计账606416吨，调查实际数594792吨，差数11624吨，超期储存小麦181939吨，全区购销企业库存基本相符，粮食品质符合国家标准储存安全，没有发生虚报、漏报和擅自动用国家和地方储备粮食的问题。同年7月，确认全区陈化粮27753吨。2004年，区粮食局组成6个检查组对全部储粮站点的粮食库存数量逐库逐垛进行认真检查核对。经检查统计账面数582137吨，清查实际数566106吨，损耗16031吨，差率2.75%，基本上做到账实相符，差率均在范围以内。2005年，市粮食局对凉州区系统外重点企业进行调查摸底，对粮食经营量或粮食转化加工量大的武威市红太阳面粉厂、永昌镇张义面粉厂、黄羊金穗面粉厂、武威希望饲料有限公司、武威丰华农副有限责任公司、和寨农副购销站、黄羊长寿面粉厂、荣华集团公司8户非国有企业进行调查摸底，全年收购小麦、玉米共504300吨，销售472310吨，饲料工业玉米转化量305444吨。2006年，市、区粮食局对国有和国有控股粮食经营企业和仍承担政策性粮食业务的其他所有制企业储存的中央储备粮、地方储备粮、其他政策性粮食和商品粮进行核查。全区统计账面数为243433吨，库存实际数为222243吨，差额21190吨，差率为2.95%；全区共承储省储粮600万公斤。2009年，国有粮食企业库存持续降低，年末库存量为5394吨，同比减少12013吨，减幅69%。非国有粮食企业商品粮库存为197345吨，同比增加87080吨，增幅79%。

专项储备粮管理　1990年后，武威市所属各粮食购销站点都储存中央、省、市级储备粮油。2000年，武威市划转国家专储小麦2249吨为地方商品粮，划转为地方商品粮周转库存后，纳入商品粮超储补贴范围。2001年，凉州区15万公斤粮全部移交中储粮总公司西安分公司管理，现存的"甲字、506"粮全部安排为2001年灾区群众生活救灾用粮。2002年，凉州区的专项储备粮只有省级储备粮600万公斤，其中第一粮库储存500万公斤、三库储存100万公斤。2004年，第二粮食仓库被国家粮食局授予中央储备粮代储资格，储存中央储备粮6500万公斤。2005年，第一粮食仓库被国家粮食局授予中央储备粮代储资格，原在凉州区储存的省级储备粮600万公斤划到别的粮库管理，凉州区所属站点再没有储存各级储备粮。

"一符四无"粮仓　2002年，凉州区被省粮食局评为"一符四无"粮仓县区。2004年，被省粮食局评为一类"一符四无"粮仓县区。2005—2009年，连续5年被省粮食局评为一类"一符四无"粮仓县区。

五、粮油调运

20世纪90年代起，武威市粮油安全调运制度更加完善。随着农业生产的发展，粮食产量大幅度增长，粮食部门的收购数量、库存量、调运量也逐步增加，全市粮食部门的粮油调运工作，保质保量完成了上级下达的调拨任务。1992年，为确保平价粮食调拨任务的完成，地区粮食处规定，武威地区内县市间调拨按照购、销、包干数安排调拨，不再签订合同。2007年，省粮食局给凉州区第一粮库分别下达从安徽省移库最低收购价小麦2万吨的计划和从湖北省移库最低收购价小麦1万吨的计划。2007年9月，武威市粮食局取消凉州区第三粮库的省级储备粮承储资格，将原储存在该库的1000吨省级储备小麦调到武威市第二粮油储备库有限公司储存。

第六节　粮油加工

一、面粉加工

20世纪90年代初，武威市面粉加工厂主要是武威市红柳面粉厂，其余的都由分布在农村的小型面粉加工厂和简陋的磨坊加工。以后，面粉加工行业逐渐发展壮大，到1997年，武威市有近百家民营面粉加工厂，其中黄羊镇有70余家。2000年，经省经贸委立项，投资500多万元对武威市红柳面粉有限责任公司等级面粉车间进行技术改造，建成年加工小麦6万吨专用粉生产线，使面粉出粉率由63%提高到75%。2001年后，随着市场竞争的加剧，在凉州区境内的面粉加工企业因企业管理、资金及经营理念等因素，经过市场优胜劣汰，大部分小厂倒闭。红太阳面粉有限责任公司、延年面业有限公司、金穗面粉有限公司和金三角面粉有限公司等民营企业经过技术改造，不断发展壮大，成为龙头企业，面粉加工设备上普遍采用了无锡布勒公司的先进设备。2008年，对设计生产能力在万吨以上的红太阳面粉有限责任公司等8户面粉加工企业进行统计，设计生产能力为100.1万吨，实际加工小麦61.21万吨，拥有加工设备338台（套），附属设备249台（套）。加工原粮小麦绝大部分从河南、安徽、青海、宁夏、内蒙古等省（自治区）购进，成品面粉大部分销往青海、宁夏、四川、新疆、广东、西藏、陕西等省（自治区）。2009年，全区面粉加工企业加工小麦44万多吨，成为西北最大的面粉加工基地（详见400页第十一编第一章第三节面粉加工业）。

二、稻谷加工

凉州区不产水稻，过去无碾米企业，海纳米业有限责任公司是全区唯一一家加工大米的民营企业，位于武威工业园区。于2006年12月建成投产，年设计生产能力为大米3万吨、小米2500吨、黄米2500吨。有加工设备2台（套），附属设备15台（套）。2009年，加工稻谷14409吨，加工原料水稻主要从黑龙江省购进。

三、食油加工

2003年，武威市植物油脂有限责任公司改制为民营企业。2009年，全区有从事油脂加工的民营企业和个体户20多户，比较著名的有马家油坊和梁家油坊，有加工设备13台（套）、附属设备60台（套）。工艺上均为压榨制取法，经营虽较为活跃，但未上规模。食用油产量8127吨，商品量1371吨，其中菜籽油产量4840吨，占总产量的59.2%。

第四章　商品专卖

第一节　烟草

一、机构设置

1995年，武威市烟草专卖局成立，与武威市烟草公司合署办公，共同承担武威市卷烟市场的管理和营销服务工作。2001年8月，更名为凉州区烟草专卖局（公司）。2002年，凉州区烟草专卖局（公司）根据网建工作需要，增设网管部和信息中心。2004年，凉州区烟草公司由独立法人变更为凉州区营销部，取消其公司法人资格，成为武威市烟草公司的直属营销部。2006年，凉州区烟草专卖局（营销部）下设城区、永昌、武南3个客户服务部，城区、武南、黄羊、永昌、高坝、火车站、铁路7个专卖管理所。2009年，下设综合管理办公室、专卖监督管理科（稽查大队），城区、

烟草专卖

永昌、黄羊3个客户服务部和城区、永昌、武南、黄羊、火车站5个专卖管理所，有员工86人，其中专卖人员26人、业务人员31人。全区持证卷烟零售户4280户。

二、经营销售

2001—2009年，累计销售卷烟26.3万箱，实现销售收入231190.76万元，实现利润33548.32万元。累计查获假冒卷烟案件873起，数量644.33万支，案（标）值132.86万元；查获其他卷烟案件2220起，数量8852.93万支，案（标）值79.26万元；查获莫合烟案件68.27吨，案（标）值13.77万元；累计上缴罚没款15.49万元。

第二节　盐业

一、机构设置

1990年后，武威市盐业经营管理工作由武威市商业局糖酒公司设立的食盐管理站承担。1998年，武威市将盐业经营管理工作从商业局糖酒公司分离出来，成立武威市食盐供应站，同时成立黄羊食盐供应站，为独立机构，共同承担武威市盐业专营职能工作。1999年，将武威市食盐供应站和黄羊食盐供应站合并，成立武威市盐务管理局，并与甘肃省盐业集团武威市盐业有限责任公司合署办公，为武威市唯一一家食盐专营企业和盐业管理机构，隶属于甘肃省盐务管理局和甘肃省盐业集团有限责任公司管理。2001年8月，更名为凉州区盐务管理局（公司）。

2008年，食盐专营企业转换经营机制，凉州区盐业有限责任公司由独立法人变更为甘肃省盐业集团有限责任公司凉州区批发部，成为中盐甘肃省盐业集团有限责任公司的直属批发部。凉州区盐务管理局原在东大街学习巷14号办公，于2007年迁址到火车站东路108号办公，建有办公楼和专用食盐储备库，占地面积4000平方米。黄羊食盐供应站位于黄羊镇地质路76号，承担谢河、黄羊、河东、韩佐、古城、张义、吴家井7个乡镇的盐业市场供应和市场管理。2009年，凉州区盐务管理局与甘肃省盐业集团有限责任公司凉州区批发部内设办公室、财务科、盐政科、业务科、黄羊供应站。全区设立食盐代批点22个。

二、经营销售

凉州区批发部主要经营食盐、食品加工盐、肠衣盐、调料盐、畜牧盐、工业用盐和以盐为原料的化妆品，销售范围涉及制造业、服务业、商贸业、种养业、建筑业、食品加工业六大行业。销售网点及零售点严格执行盐产品价格，实行“钱货两清”的货款结算方式，不赊账。2009年，销盐总量8975吨，食盐销售7452吨，其中直接入口食盐（小包装食盐，包括500克和400克）销售3369吨，销售50公斤精盐（用于食品加工）2850吨，销售肠衣盐（用于皮革腌制）154吨，销售日晒盐（用于皮革腌制）1079吨，销售工业盐1523吨。实现销售收入1165万元，利税28万元，利润62.8万元。

三、打击私盐贩销

1990—2009年，凉州区盐务管理局对冲销全区食盐市场及私自违法贩销劣质盐的行为进行严打整治，联合公安部门重点查处10吨以上的大案要案，实现了全区人民生产生活用盐的安全销售和消费。2009年，全区碘盐合格率为100%，碘盐市场占有份额达到98%以上。

第三节　石油

一、机构设置

1990 年后，凉州区生产生活用油一直由中国石油天然气股份有限公司甘肃武威销售分公司承担。1999 年，武威地区石油公司重组改制，更名为中国石油甘肃销售公司武威分公司，由中国石油甘肃销售公司管理。2001 年，中国石油甘肃销售公司武威分公司更名为中国石油天然气股份有限公司甘肃武威销售分公司。2009 年，中国石油天然气股份有限公司甘肃武威销售分公司内设综合管理部、财务资产部、人力资源部、加油站管理部、储运安全环保部、经营销售部、党群工作部、投资建设部、武威油库、物业公司和天（祝）古（浪）、民勤 2 个销售片区。

二、市场建设与销售

1990—2009 年，公司加油站由原来的 20 座发展到 61 座，销售网络遍布武威城乡和主要交通干线。发油设备由手摇泵、机械式发油发展为电脑刷卡式发油，油库由原 10 座公路、铁路运输储存为主的油库发展合并为 1 座拥有现代化管输及电子发油平台的数控花园式油库，年周转量达到 40 万吨。2009 年，完成成品油销售量 19.82 万吨，实现销售收入 11.09 亿元，上缴税金 1574 万元。

凉州区志

第十三编

财税　金融

本编目录

第一章　财政

第一节　机构设置

1990 年，武威市财政局内设办公室、乡镇财务股、预算股、农财股、企财股、监察股、综合计划办公室、国债领导小组办公室和经济开发公司。

1996 年，武威市财政局加挂“武威市国有资产管理局”的牌子，实行“两块牌子，一套机构”，双重职能管理机制。

2001 年 8 月，武威市财政局更名为凉州区财政局。

2009 年，凉州区财政局内设党政办公室、预算股、农业股、国库股、监察股、行政事业单位国有资产管理股、行政政法股、企业股、税政股、会计股、社会保障股、经济建设股、对外经济贸易股(加挂外国政府贷款办公室牌子)、政府采购办 14 个职能股室，凉州区财经监督检查领导小组办公室、凉州区非税收入管理局、凉州区乡镇财政管理办公室、凉州区农业综合开发办公室、武威沙漠公园管理处、凉州区国债服务部、凉州区农税局、凉州区工资统发管理中心、综合计划办公室、凉州区政府采购中心 10 个下属机构，凉州区国有资产管理局 1 个挂靠管理单位。

第二节　区级财政管理体制

1990 年，武威市的财政管理体制基本按照“划分收支、分级包干、分灶吃饭”的财政体制运行。

1993 年，武威市实行“总额上解，即按当年收入（扣除粮食企业收入）的 20%上解地区财政，80%留市；政策性专项上解中央、省、地部分年终另行结算，一年一定”的财政管理体制。

1994 年，武威地区对县（市）财政进行包干体制，实行分税制和体制上解财政管理体制。

2002 年，凉州区不再向市级上解，按市、区新的分税制财政管理体制运行，上划中央“两税”的资金调度比例核定区级留 40%。由原来的“体制上解、6%比例递增调整为以主要税种比例分成”为内容的分税制财政管理体制，市、区综合分成比例为 56.97:43.03。

2003 年，市财政确定了对凉州区财政税收返还基数核定为 1359 万元。

2004—2009 年，凉州区继续按 2003 年以来的市区财政管理体制运行。

第三节 区级财政收支

1990年，武威市财政收支主要有预算内收支和预算外收支。期间的财政年均收入基本保持着平稳增长的态势，随着财政收入的不断增长，用于支持经济建设和社会各项事业的财政投入逐年增加。1990—2009年，凉州区大口径财政总收入517331万元，年均25866.55万元，其中区级一般预算总收入238718.9万元，年均收入达到11935.95万元；一般预算总支出929987.8万元，年均支出46499.39万元。

一、预算内收支

预算内收入 1994年，各级税务机关划分为国家税务局和地方税务局，负责中央和地方税收，中央对地方实施分税制财政管理体制。2002年以后，实行了新的分税制体制，武威市人民政府根据撤地设市后职能划分的需要，调整了市对区的财政管理体制，实行新的分税制体制，由原来的"体制上解、6%比例递增"（2001年底体制上解基数为2582万元）调整成原属区级收入的"增值税、营业税、城市维护建设税、房产税、土地增值税、土地使用税、契税、资源税"8税种比例分成，市区综合分成比例为56.97:43.03。2003年，按照武威市人民政府《关于规范和完善市对县区财政管理体制的决定》的规定，调整市对区的财政管理体制，重新划分税种和确定了市与区财政收入范围及税收分享比例，并以2002年财政决算数确定市财政对区财政的返还额，将增值税原归区级财政收入的12%调整为10%，营业税原45%调整为35%，城维税按原定130万元基数上划市级调整为市级分享70%，区级分享30%，凉州区范围内的企业所得税和个人所得税由原定区财政全额享有调整为中央分享60%，省级分享20%，区级分享20%。以后年度地方留成部分，省级与区级各分享一半。由于重新划分和调整税种及分享比例，使区级地方财政收入锐减。2005年，因荣华公司等支柱企业流动资金严重不足，武酒集团等部分工业企业初步完成改制转型，短期内税收效益尚未显现。区域内国家重点工程减少，一次性税源下降，政策性锐减等，区级地方财政状况再次跌入谷底。2008年，积极向省市汇报凉州区财政困难，取得上级财政的理解和支持，新增一般性转移支付、三奖一补、产粮（油）大县奖励等财力性转移支付资金10482万元，使区财政一般性转移支付补助总额达到23298万元，占到全区总财力的27.7%。

预算内支出 1994年，中央对地方实施分税制财政体制后，当年市级收入由1993年的8730万元降到6612万元，但个人部分支出却由1993年的4800万元增至8300万元。为了摆脱困境，市财政在多方筹措资金发放干部职工工资、确保各级政府机关正常运转的同时，通过借债、吸纳融资、培植地方财源，以缓解财政困难的局面。并不断改善投资环境，加快城市基础设施建设。仅武威至武南一级公路修建举债2200万元，皇台上市借款1409万元，皇台、武酒集团二期扩建本息2590万元，啤酒厂扩建垫支1409万元。荣华公司建设投入410万元，"双增"工程投入300多万元等等。2001年，区级地方财政收入已达到2亿元，财政形势开始好转，但在发展过程中形成16832万元的巨额债务，其中银行贷款3535万元，上级超汇款挂账3464万元，部门和单位的借款1133万元，同时区财政借入省关闭农村合作基金资金1110万元，上级要求区财政负担的消化粮食企业亏损挂账7590万元，这些债务实质构成隐性赤字，与账面赤字累计，全区财政赤字高达2亿多元。2001年，区财政在赤字、债务沉重、资金调度困难的情况下，积极争取上级补助资金，确保职工工资发放；兑现公职人员调资、离退休人员增资、公务员年终奖金；较好地落实国家社会保障和扶贫救灾政策，发放企业职工养老金补贴、城市居民最低生活保障金、下岗职工基本生活保障金984万元，拨付扶贫救灾、灾歉减免资金 753 万元；贯彻“科教兴区”战略，拨付科技资金 133 万元，教育资金 10944 万元；落实国家积极财政政策，拨付国债等专项资金 7886 万元，确保了重点项目建设。2008 年，区财政坚持“以人为本”，高度关注民生，促进社会和谐发展为目标，认真落实省、市财政支出预算执行政策，不断提高财政保障能力，统筹调度资金，优化支出结构，加大支出进度，地方财政预算和上级下拨专项款共计实际支出 15 亿元。

1990—2009 年凉州区财政收支情况一览表

表 13-1-1　单位：万元

项目/年份	财政收入						财政支出	
	一般公共预算收入	上级补助收入	调入资金	上年结余收入	其他收入	合计	一般公共预算支出	上解支出
1990	5974	3932.2	207.2	411.7	0	10525.1	8636.5	1510.7
1991	6350.9	3838.5	78.9	348.4	830.5	11447.2	8218.3	1698.1
1992	6968	1708.7	66	700.3	775	10218	7990	1857
1993	8730	1622	8	-404	599	10555	8617	2101
1994	6612	5353	0	-762	634	11837	11890	2575
1995	7707	5294	28	-3262	1326	11093	11800	2930
1996	10133	4897	58	-4963	1368	11493	12802	2262
1997	12122	5384	108	-4949	1486	14151	14763	2847
1998	14424	6729	226	-4383	210	17206	18319	2588
1999	16125	11451	1394	-3911	0	25059	23067	3101
2000	17236	16425	1149	-1109	1160	34861	29328	2563
2001	20086	15944	1779	1810	0	39619	40093	2637
2002	13826	26457	921	-3111	0	38093	39091	902
2003	12633	31623	242	-1900	400	42998	43541	465
2004	11567	35528	351	-1408	0	46038	45396	358
2005	9106	42964	555	284	0	52909	51866	340
2006	11343	55993	607	703	0	68646	67259	351
2007	13388	81318	1428	1036	0	97170	97386	375
2008	16288	135399	874	-591	0	151970	150260	401
2009	18100	226215	648	-867	0	244096	239665	326

二、预算外收支

预算外收入　1990—2009 年，凉州区（市）预算外总收入为 101329.1 万元，年平均收入 5066.46 万元。从 1990 年起，全市行政事业性收费及其他收费项目先后又增加城市和农村医疗卫生“三项基金”、集市贸易税、矿产资源管理费、律师事务费、计划外生育费、拖拉机养路费、畜禽及其产品防疫检疫费、劳务费等。1993 年，对行政事业单位属于预算外资金收入的行政事业性收费项目，收费标准、收费依据、收费票据使用管理等方面进行专项清理。全市有预算外资金收入的单位105户，当年实际完成预算外收入279万元，相当于当年全市地方财政收入8730万元的3.2%。后来又陆续增加水资源费、草原管理费、工商管理费、审计费、公房租金、招生报名考务费、独生子女抚养费、市场摊位费和房租费、征地补偿费和安置补偿费等收费项目。1995年起，所有行政事业单位一律实行综合财政预算管理，年初必须将预算内、外两块资金纳入财政管理范围编报预算和预算外资金实行专户存储"收支两条线"管理，由财政部门统一管理和监督使用。"九五"时期，预算外资金收入范围扩大，又增加乡镇自筹资金收入和统筹资金收入、社会保障基金收入等。1996年，全市有预算外资金收入的行政事业单位120户，其中：全额预算单位80户，差额预算单位22户，自收自支预算单位18户。全年完成预算外收入5004万元，相当于当年市级地方财政收入10133万元的49.4%。1997年，全市行政事业性收费项目和其他收费项目增加取水许可证费、水利工程水费、水政水保防治费、排污许可证费、环境监测服务费、征地管理费、土地登记费、教育培训费、考试费、城市和农村义务教育杂费、个体工商户管理费、民办医疗机构管理费、农村劳动力跨省流动就业管理费、流动人口计划生育管理费等10多个项目。全市有预算外资金收入的行政事业单位132户，其中：全额预算单位90户，差额预算单位22户，自收自支预算单位20户。当年完成预算外收入6567万元，相当于当年市级地方财政收入12122万元的54.2%。1997年8月8日，根据武威市人民政府《关于行政性收费纳入预算管理的办法》，市法院收取的民事诉讼费；市公安局收取的治安管理收费、枪支管理证件工本费、特种刀具管制证件工本费、爆炸物品管理证件工本费、户籍管理证件费、居民身份证证件费、出入境管理费、公安交通管理费、边防检查费；民政局收取的社团登记费、婚姻证书费、收养登记费；市工商局收取的企业注册登记费、个体工商户注册登记费、广告经营单位注册登记费、经济合同仲裁费和鉴证费；市城建委收取的城市水资源费、城市房屋拆迁管理费、建设用地规划许可证费、房屋所有权登记费；市卫生局收取的民办医疗机构管理费；市乡镇企业管理局收取的乡镇企业管理费；市水利局收取的水资源费、河道采沙管理费；市土地管理局收取的征地管理费。其他部门的行政处罚收入直接上缴预算（含市医药管理局的处罚收入），纳入第一批预算管理的行政性收费项目。从1998年起，分期分批取消和降低一部分行政事业性收费项目和收费标准，又新增农机培训费、水土流失危害补偿费及防治费、临时土地使用费、科技文化管理费、劳动合同签证费、职业技能鉴定费、国有资产产权登记费、交通管理证件工本费、市容管理费、初高中学生会考费、幼儿保育费、法律宣传资料工本费、收养登记费、福利彩票代销费、工人技术等级培训费、事业单位登记管理费、职业培训费、农村劳动力跨省就业跟踪服务费等行政事业性收费项目及其他收费项目。"十五"时期后，预算外收入有所减少，部分行政事业性收费项目纳入预算管理；农村开展税费改革，取消有些行政事业性收费项目和乡镇自筹、统筹收费项目。税费改革前的2001年，预算外资金收入为8702万元，相当于当年区级地方财政收入20086万元的43.3%。税费改革后的2002年，全区涉及行政事业性收费项目250个，有预算外资金收入的行政事业单位124户，比2001年减少7户，主要是撤地设市建区后房管局、环卫局、绿化局、雷台公园、博物馆、军干所等单位上划市财政管理，加之城建委职能上划收入减少和农村税费改革，乡镇取消自筹、统筹资金收费，预算外资金收入完成5609万元，比2001年减少3093万元，下降35.5%，相当于当年区级地方财政收入的40.6%。

预算外支出　预算外支出主要用于筹办一些地方必要的公共事业，以弥补预算内资金的不足。1990—2009年，凉州区预算外总收入101329.1万元，年平均支出5066.46万元。1990—1994年，各行政事业单位预算外收入，基本上由本单位自己管理，用于规定的支出范围，自管自用。预算外资金支出的主要项目有固定资产投资；工业、农业、交通投资；购置教学仪器及弥补教育经费不足的支出；购置卫生设备和城市维护经费不足的支出；司法部门弥补办案经费不足等支出；行政事业单位车辆燃修费、道路维修费、雇用人员工资、职工福利补助及弥补职工医药费不足等支出。1995—2009

年，预算外收入实行专户存储、由区（市）财政部门统一管理、监督使用的“收支两条线”管理制度。从 1998 年起，撤销各行政事业单位过渡性账户，按照“政府管权、部门管事、财政管钱”的管理模式，对事业行政单位实行收支统管，将 13 项数额较大的政府性基金（收费）纳入财政预算管理。预算外收取的资金，按照预算内外统筹管理的综合预算管理体制统一审核支出项目及金额，使预算外收入的资金基本上用于事业行政经费、基本建设费用、其具体项目包括人员经费、工资性支出、社会保障支出、公务费、业务费、设备购置费、修缮费、福利费等，均按预算安排支出。乡镇收取的自筹、统筹资金，主要用于乡村道路及渠道维修；乡村教育、卫生等公益事业补助；五保户供养、村组干部报酬和办公经费等支出。1995—1998 年，武威至武南一级公路建设工程，武威市财政投入资金 1497 万元，其中：财政预算投资 817 万元，预算外筹资 680 万元；2007 年，扩建维修，预算外筹资 500 万元，改善武威到武南公路交通差的状况，提升了武威工业园区的投资环境。

1990—2009 年凉州区预算外资金收支情况表

表 13-1-2　单位：万元

年份	1990	1991	1992	1993	1994	1995	1996	1997	1998	1999	2000	2001	2002	2003	2004	2005	2006	2007	2008	2009
收入	196.4	156.6	162.1	368	2330	3279	5496	7547	6684	8371	9791	8978	5846	5301	5198	5827	6227	6160	6245	7166
支出	196.4	156.6	162.1	368	2330	3279	5496	7547	6684	8371	9791	8978	5846	5301	5198	5827	6227	6160	6245	7166

三、非税收入

2007 年，为加强非税收入的管理，成立凉州区非税收入管理局并颁布凉州区人民政府《关于加强和规范政府非税收入管理的意见》和《政府非税收入管理暂行办法》。2008 年，出台《非税收入规范管理收缴程序》《非税收入专用缴款书使用管理办法》和《非税收入稽查工作制度》，并将 2007 年年底以前的行政事业性收费票据，统一由区财政局综合计划办公室负责管理，非税收入管理局成立后，按照“凭证购票、计划供应、销旧领新、以收管票、票款同步、跨年作废”的原则，统一划归非税局管理。凉州区共有执收单位 1002 个，其中城区 360 个、乡镇 642 个。新办理票据准购证 12 册，执收单位领购收费票据 108.5 万份，对 27 个单位票据领用销情况进行年审，并逐份手工核销，查出票据丢失、涂改、不合规使用票据、收入不足额缴库等违规问题，按相关政策规定给予严肃处理。对 104 个区属执收单位的票据准购证进行年检，以确保票据规范使用管理。2009 年，完成非税收入 3898 万元，占区级地方财政总收入 18100 万元的 21.5%，其中专款收入 1474 万元，占非税收入的 37.8%；行政事业性收费收入 990 万元，占非税收入的 25.4%；罚没收入 932 万元，占非税收入的 23.9%；国有资产（资源）有偿使用收入 502 万元，占非税收入的 12.9%。

四、基金收支

基金预算收入　基金预算收入主要包括工业交通部门基金收入、文教部门基金收入、社会保障基金收入、农业部门基金收入、土地有偿使用收入、政府住房基金收入、地方财政税费附加收入、其他部门基金收入等。按照国家法律法规由各部门负责征收的以上基金收入，依照各个时期的财政管理体制，全部缴入国库，纳入财政预算管理。1998 年，财政基金预算收入完成 311 万元。2000 年，完成基金预算收入 206 万元。2005 年，完成基金预算收入 222 万元。2009 年，完成基金预算收入 273 万元。

基金预算支出　基金预算支出主要包括工业交通部门基金支出、商贸部门基金支出、文教部门基金支出、社会保险基金支出、农业部门基金支出、土地有偿使用支出、政府住房基金支出、其他部门基金支出、地方财政税费附加支出，以及其他上解支出和调出资金。1998 年，基金支出 229 万元。

2000 年，基金支出 86 万元。2009 年，基金支出 1373 万元，调出资金 92 万元，基金年终结余 1159 万元。

第四节　乡镇财政

一、乡镇财政管理机构

1990 年，武威市 39 个乡镇均设立乡镇一级财政所。财政所设置所长（乡镇长兼）、副所长、总预算会计、农税会计 4 个岗位。

1992 年，增设九墩滩开发指挥部财政所。

1997 年，全市 48 个乡镇（含城关镇）一级设立的财政所和地税所合并，成立乡镇财税所，并作为乡镇政府的职能部门，行政上归乡镇政府领导，业务上接受市财政局和地税局的指导，行使原财政所和地税所的职能。财税所设置所长（乡镇长兼）、副所长、总预算会计、税收会计、税务专管员、财务专管员 6 个岗位。

1998 年，武威市撤销城关镇财税所，新设立西大街、西关街、东大街、东关街、火车站街财税所。

2002 年，乡镇财政所和地税所分设办公。

2005 年 5 月，成立荣华街财政所。

2007 年，黄羊镇、武南镇、高坝镇财税所更名为财政管理分局。

2009 年，有城区街道财政所 6 个，镇财政管理分局 3 个，镇财政所 16 个，乡财政所 18 个，生态建设指挥部财政所 1 个。

二、乡镇财政管理体制

1990 年，武威市乡镇财政实行“定收定支、超收分成、大头留乡、超支不补、一定一年或几年”和“收入上缴、支出下拨”的收支两条线大包干财政管理体制。

1991—1993 年，武威市本着因地制宜、区别对待、稳中有变、逐步完善的原则，对部分乡镇的财政管理体制作了调整。对原实行“核定收支、收入上交、超收分成、支出下拨、结余留用、超支不补、一年一定”的丰乐、武南、永昌、清源镇和金塔乡改为“核定收支、收入上交、超收分成、欠收分担、支出下拨、结余留用、超支不补、一年一定”的收支挂钩财政管理体制。欠收分担比例为：市财政承担 30%，乡镇承担 70%，并由以上 5 个收支挂钩的乡镇增加到 10 个。

1994 年，乡镇财政实行“定收定支、上缴递增、超收全留、短收自负、超支不补”的分税制财政管理体制，进一步明确乡镇财政的收支范围，划分了市、乡两级责任。乡镇超收收入主要用于支持农村经济和各项事业的发展，30%扩大乡镇本级发展基金，50%安排支持各项事业的发展，20%用于乡镇干部的奖励。收入欠收的 80%在乡镇历年结余中弥补，结余不够时可列当年赤字。乡镇财政在分级管理的原则下，具体业务受市财政局的指导。对各项支农资金和文教卫生、抚恤及社会救济等事业费，均按市财政和各业务主管部门下拨的专项资金指标和有关规定负责监督管理。

1995—1997 年，乡镇财政实行“划分税种、核定收支、收入递增、补贴递减、超收全留、超支不补、欠收自负、一定三年”的财政管理体制。

1998 年，48 个乡镇在设立了乡镇金库后，坚持“分级管理、分灶吃饭、自求平衡、自求发展”的原则，实行划分税种、核定收支、分级包干的大包干财政管理体制和“三保一挂”责任制。

2001 年，对乡镇财政的收支范围和税种作了调整，实行“超收比例分成（市财政分成 70%、乡镇留 30%），短收自负，超支不补，一定一年”的财政管理体制。

2002 年，对乡镇财政实行“划定收入范围，统一支出口径，超收比例分成，短收乡镇自负，超支不补，一定一年”的财政管理体制。乡镇在划定的税源区域和收入范围中，按确定的收入基数组织征收各项收入。按全区整体财政情况，确定乡镇财政统一支出范围和支出标准，乡镇组织的各项税收收入超过确定基数的部分，按区、乡 5:5 比例分成，不能完成收入基数的，差额部分由乡镇自行解决，乡镇超过确定的支出范围和标准的一切支出，区财政不予补助。

2007 年，实行“乡财区管”的财政管理体制。加强区级财政对乡镇、街道财政收支的管理和监督，进一步规范乡镇、街道财政运行，在坚持乡镇、街道预算管理权不变、资金所有权和使用权不变、财务审批权不变、独立核算主体不变、债权债务关系不变“五个不变”的基础上，以乡镇、街道为独立核算主体，由区财政负责管理乡镇、街道财政资金并监督使用。

2008—2009 年，在坚持实行“乡财区管”财政管理体制的基础上，根据经济发展水平和社会事业的需要，划分乡镇类型，进行区别对待。将武南、黄羊、高坝、谢河 4 个镇划为园区乡镇，其他 33 个乡镇、九墩滩指挥部和城区 7 个街道划分为其他乡镇、街道。对园区乡镇和其他乡镇、街道分别实行不同的财政管理体制。对园区乡镇实行“确定税区范围，明确分税比例，统一支出口径，定收定支定补，收支挂钩，超收全留，短收自负、超支不补”的财政管理体制。

三、乡镇财政收支

乡镇财政收入　1990 年，全市 39 个乡镇完成财政收入 1162.5 万元。1995—1997 年，乡镇完成财政收入 13711 万元，年均收入 4570 万元。2001—2005 年，乡镇财政收入 95327 万元，年均收入 19065.4 万元。2006—2009 年，乡镇财政收入 92539 万元，年均收入 23134 万元。

乡镇财政支出　1990—1992 年，全市乡镇财政支出 5998 万元，年均支出 1999.3 万元。1994 年起，市财政对乡镇财政全部实行收支包干，包干后的收入超收，支出结余全部留乡镇。1995—1998 年，乡镇财政支出 25585 万元，年均支出 6396.3 万元。2000 年乡镇财政支出 12111 万元。2001—2005 年，乡镇财政支出 82056 万元，年均支出 16411.2 万元。2006 年，乡镇财政支出 26706 万元，净结余 411 万元。2007 年，乡镇财政支出 32542 万元，乡镇财政赤字 154 万元。2008 年，乡镇财政支出 17318 万元，乡镇财政赤字 182 万元。2009 年，乡镇财政支出 16204 万元，乡镇财政赤字 306 万元。

第五节　财政管理

1990 年，武威市根据国家有关规定，加强对预算外资金、国有资产、财政投资及乡镇财政的管理，推行政府采购制度，发挥了分配社会产品、调节社会经济和监督经济活动的职能。

一、财政预决算管理

预算的编制　1990 年后，武威市各年的财政预算均在上年实际收支的基础上，考虑各种增减变化因素，坚持大力促进生产、不断提高经济效益、保证重点建设、兼顾一般的原则，量入为出，合理安排，由市财政局编制全市全年财政收支预算，由各乡镇财政所编制本乡镇财政收支预算。行政事业单位预算实行“经费包干，结余留用，超支不补”的管理办法。从严从细管理预算资金，严格审定行政事业单位人员编制，控制修缮购置，削减各单位预算包干公用经费 10%，促使有条件的事业单位办实体搞创收。1994 年，实行分税制财政管理体制，市级地方财政收入按新调整的税种和分享比例编制预算，乡镇级财政收入按市财政下达的任务编制预算。在财政支出中，实行控制需求、紧缩开支的政策，对行政事业单位采取预算包干、厉行节约、严格会议审批制度、加强控购管理等措施。1998年，实行综合财政预算，把政府性基金和部分行政事业性收费纳入预算管理。2000—2009年，财政预算编制坚持“量入为出、收支平衡、真实稳妥、合法透明、统筹兼顾、确保重点”的原则，采取“两上两下”的方法编制预算，对收入和支出，根据《中华人民共和国预算法》及实施细则编制年度预算草案，收入预算按上年实际完成数加增长率，支出预算按财政实际可支配财力和各个时期不同的标准为依据进行编制预算。

预算的执行　1990—1993年，武威市收入实行超收分成和短收自求平衡，支出除专项经费专项管理外，一般行政事业经费都实行预算指标包干，由财政部门或单位自行掌握，结余留用、超支不补。1994—2009年，收入实行定额递增比例上解，不再实行超收分成，支出管理办法不变。财政预算实行统一领导、分级管理、权责结合和“一支笔”审批。加强收入的动态管理，区级地方财政预算收入的工商税收由国、地税部门直接入库，农业税收中的耕地占用税和契税由农税股待解户不定期入库，政府性基金由收费单位不定期缴入财政专户，各种退库均按国家金库管理条例执行。支出预算执行，严格按人事局发编制使用卡、财政局发经费供应卡的办法，限制行政事业单位进人，控制财政供养人员经费的膨胀。全面建立行政事业单位财政供养人员经费供应档案，财政供养人员实行计算机动态管理。各单位经费实行“零基预算”，正常经费按预算执行。根据乡镇财政运行的实际情况，资金补助上对乡镇适度倾斜，适时出台对乡镇超收收入全留乡镇的政策，缓解乡镇财政困难；对职工工资和离退休经费按月拨付发放；重点落实民生支出；确保国债、扶贫、救灾、社保等重点项目资金拨付到位；压缩非生产性开支；把公用取暖用煤、行政事业公务印刷、办公用品和公务用车等全部纳入政府采购范围。

决算的编报　1990—2009年，凉州区各年度总决算主要编制以下几方面内容。收支决算：主要反映收支预算执行结果的会计数字，包括一般预算收支决算总表、收支决算明细表、收入预算变动情况表、支出预算变动及结余、结转情况表、收支决算分级表、收支及平衡情况表、决算年终资产负债表等。基本数字：主要反映人员、机构、事业成果的基础数字，包括农、林、水、工、交、商等基本数字；社会、科学、文教、卫生事业、行政管理等基本数字。附表：包括财政基金预算收支决算总表、收支决算明细表、变动及结余情况表、收支决算分级表、收支及平衡情况表、主要经济指标情况表、增发国债资金使用情况表、预算外财政专户资金收支决算总表、预算外财政专户资金收支分部门明细表、预算外资金乡镇自筹、统筹资金收支决算表、行政事业工资情况表、乡镇财政基本情况表、财政性住房资金收支决算表、城市维护建设资金收支决算表、农业和农村经济补充资料表，以及城乡低保、国企下岗职工和失业人员再就业资金收支情况表、新型农村合作医疗及贫困农民家庭医疗救助情况表等。

二、预算外资金管理

1990年，武威市根据部门、单位自主权的扩大，预算外资金迅速增长，增幅过大产生的负效应和流向不合理的实际，为管好用好预算外资金，制定《关于对市属行政、事业单位、企业主管部门预算外资金收支两条线管理办法》，在银行开设收、支两个专户，办理储存、支付、融通业务。1992年，对企业主管部门和行政事业单位的预算外资金实行“由财政部门专户储存、计划管理、财政审批、银行监督”的管理办法。1994年，在完善“专户储存”和“收支两条线”的基础上，制定《武威市预算外资金管理办法》。1997年，制定《关于行政事业性收费纳入预算管理的办法》，凡市属各行政事业单位、公检法司机关及其他部门的行政性收费，除省、地另有规定外，按执收部门的财务隶属关系，纳入市财政预算管理。

2001年，在乡镇全面推行“零户统管”的管理体系，乡镇行政事业单位预算外收入全部缴入乡镇财政专户，进入乡镇财政调控范围，形成多家管钱、一家管账，规范了行政事业单位财务和综合预算管理制度。2005年，制定《凉州区预算外资金管理细则》，推行综合预算管理，取消单位收入账户，预算外收入直达国库和财政专户，规范了单位收费行为。2007年，在对乡镇预算外资金“零户统管”的基础上，对乡镇卫生院、卫生分院、防保门诊部预算外资金全面实行“收支两条线”管理。2008—2009年，完善预算外资金的收缴入库和拨款管理工作，按照预算外资金管理制度，对拨款申请报送、审批、拨付款项的时间作出规定。

第六节　财政监督检查

1990—1997年，武威市财政监督检查工作由武威市税收、财务、物价大检查办公室负责。财政监督检查的检查方式主要采取单位自查和重点检查，对象是国营企业、集体企业和行政事业单位，自查面100%，重点检查面不低于20%。重点对“小金库”和预算外资金进行专项清理检查。

1998年，财政监管由原来每年一度的重点检查转为日常监管与专项检查，使财政监督检查工作逐步规范化、制度化、科学化。

2003年，对重点项目单位进行纳税情况专项检查。

2004—2005年，全面开展会计信息质量专项检查。

2006年，重点开展税收、财务专项检查。

2007年，重点对20万元以上的60个项目资金实行跟踪监督检查。

2008—2009年，对教育、卫生、计生、农牧、交通等部门进行重点核查。

第二章　税务

第一节　国税

一、机构设置

1990年，武威市税务局内设办公室、人事教育股、监察股、税政一股、税政二股、计会统股、征管股、发票管理股（对外称发票管理所）、税务检查室9个股室，2个副科建制分局（城关一、二分局），10个基层管理所及稽查队（1990—1993年分别升格为副科级建制，1993年黄羊、武南所改为分局建制）及待业青年队。

1993年，国务院决定将财政部国家税务总局改设为国家税务总局，直属国务院领导，省以下组建中央和地方两套税务机构并在国家税务局系统实行垂直管理。

1994年，武威市按照国务院精神实行税务机构分设，分别成立了武威市国税局和武威市地方税务局，并分别挂牌办公。

2001 年 8 月，武威市国家税务局更名为武威市凉州区国家税务局。

2009 年，凉州区国税局内设办公室、政策法规股、税源管理股、收入核算股、纳税服务股、征收管理股、人事教育股、监察室、办税服务厅 9 个机构，另设机关党委（总支）办公室；设稽查局 1 个直属机构；下设第一税务分局、第二税务分局、第三税务分局、第四税务分局、第五税务分局、武南税务分局、黄羊税务分局、高坝税务分局、金羊税务分局、西营税务分局、清源税务分局、双城税务分局 12 个税务分局；下属信息中心 1 个事业单位。

二、征管范围

1991 年，武威市有 32 个税种。1994 年，新税制实施后改为 18 个税种。1994 年，国税、地税机构分设后，市国税局主要负责中央税、中央与地方共享税及国家税种的征收，包括增值税、企业所得税、外商投资企业和外国企业所得税、储蓄存款利息所得个人所得税、车辆购置税。

三、税收收入

1994 年，是全国新税制实施的第一年，武威市国税局共组织各税 9423 万元。2009 年，共组织工商各税 33272 万元。

1994—2009 年凉州区国税税收收入一览表

表 13-2-1　　单位：万元

税种 年度	增值税	消费税	所得税	营业税	利息税	车购税	外企所得税	合计
1994	5701	1075	591	1864	192	—	—	9423
1995	5663	1303	93	255	144	—	—	7458
1996	6348	1398	91	326	221	—	1	8385
1997	6841	1575	115	332	104	—	—	8967
1998	7520	1780	70	540	—	—	—	9910
1999	8053	1891	77	514	2	—	—	10537
2000	8760	2101	189	394	569	—	10	12023
2001	9274	2369	643	297	1419	—	12	14014
2002	10169	2233	1332	140	1435	—	10	15319
2003	9531	1064	1184	17	1355	—	14	13165
2004	10013	1590	1258	—	1379	—	18	14258
2005	10684	2063	1401	—	1501	20	9	15678
2006	14333	2482	1679	—	2165	—	11	20670
2007	17284	2641	2523	—	2291	2705	10	27454
2008	16911	2553	3482	—	1557	3614	—	28117
2009	18013	4135	3773	—	754	6597	—	33272

四、征收管理

1994 年，武威市对辖区内的个体运输业运营收入，委托武威车管、运输部门代征税款，全年对

988户个体运输户代征工商各税125万元。下发《关于各乡镇派驻税务专管员加强税收征管的通知》，市国税局按要求在各乡镇派驻税务专管员，在不改变现行税务机构前提下，在大乡镇派专管员2名，小乡镇派专管员1名。

1995年，在武威酒厂等70多户大中型企业推行以企业自行申报、自行计算税款、自行向国库缴款的“三自纳税”制度，为形成“三位一体”的征管格局和计算机征收管理奠定基础。

1997年，建立税款预储制度，方便了纳税，保证税款及时足额入库。

1999年，开展以“管户、管税、管查”为主要内容的三管责任制试点工作，使税收征管力度加大。

2001年，开展新的纳税申报方式，在城区实现征收、管理、稽查分离；在农村结合各自的特点，继续实行“三定征收”“委托代征”“联户代缴”或“巡回征收”方式；全区的一般纳税人及城区的小规模企业和个体户全部进入办税服务厅自行申报纳税。

2003年，执行增值税新的纳税起征点政策，对已达起征点户重新进行核调定额。对所辖全部增值税一般纳税人全部进行“一窗式”的申报纳税，初步形成以POS刷卡缴税等多元化申报纳税格局。

2004年，推行“盯管责任制”申报纳税，在全省国税征管工作会议上进行经验交流。

2005—2006年，逐步把全部纳税户纳入“CTAIS”系统利用信息化进行管理，纳入“CTAIS”系统管理的纳税户纳税申报率达到100%。2006年，对纳税人实行“三级巡查两级考核”制度。

2007年，推行税收分析、评估、稽查、管理“四位一体”的互动机制。

2009年，在受金融风暴带来的减税及增值税转型和税率调整等政策性减税因素带来的双重压力下，采取抓住重点保收、强化责任促收、税收分析“找”收、细化管理“补”收、强化稽查查收的“聚财保收”征管措施，强化税种管理和行业管理，突破征管工作瓶颈，在税收回落时期仍然超额完成税收任务。

五、税务稽查

1995年，武威市围绕实现纳税申报、税务代理、税务稽查“三位一体”的征管格局，加大举报违法案件的查处力度，全力实施半年度或年度税务稽审，使企业稽审率不低于50%，个体工商业户稽审率不低于5%。1997年，市国税局建立稽查分局和征管分局的双层稽查体系，充实稽查人员，使稽查人员的比例提高到40%，其中稽查分局人员达到了25%以上。2008—2009年，按照征管改革的工作要求，区国税局组建稽查局，此后开始实行一级稽查。

第二节　地税

一、机构设置

1994年7月，武威市成立地方税务局，直属武威地区地方税务局、省地方税务局垂直管理，内设办公室、人事教育监察股、计划财务股、农业税股、税政股5个股室，稽查队1个直属机构，征管、检查分局2个分局和47个乡镇税务所。

1995年，局机关新增征收管理股，由于农税征收业务划归乡镇财政所，设派出机构17个，其中城区4个，农村13个。

1998年，武威市地方税务局内设股室改称科。

2000年，武威市地方税务局机关设立基金管理中心，后更名为社会保险费和基金征收管理分局。

2001年8月，武威市地方税务局更名为武威市凉州区地方税务局。

2003 年机构改革，内设 4 科 1 室、12 个直属机构和 12 个派出机构，财税合一体制结束。

2009 年，凉州区地税局内设办公室、人事教育科、监察科、计划财务科、征收管理科、税政科、计算机信息科 7 个科室，发票管理分局，基金征收管理分局，税收征收分局，税收管理一、二、三、四、五、六分局，重点税源管理分局，车辆税收征收管理分局，武南征收管理分局，黄羊征收管理分局，高坝征收管理分局，双城征收管理分局 15 个分局。

二、征管范围

1994 年税制改革后，地方税务局税种从 5 大类 32 个减少到 5 大类 18 个。2000 年，社会保险费由社会劳动保险局移交地税部门征收。2004 年，残疾人就业保障金归地税部门代征。2008 年，企事业单位及其他组织上解的工会经费由总工会委托地税部门代收。至 2009 年，地方税务局主要负责营业税、个人所得税、土地增值税、城市维护建设税、车船税、房产税、资源税、耕地占用税、城镇土地使用税、企业所得税、印花税、地方税的滞补罚收入、按地方营业税附征的教育附加费、养老保险费、失业保险费、医疗保险费、工伤保险费、生育保险费等税费征管。

三、税收收入

1994–2009 年，地税税费收入逐年增加，税收收入由 1994 年 2896 万元增加到 2009 年的 28598 万元，年均增幅 16.49%，社会保险费由 2000 年 2695 万元增加到 2009 年的 21875.8 万元，年均增幅 33.27%。

1994—2001 年凉州区地税税收收入一览表

表 13–2–2 单位：万元

项目 \ 年度	1994	1995	1996	1997	1998	1999	2000	2001
一、税收收入合计	2896	3700	4984	7338	9628	10028	10734	15075
营业税	1521	2027	2877	4168	5037	4655	4753	5468
企业所得税	505	702	775	1022	1327	1735	2517	6047
个人所得税	54	41	107	273	503	733	928	1203
资源税	—	3	2	—	3	—	8	5
投资方向调节税	32	139	180	300	382	567	178	14
城市维护建设税	459	329	409	557	673	602	883	927
房产税	186	290	365	438	1026	763	763	647
印花税	37	38	67	105	151	396	123	170
城镇土地使用税	99	93	71	109	90	122	90	72
土地增值税	—	—	—	—	—	8	—	—
车船使用税	3	32	105	95	121	32	23	57
屠宰税	—	6	26	271	315	415	468	465
二、其他收入合计	51	107	279	403	222	448	359	417
教育费附加	46	102	274	391	222	446	350	405
文化事业建设费	—	—	—	—	—	2	9	12
税务部门其他罚没收入	5	5	5	12	—	—	—	—
三、甘肃省教育附加费	—	8	74	75	72	51	59	87

2002—2009 年凉州区地税税收收入一览表

表 13-2-3　单位：万元

项目＼年度	2002	2003	2004	2005	2006	2007	2008	2009
一、税收收入合计	15572	16166	15134	16526	18243	22192	25449	28598
营业税	6234	5880	7066	7714	9767	11390	12417	14758
企业所得税	5478	5471	2776	2441	2155	1483	2100	2220
个人所得税	1386	1894	1989	2370	1615	3725	3622	4770
资源税	—	5	21	24	8	28	18.6	10
投资方向调节税	16	—	—	—	—	—	—	—
城市维护建设税	994	1071	1029	1200	1538	1883	2528	2210
房产税	1002	983	926	1094	1207	1665	1967	2136
印花税	225	519	559	868	983	781	607.3	614
城镇土地使用税	68	190	438	601	722	790	1145	1131
土地增值税	—	5	—	—	9	322	673	157
车船使用税	159	148	330	214	239	126	369	592
屠宰税	10	—	—	—	—	—	—	—
二、其他收入合计	502	563	492	650	786	984	907	1084.3
教育费附加	488	538	466	622	756	836	856	1012
文化事业建设费	13	25	26	28	30	39	36	51
税务部门其他罚没收入	1	—	—	—	—	109	15	21
三、甘肃省教育附加费	102	80	145	158	181	221	228	229.4

2000—2009 年凉州区地税局社会保险费收入一览表

表 13-2-4　单位：万元

年度＼项目	合计	养老保险费	失业保险费	医疗保险费	工伤保险费	生育保险费	工会经费	残疾人就业保障金
2000	2695	2498	197	—	—	—	—	—
2001	3853	3598	255	—	—	—	—	—
2002	3300	3031	269	—	—	—	—	—
2003	3213	2901	312	—	—	—	—	—
2004	3249	2941	308	—	—	—	—	—
2005	3385	2949	399	—	37	—	—	—
2006	4368	3926	390	—	52	—	—	—
2007	13781	8756	676	4189	101	16	—	43
2008	20153.6	10720	932.8	4979.10	149.70	3250	51	71
2009	21875.8	11388.30	1456.70	6564	2207.70	90.60	47	121.5

四、征收管理

1994年，地税部门开始对划归地税征管范围的1216户企业的税收进行征管。1995年，部分个体工商户（纯管户）移交地税部门征管，征管户数1234户。1996年底，税务登记户达到1042户，其中：企业989户，个体53户。1997年，地税接管了涉及地方税的个体工商户3278户，其中纯管户1029户，交叉户2249户，年底征管户达到4452户。1998年年底，登记户达到5690户，其中查账征收户887户，定期定额征收户4803户。1999年，登记户数5758户，其中查账征收905户，定期定额4853户。2000年登记户7599户，其中查账征收915户，定期定额6672户。2001年登记户7862户，其中查账征收946户，定期定额6916户。2002年登记户7708户，其中查账征收977户，定期定额6533户。2003年，登记户7787户，其中查账征收1022户，定期定额6189户。2004年征管户达到10198户，其中查账征收1290户，定期定额8364户。2005年征管户10955户，其中查账征收1431户，定期定额9524户。2006年征管户数合计7938户，其中企业1649户，个体6289户。2007年征管户数9500户，其中企业2150户，个体7350户。2008年征管户数9569户，其中企业2322户，个体7247户。2009年征管户总计5854户，其中企业1620户，个体4227户。

1999年，按照国家税务总局《关于换发税务登记证件的通知》，对涉及地方税的5763户企事业单位和个体工商户换发了税务登记证。随着征管业务逐步到位，征管方式和手段也发生了较大变化。1994—1997年，实行专管员上门开票征收，征管的重点是各类企业和规模较大的部分个体工商业户，农村的个体工商业户除税务所所在地的外，基本未纳入征收管理。1997—2002年，建立报税大厅，实行由纳税人自行申报缴纳，集中征收，重点稽查与税务人员上门催收（个体工商业户税收）。2003—2009年，实行了纳税人全面自行申报缴纳，集中征收、重点稽查、强化管理、优化服务和委托代征、代收代缴、代扣代缴。农村除税务所所在地的税收由纳税人自行申报缴纳外，其余乡镇均采取按季巡回征收的办法。

五、税务稽查

1995年，武威市开展固定资产投资方向调节税专项检查，应查43户，实查19户，占44%。

1996年，开展了以营业税、企业所得税、城镇土地使用税、个人所得税为主的地方税专项检查。

1997年，开展了地方税收专项检查，重点检查46户，查出有问题的36户，查补入库税款72.4万元。

1998年，针对申报率低、申报不实的问题，地税部门调整了稽查重点，经过对76户企业的检查，查出漏欠税700多万元，并对欠税严格执行加收滞纳金规定，对偷税处5倍以下罚款。

1999年，按照以查促管、以查促收的工作思路，对重点行业、重点企业实行审计式稽查。全年共稽查企业610户，查补入库税款947.8万元。

2000年，地税稽查工作以“收入型”稽查向“执法型”稽查转移为目标，全面推行“四分离”（稽查选案、稽查实施、稽查审理、稽查执行）制度。全年共检查487户，其中企业349户、个体工商户138户，查补入库税款1178.3万元；检查医疗单位4个，查补入库税款24.5万元。

2001年，对地税稽查进一步扩大稽查覆盖面，加大处罚力度，将房地产开发、已完工的重点工程建设项目、房地产和土地使用权的出租、不动产转让、车辆运营收入、个体私营企业、以前年度未进行稽查的骨干企业、社会保险费和发票作为稽查重点，全年共检查企业402户、个体工商户30户，查补税款1125万元，罚款36.17万元。

2002年，在税务稽查工作中实行税费统查，将检查率、结案率、执行政策准确率、处罚率和处罚面作为稽查重点，采取审计式、封闭式调账稽查等方式，对房地产、房屋出租、农村信用社、欠税费企业进行检查。

2003 年，开展了维护税法秩序专项检查工作，重点查处部分行业的纳税人、扣缴义务人在履行纳税义务及执法活动中存在的税收违法行为，重点查处税收征收管理环节存在的漏洞和税收政策执行中存在的问题，达到整顿和规范税收秩序的目的。

2004 年，按照周调度、月考核的日常管理方法，重点对房地产开发企业、交通运输企业、医药购销企业、各类汽车市场和代扣代缴个人所得税单位进行了重点检查。

2005 年，采取审计式、封闭式调账相结合的稽查方式，重点对房地产、房屋出租、农村信用社、欠税企业进行稽查，实现“收入型”稽查向“执法型”稽查的转移。

2006—2008 年，围绕整顿和规范税收秩序，开展了 9 项专项检查，分别是房地产和建筑安装业税收、旅游业税收、房屋租赁税收和车辆税收、砖厂和采石场税收、面粉业和酒类及制种业税收、种子行业和工业园区税收、个人所得税代扣代缴、石羊河流域建设项目，以及学校、卫生院和法庭建设项目专项检查。

2009 年，把企业所得税汇算清缴检查作为税务稽查的重点工作，从建立企业“三自”(自核、自缴、自报）纳税入手，按照汇算清缴重点检查要求，对所列重点企业开展稽查工作。税务稽查按照定时间，保检查单位和保检查质量，落实违纪资金和落实违纪案件处理的原则，重点检查纳税户 307 户，其中企业 267 户、行政事业单位 15 户、其他单位 25 户，查出有违纪问题的 52 户，查补入库税款 38 万元。

第三章　金融

第一节　机构设置

1996 年，农村信用社与武威市农业银行分离，武威市农村信用社成立。中国农业发展银行武威分行成立，开展国有粮棉油收储企业收购、储备、调销粮棉油所需政策性信贷业务和结算业务。2004 年，中国银行业监督管理委员会武威监管分局成立。同年，中国银行、建设银行开始进行股份制改造。2008 年，经省政府金融办批准，武威市工商局核准注册，凉州区银隆小额贷款公司成立，迈开民间资本涉足金融业的第一步。2009 年，共有各类金融机构网点 174 个，从业人员 1748 人，形成以人民银行武威市中心支行、国家外汇管理局武威市中心支局和银行业监督管理委员会武威监管分局为银行监管部门，政策性银行和国有商业银行武威分支机构为主体，多种金融机构并存的金融组织体系。

2009 年末凉州区金融机构及从业人员统计表

表 13-3-1

名称	农业发展银行	工商银行	农业银行	中国银行	建设银行	农村信用合作社	合计
从业人员数（人）	66	208	347	92	257	778	1748
机构总数（个）	2	13	31	7	10	111	174
法人机构数（个）	—	—	—	—	—	59	59

一、中国人民银行武威市中心支行

1990—1998 年，人民银行武威地区分行在武威市设有支行，在辖区内履行货币政策执行、实施金融监管、防范和化解金融风险、提供金融服务的职能。1999 年，人民银行机构改革，撤销二级分行，设立人民银行武威地区中心支行，增加金融调查统计职能。武威市支行撤并到地区中心支行，武威市业务由地区中心支行直接办理。2001 年 8 月，中国人民银行武威地区中心支行更名为中国人民银行武威市中心支行，凉州区业务仍由市中心支行办理。

二、中国工商银行股份有限公司武威分行

中国工商银行股份有限公司武威分行（简称工行武威分行）是隶属于中国工商银行股份有限公司甘肃省分行管理的二级分行。1984 年与人民银行分设，办理各种存款、贷款、结算、信用卡、电子银行、中间业务、个人理财等业务。2005 年，中国工商银行股份有限公司整体上市后，更名为中国工商银行股份有限公司武威分行，在凉州区辖属武南支行等 2 个城区支行、6 个二级支行、1 个分理处和 4 个储蓄所。2006—2009 年，工行武威分行开通网上银行、电话银行、手机银行、企业银行和自助银行五大系统产品体系，全行电子化覆盖率达 100%，成为综合性、多功能的国有股份制商业银行。

三、中国农业银行武威分行

中国农业银行武威分行（简称农行武威分行）是隶属于中国农业银行甘肃省分行管理的二级分行，在凉州区内有凉州区支行、5 个单点支行和分理处，服务范围辐射全区城乡各地。2000—2009 年，农行武威分行推出“金穗卡”“金钥匙”“金 e 顺”“金光道”等“四金”特色产品，开通自助银行、网上银行和电话银行，推广新的综合业务信息系统，实现数据的全国大集中，建成满足各类企业和城乡居民不同层次需求的金融服务联网运行体系。

四、中国银行武威分行

1990 年，中国银行武威分行（简称中行武威分行）业务刚刚起步。1998 年，营业网点 10 个，总资产达 1.9 亿元，本外币各项存款余额折合人民币达 1.69 亿元。2006 年，中国银行整体上市，中国银行武威分行更名为中国银行股份有限公司武威分行，营业网点精简至 6 个，全部设在凉州区。

五、中国建设银行股份有限公司武威分行

中国建设银行股份有限公司武威分行（简称建行武威分行）是隶属于中国建设银行甘肃省分行的二级分行，在凉州城区内有 9 家支行，武南镇 1 家支行。重点发行华龙证券卡、海通证券卡、铁路龙卡、读者龙卡、烟草商户结算通卡等特色银行卡产品，开通了网上银行、手机银行、电话银行、短信银行、自助柜员机等金融服务渠道，为群众提供着全范围、多元化、高质量的金融服务。

六、中国农业发展银行武威分行

1996 年，中国农业发展银行武威分行（简称农发行武威分行）在原中国农业银行武威地区中心支行代理国家政策性金融业务基础上组建成立，隶属中国农业发展银行甘肃省分行管理，在凉州区设支行。凉州区支行集中办理国有粮棉收储企业、农业产业化龙头企业、多种经济实体收购、储备、调销、加工粮棉油所需政策性与商业型信贷业务和结算业务，以及农业综合开发、农村基础设施建设、农业科技、农资物流、农村小水电和农村水利等方面的信贷业务。

七、中国邮政储蓄银行有限责任公司武威市分行

2008 年 3 月成立，是隶属于中国邮政储蓄银行甘肃省分行管理的二级分行，在凉州区内有 6 个城区支行，13 个邮政代理网点。2008—2009 年，在开办银行基本业务的情况下，陆续开办了小额贷款、商务贷款等特色产品，开通了网上银行、自助银行等业务，形成了电子渠道与实体网络互联互通，线下实体银行与线上虚拟银行齐头并进的普惠金融服务格局。

八、凉州区信用联社

1990 年，农村信用社为资金力量薄弱的“官办”农行基层机构。1996 年，农村信用社从农行分离，主要办理农村储蓄存款，农户、个体经营户、农村合作经济组织、企事业单位存款、贷款、结算，代办、代理、资金收付及银行业监管部门批准的其他业务。2009 年，凉州区信用联社辖营业部 1 个、信用社 54 个、分社 46 个、营业网点 101 个（其中城区 23 个，乡镇 78 个），形成城乡联网的金融网络。

九、凉州区银隆小额贷款有限责任公司

2008 年，凉州区银隆小额贷款有限责任公司成立，为甘肃省第一家小额贷款公司，注册资金为 1000 万元，由全体股东在公司成立时一次缴足。主要经营范围是服务发展中小企业，面向农户、微型企业及个体工商户发放短期、中期和长期贷款；投资高新科技企业和城乡建设项目；代理财产的管理、运用与处分；受托经营动产、不动产及其他财产业务；经营资产的重组、并购及项目融资；公司理财及财务顾问等，为民间资本涉足金融业，引导民间融资，改善和规范农村金融服务，解决中小企业融资难开辟了一条新的途径。

第二节　货币管理

1990 年，人民银行武威市中心支行根据各个时期中央银行的存款准备金率、存贷款基准利率的调整，配合辖区经济金融的发展趋势，合理预测投放和回笼货币。由于农副产品收购资金大幅增加和商品回笼不够理想，人民银行武威市中心支行主动掌握投放回笼的有利时机，进行组织回笼和控制投放，净回笼货币 3215 万元，对没有现金支取许可证的单位一律停止提取现金。

1991—1995 年，由于农副产品收购旺季提前，速度加快，现金投放时间也随之提前，投放压力逐年加大，投放数量猛增。人行武威市中心支行把现金供应重点放到农副产品收购和流通。加大对不合理现金支付制止力度，维护货币市场稳定。1995 年，净投放 33778 万元。

1996 年，由于大宗农产品价格比上年同期下降约 35%，现金投放压力减小，人民银行武威市中心支行把现金有计划地投放到农副产品收购入库和流通，净投放 40873 万元。

1997 年，由于商业和储蓄两个现金回笼的主渠道回笼能力减弱，加之受上年现金投放甩尾的影响，现金投放压力增大。人民银行武威市中心支行及时设立现金台账和掌握每天的现金投放回笼数据，在年末净投放现金 48598 万元。

1999—2002 年，第五套人民币陆续发行，在区域内发行中华人民共和国成立 50 周年纪念钞，人民银行武威市中心支行加强了对流通中人民币的管理和人民币损伤券的回笼销毁工作，提高了流通中人民币的质量。

2002 年，净投放现金 983 万元，同比少投放 15507 万元，回笼销毁损伤券 10088 万元，收缴假

币 46290 元。

2009 年，净回笼现金 6149 万元，回笼销毁损伤券 21078 万元，收缴假币 32217 元。

第三节　信贷

1990—1992 年，由于武威市场疲软、生产滑坡、产品积压和资金周转不灵等因素，武威市的信贷重点放到控制总量、优化贷款结构和搞好信贷收支平衡上。短贷投向首先是保粮油和保农业生产，其次用于支持大中型企业，再次用于支持人民生活必需品的生产和流通。1992 年各专业银行贯彻“五优先”“五从严”“八不贷”的信贷政策和坚持“区别对待，扶优限劣”的信贷原则，发放贷款 5729 万元，从季节性贷款中划转年度性贷款 4664 万元，满足国家政策性贷款的需要。

1993 年，在信贷投向上按照中央关于加强农业的战略决策，各专业银行将新增存款的 30%投向农副产品收购，向乡镇企业发放贷款 591 万元，支持农副产品收购和工商企业生产和流通的资金需求。在遭受“5·5”特大黑风暴等严重自然灾害后，为支持农业抗灾保收，各专业银行及时投入抗灾保收资金 1300 万元，至年末各项贷款余额达 129945 万元，同比增加 26518 万元，增长 25.64%。在 5 月和 7 月，中央银行两次提高存款准备金率，使储蓄存款大幅增长，年末储蓄存款净增 24291 万元，增长率为 34.72%。

1994 年，是金融体制改革整体推进、各项改革措施出台最多的一年，以控制消费基金增长作为抑制通货膨胀、加强金融宏观调控的重要举措，使固定资产投资贷款得到控制，信贷结构进一步调整。信贷投向继续优先支持农副产品收购。至年末，全市各项贷款达 158327 万元，同比增长 28382 万元，增长 21.84%。

1995—1998 年，货币政策以抑制通货膨胀为目标，从严控制信贷总量，运用多种货币政策工具，制止银根过度扩张，采取“确定目标、分步实施、限期到位”的措施，按期对国有商业银行贷款进行规模和资产负债比例双向监控，对信用社实行资产负债比例管理。信贷重点投向农业和农田水利基本建设，支持农业向商品化、专业化、现代化方向发展。1997 年农村信用社发放用于支持春耕生产的再贷款 4500 万元，为农副产品销售企业和供销关系稳定的大中型企业以及其他重点行业累计办理票据贴现 2675 万元。

1999 年，两次下调金融机构存贷款利率，降低存款准备金率，各专业银行把农业放在信贷工作的首位，全力支持春耕生产，支持加强以水利为重点的农业基础设施建设，支持推广节水农业和高效农业，支持农业的综合开发和向商品化、专业化、现代化方向转变。

2001 年，全区金融机构贷款呈逐月走低的态势，银行难贷款和企业贷款难的矛盾突出，金融机构开始实施稳健的货币政策，适时扩大和调整信贷量，直到 2007 年下半年止。

2002 年，全面推广农户小额信用贷款和信用村镇建设试点工作，突出支农重点，积极支持农村经济发展。农村信用社全年累计放出贷款 69849 万元，同比增加 26813 万元，其中累计放出农业贷款 62925 万元，同比增加 23228 万元，占贷款累放的 90.09%。

2003 年，为促进西部大开发战略的实施，各金融机构积极培育优质客户，遴选有效益、有市场的中小型企业加大信贷支持力度。开展下岗再就业小额担保贷款、农户小额信用贷款和联保贷款，增加对农村、农业、农民的信贷投入。

2005—2006 年，全区各金融机构准确把握农村经济发展的规律和特点，增加对“三农”的信贷投入，两年分别发放农业贷款 97451 万元、1960 万元。

2008—2009 年，由于受美国次贷危机的冲击，中国人民银行 8 次调整金融机构的存款准备金率。

按照“有保有压、区别对待”的宏观调控总体要求，凉州区金融机构货币政策由年初的“从紧”到三季度的“适度宽松”，召开落实信贷政策有关会议5次、银企对接会2次、银企座谈会1次、金融运行季度分析会4次。2009年，凉州区银行机构贷款余额78.90亿元，较年初增加16.99亿元，对重点工程、优质项目和公共基础设施建设加大支持力度，向中小企业和非公有制经济提供信贷支持27亿元，个人消费贷款余额48394万元，涉农贷款余额529633万元。

第四节　储蓄

1990—1994年，武威市由于农业产业化发展为农民增收创造了条件，增加了储蓄存款来源。由于非公有制经济迅速发展，增加了居民收入，也成为储蓄存款的主要来源之一。连续5年，储蓄存款快速增长，增量达10亿元，占各项存款的比重一直保持在68%以上。

1995年，由于受从紧的货币政策的影响，各项存款余额212185万元，比年初增加25344万元，同比增长为13.56%，其中储蓄存款余额达165614万元，比年初增加39068万元，同比增长30.87%。

1996年，虽然停办保值储蓄，加上中央银行当年下调存款利率，但金融机构的各项存款仍然稳定增加。

1998年，全市职工开始集资住房、企业经济效益下滑和储源分流等因素，全市金融机构储蓄存款增幅明显下降，可用信贷资金相对减少。

1999年，工业经济效益综合指数上升8.91%。农业增产不增收，农民收入增长缓慢，加之国家对个人存款开征个人利息所得税，存款比上年下降5.5%，其中居民储蓄存款比上年同期下降18014万元。

2003—2007年，由于稳健的货币政策和支持西部大开发，全区经济快速发展，居民工资性收入逐步提高，金融机构的存款也稳步增加，各项存款余额由2003年的68.59亿元增加到2007年的103.79亿元，增长51.32%。

2009年，由于实施适度宽松的货币政策，凉州区金融机构各项存款进一步增加，存款余额达170.39亿元，较年初增加37.18亿元。

2009年凉州区存贷款项目统计一览表

表13-3-2　单位：万元

存款	本期余额	贷款	本期余额
一、各项存款	1703921.2	一、各项贷款	788952.95
1.企业存款	249063.78	1.短期贷款	402729.74
（1）活期存款	204581.77	（1）工业贷款	24360
（2）定期存款	44482.02	（2）商业贷款	165285.63
2.财政存款	24523.24	（3）建筑业贷款	100
3.机关团体存款	184410.3	（4）农业贷款	76118.66
4.储蓄存款	1171407.2	（5）乡镇企业贷款	88455

续表 13-3-2 单位：万元

存款	本期余额	贷款	本期余额
(1) 活期储蓄	462408.92	(6) 三资企业贷款	0
(2) 定期储蓄	708998.28	(7) 私营企业及个体贷款	8391.57
5.农业存款	33358.9	(8) 其他短期贷款	40018.89
6.信托存款	0	其中：个人短期消费贷款	3073.09
7.委托存款	123.31	2.中长期贷款	381538.75
8.其他存款	41034.47	(1) 基本建设贷款	208155
二、金融债券	0	(2) 技术改造贷款	0
三、应付及暂收款	32632.8	(3) 其他中长期贷款	173383.75
其中：应付利息	19049.52	其中：个人中长期消费贷款	45321.24
四、同业往来（来源方）	3907.96	3.信托贷款	0
五、行内资金往来（来源方）	0	4 融资租赁	0
六、各项准备	22035.88	5.委托贷款	0
其中：贷款损失准备	20180.1	6.票据融资	4621.47
七、所有者权益	15034.64	其中：贴现	4621.47
其中：实收资本	33092	7.各项垫款	63
八、其他	-169410.27	二、有价证券及投资	19377.25
—	—	三、应收及预付款	5569.48
—	—	其中：应收利息	3431.84
—	—	四、同业往来（运用方）	0
—	—	五、行内资金往来（运用方）	760816.54
—	—	六、金银占款	0
—	—	七、外汇占款	0
—	—	八、固定资产	22612.8
—	—	九、库存现金	10793.19
资金来源总计	1608122.22	资会运用总计	1608122.21

1990—2009 年凉州区存贷款统计一览表

表 13-3-3　　单位：万元

年份	各项存款	各项贷款
1990	64400	75998
1991	80569	84731
1992	101495	103427
1993	128686	129945
1994	186841	158327
1995	212185	215338
1996	281292	285027
1997	310379	352225
1998	365039	411355
1999	405783	441517
2000	474762	503830
2001	540828	476503
2002	601147	516360
2003	685927	534440
2004	755766	522330
2005	860066	463690
2006	965969	469605
2007	1037900	582198
2008	1332120	619096
2009	1703921	788953

第五节　结算

1990 年，中国人民银行向符合条件的各单位颁发现金支取许可证。武威市注销现金结算账户 1296 个，恢复托收承付，完善同城票据交换。

1991—1992 年，按照“一业为主，适当交叉”的原则，对 266 个多头开户单位进行清理。

1993 年，推行借贷记账法的计算改革，人民银行把同城票据的交换由一日一次增加为一日两次，日均增加票据交换量 325 笔，提高资金的当日抵用率。

1994 年，落实专业银行结算主管行长负责制，对大额可转让定期存单的发行进行了统一规范。

1995—1998 年，开通同城票据交换电子化清算系统，使票据清算由原来的手工操作改为电子化操作，增加交换单位和次数，加快社会资金的周转。

1999 年，人民银行对全市各金融机构进行了两次结算纪律检查，查处违规业务 38 笔，违规金额

104 万元。

2002 年，金融机构正式启用国家金库会计核算系统。

2004 年，建立“先支付，后清算”的新体系，进一步强化财政资金监管，实现财政资金的“三直达”。

2005 年，大额支付系统上线，推广运行国库 TBS 系统，加快财政资金到账速度。

2006 年，凉州区小额支付系统顺利上线，并缩短国库资金核算链，提高国库资金的划拨和结算效率。

2007 年，联网核查公民身份信息系统、支票影像交换系统上线运行。11 月，开通了小额支付系统通存通兑业务，促进非现金交易业务量的大幅上升。

2009 年，对银行本票业务模拟运行和小额支付系统支票截留业务进行了验证工作，实现本票在全省通用。

第六节　债券发行及兑付

1990 年，武威市成立甘肃证券公司武威代表处。

1991 年，对新办企业的集资活动，实行开户银行审查，人民银行审查的“两审”制度。

1992 年，发行国债实物券 1010.9 万元。

1993—1997 年，开展国债实物券、国家建设债券和保值公债等国库券的发行和兑付工作。全市共发行个人国债 203.82 万元，财政债券 36.8 万元、国家重点建设债券 85.07 万元、保值公债 81.76 万元。

2001 年，中国人民银行武威地区中心支行保管的国债票样全部转交人民银行武威市中心支行保管。

2009 年，对符合条件的农村信用社专项票据发行申请进行审议，对农村信用社增资扩股的真实性、合规性进行现场检查。

第七节　金融监管

1990—1993 年，武威市人行对全市 89 个金融机构网点进行稽核检查，查处各类违纪问题 57 件，涉及金额 19034 万元，收回少缴财政性存款 292 万元，处以罚款 4.21 万元。

1994 年，坚持“从严控制、适度发展、计划管理”的监管原则，严把新设金融机构的审批关，全年共新设金融机构网点 21 个。对大额可转让存单发行实现发行票面、浮动利率、发行期限和报表的统一。

1995 年，人民银行武威市支行按照“计划管理、总量控制、分级审批、优化结构、适度发展”的原则，一方面结合旧城改造，批准新设和搬迁一批金融机构和网点，使全市金融机构布局更加趋于合理；另一方面，对业务量少、经营效益差的金融机构和网点进行清理。

1996 年，以金融业务的合规性和风险性管理为重点，开展对农村信用社和国有商业银行的常规稽核，查出违规违纪金额 15158.6 万元，限期纠正 7868.6 万元，补交财政性存款 277 万元，经济处罚 17.7 万元，完成了 6680 个基本结算账户的换证工作。

1997 年，亚洲金融危机爆发，为防范和化解金融风险，人行按照“总量控制、计划管理、合理布局、讲求效益、稳步发展”的原则，严格金融机构市场准入，取缔原武威地区信托投资公司，严格检查中保财险、寿险武威分公司的业务，对城市信用社开展了年检。

2002年，金融机构按照“坚持改革、合理分工、管监分离、集中监管”的原则，对人民银行武威市中心支行内部的监管职责进行了调整，由金融监管向金融行政监管过渡。对商业银行全面推行贷款质量五级分类管理制度。对农村信用社系统60名高管人员进行了全面考核，考核结果记入高级管理人员档案，作为管理高级管理人员的重要依据。

2004年，成立中国银行业监督管理委员会武威监管分局，全市银行业金融机构由人民银行武威市中心支行和武威银监分局共同监管，对165家农发行、商业银行、邮政储蓄机构网点进行年检；对农发行和城建信用社的6家机构网点建立不良贷款监测台账。6月，根据国有商业银行不良贷款不降反升的情况，分别对工行、农行、中行、建行4家国有商业银行不良贷款的分布状况、形成原因、清收措施、发展趋势进行调查分析。据统计，国有商业银行的不良贷款余额为13.98亿元，占比41.34%，与年初占比下降2.17个百分点，其中工行上升4.88个百分点，建行上升1.72百分点，农行、中行分别下降7.22、9.49个百分点。

2009年，对农村信用社的增资扩股、股本金管理、经营财务指标、法人治理结构、内控制度、置换资产的处置、地方政府承诺的扶持政策落实情况、贷款占用形态及处置不良贷款真实性和合规性、资本充足率的真实性和准确性等10个方面开展检查和考核。

第四章　保险

1990年，中国人民保险公司武威中心支公司经营财、寿险业务。1996年，按照国务院批准的改革方案，保险业进行改革，成立中国人保武威分公司、中国人寿武威分公司，实行财、寿险分业经营。2003年，保险市场开放。2009年，凉州区共有财险公司8家、寿险公司4家，全区实现保费收入3.75亿元。

第一节　人寿保险

2009年，凉州区有中国人寿、太平洋人寿、平安人寿、泰康人寿4家寿险公司。

一、中国人寿保险股份有限公司武威分公司

成立于2003年6月，在凉州区有营业网点（保监局批准）13个，合同制职工90人，营销人员937人。主要办理人寿保险、健康保险、意外伤害保险、分红险和投资类保险等516个险种。2009年，实现保费收入18566.3万元，承担各类风险保障金额280多亿元，累计支出赔偿及满期给付1.34亿元，当年上缴税金102.2万元。

二、中国太平洋人寿保险公司武威中心支公司

成立于2004年8月，在凉州区有营业网点（保监局批准）1个，合同制职工25人，营销人员1260人。主要办理健康、意外、养老、少儿、分红、投资类等各类人身保险427个险种。2009年，实现保费收入11300万元，承担各类风险保障金额24.79万元，累计支出赔偿及满期给付178.93万

元，当年上缴税金 59.79 万元。

三、中国平安人寿保险股份有限公司武威中心支公司

成立于 2006 年 12 月，在凉州区有营业网点（保监局批准）1 个，合同制职工 28 人，营销人员 263 人。主要办理健康、意外、养老、少儿、分红、投资类等各类人身保险 87 个险种。2009 年，实现保费收入 4289 万元，累计支出赔偿及满期给付 44.3 万元，当年上缴税收 84 万元。

四、泰康人寿保险有限责任公司甘肃武威中心支公司

成立于 2007 年 6 月，在凉州区有营业网点（保监局批准）1 个，合同制职工 58 人，营销人员 1136 人。主要办理健康、意外、养老、少儿、分红、投资类等各类人身保险等 56 个险种。2009 年，实现保费收入 4763 万元，承担各类风险保障金额 6773 万元，累计支出赔偿及满期给付 155 万元，当年上缴税收 108 万元。

第二节 财产保险

2009 年，凉州区共有中国人民财产保险、永安财产保险、天安财产保险、大地财产保险、安邦财产保险、平安财产保险、中华联合财产保险、太平洋财产保险 8 家财险公司。

一、中国人民财产保险股份有限公司武威市分公司

成立于 1984 年 12 月，在凉州区有营业网点（保监局批准）8 个，合同制职工 93 人，营销人员 269 人。主要办理财产损失类保险（含机动车辆保险）、责任保险、信用保险、意外伤害保险、短期健康保险、保证保险、政策性农业保险等 2000 多个险种。2009 年，实现保费收入 6294.59 万元，承担各类风险保障金额 144.06 亿元，累计支付赔款金额 2012.61 万元，当年上缴税收 832 万元。

二、永安财产保险股份有限公司武威中心支公司

成立于 2004 年 4 月，在凉州区有营业网点（保监局批准）1 个，合同制职工 25 人，营销人员 98 人。主要办理机动车辆保险、各类财产保险、责任保险、信用保险和保证保险；短期健康保险和意外人身险业务等 100 多个险种。2009 年，实现保费收入 2029.93 万元，承担各类风险保障金额 379412.39 万元，累计支付赔款金额 866.06 万元，当年上缴税收 74.87 万元。

三、天安财产保险股份有限公司武威中心支公司

成立于 2005 年 7 月，在凉州区有营业网点（保监局批准）1 个，合同制职工 25 人，营销人员 20 人。主要办理企业财产损失保险、家庭财产损失保险、建筑工程保险、安装工程保险、货物运输保险、机动车辆保险、船舶保险、能源保险、一般责任保险、保证保险、信用保险（出口信用险除外）、短期健康保险、意外伤害保险以及中国保监会批准的其他财产保险业务。2009 年，实现保费收入 823.6 万元，承担各类风险保障金额 8825.86 万元，累计支付赔偿金额 622.85 万元，当年上缴税收 75 万元。

四、中国大地财产保险股份有限公司武威中心支公司

成立于 2005 年 8 月，在凉州区有营业网点（保监局批准）1 个，合同制职工 35 人，营销人员 43

人。主要办理机动车辆保险、财产保险、工程保险、一般责任保险、保证保险、信用保险、货物运输保险、短期健康保险、意外伤害保险等。2009 年，实现保费收入 1651.96 万元，承担各类风险保障金额 265550.04 万元，累计支付赔偿金额 910.2 万元，当年上缴税收 91.2 万元。

五、安邦财产保险股份有限公司武威中心支公司

成立于 2006 年 7 月，在凉州区有营业网点（保监局批准）1 个，合同制职工 8 人，营销人员 18 人。主要办理财产损失保险、责任保险、信用保险、保证保险、短期健康保险、意外伤害保险等 7 个险种。2009 年，实现保费收入 20.91 万元，承担各类风险保障金额 896.39 万元，累计支付赔偿金额 38.43 万元，当年上缴税收 4.79 万元。

六、中国平安财产保险股份有限公司武威中心支公司

成立于 2007 年 3 月，在凉州区有营业网点（保监局批准）1 个，合同制职工 12 人，营销人员 12 人。主要办理机动车辆、企财险、家财险、责任险、货运险、工程险、保证险、意外险、健康险及各类责任保险等 9 个险种。2009 年，实现保费收入 383.44 万元，承担各类风险保障金额 178.29 万元，累计支付赔款金额 289.18 万元，当年上缴税收 22.83 万元。

七、中华联合财产保险股份有限公司武威市凉州区支公司

成立于 2007 年 8 月，在凉州区有营业网点（保监局批准）1 个，合同制职工 30 人，营销人员 60 人。主要办理机动车辆、财产、意外、健康、信用保证、农业及各类责任保险等 22 个险种。2009 年，实现保费收入 305 万元，承担各类风险保障金额 2.6 万元，累计支付赔款金额 144 万元，当年上缴税收 18 万元。

八、中国太平洋财产保险股份有限公司武威中心支公司

成立于 2009 年 6 月，在凉州区有营业网点（保监局批准）1 个，合同制职工 7 人，营销人员 16 人。主要办理企业财产损失保险、家庭财产损失保险、建筑工程保险、安装工程保险、货物运输保险、机动车辆保险、船舶保险、能源保险、一般责任保险、保证保险、信用保险（出口信用保险除外）、短期健康保险、意外伤害保险以及中国保监会批准的其他财产保险业务。2009 年，实现保费收入 269.1 万元，承担各类风险保障金额 1307994 万元，累计支付赔偿金 18.46 万元，当年上缴税收 13.62 万元。

第十四编

城乡建设　环境保护

本编目录

第一章　城市建设

第一节　机构设置

1990 年，武威市城乡建设环境保护委员会内设党委办公室、行政办公室、建筑管理科、城乡建设科、计划财务科、城乡建设技术档案室、规划建设管理科、市政管理科、施工管理科和环境保护局，为副县级建制单位。

1997 年，撤销城乡建设环境保护委员会，组建城乡建设局、环境保护局。

2001 年 8 月，武威市城乡建设局更名为凉州区城乡建设局，凉州区城乡建设局所属的房地产管理局、排水管理所、自来水公司、路灯管理所、环境卫生管理所、城市建设监察大队、雷台公园、绿化管理所和城市建设档案室 9 家单位整体移交武威市建委管理。

2009 年，凉州区城乡建设局内设党政办公室、综合业务股、村镇规划股、住房保障股、财务审计股、监察室，下属单位有城建监察中队、质监站、拆迁办、西郊公园、植物园、海藏公园、房改办、黄羊自来水公司、天马监理公司、商品房开发公司、澳华设计公司。

第二节　城市建设规划

一、1992 版城市规划

1992 年，武威市城乡建设环境保护委员会编制完成第一部《武威市城市总体规划》。规划内容包括市域城镇体系规划、城市总体规划、城区控制性详细规划和历史文化名城保护规划四个层次。规划期限分为两个层次，近期（1991—2000 年）为 10 年，远期（1991—2010 年）为 20 年，规划范围确定为现武威城区范围，高坝镇、和平乡、新鲜乡、金羊乡的平苑村和金沙乡的李家磨村、大七坝河滩工业区（武威工业园区内）约 60 平方公里。人口规模方面，近期为 15.5 万~17 万人，城市化水平达 16%；远期 22 万~24 万人，城市化水平达 23%。用地规模方面，近期为 1369.63 公顷，人均用地 97.84 平方米；远期为 1954 公顷，人均用地 105.62 平方米。

二、2001 版城市规划

2001 年，编制完成撤市建区后的第一版《武威市城市总体规划》。规划期限分近、远期两个阶段，近期至 2010 年，远期至 2020 年。规划范围包括规划建成区（含武威城区、辛家河滩工业区和武南城区）及周围的控制区、西营水库及水源地保护区、海藏寺、天梯山石窟、白塔寺文物保护地以及航校及飞行净空保护区。规划建成区四周各1公里为城市生态控制区，武威城区与辛家河滩工业区、辛家河滩工业区与武南城区之间的用地为城市生态防护用地。城市规划区总面积为150平方公里。至2010年，市区人口为39万人，其中武威城区32万人，武南城区7万人。至2020年，市区人口56万人，其中武威城区44万人，武南城区12万人。至2020年，武威市城市建设总用地为66平方公里，其中武威城区用地48平方公里，武南城区用地18平方公里。

第三节 旧城改造

1996—2000年，武威市利用5年的时间，对城市的道路、街景、住宅和公共设施等进行了较大规模的改造和建设。

一、改造路段和开发区域建设

1996—2000年，完成对城区南大街、南环东路、南环西路、南关中路、胜利街、民族街、西大街、东大街、北大街、北环西路、北关中路、共和街、杨府巷12条主巷道及城区二环路等道路建设，拓路总长54.34公里，面积137.95万平方米。开发区域建设有西苑小区、勤俭巷、大井巷、海子巷、署东巷、共和街、发展街、钟楼巷、东关复兴路、民乐小区、富民花园、教师新村等居民住宅小区。

二、拆迁安置

1996—2000年，对改造建设地段的危旧建筑物、构筑物（除文物保护单位外）一律拆除，并按安置办法的规定和要求进行安置。拆除房屋23663间，面积37.2万平方米，其中商业用房3510间，面积7万平方米；居民住宅和其他用房20153间，面积30.2万平方米。安置居民6718户。

三、市政设施建设

1996—2000年，在城区内建成商场9处，停车场8处。临街以服务半径300米左右建一处公共水厕，在市区内的主要街道建成公共水厕26座。完成日供水8万吨自来水扩建工程、日处理9万吨污水处理厂选址征地等前期工作，进行新建齐家坝窝垃圾处理厂的前期工作。建成集中供热点34个，供热面积达163.6万平方米。

第四节 住宅建设及房地产管理

一、住宅建设与开发

1990年，武威市有各类房地产企业89家，其中开发企业64家，评估机构3家，信息咨询6家，物业管理企业16家，注册资金总额3.73亿元，从业人员1500多人。2009年，开发建设住宅项目70个，施工面积达125.49万平方米，商品房竣工面积达108.7万平方米。

二、住宅小区建设

1990年以前，住宅小区只有胜利新村（打靶场）、西北小区和福利路小区（平房）等住宅小区。

1990 年以后，住宅建设以楼房为主。旧城改造以来，陆续拆除城区的危旧平房，连片开发建设了一批新的居民楼住宅小区。至 2009 年，城区住宅小区有西苑、勤俭巷、大井巷、海子巷、署东巷、杨府巷、钟楼巷、共和街、发展街、东关复兴路、民乐小区、富民花园、教师新村、天一时代城、碧水兰庭、南苑、银城、今朝阳光等，人均居住面积达 20.3 平方米。

保障性安居住房

三、经济适用房和廉租房建设

2006—2007 年，在皇台大厦西侧地段修建经济适用房和廉租房 135 套，总投资 1550 万元，建筑总面积为 12915 平方米。2008 年，在皇台大厦西侧地段修建经济适用房 60 套，总投资 1038 万元，建筑面积 5770 平方米。在城区南二环路南侧修建廉租房 144 套，总投资 1496 万元，建筑面积 8310 平方米。发放租金补贴 1704 户。2009 年，建设廉租房 708 套，建筑面积 32800 平方米，发放租金补贴 1941 户。至 2009 年，全区建设廉租房 987 套，总投资 6300 多万元，建筑面积 54025 平方米；建设经济适用房 60 套，总投资 1038 万元，建筑面积 5770 平方米。依照有关政策规定，全区经济适用房和廉租房全部分配到户，入住率达 100%，共为 3645 户发放租金补贴。

四、房产管理

产权产籍管理　1990 年以后，政府基本上不再新建直管公房（平房），开始在胜利新村（原打靶场）等处修建楼房。20 世纪 90 年代中期进行大规模的旧城改造后，直管公房中的平房数量逐年减少，楼房也开始按国家房改政策向居民个人出售。至 1999 年，全市有直管住宅平房 7712 间、11.5 万平方米；工商用房 25 间、1122.9 平方米；有直管住宅楼房 64 套、3078.7 平方米。从 2000 年开始，武威市停止建设直管公房。

房屋交易　1993 年，武威市房地产管理所更名为武威市房地产管理局。为加强管理，武威市房地产管理局成立武威市城镇房屋产权登记发证办公室和武威市房地产交易所，统一管理武威城区房屋交易行为。1998 年，武威市房地产管理局成立了房地产交易中心，与武威市城镇房屋产权登记发证办公室和市房地产交易所合署办公，内设收件登记、评估抵押、房屋转让、产权初审、房屋租赁、交换拍卖、审核发证、产籍查询等业务机构和商务中心以及信息中心等服务机构。至 2009 年，累计完成房地产测绘面积 363.28 万平方米，核发房屋权属证书 23827 本，办理房地产交易转让登记证 23034 户（套），成交额 14.4 亿元；办理房产抵押登记、核发房屋产权证 3282 户（本）；核发房屋租赁许可证 11668 本。

五、物业管理

武威市房地产管理局于 1998 年 6 月成立第一家物业公司——武威市中兴物业管理有限责任公司，开始对全城区经过统一规划、综合开发、配套建设而形成的居住区（即住宅小区）进行物业管理，即对小区的房屋建筑及其设备、场地、市政公用设施、绿化、卫生、交通、治安和环境容貌等项目进行维护、修缮和整治。2004 年，成立凉州区物业管理所。至 2009 年，武威城区共有物业服务企业 42 家，其中民营物业服务企业 6 家，开发建设单位派生出的物业服务企业 36 家（称父子公司），物业管理面积 402.82 万平方米，从业人员 913 人，管理区域 82 个，城区设立业主委员会的有 12 家。

第五节　住房制度改革

1993年，武威市开始进行城镇住房制度改革，通过改革公房低租金制度，将现行公房的实物福利分配制度逐步转变为货币工资分配制度，逐步建立起政府、单位、个人共同负担，把住房的建设、分配、交换、消费纳入市场经济的轨道，实现住房资金投入、产出的良性循环，加快住房建设，发展房地产业，不断改善城镇居民的居住条件。

一、提高公房租金

1993年，武威市对城区内的各类公有住房均进行提租，并执行统一的租金标准，租金按使用面积计收。提租起步阶段每平方米住房租金至少提到了砖混楼房0.30元，砖木结构的平房0.25元，土木结构的平房0.20元。1992年1月1日起竣工和投入使用的住房（含腾空旧房），每平方米使用面积最低月租金砖混楼房0.35元，砖木平房0.30元，土木结构的平房0.25元，并按房屋质量等级进行定租。之后在1996年、1997年、1998年均进行提租。对老红军、抗日战争和解放战争时期参加革命的干部（含其遗孀，不含子女）、社会救济户、享受国家定期抚恤的孤老优抚户等，则给予免租、减租照顾。

二、超标加租金

1993年，武威市规定住房标准。3口人以上的家庭（含3口人，不包括违计人口）以使用面积50平方米为标准。工龄在30年以上的老职工、三代同堂以及有大龄子女的户，可本着“分得开，住得下”的原则，按户外加5~8平方米。一户1~2口人的家庭，每户的住房以不超过30平方米和40平方米为标准。对丧偶、离婚后单身独居的，适当放宽标准。地、县级干部和具有高、中级以上职称的知识分子以及1949年9月30日前参加革命工作的干部，按省委有关规定执行。对超标占用的住房面积，按累进计租办法计租。房改起步阶段，超标10平方米以内的每平方米按楼房0.50元、砖平房0.40元、土平房0.30元计租;超11~20平方米的，每平方米按楼房0.80元、砖平房0.60元、土平房0.50元计租;超过20平方米以上的，原则上必须退房，是楼房的住房，则调换房屋，未换成以前每平方米按5元计租;是平房的必须退房，未退房前每平方米按砖平房4元、土平房3元计租。

三、出售公有住房

出售公有住房，是住房制度改革的核心，武威市从1993年开始进行。至1999年，武威城区共出售公有住房6771套，建筑面积85万平方米。2000年，武威市大规模出售公房工作基本结束。

四、新房新制度

1990年以前，城镇职工、居民住房基本上采用由国家（单位）投资修建和无偿分配的办法。1993年后，开始实行新房新制度。新房新制度包括先卖后租、新房新租和有偿租房三项内容。规定从1992年1月1日起竣工和投入使用的住房（含腾空旧房），一律实行先卖后租、卖后有余再租和买房优先、一次缴款优先于分期缴款的新制度，不再沿用无偿分配的老办法。租住公有住房的新老住房户统一实行有偿租房制度。凡租用公有住房的职工，按规定缴纳租赁保证金，同时缴纳租金。同年，武威市规定新房的保证金按使用面积每平方米楼房40元、砖平房30元、土木平房20元收取。腾空重新安排住户的旧房，按同类型新房的二分之一收取。现住旧公房的住户，按同类型新房的三分之一的标准缴纳保证金。新老住户超标住房面积的租赁保证金，按加一倍计收。之后保证金缴纳数额有调整，住户缴存的保证金享有低息，不计复利，5 年后逐年归还。社会救济户和享受国家定期抚恤的孤老优抚户的租赁保证金全部免缴。

五、集资建房和合作建房

集资建房　一般由职工所在单位牵头，无房职工和住房困难职工集资修建住宅楼。集资建造的住房，产权归集资单位所有。个人集资款 5 年后逐步还本，酌付低息，房租照交，也可将集资款转为租赁保证金或买房款，取得部分产权，可以使用、继承，5 年后也可出售，售房收入扣除有关税费外，按政府、单位、个人的产权比例分配。

合作建房　主要面向城市居民，解决城市居民中、低收入家庭的住房问题。1994 年 8 月，武威市成立住房合作总社，动员危旧平房住户以房作资入社，建造住宅楼房，无平房的居民则集资入社。合作建造的住房，产权可分为合作社所有、社员个人所有、合作社与社员个人共同所有。合作新建造的住房，不向社会出租、出售。社员要求退社时，按规定将原住房退回合作社。

六、推行住房公积金

1993—1997 年，武威市职工个人和所在单位每月分别缴存住房公积金的标准为职工月工资标准的 3%~5%。1998 年，全省住房公积金统一提高到个人、单位各按职工月工资总额的 7%缴交，但有一些困难单位尚未实行住房公积金缴存制度。2009 年，全区机关事业单位已全部缴存住房公积金，部分企业也开始为职工缴存住房公积金。

第六节　基础设施

一、道路建设

2000—2009 年，建成二环路、雷台东路、南环东路等 38 条城市主干道，会馆巷、民富巷等 110 条城市次干路及支路，建成火车站广场、南城门楼广场、天马广场、崇文广场和南入市口绿地。2009 年，武威城区有市政道路 148 条，其中主干路 38 条，次干路及支路 110 条，总长 111.30 公里，道路面积 321.73 万平方米，车行道面积 249.78 万平方米，人行道面积 71.95 万平方米，人均道路面积 12.37 平方米。

1990—2009 年武威城区主次干道建设情况统计表

表 14-1-1　单位：米

序号	路名	起止	总长度	断面形式
1	南大街	大什字—南关什字	757.6	39=7.5+5+1.5+11+1.5+5+7.5
2	北大街	大什字—北关什字	685	38=7+5+1.5+11+1.5+5+7
3	东大街	大什字—东小什字	347.3	38=7+5+1.5+11+1.5+5+7
4	步行街	大什字—西小什字	635	38（人行道）
5	凤凰路	西小什字—盘旋路	594.1	52=7+5+1.5+11+3+11+1.5+5+7
6	天马路	西小什字—农垦什字	677.8	52=7+5+1.5+11+3+11+1.5+5+7

续表 14-1-1　单位：米

序号	路名	起止	总长度	断面形式
7	东关街	东关什字—农贸市场	630	38=7+5+1.5+11+1.5+5+7
8	西大街	西小什字—西郊公园	665.2	38=7+5+1.5+11+1.5+5+7
9	公园路	西郊公园—二环西路	510.7	41=7+5+1.5+14+1.5+5+7
10	复兴路	农贸市场—光明桥	940.6	40=6.5+5+1.5+14+1.5+5+6.5
11	南关中路	南关什字—南关桥头	2100	42=7+5+2+14+2+5+7
12	北关中路	北关什字—雷台什字	1130	42=7+5+2+14+2+5+7
13	迎宾路	盘旋路—火车站广场	1958.7	55=7+5+2+12+3+12+2+5+7
14	海藏路	农垦什字—二环北路	1510	55=7+5+2+12+3+12+2+5+7
15	南关东路	南关什字—荣华桥	1677.1	42=5+5+2+18+2+5+5
16	南关西路	南关什字—二环西路	1821.3	42=5+5+2+18+2+5+5
17	北关东路	北关什字—兴盛路	994.1	47=7.5++2+12+4+12+2+7.5
18	北关西路	北关什字—二环西路	1908.6	47=7.5++2+12+4+12+2+7.5
19	富民路	南关东路—东关什字	722.1	42=7+5+2+14+2+5+7
20	兴盛路	东关什字—北关东路	685	42=7+5+2+14+2+5+7
21	二环东路	南关桥头—二环北路	5671.74	40=3.5+2+21+2+6+5.5
22	二环南路	南关中路—二环西路	2966.75	55=7.5+5+2+11+4+11+2+5+7.5
23	二环西路	二环南路—二环北路	3722.22	45=6.5+5+2+18+2+5+6.5
24	二环北路	二环西路—二环东路	3276.52	55=7.5+5+2+11+4+11+2+5+7.5
25	皇台路	二环西路—皇台集团	2825	48=7+5+2+20+2+5+7
26	西关中路	粮运公司—武建公司	1440	18=3+12+3
27	体育路	武警大队—供排水集团	291.4	7
28	新建路	西关中路—皇台酒厂	2825	12
29	建材路	酒厂—建材总厂	1190	4.5
30	翠微南路	和平路—雷台路	540	30=8+1.5+11+1.5+8
21	北环西路	一建公司—农机公司	430.5	13.8
32	西关南路	文化宫—医药公司	680	38
33	西关北路	矿机厂—西郊公司	750	38

二、路灯

1990 年，城区有路灯 794 盏。至 2009 年，城区路灯增至 6652 盏，其中高压钠灯 5185 盏、汞灯 320 盏、节能灯 1147 盏；供电线路 216 公里，其中架空线路 12 公里，地埋线路 204 公里；路灯专用变压器 4 台，配电控制柜 70 台。

三、供水

武威城区水源为地下水，水质综合合格率为99%。1990年，城区日供水能力达到8000立方米，供水户1.27万户，供水人口6.9万人。至2009年，城区日供水能力达到10万立方米，日平均供水量4.68万立方米。拥有取水深井22眼、泵房22座，清水池5个，一级加压泵房2座，二级加压泵站2处，配套供水管网172.9公里。城区除37家自备井供水用户外，自来水普及率达到98%以上，用水人口26万。

四、排水

1990年，武威城区建成排水管道41.7公里。2000年，9万吨污水处理项目开工建设，于2006年正式运行，日处理污水能力8700立方米。采用卡鲁塞尔氧化沟活性污泥生物处理工艺，COD削减率达到89%，处理后的污水达到国家二级排放标准。2009年，城区日处理污水能力9万立方米，实际日处理污水3万立方米，排水管网总长130.7公里。

五、供暖

1990年，武威城区连片供热单位有17家，供热面积32.9万平方米，占城区住宅面积的12.1%。2001年，各乡镇有供热站5个，供热面积10多万平方米。至2009年，城区有供热单位121家，供热面积806.8万平方米，占城区住宅面积的90%，涉及2173栋楼、70978户居民。其中涉及居民供热的供热单位53家，供热面积768.3万平方米，2098栋楼、70978户居民；城南集中供热公司承担194万平方米，城北集中供热公司承担160万平方米，天昶热力公司承担50万平方米。

六、园林

2009年，城区有西郊公园、凉州植物园、海藏公园3处园林，其中西郊公园属国家AA级景区。

西郊公园　原称儿童公园，位于城区西关，是出土国宝级文物西夏木缘塔的地方。初建于1980年，占地0.19平方公里，居城市规划中心，交通便利，现已成为初具规模的现代园林公园，建有仿古建筑（武威北城门楼）、假山、喷泉、人工湖、旱冰场以及各种儿童游乐设施，还有一些动物供游客观赏，园内遍植各种树木、花卉，是集游乐休闲、餐饮娱乐、赏花观光、林木栽培、动物驯化为一体的游览胜地。2006年6月，被评为国家AA级旅游景区。

凉州植物园　原名东关园艺场，原是国民党陆军骑兵第五军军长马步青于1931—1941年驻守武威时修建而成，园内有马步青修建的蝴蝶楼一幢，中华人民共和国成立后修建的革命烈士陵园一处。该园位于凉州城区东北隅，是城区内最大的一片绿地。1997年，由市农牧局移交市城建委管理。同年，东关园艺场更名为东关花园筹建处，2007年，更名为凉州植物园。2007年，因修建北环路东延伸段，将植物园辟为南北两园。2008年5月1日开始，凉州植物园免费开放。至2009年，植物园完成总投资1977.6万元，其中完成规划前期费用30万元，完成工程建设投资1252.6万元。

海藏公园　位于武威城西北1.5公里处，总占地面积0.4平方公里，分南、北湖和寺院三部分，南湖占地0.33平方公里，北湖占地0.07平方公里。公园主要设施有古建筑4处，即袁克子老宅、天仙宫（原张兆衡故居）、滨湖厅（原道台府）、海藏寺；现代建筑有水榭厅、码头长廊、清源亭、报春亭、玉波亭、曲桥、仿古式二层小楼、仿古式南湖大门及小木屋等。

七、广场、步行商业街

2009年，武威城区有天马广场、南城门广场、火车站广场、崇文广场4大广场，步行商业街和明清仿古商业街 2 个。

天马广场　原名文化广场，位于市区大十字西北角，始建于 1986 年，占地 29284 平方米。2002 年进行大规模改扩建，并于当年 8 月竣工投入使用。广场绿地面积 8121 平方米，有树木 217 株，花卉 190 平方米，安装各种类型灯具 184 套，建有 19 米高的中国旅游标志——“马踏飞燕” 城标。广场以中间人行横道为轴心，将整个广场平面自然划分为 4 个风景小区，四区内有匠心独运的雕塑：“金日磾”“鸠杖”“弘化公主”“李益”，城标正南面雕塑名为 “四季花坛”。广场定位为休闲娱乐广场。2005 年，更名为天马广场。

南城门广场　位于武威城区南入口，因与南城门楼毗邻而得名，占地 22000 平方米。2002 年，在原南城门遗址开工建设，当年 8 月竣工投入使用。广场以南城门楼为背景，以南门中线为中轴，采用对称布局，与文化广场、罗什寺塔共同形成武威市第一空间轴，即城市空间文化轴。整个广场设计由南到北体现 5 个主题：图腾柱、凉州八景、平安宝鼎、浅水甬道和半环形音乐喷泉池、演艺平台。广场定位为纪念性广场，以展示武威历史文化和风土人情。广场绿化面积 5000 平方米，有各种树木 97 株，花卉 132 平方米，各种灯具 197 套。

火车站广场　位于武威城南火车站前，占地 37500 平方米。2002 年 6 月开工建设，当年 8 月竣工投入使用。广场内建有 “驿站之门”“东方斗拱柱”“西方爱奥尼克柱” 雕塑和 “古道风情”“凉都之韵” 浮雕，另建有中心水景喷泉一处。广场绿化面积 5700 平方米，栽植各种树木 36 株，花卉 118 平方米，安装各种灯具 149 套。广场定位为交通疏散性广场。

崇文广场　原名文庙广场，位于武威文庙的南侧，占地面积 9860 平方米。2004 年 3 月开工建设，10 月竣工投入使用。广场内建有中心水景喷泉一处，凉亭一座。广场绿化面积 4900 平方米，栽植各种树木 110 株，花灌木 50 株，安装各种灯具 123 套。2005 年，更名为崇文广场。

步行商业街　步行商业街东起大十字，西至西小十字，东口与天马广场相连。该街是武威城区一处环境优雅、功能完善、独具特色、商业聚集辐射力强的中心街区，总面积为 21340 平方米。2003 年 5 月开工建设，7 月竣工投入使用。街长 624 米，宽 31~33 米，平均 32 米，街内安装各类灯具 295 套，栽植树木 86 株。街区安放的雕塑有 “凉州贤孝”“凉造新泉”“都市女孩”“小乐队”“幸福之家”；建筑有街标、棋盘水景、休闲椅、大小石头圆球等。步行商业街是现代城市中能满足人们购物休闲、餐饮美食、文化娱乐、旅游观光等多种需求的商业区域。

步行商业街

明清仿古商业街　明清仿古商业街东起崇文广场，西至南城门广场。2007 年 9 月建成投入使用。总面积为 10160 平方米，街长 635 米，宽 16 米，街内安装各类灯具 25 套，栽植树木 12 株。

八、绿地

1990 年，武威城区绿化面积共有 78 万平方米，人均公共绿地面积为 7.7 平方米，绿化覆盖率为

9.2%。至 2009 年，建成城区绿化面积 595.1 万平方米（含城区生态绿地、经济林和防护林面积 374.47 万平方米），绿地率为 24.1%，绿化覆盖率为 24.8%，人均公共绿地面积为 5.5 平方米。共栽植乔木 2.27 万株，灌木 167.89 万株，草坪花卉面积 74.8 万平方米。

九、环境卫生

1990 年，武威城区没有固定的生活垃圾处理场所。2002 年，建成 10 万吨生活垃圾处理场 1 座。至 2009 年，建成垃圾转运站 1 座，地下液压式垃圾中转站 41 座，果皮箱 227 个，摆臂式垃圾收集箱 20 个，配有环卫车辆 46 辆。

武威市环卫所承担主次街道和二环路以内道路每日 230 万平方米的清扫保洁任务，承担 23 个露天垃圾点、41 个地下液压式垃圾中转站、20 个摆臂式垃圾收集箱、227 个果皮箱、近 7000 多户沿街个体门店每日 450 吨生活垃圾的收集、清运和处理任务，承担市区内 151 家医疗机构每天 3 吨左右医疗垃圾的收集、清运和处理任务。

2004 年，垃圾处理场正式投入使用，占地面积为 1729 亩，垃圾总库容 231 万立方米，年垃圾处理能力 10 万吨，使用期 20 年。每日处理垃圾约 300 吨，全年处理量约 10 万吨，垃圾的无害化处理率达到 100%。垃圾处理将单元格填埋作业改为日单元填埋方式，即每 72 小时填埋长 27 米、宽 5 米、高 2.5 米、填埋量 810 吨的单元格，由 2 辆推土机、1 台装载机按标准分层摊铺压实，及时覆盖黄土，并使用水车装载喷雾器进行消毒、杀菌、灭蝇和灭鼠，使垃圾填埋工作达到无害化的处理要求。

2009 年，修建医疗废物集中处置项目工程，总投资 763 万元。项目工程主要建筑物有灭菌车间、锅炉房、浴室、车库、配电室等建筑物，购置灭菌系统、破碎挤压系统、冲洗消毒系统等设备。日处理感染性和损伤性医疗废物 3 吨，处理工艺为高温灭菌蒸气工艺。

十、市容整治

1990 年前，武威市政府成立市容整治办公室并组建市容监察大队，由武威市城关镇管理。1996 年 3 月，市容监察大队归口武威市城建委管理。2001 年 8 月，撤地设市后，市容监察大队上交武威市城建委管理。2004 年 8 月，武威市城市建设管理监察大队凉州区中队成立，负责凉州区管辖范围内的村容镇貌环境卫生及城区背街小巷和荣华社区片的保洁监察工作，保洁面积 63 万平方米，保洁人员 307 人。

第二章　村镇建设

20 世纪 90 年代以来，武威市在 19 个建制镇规划区内建成道路 552.6 公里，其中 70%的路面进行了硬化。黄羊、武南、双城、永昌、高坝 5 个建制镇建成自来水水厂 5 个，供水能力 2.86 万吨/日，供水管网 196 公里，排水管道 125.5 公里；架设路灯 1126 盏；修建的专业市场 10 处，面积 8.4 万平方米；二层以上楼房 586 幢，建筑面积 100.87 万平方米。

第一节　小城镇规划

1990—2009 年，武南、和平、金羊 3 个乡镇的部分村组划入城市规划区范围，纳入城市总体规划。黄羊、高坝、双城、永昌、清源、丰乐、羊下坝、张义 8 个镇完成小城镇总体规划，经区政府审查批准实施；西营、洪祥、四坝、中坝 4 个镇规划进入送审阶段。

在集镇的小城镇规划中，1990—2009 年，完成长城、九墩、清水、怀安、大柳 5 个乡的地形图测绘。完成凉（州）古（浪）公路沿线村镇体系规划，并组织相关部门和乡镇讨论，经区政府常务会议批准后实施；完成金（昌）武（威）公路沿线村镇体系规划现状勘察、现状地形测绘、村庄建设布局情况的调查工作，规划初步方案已编制完成，论证完善后报批实施。

第二节　村庄规划建设

一、农宅建设方案设计

2003—2008 年，按照实用、经济、安全、美观、节能的原则，先后两次委托甘肃澳华设计有限责任公司进行农宅改造及小康住宅方案设计。并以可持续发展为原则，综合考虑节能、省地、生态、环保、健康、美观等因素，从全国优秀设计方案中精选适合全区使用的方案和实例，包括几套被动式太阳能住宅，汇编完成《凉州区社会主义新农村农宅建设方案》。

二、村庄建设规划

2006 年，组织编制 12 套村级基层组织活动场所规划设计方案，并筛选其中 6 套确定为实施方案，完成 88 个村委会的建设规划。2009 年，完成了 130 个村、1000 多个村民小组村庄的现场勘察和建设规划编制工作。规划成果主要包括规划说明书和图纸两部分，图纸包括村庄区位图、现状分析图、用地规划图、建设规划图、道路交通规划图、绿化规划图、工程管网规划图、农宅和主要公共建筑物效果图、院落平面方案、四位一体沼气式卫厕、太阳能利用等，其中高坝镇丁家园村建设规划获全省小康示范村建设规划二等奖，东河乡蔡家滩村被确定为甘肃省首批社会主义新农村建设试点村。

三、农宅建设

2005—2008 年，在经济条件好、村民积极性高的村庄进行建设试点。以永昌镇张义村、和平镇南园村、金羊镇皇台村、高坝镇碌碡村建设二层和多层住宅；以长城乡前营村农家乐、清水乡王盛村为示范的整村建设全面启动。

2009 年，省政府决定在全省实施 21.3 万户农村危旧房改造工程。根据武威市政府下达的 8049 户农村危旧房改造任务，凉州区成立农村危旧房改造领导小组，统筹安排部署，给各乡镇分解了危旧房改造任务，划定危旧房改造范围，并严格按照“一申、二评、三核、四批、五验、六补”的程序和“公开补助政策、公开补助对象、公开补助标准，张榜公布，接受监督”的办法确定补助对象。农村危旧房改造资金由省财政给予每户补助 4000 元，其余资金由危旧房改造申请人自筹解决。危旧房改造工程完工后，由各乡镇逐户验收，市区农村危旧房改造领导小组组织相关部门抽查验收。验收完成后，按实名制“惠农一卡通”直补到农户。全区共补助资金 3219.6 万元。

四、小康住宅建设

小康住宅

2003 年，凉州区全面开展农宅改造及农村小康住宅建设。在经济条件好、村民积极性高的村庄建设试点，先后建成长城西湖、黄羊上庄、东河蔡家滩、清源阳光住宅小区等一批小康住宅示范点。2003—2009 年，投资 16.7 亿元，完成小康住宅建设 4.84 万户。

农村小康住宅建设比较有名的是清源镇阳光住宅示范小区。小区位于凉（州）古（浪）公路 19.5 公里的蔡寨村二组，于 2007 年开工建设，是武威市阳光产业示范园规划建设的 6 个小区之一，占地 274 亩。小区由甘肃省科学院太阳能建筑设计所规划设计并提供建筑户型，总体规划和设计包括地质勘测、户型图、示范点平面图和施工图等。小区建设分两期进行，设计修建被动式二层太阳能住宅，户均占地 240 平方米，建筑面积 124 平方米，建成高标准生态阳光住宅 200 套，总投资约 1400 万元。至 2009 年，建成并投入使用 80 套，每套住宅造价约 12 万元，基础设施建设约 2 万元。

第三章　建筑业

第一节　建筑业发展状况

一、发展概况

1990 年，武威市乡镇各级建筑业发展到 308 个，从业人员 1.22 万人，完成建筑面积 29.38 万平方米，建筑总产值达到 6460 万元。90 年代中期，相继成立武威市第四、第五建筑公司和金沙、和平、武南、双城 4 个分公司。1995 年，组建成立甘肃武威建筑安装有限责任集团总公司。至 2000 年，武威市有市属二级施工企业 8 家，三级施工企业 5 家，共有 315 个施工队，从业人员约 3 万人。1998 年，全市完成建筑面积 82.3 万平方米，建筑总产值达 4.47 亿元。这些施工企业除在市内搞建筑外，还到金昌、张掖、酒泉、兰州，甚至跨省到青海、新疆、内蒙古等省区。2001 年 8 月，撤市设区后，除武威市第一建筑安装工程有限责任公司、武威建筑工程总公司、武威市路通市政工程有限责任公司继续由凉州区管理外，其他建筑企业一律移交武威市统一管理。凉州区管理的 3 家企业分别于 2003 年 7 月和 2005 年 3 月改制为民营企业。至 2009 年，凉州区建筑企业均为民营企业，共有 45 家，其中二级企业 22 家、三级企业 23 家，从业人员 4.5 万人。

二、部分建筑企业

武威建筑工程总公司　1990 年，武威建筑工程总公司有职工 713 人，其中工程技术人员 70 人，拥有固定资产 2500 万元，流动资金 4700 万元，有大中型机械设备 256 台（件），人均技术装备 0.4 台，可满足 20 幢楼房同时施工。公司为二级资质的国营建筑施工企业，下辖 8 个土建公司。1991—2002 年，先后有 14 项工程被评为省、地、市优质工程，其中省优 2 项、地优 9 项、市优 3 项。2003 年，改制为民营企业。

武威市第一建筑安装工程有限责任公司　1990 年，市一建公司有固定职工 362 人，其中工程技术人员25 人，拥有固定资产 76.1 万元，流动资金 57 万元，机械设备有塔吊、汽车、万能试压机、液压、变曲机等。公司为二级资质的集体建筑施工企业，下辖 6 个土建公司。2003 年，改制为民营企业。

武威市第二建筑工程有限责任公司　1990 年，市二建公司有职工 2124 人，其中工程技术人员 83 人，拥有固定资产 267 万元，流动资金 227 万元，施工运输机械设备 271 台件。公司为二级资质的集体建筑施工企业，下辖 5 个工程处。1991—2000 年，被农业部、国家集体建筑企业协会分别授予“全国乡镇建筑优秀企业”“全国先进集体建筑企业”称号。2001 年 8 月，撤市设区后移交市上管理。

武威市第三建筑安装工程有限责任公司　1990 年，市三建公司有职工 1890 人，其中工程技术人员 58 人，拥有固定资产 240 万元，施工运输机械设备 223 台件。公司为二级资质集体建筑施工企业，下辖 14 个工程处。1998—2000 年，公司完成总产值 1.3 亿元，上缴税金 750 万元，实现利润 900 万元，被评为全省建筑企业 50 强企业。2001 年 8 月，撤市设区后移交市上管理。

武威市第四建筑工程有限责任公司　1992 年成立，从业人员 1143 人，其中工程技术人员 220 人，拥有固定资产 1586 万元，流动资金 506 万元，各种设备 1394 台（件）。公司为二级资质集体建筑企业，下辖 4 个工程处。1993—2000 年，完成总产值 1.5 亿元，上缴税金 86706 万元，实现利润 1081.6 万元，被省上评为质量效益 B 级企业。2001 年 8 月，撤市设区后移交市上管理。

第二节　勘察设计与建筑技术

一、勘察设计

1997 年，武威市建筑设计室更名为武威市城乡规划建筑设计院，为丙级设计单位。2000 年升为乙级，可承担 15 层以下的民用建筑和 24 米跨度的工业厂房，以及园林、市政和城乡规划设计。1990—2009 年，进行大小设计 1000 余项，设计面积 300 多万平方米，完成城乡规划面积 200 多万平方米。1994 年在全省小康住宅设计竞赛中获得三等奖。2005 年设计的“武威市疾病预防控制中心综合楼”和《高坝镇丁家园村规划》获得甘肃省第十二届优秀设计三等奖。

二、建筑技术

至 2009 年，凉州区建筑企业技术水平达到二级企业的有 22 个，可修建 30 层以下的民用建筑、跨度 30 米以内的厂房、高 100 米以下的烟囱。三级企业 23 个，可修建 12 层以下的民用建筑、跨度 18 米以内的厂房、高 50 米以下的烟囱。

第三节　建筑施工管理与质量监督

一、施工管理

1990 年，武威市城乡建设环境保护委员会内设建筑施工管理科，具体负责全市建筑管理。2001 年 8 月，撤市设区后，凉州区城建局城市规划管理工作移交武威市城建委管理，凉州区的管理范围为全区各乡镇，重点负责各乡镇二层以上建筑物的施工管理。2009 年，按基本建设管理权限和程序，组织建设工程招、议标 350 项，审批开工报告 300 多项，组织竣工验收 300 多项。

二、质量监督

1990—2001 年，武威市建筑工程安全质量监督站根据《中华人民共和国建筑法》《施工验收规范》等法规和技术标准对全市的建筑工程质量进行跟踪抽查监督，核定工程质量等级。共监督建筑工程项目 622 项，建筑面积 185.94 万平方米；竣工验收合格率 100%，其中优良率 19%；查处 445 起质量有问题的工程，清除不合格原材料 16 次。撤市设区后，凉州区建筑工程安全质量监督站重点负责对全区各乡镇二层以上建筑物的施工质量监督。

第四章　环境保护

第一节　机构设置

1997 年，武威市环境保护局从武威市城乡建设环境保护委员会分出，成为政府序列部门，内设办公室、开发建设环境管理股、自然生态管理股、污染控制股，下属武威市环境监察大队、武威市环境监测站 2 个事业单位。

2001 年 8 月，武威市环境保护局更名为凉州区环境保护局。

2009 年，凉州区环境保护局内设办公室、开发建设环境管理股、自然生态管理股、污染控制股 4 个股室，下属凉州区环境监察大队和凉州区环境监测站 2 个事业单位。

第二节　环境质量状况

一、大气环境质量状况

凉州区大气污染源来自自然因素和人为因素两个方面。大气污染分四个等级，即：良、轻污染、中污染、重污染，由于春季和冬季风沙大，农村烧土炕、烧煤取暖等原因，冬春两季多为中污染或重污染，污染较为严重。2009 年，武威城区二氧化硫年均值为 0.030 毫克/立方米，二氧化氮年均值为 0.025 毫克/立方米，可吸入颗粒物年均值为 0.085 毫克/立方米。全年 365 天中，空气质量达到Ⅰ级天数 19 天，占 5.21%；Ⅱ级天数 342 天，占 93.68%;Ⅲ级天数 4 天，占 1.1%。环境空气质量达到国家二级标准。

二、水环境质量状况

1990 年，全市工业废水排放量为 152 万吨，工业废水排放达标率为 23.02%，工业废水处理率为 62.3%。2009 年，全区工业废水排放量为 258.75 万吨，其中化学需氧量排放量为 2739 吨。同年，石羊河凉州区过境段水质属有机污染，主要污染指标有化学需氧量、生化需氧量、总磷、氨氮、粪大肠菌群，水质状况为劣Ⅴ类；南营水库、黄羊河水库水质无超标项目，水质状况分别达到Ⅱ类、Ⅲ类水质标准；西营水库属有机污染，主要污染指标为生化需氧量、硫化物、氨氮、总氮，水质状况达到Ⅲ类水质标准。

据 2008 年污染源普查统计，全区废水排放单位共 117 家，工业污染源用水总量为 422.22 万吨，取水总量为 368.07 万吨（其中城市自来水 37.78 万吨，自备水 330.29 万吨），重复用水量为 54.15 万吨。年废水产生量为 270.48 万吨，废水实际处理量为 287.12 万吨，废水排放量为 261.81 万吨，废水中化学需氧量产生量为 5678.57 吨，氨氮产生量为 27.35 吨，石油类产生量为 0.28 吨，生化需氧量产生量为 1548.2 吨。废水中化学需氧量排放量为 2607.01 吨，氨氮排放量为 13.36 吨，石油类排放量为 0.14 吨，生化需氧量排放量为 272.23 吨。

2009 年，武威市城市饮用水水质达标率为 100%，水质为清洁，符合 GB/T14848-93《地下水质量标准》Ⅲ类水质标准。

三、噪声质量状况

1990 年，武威城区区域环境噪声平均等效声级为 49.8 分贝，道路交通干线噪声平均等效声级为 71.2 分贝，超标 1.2 分贝。2009 年，城区区域环境噪声平均等效声级为 52.9 分贝，道路交通干线噪声平均等效声级为 65.6 分贝，相比往年呈稳定状态，符合环境噪声质量标准。

第三节　环境监测

一、大气环境监测

1990 年，武威市环境监测站在城区 14 平方公里范围内，设大气监测点 5 个（包括对照点），分别在冬季（11 月中旬）、春季（4 月中旬）、秋季（10 月中旬）进行监测，每季连续采样 5 天，每天采样 5 次，对城区大气环境质量进行监测。监测结果表明，城区大气环境中二氧化硫、氮氧化物、总悬浮微粒、自然降尘年日均值分别为 0.064 毫克/立方米、0.036 毫克/立方米、0. 61 毫克/立方米、0.21 毫克/100 立方厘米，除总悬浮微粒超标 1.1 倍外，其余项目均未超过国家标准。经综合评价，城区大气污染综合指数为 4.6，为中污染。

2009 年，设大气监测点 3 个，降尘、硫酸盐化速率监测点 5 个，对城区大气环境质量进行监测。监测结果表明，城区大气中二氧化硫、二氧化氮 4 年的年日平均值分别为 0.033 毫克/立方米、0.026 毫克/立方米，均符合国家大气环境质量二级标准;可吸入颗粒 2006—2009 年 4 年的年日平均值为 0.93

毫克/立方米，污染较重；自然降尘4年监测浓度范围为6.38~53.93吨/月，硫酸盐化速率4年监测浓度范围为0.12~0.955毫克/100立方厘米碱片·日。

1990—2009年武威城区大气环境质量季节变化综合指数一览表

表14-4-1

季节/年度	冬		春		夏		秋		年	
	P	分级	P	分级	P	分级	P	分级	P	分级
1990	4.60	中污染	4.55	中污染	2.51	轻污染	4.28	中污染	4.60	中污染
1991	4.78	中污染	4.39	中污染	3.33	轻污染	4.50	中污染	5.10	中污染
1992	6.00	中污染	4.06	中污染	2.80	轻污染	4.09	中污染	5.09	中污染
1993	4.17	中污染	3.72	轻污染	2.88	轻污染	5.23	中污染	5.30	中污染
1994	5.55	中污染	4.10	中污染	3.36	轻污染	4.97	中污染	5.91	中污染
1995	6.42	重污染	3.85	轻污染	3.17	轻污染	5.39	中污染	5.58	中污染
1996	4.52	中污染	4.97	中污染	4.47	中污染	5.83	中污染	6.26	重污染
1997	4.46	中污染	5.94	中污染	5.57	中污染	5.74	中污染	5.23	中污染
1998	6.55	重污染	6.64	重污染	4.07	中污染	7.77	重污染	7.35	重污染
1999	7.33	重污染	7.00	重污染	4.04	中污染	4.37	中污染	6.29	重污染
2000	5.27	中污染	8.29	严重污染	4.72	中污染	3.94	轻污染	8.15	严重污染
2001	1.65	轻污染	0.99	轻污染	0.82	轻污染	0.70	轻污染	4.16	轻污染
2002	0.81	轻污染	0.43	轻污染	0.44	轻污染	0.80	轻污染	2.48	轻污染
2003	1.42	轻污染	0.83	轻污染	0.62	轻污染	1.10	轻污染	3.97	轻污染
2004	1.16	轻污染	0.84	轻污染	0.60	轻污染	1.12	轻污染	3.72	轻污染
2005	1.14	轻污染	0.78	轻污染	0.90	轻污染	1.04	轻污染	3.86	轻污染
2006	0.11	良	0.12	良	0.07	良	0.09	良	0.10	良
2007	0.12	良	0.12	良	0.07	良	0.10	良	0.10	良
2008	0.10	良	0.10	良	0.06	良	0.09	良	0.09	良
2009	0.10	良	0.09	良	0.07	良	0.09	良	0.09	良

二、水环境监测

河流水质　1990年，武威地区环境监测站在武威市境内的石羊河过境段、黄羊河、杂木河、金塔河、西营河设置监测断面8个，分别是石羊河白疙瘩桥断面、四坝桥断面、于家湾桥断面、红水河大桥断面、杂木河分水闸断面、黄羊河断面、西营河九条岭煤矿上游断面、西营河九条岭煤矿下游断面。经监测，武威市西营河、杂木河污染指数分别为0.15、0.17，均属清洁河流，所检项目均未超标；石羊河武威市段、黄羊河、金塔河污染指数分别为0.32、0.23、0.27，属尚清洁河流，主要污染物是悬浮物、生化需氧量、氨氮和总硬度等。1991—1997年，在石羊河过境段设置监测断面2个，为校东桥断面和四坝桥断面。1998—2003年，在石羊河过境段设置断面1个，为校东桥断面。各断面均按枯、平、丰 3 个水期分别进行监测，每期连续监测 3 天。2004 年，在石羊河过境段校东桥断面实行单月监测，每年监测 6 期，每期监测 1 天。2009 年，石羊河凉州区过境段属严重污染，主要污染指标有化学需氧量、生化需氧量、氨氮、总氮、总磷和粪大肠菌群，属有机污染。

水库水质　1990 年，武威市环境监测站对黄羊水库、南营水库、西营水库水质进行监测，设置监测断面 4 个，即南营水库断面、南营水电站下流断面、西营水库断面、西营水库出口 200 米处断面，按枯水期、丰水期、平水期进行监测，每期连续 3 天，每天采样 1 次。经监测，西营水库、黄羊水库、南营水库污染指数分别为 0.17、0.09、0.18，属清洁河流，除南营水库悬浮物超标率 22%外，其余项目均未超标。1991—2003 年，在黄羊河、金塔河、西营河设置黄羊水库断面、南营水库断面、西营水库断面 3 个监测断面，每年只在枯水期监测 1 次，每期连续监测 3 天，每天采样 1 次。2004 年起，实行单月监测，每年监测 6 期，每期监测 1 天。2009 年，南营水库污染指数在 0.61~0.68 之间，水质状况为轻污染；西营水库污染指数在 0.37~0.88 之间，水质均由轻污染向尚清洁转化；黄羊水库污染指数在 0.35~0.61 之间，由轻污染向尚清洁转化。

地下水（饮用水）水质　1990 年，武威市环境监测站对武威城区地下水进行监测。在城区 12.5 平方公里的面积上，设置监测点 11 个，监测方法采用国家环保局《环境监测分析方法》进行。按枯水期、丰水期、平水期进行监测，每期连续 3 天，每天采样 1 次，评价标准采用 TJ20-76《生活饮用水质标准》。监测结果表明，城区地下水中，历年汞、镉未检出，铜、铅、氰化物、砷偶有检出，但检出值甚微，没有超标值。酚的检出率为 24.14%，最高值为 0.015 毫克/升。三氮普遍检出。硝酸盐氮检出率为 100%，最高值为 27.06 毫克/升;氨氮检出率为 35.59%，最高值为 0.025 毫克/升;亚硝酸盐氮检出率为 100%，最高值为 0.33 毫克/升。城区地下水平均硬度为 16.66 德国度，属硬水。30%以上的地下水监测点细菌总数超标。2009 年，设水质监测点 1 个，即武威市自来水公司，共监测 24 个项目。从监测结果表明，城区饮用水各项监测指标均达到《地下水质量标准》（GB/T14818-1993）Ⅱ类标准，全年无超标，达标率 100%，水质状况为清洁，未受任何污染。

1990—2009 年凉州区地面水监测断面情况统计表

表 14-4-2

河流、水库 / 水域功能类别 / 年份	南营水库	西营水库	黄羊水库	校东桥
	Ⅱ类	Ⅱ类	Ⅱ类	Ⅴ类
1990	清洁	清洁	清洁	尚清洁
1991	轻污染	尚清洁	尚清洁	重污染
1992	尚清洁	尚清洁	尚清洁	轻污染
1993	尚清洁	轻污染	轻污染	重污染
1994	尚清洁	尚清洁	尚清洁	重污染
1995	尚清洁	尚清洁	尚清洁	轻污染
1996	尚清洁	尚清洁	尚清洁	中污染
1997	尚清洁	尚清洁	轻污染	重污染
1998	尚清洁	尚清洁	尚清洁	轻污染
1999	中污染	轻污染	尚清洁	重污染
2000	轻污染	轻污染	尚清洁	重污染

续表 14-4-2

年份 \ 水域功能类别 \ 河流、水库	南营水库	西营水库	黄羊水库	校东桥
	Ⅱ类	Ⅱ类	Ⅱ类	Ⅴ类
2001	中污染	轻污染	轻污染	重污染
2002	轻污染	轻污染	轻污染	严重污染
2003	中污染	中污染	中污染	严重污染
2004	中污染	中污染	中污染	严重污染
2005	轻污染	轻污染	轻污染	严重污染
2006	轻污染	轻污染	轻污染	严重污染
2007	轻污染	轻污染	轻污染	严重污染
2008	尚清洁	轻污染	尚清洁	严重污染
2009	尚清洁	轻污染	轻污染	严重污染

三、声环境监测

交通环境噪声 1990 年，武威城区内 8 条交通主干线噪声昼间总平均等效声级 71.2 分贝，超标 1.2 分贝，最高 80.0 分贝。超标路段 13 个，占 70%。2006—2009 年，城区道路交通噪声平均等效声级处于稳定下降状态，连续 4 年，城区道路平均等效声级在 65.8~66.2 分贝之间波动，其中 2006 年最高， 平均等效声级为 66.2 分贝，2008 年最低，平均等效声级为 65.8 分贝，4 年平均等效声级为 66.03 分贝，符合道路交通噪声标准。

区域环境噪声 1990 年，武威城区区域环境噪声平均值为 49.8 分贝，居民文教区噪声污染较重，超标 1.3 分贝，超标率达 50%，一类混合区超标率 20%，二类混合区超标 3.1%。2009 年，城区区域环境噪声监测结果在 52.7~53.4 分贝之间波动。在 2006—2009 年 4 年之中，2006 年度环境噪声平均值最低，平均等效声级 52.7 分贝；2007 年最高，平均等效声级 53.4 分贝。4 年区域环境噪声平均等效声级为 53.0 分贝，符合城市区域环境噪声标准。

功能区环境噪声 1990 年，武威城区居民文教区（位于内环路以内的大部分区域，覆盖面积 3.44 平方公里），平均等效声级 51.3 分贝，最高 62.8 分贝，超标 12.8 分贝，超标率 50.9%。一类混合区（位于北环路以北区域，覆盖面积 1.31 平方公里），平均等效声级 49.1 分贝，最高 58.3 分贝，超标 3.3 分贝，超标率 20%。二类混合区（位于西环路以西和东环路以东的区域，覆盖面积 2.69 平方公里），平均等效声级 47.4 分贝，最高 60.4 分贝，超标 0.4 分贝，超标率为 3.1%。2009 年，城区功能区环境噪声与前五年相比有所下降，功能区环境噪声处于污染较轻的稳定状态。其中一类区昼、夜超标最高的是 2009 年，超标分别为 1.5 分贝、9.3 分贝；二类区昼、夜超标最高的也是 2009 年，超标分别为 4.0 分贝、8.6 分贝；三类区昼间无超标，夜间超标最严重是 2006 年，超标 3.9 分贝；四类区昼、夜间超标最高的是 2006 年，分别超标 1.4 分贝、12.4 分贝。

1990—2009 年凉州区环境噪声监测情况统计表

表 14-4-3　　单位：分贝

年份＼项目	城区区域噪声	道路交通干线噪声
1990	49.8	71.2
1991	49.4	68.5
1992	52.3	69.6
1993	48.3	69.4
1994	50.8	78.9
1995	60.8	77.6
1996	59.7	74.4
1997	57.2	72.4
1998	56.6	72.0
1999	55.2	69.8
2000	55.5	69.4
2001	53.8	68.8
2002	51.4	66.0
2003	50.9	68.7
2004	51.3	69.6
2005	53.4	68.9
2006	53.0	66.2
2007	52.7	66.1
2008	51.6	65.8
2009	52.9	65.6

第四节　环境污染治理

一、大气污染治理

大气污染防治　武威城区是大气污染的主要区域，大气污染主要来源于能源的消耗。据 2008 年大气污染源普查统计，全区有锅炉 140 座、窑炉 55 座。工业废气治理设施情况：废气治理设施总数为 116 套（其中除尘设施 107 套），废气治理设施的年投资为 1410.52 万元，废气治理设施的运行费用为 467.8 万元，废气治理设施设计年处理能力为 2359409.08 立方米/时，废气治理设施实际年处理废气量为 380243.25 万立方米。凉州区大气污染以煤烟型污染为特征。

锅炉、茶炉及饮食油烟治理　1991—1998 年，武威市完成锅炉烟尘治理项目 102 项，安装各类消烟除尘器 53 台，关停超标茶炉 38 台。1999 年，对辖区内超标排放的 23 台 2 蒸吨以上锅炉进行治理，使用干式除尘设施的4蒸吨以上锅炉全部更换为湿式高效胶硫除尘器，使用旋风除尘设施的2~4蒸吨锅炉全部更换为高效多管除尘器，1蒸吨以下采暖或茶浴炉全部要求燃用无烟煤。2000年，取缔1吨以下采暖锅炉12台，下达烟尘治理项目4项，投资12万元。2001年，下达锅炉治理任务44项，取缔分散小锅炉17台，年削减烟尘排放量8.5吨。2002年，淘汰分散锅炉23台，年削减烟尘排放量12吨。2003年，全区取缔小散锅炉20台，治理饮食油烟污染源5家。2004年，取缔小散锅炉8台，完成锅炉烟尘治理3家，治理饮食油烟污染源5家。2005年，取缔市一建公司、市家具厂、针织厂等城区小散锅炉8台，完成泰昌酒家、三和苑酒店、亚鑫火锅城等16家餐饮单位油烟治理任务。2006年，对区属65台超标排放锅炉进行治理，华源肥业投资50万元对除尘设施进行彻底改造。2007年，完成了区属单位10台2蒸吨以上超标排放锅炉的专项整治和三泰酒楼等16家油烟污染扰民突出餐饮单位的限期治理任务。2008年，对油烟污染扰民突出的德源牛肉面馆等20家餐饮单位进行治理。2009年，完成油烟污染源治理13家，燃煤锅炉、茶炉治理11家。

工业粉尘及工艺废气回收治理　1992年，武威市水泥厂投资60万元，建成破碎制成工段粉尘回收治理项目，建成后年回收水泥粉尘160吨，年增经济效益3.2万元。1995年，武威化工厂投资25万元，完成硫酸尾气回收治理项目。1996年，武威南化工厂投资528万元，建设普通过磷酸钙生产线氟气污染治理项目，使氟气污染得到彻底治理。1998年，西凉水泥厂新上水泥粉尘治理项目，年削减水泥粉尘达218.8吨，创经济效益4.5万元；武南水泥有限公司投资30万元，完成水泥粉尘治理工程，年削减水泥粉尘达86.7吨，创经济效益1.5万元。2005年，武威市铁合金厂投资120万元，完成8000千伏安矿热炉烟尘、粉尘治理任务。

创建烟尘控制区　1990年，武威市建设城市烟尘控制区4.5平方公里，占城市建成区的56%。1993—1995年，武威市对烟控区进行三年整改，通过采取对重点污染源进行限期治理、逐步淘汰落后的燃烧和除尘设备、加强对锅炉人员技术培训和严格采暖期内环境监督检查等措施，加强烟控区建设的规范化管理。1995年，建成烟控区8.6平方公里，治理超标排放锅炉146台，窑炉2座。使烟控区内锅炉烟尘浓度、烟气黑度达标率分别达到74%和84%。1998年，建成烟尘控制区面积12.5平方公里，烟控区内锅炉烟尘浓度、烟气黑度达标率分别达到71%和84%。2002年，武南镇建成烟尘控制区2平方公里。2005年，创建武威城区12.5平方公里和武南镇5.8平方公里的烟尘控制区。2007年，城区烟控区面积达24.64平方公里，烟尘控制区覆盖率达100%。

城市集中供热　1999年底，武威市建成联片集中供热点32处，供热面积达94.2万平方米。2000年，根据《武威市2000—2015年城市集中供热规划》，将分散在城区的212个集中供热站（点）合并规划为27个供热站，对小散供热锅炉分期进行淘汰。2008年，投资1.61亿元的武威城南集中供热站投入使用，集中供热面积125万平方米。

集中供热

二、水环境污染防治

污染防治　1993年，武威市针织厂投资16万元，建成印染废水处理装置，年处理废水3.6万吨，削减化学需氧量 0.9 吨，悬浮物 7.4 吨;武威市双城造纸厂投资 25 万元，安装微滤机 2 台，年处理废水 6 万吨，回收纸浆 25 吨，创经济效益 5 万元；武威市地毯厂投资 7.5 万元，建成废水处理装置，使废水中悬浮物达标排放;武威市造纸厂先后两次投资 83 万元，安装微滤机 1 台，建成造纸废水处理和纸浆回收工程，年处理废水 85.5 万吨，年削减化学需氧量 194.5 吨、悬浮物 89 吨，年回收纸浆 250 吨，年创经济效益 50 万元。1995 年，将武威造纸厂列为老污染源限期治理项目，结合 3000 吨胶印书刊纸技术改造，将造纸厂制浆工段整体搬迁至发放镇沙漠边缘。该项目总投资 2760 万元，当年即投入建设。1996 年，武威荣华公司投资 560 万元，建成玉米淀粉废水处理系统，采用厌氧消化处理工艺，日处理生产废水 570 吨。同年 9 月，对全市 14 家造纸、制革企业进行重点治理，对羊下坝造纸厂、双树造纸厂、张义皮革厂、黄羊造纸厂、双城宏兴造纸厂实施关停，责令九墩造纸厂停止建设，双城白板纸厂、双城造纸厂限期两年治理达标。通过治理，使全市年减少工业废水排放量约 92.8 万吨，削减化学需氧量 2850 吨、悬浮物 2620 吨。1998 年，武酒集团完成酿酒车间冷却水回用工程，年节煤 400 吨，节水 1.8 万吨。2002 年，结合开展专项行动，对永昌甘闽造纸实业有限公司、羊下坝造纸厂、黄羊造纸厂和黄羊福利造纸厂麦草制浆设备进行了封停，对限而不治、污染治理设施久拖不上的凉州区造纸厂、双城造纸厂进行停产治理，对违法建设的双城龙盛造纸厂进行封停。2003 年，开展石羊河流域凉州段水污染治理，依法关停永昌甘闽造纸实业有限公司、羊下坝造纸厂、黄羊造纸厂、黄羊福利造纸厂、双城白板纸厂、双城龙盛造纸厂、双城造纸厂、武威市纸业公司 8 家造纸企业。投资 124 万元完成凉州医院、甘肃武威肿瘤医院、区中医院、区第三人民医院 4 家医院医疗废水治理设备建设更新，实现外排废水中大肠菌群、细菌总数全部达标排放。荣华集团公司投资 3400 万元，建成了日处理生产、生活污水 1.44 万吨的污水处理厂。2004 年，皇台集团公司投资 753.5 万元，建成日处理酿酒废水 3500 吨的污水处理厂，并通过省环保局验收，实现酿酒废水达标排放;荣华集团公司投资 9600 万元兴建年产 18 万吨有机复合肥的味精污水综合利用项目，实现废水零排放，投资 3420 万元对原日处理 1.44 万吨污水处理厂进行配套改造，变原来全生产系统末端治理为各生产环节治理。2005 年，武威纸业公司投资 1 亿元将企业搬迁至发放镇沙子沟村，结合 3.5 万吨麦草制浆项目，投资 5186.63 万元配套建设碱回收和中段废水生物絮凝等污染防治设施。全区对 18 家利用废纸造纸的企业下达限期治理决定，9 家完成限期治理任务，3 家转产，对其余 6 家下达关停决定。2007 年，关停年产 1 万吨以下的 14 家废纸造纸企业。督促荣华集团完成投资 750 万元的原污水处理厂改建、扩建工程，使污水处理能力达 6500 吨/日。督促全圣纸业公司投资 2848 万元建成日处理污水 1800 吨的污水处理厂工程，投资 660 万元建成中段水处理和碱回收工程和投资 102 万元建成白水回用工程，并顺利通过省级环保“三同时”验收。黄羊工业园区日处理 8000 立方米污水处理厂建成运行；武威工业园区日处理 2 万吨污水处理厂完成征地、围墙和基础设施建设等附属工程；天祥肉类加工有限公司日处理 1500 立方米污水处理设施全面竣工；达利食品公司日处理 1500 立方米污水处理厂建成

污水处理厂

运行；赫原生物制品有限公司日处理4500立方米污水处理厂建成运行。

城市饮用水源地保护　武威城区饮用水源地地处城区西南部，受城市污染少，地下水资源丰富，地下水埋深30~40米，含水层厚度150~200米，渗透系数20~50米/日。1990年，完成城市饮用水水源保护区区划，划定饮用水水源一级保护区、二级保护区和准保护区，制定《武威市城市地下水水源保护区污染防治管理规定》，于1992年6月正式颁布执行。2009年，经凉州区环境监测站监测，城区生活饮用水源地水质良好，呈稳定状态，达到国家规定Ⅲ类标准。

农村集中式饮用水源地保护　2007年，凉州区制定《农村集中式饮用水水源保护区划定方案》《农村集中式饮用水水源保护区污染防治管理办法》。2009年，为辖区内的永昌水厂、双城水厂、上坝水厂、西营空星墩水厂、黄羊渠首水厂、刘家茨湖水厂、西营水厂、杂木水厂、黄羊自来水公司9个农村饮用水源地，划定水源一、二级保护区范围，提出具体保护措施。

三、噪声污染防治

交通噪声污染防治　2000年，武威市环保、公安、城建三部门联合发布《关于在城区禁止机动车辆鸣喇叭的通告》。2003年，开展噪声达标一条街创建活动，降低交通噪声污染。2005年，在主要交通路段和住宅区禁止区段，禁止重型机动车、拖拉机和机动三轮车通行，在城区主要干道制定禁鸣标志，并制定相应措施进行管理，把交通噪声降到最低程度。2009年，在城区主要交通干道设立禁鸣路段，加强日常噪声监管。

工业噪声污染防治　1991—1993年，完成武威酒厂、市水电局等单位锅炉噪声污染治理项目5项。1994—1998年，采取建隔音室、安装消声门窗、风机安装消声器等措施，完成锅炉噪声限期治理项目23项。2000年，投资2.5万元，下达并完成噪声限期治理项目2项。

建筑施工噪声污染防治　1990—2009年，全区城市建设步伐加快，建筑施工噪声污染问题日益突出。采取建筑施工噪声排污申报登记、严格审核办理环境保护夜间施工许可证、征收建设施工噪声超标准排污染费、开展“两考”期间环境噪声集中整治、严查建设施工场所噪声扰民案件等措施，提高施工单位防治噪声污染的自觉性，最大限度地减少城市建筑施工噪声污染。

商业及社会生活噪声污染防治　1994年，针对商业噪声污染投诉日渐增多情况，环保部门协同公安、工商、文化等部门加强对商业噪声的管理，对可能产生噪声污染的餐饮娱乐场所的严格审批。2000年，共建成胜利新村等3个噪声达标小区，面积达5.4平方公里。2005年，实施“安静工程”，对零散叫卖、建筑施工、娱乐行业、交通噪声等问题进行全面整治，创建了富民花园、西苑小区两个安静小区。2009年，建成噪声达标小区8个，创建安静小区3个。

城市噪声区划　1996年，随着城市建成区面积的扩大及《城市环境噪声标准》的实施，成立环境噪声标准适用区划领导小组。1997年，根据国家环保局《城市区域噪声适用区划分方案》的要求，重新调整制定《武威市区域噪声标准适用区划分方案》，并颁布实施。该区划将城区20平方公里的规划面积划分为4类噪声标准适用区。

四、固体废弃物污染防治

全区工业固体废物主要有炉渣、煤矸石、食品酿造工艺废渣、危险废物及其他废物构成。2008年，工业源固体废物年产生量35.9万吨，年综合利用量31.9万吨，年处置量5051.32吨，本年贮存量5430吨，往年贮存量3000吨，年排放（倾倒丢弃）量32600.13吨。工业企业固体废物处置装置3台，年贮存场39382立方米。2009年，生活源固体废物产生量，住宿业636.4吨，餐饮业2053.3吨，医院192.6吨，城镇居民生活49618.9吨。炉渣产生量1170.8吨，生活垃圾清运量10.86万吨，生活垃圾无害化填埋量10万吨，生活垃圾简易填埋量0.87万吨。

五、放射性废物污染防治

2007 年，凉州区对全区放射源进行排查，检查涉源单位 44 个，重点分布在医疗行业；放射源总计 68 个，其中 X 射线类放射源 60 个（其中在用 48 个、闲置废弃 12 个），密封放射源 8 个（在用 8 个）。区环保局督促各涉源单位对放射源进行了申报登记，并建立了放射源安全管理档案和数据库，对放射源进行了分类动态管理。

第五节　环境管理

一、环境规划

2002 年，编制完成《凉州区生态环境保护与建设规划》，共 6 章 25 节，包括生态系统概况、生态环境建设现状及存在问题、全区生态环境建设总体布局、规划优先实施的重点工程和生态环境建设的政策措施等。

二、污染事故与纠纷处理

1991 年，武威市处理两起污染事故，即武南化工厂废水排放造成下游 30 亩农田作物减产事件，凉州曲酒厂生产蒸汽设施余热外泄造成周边农田作物减产事件，办理群众污染投诉 37 件。1992 年，处理了武南化工厂硫酸车间尾气污染造成武南镇鲁子沟 350 亩麦田减产、武威综合化工厂生产磷肥废气造成农作物受损案，责令污染企业向群众赔偿经济损失 0.98 万元，办理群众投诉 36 件。1998 年，处理污染信访案件及各类污染纠纷 59 起，其中噪声 47 起、水污染 3 起、大气污染 9 起，为群众挽回经济损失 0.4 万元。2000 年，受理群众信访投诉 126 件，实施行政处罚 15 件，立案查处违法案件 5 件，依法申请人民法院强制执行 5 件。2002 年，受理群众来信来访及各类污染投诉 123 件，对夜间施工等环境违法行为实施行政处罚 25 件。2003 年，古城镇春蕾色素有限公司生产废水下渗，造成地下水污染事故，凉州区环保局责令该公司停止生产，并限期治理。2005 年，对生产废水未达标的 18 家废纸造纸企业进行限期治理，有 7 家企业环保设施运行正常，做到达标排放。2009 年，受理群众来信来访 49 件（其中大气 31 件、废水 4 件、噪声 14 件），办理政协提案 1 件。

三、污染源调查

2008—2009 年，根据全国第一次污染源普查工作要求，制订普查工作方案，成立污染源普查领导小组，完成工业污染源普查 180 户、生活源普查 442 户、农业源普查 8396 户。

四、排污费征收和使用

1990 年，开征户数 90 个，征收排污费 29.52 万元。1995 年，开征户数 121 个，征收排污费 91.6 万元。2000 年，开征户数 270 个，征收排污费 115 万元。2005 年，开征户数 546 个，征收排污费 249 万元。2009 年，开征户数 506 户，征收排污费 120 万元。

1990—1995 年，武威市环保局安排环保补助资金 257.1 万元，占征收排污费总额的 68.3%。其中用于补助重点污染源治理 102.58 万元，占支出总额的 39.9%；污染源治理资金贷款 21.5 万元，占支出总额的 8.4%;环保补助资金 133 万元，占支出总额的 51.73%。2006—2009 年，凉州区环保局安排环保补助资金共 277.5 万元，占征收排污费总额的 58.4%。其中用于补助重点污染源治理 253.3 万元，占支出总额的65.2%;污染源普查资金42.88万元，占支出总额的15.2%。

1990—2009年凉州区排污费征收统计表

表14-4-4

年　度	开征户数（个）	征收总额（万元）	年度	开征户数（个）	征收总额（万元）
1990	90	29.52	1991	73	29.3
1992	89	74.3	1993	105	70.2
1994	325	81.6	1995	121	91.6
1996	250	105.2	1997	220	108.2
1998	245	122.28	1999	260	115
2000	270	115	2001	280	125
2002	437	100	2003	342	299
2004	520	281.52	2005	546	249
2006	495	120	2007	546	115
2008	450	120	2009	506	120

第六节　环境宣传与执法

一、环境宣传

1990年，武威市召开贯彻落实《中华人民共和国环境保护法》动员大会。通过黑板报、宣传栏、标语、宣传单、环保新闻等形式，进行环境宣传教育。

1991年，开展“爱鸟周”“保护野生动物宣传月”活动，大力宣传《中华人民共和国野生动物保护法》。在企业中开展了节能降耗、清洁生产为内容的宣传活动。

1992年，举办“环境与人类”“我为环保献一策”和“增一岁青春，留一片绿荫”征文活动，在《武威报》选登优秀征文16篇，在城区中小学举办环保主题有奖作文竞赛，评选优秀作文20篇。

1993年，举办环保法规知识竞赛，并在市电视台播出竞赛实况。

1994年，开展“4·22”地球日、“6·5”世界环境日宣传活动，通过宣传材料、标语横幅、广播电视等形式，宣传环保法律法规。

1995年，在广播电台开办为期一年的《环保法制电视讲座》节目，播出19个专题、13个小时76讲，在市电视台播出环保题材电视系列片《共同的命运》和《呼唤》。

1997年，在“6·5”世界环境日期间，在市电视台播出环保专题片《世纪末的抉择》和《贫穷与环境》，在城区中小学开展“回归大自然，热爱家乡一山一水、一草一木”“手拉手捡回一个希望，用小行动保护大地球”等活动。

1998年，利用“3·5”青年志愿者活动日，开展“为了地球上的生命，拯救我们的海洋”万人签名活动。

1999年，组织青年志愿者走上街头，散发环保宣传资料，宣传环保法规知识。组织开展由干部、学生参加的千人上街游行和百米长卷千人签名活动，印发环保法律法规汇编2000余册。

2000年，在文化广场举办大型纪念活动，宣传环保法律法规。在全市中小学开展“争当环保小卫士，创建绿色学校”活动。

2001年，在文化广场开展环保法律法规宣传咨询活动，举行千人绘制百米环保画卷活动。

2003年，在城区和武南镇设立宣传咨询点，发放环保宣传材料5万份，并在清源、清水、长城等乡镇，举办环保法规培训班3期，为农村中小学举办环保科普知识讲座3场。

2005—2009年，开展绿色单位创建活动，创建区级绿色单位68个、市级绿色单位3个、省级绿色单位1个。

二、环境执法

1990年，对企业落实环境保护法律法规情况进行检查，发现污染问题34件，处理26件，对其中3家违反环保法律法规的企业依法予以处理。

1991年，开展环保监督检查和自查自纠工作，健全环保行政执法文书，查处环境污染事件2起。

1992年，清理排污单位历年拖欠排污费104万元，依法查处环境违法案件4起，处理群众来信来访8件。对拖欠排污费和未按规定申报排污事项等违反环保法律法规的17家企业进行了处理。

1997年，对武威市造纸厂、武威化工集团、皇台酒厂、荣华集团、黄羊造纸厂等企业进行重点检查。

2000年，对“一控双达标”（一控，即污染物总量控制工业污染源要达到国家或地方规定的污染物排放标准；双达标，即空气和地面水按功能区达到国家规定的环境质量标准）工作进行专项执法检查。

2001年，对排污企业排污申报和排污收费进行了核查，对拒绝排污申报、拒缴排污费的12家环境违法单位实施了行政处罚。

2002年，开展“严查环境违法行为，遏制污染反弹”环保执法专项行动，封停麦草制浆企业4家，对未完成限期治理任务的2家造纸企业进行停产治理。

2003年，开展环保专项执法行动，对顶风违规建设造纸生产线的双城龙盛造纸厂，申请法院实施断电、封停等强制措施；对武威市纸业公司等8家造纸企业的18个蒸球等麦草制浆设备进行拆除。依法淘汰国家明令禁止的南营冶炼厂等8条地条钢生产线。

2004年，开展“整治违法排污企业保障群众健康”环保专项行动，检查环境违法企业45户，查处环境违法行为6起，清理非法生产销售地条钢的企业及生产点12户，督促16个建设项目补办了环境影响评价手续。开展“清查放射源让百姓放心”专项行动，清查医疗卫生、建材、面粉、制种等行业136个单位，对3家防护设施不全的单位进行整改，建立放射源档案。

2006年，对区属40户锅炉烟尘超标排放单位进行了限期治理，向18户饮食油烟污染单位下达限期治理决定。针对存在的环境污染隐患问题，实施区级挂牌督办企业3家，限期治理2家，督促办理建设项目环评手续33家。

2007年，依法关闭年产1万吨以下的废纸造纸企业14家，对9个农村集中式饮用水源地保护区内所有污染隐患进行逐一排查。

2008年，对违反建设项目“三同时”规定的两家企业，下达停止生产决定，并分别处以10万元和30万元的行政处罚。

2009年，查处未落实环保“三同时”制度企业4家，未经环保部门审批擅自在城市饮用水源保护区内开工建设的畜禽暖棚养殖项目23家，污染物超标排放企业2家。

凉州区志

第十五编

教育　科技

本编目录

第一章　教育

第一节　机构设置

1990 年，武威市教育委员会设行政办公室、人事科、普通教育科、职业教育科、成人教育科、财务科、教研室、大中专招生办公室、电大工作站、职业技术教育中心、电化教育馆、督导室 12 个科室。

2001 年 8 月，武威市教育委员会更名为凉州区教育委员会。

2002 年 7 月，凉州区教育委员会更名为凉州区教育局。

2009 年，凉州区教育局内设党政办公室、人事科、基础教育科、职业技术教育科、成人教育科、计财科、监察室、基建项目办公室、职业技术教育中心、民办教育管理办公室、凉州区爱心助学协会、区直小学管理办公室 12 个科室，下属教育督导室、教学研究室、电化教育馆、勤工俭学管理站、招生办公室、电大工作站 6 个科级事业单位。有行政公务员 23 人，行政专业技术人员 34 人。教育局管理 38 个乡镇学区教育管理服务站和 37 个直属学校、幼儿园以及 93 个民办学校、幼儿园。

第二节　学前教育

1990 年，有幼儿园 20 所，班级 312 个，在园幼儿 11928 人，教职工 173 人。2009 年，有幼儿园 263 所（其中公办 179 所，民办 84 所）班级 887 个，在园幼儿 2.3 万人，4~6 周岁幼儿入园率达 83%；教职工 1831 人，专任教师学历达标率为 95.8%。

一、公办幼儿园

从 1990 年起，全市幼儿教育发展很快。1993 年，有幼儿园 66 所，幼儿 5282 人，教职工 395 人。1994 年，有幼儿园 252 所，在园幼儿 8855 人，教职工 495 人。1997 年，批准新成立幼儿园 67 所，幼儿园达 302 所，在园幼儿 15152 人。2009 年，全区有公办幼儿园 179 所，其中城镇幼儿园 6 所，乡镇小学办 173 所。

二、民办幼儿园

1992 年后，出现私人兴办的幼儿园。2002 年，区教育局制定《民办教育机构管理办法》，积极鼓励和支持社会力量办学，全区幼儿园总数达到 363 所，在园幼儿 24093 人，6 周岁幼儿接受学前教育率接近100%。2009年，有民办幼儿园84所，在园幼儿16828人，幼儿教师1283人。

三、幼儿园评估

幼儿教育

1991年，根据《甘肃省幼儿园分类评估标准（试行草案）》对全市幼儿园进行全面评估，3所幼儿园达到一类标准，1所幼儿园达到二类标准，14所幼儿园达到四类标准。1996年评出一类幼儿园1所、二类幼儿园1所、三类幼儿园9所，四类幼儿园144所。1998年，市教委对全市各类幼儿园进行分类评估，评出一类幼儿园5所、二类幼儿园3所、三类幼儿园56所、四类幼儿园185所。2009年，凉州区第一幼儿园通过省级示范幼儿园的评估验收。

四、幼教师资

1991年，市教委选送教师子女参加电视中专幼师专业学习，毕业后从事幼教工作。1994年，电视中专班毕业的幼儿教师一律由市教委推荐、乡镇聘用、报市教委备案。1997年，制定《关于进一步加强和改进幼儿教育工作的意见》，推荐聘任70多名幼师毕业生到乡镇幼儿园工作，选派51名幼儿教师参加地区教委组织的培训，对未受过幼教专业训练和不胜任幼教工作的幼儿教师进行调整和清退。

五、重点幼儿园

武威市实验幼儿园　始建于1964年，属省级示范性幼儿园，位于共和街36号。2009年，占地3019平方米，建筑面积4317平方米。有13个教学班，在园幼儿510人，教职工51人，其中中学高级教师1人、小学高级教师24人、小学一级教师18人、主管护士1人。园内有弹跳床、滑梯等体育器具20件。各班均配有钢琴、电视机、录音机、投影仪、消毒柜等设备设施，以及桌面玩具、幼儿乐器、体操垫等玩具、教具。

凉州区第一幼儿园　始建于1953年，属省级示范性幼儿园，位于东大街发展巷42号。2009年，占地4650.5平方米，建筑面积3650平方米。有13个教学班，在园幼儿463人，教职工46人，其中中学高级教师1人、小学高级教师22人、小学一级教师19人、小学二级教师1人、主治中医师1人、工人2人，配备了达到省级示范性幼儿园标准的玩具、教具等设施设备。

凉州区第二幼儿园　始建于1985年，属省级一类幼儿园，位于西大街胜利新村7号。2009年，占地3330平方米，建筑面积2960平方米。有11个教学班，在园幼儿465人，教职工46人，其中中学高级教师1人、小学高级教师18人、小学一级教师25人、主治医师1人，配备了达到省级示范性幼儿园标准的玩具、教具等设施设备。

凉州区和平爱弥儿幼儿园　始建于2003年，属省级一类幼儿园，民办幼儿园，位于东大街钟楼巷 28 号。2009 年，占地 3850 平方米，建筑面积 2570 平方米。有 21 个教学班，在园幼儿 600 人，教职工 81 人，配备了达到省级一类幼儿园标准的玩具、教具等设施设备。

凉州区水务局水电幼儿园　始建于 1986 年，属省级一类幼儿园，民办幼儿园，位于崇文街文庙路 45 号。2009 年，占地 4548 平方米，建筑面积 2902 平方米。有 17 个教学班，在园幼儿 616 人，教职工 70 人，其中小学高级教师 5 人、小学一级教师 21 人、主管护士 1 人，配备了达到省级一类幼儿园标准的玩具、教具等设施设备。

凉州区西苑幼儿园　始建于 2001 年，属省级一类幼儿园，民办幼儿园，位于西关街祁连大道路 891 号。2009 年，占地 1066.67 平方米，建筑面积 2080 平方米。有 18 个教学班，在园幼儿 640 人，教职工 80 人，其中小学二级教师 17 人、主管护士 2 人，配备了达到省级一类幼儿园标准的玩具、教具等设施设备。

第三节　九年义务教育

一、发展概况

1990 年，武威市有中小学 583 所，学生 14.81 万人，教职工 9451 人。

1991—1992 年，相继制定《关于贯彻落实〈中华人民共和国义务教育法实施细则〉的意见》《实施义务教育法暂行规定》和《普及九年制义务教育标准及评估办法》，确定全市从 1992 年起开始实施九年义务教育。

1993 年，坚持义务教育阶段就近入学的原则，取消农村小学毕业生升初中的考试，实行义务教育入学通知制度。

1994 年，"两基"（基本普及九年义务教育、基本扫除青壮年文盲）工作顺利通过省、地的评估验收，率先在武威地区实现"两基"目标。

1995 年，召开全市教育工作会议，作出《关于深化教育改革加快教育事业发展的决定》，成立武威市教育协调委员会，协调解决全市教育工作中的重大问题。市政府推行市上领导和教育协调委员会成员联系学校（学区）制度。

1996 年，在国家教委公布的实现"两基"的县（市、区）名单中，武威市名列其中。

1999 年，开展教育工作自查自评，并下发《关于进一步做好"普九"巩固提高工作的意见》。

2005 年，制定《中小学学籍管理办法》和《城区小学初中免试划片招生办法》，初中开始实行划片免试就近入学，从农村乡镇初中学校选送 10%的初三毕业生参加城区高中招生考试，规范城区中小学招生秩序。全区初中生入学率、巩固率、毕业率均达到 99.6%以上。

2007 年，全面落实义务教育经费保障机制和城区义务教育阶段学校划片招生制度，规范转学、借读等学生流转程序及高中招生秩序，"普九"水平进一步提高。全区义务教育完成率为 99%，初中入学率 100%，初中毕业生升入高中段比例 79.62%，残疾儿童入学率达到 97%以上。

2008 年，凉州区制定《中小学教学常规管理办法》《义务教育阶段学籍管理办法》和《"两基"档案资料规范目录》，加强对九年制学校学生学籍的管理与审查，对学校档案资料的收集、整理、归档工作进一步系统化、条理化和规范化。

2009 年，凉州区有小学 391 所，初中 64 所，学生 13.82 万人，教职工 11192 人，其中专任教师 8913 人。小学、初中专任教师学历达标率分别为 98.9%、98.1%。

二、小学教育

1990 年，全市有小学 502 所，在校学生 10.26 万人。

1991 年，重新审批乡镇中心小学 54 所。

1995 年起，取消农村小学毕业生升学考试，实行免试就近入学。在西郊公园西侧修建西苑实验小学。

1996 年，调整学校布局，撤销 5 所小学附设的初中班，集中力量办小学。

1997 年，将城关镇所属的 10 所小学和一幼、二幼移交市教委管理。

1999 年，印发《武威市中小学常规管理规范》，加强对中小学的规范化、科学化管理。

2004 年，武南铁路职工子弟小学划归凉州区管理。

2005 年，全区撤销小学及教学点 11 个，9 所完全小学改制为初级小学，6 所完（初）小改制为教学点，13 所小学实行隔年招生。

2006 年，全区有小学 469 所，在校学生 10.1 万人，城郊 3 所小学划归区教育局直管。

2007 年，金羊镇新鲜小学、蔡庄小学、宋家园小学，和平镇南园小学、枣园小学 5 所城郊乡镇小学划归区教育局直管，接管黄羊河农场中学，黄羊河农场一校、二校，啤酒原种场小学，省直单位黄羊子弟中学 5 所企业学校，对 40 多所学校进行各种形式的调整。

2008 年，有 10 所完校改制为初小，撤销 43 所学校，16 所学校实行隔年招生，9 所小学六年级学生并入邻近中学。初步完成《2008—2015 年农村中小学布局调整规划》的编制。

2009 年，撤销 28 所小学，全区共有小学 391 所，班级 2712 个，小学生 82486 人，有教职工 5775 人。小学生入学率达 99.9%，巩固率达 99.97%，毕业率达 99.98%。

三、初中教育

1990 年，武威市制定下发《关于坚决杜绝复读生报考初中中专的补充规定》，成立复读生清查办公室，对初中复读生进行专项清查，查处复读生 4218 人。

1992 年，部分乡镇初中招生比例降低。为此，召开专门会议，制定措施，加强检查督促，使全市初中招生比例提高到 95.7%。贯彻《初中学籍管理办法》，查处初中复读生 430 多名，取消 53 名复读生中专考试资格和 13 名复读生的录取资格。

1996 年下发《关于加强全市初中教育工作的意见》《关于进一步加强初中学籍管理、坚决杜绝初中复读生的办法》和《关于制止中小学乱办班、乱收费的规定》。

1997 年，整顿教学秩序，杜绝初中生复读，查出空学籍 2200 多份，清退复读生 303 人。

1998 年，全市首所私立中学——武威市育英初级中学成立。全市公办普通中学 74 所，教学班 892 个，在校学生 45705 人。

2001 年，整合教育资源，进行学校布局结构调整，区教师进修学校内新建武威第十三中学，将原甘肃省黄羊糖厂子弟学校改名为武威第十四中学，均为独立建制的初级中学，由区教委直属管理。

2004 年，全区有初级中学 65 所，学生 65799 人。初等教育“四率”均达到 99.9%以上，初中入学率、巩固率达到 99%以上，初中毕业会考六科合格率达到 57.1%，初中毕业生升入普通高中的比例达到 49.37%。

2006 年，全区在中学生奥林匹克竞赛中有 500 多人（次）获奖；同年，永丰镇中学并入武威五中，大河中学并入武威三中。

2007 年，凉州区东关民族小学改为武威第十九中学（保留小学建制）。

2009 年，全区共有初中学校 64 所，其中独立初中 49 所，九年一贯制学校 15 所，班级 1418 个，在校学生数 55703 人，有教职工 3311 人，专任教师 3211 人。

四、中考

1990 年，全市初中毕业生经预选有 1596 人参加中专考试，录取 506 人，录取率 31.70%。1994 年，有 513 名初中毕业生被中等专业学校录取，录取率 21.37%，为历年来最低。1990—1998 年，有 6102 名初中毕业生被中等专业学校录取。

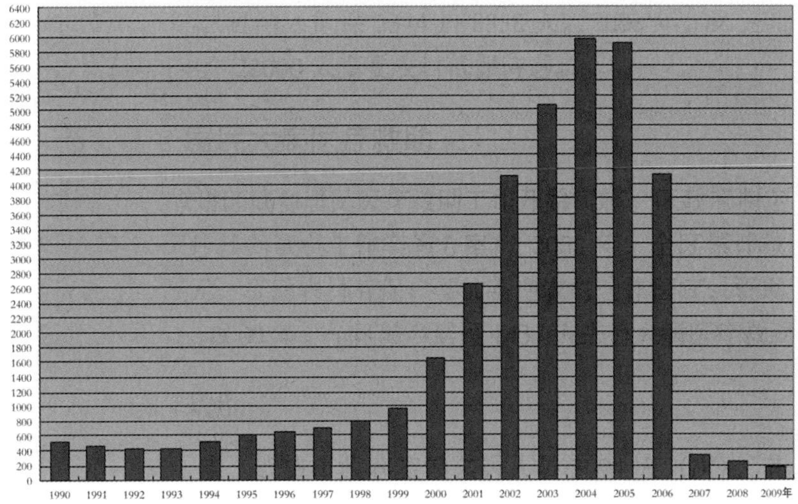

1990—2009 年凉州区中考录取人数统计图

从 2002 年起，全省中专招生不再单独命题，采用初中毕业会考考卷，当年有 4091 初中毕业生被中等专业学校录取，录取率 80.26%；此后，中等专业学校为适应社会发展，改制为高等职业教育学校。2006 年，全区有 4132 名初中毕业生被中等专业学校录取，录取率达到 57.24%。2007 年，小中专考试报考人数明显下降，录取人数为 320 人。2009 年，小中专考试录取人数为 178 人。

五、特殊教育

1990—1999 年，武威市有各类学龄残疾儿童近 2 万人，没有设立专门的学校。

2000 年，经武威地区行署教育处同意，在武威市高坝职业中学开办武威市特殊教育学校，隶属武威市教委管理，为九年一贯制公办学校，实行寄宿制全封闭式管理。

2001 年，特殊教育学校开设语训班，有语训、聋哑、培智共 5 个班 33 名学生。

2002 年，学校有 7 个班 48 名学生。学校组队参加甘肃省第三届残疾人文艺会演，荣获集体第五名。

2004 年，改建学校形体训练室，为 48 名残疾学生解决最低生活保障金。

2005 年，学校有 10 个班 80 名学生，新增专业教师 3 名，按国家教委颁发的《特殊教育学校教学大纲》进行教学，实行“特 + 职”的教育模式。

2006 年，特殊教育学校开始独立办学，增设多媒体教室和计算机室。全区残疾儿童入学率达到 98%以上。

2007 年，学校有 10 个班 106 人，加强艺术教育和特色学校建设工作。

2009 年，对特殊教育学校进行易地重建，争取到省级“集中专项彩票公益资助残疾人特殊教育培训”项目资金 20 万元，向社会各界筹资 142 万元，在高坝镇同益村三组动工修建新的教学楼。学校按照教育部颁布的《聋校义务教育课程设置实验方案》组织教学，分设聋教和培智两个专业 10 个班进行教学，学生 109 人，教职工 26 人，其中专职教师 17 人。学生文化课测试及格率在 90%以上，学生年巩固率保持在 97.5%以上。

六、重点学校

（一）小学

武威师范学校附属小学　始建于 1915 年，属市级小学，位于达府街 65 号。2009 年，占地 14914 平方米，建筑面积 7945 平方米，建有教学楼 3 幢。有 31 个教学班，在校学生 2382 人，教职工 92

人，其中小学特级教师3人、小学高级教师62人、省级骨干教师8人、市级骨干教师11人、学科带头人10人、省级青年教学能手9人；藏书30000册，体育器材420件，电教器材150件，教学仪器、体育器材等教学设备价值100多万元。

凉州区会馆巷小学　始建于1943年，属完全小学，位于东大街会馆巷26号。2009年，占地10408平方米，建筑面积6653平方米，建有教学楼1幢。有32个教学班，在校学生2180人，教职工85人，其中小学特级教师1人、小学高级教师47人、省级骨干教师3人、市级骨干教师6人、省级青年教学能手3人；藏书21650册，体育器材305件，电教器材106件。

凉州区共和街小学　始建于1947年，属完全小学，位于共和街沙井巷3号。2009年，占地7600平方米，建筑面积5153平方米，建有教学楼1幢。有32个教学班，在校学生2188人，教职工85人，其中小学特级教师1人、小学高级教师52人、省级骨干教师4人、市级骨干教师4人；学科带头人5人、省级青年教学能手1人；藏书26500册，体育器材315件，电教器材118件。

凉州区西苑实验小学　始建于1996年，属完全小学，位于西关街公园路西苑小区。2009年，占地11600平方米，建筑面积4668平方米，建有教学楼1幢。有30个教学班，在校学生2160人，教职工83人，其中小学特级教师1人、小学高级教师36人、省级骨干教师4人、市级骨干教师6人、学科带头人2人、省级青年教学能手2人；藏书29000册，体育器材120件，电教器材112件。

凉州区发展街小学　始建于1924年，属完全小学，位于东大街发展巷26号。2009年，占地7041平方米，建筑面积4788平方米，建有教学楼1幢。有24个教学班，在校学生1725人，教职工62人，其中小学高级教师39人、省级骨干教师1人、市级骨干教师10人，学科带头人5人、省级青年教学能手1人；藏书6560册，体育器材300件，电教器材35件。

凉州区和平街小学　始建于1905年，属完全小学，位于和平街钟楼路3号。2009年，占地25000平方米，建筑面积5000平方米。有27个教学班，在校学生1882人，教职工83人，其中小学特级教师2人、小学高级教师49人、省级骨干教师6人、市级骨干教师16人、学科带头人3人、省级青年教学能手6人；藏书4万册。

凉州区西关小学　始建于1978年，属完全小学，位于西关街启源东路14号。2009年，占地11360平方米，建筑面积5217平方米，建有教学楼1幢。有30个教学班，在校学生2162人，教职工74人，其中小学高级教师45人、省级骨干教师4人、市级骨干教师15人、学科带头人10人、省级青年教学能手3人；藏书19200册，体育器材451件，电教器材93件。

凉州区武威南铁路第一小学　始建于1964年，属完全小学，位于武南镇三马路21号。2009年，占地15819平方米，建筑面积7545平方米，建有教学楼2幢。有18个教学班，在校学生694人，教职工63人，其中小学高级教师39、省级骨干教师2人、市级骨干教师7人、学科带头人8人、省级青年教学能手3人；藏书15489册，体育器材454件，电教器材146件。

凉州区武威南铁路第二小学　始建于1982年，属完全小学，位于武南镇二马路。2009年，占地15914平方米，建筑面积5447平方米，建有教学楼2幢。有18个教学班，在校学生786人，教职工54人，其中中学高级教师1人、小学高级教师21人、省级骨干教师1人、市级骨干教师4人、省级教学技术标兵2人、省级青年教学能手1人；藏书13875册，体育器材165件，电教器材82件。

（二）初中

武威第九中学　始建于1979年，属初级中学，位于西大街天马路137号。2009年，占地10505平方米，建筑面积10387.7平方米，建有教学楼1幢，综合实验楼1幢，其中标准理化实验室4个、微机室2个。有39个教学班，在校学生2818人，教职工130人，其中中学高级教师19人、省级骨干教师3人、市级骨干教师12人、学科带头人5人、省级青年教学能手2人。

武威第十中学　始建于1979年，属初级中学，位于崇文街11号。2009年，占地10320平方米，建筑面积 9100 平方米，建有教学楼 2 幢，其中标准理化生实验室、图书室、微机室、多媒体教室各 1 个。有 36 个教学班，在校学生 2550 人，教职工 128 人，其中中学高级教师 12 人、中学一级教师 53 人、省级骨干教师 2 人、市级骨干教师 4 人、学科带头人 2 人、省级青年教学能手 1 人。

武威第十三中学　始建于 2001 年，属初级中学，位于西关街西关南路 32 号。2009 年，占地 18570 平方米，建筑面积 9746 平方米，建有教学楼 2 幢，其中标准理化实验室 3 个、微机室 2 个；有 36 个教学班，在校学生 2385 人，教职工 103 人，其中中学高级教师 11 人、省级骨干教师 5 人、市级骨干教师 10 人、学科带头人 4 人、省级青年教学能手 5 人。

武威第十九中学　始建于 2007 年，属九年一贯制学校，位于东关街复兴路寺巷子 38 号。2009 年，占地 14500 平方米，建筑面积 4436 平方米，建有教学楼 1 幢，其中标准理化实验室 4 个、微机室 1 个。有 18 个教学班，在校学生 1203 人，教职工 69 人，其中中学特级教师 1 人、中学高级教师 4 人、省级骨干教师 2 人、市级骨干教师 4 人。

武威市凉州区特殊教育学校　始建于 2000 年，属九年一贯制寄宿制学校，位于高坝镇同益村三组。2009 年，占地 9673.5 平方米，建筑面积 6187.67 平方米，建有教学楼 1 幢，可容纳 150 名学生的学生公寓 1 幢，师生食堂 1 个。有 10 个教学班，在校学生 95 人，教职工 28 人，其中中学高级教师 4 人、市级骨干教师 2 人；藏书 3500 多册，体育器材 30 多件，电教器材 6（台）件。

2009 年凉州区中小学学生数统计一览表

表 15-1-1　　　　单位：人

类别	合计	小学							普通中学								特殊学校	职业中学	幼儿园幼儿数
		小计	一年级	二年级	三年级	四年级	五年级	六年级	小计	初中			小计	高中					
										一年级	二年级	三年级		一年级	二年级	三年级			
总计	171633	82486	12426	13555	13603	13570	13850	15482	55703	17406	19345	18952	26710	9526	8157	9027	109	6625	23030
一、区属	146634	78414	11789	12904	12956	12871	13130	14764	52734	16475	18431	17828	14040	5114	4335	4591	109	1337	6203
1.城市	33673	15828	2435	2476	2652	2682	2762	2821	11194	3689	3809	3696	5543	1975	2016	1552	—	1108	1230
2.农村	112961	62586	9354	10428	10304	10189	10368	11943	41540	12786	14622	14132	8497	3139	2319	3039	109	229	4972
(1)区直	17887	4596	803	746	723	752	787	785	6333	2031	2240	2062	6620	2479	1822	2319	109	229	283
(2)乡镇	95074	57990	8551	9682	9581	9437	9581	11158	35207	10755	12382	12070	1877	660	497	720	—	—	4689
二、市直	16867	2382	391	393	400	400	400	398	1780	621	572	587	12248	4340	3766	4142	—	457	410
三、厂矿	945	945	158	162	161	160	160	144	—	—	—	—	—	—	—	—	—	—	—
四、民办	7187	745	88	96	86	139	160	176	1189	310	342	537	422	72	56	294	—	4831	16828

注：合计中未包括幼儿数

2009年凉州区中小学、幼儿园学校数、班级数统计一览表

表15-1-2

类别	学校数（所）									班级数（个）																				
	合计	小学			特殊教育学校	普通中学			职业中学	合计	小学							特殊教育学校	小计	普通中学								职中	幼儿园	
																				初中				高中						
		小计	初小	完小		小计	初中	完中			小计	一年级	二年级	三年级	四年级	五年级	六年级			小计	一年级	二年级	三年级	小计	一年级	二年级	三年级		园数	班数
总计	475	390	4	386	1	77	64	13	7	4283	2712	457	457	447	445	452	454	10	1418	998	324	339	335	420	148	129	143	143	263	887
一、区属	456	387	4	383	1	66	59	7	2	3843	2644	446	445	436	436	440	441	10	1147	932	303	318	311	215	77	66	72	42	189	341
1.城市	16	9	—	9	—	6	4	2	1	514	237	40	39	39	39	38	42	—	241	158	54	52	52	83	30	30	23	36	2	28
2.农村	440	378	4	374	1	60	55	5	1	3329	2407	406	406	397	397	402	399	10	906	774	249	266	259	132	47	36	49	6	187	313
（1）区直	22	12	—	12	1	8	4	4	1	334	104	18	17	17	18	18	16	10	214	110	35	39	36	104	38	28	38	6	3	13
（2）乡镇	417	365	4	361	—	52	51	1	—	3000	2308	388	389	380	384	384	383	—	692	664	214	227	223	28	9	8	11	—	184	300
二、市直	7	1	—	1	—	5	—	5	1	270	31	5	5	5	5	5	6	—	229	35	12	11	12	194	69	61	64	10	1	17
三、厂矿	2	2	—	2	—	—	—	—	—	18	18	3	3	3	3	3	3	—	—	—	—	—	—	—	—	—	—	—	—	—
四、民办	10	—	—	—	—	6	5	1	4	158	22	3	4	3	4	4	4	—	45	34	12	10	12	11	2	2	7	91	73	529

说明：学校数、班级数合计中未包括幼儿园、学前班班数

第四节　高中教育

一、发展概况

1990 年，武威市有高中学校 16 所。

2002 年，经市教育局批准，清源中学高中班恢复招生，双城中学改制为完全中学，初步缓解了农村初中毕业生上高中难的问题。

2003 年，武威市财贸学校改制为武威第十五中学，是一所完全中学。

2004 年，武威师范学校改制为全日制独立普通高中——武威第十八中学。同年，全区普通高中招生 8865 人，招生率 42%。高考录取 4243 人，录取率为 65.36%。

2005 年，在巩固提高“两基”成果的基础上，成立示范性高中创建领导小组，加大示范性高中的建设力度，扩大高中的办学规模。2005 年之后，武威一中、武威二中、武威六中先后撤销初中，改办为独立高中。

2006 年，凉州区进一步扩大现有高中规模和优势，加快高中教育发展步伐，大力发展高中特色教育。武威三中、五中分别合并大河中学和永丰镇中学。

2009 年，按照高中向城区集中原则，撤销高中三所。是年，全区有高级中学 13 所，420 个教学班，在校高中生 26710 人。

二、高考

1990 年，全市有 2526 人经预选考试参加高考，有 617 人被各类高校录取，录取率为 24.43%。从 1993 年起，高考不再进行预选考试，当年高考人数达到 4641 人，录取 894 人，录取率为 19.26%。1999 年，高校扩招，全市高考录取率达到 29.91%。此后三年逐年增长，至 2002 年，录取率增至 67.43%，创历史最高。2005 年，全区本科录取人数 2144 人，本科录取率为 27.03%，高校录取人数 4760 人。2007 年，全区高考人数首次突破 10000 人，达到 11271 人。此后，全区高考人数及录取比例趋于稳定。2009 年，全区本科、专科录取人数为 7062 人，录取率达 59%。1990—2009 年，共有 47210 人被各级各类高校录取。

1990 年，有 131 人经高考被各地中专录取。1994 年、1998 年各有 124 人、127 人经高考被各地中专录取，是历年高中中专录取人数最多的两年。2001 年后，高中生参加高考中专招生终止。

1990—2009 年凉州区高考录取人数统计一览表

表 15-1-3　　单位：人

年度	报考人数	录取人数	大学专科以上	高中中专
1990	2526	617	486	131
1991	2411	570	466	104
1992	2522	715	588	127
1993	4641	894	775	119
1994	3356	784	690	94
1995	2868	603	526	77

续表 15-1-3　　单位：人

年度	报考人数	录取人数	大学专科以上	高中中专
1996	3056	615	535	80
1997	3393	619	524	95
1998	3080	685	587	98
1999	3206	959	888	71
2000	3531	1651	1629	22
2001	3761	2509	2509	—
2002	4256	2870	2870	—
2003	5242	3176	3176	—
2004	6492	4243	4243	—
2005	7932	4760	4760	—
2006	9420	4584	4584	—
2007	11271	4412	4412	—
2008	12687	5900	5900	—
2009	11972	7062	7062	—

三、重点学校

（一）区属高中

武威第六中学　始建于1973年，属高级中学，位于东大街兴盛路25号。2009年，占地42214.6平方米，建筑面积3.1万平方米，建有教学楼2幢，综合实验楼1幢，其中标准理化实验室14个、微机室2个，可容纳1500名学生的学生公寓1幢，学生食堂1个。有48个教学班，在校学生2976人，教职工197人，其中中学高级教师42人、省级骨干教师6人、市级骨干教师15人、学科带头人3人、省级青年教学能手3人。2006年被评为省级示范性高中。

武威第七中学　始建于1958年，位于黄羊镇新镇路192号。2009年，占地48666平方米，建筑面积25476平方米，建有教学楼1幢，综合实验楼1幢（其中标准理化实验室4个、微机室2个），可容纳2000名学生的学生公寓1幢，学生食堂4个。有52个教学班，在校学生3400多人，教职工186人，其中中学高级教师10人、省级骨干教师1人、市级骨干教师1人。2009年被评为市级示范性普通高中。

武威第八中学　始建于1975年，属完全中学，学校位于北大街北关西路66号。2009年，占地35300平方米，建筑面积28937平方米，建有教学楼1幢，综合实验楼1幢（其中标准理化实验室4个、微机室4个），可容纳1200名学生的学生公寓1幢，学生食堂3个。有64个教学班，在校学生4125人，教职工159人，其中中学特级教师1人、中学高级教师31人、省级骨干教师5人、市级骨干教师8人、学科带头人5人、省级青年教学能手5人。

（二）市属高中

甘肃省武威第一中学　始建于1906年，属省级中学，位于南大街民主路5号。2000年，被评为省级示范性高中。2009年，占地45356平方米，建筑面积3.3万平方米，建有教学楼2幢、综合实验楼1幢（其中标准理化实验室12个、微机室2个），可容纳2000多名学生的学生公寓2幢，学生食堂4个。有50个教学班，在校学生3350人，教职工206人，其中中学特级教师1人，中学高级教师53人，省级骨干教师16人，市级骨干教师32人，学科带头人14人，省级“青年教学能手”6人。

甘肃省武威第二中学　始建于1955年，属市级中学，位于西大街174号。2006年被评为省级示范性高中。2009年，占地90005平方米，建筑面积45508平方米，建有教学楼3幢、综合实验楼1幢（其中标准理化实验室15个、微机室5个），可容纳3000多名学生的学生公寓3幢，学生食堂1个。有58个教学班，在校学生3423人，教职工213人，其中中学特级教师1人，中学高级教师45人，省级骨干教师8人，市级骨干教师25人，学科带头人9人，省级青年教学能手6人。

武威铁路中学　始建于1973年，属完全中学，位于武南镇武南街二马路306号。2002年，被评为省级示范性高中。2009年，占地49116平方米，建筑面积16277平方米，建有教学楼1幢，综合实验楼1幢（其中标准理化实验室6个、微机室2个），可容纳500名学生的学生公寓1幢，学生食堂1个。有37个教学班，在校学生1689人，教职工142人，其中中学高级教师36人，市级骨干教师5人，学科带头人2人，省级青年教学能手1人。

武威第十五中学　始建于2003年，属完全中学，位于火车站街迎宾路247号。2009年，占地49330平方米，建筑面积29996平方米，建有教学楼3幢，综合实验楼1幢（其中标准理化实验室3个、微机室3个），可容纳1500名学生的学生公寓2幢，学生食堂2个。有46个教学班，在校学生2980人，教职工183人，其中中学高级教师29人，省级骨干教师1人，市级骨干教师6人，学科带头人4人。

武威第十八中学　始建于2004年，属市直高中，位于西大街凤凰路151号（原武威师范学校校址）。2007年，被评为市级示范性高中。2009年，占地6.67万平方米，建筑面积4.1万平方米，建有教学楼5幢，综合实验楼1幢（其中标准理化实验室12个、微机室6个），可容纳2000名学生的学生公寓2幢，学生食堂2个。有50个教学班，在校学生2840人，教职工198人，其中中学高级教师41人，省级骨干教师7人，市级骨干教师20人，学科带头人7人，省级青年教学能手2人。

第五节　中等职业技术教育

一、中等专业教育

1990年，市内中等专业学校有武威师范学校、武威市教师进修学校、甘肃省畜牧学校、甘肃省农业机械化学校、武威卫生学校、武威地区财贸学校、甘肃省乡镇企业学校、武威地区体育学校8所。2001年，教师进修学校教育由学历教育转为教师短期培训，于2006年迁入西郊公园内。2003年，武威市财贸学校并入武威职业学院。2004年，武威师范学校并入武威职业学院，甘肃省畜牧学校、甘肃省农业机械化学校合并组建成甘肃畜牧工程职业技术学院。2007年，甘肃省乡镇企业学校更名为甘肃省理工中等专业学校，隶属省教育厅管理。到2009年，区内有武威卫生学校、甘肃省理工中等专业学校、武威市体育运动学校3所中等专业学校。

武威师范学校1990年有教学班24个，在校学生1059人，教职工160人。1998年，达到省级标准化学校，有教学班26个，在校学生1239人，教职工156人。2004年，武威师范学校并入武威职业学院，原学校改制为武威第十八中学。

教师进修学校1990年有教师培训班4个，三年制中师班2个，在校学生235人，教职工41人。2001年，教师进修学校最后一届中师班学生毕业，学历教育转为教师在职短期培训。

机电专业的学生在进行车床实训

甘肃省畜牧学校 1990 年有 13 个班，513 名学生，146 名教职工。

甘肃省农业机械化学校 1998 年有 28 个班，1054 名学生，192 名教职工。2004 年 6 月经省政府批准，甘肃省畜牧学校和甘肃省农业机械化学校两所国家级重点中专合并组建成专科层次的普通高等学校甘肃畜牧工程职业技术学院。

武威卫生学校 1990 年有 12 个班，404 名学生，118 名教职工；2009 年有 17 班，600 名学生，140 名教职工。

武威地区财贸学校 1990 年有 6 个班，268 名学生，83 名教职工；2003 年 4 月武威职业学院成立后把武威市财贸学校合并，原学校改制为武威第十五中学。

甘肃省乡镇企业学校 1990 年有 10 个班，428 名学生，63 名教职工；2007 年 3 月，更名为甘肃省理工中等专业学校，是隶属省教育厅管理的国家级重点中等专业学校；2009 年有 2600 多名学生，128 名教职工。

武威地区体育运动学校 1990 年有 7 个班，130 名学生，70 名教职工；2009 年有个 3 个初级中等教学班，110 名学生，70 名教职工。

二、中等职业教育

1990 年，有中等职业学校 9 所，教学班 46 个，在校学生 2188 人。

1991 年，贯彻《国务院关于大力发展职业技术教育的决定》，进一步加强职业技术教育与普通教育的渗透工作。通过上挂（挂高校、科研部门），横联（与农科等单位联合），下辐射（向乡镇、村、农户传播致富信息，推广实用技术），把人才培养、科技试验、技术推广、生产示范和服务经营紧密结合。永昌职中通过省上 C 级标准验收。

1992 年，在永昌职中、高坝职中分别召开现场办公会，重点解决基地建设和设施配套问题。全市各类职业技术学校在校学生有 2006 名，向社会输送各类专业的毕业生 634 人。高坝职中通过了省上 C 级标准验收。

1993 年，从农村普通中学分期分批选派 9 名教师到甘肃农业大学学习种植、养殖等现代实用技术，与甘肃农业大学协商筹办农村应用技术大专班，招收学员 150 名。

1994 年，武威市职业技术学校改办为武威职业中等专业学校，下设古浪、天祝、民勤等 7 个教学点，秋季正式招生。

1996 年，有职业学校 8 所，教学班 48 个，在校学生 1910 人。

1997 年，开设旅游宾馆服务专业和预备役军训专业；招收职业中专生 456 名、职业高中生 401 人。

2001 年，实施“科教兴区”战略，下发《2001 年农村教育综合改革安排意见》，大力发展职业教育，积极推进农科教结合。2001 年武威职业中等专业学校更名为武威市凉州区职业中等专业学校。

2005 年，建立职业教育联系制度，成立职业教育就业指导办公室；区水电学校和乡镇企业学校并入职教中心，筹建凉州区兴宇辅导学校，招生 300 多人。

2009年，凉州区职教中心、15所职业学校和26家企业成立凉州职业教育集团；全区有职业学校15所，开设15个专业，其中2个专业被省上确认为省级骨干专业。区内职业学校（职业高中）有凉州区职业中等专业学校、永昌职业中学、武威信息工程学校、凉州区兴宇职业学校、凉州区农民中专、西牛职业学校等。

三、重点学校

武威师范学校　始建于1915年，初名甘凉道立师范学校，1916年改为甘肃省立第二师范学校，1935年改为甘肃省立师范学校，1949年10月改为甘肃省武威师范学校。位于西大街凤凰路151号，占地6.67万平方米，总建筑面积3.3万平方米，图书馆藏书8万余册，是全省规模较大的标准化中等师范学校之一。学校先后获全国优秀中师等国家级荣誉，为凉州区、民勤县、古浪县等县区培养了一大批优秀中小学教师。2003年，学校有教职工154人，高级讲师28人，讲师57人，特级教师2人，省级骨干教师6人，市级骨干教师20人，在校学生1000多人。2004年改办为武威第十八中学，成为一所独立普通高级中学。

甘肃省理工中等专业学校　前身是1985年创办的甘肃省乡镇企业学校，2007年3月，更名为甘肃省理工中等专业学校，国家级重点中等专业学校。位于东关街福利路1号，占地6.8万平方米，建筑面积5.3万平方米。学校开设有机电技术应用、数控技术、焊接技术、建筑施工、汽车运用与维修、电气技术应用、中餐烹饪等13个专业。隶属省教育厅管理。2009年有教职工128人，高级讲师25人，讲师、高级实习指导教师、技师46人，全日制在校学生2600多人。

武威卫生学校　位于凉州区富民路178号，始建于1969年，1973年8月在原甘肃省中医学校校址建立，武威地区卫生学校，1980年4月改为武威卫生学校。2009年，学校占地面积10453.86平方米，有17个班，600名学生，140名教职工。是一所国家级重点中等职业学校。学校拥有功能完善的全数字化智能宽带网络系统，有实验室36个，有市人民医院等24家教学实习基地。开设有护理、助产、医学检验、药剂、卫生保健、口腔护理、眼视光技术等7个专业，与中国医科大学、兰州大学、陕西中医学院等高校联合开办护理、临床药学、中西医结合、针灸推拿、医学影像诊断、医学检验专业本科和专科层次教学班。

武威市财贸学校　位于火车站街建设北路2号。1979年11月筹建，1981年12月经武威地区行署批准建立武威地区财贸干部学校，1984年7月更名为武威地区财贸学校，成为全日制普通中等专业学校，学制三年，面向全省招生，并附设成人中专班。2001年10月，更名为武威市财贸学校。2003年4月并入武威职业学院，原址设立武威第十五中学。

凉州区教师进修学校　始建于1978年，位于西关北路4号。1990年，教师进修学校有教师培训班4个，三年制中师班2个，在校学生235人，教职工41人。2001年，最后一届中师班学生毕业，由学历教育转为教师短期培训。2006年，学校迁址西郊公园内，与凉州区青少年活动中心合署办公。占地5000平方米，建筑面积2000平方米。2009年，有教职工21人，其中副高级职称教师3人、中级职称教师11人。

凉州区职业中等专业学校　始建于1985年，位于北关东路90号。1994年，被评为省级重点职业中专。2009年，占地19476平方米，建筑面积12254平方米，建有教学楼1幢，综合实验楼1幢(其中标准理化实验室2个、微机室4个)。可容纳600名学生的学生公寓1幢，学生食堂1个。有32个教学班，在校学生1396人，教职工86人，其中中学高级教师15人、市级骨干教师5人、学科带头人2人、省级“青年教学能手”1人。

第六节 高等教育

1990年，区内高等教育有甘肃武威教育学院、电大武威分校和高等教育自学考试。2003年，区内高等职业教育在整合原中等专业学校基础上发展起来，在武威教育学院的基础上成立武威职业学院，成为高等职业教育的龙头。2004年，甘肃省畜牧学校和甘肃省农业机械化学校合并组建为专科层次的普通高等学校——甘肃畜牧工程职业技术学院。2009年，区内高等教育院校有武威职业学院、甘肃畜牧工程职业技术学院、电大武威分校和高等教育自学考试。

一、武威职业学院

位于西关街新建路，占地面积20万平方米，是2003年4月经甘肃省人民政府批准，教育部备案，在武威教育学院的基础上成立的一所独立设置的全日制普通高职院校。1992年3月，经武威地区行署批准，与甘肃广播电视大学武威分校合并办学。2003年、2004年，相继整合了武威师范、武威市旅游职业中专、武威市财贸学校，设有工程技术系、电子信息工程系、经济管理系、艺术系、外语系、农经系和基础部、中专部、成教部，集高职教育、中职教育、成人教育等，形成了本科、专科、中专、短期培训等多层次多规格办学格局。2009年，学院有教职工246人，全日制在校生5430人；建筑面积7.6万多平方米；教学设备总值达2800万元，拥有机械加工中心、模具制造中心、汽车维修中心、烹饪实训中心、驾驶员培训中心、电子电工实验室等69个校内外实训室（基地）；固定资产1.2亿元；纸制图书17万册，电子图书60.59万册；高职专业增加到30个，初步形成以工为主，文、经、农等多学科发展的格局。

二、甘肃畜牧工程职业技术学院

位于黄羊镇，占地142万平方米。2004年，经省政府批准，由原省畜牧学校和省农业机械化学校合并组建为专科层次的普通高等学校，隶属于省教育厅管理。2009年，设畜牧、兽医、动物防疫检疫、食品营养与检测、机械设计与制造、焊接技术及自动化、汽车检测与维修、汽车制造与装配技术、电气自动化、机电一体化等31个高职专业。有专业实验室70个，校内外实训基地93个。图书馆藏书35万册，电子图书25万册，有教职工340人。

三、电大武威分校

1990—1998年，主要开办成人大专教育。开设数学、汉语言文学、英语、医疗、机械工程、电子工程、工业与民用建筑、金融、会计、工商企业管理和法律等专业。1999—2009年，开设远程教育，有本、专科两个层次，设法学、工商管理、教育管理、汉语言文学、会计学、计算机科学与技术、金融、数学与应用数学、小学教育、行政管理、英语、水利水电工程、护理和卫生事业管理等专业。2009年，有教职工280人，外聘教职工70人，成人本专科学生4100多名。

四、高等教育自学考试

1990年，大专毕业人数为164人，中专毕业人数为149人。1998年，武威共开考24个专科专业、13个本科专业。2009年，本科毕业人数420人，大专毕业人数230人。

第七节　成人教育与民办教育

一、成人教育

1990—2009 年，武威市成人教育主要以农民实用技术培训教育为重点。1994 年，全市共举办实用技术培训班 1130 期，参训人员 14.1 万人。1998 年，开展扫盲活动，举办扫盲班 1388 个，发放《农民识字课本》《农村实用技术》和《实用数学及常用应用文》4 万多册。2002 年，举办各类实用技术培训班 720 期，参训人员 10 多万人（次）。2005 年，利用中小学远程教育项目，开展农民实用技术培训 720 期，参训人员 12 万人（次）。2009 年，结合石羊河流域重点治理和日光温棚搭建工作，对农民进行实用技术培训 564 期，参训人员 15 万人（次）。

二、民办教育

1990 年，武威市民办学校主要有武威中山业余学校、武威振华电子学校。

1992—1996 年，民办教育进入探索发展阶段，开始出现公民个人、社会团体及企业办学，使民办教育的办学类型和层次进一步拓展。

1997 年，国务院发布《社会力量办学条例》，确立民办教育为国民教育事业组成部分的地位，使全区民办教育进入规模发展阶段。

1998 年，武威市第一所私立中学——武威市育英初级中学成立，成为公办教育的补充。

2001 年，武威市业余英语学校、武威市南城门楼幼儿园和武南天翔幼儿园 3 所民办学校相继成立，均属私立性质，业务上接受区教委考核指导。

2002 年，下发《全区民办教育机构管理办法》。

2003 年，民办幼儿园发展迅速，共有 34 所，占全区幼儿园总数的 9%。

2005 年，制定《关于鼓励和支持民办教育发展的意见》。对全区民办教育机构进行年检，清理整顿不规范的民办教育机构 15 个，依法查封 4 个未经审批成立的民办教育机构。全区民办教育机构发展到 54 个，在校（园）学生、幼儿达到 1 万多人，教职工 1147 名。

2006—2007 年，根据《关于对中小学校车开展集中排查的紧急通知》，对全区民办学校、幼儿园校车进行集中排查和整治。

2009 年，严格执行民办教育机构审批程序，制定《民办教育机构审批条件及程序》。全区有各类民办教育机构 140 个，在校学生 21607 人，教职工 1823 人。完全中学有河西成功学校，九年一贯制学校有凉州区中山育英学校、凉州区中佳育才学校、凉州区爱华育新学校，初级中学有武威心桥双语学校、凉州区天马中学。职业学校有武威信息工程学校、凉州区兴宇职业学校、凉州区农民中专、西牛职业学校。幼儿园有凉州区水务局水电幼儿园、凉州区和平爱弥儿幼儿园、爱华中心幼儿园、西苑幼儿园等 83 所。

第八节　教育教学改革

一、人事制度改革

2001 年，下发《关于进一步深化学校内部管理体制改革的若干意见》，各级学校在实行“四定”

（定学校规模、定人员编制、定工作岗位、定教职工工作量）的同时，实行“四制”（校长负责制、岗位责任制、教职工聘任制、结构工资制），全面推进教育改革和发展。

2002 年，下发《关于教育人事制度改革的方案》，全面展开人事制度改革工作。撤销各乡镇学区辅导站，在乡镇中学设教育干事 1 名，具体负责本乡镇教育教学业务工作。在初级中学和完全小学实行校长竞争上岗，各学校实行教职工聘用（任）制。

2004 年，下发《中小学人事制度改革的实施意见》，对区直中小学、幼儿园和乡镇中学校长及中层领导进行竞聘上岗考核测评。2004 年开始，区直初中、小学和幼儿园负责人由教育局任命。

2005 年，按照区委《关于进一步加强和改进中小学校党建工作的意见》，各乡镇学区成立党总支。公开选拔了 3 名乡镇中学校长，精减乡镇学区总会计 22 人，对部分中小学的工会主席进行增补。

2009 年 8 月，为进一步提高农村教育管理水平，落实“以县为主”的管理体制，根据区委、区政府教育现场办公会议精神，设立乡镇学区教育管理服务站。乡镇学区教育管理服务站每乡镇设立一个，作为教育局派出机构，实行站长负责下的集体负责制。工作人员按乡镇类别配备，占用乡镇中学编制，实行专兼职结合。共设 37 个服务站。原学区教育干事按新设立的机构重新任职为教育服务管理站站长。制定《凉州区教育系统干部考察推荐工作实施意见》，核定学校领导职数，从后备干部中考核选拔任用了一批教师到领导岗位，对部分乡镇学区教育管理服务站和区直学校的领导干部进行了调整交流，进一步完善了干部选拔任用制度。

二、学校布局调整

2001 年，凉州区制定《农村中小学布局调整规划》，全区农村中小学布局调整工作正式开始。

2003 年，制定《城区中小学布局调整方案》，通过“新建、改办、分离”并举的办法，进行城区中小学布局调整：武威财贸学校、武威师范学校并入武威职业学院，在原址分别新建武威第十五中学和武威第十八中学；凉州区教师进修学校原址新建初中，即武威第十三中学，凉州区教师进修学校迁址到西郊公园内青少年活动中心；凉州区东关民族小学改办为九年一贯制学校，即武威第十九中学（保留东关民族小学建制）；武威一中、二中、六中先后实行高、初中办学分离；城区小学实行划片招生。

2004 年，凉州区实施了第二轮中小学布局调整。

2005 年，根据《武威市 2005—2007 年中小学布局结构调整实施方案》，对中小学布局结构进行调整。撤销中小学 31 所，改办九年一贯制学校 10 所，有 34 所完小改制为初小或教学点，13 所学校的六年级学生并入临近中小学，48 所小学实行隔年招生。

至 2007 年，全区有中小学 543 所，在校学生 180525 人，教职工 10278 人，其中农村中小学 506 所，在校学生 132492 人。

2008 年，实施新一轮中小学布局调整，撤销初中 1 所，改办九年一贯制学校 4 所；撤销小学 24 所，保留教学点 19 处，完小改制为初小 10 所。

2009 年，按照“三集中”（高中向城区集中、初中向规模较大的集镇集中、中心小学向乡镇集中）原则，协调乡镇、村组，推进中小学布局调整工作。撤销高中 3 所（四中、十二中、十七中高中部）、初中 4 所（羊下坝中学、双树中学、新地中学、洪祥镇陈家沟九年制学校初中部）、小学 28 所，改办九年一贯制学校 3 所（中路中学、金羊中学、二十中）。

三、特色学校建设

2008 年，制定《凉州区特色学校建设工作指导意见》，开始在全区进行特色学校建设。

2009 年，召开全区特色学校建设工作推进会议，下发《关于进一步加快全区特色学校建设工作的意见》，编印《特色学校建设经验材料汇编》，通过举办特色学校建设观摩会、巡回指导讲座等形式，推进全区特色学校建设。按照“优势项目—学校特色—特色学校—品牌学校”的发展轨迹，立足本校实际，挖掘特色教育资源，全方位、多层次地开展特色学校建设活动，努力打造学校项目特色，促进学校教育教学质量和办学水平的提高。武威六中突出特长生的培养；武威八中培育特长专业，凸显艺术教育；四坝中学以“艺术教学”为学校特色项目；和寨中学确立以“中国传统文化”为中心的校园文化建设特色项目。特色学校建设基本分为六类：一是以书法、绘画、民乐、舞蹈、剪纸等为主的艺术类项目；二是以科技创新、科技发明为主的科技类项目；三是以经典诵读、传统道德、孝感教育、国学教育、书香校园等为主的传统文化教育类项目；四是以“体艺超群，外语见长”、班级文化建设等为主的综合实践类项目；五是以信息技术、语文教学、化学教学等为主的学科类项目；六是以篮球、乒乓球、象棋、武术等为主的体育类项目。

四、课程改革

1998 年，武威市教委下发《关于贯彻实施〈甘肃省小学“未来工程”七年实施规划〉的意见》，对小学分步开设计算机课和英语课做规划和安排。和平街小学和西苑实验小学分别购买微机 26 台和 23 台，率先开设计算机课。

1999 年，下发《关于在城区小学开设英语课程的通知》，决定从 1999 年秋季学期开始，在武威城区各小学开设英语课程（试行）。六年制小学在五、六年级试开设英语课程，每周两课时，每学年约 68 课时。

2003 年秋季，全区中小学新一轮基础教育课程改革的实验工作开始实施。区教育局下发《凉州区基础教育课程改革实施方案》，正式启动课程改革实验工作。

2004 年，积极进行新课程改革实验工作，组织召开全区新课程评价研讨会，举办以“课改与评价”为主题的第三届凉州教育论坛。

2005 年，组织凉州区“康明杯”农村中小学新课改课堂教学竞赛活动。教育局被评为“全省课改工作先进集体”。

2006 年，举办了以“校本课程的开发与研究”为主题的第四届“凉州教育论坛”活动。参加全市基础教育课程改革工作会议，教研室及 9 所学校被评为“全市基础教育课程改革工作先进集体”，24 名教师被评为“全市基础教育课程改革先进个人”。

2007 年，组织开展以“展示课改成果，促进质量提高”为主题的教育教学论文评选活动。举办以中小学心理健康教育为主题的第五届“凉州教育论坛”，承办全省首届中小学心理健康教育研讨会。

2008 年，举办第六届以促进高中教育发展为目的的“凉州教育论坛——联片教研与高考质量研讨会”。

2009 年，举办以“我的学生评价观”为主题的第七届“凉州教育论坛”；组织 150 名骨干教师参加“甘肃省义务教育网络教研——学科骨干教师远程研修”活动，更新受训教师的课改观念；组织全省小学英语教材实验项目的启动仪式，配合北师大专家完成全区小学英语教学的调查研究，出台凉州区小学英语教学实验实施方案。

第九节　教育科研与信息技术教育

一、教育科研

1990 年，武威市实施 JIP 计划（全面提高小学教学质量联合革新计划，简称 JIP 计划）的学校增加到50所，对58名教师进行培训，组织42名小学校长参加在武威市举办的“甘肃省西部地区实施JIP计划学校校长培训班”。

1993年，提出“向教研要质量”“人人搞教研、个个有专题”的要求。通过对一至五年级教学质量进行调查分析，制定《小学教学质量指标及奖惩办法》《小学教学质量现状及进一步提高教学质量的意见》。

1995年，加强教研队伍建设，形成以市教研室为龙头，以学区中心教研组和中心校为骨干，以学校年级组或学科教研组为基础的三级教研网络。构建实施“一十双百”教研工程（即树立10所教研示范校、100所JIP项目学校，100名教研骨干）。

1997年，制定《关于加强基础教育，推进素质教育的实施方案》，确定21所学校为实施素质教育的示范学校。

1998年，制定《关于进一步加强基础教育，积极推进素质教育的实施意见》，编印《实施素质教育经验材料汇编》，下发《武威市“张思中外语教学法实验与推广”实施方案》。在全省第二届基础教育教学科研优秀成果奖评选中，有3项教研成果获奖；在全省中小学语文课堂竞赛、化学优质课评选、音乐美术录像课评比中获二等奖4个、三等奖3个；在全省中小学教育教学优秀论文评选中获一等奖2个、二等奖7个、三等奖14个。

2004年，推进新课程改革实验工作，全区申报的省“十五”规划课题，有28项被列为省级规划课题。

2005年，召开全区教科研工作会议，制定了《关于加强全区教科研工作的意见》和《兼职教研员管理办法》，汇编《凉州区教科研工作管理手册》。

2006年，召开全区课改成果展示会，全力推进新课程改革实验。组织开展了第五届“武酒杯”教学能手、第四届教育科研优秀成果评选活动，有140名教师被评为“教学能手”，136项优秀成果获奖。在甘肃省第五届基础教育优秀科研成果评选中，有7项获奖，获奖数量和层次居全省县（区）之首。筛选并申报全省“十一五”规划课题50项，核准立项40项。

2007年，制定《关于开展联片教科研活动的安排意见》，通过联片、跨校，集中开展教研活动，各片区教研组先后组织开展“康明杯”课堂评优、教研课题联片攻关、教研工作观摩交流等活动。有49项课题被确定为省级课题，有300多篇论文在省级以上刊物发表或获省级奖，有20名教师获省级课堂教学竞赛奖，有816人（次）师生获奥林匹克学科竞赛奖。

2008年，开展全区第六届教育科研优秀成果评选活动，有150项成果获奖，其中7项在省上获奖。表彰科研工作先进集体20个、先进个人76名。组织教师参加国家、省、市教育科研活动，有8名教师分别在省、市获奖，1名教师在全国获二等奖。

2009年，出台《关于对联片教研、校本教研工作实施课题化管理的意见》，倡导和开展了主题式、专家引领式、案例研究式、课题牵引式的联片教研和校本教研活动，形成“纵向深入、横向互联、由点及面、全面推进”的教科研工作新体系。组织筛选42名教师参加省、市教科所组织的教师上课、说课及录像课评比竞赛，有25名教师获奖；组织8000多名学生参加全国中学生五项学科竞赛和小学生英语竞赛，有500多人（次）获奖。

二、信息技术教育

1990年，武威市信息技术教育开始起步。

1996年，召开全市电化教学现场观摩会，推介武威六中、和平街小学、会馆巷小学的电教经验。

1997年，有12所学校实现“两机一幕”（投影机、录音机、小银幕）进教室，有150台投影仪和100幅小银幕发放到学校。

1998 年，拥有电教编辑系统 1 套，卫星电视地面接收站 37 座，摄像机 5 架，幻灯投影仪 879 台，录音机 1000 多台，录放像机 170 多台，计算机 315 台，电影机 8 部，语音室 1 个，无线调频语音教学系统 1 套，照相机 100 多架，透视幕 6 幅，银幕 500 多幅，教学投影片各 120 套，录音带 18000 多盘，录像带 3000 多盘，计算机软件 18 件。

2002 年，凉州教育网正式开通，区直中小学、乡镇中学和部分农村小学将信息技术教育作为必修课，部分学校建起校园网、双向闭路监控系统和校园广播系统，有 10 所学校建立网页，为加快中小学信息化建设奠定了基础。

2003 年，下发《关于进一步规范电教（信息技术）设备购置管理工作的通知》，对部分学校的电教及信息技术设施设备的管理使用情况进行督查。有 24 所学校进行微机升级和网络改造，全区学校微机总数达 5607 台。开设信息技术课的学校新增 83 所，达到 384 所，有 10 所学校建成校园网。

2004 年，有 376 所中小学开设信息技术课。在甘肃省首届“学生天地杯”中小学信息技术知识大赛中，有 2 名初中生、1 名小学生分获中学组一等奖、小学组二等奖，1 名教师获中学组一等奖。在甘肃省首届“环宇杯”多媒体课件大赛中，有 5 名教师获奖。

2005 年，凉州区被省上确定为“甘肃省 2004—2005 年度国家农村中小学现代远程教育工程项目”县（区），涉及农村 429 所小学和 67 所中学。通过政府支持、学校自筹、社会捐款等形式，投资 2000 多万元，顺利实施“国家现代远程教育工程项目”。

2007 年，开通凉州区教育视频服务器，增加相关教育视频信息，向省电教中心申请短信发布账号，为全区教育信息发布提供了便利。

2009 年，全区中小学有计算机 7940 台，生机比 18:1，达到了省三级标准；数字卫星地面接收站 436 个，覆盖全区 96%的学校；宽带接入互联网的学校 295 所，其中光纤宽带 90 所、普通宽带 205 所；有 76 所学校建起校园网，初步实现教育教学及办公自动化。同年，区教育局被省教育厅评为“全省电化教育先进集体”。

第十节 师资建设

一、教师队伍

1990 年，全市有教职工 9451 人，其中公办教师 6098 人、民办教师 3353 人。2009 年，共有教职工 11192 人，其中专任教师 10522 人，专任教师中有高级职称的 351 人、中级职称的 3788 人、初级职称的 4762 人。

2009 年凉州区中小学教职工统计一览表

表 15-1-4　　单位：人

类别	教职工总数		小学			普通中学					职业中学			特殊学校	幼儿园	
	合计	专任教师合计	小计	专任教师	行政工勤	小计	专任教师 初中	专任教师 高中	行政人员	工勤及厂场职工数	小计	专任教师 高中	行政工勤人员		公办	民办
总计	11192	10522	5775	5677	98	5082	3211	1383	197	291	308	224	84	27	232	1599
一、区属	9568	9272	5551	5478	73	3867	2969	682	128	88	123	116	7	27	181	316
1.城市	1476	1409	601	591	10	793	450	292	13	38	82	76	6	—	107	—

续表 15-1-4　　单位：人

类别	教职工总数		小学			普通中学					职业中学			特殊学校	幼儿园	
	合计	专任教师合计	小计	专任教师	行政工勤	小计	专任教师		行政人员	工勤及厂场职工数	小计	专任教师	行政工勤人员		公办	民办
							初中	高中				高中				
2.农村	8092	7863	4950	4887	63	3074	2519	390	115	50	41	40	1	27	74	316
（1）区直	1054	991	293	262	31	693	353	309	14	17	41	40	1	27	74	—
（2）乡镇	7038	6872	4657	4625	32	2381	2166	81	101	33	—	—	—	—	—	316
二、市直	1128	915	95	95	—	1033	149	671	54	159	—	—	—	—	51	—
三、厂矿	57	52	57	52	5	—	—	—	—	—	—	—	—	—	—	—
四、民办	439	283	72	52	20	182	93	30	15	44	185	108	77	—	—	1283

说明：幼儿园教师未计入教职工总数

二、教师培训

1990 年，武威市开设 16 个卫星电视中师进修点，播放优秀教师教学实况录像 133 场（次），全市教师有 8721 人（次）收看了录像。1993—1994 年，举办新大纲、新教材培训班 21 期，参加培训 500 多人。1994 年，举办中小学校长培训班 5 期，参加培训 200 多人。1997 年，制定《中小学教师教学基本功训练要求及考核办法》，从书写、语言表达、备课、上课、实验实习、作业批改等方面作具体要求。1998 年，印发《关于进一步加强师资培训工作的意见》。举办新录用“民转公”教师培训班 1 期，参加培训 488 人。2001 年，全区举办教师培训班 13 期，参加培训 592 人。2003 年，举办普通话培训班 11 期，参加培训 2700 多人。2005 年，组织 146 名教师参加在兰州开展的全省小学数学课堂教学观摩活动。2006—2007 年，制定《关于进一步加强师资培训工作的意见》《中小学教师培训规划》《学区教育干事、中小学校长培训方案》和《教师离职进修培训办法》。至 2009 年，全区有 4950 名教师参加各级各类培训，有 6500 名教师参加远程教育培训。

三、教师地位

社会地位　1990 年，武威市成立武威市中小学、幼儿园教师奖励基金会，以省政府奖励的 15 万元奖金作为基金，用于表彰奖励中小学、幼儿园优秀教师和教育工作者。1994 年，武威市召开教师节庆祝大会，表彰奖励地、市级优秀教师和教育工作者 160 多名，各乡镇、学校也组织形式多样的庆祝活动。1995 年，解决 395 名教师家属“农转非”户口，安排 100 多名教师子女就业。1996 年，为 730 名教师子女、500 多名“民转公教师”和“代培教师”解决“农转非”户口。1998 年，开展“十佳校长”“十佳教师”“十佳班主任”（三“十佳”）和“百名教学能手”评选活动，进行表彰奖励。2000 年，开展市级“名师”评选活动，共评选出“名师”114 名，之后，“名师”评选活动每三年进行一次。2003 年，表彰教育工作先进集体 26 个，先进个人 26 人，教学质量标兵 60 人。2004 年，有 22 人被评为省级骨干教师，1 人被评为全国优秀教师，4 人被评为省优秀教师。2006 年，评出区级教学质量标兵、名师和三“十佳”130 人。2007 年，区政府表彰教学质量标兵 100 人、优秀教师 50 人、优秀教育工作者 20 人。2009 年，制定《教职工提前退休实施办法》，并通过考试从乡镇学区选调 97 名教师到城区学校任教。

生活待遇　1994年，制定《武威市"安居乐教"五年规划》，成立教师住房建设领导小组。投资525.8万元修建教职工住宅楼3幢170套13162.68平方米，在金羊、武南、黄羊等乡镇也划拨土地，规划建设教师住宅。1996年，投资1850.6万元修建教师住宅楼9幢468套42159平方米，基本上解决了城区学校教职工住房困难问题。同年11月，市政府决定在城东荣华南路西侧建设"教师新村"，建教师住宅楼21幢660套6万平方米，工程总投资3151.95万元。1998年，全省教职工住房建设现场会在武威市召开。全市建成教师住宅楼36幢1430套12万多平方米，总投资6471.8万元，城镇教职工家庭人均居住面积达到10.8平方米。2003年，全区农村教师的工资由区财政局统一发放，确保农村教师工资的按时足额发放。

四、录用聘用

1990—1991年，全市录用155名"五大"(电大、职大、自考、函授和夜大)毕业生和代培生到农村中学任教，对3282名专业技术人员进行资格续聘，为1342名教师评聘专业技术职务。1992年，将历年代培的300多名大专生录用为公办教师。2005年，面向社会招聘教师271名，为城区学校公开选调教师76名。2008—2009年，坚持"凡进必考，择优录用"的原则，全区公开招录801名教师，全部分配到农村中小学任教，充实农村学校的教学力量。

五、职称评定

1990—1992年，全市为1142名教师评聘、晋升专业技术职务。2003—2005年，聘任118名教师担任高级专业技术职务，977名教师担任中级专业技术职务，4名教师被评为甘肃省特级教师。2006—2009年，聘任228名教师担任高级专业技术职务，聘任1527名教师担任中级专业技术职务，聘任659名教师担任初级专业技术职务。

六、民办教师

1990年以来，武威市按照"招、转、辞、退"的政策，采取武威师范学校招生、教师进修学校进修、直接选招转干等措施，分批解决民办教师的转正问题。1991年，将获省级"园丁奖"的民办教师直接转为公办教师。1992—1998年，有1256名1984年底以前任教的在职民办教师通过考试考核录用为公办教师，1982年后，将通过参加中等专业学校招生考试进入武威师范学校学习班的民办教师共918人转为公办教师。2001年，全区所有民办教师通过转正、辞退等形式，全部予以妥善解决。

第十一节　教育经费

1990年，武威市教育经费总计1774.1万元，占财政总支出的20.5%。

1992年，制定《农村教育事业费附加征收管理办法》，规定乡镇企业、基层供销社、个体专业户和其他经营单位，按一定比例征收教育事业附加费，由税务机关负责征收。农户由乡镇政府按一定比例征收农村教育事业附加费，并全部上缴乡镇财政所专户储存，由乡镇教育管理委员会统筹安排使用。

1995年，《武威市关于深化教育改革，加快教育事业发展的决定》规定：农村教育附加费按上年农民人均纯收入的1.5%~2%计征，由乡镇政府统一征收，乡镇教育管理委员会管理使用，以后逐步过渡到乡征、市管、乡用。农村不缴纳增值税、消费税、营业税的乡镇企业和个体企业，按月营业额的 3%计征教育附加费。城市教育附加费按“三税”(产品税、营业税、增值税）的 3%计征。建立对教育附加费每年一次的专项审计制度。2000 年，全市教育经费总支出 10385.3 万元，占财政总支出的 35.5%。

2005 年，由区教育局牵头，会同区上 11 个单位联合发起以“牵手特困学生、情系贫困家庭、关注凉州未来、构建和谐社会”为主题的帮扶救助家庭贫困学生活动，为拟建的爱心助学基金会捐款 30 多万元。7 月，爱心助学协会成立，使贫困家庭学生爱心助学活动纳入经常化、规范化的管理轨道，落实“两免一补”资金 490 多万元，有 5 万多名学生得到救助。市物价局、财政局、教育局联合下发《关于城市义务教育阶段实行“一费制”收费标准的通知》，区教育局下发《关于进一步做好治理教育乱收费工作的通知》《关于进一步加强和规范教育收费的通知》，各学校严格按照“一费制”收费项目和标准收费，做到“一榜”(收费公示榜)、“一卡”(收费卡)、“一票”(统一票据)、“三公开”(收费项目、收费标准、举报电话)。坚决落实高中招生“三限”(限人数、限分数、限钱数）政策。受理群众举报乱收费案件 21 件，清退违规收费 9552 元。

2006 年，制定《农村义务教育阶段学生免收学杂费的实施管理暂行办法》《农村中小学公用经费支出管理暂行办法》和《享受城市低保家庭义务教育阶段学生免杂费、教科书费及补助公用经费管理办法》，免费为 9 万多名学生发放教科书，共计 633 万元。全年共争取教育基建项目资金 2100 多万元，争取爱心图书馆图书捐赠项目 1 个，建成图书馆 10 个。建立中小学基本建设项目库，编制完成 19 个建制镇寄宿制中心小学三年建设项目规划书。

2007 年，全区义务教育阶段享受免杂费和补助公用经费政策的学生共有 26 万多人，共计 2048.64 万元；享受农村免费教科书的学生 17.8 万多人，共计 554 万元；农村寄宿生生活补助资金 71.5 万元，共计 4776 人；城市低保家庭义务教育阶段学生享受“两免一补”资金 113.3 万元，共计 6638 人。同年，成立凉州区学生资助管理中心，出台《生源地信用助学贷款工作实施方案》，发放第一批贷款 184.26 万元。

2008 年，落实义务教育阶段补助公用经费、寄宿生生活补助等各项经费 3341.8 万元，为农村义务教育阶段学生发放免费教科书 236316 人（次)，计 847 万多元。免费发放辅助学习资源、地方课程、暑假作业和英语磁带等，总金额为 651.3 万多元。区爱心助学协会共筹集资金 170.73 万元，救助家庭贫困学生 6026 人，计 148 万多元。为 1073 名家庭贫困高校生发放助学贷款 540 多万元，为 3362 名中职生发放助学金 252 万多元。成立 3000 万元的“福建达利集团许世辉教育基金”，从资金上保障资助活动的深入开展。同年，全区教育经费总支出 150260 万元，占财政总支出的 25.2%。

2009 年，全区发放免费教科书及教学辅助学习资料 232408 人（次），共计 1150.75 万元；享受城市义务教育阶段学生免除学杂费和补助公用经费人数 58396 人，共计 1452.76 万元；落实义务教育阶段寄宿生补助经费 305 万元，下达区级教育附加费 603 万元，积极争取中央、省级补助化解农村义务教育“普九”债务专项资金 6418.98 万元，清理核实兑付 442 所农村中小学化解农村义务教育“普九”债务资金。凉州区爱心助学协会通过募捐、企业资助、项目资助等渠道，救助学生 6779 人，发放奖助学金总额 209 万余元。全区中小学积极开展对贫困生减免收费等活动，减免就学费用 37 万余元。为 1947 名高校学生办理生源地助学贷款 944.6 万元，办理 63 名毕业生的还贷款工作。是年，全区教育经费总支出 239665 万元，占财政总支出的 22%。

2000—2009 年凉州区预算内教育经费统计表

表 15-1-5

年份＼项目	教育经费		财政性教育经费占国内生产总值比（%）	教育经费占财政支出的（%）	在增教育经费支出数中					
					个人部分			公用部分		
	支出数（万元）	增长率（%）			支出数（万元）	所占比例（%）	增长率（%）	支出数（万元）	所占比例（%）	增长率（%）
2000	10385.3	19.7	2.5	35.5	10153.3	97.8	20	232	7.5	12.1
2001	11568.9	11.4	2.5	29	11392.7	98.5	18.7	176.2	1.5	24.1
2002	12148.9	5.1	2.5	30.7	11939.9	98.3	10.1	209	6.1	18.6
2003	14449.8	19	2.4	34.8	14379.6	99.5	14.6	70.2	0.5	-66.4
2004	15374.9	6.4	2.1	34.6	15280	99.4	6.3	94.9	0.6	35.2
2005	17471.1	13.6	1.8	33.7	17337.2	99.2	13.5	133.9	0.8	41
2006	21781.84	49.2	2.4	38.8	21304.8	81.7	22.9	477.04	18.3	3462.7
2007	32807.7	25.8	2.6	33.7	26958.7	88.2	26.6	5849.1	17.8	22.6
2008	37844.6	15.4	2.7	25.2	30584.8	80.8	13.5	7259.8	19.2	24.1
2009	52739.1	39.4	3.3	22	34645.1	65.7	13.3	18094	34.3	78.6

第十二节 办学条件

一、校舍与场地

1990 年，武威市制定《关于全市中小学校舍、设备配套规划》，每个乡镇每年有一所小学达到校舍、桌凳、操场、大门、厕所、围墙“六配套”。同年，全市有 140 所学校进行维修，建筑总面积达 65284 平方米，投入维修经费 1015.94 万元。

1991 年，有 35 所学校进行了维修，建筑总面积为 1.93 万平方米。实现“三配套”的小学有 352 所，实现“六配套”的学校有 188 所。针对农村中学校舍不足、危房较多的状况，市教委与各乡镇、学校研究协商，筹措资金改造危房和补充所缺教室。全市有 48 所中小学进行翻建和维修，总建筑面积 1.9 万平方米，总投资 411.9 万元。

1996 年，在城区修建西苑实验小学，筹措资金 1870 多万元，修（改）建学校 56 所，建筑面积 2.5 万平方米，中小学基本实现“六配套”。

1997 年，全市投入资金 120 多万元，对 45 所学校进行校舍新建和维修。

1998 年，全市校舍建筑总面积达 787336 平方米。2001—2003 年，改建学校 292 所，改造危房面积 169569 平方米。

2004 年，筹资 2000 多万元，安排危改学校 54 所，实施危改工程 5 万多平方米。

2005 年，争取中央补助危改项目资金 965 万元，对 2004 年度已完工的危房改造工程项目的学校进行验收并交付使用。

2007 年，在 28 所中小学实施扩建项目工程和危改工程，建筑面积 36461 平方米，投资 2981 多万元；外资援建项目5个，建筑面积4446平方米，总投资318.6万元。完成了10所建制镇寄宿制中心小学的改扩建任务，在496所中小学实施现代远程教育项目工程。

2008年，中小学校舍扩建重点项目5个，建筑面积19872平方米，总投资1962万元；中小学援建项目3个，争取捐赠资金181.2万元。

2009年，安排义务教育阶段寄宿制学校学生寄宿设施条件改善项目3个，总建筑面积4195平方米，总投资400万元；义务教育阶段中小学危房改造和寄宿制初中建设项目22个，总建筑面积19643平方米，总投资2281万元；农村中小学校舍维修改造转移支付项目29个，总建筑面积9867平方米，总投资981万元；新农村卫生新校园建设工程4个，总投资120万元；中小学校舍安全工程扩大内需项目5个，规划总建筑面积8267平方米，总投资1100万元；中小学校舍安全工程中央专项资金项目6个，规划总建筑面积9015平方米，下达资金1150万元；外资援建项目1个，建筑面积1669平方米，总投资237万元。完成中小学校址、校舍的排查工作，排查中小学465所，排查鉴定单体建筑物4394栋校舍，面积122.24万平方米。

二、教学设备

1991年，市教委给中小学配发仪器设备10.5万元。

1992年，市教委为70所中学配发理化仪器，给15所小学配备电教设备，配备课桌凳2000多套，投入校园美化、绿化经费8000多元。

1993年，经省、地验收，武威市基本达到实验教学普及县的合格标准。全市乡镇、学校自筹资金70万元，新（改）建仪器室100个、实验室90个，添置仪器架（柜）159个、实验台676个。

学生实验

1998年，全市购置价值24万元的教学仪器和14万元的图书，双人课桌凳157030套，图书200多万册，实验室达标学校248所，理科教学仪器达标学校114所，教学分组实验达标学校198所，音、体、美教学设施达标学校分别为81所、157所和42所。

2000年，全市中小学共建成实验室582个，建筑面积28848平方米；仪器室602个，建筑面积15468平方米；仪器柜（架）1967个，实验桌凳2787套，总投资1422万元。全区中学都建起了理、化、生仪器室和实验室，配备了仪器柜（架）和实验桌凳；90%的完全小学建起仪器室和综合实验室，配备仪器柜、架、台、桌、凳。在教学仪器配备上，有8所中学达到二类标准，57所中学达到三类标准。所有完全小学都配备“两箱三仪”(数学教具箱、自然教具箱、地球仪、行程演示仪、三球仪)，中小学仪器总价值达392万元。中小学都配备价值达198万元的音、体、美器材。在教学仪器和实验教学管理上，各校都做到账账、账物相符，建立仪器领（借）用、盘点、损坏赔偿等制度和各类人员职责、各类试验规程等。仪器和药品基本做到分类分柜保管，采取防火、防盗、防鼠、防蛀、防潮、防尘、防磁、防锈、防爆、防病毒等措施。

2008年，武威九中、十中、十三中、十九中通过自筹和省上补贴购置成套实验教学仪器，投入实验经费约24万元。全区建成实验室175个，仪器室128个；各类仪器数量4万多件，金额200多万元；实验开出率达83%。建成阅览室和藏书室146间，藏书170多万册。

2009年，为5所学校申报实验台桌成套设备及仪器，价值53.91万元。全区实验仪器总金额600多万元，装备图书200多万册，总金额1200多万元。

三、集资办学

1990年，全市集资505万元，被省政府评为甘肃省集资办学先进单位。1992年，召开全市教育工作会议，表彰集资办学先进集体18个、先进个人75个。1993—1994年，全市集资1034.41万元，个人捐资万元以上的有7人。1994年，香港广播电视有限公司董事长、香港邵氏影视公司董事长邵逸夫首次给武威地区捐款130万港元，在武威二中、武师附小各建“逸夫教学楼”一幢。1995年，全市集资2551.25万元，改修建学校371所。1997年，清水乡蚂蝗沟小学、高坝镇新关小学接受邵逸夫赠款40多万元。1998年，会馆巷小学、柏树乡张寨小学接受邵逸夫赠款65万元。2003年，全区集资1355万元，主要用于修建教学楼、学生公寓和食堂等。2009年，全区累计捐（集）资6000多万元，有50多所学校利用捐款和政府拨款（补助）建起教学楼。

第二章　科技

1990—2009年，全区累计实施各类科技项目475项，引进示范、推广转化各类适用技术88项，引进农作物新品种160多个，开发新品种27个，先后建成国家级“武威城东星火技术密集区”、省级“武威黄羊绿色食品科技示范园区”等5家科技示范园区。2007年，凉州区被科技部授予“全国科技成果先进县（区）”称号。2008年、2009年被科技部表彰为年度全国科技进步县（区）。至2009年，全区有县级科技推广机构203个，各类科技人员878人。

第一节　机构与队伍

一、管理机构

1990年，武威市科学技术委员会内设行政办公室、农业科技股、科技计划与管理股、技术市场管理股、技术开发服务中心和地震办公室。1991年，成立武威市地震局，与市科学技术委员会分设，由市政府直接领导。2001年8月，更名为凉州区科学技术委员会。2002年，更名为凉州区科学技术局。2009年，区科技局内设行政办公室、农业科技股、科技计划与管理股、技术市场管理股、技术开发服务中心。

二、服务机构

基层科技服务站　从1990年起，武威市在各乡镇建立乡镇农技、畜牧、农机、农经、林果等乡镇农业技术服务站，基层科技网络逐步完善。2009年，全区有各类乡镇农业技术机构190个，企业科研机构 13 个，技术人员 827 人。

民营科技服务机构　凉州区民营科技企业起步于 20 世纪 80 年代后期，到 90 年代后期，民营企业的发展转向集体和事业单位，服务领域涉及化工、医药、卫生、建筑、材料、种植、养殖以及信息服务等领域，民营科技队伍已成为全区重要的一支科技力量。1990—2009 年，在国家“自筹资金、自愿组合、自主经营，自负盈亏”的方针指引下，全区民营科技发展取得突破性地发展，最多时全区共创办武威肝病研究所、武威瓜果蔬菜研究所、武威市钢窗厂等民营科技机构达 73 家。但由于市场的变化和科技水平的不断提高，许多民营科技机构逐渐失去发展活力，先后退出市场。1996 年，武威市科学技术委员会对历年来创办的民办科研机构进行重新确认，注销 42 家民办科研机构。2009 年，有民营科技机构 52 家，从业人员 152 人。

三、科技人员

科技副乡镇长　从 1990 年起，武威市先后从市农技、科技、农机、农牧、林业等技术部门选派业务素质较强的技术干部到 38 个乡镇担任科技副乡（镇）长。2007 年，在石羊河流域重点治理工作中，武威市和凉州区选派 38 名（其中市派 9 名、区派 29 名）技术干部到乡镇担任科技副乡（镇）长。

科技特派员　2002 年，科技部决定在西北五省率先推行科技特派员制度，凉州区成为第一批推行科技特派员制度的试点区。首批选派 152 名科技特派员驻村入户开展科技服务工作。2003—2009 年，共选派科技特派员 460 名（其中省、市派 119 人，凉州区 341 人）到乡镇和 4 个农业园区开展科技服务。至 2009 年，全区科技特派员共引进推广新技术 46 项，组织实施科技项目 286 项，引进资金 126 万元。

村科技助理员　2007 年，区政府聘用农民技术人员 93 名，以村科技助理员的身份，围绕设施农业建设，就近为农户提供服务。至 2009 年，达到 240 人，由村科技助理员牵头，建立乡级农业科技示范点片 156 个，建乡技术承包户 1.32 万户，实施技术开发项目 16 项，引进推广农业新技术、新品种 45 项（个）。

第二节　科研活动

一、农林牧科技推广

食用菌试验示范技术　2000 年，邀请省农科院食用菌技术专家举办由种植食用菇的农民和菌种生产单位及乡镇科技副乡（镇）长参加的食用菌标准化生产技术培训班。邀请食用菌“土专家”马德在沿山冷凉灌区乡镇巡回进行食用菌标准化生产技术培训，培训 18 场（次），参训人员 1000 多人（次）。分别在谢河、丰乐镇建成谢河食用菌区域站、丰乐架式食用菌栽培示范园 5 个生产栽培示范基地。2001 年，制定《食用菌菌种体系和示范基地建设方案》《加工型食用菌示范基地建设》项目和食用菌发展规划。至 2009 年，全区发展食用菌栽培 318 棚 720 亩，其中双孢菇棚 225 座 450 亩、平菇棚 92 座 66.54 万袋、鸡腿菇 1 棚 1 万袋，由区财政拨款 18 万元引进了 1 台双孢菇翻料机和 2 台液体菌种发酵罐，配套了动力电源，进行示范翻料和液体菌种生产试验。

农产品标准化生产　2008 年，全区建立农产品标准化生产示范面积 106.41 万亩，有效使用有机食品标志的企业 2 家、产品 4 个，认证规模 1.34 万亩，建立生产基地 1.09 万亩；有效使用绿色食品标志的企业 19 家、产品 32 个，认证规模 40 多万吨，建立生产基地 10.17 万亩；新建四坝玉米测土施肥高产创建示范区等区级农业科技示范园区 20 个，乡镇级农业科技示范点（片）282 个，组织实施星火科技项目 14 项，攻关计划项目 5 项，成果推广计划项目 26 项。2009 年，凉州区“玉米丝黑穗病综合防治技术示范与推广”“玉米综合增产集成示范推广”“水地小麦模式化栽培技术示范”“粮食优质高产技术开发”“高产优质春小麦新品种引种试验示范推广”“粮食作物综合增产技术整乡承包”等 71 项农业科技成果项目获市级科技进步二等奖以上奖励。

模式化栽培技术　从 1994 年起，武威市开始推广模式化技术，主要有凉单一号玉米良种繁育及示范推广、特种玉米繁殖技术、第二代节能日光温室建造与综合栽培技术研究。推广日光温室蔬菜高产优质高效栽培技术种植，水地小麦模式化栽培技术，甜菜高糖丰产栽培综合试验，纤维亚麻种植技术，机械化小麦辅膜穴播技术，无公害蔬菜生产技术，麦收后复种优质高产饲用（绿肥）油菜技术，蒜苗、辣椒、枸杞、金盏花种植栽培技术。2001—2005 年，推广全膜、粪膜沟灌、膜下滴灌、测土施肥、秸秆生物反应堆、果品延迟和提早上市新技术 32 项，进一步提高了农业科技转化率。2006 年，在平川灌区 5 个乡镇 34 个村重点突出阳光绿色高效农业技术的应用和高产、优质、高效模式化栽培新技术的示范推广。2008 年，在羊下坝、大柳、永昌、四坝等乡镇应用测土配方施肥高产创建新技术，万亩示范区玉米平均亩产达到 970.52 公斤，创全国玉米大面积高产纪录。

规模养殖技术　至 2009 年，全区新建续建畜禽养殖小区 66 个、养殖场 152 个，新增规模养殖户 2200 个，引进畜禽新品种 11 个，新建家畜人工授精网络 16 处，推广应用养殖小区建设、正大模式畜禽圈舍修建、畜种改良、程序化免疫等畜禽养殖新技术 8 项。暖棚养畜综合技术、规模养殖技术、规模养猪场疫病综合防治技术、重点动物疫病免疫检测技术、仔猪腹泻病因及其防治技术等 28 项畜牧兽医科技项目，获得市、区科技进步奖。

二、工业科技应用项目

从 1990 年起，武威市工业企业坚持外延扩大同内涵挖潜相结合，引进先进工艺技术和设备，开展各种技术攻关和技术创新，一大批科技含量高、市场前景好的科技应用项目落地开花。至 2009 年，在区属工业企业中广泛应用的工业科技技术项目主要有：柔性承插式钢管混凝土排水管技术、皇台本色系列酒研制开发技术、云晓牌养生保健醋开发技术、玉米淀粉生产还原胶工艺技术、1.5 万吨硫酸技术改造项目、冬春夏草保健饮料项目、JW200T 运输机研制与开发技术、水泥粉尘综合治理技术、油纤兼用亚麻（胡麻）短麻 20-24NM 亚麻纱技术等，使工业企业增强活力，提高市场占有率。乡镇企业系统积极开展企业质量管理达标活动，全区创建农业部全面质量管理达标企业 13 户、省级文明企业 11 户、科技进步示范企业 8 户。在实施技术改造、推广技术进步的同时，注重科学管理，各企业相继建立成本核算控制为主的科学管理体系。

第三节　科技普及

一、科技培训

20 世纪 90 年代起，武威市围绕特色产业开发及重点实用技术，科技部门先后实施“青年农民科技培训”“绿色证书工程”和“百万农民就业技术培训工程”。科技培训工作始终坚持“实际、实用、实效”的原则，利用“星火”科技播种队、乡镇农民文化技术学校、农民技术技能培训学校、区劳动就业培训中心、农广校、农函大和市、区党校等培训基地，围绕农业、林业、畜牧、水利、农机、农产品加工等 11 个方面开展多层次、多形式的农民培训。2000—2009 年，全区累计举办各类科技培训班56618场（次），培训农民210.5万人（次），其中技术骨干22500人（次），先后有652人被区政府聘为农民技术员。采取考察学习、进修培训、函授、自学考试等形式发展职业技术教育，受教育人员累计达9850人（次），其中自学考试5500人、函授3500人、进修850人，外出考察学习3100人（次）。

二、星火产业带建设

2003年，国家和省上提出建立甘肃省河西走廊星火产业带，凉州区确立以武威工业园区、黄羊工业园区、武南工业小区3个工业园区和“三点两带”的13个乡镇为重点，以项目建设为载体，强龙头、建基地、搭平台，大力实施星火计划。至2009年，星火产业带形成的支柱产业有：以荣华、永鑫公司为龙头的玉米淀粉及深加工产业，以皇台、莫高、威龙公司为龙头的酿造葡萄产业，以日光温室为重点的蔬菜产业，以“天梯山”人参果为代表的绿色食品产业，以金叶、顺发为龙头的啤酒麦芽产业。组织实施区列科技项目388项，其中星火建设项目168项，课题攻关项目58项，技术推广项目162项。

第四节 科技项目

1990—2009年，全区组织实施科技项目643项。1995年，武威市制定《科学技术进步奖励办法》，对上年度在科技工作中做出优异成绩的单位和个人进行表彰奖励，分别授予“科技工作先进单位”和“科技工作先进个人”称号，对先进个人进行物质奖励。2005年，重新制定《科学技术奖励办法》，设立“科技功臣奖”和“科技进步奖”，科技进步奖分一等奖、二等奖、三等奖3个等级。每年评审一次，区级科技功臣奖奖励金额为5万元，科技进步一等奖5000元、二等奖3000元、三等奖2000元。所奖经费由区财政专项列支，规定获奖者的事迹记入本人档案，作为考核和享受有关待遇的重要依据之一。2009年，全年共组织实施技术计划项目35项，组织实施星火科技项目22项，鉴定各类科技成果22项，获得市级科技进步奖16项，其中一等奖3项、二等奖11项、三等奖2项。全区累计授予“科技工作先进单位”152个、“科技工作先进个人”285人。

1990—2009年凉州区实施科技项目一览表

表15-2-1

项目名称	类别	主要内容经济技术指标	承担单位	备注
凉州区农民致富技能提升科技培训工程	星火	重点进行农业科技培训和职业技能培训，包括农产品加工、高效种植、高效养殖、食用菌栽培、电脑农业、特色林果种植、计算机应用、电算会计、工业与民用建设、家用电器维修、汽车与摩托车维修、服装制作、烹饪、美容美发等，年培训5万人，三年培训15万人	凉州区科技局、职业中专	部列
优质酿酒葡萄原料栽培技术应用研究	星火	引进梅鹿辄、赤霞珠、贵人香等优质酿酒葡萄品种，规范酿造原料基地；采用“T”型立架，双枝更新修剪等约化管理技术，带动和促进新建葡萄基地走向集约化、高效益。生产出符合国家酿酒葡萄各项标准的优质葡萄	凉州区技术开发中心、皇台集团葡萄栽培与酿酒科技研究所	部列、省列
沙产业暨循环农业示范园高效节能日光温室建设及环境控制技术应用研究	星火	在沙产业暨循环农业示范园10座高标准日光温室配套安装高效节能材料和智能化温室环境控制系统10套。可提高现代设施农业装备对生产环境的控制能力，增产幅度在30%以上，可满足设施农业各项试验研究	凉州区农技中心	—

续表 15-2-1

项目名称	类别	主要内容经济技术指标	承担单位	备注
日光温室葡萄无公害生产技术示范	星火	引进筛选日光温室葡萄优良新品种 2~3 个，进行日光温室葡萄无公害生产技术和早熟栽培关键技术示范，总结出日光温室葡萄高产优质栽培技术规程，示范面积 100 亩，辐射面积 300 亩	凉州区科技局、金羊镇	省列
肉牛生态养殖集成技术示范推广	星火	按照肉牛无公害生产技术规程，以“种植—秸秆—肉牛养殖—沼气—沼液—种植”的生态模式，集成示范推广先进适用技术，形成年出栏 1000 头肉牛的规模	武威市凉州区强盛养殖场	省列
凉州区科技特派员培训	星火	建成经济利益共同体 12 个，培训农民 5000 人次，带动特色产业发展	凉州区科技局	省列
畜禽标准化生产技术集成推广	星火	建立猪、鸡、牛、羊标准化养殖示范区各 1 处，示范推广畜禽标准化生产集成技术；总结制定适度规模养殖条件下的标准化养殖技术规程 4 个以上；试验示范生物、化学投入品的长效管理机制和畜粪无污染处理方法	凉州区畜牧中心，东河乡、武南镇、长城乡、高坝镇	—
凉州区水权水价制度改革研究	星火	资源使用权分配及落实；水价改革；节水技术推广；节水制度建设；节水知识宣传	凉州区水利局、凉州区 8 个灌区	—
凉州区机井地下水智能化取水计量设施运行管理应用	应用研究	探索智能化取水计量设施管理模式；建立计量设施自动化管理系统；健全计量设施管理体制和制度，使凉州区 2008 年地下水开采量控制在 4.316 亿立方米	凉州区水利局、清源、金羊、永昌 3 个灌区	—
保护性耕作技术示范推广	推广	建立玉米、小麦等主要粮食作物保护性耕作技术示范点区 4 处，每处连片种植面积不小于 100 亩，推广 1 万亩；总结制定保护性耕作技术规程，推广以免耕播种、化学除草、秸秆残茬处理、土壤深松为重点的集成技术；每亩节约种植成本玉米 36 元，小麦 15 元，单产亩增 3%以上	凉州区农机局、吴家井、长城、清源、发放、下双、九墩、九墩滩、东河等乡镇	省列
白雪红桃日光温室工厂化栽培技术示范及基地建设	星火	引进、筛选出适合凉州区日光温室种植的白雪红桃高产优质品种，进行繁育、栽培示范，集成推广规范化栽培、平衡施肥、化控、节水灌溉、病虫害无害化防治等配套技术，建成白雪红桃生产基地 2000 亩	凉州区技术开发服务中心、大柳乡	—
加工型马铃薯新品种引进、筛选与示范	推广	引进加工型马铃薯新品种 5 个以上，建立对比试验田 5 亩，示范田 50 亩，筛选出适合凉州区种植，并满足加工需要、抗逆性强、高产、优质、高效的加工型马铃薯主栽品种，总结制定出优质加工型马铃薯生产技术规程，并示范推广	凉州区农技中心、区农校、丰乐镇	—
冬季压沙造林综合技术应用	推广	运用保水、压沙、深埋等综合技术，在长城乡新庄村以东沙漠完成压沙造林 5000 亩，实现苗木成活率 85%以上	凉州区林业技术推广中心	—
简易碱回收技术应用	星火	采用简化喷射炉碱回收技术，克服传统碱回收投资大，浆碱不平衡，“以碱定浆”的问题，压缩投资，做到纸厂量体裁衣，同时采用煤或煤气助燃，节约了成本，解决了草浆黑液蒸发的难题，黑液回收率达到 88%，碱回收率达到 75%以上，每回收 1 吨火碱有 180~200 元的赢利，不仅治理了污染，而且年可创利润 52.9 万元	武威市全圣实业集团纸业有限责任公司	—
清水绿色标准化生产示范区日光温室建设项目	星火	新建日光温室 1000 座，其中，清水乡的王盛村、菖蒲村新建日光温室 360 座，河西村和蚂蝗村新建日光温室 300 座，高坝镇碌碡村新建日光温室 340 座。衬砌 U 型渠 274 公里，修建水塔 13 座，整修机耕路 4.5 公里。集中展示和推广现代设施农业绿化标准生产高新技术，辐射带动城东园区现代设施农业的发展	清水乡政府、区农技中心	—
猪人工授精技术推广	推广	引进种公猪 50 头，新建猪人工授精点 20 个，配备相应的器械、设备。开展不同猪精液稀释剂配方和不同精液浓度对猪人工授精效果观察等相关试验研究。公母猪饲养比例由 1:25 高到 1:100	凉州区白猪育种厂、全区 38 个乡镇	—

续表 15-2-1

项目名称	类别	主要内容经济技术指标	承担单位	备注
凉州区肉羊改良示范	试验示范	引进种公羊60只，建立羊人工授精站30个，建立适宜凉州区肉羊配套杂交组合方式，大力推广羊精液大倍稀释及人工授精技术。每只公羊年授配母羊6600只，改良羊只均胴体重达20公斤	凉州区畜牧中心、西营、松树、长城、双城等20个乡镇	—
武威百利公司优质蔬菜种苗繁育中心建设项目	星火	在瑞克斯旺武威百利种苗有限公司进行建设。至2013年建设西北型节水日光育苗温室7座、4408平方米，现代温室3座、720平方米。配套建成综合办公培训中心，种子加工、种苗播种，机修等基础设施建设及先进设备的配套完善，形成年生产优质种苗6000万株的生产能力	清水乡政府、区农技中心，百利公司	—
养猪小区环境卫生改善及粪便无害化处理	试验示范	建立粪便及污水处理的化粪池、防蝇、灭蝇设施设备，建立消毒制度、消毒池，建立程序化免疫措施。使发病率降低10个百分点、死亡率降低8个百分点，大幅度提高养猪小区畜牧业生产的整体效益，大大减少因疫病流行带来的巨大经济损失，促进养猪小区健康发展，并使其规模化发展、产业化生产的程度提高，为使畜产品创名牌创造有利条件	凉州区畜牧中心、黄羊镇、武南镇、清水乡、四坝镇	—
凉州区邓马营湖枸杞基地建设	示范推广	2008年发展2000亩枸杞，作为示范点。枸杞品种选、定植栽培、建园管理等技术，引进大麻叶，中宁1、2号成品苗，开沟定植	区林业技术推广中心、邓马营湖指挥部	—
日光温室特色水果型蔬菜基地建设	星火	在四坝镇为中心的6个乡镇建设水果型无公害特色蔬菜基地，规模约3000亩，品种主要包括小乳瓜、樱桃西红柿、中果型西红柿、彩椒等；壮大蔬菜产业协会，走好"协会+基地+农户"的路子，大力推广无公害标准生产，努力打造品牌优势，拓宽营销渠道，强化产业经营	凉州区科技局、四坝镇	—
胚胎移植技术应用及肉羊产业化开发	星火	引进世界驰名肉用种羊60只和受体小尾寒羊600只，建立核心种羊场，依托甘农大动物科学院，利用胚胎移植技术，加速纯种种群的扩繁。每年可生产优质纯种种羊500只。用人工授精技术年杂交改良当地土种羊5万只，年生产杂交一代羊10万只。建立屠宰加工、分割包装生产线，年加工优质杂交肉羊10万只，生产高档羊肉1500吨	甘肃森泰种畜育种有限公司、甘肃农大动物科学院	—
城东乡镇新农村建高效节能技术应用	星火	以日光温室蔬菜种植、加工、营销，畜牧养殖，林业育苗，玉米制种，餐饮娱乐业为支柱产业，在高坝镇碌碡村、台庄村，清水乡王盛村、菖蒲村，发放乡发放村，吴家井乡七星村，清源镇中沙村，长城乡西湖村等8个新农村建设试点村进行小康住宅建设，推广高效节能材料及太阳能热水利用系统930套，新建沼气池500座，节能、环保、住宅等，基础设施和社会事业建设发展达到目标要求	区农办、有关乡镇政府	—
医院污水处理及中水回用	推广	新建污水处理及中水回用系统工程，日处理生活污水320立方米，雨水集流系统容量2400立方米，占地面积110平方米	武威肿瘤医院	—
移动式太阳能沼气池开发应用	推广	应用北京中科富民国家能源环保科技有限公司技术，生产太阳能沼气发生罐3000套，其中2008年生产并推广应用200套，户均节煤1000公斤以上	大柳乡移动试太阳能沼气池服务部	—
红太阳面粉厂电机节能与能量系统优化	推广	对电机安装变频器，锅炉房采用节煤器，年节电50万度，节煤100吨	武威红太阳面粉公限责任公司	—
农村环保高效民用型煤开发应用研究	推广	利用造纸黑液添加适量聚酰胺及纤维素为黏结剂，以高锰酸钾、高氯酸钾为助燃剂，以矸石为固型剂生产环保高效的民用型煤，年产量达到1000吨，新增利润23万元，新增税收10.72万元	武威市型形煤化厂	—
真空冻干食品新技术应用	星火	引进中德合资的生产设备，应用国际先进的真空冻干技术，对蔬菜、瓜果以及中药材料进行冷冻真空干燥加工，营养成份损失率低于5%，营养物质含量、风味、颜色和体积的保持好于其它加工方式，年产量达3000吨	甘肃我爱食品有限公司	—

续表 15-2-1

项目名称	类别	主要内容经济技术指标	承担单位	备注
集中气式秸秆生物质气化新技术应用示范	星火	引进合肥天焱绿色能源开发有限公司研制的 TY 系列生物质气化机组和燃气输配系统，新建 10 个年产 40 万立方米秸秆气集中供气 200 户的秸秆气化站，年产 400 万立方米秸秆气，满足 2000 户以上农户的生活用燃气。燃气中焦油灰分含量控制在 10 毫克/立方米，热转换效率可高达 75%	凉州区技术开发服务中心等	—
武威市恶性肿瘤患者血脂及蛋白质水平状况分析	攻关	通过对恶性肿瘤患者血脂及蛋白质水平检测，并对结果经统计学处理，分析出对比，为凉州区制定对对恶性肿瘤患者进行康复计划提供科学依据	甘肃省武威肿瘤研究所	李庆科主持
中药溶石汤配合推按运经仪治疗泌尿系结石临床研究	攻关	运用中医原理，组成溶石汤配合推按运经仪治疗泌尿系结石，解除病痛，防止结石复发，保护肾功能	凉州区中医医院	王萍主持
改良植骨预防治疗不愈合临床应用研究	攻关	通过改良植骨预防治疗不愈合或延迟愈合临床应用研究，缩短骨折愈合时间，提高治疗效果	凉州区第三人民医院	唐景晖主持

第五节　科技成果

1990—2009 年，凉州区获得省级科技成果 36 项，其中农业类 16 项、林业类 2 项、畜牧类 5 项、水利类 2 项、工业及新优产品类 6 项、医药卫生类 5 项。完成市、区级科技成果 265 项，其中农业科技成果 50 项、林业科技成果 12 项、畜牧兽医科技成果 21 项、水利科技成果 14 项、工业科技成果及新优产品 45 项、医药卫生科技成果 93 项、其他科技成果 30 项。

1990—2009 年凉州区科技成果获奖情况一览表

表 15-2-2

类型	项目名称	完成单位	完成人	获奖时间	获奖级别
农业类	2BF-7A 型分层施肥播种机	—	—	1990	省科技进步三等奖
	农业部“丰收计划武威地区三十万亩小麦机械化综合增产技术示范推广”	甘肃省农技推广总站、武威市农机局	贾成林	1990	省农机局科技进步一等奖
	平川灌区农业商品化生产综合开发途径的研究	甘肃农业大学、武威市人民政府、武威地区农牧处	胡恒觉 俞存乃 萧向华	1991	省科技进步二等奖
	油纤兼用亚麻基地建设	武威市农业技术推广中心	王文川 张献庆	1991	省星火三等奖
	河西灌区甜菜带田规范化种植技术研究与开发	省农业厅经作处、武威市农技中心、民勤县农技中心	万经中 王永平	1992	省科技进步二等奖
	改革农村集体自己管理使用办法	地、市农村集体经济经营管理指导站	李掌桂 罗进业	1992	省星火三等奖
	凉单一号玉米良种繁育及示范推广	武威地区农科所、武威市种子公司	年登瀛 刘金泉	1993	省星火三等奖
	武威地区粮食作物高产高效模式化栽培技术示范推广	地区农技中心，武威市、民勤县农机中心	韦　瑛 倪明道	1993	省星火三等奖
	油纤兼用型、纤维性亚麻综合农艺栽培技术与工业利用研究	武威纺织厂	秦言曾 张新璞	1993	省星火三等奖

续表 15-2-2

类型	项目名称	完成单位	完成人	获奖时间	获奖级别
农业类	甘肃省蚜蝇研究及在麦蚜防治中的应用	武威地区农技中心、武威市农技中心	李亚哲 李小泉	1996	省科技进步三等奖
	高效节能日光温室蔬菜栽培新技术试验研究	省农科院蔬菜所、武威市农牧局	邱仲华 宋明军	1996	省科技进步三等奖
	河西沿祁连山冷凉灌区粮食作物大面积亩产超千斤试验示范	省农科院承担、武威地区农技中心、武威市农技中心张掖地区农科所、酒泉地区农科所、金昌市科委农委参加	孙志寿 吴新科 解开文 梁　智 年登瀛	1999	省科技进步一等奖
	武威地区小麦吸浆虫防治技术研究与综合治理	地区农技中心、武威市农技中心、天祝县农技站、古浪县农技中心	彭　云 周永丰 甘国福	2001	省科技进步三等奖
	“金无壳”的研制与开发	武威金苹果（种苗）有限公司	陈荣贤 孙永瑞	2001	省科技进步三等奖
	武威市麦收后复种优质高产饲用（绿肥）油菜种试验与示范推广	武威市农技中心、凉州区农技中心	吕经邦 高川元	2004	省科技进步三等奖
	天然南瓜籽仁一代杂交种“金平果★★”的选育寄生胎适应性研究与示范	武威市金苹果有限责任公司	陈荣贤 徐秉良	2007	省科技进步一等奖
林业类	甘肃武威酿造葡萄综合技术开发及产业化建设（合作完成）	武威市葡萄产业办公室、凉州区林业局	何永基 李发江	2003	省科技进步二等奖
	河西地区农田防护林树种更新改造研究	甘肃省林业技术推广总站、凉州区林业局	赵克昌 李茂哉	2004	省科技进步三等奖
畜牧类	瘦肉型猪农户养殖配套生产工艺试验示范	甘肃农业大学，武威地区、市畜牧中心	刘孟洲 雷　华 张怀虎	1994—1995	省科技进步三等奖
	饲料青贮及三化技术示范推广	武威地区畜牧中心，武威市、民勤县畜牧中心	李春来 袁得光	1994—1996	省科技进步三等奖、星火三等奖
	瘦肉型猪规模生产综合技术推广	省畜牧技术推广总站、武威市畜牧中心	张建文 关云斌	1998	省科技进步三等奖
	肉牛三元杂交集约配套生产技术应用研究	甘肃畜牧技术推广总站、凉州区畜牧中心	李国林 李军祖	2003	省科技进步三等奖
	河西灌区瘦肉型三元杂交猪生产及良种繁育体系建设	甘肃畜牧技术推广总站、凉州区畜牧中心	雷　华 白雅琴	2004	省科技进步三等奖
水利类	干旱多风区喷灌技术试验及万亩高新技术示范区建设	武威市水科所、凉州区水利局、凉州区黄羊河水利管理处	何斌生 汪开宏	2003	省科技进步三等奖
	河西内陆区精细水平畦灌技术研究	甘肃省水利科学研究院、凉州区黄羊河水利管理处	胡全想 张新民	2005	省科技进步三等奖
工业及新优产品类	应用微机勾兑优质白酒	甘肃武威酒厂、兰州军区技术局	席先觉 吕兴海	1991	省科技进步三等奖
	凉州皇台酒	甘肃凉州曲酒厂	张景发 乔爱工	1991	省星火二等奖
	改性聚乙烯输水软管	武威塑料厂	聂巨才 徐长保	1991	省星火三等奖
	35 度冬春夏草保健酒	甘肃武威酒厂	杨生勇 吕兴海	1993	省科技进步奖

续表 15-2-2

类型	项目名称	完成单位	完成人	获奖时间	获奖级别
工业及新优产品类	SCF 结合型加脂剂试产	武威化工研究所	陈万生 刘福凯	1993	省星火三等奖
	挖掘当地资源优势，开发凉都老窖酒	甘肃武威酒厂	吕兴海 李维青	1998	省科技进步三等奖
医药卫生类	带膜网状食管支架的临床应用	武威市肿瘤防治研究所	米登海 陈文元	2001	省科技进步三等奖
	华佗夹脊新疗法	武威市育民针灸诊所	王玉明 李生棣 李　勃	2001	省科技进步三等奖
	武威市胃癌遗传因素研究	武威市肿瘤防治研究所	米登海 罗好曾	2004	省科技进步三等奖
	武威市胃癌危险因素流行病学研究	甘肃省武威肿瘤医院	米登海 罗好曾 景天忠	2006	省科技进步二等奖

第六节　气象和地震测报

一、气象测报

1996 年，成立武威市气象台。1997 年，更名为武威市气象局。2001 年 8 月，更名为凉州区气象局，与武威市气象局合署办公。

1990—1999 年，气象局使用 PC-1500 微型计算机订正气象观测要素和编发地面天气测报、航空天气测报和气象旬月测报，结束了长期以来气象观测人员手工查算编发气象观测报告的历史。2000 年，市气象局将微型计算机投入气象观测业务运行，使气象测报业务开始进入现代化发展时期。2002 年，气象局在武威国家基本观测站建设完成 CAWS 型 7 要素自动气象站，与人工观测设施并行开展基本气象观测，并开展紫外线观测业务。2003 年，气象局使用自动气象站自动观测气压、气温、湿度、地温、降水、风向、风速，自动拍发各类天气报告，实行人工和自动观测并行，基本实现气象观测自动化。2004 年，按照中国气象局新编定的《地面气象观测规范》，开展大气监测业务。停止执行 1980 年修定的原地面观测规范。2005 年，凉州区气象局建成 CTL-713C 型测雨天气雷达，为全区乃至周边市县局地暴雨的准确监测提供了重要保障。2006—2009 年，黄羊无人值守区域自动站建成并正式投入业务运行，在全区部分乡镇建成区域自动站 23 个，使凉州区大气监测工作进入现代化快速发展时期。

二、地震测报

1991 年，地震办公室从市科委分离，成立武威市地震局，为科级事业单位。2001 年 8 月，更名为凉州区地震局。

1992 年，武威市地震监测站建立的武威电磁波台投入观测。观测仪器有超低频电磁信号接收仪和传感器 CGY-LA 型，大磁棒架设在政府统办楼七楼楼顶。同年，武威市地震无线通讯站配置 XDDJ-550A 型数据传输终端机，实现数据资料的计算机自动传输。在西营水库新建的地震观测站，主要观测的项目有土地电、地应力、倾斜等。1993 年，改造新建南营、黄羊、西营 3 座水库的观测设施，由原来的半自动改为全自动记录。1994 年，按照山区、沿山区、平川区的自然地理环境，在双城、丰乐、金山、西营、张义、中路、上泉、古城、黄羊、武南 10 个乡镇建立义务宏观观测点，主要观测地下水、动物、植物等宏观异常情况。同年，建立南营水库、黄羊水库 2 个地震观测站。1998 年，对南营、黄羊、西营 3 个观测站进行高架地倾斜改造，采用 DY-Z 记录仪。1999 年，市地震局配置 TZC-80 型 100W 单边带电台。2009 年，区内有 14 个地震观测点，其中，宏观观测点 10 个，微观观测点 4 个，观测人员 16 人，其中，兼职宏观观测员 10 人。区地震局配置 EMAOS-L 地震电磁波辐射仪，可以通过 RS-232 接口实现与微机双向数据通信或者通过 MODEM（调制解调器）以电话拨号形式进行远程数据传输。是年，凉州区地震局被省地震局评为 2009 年度电磁波资料一等奖。

凉州区志

第十六编

文化　旅游

本编目录

第一章　群众文化

第一节　机构设置

1990年，武威市文化局内设人财股、群文股，下辖电影发行放映公司、电影院、文化馆、博物馆、图书馆5个单位，武威市文物管理委员会办公室与武威市文化局合署办公。

1991年4月，成立市文物稽查队。

1995年11月，成立武威市书画院。

1996年，市文化局、市体育运动委员会合并为武威市文化体育局。

1999年9月，成立武威天梯山石窟管理处。

2001年8月，武威市文化体育局更名为凉州区文化体育局，博物馆移交地级武威市管理。电影院因修建电信大楼被拆除。

2003年6月，成立凉州区白塔寺管理处。

2004年12月，电影发行放映公司改制。

2009年，凉州区文化体育局内设办公室、群文股、体育股、财务股，下辖区文物稽查队、区体育技术指导站、图书馆、文化馆、书画院、凉州区白塔寺管理处、武威天梯山石窟管理处。凉州区文物管理委员会办公室与凉州区文化体育局合署办公。

第二节　群众文艺活动

一、农村群众文艺活动

20世纪90年代以来，通过对民间传统文化艺术形式进行挖掘整理，形成一批具有鲜明地方特色的国家级、省级农村群众文艺演出形式，如四坝镇的攻鼓子，已形成老年、中年、青年、少年4支梯队，多次在比赛中获奖；松树乡的竹马子、永昌镇的滚灯舞、金塔乡的打接子、金羊镇的打熊、清源镇的木偶皮影戏以及凉州贤孝等，深受城乡广大群众欢迎。至2009年，凉州区有民间自办文化社团200多个，永昌镇、谢河镇、下双乡的农民自乐班，黄羊镇的文化中心，高坝镇、大柳乡、荣华街的文化艺术长廊，深受群众喜爱。

二、城市群众文艺活动

城市群众文艺活动主要通过社区组织。各街道社区充分利用群众经常汇集的文化广场、南城门广场、文庙广场、火车站广场、西郊公园、荣华什字、靶场凉亭等场地，每天清晨或晚上开展群众喜闻乐见的大众文化健身、歌舞娱乐活动。在形式上，专业与业余相结合，官方与民间相结合；在内容上，以广场舞、秧歌、鼓乐、武术、舞蹈、体操、球类、时装表演、戏剧演唱等为主，基本达到街街有阵地、社区有队伍、经常有活动。

第三节　群众文化活动场所

一、凉州区文化馆

位于城区中心文化广场，为公益性文化事业单位。2004 年被文化部考核评定为三级文化馆，下设办公室、文艺辅导部、美术辅导部、摄影辅导部、后勤部、财务部、信息中心、非物质文化遗产办公室等股室。

二、凉州书画院

1995 年成立，2009 年实有编制 4 名。书画院办公地点设在凉州区文化馆。

三、乡镇文化站

2003 年前，已在黄羊、谢河、永丰、清源、双城、吴家井、高坝 7 个乡镇建成乡镇宣传文化站。至 2009 年，除西营镇、韩佐乡、九墩滩指挥部、邓马营湖指挥部未建文化站外，其他乡镇都建有文化站，并配备 1 名文化专干。乡镇宣传文化站都设有多功能活动室、图书报刊阅览室、培训室、文化信息资源共享服务室。

第四节　非物质文化遗产保护

从 2005 年开始，凉州区开始组织进行非物质文化遗产收集、整理和保护工作，成立凉州区非物质文化遗产保护工作领导小组，对全区境内的非物质文化遗产项目进行普查，建立并申报国家、省、市、区级非物质文化遗产名录。截至 2009 年，全区列入非物质文化遗产名录 21 项，其中国家级 3 项，省级 4 项，市级 7 项，区级 7 项。国家级传承人 3 人，省级传承人 7 人。

一、国家级非物质文化遗产

截至 2009 年，凉州区列入国家级非物质文化遗产保护名录的有凉州贤孝、河西宝卷·武威、凉州攻鼓子 3 项。

凉州贤孝　是凉州一种独特的弹唱艺术，它通过弹唱的故事来感化人们为贤行孝，故名“贤孝”。弹唱贤孝的艺人大多是盲人。弹唱内容主要以述颂英雄贤士、烈妇淑女、孝子贤孙、帝王将相、才子佳人的故事为主，寓隐恶扬善、喻时劝世、因果报应、为贤尽孝等。演唱形式上，说白、诵唱和伴奏一般都由一人完成。唱词以凉州方言为主，多为五、七、十字句，用方言韵，通俗易懂，幽默风趣。

演唱中间，艺人们边与听众交流，边即兴创作。凉州贤孝的音乐保留着许多古老的唱腔曲牌，深受群众的喜爱。2006年，被国务院公布为第一批国家非物质文化遗产。2008年，冯兰芳被文化部公布为第二批国家级非物质文化遗产项目凉州贤孝代表性传承人，王月、王雷中被省文化厅公布为第一批省级非物质文化遗产项目凉州贤孝代表性传承人。

凉州攻鼓子　主要流传在凉州区四坝镇及永昌、大柳、下双等乡镇。凉州攻鼓子从化妆到表演，都给人以威武雄壮、粗犷豪放的美感，以鼓为道具，以对攻击鼓为主要表演手段。一般表演时两人为一对，五对为一组，每组人数可增可减。表演者着黑衣、黑裤、黑靴，头戴黑幞头，上插羽毛，身背红色羊皮长鼓，双手执枣木鼓槌。其基本打法可以用四句口诀来概括，即，双手胸前划弧线，交错击鼓轮换翻，上步踏地凭脚力，挺胸抬头身不弯。凉州攻鼓子先后参加《西部之舞》《八千里路云和月》《望长城》等10余部影视剧拍摄，连续获全国广场舞群星奖银奖、甘肃首届群星艺术节金奖、“五个一”工程奖、敦煌文艺奖等殊荣。2006年，被列为省级非物质文化遗产，2007年，被国务院公布为第二批国家非物质文化遗产。2008年，杨万柱被省文化厅公布为第一批省级非物质文化遗产项目凉州攻鼓子代表性传承人。2009年，杨门元被文化部公布为第三批国家级非物质文化遗产项目凉州攻鼓子代表性传承人。

河西宝卷·武威　河西宝卷的一种，流行于凉州。凉州宝卷反映的是与人民群众有切身关系的社会生活和衣食住行，有宗教、神话传说、日常生活三种类型。多谴责忤逆凶残，规劝孝道，隐恶扬善。主要形式是讲唱过程中韵白结合，有说有唱，以“接佛声”为主要手段，吸引听众参与演唱。白话是念卷人为了叙述故事情节、交代事件发展、铺叙人物关系、点明时间地点而采用的一种表演手法，是“讲”或“说”的。韵文则是为了寄寓善恶褒贬、推动故事情节发展、抒发爱憎情绪、烘托渲染气氛的，是“吟”或“唱”的。凉州宝卷的脚本现存约80卷，大多为木刻板和手抄本。2006年，被国务院公布为第一批国家级非物质文化遗产。2009年，李作柄被文化部公布为第三批国家级非物质文化遗产项目“河西宝卷·武威”代表性传承人。

二、省级非物质文化遗产

截至2009年，凉州区列入省级非物质文化遗产保护名录的有凉州皮影戏、凉州半台戏、凉州水陆画、凉州黄河灯会4项。

凉州皮影戏　流传于凉州区清源镇一带，演唱人多用祖传和口传心授，演唱曲种存有30余本。内容主要以述颂英雄贤士、烈妇淑女、孝子贤孙、帝王将相、才子佳人的故事为主，寓隐恶扬善、喻时劝世、因果报应等。随着科技的发展以及人们娱乐选择的多样化，木偶戏、皮影戏的观众基础逐渐减少。2008年，被列入第一批省级非物质文化遗产保护名录，马登岐被省文化厅公布为第二批省级非物质文化遗产项目凉州皮影戏代表性传承人。

凉州半台戏　流传于凉州区永昌、双城、下双、羊下坝等乡镇及其周边地区的一种自发性民间表演形式。人员少，便于活动，俗有“七紧、八慢、九消停”之说，不受场地、人员、服饰的限制，七至九人即可搭班开演。其唱腔生动活泼，优美动听，表演生活化，趣味性强，故事完整。2008年，被列入第一批省级非物质文化遗产保护名录，张志昌被省文化厅公布为第二批省级非物质文化遗产项目凉州半台戏代表性传承人。

凉州水陆画　水陆画是古代寺庙中举行水陆法会时，在道场悬挂供奉的一种宗教人物画。凉州水陆画在明、清以杨元祯和杨先甲、杨先声为代表人物，他们在充分继承前人佛画技法画风的优良风格基础上，又融进他们的创造，有较高的艺术水平。2008年，被列入第一批省级非物质文化遗产保护名录，李福如被省文化厅公布为第二批省级非物质文化遗产项目凉州水陆画代表性传承人。

凉州黄河灯会　流传于凉州区金塔乡的民俗活动。据传，该活动源于《封神演义》中的“三姑摆布黄河阵”，一般在每年农历正月十五举办。黄河灯会取九曲黄河十八弯之意，按九宫八卦阵法排列。灯具摆布多以动物形象或神化传说故事、人物为主，一般中央竖幡，整个灯阵共有360盏灯，赏灯者必须依一定的路线行进方能领略其妙。2008年，被列为第一批省级非物质文化遗产保护名录，王士学被省文化厅公布为第二批省级非物质文化遗产项目凉州黄河灯会代表性传承人。

三、市级非物质文化遗产

截至2009年，凉州区列入市级非物质文化遗产保护名录的有7项。

西夏泥活字印刷术 1987年5月出土于武威市凉州区新华乡亥母洞西夏石窟寺遗址的泥活字版本《维摩诘所说经》，经西夏学专家孙寿岭研究，认定其为泥活字版本。为了验证其正确性，孙寿岭经三年多时间按毕昇之法，制作、印刷出新的泥活字版本《维摩诘所说经》，填补了我国泥活字及泥活字版本的空白。被中央电视台收入国宝档案，并取得国家级“泥活字再发明专利权”。2008年，西夏泥活字印刷术被列入第二批市级非物质文化遗产保护名录。

凉州滚灯舞 也叫“顶灯”，主要流行于凉州区永昌镇一带，是凉州有代表性的民间舞蹈艺术形式之一，属祭祀性舞蹈。每年正月十五，群众在石碑前立木架，摆放点燃灯盏，摆成“天下太平”“预祝丰年”“国泰民安”等字样，以祈年丰人寿。表演者勒头带，着太保衣灯笼裤，腰系宽带，脚穿白鞋，表演颇富杂技技巧。表演时头顶瓷碗，碗边的色彩装饰为荷花形，内盛泥土，插燃烛一根，随锣鼓乐起舞，以较高难度的动作“滚灯”最为高潮，一般为晚上表演，突出队形变化与灯的表现。相传表演舞蹈形式为16套，现整理存有10套。2007年，被列入第一批市级非物质文化遗产保护名录。

凉州条子 凉州条子又名五手条子。条子是棍的一种，比棍略细，棍的长度按使棍者的身高所定，齐眉最合适。棍的选材一般都用凉州山区生长多年的白蜡木制作，韧性极强，不易断裂。在练法上，舞起来动作凶猛，敏捷、粗犷、干脆，上下左右，融会贯通；闪展腾挪，呼呼生风；刚中有柔，柔中有刚。其棍法变幻莫测，前戳后扫，棍打十字、呈“米”字形，十抡八折打上中下三盘。由于凉州条子对基本功要求很高，习练时间长，难度大。凉州条子一般秘不外传。2007年，被列入第一批市级非物质文化遗产保护名录。

凉州狮子舞 也叫“麻狮舞”，是凉州人庆贺助兴的一种艺术表演形式。白居易在《西凉伎》中描写道:“西凉伎，西凉伎，假面胡人假狮子。刻木为头丝作尾，金镀眼睛银贴齿。奋迅毛衣摆双耳，如从流沙来万里。紫鬓深目两胡儿，鼓舞跳梁前致辞……”表演方式以高台狮子舞最为著名，表演过程中，表演者需要强健的体魄、精湛的武功和熟练准确的协调配合，才能得心应手。2007年，被列入第一批市级非物质文化遗产保护名录。

凉州民歌 凉州民歌以反映劳动群众的生产、生活及爱情题材为主。歌词多为民间方言土语，生动活泼，特色鲜明。民歌曲调优美动听，丰富多彩，深受广大群众喜爱。凉州民歌在民间流传较广的有《王哥放羊》《姐儿上彩楼》《妹子开门来》《割韭菜》《拉骆驼》《挑大葱》等。2007年，被列入第一批市级非物质文化遗产保护名录。

凉州民间传说故事 是广泛流传于凉州本土的一种以方言形式口头相传的俗文学。凉州民间传说故事历史悠久，有较高的艺术价值和学术价值，代表性故事有《药王泉传说》《天马的传说》《唐玄宗凉州观灯》等。种类繁多，涵盖了当地人民群众社会生产、生活的各个方面；题材内容丰富多样，上溯远古，下迄当代，历史的各个时期皆有涉猎。在当地人民群众世代流传的过程中，通过集体创作，去粗取精，凉州民间传说形成比较珍贵的精神特质，故事情节一波三折，引人入胜。2007年，被列入第一批市级非物质文化遗产保护名录。

凉州莲花山庙会 莲花山位于凉州城区西南13公里处的松树乡境内。每年农历五月端午后，天

气暖和，农事闲暇，游客陆续上山，农历五月十三日，莲花山清应寺举行盛大庙会，游客较多。2007年，被列入第一批市级非物质文化遗产保护名录。

四、区级非物质文化遗产

截至2009年，凉州区列入区级非物质文化遗产保护名录的有7项。

凉州祖师麻膏药　“烧炉炼丹妄用功，神仙难医关节疼。蓬莱瑶池无妙法，良药原在凉州城”。这是赞扬古凉州万应膏药的一首民谣，反映了凉州膏药的殊绝疗效。凉州“祖师麻膏药”继承万应膏药的配方和熬制工艺，辅以高原祖师麻药材提取物精制而成的特色黑膏药产品，具有祛风除湿、活血止痛之功效，迄今已有300多年传承历史，由甘肃泰康制药有限责任公司独家生产。该产品于1997年被列为国家第一批中药保护品种，曾伴随1990年国际南极考察队横穿南极，在治疗队员们腰部伤痛时疗效神奇而声名远播。铁拐李牌凉州“祖师麻膏药”已收入《中华人民共和国卫生部药品标准》，为国家中药保护品种。2007年，被列入第一批区级非物质文化遗产保护名录。

凉州熏醋酿造技艺　因气候适宜酒和醋的酿造，凉州也被称为熏醋的故乡。据史料记载，凉州熏醋的酿造历史，至少有三五千年之久。在数千年的酿造过程中，凉州熏醋形成较为独特的风味，名列中国三大名醋之一。凉州熏醋生产工艺被概括为“选、配、蒸、酵、熏、淋、沉”，凉州熏醋独特的酿造风格由此形成。20世纪90年代以后，通过创新发展，凉州熏醋由单纯的调味品发展为保健品。2007年，被列入第一批区级非物质文化遗产保护名录。

凉州社火　流行于凉州区各乡镇的一种春节娱乐表演活动。活动形式独特，队伍庞大，装扮典雅，表演古朴，保留着古丝绸之路古典西凉乐舞遗存的痕迹。凉州传统社火队的结构一般分为七部分，即春官老爷、鼓乐队、天公天母队、腰鼓腊花队、和尚队、百色队、膏药匠。每队表演形式不同，花样繁多，但节奏统一，形成和谐的整体。2007年，被列入第一批区级非物质文化遗产保护名录。

社火

凉州凉面制作技艺　凉州凉面制作时用碱掺入少量的清油，反复揉揣，揉好后“饧”三四个小时。根据需要拉成各种形状，或细，或粗，或宽等。煮好后，放入凉水激两遍，然后用熟清油“羼”两遍，挑起来筋道，落在碗里松松散散、黄澄澄的一窝金丝，浇一勺醋卤，更是清爽可口。2007年，被列入第一批区级非物质文化遗产保护名录。

海藏寺“棒棒会”　也叫凉州海藏寺庙会，流传于金羊镇和金沙镇接壤的海藏寺一带。每年正月十六日、四月初八日、端阳节等，凉州城乡群众云集海藏寺。四月初八俗称“浴佛节”，甘肃、青海两地一些藏民也专程来此取水，以“敬献佛祖”。2007年，被列入第一批区级非物质文化遗产保护名录。

张义观音山庙会　也叫凉州观音山庙会，流传于张义镇堡子街观音山，每年逢正月初一、十五、三月二十日、五月二十八日、九月九日、十一月十九日人们自发举行。张义镇周边古浪、天祝部分乡镇，凉州谢河、黄羊等地群众赶庙会，上香拜佛，攘灾祈福，保佑平安。2007年，被列入第一批区级非物质文化遗产保护名录。

凉州木偶戏　木偶戏是由演员在幕后操纵木制玩偶进行表演的戏剧形式，古代又称傀儡戏。凉州木偶戏属杖头木偶，自清代由陕西传入凉州，在当地为马氏家族传承。凉州当代木偶造型艺术家马登岐，依然坚持传统制作及表演技艺，又能根据戏剧内容的需要和时代审美趋向，设计、制作木偶，使之更富夸张性，更具木偶艺术特点。凉州木偶戏在表演过程中木偶艺人一人多艺，操纵演唱配合密切。2007年，被列入第一批区级非物质文化遗产保护名录。

第二章　文学　艺术

第一节　文学创作

1990—1993年，武威有200余名文学爱好者加入铜奔马文学协会。

1992年王相山、宋振林在《金星》发表报告文学《马超龙雀之谜一解》，被《中国青年报》《人民日报》(海外版）等10余家报刊转载报道。

1994年以后，凉州文学创作进入繁荣时期。李学辉短篇小说《故乡三题》获第三届敦煌文艺奖，在读者中有一定的影响；郭开洲的长篇小说《春待来年》、陈玉福的“1号系列”长篇小说、董堂寿的中篇小说《在野》、杨若冰的短篇小说《把酒问青天》等，均获省级以上奖项。其中雪漠（陈开红）创作的长篇小说《大漠祭》影响最大，被中国小说学会评为2000年度中国最优秀的五部长篇小说之一，入围第五届国家图书奖，出版后先后荣获第三届冯牧文学奖“文学新人奖”“上海长中篇小说优秀作品大奖”和“中国作家大红鹰文学奖”等。

2003年，雪漠长篇小说《猎原》出版。

2005年，董唐寿长篇小说《独弦操》由《西凉文学》刊发。6月，张桂英30万字的自传体长篇小说《月亮弯弯》出版，被多家媒体报道。9月，李学辉短篇小说集《1973年的三升谷子》出版。10月，张飞年《羽毛爱情诗选》出版。

2007年1月，李学辉散文《一九七二年的几个片断》获“甘肃电力杯”全国诗歌散文大赛散文一等奖。

2008年10月，齐鸿天作品集《温暖心灵的牧场》出版。

至2009年，李林山、杨若冰、程对山、李元辉、叶祥元、丁皎年等人的作品发表于《飞天》《甘肃日报》《散文》《青年文学》《散文选刊》等。由凉州籍文学工作者创作的长篇小说公开发表或出版的达21部，居甘肃省各县区之首。

第二节　戏剧　音乐　舞蹈

一、戏剧

1990 年后，凉州区戏剧艺术的创作和演出进入一个比较快的发展时期，出现了许多专业和业余的剧团，活跃于城镇和乡村，演出的剧种多，剧目多，质量佳，致力于挖掘、整理和创新地方剧种，能够跨专业、跨剧种进行音乐创作。剧本创作和出版方面，在《戏剧》《中国戏剧》《当代戏剧》等国家级和省级刊物发表多部作品，引起了有关专家和观众的广泛关注。其中，徐祜创作大型话剧《凉州会盟》，岳永进创作大型秦剧《暮色西凉》，是这一时期具有代表性的作品。

二、音乐

1990 年后，侯咏发、梁萍、何月珍、顾振萍等人在省、市级歌咏比赛中多次获奖。创作方面，眉户小戏《姑娘房中的悄悄话》在全省轻纺系统文艺汇演中获二等奖。由冯天民作词、刘期相作曲的歌曲《天马的故乡》《凉州人》等，产生了广泛的影响。2000 年，由王春霞作词、严述科作曲的歌曲《这里的明天》，获省文化厅举办的西部大开发创作歌曲大赛三等奖，在颁奖晚会上演唱，并于次年获甘肃省第二届精神文明建设"五个一工程奖"。2001 年，由王春霞作词、严述科作曲的歌曲《有这样的人》，在甘肃省音乐家协会举办的纪念建党八十周年"共产党之歌"征歌活动中获二等奖；王春霞作词、严述科作曲的歌曲《天马之都》获甘肃武威首届天马国际文化旅游节暨经贸洽谈会会歌评获三等奖。2003 年，杨才年等人创作的《唱响武威，唱响凉州》组曲，由大地音像出版社出版发行。2004 年，《公民道德组歌》由甘肃音像出版社出版发行。2006 年 3 月由尚奋斗作词、严述科作曲的歌曲《请你走进河西走廊》，荣获甘肃省委宣传部、省文联、省广电总局举办的"百首歌曲颂陇原"优秀歌曲三等奖。杨玉鹏在《词刊》等音乐刊物发表了大量歌词作品，其创作的《小花与小草》被定为全国音乐考级少儿组辅导培训教材。

三、舞蹈

20 世纪 90 年代，凉州舞蹈开始出现民族舞、民间舞。2000 年开始，随着舞蹈专业人才队伍的壮大，有许多优秀舞蹈老师崭露头角，由张慧创办的"慧艺舞蹈培训中心"、靳书君创办的"舞之韵舞蹈培训中心"、马樱花创办的"小蚂蚁舞蹈艺术培训中心"，推动了青少年的舞蹈普及，并且当代舞、现代舞、古典舞、爵士舞和拉丁舞也随之出现。2006 年靳书君创作的当代舞《追溯》，2007 年付泓创作的爵士舞《猫和老鼠》，2009 年李志山、施刚创

文艺表演

作的大型古典舞史诗《梦幻西凉》，吴军创作的《飞》，获得甘肃省首届“飞天奖”舞蹈比赛创作金奖。付泓创作的《沙枣花》获得建国60年全国首届校园精品舞蹈大赛创作金奖。

第三节　美术　书法　摄影

一、美术

20世纪90年代后，凉州不断涌现出一批知名书画家和优秀书画作品。书画家代表有丁二兵、徐万夫和麻永忠等人，美术界通过举办联合画展、个人画展、美术讲座、参加书画大赛、邀请外地画家来凉州举办展览和本地画家到外地参观等活动，广泛进行艺术交流，促进全区美术事业发展。王金城的国画《红梅颂》荣获2009年“国庆60周年全国书画大赛”金奖。陈石、黄胜元、杨万胜、张祥生、杨震雨、金兴俊、刘爽、严君、何忠山、方红、赵青章、杨华等一批中青年画家坚持创作，作品涉及国画、油画、版画、水粉等方面，在《美术》《美术大观》《美术报》《中国书画报》等刊物上相继发表，有许多作品在全国和省、市画展上获奖。张祥生的水彩画《祁连哨》参加全国第六届美术作品展并获奖，赵青章的国画《春的摇篮》参加全国第八届美术作品展并获奖，杨震雨的油画《圣境》入选甘肃美展并获三等奖，刘爽的国画《山水》入选全国总工会书画展。2005—2009年，凉州区美协坚持每年一次组织区内画家举办书画展览，进行现场义卖助学和救助地震灾区活动，义卖收入用于资助特困家庭学生上学和地震灾区重建家园。

二、书法

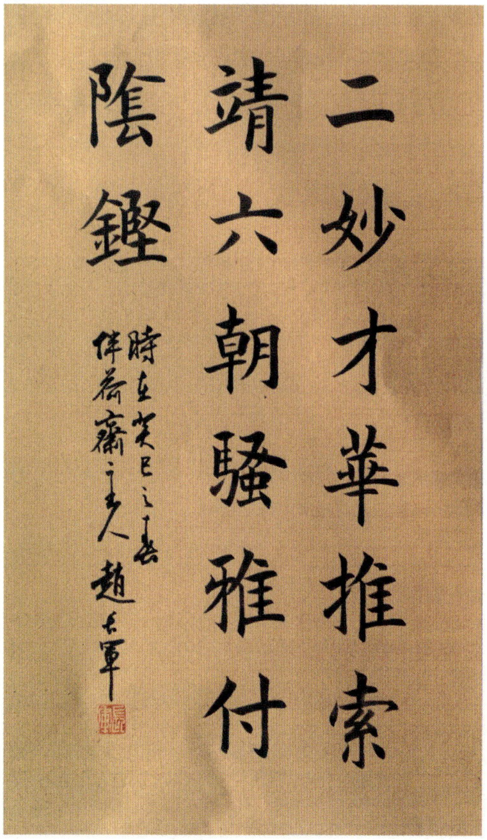

书法　赵长军

20世纪90年代后，在武威书法家郭中藩、王维德、马玉浩、徐万夫、丁二兵、郭子猷等书法家的影响下，凉州区涌现出赵长军、翟相永、文德元、齐泽山、刘永峥、王先林、俞治等一批中青年书法家，他们的作品相继在《中国书法》《书法》《书法报》《书法导报》《青少年书法报》《中国书法报》和《甘肃书法》等报纸杂志发表。2003—2009年，凉州区书法家协会先后举办“徐万夫书法展”“丁二兵书法展”“书协会员书法展”“文德元书法展”“唐炯书画展”“任玉国书法展”“赵长军、薛虎峻、马多忠书法篆刻展”“刘永峥书法展”和“纪念改革开放30周年书画展”等一系列展览，还开展送书法“进校园、进军营、进社区、进农户”等系列活动。其中齐泽山的书法作品荣获甘肃省群星奖书法一等奖、第三届“张芝奖”书法大展三等奖，赵长军的书法作品荣获甘肃省第三届中青年书法展一等奖和全省文化馆书法摄影展一等奖，王先林的书法作品荣获甘肃省第五届中青年书法展二等奖，翟相永的书法作品荣获全国教师书法大赛一等奖。多名作者的艺术创作成果在武威电视台专题报道。至2009年，全区有国家级书法家协会会员3人，省级书法家协会会员28人。

三、摄影

1992年，王文明的摄影作品《出征》荣获全省青年摄影家协会优秀作品奖，作品《腾格里之魂》在全国“家乡美景展”中展出。袁志强的摄影作品《印象》《大自然的报复》分别荣获第三、四届敦煌文艺奖二等奖。刘万久的摄影作品《大漠敦煌》组照荣获全省河西五地市美术、书法、摄影大赛三等奖。周双武的摄影作品《祁连初雪》荣获甘肃、青海两省摄影联展优秀奖。2007年，凉州区纪委、监察局举办凉州区廉政书画摄影展。

第三章　图书　档案　史志

第一节　图书阅览

一、凉州区图书馆

1992年，武威市图书馆大楼落成，位于市区中心文化广场，占地面积1280平方米，建筑面积2492平方米。1995年，图书馆在第一次全国公共图书馆评估定级中评为县级三级馆。1999年，图书馆晋升为县级二级馆，被文化部评为“读者喜爱”的图书馆。2009年，图书馆藏书16万多册，其中少儿读物1万册、综合类图书8.2万册、文学类图书2.1万册、特藏类图书（含《四库全书》、地方文献）0.8万册、报纸（合订本）2.4万册、杂志（合订本）1.5万册。藏书以综合类图书、报刊杂志为主，特藏类图书为特色。图书馆设有流通阅览部、信息咨询部、管理服务部、采编辅导部和文学图书借阅室、综合图书借阅室、报刊借阅室、地方文献借阅室、少儿书刊借阅室、特藏阅览室、电子阅览室等11个服务窗口，实行全开架免费服务。

二、农家书屋

2006年，凉州区首次建成农家书屋5家。2008年，由国家新闻出版总署、省新闻出版局、武威市文化新闻出版局配发农家书屋标识牌。2009年，已建成农家书屋428家，投资总额达1200多万元，基本覆盖全区。每家书屋统一配置图书约1500种2600余册、报刊130种、光盘100种，内容以农业实用技术和农村致富经验为主，包括政治、法律、文化教育、文学艺术和少儿类出版物，以及农村医疗卫生

阅读

和生活类出版物。

第二节　档案

一、档案收集和保管

馆藏情况　1990 年，档案馆保存 87 个全宗的档案，馆藏档案资料 26724 卷（册），案卷排架总长度为 369 米。馆藏档案基本是新中国成立后形成的档案（新中国成立前的全部档案由武威市档案馆保存），主要包括现行机关形成的文书档案及部分照片档案和会计档案。馆藏资料种类主要有报纸、杂志、图书等，新增加的档案绝大多数为接收各单位进馆的档案。在馆藏结构上，由过去单一的文书档案转变为以文书档案为主体，以科技档案、会计档案、声像档案、荣誉档案等为补充的档案资源体系。馆藏档案中，距今最早的为形成于明成化六年（1470）的《大方广佛华严经》(国家二级文物)。馆藏资料除原有资料外，档案馆每年按期征订《人民日报》《甘肃日报》等报纸、杂志合订本，还接收和征集部分具有保存价值的资料。至 2009 年，馆藏档案资料 57885 卷（盒），其中档案 51224 卷（盒），托管档案 2888 卷（盒），资料 3773 本。

档案收集　1990—2009 年，档案馆接收档案进馆 35619 卷（盒），接收档案数量年均递增 21.9%。征集到新中国成立后的武威县第一任县长李振华家族记事及照片、武威市成立以来所获各种荣誉档案等一批价值较高的历史档案及特色档案。

档案抢救　档案馆从 1995 年开始，开展馆藏档案抢救工作。2009 年，档案馆采取鉴定、整理、装订、裱糊、修复等形式，主要抢救 20 世纪 50 年代的土地房产所有证存根、城关镇移交的婚姻档案、乡镇撤并时移交的不规范文书档案、散存的科技档案、未经规范整理的印章档案等。

1990—2009 年凉州区档案馆接收档案数量统计表

表 16-3-1　　单位：卷（盒）

年度	1990	1991	1992	1993	1994	1995	1996	1997	1998	1999
数量	201	189	1892	174	192	1721	1124	1049	1003	662
年度	2000	2001	2002	2003	2004	2005	2006	2007	2008	2009
数量	8974	2458	1635	1654	2471	1114	3890	1269	1698	2249

二、档案整理

文书档案立卷归档　1990 年，武威市开始推行文书档案“立卷月”活动，每年 3—5 月为年度文件材料集中立卷归档时间。1991 年，在开展文书档案立卷月活动中开始推行“三集中”（集中时间、地点、人力）方式和“百分制”考核办法。2003 年，全面推行《甘肃省〈归档文件整理规则〉实施细则》，将文书档案的整理方法由过去以“卷”为单位改变为以“件”为单位。2009 年，在文书档案整理工作中全面推行国家档案局第 8 号令，举办培训班 2 期，培训档案工作人员 192 人，指导 231 个单位完成《文件材料分类方案》《文件材料归档范围和文书档案保管期限表》的编制工作。

经济部门和企业建档　1994 年，武威市开展经济部门档案试点工作，对新鲜农机厂建厂以来形成的文书、财会档案进行系统整理，整理文书档案 35 卷、会计档案 492 卷。1995 年，开展企业建档试点工作，在双城镇造纸厂等3家乡镇企业进行建档试点。2004年，出台《关于加强企业档案工作的意见》。2009年，出台《关于加强全区民营企业档案工作的意见》。

村级建档　1997年，武威市开展村级建档试点工作，在下双乡南水村和武南镇大河村建立2个村级建档工作试点。1999年，下发《关于村级建档和机关档案达标升级工作的安排意见》，48个乡镇的449个行政村全部完成村级建档工作。2000年，各村都成立档案管理领导机构，建立健全档案管理制度，设立档案室。2003年，向48个乡镇印发《甘肃省村级档案管理暂行办法》《村级档案管理制度》和《关于进一步加强村级档案工作的意见》。

社区建档　2003年，开展社区建档试点工作，出台《关于做好社区建档工作的意见》，确定9个社区开展建档试点工作。2004年，全面开展社区建档工作，向街道和社区转发《甘肃省城市社区档案管理办法》，组织培训社区文档人员60人，集中到区档案局进行现场指导培训，完成49个社区的文件材料整理归档工作，指导整理各类档案300多盒。2007年，全区51个社区实现100%建档。2009年，将城市社区全部纳入集中整档单位进行业务指导。

项目建档　2003年，凉州区开展重点工程项目建设的建档工作，指导区粮食局整理甘肃武威国家粮食储备库扩建工程项目档案152盒（册）。2004年，出台《关于加强项目建设档案工作的意见》。2007年，将项目档案工作纳入档案行政执法检查内容。2009年，凉州区下发《关于市级重点建设项目竣工档案专项验收管理办法》。

学校档案　2004年，出台《关于进一步加强学校档案管理工作的意见》。2005年，将教育系统27个学校列入年度集中整档单位进行指导。2009年，有42个学校列入年度集中整档工作。

改制、破产企业档案处置　2003年，出台《关于做好改制企业档案处置工作的意见》，对2家改制企业的档案进行托管。2004年，成立全区档案清理清查暨改制企业档案处置工作领导小组，制定《凉州区改制企业档案处置工作方案》。2008年，有14个系统的123户企业进行改制，在改制企业的档案处置工作中清理清查各类档案48箱和66593卷（册）。2009年，在136户改制企业中，有102户企业向区档案局移交人事档案，移交档案14246份。

家庭建档　2009年，开展家庭建档试点工作，区档案局与区总工会联合下发《关于在全区劳动模范和先进人物中开展家庭建档试点活动的安排意见》，确定部分家庭建档试点对象，建立家庭建档示范点25户。

三、档案利用

从1990年起，武威市建立《档案馆指南》《全宗名册》《档案存放地点索引》《案卷目录》和《全引目录》，并结合档案信息化建设工作的开展，对已录入计算机的部分文件级目录信息实行计算机检索。2004年，档案馆成立现行文件查阅服务中心，向全区各单位收集现行文件，开展查阅服务。至2009年，档案馆检索体系已初具规模，形成功能齐全的人工查阅与计算机检索相结合的检索体系，接待档案查借阅人员13823人（次），提供档案34261卷（件）。

四、档案信息化建设

2004年，区档案局开始档案信息化建设工作。至2009年，档案局配备计算机8台，配备打印机、复印机、扫描仪、数码相机、刻录机等设备，购买档案管理软件3套，其中网络版1套，单机版2套；完成馆藏档案文件级目录信息录入22万条，完成馆藏重要档案全文扫描5000余幅，实现已录入文件目录信息的计算机检索工作。设立档案政务、馆藏介绍、档案法规、业务交流等11个板块内容，为社会各界解档案工作信息与动态提供便利。

第三节 史志

一、武威市志

1979年，武威市启动《武威市志》编纂工作。1990年，《武威市志》开始总纂。1993年5月，《武威市志》初稿完成，经过复审、终审，于1998年1月由兰州大学出版社出版发行，第一次印刷5000册。全书上限不限，下限至1989年，共18编80章，约156万字。主编杨常青，获全国地方志优秀成果二等奖。

二、武威通志·凉州卷

2006年，根据武威市人民政府要求，凉州区开始编纂《武威简志·凉州卷》，2007年完成送审稿。2009年，《武威简志·凉州卷》改名为《武威通志·凉州卷》，作为《武威通志》八卷本之一，由甘肃人民出版社出版发行，全书设综合、经济、政治、文化、社会5章，约26万字。

三、专业志

1998年，根据省、地地方志工作会议关于编纂出版专业志的要求，武威市委、市政府决定由市属各部门编纂出版（刊印）专业志43部。至2009年，全区已出版（内部刊印）发行的专业志有22部，即《金融志》《教育志》《水利志》《民族宗教志》《金石录》《审判志》《城乡建设·环境保护志》《广播电视志》《人口·计划生育志》《民政志》《工业志》《地震志》《粮食志》《乡镇企业志》《人事志》《文物志》《卫生志》《军事志》《劳动志》《电力志》《国税志》《土地志》，其中《金石录》《广播电视志》《工业志》《教育志》《水利志》5部志书获得全省优秀志书评比一等或二等奖。

历年志书

四、凉州年鉴

2008—2009年，编纂出版第一部综合年鉴《凉州年鉴（2008版）》，编纂完成《凉州年鉴（2009版）》初稿，于2010年印刷出版。综合年鉴系统记录2007年、2008年两年凉州区政治、经济、社会等方面的发展情况。全书设综合、政治、经济、社会、乡镇街道、人物、附录共7篇，前设特载、大事记，每部约50万字。

五、《凉州府志备考》点校

《凉州府志备考》为清朝时期武威著名学者张澍所著。为不让这一珍贵文献失传，从2009年开始，由区志办组织专人进行保护抢救，利用2年多的时间，对原书进行整理和点校，并重新印刷。

1990–2009 年凉州区地方志书籍出版情况一览表

表 16-3-2

书　　名	编纂单位	出版情况	出版刊印时间
武威市志	武威市志编纂委员会办公室	兰州大学出版社　ISBN7-311-01055-1/K·124	1998.1
武威市水利志	武威市水利局	兰州大学出版社　ISBN7-311-01227-9/K·160	1998.2
武威市金融志	中国人民银行武威市支行	甘新出 059 字总 061 号（97）167 号	1998.11
武威市教育志	武威市教育委员会	甘肃人民出版社　ISBN7-226-02063-7/K·338	1999.6
武威市民族宗教志	武威市民族宗教事务局	甘肃民族出版社　ISBN7-5421-0868-9/K·94	2001.4
武威市民政志	武威市民政局	兰州大学出版社　ISBN7-311-01969-9/K·250	2001.7
城乡建设·环境保护志	凉州区城乡建设环境保护委员会 凉州区环境保护局	兰州大学出版社　ISBN7-311-01884-6/K·235	2001.8
武威市广播电视志	凉州区广播电视局	兰州大学出版社　ISBN7-311-1880-3/K·236	2001.8
武威金石录	凉州区人民政府办公室 凉州区区志编纂委员会	兰州大学出版社　ISBN7-311-01894-3/K·237	2001.8
武威市工业志	凉州区经济贸易委员会	兰州大学出版社　ISBN7-311-01897-8/K·239	2001.9
武威市审判志	凉州区人民法院	兰州大学出版社　ISBN7-311-01925-7/K·245	2001.12
武威市粮食志	凉州区粮食局	兰州大学出版社　ISBN7-311-02015-8/K·256	2002.6
人口·计划生育志	凉州区计划生育局	兰州大学出版社　ISBN7-311-02049-2/K·265	2002.9
武威市地震志	凉州区地震局	兰州大学出版社　ISBN7-311-02121-9	2003.3
武威市乡镇企业志	凉州区乡镇企业管理局	甘出准 063 字总 534 号（2003）016 号	2003.7
武威市军事志	凉州区人民武装部	甘出准 063 字总 566 号（2004）016 号	2004.1
武威市劳动志	凉州区劳动局	内部刊印	2004.7
武威市人事志	凉州区人事局	兰州大学出版社　ISBN7-311-02493-5/F·314	2004.11
武威市文物志	凉州区文化体育局	甘出准 063 字总 564 号（2004）014 号	2004.11
武威市卫生志	凉州区卫生局	兰州大学出版社　ISBN7-311-02338-6/K·320	2005.1
武威市电力志	凉州区电力局	兰州大学版社　ISBN978-7-311-02885-5	2007.1
武威通志·凉州卷	凉州区区志编委会办公室	兰州大学出版社　ISBN7-311-02015-8/K·256	2007.6
凉州区国税志	凉州区国家税务局	甘肃文化出版社　ISBN978-7-80714-580-6	2008.4
凉州年鉴（2008）	凉州区区志编委会办公室	甘出准 063 字总 623 号（2009）008 号	2009.3
凉州区土地志	凉州区国土局	甘出准 063 字总 649 号（2009）034 号	2009.9
凉州年鉴（2009）	凉州区区志编委会办公室	甘出准 063 字总 623 号（2010）008 号	2010.8

第四章 新闻 广播 影视

第一节 机构设置

1990 年，武威市广播电视局内设人秘股、业务技术股、音像管理股、城关广播放大站、线路维护队和录像放映队，下属武威人民广播电台、武威市电视台。

2001 年 8 月，武威市广播电视局更名为凉州区广播电视局。

2004 年，凉州区广播电视局更名为凉州区广播电影电视局，内设武威人民广播电台、凉州区电视台、武威市有线电视台、凉州区广播电视服务中心和凉州区广播电视中心。

2006 年，武威人民广播电台、凉州区电视台和城市有线电视台划归市广播电影电视局管理，区广播电影电视局只保留负责农村微波电视的区广播电视中心、区广播电视服务中心和电影公司。

2009 年，凉州区广播电影电视局内设党政办公室、计划财务股、社会管理股、业务技术股、广播电视稽查队，下辖凉州区广播电视服务中心、广播电视中心和电影公司。

第二节 广播电视新闻宣传

1990 年，武威电视新闻宣传坚持“一要稳定、二要鼓劲”的指导思想，突出对经济建设的宣传。

1992 年，市广播电视宣传适应全国由计划经济向社会主义市场经济的转轨这个大形势，结合邓小平南方谈话的学习和全省思想文化建设现场会在武威的召开，认真宣传全市各行各业学习理论、解放思想、深化改革的新人新事新面貌。

1994 年，结合全区“三个大办”的推进，深入细致地报道全市在学习《邓小平文选（第三卷）》的热潮中加大改革力度、推进经济发展的新举措、新经验。

1997 年，围绕香港回归和党的十五大召开，及时、准确地报道武威市各条战线学习、贯彻落实十五大精神，广泛开展爱国主义教育的情况和取得的成就。

1998 年，市农业生产出现多年不遇的小麦吸浆虫灾害，电台、电视台采制深度报道“小虫吸出大教训”，开设“午间农事”板块节目，加强对防治、消灭小麦吸浆虫的知识教育和宣传工作。

2000 年以后，电视台先后开设“投身西部开发，实现再造目标”“共话西部开发”“辉煌九五”“2000 年农业之路”“改善生态，绿我武威”和“百日科技培训专题报道”等栏目，通过评论、专访、深度报道、系列报道等形式配合宣传党委、政府的工作。尤其是“投身西部开发，实现再造目标”专栏，自开办以来一直未曾中断，侧重宣传西部大开发中的新思路、新政策、新作为。充分利用文艺栏目和“请您欣赏”等节目多方面展现武威旅游资源、风土人情。开办“喜迎新世纪”迎春特别节目，成功主办《拥抱新世纪》新春文艺晚会。

2001 年 8 月，武威市电视台改名凉州电视台，武威人民广播电台改名为凉州区人民广播电台，2002

年7月又改为武威人民广播电台。到2006年12月，节目播出时间仍然为一日3次。凉州电视台节目播出时间为上午11时20分到14时30分结束，下午16时30分到24时结束。宣传栏目除保留原武威市电视台优秀栏目外，每年应时应事增设栏目加强宣传，相继开设的栏目有“武威人在深圳”“武威人在西藏”“新疆的武威人”“推进企业改革、加快经济发展”“小康建设在凉州”“就业之路”“新思路、新发展、新成就”“践行三个代表”“行风热线”“凉州放歌”“外地人在武威”“党旗飘飘”“先锋颂”等30多个。

第三节　广播

1990年，武威市狠抓农村有线广播的恢复和建设，掀起建设农村有线广播网的高潮，乡镇村村通广播的有东河、清源、清水、双城、吴家井5个乡镇；50%的村通广播的有新华、柏树2个乡镇；全市通广播的村达118个，占总数的26.8%，架设广播线路424.8杆公里。

1991年，建成全市第一个乡镇小调频台——张义乡广播电视站。

1992年，省委宣传部在武威市召开全省农村广播网建设经验交流会，武威市被评为全省农村有线广播网建设先进单位。

1995年，因武威市实施旧城改造工程，原有的广播杆大量被拆除，城区有线广播随之也处于停顿状态。

1997—2000年，开始在城区普及定频音箱，在城区共安装定频音箱450只。1999年，遵照国家在20世纪末基本消灭广播电视“盲点”，实现“村村通广播、村村通电视”的目标，成立武威市“村村通广播电视”建设领导小组，设立“村村通”领导小组办公室。规划建成4个乡级广播电视站和20个村级广播电视室。至2000年，全面完成“村村通”工程建设，顺利通过省“村村通”领导小组的检查验收。

2001年，武威人民广播电台更名为凉州人民广播电台。

2002年，凉州人民广播电台更名为武威人民广播电台，负责行使全市的广播宣传职能。

2006年，武威人民广播电台上划市上管理。

2009年，全区广播覆盖率保持在92.9%。

第四节　电视

一、电视台

1990年，武威市更新建成边宽1米、高86.4米的发射塔，12月举行试播剪彩仪式。电视卫星地面转播台发射频道为13频道，发射功率1千瓦，接收天线为6米板状抛物面天线，主要转播中央电视台一、二套节目。1991年，武威市电视台开始筹建，次年1月正式开始自办节目。电视台每晚19:00时开播，至晚23:00时左右停播，每天播出时间约4小时，其中收转中央、省台节目1小时，自办节目3小时。1999年，市广播电视局购置播音提示器1台、数字式摄像机6台、数字式DSR-60P放像机1台、DSR-80P混编机1台、松下WJMX50切换机1台和索贝非线性编辑线1套，建起河西地区县级台中第一座多功能演播厅。2000年，市广播电视局新购置记者采访机、数字式摄像机、字幕机，更新演播室灯光、音响设备，从采编到制作播出形成系统的配套设施，基本达到部颁县市级电视台标准。2001年8月，武威市电视台更名为凉州电视台。2004年，被国家广播电影电视总局审批为凉州

电视转播塔

广播电视台。

2006年，凉州电视台划归市广播电影电视局，将13频道改为武威电视台公共频道。2008年，武威电视台公共频道改为凉州频道。2009年全区电视覆盖率保持在97.9%。

二、有线电视

城市有线电视 1993年，武威市筹建有线电视台，以解决电视节目套数少和受干扰大的问题。同年11月，城区有线电视一次性调试成功，开通10套电视节目。1996年，武威市有线电视台成立，隶属市广播电视局管理。至年底，累计发展用户16000多户，开通电视节目18套。1997年，地、市广播电视局在“前端共用、分级办台”原则的基础上，实现分片管理。以东西大街和西312线为界划分，东至杨家坝桥西端，北片归地区广电局管理，南片归市广电局管理；资金分解、资产分解、前端费用和值机人员配备均按4:6比例解决，前端共用，地、市财务单列；分片管理后，节目套数和收费额地、市两家均实行统一标准。1998年，城区有线电视主干线已发展到19杆公里，累计发展用户22000户，收转电视节目20套。同年10月，城区有线电视系统工程顺利通过省、地广播电视部门组织的检查验收。至2009年底，累计发展用户49000户，开通节目36套。

农村有线电视 1996年，武威市广播电视荣华发射经营中心成立，属国有企业，隶属市广播电视局管理，负责武威市MMDS微波电视的规划、建设和维护管理等工作。1997年元月，开始发射运行，发射传输节目9套。6月，全省多路微波有线电视建设现场会在武威市召开，省广播电视厅向全省各地、州、市推广武威市在MMDS工程建设中的经验做法。1998年，全市发展农村有线电视用户累计达14400户，传输节目14套，新增电视节目5套。2000年，农村多路微波有线电视投资40多万元，引进可寻址加解扰技术，对360个网点完成加解扰安装，实现二次加密。从2001年起，因管理、技术等各种原因，农村用户发展缓慢，2006年，在网用户11000户，模拟微波电视已不适应形势发展的需要，广播电视中心处于负债经营状况。2007年，区广电局对模拟微波电视进行数字化改造，在磨嘴子山上修建数字微波电视发射塔和双城、康宁、四坝、谢河4个数字微波电视中继站。至2009年，传输电视节目48套，发展用户34000户。

第五节 电影

20世纪90年代中期以后，电影市场明显下滑，收入以房租为主，电影发行放映收入为负数。

1998年修建电信大楼时，原经营场所拆迁，武威市电影公司在西关街办事处租房办公。

2000年，清退乡镇放映员，电影发行放映工作处于停顿状态。

2003年，电影公司隶属关系由区文化体育局划归区广播电影电视局，改为全民所有制企业。

2004年，随着农贸市场的拆迁，东关电影院随之被拆，电影公司失去发行放映场所等基本条件，电影公司进行改制，原电影公司工作人员置换身份，另谋出路。

2008 年起，全省农村电影放映工作由甘肃省飞天院线公司承担。9 月，为规范管理，成立凉州区电影公司，按企业运营机制配合飞天院线公司承担全区电影放映工作。

第五章　文化市场与管理

第一节　文化市场

1991 年，武威城区兴起交谊舞热，开办有 7 家舞厅。

1993 年，城区兴起电子游戏热，靶场有电子游戏厅 10 余家，最大的一家出现在广场电影院院内，同一时期，电脑机房和 PS 游戏机开始出现，主要分布在西大街靶场和银和商厦（现浙江大厦和华丰饭店附近），经营者买七八台电脑做局域网供上网者玩游戏。

1994 年，有各类文化经营单位 140 家，其中图书批发、零售、出租单位 20 家，音像制品批发、零售、出租单位 35 家，电子游戏厅 28 家，卡拉 OK 歌舞厅 15 家，录像放映 12 户，桌台球 20 家，旱冰场 2 家，气枪打靶 8 家。

1996 年，书报刊批发零售增至 102 家，城区电脑机房和 PS 机迅速发展，由公安局注册登记增至 20 多家。

1999 年，城乡有网吧和冠以“网吧”名称的互联网经营单位增至 36 家。

2007 年，除国有新华书店外，一禾书城、学海书店、韵智书店、博览书店等规模较大的书店陆续营业，方便群众购买书籍。由于互联网的逐步普及和人们生活方式的改变，舞厅、音像放映、录像放映、电子游戏等经营点逐渐减少，唱歌娱乐的豪华 KTV 开始逐步兴起。

至 2009 年，凉州区有图书批发、零售、出租单位 46 家，音像制品批发、零售、出租店面 45 家，卡拉 OK 歌舞厅众多，档次高、规模大的有盛世阳光、百乐威、百老汇等豪华娱乐城。城区有网吧 105 家，农村 40 家。录像放映、音像制品出租市场萎缩，经营户较少。

第二节　文化市场执法管理

1990 年，武威市音像制品出租、零售单位经营户迅速增长。

1993 年，城区和农村有大小经营单位 67 家。经营品种以录像带和录音带为主，每盘出租一天 2~5 元。

1994 年，对西大街靶场小区、文化广场和汽车站等处的非法音像制品经营店进行查缴，查获非法音像制品 2000 多盘。

1997 年，全市进行集中清理“扫黄打非”大型活动 4 次，检查歌舞厅 70 户、录像厅 17 户、音像部 85 户、书刊点 26 户和电子游戏厅 42 户。公开销毁非法出版物和淫秽录像带 496 盘、VCD 光盘

300多张和录音带85盒。在全市开始实行录像放映专供带和准放卡制度，努力杜绝“黄源”。

2001年8月，撤地设市后，市区职能划分，以城区二环路中心线为界，二环路内文化市场由市文化局管辖，二环路外侧及农村市场由凉州区管辖。参照《电子游戏经营场所管理办法》，取缔冠以“网吧”名义、实际利用电脑进行电子游戏经营活动的场所10家。

2003年，在防“非典”期间，对文化娱乐场所进行地毯式检查，坚持每天对辖区内所有公共娱乐场所进行现场消毒。

2005年，市、区联合对城区和农村网吧开展集中整治行动，在网吧经营场所统一安装“净网先锋”管理软件。

2006年，按照省文化厅《关于开展文化市场集中执法季活动的通知》，在全区集中开展文化市场执法活动，以及校园周边环境整治活动，查缴盗版图书1400册。

2007年，开展网吧专项整治零点行动（凌晨1时至6时），检查网吧60多家，处罚不符合规定的网吧50多家。

2009年，开展查处取缔黑网吧专项行动，取缔黑网吧8家，处罚不符合规定的网吧17家，停业整顿5家。

第六章 体育

第一节 群众体育

一、农民体育

1990—1999年，武威市大部分乡镇都建有体育活动场地，特别是篮球比赛活动场地，在农闲时节和重大节日期间，农民自发组织召开体育运动会和举行体育比赛。除参加市、乡镇比赛活动外，还自筹资金组织开展各类体育比赛和表演。2000年，在柏树乡举办农民篮球邀请赛，有17个乡镇和水利、电力、供销、酒厂等单位的22支代表队、260多名运动员参加比赛。2001年，在张义、黄羊、武南、清源、羊下坝、永昌、丰乐、西营和高坝镇分别举办38个乡镇参加的“迎八运‘五四’农村青年体育比赛”。同年9月，在省第八届运动会上，从农村选拔的女子垒球运动员在全省女子垒球比赛中获得第四名。2005年，在大柳乡举行农民篮球邀请赛，8支球队参赛，解放军84808部队和大柳乡代表队分别获得冠亚军。2006年，分别在清源、黄羊、西营、丰乐、永昌、羊下坝6个片区举办“华都杯”农民篮球邀请赛。2009年，分别在29个乡镇举办农民运动会，农民运动员达1.58万人（次）。

二、社区体育

1995年，武威市有城乡全民健身站点70个。2001年以来，培训各级各类社会体育指导员428人，在东关街富民花园小区举办第一届社区运动会。2002年，西关街、东关街等街道举办社区运动会，社区体育参赛人员以妇女和中、老年人为主，活动项目以太极拳（剑）、武术、健身操、秧歌舞、扇子舞、木兰舞、气功为主要内容。2003 年，组织 12 支社区代表队分别在南城门广场、雷台广场、西夏博物馆门前和西关体育场进行健身表演 20 场（次），参加表演人数 5000 多人。在文化广场、南城门广场、文庙广场等人口相对集中的地方，有自发组织的老年舞蹈队、秧歌队、腰鼓队常年进行体育活动， 体育活动项目主要以社区群众喜闻乐见的慢跑、球类、象棋、太极拳、舞、剑为主。至 2009 年，全区参加经常性社区体育锻炼的人数有 2.5 万多人。

三、职工体育

职工运动会

1990 年，武威市举办“迎亚运”职工体育比赛，进行广播操、田径、篮球、拔河、爬山、乒乓球、象棋、门球、第七套广播操等多个项目的比赛，5000 多人（次）参赛。1991—1997 年，武威市连续举办 7 届“长寿杯”中国象棋赛。1992 年，举办“庆五四，迎八运，在党旗下健康成长”为主题的第七套广播体操比赛。1994 年，在城区举办城镇职工第十届“奔马杯”环城赛跑。1995 年，在西关体育场举办庆“五一”实施全民健身“一二一”工程武威城区万人长跑比赛。2000 年，举办全市职工第八套广播体操比赛，有 9 支代表队 252 名运动员参赛。2004 年，举办凉州区首届“军颖杯”城区女职工划船比赛，有 30 支代表队 258 人参赛。2005 年，举办城区职工“天安保险杯”乒乓球比赛，有 23 支代表队 178 名运动员参赛。2008 年，举办首届职工运动会，26 个单位 1657 名运动员参加篮球、乒乓球、拔河、羽毛球、中国象棋和广播体操等 7 个大项、14 个小项的比赛。

第二节　学校体育

1990 年后，全市各类学校每学年年均举办 2 次以上运动会。

1994 年，在全市中学普遍推行体育合格标准的实施工作。在城区学校高中招生中对有体育特长的特招 2%~3%的名额，对取得市上体育等次奖的加 10 分录取，体育不达标的学生不发毕业证。

1995 年，大部分学校基本上做到《中华人民共和国体育法》中“学校体育”的 7 条法规。中学开设健康教育课，中学生体育合格率达到 90%以上。同年，为扩大业余训练人数，武威地区体育工作处同地区教委命名武威市柏树中学等 11 所农村乡镇中学为业余训练点校，11 名体育教师为训练点教练员。

1997 年，在全市学校中推广第八套广播体操的教学工作。

2000 年，在全市中学组织开展体育等级评定工作。中学生体育评定设田径、篮球、排球、足球、乒乓球、武术、健美操 7 个项目，中学生都可自愿报名参加。等级为一级、二级、三级 3 个级别，一级由省上评定，二级由地区评定，三级由县（市）评定。凡达到并获得体育一级的学生，报考普通高等学校（中等专业学校）时，文化课统考成绩加 20 分（其中报考体育专业的学生文化课统考成绩加

10 分)，并获得报名高校招收高水平学生运动员的考试资格。凡达到体育一级、二级的学生，在报考普通高中、职业高中时，可在 20 分以内享受加分政策，而且评定的等级三年内有效。在 2000 年等级评定中，有 8 名中学生获省上评定的一级等级，有 35 名学生获得地区教育处组织评定的二级等级。

2001 年，在等级评定中，全区参加等级评定的学生 57 人，测试合格 48 人，其中中学生 47 人。

2009 年，中小学共有体育教师 503 人，其中专职体育教师 288 人。

第三节　体育竞赛

一、田径

1990 年，武威市组队参加武威地区中小学生田径比赛，分别获得中、小学组团体总分第一名。1993 年，组队参加武威地区少年田径比赛，获乙组团体总分第三名。1995 年，柏树中学代表队参加武威地区中小学生田径达标赛，获团体总分第二名。1997 年，柏树中学、和平中学、清源中学参加武威地区业余训练点田径比赛，柏树中学获男子团体总分第三名、女子团体总分第二名。1999 年，武威六中、武威三中、古城中学、柏树中学、和平中学、和寨中学参加武威地区业余训练点田径比赛，武威六中获男子团体第一名。2002 年，组队参加全市少年田径运动会，获男子团体第二名。2004 年，柏树中学参加全区业余训练点初中生田径比赛，获女子团体第三名。

二、篮球

篮球比赛在凉州区比较普及，在全区各类学校举行的运动会上，篮球比赛是常设项目。特别在农村逢年过节，由乡镇主办篮球赛，各代表队之间竞争激烈。2000 年，组队参加全省第七届全运会少年女篮比赛，被大会评为体育道德风尚奖。2006 年，组队参加武威市第一届运动会，获得成年组男子篮球第一名、成年组女子篮球第一名、少年组男子篮球第三名、少年组女子篮球第一名。2007 年，组队参加全省农民篮球邀请赛，被评为优秀组织奖。至 2009 年，篮球运动更加遍布全区，不仅中小学，就连机关、工厂以及农村都设置篮球场地，工余、课后到处可见篮球竞赛的热烈场面。

三、足球

1990 年后，由于世界足球赛经常在电视播出，因而引起中小学生的浓厚兴趣，除学校正式选拔出的足球队外，学生自发组成的足球小组在城乡中小学已普遍展开。2000 年以来，部分中小学建起足球场，足球运动得到长足的普及。2006 年，组队参加武威市第一届运动会足球比赛，获成年男子足球冠军、少年男子足球冠军。至 2009 年底，全区不少学校组建了足球队。

四、排球

1990 年后，由于中国女排在世界排球大赛中的出色表现，排球运动在城乡中小学普遍展开。各学校基本都建起排球场，部分企事业单位也修建排球场。2006 年，组队参加武威市第一届运动会，获少年男子组排球第二名、少年女子组排球第四名。至 2009 年底，全区学校排球运动比较普遍。

五、乒乓球

1991 年，武威市承担举办甘肃省第八届运动会少年乒乓球比赛的任务，为全市推广乒乓球运动打下基础。2000 年，各级政府及有关部门重视普及乒乓球运动，全市各学校乒乓球设施齐全。2006

年，组队参加武威市第一届运动会乒乓球比赛，获得成年组男子团体第二名、女子团体第一名、男子双打第二名、女子双打第二名、成年男子单打第一名、女子单打第二名，少年组男子团体第一名、女子团体第一名、男子双打第一名、女子双打第二名、男子单打第一名、女子第五名。至2009年，学校和社会上乒乓球运动比较普遍。

乒乓球比赛

六、武术

武威地方武术源远流长，在群众长期的传习中，形成“少年派仁字门”的长拳套路。拳术套路内容丰富，既有系统的基本功训练，又有完整的套路练习；既有单练，又有二人或二人以上的对打、对练等。在套路的组合上也有长有短，有刚有柔，别具一格。至2009年，凉州区武术运动非常活跃，武术的种类也越来越多，除传统武术外，跆拳道、柔道等在武术爱好者中也多有练习者，每天清晨在各大广场到处可见练习刀枪剑戟的爱好者。

第四节　体育设施

1990年，武威市体委重点对地市级体育系统、工矿系统、教育系统和其他系统的体育设施进行普查。全市共有运动场6个、小运动场5个、足球场4个、篮球场498个、排球场81个、羽毛球场1个、健身房2处、游泳池3个。

2006—2009年，对全区体育场地进行普查统计，全区有运动场6个、小运动场15个、足球场4个、篮球场978个（其中有固定看台的灯光球场3个）、排球场95个、手球场7个、游泳池4个、田径场1个、健身房12个、羽毛球场4个、棋类房5个、轮滑场6个。

1990—2009年凉州区部分体育场馆、俱乐部一览表

表16-6-1

单　位	地　址
武威公路总段锐志体育馆	凉州区南关中路
武威供电公司文体中心	凉州区南关中路30号
武南体育馆	凉州区武南镇
莱美健体中心	凉州区步行街
弘毅跆拳道馆	凉州区银城小区内
菲特阳光健身会所	凉州区西小什字向南100米
星极健身中心	凉州区肿瘤医院什字

续表 16-6-1

单 位	地 址
工人文化宫俱乐部	凉州区公园路 28 号
西龙宾馆乒乓球俱乐部	凉州区浙大隔壁
林泉武馆	凉州区海藏公园东侧
白兰朵国标舞健身培训中心	凉州区武威大酒店对面
经贸宾馆俱乐部	凉州区十八中斜对面
邮政局俱乐部	凉州区八中斜对面
星牌俱乐部	凉州区共和街
旺角乒乓球俱乐部	凉州区大众市场北大门斜对面
西苑小区乒乓球俱乐部	凉州区西苑小区

第五节 体育彩票

2001 年，凉州区的体育彩票上市，销量为 63 万元，彩民大多为外来打工人员。

2002—2004 年，销量分别为 380 万元、472 万元、421 万元。

2005 年，体育彩票销量达到 3042 万元，实现一次跳跃式的发展。

2006—2009 年，体育彩票年销量保持稳步增长。

2001—2009 年凉州区体育彩票销售量和销售终端一览表

表 16-6-2

年度	2001	2002	2003	2004	2005	2006	2007	2008	2009
销量（万元）	63	380	472	421	3042	1380	1671	1847	1750
终端数（个）	20	32	34	35	39	41	52	92	90

第七章 旅游

第一节 机构设置

1994 年，武威市旅游局与天马宾馆合署办公，实行两块牌子，一套人马。

1999 年，武威市旅游局与天马宾馆分设，为科级事业单位，隶属于武威市政府办公室管理。

2001 年 8 月，武威市旅游局更名为凉州区旅游局。

2002 年，凉州区旅游局调整为区政府直属事业单位。

2009 年，凉州区旅游局内设办公室、旅游执法大队（加挂行业管理办公室牌子）、旅游产业开发办公室、宣传培训股。

第二节　旅游开发

一、旅游规划

2000—2005 年，凉州区邀请中科院地理研究所编制《旅游总体规划》《城东生态农业观光旅游区总体规划》《亥母洞景区建设及生态农业发展规划》《旅游产业近期开发实施方案》和《武威阳光产业示范区开发规划》。中科院地理研究所指导凉州区各旅游景区编制景区控制性详细规划，完成白塔寺、天梯山石窟、凉州植物园、沙漠公园、西郊公园、天乙生态园和五一柳湾湖景区规划设计。2006—2009 年，凉州区编制完成《旅游发展总体规划》和主要景区建设规划。

二、基础设施建设

2006 年，全区旅游行业通过多元化投资，加强旅游基础设施建设，完善全区旅游服务功能。白塔寺投入资金 1000 多万元，修建道路、雕像等；鸠摩罗什寺投入资金 3000 多万元进行寺内建设；天梯山石窟投资 400 多万元，完成陈列馆安防设施和文物修复、景区道路修建等；凉州植物园投资 2000 多万元进行公园改造提升和园内绿化等；沙漠公园投资 1000 多万元，改造提升公园设施的档次；西郊公园、海藏公园等景区共投资 1000 多万元，进行景区基础设施建设；民间投资 2000 多万元，开发农家乐旅游；民营企业投资 7000 多万元，建设天乙生态园和沙漠越野基地；社会投资 2 亿多元，新建商务大酒店、南方饭店、如家酒店、阳光假日大酒店、西凉大酒店、河西宾馆、三和酒楼等较大的宾馆饭店，紫云阁、百乐威等上规模的餐饮娱乐场所和恒通、德林聚、日月山庄等乡村餐饮点。通过建设，景区品位和服务功能得到全面提升。2009 年，全区投入旅游基础设施建设资金达 9000 万元，纳入统计的 40 家旅游单位接待海内外游客近 190 万人（次），旅游综合收入 3.25 亿元，直接从业人员 1 万多人，带动相关行业就业 5 万多人。

三、精品线路

1990—2009 年，依托全区的历史文化、设施农业、能源工业、红色旅游、宗教寺庙、民俗风情、八十里大沙漠等资源，凉州区主要包装和打造八条精品旅游线路。

历史文化游　线路：武威文庙—西夏博物馆—南城门楼—罗什寺—雷台

宗教观光游　线路：白塔寺—天梯山石窟—弘化公主墓—亥母洞寺—莲花山寺（金塔寺）—罗什寺—海藏寺

生态农业游　线路：清水千亩日光温室—城东阳光产业示范园区—城东葡萄长廊—张义人参果基地—新华千亩薄皮核桃—四坝小乳瓜基地

能源工业游　线路：武威工业园区—黄羊工业园区—威龙公司—金太阳新能源集聚区

红色纪念游　线路：武威烈士陵园（凉州植物园内）—邱少云烈士纪念馆（武威满城内）—西郊公园—红西路军战斗遗址（永丰镇祖师宫）

沙漠探险游 线路：沙漠公园—神州荒漠野生动物园—高沟堡古城—明长城—沙漠越野基地—邓马营湖

城市休闲游 线路：西郊公园—海藏公园—凉州植物园—天乙生态园

民俗风情游 线路：文化广场—南城门广场—罗什寺法会—海藏庙会—莲花山庙会

第三节 旅游景点

1990—2009 年，凉州区境内保存和修复的文物古迹有 160 多处，其中国家 AAAA 级旅游景区 4 处（文庙、雷台、沙漠公园和神州荒漠野生动物园），国家 AAA 级旅游景区 1 处（白塔寺），国家 AA 级旅游景区 4 处（天梯山石窟、西郊公园、鸠摩罗什寺和天乙生态园）；全国重点文物保护单位 6 处（重修护国寺感通塔碑、武威文庙、白塔寺遗址、雷台汉墓、天梯山石窟、长城），省级重点文物保护单位 34 处。

一、国家 AAAA 级景区

文庙 全国重点文物保护单位，2005 年被评为国家 AAAA 级旅游景区。（详见第十七编文物 593 页）

雷台 全国重点文物保护单位，2005 年被评为国家 AAAA 级旅游景区。（详见第十七编文物 593 页）

沙漠公园 位于城区东南 21 公里处，占地 8 平方公里，由武威财税林场改建而成。1987 年正式对外开放，是我国第一座以沙漠风光与沙漠绿洲相结合，集民俗风情、科普教育、生态保护、园林雅趣为一体的综合性旅游公园。至 2009 年，园内建有高 32 米的观景塔，近 4000 平方米的游泳池，还有跑马场、赛马场、赛驼场、沙浴场以及大漠亭、陶心阁、鸳鸯亭等游乐设施。园内修建生态苗圃 500 多亩，建成沙生植物园 290 亩，引进世界各地沙生植物 270 多个品种，拥有国家一级濒危植物 3 属，二级濒危植物 7 属，添补国内濒危沙生植物成片栽植、成片成活的空白，被国家沙漠研究机构和国家植物学会列入研究课题。2007 年，被评为国家 AAAA 级旅游景区。

神州荒漠野生动物园 前身为林业部甘肃濒危动物研究中心，1987 年 11 月经林业部和甘肃省人民政府批准成立，距市区 22 公里，总面积 1800 平方公里，核心建设区 100 平方公里，主要从事濒危珍稀动物的拯救、保护、繁育、研究和东沙窝沙漠综合治理工作。1994 年 11 月，经林业部批准，在中心基础上设立“神州荒漠野生动物园”。动物园集濒危动物保护、繁育、研究、观赏和沙漠生态旅游、科普教育、休闲娱乐于一体，附以园内独具特色的自然风光和一流的旅游服务设施。至 2009 年，已建成办公楼、招待所、科技楼、瞭望塔、动物标本展览馆等基本设施，现饲养赛加羚羊、普氏野马、野骆驼、藏野驴、蒙古野驴、金丝猴、扭角羚、白唇鹿、梅花鹿、天山马鹿、甘肃马鹿、岩羊、藏原羚、黑颈鹤、蓝马鸡等濒危珍稀动物 15 种 180 多头（匹、只）。2007 年，被评为国家 AAAA 级旅游景区。

二、国家 AAA 级景区

白塔寺 又称百塔寺，位于武南镇百塔村刘家台庄，是西藏正式纳入中国版图的历史见证地。白塔寺元末毁于兵燹，明、清时期曾数次维修，1927 年毁于大地震，文化大革命期间又遭拆除毁坏，现仅存塔座和塔基部分。2000 年，白塔寺保护维修工程被国家文物局批准立项。经过修复建设，已完成白塔寺萨班灵骨塔遗址加固保护工程、复原萨班灵骨大塔工程、白塔寺 99 座佛塔塔林建设、白塔寺凉州会谈纪念馆建设工程。白塔寺遗址景区现由白塔寺塔林、白塔寺遗址和白塔寺

“凉州会谈”纪念馆三部分组成，占地面积0.22平方公里。白塔寺遗址为全国重点文物保护单位、国家民族团结进步教育基地、甘肃省爱国主义教育基地。2006年，被评为国家AAA级旅游景区。

三、国家AA级景区

天梯山石窟　国家重点文物保护单位，2006年，被评为国家AA级旅游景区。（详见第十七编文物594页）

西郊公园　2006年，被评为国家AA级旅游景区。（详见第十四编城乡建设503页）

鸠摩罗什寺　位于城区北大街，始建于后凉时期，为纪念著名佛经翻译家鸠摩罗什而建。历史上几经损毁，1998年修复。寺院占地0.07平方公里（约68198平方米），主体建筑有大雄宝殿、大经堂、禅堂、念佛堂、理智法师纪念堂、客堂、僧房、云水堂等，待修建的工程有大山门、藏经楼、观音殿、地藏殿、鸠摩罗什纪念堂、西部佛教博物馆、佛教图书馆、佛教慈善中心等。2009年，被评为国家AA级旅游景区。

天乙生态园　位于武南镇312国道高速公路出口东侧，占地面积0.1平方公里，2006年8月兴建，是一处集旅游、观光、娱乐、餐饮、鉴赏、休憩为一体的园区。2009年，建成并对外开放的景点有藏獒馆、奇石馆、生态温室百花园，同年11月被评定为国家AA级旅游景区。

四、其他景区

除A级旅游景区外，区内还有唐代弘化公主墓地，融湖光山色为一体的游览观光区南营水库，城区内最大的绿地，原国民党陆军骑兵第五军军长马步青后花园的凉州植物园，河西名刹“丝路梵宫之冠”海藏寺所在地的海藏公园，甘肃省唯一一座具有西夏民族特色的专题博物馆西夏博物馆，国家级水利风景区黄羊水库等旅游景区和黄羊河休闲农业旅游区等。

沙生植物园

黄羊河休闲农业旅游区　黄羊河集团是1953年经政务院批准建设的甘肃第一家机械化国营农场。土地面积104.67平方公里，已建成标准化农田48.67平方公里，果园6.37平方公里，防护林18.6平方公里。现已形成葡萄、啤酒大麦、育种、亚麻、特用玉米、果品、中药材、商贸旅游、蔬菜9个产业链条，产业化格局已具雏形，逐步形成经营方式产业化、企业组织股份化、生活方式城镇化、企业文化个性化、生态环境良性化的“五化”发展模式。黄羊河生态农业旅游区景区根据地理特点及功能作用，划分为7个功能区，即中心服务区，现代农业展示区，葡萄长廊观光区，黄羊河工业园区，餐饮娱乐区，汉、明长城遗址沙漠旅游区，时令果蔬采摘区。

第四节　旅游服务

20世纪90年代后，市域内的旅游服务业逐步开展起来。至2009年，旅游服务企业发展到2240家，从业人员12180人，营业面积38.7万平方米。其中达到限额以上的餐饮住宿企业有24家，即凉州宾馆、天马宾馆、武威大酒店、三和酒楼、泰昌酒家、西凉大酒店、伊宁斋、金海大酒店、新雅大酒楼、三和苑、秦家羊羔肉馆、全圣饭店、荣华宾馆、硕金园、新雅酒家、亚欧宾馆、天香阁、南方饭店、商务大酒店、福华苑和祥元大酒店。从业人员 1140 人，营业面积 12.8 万平方米，年营业额达到 10.02 亿元。

一、旅行社

1990 年，武威市只有天马宾馆 1 家涉外旅行社。2009 年，全区有武威国际旅行社、凉州旅行社、华泰旅行社、阳光旅行社、西凉旅行社、古凉旅行社、荣华旅行社、四海旅行社、华威旅行社、海纳旅行社、春秋旅行社、大世界旅行社、天力旅行社、华宇旅行社、马踏飞燕旅行社、祁观旅行社等国内、国际旅行社 16 家。

二、星级宾馆

截至 2009 年，全区有星级宾馆 8 家，其中天马宾馆、凉州宾馆、荣华宾馆、武威大酒店、西凉大酒店 5 家为三星级，电力宾馆、建安宾馆、黄羊宾馆 3 家为二星级，社会宾馆及旅游定点接待单位 146 家。

天马宾馆　位于武威城区西小什字，占地面积约 1.7 万平方米，建筑面积约 2.5 万平方米，是一座设施功能齐全的现代化酒店。宾馆由南、北客房楼，综合楼，商业网点及附属设施组成，拥有各种类型客房 187 间，床位 373 张。房内配有闭路电视、空调、国际国内直拨电话、宽带、冰柜、现代化的消防安全监控系统及全套高档卫生设施；设有可供 1000 人同时就餐的风格各异的民族餐厅、中西餐厅等大小宴会厅 17 个；为宾客提供多种形式的服务、健身、休闲，娱乐等设施，有四季歌舞厅、台球室、健身房、棋牌室、医务室、购物商场及汽车出租，飞机、火车票务，美容美发、桑拿洗浴、客衣洗涤等服务；此外还备有可容纳 200 人的多功能厅、现代化的商务中心及各类会议室 7 个。1995 年被评为三星级旅游宾馆。

凉州宾馆　是一座集吃、住、行、游、购、娱于一体的涉外定点宾馆，拥有高中档客房 180 套，床位 360 张，室内设施配备先进，装修典雅豪华，倍受宾客喜欢；大小会议室 6 个，造型各异，豪华气派，曾成功地承接过国际、国内大型会议和商务洽谈活动；设有可供 1000 人同时就餐的中、西及清真大小各式餐厅，供应南北各式佳肴、糕点、饮料及地方风味小吃，可承办各种大、中、小型宴会，自助餐及各类会议餐。同时，还为宾客提供了多种形式的服务，设有台球室、歌舞厅、咖啡厅、多功能厅、商务中心、购物中心、美容美发厅、医务室、汽车出租等服务项目。2001 年被评为三星级旅游宾馆。

荣华宾馆　位于武威城区荣华街，拥有行政套房、豪华套房、标准客房、网络客房等不同类型的客房 120 多间（套）。客房内配有大屏幕彩电、空调以及电脑、电话等设施，提供国际、国内电话直拨，互联网接入，闭路电视节目等服务项目。餐饮部拥有大、小宴会厅各 1 个，拥有豪华特色餐厅 6 个，可同时容纳 500 人就餐，提供高、中档各式菜肴。配备大型数码投影设备和会议音响系统，可接纳中等规模的会议。2001 年被评为三星级旅游涉外宾馆。

武威大酒店　位于武威城区北关什字，占地面积 5200 平方米，有餐馆、客房、大堂酒吧、演艺厅、桑拿洗浴中心、酒城、美容美发厅、商场、商务中心、棋牌室等，有客房 164 间，其中豪华套房 10 套，标准间 152 间，全部采用中央空调系统；餐厅可同时容纳 1300 人就餐；七楼会议室能同时容纳 560 人召开各类会议。2006 年被评为三星级旅游宾馆。

西凉大酒店　位于武威城区火车站广场，有各类客房 110 间，客房宽敞舒适，配有空调、宽带、程控电话、有线电视、IC 卡智能门锁管理系统、自动喷淋、烟感报警消防系统及全套先进卫生设施，设有大、中、小会议室3个，一次性可容纳1000人就餐的中西餐餐厅，南北风味豪华包厢23个，可承办大、中、小型宴会，自助餐及各类会议餐。酒店提供多种形式的服务，设有商务中心、棋牌室、多功能厅、台球室、乒乓球室、美容美发、药店、超市等服务项目。2006年被评为三星级旅游宾馆。

三、茶屋、茶摊

20世纪90年代后，随着人们生活水平的逐步提高，武威市茶屋、茶摊开始兴起，逐步形成一定规模，在河西地区有一定的名气。2009年，全区茶屋有700多家（个），茶摊有400多个，摊位有3000多个，从业人员达6000多人。

茶屋主要分布在城区的居民区、商业服务区和商贸市场，比较有名的有西大街东小井巷茶屋一条街、北关东路云翔住宅小区茶屋一条街、天马市场茶屋、再就业市场茶屋和凉州市场茶屋，还有分布在居民区和商业服务区的一些零星茶屋。

茶摊比较集中的地方有西郊公园、凉州植物园、海藏公园、海藏南湖和雷台公园，最有名气的属凉州植物园（核桃园）茶摊，共有178家，每家有8~10个摊位。凉州植物院茶摊被人们誉为露天天然“氧吧”，由于核桃树树龄较长，树高叶茂，树冠庞大，有的直径可达20多米，树荫下空气新鲜，凉风习习，清爽舒适。再加上核桃树散发一种特殊气味，有驱赶蚊蝇的功效，休闲用餐时不受蚊蝇干扰，是市民和游客理想的休闲纳凉之地。

四、农家乐

2000—2009年，凉州区有农家乐80多家，其中具有一定规模的农家乐有高坝镇的恒通生态休闲园、德林聚，清水乡的赵家花园、吉祥民俗风情园，长城乡的桃源酒家和金羊镇的赵老三果木烤土鸡、万福果木烤土鸡、乐上居风味苑、广味聚农家乐、赵万礼农家乐园、赵氏菜根香风味园、天鸿农家乐、老杨家农家乐等。

五、旅游纪念品

1990年，武威市主要开发以复制铜奔马为主的旅游纪念品。2009年，全区生产旅游商品企业有皇台集团、荣华集团、威龙集团、青岛啤酒武威分公司、凉州云晓熏醋厂、地毯厂和武威市文物复制厂等10多家，主要产品有特色白酒、啤酒、葡萄酒等酒类，味精、熏醋，手工地毯、挂毯、刺绣、编织、木雕，文物复制、字画，土特产品、风味食品、旅游工艺品、纪念品等旅游用品，特别是夜光杯和仿制铜奔马，很受游客的青睐。

六、名优小吃

凉州大月饼　农历八月十五为中秋节。凉州有句俗话“五月端午穿出来，八月十五端出来”，端出来的就是中秋大月饼。凉州月饼有数十层厚，具各色花纹，其最大特点是“大”，大的月饼足有十来公斤，像小汽车轮子似的。相传，古时为反抗压迫，争取自由，每逢中秋时节，走亲串友，为携带书信方便，在月饼中夹带纸条，以示通告，如今形成民俗。每逢中秋节，女婿携妻带子去丈母娘家，大多左手提着大月饼，右手提着凉州酒。

面皮子　亦称酿皮子，用优质面粉精制而成的食品，色泽晶莹黄亮，透明如玉，切成筷子粗细长条或麻将块状，根据口味再加上酱油香醋汁、蒜泥、辣椒油、芥茉、精盐及胡萝卜丝等调味品即成，柔韧可口，酸辣凉爽。这种面食，极受人们喜爱，食者非常普遍。尤其在炎热的夏秋季节，倍受当地人和游客青睐。之外，还有高担酿皮、荞粉酿皮、牛筋酿皮等，制作精细，品味优良。高担酿皮，其制作者昔日在街巷挑担出售，因其挑担高而得名。食用时加些黄瓜丝、豆芽和胡萝卜丝，是凉州风味名品。荞粉酿皮、牛筋酿皮的制作更为精细，其味道各具特色。

三套车　俗称凉州小吃“三套车”的凉州饧面、腊肉、冰糖圆枣茯茶，在河西走廊闻名遐迩，无论外地游人还是凉州居民均爱食用，经济实惠，为大众化的风味美食佳肴。饧面由优质面粉加少许盐，拌水和成面团发酵后，切成条状型面条块，按食客要求再用手捋成宽窄不等的长条形面条，入锅煮熟后，盛入碗中再加预先配备好的由腊肉、蘑菇、黄花、蒜苔、芫荽、洋芋粉制成的卤汤即成，吃起来口爽味鲜。腊肉由新鲜猪肉或猪肚加入传统腊汁及炖肉调料，经特殊烹调工艺制成，肉质香而不冲，肥而不腻，熟而不烂，肉色金黄。圆枣茯茶是由冰糖、桂圆、核桃仁、红枣、枸杞、茯茶加水熬制而成，味道香甜可口，色泽浓艳。凉州小吃“三套车”极适宜老幼食用，被称为凉州快餐。

米汤油馓子　凉州特色小吃之一。米汤用料为凉州特产黄米和少许扁豆。一般在砂锅中煎水后用旺火熬煮，待熟时将少许面粉或玉米淀粉打成糊状兑入，加入适量碘盐，食前炝清油、葱花、花椒粉即成。特点是味咸色黄，入口绵细香甜。进食时将炸好的油馓子撅成小段，泡入扁豆米汤中，再加少量白糖。这是一种经济实惠的风味食品，尤其在炎热的夏季或醉酒后，食用米汤油馓子既可降低体温，又可调解饮食口味。

山药米拌汤　用凉州小米与洋芋（凉州人称山药）做成。制作时将小米淘洗干净下入砂锅，用旺火熬煮至八成熟，再把去皮洗净的洋芋切成方块投入，并撒少许干面粉或淀粉打成糊状兑入，用勺使劲搅匀，调盐即成，食前可炝少许清油、葱花。特点是味淡色亮，清香可口，当地有“要吃凉州饭，山药米拌面”之俗语。

麦索　清代凉州进士郭楷诗云：“莫嫌贫舍无兼味，尚有青青麦索餐。”用青稞制作麦索是凉州极富特色的季节性小吃，也是凉州传统的风味小吃之一。每到青稞有八成熟时，用镰刀割下半熟不黄的青稞扎成把子，剪去穗头上的芒刺，朝上放在锅里，把水加到刚刚浸过秃穗，生旺火，很快把水烧沸，然后细火慢煮，熟时把青穗从水中捞出，晾冷后，放在簸箕中搓去麦壳，便成“青粮食”，把熟青稞放到石磨上碾成火柴棍粗细、长短不等的绳索状，就是“麦索”。将它盛进碗里，浇上酱油、醋汁，拌上清油泼的辣椒、蒜泥等，吃起来柔筋筋，越嚼越香，别有一番滋味。

凉面　由凉州出产的优质面粉制成，誉满河西走廊。先用精粉勾兑蓬灰，掺入少量清油，反复揉揣，使之有劲道，有筋骨。“饧”三四个小时，增加黏性和弹性，再根据需要拉成细长的形状，然后按顺序一把一把放入锅内煮熟，掌握好时机，不可煮得太熟。捞出用凉水“激”两遍，用熟清油“羼”两遍，保持嫩而滑的风味。细长的面条堆成一大堆，像黄灿灿的柔软金丝，挑入或抓入碗里，浇拌醋卤（一般有荤素两种味道），即可食用，清凉可口，味道醇美。

高庄馒头　也叫甜水馒头，是用麸酵配以优质精粉揉成发面蒸制而成，是凉州的优秀传统食品之一。其制作一般要经过和面、发酵、再和面成形、上笼蒸制等工序，发酵时需多次掺入精细面粉揉匀，蒸锅时蒸笼不得漏气，蒸出的馒头白、暄、酥、香，外形上圆下方，品味绵软可口，无碱味，且入口即化，适宜老幼食用。

沙米粉　产自腾格里沙漠边缘的长城乡，是用一种名叫沙米的植物的籽去壳后，与秣草混在水里浸泡一段时间，取出后反复搓揉，将籽搓揉成白色糊状液体，用旺火熬煮至八成熟，掺入少许淀粉熬制而成。品味绵软可口，人人皆可食用。

肉夹子　俗称肉夹子的凉州腊肉夹馍，始于明代，被誉为凉州“三明治”。制作时，选用新鲜猪肉和传统腊汁，配以花椒、大香、鲜姜、胡椒、八角茴香、肉桂等传统炖肉佐料，经过独特的烹调工艺煮成腊肉。其肉色泽金黄，香而不冲，肥而不腻，熟而不烂。用快刀将高庄馒头切成层层薄片，腊肉切成肉片，猪肚切成丝，把肉片、肚丝夹入高庄馒头，形成六夹或八夹，即成肉夹子。肉夹子四季皆宜，是凉州人老幼皆爱的佳肴。

凉粉　凉州凉粉品种繁多，风味各异，制作考究，用料独特，既能作主食，也可作菜。一般常见的有豌豆制成的白凉粉，尤受人们欢迎。食时可切成薄片细条，或一寸见方的大丁，有的还用旋子旋成面条状，加入酱油、醋汁、蒜泥、芝麻酱、油泼辣子、芥末等调料，或者再抖点味精、花椒粉，拌点香菜。看上去白里透红，闪着油光，诱人，食欲大增，吃起来咸、酸、辣、麻、鲜，五味俱全。盛夏时节，吃一碗凉州凉粉，真是凉盈盈、冰嗖嗖、酸溜溜、辣酥酥，别具风味。

拨鱼子　凉州拨鱼子是凉州流传的一种古拙、简朴的面食。制作时，舀一碗面粉，倒进凉水搅拌成软溜溜的一团。用一根竹筷，顺碗沿一蹭、一旋，就将一条“鱼”拨入锅内，反复多次，水沸“鱼”乱游。可以捞出配以菜、卤吃，也可连汤吃。做一顿饭只需用一副碗筷一口锅，省事简便，凉州人称为“光棍饭”。

浆水面　制作浆水面的关键在于浆水的好坏。用新鲜的芹菜、白菜、甘蓝等叶类蔬菜在开水中略烫，然后浸入盛有凉开水的罐中，加少量旧浆水作“引子”，密闭罐口，经一周左右的发酵，浓酸、带有清淡香气浆水便制成。做浆水面时，先将浆水舀一勺入锅，并根据酸味浓度和食用者的口味，酌情兑入清水，烧沸，再加葱花、香菜、食盐、辣椒等调味品备用。煮熟的面条，调入清凉的浆水即成浆水面，吃一碗顿觉清凉透心。浆水还可直接作为一种饮料，有助于消化，清肠利尿。

拔丝洋芋　用凉州洋芋制成的拔丝洋芋，色泽明亮，甜香可口。制作时，将洋芋洗净削皮，切成滚刀块或菱形块，放入油锅中炸至金黄色。炒勺内留少许油，放入白糖不停地搅动，使糖受热均匀溶化，待糖液起针尖大小的泡时，迅速将炸好的洋芋倒入，撒上芝麻，颠翻均匀后盛盘上桌即成。

饽饽　饽饽是满族对自己加工的各种糕点的统称。凉州饽饽主要有糖火烧、燕窝酥、马蹄酥、佛手酥、牛舌头、茴香饼等30多个品种，配料讲究，烤制精细。糖火烧表面结构层次分明，纹路清晰，俗有千层饼之称。配以海参、鱿鱼、虾仁的三鲜火烧，其味更是舒爽。馅的种类有白糖、豆沙、枣泥、玫瑰等。馅的制作方法分炒馅和擦馅两种。饽饽具有色黄发亮、酥软香甜、松脆耐嚼的特点，因而深受人们的喜爱。

卤鸡　也叫凉州烧鸡，是历史悠久的传统风味食品之一。凉州卤鸡选料严格，加工精细，配方考究，以体大肉多、色泽金黄、鲜嫩醇香、风味独特而誉满河西走廊。凉州卤鸡选用肥嫩的童子鸡作为原料，煮鸡的卤汤所用的调味品有酱油、白胡椒、丁香、大香、桂皮、草果、生姜、花椒、小茴香等。汤汁可连续使用，卤汤越陈，烧鸡越香。卤汤沸后，将已宰好洗净的鸡下锅，放入少许冰糖、食盐，同时视卤汤的消耗情况，再添上水及各种调味品。鸡入锅后，迅速盖锅，先用武火烧开滚透，然后改用文火慢煮。待鸡熟透，味已入肉内，即停火捞出。待鸡稍凉，在鸡肉表皮上涂以香油，使其光泽明亮，卤色悦目，便可享用。

清汤牛、羊肉泡馍　在凉州，清汤牛、羊肉泡馍遍布城乡，其特点是瘦肉绵软，肥而不腻，汤浓味鲜，食味无穷，有暖胃耐饥之功效。将新鲜牛、羊肉煮熟后，连汤盛入放有凉州锅盔或清真大饼的大瓷碗中即是清汤牛、羊肉泡馍。再加点香菜、蒜苗等调味品更添风味，营养价值高，深得食者喜爱。

手抓羊肉　也叫甜水羊肉、开锅羊肉，肉烂味鲜，清香可口。制作时，将肉剁成均匀的小块入锅，甜水煮熟捞出后上桌，将大蒜、香菜、葱末、辣椒末、胡椒粉和精盐等调味品一并上桌，由客人根据个人口味调到适宜，即可手抓食用。

烩羊杂碎　是凉州流行的回民风味小吃，用羊的内脏、头、蹄肉等，经过精细冲洗，加鲜原汤及佐料烩成。一碗香味四溢、色泽鲜艳的羊杂碎，上面漂浮着一层油色，红绿点缀其间，红的辣椒油，绿的葱、香菜末，油色下面是乳白色的鲜汤，色彩丰富。喝一口鲜汤吃一口羊杂碎，不腻不膻，味道香醇浓郁。

砂锅豆腐　凉州砂锅豆腐以砂锅为炊具，锅内装入豆腐、粉条、蘑菇、咸蛋、肉丸、春笋及新鲜蔬菜，浮面盖上一寸见方的鸡丁，加入鸡汤和少许胡椒、桂皮、草果、生姜粉及适量的酱油、熏醋、精盐，在旺火上烧沸而成。

油糕　凉州油糕是一种炸制的甜食，食者多为老人、妇女和小孩。制作时，先用开水和面（烫面），有的还掺入少许洋芋面，包上白糖、芝麻、红绿丝、玫瑰烊成的糖汁，搁在手心里拍成一两一个的圆形小饼，入油锅一炸，外层炸得酥脆。油糕讲究趁热吃，有烫、甜、粘的特点，糖汁容易溅出来，口感更佳。

鸡蛋醪糟　鸡蛋醪糟是一种美味可口而又营养丰富的风味食品。制作时，先在锅内放入透出阵阵酒香的醪糟，加水，烧开，加白糖，倒入搅拌好的鸡蛋，满锅很快都是淡黄色的蛋花。舀一匙品尝，甘醇微熏，天寒时来一碗，暖透人心肠，为凉州百味中的一绝。

第十七编

文 物

本编目录

第一章　文物管理保护

第一节　机构设置

一、凉州区文物管理委员会办公室

1993年，武威市文物管理委员会办公室与武威市文化局合署办公。2001年8月，武威市文物管理委员会办公室更名为凉州区文物管理委员会办公室，仍与区文化体育局合署办公。

二、武威市博物馆

成立于1982年9月，是地方综合性历史博物馆，馆址设在武威文庙。馆藏文物44737件，其中国宝级文物2件，一级文物168件，二级文物268件，三级文物574件，另有凉州藏文典籍409函、5317部，辟有武威简史、石刻、佛教造像、西夏文物等基本陈列，属甘肃省第二大历史博物馆。2001年8月撤地设市后，整体移交地级武威市管理。

三、武威市西夏博物馆

位于武威崇文广场左侧，为仿汉唐风格建筑，2001年5月1日开馆，是省内唯一一座西夏民族特色的专题博物馆，馆藏西夏各类珍贵文物1280件。其中有全国重点文物保护单位西夏碑、国宝文物西夏木缘塔、国家一级文物西夏木板画及西夏泥活字版经文等。2001年8月撤地设市后，移交地级武威市管理。

第二节　文物普查

2007年，全国文物第三次普查工作开始，凉州区制定《第三次全国文物普查实施方案》，成立文物普查工作办公室。

至2009年，全区新发现文物点170处，其中古遗址18处，占复查的26%；古墓葬24处，占复查的26%；古建筑35处，占复查的109%；石窟及石刻7处，占复查的17%；长城59处，占复查的102%；近现代重要史迹及代表性建筑19处，占复查的100%；其他8处，占复查的800%。新发现文物点占全部复查单位的58%。

第三节　文物发掘征集

一、文物发掘

1992年，甘肃省文物考古研究所对武威塔儿湾遗址发掘，出土一批新石器时代及西夏时期的文物。1999—2000年，国家文物局拨专款，对白塔寺遗址进行两次较大规模的考古发掘。2002年，武威市文物考古研究所在西大街达府社区民主巷56号——区文体局住宅楼西侧20米处，抢救性清理一座砖室墓。2003—2005年，省文物考古研究所、省博物馆和日本秋田县埋藏文化中心组成中日联合考古队，对磨嘴子汉墓群进行田野考古，发掘面积共1000平方米，对部分魏晋时期的墓葬进行清理，有一批珍贵文物出土，并探测1万多平方米的遗址，出土文物保存在甘肃省文物考古研究所。2004年，武威纺织厂南侧约200米处挖掘出一座砖室墓。同年8月，市文物考古研究所在武威银城花园小区抢救性清理发掘一座砖室结构的魏晋墓，出土器物均为陶器，有陶马、仓、女俑、牛、壶、陶楼院等22件。2006年4月，在张义镇河湾村三组承包地里出土巨型三虎耳青铜鍑文物，口径0.87米，高1.18米（其中鍑内深0.97米，圈足底高0.19米），重230多千克，器物腹围长达3.42米。2006年后，对城乡基本建设工地的抢救性发掘工作不断加强，先后对武威职业学院魏晋墓、张义镇汉墓、西营镇旱滩坡汉墓群、新华乡磨嘴子墓群、黄羊镇新石器时代遗址等12座墓葬和遗址进行抢救性清理发掘，出土以陶奔马为代表的珍贵文物64件，其中出土木器、陶器、丝织品等文物为武威近年来出土文物所罕见，具有重要的考古和历史研究价值。2007—2008年，市文物考古研究所在武威职业学院校园和西关夏润小区分别抢救性清理发掘一座魏晋时期墓葬和一座东汉砖室墓。2009年，在金沙乡中沟村一组、西营镇旱滩坡碑林村三组、古城镇五畦村一组分别抢救性清理发掘墓葬。在西营镇旱滩坡清理的一座汉代墓葬中，出土陶器7件。

二、文物征集

20世纪90年代前，武威市征集文物800多件，其中市招待所保存的280多件元、明、清时期的瓷器，和平街办事处保存的明清时期的梅花瓷瓶，民乐巷王生泉家中保存的30多件明代成化瓷器、明版《眼科龙本》等珍贵文物影响较大。90年代后，由于文物爱好者和收藏者经济意识和收藏意识增强，征集到的文物逐渐减少。

第四节　文物修复与复制

一、文物修复

20世纪90年代以来，对出土的汉代木牛车、木俑、木马和其他木器进行脱水处理，对残缺或腐朽部分进行修复，使其恢复原貌；对漆器、象盘、碟、葫芦等在出土后除进行脱水处理外，还采取其他措施保护。草编织物和丝织品采取清除污垢、修复加固。先后修复魏晋时期的釉陶罐、陶楼院、木牛车、木俑、木屏风架、铜器，唐代的铜镜、木器、丝织物，西夏的剔花瓷罐、素面瓷器、铜器，元代的铜炉、铜壶、瓷器以及明清时期的书画、瓷器等。2009年，凉州区利用国家文物局专项经费，完成天梯山石窟部分搬迁文物的修复。

二、文物复制

武威的文物复制工作始于1979年，当时以复制铜奔马为主。1990年之后，随着复、仿制文物技术的不断提高，铜奔马开始大批量复制生产。2000年以后，为适应旅游的发展，在原有基础上增加木雕、泥塑、简牍、铜质地动仪等文物复制品，至2009年，每年有数以万计的铜奔马或其他文物复制产品远销国内外。

第二章　文物保护单位

第一节　全国重点文物保护单位

截至2009年，凉州区境内有全国重点文物保护单位6处。

一、西夏碑

全称“凉州重修护国寺感通塔碑”，刻于西夏天祐民安五年（1094）。1961年3月，被国务院公布为全国重点文物保护单位。现藏武威市西夏博物馆，2001年8月后，移交市上管理。

二、武威文庙

武威文庙始建于明正统二年（1437），位于城区东南隅，坐北向南，占地25245平方米，建筑面积5225.34平方米。由儒学院、孔庙、文昌宫三组古建筑组成，儒学院毁于1927年武威大地震，正重新修建。现主要建筑文昌宫有山门、过殿、戏楼、桂籍殿、崇圣祠等，孔庙有影壁、状元桥、棂星门、戟门、大成殿、尊经阁等。整体建筑气势恢宏，雄伟壮观，被誉为“陇右学宫之冠”。1981年9月，被甘肃省人民政府公布为省级重点文物保护单位。1996年11月，被国务院公布为全国重点文物保护单位。

中国旅游标志“马踏飞燕”出土地——雷台汉墓

三、雷台汉墓

位于雷祖台之下，编为1号汉墓，是一座东汉大型封土砖室墓，墓室全长（不包括墓道）19.34

米，墓分前、中、后3室，前室附有左右耳室。中室附有右耳室，虽经盗掘，但遗存尚多。1969年9月出土收缴文物有220多件，其中绝大部分为铜制明器及铜器，少数为陶器。墓中出土的著名文物是铸造精美的铜车马仪仗俑，蜚声中外的国宝铜奔马就在其中，被誉为是一座蕴藏丰富的地下博物馆。

1996年初，又在1号汉墓左侧发现了2号汉墓，出土有青铜马尾、土陶碉楼、陶灶、铜连枝灯残件及壁画等文物。关于两墓墓主，学术界争议多，尚无定论。1993年3月，被甘肃省人民政府公布为省级文物保护单位。2001年6月，被国务院公布为全国重点文物保护单位。

四、天梯山石窟

原称大佛寺，又名广善寺，位于张义镇灯山村，创建于北凉时期，隋唐陆续开凿，西夏到明清仍有重修。据明正统十三年（1448）《重修凉州广善寺铭》记载，天梯山在明代还有26窟，后经沧桑，仅存18窟，分上中下3层，最高层距地面约60米。洞窟内保存各种造像40多尊，壁画近百平方米，其中大佛窟中依山凿成的如来坐像高28米，左右两侧立菩萨、罗汉、天王像共6尊，均为石胎泥塑，其余为泥塑像。天梯山石窟在我国佛教石窟史上具有重要地位，在史书和佛教经典中均有记载，被称为“中国石窟鼻祖”。

1958年修建黄羊水库时，窟址属淹没范围，窟内除依山凿雕的石像外，大部分壁画、塑像于1959年搬迁到省博物馆和敦煌文物研究所，文字资料保存在敦煌文物研究所，其中的写经绢画由省博物馆和敦煌文物研究所分别收藏。大佛窟的塑像半身没入水中，泥塑剥落，仅存石胎。20世纪90年代，开始立项维修保护。1993年3月，被甘肃省人民政府公布为省级文物保护单位。2001年6月，被国务院公布为全国重点文物保护单位。

五、白塔寺遗址

位于武南镇百塔村，属藏传佛教寺院，藏语称夏珠巴第寺，意为东部幻化寺。寺院原址东西420米，南北440米，面积18.48万平方米，四周有墙，筑有8座烽墩，犹如城垣。建筑年代不详，据明宣德五年（1431）《重修凉州白塔志》碑记载：“凉州为河西之重镇，距城东南四十里有故寺，俗名白塔，不知起于何代，原其本乃前元也燀火端王（即阔端王）重修，请致帝师撒失加班支答（即萨迦班智达，简称萨班）居焉。死后化于本寺，乃建大塔一座，高百余尺，小塔五十余座。周匝殿宇非一。元季兵燹，颓毁殆尽，瓦砾仅存。”

白塔寺是西藏纳入中国版图的历史见证。公元1247年，蒙古西凉王阔端与西藏宗教领袖萨迦班智达在此会谈后商定，西藏正式归顺于蒙古汗国，纳入中国版图。该寺同时也是萨迦班智达圆寂之地，其灵骨安葬于寺院大塔内，谓萨班灵骨塔。2001年6月，被国务院公布为全国重点文物保护单位。同年11月被国家正式批准立项，进行恢复修建。2003年，白塔寺百塔复建工程竣工后，实施美化景区工程，在武威市第

萨班灵骨塔遗址

三届天马文化旅游节期间开放。2006年，白塔寺被评为国家民族团结进步教育基地和国家AAA级旅游景区。

六、长城

凉州区境内长城分布于黄羊镇、黄羊河农场、清源镇、长城镇、九墩乡、九墩滩指挥部等乡镇。现存明长城墙体53段，共62752.6米。烽火台58座，城障6座。长城墙体保存较好的有2433.9米，保存一般的有9959米，保存较差的有19910米，保存差的有16178米。其中保存较为完整的墙体高5米，保存较为完整的烽火台高11米。1981年9月，被甘肃省人民政府公布为省级文物保护单位。2006年5月，长城整体被国务院公布为全国重点文物保护单位。

第二节　省级文物保护单位

截至2009年，凉州区境内共有省级文物保护单位28处。

一、古遗址（10处）

皇娘娘台遗址　位于金羊镇宋家园村八组。东靠海藏南湖，南邻皇台酒厂，西至皇台村，北依丘家庄。遗址东西长500米，南北宽250米，分布面积12.5万平方米，文化层厚度0.6~2.3米。甘肃省博物馆于1957年、1959年、1975年先后发掘四次，发掘面积7000多平方米，发现房屋9座，窑穴68座，墓葬88座。皇娘娘台遗址是一处内涵丰富的齐家文化遗址。1981年9月，被省政府公布为省级文物保护单位。

锁阳城遗址　位于金沙乡赵家磨村一组小沙河东岸，为汉代城址。20世纪50年代初，城墙遗址犹存，以后被陆续拆毁，现仅存两个土台，为原古庙遗址。1993年3月，被省政府公布为省级文物保护单位。

瓦罐滩遗址　位于武威城东北17.5公里的沙漠中，西距下双乡蓄水村约2公里，东约4公里为红水河。采集遗物有夹砂粗红陶、泥质红陶，石器有石斧、带孔石刀、石磨盘、石棒、石杵、石弹丸、细石器、石核、石壁饰等。1993年3月，被省政府公布为省级文物保护单位。该遗址对研究新石器时代马家窑文化具有重要的价值。

王景寨古城遗址　位于东河乡王景寨村，城址的西面有残垣遗迹，历年来当地农民在平田整地过程中曾挖出过石磨盘、石磙子、铜簇、汉代五铢钱等器物。此城应为汉时所筑，具体修筑时间尚有待进一步考证。1993年3月，被省政府公布为省级文物保护单位。

张义堡古城遗址　位于张义镇堡子村，呈正方形，边长约400米，城墙系黄土夯筑，大部分已坍塌，城墙四角墩犹存，汉代筑。此故址对研究汉代凉州经济、文化具有参考价值。1993年3月，被省政府公布为省级文物保护单位。

武威满城　又名新城，位于金羊镇窑沟村，座北向南，平面呈方形，边长1000米，占地100万平方米，现城内建筑大多被毁，四周城墙及附属设施基本保存原貌。该城是清乾隆年间以来河西走廊第一重镇的军营所在地，在历史上有着得天独厚的地理优势和军事价值。1993年3月，被省政府公布为省级文物保护单位。

茂林山遗址　位于新华乡李府村南的黄土丘陵地带，东靠茂林山，南依夹槽山，西至牛（家花园）祁（连）公路，北临李府村耕地。东西长约700米，南北宽约400米，面积约28万平方米。现遗址可见散落陶片，有灰坑，保存一般。此遗址为凉州区境内一处重要的马厂文化遗址。1993年3

月，被省政府公布为省级文物保护单位。

郭家山遗址　位于康宁乡东湖村二组东北角、西营河拐弯处的西南台地上。1990 年采集标本 192 件，其中石器 2 件、陶器片 120 片、彩陶 53 片（其中穿孔 5 片）、素面红陶 16 件、单耳红陶罐 1 件。从出土文物看，此遗址属新石器时代马厂类型，是凉州区境内一处重要的马厂时期遗址。2003 年 7 月，被省政府公布为省级文物保护单位。

亥母寺遗址　位于新华乡缠山村七组西南的祁连山中。东西长 490 米，南北宽 200 米，面积 9.8 万平方米。洞窟创凿于西夏崇宗时期，元、明、清代均有修建，清末废弃。现存四个洞窟，分布在半山腰上，由于石窟所在地石质欠佳，1927 年武威发生大地震，洞窟受损严重，洞外建筑也基本被毁。1987 年，当地信教徒清理遗址发现一批西夏文物。这些文物的出土，对研究西夏时期的政治、经济、文化具有重要的价值。2003 年 7 月，被省政府公布为省级文物保护单位。

塔儿湾遗址　位于古城镇上河村一组，处杂木河上游。遗址分布在东岸山坡一片台地上，南北长约 500 米，东西宽为 260 米，面积约 13 万平方米。为新石器时代马家窑文化遗址，西夏时期的生活遗址和瓷器作坊遗址。另有大量汉、唐、宋、西夏钱币，其中以宋钱最多。该遗址出土的器物对研究新石器时代人类的生产生活活动和西夏文化具有很高的价值。2003 年 7 月，被省政府公布为省级文物保护单位。

二、古建筑（5 处）

海藏寺　又名清化禅寺，位于金沙乡李家磨村，是武威现存规模较大，保护较完整的古建筑群之一。现有山门、大雄宝殿、灵均台、天王殿、无量殿等古建筑，南北长 450 米，东西 400 米。寺院占地约 18 万平方米，灵均台为前凉张茂所建。无量殿为明成化年间奉敕建造。明清均有修葺，现古建筑保存完好。该群建筑古朴玲珑，巧夺天工，颇具民族建筑特色，对研究我国古代建筑风格具有较高的艺术价值。1981 年 9 月，被省政府公布为省级文物保护单位。

大云寺及唐钟　位于武威城区钟楼巷，前凉王张轨的宫殿遗址，是凉州古刹名寺。院内原有建筑毁于 1927 年大地震，仅存古钟楼。古钟楼位于寺东南角，建在 9 米多高、基地面积 125 平方米的四方台上，距今已有 1600 多年，楼上悬挂铜钟一口，钟体形制古朴，声音雄浑宏亮，“大云晓钟”为著名的凉州八景之一。1981 年 9 月，唐钟被省政府公布为省级文物保护单位。1993 年 3 月，大云寺被省政府公布为省级文物保护单位。

凉州大云寺古钟楼

罗什寺塔　位于武威城区北大街西侧，始建于前秦建元十八年（382），是埋葬十六国时道流西域、名播东方的佛学大师鸠摩罗什舌舍利的地方，世界上以高僧姓名命名的寺和塔仅此一处。塔高 32 米，条砖叠砌，八角 12 层，最上层有小龛，龛内有佛一尊。罗什寺是佛教文化的重要遗产。现塔占地 225 平方米，塔高 33.7 米，巍峨高耸，气势宏伟，仍保持着唐代密檐式佛塔的建筑风格。1993 年 3 月，被省政府公布为省级文物保护单位。

下双大庙及魁星阁　位于下双乡，建于清嘉庆年间。大庙建筑在高约 3~5 米的土筑上、下两层台基上，台下东南角有建于嘉庆十九年（1848）魁星阁一座，筑在高约 2 米多的方形土筑台基上，东有阶梯可以攀登。下双大庙及魁星阁建筑为凉州区保存较为完整的一处古建筑群，建筑内壁画形象逼真，内容丰富，此古建筑群具有较高的历史及文化价值。1993 年 3 月，被省政府公布为省级文物保护单位。

雷台观　又称雷祖庙，位于武威城北，坐北向南，其土台高约 8.5 米，南北长 106 米，东西宽 60 米，史载为前凉张茂所筑。台上有明天顺年间重修的雷祖观，由牌楼式山门、雷祖殿、三星斗姆殿、东华阁、西华阁等建筑组成，均为道教宫殿。台下 1969 年发现的雷台汉墓，出土了铜奔马、铜车马仪仗俑等大批珍贵文物，雷祖台因此而蜚声中外。整个建筑群保存基本完整，结构稳定，为研究明清时期建筑及道教文化提供了重要的实物资料。1993 年 3 月，被省政府公布为省级文物保护单位。

三、古墓葬（11 处）

旱滩坡墓群　位于松树、西营、柏树三个乡镇。墓葬分布面积较广，东起金塔河，西至西营河，地跨柏树、松树、西营 3 个乡镇，南北约 1 千米，东西约 20 千米，面积约 2000 万平方米。曾出土医药汉简 92 枚，王杖诏书令简 17 枚，鸠杖 1 根。旱滩坡也是前凉时期的墓地，有木牍、木俑、木莲枝灯等大批珍贵文物出土。这些墓葬的发现为研究前凉时期的政治、经济、文化及社会风俗提供了实物依据。1981 年 9 月，被省政府公布为省级文物保护单位。

磨嘴子墓群　位于新华乡缠山村 1 组、12 组，南邻古城镇小河村 11 组，北邻缠山村 11 组，西靠西山顶，东靠古城镇小河村 10 组。墓葬分布在一片土山形成的丘陵台地上，南北长 1000 米，东西宽 700 米，约 70 万平方米。墓葬一般为土洞墓，以出土大批汉简、木雕、丝、麻、《仪礼》竹木简、王杖十简、六博木俑等、木轺车、《王杖诏书令》木简 26 枚等重要珍贵历史文物而闻名于世。1981 年 9 月，被省政府公布为省级文物保护单位。

王景寨墓群　位于东河乡王景寨村东北 2500 米。墓群分布在长城西南、王景寨东北，丁宁墩以西、陈家寨以东的区域内，东西长约 3000 米，南北宽约 2500 米，面积约 750 万平方米。1975 年清理 1 座，为八人合葬墓，出土有陶器、丝织品等随葬品。墓群现为荒滩坟地，从出土文物和墓形制看属汉代墓群。1981 年 9 月，被省政府公布为省级文物保护单位。

青嘴喇嘛湾墓群　位于新华乡青嘴村一组、七组，祁连山中南营水库上游一处河谷，墓群东西长 1000 米，南北宽 1000 米，面积约 100 万平方米。唐代吐谷浑慕容氏王族墓群就分布在两湾的一个小山岗上。从民国初年以来，先后发现有吐谷浑族的墓志 9 方。这里，又是新石器时代的文化遗址，1986 年在这里发现大型研磨器以及彩陶片和其他新石器时代的陶片。同时，也是西夏党项族活动的重要地区，1978 年，发现一批西夏时期的窖藏瓷器。1981 年 9 月，被省政府公布为省级文物保护单位。

洪祥滩墓群　位于洪祥镇洪祥村，东、西、北三面靠洪祥村耕地，南接永昌四坝河滩。墓群东西长 1000 米，南北宽 1000 米，面积约 100 万平方米。1982 年和 1989 年先后清理已暴露的砖室墓 4 座，出土汉代铜镜、灰陶罐等遗物。该墓群是一处保存较好的汉代墓葬群，现墓群封土堆大多已夷为耕地。1993 年 3 月，被省政府公布为省级文物保护单位。

西沙滩墓群　位于下双乡于家湾村，东靠民（勤）武（威）公路，南至石羊河沙滩林场，西连羊下坝镇地湾村耕地，北依白塔河。墓群东西长 550 米，南北宽 200 米，面积约 11 万平方米，多为砖室墓。出土器物有绳纹、布纹、附加堆纹的灰陶罐、壶等，保存基本完好，是研究汉代葬俗文化的宝贵文物。1981 年 9 月，被省政府公布为省级文物保护单位。

狼洞子滩墓群　位于清源镇王家新庄村。东靠王庄十二组，南依王庄三组，西靠杨庄八组，北邻王庄五组。东西长约 2000 米，南北宽约 1000 米为保护范围，面积约 200 万平方米。20 世纪 70 年代农田基本建设中多次发现砖室墓，出土陶、铜器和五铢钱。据墓葬形制及出土器物看为汉代墓葬群，现墓群大部分被夷为耕地，地表散见陶片。1981 年 9 月，被省政府公布为省级文物保护单位。

东山坡墓群　位于新华乡穿城村东面的山坡上。南北长约 500 米，东西宽约 200 米，分布面积约

10万平方米。1984年5月在文物调查中，征集到魏晋陶器数件，唐石雕像一尊。1990年墓葬被盗，经公安部门侦破，查获前凉升平十二年（368）的木椟，丝织遗物等珍贵文物，交市博物馆收藏。现墓群有暴露土洞墓，散见棺木。此墓群遗存丰富，具有较高的考古研究价值。1993年3月，被省政府公布为省级文物保护单位。

旱台子墓群　位于古城镇五畦村沿山一带的台地上。东依榆林沟，西接狼沟口，南连磨子沟，北至牦牛沟。南北长约600米，东西宽约500米为保护范围，面积约30万平方米。1981年，被洪水冲开一座大型汉代砖室墓，出土灰陶罐、陶钟及铜钱等。1991年，封土较大的多座墓葬被盗挖，文物部门清理了一座被盗挖的砖室墓，出土陶器多件和铜削、铜钱等遗物。从墓葬及出土器物看，为魏晋时期的墓葬。2003年7月，被省政府公布为省级文物保护单位。

五坝山墓群　位于韩佐乡宏化村的一片丘陵台地上。东依宏化村一组，西邻古城镇小河村，南接杂木河三干渠，北为六坝河滩。其保护范围南北长约1500米，东西宽约400米，面积约60万平方米。据第二次文物普查资料记载，1984年甘肃省考古所进行发掘清理，出土有彩陶盆、铜龟、木鸠杖等珍贵文物。五坝山墓群是一处文物蕴藏丰富的宝库，现墓群封土不明显。2003年7月，被省政府公布为省级文物保护单位。

南沙滩墓群　位于金沙乡赵家磨村，东为水坑一组，西为空军第五飞行学院铁路专线，南为312国道，北为张家庄。南北长约3000米，东西宽约500米，面积约150万平方米。出土的前秦建元十二年（376）的宋华墓表是迄今武威市发现的最早的一块墓表。从出土器物及墓葬结构看，具有典型的魏晋时期的特点。现墓群为沙滩空地。2003年7月，被省政府公布为省级文物保护单位。

四、石刻（2处）

西宁王忻都公神道碑　碑址位于武威城北15公里的永昌镇石碑村，由碑座、碑身、碑首三部分构成，通高5.8米。碑座为龟趺，制作精致，高1.4米，长2.4米，宽1.6米；碑身高2.8米，宽1.5米，厚0.4米；碑首高1.6米，宽1.6米，厚0.45米。石碑刻立于元至正二十二年（1362），碑首刻蟠螭，书“大元敕赐西宁王碑”八字。碑文为通奉大夫、中书参知政事同知经筵事、提调四方献言详定使司事危素撰文，由光禄大夫、滕国公、集贤大学士张□书丹。全文共32行，满行63字，正面为汉文，背面为蒙文。碑文载于《陇右金石录》《凉州府志备考》《武威县志》等。碑文内容主要记载：斡栾为元朝中书平章政事，其父忻都及其先辈历代对元朝建立过卓著功勋。至正十八年（1360）四月，危素承皇帝诏令，铭其先茔神道之碑，监察御史上疏言，陈斡栾之忠勤，请加封其父以王爵，忻都公得封西宁王。碑文较详细地记述了忻都公之父亦都护离开他的政治中心火州（今新疆吐鲁番），带全家归属元朝时，历经艰险，行次永昌（今武威永昌镇），看到这里土地沃饶，岁多丰稔，便定居下来，卒后亦葬于此。此碑对研究元代文学、书法、雕刻和边疆少数民族的历史具有重要意义。1981年9月，被省政府公布为省级文物保护单位。

西宁王碑

亦都护高昌王世勋碑　位于凉州区高昌王父纽林的斤墓前神道处（永昌镇石碑村），简称“高昌王碑”。墓封土早年已毁。青石质，碑残，蟠螭首，残高 1.3 米、宽 1.8 米、厚 0.52 米。碑身残高 1.82 米、宽 1.73 米、厚 0.47 米。碑阳汉文楷书 36 行，行残 41 字，碑阴为回鹘文，内容详细记载从巴尔术阿尔特的斤到太平奴八代回鹘亦都护高昌王世系、事迹及回鹘族起源、流派及西迁等。翰林学士承旨奎章阁大学士赵世炎篆额，元代著名学者虞集撰文，大书法家、礼部尚书康里巎巎奉敕书丹，由高昌王帖木儿补花于元统二年（1334）在其父纽林的斤墓地立。民国二十二年（1933）由武威名士贾坛、唐发科移至文庙保存。石碑保存较好，对研究高昌回鹘史和元代书法艺术有重要价值。1981 年 9 月，被省政府公布为省级文物保护单位。

第三节　市级文物保护单位

截至 2009 年，凉州区有市级文物保护单位 9 处，均为 2005 年 7 月武威市人民政府公布。

一、古建筑（5 处）

延寿寺及曾家堡三官殿　位于清源镇曾家堡村，建于清康熙五十一年（1712）。寺座北向南，占地面积 2 万平方米，释迦牟尼、文殊菩萨、普贤菩萨等造像形态逼真，残存壁画线条流畅，具有较高的艺术价值。现保存基本完好。

祖师宫

祖师宫　位于永丰镇四十里堡村，建于清康熙年间，光绪时重建。建筑物有观音殿、大殿、龙王殿等，整个建筑雄伟壮观，朴素典雅，具有较高的建筑艺术价值。1936 年 11 月，中国工农红军西路军总指挥徐向前及三十军政委李先念、军长程世才曾在此指挥过战斗。

大柳关帝庙　位于大柳乡烟房村（武威市第十二中学院内），建于清代晚期。该庙建筑在 6 米高的夯筑台上，四周有廊，梁架结构保存完好，有残存壁画。此建筑为研究清代建筑提供了实物资料。

陈春堡文昌阁　位于洪祥镇陈春村五组，建于明代晚期。原为一处古堡，古堡城内，有文昌阁、三官庙、关帝庙等古建筑。现存文昌阁座北朝南，形制古朴，结构简洁，有一定的艺术价值。

松涛寺　位于金羊镇松涛村六组，建筑年代不详。据记载，“大明正统己未（1439）九月重修，大清雍正九年（1731）岁次辛亥三月重修”，重修后已有五百多年的历史。该寺座西向东，寺院原建筑仅存大殿一座，殿内正中悬挂“精微机要”“德成现在”等匾额。现为武威佛教胜地。

二、古遗址（2 处）

高沟堡古城　位于长城乡高沟村沙漠边缘，该城始建于汉，西夏重修，一直沿用至明清。城内外有居住遗址，已被流沙掩埋。堡址平面呈长方形，东西约 250 米，南北约 350 米，东西有角城，四周有角墩。周围暴露有汉代泥质红、灰陶片、石磨残块和碎砖瓦等及魏、晋、宋、西夏、元、明、清时的各类瓷片、瓦片等。

小崖子疙瘩遗址　位于谢河镇李府寨村，为西汉晚期的墓葬，包括鱼儿山、陈家疙瘩、纱帽山、毛家山等遗址。曾出土铜镜、铜带钩、王莽“货泉”、灰陶罐等，现遗址大部分被辟为耕地，是凉州区境内一处重要的马厂文化遗址。

三、古墓葬（1 处）

陈春滩墓群　位于洪祥镇陈春村，为汉代墓葬群。东西、南北各长约 3.5 公里保护范围，曾陆续发现汉代砖石墓葬，出土铜钱、绿釉彩罐、灰陶罐、五铢钱等。现墓群大部被辟为农田。

四、近现代重要史迹及代表性建筑（1 处）

蝴蝶楼　位于凉州植物园内，原为国民军骑五师师长（后为军长）马步青建造的别墅。建筑面积约 761.6 平方米，建筑座北朝南，砖木结构，为三层，两边各两层，竖看像一只蝴蝶。楼内有客厅、舞厅、浴池、卧室等，内饰砖雕，具有伊斯兰建筑风格。楼下设地下通道，楼上有放哨岗楼，防范设施齐全。

第四节　县级文物保护单位

截至 2009 年，凉州区有县级文物保护单位 35 处，均为 1987 年 5 月武威市人民政府公布。

一、古建筑（11 处）

火神庙　原位于市区文化广场西侧，1982 年迁建于大云寺钟楼北侧。建于明正德元年（1506），清康熙时重修，民国时期又维修。平面呈方形，现存大殿面宽三间，进深三间，单檐歇山顶式，出檐深远，并有飞椽，斗拱四铺作，单拱素枋。东西长 15 米，南北长 14 米，占地面积 210 平方米。

春秋阁　原位于市区会馆巷小学院内，1982 年迁建于大云寺内。建于清乾隆三十八年（1773），是一座规模较大的重楼建筑，面宽三间，周有绕廊，重檐歇山顶式，占地面积 144 平方米。现保存较好。

双城玉皇阁及魁星阁　位于双城镇双城村。玉皇阁建造于清末民初，面宽三间，进深三间，单檐硬山顶，前后卷棚出檐。正北有廊房三间，面宽三间，进深一间，出廊，硬山顶式；西侧有廊房三间，建筑风格与前相同。魁星阁，建筑年代不详，位于双城镇双城古城址的东南城墙角上。平面呈六角形，二层，为钻尖顶式的楼阁建筑。该建筑对研究清代西北地区的建筑风格具有重要作用。

王城堡魁星阁　位于大柳乡王城村二组（大柳乡王城中学院内东南隅），此阁是一组古建筑群中仅存的一座，建筑年代不详。现存建筑具有清代早期建筑风格。魁星阁建在 3 米多高的夯筑土台上，平面呈方形，二层建筑，下层单檐，上层重檐悬山顶。此建筑为研究清朝的建筑风格提供了实物依据。

沙河庙及魁星阁　位于下双乡沙河村一组，建于清末。修建于高 8 米底边长 17 米的覆斗式方形筑台基上。魁星阁座东向西，重檐歇山顶，挑檐下有木质金瓜。该建筑是凉州区保存不多的一处古建筑，对研究清代建筑风格提供了实物资料。

松树天主堂　位于松树乡松树村三组。清道光十三年（1823），法国人买下地基后，转让比利时人，开始修建主教院、小教堂、围墙等，后多次损毁，多次重建。现存小教堂、围墙为清代所建，是凉州区一处重要的宗教活动场所。

莲花山塔　位于松树乡松树村莲花山顶，亦称“镇妖塔”，又名“金顶大佛塔”，简称“金顶”。建于汉唐后，据大明正德十二年（1533）《重修上应寺记》碑文载：“名山之古刹，山川之幽境，姑臧之雄镇也。”现占地面积 33.2 平方米，塔保存基本完好，为凉州区境内著名的古建筑。

双城土塔 位于双城镇双城村十一组，建筑年代不详。土塔属于原土塔寺的主体建筑，现土塔为民国十六年（1927）地震后重建。塔建于夯筑台上，塔基呈正方形，塔身八角形。该塔风格独特，建筑材料均为泥土，具有一定的研究价值。

李铭汉故居 位于武威城达府街，始建于清咸丰八年（1858）。原有前厅后院，院有花园，称“李家花园”，现仅存一四合院，座南向北，为起脊土木建筑。除门窗已被改建外，其他保存比较完整。

牛鉴故居 位于高坝镇红崖村，为清代两江总督牛鉴府邸及花园，故名“牛家花园”。占地3000多平方米，原有过厅一座，面宽三间，深三间，砖木结构，1989年被拆除。现花园内大部分古建筑被拆毁，现仅有部分围墙。

芝家院 位于市区东大街古钟楼社区和平巷24号，建于清末。座西向东的四合院布局，平面呈方形，四面建筑均为平房出廊，门窗及梁架保存较好，檐部雕刻精致。

二、古遗址（9处）

陈春堡寺庙遗址 位于洪祥镇陈春村五组，建于明代末期。原寺庙遗址东西长700米，南北宽300米。现有三官庙，庙内壁画比较精美。关帝庙，文昌阁西面，早年有“大明天启”年号题记。该寺庙是明清时期凉州一处重要的古建筑群。

尹台寺遗址 又名“皇娘娘台”，位于金羊镇宋家园村，建于唐代。尹夫人，东晋十六国时期西凉王李暠的妻子，曾居住于姑臧一处西汉窦融所建的旧台基上重修的房屋，唐代皇帝为纪念自己的先祖，在姑臧尹夫人台的基础上修建了一座大寺院，名“尹台寺”。后经文物普查，在这里多次发现板瓦、瓦当、砖石等遗物。现仅存一段残墙。

海藏遗址 位于金羊镇三盘磨村，遗址主要分布在沿河一带的河岸上，南北长约1000米、东西宽约500米保护范围。先后发现大量的陶器、石器和部分骨器，也出土了玉璧形器，与海藏寺和皇娘娘台遗址基本相同，属新石器时代齐家文化类型。

头墩营遗址 位于长城乡红水村东南2公里处，是一处古代营堡遗址。东西长约4公里、南北宽约1.5公里，顺长城向南延伸，有落落墩、新家墩等烽燧遗址。文物普查中，发现许多窑址和居住遗址，荒漠中遍布新石器时代的夹砂红陶、灰陶、细泥红陶片，还有陶纺轮、石刀、石斧等。后多有考古发现，1986年10月发现一枚汉代四乳草叶纹铜镜。是凉州境内一处重要的马厂文化遗址。

武威古城址及城墙 武威古城址，最早建筑年代不详。清乾隆《武威县志》记载:“旧城唐李轨筑”，明洪武十年（1377），驻武威都指挥濮英加固补修了城墙，历代多有补修。现残存城墙散布于城区几处。

康乐城故址 位于长城乡西湖村，建于清同治七至八年（1868—1869）。城平面呈正方形，边长约100米，分内外城。现内城垦为耕地，城垣残迹可辨。

双城故址 位于双城镇东北角，原有大小两座古城，故名“双城”，建筑年代不详。大城平面呈正方形，边长约500米，城东南一角有魁星阁一座，建于清代。小城在大城西北约80米处，现仅存部分残垣遗迹。

三岔城故址 位于四坝镇三岔村，据有关专家考证，此城为匈奴休屠王所建。平面呈长方形，东西200米，南北400米，城墙残存部分高3米，厚2.1米。1971年，曾在一土洞内发现金耳环、瓷器、陶钟、钱币等。1982年，发现汉代瓦当。现仅残存夯土台一处。

永昌路城故址 位于永昌镇刘沛村，建于元代。至元九年（1272），元朝所封在凉州的帖木儿为永昌王，帖木儿于永昌筑城，名“永昌路”。现城址仅存残墙一段。

三、古墓葬（11 处）

前营墓群　位于长城乡前营村，墓群南北长约 1500 米、东西宽约 1000 米保护范围，墓葬主要分布在前营四、五组村庄附近。20 世纪 70 年代中期，发现汉代砖室墓，出土陶罐、陶灶、铜镜、五铢钱等遗物。1984 年，发现砖室墓多座，出土陶器、五铢钱等遗物。现地面封土不明显，被夷为耕地。

西湖喇湾墓群　位于长城乡西湖村，据考证，为魏晋时的墓葬。南北约 5 公里、东西约 1 公里为保护范围。1970 年以后，发现汉魏时的砖室墓，陆续出土陶仓、陶钟、铜镜、五铢钱等。1992 年，出土有铭文的灰陶罐一件。现墓群大部被辟为耕地，有封土堆为新坟。

高沟堡墓群　位于长城乡岸门村，现墓葬分布在荒滩上，地面封土不明显。该墓群分布范围较广，文化内涵丰富，先后出土石刀、石斧、灰陶罐、五铢钱、单耳彩陶罐、陶纺轮、陶碗、石砚等，也出土了大量的西夏遗物。具有较高的考古研究价值。

半截墩滩墓群　位于城北 20 公里处的四坝镇寨子村，东西长约 3000 米、南北宽约 2500 米为保护范围。1970 年以后，陆续发现汉代砖室墓。1974 年出土 2 件比较精美的彩陶罐。现绝大部分已垦为耕地。

二十里大沙漠墓群　位于怀安乡二十里堡村，南北约 2.5 公里、东西约 1 公里为保护范围。先后发现汉魏时的砖室墓，先后出土陶罐钟、陶马、铜镜、五铢钱等遗物。现墓群多为沙滩空地。

庙台子墓群　又名沙金台墓群，位于张义镇沙金台村，南北 100 米、东西 70 米为保护范围。曾出土陶罐、陶灶、陶仓、铜镜、钱币等。1989 年曾出土一面王莽时的有铭文的铜镜。现墓群大部分被夷为耕地，有零星封土堆。

十三里堡上沙滩墓群　位于高坝镇十三里堡村，汉代墓葬。地表存较多封土堆，圆形，直径最大的 20 米，高 3 米。1971 年发现规模较大的砖室墓，1989 年发现一座砖室墓，出土绿釉陶钟、陶灶、陶仓、铜钱等遗物。

下沙子墓群　位于发放镇下沙子村南面的沙滩中，墓群东西长约 300 米，南北宽约 45 米。1982 年发现一座规模较大的汉代砖室墓，出土陶钟、陶灶、陶仓、五铢钱遗物，还出土了陶车轮、陶马等残片。现墓群封土不明显，为沙滩空地。

塔儿湾墓群　位于古城镇上河村东南 100 米处，东西长 400 米、南北宽 200 米为保护范围。从墓葬形制及出土器物看当为汉代墓葬群。

张俊哲墓葬　位于谢河镇武家寨村西北 200 米。张俊哲，武威人，生于明万历十四年（1586），曾任河南开封府通判，卒于清康熙四年（1665）。现存墓地南北长 8 米，东西宽 3 米，墓地残存石牌坊一座、石羊两只、小狮子一只，残存一些石柱。

高家沙岗墓群　位于双城镇达桐村西北隅，东西长 500 米，南北宽 150 米。1956 年前后，发现多座汉代砖室墓，出土灰陶钟、陶灶、陶仓、五铢钱等。后来，陆续发现几座砖室墓，出土绿釉陶钟、耳环、铜钱等遗物。现墓群被辟为耕地。

四、石窟（1 处）

石佛崖石窟（南北朝）

石佛崖石窟　史称第五山石窟，位于金山乡小口子第五山中。第五山之名始于汉代，石窟开凿时期更早。据《甘肃新通志》《凉州府志备考》记载：石佛崖石窟山清水秀，苍松翠柏，久负盛名。现存石窟座西朝东，分上下两层，发现大窟6个，有佛像、泥塑彩绘和供养人像等。也有一些残损的小型泥塑罗汉和泥造头像，据考证，为西夏时的作品。大多数洞窟因很难攀登，洞窟保存现状未全部考察。

五、近现代重要史迹及代表性建筑（3处）

贾坛故居　位于市区东大街古钟楼社区，由原北大街中心巷（现为再就业市场）迁建。故居建于民国十九年（1930）。贾坛，武威人，善书画金石。故居为砖木结构，分前后两院，前院有街门、倒座和东西厢房组成，后院有门楼、东西厢房和堂屋组成。院内有木雕和砖刻，工艺较细，堂屋为两层楼阁式。现保存完整。

秦氏民居　位于金羊镇海藏村，建于民国时期，典型的庄园建筑，坐北向南，南北长96米，东西长80米，庄墙高12米。前后筑墩，辟南门，院内四合院布局。北为堂屋，二层楼，两侧厢房，庄门石条砌筑，雕花古朴。该建筑保存比较完整。

陆氏民居　位于市区北关街东巷子63号，建于民国时期。坐北向南，北为堂屋二层楼，歇山顶式，出深廊；南为倒座，两边厢房，均出廊。前门面木质装修，门窗工艺精细。此院为凉州区境内保存较好的一处古民居。

第三章　馆藏文物

第一节　馆藏文物种类与数量

武威市博物馆馆藏文物有金、银、玉、铜、铁、陶、瓷、石、木器以及丝、麻、草等编织物和字画、古旧图书等各类文物，有的具有很高的价值。文物中有金器17件、银器57件、玉器95件、铜器、铁器104件、石器260件、石刻71通、陶器2448件、瓷器1012件、木器790件、丝织品227件、书画1533幅（条）、历代铜币143000多枚、纸币400多张，骨器42件。2001年8月，武威市博物馆移交市上管理。

凉州区保管的文物主要是接管省博物馆移交的天梯山石窟文物，有多层壁画120多平方米、佛头10个、塑像22尊，暂存放于武威市考古研究所。

2006年，张义镇河湾村出土三虎耳小圈足青铜鍑，为战国至西汉时期文物，是甘肃省迄今发现器型最大的早期青铜器，被鉴定为国家一级文物。

第二节　文物珍品

一、汉简

仪礼简　1959年，在一座西汉王莽时期的土洞墓中发现，共存469简，是一部完整的包含9篇

《仪礼》的经书，同时出土《日忌杂简》11 枚。这批仪礼简为研究汉代经书和校勘《仪礼》版本提供第一手资料。1996 年，被定为国宝级文物，现藏于甘肃省博物馆。

王杖诏书令册简（简称《王杖简》）　曾有两次发现，1959 年在磨嘴子 18 号墓出土《王杖十简》。1981 年又在这里发现《王杖诏书令册简》26 枚。《王杖十简》出土后，曾轰动史学界，对两次出土的《王杖简》，进行研究，考释解疑。在 5 份皇帝诏令中，既有尊老、养老、高年赐王杖的明确命令，又有抚恤鳏寡孤独废疾之人的具体法规。对史学界围绕“年七十赐王杖”产生的许多疑问找到明确的答案。1996 年，被定为国宝级文物，现藏于武威市博物馆。

医药简　1972 年 11 月出土于旱滩坡墓群一座汉墓中，共存 92 枚。这次发现，不仅在数量上超过新中国成立前全国所发现的医药简的总和，且内容相当丰富，包括中医学的内、外、妇、五官等疾病的治疗方法、药物和针灸学等方面的内容。该批医简是国内现存最早的医学著作的原始文物，对研究我国医学以及中药发展史等具有重要意义。1996 年，被定为国宝级文物，现藏于甘肃省博物馆。

二、汉代鸠杖

鸠杖，也叫王杖，是汉代朝廷为高龄老人特制的一种拐杖，因拐杖的上端有一木雕的斑鸠，故名“鸠杖”。从考古发现的资料和有关史书记载，汉代为老人赐鸠杖，在我国历史上已形成一种尊老、养老的优抚制度。1996 年国家文物局文物鉴定专家组，将鸠杖鉴定为国家一级文物，现藏于武威市博物馆。

三、汉代木雕

武威磨嘴子、旱滩坡墓群出土的几百件以反映地主庄园生活为题材的木雕，保存完整，造型生动，堪称汉代木雕的代表作。1996 年国家文物局文物鉴定专家组将木马、木俑、镇木兽等多件文物，鉴定为国家一级文物。

四、铜奔马

铜奔马是 1969 年 10 月武威雷台汉墓出土的一件稀世珍宝。马通高 34.5 厘米，身长 45 厘米，作昂首嘶鸣、飞奔前进状。支撑马身全部重量的右后足，踏在一只飞燕身上，另外三足腾空，表达风驰电掣的速度超过飞燕，制作精美，想象力丰富，艺术造型合乎力学平衡原理，反映我国古代劳动人民高度的智慧和创造力。1996 年，国家文物局文物鉴定专家组定为国宝级文物，现为中国旅游标志和武威市城标，现藏于甘肃省博物馆。

五、凉造新泉

古凉州铸造的钱币，是近现代钱币界众所瞩目的罕见的钱币之一，被称为“中国古代钱币宝库里的一颗明珠”。1984 年在武威古城乡出土 1 枚，同年 3 月在武威东关修地下水道时出土一批窖藏货币，其中发现凉造新泉 3 枚。1989 年在红星乡宏寺村出土的 1 万多枚铜钱中又发现有凉造新泉。此钱为凉州所铸，因它大多发现于凉州，且钱上明确铸有“凉造”二字。

凉造新泉（前凉）

六、唐代阮咸琵琶

阮咸琵琶，简称阮，也称月琴，是我国古代的一种拨弦的民族乐器。阮咸是魏晋“竹林七贤”之一，他曾把秦时流传下来的琵琶加以改制，成为一种新型乐器——“阮”，或称“阮咸”。武威市博物馆保存的阮咸琵琶是从一座唐开元二十四年（736）下葬的墓中发现的，1996 年被定为国家一级文物。

阮咸琵琶（唐）

七、唐代吐谷浑王族慕容氏墓志

南营青嘴喇嘛湾出土，共 9 方，是研究唐代吐谷浑史的珍贵资料。1996 年，《弘化公主墓志》《青海国王慕容忠墓志》被定为国家一级文物。

八、西夏木缘塔和木板画

1997 年出土的西夏木缘塔和 29 幅彩绘木板画，是西夏文物中的精品。木缘塔发现 4 座，3 座已残，一座较为完整。木板画是迄今所见数量极少的西夏绘画艺术作品之一。这些画的人物形象、服饰、发式是多民族特点的再现，反映当时生活在武威的汉、吐蕃、党项、回鹘等多民族杂居的特点，是研究西夏绘画艺术的重要实物资料，具有很高的科学和艺术价值。1996 年，木缘塔被定为国宝级文物，木板画多件被定为国家一级文物。

九、西夏金碗、银锭

1987 年 9 月，在武威城内署东巷行署家属院工程建设中发现一批西夏窖藏文物，它是中华人民共和国成立后在西夏考古工作中的一次重大发现。有金碗 2 件、金钵 1 件、银锭 22 件，以及金饰、珍珠、宋代货币和其他西夏文物多件。1996 年，国家文物局文物鉴定专家组将金碗和银锭多件鉴定为国家一级文物。

第四章　文物保护工程

第一节　天梯山石窟维修工程

一、石窟维修

1991 年，武威市遭到 60 年不遇的严重干旱，黄羊河水库水位明显下降，对修复石窟带来良好机遇。武威地区行政公署、武威市人民政府抓住这一时机，决定在大佛窟外围修筑围堰大坝。

1992 年，大佛窟 18 米高的钢筋混凝土围堰坝工程开工建设，结束大佛窟佛像被水浸泡的历史。

1993 年，天梯山石窟维修领导小组成立，开始天梯山石窟的维修保护和修复工程。

1994 年，石窟大佛窟围堰坝护坡、隧道、栈道、道路等一期工程竣工。

1995—1997 年，相继对天梯山石窟大佛窟维修、大佛窟岩体加固、石窟 7 尊佛像修复。

1999 年，天梯山石窟管理处成立。天梯山石窟保护维修工程竣工，修建窟区 2.5 公里道路、办公用房、停车场、铺设窟区人行步道及安全设施。敦煌研究院专家对天梯山石窟的大部分塑像、壁画进行了修复。

2002 年，在隧洞中购置十八罗汉玉石像，陈列馆竣工并布展开放。

2007 年后，共争取文物保护经费 380 万元，完成天梯山石窟陈列馆安防设施建设，提高陈列馆安全系数，修复天梯山石窟佛身 7 尊、佛头 4 个、壁画 8.8 平方米。

二、文物回归

1958 年，武威县政府决定在石窟所在地修建黄羊河水库。为抢救保护文物，除大佛窟外，把其余小洞窟的塑像、壁画和一部分绢画、写经搬迁至甘肃省博物馆和敦煌研究院。

1992 年 11 月 27 日，国家文物局在北京召开专家组会议，会议决定将原天梯山石窟文物迁回武威天梯山原址保存。

武威天梯山石窟近景（1959 年）

1993 年，根据国家文物局的意见，省政府办公厅就天梯山石窟修复问题做出批复，同意在原址、原位进行修复。

2005 年 12 月 24 日，在兰州举行天梯山石窟文物移交签字仪式，省博物馆移交壁画、塑像 579 个序号，其中北魏、隋、唐、元、明时代的多层壁画 120 多平方米，塑像 22 尊，佛头 9 个，塑像、壁画残件 25 箱。另有 9 尊塑像、3 个佛头、壁画 15 平方米左右留存在甘肃省博物馆。

2006 年 1 月 9 日，4 辆满载文物的大卡车抵达武威，因天梯山陈列馆安防工程不达标，移交文物暂存放于武威市考古研究所。

第二节　白塔寺遗址维修工程

2000 年，国家文物局对白塔寺保护维修工程正式批准立项，列入国家“十五”期间重点文物保护工程，这是甘肃省“十五”期间唯一一项文物保护工程项目。

2001 年，寺内萨班灵骨塔遗址保护加固维修工程开工。加固维修工程方案由河南省古代建筑研究所设计，对萨班灵骨塔台基、基座、残存塔身加固修复，修筑围栏和景观绿化。共征地 28 亩，搬迁农户 5 户，疏通白塔寺遗址道路，架设电缆，于 9 月完工。

2002年，在白塔寺遗址以外150米处开工复原萨班灵骨塔，由中国建筑技术研究院建筑历史研究所设计，塔高35.28米，为藏式“噶当觉顿”式塔，8月竣工。

2003年，中国建筑技术研究院建筑历史研究所设计的白塔寺遗址陈列馆开工建设，占地26640平方米，建筑面积1980平方米，为藏式二层框架结构，与白塔寺复建工程同时开工建设，6月全部完工。

2009年，根据文物保护“修旧如旧，不改变原貌”原则，对萨班灵骨塔进行残存基座和塔身下缘的加固修复工程，经国家文物局同意后实施PS液体加固。

第三节　其他文物维修工程

一、下双大庙维修

下双大庙位于下双乡，庙宇在高1.2~8米的夯筑土台上，台呈平面三级阶梯状的长方形，南北长约89.7米，东西宽约34.5米，占地3094.7平方米，建筑面积约712.48平方米。现存建筑由南向北排列，有魁星阁、过殿、娘娘殿、三观殿、太岁殿、文昌殿、药王殿、无量殿、人娃娃殿、三清殿10座建筑。整个建筑群除魁星阁有记载为清康熙年间建筑外，其他无史料记载。院内有大面积的壁画，约380多平方米。2007年，由甘肃永靖古典建筑总公司中标进行文物保护修缮工程，一期工程于2009年3月完成，对大庙等10座建筑进行抢救和险情排除。

下双大庙魁星阁

二、其他古建筑维修

2000年，省、市文物部门与地方政府共同投资30万元，对县级文物保护单位祖师宫进行维修建设。2002年，投资170万元，对位于永昌镇的西宁王碑碑亭进行保护维修，对周边环境进行绿化。同年8月，维修完工并对外开放。2003年1月，完成县级文物保护单位贾坛故居的迁建工程，由原北大街中心巷31号搬迁至古钟楼东侧。2006年，经凉州区和下双乡及当地群众共同筹资，投资20多万元，对下双沙河庙魁星阁进行维修。

第五章　文物宣传执法

第一节　文物保护宣传

20世纪90年代后，武威市每月为（市）区级文物保护单位业余文物保护员发放津贴10元，加强（市）区、乡、村三级文物保护单位的责任。通过中国文化遗产日、国际博物馆日及各种重要活动，向广大群众宣传文物法律法规，普及文物知识，增强群众的法律意识和依法保护文物的意识。

2001年8月以后，全区文物工作重点转入保护、管理、宣传。每年由四大班子领导带队对文物保护单位开展冬、春两季文物安全检查，发放《中华人民共和国文物保护法》宣传手册2万多份。利用区司法局、法制局组织的普法宣传活动，在城乡群众集中的场所散发《文物保护法》等法规资料，提高对文物保护法律、法规和专业知识的学习和宣传。区文体局每年与有关乡镇和文物保护单位及使用单位签订《文物保护工作目标责任书》，落实保护责任。

2009年，颁布《凉州区长城保护管理办法》，对古长城遗址的保护进行重点宣传。结合全国长城资源调查，在长城遗址沿线乡镇散发《长城保护条例》3000多份。

第二节　文物执法

20世纪80年代末至90年代初，省级重点文物保护单位磨嘴子汉墓群发生大规模的盗墓活动，引起省政府的高度重视，地、市公安部门迅速出击，进行认真细致侦破，将部分犯罪分子抓获，制止盗墓活动。

2001年8月撤地设市后，随着旧城改造、石羊河流域重点治理、招商引资等一大批重点项目相继实施，给文物保护工作带来新的难题。如城区内李铭汉故居现为第六粮站占用，秦家大院为海藏粮站占用，还有在古遗址和古墓群保护范围内存在采沙取土等危及文物安全的情形，如金沙乡南沙滩墓群（省保）、怀安乡二十里大沙滩墓群（县保）保护范围内开办采石场等。

2006年，省级文物保护单位王景寨墓群、清源镇古长城遗址保护范围内发现开荒、取土等违法行为，市、区文物部门利用3天时间开展集中整治，依照《中华人民共和国文物保护法》《中华人民共和国治安管理处罚法》进行行政处罚。

2008年，武南镇村民在白塔寺萨班灵骨塔遗址西北侧搭建温棚14座，对遗址保护区造成破坏，区委、区政府责成施工责任单位限期恢复白塔寺遗址保护范围原貌，由有关部门进行调查处置。

凉州区志

第十八编

卫生　计生

本编目录

第一章　卫生

第一节　机构设置

1990年，武威市卫生局下设行政办公室、党委办公室、医政股、药政股、计财股、防疫保健股、公费医疗办公室，下辖市医院、市中医医院、市妇幼保健所、市二院、市肿瘤研究防治所、市卫生学校、市药品检验所、市防疫站。

2001年8月，武威市卫生局更名为凉州区卫生局。

2005年，成立凉州区新型农村合作医疗监督管理局，隶属区卫生局管理。

2009年，凉州区卫生局下设党委办公室、行政办公室、医政股、疾病预防妇幼保健股、农村卫生股、社区卫生管理办公室、规划财务股、医疗市场稽查队，下辖凉州医院、区中医医院、区第三人民医院、区妇幼保健院、肿瘤医院、区卫生学校、区药检所、区疾控中心、区新型农村合作医疗管理局。

第二节　医疗工作

一、医疗机构

1990年，全市卫生系统有各类公共卫生机构70个，其中卫生局直属单位8个，乡镇卫生院63个（中心卫生院9个、一般卫生院39个、防保门诊部15个）。2005年，乡镇卫生院由乡镇政府管理改为区卫生局管理。至2009年，全区医疗卫生系统有各类机构701个；区卫生局直属单位有区新型农村合作医疗管理局、凉州医院、甘肃武威肿瘤医院、凉州区中医院、凉州区第三医院、凉州区妇幼保健院、凉州区疾病预防控制中心；乡镇卫生院47个（中心卫生院9个、一般乡镇卫生院29个、卫生分院9个），乡镇防保门诊部5个，村级卫生室449个，社区卫生服务中心6个，社区卫生服务站20个。

（一）城区医疗机构

凉州医院　2001年8月，武威市人民医院更名为凉州区人民医院。2003年，更名为凉州医院。医院有职工796人，在编488人，招聘人员308人；专业技术人员367人，正高职称6人、副高职称27人、中级职称139人、初级职称170人。拥有进口国产高精尖医疗设备100台（件），以心脏、呼吸、神经、胸外为龙头的学科建设颇具规模。急救中心、呼吸内科、神经内科、神经外科、妇产科、儿科在凉州及周边地区形成明显优势，被评为市级重点专科。20世纪90年代以来，成功开展食道心脏调搏、小儿纵隔肿瘤切除等高难度新技术项目。获得甘肃省科技进步奖 1 项、市区级科技进步奖 40 多项，医护人员在省级以上刊物发表学术论文 200 余篇，出版专著 6 部。1994 年，被评为爱婴医院，同年被评为兰州医学院教学先进单位。1996 年，被评审为二级甲等医院。2002 年，被中华医学会命名为全国百姓放心医院，成为兰州大学第二医院协作医院。2007 年，被评审为三级乙等综合医院，为全省唯一一家县级三级乙等综合医院。

甘肃武威肿瘤医院　2003 年，武威肿瘤防治研究所更名为甘肃省武威肿瘤医院。医院有 18 个临床科室，15 个医技科室，8 个职能科室，形成以肿瘤、消化系统、心血管系统疾病为主的诊疗系统。有职工 542 人，在编人员 272 人，招聘人员 270 人；专业技术人员 450 人，正高职称 5 人、副高职称 30 人、中级职称 90 人、初级职称 325 人。医院开设床位 352 张，年接诊病人 10 万人（次），住院治疗近万人（次），开展各类外科手术 2000 多人（次）。医院拥有 16 排螺旋 CT 等大型医疗设备 130 余台。2002 年，医院被定为兰州医学院教学医院、兰州大学硕士生培养点。2006 年，被定为兰州大学附属武威肿瘤防治中心。2007 年，成功通过 ISO 9001 国家质量管理体系认证。2008 年，被晋升为三级乙等肿瘤专科医院。2009 年，被中华医学会命名为全国百姓放心医院。至 2009 年，共获得省级科技进步奖 8 项、市级 32 项，医护人员在省级以上刊物发表学术论文 376 篇。

凉州区中医医院　1997 年，武威市中医医院被评审为二级甲等中医医院。2001 年 8 月，武威市中医医院更名为凉州区中医医院。有职工 264 人（含招聘人员）；专业技术人员 228 人，其中高级职称 6 人、中级职称 46 人、初级职称 138 人。有彩色超声诊断仪等高新设备。医院外科、妇科、五官科先后开展多种高难度医疗技术项目。2005 年，风湿骨病科和糖尿病科被省卫生厅确定为省级重点中医药专科。至 2009 年，共获得市级科研成果奖 11 项，医护人员在省级以上刊物上发表学术论文 110 篇。

凉州区第三人民医院　2000 年 11 月，武威市城关医院更名为武威市第三人民医院。2001 年 8 月，更名为凉州区第三人民医院。职工有 237 人（含招聘人员）；专业技术人员 197 人，其中高级职称 3 人、中级职称 33 人、初级职称 151 人。有日本全身 CT 机、德国 WF0909SA 腹腔镜等进口设备 80 台（件）。2000 年，医院成立腹腔镜中心、泌尿专科中心、妇产科中心、口腔病防治中心及白内障复明中心 5 个业务中心。至 2009 年，有 8 项科研成果获得武威市科技成果一、二、三等奖，医护人员在省级以上刊物发表学术论文 64 篇。

（二）乡镇中心医疗机构

丰乐镇中心卫生院　2009 年，职工 24 人，其中中级职称 2 人、初级职称 15 人。有 300 毫安 X 光机等医疗设备；设中医科、内科、儿科、外科、妇产科、针灸理疗科、骨伤科、皮肤科、药械科、检验科、B 超心电图室、X 光室等科室。

高坝镇中心卫生院　1993 年，在高坝镇卫生院附设武威市精神病院。1999 年，高坝镇卫生院更名为高坝镇中心卫生院。2001 年撤地设市后，武威市精神病院更名为凉州区精神病院。2009 年，有职工 35 人，其中副高职称 2 人、中级职称 5 人、初级职称 28 人。有 200 毫安 X 光机等医疗设备，设中医科、内科、儿科、外科、妇产科、放射科、针灸理疗科、检验科、B 超室、麻醉科等科室。

黄羊镇中心卫生院　2004 年，黄羊镇中心卫生院更名为凉州区第五人民医院。2006 年，又恢复黄羊镇中心卫生院名称。2009 年，有职工 94 人，其中副高职称 1 人、中级职称 14 人。有东软 2800 型 1 秒级螺旋 CT 等医疗设备 150 多台（件）；设中西科、外科、妇产科等 5 个病区，门诊设有中医、风湿骨病、内科、外科、妇科、儿科、五官科、口腔科等 22 个科室。

西营镇中心卫生院　2001 年，前身为红星乡中心卫生院。2004 年，红星乡、西营乡合并为西营镇，红星乡中心卫生院更名为西营镇中心卫生院。2009 年，有职工 15 人。有 200 毫安 X 光机等医疗设备；设急诊科、内科、外科、妇科、儿科、中医科、口腔科、放射科、检验科、B 超室、心电图室公共卫生等科室。

清源镇中心卫生院　2001年，清源镇中心卫生院更名为凉州区第四人民医院。2006年，恢复清源镇中心卫生院名称。2009年，职工54人，其中中级职称5人、初级职称43人；有500毫安X光机等医疗设备；设中医科、内科、儿科、外科、妇产科、针灸理疗科、检验科、超声室、放射科等科室。

武南镇中心卫生院　前身为武南镇卫生院，1990年，更名为武威市第二医院。2001年8月，武威市第二医院更名为凉州区第二医院；2006年，更名为武南镇中心卫生院。2009年，有职工74人，其中副高职称5人、中级职称35人、初级职称25人；设中医科、内科、儿科、外科、五官科、妇产科、放射科、化验室、治疗室、胃镜室、制剂室、中药房、西药房、收费室、供应室、超声波、心电图等科室。

羊下坝镇中心卫生院　前身为羊下坝乡中心卫生院，2003年，更名为羊下坝镇中心卫生院。2009年，有职工20人，其中中级职称2人、初级职称13人；有300毫安X光机等20余台医疗设备。设急诊科、内科、外科、妇科、儿科、中医科、中西科、针灸科、理疗科、放射科、检验科、B超室、心电图室等科室。

永昌镇中心卫生院　2009年，有职工50人，其中副高职称1人、中级职称9人、初级职称40人；设防保科、急诊科、内科、外科、妇科、儿科、中医科、五官科、皮肤科、针灸理疗科、放射科、检验科、B超室、心电图室等科室。

张义镇中心卫生院　前身为张义乡卫生院，2004年，更名为张义镇中心卫生院。2009年，职工29人，其中中级职称4人、初级职称15人。有300毫安X光机等医疗设施。

和平镇中心卫生院　2009年有职工33人，其中副高职称3人、中级职称8人、初级职称11人。有100毫安X光机等医疗设施。

（三）区内其他医疗机构

武威市第一人民医院　位于武威城区南大街，由市卫生局管理。

武威市第二人民医院　原为武威南铁路医院，始建于1959年。位于武南镇，占地面积19300平方米，是一所集医疗、预防、教学、科研为一体的综合性医院。武威铁路分局撤销后，医院移交地方管理。2006年，更名为武威市第二人民医院，由市卫生局管理。

武威市中医医院　位于东关街复兴南路21号，由市卫生局管理。

武威市中心血站　位于武威城区北二环路金羊镇政府东侧，由市卫生局管理。

武威市红十字精神病院　位于武威城区西郊，为独立的集体所有制卫生事业单位，是武威乃至河西地区规模最大的一所精神病治疗康复医院。

解放军第十陆军医院　始建于1955年，主要担任武威驻军的医疗保障任务。1996年，创建“兰州军区创伤骨科中心”。医院有CT、彩超、体外碎石机、800毫安X光机、高压氧舱、人工肾、腹腔镜、电子胃镜等大型医疗设备。

核工业212职工医院　始建于1956年，是省属核工业系统的一所集医疗、预防、保健功能于一体的综合性医院。医院有500毫安X光机等大小设备30余台（件）。

二、医疗队伍

1995年，全市医疗卫生系统有职工1486人，专业技术人员1330人。2000年，有职工1916人，专业技术人员1685人。至2009年，全区医疗卫生系统有职工2981人，在职人员1912人，招聘人员1069人。专业技术人员2663人，占总人数的87%，其中博士2人、硕士69人、本科学历451人、专科学历831人、中专学历1310人。专业技术人员中，有正高级职称10人、副高级职称75人、中级职称572人、初级职称1587人、无职称人员419人。医疗机构中，有执业医师685人、医技人员

164 人、疾病预防控制人员 67 人、妇幼保健人员 43 人、城区社区卫生服务人员 265 人。卫生队伍中，本科以上学历比例 21.9%，大专以上学历比例 36.6%。专业技术人员中，高、中、初级职称比例分别为 4.4%、22.9%、72.7%，每千人拥有卫生技术人员 2.98 人。农村取得执业医师资格的乡村医生 1860 人。1990—2009 年，先后有 17 名医院管理者和医务工作者分别荣获“全国卫生系统先进工作者”“全国优秀医院院长”和“全国百姓放心医院优秀管理者”的荣誉称号。

三、医疗床位

1990 年，全市设病床 1825 张。2002 年，设病床 2484 张。2005 年，设病床 3027 张。2009 年，全区各医疗单位床位总数为 3610 张，每万人拥有病床 0.4 张。城区区属各医疗单位共有病床 1429 张，其中凉州医院 600 张，武威肿瘤医院 352 张，凉州区中医医院 250 张，凉州区第三人民医院 210 张，凉州区妇幼保健院 17 张，乡镇中心卫生院 495 张，一般卫生院 605 张，卫生分院 66 张。

1990—2009 年凉州区医疗卫生单位、人员、床位一览表

表 18-1-1

项目 年份	医疗卫生单位（个）			卫生技术人员（人）	床位数（张）
	区以上医院	乡镇卫生院	村卫生所		
1990	14	48	446	2384	1825
1991	10	46	446	2483	1898
1992	12	44	446	2495	1977
1993	12	42	446	3020	2190
1994	13	43	446	3150	2434
1995	13	43	442	3217	2433
1996	15	43	442	3217	2440
1997	15	49	442	3297	2440
1998	14	49	442	3297	2415
1999	16	49	442	3339	2425
2000	18	47	446	3339	2425
2001	22	48	456	4481	2484
2002	14	48	456	4593	2484
2003	14	48	464	3126	2562
2004	14	48	464	2775	2746
2005	12	48	469	3121	3027
2006	12	49	469	2873	3482
2007	12	49	468	3325	3496
2008	13	49	446	4567	3719
2009	12	47	449	6714	3610

四、医疗技术

20世纪90年代以来，全区各医疗机构医疗技术水平大幅度提高，新技术、新项目不断开展。在心内科方面，主要开展冠状动脉造影和急性心肌梗塞冠脉内溶栓治疗、临时永久起搏器安置、下腔静脉内滤器置入、外围血管介入治疗和肿瘤介入灌注化疗、射频消融、PTCA、冠状动脉支架置入和主动脉夹层带膜支架置入术等新技术；在心胸外科方面，开展自体外循环下心脏间隔缺损修补术、瓣膜置换术等新技术；在微创外科方面，开展腹腔镜下直肠癌根除术、肝切除术、脾切除术、前列腺气化电切术、腹腔镜下甲状腺癌根治术、肝包虫摘除术、肝血管瘤切除术、肾囊肿引流术等新技术；在胸外科方面，开展贲门癌根治术、胃腔内外翻缝合术、肺癌全肺切除术等新技术；在脑外科方面，开展血肿清除术、颅骨缺损钛网合金修补术、微创锥颅血肿引流术、钛网修补颅骨新技术、颅内肿瘤切除术等新技术；在泌尿科方面，开展膀胱肿瘤切除术、肾盂成形术、夫妻间活体肾移植等；在骨科方面，开展椎间盘射频靶点热凝术等新技术；在妇产科方面，开展宫腔镜和腹腔镜新式下腹横切剖腹产及子宫切除术、采用GR治疗不孕不育症等新技术；在消化内科方面，开展食道静脉曲张胃镜下硬化套扎治疗、门脉高压症门腔静脉分流术等新技术；在耳鼻喉科方面，开展声门下巨大乳头瘤切除术、乳突鼓室乙状窦根治术等新技术；在眼科方面，开展白内障复明术等新技术；在中医方面，开展了推拿、按摩、中医药罐、火罐、刮痧、牵引、铺灸、火龙疗法、药物热疗、小针刀、中药熏蒸、中医药浴、胶原酶融合术、骶管治疗、银质针疗法等新技术。另外在肿瘤治疗方面，开展伽马刀、X刀、三维适形放射技术、立体定向头部X刀、体部Y刀、腔内外放疗等新技术，特别是恶性肿瘤的手术治疗、放疗化疗及生物治疗技术已达到省内先进水平。

五、医疗设备

据2009年统计，区属医院100万元以上医疗设备有伽马刀、核磁共振、CT、CR、C型臂、彩超等30台（件）；10万元以上医疗设备有远程会诊系统、腹腔镜、高压氧舱、荧光免疫系统、电子胃镜、关节镜、动态脑电、血培养仪、麻醉剂、呼吸机、全自动遥控后装治疗机、500毫安高频X光机、纤维支气管镜、十二指肠镜、子宫镜等60台（件）；万元以上设备有内窥镜、生化分析仪、B超、光学显微镜、牙科综合治疗仪、心电监护仪等1300多台（件）。

1998—2009年凉州区区属医院100万元以上医疗设备明细表

表18-1-2

名　称	金额（万元）	购置时间	购置单位
彩超	138	2000年	凉州医院
CT	390	2000年	凉州医院
C型臂	153	2003年	凉州医院
CR系统	170	2004年	凉州医院
磁共振	476	2005年	凉州医院
全身彩超	150	2006年	凉州医院
电子胃镜	186	2006年	凉州医院
数字化心血管造影系统	446	2008年	凉州医院
飞利浦彩色超声诊断仪	196	2008年	凉州医院

续表 18-1-2

名　称	金额（万元）	购置时间	购置单位
CT	130	1998 年	肿瘤医院
全数字化彩色超声诊断系统	106	2000 年	肿瘤医院
立体定向伽玛射线全身治疗系统	800	2000 年	肿瘤医院
直线加速器	130	2001 年	肿瘤医院
头体部位 X 刀治疗系统	121	2001 年	肿瘤医院
奥林巴斯 240 胃镜	107	2003 年	肿瘤医院
奥林巴斯 260 胃镜	125	2003 年	肿瘤医院
16 排螺旋 CT 机	670	2006 年	肿瘤医院
医用成像系统（AGFACR25.0）	128	2006 年	肿瘤医院
数字程英血管造形 X 线机	610	2006 年	肿瘤医院
开放式水磁性磁共振成像系统	400	2007 年	肿瘤医院
GeL7 全身彩超	198	2009 年	肿瘤医院
飞利浦 IE33 彩超	196	2009 年	肿瘤医院
日产 7600–10 生化分析仪	152	2009 年	肿瘤医院
飞利浦彩色多普勒超声诊断仪	108	—	区中医院
双层螺旋 CT	376.6	—	区中医院
C 型臂	136	—	区中医院
DR	239	—	区中医院
CT	230	2002 年	凉州三院
数字胃镜	178	2007 年	凉州三院
CT	186	2008 年	黄羊中心卫生院

六、医疗护理

1990 年凉州区有护士（师、员）736 人。至 2009 年，凉州区有注册护士 2134 人。

1990 年，全市护理人员学历主要为中专学历，绝大部分毕业于武威卫校，主要在临床科室从事护理工作。从 1996 年起，城区各医院开始输送护理人员外出进修学习，先后在北京、上海及省内上级医院学习培训。1999 年，全市医疗单位持续开展护士“三基”考核。

从 2000 年起，城区医院先后从兰州医学院、甘肃省中医学院等全日制大专及本科毕业生中引进护理人员，壮大护理人才队伍。城区医院院内电子信息系统逐步应用，大大简化护理文书书写，减轻护士工作量，提高护理工作效率。先后开展输液微量泵的使用、静脉留置针的使用、颅脑降温仪的使用，以及亚低温冬眠疗法的护理、高压氧治疗、口咽通气道的使用。还有呼吸分流速监测、中心静脉压的监测、鼻腔冲洗技术、心电监护仪、电除颤仪及呼吸机的应用；以及空气高压泵雾化吸入疗法、经皮血氧饱和度监测及有创血压监测、新生儿沐浴、新生儿游泳、新生儿油浴、新生儿抚触技术、新生儿换血疗法、新生儿远红外线抢救治疗台的应用；产后催乳、子宫复旧技术、乳腺增生治疗仪的应用；脑瘫康复护理新技术，消化道、心血管介入护理新火疗、中药熏蒸、推拿、按摩等近20项护理新技术并广泛应用于临床工作，进一步提高护理质量和水平。

七、中医工作

1997年，武威市委、市政府印发《关于进一步加快全市卫生改革与发展》，确立以市中医院为龙头，以市级综合医院中医科和乡镇卫生院为支点，以农村卫生所为基础，健全全市中医医疗网络的体系。1998年，武威市中医院采取职工集资、银行贷款、单位自筹的方法，筹集资金106万元，在医院内修建3层医技楼1幢。2000年，新建起5层住院部大楼，建筑面积2248.41平方米，与门诊大楼连接为一体，建筑面积达到5682.25平方米，成为集医疗、预防、保健、教学、康复为一体的中医医疗机构。医院还组织力量对市内张杰臣、刘子和、李明轩、邸膺卿、赵炎声、邵袭德等部分名老中医行医多年积累的经验进行挖掘整理，汇编《武威市名老中医验方选编》《武威市老中医医案选》《西凉医苑》等书籍。2001年，区卫生局制定《2001—2005年凉州区中医药发展规划》。2004年，凉州区被卫生部和国家中医药管理局评为“全国中医工作先进县区”。2008年，区卫生局下发《凉州区中医药事业发展规划（2008—2010年）》。2009年，区政府出台《关于进一步加强全区中医药工作的意见》。区卫生局成立中医股，配备专职人员具体负责全区中医药管理工作。区中医院设立基层中医指导科，协助区卫生局对全区中医药人员进行业务技能培训和中医药业务指导、考核工作。全区医疗机构广泛应用中医新项目30多项，其中凉州区中医药的风湿骨病专科采用药浴、牵引、针刀治疗、骶管注射、针灸推拿等传统疗法与现代医学技术相结合，综合治疗类风湿性关节炎、强直性脊柱炎、腰椎间盘突出、颈椎病等风湿病及颈肩腰腿疼等疾病，治愈有效率达90%以上。红十字针灸医院推广的华佗夹脊疗法已为1万多名省内外患者解除病痛。肿瘤医院研制开发的肝泰灵、扶正固本冲剂、安泰口服液等7个品种的中药制剂，为肿瘤患者配合手术治疗增强免疫力和放化疗治疗中的减毒增效发挥积极作用。区中医院研制开发的喘康胶囊、消渴康复颗粒、消散乳块胶囊等22个中成药制剂产品，经药监部门批准后在院内临床应用。全区中医药人员先后有20多项中医科研成果获省、市、区科技进步一、二、三等奖，撰写中医学术论文100多篇，发表在国家和省级学术刊物上。

2005年，区内有3位中医专家被评为甘肃省名中医。2006年，为发挥名中医的示范带动作用，全区实施乡镇（社区）名中医培养计划，把乡镇卫生院和社区卫生机构中中医药理论功底扎实，并在当地群众中有一定声望的中、青年中医师培养成为乡镇名中医和城市社区名中医，选拔10名培养对象，实施为期三年的乡镇（社区）名中医培养计划。根据《甘肃省乡村名中医评选办法》，2009年，凉州区有10位乡村中医人员被评为乡村名中医。

第三节 疾病预防控制

一、防疫机构

2001年8月，武威市卫生防疫站更名为凉州区疾病预防控制中心，有职工68人，专业技术人员59人，其中副高职称3人、中级职称16人。主要承担全区传染病、地方病、慢性非传染疾病的监测、预防和控制，适龄儿童的免疫规划以及卫生检验监测、预防性健康检查、公众健康教育等工作，负责全区公共卫生工作的业务技术指导和人员培训。中心下设传染病防治科（传染病防治、计划免疫）、慢性非传染病预防控制科、结核病防治科、性病艾滋病科、卫生监测科、美沙酮药物维持治疗门诊、综合防保门诊和皮肤病性病门诊。

二、公共卫生监督

2002 年，凉州区根据《武威市卫生监督体制改革实施方案》，将原由凉州区卫生防疫站承担的监督执法职能分离出来，设立凉州区卫生监督所，负责全区卫生监督执法职责。2009 年，全区有公共卫生监督员 28 名。

食品卫生　1990 年，武威市对全市的食品生产、经营、销售单位，采用随机抽样的方法进行检查考核。全市抽查食品单位（网点）162 户，其中饮食业饭馆、宾馆、个体饮食摊点 90 户，食品生产加工 7 户，食品批发部 9 户，经营销售门市部 52 户，农贸市场 4 所。1995 年，加大食品卫生监督执法力度，对各类食品生产经营单位（含摊贩）6642 户，检查 31707 户（次），监督覆盖率达到 98%以上。警告并限期整改的有 865 户（次），罚款 279 户（次），金额 24570 元；没收销毁伪劣食品 10336 公斤，责令停业整顿 209 户（次）；检验各类食品 2847 份，合格 2464 份，合格率达 86.5%，其中抽检 2430 份，合格率 85.4%，全年无大的食物中毒事件发生。1997 年，举行监督员队伍业务培训，举办 24 期食品卫生监督员培训班，进行统一考试。举行着装宣誓仪式，进一步提高其政治和业务素质。1999 年，通过计量认证工作，对全市的食品卫生样品进行监测。全年完成食品卫生样品监测 250 份，餐具 300 份，食品及餐具消毒合格率达到 85%以上，杜绝恶性集体食物中毒事件，食品中毒发病率控制在 10/10 万以下。2005—2009 年，进一步加大对食品卫生样品的监测力度，对全区的食品生产经营单位进行每季度检查一次，监督覆盖率为 100%。对全区的 15321 名从业人员进行健康体检，对不合格的 258 名从业人员全部调离。共监测各类食品 5672 份，合格率为 95%；监测餐具 7912 份，合格率 82.03%。对违反《食品卫生法》的 203 户（次）进行处罚。

公共卫生服务

公共场所卫生　1990 年，武威市对全市国营、集体、个体宾馆、饭店、招待所、理发店、商店、影剧院、车站、图书馆和舞厅等公共场所进行摸底调查，实行卫生许可证制度和从业人员健康检查制度。全年印发《公共场所卫生管理条例》2000 多本。对从业人员进行公共场所卫生知识和法规培训，培训 13400 人（次）。1999 年，根据省卫生厅《关于做好按摩服务行业和公共场所卫生监督管理的通知》精神，对城区美容美发、足浴等特种行业进行全面检查，检查美容美发业 15 家，从业人员 43 人；足浴 3 家，从业人员 8 人。被查的 18 家全部持有效的卫生许可证，合格的 16 家，不合格的 2 家，合格率达到 89%。2000 年，从事公共场所经营的有 572 户，从业人员 1066 人，发放卫生许可证 548 个、健康证 1013 个。2005—2007 年，根据检查结果，对从业单位按优秀、合格、不合格分别挂牌，对存在严重污染环境问题的单位进行卫生技术指导和限期整改，对屡教不改者按有关规定给以警告、罚款、停业整顿和吊销卫生许可证等行政处罚。2009 年，从事公共场所经营的有 958 户，从业人员 2104 人，全区各种处罚 1081 户次，罚金 6915 元。

化妆品卫生　1990—1991 年，对全市的化妆品市场进行摸底调查，城区有 32 个化妆品经营户（专营店 10 个、兼营店 15 个、商场专柜 7 个），从业人员 98 人。1992 年，对城区 30 个化妆品经营户和批发单位进行调查，查处不合格化妆品1000多种，“三无”产品40多件（箱）。2000年，对城区的84个化妆品经营户（专营店21个、兼营店55个、商场专柜8个、从业人员158人）进行全面检查，体检143人。从检查情况看，西凉市场8%以上化妆品经营户为无证经营，部分经营户存在有销售“三无”产品和过期产品的现象。2009年，城区有177个化妆品经营户（专营店65个、兼营店78个、商场专柜34个），从业人员98人，查处没收销毁“三无”产品8种22公斤。

劳动卫生　1990年，武威市对市属的48个企业进行安全劳动卫生大检查和企业标准化验收工作。经检查，在企业中有粉尘作业点227个，达到标准的68个，占29.96%；有治理规划的36个，已治理9个；审定发放保健食品及个人防护用品的48个，占应审发的100%；劳动保护用品装备齐全的企业17户，占35.42%；接触尘毒作业的职工3078人，有职业病尘肺患者52人。1992年，根据省卫生厅《关于卫生监督监测工作分级管理办法》第五条规定，劳动卫生监督监测由省、地卫生监督机构负责进行，此后武威市停止劳动卫生的监督监测工作。

三、疾病预防

计划免疫　1990年后，全区没有发生过本土脊髓灰质炎确诊病例。1993年，在全市范围内组织开展11次、22轮的消灭脊髓灰质炎强化免疫和“扫荡式”免疫活动，每轮疫苗接种率均达到100%。1996—2002年，世界银行贷款卫生Ⅶ项目（疾病预防计划免疫项目）在凉州区实施，为计划免疫工作人员培训、冷链设备更新、苗控疾病监测等疾病控制工作持续发展提供经济和技术支持。2000年，开始实施JICA项目，对全市基层预防接种人员进行培训，推动麻疹、AFP监测工作。2002—2006年，开始实施GAVI项目，该项目覆盖全区37个乡镇及城区各医疗卫生单位，每年有1万多名新生儿受益，新生儿首针及时接种率达90%以上，全程接种率达95%以上。2007年，按照《甘肃省儿童预防接种信息管理系统实施方案》要求，启动并确定61个安装儿童预防接种信息管理客户端单位，并通过审核验收。同年9月，举办全区儿童预防接种信息化管理培训班，全面启动儿童预防接种信息录入工作，将2005年1月1日以后出生儿童预防接种的历史资料信息录入，建立儿童预防接种基础数据库。2008年，全面落实扩大国家免疫规划的目标和任务，实施扩大国家免疫规划，在全区继续保持无脊髓灰质炎状态，消除麻疹，控制乙肝，进一步降低疫苗可预防传染病的发病率。

麻疹强化免疫　根据省卫生厅《关于在全省开展麻疹疫苗强化免疫活动的通知》要求，凉州区于2008年10月20—25日，与全省同步在全区范围内对8月龄至14岁儿童开展麻疹疫苗强化免疫活动。全区摸底应种儿童170322人，实种儿童169341人，报告接种率99.4%，其中“0”剂次儿童应种407人，实种儿童407人，接种率为100%；“1”剂儿童应种76888人，实种儿童76888人，接种率为100%；“≥2”剂次儿童应种79365人，实种儿童79365人，接种率为100%；儿童应种13662人，实种儿童12681人，接种率为92.8%。

脊髓灰质炎疫苗强化免疫　2008—2009年，在全区范围内对0~3岁儿童开展两轮脊髓灰质炎疫苗强化免疫活动。经摸底应种儿童41174人，实种儿童40313人，报告接种率98%，其中常驻儿童应种38555人，实种37687人，接种率98%；流动儿童应种2639人，实种2626人，接种率99.5%。

流行性腮腺炎疫苗强化免疫　2008年，在全区范围内对所有4~12岁儿童开展一次流行性腮腺炎疫苗强化免疫接种，下发疫苗60204人（份）。

四、传染病防治

1990—2009年，凉州区共设传染病网络直报单位78家，其中县级以上医疗机构14家，各乡镇卫生院、分院50家，社区卫生服务中心6家，私立医疗机构8家。

手足口病防控　2008年，金塔乡上报第一例手足口病，是年，全区发生手足口病295例。临床诊断265例，填写个案流调表209例，采集样本87份，经省级实验室确诊为EV71阳性结果30例。2009年，全区发生手足口病930例，无严重并发症病例和死亡病例。结合手足口病的防控，在全区范围内广泛开展防治宣传和相关业务培训工作，印制下发《手足口病防治知识八问》，“洗净手、喝开水、吃熟食、勤通风、晒衣被”十五字歌诀的手足口病温馨提示等3种12万份，发放至全区医疗机构、学校、幼托机构，对易感染人群进行宣传教育。

甲型H1N1流感防控　2000—2009年，为有效应对甲型H1N1流感疫情，组织成立区级甲型H1N1流感应急工作领导小组，组建完善应急队伍，并积极储备应急物资，实行24小时值班制度。印制《甲型H1N1流感防控指导手册》4000本下发各级医疗单位，举办培训班21期，培训490多人，结合疫情信息开展3次应急演练，以提高应急队伍应急处置能力，应对可能出现的疫情。

艾滋病综合防治示范区工作　2004年，凉州区被确定为全国艾滋病综合防治示范区。2005—2008年，在全区范围内广泛开展以现场咨询、影视报刊、传单画册、文艺节目、竞赛征文、版栏标语、生活用品等多种形式的宣传教育活动，使大众人群对艾滋病的知晓率由2004年的49.1%提高到2008年的87.6%。对艾滋病高危人群开展健康教育和行为干预。特别加强对艾滋病检测监测，有3个初筛实验室通过省级认证。至2009年，HIV检测总人数159482人，初筛阳性27例，确认19例，累计发现艾滋病感染者29例。2009年，被确定为为期5年的第二轮国家和省共建艾滋病综合防治示范区，项目工作按国家要求全面开展。

结核病防治　从1991年以来，先后实施结核病控制卫V项目、世行贷款/英国赠款项目、FIDELIS项目及全球基金一期、四期项目，投入资金217.48万元，受益人口覆盖率达100%。项目实施期间，累计免费检查可疑肺结核患者20156例，免费治疗7362例活动性肺结核患者，其中痰涂片阳性患者4254例，为患者节省医药费1104.3万元。结合项目实施，在全区范围内进行广泛的宣教工作，电视宣传147次，广播宣传172次，发放各种宣传材料41.5万份，举办235期结核病防治培训班，培训人员达5251人（次）。接受国际、国内督导35次。对辖区内的卫生院、卫生所进行6938次督导，访视肺结核患者12848人次，提高患者治愈率。2008年，凉州区被省卫生厅评为“全省结核病防治工作先进县（区）”。

非典型肺炎防治　2002年，中国局部地区发生传染性非典型肺炎，2003年4月，凉州区制定非典型肺炎防治预案，成立领导机构，组建疫情处理和医疗救治队伍，并按照早发现、早报告、早隔离、早治疗的工作要求，做好相应的准备工作。建立发热门诊体检点，加强对返乡务工人员的登记和体查，防止疫情的输入和扩散。同年7月以后，全区非典防治工作由应急转入常态。

其他突发性公共卫生事件　1997年，永昌镇、高坝镇、河东乡、古城镇、韩佐乡、六坝乡发生人间皮肤炭疽8例。1998年，武南镇西寨村、东河乡河口村、双城镇羊儿村和中山村共发生人间皮肤炭疽9例，采取封锁疫区、对疫点和水源进行全面消毒、病死牲畜焚烧消毒深埋、疫区群众疫苗应急接种、病人实行隔离治疗等控制措施。2004年，第四建筑工程公司第一工程处银城小区建筑工地发生化学中毒事件。2006年，武威大酒店发生食物中毒事件，累计发病人数38人，波及人数890人，采取封存可疑食品、抢救中毒病人、宣传教育、检验可疑食品、追查事件原因、加强食品卫生安全管理等控制措施。2007年，永昌镇中学流行性腮腺炎暴发，累计发病人数18人，波及人数723人。同年，武威市实验幼儿园一起由宋内氏志贺氏菌引起的食物中毒，累计发病人数307人，波及人数502人，采取抢救中毒病人、宣传教育、检验可疑食品、追查事件原因、封存可疑食品、加强食品卫生安全管理等控制措施。2008年，新华乡新华村、头坝村小学水痘暴发，累计发病人数75人，波及人数415人，采取隔离传染病病人、宣传教育、消毒、开展流行病学调查、区域实行疫情日报等控制措施。2009年，双城镇中心幼儿园手足口病暴发，累计发病人数19人，波及人数220人。

五、地方病与慢性病传染病预防控制

碘缺乏病防治　碘缺乏病是凉州区流行范围广、危害严重、受威胁人口和病人数量最多的地方病。2003—2008 年，通过开展“食用碘盐示范乡（村）”创建活动，共创建“食用合格碘盐示范村”30 个，居民合格碘盐食用率达到 96.18%。8~10 岁儿童生理性甲肿率为 8.5%，儿童尿碘中位数 300μg/L 左右，人群碘营养水平趋于合理，达到实现消除碘缺乏病的目标。

土源性线虫病监测项目　2006 年，凉州区被确定为土源性线虫病监测省级监测点，项目连续实施 5 年。确定 4 个乡镇监测点，每年监测人数不少于 1000 人。2008 年，4 个监测点共计检查 1009 人，总感染人数为 41 人，全区总感染率为 4.06%，其中蛔虫感染 21 人，感染率为 2.08%。通过透明胶纸肝拭法调查 3~12 岁儿童 88 人，蛲虫阳性者 21 人，平均感染率为 23.86%。通过连续 3 年的监测，全面掌握全区人群土源性线虫病感染率，为防治工作提供重要的依据。

居民死因回顾抽样调查工作　2006 年全国第三次死因回顾抽样调查点调查结果表明，凉州区 2004—2005 年恶性肿瘤死亡率高达 201.38/10 万，其中胃癌死亡率达 90.61%，高出全国水平 26.79%，占凉州区恶性肿瘤死亡的 44.99%。在凉州区胃癌死亡人群中，男性死亡率高出女性 123.76%，高出全国男性水平 280.35%，居全国胃癌死亡之首。

全国高血压社区规范化管理项目　2008 年，凉州区实施全国高血压社区规范化管理项目，项目要求培训 100 名社区基层医生，每名受训医生负责管理 50 名高血压患者，全区累计管理不少于 5000 名病人。凉州区的高血压项目实施以社区防治为平台，以高血压规范化管理为切入点，以提升高血压“三率”水平为目标，大力开展社区高血压规范化管理工作，为每位患者建立病理档案，做到定期跟踪随访。通过此项目的实施，提高高血压知晓率、治疗率和控制率，促进全区慢性病社区规范化管理工作的进行。

包虫病基线调查　2008 年，凉州区被确定为土包虫病基线调查省级调查点。以调查点常住人口为调查对象进行按户调查，免费 B 超检查 1000 多人，查出疑似包虫病病人 26 人，检出率 2.6%；12 岁以下儿童感染率调查血清阳性率 1.03%，为全区的包虫病防治工作奠定了基础。

布鲁氏杆菌病防治　布鲁氏杆菌病防治主要发生在沿山地区。1990—2009 年，通过有效防治，20 年来无新的病例报告，全区布病防治工作达到“稳定控制”的目标。

肿瘤登记工作　2009 年，凉州区建立肿瘤登记系统，成立凉州区肿瘤登记处，要求属地管理的各级医疗卫生单位每月对恶性肿瘤（包括中枢神经系统良性肿瘤）发病与死亡病例，采用“甘肃省肿瘤病例报告卡”填写并报区肿瘤登记处，由甘肃省武威肿瘤医院和凉州区疾控中心承担开展凉州区恶性肿瘤流行病学研究，对恶性肿瘤病因预防模式的建立提供科学依据。

第四节　妇幼保健

2001 年，武威市妇幼保健所更名为凉州区妇幼保健所。2007 年，更名为凉州区妇幼保健院。

一、妇女保健

1990 年，武威市在九墩乡、下双乡开展普及新法接生试点工作的基础上，在全市全面普及新法接生工作。全市新法接生率（指一躺三消毒）达 95.8%，产前检查率达 83.1%，产后访视率达 57.3%，住院分娩率达 68%，孕产妇死亡率降为 14.3/万。1993 年，新法接生率达 95%，产前检查率城市为 95%，农村为 80%；住院分娩率城市为 98%，农村为 55%；产后访视率城市为 80%，农村为 65%；

孕产妇死亡率控制在9/10000。1998年，武威市妇幼保健所“爱婴医院”挂牌。2000年，进行妇女“两病”及其他疾病普查工作，妇女患病率降为25.29%，孕产妇系统管理率达82.1%，因产前、产时大出血、难产及产后感染造成死亡的病因降为26%。2003年，妇女病普查3057人，发病率35.9%（主要发病滴虫性阴道炎、宫颈糜烂为主），平均治疗率为85.9%；孕产妇系统管理8172人，管理率85.8%；有孕产妇死亡5人，死亡率52.8/10万。2005年，妇女病普查12788人，发病率23%，平均治疗率为96.25%；孕产妇系统管理8948人，管理率为92.6%；孕产妇死亡7人，死亡率72.5/10万。2009年，全区妇女病普查13164人，发病率39.5%，平均治疗率为68.4%；孕产妇系统管理10483人，管理率为96.8%；孕产妇死亡5人，死亡率46.2/10万。

二、儿童保健

1990年，武威市抽调人员在九墩乡、下双乡开展儿童保健系统管理试点工作。1993年，全市0~7岁的儿童有99000余名，儿童系统管理试点工作在九墩乡、下双乡的基础上又增加金塔、六坝、清源、丰乐、黄羊、永昌等乡镇，有效降低了3~5岁以下儿童死亡率与新生儿破伤风发病率，使新生儿破伤风发病率控制到1‰，婴儿死亡率控制在30‰左右，周岁内儿童体查率达85%。1995年，在总结推广乡镇儿童系统管理试点工作经验的基础上，在全市全面开展儿童系统管理工作。1998年，系统管理的0~6岁儿童有41058名，儿童系统管理率达53.61%；3岁内儿童系统管理有21566名，系统管理率达58.77%。结合系统管理体查儿童48409名，其中检出患有佝偻病808人、沙眼409人、龋齿587人、营养不良202人、上呼吸道感染534人、中耳炎150人、先天性心脏病47人、肺炎404人、腹泻292人，其他149人，对患有各种疾病的3582名儿童都给予指导预防和治疗。2000年，强化儿童“四病”（肺炎、腹泻、佝偻病、营养不良）的系统管理及高危妊娠的筛选工作。0~6岁儿童系统管理率为61.2%，0~3岁儿童系统管理率为65.2%，周岁内婴儿死亡率为16.31‰，5岁以下儿童死亡率为17.43‰，新生儿破伤风死亡率为零。2002年，全区3岁以下儿童31792人，系统管理24990人，系统管理率78.6%，5岁以下儿童死亡率24.4‰。2006年，全区3岁以下儿童21303人，系统管理16361人，系统管理率76.8%，5岁以下儿童死亡率25.8‰。2008年，全区3岁以下儿童25243人，系统管理20921人，系统管理率82.9%，5岁以下儿童死亡率19.9‰。

2001—2009年凉州区孕产妇儿童保健主要指标统计表

表18-1-3

项目 年份	孕产妇保健情况		孕产妇死亡率（/10万）	5岁以下儿童死亡情况			7岁以下儿童保健管理			妇女病普查率（%）
	系统管理率（%）	住院分娩率（%）		新生儿死亡率（‰）	婴儿死亡率（‰）	5岁以下儿童死亡率（‰）	新生儿访视率（%）	3岁以下儿童系统管理率（%）	7岁以下健康管理率（%）	
2001	85.2	87.1	26.5	19.2	22.1	24.6	82	66.1	64.5	17.1
2002	85.6	81.6	30.4	21.3	23.5	24.4	85.6	78.6	75.7	18.7
2003	85.8	91.2	52.8	18.3	23.3	26.6	88.9	76.4	75.8	1.6
2004	85.1	85.2	56.9	17.4	18.9	20.6	91.3	82.6	64.4	5.1
2005	92.6	95.5	72.5	19.1	26.7	28.1	94.3	76.2	65.1	6.2
2006	91.9	96.5	29.4	15.7	24.6	25.8	92.9	76.8	65.2	9.4
2007	93.6	98.6	37.4	15.4	19.9	22.3	95.4	71.6	61.1	14.5
2008	96.8	96.9	46.2	16.7	18.3	19.9	96.8	82.9	65.4	7.5
2009	87.6	99.5	27.5	5.95	8.23	9.24	88.7	87.1	76.2	41.9

三、临床保健

2000年，收住院者786人，正常分娩644人，落实计划生育四项补救措施1073例，常规化验、X线透视、心电图等各种辅助检查7414人。查治妇女病138人，做剖宫产、子宫切除、卵巢囊肿摘除等手术142例。2004年，保健所门诊咨询诊治10493人次，住院分娩623人，做各种妇产科手术178例，做计划生育“四项”手术1354例。2009年，凉州区保健院门诊咨询诊治9700人次，住院650人，做各种妇产科手术1100例，做计划生育“四项”手术660例。

第五节　社区卫生

一、社区卫生工作

2004年，凉州区设置社区卫生服务中心6个，社区卫生服务站20个，初步形成较为合理的社区卫生服务体系，开展疾病预防、妇幼保健、健康教育、计生指导、基本医疗等六位一体工作。6个社区卫生服务中心分别是东关街社区卫生服务中心、西关街社区卫生服务中心、东大街社区卫生服务中心、西大街社区卫生服务中心、火车站街社区卫生服务中心、地质新村街社区卫生服务中心。20个卫生服务站是雷台、大众、文庙、会馆、古钟楼、县府、南苑、体育路、西苑、科技巷、靶场、东小井、达府、荣华、福利路、寺巷子、花园、火车站、天一、雨亭服务站。全区社区卫生工作者面向社区，深入家庭，开展居民健康普查，为居民建立健康档案，建档率达到80%以上。社区医生通过转岗培训，实现由专科医生向全科医生转变，形成小病在社区、大病转医院、康复回社区的双向转诊医疗服务模式。2005年，凉州区在全省创建了“全国社区卫生服务示范区”“全国中医特色社区卫生服务示范区”。2009年，在全区范围内开展“百名专家进社区”活动，各医疗单位选派内科、儿科、妇科、中医科等临床专业科室的主治医师以上职称的专家到社区卫生服务中心或服务站开展工作，专家还定期或不定期通过预约门诊、会诊、病例导论、家庭出诊、业务指导等多种形式开展工作。

二、社区卫生服务中心

西大街社区卫生服务中心　于2003年6月依托凉州区中医院组建，2006年实行收支两条线管理，社区人员由区中医院派出，工资也由医院发放。

西关街社区卫生服务中心　于2008年5月正式运行，社区人员由乡镇卫生院工作人员经考试、考核选拔，工资由财政供给，内设健康教育园，以及人体器官模型、生殖医学模型、中医养生与保健、家庭小药方、青少年健康、传染病的防治与计划免疫6个展室。

东关街社区卫生服务中心　成立于2008年3月，由武威市卫生学校承办，中心有专业技术人员32人，内设中医馆、全科诊室、公共卫生科、针灸室、医学检验科、医学影像科及康复医学7个科室。

东大街社区卫生服务中心　成立于2004年，开展医疗、预防、保健、康复、健康教育、计划生育技术指导“六位一体”工作，负责杨府、古钟楼、雷台、会馆、大众、南苑、县府、文庙8个社区的公共卫生工作，中心有专业技术人员58人，内设全科诊室、妇科、儿科、内科、中医科、针灸理疗科、放射科、化验室、B超室等科室。

火车站街社区卫生服务中心　前身为武威南铁路医院武威卫生所，始建于1957年，中心有专业技术人员31名，承担着火车站街大新、火车站、惠民3个社区居民的卫生服务工作。

地质新村社区卫生服务中心　是一所集医疗、预防、保健、康复、健康教育、计划生育技术指导为一体的社区医疗卫生服务机构，有附属社区卫生服务站 1 个，承担着辖区内 19000 多居民的医疗保健工作，中心有专业技术人员 38 人，内设内科、外科、妇科、儿科、牙科、针灸理疗科、中医科、检验科、心电室、B 超室、放射科等科室。

第六节　农村卫生与个体行医

一、农村卫生机构

1990—2000 年，农村卫生机构有武威市第二人民医院（武南镇）和张义、黄羊、高坝、清源、羊下坝、永昌、丰乐、红星、和平 9 所乡镇中心卫生院，上泉、中路、庙山、谢河、二坝、河东、古城、校尉、韩佐、东河、六坝、新华、南营、清水、长城、吴家井、发放、双树、大柳、金沙、中坝、下双、九墩、四坝、洪祥、怀安、五和、永丰、青林、康宁、金山、柏树、松树、西营、金塔、金羊、双城、九墩滩开发指挥部 38 所乡镇卫生院，张义镇石头坝，黄羊镇广场、七里，武南镇大河、中畦，高坝镇花园、建设，清源镇蔡寨、新地，金羊镇新鲜，羊下坝镇五沟，永昌镇刘沛、和寨，双城镇南安，西营镇花亭 15 个防保门诊部。2003 年，全区有乡镇卫生院 48 所（中心卫生院 9 所、一般卫生院 38 所、15 个防保门诊部）。2004 年，因农村乡镇进行合并，各乡镇卫生机构随之变更，全区有 48 所乡镇卫生院，其中有 20 个乡卫生院、18 个镇卫生院、10 个乡镇卫生分院（撤去的 10 个乡设立分院）。中心卫生院重新调整为 10 个，即清源、高坝、丰乐、黄羊、张义、永昌、羊下坝、西营、武南（由原区二院变更）、和平；10 个分院是张义镇上泉分院、张义镇中路分院、高坝镇六坝分院、发放镇双树分院、西营镇西营分院、新华乡南营分院、谢河镇庙山分院、古城镇校尉分院、黄羊镇二坝分院、丰乐镇青林分院。变更后的分院业务工作隶属乡镇卫生院管理，财务收支单独核算。原来的 15 个防保门诊部保留 5 个，其他防保门诊按照一乡一院的原则合并到乡镇卫生院。2005 年，全区有乡镇卫生院 48 个（其中分院 10 个），编制床位 603 张，实有床位 564 张，有卫生工作人员 538 人。2008 年，省卫生厅在重新审定农村乡镇医疗机构时，将原来的 10 个中心卫生院审定为 9 个，和平卫生院被审定为一般乡镇卫生院；原来的 10 个乡镇卫生分院审定为 9 个，撤销中路乡卫生分院。2009 年，全区乡镇卫生院、分院、防保门诊共有 52 个，有各类工作人员 933 人，其中正式职工 651 人，招聘人员 282 人；大专以上学历的 369 人，中专学历的 479 人；副高职称的 11 人，中级职称的 156 人，初级职称的 538 人，其他人员 228 人；有病床 1166 张。全区乡镇卫生院（含分院、防保门诊）累计资产总计为 6517.85 万元，流动资产为 1130.80 万元，其中房屋（主要为楼房）2059 间、10.34 万平方米，有 22 个卫生院购置救护车，医疗器械合计价格为 1223 万元（其中国家配发 1800 多台件，价值 980 多万元），过去遗留的 10000 平方米危房全部拆除重建为楼房。全区乡镇卫生院、分院年门诊量达 82.69 万人（次），住院病人 21867 人（次），开设病床 1166 张。能开展胆囊、阑尾、疝气手术的卫生院有 11 个，能开展计划生育“四项”手术和接生的卫生院有 35 个，门诊量比实行新型农村合作医疗之前增长 76%，年业务收入 2867 万元。

1990 年，有村卫生所 446 个，覆盖率为 100%，人口在 3000 人以上、居住分散、服务半径大、群众就医不方便的 6 个行政村，各增设 1 个卫生室。至 2000 年，有 139 个村卫生所达到甲级村卫生所标准，占村卫生所总数的 31.7%。2006 年，国家、省财政第一次对村卫生所给予每村每年 1.5 万元的财政补贴。2009 年，村卫生所有 449 个，村医 951 人，其中男 793 人、女 158 人；有大专以上学历的 59 人，中专学历的 732 人；取得乡村执业医师的 821 人，取得职业助理医师的 12 人。全区达到标准化建设的村卫生所 165 个，占总数的 37%。

二、合作医疗

2005 年，省上批准凉州区为全省新型农村合作医疗试点区。随即，凉州区设立新型农村合作医疗管理局，2006 年元月 1 日，新型农村合作医疗工作正式启动。按照新农合定点医疗机构审批要求，区合管局与 69 家定点医疗机构签订《新农合服务合同》，其中市级 4 家、区级 10 家、乡镇级 55 家。按照国家对新农合基金筹集的具体政策，中央财政给每个参合农民补助 20 元，省上补助 10 元，市上补助 2 元，区上补助 3 元，个人交 10 元，人均 45 元。2007 年，中央财政给每个参合农民补助 20 元，省上补助 15 元，市上补助 2 元，区上补助 3 元，个人交 10 元，人均 50 元。2008 年，中央财政给每个参合农民补助 40 元，省上补助 30 元，市上补助 4 元，区上补助 6 元，个人交 10 元，人均 90 元。

2009 年，凉州区新农合工作根据增加补助、全面覆盖、巩固提高的总体要求，逐步提高新农合补偿比例，全区共有 2.59 万人享受到合作医疗特殊优惠政策，补偿金额达 339.96 万元，其中 12 种慢性病门诊登记 132 人，审核报销 11.23 万元；416 名五保户、二女户享受优惠政策补偿 9.35 万元；11038 名参合患者享受积分制优惠 38.19 万元；262 名参合患者因病理检查享受“一单通”惠民政策，补偿金额 12.68 万元；8711 名已获补偿的住院参合农民给予二次差额补偿，补偿基金 263.74 万元。对符合五保户供养条件等在乡镇敬老院集中供养的五保户老人特设家庭病床治疗，共设家庭病床 83 张，有 69 人享受特设家庭病床住院治疗，合作医疗补偿基金 5.68 万元。

2006—2009 年凉州区新型农村合作医疗运行情况统计表

表 18-1-4

项目 年度	参合情况		资金筹集合计（万元）	其中					补偿情况			
	参合人数（人）	参合率（%）		个人筹集（万元）	区财政筹集（万元）	市财政筹集（万元）	省财政筹集（万元）	中央财政筹集（万元）	住院补偿（人次）	住院补偿金额（万元）	门诊补偿（万人次）	门诊补偿金额（万元）
2006	619231	85.1	2477	619	186	124	619	929	27960	1590	41.06	281
2007	666270	91.56	3546	666	200	133	999	1548	31695	2146	48.63	497
2008	699785	95.73	6256	700	420	278	2100	2758	43302	5459	52.55	548
2009	718777	97.31	7288	1438	431	287	2156	2976	44629	5812	68.51	1324

三、农村个体行医

1999 年，武威市借鉴外地经验，有计划、有步骤地推行乡村卫生院所一体化管理。2000 年，武威市人民政府下发《关于深化农村卫生改革，推行乡村院所一体化管理的意见》，各乡镇成立领导小组或医管会，负责卫生院所一体化管理实施工作。同年 12 月，清源、长城、羊下坝、西营、和平、张义、高坝、韩佐、二坝等 23 个乡镇卫生院和 201 个村卫生所推行一体化管理，各占乡镇卫生院和村卫生所的 45%，并逐步在全市全面推行卫生院所一体化管理。在实施过程中，逐步健全完善管理机制。2009 年，据统计全区农村个体诊所有 307 个，个体行医人员 316 人，其中男 297 人，女 19 人；有大专学历的 264 人，取得乡村执业医师的 255 人，执业助理医师的 8 人，执业医师的 36 人，未取得执业证书的 17 人。

第七节　药政管理

2001年12月之前，凉州区药品监督管理工作由卫生、药检等管理部门承担。2001年12月，药品监管体制改革，武威市药品监督管理局成立，凉州区药品管理工作由武威市药品监督管理局代管。

一、《中华人民共和国药品管理法》的贯彻执行

从1990年起，市药检所每年对市属医院、乡镇卫生院、村卫生所、职工医院、医务所（室）、市医药公司所属经营药店以及个体医药网点进行全面的药品质量年度检查。1996年以来，对城市各医疗单位、市医药公司所属经营网点每一季度检查一次，对农村乡镇卫生院、村卫生所每年检查不少于一次。根据实际情况在下乡检查药品质量时，向被查单位印发《中华人民共和国药品管理法》宣传材料1000余份，市卫生局关于加强药品检查的文件500余份，向全市被检查单位、个体户公开药品监督监督员的姓名，向全社会公开药品检查费的收费依据、有关文件、收费项目、标准。药品监督员、所内工作人员在工作时持三证（药品监督员证、收费许可证、收费员资格证）上岗。1997—1998年，对已查过的单位、农村医疗单位每年检查1次，检查监控范围涉及全市48个乡镇，446个行政村，覆盖率达90%以上。1998年初，所内组织人员，对被检查单位进行抽样复核检查。

二、药品检验

20世纪90年代，市药检所由于条件局限，药品检验工作开展银量法、重量法、比色法、澄明度、崩解度等方法对药品进行外观检查、物理化学检验、生测室开展热源、急性毒性试验、灭菌试验、效价测定。中药方面能开展对常见易混药品的真伪、优劣的经验鉴别，个别的品种能以显微镜鉴定和一般制剂质量的检查。到1998年底，已能够开展国家卫生部关于药品检验的重量分析法、容量分析法、中和法、容量沉淀分析法、络和量法、氧化还原法、非水滴定法等常规检验方法。2000年，累计检查单位874个，覆盖率达97.1%，查出伪劣药品64种，1202.76公斤，5241瓶（盒），价值达24903.24元，全部依法进行销毁处理。

三、医药市场清理整顿

20世纪90年代，随着“对内搞活、对外开放”政策的实施，武威医药市场活跃起来，有些药贩子，不经登记注册，随意从外地采购假劣药品，在武威市场高价批发、零售，扰乱药材市场，坑害广大消费者；有的药贩子直接与药店、医疗单位的采购人员挂钩，以给“回扣费”为诱惑推销假劣药品。从1994年起，市卫生局对全市城乡医药市场进行大规模的清理整顿，为规范医疗机构、医药市场，制订《医疗机构基本标准》《武威市医疗机构设置规划》。1997年，对西凉中药材市场、中泰大药房违法批发药品、销售假药进行查处和关闭。1999年8月，对全市范围的违法案件进行督查处理。到2000年，110个诊所由于不符合办医条件关门停业，有80个无证行医者被取缔，17个无证行医者受到没收药品、器械和罚款的行政处罚。对57个“钉子户”“难缠户”申请法院强制执行。220个村卫生所重新组建和合并。此外在大众饭店、人民饭店查出8人因涉嫌非法行医被公安局拘留审查，没收不符合诊所名称和失实广告牌匾140余块。

第八节　肿瘤防治研究

1990 年，武威市重新建立肿瘤登记报告制度。

1991—1997 年，全市累计恶性肿瘤发病 8116 例，发病率为 126.70/10 万，其中胃癌发病 3798 例，占恶性肿瘤发病的 46.80%。

2001—2005 年，凉州区累计恶性肿瘤累计发病数为 11461 例，发病率为 29.32/10 万，其中胃癌发病 4597 例，占恶性肿瘤发病的 40.11%。萎缩性胃炎、遗传易感性是凉州区发生胃癌的内在条件，居民膳食中存在 N-亚硝基化合物等多种强致癌物质，又缺乏维生素 C 等防护因素，是凉州区胃癌高发的主要外因的病因模式。

2009 年，凉州区卫生部门在肿瘤防治研究方面也取得一定的成果，广大医护人员先后在《上海肿瘤》《中国肿瘤》《肿瘤防治杂志》《癌症》等学术刊物上发表交流论文 300 余篇，获国家专利 10 项，获省、市、区科技进步奖 30 余项。

第九节　教学　科研

一、教学

1990—1999 年，武威市卫生学校举办有学历教育的三年制医士、护士、农村妇幼班共计 10 期 27 个班，有 1182 人取得中专学历，培训农村药剂员 127 人。2000—2005 年，凉州区卫生学校举办有学历教育三年制的医士、护士、中西医结合班共计 10 期 15 个班，有 564 人取得中专学历。在学历教育的同时，先后与省联合中专、兰医护校、河北沧州渤海学院联合办学，重点进行乡村医生培训，举办 30、50、100 个学时不等的培训班 83 期，培训乡村医生 6006 人。利用中央支持农村卫生服务能力建设项目，举办村级卫生人员培训班 5 期，每期培训时间 38 学时，培训 2782 人。2005 年，凉州区卫生学校并入凉州区医院。2006—2009 年，启动乡村医生 45 岁以下无学历人员中专教育，在乡镇卫生院设立张义、黄羊、谢河、古城、长城、清源、发放、九墩、双城、永昌、丰乐、永丰、西营、柏树、武南、高坝、金羊、中坝、东河及卫校 20 个教学点，录取 45 岁以下无学历乡村医生 901 名，其中卫生保健专业 759 名、护理专业 142 名。举办"院长学校"16 期，培训城市和农村业务骨干 1400 人（次），有 19 名知名度较高的专家教授参与授课。

二、科研

1990—2009 年，全区获得医疗卫生科技成果奖 103 项，在全国各类学术刊物上共发表论文 806 篇，出版专著 11 部。区卫生局编写《凉州中医药选萃》。郭开同主编《健康储蓄指南》《非典型肺炎防治知识问答》《凉州医院现代文化》《内经教我治未病》《社区公共卫生工作手册》《医疗卫生服务文化》《内科诊断治疗手册》等书籍，其中，《内科诊断治疗手册》获得甘肃省优秀图书奖；张天德主编《现代脑血管疾病诊断与治疗》，张兆奎主编《心血管病诊治指南和建议荟萃》正式出版发行。赵振元主编的《儿科疾病诊疗指南》由甘肃省文化出版社出版，其中《新生儿窒息及并发症诊疗》篇作为全省新生儿窒息推广项目教材。

第十节 爱国卫生

一、城乡环境卫生

1990 年 4 月，武威市在开展爱国卫生月突击活动中，清除垃圾死角 34 处、垃圾 200 多吨。1994 年，成立城市管理委员会，主要职责是协调城市综合治理、拆迁民房、拓宽道路、街道绿化、市场建设、环境卫生、交通秩序等。1996 年，城市管理委员会撤销，恢复爱卫会办公室，办公地点设在市卫生局。1999 年，市爱卫会出台《爱国卫生管理办法》。2000 年，市爱卫会决定在全市各党政机关、企事业单位及公共场所逐步取消公共饮具，推广使用一次性环保型饮具。2001 年，凉州区制定《市容整治考核办法》，按照“谁主管，谁负责”和分工协作、综合整治的原则，确定有关部门、街道、乡镇和单位在城市管理中应承担的任务和具体的考核指标分值。2003 年，全民开展爱国卫生活动，预防非典型性肺炎的传播和流行。2004 年，结合开展生态环境建设年，对石羊河流域凉州区段河道内垃圾及废弃污染物进行彻底清理和整治。2007 年，出台《村容镇貌和环境卫生管理办法》，使村容镇貌和环境卫生整治有法可依、有章可循。2008 年，组织开展农村百日环境整治活动。

2009 年，组织开展迎新春环境卫生整治、爱国卫生月、建国 60 周年环境卫生整治、天马节会环境卫生整治、甲型 H1N1 流感防控环境卫生整治、荣华片区环境卫生整治等环境卫生集中整治活动。制定出台《城区街道环境卫生考核评比办法》，每季度对城区街道环境卫生进行考核评比，将《考核评比情况通报》在区政府电子大屏上进行公示，还邀请新闻单位记者对城区各街道办事处、各乡镇爱国卫生活动开展情况进行电视报道，使一些热点、难点问题及时得到解决。

二、创建卫生城市

社区健康教育

1990 年，是全国卫生城市进行检查评比的第一年。8 月，武威市经省卫生城市检查团进行分项目检查，被评为“灭鼠先进城区”，建国街、南关街荣获“省级卫生先进单位”奖牌。

1991 年，武威市制定《城区开展“爱国卫生先进单位”评比活动办法》，由单位申请、街道验收、爱卫会批准，分别授予“卫生先进单位”（挂红牌）、“卫生清洁单位”（挂蓝牌）、“卫生后进单位”（挂黄牌）。年底评比检查后，武威地区邮电局、84515 部队、武威六中等 16 个单位被评为卫生先进单位。

1992 年，全省开始卫生城市第二次检查评比，市爱卫会制定下发《创建卫生城市爱卫会各委员部门工作职责》，分项包干，分工实施。对空气污染较严重的皮胶厂、钢球厂、棉麻加工厂等 7 家企业进行搬迁和转产。为减少城区污染，先后建起凉州宾馆、市水电局、武威行署等 13 座集中供热站。

是年，武威市第一次被评为“全省卫生城市”，武威汽车站、武威火车站、建国街街道办事处被评为省级卫生先进单位。

1998年，武威市第三次被评为“全省卫生城市”，武威公路总段、地区医院、天马宾馆等6个单位被评为省级卫生先进单位，81个单位被评为市级爱国卫生先进单位。

2002年，按照文明卫生乡镇创建标准，开展农村环境卫生大整治活动。

2005年，结合第四届天马文化旅游节暨食品工业经贸洽谈会在武威召开和全省第六次卫生大检查，成立城乡结合部卫生督察组、城区环境卫生督察组、消灭“四害”督察组和健康教育督察组，全面督查城乡卫生开展情况，并获得“全省卫生城市“荣誉称号。

2008年，结合省级卫生城市检查验收和全省第七次城市卫生大检查活动，举办5期灭鼠知识培训班，在城乡开展大规模的除“四害”活动。

2009年，以健康教育“十个一”工程为依托，广泛开展健康教育进家庭、进学校、进社区、进企业、进乡村、进重点人群的“六进”活动。通过武威电视台凉州频道的健康生活栏目讲座，刷写墙体标语，制作宣传栏，编排和组织《凉州贤孝唱健康》巡回演唱，发放健康教育宣传资料，发放健康大礼包等活动，向广大人民群众宣传健康基本知识、培养基本健康行为和保健技能。同年8月，分别在文化广场、南城门广场举行首个“全区健身日”和“健康教育进家庭”启动仪式；在全区卫生系统中举办健身操大赛活动，活动由卫生局机关、凉州医院等50多个医疗卫生单位组成的8支代表队参加。2008年、2009年，在全省城市卫生大检查中，连续两年被评为省级卫生城市。

三、改水

1992—1993年，武威市农村改水工作在省上立项。武威市选定中坝乡下畦村为全市第一批改水示范村，由武威市爱卫会首先开展改水前的健康教育。选定金塔乡黄康村、新华乡头坝村为健康教育对照村。

1996年，修建刘家莰湖水厂，覆盖新华、高坝、金塔、柏树、和平5个乡镇，29个村通上健康饮用水，受益人口6.11万人。同年在双城镇新建双城水厂，覆盖14个行政村，受益人口3.54万人，彻底改变缺水或水质不良的现状。

1997年，对金山乡进行改水调查。金山乡地处武威永昌交界，干旱缺水，地下均为石板地带，无水源，仅靠每年涝池蓄山水生活。因地制宜，给金山乡6个行政村修建高位水池，经沉淀、过滤、消毒后，用水管引流饮用，解决了1484户人口的饮用水卫生安全和吃水困难。城区公共厕所增至57座，其中水厕27座，占公厕总数的47.4%。

1999年，对城区生活饮用水进行常规性卫生监测，监测生活饮用水水样22份，合格17份，合格率为77.27%。

2001—2005年，对公共卫生设施建设增加投入，建设9万吨污水处理厂和8万吨供水扩建工程，新铺设供水管道17.2公里，日供自来水3万立方米，保障人民生活的安全用水。

2006—2009年，农村改水工作进展顺利，投入资金1876.59万元，埋设干、支管道78条，共计298.17公里，饮水管道4.2公里，供水管道72条，总长度251.85公里，修建供水房517座，供水能力达到每日0.8万立方米。

第二章 人口与计划生育

第一节 机构设置

一、行政管理机构

1990年，武威市计划生育局内设人秘股、政法室、流动股、业务股、宣教股5个股室。2001年，武威市计划生育局更名为凉州区计划生育局。2005年，更名为凉州区人口和计划生育局，内设办公室、财务股、政法室、流动股、业务股、宣教股6个股室。

二、技术服务机构

凉州区计划生育服务站 为计划生育部门的技术服务机构，1983年9月成立。1989年11月改称市计划生育服务站，下设宣教室、站办公室、节育技术科、药具管理科。2001年8月更名为凉州区计划生育服务站。至2009年，凉州区计划生育服务站有干部职工26名，其中专业技术人员22人。服务站拥有全自动麻醉呼吸机、半自动生化分析仪、生殖健康智能管理站、计划生育流动服务车等设备30余台（件）。

乡镇计划生育服务所 从1990年起，武威市部分乡镇先后成立计划生育服务所，但由于没有编制，未配技术人员，无法正常开展工作。1998年，武威市为落实计划生育“三为主”，在全区48个乡镇、2个街道办事处正式成立计划生育服务所，乡镇、街道计划生育服务所由乡镇、街道计生工作站负责管理。

第二节 人口规模

一、人口数量

1990年，武威市总人口875582人，其中农业人口742481人，非农业人口133101人。20世纪90年代以来，凉州区人口迅速增加，至2009年，凉州区总人口102.08万人，常住人口100.27万人，其中农业人口78.11万人，非农业人口22.16万人。

1990—2009年凉州区常住人口情况一览表

表18-2-1 单位：人

年份	1990	1991	1992	1993	1994	1995	1996	1997	1998	1999
常住人口	875600	883200	893600	905000	916300	943100	954000	963900	974800	984200
年份	2000	2001	2002	2003	2004	2005	2006	2007	2008	2009
常住人口	992100	997100	1002200	1007800	1008200	988600	990200	994800	999200	1002700

二、人口密度及其变动

凉州区各乡镇之间人口分布很不平衡，而且人口数量分布变动明显。全区人口主要分布在井水灌区，有22个乡镇及凉州城区，计620490人，占总人口的61.3%；其次分布在山水灌区，有16个乡镇，计346609人，占总人口的34.3%；山区的人口不多，有45026人，只占总人口的4.4% 。凉州区总人口整体上农村人口所占比重大，至2009年，农村人口占总人口的76.52%。

1990年，武威市总人口为875582人，人口密度为172.32人/平方公里，其中城区总人口为125535人，占全区总人口的比重为14.33%。到2000年，全区总人口为992124人，人口密度为195.26人/平方公里，其中城区总人口为169777人，占全区总人口的比重为17.11%。2009年，全区总人口为1020800人，人口密度为208.03人/平方公里。2009年人口密度超过1000人/平方公里的乡镇有金羊镇、大柳乡和柏树乡，其余乡镇的人口密度都在1000人/平方公里以下。

1990—2009年凉州区城区及各乡镇的人口自然密度统计表

表18-2-2　　单位：人/平方公里

年份 项目	1990年	2000年	2009年	2000年与1990年之差	2009年与2000年之差
城区	9371.50	7579.79	9131.49	-1791.71	1551.70
黄羊镇	324.81	350.38	431.26	25.57	80.88
武南镇	473.18	628.12	698.53	154.94	70.41
清源镇	801.26	819.83	850.09	18.57	30.26
永昌镇	395.50	411.59	420.17	16.09	8.58
双城镇	431.23	435.96	440.71	4.73	4.75
丰乐镇	134.04	121.82	117.73	-12.22	-4.09
高坝镇	585.97	643.78	569.63	57.81	-74.15
羊下坝镇	633.11	620.74	623.41	-12.37	2.67
中坝镇	1099.10	775.34	805.02	-323.76	29.68
永丰镇	274.85	265.27	272.67	-9.58	7.40
五和乡	257.70	251.40	260.40	-6.30	9.00
古城镇	274.51	262.86	283.28	-11.65	20.42
韩佐乡	466.95	471.44	495.52	4.49	24.08
张义镇	138.16	132.50	136.79	-5.66	4.29
发放镇	432.53	703.39	727.71	270.86	24.32
大柳乡	980.89	911.28	1020.24	-69.61	108.96
长城乡	148.13	151.69	159.39	3.56	7.70
金羊镇	1203.30	1288.62	1299.49	85.32	10.87
金沙乡	729.00	799.41	789.47	70.41	-9.94
西营镇	261.49	251.31	259.51	-10.18	8.20

续表 18-2-2　　单位：人/平方公里

项目＼年份	1990 年	2000 年	2009 年	2000 年与 1990 年之差	2009 年与 2000 年之差
金塔乡	1767.63	807.99	860.34	-959.64	52.35
和平镇	575.35	693.06	635.58	117.71	-57.48
下双乡	367.28	337.76	342.61	-29.52	4.85
九墩乡	74.84	71.69	75.97	-3.15	4.28
四坝镇	749.38	753.52	779.64	4.14	26.12
洪祥镇	319.25	325.15	329.81	5.90	4.66
怀安乡	485.90	477.44	490.12	-8.45	12.68
金山乡	114.85	114.83	118.76	-0.02	3.93
新华乡	223.25	201.16	212.70	-22.09	11.54
东河乡	262.43	265.70	283.94	3.28	18.24
河东乡	430.61	450.42	484.76	19.82	34.34
谢河镇	413.60	378.06	408.13	-35.53	30.07
松树乡	118.69	108.15	117.50	-10.54	9.35
柏树乡	1019.40	1013.85	1028.08	-5.55	14.23
清水乡	615.16	590.51	625.87	-24.65	35.36
吴家井乡	586.56	676.46	739.90	89.90	63.44
康宁乡	219.72	271.64	286.94	51.92	15.30

三、人口普查和抽样调查

1990—2009 年，按照国务院统一部署，凉州区进行了 2 次大规模人口普查和 1 次人口抽样调查。

第四次人口普查（1990 年 7 月 1 日）　全市总人口为 876020 人，总户数为 193495 户，男性 446355 人，女性 429665 人，汉族 871424 人，各少数民族人口为 4596 人。

第五次人口普查（2000 年 11 月 1 日）　全市总人口为 946506 人，总户数为 252032 户，汉族 939826 人，各少数民族人口为 6680 人，男性 488872 人，女性 457634 人，性别比为 106.83。

全国 1%人口抽样调查（2005 年 11 月 1 日）　全区常住人口为 98.78 万人，有家庭户 26.9 万户，居住在城镇的人口为 37.9 万人，居住在乡村的人口为 60.88 万人，男性为 50.88 万人，女性为 47.9 万人，性别比为 106.22。

四、流动人口

2009 年，凉州区流动人口总数为 57859 人，其中农民工 52009 人，占流动人口总数的 89.88%。流出人口为 51874 人，省内为 18256 人，省外为 33618 人；流入人口为 5985 人，省内为 3541 人，省外为 2444 人。流动人口中已婚育龄妇女为 19354 人，流出的为 14200 人，省内为 5621 人，省外为 8579 人；流入的为 1658 人，省内为 912 人，省外为 746 人。全国流动人口计划生育信息交换平台的数据显示：2005 年 10 月至 2009 年 6 月，流出已婚育龄妇女 2748 人，农民工为 1374 人；流入已婚育龄妇女 517 人，其中农民工已婚育龄妇女为 220 人，占流入已婚育龄妇女的 42.55%。

第三节　人口变动

一、自然变动

1990—2009 年，凉州区人口出生率从 1990 年第四次全国人口普查的 21.35‰下降到 2009 年的 12.6‰，人口出生率呈现平稳状态，人口死亡率一直稳定在 5‰ 左右。人口自然增长率 1990 年全国第四次人口普查为 15.27‰，2009 年为 6.64‰，呈现一个比较稳定下降的过程。

2009 年末，全区计划生育率达到 95.79‰，农业人口计划生育率达到 91.53%，比省上下达的责任指标高 1.53 个百分点；农业人口一孩妇女积累率由 2000 年的 20.02%上升到 23.95%，提高 3.93 个百分点；独生子女领证率由 2000 年末的 7.11%上升到 15.51%，提高 8.40 个百分点，农业人口独生子女领证率由 2000 年末的 0.43%上升至 1.89%，提高了 1.46 个百分点。

二、机械变动

1990 年以后，人口迁移量有所上升，10 年中迁入 34.7 万人，迁出 33.1 万人，社会变动增加 1.6 万人，年均增加 1790 人。其中 2001 年的迁入率、迁出率分别是 40.36‰和 39.98‰；2008 年迁入率和迁出率分别是 42.32‰和 40.37‰，是社会变动的第三个高峰期。

2009 年，流动人口总数为 57859 人，其中农民工 52009 人，占流动人口总数的 89.89%；流出人口为 51874 人，流入人口为 5985 人；流动人口中已婚育龄妇女为 19354 人，流出的为 14200 人，流入的为 1658 人。

第四节　人口构成

一、性别构成

1990 年全国第四次人口普查武威市人口的性别比为 103. 88，比第三次人口普查时的 103.56 上升 0.32。2000 年全国第五次人口普查，全国人口性别比为 106.7，凉州区为 106.83，略高于全国平均值。2005 年全国 1%人口抽样调查，全区常住人口中，男性为 50.88 万人，占 51.5%；女性为 47.9 万人，占 48.5%。性别比（以女性为 100，男性对女性的比例）为 106.22。

二、民族构成

凉州区是一个多民族融合、多元文化交汇的地区，全区共有 33 个可识别的民族。据 1990 年全国第四次人口普查，总人口中，汉族 871424 人，占总人口的 99.48%。各少数民族人口为 4596 人，占总人口的 0.52%。同第三次人口普查数据相比，8 年间汉族人口增加 111167 人，增长 14.62%；各少数民族人口增加 1139 人，增长 32.95%。全市人口超过百人的少数民族有：回族 2288 人，藏族 859 人，满族 991 人，土族 126 人。

据 2000 年全国第五次人口普查，全区少数民族统计人口合计 6679 人，约占全区总人口的 0.71%，其中，回族 2842 人，约占全区总人口的 0.30%；满族 1037 人，约占全区总人口的 0.11%；

藏族1403人，约占全区总人口的0.15%。

三、文化构成

据1990年第四次全国人口普查，全市总人口中有小学以上文化程度的647773人，占总人口的73.95%。其中：具有大学文化程度的6649人，具有中专文化程度的13106人，具有高中文化程度的58122人，具有初中文化程度的191593人，具有小学文化程度的378303人。全市人口中，文盲、半文盲人口100587人，占总人口的11.48%，

据凉州区2005年全国1%人口抽样调查，全区常住人口中，具有大专及以上文化程度的人口为5.31万人，占6岁及以上人口比重为5.68%；高中程度的人口为13.08万人，占6岁及以上人口比重为13.99%；初中程度的人口为32.77万人，占6岁及以上人口比重为35.04%；小学程度的人口为31.07万人，占6岁及以上人口比重为33.23%。与2000年第五次全国人口普查相比，大专及以上文化程度人口增加3.07万人，比重上升3.12个百分点；高中程度的人口增加2.15万人，比重上升1.81个百分点；初中程度的人口增加3.73万人，比重上升1.77个百分点；小学程度的人口减少4.05万人，比重下降7.01个百分点。

四、年龄构成

1990年后，凉州区人口的年龄结构有很大变化，少儿人口的比重已大大下降，由1990年的26.5%下降到2009年的20.9%，下降5.6个百分点。65岁以上老年人口比重有所上升，从4.68%上升到6.33%，上升1.65个百分点。劳动力年龄人口比重加大，达到72.7%。

据凉州区2005年全国1%人口抽样调查，全区常住人口中，0~14岁的人口为20.72万人，占20.98%；15~64岁的人口为71.81万人，占72.69%；65岁及以上的人口为6.25万人，占6.33%。与2000年第五次全国人口普查相比，0~14岁人口的比重下降5.64个百分点，65岁及以上人口的比重上升1.84个百分点。

五、城镇人口

据1990年第四次全国人口普查，全市总人口中，城镇人口为139661人，占总人口的15.9%。其中城市人口124644人，占总人口的14.23%。

据凉州区2005年全国1%人口抽样调查，全区常住人口中，居住在城镇的人口为37.9万人，占38.37%；居住在乡村的人口为60.88万人，占61.63%。与2000年第五次全国人口普查相比，城镇人口占常住人口的比重上升了9.6个百分点。

第五节　人口控制

1990—2009年，凉州区人口出生率从1990年第四次全国人口普查的21.35‰下降到2009年的12.38‰；人口自然增长率1990年全国第四次人口普查为15.27‰，2009年为6.64‰，呈现出一个稳定下降的过程。

一、政策法规

1990—2009年，全区新出台计划生育政策法规共24个，在计划生育政策性奖励落实、两女结扎户优先优惠、计划生育户的社会保障措施等方面出台优惠政策。区级财政将农村“两户”（独生子女

二女户奖励资金发放仪式

户、纯女户）的奖励费、养老储蓄、区级承担手术费、环检补助和乡镇计生干部的工资纳入财政预算，将村专干、自管小组长的报酬纳入转移支付。对“两户”奖励及养老储蓄金、奖励扶助、特别扶助、少生快富、特殊困难家庭救助、计划生育转移支付及二女户结扎 3000 元奖励七项经费实行“四权分离”管理体制和“直通车”发放办法。督促相关部门全面落实区政府《关于惠农政策中体现计划生育利益导向的通知》《计划生育优待奖励办法》等文件精神，在落实粮食直补资金中，独生子女领证户按照 2 个子女对待，二女户按照 3 个子女对待。至 2009 年，全区共协调相关部门为 8426 户“两户”家庭多落实粮食直补资金 99 万元；将 118 户农村“两户”、其他实行计划生育的 24 户纳入农村低保户，补助低保金 11.16 万元；72 户农村“两户”在实施的沼气项目中受益；23 户农村“两户”被列为灾民建房对象，补助资金 13.8 万元；为农村“两户”中的 8426 户落实了合作医疗基金中个人自筹部分 29.58 万元，并为农村“两户”取消起浮线，提高 10 个百分点予以报销；为农村 20 户独生子女领证户、18 户二女结扎户免去了饮水工程中的安装费 0.33 万元；为符合条件的 304 名学生（其中升高中、中专加分 222 人，大学加分 82 人）落实加分政策，为“两户”家庭 10592 名学生落实“两免一补”金额达 409.01 万元；在事业单位人员招考、“三支一扶”人员选拔中优先照顾农村“两户”子女。

二、宣传教育

1990 年后，凉州区进一步强化计划生育宣传教育，采取新闻媒体、乡镇婚育学校等形式，广泛深入学习宣传优生优育、生殖保健、优先优惠政策等知识；在公路沿线、群众聚集地制作国策门、国策碑，以及刷写通俗、醒目的墙体标语，成为农村宣传的一个亮点；有的乡镇制作《新农村、新家庭人口和计划生育宣传服务手册》，发放到广大育龄群众手中；条件好的乡镇、街道建立人口文化大院和人口文化长廊；部分乡镇、街道利用群众自乐班子宣传人口和计划生育工作；发动乡、村专干，自管小组长深入开展进村入户面对面宣传教育。通过广泛宣传，营造良好的舆论氛围，提高干部、群众对计划生育基本国策的认识，自觉实行计划生育政策。

三、节育措施

1990 年后，凉州区加强区、乡镇服务阵地建设，全区计划生育技术服务网络已基本健全完善，形成“以区级计生服务站为龙头、以流动服务车为纽带、以乡镇计划生育服务所为中心、以村级计划生育服务室为依托”的服务模式，全区育龄妇女普遍开展放环、结扎、皮埋、人流、引产等节育措施落实。2009 年，全区落实五项节育措施 9338 例，凉州区已婚育龄妇女综合节育率为 93.51%。区服务站、乡镇服务所全部纳入合作医疗定点单位。对技术服务人员强化培训，开展科技大练兵活动，提高乡镇服务所技术人员的业务素质和实际操作能力，提高各乡镇服务所配备的医疗设备使用率，开展技术服务工作。

四、优生优育

1990 年后，凉州区加大优生优育工作力度，全面启动出生缺陷一级预防工作。邀请专业医师、药剂师等对出生缺陷一级干预师资的人员建起流动咨询桌，及时解答育龄群众提出来的问题；对乡、村两级计划生育技术服务人员 100%进行优生优育专业知识培训；对 90%以上的新婚、待孕妇女高危人群进行出生缺陷知识的培训，使知晓率达 90%以上；在乡村组织开展出生缺陷知识竞赛、交流或讨论，给接受出生缺陷干预培训的妇女创造一个机会，使其学到的培训知识及时巩固提高；利用各级计划生育技术服务站建立高危人群信息库，及时跟踪监测高危人群，降低出生缺陷发生率；坚持预防为主，自愿选择，指导新婚、待孕妇女进行优生检测和营养素的补充。至 2009 年，区、乡服务站所免费为农村已婚育龄妇女开展妇女病普查普治工作 3974556 例，对育龄妇女进行妇女病检查占已婚育龄妇女的 42.09%；积极开展出生缺陷干预，使出生缺陷干预人数占出生人口的 87.48%。

第六节　计生技术服务

一、计生技术服务设备

2005 年，凉州区计划生育服务站多方筹措资金 100 多万元，完成全框架三层业务楼的扩建工程，建筑面积 510 平方米。2007 年，省上将计划生育服务站纳入国债资金建设项目，项目总投资 162 万元，其中国家投资 110 万元，地方配套 52 万元。将区农机局办公楼无偿划拨给区人口和计划生育局办公，区人口和计划生育局的办公楼四、五层整体让给计划生育服务站进行改扩建。2008 年，改扩建工程完工后，计划生育服务站总面积达到 2300 平方米。2009 年，计划生育服务站拥有迈瑞 BC-3000 型全自动血球分析仪、尿十项分析仪、日本索尼 B 超图像打印机、新生儿抢救辐射台、心电监护仪和麻醉机等先进的医疗设备 20 余台（件）。

二、计生技术服务

1990—2009 年，凉州区在做好计划生育宣传教育、技术服务、避孕药具发放、优生优育咨询、妇女病普查、健康咨询、生殖保健、避孕节育等技术服务的同时，全区计划生育服务机构积极拓宽业务范围，开展孕前筛查、新生儿出生缺陷筛查、子宫全切术、剖腹产、输卵管吻合、宫外孕、卵巢囊肿及阑尾切除等手术；开展透视拍片、输卵管造影、B 超检查、肝功、三系统化验、白带常规化验等业务项目。计生技术服务单位坚持节假日不休息，正常开展工作，做到 24 小时值班服务，病人及服务对象随到随诊治。经常深入乡镇、街道、社区上门进行婚育新风进万家、关爱女孩、艾滋病预防等内容的宣传活动，每年抽调业务骨干组成小分队，利用流动服务车下乡，开展以妇科病普查普治为主要内容的下乡服务活动。

凉州区志

第十九编

社会生活

本编目录

第一章 人民生活

第一节 收入支出

1990—2009年，凉州区城镇居民人均可支配收入从1990年的1062元增长到2009年的10446元，20年间增长10倍，年均递增12.8%；城镇居民人均消费性支出从1990年的862元增长到2009年的8217元，20年间增长8.5倍，年均递增12.6%；农民人均纯收入从1990年的505元增长到2009年的4823元，20年间增长9倍，年均递增12.7%；农民生活消费支出从1990年的366元增长到2009年的1634元，20年间增长3倍多，年均递增8.2%。

1990—2009年凉州区城乡居民收入支出一览表

表19-1-1 单位：元

项目 年份	城镇居民人均可支配收入	城镇居民人均消费性支出	农民人均纯收入	农民生活消费支出
1990	1062	862	505	366
1995	2417	2229	1120	495
2000	4739	3907	2312	745
2005	6606	5306	3423	1138
2009	10446	8217	4823	1634

第二节 生活消费

20世纪90年代后，武威市城乡居民家庭恩格尔系数显著下降，人民生活水平明显提高。1990年农村居民家庭恩格尔系数为52.8%。2009年农村居民家庭恩格尔系数为29.3%，比1990年下降23.5个百分点。1990年，城镇居民家庭恩格尔系数为55.7%，2009年城镇居民家庭恩格尔系数为40.3%，比1990年下降15.3个百分点。

随着人们温饱问题的解决，在城乡居民生活消费支出中，发展和享受型消费比重上升，特别对文化教育等发展性投入不断增大。1990年农村居民家庭人均文教娱乐用品及服务支出为41.85元，到2009年增加到305.7元，增长6.3倍，年均增长11.0%，其占消费性支出比重由11.4%上升到16.3%；1990年城镇居民家庭人均文教娱乐服务支出为31.2元，到2009年增加到914元，增长28倍，年均

消费市场

增长 19.3%，占消费性支出比重也由 0.04%上升到 11.1%。

随着收入的提高，城乡居民亦开始更多地关注自己的身心健康和饮食。2009 年农村居民家庭人均用于医疗保健支出为 143.9 元，比 1990 年增长 6 倍；2009 年城镇居民家庭人均医疗保健支出为 517.6 元，比 1990 增长 18 倍。2009 年农村居民人均食品支出 473 元，比 1990 年增长 1.5 倍，年均增长 4.8%；城镇居民人均食品支出 3300 元，比 1990 年增长 7 倍，年均增长 10.7%。城乡居民在食品消费支出增长的同时，饮食更加注重营养，膳食结构更趋合理，消费质量不断提高。

1990—2009 年，城乡居民的衣着需求发生三个转变，即从穿暖向穿美转变，从一衣多季向一季多衣转变，从请裁缝做衣到上商场购衣转变。人们的穿着更加注重服装的质地、款式和色彩的搭配，服装的名牌化、时装化和个性化成为人们的一种追求，成衣化倾向也成为衣着消费的主流。农村居民人均购买各种服装支出由 1990 年的 40 元增加到 2009 年的 125 元，增长 2.1 倍，购买各种服装数量由人均 1.2 件增加到 2.6 件，增长 1.2 倍。2009 年城镇居民人均衣着消费支出为 1163 元，比 1990 年增长 7 倍，时尚、得体的穿着已成为人们对美的追求，服装亦已成为现代时尚生活的一个窗口。

城乡居民家用现代化电器设备成倍增长，2009 年农村居民家庭每百户拥有彩色电视机、电冰箱、洗衣机分别为 121.6 台、6.9 台和 92.3 台，而 1990 年仅为 11.7 台、0 台和 16.7 台。

随着城乡居民的消费向学习型、享用型消费产品转移，至 2009 年移动电话、电脑和家用汽车新三件，逐步替代 90 年代初的彩电、冰箱、洗衣机老三件。

第三节　居住情况

20 世纪 90 年代初，城镇居民的住房绝大部分是租赁单位或房屋管理部门的房屋，只有少数居民拥有自己的住房，单位修建的住房以瓦房为主，也有个别单位修建居民楼，房屋面积较小，房屋产权属集体性质，城镇青年结婚的新房大多数为职工宿舍。人口多、住房面积小、三代同居一室是当时的普遍情况。90 年代后期，随着城镇住房制度改革，购买住房渐渐成城镇居民的普遍行为。产权属于单位集体的楼房，平均以标准价、成本价出售给职工个人。这一时期，农村人口开始向城镇转移，城镇出现建房热，住房面积逐步扩大，结构由两室一厅、三室一厅发展到三室二厅或四室二厅。2000 年后，通过建设廉租房和经济适用房解决居民住房难的问题，使许多居民家庭告别低矮、破旧、设施简陋的住房，迁入宽敞明亮、设施齐全的楼房，居住条件明显改善。至 2009 年，城镇家庭居住楼房者约占 89%左右。房屋内外开始贴墙面砖、铺地板砖、木地板，屋内吊顶、装各式灯具等，阳台、窗户装防盗网，房屋装修越来越追求高档材质和多样化。2009 年城镇居民人均居住面积达 26.3 平方米，比 1990 年增长 1 倍多。

20 世纪 90 年代以来，武威市农村居民居住状况变化较大，居住条件和居住环境明显改善。90 年代初，农村居民建房大多数为“四梁八柱”式的土平房，长宽 12~20 米不等，也有部分瓦房，少者四间，多者八九间，有书房、睡房、厨房、储藏室等。每家都打有院墙，安装有庄门。农村人家一般睡

清源镇阳光小区一角

土炕，冬天用麦草、畜粪烧炕取暖。全市农村家庭居住土平房者约为85%以上。2000年后，随着农民收入的不断提高，建房标准和质量要求越来越高，建筑材料多选择砖、水泥、预制板、铝合金门窗等，主要修建砖混结构平房。室内讲究简单装修，用涂料粉墙、地板砖铺地，外墙多为水泥墙面。至2009年，居住砖瓦房的农户约为65%，居住土平房者约为35%，农村开始修建低层楼房。2009年，农村居民人均居住支出为239.8元，比1990年增加231元，增长25倍，年均增长18.8%；人均住房使用面积由1990年的16平方米增加到2009年的24平方米，增长50%。其中，砖木结构和钢筋混凝土结构住房比重逐年增加。在居住环境改善的同时，居住条件也有明显提高，使用水冲式卫生厕所、清洁燃油、燃气和电器的农户不断增加，饮用自来水的农户也越来越多。

第二章　风俗

第一节　衣食住行

一、服饰

20世纪90年代末，武威城乡居民着装有西服、中山装、粗布大衫、学生装、欧式裙子等，样式变化不大，宽松肥大。20世纪90年代末，随着人们生活水平的提高，审美情趣的变化，城乡居民的服饰也紧跟着全国的潮流，颜色由灰蓝色调为主变为五彩缤纷，服装材质丰富，设计新巧，从单一款式走向多样化，皮夹克、风衣、健美裤等一度流行。2000年以来，人们的服饰、装扮注重追求品质和展示自我形象。服装颜色多样、款式较多，面料和质地有涤纶、麻、毛制品，西装、休闲装成为男士首选款式，迷你裙、弹力裤、吊带装、低腰裤一度在年轻女性间流行。儿童及老年人衣饰颜色、面料也发生一定变化，动画服装、动物形状饰品为孩子所爱。中小学生在校期间多穿校服，分春秋季校服和夏季校服，颜色大多数为红白相间或蓝白相间，春秋季校服面料较厚，为长袖、长裤；夏季校服面料较薄，为短袖、短裤或长裤。机关工作人员男青年多打领带，面料多追求毛料或棉织品，款式讲究，梳妆打扮新颖、大方、得体。少数年轻男子开始将头发染成金黄、酒红、紫色等各种颜色。整形、美容、睫毛整烫、漂唇、皮肤护理等在中高收入阶层妇女中开始拥有一定市场。除夏季穿凉鞋外，其他季节主要穿皮鞋、休闲鞋或运动鞋。老年人多穿布鞋，中小学生除夏季穿凉鞋，其他时间多穿休闲鞋或运动鞋。

二、饮食

凉州粮食作物主要有小麦、玉米、谷子、大麦、青稞、洋芋（马铃薯）及豆类等。20 世纪 90 年代初，小麦、谷子、洋芋为百姓的主食。2000 年以来，居民饮食结构有显著变化，干拌面、捞面、饧面拉条子很普遍。凉州人喜爱面食，面食样式品种繁多，有饧面、长面、犁面、搓鱼子、香头子、斜划子、拨疙瘩、韭叶子、窝窝面、炮杖子、转百刀、刀削面等；做法上有汤面、干拌面、炒面、臊子面、炸酱面、凉面等；馍类有馒头、花卷、月饼等；饼类有锅盔、大饼、酥饼子、葱油饼等；油炸食品有油饼子、麻花、油果子等，还有各种包子、饺子以及面皮、酿皮、麻辣粉、肉夹馍等小吃。过去城乡人家到晚秋季节，有腌制酸白菜和咸菜的习惯，这种储备蔬菜过冬的传统，一直流传。自日光温室反季节蔬菜上市以来，城乡居民在冬天也能吃上小白菜、芹菜、韭菜、黄瓜、茄子、辣椒等新鲜蔬菜，腌制酸白菜和咸菜过冬的习惯逐渐淡化，城乡居民日常生活中对禽、蛋、海鲜、奶制品的食用量逐年增加，食品消费逐步由数量型向营养型转变。各种品牌白酒、啤酒、红酒和饮料成为桌上佐餐品，茯茶、绿茶、花茶、矿泉水等饮料亦在日常生活中广泛饮用。

三、家具

20 世纪 90 年代初，大多数农村家庭以立柜、写字台、面柜为主，个别家庭拥有黑白电视机、洗衣机、摩托车，做饭靠柴火和烧煤。到 90 年代中期，70%的城镇家庭开始逐步淘汰黑白电视机，购买 18 吋、19 吋、21 吋大小的彩电。青年人结婚时开始购买组合式家具、转角沙发、席梦思床、遥控彩电。到 20 世纪 90 年代后期，彩色电视机、洗衣机、沙发、写字台在城乡全面普及，城镇家庭拥有冰箱、液化气、饮水机、VCD、洗衣机、席梦思床等。进入 2009 年，大屏液晶电视、电磁炉、电脑、太阳能热水器以及各种款式的衣柜、沙发、床等家具逐步普及。

四、交通工具

20 世纪 90 年代初，居民出行的交通工具主要依靠公共汽车，短途靠自行车或步行，个别家庭拥有摩托车。农村家庭有农用三轮车或农用四轮车，城市中有出租车。进入 90 年代中后期，自行车完全普及，摩托车基本普及。武威至天祝、民勤、古浪、青海门源、内蒙古阿右旗等线路营运线中巴客车逐步增多，部分路段有天津大发、三迪车出租营运。2000 年后，城区和部分大集镇有出租车开始营运，主要车型为夏利、大发、三轮摩托，但也有农用三轮车改装的出租车。2009 年之后，大多数机关单位拥有公务车，部分家庭购买电动自行车、摩托车，个别家庭拥有家用汽车。

五、通信方式

20 世纪 90 年代初，通信方式主要为发信、发电报。大部分机关单位和乡镇配备摇把子电话，各项通知需通过邮电局转接。90 年代中期后，全市开通程控电话交换机，城市中大部分住户开始安装固定电话，农村集镇开设公用电话。无线通信业务逐步开通，不少人购买传呼机。2000 年后，手机、移动电话逐步推广使用。至 2009 年，普通家庭除固定电话外，户均拥有手机 1 部以上。

六、休闲娱乐

从 20 世纪 90 年代初，电子游戏室、卡拉 OK 厅等逐步兴起，城镇居民一度出现跳舞热。进入 2000 年后，舞厅、歌厅、农家乐等娱乐场所不断增多，广场文化兴起，人们在闲暇之际，结伴唱歌、跳舞、打牌、喝酒、饮茶等，娱乐项目不断增多。自2006年起，旅游消费被越来越多的人接受。不少人在当地旅行社组织带领下或自发赴华南五省（市）、北京、西安、青岛、大连、云南和香港、澳门、新加坡、马来西亚、泰国等地旅游，短途旅游的选择在宁夏沙湖、青海湖、敦煌等地。

第二节　社会交际

一、宗族交往

凉州人很重视宗族关系，稍大一点的家族大多有家谱，记载着家族的渊源及每个成员的上下继承关系。一个宗族中，同辈分的男子大多按统一的字号命名。同族之中如有婚丧大事，一般要全族参与，或每家一人，或全家参与，各个家族均有约定俗成的规矩，如逢丧葬则全族晚辈及亡者弟妹一律赴丧。宗族之间大都尊敬长辈，只要是同宗均以辈分论大小。大小辈之间不能说脏话，不能谈色情，不能有不文明的举动。同桌吃饭，要让长辈坐上席，路遇长辈，晚辈一般先主动打招呼。

二、邻里交往

凉州自古民风淳朴，乡邻之间和睦相处，有“远亲不如近邻，近邻不如对门”之说。邻里乡亲之间，因亲戚关系，也有既定的辈分。

如遇红白大事，必聘请东家，在东家里选出大东，主持全盘事务，其余东家各分派一定事务，各尽其责。东家们要从红白大事之初，一直负责到底。如果遇到建房、搬家等之类喜事，邻居也要前来贺喜，主人则设宴款待。如遭遇不幸或生大病，邻里大多前往探视。逢丧事则要凭吊奠纸，逢婚娶具礼相贺叫恭喜，出嫁女儿送礼做客叫添箱，邻居或亲友家生孩子带上礼品去看望叫送奶。若有亲友邻居来访，首先要把客人请进屋，然后让座沏茶，端上馒头。送客必送到门外，并相互道别。如果客人来时不迎去时不送，则是对客人怠慢，是一种失礼行为。

三、酬宾待客

每逢婚丧大事及其他喜庆之事，都要宴请亲友邻居。首先要请客，由主人亲自去请或托人下请帖，如遇丧事，无论大小辈都要行磕头礼。进入21世纪之后，随着手机、电话等通信设施的普及，请客多采用打电话、发短信的方式。吃席较为讲究，长辈必坐首席，晚辈坐下席。坐席人数也有定数，从原来的方桌逐步过渡到用圆桌待客，每桌10人。

四、其他

访亲探友　逢年过节及亲友生病时，必备礼物前去看望，过节时则带自家节日食品。过年时提12个黄皮馒头，中秋节带月饼，端午节拿油饼卷糕，十月初一拿麻腐包子，用意是让亲友品尝自家节日食品，共庆节日。2000年之后，探视亲友多拿水果、乳制品之类。到亲友家时，主人热情接待，有时还要回访。

帮工　同村有人打墙建房，全村人都要出工帮助。帮工是一种无私援助，可以互相帮助，但不一定以工还工，更无报酬之说。但一般要招待饭食。

说和　乡邻之间有纠纷，常请当地有威望、有地位或年长的人（旧称“老哲”）出面调停。经过调停，邻里矛盾大多大事化小，小事化了。

第三节 节庆婚丧

一、岁时节庆

除夕 俗称年关，农历腊月三十（有的年份是二十九）是农历一年的最后一天。是日午后，家家户户打扫庭院，整理室内外环境，接着贴春联、门神、半帘子，燃放鞭炮，表示除旧，晚上吃年夜饭。20世纪90年代以前，家家吃青粉烩菜，并在柜、箱子、锅里放入馒头或油果子叫装仓，表示全家团聚，人寿年丰。进入20世纪90年代后，除夕夜家家吃饺子，表示团团圆圆。2000年后，随着家庭经济条件的改善，除夕夜全家吃年夜饭和围坐在一起看春晚成为一种时尚，也有到酒店餐厅过除夕的人家。但是，不论年夜饭怎么变化，全家老幼饱食后，要剩余一些，意在生活富裕，年年有余。是夜，全家人往往彻夜不眠，叫熬年或守岁。小辈给长辈磕头辞岁，长辈要给小辈发福钱，也叫压岁钱。

春节 俗称过年。进入20世纪90年代，农历正月初一清晨，全家老幼均着新装，齐集堂屋前，设供上香，燃放爆竹，接迎神灵，祭奠祖先，行迎神纳福之礼。接着小辈给长辈拜年。之后，全家吃团圆饭，一般为吃水饺，预示着新的一年开始。在农村，大年初一不去别人家拜年，清晨携带酒肴、香火、馍馍等祭品，赶着牲畜，按“黄历”特定时辰和方向，到村外几十米处烧一堆柴禾，摆上祭品，燃着香火，牵着牲畜，绕着火堆左转三圈右转三圈，之后，由长者念诵祝词（祈祷神灵保佑人畜兴旺之类的祝语），名曰出行。回家时，再将馍馍揣在怀中，此意是空怀出门，满怀进门，取其吉利之意。2000年后，大部分农村正月初一不再举行出行仪式。城市里单位同事之间、同学之间、朋友之间开始相互拜年，送上新春的祝福。

元宵节 农历正月十五亦称元宵节（又称灯会）。20世纪90年代初，正月十五观灯时必从龙灯下钻过，祈求合家平安，万事如意。农村灯会别有情趣，彩灯古朴典雅，乡土气息浓郁。有用玉米芯制作的火炬灯，也有用山药蛋、萝卜头制作的彩灯。墙头上、马棚下，处处有灯，灯火通明。灯会要办3天，即正月十四、十五、十六。进入2000年后，随着科学技术的广泛应用和经济社会的发展，有各种电子的人物灯、动物灯、风景灯供游客观赏，灯会只举办1天。

清明节 也称春祭。20世纪90年代，凉州城乡习俗，凡有坟茔者，须于清明前一二天到坟上供祭品、烧纸钱、添土；无坟茔的在清明前一日夜间，到郊外或自家门前、街道巷口烧纸钱。禁忌在清明节当日上坟、烧纸。进入21世纪后，清明节不再是单一的祭祀，踏春寻柳成为节日活动之一，有的家庭则在清明节开始自驾车短途游。

端午节 也称端阳节。20世纪90年代初，农历五月初五日清晨，家家户户门头插柳枝，有为屈原招魂和避瘟疫之意。小孩手腕系五色棉线或丝线绳，身佩香囊荷包，并在口、鼻、耳边涂抹雄黄酒，相传这样可以避五毒（即蛇、蝎、壁虎、蟾蜍、蜈蚣）。青年妇女讲究绣香草荷包，缀上流苏，赠送亲友。是日，家家吃粽子或油饼子卷糕，亲友间相互馈送。下午，城乡居民成群结伴，游览寺庙。小孩到野外攀树折枝，编织柳帽，以防暑气。这一风俗一直沿袭。

乞巧节 也称七夕节，农历七月七日传说是牛郎织女鹊桥相会的日子。进入21世纪后，乞巧节被称为中国的情人节，情侣之间互赠物品，以示相爱。

中元节 凉州习俗，农历七月十五上坟扫墓，祭祀祖先。

中秋节 20世纪90年代，城乡居民家家蒸大月饼，以示全家团圆。农历八月十五日，晚上待月亮升起时，家家在院内摆设香案，供上月饼及瓜果等祭品，点蜡燃香，家人或各自忙碌，或围坐赏月。蜡香燃完，全家便食瓜果、月饼，谈笑风生，颇有情趣。21世纪后，节日期间不少人把外出旅游作为主要的活动。长年外出的人，则借此机会，回家与家人团聚。

寒衣节 每年农历十月初一，又称“十月朝”“祭祖节”“冥阴节”。这一天，以扫墓、祭拜等形式纪念祖先。农历十月初一后，天气渐渐寒冷，人们祭祀时除了食物、果品、香烛、纸钱等一般供物外，还有一种供物冥衣，祭祀时，把冥衣焚化给祖先，故称“寒衣节”。凉州习俗，有些人家在这一天还有吃麻腐饺子的习惯。

冬至节 冬至日清晨，各家要吃冬至饭。有的人家吃肉汤面条，有的人家用肉丁、面丁、豆腐、粉条等制作丁丁饭，也有人家吃杏皮圪垯子，也叫糍耳子，也有吃羊肉香头饭或饺子的。冬至晚上，民间有垒火堆、放麦草火的习俗，寓有驱寒避邪之意。

腊八 凉州习俗，农历腊月初八日五更煮五色豆粥、豆子面条，全家食用，称腊八粥。腊八日夜晚，也有垒火堆放麦草火的习俗。

腊月二十三 农历腊月二十三送灶神，民间有“腊月二十三，灶爷要上天”的民谣。是日晚上8点左右，户户提前备灶书（用黄表纸书写全家人的姓名、出生年月日），灶糖（麦芽糖或豆糖之类），灶干粮（烙饼），灶马（黄表纸上印有备鞍的马），并备一碟碎麦草，拌几粒豆子，均供于灶神牌位之前焚烧，意示送灶爷上天庭，在玉皇大帝前多多美言，寓有合家平安之意。过腊月二十三，已接近春节，家家户户购置年货，制作食品菜肴，拆洗衣被，打扫房屋，准备过大年。

其他节日 有权粑会、二月二、四月八、六月六等。这些俗节在20世纪90年代初仍沿袭。但是，进入21世纪后，随着习俗的变化，这些节俗活动逐渐淡化。

二、婚嫁

20世纪90年代，儿女婚事首要条件是门当户对，即男女两家经济、社会地位要相当。然后通过媒人（介绍人）互换双方庚帖，占卜合婚，如男女相生互不相克，始可联姻。之后，男女两家互访串看，有相女婿、看家道的过程。经过一段时间的了解，两家同意后，男方通过媒人从中周旋，备以衣料、首饰之类送往女家，俗称订婚或“换手”。然后，男方选定吉日，征得女家同意，举行聘之礼，也称送婚。即男家备衣料、首饰和礼金等物，俗称彩礼，均是双数，送往女家，征得女方同意，始可娶亲。

娶亲之日，男家请伴郎一至二人，伴随新郎，备车前往女家娶亲。富裕人家用铁轮轿车，一般的用扎成彩篷的大车，山区也有用马娶亲的，但禁忌用骡子（因骡不生驹）。女方也请伴娘一至二人，陪同新娘。新娘出门时，须有其兄或弟抱上轿车。新娘入门时，脚不沾地，用两三条毛毡轮换铺地，新娘踏过，进门后，新婚男女同拜天地、拜双亲，此谓奠雁之礼。

凉州城乡人家，在结婚之日，男家讲究待客。男方亲朋称东客，女方亲朋称西客。宾客临门，先是烟茶，后以茶、馍（或油果子）招待，稍后再入宴席。农村经济条件好的设鸡肘席，以肉为主，四碟八碗（取其成双成对之意）。

进入21世纪后，随着人们的思想观念解放和生活水平的提高，男女自由恋爱逐步流行，结婚前再不占卜合婚，只要双方愿意，条件相配便定亲，登记领证，选择吉日结婚。结婚前还要到专业的婚纱影楼拍结婚照。整个结婚过程有专业的婚庆公司负责，包括乐队、主唱、摄像、主持、婚车装扮和结婚场地装饰等。婚宴大多选择在酒店进行，一般西客和东客在一起吃酒席。也有部分农村人家结婚仪式在家中举行。酒席一般设海菜头席，讲究以海参、鱿鱼、发菜等名贵菜肴为首道菜、二道菜上席，再配以烟、酒、糖、茶和瓜子。筵席间，不论城乡，男方一定要招待好西客，做到酒足饭饱。

城市和农村一样，结婚时，新郎、新娘还要穿结婚礼服，敬酒时，新娘有专门的敬酒服。婚礼结束后，新郎、新娘入洞房后，有揭盖头、吃交杯酒、行合卺之礼，晚间亲朋邻居青年男子到洞房谐戏新婚夫妻，俗称闹洞房。次日清晨，新婚夫妻拜高堂、偈姑嫂。婚后第三天，新郎到女家做客，当日即回，俗称回门。婚后第四天，新妇始入灶房开始操作炊事，第一顿饭称试刀面。婚后十天左右，新娘回娘家，住数日返回，俗称坐对月。至此，婚礼始告结束。

三、丧葬

20世纪90年代，家人去世后，子女迅速向亲朋好友报丧，见面后要叩头，在自家门前燃火一堆，以告邻里家中有丧事。有些人家有在街门墙上贴讣告的。儿子、儿媳和女儿都穿白孝衫，腰系麻辫，跪于灵柩前轮流看守。外甥和女婿只戴孝帽，腰系孝带。孙子戴孝帽，帽檐缀一红布条。一般亲戚朋友均带纸箔等祭品陆续前来灵前焚纸上香，主家请道士伴奏哀乐。在埋葬前日，请道士（或僧人）做道场、诵经，祈祷神灵保佑殁者免受磨难，到极乐世界。到茔地后，将灵柩放入墓穴前，烧化纸货，扫清墓穴，再将灵柩平稳放入墓坑中，由家人及亲朋填土起冢，将丧杖及迎魂幡插于坟堆上，坟堆顶端放一块石头。至此，殡葬仪式完成。葬后第三日，亲属要到坟上培土修冢，俗称攒坟。从死亡之日起，每七日要烧纸上香，直到七七为止。死后百日和一周年之时，祭奠亦甚隆重。70岁以上老人病故，在发丧之日或殡葬之后，以喜事设筵待客。进入21世纪后，随着通信技术的发展和手机的普及，报丧已不再沿用叩头，而通过打电话或委托别人告知，发丧程序也比过去较为简单。有些死者葬在公共墓地，有的死者则葬在农村土坟。丧事筵席在酒店举行，但部分农村人家也在家中举行，筵席菜的数量不讲究单双数，再配以烟、酒、茶和瓜子等。

四、其他习俗

留须　20世纪90年代前，凉州旧俗，男过45岁可留盖须，也称八字胡。60岁始留全须（即盖须、子须、下须）。留须要择虎年或龙年，其须称虎须或龙须。留须要择吉日，并请至亲好友，备酒宴招待。进入20世纪90年代这一习俗仍然保留，只是男子满60岁时才会留须。进入21世纪之后，随着人们思想观念的不断更新，这一习俗已逐渐消失。

祝寿　20世纪90年代时，祝寿一般多在50、60、70、80岁诞辰之日，举庆寿之礼，是日全家团聚，子孙给寿星磕头拜寿。亲友馈送寿面、寿桃、寿糕等礼品，前来祝寿。家人备酒宴招待，还讲究吃长寿面（即长面），意在延年益寿。进入21世纪后，随着人均寿命的不断提高，50、60岁的老年人一般不再祝寿。

送奶　妇女生育后，娘家人带礼品（馍馍、面食、肉类、奶制品）前来看望，俗称送奶，表示喜庆和慰问。亲朋好友也有送羊肉、鸡和鸡蛋的。有的则做一罐臊子面或羊肉香头子，意在为产妇补身子和催奶。

洗三　婴儿产后第三天，给婴儿洗澡。

过满月　婴儿生下满一个月，要过满月。是日，给小孩剃胎发，穿新衣，由产妇抱出与亲友见面。亲友则送衣物或银手镯、银锁子等礼物。娘家还讲究送红皮熟鸡蛋，主人设酒肴招待。

过百禄　小孩百日或106天要过百禄。是日家人走街串巷，向百家化各色线头，编成长带，缝于小孩帽后，意在长命百岁，富禄安康。还有穿百家衣的，小孩过百日之时，家人向左邻右舍化各色小布块，缝缀成小衣服，叫做百家衣，寓有百家保护、健康成长之意。

拜干亲　有的人家为小孩健康成长，避免灾难，有拜干亲之俗。主人事先征得被请者的同意，择定吉日，请到家中，小孩给干爹干妈磕头；干爹干妈给小孩赠送衣物，戴长命锁，寓意干爹干妈可保佑小孩避灾祛难。以后两家常来常往，视为至亲。

禁忌习俗　忌讳人殁后说死，对老人应该说过世、不在或走了，对小孩夭折应该说糟蹋，忌讳对胖人说肥，对成年人应该说福态，对婴儿应说胖。忌讳在春节或喜庆之日打烂家什。忌讳在喜庆节日说不吉利的话。忌讳母鸡叫鸣，认为不祥，要宰杀掉。禁忌已结婚姑娘在娘家过年，禁忌夫妇在主人家同宿。禁忌春节期间妇女做针线活。忌讳男人进产妇房。禁忌身戴重孝者（穿孝服）进别人家去，孝子报丧，只能跪在门外。殁后入殓，禁忌妇女在场。禁忌主人重病时外人贸然闯入卧室。

第四节　称谓

一、重秩序

（一）直系血亲

父亲为“爹”或“爹爹”“爸爸”，母亲为“妈”或“妈妈”“娘”。祖父为“爷”或“爷爷”，祖母为“奶奶”；曾祖父为“太爷”，曾祖母为“太太”；高祖父为“祖（老）太爷”，高祖母为“祖（老）太太”。子为“儿”“儿子”或“娃子”，女为“女子”“姑娘”或“丫头儿”“丫头子”；子之子为“孙子”或“孙娃子”“孙娃儿”，子之女为“孙女儿”或“孙丫头”；曾孙孙子孙女为“重孙子”“重孙女”。母系直系血亲，母亲的父、母面称爷爷，奶奶，背称外爷爷，外奶奶，或姥爷，姥姥；母亲的兄弟姐妹为舅舅、姨娘，配偶为舅妈、姨父；舅舅、姨娘的子女面称哥哥、姐姐，背称表兄弟、表姐妹。

（二）旁系血亲

称曾祖父的兄弟姐妹为大太爷、二（小）太爷、大姑太太、小姑太太；祖父的兄弟姐妹为大爷、二（小）爷、大姑奶、二（小）姑奶等；面称父亲的兄弟姐妹为大爹、X老老、X爸、X姑妈、X娘娘等，背称父亲的同辈兄弟为“叔老子”。称自己的兄弟姐妹为X哥、X弟、X姐、X妹等。背称同宗亲属前面加“堂”字，如“堂兄弟”“堂弟兄”。

二、重亲情

（一）对姻亲

面称以血缘关系的称谓称呼。娶进门的媳妇称呼丈夫的所有亲人，有时随丈夫。如，称公公为“爹”“爸”，婆婆为“妈”“妈妈”。有时以自己的身份称呼，又有背称与面称之别，如面称大伯为“大伯”，小叔为“小叔”，哥哥为“哥哥”，弟弟为“弟弟”，大姑子为“姐姐”，小姑子为“妹子”等。

（二）对族亲

称呼同辈的妻子和同辈的丈夫一律同嫡亲兄弟姐妹。如，称同辈人的妻子，年龄比自己大的，称“张姐”“王姐”（姐前为其姓），或称“嫂子”“大嫂子”“二（小）嫂子”；年龄比自己小的，按称呼自己妹妹的方式，直呼其名，或称“妹妹”。称呼同辈人的母系亲属也一律同称呼自己的母系亲属称谓一样，如“舅舅”“舅妈”，自己的配偶称呼这些人时，也如此称呼。

（三）对庄亲

即对同村异姓人的称谓，也通过与本原族扯亲戚关系的办法用亲属称谓称呼，突出亲情。一般按辈分关系，依次冠以姓氏，称X爷爷、X奶奶、X爸、X婶婶、X哥、X嫂。同辈老年也互称X爷、X奶奶。

三、分亲疏

（一）面称

对于丈夫来说，称呼妻子的亲人，称岳父为“大老子”“爸爸”，岳母为“大妈子”“妈妈”。对岳父、岳母的同辈人，以对岳父、岳母的辈分称呼，如称呼为“爸爸”“大老子”,“妈妈”“大妈子”等。婚姻双方的父母，互称“亲家”，有时以女儿或女婿的身份称呼以示敬意。

（二）**背称**

凉州语言里有一套专用来区分亲疏的称谓。

夫系亲属习惯称谓 如，称夫之父为“公公”(背称)“爸爸”“爹”(面称)，夫之母为“婆婆”(背称)“妈妈”“妈”(面称)。有些地方，则减低辈分以自己儿女的身份称呼丈夫的父亲和母亲为“爷爷”“奶奶”。面称，一般随夫，背称，哥则为“阿伯子”，嫂为“嫂子”；弟为“小叔子”，弟媳为“小婶子”；姐姐为“大姑子”，妹妹为“小姑子”。

妻系亲属习惯称谓 面称，有特殊的称谓。背称，称岳父则为“外父”，岳母为“外母”；妻子的兄长为“大舅姥”“大舅子”，弟弟为“小舅姥”“小舅子”；姐为“大姨子”，妹为“小姨子”。称呼妻子姐妹的丈夫为“挑担”。

宗亲习惯称谓 宗族之人称之为“当家子”“一家子”。在宗亲称谓中，凉州按亲疏远近的不同，区分为不同的亲疏层次。由亲到疏的排列次序为：亲爹亲妈、亲兄弟姐妹、亲爷爷奶奶、亲太爷叔姑、亲叔伯太爷叔姑（与父亲同一祖父）、亲叔伯兄弟姐妹（同一祖父）、亲叔伯祖太爷（与爷爷同一祖父）。此为五代宗亲，俗为“五服”，称“亲房”“个家的（自个儿家的人）”。“五服”之外的亲疏关系一般以祖坟来确定，称为“一个坟地里的”“一个老坟里的”。以上这些宗亲范围，大多都在族谱中体现出来，在背称时往往加以强调，前加“亲”“亲叔伯”“叔伯”“五服”“一个坟地”等语。有的地方，同姓而血缘较远的也称为“当家子”。

远亲习惯称谓 亲戚的亲戚，面称与至亲一致，背称，则为“拉搭子亲戚”“拉拉子亲戚”，祖先的亲戚称为“老亲”“老亲戚”。凉州称谓里，以对嫡亲特有的直接称呼表达亲情，以示远近。对嫡系亲属，长辈可以直呼儿孙辈的“小名字”(乳名)。对于嫡亲兄弟姐妹来讲，哥、姐也可直接称呼弟、妹乳名，但一般限于弟、妹少儿时期。同辈哥、姐也可用排行称呼已婚的弟妹，但用语有所不同，有时以“老二”“老三”或“老二家”“老三家”称之。凉州称谓里，还有一些特定的拉开亲疏距离的称呼方式。在嫡亲中，长辈的名字属于家讳，不得直称；但是，对三代以外的宗亲、庄亲，则可以用亲属称谓前加被称呼人名字的方式背称，如称“XX 大爷”“XX 三老老”“XX 二哥”等，但不得面称，面称仍如称呼自己的至亲一样。

四、别内外

对外亲称谓体系作“外”化处理。对姐妹、女儿、孙女的后代子孙，称呼之前一般加“外”字。如“外甥子”“外孙子”“外重孙子”。

用独特的形式称呼已嫁的女儿、姐妹。父母称呼未嫁已嫁的女儿为“姑娘”；非亲生，一般在“姑娘”之前加其姓氏，如“张家姑娘”。同辈兄弟姐妹称呼已出嫁的姐妹、妹妹，称“姐姐”“妹妹”。

五、重礼仪

尊称、他称、直称讲究。面称，一般都要尊称。他称，即降一辈或数辈称呼对方，这是凉州区称谓的一个特点。如，有时站在儿女的角度称呼自己的父母为“爷爷”“奶奶”。对比自己年龄大的晚辈，有时也降一辈或数辈称呼，如“傢的爷”“傢的叔”“傢的婶”等。直称，一般对同辈岁数比自己小的人，或辈分低的人，可用直称，也可尊称。

第三章　民族宗教

第一节　民族

据2000年全国第五次人口普查，凉州区有汉族、蒙古族、回族、藏族、维吾尔族、苗族、彝族、壮族、布依族、朝鲜族、满族、侗族、瑶族、白族、土家族、哈萨克族、黎族、佤族、东乡族、纳西族、柯尔克孜族、土族、达斡尔族、撒拉族、毛南族、锡伯族、塔吉克族、怒族、德昂族、保安族、裕固族、独龙族、门巴族33个民族。全区少数民族人口合计6679人，约占全区总人口的0.71%。相对集中居住在城区各街道和张义、武南、黄羊、金羊等乡镇。大杂居、小聚居是凉州区少数民族的一个显著特点。

一、回族

据2000年第五次人口普查，全区有回族人口2842人，占全区总人口的0.3%，主要居住在城区、张义镇、武南镇、黄羊镇、西营镇。回族中年以上的男子戴白色小帽，妇女戴黑、白或绿色的盖头。回族人以米、面为主食，吃牛肉、羊肉、驼肉等肉食，不吃马肉、驴肉、骡肉、狗肉，禁食猪肉，喜喝茶。逢年过节炸油香、馓子等食品。回族人从出生时开始，请阿訇起回族名字，结婚时请阿訇证婚，殁亡后请阿訇主持殡葬。回族实行土葬、速葬、简葬（或称薄葬），殁亡后称归真。一般在三日内埋葬，将亡者净身后用白布包身土葬，用移尸匣运入墓地。回族有两大节日，即开斋节和古尔邦节。开斋节是斋戒期满的日子，一般在回历的第九个月举行斋戒，10月1日斋戒期满。古尔邦节在开斋节后的第70天举行，即回历的12月10日，也是教徒赴麦加朝觐的最后一天，回民宰杀牛羊庆祝。

二、满族

据2000年第五次人口普查，全区有满族人口1037人，占全区总人口的0.11%，主要散居在城区和金羊镇新城村。满族妇女着直筒旗袍，脚穿绣花鞋，男子头戴西瓜皮小帽，脚穿双鼻梁布鞋。满族家庭若新生男婴，则月房门上挂一弓箭，以示成人以后成为勇士；若是女婴，则挂圆月圈。满人称米、面制成品为“饽饽”，饮食中有糕、点、饼、果、包、饺、菜，做法有蒸、炸、烤、烙、煮。满族禁吃圆蹄牲畜肉和狗肉。满人的姓氏多以地为氏、以部为氏、以姓为氏，现在大多从汉姓。满族一般信仰萨满教。

随着民族融合，满族的许多民族习惯正在日益消失。1991年11月，武威市满族联谊会举行皇太极定族名为满洲称号355周年的纪念活动。满族群众每年10月1日庆祝民族节日颁金节。

三、藏族

据2000年第五次人口普查，全区有藏族人口1403人，占全区总人口的0.15%。藏族名字多取自佛教经典，在汉藏杂居的地方，藏族也有从汉姓的。藏民不吃马肉、驴肉和狗肉，对吃大蒜有禁忌。敬献哈达是藏族对客人最隆重的礼节，献的哈达越长越宽，表示的礼节也越隆重。藏民对客人有敬献奶茶、酥油茶和青稞酒的礼俗。藏族的民间节日有藏历新年、酥油灯节、浴佛节等。藏族群众普遍信奉藏传佛教，即喇嘛教。藏族群众最忌讳别人用手抚摸佛像、经书、佛珠和护身符等圣物。藏族的丧葬形式有火葬和天葬。

四、其他少数民族

凉州区内可识别的少数民族，还有蒙古族、维吾尔族、苗族、彝族、壮族、布依族、朝鲜族、侗族、瑶族、白族、土家族、哈萨克族、黎族、佤族、东乡族、纳西族、柯尔克孜族、土族、达斡尔族、撒拉族、毛南族、锡伯族、塔吉克族、怒族、德昂族、保安族、裕固族、独龙族、门巴族 29 个民族，但人数很少，都是因工作调动、家属跟随或经商贸易、从事技艺迁居来的，也有本地汉族外出，与外地少数民族女子婚配后，新生婴儿随母而迁来的。

第二节 宗教

一、佛教

2009 年，全区有信仰佛教群众 1.5 万多人，有佛教教职人员 47 人（僧侣 42 人、僧尼 5 人）。开放的佛教活动场所主要有鸠摩罗什寺、海藏寺、恒河寺、恒沙寺、法轮寺、光寿寺、平沟寺、光佛寺、普济寺、延寿寺、亥母洞寺、松涛寺、观音山寺、东竺寺、清凉寺、天城寺、接引寺、高兴寺、洞儿寺 19 处，分布在城区和高坝、武南、谢河、黄羊、金羊、金沙、下双、发放、清源、新华、张义、西营、松树、怀安等乡镇。

佛教协会 1996 年，武威市佛教协会第二次代表大会召开，选举协会会长、副会长和秘书长。2004 年，凉州区佛教协会第三次代表大会召开，选举协会会长、副会长和秘书长。2009 年，凉州区佛教协会第四次代表大会召开，选举释理方为会长，释观照、释理普、释道安、王森为副会长，朱兴祖为秘书长。

海藏寺 位于金沙乡李家磨村一组，始建于东晋。唐玄奘西行取经，曾在海藏寺念经拜佛，讲经说法。1247 年，藏传佛教萨迦派第四代祖师萨迦班智达·贡噶坚赞主持重新修缮海藏寺。明正统十年（1445）赐海藏寺《大藏经》。1487 年，海藏寺重修，明宪宗赐名为“清应禅寺”。清初，重修藏经阁。1986 年，开放海藏寺大雄宝殿为佛教活动场所。1996 年，海藏公园将海藏寺移交佛教协会管理，占地面积 13460 平方米。海藏寺寺内藏有《大正藏》《碛砂藏》等众多佛经，常住教职人员 14 人，信教群众 3000 多人，主要分布在城区及金羊、金沙、怀安、高坝等乡镇。

鸠摩罗什寺 位于城区北大街西侧 66 号，始建于东晋后凉时期（386—439），是中国佛经大翻译家鸠摩罗什进入内地驻锡 17 年的寺院。约公元 450 年，建罗什寺塔。1403 年，明朝对鸠摩罗什寺进行较大规模修复。1437 年，明英宗为罗什寺颁发大藏经。明朝后期，罗什寺被朝廷钦定为陕西凉州大寺院。1690 年，清朝对罗什寺再一次进行大型修缮。1927 年武威发生大地震，罗什寺塔被摇塌，剩一半残塔。1943 年，国民政府在原址上重修罗什寺塔。1998 年，武威市政府批准对鸠摩罗什寺进行修复。1999 年，开放为佛教活动场所。鸠摩罗什寺规划占地 102.4 亩，建有大雄宝殿，东、西厢房，鸠摩罗什纪念堂和观音殿，教职人员 11 人，信教群众 1800 多人，主要分布在城区及武南、金羊、黄羊等乡镇。

恒沙寺　位于发放镇沙子沟村四组，始建于唐朝贞观年间。清康熙年间更名为观音寺。1927 年在大地震中殿宇全部毁坏。1995 年开始重建，并开放为佛教活动场所。恒沙寺占地 9324 平方米，建有大雄宝殿、天王殿、山门等，各殿供有佛、菩萨、罗汉、金刚护法 40 多尊，寺内有《乾隆大藏经》2 部，教职人员 2 人，信教群众 1300 多人，主要分布在发放、清水、清源、羊下坝、金羊等乡镇。

松涛寺　位于金羊镇松涛村六组，重建于明朝正统年间。1995 年，开放为佛教活动场所。占地面积 726 平方米，建有大雄宝殿、观音殿、地藏殿、财神殿、娘娘殿等，有塑像 58 尊，教职人员 1 人，信教群众 400 多人，主要分布在金羊、金沙等乡镇。

松涛寺

亥母洞寺　位于新华乡缠山村南侧，建于西夏正德四年（1130）。初建时称国佛院，明代改名为亥母洞寺，清雍正年间重修。1927 年在大地震中亥母洞被摇塌，寺院内殿堂尽毁。1987 年当地信教群众自发募捐重修亥母洞寺。1987—1989 年，亥母洞先后出土藏文和西夏文书、经卷以及帛画、各种泥石雕像、藏式佛塔 4 座。1995 年在山下居民点开放佛教活动场所，为亥母洞寺，占地 1200 平方米，有藏经洞、大雄宝殿、菩萨殿等主要建筑，无教职人员，信教群众 500 多人，主要分布在新华乡。

光寿寺　位于黄羊镇李宽村八组，建于清朝时期。1927 年在大地震中被毁坏，后经修复。1995 年，开放为佛教活动场所。光寿寺占地 7000 平方米，有僧尼 10 人，信教群众 300 多人，主要分布在黄羊、河东等乡镇。

二、道教

2009 年，全区有信仰道教群众 3500 多人，道教教职人员 456 人（全真派 2 人，正一派 454 人）。教职人员主要集中在永昌、双城、武南、高坝和张义镇。正一派道士大都以农为主，以道为副，有事应事，无事务农。1995 年以来，开放的道教活动场所有雷台观、张义镇观音山道观、金塔乡老爷山道观、松树乡莲花山财神殿等。

道教协会　1995 年，武威市道教协会成立，第一次道教协会代表大会召开，选举道协会长、副会长和秘书长。2000 年，武威市道教协会第二次代表大会召开，选举道协会长、副会长、秘书长和协会理事 15 人。2008 年，凉州区道教协会第三次代表大会召开，选举王祯为道协会长，冯殿臻、侯振虎、王智、李发生为副会长，邵永祯为副秘书长。

雷台观

雷台观　位于凉州城北西路，始建于东晋元帝大兴四年（321）。雷台观台高 8.5 米，南北长 106 米，东西宽 60 米，黄土垒筑，前有山门，上有二平门、雷祖殿、三星斗姆殿、风伯雨师殿及东西配殿。1969 年，雷台下汉墓出土有金、银、铜、铁、玉、骨、漆、石、陶等珍贵文物 231 件，古钱币 3 万枚，铜奔马及 99 件铜车马仪仗俑。1994 年，开放为道教活动场所，占地面积 6360 平方米，有教职人员 238 人，信教群众 1000 多人，主要分布在凉州城区及金羊、谢河、松树、怀安、羊下坝、四坝等乡镇。

观音山道观　位于张义镇堡子村观音山，始建于西夏。在 1927 年大地震中尽毁，1958 年被全部拆除，1991 年开始修复。1995 年，开放为道教活动场所，占地 3600 平方米，有三清殿、玉皇殿、药王殿等殿宇。无教职人员，有信教群众 400 多人，主要分布在张义镇。

老爷山道观　位于金塔乡黄康村，始建年不详。原有殿堂 72 座，在 1927 年大地震中被毁，1962 年开始重建。1995 年开放为道教活动场所，占地面积 5000 多平方米，有无量殿、文昌殿、财神殿等殿堂，无教职人员，有信教群众 1000 多人，分布在金塔、松树、怀安等乡镇。

财神殿　财神殿原称莲花山道观，位于松树乡科畦村莲花山。1962 年被人为拆毁，1995 年在原址修建财神殿、三星殿，并开放为道教活动场所。2002 年再次重修财神殿等。占地 2000 平方米，无教职人员，有信教群众 400 人，主要分布在松树、怀安等乡镇。

三、伊斯兰教

2009 年，全区有伊斯兰教信教群众 3000 多人，主要集中在城区东大街、东关街和张义镇，有教职人员 17 人（阿訇 2 人、满拉 15 人）。开放的伊斯兰教场所有 2 处，即城区东关清真寺和张义镇石头坝清真寺。

伊斯兰教协会　1996 年，武威市伊斯兰教协会成立，召开第一次代表大会，选举会长、副会长、秘书长。2004 年，凉州区伊斯兰教第二次代表大会召开，选举会长、副会长和秘书长。2008 年，凉州区伊斯兰教第三次代表大会召开，选举白建林为会长，马海祥、马永龙、马胡赛尼为副会长，王玉祥为秘书长。

东关清真寺　位于东关街寺巷子 23 号，始建于 1920 年，后毁于 1927 年大地震。1928 年重建小寺，1942 年在小寺基础上建凉州清真大寺。20 世纪 60 年代拆除，80 年代又恢复宗教活动。1984 年修建大殿至 1986 年完工。1989 年建成面积 247 平方米的办公、住宿、沐浴二层楼房一座。1991 年建成唤醒楼。有教职人员 16 人，信教群众 2700 多人，分布在城区及武南、黄羊、西营、四坝等乡镇。

石头坝清真寺　位于张义镇石头坝村二组，始建于民国时期。1995 年开放为伊斯兰教活动场所，占地 480 平方米，有大殿 1 座，生活用房 4 间，教职人员 1 人，信教群众 200 多人，主要分布在张义镇石头坝村。

四、天主教

2009 年，全区有天主教信教群众 4000 多人，主要集中在城区和西营、松树、怀安、金山、金羊、四坝等 17 个乡镇，有教职人员 20 人（神甫 5 人、修士 6 人、修女 9 人），开放的活动场所有城区教堂、松树教堂、沿沟教堂、营盘教堂、杂沟教堂、胡家庄教堂、新城教堂、新兴教堂 8 处。

天主教爱国会　1999 年，武威市天主教爱国会第二次代表大会召开，选举主任、副主任。2008 年，凉州区天主教爱国会第三次代表大会召开，选举杨嘉元为主任，杨宗学、韩映斌、马国祥为副主任，杨宗学兼任秘书长。

松树教堂　位于松树乡松树村，建于明崇祯十一年（1638）。在清顺治、康熙、光绪及民国时期屡有添建。1927 年前松树教堂一度是甘肃及兰州教区教会中心。一度时期被关闭，1981 年批准开放。2005 年重建教堂，面积 30659.5 平方米，有主经堂 1 座、小经堂 4 间，其他房屋 322 间，教职人员

13 人，信教群众 1000 多人，主要分布在松树、柏树、金塔等乡镇。

城区教堂　原址位于一中巷子西口，市财政局院内。建于清康熙三十年（1691）。清光绪五年（1879 年），凉州城内教徒会长郝时智购得城内西小南街（今胜利街）东侧杨姓人家房屋 7 间改建而成，文化大革命期间被关闭。2006 年，搬迁至城区西二环路，建筑面积 1150 平方米。有教职人员 5 人，信教群众近 2000 多人，主要分布在城区和金羊、高坝、武南、黄羊、金沙等乡镇。

松树教堂（1910 年）

金山营盘教堂　位于金山乡营盘村，建于清咸丰十年（1860），一度时期被关闭。1986 年重建教堂一座，2008 年再次重建，2009 年竣工使用，面积 1169 平方米。有教职人员 6 人，信教群众 900 多人，分布于营盘村等地。

新城教堂　位于金羊镇新城村韩家庄。建于 1916 年，1927 年毁于地震，1930 年重建，一度被关闭。1994 年动工修建，1995 年竣工，面积 1229 平方米。有教职人员 6 人，信教群众 600 多人，分布于东城区等地。

五、基督教

2009 年，全区有基督教信教群众 700 多人，爱国宗教团体 1 个（凉州区基督教三自爱国运动委员会），有牧师、教师各 1 人，有教堂 1 处（城区东大街县府巷），活动点 2 处（城区火车站街、武南镇育新社区）。1995 年，基督教火车站活动点、武南活动点批准设立。

基督教城区教堂　基督教城区教堂位于东大街县府巷 40 号，1993 年，在基督教会原址上修建，占地 940 平方米，有教职人员 2 人，信教群众 600 多人，主要分布在城区及和平、金沙、金塔、新华、永昌等乡镇。

凉州区志

第二十编

人　物

本编目录

第一章　人物传略

周汉臣

周汉臣（1908—1992）　原名周俊，武威市清水乡人，著名老中医。18岁开始从医，历任第十区、第十四区卫生工作者协会主任。曾在清源区卫生院、县工交局职工医院、县中医医院工作，于1979年晋升为主治中医师。周氏性格温和，谦虚谨慎，酷爱医学，对清陈修园医书七十二种和《医宗金鉴》熟记于心，尤以《伤寒杂病论》《金匮要略》造诣较深，常以经方治病，每多捷效。主张“方剂之大小，不在药味之多寡；去病之灵应，不在药量之轻重”。对经方，化裁灵活，运用自如，权衡在变，师古而不泥古。善于学习现代医学科学知识，借西医之长，补中医之短，相助而理，相互参证，无门户之见。临床工作60余年，积有丰富的实践经验，著有“消渴、中风”治验病案二则。晚年仍孜孜不倦，求诊者常盈门庭。

李振华

李振华（1910—1992）　又名李新学，李丹，甘风，武威市高坝镇人。1936年毕业于上海蒙藏专科学校。1937年1月，投奔革命圣地延安，同年4月加入中国共产党，为武威最早的共产党员之一。1938年春回甘肃，并受甘肃工委派遣到武威展开工作，任中共武威临时县委书记。1940年6月，被国民党马步青骑五军军法处以“阴谋活动罪”逮捕，送第八战区军法处关押；9月保释出狱，一度和党组织失去联系。1948年经甘肃工委罗杨实介绍又去延安，1949年8月经孙作宾介绍来武威。1949年9月16日武威解放，9月18日武威县委、县政府成立，任武威县人民政府第一任县长。10月12日，武威县人民法院成立，李振华兼任武威县人民法院院长。1950年6月，任甘肃省人民政府交通厅副厅长。1950年10月，任西北军政委员会交通部部长。1951年1月，先后任国营西北汽车运输公司经理、西安化工学院副院长。1952年2月，先后任交通部西安建筑公司、西北运输公司经理。1958—1982年，先后任西安化工学院、公路学院副院长、顾问等职。

邸膺卿

邸膺卿（1911—2000） 原名邸生福，甘肃武威人。1927 年毕业于武威师范讲习科，1939 年受教于名中医权爱棠门下，学医 7 年而成。1946 年开始行医。新中国成立后，参加兰州国医健民研究学社、县中医师公会、县卫生工作者协会等学术组织。从 1950 年起，先后在健民联合诊所、张义区卫生院、县运输业联合社医务所任中医师、副主任中医师。邸氏对中医古籍和儒家经书凡有本者无不捡读。对古之《武经韬略》《金镜玉函》《奇门遁甲》悉得观览，尤其对中医学之“五运”“六气”学说颇多研究心得，世人称“半仙”。1981 年编纂《从五运六气穷源中医学说》一文，约 4000 字，对武威中医学术水平现状予以评析。邸氏善于总结经验，集有少林僧传的很多伤科秘方和名家效方，足珍足宝。1985 年，邸氏将所藏古医籍捐奉给甘肃省中医学校。邸氏生性耿直，生活俭朴，记忆力超群，对凉州城内的古今史事、人物风情等都熟记于心，有“百事通”“活字典”之誉。

杨隆凯

杨隆凯（1918—1990） 原名杨丰林，原籍陕西省志丹县杏河乡老庄村。1935 年参加革命，次年 10 月加入中国共产党。在土地革命战争和抗日战争年代，先后担任少先队队长、团支部书记、青救会主任、除奸主任、代理乡长、区保安助理员、文教助理员、区长、区委书记等职，并在延安保安总处干部警政训练班和警政学校学习。1947 年 11 月转入部队工作，在中国人民解放军第一野战四军十师担任过供给部财经工作队队长、政治部民运工作队队长。1949 年 9 月 13 日，古浪解放，奉命率领 20 多名部队留守干部接管古浪县旧政权，于 9 月 17 日组建古浪县人民政府和区乡政府，担任古浪县人民政府第一任县长、古浪县各界人民代表会议协商委员会主席，兼县人民法院院长、县委统战部部长。1953 年任中共古浪县委书记，兼县人民政府县长。后历任中共武威地委委员、武威县委第一书记、中共武威县委书记处书记；中共山丹工委副书记及书记、中共山丹县委书记处书记；中共民乐县委书记；中共张掖地委委员、张掖地委统战部部长，中共张掖地委常委、张掖地委组织部部长、张掖行署顾问等职。

王海如

王海如（1918—2000） 原名王福元，甘肃武威人，中共党员，副主任中医师。曾任武威卫生学校副校长、武威地区中医学会会长、武威地区中医医院名誉院长。王氏幼读私塾 10 年，生性聪慧，好学上进，对儒家经书广为览读，兼习医籍。于 1935 年投身于武威县世成德商号做学徒，其间苦读医籍，1938 年始，在城乡开设小铺，工余遍览诸家医著。1951 年毅然弃商，参加中医师公会，开始业医生涯。1958 年考入北京中医学院进修二年，学习勤奋，学业优异。结业后先后在省中医学校、武威地区卫生学校任教，工余兼以为人诊治，慕名求诊者常接踵不暇，每遇危重患者，常躬履其家，不索取诊金，颇得群众好评。20 多年来，诲人不倦，言传身教，为武威培养了大量医药人才。

李鼎文

李鼎文（1919—2014）　字献甫，甘肃武威人，祖父李铭汉，字云章，受业于著名学者张澍，虽以布衣终其身，但德行高尚，学问渊博，负重望于乡邻，著有《续通鉴纪事本末》等。父亲李于锴，字叔坚。光绪八年（1882）举人，光绪二十一年（1895）进士，入选翰林院庶吉士，后历任知县、知府。李鼎文先生幼年丧父，与母相依为命，少时由长兄鼎超言传身教。民国26年（1937）和29年（1940），先后在武威师范简师科和兰州师范中师科毕业。民国31年（1942），考入西北师范学院国文科，1950年毕业后，任教于武威师范。1956年调甘肃师专（校址在天水）任教，1957年甘肃师专合并到西北师院后到西北师院任教，任中文系讲师、副教授、教授。1987年9月，退休后定居于新西兰，直到去世。李鼎文一生勤于治学，著有《甘肃文史丛稿》《梦槐庵丛稿》等。主编《甘肃古代作家》，撰写其中《胡缵宗》《金蛮》《邢澍》《张澍》4篇。校点《续敦煌实录》《李于锴遗稿辑存》《陇右方言》等书，复校王权的《笠云山房诗文集》。《甘肃文史丛稿》收集了甘肃地方文史研究学术文章42篇，考证36位甘肃籍或旅居甘肃的历史人物的生平、创作及有关史事。《梦槐庵丛稿》共收入85篇文章，主要是古代文学和地方文史研究方面的文章，大量史实皆为考证完备的言论，学术精神难能可贵。《梦槐庵丛稿》中所收的大部分文章是对词语、典故的诠释短文，体现了他的学养和务实的学风，读来亲切自然，使人感受到作者对家乡的热爱和对学术的孜孜以求。

丁二兵

丁二兵（1927—2006）　原名丁尔兵，字石岩，号晓岚，凉州区羊下坝镇人。1944年在国民党206师当兵，1949年9月参加中国人民解放军，故得名“二兵”。历任甘肃省工艺美术学会理事，武威地区美术家协会、书法家协会名誉主席，武威市政协常委。师从国内知名书画家郭登岑、叶方樵、任曼逸、刘老圃、王大平等，诗书画皆精。被誉为西部画坛著名的“丁老鹰”“诗书画三绝”，国家书画鉴定小组成员。著名作品有《石榴图》《山水图》《崛起而飞》《花鸟四条屏》和《命运交响曲图》等，在书画界享有很高声誉。丁二兵两度从戎，历经坎坷，在逆境中遍临历代碑帖，通览书画理论，创作了大量的书画作品、诗词及艺术心得笔记。绘画题材广泛，花卉、翎毛、昆虫、走兽、鳞介、山水、蔬果无不集于画笔之下。作品讲究笔与笔之组合和呼应，用笔轻重疾徐、浓淡燥湿、浅深疏密、流丽活泼，辅以篆籀笔法，笔力雄健泼辣、劲骨苍然，借笔墨传出胸中难达之意、难抒之情。尤其是花鸟、山水作品，笔墨恣纵，或神采灵动，或苍茫宏阔，渗透着独特的奇崛骏傲之气。书画作品先后多次参加省展、省内外交流展，其中水墨画作品《鹭立蓼花滩》入选《二十世纪中国画史》。

杨常青

杨常青（1927—2006）　原名长清，甘肃省古浪县人，中共党员，副编审。少时就读于古浪县私立青云小学，毕业于私立武威青云中学。1946年秋天，于泗水堡中心国民学校任教。1947年春，于龙山镇（古浪镇）中心小学任教。1949年4月6日，参与龙山镇中心小学全体师生“四·六”学潮，被捕入狱。古浪县城解放后，联系组织师生复课，投身于新中国的教育工作。1949年末，在古浪县政府三科（教育科）工作，先后任古浪县第三区（土门镇）、第四区（大靖镇）区长，参加区乡人民政权的建设工作。1952年，从事新闻工作，在甘肃人民广播电台任编辑、记者和藏语广播负责人。1970年1月，到武威县黄羊区委工作。1971年，调武威县革委会政治部宣传组工作。1980年初，开始编写《武威县志》，并于1981年9月任武威县第一届县志编纂委员会副主任，后任武威市志编纂办公室主任、主编。主编出版有《武威简史》《古诗话凉州》《武威历史人物》；主持编纂《武威市志》约160万字，获甘肃省志书一等奖；参与编写的书籍有《凉州史话》《今日武威》《中国历史文化名城大全》。负责校点翻印出版的书籍有清代著名学者张澍手稿《凉州府志备考》和古本《武威县志》等。

刘尔能

刘尔能（1929—2001）　甘肃省古浪县人。1949年9月参加工作，在古浪土改法庭工作。1952年5月至1955年7月担任古浪县第一区副区长。1955年8月至1964年5月，先后任古浪县委农村工作部部长、天祝县委农村工作部部长。1964年6月至10月，任古浪县副县长。1966年至1970年任武威地区农田建设规划队队长，1971年至1983年9月，先后任武威县革委会副主任、县政府县长、县委书记等职务。1983年10月至1990年任武威地区行政公署副专员。

在农田水利工程建设工作方面多有建树。先后负责修建古浪县曹家湖水库、大靖峡水库，永昌县西大河水库，武威县西营水库、南营水库和渠系配套工程建设等。1977年被选为甘肃省水利先进代表，参加全国水利先进代表会议,《人民日报》以《治水专家刘尔能》为题进行了报道。原中共中央政治局常委宋平同志为他题词“刘尔能治水”，对其兴修水利、为农业基础建设方面做出的突出贡献给予高度评价。

马辉

马辉（1930—1952）　凉州区古城镇人。1951年9月参加中国人民解放军，后任中国人民志愿军某部七连班长，共产党员。1952年7月，在抗美援朝战争中牺牲（此为前志补遗人物）。

董吉泉

董吉泉（1942—2009）　凉州区永昌镇人。1965年毕业于甘肃师范大学美术系，后在兰州一中任教。国家一级美术师，中国美术家协会会员，曾任甘肃省美协常务理事，兰州市美协主席，兰州画院院长。作品在德国、马来西亚、新加坡、日本等国家和地区展览。参加六届、八届全国美术展及其他全国性大展。在省内举办个人展览并参加了历届省市展览，获得各类奖励十余次。出版有《董吉泉画集》《董吉泉国画选》《董吉泉西部山水画选》《董吉泉国画作品精选》。

张景发

张景发（1944—2008）　凉州区新华乡人，大学学历，高级经济师，中共党员。1963—1969年，在武威县会馆巷小学任教。1969—1981年，任武威县农机局、工交局人事科长、政工科长。1981—1985年，任武威酒厂副厂长、党委副书记。1985—1987年，任武威凉州曲酒厂扩建指挥部办公室主任。1987—1997年，任凉州皇台酒厂厂长、党委书记。1995—2001年，任政协武威地区工委副主任、甘肃皇台（集团）有限责任公司董事长。2001—2008年，任武威市政协副主席、甘肃皇台（集团）有限责任公司董事长。先后荣获全国劳动模范、全国“五一劳动奖章”、全国优秀轻工企业家等荣誉称号，享受国务院特殊津贴。甘肃省八届、九届人大代表。

1985年始，张景发带领皇台人经过20多年的发展，在凉州建起一座大型酿酒企业集团，其“皇台酒业”股票于2000年8月在深圳证券交易所成功上市，成为甘肃省酿造企业的第一家上市公司。皇台集团历经三次创业，形成年产固态白酒1万吨、液态白酒1.6万吨、葡萄酒1万吨和制糖3万吨的生产规模，累计向国家上缴税金4亿多元，并跻身全国白酒工业100强行列。其中以凉州皇台酒为龙头的系列产品，全部达到国家优级品标准，在国内外评酒会上多次获奖。

宋志义

宋志义（1952—1991）　武威市松树乡人。1988年10月毕业于天津体育学院。1969年2月参军，在西藏56067部队服役。1974年参加登山集训，登上海拔7028米的高度。1975年攀登珠穆朗玛峰，登上8300米高度，荣立三等功。1977年托木尔峰7435米登顶成功，获登山运动健将称号。1988年10月被天津体育学院聘任为登山教练，同年参加中、日、尼（尼泊尔）联合攀登珠峰活动。1991年1月4日，宋志义等17名中日联合登山队队员在攀登梅里雪山过程中遇难，年仅39岁。同年8月，宋志义和其他登山遇难队员的骨灰坛被安放在北京西山脚下的万佛华侨陵园，中国登山协会树立“梅里雪山勇士纪念碑”。

释理智

释理智（1966—2007）　凉州区人，1986年出家，师从上谛下禅法师，1988年考入中国佛学院苏州灵岩山分院，2000年攻读北大宗教哲学系研究生。其一生爱国爱教，弘法利生、行解并重，翘首禅门，为甘肃的佛教事业做出了贡献。先后担任中国佛教协会常务理事、甘肃省政协常委、甘肃省佛教协会副会长、甘肃省反邪教协会副理事长、甘肃省青年联合会常委，武威市政协常委、凉州区政协副主席、凉州区佛教协会会长、武威市鸠摩罗什寺主持、海藏寺方丈。1999年开始，率佛教四众弟子自筹资金7000多万元，致力于武威罗什寺的修复工作。

第二章　人物简介

第一节　副地（厅、师）级以上职务人物

张振堂，凉州区下双乡人，生于1931年10月，初中文化程度，中共党员。1949年9月参加中国人民解放军，入伍后在一兵团军政干校学习；1950—1952年在五师15团司令部任文书；1953—1968年在四师11团任参谋、连长、股长、炮兵主任、副参谋长；1968—1979年在六师炮兵团任参谋长、副团长、团政委；1979—1989年在南疆军区司令部任副参谋长、参谋长。少将军衔。1990—1992年，任西安陆军学院副院长兼乌鲁木齐训练大队大队长。副军职。

马景骧，凉州区河东乡人，生于1932年6月，中共党员，大专学历。1949年3月参加中国人民解放军，先后任酒泉陆军二十五院副院长、平凉陆军六院院长等职务。享受副师职待遇，1996年7月离休。

王化行，凉州区人，生于1936年9月，中共党员，中专学历，会计师。历任永昌县工业局副局长、武威地区财政处处长，1990年任武威地区行署副专员。

毛如针，凉州区发放镇人，生于1937年1月，中共党员，初中文化程度，1951年参加工作。历任武威县公安局局长、党委书记，武威县委常委、县革委会副主任、县委副书记，地区纪检委副书记，1988年任武威地委委员，1988年7月任武威地区纪委书记，1996年8月任武威地委正地级调研员。

俞存乃，凉州区九墩乡人，生于1938年3月，中共党员，中专学历。1956年1月参加工作，1969年后任武威县生产指挥部和农林牧系统革委会生产组长、武威县水电局业务组组长，1983年后任武威县副县长、武威市副市长，1992年任武威市市长，1994年任武威地区行署副地级调研员。

王生瑞，凉州区双城镇人，生于1938年8月，中共党员，大学文化程度。1964年7月参加工作，先后在省委宣传部、省五七干校、省交通局、省政府工作。1980年后任省财政厅人事处副处长、政研室主任、办公室主任，1988年任省经济管理干部学院党委委员、副院长，1996年任省行政学院党委书记、副院长。曾出版诗集《情缘》、长篇小说《天马之乡传奇》《旅游记》等。

高雪樵，凉州区人，生于1940年11月，女，中共党员，大学学历。1962年10月参加工作，1962—1979年在陕西省陇县民政局、农林局工作；1980年任武威县林业站副站长，武威县副县长、武威市副市长、市委常委；1986年任靖远县委副书记、县长；1989年任武威地区乡镇企业局党组书记、局长；1994年任武威地区行署副地级调研员。

王世茂，凉州区人，生于1941年12月，中共党员，大专学历。1965年参加工作，1965年至1973年先后在武威县委组织部、城关镇工作；1973年后任武威县谢河公社党委副书记、书记，黄羊区委书记，武威县副县长；1986年后任武威地区农牧处副处长，民勤县常务副县长、县长、县委书记，武威地区计划处处长、行署专员助理；2000年6月任政协武威地区工委副主任。

赵士通，凉州区高坝镇人，生于1944年11月，中共党员，大学学历。1967年参加工作，历任甘南州团委副书记，兰州西固区委副书记、区长，兰州市人事局局长、市委常委兼政法委书记；2002

年4月当选兰州市政协主席。

赵生元，凉州区新华乡人，生于1945年12月，中共党员，初中文化，经济师。1963年10参加工作，历任新疆生产建设兵团农八师121团汽车连副连长、连长，121团贸易公司、工业公司经理，121团党委常委、副团长、党委书记、政委。1998年2月任农八师石河子总场党委书记、农八师石河子市党委委员。2003年12月任农八师石河子市副厅级巡视员，2006年退休。

苏喜，凉州区谢河镇人，生于1946年4月，中共党员，大专学历。1967年11月参加工作，1976年后历任清水公社革委会副主任、主任，清水乡党委副书记、乡长、党委书记；1983年6月后任地委农工部办公室主任，武威地委政研室副主任，古浪县委副书记、县长、景电指挥部指挥；1996年3月后任武威地区行署办公室主任、行署秘书长；2001年10月任武威市人大常委会副主任。

李保卫，甘肃省景泰县人，生于1945年，中共党员，大学学历，历任中国人民解放军8039部队57分队班长、排长，景泰县五佛公社组织干事，武威地区农林局科长、副局长，民勤县革委会副主任、副县长，武威县委副书记、武威市委副书记，古浪县委书记、景泰川电力提灌工程副总指挥，武威地委副书记、武威市委书记，武威地区行政公署专员、武威地委书记，政协甘肃省第九届委员会常委、副秘书长。

甘庭德，甘肃省永登县人，生于1946年4月，中共党员，大学学历，1969年参加工作后，在兰州炼油厂机械厂先后任副科长、科长、副厂长。1982年后，历任天祝县委书记，武威地区计划委员会主任，武威地委委员兼武威市委书记，武威地委副书记；金昌市委副书记、市长；省轻纺总会（省轻纺工业厅）党组书记、会长（厅长），省机械工业办公室主任，省委第一巡视组组长，省政协经济委员会正厅级副主任。2009年退休。著有长篇小说《风尘金兰》《甘庭德诗选》。

牛兆虎，凉州区黄羊镇人，生于1946年7月，中共党员，大专学历。1967年9月参加工作；1973年后任共青团武威县委副书记、四坝公社党委书记，共青团武威地委副书记、武威地委农工部副部长，民勤县委副书记、书记，武威地区计划委员会主任；1994年任武威地区行署副专员，武威地委委员；2001年8月任武威市委常委、常务副专员；2001年10月任武威市人大常委会主任。

王立中，凉州区人，生于1947年9月，中共党员，民盟盟员，大学学历。1968年12月参加工作，1984年后历任武威一中副校长、校长、党总支书记，1997年获省委、省政府颁发的甘肃省优秀教师园丁奖，2000年被评为甘肃省特级教师，2001年9月任武威市政协副主席。

魏瑜年，凉州区下双乡人，生于1949年11月，中共党员，高中文化程度。1968年7月参军，历任总后勤部高级专科学校学员、工程兵建筑一三七团技术员，乌鲁木齐军区司令部工程兵部参谋、副处长、处长，兰州军区司令部工程兵部副部长、部长等职。荣立三等功一次。转业后，任甘肃省建工局局长、省建总公司总经理。

张祥，凉州区人，生于1950年10月，中共党员。1969年2月参军，历任新疆某部战士、班长、台长、参谋、连长、作战股股长、团副参谋长、参谋长、团长。1995年2月调入空军雷达学院工作，先后任空军雷达学院系主任、训练部部长、副院长、院长，副军职，少将军衔。

李乐年，凉州区四坝镇人，生于1951年12月，北京空军指挥学院大专学历。中共党员。1969年2月参军，历任空军和田指挥所排长、连长、副参谋长，空军库尔勒场站司令部参谋长、站长、干部教导队长，空军和田场站站长，空军第五飞行学院后勤部部长（副师），空军航空兵第47师副师长。1996年9月，任兰州空军休养所所长，大校军衔，正师职。个人荣立三等功两次。

张学有，凉州区金塔乡人，生于1953年6月，中共党员，大学学历。1976年5月参加工作，历任武威地区教委副科长、科长、党委副书记、副主任。1996年起历任天祝县委副书记、书记。2001年8月后历任武威市委宣传部副部长，市国土资源局党组书记、局长。2006年任武威市政协副主席。

丁兆庆，凉州区羊下坝镇人，生于1952年8月，中共党员，大学学历。1974年参加工作，先后在铁道部第一设计院、武威地委组织部、武威市纪委工作。1990年起历任武威地区人民医院副书记、书记，地区卫生处处长。2001年10月后任市卫生局局长，市政府秘书长，2005年3月任武威市人大常委会副主任。

张立民，凉州区谢河镇人，生于1952年11月，中共党员，大专学历。1971年9月参加工作，历任甘肃省商业厅商管处副处长、处长，办公室主任，副厅长、党组成员，省贸易经济合作厅副厅长、党组成员，2009年任甘肃省商务厅巡视员。

徐文善，凉州区武南镇人，生于1953年8月，中共党员，大学学历。1975年10月参加工作，历任武威县中畦公社革委会副主任，古城公社党委副书记，东河乡党委副书记、乡长，大柳乡党委副书记、乡长、党委书记。1989年后任武威市委副书记，古浪县委副书记、副县长、县长、县委书记。2000年后任武威地区行署副专员。2001年10月后历任市政府副市长，武威市委常委、副市长。

周生，凉州区柏树乡人，生于1953年10月，中共党员，党校大学学历。1969年9月参加工作，先后在嘉峪关市食品公司、农副公司、市商业局、市委办公室等部门工作。1986年后历任嘉峪关市委保密办副主任，市监察局副局长。1993年后历任市纪委副书记、监察局长，市委组织部副部长兼任市委老干部局局长。2000年后历任嘉峪关市委常委、组织部长，市纪委书记。2007年当选为嘉峪关市政协主席。

张诚，凉州区金山乡营盘村人，生于1953年12月，中共党员，大学本科学历。1969年2月入伍，历任93961部队副处长、政治处主任、副所长兼总工程师、所长（副师职）。2004年12月任95860部队正师职副研究员。大校军衔。

齐保文，凉州区河东乡人。1954年出生，1973年入伍。曾任武警喀什某中队中队长、喀什支队副参谋长、喀什支队支队长。1996年任武警新疆兵团指挥部副主任。2002年任武警新疆总队副总队长（正师职），2007年任武警工程学院副院长（副军职），2008年2月任武警新疆总队副总队长（副军职）。2008年11月任武警新疆总队副总队长兼参谋长（副军职）。2009年8月任武警新疆总队总队长（正军职）。2008年7月晋升武警少将警衔。1990年曾被武警部队荣记一等功。

张余胜，甘肃省甘谷县人，1954年1月生，中共党员，硕士研究生学历。1982年起任武都县外纳乡党委书记、洛塘区委书记，西和县副县长，武都县委常委、副县长，礼县县委书记，陇南地区副专员；2000年3月任武威地委副书记、武威市委书记；2001年7月后任兰州市委副书记、市政府常务副市长、市政府党组副书记、市委企业工委书记，省委政法委副书记，省新闻出版局（版权局）局长、党组书记。

田宝忠，甘肃省天水市人，生于1954年4月，中共党员，研究生学历。1974年3月参加工作，1983年起历任共青团武威地委副书记、武威地委组织部副部长，武威市委副书记，市委常委、副市长，市委副书记，市长、市委书记；1998年2月任武威地委委员、武威市委书记；2000年2月后历任张掖地委副书记、行署专员，张掖市委副书记、市长，市委书记、市人大常务委员会主任，省民政厅厅长。

苏振祥，甘肃省兰州市人，生于1954年4月，中共党员，研究生学历。1970年12月参加工作。1989年起历任兰州市纪委检查员、主任科员、市监察局办公室主任、副县级监察员、纪检监察一室主任，永登县副县长、县委副书记、县长、县委书记。2001年8月后任武威市委常委、凉州区委书记，武威市委副书记。2009年5月后任甘肃省扶贫开发办公室党组成员、副主任。

陆志雄，凉州区东河乡人，1955年9月出生，大学学历，中共党员。历任甘肃省疏勒河流域水资源管理局、甘肃省河西走廊（疏勒河）农业灌溉暨移民安置综合开发建设管理局副局长。

张成隆，凉州区康宁乡人，生于1954年4月，中共党员，研究生学历。1969年参加工作，历任新疆生产建设兵团八师一四三团中学校长、团党委常委、副政委，八师一三五团党委副书记、政委、党委书记、团长，八师一四八团党委书记、政委；1994年任兵团四师党委常委、副师长；2000年任兵团供销社党委书记、主任（正师职），2008年8月任新疆兵团农十师党委书记、政委。

陈兴发，凉州区武南镇人，生于1956年8月，大学本科学历，中共党员。1976年入伍，历任兰州市公安消防大队东岗中队副中队长，武警甘肃总队消防处装备科助理员、防火科副科长，甘肃省公安厅消防局办公室主任、后勤部部长、司令部参谋长。2002年5月任青海省公安消防总队总队长（正师职），2008年12月任甘肃省公安消防总队政委。武警大校警衔。

张克有，凉州区双城镇人，生于1957年，中共党员，大学学历。1975年参军，历任排长、连长、营长，油库副主任、主任，兰州军区总医院副院长，中国人民解放军兰州军区联勤部部长等职。大校军衔。

谢治国，凉州区永昌镇人，生于1958年9月，中共党员，大学学历。1976年4月参加工作，历任古浪县公安局副局长、党委书记、局长；1997年后任古浪县委副书记、县长，民勤县县长、县委书记；2009年5月任陇南市公安局党委书记、局长（副地级）。

李世英，甘肃省瓜州县人，生于1958年9月，中共党员，研究生学历。1977年12月参加工作。1983年起历任共青团安西县委副书记、县农建办副主任、瓜州乡党委书记、县工业局局长，安西县副县长，敦煌市副市长、市委常委、市委副书记，金塔县委副书记、县长、书记；2006年11月任武威市委常委、凉州区委书记。

管钰年，凉州区和平镇人，生于1958年12月，中共党员，研究生学历。1976年3月参加工作，1984年起任武威地委少工委办公室副主任、主任，共青团武威地委副书记、书记，武威市委副书记；1999年后任民勤县委副书记、县长、书记；2001年8月任武威市委常委、宣传部部长；2002年后任张掖市委常委、宣传部部长、市委副书记、纪委书记；2006年任省委宣传部副部长、甘肃省新闻出版局副局长。

楚才元，凉州区武南镇人，生于1958年4月，中共党员，研究生学历。1976年4月参加工作，历任武威地委组织部副科长、科长，地委组织员，共青团武威地委副书记、书记；1992年后历任共青团甘肃省委青农部部长，团省委常委、秘书长兼办公室主任；2001年后历任甘南州委常委、组织部部长，州委副书记，2008年8月任甘南州人大常委会主任。

楚万明，凉州区人，生于1961年12月，中共党员，大学学历。历任班长、政治指导员、营房助理员、场长、营房处长、矿区人武部部长、后勤部副部长等职务，现任甘肃省军区后勤部副部长，副师职。先后荣立三等功8次。

郭玉芬，凉州区人，1962年1月出生，女，主任医师，教授，博士研究生导师，民盟盟员，中共党员。2004年起任兰医二院副院长，民盟甘肃省第十二届委员会副主任委员（兼），2008年任甘肃省卫生厅副厅长。

毛生武，甘肃省天祝县人，藏族，生于1962年2月，中共党员，博士研究生学历。1982年7月参加工作，1984年起任天祝县民政局副局长、华藏寺镇党委副书记、县民政局局长；1993年后任天祝县委副书记、副县长、县长；2002年11月后任凉州区委副书记、区长，武威市委常委、凉州区委书记；2006年11月后任甘南藏族自治州委常委、合作市委书记，甘南州委副书记、州长。

李学宏，凉州区人，1962年11月出生，女，中共党员，研究生学历，高级工程师。1983年7月参加工作，1991年起历任武威地区建筑设计院设计室副主任、武威地区建筑设计院二所所长、民勤县委副书记，2001年任武威市妇联主席，2004年8月后任甘肃省人口和计划生育委员会副主任、党组成员。

丁学仁，凉州区张义镇人，生于1962年10月，中共党员，硕士研究生学历。1984年参加工作，历任排长、副连长、政治指导员，旅政治部主任，旅副政委、政委，总政治部组织部青年局副局长；2008年任兰州军区政治部干部部副部长。2004年被国务院授予“民族团结进步模范个人”荣誉称号。

陈德兴，凉州区东河乡人，生于1963年3月，中共党员，党校研究生学历。1984年8月参加工作，历任东河乡经委主任，黄羊镇建设办公室副主任，河东乡武装部部长，大柳乡副乡长，发放乡副乡长，怀安乡党委副书记、乡长、党委书记，金羊乡党委副书记、乡长、党委书记，凉州区委副书记，民勤县委副书记、县长、县委书记，2007年1月任武威市副市长。

李秀娟，凉州区张义镇人，生于1963年9月，女，中共党员，省委党校研究生学历，高级农艺师。1984年参加工作，后任武威地区农业技术服务中心副主任；1997年起历任古浪县副县长、县委副书记，景电古浪指挥部指挥，省统计局副局长、党组成员；2006年任庆阳市委常委、纪委书记。

陈长生，凉州区松树乡人，生于1964年12月，中共党员，大学学历。1982年入伍，历任武警甘肃总队班长、文书、新闻报道员、新闻干事、组织干事、教导员、后勤部副处长、处长，武警甘肃森林总队副总队长等职。先后在《人民文学》《诗刊》《星星》《人民武警报》等报刊、杂志发表大量作品，诗集《听霜看剑》获武警部队第八届文艺二等奖。在部队荣立三等功4次。

杨德智，凉州区人，生于1965年7月，无党派人士，大学本科学历，注册会计师。历任武威地区财政处副科长、科长、副处长，市财政局副局长，民勤县副县长；2007年1月任武威市人大常委会副主任。

张长义，凉州区西营镇人，生于1967年7月，中共党员，建筑工程师。1989年起先后在建设部开发司、教育司、办公厅工作，历任秘书、副处长、处长，2000年后任国务院办公厅总理办公室秘书，2003年任国务院办公厅正厅级干部。

第二节 高级技术职称人物

张福甲，凉州区人，生于1941年1月，兰州大学教授、博士研究生导师。1960年考入兰州大学物理系，1965年7月兰州大学毕业后留校任教。任兰州大学半导体光电子学研究所所长，中国发光学会理事，《半导体光电子学与技术》《甘肃科学》《飞通光电子技术》等学报编委。30多年来，一直从事教学和研究工作。承担省、部级及国家重点科研项目12项，通过省级鉴定的项目8项，获甘肃省教委颁发的科技进步奖两次，甘肃省科技进步二等奖一次、三等奖一次。作为第一作者，在国内外期刊发表论文80多篇，出版专著两部。

唐炜，凉州区人，生于1944年1月，中共党员，大学学历。1968年9月参加工作，先后在民勤六二六医院、民勤县医院、武威地区卫生处、武威地区防疫站、武威市疾控中心工作，曾任武威地区卫生处副处长。获甘肃省医疗卫生科技进步三等奖一次。2001年被卫生部、经贸委、农业部、水利部等四部委授予“全国地方病防治先进个人”荣誉称号。2002年12月晋升为主任医师。

权学有，凉州区人，生于1945年9月，农工民主党党员，大学文化，1970年8月参加工作，先后在民勤县昌宁、蔡旗卫生院、凉州医院工作，凉州医院普外科主任医师。历任农工党武威市委会主委，农工党甘肃省委员会委员，1997年4月至2006年12月任凉州区政协第四、五届委员会副主席（兼）。

周义，凉州区人，生于1950年12月，中共党员，大专学历。1970年参加工作，先后在武威地区防疫站、市疾病预防控制中心工作，历任科长、地区防疫站副站长、市疾病预防控制中心主任。2007年被省政府授予“全省艾滋病防治先进个人”荣誉称号，2001年被卫生部授予“全国消灭脊髓灰质炎先进个人”荣誉称号，2003年被市委、市政府授予“武威市劳动模范”荣誉称号。在省级以上杂志上发表论文23篇，主持完成科研课题7项，其中获市科技进步奖7项。2007年晋升为主任医师。

赵良禄（1951—2003），凉州区人，中共党员。1974年参加工作，先后在武威地区医院、武威市人民医院工作，主要从事骨外科临床工作，开展了30余项新业务、新项目，其中体外循环心内直视手术、脑垂体瘤摘除、腔镜手术、显微手术摘除脊髓肿瘤、带血管腓骨移植等业务填补了武威市空白。撰写并发表专业论文近10篇。2001年，晋升为外科主任医师。2002年2月，任武威市人民医院党委书记、副院长。

苗兴廷，凉州区永丰镇人，生于1952年2月，中共党员，普通大学学历，曾任武威市人民医院副院长。2003年获“全省防治非典先进个人”荣誉称号，科研成果获武威市科技进步奖2项，在国家和省级刊物发表论文5篇。2006年12月晋升为儿科主任医师。

齐玉文，凉州区张义镇人，生于1952年6月，1997年8月参加工作，先后在武威县大河二院、凉州医院从事临床工作，在国内医学杂志发表学术论文22篇。2003年12月晋升为主任医师。

盛延文，凉州区永丰镇人，生于1954年1月，中共党员。先后在武威地区医院、武威卫生学校、武威市人民医院工作，2002年任武威市人民医院院长。2005年被授予“甘肃省劳动模范”荣誉称号。发表论文10余篇，出版专著1本。2001年晋升为心内科主任医师。

邱文元，凉州区人，生于1955年1月， 博士生导师，兰州大学教授，在分子结构的纽结理论、拓扑立体化学、量子学、结构化学以及杂化轨道理论、Raman光谱与计算机功能开发等领域发表学术论文55篇。

张兆奎，凉州区永昌镇人，生于1954年3月，中共党员，大专学历。1977年参加工作后在凉州医院从事内科急诊临床医疗工作，主持完成和参与完成《置管引流尿激酶程序灌洗结核性心包炎临床研究》等10个科研项目，获省科技进步奖1项，市科技进步一等奖4项、二等奖3项、三等奖2项。参编医学专著2部，医学刊物发表论文20余篇。2003年晋升为心内科主任医师。

郭开同，凉州区武南镇人，1957年5月出生，中共党员，工商管理学硕士，曾任凉州医院院长。编写出版有《内科医嘱手册》，主编出版有《传染性非典型肺炎防治必读》《健康储蓄指南》《凉州医院现代医院文化》等书籍。1999年被武威地委评为“全区十佳公仆”，2003年被甘肃省委、省政府评为“甘肃省优秀专家”，2005年被中华医学管理学会评为“全国百姓放心示范医院优秀管理者”、被中国科协评为“全国农村科普先进个人”。2005年晋升为心内科主任医师。

彭治云，凉州区人，生于1957年7月，中共党员，大学学历，武威市农技中心主任。1982年参加工作，先后获国家科技进步二等奖1项，省科技进步（星火）二等奖3项，三等奖1项。1991年被农业部评为“全国有机肥料工作先进工作者”，1995年享受国务院政府特殊津贴，2001年被省委、省政府授予“甘肃省优秀专家”称号，2004年荣获全国“五一劳动奖章”，2005年被聘为“甘肃省专家咨询团特聘专家”。主编专著3部，主持制定地方标准52项；在省级以上刊物发表论文30多篇。2002年12月晋升为农业技术推广研究员。

赵振元，凉州区人，生于1957年8月，中专学历。1978年8月参加工作，凉州医院儿科大夫，从事儿科临床工作，擅长新生儿疾病、呼吸系统、消化系统、肾病、血液病的诊治。在临床科研工作中获省科技进步三等奖1项，市级科技进步一等奖1项、二等奖2项、三等奖6项，在国家级杂志发表论文8篇，主编24万字的专著1部。2003年晋升为主任医师。

陈文元，凉州区清水乡人，生于1959年1月，中共党员，大学学历。1979年9月参加工作，武威肿瘤医院党总支书记、副院长。多年开展实施手术2000多台，获省市各类科技进步奖7项，国家专利2项。2002年9月晋升为武威肿瘤外科主任医师。

杨祁峰，凉州区人，生于1959年9月，甘肃农业大学硕士研究生导师，省农业技术推广总站站长。1982年参加工作，1993年获国务院政府特殊津贴。1998年被授予“甘肃省优秀专家”称号，2009年被评为“感动甘肃·2008十大陇人骄子”。1998年晋升为国家农业技术推广研究员。

王建平，凉州区人，1960年6月出生，曾任凉州医院呼吸内科主任、中西医结合科主任，从事临床工作近 30 年，发表论文 20 篇，获得武威市科技进步奖 2 次。2005 年晋升为中医内科主任医师。

刘虎，凉州区人，生于 1962 年 6 月，1985 年参加工作，武威市人民医院普外科工作，率先在武威开展规范性胃癌根治术、十二指肠镜胰胆管造影术、腹腔镜胆囊切除术、经皮肝穿刺治疗肝脓肿等手术，发表论文 10 余篇。1996 年被评为“武威地区十大优秀知识分子”，2002 年被甘肃省卫生厅选送为第十四批援助马达加斯加医疗队专家组成员赴外工作 2 年。2003 年晋升为普外科主任医师。

张同泽，凉州区羊下坝镇人，生于 1962 年 3 月，中共党员，大学学历。历任武威地区农田灌溉试验站副站长，水利科学研究所副所长、所长，市水利水电勘测设计院院长。主持或参加完成的 7 项成果获省部级科技奖励、12 项成果获地厅级科技奖励。20 余篇科技论文在专业刊物上发表，2005 年 2 月入选甘肃省“555”创新人才工程第二层次人选，2006 年 5 月获甘肃省首届青年科技创新十杰奖，2007 年评选为武威市劳动模范，2009 年享受国务院政府特殊津贴。2004 年 12 月取得正高级工程师职称。

王权，凉州区羊下坝镇人，生于 1962 年 3 月，中共党员，大学学历。1982 年 7 月参加工作，2009 年任武威市动物疫病预防控制中心主任，先后主持、参加完成和正在实施试验、示范、推广项目 11 项，其中已获得武威市科技进步一等奖 1 项、二等奖 2 项，甘肃省农牧渔业丰收二、三等奖各 2 项。在国家级学术刊物发表论文 30 篇。2009 年 1 月晋升为农业技术推广研究员。

徐庚全，凉州区永昌镇人，生于 1963 年 3 月，1984 年 7 月参加工作，曾任武威市畜牧中心动物检疫站站长。主编的《猪产业技术与经营》由中国农业科技出版社出版，先后被省、市评为“跨世纪学术技术带头人”“省级学术技术带头人”。2004 年晋升为内科主任医师。

胡发成，凉州区人，生于 1963 年 8 月，中共党员，大学学历。1986 年 7 月参加工作，武威市畜牧兽医技术服务中心草原站站长，主持完成的《荒漠草场白刺夜蛾生态生物学特性及其防治研究》项目填补了国内空白，达到国内同类研究的领先水平。2004 年被甘肃省委、省政府授予“甘肃省优秀专家”称号。2006 年 12 月取得农业技术推广研究员资格。

张天德，凉州区张义镇人，1964 年出生，大学学历。1987 年参加工作，曾任凉州医院副院长、院长，主持完成的科研项目获武威地区科技进步一等奖一次。2003 年被甘肃省人事厅、农工党中央评为“防非典先进个人”，2004 年主编出版《现代脑血管疾病诊断与治疗》。2005 年晋升神经内科主任医师。

陈兴川，甘肃省古浪县人，生于 1964 年 5 月，中共党员，大学学历。1985 年 9 月参加工作，曾任凉州医院副院长。武威市神经外科专家和学术技术带头人，创建了凉州神经外科和武威中风专科医院。组织开展了河西首例肾移植、体外循环下心脏手术，胸腔镜下肺肿瘤切除、妇科宫腔镜手术、肿瘤血管内介入化疗、脑血管介入诊疗等新技术。2003 年 12 月晋升为主任医师。

周永锋，凉州区人，生于 1964 年 8 月，中共党员，大学学历。1985 年 7 月参加工作，曾任武威市农产品检测检验中心副主任，实施完成了“武威无公害蔬菜标准化生产基地及质检体系建设”项目，先后发表论文 21 篇。2002 年被甘肃省人事厅选拔为“555”人才工程人选。2006 年 12 月取得农业技术推广研究员资格。

尹伟先，凉州区人，生于 1965 年 1 月，教授，硕士研究生导师。1990 年分配到西北民族学院工作，任学报编辑，后调入历史系从事教学研究工作，完成国家、省部级课题 6 项，出版《维吾尔族与藏族历史关系研究》《各民族共创中华：藏族、门巴族、珞巴族、羌族的贡献》《明代藏族史研究》等专著，发表论文 40 余篇，甘肃省跨世纪学科带头人。

王世中，凉州区人，生于 1965 年 7 月，1987 年 7 月参加工作，大学学历，曾任武威市第二人民医院院长。主持完成的科研项目获得武威市科技进步二等奖 2 次，论文收录于《美国中华骨科杂志》《中国医师进修杂志》等。2009 年晋升为骨科主任医师。

李世平，凉州区长城乡人，生于 1963 年 1 月，西北农林科技大学经济管理学院教授，博士生导师，人事部、建设部注册房地产评估师。先后主持和参与完成国家社科基金、国家自然科学基金、农业部软科学、陕西省自然科学基金、陕西省国土资源厅等项目 40 余项。在《中国土地科学》《农业技术经济》《中国人口资源环境》《农业工程学报》《Energy policy》等重要学术期刊发论文 200 余篇，出版《土地政策学》《保险学》等著作 3 部。

杨东，凉州区人，生于 1965 年 6 月，中共党员，大学学历。1981 年 6 月参加工作，曾任武威市节水办副主任、凉州区水务局局长。主持完成的多项科研项目获得了省、市科技奖项，2005 年 2 月被确定为甘肃省“555 ”创新人才，2009 年 9 月被水利部表彰为“奉献水利工作突出贡献先进个人”，12 月被国家人力资源和社会保障部、水利部表彰为“全国水利系统先进工作者”。2009 年晋升为正高级工程师。

田文寿，凉州区武南镇人，生于 1968 年 11 月。兰州大学教授，博士生导师。主要从事大气对流、大气气溶胶及大气化学与气候相互作用方面的研究工作，主持自然科学基金项目“平流层水汽增加对平层臭氧损耗的影响研究”，参与的课题有“不同土地利用和覆盖条件下半干旱区大气和地表过程相互作用的观测实验研究”及欧盟资助课题。

叶延程，凉州区人，生于 1969 年 10 月，大学学历。1991 年 8 月参加工作，曾任武威肿瘤医院院长。先后获得省级科技进步奖 2 次，在国家和省级刊物发表论文 7 篇、省级刊物发表论文 5 篇，获国家实用新型专利 3 项，设计开发医院新制剂 30 余种。2009 年晋升为主任药师。

唐致宗，甘肃省永登县人，生于 1963 年 5 月，中共党员，大学学历。1982 年参加工作，历任武威市良种繁殖场场长、凉州区农技中心主任、区蔬菜局局长、区农业办公室副主任。参与主持完成重大农业科技示范推广项目 32 项，其中获得省部级科技进步奖 3 项，市（地）级科技进步奖 10 项。在省部级以上刊物发表学术论文 36 篇，出版有学术专著《新型日光温室建造及栽培技术》。1997 年被全国农技推广中心评为“农技推广先进个人”，2003 年被农业部评为“全国农业科技先进工作者”。2008 年晋升为农业技术推广研究员。

张志镒，凉州区人，生于 1966 年 12 月，中共党员，大学学历。曾任武威肿瘤医院副院长。1987 年参加工作，一直在武威肿瘤医院工作。创建了武威肿瘤医院肿瘤内科、内镜诊疗中心。三项科研成果获武威市科技进步奖。在《中国实用内科杂志》《中华消化内镜杂志》等省部级以上刊物上发表论文 20 多篇。2008 年晋升为主任医师。

罗好曾，甘肃省民勤县人，生于 1955 年 6 月，中共党员，大学学历。1980 年参加工作，2008 年晋升为主任医师。在武威肿瘤医院从事肿瘤流行病学研究、肿瘤放射治疗工作 20 多年。主持完成 4 项省级科研课题，其中 2 项获甘肃省科技进步二、三等奖；主持完成 5 项科研课题获得甘肃省医药卫生科技进步奖、武威市科技进步奖。在医学学术刊物上刊发学术论文 22 篇。2008 年晋升为主任医师。

李盈禄，凉州区人，生于 1963 年 6 月，中共党员，大学学历。凉州医院超声科主任、超声诊断主任医师。1988 年 7 月参加工作，先后在古浪县人民医院、凉州医院工作。率先在全省县级医院开展超声引导下的先天性心脏病的封堵治疗，主持完成市级科技成果获市科技进步奖 4 项，在医学刊物上发表论文 14 篇。2008 年晋升为主任医师。

第三节　全国劳动模范

吕兴海，甘肃省永昌县人，生于 1953 年 4 月，大学学历，中共党员，高级工程师。大学毕业后分配到武威酒厂工作，曾任甘肃武威酒厂技术员、科研所所长，生产技术副厂长、厂长，总经理、董事长、党委书记。享受国务院政府特殊津贴的专家，知识分子拔尖人才，甘肃省优秀青年企业家，全国科技星火先进个人。1996 年荣获“全国轻工系统劳动模范”称号，1999 年荣获全国“五一劳动奖章”，2000 年被国务院授予“全国劳动模范”称号。

严新林，凉州区高坝镇人，生于 1959 年，中共党员。历任荣华公司财务科长、包装材料厂厂长、副总经理、总经理，荣华集团公司副董事长兼总经理。1996 年、1998 年、2000 年连续三届被省政府授予“省乡镇企业家”称号。1999 年被国务院、甘肃省人民政府分别授予“全国劳动模范”“省劳动模范”称号。

张严德，凉州区高坝镇人，生于 1962 年 9 月，中共党员，甘肃荣华企业集团总裁，政协凉州区四届、五届委员会副主席。1995 年被国务院授予“全国劳动模范”称号，1996 年被农业部、共青团中央等部委评为“全国有为青年企业家”，1997 年被农业部评为“全国优秀乡镇企业家”，1998 年被国家科委评为“全国科技进步先进个人”，1990 年被授予全国“星火科技进步先进个人”，2000 年被农业部等八部委评为“全国农业科技先进工作者”。

张全年，凉州区新华乡人，生于 1962 年，中共党员，武威全圣实业集团董事长。2003 年被中华全国总工会授予“全国五一劳动奖章”。2004 年被农业部授予“全国乡镇企业家”称号。2005 年被甘肃省委、省政府授予“省劳动模范”称号，被国务院授予“全国劳动模范”称号。2007 年当选中共十七大代表。

张晓霞，凉州区人，女，生于 1957 年 1 月，中共党员，大专学历。曾在甘肃省武威冷冻精液站工作，北京三元集团奶牛中心副主任、集团党委委员。1988 年被全国总工会授予“全国先进女职工”称号，1999 年被北京市评为“爱国立功竞赛标兵”，2000 年授予“北京市劳动模范”荣誉称号，2005 年被国务院授予“全国劳动模范”荣誉称号。

王银吉，凉州区长城乡人，生于 1969 年 9 月。带领全家人向沙漠进军，投入累计达 14 万元，在治理区内共栽植各类乔灌木 300 多万株，压沙造林 5000 多亩。2006 年获省委“优秀共产党员”称号、省政府“绿化先进个人”称号，2010 年，被国务院授予“全国劳动模范”称号。

第四节 社会知名人士

徐万夫，凉州区人，生于 1926 年 7 月，中共党员。历任武威专区文工团、秦剧团政治协理员、团长，地区文联专职副主席、党支部书记，地区书法家协会主席，《红柳》主编等职。参加《凉州史话》编选工作，任副主编。有专著《徐万夫诗稿》以及《徐万夫·丁二兵书画作品集》。1955 年创作的大型秦剧《梁红玉》获全省会演剧本二等奖。书法作品多次在《甘肃省书法选》《甘肃书法》刊登。

张天茂（1932—2013），凉州区清水乡人。凉州贤孝艺人，先天性盲人。9 岁开始拜大柳乡烟坊村的李景和与双树乡的胡元年为师，学习弹唱凉州贤孝，13 岁出师。2005 年由甘肃省音像出版社出版其凉州贤孝个人专辑 VCD《丁郎刻母》(3 碟)、《凉州小曲》(2 碟)。

杨生勇，凉州区黄羊镇人，生于 1935 年 2 月，中共党员。1953 年在 8272 部队参加工作；1978 年转业，任武威酒厂副厂长、厂长、党委书记、武威市委正县级调研员；1995 年 11 月退休。1991 年被中华全国总工会授予“全国优秀经营管理者”称号，1993 年被中华全国总工会授予“全国五一劳动奖章”。

党寿山，凉州区永昌镇人，生于 1937 年 6 月，中共党员，中专学历，副研究馆员。先后在武威县文化馆、武威县（市）文管会、博物馆、县文化局工作，历任文管会专职副主任、博物馆馆长、文化局副局长等职，享受国务院特殊津贴专家。论文有《亦都护高昌王世勋碑考》《武威新出王杖诏令册》等，著有《武威文物考述》。

麻永忠，凉州区人，生于 1938 年 8 月。曾任小学美术教师，曾在武威县文化馆从事专业美术、书法工作，甘肃省文化学会会员、原武威市美术家协会、书法家协会顾问。书画作品曾在省、市级多次展出并获奖。

李其林，武威市黄羊镇人，生于1939年1月，中共党员，中专文化程度，曾任原武威市中医医院院长兼党支部书记。中医副主任医师。从事临床医学工作40余年，对脾胃病的中医治疗有较丰富的临床经验，在《甘肃中医》发表《慢性胃炎200例临床观察》等3篇学术论文。曾于1987年获得卫生部“全国卫生文明建设先进工作者”称号，1990年获得甘肃省卫生厅“全省医德医风百日评比活动”先进个人称号。

刘文龙，凉州区高坝镇人，生于1941年10月。主治中医师。幼承庭训，精读医典，8岁随父刘子和学医，19岁独立行医。1982年在省中医学院精典班进修一年，1991年被甘肃省卫生厅授予“医德医风先进个人”称号。曾任武威市城关人民医院副院长、工会主席等职。其子刘权禧，生于1962年。主治中医师。自幼熟读中医药经典，16岁随父从医，1987—1990在省中医学院上学。1983年参加工作，就职凉州区第三医院，曾任副院长、工会主席等职。2002年1月创办甘肃省武威市中医药研究所。继承其祖、父的医术医德，并不断探索创新，擅治中医内、外、妇、儿诸病，尤其对脾胃病造诣颇深，对男女不孕症，小儿杂病更是疗效显著。

孙寿岭，凉州区柏树乡人，生于1942年，中共党员，文博馆员，中国社会科学院西夏文化研究中心学术委员。1984年起任古浪县文化馆副馆长、武威市博物馆副馆长，武威市文化馆党支部书记，中国文物摄影家学会会员。从事文博工作40年，对西夏文物、文化的研究有独到见解，是武威首位翻译西夏文字的人。在国家级刊物上发表论文20多篇，《武威发现西夏文泥活字佛经版本》发表后，受到国内外专家学者的关注。

王金城，凉州区人，1946年10月出生，中专学历，中共党员。1967起任武威地区柴油机厂工会主席，1985年后任武威市文化局副局长、局长。1995年任武威市文联副主席、武威书画院院长。作品多次获得国家级和省级奖励，国画《红梅赞》荣获2009年“国庆60周年全国书画大赛”金奖。

冯天民，凉州区人，生于1948年2月，中国民主同盟盟员，副研究馆员。从事群众文化工作40多年，1992年起任武威市文化局副局长兼文化馆馆长，2002年后任武威市文联副主席、武威市民间文艺家协会主席、武威市作家协会名誉主席等职。作品主要有《凉州怪杰杨成绪》《凉州怪侠小张六》《牛鉴的传说》《凉州钟的传说》《灵渊池的传说》《沙金台的传说》等，参与编写《甘肃民俗总览·武威卷》。被世界民间文艺家协会授予第一届（亚太地区）民间艺术家最高奖“金飞鹰”终身荣誉称号。

宋振林，河南省开封市人，生于1948年，大学学历，中共党员。历任区委报道组组长、宣传部副部长，市作协主席等职。先后在中央和省、市级新闻媒体上发表各种稿件2500多篇，获得全国好新闻三等奖等奖项。出版有《天马之都》《神驰天马》《武威探古》等。曾获甘肃省社会科学最高奖佳作奖、甘肃省“五个一工程”奖、中央五部委“大地之光”征文三等奖等。

李本深，凉州区人，祖籍山西，生于1951年2月，武威一中毕业。1969年2月参军，曾进修解放军艺术学院文学系、鲁迅文学院暨北师大举办的文艺学研究生班毕业，取得文学硕士学位。兰州军区专业作家、中国作家协会会员。出版《唐村上校》《青山伏魔记》《刀下泪》《疯狂的月亮》等长篇小说和《昨夜琴声昨夜人》《汗血马哟，汗血马》小说集及《塞上桂香》散文集。发表有《沙漠蜃楼》《吼狮》《白太阳》《沙狐》《箫中的月亮》《沉醉的大沙》《古尔特的精灵》《神水》《斑鸠列传》《谐谑曲》《神戏》《奇药》《残阳如血》《紫色泥泞》等中篇小说，其中《神戏》已改编为电影剧本。编剧电影《月圆凉州》。

张新璞，甘肃省古浪县人，生于1956年8月，中共党员，高级工程师。1979年8月参加工作。历任武威纺织厂副科长、副厂长、厂长、党委书记、董事长兼总经理。1999年被甘肃省委、省政府授予“甘肃省劳动模范”荣誉称号，2000年被人事部、国家纺织工业局授予“全国轻纺系统劳动模范”荣誉称号。享受国务院政府特殊津贴。

黎大祥，凉州区洪祥镇人，生于1958年8月，中共党员，文博副研究馆员。曾任武威市博物馆副馆长、馆长，甘肃省钱币学会理事、学术委员，甘肃省历史学会、博物馆协会常务理事。在国家和省级刊物发表论文近百篇。出版《武威文物研究文集》《文物精粹》《武威地区西夏遗址调查研究》等著作。文章曾获甘肃省钱币研究优秀成果一等奖和中国东欧、中亚经济研究社科论文一等奖。2009年获国家文物局文物工作30年荣誉奖。

王其英，凉州区大柳乡人，生于1957年9月，大学学历，中共党员。1995年8月后任武威市委讲师组副组长，市政府办公室副主任兼任市政府外事办主任、市志编委会总编，2001年8月后任凉州区政府办公室副主任、主任，区教育局党委书记、副局长。编纂出版了《武威金石录》《西部明珠凉州》《凉州历史文化散论》《历代咏凉诗选析》《可爱的凉州》。《武威金石录》荣获全省地方志优秀成果一等奖，发表文章多篇，参编、修定、统稿地方志、党史和地方文献资料多部。2004年被评为甘肃省地方志系统先进工作者。

黄胜元，凉州区高坝镇人，生于1962年5月，大学学历，二级美术师。甘肃省美术家协会会员，武威市美术家协会主席，国家艺术基金专家库成员，武威市书画院专业画家。国画作品入展由中国文联、文化部举办的多项展览，多幅作品获甘肃省美协和甘肃省专业画院组织举办的各类展览并获二、三等奖，三幅作品分别被甘肃省美术馆和甘肃省图书馆收藏，出版了《写意画家黄胜元》《当代名家集·黄胜元》等作品集。

米登海，甘肃省古浪县人，生于1962年10月，医学博士、教授，享受国务院特殊津贴中青年专家。1983年毕业后在武威市肿瘤防治研究所工作，历任武威市肿瘤研究所科主任、副所长、所长等职。2006年，调任兰州铁路局医院院长。先后完成"胃癌前病变及癌变倾向的研究""二步法筛查胃癌的研究""带膜网状食管支架的临床应用"等课题10项，在国家、省级期刊发表医学论文20多篇。由他发明的胃液汲取器、男性导尿管留置固定器两项发明获国家专利，其中男性导尿管留置固定器获第八届中国新科技新产品博览会金奖。

陈开红，笔名雪漠，凉州区洪祥镇人，生于1963年2月，中国作家协会会员，国家一级作家，甘肃省文学院专业作家。著有长篇小说"大漠三部曲"(《大漠祭》《猎原》《白虎关》),"灵魂三部曲"(《西夏咒》《西夏的苍狼》《无死的金刚心》）等。作品曾获"第三届冯牧文学奖"，被甘肃省文联授予"德艺双馨文艺家"称号。长篇小说《大漠祭》荣获甘肃省"五个一工程"一等奖、上海市优秀图书一等奖"，入围"第五届国家图书奖"提名，荣登"中国小说学会2000年中国小说排行榜"。

史生荣，凉州区人，生于1963年10月，甘肃农业大学任教，中国作协会员，甘肃作协理事。发表长篇小说《所谓教授》《县领导》《所谓商人》《所谓大学》《大学潜规则》《教授之死》《如何才能不爱你》7部、中篇小说《空缺》《副县长》《教授不教书》《日子如波》《真的好郁闷》60余部和短篇小说20余篇。多篇作品在《当代》《小说月报》等发表。获"首届甘肃省中青年德艺双馨文艺工作者"称号，四次获敦煌文艺奖。

马燕山，凉州区人，生于1965年1月，1987年毕业于四川大学历史系，主任记者，中国新闻奖获得者，主要作品有长篇小说《天堂向东·兰州向西》《兰州盛开的玩笑》，诗歌评论集《当代青春诗名篇赏析》、散文集《三叶草》等。

赵长军，凉州区四坝镇人，字得之，号瘦石，生于1966年2月。甘肃省书法家协会会员，武威市书法家协会副主席，凉州区书法家协会主席，凉州书画院院长，凉州区美术馆馆长。书法作品多次在省市区展览中荣获一等奖。

蔡强，笔名古马，凉州区古城镇人，生于1966年5月。中国作协会员。历任甘肃省民政厅区划地名处副处长，民间组织管理局副局长、局长，甘肃省民政厅人事处处长。出版诗集《西风古马》《古马的诗》《红灯照墨》《落日谣》《大河源》《五人诗选》等。曾获甘肃省首届"黄河文学奖"一等奖、甘肃省敦煌文艺奖一等奖、《飞天》十年文学奖、人民文学奖、《诗选刊》“中国2008年度十佳诗人”奖，被授予甘肃省第二届中青年德艺双馨文艺工作者称号。作品被翻译为多国文字、多民族语言。

陈玉福，凉州区永丰镇人，生于1966年6月，国家一级作家，兰州文理学院驻校专家，中国作协会员，甘肃省作协副主席。发表、出版短篇、中篇和长篇小说49部，发表多篇文艺评论，达1000多万字，多部作品被改编为影视剧，以“1号系列”作品尤其突出。作品荣获中国优秀电视剧原创剧本奖、敦煌文艺奖、“五个一工程奖”、广东省文艺精品工程奖、第三届中国法制文学原创作品长篇小说奖、中国青年作家奖、中国网络十大杰出小说奖和中国电视剧飞天奖一等奖等多种奖项。

李学辉，笔名补丁，凉州区武南镇人，生于1966年7月，武威市文联副主席，武威市作协主席，《西凉文学》主编，甘肃省文学院荣誉作家。曾入选“甘肃小说八骏”，作品散见于《飞天》《北方文学》《朔方》《短篇小说》《佛山文艺》等刊物。《故乡三题》被《小说月报》等选载。长篇小说《末代紧皮手》曾入围2010年《当代》最佳长篇小说，获第四届黄河文学奖一等奖。曾获甘肃省第五届敦煌文艺二等奖、第二届甘肃黄河文学二等奖、《飞天》十年文学奖等多种奖项。

罗文擘，凉州区和平镇人，生于1966年11月，中共党员，大学学历。1997年起任武威市志办副主任、地区志办编辑部主任，2005年任武威市地方志办公室主任。主编、参编和著作有《中国旅游标志铜奔马》《武威史话》《中国历史文化名城武威》《武威通志》《武威地区志》《武威非物质文化遗产概览》等30多部及论文、文艺作品，策划、创作、摄制电视剧《欢快的石羊河》、电视片《为了大地的丰收》等20余部。

杨才年，凉州区东河乡人，生于1967年10月，中共党员，党校研究生学历。2001年8月后历任区委副科级组织员、区政府办副主任兼信息中心主任、区文体局党委书记兼副局长、区委办公室副主任兼区委督查室主任。出版专著《凉州醋文化》《公民道德组歌》《凉州贤孝音乐》等。音乐作品专集光盘《武威为你喝彩》获甘肃省第四届敦煌文艺三等奖。

李林山，凉州区黄羊镇人，生于1968年6月，甘肃省作家协会会员，武威市作家协会副主席。2006年7月任武威日报专刊部主任，主持《西凉晚刊》采编工作，获“甘肃省优秀新闻工作者”称号。出版有长篇历史小说《牛鉴》、文史专著《醉卧沙场君莫笑》和《武威旧事》《凉国搜神记》，诗集《孔雀集》、诗歌理论集《诗词札记》《李蕴芳诗注》，参编《凉州土地志》等地方史志。

徐兆寿，凉州区永昌镇人，生于1968年，复旦大学文学博士。现任西北师范大学传媒学院院长，教授，博士生导师。教育部新世纪人才，甘肃省“四个一批”人才。发表《非常日记》《荒原问道》《鸠摩罗什》等8部长篇小说，创作《那古老大海的浪花啊》《麦穗之歌》等3部诗集，学术著作有《文学的扎撒》《精神高原》《人学的困境与超越》等20部，获“全国畅销书奖”“敦煌文艺奖”“黄河文学奖”和甘肃省哲学社会科学优秀成果奖等十多项奖，在《人民日报》《光明日报》《小说评论》《文艺争鸣》等刊物发表文学评论近百篇。

张江海（1972—2013），凉州区人，二级警督，1994年参加公安工作，参与侦破各类刑事案件3000余起，抓捕犯罪嫌疑人1600余名，荣立个人二等功1次，三等功3次。2004年被评为“全省优秀人民警察”，2005年被省委、省政府评为“全省先进工作者”。2013年初，因病去世后，被公安部追授“全国公安系统二级英雄模范”荣誉称号。

杨玉鹏，凉州区人，生于1980年9月，歌词作家，中国音乐文学学会会员，甘肃省音乐家协会会员。400余首作品发表于《词刊》《歌曲》《文化艺术报》《中小学音乐教育》《歌海》《儿童音乐》等刊物，多首歌曲在中央电视台、省市广播电台播出。获国家、省、市、区级音乐奖项100多次，其中《小花和小草》（晓其作曲）被编入《全国少儿歌唱考级作品集（第二套）》。《挥剑问情》《红颜知己》分获2005年和2006年中国年度最佳歌词奖。《墙角的花》（熊初保曲）获第二届“童声童气”全国少儿金曲奖。

第三章　人物表录

第一节　正（副）县、处、团级人物

表 20-3-1

姓　名	性　别	出生年月	任职情况	任职时间
王希多	男	1941.11	甘肃农业大学教学实验农场副场长	1990
傅生林	男	1940.3	武威地区纪委（监察局）正县级专职委员	1990.1
孙文山	男	1934.4	武威市二届人大常委会副主任	1990.1
李瑞章	男	1947.6	新疆生产建设兵团农八师 136 团团长	1990.8
赵柏庆	男	1957.8	甘肃省电子器材总公司河西公司经理	1991.5
杨学义	男	1942.8	武威地区纪律检查委员会副县级纪检检查（监察）员	1991.8
汪大基	男	1940.9	武威地区水利处副处长	1991.10
柯宗礼	男	1936.8	武威地区供销社副主任	1991.10
蔡桂生	男	1935.2	武威市三届人大常委会副主任	1992.1
顾元贵	男	1944.12	武威市人民政府副市长	1992.1
贾成林	男	1941.9	武威市人民政府副市长	1992.1
李良国	男	1937.6	政协武威市三届委员会副主席	1992.1
张立胜	男	1952.9	武威市人民政府副市长	1992.1
赵忠学	男	1938.1	武威市三届人大常委会副主任	1992.1
周大寿	男	1936.12	政协武威市三届委员会主席	1992.1
刘国新	男	1939.12	武威市三届人大常委会副主任	1992.1
靳开成	男	1948.5	武威市委常委、市委办公室主任	1992.2
张科元	男	1945.9	武威地区纪委（监察局）副县级纪检检查（监察）员	1992.7
傅伯泉	男	1952.7	武威地区商业处党组书记、处长	1993.2
郭怀发	男	1941.1	政协武威市三届委员会副主席	1993.3
沈大林	男	1955.8	武威地区纪委（监察局）案件审理室主任	1993.4
周大晖	男	1951.11	古浪县委副书记	1993.10
焦　勤	男	1958.1	坦克第 46 团参谋长	1994.3
赵长洋	男	1939.10	武威市委常委、政法委书记	1994.3

续表 20-3-1

姓　名	性　别	出生年月	任职情况	任职时间
蔡云山	男	1944.10	天祝县委书记	1994.5
杨有年	男	1957.8	甘肃省劳动和社会保障厅政策法规处处长	1994.7
王德生	男	1952.8	武威行署驻兰州办事处主任	1994.8
张效全	男	1956.12	中国人民解放军 84808 部队后勤部科长	1994.12
宁新路	男	1959.3	中国人民武装警察部队总医院宣传文化处处长	1995.2
邓　钰	男	1942.12	政协武威市四届委员会副主席	1995.2
马景忠	男	1944.4	武威市三届人大常委会副主任	1995.3
赵尔峰	男	1952.2	武威市电力局副县级干部	1995.3
姚生明	男	1947.2	武威市人民武装部副部长	1995.3
褚大龙	男	1954.3	宁夏军区固原军分区隆德县武装部长	1995.5
陈义元	男	1941.1	武威市委常委、纪委书记	1995.6
赵尔忠	男	1969.2	金昌市机构编制委员会办公室调研员	1995.9
赵尔荣	男	1937.1	新疆和田监狱副县级调研员	1996.5
赵金城	男	1946.8	武威地区统计局局长、党组书记	1996.6
董　武	男	1962.11	总参动员部参谋、副局长	1996.8
柴永茂	男	1956.8	武威地区人民检察院政研室主任	1996.11
赵秋霞	女	1965.9	拉萨海关所属聂拉林海关办公室副主任	1997.3
张伯福	男	1941.12	政协武威市四届委员会主席	1997.4
孙延寿	男	1955.12	武威市委常委、组织部长	1997.3
王淑珍	女	1943.2	武威市四届人大常委会副主任	1997.4
张开甲	男	1942.6	武威市四届人大常委会主任	1997.4
蔡　林	男	1943.8	政协武威市四届委员会副主席	1997.4
满生先	男	1943.1	政协武威市四届委员会副主席	1997.4
刘志爱	男	1954.7	武威地区审计处副处长	1997.7
刘德虎	男	1954.4	甘肃省烟草专卖局武威分局副局长	1997.8
朱万伟	男	1964.1	武警甘肃总队后勤部处长	1998.1
张兴明	男	1945.1	政协武威市四届委员会副主席	1998.4
张建中	男	1955.7	武威地区纪委（监察局）党风廉政建设室主任	1998.7
宁新元	男	1956.12	武威地区人防办副主任、党支部书记	1998.7
张国祺	男	1945.5	武威濒危动物繁育中心主任	1999.2
曹吉新	男	1951.11	武威地委秘书处副处长、党史研究室主任	1999.6
魏建军	男	1969.12	甘肃省军区政治部宣传处新闻干事	1999.9
李锦川	男	1948.1	武威地委党校副校长、行政学院副院长	1999.10
刘开柱	男	1955.7	武威地区志编纂办公室副主任	1999.10

续表 20-3-1

姓　名	性　别	出生年月	任职情况	任职时间
王其宙	男	1952.3	中国第四冶金建设公司中铝分公司经理	1999.10
邵宗桃	男	1949.7	武威地区环保处处长	1999.10
周淑兰	女	1952.1	新疆生产建设兵团农八师国资局党委书记、局长	2000.4
王　多	男	1967.1	武警交通第二总队参谋长	2000.8
高仁山	男	1947.5	武威市供销社党组书记、主任	2000.8
王　福	男	1953.10	武威地区土地管理局纪检组长	2000.9
赵小龙	男	1972.4	甘肃省公安消防总队司令部秘书处副处长	2000.9
韩　忠	男	1955.9	武威地区纪委（监察局）案件审理室主任	2000.9
马昌仁	男	1956.11	武威地区乡镇企业处纪检组长	2000.11
董开权	男	1956.10	武威地区纪委（监察局）办公室主任	2000.11
张启文	男	1951.10	武威地区中级人民法院副院长	2000.11
蔡棋生	男	1954.2	武威地区社会治安综合治理委员会办公室主任	2000.11
党延锡	男	1956.11	武威地区建设处纪检组长	2000.11
王吉东	男	1963.11	武威市人民政府副市长	2001.1
樊作勇	男	1954.12	武威地区民政处党组书记、处长	2001.4
韩占才	男	1953.10	政协武威市委员会办公室主任	2001.9
蔡宗鑫	男	1967.4	武威市人民检察院反贪局局长	2001.10
陈兆年	男	1947.1	武威市人民检察院副县级检察员	2001.10
安虎山	男	1962.8	武威市人民政府研究室副主任	2001.11
罗长喜	男	1944.3	武威市委政法委调研员	2001.11
胡昌祖	男	1942.10	武威市经贸委调研员	2001.11
张　志	男	1958.1	武威市物价局党组书记、局长	2001.11
张象元	男	1944.3	武威市物价局调研员	2001.11
张宗龙	男	1949.10	武威市人民检察院副检察长	2001.11
骆世鹏	男	1948.12	武威市政府法制局局长	2001.11
唐　祜	男	1964.12	武威市监察局副局长	2001.12
冯祯文	男	1963.10	武威市委政策研究室主任	2001.12
施春年	男	1956.12	武威市乡镇企业管理局局长	2001.12
赵开山	男	1944.11	武威市司法局调研员	2001.12
李发茂	男	1958.9	武威市纪委（监察局）党风廉政建设室主任	2001.12
达文明	男	1965.1	武威市人民防空办公室副主任	2001.12
曹天晟	男	1957.4	武威市外事侨务办公室主任	2002.1
张　柱	男	1959.11	武威市建设委员会副主任	2002.2

续表 20-3-1

姓 名	性 别	出生年月	任职情况	任职时间
张力党	男	1967.10	武威市计划委员会副主任	2002.4
张佩年	男	1958.7	武威市旅游局副局长	2002.4
李春元	男	1968.6	武威市少工委副主任	2002.4
赵兴标	男	1960.3	空军第五飞行学院副参谋长	2002.5
王虎元	男	1952.4	甘肃省广播电影电视局武威广播转播台台长、书记	2002.6
师福学	男	1947.12	政协凉州区四届委员会主席	2002.6
张茹华	女	1957.3	武威市人民检察院技术处处长	2002.7
马永庆	男	1957.11	武威市人民检察院监察处处长	2002.7
赵永延	男	1955.4	武威市人民检察院反渎职侵权处处长	2002.7
樊嵘峥	男	1963.12	中共民勤县委常委、组织部部长	2002.7
蔡凤琴	女	1951.9	政协凉州区五届委员会副主席	2002.12
蔡太山	男	1947.2	凉州区五届人大常委会副主任	2002.12
卢万新	男	1948.3	凉州区五届人大常委会副主任	2002.12
唐仁德	男	1947.2	凉州区五届人大常委会副主任	2002.12
臧佑仁	男	1949.7	凉州区五届人大常委会副主任	2002.12
王 喜	男	1953.3	武威市社会福利院助理调研员	2002.12
赵淑萍	女	1958.12	武威市社会福利院副院长	2002.12
李积德	男	1943.7	武威市人大常委会调研员	2002.12
王 诚	男	1953.8	凉州区人民检察院党组书记、检察长	2002.12
张天耀	男	1950.3	武威市人大常委会信访室主任	2005.6
赵永庆	男	1964.4	武威市统计局纪检组长	2003.3
张益民	男	1960.3	武威市委组织部副部长兼知工办主任	2003.3
赵有寿	男	1964.11	武威市直属机关纪工委书记	2003.3
蔡多学	男	1956.2	武威市公安局副局长兼禁毒办公室主任	2003.3
赵柏庆	男	1957.8	长风集团甘肃西龙电子公司副总经理	2003.5
王士科	男	1963.5	新疆乌加渠市武警第四支队支队长	2003.4
李占全	男	1957.1	中国核工业甘肃昆仑生华责任公司党委书记	2003.4
李永林	男	1963.7	武威市人大常委会农资委副主任	2003.5
李天忠	男	1965.4	武威市审计局副局长	2003.7
王 力	男	1968.8	武威濒危动物研究中心副主任	2003.9
李健斌	男	1963.8	凉州区人民政府副区长	2004.2
张日堂	男	1965.1	甘南州迭部县武装部部长	2004.3
陈万能	男	1966.8	武威市委对外宣传办公室（市政府新闻办公室）主任	2004.4

续表 20-3-1

姓　名	性　别	出生年月	任职情况	任职时间
陈万云	男	1954.4	武威市质量技术监督局副局长兼凉州分局局长	2004.4
侯中甲	男	1962.10	张掖市工商行政管理局党组书记、局长	2004.5
高建筑	男	1954.9	武威市农牧局调研员	2004.6
汪晓青	男	1960.6	武威市财政局副局长兼农业综合开发办公室主任	2004.6
胡发奎	男	1956.1	新疆维吾尔自治区阿克苏地区招商局局长	2004.6
严德文	男	1952.5	甘肃省供销合作联社张掖土特产品公司调研员	2004.8
钱多元	男	1952.2	武威市人民检察院副县级检察员	2004.9
张发基	男	1962.11	古浪县委副书记、景电二期工程古浪灌区指挥	2004.9
杨祁连	男	1954.2	武威市委台湾工作办公室主任	2004.9
李庆东	男	1963.10	武威市民政局助理调研员	2004.9
王存年	男	1953.3	武威市社会福利院院长	2004.10
杨祁雄	男	1956.4	武威市商务局党组成员、副局长	2004.10
张景春	男	1962.8	武威市建设委员会纪委书记	2004.10
张兆学	男	1954.10	武威市扶贫办公室副主任	2004.11
张琪海	男	1954.1	武威市公安局政委	2005.1
李天祥	男	1954.7	武威市建设委员会党委书记、主任	2005.1
陈春林	男	1966.1	武威市纪委（监察局）监察综合室主任	2005.1
陈福萍	女	1964.11	古浪县政府副县长	2005.1
邹志坚	男	1956.10	武威市审计局党组书记、局长	2005.1
张吉林	男	1963.4	武威市委副秘书长、市委督查室主任	2005.1
他维仁	男	1962.12	政协武威市委员会提案社会法制委副主任	2005.5
秦光善	男	1948.1	武威市职业学院调研员	2005.6
李旭昌	男	1963.11	武威市人民政府副秘书长兼法制局局长	2005.6
刘建武	男	1963.5	核工业国营四〇四场工业学校副校长	2005.7
徐国鸿	男	1966.12	武威市纪委（监察局）副县级纪检检查（监察）员	2005.8
许福德	男	1963.10	凉州区委常委、区委宣传部部长	2005.9
赵培杰	男	1954.8	武威市政府驻新疆办事处主任	2005.10
史万斌	男	1952.10	新疆维吾尔自治区监狱管理局调研员	2005.11
宋　力	男	1951.11	政协凉州区五届委员会副主席	2006.2
马生智	男	1963.10	武威市审计局纪检组长	2006.2
王景福	男	1948.6	武威市中级人民法院正县级审判员	2006.3
马　全	男	1951.10	武威市国土资源局党组书记、局长	2006.3
杨光善	男	1972.4	民勤县人民武装部副部长	2006.4

续表 20-3-1

姓　名	性　别	出生年月	任职情况	任职时间
张德生	男	1948.8	武威市中级人民法院正县级审判员	2006.5
李应德	男	1953.7	武威市公安局调研员	2006.5
景旭年	男	1963.8	武威市民政局副县级调研员	2006.5
王　团	男	1973.12	甘肃省嘉峪关军分区政治部副团职干事	2006.6
车　银	男	1970.11	西安 68310 部队装备部直政处副处长	2006.6
叶生宝	男	1950.6	武威市人民检察院副县级检察员	2006.6
俞存勤	男	1950.5	武威市林业执法支队支队长	2006.7
相浩荣	男	1953.3	林业部甘肃濒危动物研究中心党支部书记	2006.7
韩吉永	男	1962.9	武威市广播电影电视局党组书记、局长	2006.8
施永祥	男	1965.12	武威市水务局纪委书记	2006.8
李　镜	男	1958.12	武威市农业执法支队副支队长	2006.8
梁开军	男	1968.11	黄羊食品工业城管理委员会副主任	2006.9
李国元	男	1955.1	武威市工商业联合会会长	2006.9
张瑞山	男	1961.11	武威市人大常委会人事与代表工作委员会副主任	2006.10
赵新辉	男	1964.11	武威市统计局党组书记、局长	2006.10
顾智祖	男	1963.8	武威市小康建设办公室副主任	2006.11
宁生国	男	1971.10	武威市人民政府督查室主任	2006.11
唐浩漩	男	1966.10	兰州市红古区人民政府副区长	2006.11
吴万宏	男	1962.6	武威市农业机械管理局党组书记、局长	2006.11
周伯祥	男	1952.9	凉州区委办公室副县级干部	2006.11
陈　平	男	1964.2	武威市人民检察院正县级检察员	2006.11
白万明	男	1949.12	武威市粮食局调研员	2006.11
魏万林	男	1954.2	武威市民族宗教局调研员	2006.11
赵德成	男	1955.10	武威市委政研室调研员	2006.11
罗钰铭	男	1953.8	武威市政协农业与环境资源委员会副主任、调研员	2006.11
黄忠明	男	1962.5	武威市运管局副局长	2006.12
蔺雪梅	女	1963.3	政协凉州区六届委员会副主席	2006.12
刘　彪	男	1955.7	凉州区六届人大常委会副主任	2006.12
陆世虎	男	1958.11	凉州区六届人大常委会副主任	2006.12
祁光绪	男	1957.7	凉州区六届人大常委会副主任	2006.12
王宗柱	男	1954.12	凉州区六届人大常委会副主任	2006.12
魏建荣	男	1950.7	凉州区六届人大常委会副主任	2006.12
徐建林	男	1962.1	凉州区人民政府副区长	2006.12

续表 20-3-1

姓　名	性　别	出生年月	任职情况	任职时间
赵卫忠	男	1968.5	武威市人大常委会农业与环境资源工作委员会副主任	2006.12
赵永庆	男	1961.8	政协凉州区六届委员会副主席	2006.12
赵长忠	男	1962.5	武威市军转办副主任	2006.12
周进学	男	1955.2	政协凉州区六届委员会副主席	2006.12
王　晖	女	1972.7	古浪县人民政府副县长	2006.12
王长永	男	1963.7	武威市委副秘书长、市委督查室主任	2006.12
范文智	男	1960.2	武威市水务局副局长	2007.3
王胜元	男	1952.8	武威市住房公积金管理中心主任	2007.4
张兴堂	男	1959.9	武威市交通战备办公室主任	2007.4
山生岩	男	1967.2	武威市商务局副局长	2007.4
齐加平	男	1950.8	武威市商务局调研员	2007.5
刘立润	男	1949.12	武威市体校正县级干部	2007.5
刘向东	男	1969.8	武威市民政局民间组织管理局局长	2007.5
满建成	男	1964.4	武威市商务局纪检组长	2007.5
张全生	男	1960.5	武威市纪委（监察局）信访室主任	2007.5
任　荣	男	1963.8	武威市社会福利院副院长	2007.6
赵尔银	男	1957.9	凉州区委办公室副县级干部	2007.6
雷　云	男	1951.5	武威市文化新闻出版局、市旅游局调研员	2007.7
潘世锋	男	1951.1	武威市物价局调研员	2007.7
刘怀裕	男	1958.2	武威市经济委员会副主任	2007.7
蔡开山	男	1960.10	武威市人民政府应急办副主任	2007.7
李　鹏	男	1969.3	武威市委办公室副主任	2007.7
杨宗同	男	1965.5	武威市国土资源局党组成员、副局长	2007.7
张长茂	男	1961.7	武威市委机要局局长	2007.7
屈永红	男	1963.4	凉州区委常委、宣传部长	2007.8
聂寿卿	男	1965.5	武威市政协办公室副主任	2007.9
董仁玉	男	1972.1	甘肃省民乐县人武部副部长	2008.2
李树春	男	1963.9	武威市委副秘书长兼市委党史研究室主任	2008.3
周积祯	男	1952.11	武威市委党校正县级干部	2008.3
李长禄	男	1967.10	武威市纪委（监察局）执法监察室主任	2008.12
王廷材	男	1963.2	武威市疾病预防控制中心主任	2008.12
白永福	男	1959.5	武威市农业执法支队支队长	2008.12
董　生	男	1960.3	武威市发改委副主任兼市经济动员办公室主任	2008.12

续表 20-3-1

姓　名	性　别	出生年月	任职情况	任职时间
韩世民	男	1951.6	武威市供销社调研员	2008.12
王　林	男	1960.5	兰州军区空军政治部政研室主任	2008.12
马占威	男	1963.7	武威市畜牧兽医局局长	2008.12
张延祥	男	1962.5	武威市委机要局副局长	2009.7
李长东	男	1964.1	武威金太阳新能源高新集中区管委会主任	2009.3
陈宗普	男	1955.4	武威市中级人民法院正县级干部	2009.4
魏生荣	男	1952.7	武威市疾病预防控制中心正县级干部	2009.7
张丰年	男	1960.1	武威市国土资源局副局长	2009.7
张浩晓	男	1968.9	武威阳光产业园区管委会副主任	2009.7
李元国	男	1971.3	武威市监察局副局长	2009.8
田德成	男	1953.1	武威市安全生产监督管理局调研员	2009.8
王宁德	男	1971.7	凉州区委常委、区委办公室主任	2009.8
马尚杰	男	1965.9	天祝县人民政府副县长	2009.9
孟灵芝	女	1965.1	凉州区人民政府副区长	2009.10
秦建山	男	1980.6	武威市疾病预防控制中心副主任	2009.12
陈日清	男	1962.9	武威市政府副秘书长、政务服务中心主任	2009.12

第二节　副高级技术职称人物

表 20-3-2

姓　名	性　别	出生年月	工作单位	职　称	取得资格时间
胡　祥	男	1940.7	武威地区林业技术服务中心	高级工程师	1990
罗应兰	女	1942.6	武威市农机局	高级工程师	1990
李　玉	男	1953.6	武威市农业委员会	高级畜牧师	1991
康福来	男	1941.11	武威市林业局	高级工程师	1992
王静泉	男	1944.8	武威地区动物检疫站	高级兽医师	1992
萧　濂	男	1944.8	武威地委党校	副教授	1992
赵鸿逵	男	1940.9	武威地区乡镇企业局	高级工程师	1992
雷成云	男	1952.8	武威地区林业处	高级工程师	1993
梁　智	男	1955.12	武威地区农业技术推广中心	高级农艺师	1993
王生明	男	1937.1	武威市发放镇学区	中学高级教师	1993
姚家璋	男	1933.9	武威市水利局	高级工程师	1993
陈学峰	男	1951.1	武威地区电力局	高级工程师	1994
段国学	男	1945.5	武威市人民医院	副主任医师	1994
屈胜文	男	1962.4	新华社陕西分社	副高级职称	1994
张世雄	男	1944.3	武威地区畜牧兽医中心	高级农艺师	1994
陈建煦	男	1946.10	武威地区畜牧兽医中心	高级畜牧师	1995
范　肃	男	1962.9	武威地区建筑设计院	高级工程师	1995
谢恒义	男	1939.8	武威市高坝职业中学	中学高级教师	1995
张济泽	男	1950.10	武威纺织厂	高级工程师	1995
张生彦	男	1953.9	凉州区农机推广站	高级工程师	1995
赵子功	男	1958.12	武威地区种子公司	高级农艺师	1995
郭爱义	男	1947.3	武威市人民医院	副主任医师	1995
孟开元	女	1944.11	武威地区畜牧兽医服务中心	高级兽医师	1996
孙永祯	男	1942.3	甘肃濒危动物研究中心	林业高级工程师	1996

续表 20-3-2

姓　名	性　别	出生年月	工作单位	职　称	取得资格时间
田志成	男	1954.11	武威三中	中学高级教师	1996
张国祺	男	1945.5	甘肃濒危动物研究中心	高级畜牧师	1996
张鹏年	男	1953.9	武威市委党校	高级讲师	1996
张永善	男	1956.6	武威市教育局	中学高级教师	1996
张广泰	男	1950.1	武威六中	中学高级教师	1996
范文智	男	1960.1	武威地区抗旱防汛指挥部	高级工程师	1997
焦祺祖	男	1952.1	武威地区建筑设计院	高级工程师	1997
孔德禄	男	1942.6	武威地区抗旱防汛指挥部	高级工程师	1997
李　合	男	1955.11	武威市卫生学校	中学高级教师	1997
李春来	男	1962.2	武威地区畜牧兽医站	高级畜牧师	1997
刘世金	男	1955.10	武威市教育委员会	中学高级教师	1997
卢胜春	男	1949.8	武威地区教育处	中学高级教师	1997
王成兰	男	1964.1	武威地区农业技术推广中心	高级农艺师	1997
王希保	男	1963.2	武威八中	中学高级教师	1997
徐新民	男	1950.12	武威地区体育运动学校	高级讲师	1997
周瑞英	女	1943.10	武威九中	中学高级教师	1997
郭盛有	男	1955.7	武威市双树乡学区	中学高级教师	1998
来锡福	男	1964.9	武威地区林科所	高级工程师	1998
沈开举	男	1960.11	武威三中	中学高级教师	1998
苏　普	男	1958.5	武威市柏树乡学区	中学高级教师	1998
苏义川	男	1954.6	抗旱防汛指挥部	高级工程师	1998
魏　明	男	1964.5	武威市教师进修学校	高级讲师	1998
杨　逵	男	1953.6	武威地区体育运动学校	高级教练	1998
朱玉宝	男	1955.11	武威地区水利推广中心	高级工程师	1998
冯海元	男	1955.8	武威市人民医院	副主任医师	1999
顾维祖	男	1963.8	武威十二中	中学高级教师	1999
胡林元	男	1949.12	武威市人民医院	副主任医师	1999
李才吉	男	1958.6	武威八中	中学高级教师	1999
鲁守炜	男	1939.11	甘肃濒危动物研究中心	高级兽医师	1999
潘瑞兰	女	1954.12	武威九中	中学高级教师	1999
赵勃元	男	1962.8	武威六中	中学高级教师	1999
陈文岩	男	1966.11	兰州铁路局	高级工程师	2000

续表 20-3-2

姓　名	性　别	出生年月	工作单位	职　称	取得资格时间
范万林	男	1956.4	武威十中	中学高级教师	2000
郭必红	男	1962.3	武威市永昌职业中专	中学高级教师	2000
韩成林	男	1962.12	武威六中	中学高级教师	2000
胡　溶	男	1946.11	武威市人民医院	副主任医师	2000
李　平	男	1964.11	武威市双城镇学区	中学高级教师	2000
刘文治	男	1939.12	西郊公园	高级农艺师	2000
马希良	男	1963.9	武威市教师进修学校	高级讲师	2000
明朋年	男	1964.5	武威十二中	中学高级教师	2000
任永年	男	1961.12	武威五中	中学高级教师	2000
谢建华	女	1963.12	解放军第十医院	副主任医师	2000
宣正元	男	1953.3	武威市第三人民医院	副主任医师	2000
张莉莉	女	1966.1	武威六中	中学高级教师	2000
张生德	男	1953.12	武威市委党校	高级讲师	2000
赵　夫	男	1956.7	武威市教育委员会	中学高级教师	2000
赵　福	男	1962.1	武威六中	中学高级教师	2000
赵金山	男	1966.9	武威三中	中学高级教师	2000
严复科	男	1958.3	黄羊糖厂子弟学校	中学高级教师	2000
陈志科	男	1964.5	武威市教育委员会	中学高级教师	2000
白志勇	男	1964.7	凉州区职业中专	中学高级教师	2001
蔡国瑛	男	1962.3	武威六中	中学高级教师	2001
蔡菊莲	女	1964.7	天祝一中	中学高级教师	2001
查寿堂	男	1964.8	凉州区双城中学	中学高级教师	2001
常月堂	女	1952.3	武威八中	中学高级教师	2001
陈　吉	男	1950.6	凉州区疾病预防控制中心	副主任医师	2001
陈林元	男	1957.5	武威八中	中学高级教师	2001
陈玉玲	女	1954.6	武威八中	中学高级教师	2001
达文全	男	1944.2	凉州区长城乡学区	中学高级教师	2001
丁兆泉	男	1960.3	武威六中	中学高级教师	2001
高义堂	男	1958.9	凉州区金塔乡学区	中学高级教师	2001
侯玉兰	女	1957.6	凉州医院	副主任医师	2001
贾中龙	男	1954.5	凉州区双城镇学区	中学高级教师	2001
孔祥龙	男	1964.6	武威一中	中学高级教师	2001

续表 20-3-2

姓　名	性　别	出生年月	工作单位	职　称	取得资格时间
寇明乐	男	1960.12	凉州区金羊镇中学	中学高级教师	2001
李　丰	男	1951.10	武威六中	中学高级教师	2001
李　清	男	1954.9	凉州区林业局	林业工程师	2001
李庆保	男	1964.9	凉州区羊下坝镇学区	中学高级教师	2001
李生堂	男	1950.6	凉州区疾病预防控制中心	副主任医师	2001
李中军	男	1965.1	皇台集团	高级工程师	2001
李忠发	男	1960.9	武威十一中	中学高级教师	2001
梁成荣	男	1948.10	凉州区永昌镇学区	中学高级教师	2001
刘福奎	男	1953.7	武威六中	中学高级教师	2001
刘吉胜	男	1965.3	凉州区教师进修学校	高级讲师	2001
马　勇	男	1964.6	武威市教育委员会	中学高级教师	2001
宋国瑞	男	1958.5	武威九中	中学高级教师	2001
苏　萍	女	1949.4	爱雅纺织有限责任公司	高级统计师	2001
王才贤	男	1949.5	凉州区农业技术推广中心	高级农艺师	2001
王建国	男	1956.11	凉州区建设委员会	高级工程师	2001
王玉德	男	1963.6	凉州区教育委员会	中学高级教师	2001
杨胜年	男	1955.7	凉州区大柳乡学区	中学高级教师	2001
杨万胜	男	1953.4	武威歌舞剧团	二级舞美设计	2001
张虎元	男	1963.12	武威二中	中学高级教师	2001
张槐年	男	1960.10	武威二中	中学高级教师	2001
张俊国	男	1961.12	武威六中	中学高级教师	2001
张万华	男	1956.10	武威九中	中学高级教师	2001
张兆品	男	1950.1	天祝县疾病预防控制中心	副主任医师	2001
赵　明	男	1963.6	武威市财贸学校	高级讲师	2001
赵　有	男	1966.10	武威八中	中学高级教师	2001
赵惠兰	女	1961.4	武威十中	中学高级教师	2001
周忠堂	男	1964.3	武威一中	中学高级教师	2001
朱秀天	女	1953.5	武威八中	中学高级教师	2001
靳　元	男	1965.2	武威八中	中学高级教师	2001
陈辉年	男	1946.5	武威六中	中学高级教师	2002
陈守阳	男	1965.1	武威六中	中学高级教师	2002
单志荣	女	1951.4	凉州医院	副主任医师	2002

续表 20-3-2

姓 名	性 别	出生年月	工作单位	职 称	取得资格时间
党晓庆	男	1965.5	凉州区武南镇学区	中学高级教师	2002
邓 龙	男	1955.9	凉州区金羊镇学区	中学高级教师	2002
董耀国	男	1962.3	凉州区双城镇南安中学	中学高级教师	2002
董祖生	男	1954.4	凉州区乡镇企业管理局	高级工程师	2002
傅石磊	男	1960.10	武威六中	中学高级教师	2002
何成虎	男	1952.8	武威市疾病预防控制中心	副主任医师	2002
胡 宁	女	1954.3	武威八中	中学高级教师	2002
黄海鹰	男	1963.7	武威市体育运动学校	高级讲师	2002
李 雄	男	1959.5	凉州区永昌镇学区	中学高级教师	2002
李天仁	男	1952.3	凉州区大沙沟矿管站	高级工程师	2002
李应胜	男	1964.9	武威二中	中学高级教师	2002
李玉忠	男	1966.2	皇台集团	高级工程师	2002
刘 武	男	1958.11	武威九中	中学高级教师	2002
刘全林	男	1964.8	武威十二中	中学高级教师	2002
陆建萍	女	1952.11	武威六中	中学高级教师	2002
骆义基	男	1965.2	武威八中	中学高级教师	2002
满多博	男	1950.6	武威市财贸学校	高级讲师	2002
满积海	男	1957.9	凉州区黄羊镇学区	中学高级教师	2002
宁生仁	男	1949.8	武威市第四建筑工程公司	高级工程师	2002
齐加禄	男	1962.5	凉州区双城中学	中学高级教师	2002
施金年	男	1952.6	武威市第五建筑工程公司	高级工程师	2002
苏金福	男	1964.1	武威八中	中学高级教师	2002
汪裕龙	男	1963.8	凉州区畜牧兽医服务中心	高级兽医师	2002
王春梅	女	1954.2	武威六中	中学高级教师	2002
王守晓	男	1956.11	武威三中	中学高级教师	2002
王淑珍	女	1964.10	武威市肿瘤医院	副主任医师	2002
王兴山	男	1951.11	凉州区清源镇学区	中学高级教师	2002
卫建凯	男	1953.8	武威市第二建筑工程公司	高级工程师	2002
徐兴文	男	1963.2	武威市金塔建筑公司	高级工程师	2002
徐兆胜	男	1966.11	武威四中	中学高级教师	2002
杨发青	男	1955.2	凉州区委党校	高级讲师	2002
姚兴荣	男	1964.3	凉州医院	副主任医师	2002

续表 20-3-2

姓　名	性　别	出生年月	工作单位	职　称	取得资格时间
俞贵勤	女	1965.12	武威九中	中学高级教师	2002
张　忠	男	1962.12	武威五中	中学高级教师	2002
张佰福	男	1954.12	凉州医院	副主任医师	2002
张登乾	男	1963.11	天祝一中	中学高级教师	2002
张福武	男	1951.6	武威市肿瘤医院	副主任医师	2002
张富基	男	1948.12	凉州区水利局	高级工程师	2002
张国军	男	1961.5	凉州区职业中专	中学高级教师	2002
张红梅	女	1967.12	武威四中	中学高级教师	2002
张建国	女	1961.11	武威六中	中学高级教师	2002
张耀先	男	1962.7	凉州区发放镇中学	中学高级教师	2002
赵明芳	女	1958.7	武威市肿瘤医院	副主任医师	2002
赵永杰	男	1966.7	武威市体育运动学校	高级讲师	2002
郑志峰	男	1964.9	凉州区杂木河水利管理处	高级工程师	2002
周胜年	男	1959.10	武威市高坝建筑公司	高级工程师	2002
周文祥	男	1955.6	凉州区中医医院	副主任医师	2002
安鹏善	男	1954.6	凉州区金塔乡学区	中学高级教师	2003
陈　浩	男	1963.9	武威八中	中学高级教师	2003
陈万能	男	1966.8	武威日报社	主任记者	2003
陈贤德	男	1955.9	武威三中	中学高级教师	2003
陈学海	男	1962.11	凉州区教育局	中学高级教师	2003
陈永华	男	1957.1	武威四中	中学高级教师	2003
陈有明	男	1962.10	凉州区疾病预防控制中心	副主任医师	2003
党永生	男	1962.6	武威二中	中学高级教师	2003
樊大海	男	1953.5	凉州医院	副主任医师	2003
樊建玲	女	1962.2	武威八中	中学高级教师	2003
范伊萍	女	1966.6	凉州区职业中专	中学高级教师	2003
高登龙	男	1967.6	凉州区永昌职业中专	中学高级教师	2003
高殿先	男	1957.10	凉州区河东乡学区	中学高级教师	2003
高芳霞	女	1963.5	武威八中	中学高级教师	2003
何爱年	男	1955.5	凉州区九墩乡学区	中学高级教师	2003
何生玉	男	1965.1	武威九中	中学高级教师	2003
胡桐生	男	1957.12	凉州区怀安乡学区	中学高级教师	2003

续表 20-3-2

姓 名	性 别	出生年月	工作单位	职 称	取得资格时间
李 战	男	1963.1	武威十中	中学高级教师	2003
李发德	男	1952.2	武威六中	中学高级教师	2003
李金元	男	1957.9	凉州区金山乡学区	中学高级教师	2003
李仁学	男	1962.2	凉州区高坝镇马儿中学	中学高级教师	2003
李淑娴	女	1966.6	武威九中	中学高级教师	2003
李兴元	男	1964.5	武威八中	中学高级教师	2003
李岳灿	女	1966.7	凉州区畜牧兽医服务中心	高级畜牧师	2003
厉 励	女	1964.2	武威一中	中学高级教师	2003
梁 健	男	1964.10	武威六中	中学高级教师	2003
梁宜昌	男	1954.5	武威十八中	高级讲师	2003
蔺国祥	男	1957.7	凉州区五和乡中学	中学高级教师	2003
刘功汉	男	1955.10	凉州医院	副主任医师	2003
刘国兴	男	1953.3	凉州区金羊镇学区	中学高级教师	2003
刘玉年	男	1950.1	凉州区柏树乡中学	中学高级教师	2003
刘振华	男	1954.10	凉州区双城镇南安中学	中学高级教师	2003
刘忠宝	男	1961.10	凉州区委党校	中学高级教师	2003
吕 刚	男	1963.3	凉州区电化教育馆	中学高级教师	2003
马 贵	男	1968.2	武威铁路中学	中学高级教师	2003
沈翠英	女	1950.12	凉州医院	副主任药师	2003
孙永国	男	1954.2	凉州区种子管理站	高级农艺师	2003
汤 栋	男	1967.9	凉州区武南镇大河中学	中学高级教师	2003
唐天柱	男	1955.12	凉州区武南镇学区	中学高级教师	2003
王 平	男	1965.6	武威十中	中学高级教师	2003
王 文	男	1956.11	武威四中	中学高级教师	2003
王安华	男	1963.9	武威六中	中学高级教师	2003
王光复	男	1959.2	凉州区永昌镇学区	中学高级教师	2003
王惠东	男	1963.5	凉州医院	副主任医师	2003
王菊香	女	1956.6	武威十中	中学高级教师	2003
王生柏	男	1964.2	武威市水利水电勘测设计院	高级工程师	2003
王天忠	男	1956.5	武威十三中	中学高级教师	2003
王学昕	女	1962.7	武威八中	中学高级教师	2003

续表 20-3-2

姓　名	性　别	出生年月	工作单位	职　称	取得资格时间
王志录	男	1963.1	凉州区中坝镇学区	中学高级教师	2003
辛义生	男	1963.10	武威七中	中学高级教师	2003
徐光田	男	1960.3	武威七中	中学高级教师	2003
杨成明	男	1964.6	武威六中	中学高级教师	2003
杨学文	男	1955.2	凉州区古城镇学区	中学高级教师	2003
于光辉	男	1963.1	武威七中	中学高级教师	2003
于锐忠	男	1953.7	凉州区古城镇学区	中学高级教师	2003
张纯秀	女	1965.5	武威六中	中学高级教师	2003
张大祥	男	1948.11	武威三中	中学高级教师	2003
张虎如	男	1962.1	凉州区水利局	高级工程师	2003
张继中	男	1968.10	武威铁路中学	中学高级教师	2003
张丽娟	女	1967.7	武威卫生学校	高级讲师	2003
张同祯	男	1966.4	凉州区职业中专	中学高级教师	2003
张学智	男	1963.9	武威市农科所	高级农艺师	2003
张玉英	女	1966.9	武威十八中	高级讲师	2003
张兆义	男	1959.8	凉州区大柳乡学区	中学高级教师	2003
赵尔永	男	1962.9	永昌镇张兴中学	中学高级教师	2003
赵发虎	男	1962.10	武威一中	中学高级教师	2003
赵溪萍	男	1943.2	武威天马艺术剧院	国家二级主任舞台技师	2003
白文东	男	1951.12	武威市疾控中心	公卫副主任医师	2004
蔡兆忠	男	1962.10	凉州区委党校	高级讲师	2004
蔡周山	男	1965.10	凉州区畜牧兽医服务中心	高级畜牧师	2004
曹惠民	男	1945.6	凉州医院	副主任医师	2004
曹生有	男	1962.9	凉州区中医医院	副主任医师	2004
陈开雄	男	1962.8	凉州区委党校	中学高级教师	2004
达金汉	男	1951.9	凉州区二坝乡卫生院	副主任医师	2004
董银元	男	1956.11	武威九中	中学高级教师	2004
樊志海	男	1954.3	凉州区永丰镇学区	中学高级教师	2004
范建华	女	1965.11	武威一中	中学高级教师	2004
方旭堂	男	1952.8	凉州区发放镇学区	中学高级教师	2004
冯金山	男	1966.7	凉州医院	副主任医师	2004
甘保祖	男	1956.11	凉州区教育局	中学高级教师	2004

续表 20-3-2

姓 名	性 别	出生年月	工作单位	职 称	取得资格时间
高 波	男	1964.10	凉州区电视台	主任记者	2004
高德玉	男	1966.11	凉州医院	副主任医师	2004
高继荣	男	1965.4	武威二中	中学高级教师	2004
高尚升	男	1963.4	黄羊河集团公司中学	中学高级教师	2004
高万功	男	1962.8	凉州区林业技术推广中心	高级工程师	2004
顾 虎	男	1956.4	发放镇学区	中学高级教师	2004
顾文章	男	1940.1	凉州医院	副主任医师	2004
何忠山	男	1969.4	武威十五中	中学高级教师	2004
雷桐生	男	1955.1	凉州区洪祥镇学区	中学高级教师	2004
李 魁	男	1952.8	武威市畜牧兽医技术服务中心	高级畜牧师	2004
李春玲	女	1962.6	凉州区职业中专	中学高级教师	2004
李泰元	男	1955.8	凉州区高坝职业中学	中学高级教师	2004
李天发	男	1945.8	凉州区和平镇中心卫生院	副主任医师	2004
李天玉	男	1967.2	武威七中	中学高级教师	2004
李文辉	男	1964.1	武威市中医医院	副主任医师	2004
李先元	男	1960.8	武威市林技综合服务中心	高级工程师	2004
李小泉	男	1965.11	武威市农业技术推广中心	高级农艺师	2004
李文昕	男	1955.4	武威市高坝镇学区	中学高级教师	2004
梁继红	女	1967.9	武威市考古研究所	副研究馆员	2004
刘红瑾	女	1965.10	武威十中	中学高级教师	2004
刘江峰	男	1958.7	武威六中	中学高级教师	2004
刘前义	男	1963.8	凉州区水电工程局	高级工程师	2004
刘中奎	男	1948.2	武威市肿瘤医院	副主任医师	2004
卢文铎	男	1957.6	凉州区清水乡学区	中学高级教师	2004
陆 荣	男	1953.6	武威市卫生监督所凉州分所	公共副主任医师	2004
吕德荣	男	1965.12	武威市人民医院	副主任医师	2004
罗生武	男	1966.12	凉州区清源镇学区	中学高级教师	2004
马国江	男	1965.12	武威市农科所	高级农艺师	2004
宁志梅	女	1965.3	武威市体育运动学校	高级讲师	2004
屈文奎	男	1952.9	凉州区农业技术推广中心	高级农艺师	2004
尚 才	男	1949.10	凉州医院	副主任医师	2004
尚光生	男	1966.6	凉州区电视台	主任记者	2004

续表 20-3-2

姓 名	性 别	出生年月	工作单位	职 称	取得资格时间
盛日帅	男	1966.10	凉州区新华乡学区	中学高级教师	2004
孙积生	男	1950.9	武威市人民医院	副主任医师	2004
孙万华	男	1952.1	凉州区康宁乡学区	中学高级教师	2004
王 刚	男	1968.9	武威卫生学校	高级讲师	2004
王 忠	男	1962.6	凉州区教师进修学校	中学高级教师	2004
王瑞年	男	1960.7	凉州区发放镇中学	中学高级教师	2004
王宗辉	男	1945.6	凉州医院	副主任医师	2004
魏希科	男	1960.7	凉州区羊下坝镇学区	中学高级教师	2004
文 华	女	1966.1	武威市委党校	副教授	2004
吴勤瑞	男	1943.12	凉州区金羊镇卫生院	副主任医师	2004
吴生仁	男	1949.10	凉州区韩佐乡学区	中学高级教师	2004
谢维和	男	1962.9	武威十五中	中学高级教师	2004
严森林	男	1936.1	凉州医院	副主任医师	2004
杨 福	男	1955.12	武威市博物馆	副研究馆员	2004
杨东山	男	1954.10	凉州区计划生育服务站	副主任医师	2004
杨韵华	女	1954.10	凉州医院	副主任医师	2004
姚志虎	男	1964.4	凉州区教师进修学校	中学高级教师	2004
俞文丽	女	1966.11	武南铁路医院	副主任医师	2004
张 镇	男	1956.10	武威市水利水电勘测设计院	高级工程师	2004
张爱平	女	1958.2	武威市卫生监督所凉州分所	公卫副主任医师	2004
张长忠	男	1957.3	凉州区西营镇学区	中学高级教师	2004
张国禧	男	1938.12	凉州医院	副主任医师	2004
张国忠	男	1962.6	武威市中医医院	副主任中医师	2004
张康国	男	1963.2	武威五中	中学高级教师	2004
张万宏	男	1960.1	武威一中	中学高级教师	2004
张伟鸿	女	1966.1	武威市人民医院	副主任医师	2004
张兴文	男	1965.9	武威市肿瘤医院	副主任医师	2004
赵冬梅	女	1966.1	武威十三中	中学高级教师	2004
赵韶红	女	1962.4	武威职业学院	副教授	2004
郑品元	男	1944.1	凉州区武南镇中心卫生院	副主任医师	2004
周开宝	男	1963.7	凉州区共和街小学	中学高级教师	2004
朱生多	男	1948.6	武威市中医医院	副主任中医师	2004

续表 20-3-2

姓 名	性 别	出生年月	工作单位	职 称	取得资格时间
邹立国	男	1968.3	武威六中	中学高级教师	2004
张克俊	男	1956.1	武威市永昌镇学区	中学高级教师	2004
常万新	男	1953.6	凉州区张义镇上泉九年制学校	中学高级教师	2004
李大彦	男	1956.2	凉州区下双乡学区	中学高级教师	2004
王瑞生	男	1956.1	凉州区双城镇学区	中学高级教师	2004
周登学	男	1957.8	凉州区张义镇学区	中学高级教师	2004
朱旦年	男	1953.9	凉州区双城镇学区	中学高级教师	2004
李兆仁	男	1954.1	凉州区武南镇学区	中学高级教师	2004
杨志忠	男	1964.11	武威八中	中学高级教师	2004
白昭俊	男	1967.1	凉州区职业中专	中学高级教师	2005
蔡志仁	男	1959.10	凉州区四坝镇中学	中学高级教师	2005
蔡中成	男	1963.10	武威十一中	中学高级教师	2005
曹虎成	男	1966.9	武威七中	中学高级教师	2005
陈光科	男	1964.7	武威六中	中学高级教师	2005
陈云国	男	1958.3	武威市肿瘤医院	副主任医师	2005
程桃山	男	1969.11	凉州区羊下坝镇学区	中学高级教师	2005
丁国鳌	男	1957.7	凉州区高坝镇建设中学	中学高级教师	2005
董彦文	男	1968.2	武威六中	中学高级教师	2005
段保生	男	1962.5	凉州区东河乡学区	中学高级教师	2005
段美蓉	女	1962.11	凉州区中医医院	副主任医师	2005
段忠元	男	1955.8	凉州区清源镇学区	中学高级教师	2005
樊宗有	男	1965.1	凉州区西营镇学区	中学高级教师	2005
冯爱华	女	1965.6	武威六中	中学高级教师	2005
冯万镒	男	1957.2	凉州区教师进修学校	中学高级教师	2005
付德录	男	1961.4	武威七中	中学高级教师	2005
付开琳	女	1962.7	凉州区职业中专	中学高级教师	2005
富生才	男	1966.12	凉州区永昌职业中专	中学高级教师	2005
高振林	男	1955.10	凉州区古城镇学区	中学高级教师	2005
郭宗成	男	1966.9	武威四中	中学高级教师	2005
吉生成	男	1965.10	凉州区畜牧兽医服务中心	高级畜牧师	2005
靳 喜	男	1954.4	凉州区长城乡学区	中学高级教师	2005
李 德	男	1955.4	武威市水土保持工作站	高级工程师	2005

续表 20-3-2

姓　名	性　别	出生年月	工作单位	职　称	取得资格时间
李春莲	女	1961.3	凉州医院	副主任护师	2005
李生柱	男	1966.1	武威十五中	中学高级教师	2005
李兴国	男	1958.3	凉州区张义镇中路九年制学校	中学高级教师	2005
刘　瑛	女	1955.11	凉州区职业中专	中学高级教师	2005
刘得文	男	1947.7	凉州区金羊镇新鲜中学	中学高级教师	2005
刘延平	男	1969.3	武威一中	中学高级教师	2005
鲁成设	男	1965.10	武威十三中	中学高级教师	2005
骆　青	男	1955.10	凉州区武南镇学区	中学高级教师	2005
骆桂花	女	1966.4	凉州区职业中专	中学高级教师	2005
马建军	男	1968.7	武威十八中	中学高级教师	2005
潘财奎	男	1967.11	武威十五中	中学高级教师	2005
潘孟仁	男	1956.1	武威六中	中学高级教师	2005
戚发元	男	1957.3	凉州区怀安乡中学	中学高级教师	2005
盛日恩	男	1966.11	武威二中	中学高级教师	2005
孙想成	男	1962.9	武威六中	中学高级教师	2005
汪开宏	男	1968.5	凉州区西营水管处	高级工程师	2005
王公堂	男	1953.11	武威四中	中学高级教师	2005
王国功	男	1958.1	武威二中	中学高级教师	2005
王积和	男	1966.5	武威八中	中学高级教师	2005
王继国	男	1963.10	武威九中	中学高级教师	2005
王双元	男	1966.9	凉州医院	副主任医师	2005
王文年	男	1967.11	武威十五中	中学高级教师	2005
王相虎	男	1963.1	凉州区电化教育馆	中学高级教师	2005
王有理	男	1952.2	凉州区清水乡学区	中学高级教师	2005
王玉龙	男	1955.9	凉州区洪祥镇中学	中学高级教师	2005
王兆炯	男	1963.11	武威八中	中学高级教师	2005
王之瑞	男	1959.1	凉州区永昌镇中学	中学高级教师	2005
魏武元	男	1961.10	武威三中	中学高级教师	2005
相哲元	男	1958.2	凉州区黄羊镇学区	中学高级教师	2005
徐　有	男	1955.10	凉州区双城镇南安中学	中学高级教师	2005
徐爱年	男	1954.11	武威市中医医院	副主任医师	2005
徐创成	男	1965.3	凉州区和平镇中学	中学高级教师	2005

续表 20-3-2

姓 名	性 别	出生年月	工作单位	职 称	取得资格时间
许殿泰	男	1958.7	凉州区吴家井乡中学	中学高级教师	2005
薛廉清	男	1955.2	武威市水利水电勘测设计院	高级工程师	2005
薛胜元	男	1966.6	武威六中	中学高级教师	2005
严明昌	男	1962.9	武威六中	中学高级教师	2005
杨 才	男	1957.4	凉州区谢河镇学区	中学高级教师	2005
殷世伟	男	1964.12	武威八中	中学高级教师	2005
于 财	男	1955.7	武威九中	中学高级教师	2005
于仁基	男	1956.5	凉州区和平镇学区	中学高级教师	2005
俞国基	男	1955.7	武威市良种场	高级农艺师	2005
臧煊德	男	1955.4	武威市水利水电勘测设计院	高级工程师	2005
张爱春	女	1963.1	凉州区第二幼儿园	中学高级教师	2005
张成文	男	1954.12	凉州区金山乡学区	中学高级教师	2005
张庆全	男	1963.3	武威八中	中学高级教师	2005
张秀花	女	1965.8	武威十中	中学高级教师	2005
张玉琴	女	1966.11	凉州医院	副主任医师	2005
赵凤翔	女	1965.10	武威十五中	中学高级教师	2005
赵桂花	女	1955.5	凉州医院	副主任护师	2005
赵其芳	男	1956.2	凉州区丰乐镇学区	中学高级教师	2005
赵生赋	男	1972.4	武威市水利水电勘测设计院	高级工程师	2005
赵雪莲	女	1951.11	凉州区金羊镇新鲜中学	中学高级教师	2005
周光海	男	1956.11	凉州区高坝职业中学	中学高级教师	2005
周恺有	男	1952.2	武威九中	中学高级教师	2005
周全德	男	1956.6	凉州区发放镇学区	中学高级教师	2005
宗银三	男	1963.7	凉州区黄羊镇学区	中学高级教师	2005
安得英	女	1970.12	武威市肿瘤医院	副主任医师	2006
安万永	男	1954.9	凉州区新华乡学区	中学高级教师	2006
白涵如	男	1965.4	武威十八中	中学高级教师	2006
蔡 磊	男	1966.2	武威一中	中学高级教师	2006
陈红兵	男	1967.2	武威市肿瘤医院	副主任医师	2006
程生尧	男	1966.8	武威六中	中学高级教师	2006
崔德祯	男	1965.10	武威市电视台	主任记者	2006
丁 文	男	1964.11	武威一中	中学高级教师	2006

续表 20–3–2

姓　名	性　别	出生年月	工作单位	职　称	取得资格时间
董平国	男	1966.12	武威市水利技术综合服务中心	高级工程师	2006
范文福	男	1954.9	凉州区韩佐乡学区	中学高级教师	2006
冯晓勇	女	1959.1	凉州区西苑实验小学	中学高级教师	2006
冯玉基	男	1966.12	武威六中	中学高级教师	2006
高茂基	男	1963.10	武威七中	中学高级教师	2006
韩　梅	女	1971.2	凉州区农业技术推广中心	高级农艺师	2006
韩建华	男	1965.10	武威十一中	中学高级教师	2006
韩学奎	男	1970.2	武威十五中	中学高级教师	2006
侯　高	男	1963.1	武威市中医医院	副主任中医师	2006
胡志新	男	1961.10	凉州区永昌镇学区	中学高级教师	2006
靳　新	男	1965.2	武威市畜牧兽医技术服务中心	高级兽医师	2006
李　平	男	1963.9	武威八中	中学高级教师	2006
李　琰	女	1971.3	天祝县委党校	高级讲师	2006
李柏义	男	1968.8	武威十五中	中学高级教师	2006
李国治	男	1969.12	凉州区畜牧兽医服务中心	高级兽医师	2006
李红霞	女	1966.11	武威十三中	中学高级教师	2006
李敬生	男	1955.12	武威十八中	中学高级教师	2006
李俊山	男	1963.4	武威市疾病预防控制中心	副主任医师	2006
李瑞学	男	1968.9	凉州区张义镇学区	中学高级教师	2006
李生源	男	1957.1	凉州区高坝镇学区	中学高级教师	2006
李新华	女	1956.6	武威市肿瘤医院	副主任护师	2006
李银香	女	1963.4	武威八中	中学高级教师	2006
李玉莲	女	1971.4	凉州医院	副主任医师	2006
梁大成	男	1958.11	凉州区金塔乡学区	中学高级教师	2006
蔺志贤	男	1962.7	凉州区康宁乡学区	中学高级教师	2006
刘　彪	男	1962.2	凉州区金羊镇九年制学校	中学高级教师	2006
刘开英	男	1966.10	凉州区职业中专	中学高级教师	2006
刘延荣	女	1965.1	武威一中	中学高级教师	2006
刘子萍	女	1964.4	凉州医院	副主任医师	2006
陆祥生	男	1964.2	武威市农业技术推广中心	高级农艺师	2006
吕东升	男	1963.3	天祝县民族中学	中学高级教师	2006
马　俊	男	1964.6	凉州区九墩乡学区	中学高级教师	2006

续表 20–3–2

姓 名	性 别	出生年月	工作单位	职 称	取得资格时间
聂祯元	男	1955.9	凉州区发放镇学区	中学高级教师	2006
宁新路	男	1959.3	财政部《财政文字》杂志社	主任编辑	2006
祁兴伟	男	1963.2	武威六中	中学高级教师	2006
任长峰	男	1965.11	武威十八中	中学高级教师	2006
任发武	男	1964.10	天祝县夏玛林场	高级工程师	2006
任有年	男	1960.10	凉州区丰乐镇学区	中学高级教师	2006
盛延荣	男	1964.5	武威一中	中学高级教师	2006
孙 军	男	1968.4	凉州区黄羊水利管理处	高级工程师	2006
孙文奎	男	1954.11	武威三中	中学高级教师	2006
孙喜明	男	1965.6	凉州区水务局	高级工程师	2006
唐好九	男	1960.12	凉州区职业中专	中学高级教师	2006
唐天礼	男	1956.10	凉州区黄羊镇学区	中学高级教师	2006
腾志勇	男	1962.4	武威市中医医院	副主任医师	2006
田玉凤	女	1959.12	凉州区林业技术推广中心	高级工程师	2006
汪鸿有	男	1957.3	凉州区第三人民医院	副主任医师	2006
汪其发	男	1956.7	武威九中	中学高级教师	2006
汪有为	男	1966.11	武威市水利水电勘测设计院	高级工程师	2006
王 海	男	1956.9	凉州区西营镇中学	中学高级教师	2006
王 宏	男	1963.7	武威市教育局	中学高级教师	2006
王伯彦	男	1965.12	武威十二中	中学高级教师	2006
王鸿有	男	1957.3	凉州区第三人民医院	副主任医师	2006
王惠琴	女	1956.4	武威市肿瘤医院	副主任护师	2006
王开武	男	1958.2	凉州区武南镇中心卫生院	副主任医师	2006
王林山	男	1954.12	凉州区黄羊水利管理处	高级工程师	2006
王其俊	男	1968.11	武威十五中	中学高级教师	2006
王生龙	男	1964.9	凉州区谢河镇学区	中学高级教师	2006
王新平	男	1971.4	凉州医院	副主任医师	2006
王兴科	男	1970.4	武威十八中	中学高级教师	2006
王泽才	男	1962.6	凉州区南关小学	中学高级教师	2006
王宗堂	男	1963.8	凉州区和平镇学区	中学高级教师	2006
吴志忠	男	1970.4	武威市中医医院	副主任中医师	2006
徐生海	男	1970.3	武威市农业技术推广中心	高级农艺师	2006

续表 20-3-2

姓　名	性　别	出生年月	工作单位	职　称	取得资格时间
严培朝	男	1962.10	凉州区和平街小学	中学高级教师	2006
严志林	男	1960.6	武威三中	中学高级教师	2006
杨德山	男	1956.10	武威五中	中学高级教师	2006
杨凤香	女	1953.9	凉州医院	副主任护师	2006
袁得来	男	1955.9	武威十中	中学高级教师	2006
张　虎	男	1962.10	凉州医院	副主任医师	2006
张　先	男	1954.11	凉州区金羊镇学区	中学高级教师	2006
张建成	男	1964.5	武威市建设工程交易中心	高级工程师	2006
张建德	男	1960.8	凉州区清源镇学区	中学高级教师	2006
张世光	男	1950.7	凉州区羊下坝镇学区	中学高级教师	2006
张兴林	男	1967.7	武威市环保局	高级工程师	2006
张兴盛	男	1967.11	武威市人民医院	副主任医师	2006
赵万国	男	1966.9	武威五中	中学高级教师	2006
赵翔年	男	1956.11	凉州区清源镇学区	中学高级教师	2006
赵作龙	男	1954.7	武威八中	中学高级教师	2006
郑月萍	女	1962.1	凉州区中医医院	副主任医师	2006
周棵林	男	1955.6	凉州区高坝镇六坝九年制学校	中学高级教师	2006
朱义年	男	1961.2	凉州区黄羊镇学区	中学高级教师	2006
曹军元	男	1969.5	武威市水务局	高级工程师	2007
曹生财	男	1965.11	凉州区职业中专	中学高级教师	2007
柴文慧	女	1960.9	凉州区教育局	中学高级教师	2007
常焱瑞	男	1964.8	武威六中	中学高级教师	2007
陈学有	男	1967.6	武威九中	中学高级教师	2007
褚建华	女	1971.4	武威市水利水电勘测设计院	高级工程师	2007
崔寿山	男	1953.10	凉州区高坝镇卫生院	副主任医师	2007
达其伟	男	1965.11	凉州区第三人民医院	副主任医师	2007
党延斌	男	1966.1	凉州区中医医院	副主任医师	2007
丁克新	男	1955.5	凉州区下双乡中学	中学高级教师	2007
董玉德	男	1965.8	武威十八中	中学高级教师	2007
甘延泳	男	1956.12	凉州区双城镇学区	中学高级教师	2007
高云红	男	1966.11	武威八中	中学高级教师	2007
耿　萍	女	1966.10	武威八中	中学高级教师	2007

续表 20-3-2

姓　名	性　别	出生年月	工作单位	职　称	取得资格时间
郭生祥	男	1963.7	凉州区古城镇学区	中学高级教师	2007
何生赟	男	1962.10	凉州区教师进修学校	高级讲师	2007
和　生	男	1956.8	武威五中	中学高级教师	2007
贺金山	男	1954.6	凉州区永昌镇卫生院	副主任医师	2007
侯景舜	男	1962.6	凉州区永昌职业中专	中学高级教师	2007
侯万辉	男	1963.1	凉州区西苑实验小学	中学高级教师	2007
阚爱山	男	1960.4	凉州区西营镇学区	中学高级教师	2007
蓝聚林	男	1966.2	凉州区发展街小学	中学高级教师	2007
李　然	男	1957.10	武威六中	中学高级教师	2007
李　喜	男	1958.2	凉州区新华乡学区	中学高级教师	2007
李　英	女	1964.11	武威二中	中学高级教师	2007
李朝香	女	1956.6	武威九中	中学高级教师	2007
李德鹏	男	1963.7	凉州区高坝镇学区	中学高级教师	2007
李和庆	男	1966.11	武威九中	中学高级教师	2007
李天智	男	1967.10	凉州区林业技术推广中心	高级工程师	2007
李向林	男	1965.4	武威十七中	中学高级教师	2007
李兴文	男	1965.2	武威二中	中学高级教师	2007
李玉良	女	1967.12	武威六中	中学高级教师	2007
梁　萍	女	1965.12	凉州区职业中专	中学高级教师	2007
林文山	男	1963.12	凉州区教育局	中学高级教师	2007
林芝芳	女	1962.9	凉州医院	副主任护理师	2007
蔺建德	男	1967.6	武威十三中	中学高级教师	2007
刘国忠	男	1951.8	凉州区计生服务站	副主任医师	2007
刘巨德	男	1951.2	凉州区张义镇学区	中学高级教师	2007
刘生福	男	1963.2	武威一中	中学高级教师	2007
刘选年	男	1955.2	凉州区共和街小学	中学高级教师	2007
刘永选	男	1959.1	凉州区中坝镇学区	中学高级教师	2007
卢怀庆	男	1955.8	凉州区高坝镇学区	中学高级教师	2007
马景轩	男	1967.10	武威七中	中学高级教师	2007
马兰英	女	1957.2	武威肿瘤医院	副主任医师	2007
马中玲	女	1964.4	凉州区会馆巷小学	中学高级教师	2007
南文章	男	1964.2	凉州区蔬菜办	高级农艺师	2007

续表 20-3-2

姓　名	性　别	出生年月	工作单位	职　称	取得资格时间
齐鸿柏	男	1966.4	武威十二中	中学高级教师	2007
钱　军	男	1971.3	凉州区杂木河水利管理处	高级工程师	2007
任淑萍	女	1963.1	武威十中	中学高级教师	2007
施小英	女	1963.3	武威十八中	中学高级教师	2007
史万柏	男	1971.11	武威十八中	中学高级教师	2007
孙明山	男	1951.12	武威一中	中学高级教师	2007
唐峻岭	男	1971.5	武威市农业技术推广中心	高级农艺师	2007
唐天喜	男	1966.2	武威三中	中学高级教师	2007
唐尧科	男	1963.4	凉州区张义镇学区	中学高级教师	2007
田迎春	女	1973.2	武威职业学院	副教授	2007
汪宗森	男	1958.5	凉州区黄羊镇学区	中学高级教师	2007
王　磊	男	1968.12	武威一中	中学高级教师	2007
王多文	男	1964.2	武威十一中	中学高级教师	2007
王开理	男	1965.11	凉州区河东乡学区	中学高级教师	2007
王民和	男	1958.1	凉州区武南中心卫生院	副主任医师	2007
王水花	女	1968.11	凉州区大柳乡卫生院	副主任医师	2007
王万成	男	1956.4	凉州区大柳乡学区	中学高级教师	2007
王孝珍	女	1961.12	凉州区职业中专	中学高级教师	2007
王则光	男	1960.3	武威六中	中学高级教师	2007
魏福元	男	1955.6	凉州区金山乡学区	中学高级教师	2007
魏建红	男	1969.12	凉州区改水办公室	高级工程师	2007
吴开华	男	1962.3	武威六中	中学高级教师	2007
吴正奇	男	1968.10	武威市肿瘤医院	副主任医师	2007
徐德智	男	1955.6	凉州区清水乡学区	中学高级教师	2007
徐国秀	男	1966.2	武酒集团	高级酿酒工程师	2007
徐宏元	男	1966.12	凉州区委党校	高级讲师	2007
严　平	男	1967.10	凉州区长城乡学区	中学高级教师	2007
严复和	男	1954.3	凉州区丰乐镇学区	中学高级教师	2007
严复卓	男	1966.4	武威十八中	中学高级教师	2007
严兴云	男	1966.1	武威三中	中学高级教师	2007
杨　瑛	女	1960.1	凉州区第二幼儿园	中学高级教师	2007
杨百泉	男	1969.6	凉州医院	副主任医师	2007

续表 20-3-2

姓　名	性　别	出生年月	工作单位	职　称	取得资格时间
杨景海	男	1954.9	凉州区高坝中学	中学高级教师	2007
杨万雄	男	1965.10	凉州区金沙乡学区	中学高级教师	2007
叶万忠	男	1966.11	武威十六中	中学高级教师	2007
张百年	男	1960.11	凉州区松树乡学区	中学高级教师	2007
张成福	男	1953.8	凉州区黄羊镇学区	中学高级教师	2007
张贵文	男	1962.4	武威三中	中学高级教师	2007
张开智	男	1969.1	凉州区武威南铁二小	中学高级教师	2007
张全祥	男	1968.11	武威十中	中学高级教师	2007
张天吉	男	1958.5	凉州区韩佐乡学区	中学高级教师	2007
张晓辉	男	1965.6	武威十三中	中学高级教师	2007
张兴国	男	1963.2	凉州区洪祥镇学区	中学高级教师	2007
张兴辉	男	1964.9	武威十四中	中学高级教师	2007
张兴山	男	1959.2	凉州区金羊镇学区	中学高级教师	2007
张永新	男	1965.1	凉州区和平镇学区	中学高级教师	2007
张玉萍	女	1955.9	武威九中	中学高级教师	2007
张子金	男	1954.1	凉州区九墩乡学区	中学高级教师	2007
赵尔书	男	1968.12	武威十中	中学高级教师	2007
赵建华	女	1966.3	武威八中	中学高级教师	2007
赵建慧	女	1966.8	武威六中	中学高级教师	2007
赵生文	男	1966.9	武威七中	中学高级教师	2007
赵淑红	女	1966.9	武威八中	中学高级教师	2007
赵永柱	男	1966.9	凉州区金羊镇九年制学校	中学高级教师	2007
周学鸿	男	1953.1	凉州区职业中专	中学高级教师	2007
朱福春	男	1964.11	凉州区教育局	中学高级教师	2007
朱平梅	女	1955.11	武威肿瘤医院	副主任护理师	2007
庄　锐	男	1958.2	凉州区永昌镇学区	中学高级教师	2007
齐鸿柏	男	1966.4	武威十二中	中学高级教师	2007
安存莲	女	1968.11	武威肿瘤医院	副主任医师	2007
白明斌	男	1972.11	武威一中	中学高级教师	2008
柴肃英	女	1967.12	武威一中	中学高级教师	2008
陈慧琴	女	1963.8	武威市中医医院	副主任护师	2008
陈庆明	男	1962.12	武威市人民医院	副主任医师	2008

续表 20-3-2

姓　名	性　别	出生年月	工作单位	职　称	取得资格时间
陈应河	男	1964.10	武威一中	中学高级教师	2008
楚文武	男	1965.8	武威三中	中学高级教师	2008
董　玲	女	1962.1	武威八中	中学高级教师	2008
段　峰	男	1964.6	武威市农业技术推广中心	高级农艺师	2008
段　玲	女	1974.12	武威卫生学校	高级讲师	2008
冯国发	男	1965.8	武威职业学院	副教授	2008
冯亚瑾	女	1966.1	凉州区教师进修学校	高级讲师	2008
付德胜	男	1956.5	凉州区妇幼保健院	副主任医师	2008
付军德	男	1966.1	凉州区畜牧兽医服务中心	高级畜牧师	2008
高　霞	女	1968.3	武威职业学院	副教授	2008
高守德	男	1960.3	武威市人民医院	副主任医师	2008
顾凤琴	女	1959.2	凉州区青年巷小学	中学高级教师	2008
管海旭	女	1964.4	武威二中	中学高级教师	2008
管凌云	女	1970.3	武威市疾控中心	副主任医师	2008
韩延梅	女	1958.11	凉州区武南镇中心卫生院	副主任医师	2008
何　毅	女	1963.1	武威十五中	中学高级教师	2008
贺德斌	男	1963.1	武威职业学院	副教授	2008
贺立新	女	1968.9	武威市农广校	高级讲师	2008
贺正全	男	1966.6	武威职业学院	副教授	2008
胡鉴忠	男	1969.4	武威铁路中学	中学高级教师	2008
胡瑞华	女	1968.1	武威职业学院	副研究馆员	2008
李　明	男	1963.7	武威九中	中学高级教师	2008
李　勇	男	1966.2	武威一中	中学高级教师	2008
李风英	女	1965.5	武威二中	中学高级教师	2008
李皓儒	男	1967.8	武威六中	中学高级教师	2008
李建新	男	1966.6	武威市畜牧兽医局	高级兽医师	2008
李新华	女	1962.12	武威一中	中学高级教师	2008
李永鸿	女	1967.1	凉州区武南镇中心卫生院	副主任医师	2008
李作胜	男	1969.8	武威卫生学校	高级讲师	2008
刘晓燕	女	1963.9	凉州区第一幼儿园	中学高级教师	2008
鲁福文	男	1971.11	凉州医院	副主任医师	2008

续表 20-3-2

姓　名	性　别	出生年月	工作单位	职　称	取得资格时间
陆国俊	男	1945.1	凉州医院	副主任医师	2008
陆兴沛	男	1960.4	凉州区中医医院	副主任医师	2008
吕汉奎	男	1940.3	凉州区金沙乡卫生院	副主任医师	2008
宁生琴	女	1963.1	武威市实验幼儿园	中学高级教师	2008
宁武山	男	1959.2	凉州区四坝镇学区	中学高级教师	2008
彭乐瑞	男	1954.2	武威市人民医院	副主任医师	2008
钱惠文	女	1957.8	凉州区和平街小学	中学高级教师	2008
任宝龙	男	1967.12	武威肿瘤医院	副主任医师	2008
唐景华	女	1966.10	武威卫生学校	高级讲师	2008
陶建军	女	1966.10	武威一中	中学高级教师	2008
田永开	男	1955.12	凉州医院	副主任医师	2008
王　宝	男	1966.10	武威十八中	中学高级教师	2008
王　斌	男	1964.4	凉州区杂木河水利管理处	高级工程师	2008
王　菲	女	1963.4	武威卫生学校	高级讲师	2008
王　奎	男	1957.12	凉州区天梯山石窟管理处	文博副研究员	2008
王德卿	男	1970.7	武威市农产品质监站	高级农艺师	2008
王进保	男	1962.6	凉州区农业技术推广中心	高级农艺师	2008
王克发	男	1957.6	武威市人民医院	副主任医师	2008
王生晓	男	1957.2	凉州医院	副主任医师	2008
王晓武	男	1968.12	武威市农产品质监站	高级农艺师	2008
王雪军	男	1970.5	武威市电视台	主任记者	2008
温国云	男	1964.9	武威职业学院	副教授	2008
吴金花	女	1969.9	武威十八中	中学高级教师	2008
吴旭琴	女	1972.9	武威十八中	中学高级教师	2008
辛长青	女	1970.3	武威十五中	副主任医师	2008
徐文成	男	1971.1	武威职业学院	副教授	2008
徐秀莲	女	1964.4	凉州区高坝镇卫生院	副主任医师	2008
徐永盛	男	1972.9	武威市电视台	主任记者	2008
严述科	男	1958.8	凉州区文化馆	副研究馆员	2008
杨明山	男	1963.1	武威十五中	中学高级教师	2008
杨如松	女	1971.10	武威卫生学校	高级讲师	2008
于柱英	女	1972.8	武威市林技综合服务中心	高级工程师	2008

续表 20-3-2

姓　名	性　别	出生年月	工作单位	职　称	取得资格时间
张　荣	女	1973.12	武威市委党校	副教授	2008
张体忠	男	1966.4	武威市人民医院	副主任医师	2008
张玉福	男	1973.6	武威十五中	中学高级教师	2008
赵宏渊	男	1968.4	武威职业学院	副教授	2008
赵秀娟	女	1966.9	武威铁路中学	中学高级教师	2008
周永虎	男	1955.8	凉州区武南镇大河卫生分院	副主任医师	2008
包辉甲	男	1968.12	凉州区谢河镇学区	中学高级教师	2009
蔡韶文	女	1963.10	武威市人民医院	副主任护理师	2009
蔡柱山	男	1973.10	武威卫生学校	高级讲师	2009
曹永成	男	1968.10	凉州医院	副主任医师	2009
陈国玉	男	1962.11	武威十中	中学高级教师	2009
陈怀发	男	1956.5	武威六中	中学高级教师	2009
陈文渊	男	1972	张掖市人民医院	主任医师	2009
陈学全	男	1957.11	凉州区双城镇学区	中学高级教师	2009
陈义山	男	1956.9	凉州区怀安乡学区	中学高级教师	2009
党慧英	女	1968.4	武威肿瘤医院	副主任医师	2009
董　祥	男	1955.3	凉州区羊下坝镇学区	中学高级教师	2009
段　菊	女	1955.12	武威八中	中学高级教师	2009
郭灿发	男	1959.6	凉州区张义镇学区	中学高级教师	2009
郭永清	男	1967.1	凉州区古城镇学区	中学高级教师	2009
郭玉英	女	1959.6	武威六中	中学高级教师	2009
韩发年	男	1967.7	凉州区西营镇学区	中学高级教师	2009
韩忠玉	男	1961.11	武威十一中	中学高级教师	2009
郝伟业	男	1962.9	凉州区松树乡学区	中学高级教师	2009
何银先	男	1956.5	凉州区河东乡学区	中学高级教师	2009
贺高山	男	1963.11	凉州区西营镇学区	中学高级教师	2009
胡天明	男	1963.7	凉州区九墩乡学区	中学高级教师	2009
黄　瑾	女	1963.9	凉州区黄羊中心卫生院	副主任医师	2009
黄　永	男	1964.8	武威九中	中学高级教师	2009
姜智文	男	1962.2	凉州区古城镇学区	中学高级教师	2009
金菊芳	女	1962.1	凉州区西关小学	中学高级教师	2009
李德保	男	1952.4	凉州区永昌镇学区	中学高级教师	2009

续表 20–3–2

姓　名	性　别	出生年月	工作单位	职　称	取得资格时间
李菊萍	女	1967.10	武威六中	中学高级教师	2009
李巨山	男	1965.4	武威十四中	中学高级教师	2009
李青红	女	1961.5	凉州医院	副主任医师	2009
李庆科	男	1964.3	武威肿瘤医院	副主任检验技师	2009
李世雄	男	1959.4	凉州区长城乡学区	中学高级教师	2009
李亚梅	女	1969.7	武威职业学院	副教授	2009
李兆芳	男	1963.2	凉州区清水乡卫生院	副主任医师	2009
梁秀花	女	1956.4	凉州区武南镇中心卫生院	副主任医师	2009
刘菊萍	女	1967.12	武威卫生学校	高级讲师	2009
刘盈海	男	1967.10	凉州医院	副主任医师	2009
刘芝生	男	1957.3	凉州区和平镇学区	中学高级教师	2009
吕发禄	男	1963.10	凉州区高坝镇学区	中学高级教师	2009
罗彩虹	女	1971.9	凉州区农业技术推广中心	高级农艺师	2009
马成文	男	1960.4	凉州医院	副主任医师	2009
马金海	男	1962.11	凉州区张义镇学区	中学高级教师	2009
满正喜	男	1963.8	武威七中	中学高级教师	2009
裴承荣	男	1964.8	凉州区新华乡学区	中学高级教师	2009
祁　英	女	1963.12	武威肿瘤医院	副主任技师	2009
齐晓瑜	女	1969.2	武威十三中	中学高级教师	2009
任忠堂	男	1971.3	凉州区下双乡学区	中学高级教师	2009
尚成武	男	1963.10	凉州区金羊镇学区	中学高级教师	2009
邵金珍	女	1963.9	凉州区畜牧兽医服务中心	高级畜牧师	2009
石敬臣	男	1965.5	武威市电视台	主任记者	2009
史林德	男	1957.5	凉州区谢河镇学区	中学高级教师	2009
郜发红	男	1965.11	凉州区畜牧兽医服务中心	高级畜牧师	2009
唐景晖	男	1968.5	凉州区第三人民医院	副主任医师	2009
唐兴文	男	1968.11	武威市人民医院	副主任药剂师	2009
唐玉成	男	1964.7	凉州区四坝镇学区	中学高级教师	2009
陶忠德	男	1969.10	武威三中	中学高级教师	2009
田　赋	男	1969.11	凉州区康宁学区	中学高级教师	2009
王国有	男	1956.8	凉州区洪祥镇学区	中学高级教师	2009
王俊山	男	1962.2	凉州区韩佐乡学区	中学高级教师	2009

续表 20-3-2

姓　名	性　别	出生年月	工作单位	职　称	取得资格时间
王仁元	男	1967.10	凉州区谢河镇学区	中学高级教师	2009
王新荣	女	1965.9	武威市人民医院	副主任护理师	2009
王银全	男	1965.1	凉州区中坝镇学区	中学高级教师	2009
王玉元	男	1954.2	凉州区高坝镇中学	中学高级教师	2009
魏成年	男	1966.1	武威六中	中学高级教师	2009
魏建峰	男	1963.11	凉州区金塔乡学区	中学高级教师	2009
魏旭军	女	1968.9	凉州医院	副主任医师	2009
文　锋	男	1962.11	凉州区吴家井乡学区	中学高级教师	2009
吴万业	男	1962.12	凉州区高坝职业中学	中学高级教师	2009
谢长生	男	1967.10	凉州区黄羊镇学区	中学高级教师	2009
徐国栋	男	1968.1	凉州区双城镇学区	中学高级教师	2009
徐万宝	男	1954.2	凉州区永昌镇学区	中学高级教师	2009
徐文海	男	1959.12	武威十一中	中学高级教师	2009
徐志荣	男	1967.12	武威四中	中学高级教师	2009
许多文	男	1966.7	武威肿瘤医院	副主任药师	2009
许尔新	男	1962.6	凉州区黄羊镇学区	中学高级教师	2009
杨生全	男	1959.6	凉州区丰乐镇学区	中学高级教师	2009
杨治年	男	1957.1	凉州区五和乡学区	中学高级教师	2009
叶　春	男	1958.5	凉州区发放镇学区	中学高级教师	2009
殷金霞	女	1957.11	武威六中	中学高级教师	2009
殷秀萍	女	1971.8	武威市人民医院	副主任护理师	2009
于念英	男	1958.3	凉州区清源镇学区	中学高级教师	2009
于文达	男	1956.10	凉州区中坝镇学区	中学高级教师	2009
张　辉	男	1954.1	武威市水利水电勘测设计院	高级工程师	2009
张　涌	男	1970.12	凉州医院	副主任医师	2009
张　珍	男	1958.1	凉州区东河乡学区	中学高级教师	2009
张长德	男	1962.6	凉州区和平镇学区	中学高级教师	2009
张福兰	女	1964.9	凉州医院	副主任护理师	2009
张海年	男	1959.3	凉州区永昌镇学区	中学高级教师	2009
张浩科	男	1967.1	凉州区九墩滩学区	中学高级教师	2009
张进泽	男	1969.2	凉州区永昌镇职中	中学高级教师	2009
张巨堂	男	1958.11	凉州区发放镇学区	中学高级教师	2009

续表 20-3-2

姓　名	性　别	出生年月	工作单位	职　称	取得资格时间
张生勇	男	1962.1	凉州区双城镇学区	中学高级教师	2009
张顺国	男	1954.12	武威十四中	中学高级教师	2009
张万儒	男	1962.3	凉州区第二幼儿园	中学高级教师	2009
张威生	男	1964.1	武威五中	中学高级教师	2009
张秀琴	女	1963.8	武威八中	中学高级教师	2009
张学良	男	1958.3	凉州区双城镇学区	中学高级教师	2009
张玉存	女	1976.9	凉州区水电勘测设计院	高级工程师	2009
张玉琴	女	1962.1	凉州区妇幼保健院	副主任医师	2009
赵德梓	男	1969.2	武威十七中	中学高级教师	2009
赵国基	男	1954.12	武威九中	中学高级教师	2009
赵廷维	男	1963.9	凉州区下双乡学区	中学高级教师	2009
赵永峰	男	1968.5	武威肿瘤医院	副主任医师	2009
赵有根	男	1954.2	凉州区金山乡学区	中学高级教师	2009
朱保兴	男	1959.5	凉州区清水乡学区	中学高级教师	2009
朱福寿	男	1955.12	武威十二中	中学高级教师	2009

第三节　获省（部）级以上表彰的先进人物

表 20-3-3

姓　名	性　别	出生年月	工作单位	所获奖项、称号	颁奖单位	颁奖时间
张延滨	男	1950.7	甘肃省黄羊糖厂	全国五一劳动奖章	中华全国总工会	1990
蒋　海	男	1961.4	武威市人民政府	全省计划生育先进工作者	省委、省政府	1990
李万兴	男	1964.12	武威市四坝乡文化站	全国先进文化站长	文化部	1990
陈其泰	男	1935.10	武威市物价检查所	全国物价系统先进工作者	国家物价局	1990
赵成基	男	1931	甘肃武威酒厂	全国先进会计工作者	财政部、人事部	1990
何成虎	男	1952.8	武威市疾病预防控制中心	全国优秀环境卫生监督员	卫生部	1991
赵福如	男	1934.5	武威市供销社	全国供销合作社系统基本建设管理先进工作者	商业部	1991
张兆品	男	1950.1	天祝县卫生防疫站	全国救灾防病先进个人	卫生部	1991
周子福	男	1940.2	天祝县边墙沟小学	甘肃省园丁奖	省委、省政府	1991
石　彪	男	1952.12	武威市机关工委	甘肃省军队专业干部先进个人	省委、省政府	1991
丁尔英	男	1933.2	凉州区清水乡蚂蟥小学	全国教育系统劳动模范	国家教委、人事部	1991
秦言曾	男	1932	武威纺织厂	全省职工教育先进个人	省政府	1991
刘之玺	男	1939.10	武威四中	甘肃省园丁奖	省委、省政府	1991
徐光田	男	1962.3	武威七中	甘肃省园丁奖	省委、省政府	1991
张兆来	男	1940.2	武威市张义乡张义堡小学	甘肃省园丁奖	省委、省政府	1991
唐　昕	男	1934.7	武威市永昌镇下源小学	甘肃省园丁奖	省委、省政府	1991
张文业	男	1946.3	武威市谢河乡新路小学	甘肃省园丁奖	省委、省政府	1991
潘　鉴	男	1934.7	武威市西关小学	甘肃省园丁奖	省委、省政府	1991
陈丰寿	男	1954.2	武威市双城镇河西小学	甘肃省园丁奖	省委、省政府	1991
孙鹏山	男	1956.11	武威市大柳乡六畦小学	甘肃省园丁奖	省委、省政府	1991
杨占礼	男	1937.8	武威市教师进修学校	甘肃省园丁奖	省委、省政府	1991
达开禧	男	1936.6	武威市河东乡河东小学	甘肃省园丁奖	省委、省政府	1991
李建福	男	1938.8	武威市职业技术学校	甘肃省园丁奖	省委、省政府	1991

续表 20–3–3

姓　名	性　别	出生年月	工作单位	所获奖项、称号	颁奖单位	颁奖时间
朱学保	男	1937.7	武威市教育委员会	甘肃省园丁奖	省委、省政府	1991
郭万财	男	1942.12	武威市教育委员会	甘肃省园丁奖	省委、省政府	1991
赵玉兰	女	1941.3	武威市工商局	全国五一劳动奖章	全国总工会	1991
朱万勇	男	1956.2	武威市人民法院	甘肃省见义勇为积极分子	省委、省政府	1992
杨金生	男	1962.9	祁连山国家自然保护区管理局	全国绿化奖章	全国绿化委员会	1992
钟生福	男	1935.6	武威市新鲜农机厂	甘肃省乡镇企业家	省政府	1992
马天文	男	1941	武威市双城化工厂	甘肃省乡镇企业家	省政府	1992
白兆录	男	1952.10	武威市四坝综合厂	甘肃省乡镇企业家	省政府	1992
徐文贤	男	1948	武威市武南华新塑料厂	甘肃省乡镇企业家	省政府	1992
冯殿铸	男	1941	武威市高坝建筑工程公司	甘肃省乡镇企业家	省政府	1992
李治林	男	1946	武威市黄羊镇造纸厂	甘肃省乡镇企业家	省政府	1992
张增成	男	1954.5	武威市洪祥综合厂	甘肃省乡镇企业家	省政府	1992
董敬长	男	1950.2	武威玻璃厂	甘肃省乡镇企业家	省政府	1992
贺有德	男	1953.11	武威八中	甘肃省园丁奖	省委、省政府	1992
郭灿发	男	1959.6	武威市张义乡学区	甘肃省园丁奖	省委、省政府	1992
李开寿	男	1954.6	武威市吴家井乡中学	甘肃省园丁奖	省委、省政府	1992
俞存社	男	1950.2	武威市九墩乡学区	甘肃省园丁奖	省委、省政府	1992
周　嵩	男	1957.6	武威市第一幼儿园	甘肃省园丁奖	省委、省政府	1992
周义德	男	1953.8	武威市教育委员会	甘肃省园丁奖	省委、省政府	1992
杜　祥	男	1946.9	武威市教育委员会	甘肃省园丁奖	省委、省政府	1992
陈　荣	男	1933.4	武威市古城镇学区	甘肃省园丁奖	省委、省政府	1992
冯天元	男	1958.2	武威市柏树镇右三小学	甘肃省园丁奖	省委、省政府	1992
田志成	男	1954.1	武威三中	甘肃省园丁奖	省委、省政府	1992
王　桐	男	1936.9	甘肃濒危动物研究中心	保护野生动物先进个人	全国野生动物保护协会	1992
顾智祖	男	1963.8	武威市黄羊供种站	全国农牧渔业丰收二等奖	农业部	1992
赵尔峰	男	1952.2	武威市双城镇政府	优秀乡镇党委书记	省委	1993
朱惠萍	女	1955.7	武威纺织厂	全国先进女职工	中华全国总工会	1993
蔡胜年	男	1936.7	武威市黄羊粮管所	全国粮油保管劳动模范	国家粮食储备局	1993
郑　寿	男	1951.11	武威市张义乡大庄小学	甘肃省园丁奖	省委、省政府	1993
王祝英	女	1959.1	武威市四坝乡四坝小学	甘肃省园丁奖	省委、省政府	1993
张兆平	男	1954.3	武威市双树乡双树小学	甘肃省园丁奖	省委、省政府	1993

续表 20-3-3

姓　名	性　别	出生年月	工作单位	所获奖项、称号	颁奖单位	颁奖时间
钟景寿	男	1949.2	武威市九墩乡九墩小学	甘肃省园丁奖	省委、省政府	1993
张文翰	男	1947.9	武威市教育委员会	甘肃省园丁奖	省委、省政府	1993
杨万鹏	男	1974.10	武威二十三中	甘肃省园丁奖	省委、省政府	1993
徐　风	男	1940.4	武威八中	甘肃省园丁奖	省委、省政府	1993
陈普天	男	1950.9	武威市供销社	全国内贸系统先进工作者	国内贸易部、人事部	1994
顾永皎	男	1953.11	天祝县劳动局	全国优秀计划生育工作者	国家计划生育委员会	1994
张耀祖	男	1940.9	天祝县兽医站	全省民族团结模范个人	省委、省政府	1994
施新年	男	1958.3	荣华农膜厂	甘肃省乡镇企业家	省政府	1994
孙　柱	男	1940.61	武威市第三建筑公司	甘肃省乡镇企业家	省政府	1994
蔡延忠	男	1962.51	武威市第二建筑公司	甘肃省乡镇企业家	省政府	1994
王生书	男	1955.6	武威造纸厂	甘肃省劳动模范	省委、省政府	1994
马子海	男	1935.5	武威三中	甘肃省特级教师	省政府	1994
朱福寿	男	1955.12	武威十二中	甘肃省园丁奖	省委、省政府	1994
张广泰	男	1950.1	武威六中	甘肃省园丁奖	省委、省政府	1994
汪　毅	男	1955.3	武威八中	甘肃省园丁奖	省委、省政府	1994
徐林贤	男	1954.10	武威市清源镇东槽小学	甘肃省园丁奖	省委、省政府	1994
高尚学	男	1941.4	武威地区教育委员会	甘肃省园丁奖	省委、省政府	1994
屈辉文	男	1952.7	武威市谢河乡西沟小学	甘肃省园丁奖	省委、省政府	1994
余存礼	男	1945.1	武威市九墩乡九墩小学	甘肃省园丁奖	省委、省政府	1994
梁万喜	男	1939.11	武威市教育委员会	甘肃省园丁奖	省委、省政府	1994
李　忠	男	1936.7	武威市林业局	全国绿色奖章	全国绿化委员会	1994
赵尔钰	男	1942.2	武威地区教育委员会	甘肃省园丁奖	省委、省政府	1995
王正明	男	1952.2	天马宾馆	全国旅游系统劳动模范	国家旅游局、全国财贸总工会	1995
杨春梅	女	1968.5	武威纺织厂	全国纺织工业劳动模范	中国纺织总会	1995
李清心	女	1946.12	武威市再生资源回收公司	巾帼建功标兵	国内贸易部、全国供销合作总社、全国妇联	1995
周秀兰	女	1945.12	武威市羊下坝乡三沟小学	甘肃省园丁奖	省委、省政府	1995
宁武山	男	1959.6	武威市四坝乡三岔小学	甘肃省园丁奖	省委、省政府	1995
张万福	男	1955.7	武威市四坝乡海湾小学	甘肃省园丁奖	省委、省政府	1995
常兴年	男	1950.12	武威市金塔乡金塔小学	甘肃省园丁奖	省委、省政府	1995
王春江	男	1952.9	武威市黄羊镇大墩一校	甘肃省园丁奖	省委、省政府	1995

续表 20-3-3

姓 名	性 别	出生年月	工作单位	所获奖项、称号	颁奖单位	颁奖时间
王新民	男	1963.9	武威师范附属小学	甘肃省园丁奖	省委、省政府	1995
董万祥	男	1944.3	武威市长城乡长城小学	甘肃省园丁奖	省委、省政府	1995
雒雪娥	女	1945.1	武威八中	甘肃省园丁奖	省委、省政府	1995
刘浩基	男	1941.4	武威市教育委员会	甘肃省园丁奖	省委、省政府	1995
冯祥元	男	1961.3	武威市武南镇人民政府	全省计划生育先进工作者	省委、省政府	1995
周淑兰	女	1952.1	新疆兵团农七师 123 团	全国先进会计工作者	财政部	1995
罗钰铭	男	1953.8	武威市科学技术协会	全国科普工作先进个人	中国科协	1995
张宗龙	男	1949.10	武威地区司法处	全国“二五”普法先进个人	中宣部、司法部	1995
赵生兰	女	1963.7	武威金三角面粉有限责任公司	青年致富星火带头人	团中央	1995
王志录	男	1963.1	武威市武南镇学区	甘肃省园丁奖	省委、省政府	1993 1995
胡兴祖	男	1939.1	武威六中	甘肃省园丁奖 全国优秀教师	省委、省政府 教育部	1993 1995
段晓波	女	1956.12	武威市会馆巷小学	甘肃省园丁奖 全国优秀教师	省委、省政府 国家教委、人事部	1994 1995
张会英	女	1958.3	甘肃皇台股份有限公司	全国五一劳动奖章	中华全国总工会	1996
周殿孝	男	1953.1	武威市城乡建设环境保护委员会	全国首次城市市政公用设施普查先进个人	建设部、国家统计局	1996
周廷虎	男	1950.7	武威市审计局	全省优秀科技推广工作者	省政府	1996
杨秀琴	女	1944.1	天祝县计生服务站	全国计划生育先进个人	国家计划生育委员会	1996
张克学	男	1956	武威市金沙建筑公司	甘肃省乡镇企业家	省政府	1996
董祖生	男	1943	武威市第二建筑公司	甘肃省乡镇企业家	省政府	1996
宁生仁	男	1941.8	武威市第四建筑公司	甘肃省乡镇企业家	省政府	1996
卢万发	男	1945.6	武威市荣华玉米淀粉厂	甘肃省乡镇企业家	省政府	1996
周元堂	男	1952.6	武威市高坝建筑工程公司	甘肃省乡镇企业家	省政府	1996
胡光平	男	1965.9	武威市轩昊油粕有限公司	甘肃省乡镇企业家	省政府	1996
孙玉宝	男	1954.5	武威市中坝乡下畦实业开发公司	甘肃省乡镇企业家	省政府	1996
胡发荣	男	1948.12	武威市双城镇造纸厂	甘肃省乡镇企业家	省政府	1996
韩宗学	男	1940.8	武威六中	甘肃省园丁奖	省委、省政府	1996
徐长禄	男	1956.9	武威市张义乡临山小学	甘肃省园丁奖	省委、省政府	1996
李登桂	男	1942.12	武威市南关小学	甘肃省园丁奖	省委、省政府	1996
赵存良	男	1954.7	武威市庙山乡庙山小学	甘肃省园丁奖	省委、省政府	1996
杨翠花	女	1952.5	武威市金羊镇窑沟小学	甘肃省园丁奖	省委、省政府	1996
辛琰年	男	1962.6	武威十一中	甘肃省园丁奖	省委、省政府	1996

续表 20-3-3

姓　名	性　别	出生年月	工作单位	所获奖项、称号	颁奖单位	颁奖时间
徐生都	男	1964.1	武威市永昌职业中专	甘肃省园丁奖	省委、省政府	1996
刘祥国	男	1946.9	武威市永昌镇梧桐小学	甘肃省园丁奖	省委、省政府	1996
李作新	男	1941.11	天祝县防疫站	全国卫生防疫工作先进个人 全国结核病防治先进个人	卫生部 卫生部	1993 1996
白文东	男	1951.12	武威市卫生防疫站	全国计划免疫工作先进个人	卫生部	1997
吕德勇	男	1961.12	武威市公安局	全国优秀人民警察	公安部	1997
宋余堂	男	1955.10	武威市供销社	全国经营农资商品千县万社无假货先进个人	全国供销合作总社	1997
王彦庆	男	1954.9	武威市人民检察院	全省政法系统先进工作者	省委、省政府	1997
张万海	男	1946	武威市发放镇（农民）	革命烈士	省政府	1997
任继有	男	1943.1	武威市乡镇企业管理局	乡镇企业安全生产综合治理工作先进个人	农业部、劳动部	1997
盛崇德	男	1944.5	武威八中	甘肃省园丁奖	省委、省政府	1997
孙林山	男	1956.2	武威市谢河乡五坝小学	甘肃省园丁奖	省委、省政府	1997
于秀英	女	1943.10	武威市青年巷小学	甘肃省园丁奖	省委、省政府	1997
柴万兴	男	1954.3	武威市黄羊镇七里小学	甘肃省园丁奖	省委、省政府	1997
罗生武	男	1963.12	武威市和平镇学区	甘肃省园丁奖	省委、省政府	1997
陈国瑞	男	1938.3	武威市和平镇学区	甘肃省园丁奖	省委、省政府	1997
张延礼	男	1956.2	武威市高坝镇新关小学	甘肃省园丁奖	省委、省政府	1997
赵满全	男	1953.4	武威市丰乐镇康宁小学	甘肃省园丁奖	省委、省政府	1997
陈凤瑞	男	1945.9	武威市教育委员会	甘肃省园丁奖	省委、省政府	1997
张志远	男	1944.3	武威六中	甘肃省园丁奖	省委、省政府	1997
贺海堂	男	1943.4	武威市发放乡贾家墩小学	甘肃省园丁奖	省委、省政府	1997
吴建国	男	1965.10	武威市和平建筑公司	甘肃省乡镇企业家	省政府	1998
赵生荣	男	1968.2	武威市黄羊镇粮油加工厂	甘肃省乡镇企业家	省政府	1998
楚秀英	女	1960	武威市昌盛有限责任公司	甘肃省乡镇企业家	省政府	1998
侯寿儒	男	1953.2	武威市武南建筑公司	甘肃省乡镇企业家	省政府	1998
徐兴文	男	1963.2	武威市金塔建筑公司	甘肃省乡镇企业家	省政府	1998
严　志	男	1936.1	武威市供销总社	全国商业劳动模范	商业部、全国财贸总工会	1998
李　靖	男	1954.11	武威市靖魁工贸有限责任公司	甘肃省乡镇企业家	省政府	1998
周志玉	男	1960.5	武威市第三建筑公司	甘肃省乡镇企业家	省政府	1998
张秀花	女	1965.8	武威十中	甘肃省园丁奖	省委、省政府	1998
韩建华	男	1965.10	武威十一中	甘肃省园丁奖	省委、省政府	1998

续表 20–3–3

姓　名	性　别	出生年月	工作单位	所获奖项、称号	颁奖单位	颁奖时间
曹虎成	男	1966.9	武威七中	甘肃省园丁奖	省委、省政府	1998
王玉德	男	1963.6	武威市教育委员会	甘肃省园丁奖	省委、省政府	1998
冯晓勇	男	1956.2	武威市西苑小学	甘肃省园丁奖	省委、省政府	1998
施筱佩	女	1957.12	武威市西关小学	甘肃省园丁奖	省委、省政府	1998
顾凤琴	女	1959.2	武威市青年巷小学	甘肃省园丁奖	省委、省政府	1998
于　柱	男	1968.7	武威市发展街小学	甘肃省园丁奖	省委、省政府	1998
王登彪	男	1957.11	武威十九中	甘肃省园丁奖	省委、省政府	1998
张金花	女	1963.8	武威市张义乡学区	甘肃省十佳春蕾园丁奖	省委、省政府	1998
张福武	男	1951.6	甘肃省武威肿瘤医院	中国特技名医	卫生部	1998
赵继洲	男	1949.6	武威市文化体育局	全国文博系统先进个人	国家文物局	1998
李正先	男	1962.10	甘肃濒危动物研究中心	全国农业统计信息先进个人	农业部	1998
王燕生	男	1967.1	武威市人民武装部	记“三等功”两次	解放军某集团军	1993 1998
赵兴标	男	1960.3	空军第五飞行学院	双拥工作先进个人 油料综合治理先进个人	省委、省政府、省军区 空军司令部、政治部、后勤部	1996 1998
李　清	男	1954.9	武威市清源镇政府	全国乡村优秀护林员	林业部	1999
张富基	男	1956.8	武威市水利局	全省农业科技推广优秀工作者	省委、省政府	1999
刘虎年	男	1967.2	天祝师范	首届“烛光奖”	教育部、中华慈善总会	1999
叶　荣	男	1958.7	武威市畜牧中心	全国农业技术推广先进工作者	农业部	1999
乔爱工	男	1965.2	甘肃省陇海陶瓷公司	甘肃省劳动模范	省委、省政府	1999
杨柏泉	男	1963.9	武威市百威商贸有限公司	民族团结进步先进个人	省委、省政府	1999
严德文	男	1952.5	甘肃省供销合作联社张掖土特产品公司	甘肃省劳动模范	省委、省政府	1999
董有祥	男	1962.5	武威市大口子煤矿	甘肃省劳动模范	省委、省政府	1999
杨玉山	男	1961	武威地区建筑工程公司	甘肃省乡镇企业家	省政府	2000
王　斌	男	1958.4	武威市金羊镇新鲜农机厂	甘肃省乡镇企业家	省政府	2000
朱生平	男	1968.9	荣华公司	甘肃省乡镇企业家	省政府	2000
黄元德	男	1956.10	荣华玉米淀粉厂	甘肃省乡镇企业家	省政府	2000
李保善	男	1949.10	武威市黄羊镇兴隆面粉厂	乡镇企业质量管理先进个人	农业部	2000
李淑娴	女	1966.1	武威九中	甘肃省园丁奖	省委、省政府	2000
唐尧科	男	1963.4	武威市张义乡学区	甘肃省园丁奖	省委、省政府	2000

续表 20-3-3

姓 名	性 别	出生年月	工作单位	所获奖项、称号	颁奖单位	颁奖时间
张万儒	男	1962.3	武威市和平街小学	甘肃省园丁奖	省委、省政府	2000
李建斌	男	1963.8	武威市水利局	档案管理先进个人	国家档案局	2000
刘万寿	男	1962.12	凉州区柏树乡政府	人民满意的司法助理员	司法部	2001
蔡太山	男	1947.2	凉州区政法委员会	全国社会治安综合治理先进工作者	人事部	2001
郝贵卿	女	1951.7	凉州区信访办公室	全国信访工作先进工作者	人事部、国家信访局	2001
李生堂	男	1950.6	凉州区疾病预防控制中心	消灭脊髓灰质炎先进个人	卫生部	2001
张丰年	男	1960.10	凉州区国土资源局	全国土地资产管理工作先进个人	国土资源部	2001
姜学智	男	1954.1	凉州区林业局	全国绿色奖章	全国绿化委员会	2001
陈永年	男	1963.4	武威市华文印刷有限责任公司	全国农村青年创业致富带头人	团中央、农业部	2002
党万文	男	1957.3	武威市供电公司	农网改造先进工作者	国家发展计划委员会、国家电力公司	2002
董 钢	男	1953.2	武威顺发有限公司	甘肃省乡镇企业家	省政府	2002
田玉凤	女	1960	凉州区林技中心	三八绿色奖章	全国妇联	2002
王永海	男	1969.5	凉州区水利局	水利技术能手	水利部	2002
周勇平	男	1960.6	武威师范附属小学	甘肃省园丁奖	省委、省政府	2002
朱福春	男	1964.11	凉州区东关民族小学	甘肃省园丁奖	省委、省政府	2002
冯万镒	男	1957.2	凉州区教师进修学校	甘肃省园丁奖	省委、省政府	2002
何生赟	男	1962.10	凉州区教师进修学校	甘肃省园丁奖	省委、省政府	2002
张 屹	女	1963.9	凉州区第一幼儿园	甘肃省园丁奖	省委、省政府	2002
刘晓燕	女	1963.9	凉州区第二幼儿园	甘肃省园丁奖	省委、省政府	2002
陈润基	男	1955.4	天祝县旦马乡横路小学	甘肃省园丁奖	省委、省政府	2002
臧佑仁	男	1949.10	凉州区教育局	甘肃省园丁奖	省委、省政府	2002
赵多彪	男	1965.10	武威六中	甘肃省园丁奖	省委、省政府	2002
韩德年	男	1954.3	凉州区卫生局	全国爱国卫生先进工作者	全国爱卫会	2002
陈丰岗	男	1959.2	凉州区公安局	全国社会治安先进个人	公安部	2003
李社山	男	1969.9	凉州区西关街街道办事处	全国优秀社区工作者	中组部、民政部	2003
吴锦华	女	1968.4	武威锦华服装有限责任公司	全国巾帼标兵	全国妇联	2003
符文章	男	1955.1	凉州区九墩滩指挥部（农民）	全国绿化奖章	全国绿化委员会	2003
蔡棋生	男	1954.2	武威市司法局	全国“严打整治”斗争先进工作者	中央综治委、中央政法委	2003

续表 20-3-3

姓　名	性　别	出生年月	工作单位	所获奖项、称号	颁奖单位	颁奖时间
付德胜	男	1956.5	凉州区妇幼保健院	全国地方病防治工作先进个人 非典防治优秀共产党员	卫生部 省委、省政府	2002 2003
毕学智	男	1962.3	武威市高坝建筑工程公司	甘肃省乡镇企业家	省政府	2004
李才吉	男	1958.6	武威八中	甘肃省园丁奖	省委、省政府	2004
侯万辉	男	1963.1	凉州区西苑小学	甘肃省园丁奖	省委、省政府	2004
黄　文	男	1961.2	武威市教育局	甘肃省园丁奖	省委、省政府	2004
张万瑞	男	1958	金羊建筑工程公司	甘肃省劳动模范 全国乡镇企业家	省委、省政府 农业部	1999 2004
周胜年	男	1959.10	武威市高坝建筑工程公司	甘肃省乡镇企业家 全国乡镇企业家	省政府 农业部	1994 2004
王玉虎	男	1962.3	凉州区商务局	全国关心下一代先进个人	全国关心下一代委员会、中央精神文明建设指导委员会	2005
沈金山	男	1969.4	武威红太阳面粉有限责任公司	全国乡镇企业家	农业部	2005
李建民	男	1965.7	武威六中	甘肃省劳动模范	省委、省政府	2005
田　宏	男	1962.5	凉州区武南水泥有限公司	甘肃省劳动模范	省委、省政府	2005
赵文军	男	1959.12	凉州区第二粮库	甘肃省劳动模范	省委、省政府	2005
赵春萍	女	1970.11	凉州区永昌镇农民	甘肃省劳动模范	省委、省政府	2005
曹虎年	男	1956.2	武威市环卫所	甘肃省劳动模范	省委、省政府	2005
张起山	男	1967.7	武威市纸业有限公司	甘肃省劳动模范	省委、省政府	2005
张万俊	男	1965.8	武威市计划生育委员会	婚育新风进万家先进个人	中宣部、国家人口委	2005
许春文	男	1962.4	凉州区计划生育局	婚育新风进万家先进个人	中宣部、国家人口委	2005
魏万林	男	1954.1	武威市民族宗教局	“四五”普法先进个人	国家宗教局	2005
刘慧珍	女	1964.5	武威市亚美美容美发有限公司	全国巾帼创业标兵	全国妇联	2005
徐国禄	男	1963.6	武威市金穗面业食品有限责任公司	甘肃省乡镇企业家	省政府	2005
张作云	男	1964.10	甘肃云昌蜂业有限公司	甘肃省乡镇企业家	省政府	2005
韩　忠	男	1971.3	武威市延年面业有限公司	甘肃省乡镇企业家	省政府	2005
黄　勇	男	1966.11	北京德农种业有限公司武禾分公司	甘肃省乡镇企业家	省政府	2005
潘永金	男	1969.3	武威市祁连蔬菜有限责任公司	甘肃省乡镇企业家	省政府	2005
陆建铭	男	1973.1	甘肃森泰种畜育种有限公司	甘肃省乡镇企业家	省政府	2005
管　兴	男	1965.11	武威兴宇集团	甘肃省劳动模范	省委、省政府	2005
姜春年	男	1959.3	武威华都有限公司	甘肃省乡镇企业家 全国乡镇企业家	省政府 农业部	1998 2004

续表 20-3-3

姓 名	性 别	出生年月	工作单位	所获奖项、称号	颁奖单位	颁奖时间
高 禧	男	1962.3	甘肃再就业建设工程集团	全国五一劳动奖章 甘肃省优秀非公有制企业家	全国总工会 省政府	2001 2005
刘 永	男	1967.5	甘肃荣华实业（集团）股份有限公司	全国乡镇企业家 甘肃省乡镇企业家	农业部 省政府	2004 2005
车 银	男	1970.11	解放军某部	优秀指导员	某集团军	2006
冯禄文	男	1957.7	凉州区科学技术协会	全省科普先进个人	省委、省政府	2006
张正龙	男	1954.10	武威市体育局	全国体育系统人才状况调研先进个人	国家体育总局	2006
山生岩	男	1967.2	武威市粮食局军粮供应管理站	全省拥军优属先进个人	省委、省政府、省军区	2006
强 锋	男	1963.10	武威市建设委员会	全国建设系统“四五”普法依法治理先进个人	建设部	2006
朱武林	男	1974.3	武威市委统战部	全省统战工作先进个人	省委	2006
尹希栋	男	1955.3	武威市安全生产监督管理局	安全生产监管、煤矿安全监察先进个人	国家安全生产监督管理总局	2006
马俊齐	男	1964.3	武威市东升餐具消毒有限公司	全省民族团结进步模范个人	省委、省政府	2006
任 荣	男	1963.8	武威市社会福利院	全国民政系统先进工作者	人事部、民政部	2006
刘 林	男	1957.6	武威市供销社	“四五”普法优秀个人	全国供销合作总社	2006
冯柏萍	女	1962.11	凉州区青年巷小学	全国优秀教育工作者	教育部	2006
王希保	男	1963.2	武威八中	全国优秀教育工作者	教育部	2006
赵勃元	男	1962.8	武威六中	甘肃省园丁奖	省委、省政府	2006
聂彦荣	男	1965.1	凉州区鑫富农农业生产资料有限公司	供销合作社国家职业资格认证工作先进工作者	全国供销合作总社	2006
汪其发	男	1956.7	武威九中	甘肃省园丁奖	省委、省政府	2006
宁生琴	女	1962.12	武威市实验幼儿园	甘肃省园丁奖	省委、省政府	2006
张建中	男	1955.7	武威市保密局	全国先进保密工作者	中央保密委员会、国家保密局	2006
周开宝	男	1963.7	凉州区会馆巷小学	甘肃省园丁奖	省委、省政府	2006
董德祥	男	1973.7	凉州区公安局	全国优秀人民警察	公安部	2007
王栋进	男	1957.12	凉州区疾病预防控制中心	防治艾滋病工作先进个人	省政府	2007
田玉荣	男	1968	武威十一中	全国模范教师	教育部	2007
许福德	男	1963.10	凉州区委宣传部	甘肃省优秀思想政治工作者	省委	2007
周进学	男	1955.2	政协凉州区委员会	甘肃省科学技术进步二等奖	省政府	2008
曹生有	男	1962.9	凉州区中医医院	全国工会优秀积极分子	全国总工会	2008
冯雄德	男	1975.6	武威七中	甘肃省园丁奖	省委、省政府	2008
金菊芳	女	1962.1	凉州区西关街小学	甘肃省园丁奖	省委、省政府	2008
周国斌	男	1958.4	凉州区高坝镇学区	甘肃省园丁奖	省委、省政府	2008
张建基	男	1956.12	武威市教育局	甘肃省园丁奖	省委、省政府	2008

续表 20-3-3

姓　名	性　别	出生年月	工作单位	所获奖项、称号	颁奖单位	颁奖时间
蔡多学	男	1956.2	武威市司法局	全国“五五”普法中期先进个人	中央宣传部、司法部、全国普法办	2008
杨才年	男	1983.7	武警新疆边防总队喀什边防支队	革命烈士	中国人民武装警察边防部队政治部	2008
郭必珊	男	1953.1	武威海石公司	爱国拥军模范 全国建设新农村十大杰出复转军人	省委、省政府 农业部	2006 2008
张开新	男	1958.6	武威市教育局	甘肃省园丁奖 全国电化教育先进个人	省委、省政府 中央电化教育馆	2004 2008
褚中锋	男	1960.9	凉州区委统战部	全省民族团结进步先进个人	省委、省政府	2009
马仁山	男	1968.9	凉州区优质农膜服务中心	科普惠农兴村计划农村科普带头人	中国科协、财政部	2009
杨福元	男	1961.11	凉州区文化体育局	全国群众体育工作先进个人	国家体育总局	2009
张日堂	男	1965.1	迭部县人民武装部	维稳工作先进个人	中央军委四总部	2009
李　峰	男	1972.12	武威市安全生产监督管理局	全国安全监管监察系统先进个人	国家安全生产监督管理总局	2009
周宝年	男	1965.6	武威市金羊建筑工程公司	全国五一劳动奖章	中华全国总工会	2009
俞小华	男	1959.11	凉州区高坝镇同益小学	全国优秀教师	教育部	2009
李俊山	男	1963.4	武威市疾病预防控制中心	全省防治非典型肺炎工作先进个人 全国全球基金结核病控制项目先进个人	省人事厅、卫生厅 国家疾病预防控制中心	2003 2009
赵新辉	男	1964.11	武威市统计局	全国投入产出调查先进个人 第二次全国经济普查国家级先进个人	国家统计局 国务院第二次全国经济普查领导小组	2007 2009

附　录

本编目录

一、散文

凉州风范

余秋雨

在古代，文化融合，常常表现为“胡汉一家”，即“胡人汉化”，“汉人胡化”。一般人也许会认为，越直接、越贴近，才是进步，其实，人类从裸露到穿衣，从群居到分居，都是由间接性而走向文明。

这种例子俯拾皆是，坐的有高高靠背的椅子，就是从以前的“胡床”发展而来的，没有它之前，我们的汉人是坐在地上的，由于有了这样一把椅子，距离感就产生了，与地面有了间接性接触，建立间接性，也就建立了更进一步的文明。还有好多的乐器，本来也不是我们汉族的，比如我们熟悉的琵琶，还有箜篌、羌笛都是北方游牧民族带来的。“羌笛何须怨杨柳，春风不度玉门关”，这些乐器今天都成了很具典型性的中国民族乐器。盛唐的壮丽和声，胡乐占了一半。

汉族也学习了胡人的服饰，我记得美人杨贵妃就非常偏爱“胡服骑射”。中国传统的服装是宽袍大袖的，引进了胡服窄袖的衣服后，就方便多了。西城和丝绸之路对于文化交融非常重要，云冈石窟也经常被说到是“凉州风范”，那也与丝绸之路有关吧？

各大文明一旦成熟都比较自以为是，若要彼此间保持长时间的交流，必须有一个庞大的缓冲地带，即所谓“即隔又通”。在习惯远征的时代，“隔”使文明之间产生安全感，辽阔的西域，就是几大文明之间的“隔”，而丝绸之路，又是“隔”中之“通”。

凉州，大体位于现在的甘肃省西部以武威为中心的黄河西边，正处于丝绸之路的关键路段。北魏征服凉州之后，曾被其间的三万户俘虏到平城（大同），当时的凉州处于文明交流的要冲之地，所以这三万户人家中包括着很多的学者、建筑学家、艺术家、高僧、翻译，正是这批人造就了云冈石窟。其中最重要的一个人是高僧昙曜，他是几个最重要的监造者，由此，云冈石窟就出现了典型的“凉州风范”。

那个时代，很多迁徙都与战争有关，由此文化交融也往往由俘虏队伍来完成，世界古代文明史都是如此，只可惜，很少看到描写这种内容的艺术作品。在很多的情况下，战争带动了文化，但有些时候，文化也带动了战争。当时，某些西域政权为了争夺一个大佛学家、大翻译家而不惜千里远征，例如鸠摩罗什、道安等学者就这样被争夺过，有时把一个学者抢到半道上政权发生了变化，这个学者就只能留居在半道上了。于是，半道上的这一个点，在文化版图上就会出现非比寻常的力量，兵刀剑戟间藏着一个学者，狼烟荒漠间形成了一个学派，这实在具有震撼性的艺术力度。

大家有没有在更多地给自己灌注更多的西域气象、凉州风范、北魏神韵？有没有可能出现这样一种形象：一个马其顿士兵和印度土著混血的后裔，从犍陀罗经库车来到凉州，成为远近闻名的大雕塑家，又不断争抢，最后作为俘虏来到平城，成了云冈石窟的营造师……这一路走来，有多少气吞山河的情节、艳情漫漫的故事？沿途所见，又有几番大漠朔风、沙场夕阳？

（选自余秋雨文化随笔集《中华文化四十八堂课》）

粟特人书信中的姑臧

贾平凹

我和小路依然关注的是西路上的军事和经济的历史，丰富的遗迹和实物使我们在武威多住了几天。元狩二年，霍去病发动了祁连山之战，打败了匈奴贵族浑邪王，河西走廊并入了西汉版图，匈奴在哀唱了：亡我祁连山，使我六畜不蕃息；失我焉支山，使我妇女无颜色。对于失掉焉支山，为什么会使妇女无颜色？我去武威博物馆查询资料，是焉支山出胭脂，还是阻断了匈奴通向西域的道路，西域的各种奢侈品来不了，贵族妇女再不能乔装打扮？但是，庆仁却意外地送给我了一份收获。他是去武威老城速写时碰到了一个姓纪的女子，他当然为这女子画了一张像，而且画得极像，女子便邀请他去她家喝水。庆仁是“花和尚”，坐在人家屋里，又画人家屋里的土炕，土炕上绣着鸳鸯的枕头和土炕下放着的鞋子，偶尔在其柜子上的木板架上发现了一本旧书，书上记载了1700年前粟特国驻河西姑臧的商团首领写给其主子的信，便抄回来给我，强调可以证明公元4世纪的河西走廊在中西贸易中的枢纽地位。这确实是一封有着文献价值的又趣味盎然的信。我把信的其中一部分用陕西话念着——陕西话在汉唐应该算做国语吧——让宗林录音录像。我是这样念的：

致辉煌的纳尼司巴尔大人的寓所，一千次一万次祝福。臣仆纳尼班达如同在国王陛下面前一样行屈膝礼，祝尊贵的老爷万事如意，安乐无恙。

愿尊贵的老爷心静身强，而后我才能长生不死。

尊贵的老爷：阿尔梅特萨斯在酒泉一切顺利，阿尔梅特萨斯在姑臧也一切顺利。

……有100名来自萨马尔干的粟特贵族现居黎阳，他们远离自己的乡土孤独在外，在城有42人。我想您是知道的。

您是要获取利益，但是，尊贵的老爷，自从我们失去中国内地的支持和帮助（注：中国内地正处于西晋的永嘉战乱），迄今已有3年了。在此情况下，我们从敦煌前往金城，去销售大麻、纺织品、毛毡，携带金钱和米酒的人，在任何地方都不会作难，这期间我们共卖掉了x+4件纺织品和毛毡。对我们来说，尊贵的老爷，我们希望金城至敦煌间的商业信誉，尽可能地长时期得到维持，否则，我们寸步难行，以致坐而待毙。

……尊贵的老爷，我已为您收集到成捆的丝绸，这是属于老爷的。不久，德鲁菲斯浦班达收到了香料，共重84司他特，对此曾做有记录。但他未写收据，您本应收到它的，但这恶棍将记录给烧了……这些钱应该分别开来，您知道，我还有个儿子，转眼之间，他会长大成人，如果他离家外出，除了这笔钱之外，他将得不到任何其他的帮助，纳尼司巴尔老爷定会尽力成全这件事的。他有了这笔钱，就能成倍地赚钱。如果这样，对我来说，您就是像救命于大灾大难中的神灵一般的恩人，在儿子成年娶妻以后，仍让他守在您的身边。

另外，我已派范拉兹美去敦煌取32袋麝香，这是我个人买的，现交给您，收到后，可分为5份，其中3份归我儿子，1份归皮阿克，1份归您。

我念完了粟特人的这封信后，知道了当年这条路上熙熙攘攘往来的商人是怎么生活的，也知道了这个汉时称做姑臧也称做凉州的武威在西路上如何的显赫，一时想起了曾经歌咏过的岑参的《凉州馆中与诸判官夜集》的诗：“弯弯月出挂城头，城头月出照凉州。凉州七城十万家，胡人半解弹琵琶。琵琶一曲肠堪断，风萧萧兮夜漫漫。河西幕中多故人，故人别来三五春。花门楼前见秋草，岂能贫贱相看老。一生大笑能几回，斗酒相逢须醉倒。”凉州的格局是阔大的，气氛也极安定，说人聚会于花门楼，一曲琵琶却是肠要断了，喝醉在地，是真要“一生大笑”呢，还是借酒消愁愁更愁了？近2000年前的姑臧城里的那个夜晚——我想是一个夜晚——纳尼班达在写着信，烛光跳跃在他那瘦削的额头和满是胡须遮掩的狡黠的嘴角，他想到他的儿子是流泪了。于是，我推测着被匈奴囚禁了十多年的张骞逃脱后在继续往西去的路上，是如何在念叨着被丢弃的与匈奴女生下的儿子的名字；推测着那个逐放在北海的汉使节苏武看见了老牛舐犊，又如何想到长安城里的娇妻幼子，肝肠一节节地碎断。人是活一种亲情的，为了亲情去功名去赚钱走上这条路，这条路却断送了亲情，但多少人还是要上路，这如同我们明明知道终有一天要死，却每日仍要活得有滋有味。

（节选自贾平凹散文集《静水深流》，题目为编者所加）

凉州曲

雷 达

回乐峰前沙似雪，受降城外月如霜。
不知何处吹芦管，一夜征人尽望乡。
——唐·李益《夜上受降城闻笛》

今日的武威即古凉州，史称姑臧。现在的“凉州”只是武威一个区的名字，而我，更愿称武威为凉州。凉州于我有道不清的缘。

1964年秋，作为一个未毕业的学子，我随兰州大学师生一起去张掖的民乐县搞“四清运动”。那是我第一次进入广袤而平坦的河西走廊。火车一出古浪峡，凉州即呈现于眼前，它以宽广的胸膛震撼了我。我们进军民乐是乘卡车去的，那一天，四清工作团的一百辆卡车扬起漫天尘埃，有如一百面战鼓狂擂着河西大地。事先兰州军区后勤部向我们提供了旧军大衣和大头鞋之类御寒物品，于是，我们头戴旧军帽，身穿军大衣，脚著大头鞋（没枪），鱼贯开进了民乐县城。站在路边的老乡看得发呆。他们想起1949年一野的千军万马从扁都口开进民乐的情形。当晚，张掖地区竟有六个“四不清”惊恐自杀。我所在大队的会计，吊死在村里的旧戏台上。

我们在河西待了将近一年。中间是春节，也不让回家，在凉州集训度过，记忆中只有严寒的街边瑟缩的孩子。看了武威歌剧团演出的《江姐》，为之打动，曾约定，毕业后到歌剧团当编剧，还设想了深入生活的一大套计划，其实完全不懂中国的政治。此时阶级斗争已极紧张，搞创作只是一个梦。但我不懂，我只记住了地委薛程书记对我的承诺。他在我所在的乐民大队蹲点，他看了我编写的村史，很欣赏，于是答应要调我。我却毕业分配到了北京，中国摄影学会，很失落，老记着到武威圆创作梦，所以一直闹着回武威，因文革起而作罢。记得我曾幼稚地等待过很久。

2007年6月1日晚，有朋友邀我去凉州，我欣然接受。正收拾行李时，突然接到原本说好一起去的一位同学来电，他在深夜里幽幽地述说着去往凉州路途的千难万险，生动地描绘了最近发生在那里几起车祸的严重后果，并劝我也不要去了。我在感谢了他之后仍然决定前往，一则对凉州心向往之，二则已经约好了，不便毁约——人啊，在某种情境下，为了面子也好，为了自尊，诚信也好，会为难到明知山有虎，也得硬着头皮虎山行的地步。第二天一大早，我与朋友及我在兰州大学的两位博士生一起出发了。去时由我开车，这几乎也是我自己要求的。我什么都不说，心里还是有些担忧，对必经之地乌鞘岭的路段没有把握。但心中另一个声音却很强硬，我非要开好车，不出一点纰漏，要创纪录，要挑战自我，要证明自己。出乎意料的是，大部分路其实很平坦，马牙雪山上的白雪依然在车窗边闪耀，而乌鞘岭却不见了当年骇人的峭峻。车子终于跨越了乌鞘岭，我们找到一处简易的饭店，在它门前歇脚，之后一个小时，竟然就到了凉州城。当我稳稳地把车停到华信宾馆停车场时，我为自己顺利地实现了计划而兴奋。第一次独自驱车300公里，打破了我开车史的记录。

当天下午，我们改乘一辆越野车前往天梯山石窟。石窟的规模和艺术境界令所有前去的人震撼。参观时，大家都发现了有一对美丽的小鸟自始至终旋飞在我们上空，直至我们离开石窟。当我们拜佛时，它们中的一只落在大佛的拇指上，静静地望着我们。开车的小周说，那是蝴蝶鸟，住在佛爷的耳朵里，是吉祥鸟，许多人见不到的。之前他来过这里七次，只见到过一次。我转头向小鸟击掌以示回应，众人皆莞尔而笑。

民间艺术家赵旭峰的家就在天梯山石窟附近，我们去他家吃晚饭。他的妻是个贤惠的农家妇女，在端饭菜时，只礼貌地笑笑，没说一句话。我走过的地方也算不少，见过许多的吃食，可在赵旭峰家却吃到了从来没有吃过的山珍和农家饭。撒了苦豆子的大馍，野山菌，连小白菜也格外香醇，更有一种雨后的菌类，据说初采到时状如石头和层岩，若不及时收藏，迅即会被一种怪虫销蚀以尽，化为乌有。此物味极佳，难以言之。“香头子面”，面条皆如香头，与羊肉烩在一起，吃了还想吃。饭后，赵旭峰和他的两位同乡一起，弹着三弦，为我们唱起了凉州民歌和“凉州贤孝”。看来他们经常合作。我从小就知道“三弦弹断筋”之说，极言三弦之难。听他们的弦歌声，我深深为之打动，特意找来油印歌本，跟着他们一起哼将起来。

还是情歌居多。例如《绣牡丹》唱道：花儿绣在水里面，四面八方叫水挡严，你想看花难上难，哎也不难，也不难，变一个金鱼儿水里头钻，一呀钻，二呀钻，一钻钻到水里面，抱住那个花芯儿看牡丹。花儿绣在那园里面，四面八方叫墙挡严，你想看花难上难，哎也不难，也不难，变一个蝴蝶儿盘上了天，一呀盘，二呀盘，一盘盘到园里面，抱住那个花芯儿看牡丹……。

再如《走青阳》唱道：黑毛的驴儿驮松香，走到那个青阳站道长，听说我的花儿不地当（病了），上街里下街里称冰糖/左脚我踏在门槛上，右脚我跨到坑沿上，我问花儿你啥疼哩，啥也不疼我就是想人哩……

还有比《五哥放羊》早得多的是《王哥放羊》，流行于甘青一带，里面唱道：五月五来五端阳，沙枣杨柳插门上，你喝酒来我捏手，这么热闹哪里有，红糖冰糖四合糖，比不上妹妹的唾沫香；八月里来八月八，高高山上拔胡麻……

没想到武威人也唱“花儿”，比如这样惊人的山盟海誓：青石头根里的药水泉，担子担，桦木的勺勺哈舀干，若要咱俩的姻缘散，三九天，青冰上开一朵牡丹。

赵旭峰，一个极具艺术气质和生活情趣的民间诗人。

“三弦弹断筋”哪，老李的这把三弦是他自己做的，“文革”一结束，他马上做了，至今有三十余年历史了。

这菜看上去一般，可是地道的山珍，名字我忘了，只记得凉州的朋友说一年才产一公斤左右，貌似石头，只能在雨后半天之内采，否则就被一种奇怪的小虫子吃了。

时候不早了，起身道别，回城的路上又参观了凉州白塔寺，西藏归属祖国版图之见证地也。

晚上虽然疲惫，不想动，仍应邀去了雪漠家，亦是愉快的。雪漠搬的新家，颇宽敞，复式结构，阳台上有石锁，家中有沙袋，棍棒，一应练武的家伙。雪漠在我们一再的邀请下，打了一套拳，虎虎生风，功夫不浅啊。我的博士生任美衡，出身衡阳武术世家，打了一套六合拳，据说属南拳，也不错。雪漠的儿子，高中生名叫陈亦新，玉树临风般英俊，打出了一套带气功的拳，也很厉害。三位武士各显神力，叫我这手无缚鸡之力的老书生只能击节称叹，甘拜下风了。此时已是深夜十二点多了。

6 月 3 日，与李学辉主席等人，去了文庙、雷台汉墓参观。李学辉笔名补丁，文字颇具风格，著有短篇集《1973 年的三升谷子》，且热心地方文学事业。

武威的文庙名闻遐迩，是甘肃保留匾额最完整、最丰富的地方。每一块匾额都诉说着复杂的历史，人间的渴望。在文庙，我们巧遇上每年只举行两次的祭孔活动。

雷台汉墓前的箭杆杨，两百年的树骨，不屈地挺立于河西大地。看看它脚下的树和物，就知道它有多高。墓就在左面的土墩下，那里出土了中国的旅游标志——马踏飞燕。

午饭时，我说想到“四清”时集训住的地方看看，记得是一栋木结构的带回廊的楼。一位朋友兴奋地说，那是马步青给他小老婆盖的蝴蝶楼啊，雷老师竟然在那里住过！你休息一会，我们下午去看吧！另一位朋友说，那里在修路，车过不去，人也过不去。我什么都没有说，心想，留个念想吧，说不定以后会再来。

凉州之行很短暂，但这座古城浓得化不开的文化气息令我难忘。遥想李十郎，即李益，大历十才子之一，即姑臧人氏，“开帘风动竹，疑是故人来”的诗句，打动了唐代才女霍小玉，他们在古长安上演了一幕绝世悲恸之剧。于是，前有蒋防的《霍小玉传》，后有汤显祖的《紫钗记》。李益也由之获得了中国文人中的头等薄幸名，几成千古罪人，事实究竟是怎么样的，谁说得清呢。安知李十郎没有冤枉处？他写得最见功力的，还数边塞诗，直堪与王昌龄媲美。且看他的塞下曲：“伏波唯愿裹尸还，定远何须生入关。莫遣只轮归瀚海，仍留一箭射天山。”多么豪迈而绝决！借马援与班超之本事，仰天长吟。另一位，是《柳毅传》的作者李朝威，似很神秘，却也是我心仪者，有说他是武威人的，也有说不是的，但可以肯定，他至少是陇西成纪人。我常以他们二位为骄傲。

回到兰州，友人问及感受，我想了半天，只能说，广大到 41 万平方公里的甘肃，变小了。

（摘自《〈西凉文学〉百期典藏》）

杂木河畔

马步升

杂木河是石羊河六大支流的第三大支流。河流的排名大概是由径流量的大小决定的，不像兄弟姊妹，谁出生早，排名便靠前。河西的河流，源头都在祁连山，杂木河也不例外。其出山口在杂木寺，便以此得名。

杂木河担负着凉州三十万亩土地的灌溉任务，还有三十万亩平展展的无水浇灌的土地，在呼唤着她的滋润。河西走廊的土地就是这样，只要有水，别说肥田沃土了，沙漠戈壁中都会长出茂盛的植物的。河西走廊面积共二十四万平方公里，与大英帝国正好相当。且大多都是平地，即便山地，也宜牧宜林，地下还有丰富的矿藏。可是，这么大的地盘，却受制于一滴水。一滴水可以让河西走廊活活生动，一滴水同样可以让河西走廊死气沉沉。

我早应该想到，杂木河应该是一条水势浩大的河流，当我来到河畔时，还是被她的恢宏所感染。当然，我从小生活在河边，那虽是一条名头不够大的小河，水量却不会比杂木河小。后来，又定居于黄河边，整天陪伴着汹涌的波涛。在河西走廊，是不可以用世俗的眼光去看待河流的。烟波浩渺呀，惊涛拍岸呀，一泻千里呀，等等的，都俗了。说姚明高大，是因为他的个头本身就高大，篮球打得好，是高大的，打得不好，也是高大的。这只是描述了一个属于现象学范畴的事实。身高最多达到姚明胸部的拿破仑，在人的心目中，在煌煌史册中，向来也是高大的，他以他显得有些委琐的身躯，让博大的世界为之改颜换色。这属于史学范畴的事实。我说杂木河是恢宏的，并非我的少见多怪，地球上有名的大江大河，我还是见过几条的。可杂木河确实是恢宏的。她养育了凉州绿洲，辉煌的凉州文明因她而生，因她而泽被四方。母亲虽然名不见经传，但却养育了伟大的儿子，所以，母亲也是伟大的，从发生学出发，母亲比儿子更伟大。

杂木河从祁连山谷拐弯抹角出来了，当她看见平原时，平原也看见她了。她在渴望平原，平原以百倍千倍的热情在迎接她。她一出山，便被委以重任。等候在山口的分水工程，立即将她肢解为几部分，以总渠、干渠、支渠、斗渠的形式，送往无垠的平原。

于是，杂木河水流所经之处，天空是明澈的，大地是繁荣的，鸟儿是欢快的，人的脸，还有牲口的脸，都是喜气洋洋的。

在什么山上唱什么歌，走到哪里说哪里的话，在杂木河畔，我看见这条绝对意义上的小河，绝对是一条恢宏壮丽的大河。

（摘自《〈西凉文学〉百期典藏》）

石羊河里的大凉州

雪漠

有这样一条河，自从有人类文字的历史起，它便与当地人类的命运息息相关，从匈奴时的狐奴河，到西晋时期的“南山谷水”，再到今天的石羊河，它孕育了一段灿烂的文明，它承载了中华河流文化的全息。

有这样一条河，长不过千里，域不过数万平方公里，却总能成为当地历史的定盘星，得此水者得其地，其水安者民亦安，大匈奴帝国靠此水的汹涌而振兴，沙尘暴也借此水的枯萎而肆虐。虽地处僻壤，却总能牵动大国的神经。历代制官，更是将大量心血用于此水的治理。

它，便是石羊河。一条用动物命名的河，充满动感，充满活力，更充满历史的沧桑。

没有石羊河，便没有凉州。没有凉州，中国文化中，便会少许多辉煌。

石羊河，流淌的文化之河。它孕育出了辉煌的凉州文化，从而成为敦煌学的重要来源。鸠摩罗什背负着大乘佛教的使命，旅居凉州十多年，是石羊河的水，滋润了他清凉的喉咙。那清凉渐渐荡向西安，进而荡向中原，滋润着中华大地。

石羊河承载着文明，承载着苦难，承载着血泪，承载着希望。它历经了千年的沧桑，沐浴着历史的烟雨，从遥远的亘古，一直流到今天。

在数千年历史演进中，石羊河流域成了一个独特的历史舞台，那时的河水充盈，草原很大；那时的大地很宽，能容下无数匹骏马的驰骋。那时的人们爱好和平，跟自然和谐相处，跟人类也和谐相处。

不同阵营不同民族的人们尽情地表演着，主人时时更替。主人名字可以换来换去，换不了的，便是对石羊河水的敬畏和治理，水兴则凉州兴，水衰则凉州衰，百姓的安乐与社会的安定，很大程度上维系在石羊河水上。

这是一条政治之河，依托此河，西部出现了好几个割据政权，前凉、后凉、南凉、北凉、西凉，历史上总称为“五凉”。石羊河水滋润了辉煌的五凉文化，这是凉州文化的黄金时期。那时的凉州，真是雄风无限，故史称:“凉州大马，横行天下。”

我们不要忘记，中华民族引以为傲的大唐盛世，是饮着我们石羊河母亲的乳汁，才有了纵横天下的豪情。是石羊河那数以百万计的凉州大马，才驮起了那些扬鞭飞马横行天下的大唐勇士。

石羊河是一条绵延了千年的西部命运之河，对它的治理，千年间大同小异，屡经周折，经历了无数的沧桑，走过了诸多漩涡。

历史上石羊河流域的开发多次反复，其主要开发时期是西汉、魏晋、隋唐、明清等，介于其间的五代至宋元、清代中后期再到民国，开发规模小，绿洲多退缩萧条。综观石羊河流域的开发历史，凡是顺应自然者，多获大益；而破坏生态环境者，必有灾难。

黄羊川上无黄羊，石羊河中无石羊。河水孤独地流过了宋元明清。其时的治水，大多沿袭过去各朝的经验，萧规曹随，多有效验。石羊河虽然发出了沉重的叹息声，但还是养育了一方水土一方人。千年间，同样孕育出了辉煌的文化，如凉州贤孝、河西宝卷，均在这一时期显出了炫目的光亮。其地方官吏教民治水的记载，也散见于各代的史册之间。

明代后期，石羊河上下游水利纠纷时有发生。这类纠纷，一直持续到了清代、民国乃至当代。在长达数百年的时空中，因为水的争端，同饮石羊河水的大凉州人，时不时就反目成仇，上演了无数惨不忍睹的悲剧。

在新中国建国前的数千年里，石羊河的治水史有如下特点：一是因凉州山川地理所限，历代治水工程，都用力甚剧，浸透了历代百姓的血汗；二是治水之路漫长而曲折，安宁则水治，动乱则水废。每次社会矛盾的激化，最先受害者，多是水利。许多时候，水利也会成为矛盾之焦点和导火索；三是历代治水，皆无大手笔动作，多区域性的修补和小沟小渠的沟建，各自为政，互相制约，水道紊乱，缺乏统一规划，少政府行为，无投资机制，多由百姓率性而为，随意而做，自发组织，零敲碎打，少整体规划，多随意引流，缺乏科学性和统一性。只有到了新中国以后，石羊河流域的治水，才进入了一个全新的历史时期。

（选自雪漠《石羊河里的大凉州》）

一切都有缘起

徐兆寿

小时候，祖母不吃肉，一点荤腥都不沾。当然那个年代吃肉是少有的事，但只要吃肉，母亲便要做两顿饭。一顿是荤的，一顿是素的。素的自然只有祖母一人吃。先做荤的，后做素的。所以做完荤的之后就要洗锅。有几次大概是母亲没有把锅洗干净，祖母一闻便闻着了，于是，祖母便骂母亲，母亲也委屈地说她真的洗了。后来吵起来。母亲在我们村里是最没脾气的人，但偶尔也会有一些反抗，但只要母亲稍微说一些不高兴的话，父亲便不高兴了，就起来打母亲。父亲是方圆几里最孝顺的汉子，祖母骂父亲时，我从未听到父亲说一个字。这成为我小时候日常生活中最不解的一个情结。

有一天，家里来了很多人，据说是城里来的。听说村里有人搞一贯道，那些人也不吃肉，还搞封建迷信。来的人要他们吃肉。不知怎么又牵连到我祖母，也要我祖母吃肉。到底后来吃了没有，我们小孩子就不知道了。但那一次，我知道了不吃肉也是有问题的。

再后来便慢慢地知道祖母是十二岁时开始吃素，当时她生了一场大病，险些死去。此后便信佛了，但她不上香不拜佛。那时我并不懂得什么是佛教。家里没有人说起这些事，学校则认为这些都是迷信。

再大一些时，便常常听到很多人说祖母做了无数的善事。有一个嫁到远处的姐姐，一见面就对我说，大奶奶太好了，挨饿时，她把碗里的汤喝了，把稠的给我们吃，我们才活下来，你们兄弟几个能有出息全是大奶奶积的德。

等我做了大学教授，也有一些名气的时候，去给祖母上坟。路上会碰到很多人，没一个赞扬我们奋斗的，都在重复一句话，你们能有今天，都是大奶奶行的善积的德。

我从生下来不久就与祖母一起睡，直到我去城里上师范。据说，小时候挨饿时，我饿得哭个不停，祖母便把她的乳头让我吮。当然是没有乳汁的，但我就不哭了。

祖母去世时，是夜里一点半。家里只有我不在身边。祖母便叫着我的名字，从枕头下取出一叠一毛钱，告诉我父亲，一定要支持我上大学。然后便闭上了眼睛。父亲数了很久，算出那笔遗产大概有十几块。

那时我正在武威师范读二年级。那天夜里，我在梦中忽然听到有人叫我的名字，声音很空旷，我四处寻找，惊醒来。我从床上坐起，意识到祖母可能去世了。看了看表，大约两点钟。第二天一早，我一位堂弟从乡下赶来对我说，大奶奶去世了。

村里人都惊叹，大奶奶真的行下善着呢，你看她死的时候头上一根白头发都没有。祖母去世时七十六岁。

更多的人惊叹，大奶奶真的是积下德着呢，你看大热天死了，棺材跟前一个苍蝇都没有。这件事我并没有在意，但村里人都如此说，我也便信了。

祖母活着的时候，我从未觉得她对我的精神生活有多么重要，但她去世后，我才开始理解她。从她开始，我对佛教有了一丁点的兴趣。

之后便是漫长的求学之路。我沉迷于西方哲学与科学。尼采、萨特、海德格尔、康德、苏格拉底、柏拉图、《圣经》《古兰经》以及牛顿、爱因斯坦、霍金……那是我们那一代人共同的经历。文学方面的阅读更不必说了。

只是偶尔，我才会翻阅《论语》《道德经》《庄子》《史记》，但直到四十二岁那年，我离开兰州，去复旦读书时，有人送给我一套《金刚经》。到底是谁，到底在哪里送给我的，我都想不起来了。只是记得有一天中午我在睡觉前忽然翻开了《金刚经》……

然后我便写长篇小说《荒原问道》，开始站在上海重新观看大西北，眺望古丝绸大道，自然也开始重新理解祖母以及我的故乡凉州。原来我是准备留在上海的，但那一年回家时，从飞机上看到荒山野岭的大西北时，我忽然间热泪盈眶。我听到飞机上有人讥笑说，太荒凉了，连草都没有，人怎么生活呢。我在心里默默地回答着他，你根本不懂这片山川和荒漠。

于是，我下定决心回到大西北，也开始把笔紧紧地扎根在大西北。我开始写丝绸之路。我看到的第一条大道，便是从古印度传来的佛教。我与清华大学出版社签订了一本书的写作，三座佛寺，三个高僧大德。先写敦煌，然后写白马寺和麦积山石窟。它们花去我整整一个月的功夫。我第一次深入地理会了佛教如何汇入中国文化并成为中国传统文化的一部分。

然后是写三位大德。鸠摩罗什、法显、玄奘。但迄今为止我只写了鸠摩罗什一人。

本来只是书中的一部分，计划写三万字，可越写越长，读的资料也越来越多，而且越是阅读有关佛教方面的书籍便越是感到无知，于是，花了几个月时间专门阅读这方面的图书。

听说我在写鸠摩罗什，省委宣传部的朋友来找我，说要拍纪录片，希望我能写稿本。武威的朋友也来找我，也说要拍相关的纪录片或影视剧，希望我写成剧本。还有一些经商的朋友也找我，想与我合作。我意识到,“一带一路”的实施把早已被风沙淹没的古丝绸之路擦亮了，那条路上的人也重新活了起来。玄奘和鸠摩罗什便是耀眼的明星。玄奘的电影很快便上演了。接下来人们便开始呼唤鸠摩罗什上场。这是这么多人找我的原因。

2015 年秋天时，我终于完成了十二万字的跨文体著作《鸠摩罗什》，里面有故事，有学术随笔，有诗歌，也有学术考证。总体而言，是为拍摄鸠摩罗什纪录片而做的准备。但有两件事改变了我。

给我们家做饭的杜姐有一天忽然翻开了它，便看下去。我发现后问她，写得如何。她说，很好啊，我看着都想出家了。我说，啊。我后来又问她，有什么不好的地方吗？她说，有很多看不懂。

最早的时候，我是把这本书作为一本学术传记来写的，只是给少部分人看的，但与杜姐交流完的那天夜里，我睡不着，便翻看《妙法莲花经》，第二天清晨六点左右，我放下那部佛经时，做了一个大胆的决定，我要重新去写，要让大多数人能读懂。这才是方便法门。

如果说我过去写的很多小说、诗歌、散文都是写给少数人看的，那么，这本书一定要走向民间。写作的人物也决定了它必须走向普罗大众。

于是，我重新开始写作。但还有一件事存在巨大的困难，这就是鸠摩罗什在凉州的活动。史料少之又少，民间传说也几乎没有。怎么写鸠摩罗什在凉州的十七年呢？

那年春节，我专门去凉州考察。去了莲花山，去了海藏寺，去了恒沙寺，还又去了一趟天梯山……我把整个凉州跑完了。

资料还是极少。于是，我又开始阅读五凉时期的史料文献。慢慢地，那个时代的图景在我眼前活了起来。

我做了第二个大胆的决定，虚构鸠摩罗什在凉州的生活，重新呈现五凉时代的文化盛景。这也许是以后很多凉州人会议论我的一个地方。

最后的写作难点便是如何解读鸠摩罗什的两次破戒。我看了很多写鸠摩罗什的文章，都是从世俗者的角度去解读的。我还上了一些佛教网站，看到很多僧人在批评鸠摩罗什。

两次破戒，成为佛教与俗世的关切点。如果人云亦云，写作便极其简单，当然也毫无意义。如果那样，鸠摩罗什便停住在人佛之间。这是人间最为欢喜的，但佛界弟子便迷茫无助了。于是，我开始阅读罗什的一些笔记，阅读他翻译的佛经。当我读完《维摩诘经》时，便有了重新解读他的法门。

当我把这个问题解决后，我以为便可止笔了，但我心中又升起一个巨大的疑问。其实，这个疑问自始至终就潜藏在心底。今天写鸠摩罗什能给当世什么样的启示呢？说得再大一点，佛教甚至中国传统文化能给今天的人类什么样的启示？能解决今天人类精神生活的什么问题？如果没有什么启示，写作便毫无意义。于是，我在小说中引入一条副线，以便让读者诸君思考这个问题。当然，我只提供我个人思考的样本。

小说写完后，很多人都在问我什么时候能看到。我突然感到惶恐，我怕没把这位高僧大德写好。

在发表和出版的漫长过程中，我渐渐放下了这种惶恐，且放下了名利心。很多年来，我一直想为祖母写些什么，也想为凉州大地写些什么。这个愿望依托在鸠摩罗什大师身上算是实现了。其他的一切都不重要了。

因此，本书是献给祖母的，是献给凉州大地的，也是献给伟大的丝绸之路的。

（原载 2017 年 9 月 11 日《文汇读书周报》，徐兆寿长篇小说《鸠摩罗什》自序）

《凉州宝卷》浅说

冯天民

宝卷是唐代敦煌变文、俗讲、宋代说经发展而成的一种民间吟唱的文娱活动，在甘肃省河西一带较流行，深为广大人民群众喜闻乐见。在武威市的古浪、大靖等地均有流传，在凉州区流行的有庙山、中路、上泉、张义等乡镇。

凉州宝卷是一种十分珍贵的民间文化遗产，2006 年被文化部宣布为中国非物质文化遗产代表作，但目前已濒临“自行消亡”的危险境地，抢救、挖掘、搜集、整理工作刻不容缓。

凉州“宝卷”的脚本大多是木刻版和手抄本，八十年代初期也出现过一些油印本。内容基本上分为三类。一是反映佛教题材的。如《观音宝卷》《目连三世宝卷》；二是根据神话传说故事编写的，如《孟姜女宝卷》《白玉楼挂画宝卷》《韩湘子宝卷》；三是反映社会和日常生活的寓言故事，如《鹦鸽宝卷》、《红灯宝卷》、《老鼠宝卷》等。

凉州宝卷通俗易懂、施教于乐，深深植根于人民群众之中，百代流传，经久不衰，具有十分突出的艺术特色。

一是故事性强，情节跌宕起伏、曲折离奇，十分吸引听众。宝卷以其生动感人的故事，引人入胜的情节，深深地感染和打动了广大听众，赢得了人民群众的喜爱和欢迎。在凉州宝卷中，如《鹦哥宝卷》《四姐宝卷》《金龙宝卷》《二度梅宝卷》等，都是以故事曲折，情节离奇而见长的。

二是形式活泼多样，灵活多变，随意性强。凉州宝卷在演唱时虽有一定的规矩和套路，但又因人而异、随意变化不受限制，不拘一格。韵白、道白、诵唱，即兴发挥，任意运用。念卷者的演唱与听众的合唱——“接佛声”互为映衬、融为一体，既增强了现场演唱的效果，又激发了听众的自我表现与参与意识，使念卷气氛显得十分活跃而热烈。凉州宝卷的演唱曲调亦较为丰富，在保持了一些原有曲调的同时，还不断吸收凉州的民歌小调，使唱调更具浓郁的生活气息与旺盛的生命力，更容易被群众接受和传唱。凉州宝卷的韵词由五字句、七字句、十字句构成，活泼灵便，节奏富于变化，交替运用，十分便于叙情达意，交代故事。

三是语言朴素生动，乡土气息十分浓厚。凉州宝卷的语言特色，主要是大量地运用了本地的方言土语、俗谚俗语，使宝卷的语言显得更加生动鲜活、多姿多彩，地域和民间特色更为突出。诸如“黑风三姐性子怪，腰里缠着个风皮袋，一挤一捏风出来……”“他二人商议着将衣送去，且免得冤屈鬼缠搅我们”“有头官司容易办，无头尸首何处寻”“面对面儿笑颜开，手拉手儿送出来”“老老鹦喂它们长大成人，翎毛干翅膀硬要去腾空”等词句，俗言俚语通俗易懂，群众自然十分喜爱欢迎。

四是内容丰富，题材广泛。凉州宝卷种类繁多，卷帙浩繁，民间流传的约有一百余部（种）。著名的凉州宝卷如《鹦鸽宝卷》《湘子宝卷》《二度梅宝卷》、《岳山宝卷》《昭君宝卷》《唐王游地狱宝卷》《金龙宝卷》《红罗宝卷》《观音宝卷》《包公宝卷》《四姐宝卷》等。有寓言故事，有神仙传奇，有清官断案，有百姓遭难，有家道伦理，有皇室朝纲……动物人物，天上地下，大千世界，芸芸众生，真可谓无所不包，无所不有。社会生活的方方面面，纵横交错，光怪陆离，风情民俗，人间百态，无不搜罗涉猎，囊括其中。这是凉州宝卷具有广泛的人民性，植根于广大群众当中，广为流传，经久不衰的重要原因。

武威市凉州区天梯山文物管理处的赵旭峰耗费数年时间到老百姓家中寻访、查找、借阅、誊抄，打印，终于完成了《凉州宝卷》的一部分搜集整理工作，现已出版《凉州宝卷》专集两册。

（选自冯天明《序言记》）

却把凉州作故乡

李学辉

每个作家都有自己的精神栖息地：一为出生地的故乡，二为心灵或精神的故乡。论其故乡，井上靖、施蛰存等人与凉州毫无相干，但因了文学，他们把目光的一瞬投放在了凉州。超越时光，超越地域，他们或把凉州作为背景，或把凉州作为符号，让本来就金戈铁马、诗意拂拂的凉州更加令人神往。

这是凉州的魅力，也是文学的力量。

施蛰存是现代文学史上成就卓著的作家，其作品的现代性一直使他居于被人称道的地位。《鸠摩罗什》这部中篇小说颇能代表他的写作风格。在历史事件中融入现代性，将罗什一生升华的过程写得回肠荡气。写罗什的小说本来就少，施蛰存先生的这篇小说迄今仍有一定的借鉴性。

井上靖的《敦煌》是部大书。他笔下的凉州，依托一个叫赵行德的商人来烘托。“凉州土地肥沃，农产丰富，城外平畴千里……所产马匹向被誉为天下第一良种。凉州城北，就是一望无际的牧场。登上城墙，放眼望去，辽阔的牧场上数不尽的马匹一群群星星点点散布其间。”这应是史书中的凉州，井上靖的描述极尽想象，而历史上的凉州本也这样。作为日本的著名作家，当井上靖目力注视敦煌的时候，凉州是绕不开的一笔。而那个时候的凉州，注定是历史抹不开的凉州，也是战略地位让人侧目的凉州。粗豪中的凋敝，争抢中的纠葛，让凉州在历史的秋千上晃来荡去。

1400 多年前发生在姑臧的故事究竟是怎样的，贾平凹先生以小说为我们讲述了这个故事。引发这个故事的信，那封幽古的带着异域气息的信则是他路过武威时发现的。能把途经此地发现的一封信演绎成小说，在平凹先生的创作中并不多见。他把荣幸留给了姑臧，也就是凉州的前身。“凉州的格局是阔大的，气氛也极安定。”同样是商人的故事，平凹先生与井上靖先生的有着本质的区别。那个宰羊的场景，只是设置，学者与商人之争，争的是如何立传立心，一部《中国通鉴》，寓含着平凹先生的悲天悯人情怀，以凉州作为立传立心之地，可见平凹先生心中对凉州的看重。

甘凉道，英雄垂泪，骏马驰骋。在金庸、梁羽生、古龙笔下，一进入甘凉道，就会发生故事，并非单纯为粗豪的吼叫，武功的飞扬，亦有侠骨柔情。杨争光先生的小说《赌徒》，则是纯凉州式的。胡杨木、花门楼、骆驼、戈壁，这些本土作家往往作为散文追述的物象，在杨争光先生的笔下则充满了意象。八墩与甘草，就连小说中人物的名字，也极具凉州特色。人性在风沙迷蒙中展开，在各种物象面前丰富，让本来就有传奇色彩的凉州更加传奇。我们在拜读这篇小说的同时，思考亦呼之欲出。什么是真正的西部凉州，争光先生给我们提供了一个可选择的答案。

2007 年 6 月 1 日，雷达先生下凉州，到东关核桃园，雷先生面对蝴蝶楼生发感慨。我们始知先生 1965 年春节寓留凉州一个月，就住在蝴蝶楼。故先生回京后，写有《凉州情》，但对当时的经历几笔带过。2016 年，先生写了《祁连情》，让我们一睹那时留武的过程。先生讲到他曾想力留武威做编剧，但因故留在了北京。先生留给凉州的，是饱含忆恋的情，是一段对凉州的礼赞。还有，那种充满文气的馨香。

2012 年 8 月，阿来来凉州时，在高温下汗流浃背，坐在车上，他却纹丝不动，那份定力与淡定，并非仅仅让人感慨。在我老家的土院，先生喝几杯水后，便提相机出门，一头扎入田野，寻常草木皆入他的眼帘，黄昏时仍不见他的身影。后在庄稼地旁寻到。先生吃饭时定要坐在伙房里的小凳上，问之，曰：这才是人间烟火。此乃先生本性。那种谦和与恬淡，一旦拥有，不成大家都难。参看先生笔下的许多有关草木的随笔，就会了解先生胸怀的博大。他的胸中装着乾坤，一路行走，一路抒说，娓娓间妙笔横绽，莲花自开。《武威五记》是先生回成都后对凉州的赐予。

格非的《凉州词》，是跨界文体。《凉州词》影古说今，写的是王之涣，说的是现代。那座凉州的两层楼，作为木石建筑，依稀中存有古凉州的式样。王之涣时代的凉州，是凉州史上令人向往的凉州。有唐一代，王维、高适、岑参等众多诗坛闪耀的明星，或过凉州，或寓居凉州。凉州的天，凉州的地，凉州的草草木木，都有大唐的宽大雍容气象。即便铁骑猎猎，仍挡不住黄钟大吕。一首凉州词，一曲边塞诗，草木欲动，神马高骏，天高地阔，人远地僻，散发的是诱人的韵致。

2013 年，于坚莅临武威。他向往的是汉唐时的凉州。作为诗人，气息的贯通，是命定的。当生活在彩云之南的诗人把步履踏到汉唐诗人驻足钟情的地方时，时空已超越了想象。在凉州城东关不起眼的土巷，于坚先生流连不已。他对现代建筑并非隔膜，他需求的是他自己需要的心灵感应元素。“凉州的灰是土黄色的。穿红衣的妇女在土垒的墙壁之间走动，很美。”这是诗人站在前朝旧物（雷台）的台上，眼望下面正在起垒的大棚墙壁，挥汗的妇女在走动的姿势。很美。这就是诗人，或者诗人的发现。寻常的物象或具象在诗人眼里美如画图。现代感一触摸历史，土色都能闪耀恢弘。

这些名家，有的生在凉州，有的来过凉州，有些是从历史中走向凉州。来过或者从未驻足，他们都给了凉州以荣光与荣耀。

（原载 2017 年 6 月 13 日《甘肃日报》）

银武威·金武威·金凉州疏解

王其英

2005 年 6 月 9 日，《武威日报》刊登苏得华先生《凉州曾为“金凉州”》一文，材料翔实，言之凿凿，作者从众多的史料特别是凉州保存的藏文经典中找到了“金凉州”的历史记载。笔者从读书中也找到了一些旁证，并根据有关资料和知识对“金”“银”作些补充疏解和说明。

甘（州）凉（州）之地，有丰富的水利资源，又有大量的生荒沃土，具有发展农业的良好基础，古人称道这里是“强兵足食之本”。两汉、隋唐都曾在这里屯田积谷，且战且耕，收到了很好的效果。安史之乱之前的开元天宝年间（713–755），甘凉地区是全国最富庶的地区之一。著名诗人元稹不无感慨地留下了“吾闻昔日西凉州，人烟扑地桑柘稠”的诗句。盛唐时期，河西、陇右三十三州，凉州最大，土沃物繁，是河西节度使的驻地，共有七城，周长 20 多里，繁华程度可想而知。河西节度使统兵 7.3 万，战马 19.4 万匹，分别占到全国总兵力的 1/7、全国现役军马的 1/4 强。当时河西地区总人口约 20 万左右，要供养大批军队和军马并支持大规模的军事行动，固然说明当时人民负担的繁重，但也从另一方面说明这个地区经济力量的雄厚。安史之乱爆发后，太监骆承休曾建议唐玄宗迁都凉州。如果没有充实的粮食保证和雄厚的经济基础，何言迁都。明代中后期，武威屯田发达，水利灌溉体系健全，绿洲农业得到了空前发展，“金武威”就产生于这一时期。

1942年，国立中央研究院西北史地考察团一行考察了西北部分地区，著名学者向达先生参加考察并有《西征小记》问世，其中说道：“武威、张掖则流水争道，阡陌纵横，林木蔚茂，俨然江南。故汉唐以来即有‘塞北江南’之称。地产米麦，又多熟荒。将来如能筑坝畜水，改用机器耕种，用力少而产量增，以其所出供给河西，足有余裕，以前有‘金张掖银武威’之谚，洵非虚语。二十七年（指为1938年——笔者注）以后，西路闭塞，于是张掖市面逐渐萧条，武威以通草地，东路货物来源较易，商业状况较好，固又有“银张掖金武威”之谣。总之，二地在河西经济上之地位极为重要”（引自《唐代长安与西域文明》河北教育出版社2001年）。这说明民国时期同样有“金武威”一说。20世纪五六十年代，武威曾流行一首歌曲，只记得开头几句:“金武威，银武威，人人夸，人人爱……”

民间对于金银的理解，今天是受了现代体育运动中金牌、银牌的影响。现代体育竞赛中“金牌”必为第一,“银牌”必为第二。另外，从金属的价值而言，黄金确实比白银珍贵，加之金又充当国际货币的一般等价物，金的地位不容动摇。

其实，古人并不这样认为。中国古代货币就质地而言，种类较多，古称“铜贝”的铜质货币起源于商代晚期，流通于战国时期，是中国最早的货币，也是世界上现存最早的金属铸币，比西方的金属铸币要早几个世纪。从汉武帝确立了铜钱的法定地位之后，相当长的一段时期，社会上通行的货币是铜钱，因此民间有“酒醉心里明，舍不得腰里四两铜”之谚。这个“铜”其实就指钱，指流通广泛的铜钱。由于“铜”是钱的代称，社会上用“铜元”“铜钱”“铜板”“铜子”“铜钞”“铜镘”“时铜”“铜子儿”俗称用铜铸造的货币；并常用“铜臭”一词讥讽过分爱钱而不重人情或唯利是图之人。同时，中国也是世界上最早铸造金币的国家之一，但金币的流通频率很低。白银作为一种应用历史悠久的贵金属，虽然它在地壳中的丰都大大高于黄金，但它的发现要晚于黄金，一度时期，白银的价值高于黄金。我国从汉朝开始使用白银作为货币，但使用频率很低，更多的时候还是铜钱为主，唐代以前基本如此。白银真正取得价值尺度的地位，是从明英宗正统年间（1436—1449年）开始的。之后，官方用白银和禄米作为官员年俸的标准单位，如清代县令每年俸银45两，禄米45斛。

世界上近代的货币体系是以白银（法定货币）为核心（中国一直延续到1935年），所以，各国设立银行，为专业经营管理货币的机构，而银行（或财政）下设金库（国库），是经营国家预算收支的机构，也是存放具体实物、货币和黄金、白银的库房。银行管金库，同时又把各类银行及其相关机构通称为金融机构。最早流入中国的外国货币也是银元，又称洋钱，如西班牙银元、墨西哥鹰洋、英国人洋、日本龙洋等；把纸币或支票（汇票）称为银票。老百姓时常把银元称为白砣子。鸦片战争以后，中国与列强签订的条约中，对赔偿都用白银作为通用的结算货币。金一般不作流通货币，使用频率很低。古书上说的赏金，其实并非黄金，大都是铜钱或银子，也有铁币。金、银、铜、铁的共同点都是金属，所以，不论是历史、文学作品，还是实际生活中，许多地方说到“金”时指的并非是金属中的“金”，可以是银，也可以是铜。古代金为黄金，银为白金，铜为赤金，铁为黑金，锡为青金，合称五金。进一步讲,“金”是金属的统称，今天我们把金属制品也称为五金制品即源于此。《史记·秦始皇本记》:“收天下兵器……铸金人十二”。其实当时铸的是铜人，或为用金属铸造的人物形象。“金”既是金属的通称，也是古代计算货币的单位，古代语言中“斤”“金”同义，可以引伸为货币、钱，如奖金、助学金、抚恤金、退休金等。“银”是作为货币流通的银子或银币，是实实在在能够流通的钱。在日常的习惯上，有“金钱”的说法，也有“银钱”的说法，古书上有时把白银和黄金合称为“银黄”，民间干脆把钱叫做“银子钱”。

从修辞学上讲，金银、金玉经常并列使用，并以对仗为工，如“金满箱，银满箱，转眼乞丐人皆谤”(《红楼梦》)；“银瓶乍破水浆迸，铁骑突出刀枪鸣”(白居易《琵琶行》)。金银、金玉在很多情况下是互文见义，即上下文各有交错省却而又相互补足，交互见义并合而完整达意。成语和古诗中这种句式很多，如“秦时明月汉时关”，实际是秦汉时期的明月秦汉时期的关隘；金枝玉叶、金革铁马、铜墙铁壁、金关银锁等都是同样的道理。其实，从互文的角度讲，说“金张掖”“银武威”与说“金武威”“银张掖”之义是完全等同的。说白了，张掖武威都是塞北江南，并没有张强武弱或武强张弱的排序。又，古代天文学和五行学说认为，凉州居西方之地，以气候寒凉而得名。西方乃金行之地，凉州当为金。但此处的凉州应指古九州中的雍州演变而来的凉州，约相当于今天的西北地区。

从以上疏解和分析看,“金武威”“银武威”的美称始于明朝，源于水利，基于经济，并一直延续不断。总之,“金”也好,“银”也好，意思是基本相同的，都说明这里自然条件优越，经济繁荣，是一方适合人类生存的富庶之地，切不可从“金”“银”的属性和体育竞赛中的名次作机械理解。根据这些资料和理解，我们完全有理由说武威是“金武威”，凉州是“金凉州”。

（选自王其英《凉州历史文化散论》）

天梯韵

杨若冰

从一条简易之极的小路进入，沿着曲曲折折的山势行去，到达那里，我并没有刻意想过更深地领悟它的容颜，只是想在这样的日子，再来看看这座山，看看山下的水。

看看山间那早已名扬天下的洞窟。天梯山石窟。

曾经去过三晋大地。彼时，在一个较之此处更负盛名的地方，云冈，我看到了太多来自家乡凉州的气息，来自天梯山的气息。同样的气息，随着早已化为灰烬的艺人们的印迹，从巴比伦，从希腊，从罗马，从印度，从波斯，从龟兹……以佛的名义，光照了一个又一个时代。我知道，有许多的人，像我一样地惊奇过，感叹过，而拂去了历史的尘埃，许多被人们所忽视、遗忘了的事实，渐渐露出真相，亦使得同样的景观，与这里相契合。

现实也好，传说也好，即便只是梦呓中创造出的神话，天梯山，在我出生的若干年前，它的名字，早已与凉州大地契合。“凉州不凉米粮川”，只因了它腹中蕴蓄的那泓碧水。“大佛爷手指磨脐山”，大慈大悲的一个举动，就使难以计数的奇迹诞生于斯。

选择了晴天丽日，远离了都市喧嚣，我又来到了这里。没有预期的目的，只能是兴之所至。置身于天梯山怀抱，人在水畔，水面上的清爽浸透了每一个细胞。安然四顾，我看到了比天光云彩更洁净的蔚蓝。我说的是，那些心无杂念，因而更寂静的蔚蓝；以及水鸟，数量不多，偶或只有一两只，品种也不繁杂，他们贴着水面，轻快地迎微风而来，掠清波而去，它们的身姿，比求爱的呢喃更轻柔，更撩人。我还看见了，在山峰与山峰之间，远远的，如小小墨点般的一只鹰，贴着天空柔软而结实的胸膛，做无言的滑翔。它，使我头顶上那仿佛梦境一般扩散的点点白云，倏忽间减缓了漂浮的速度，全部的重量，都伏在了平坦、宁静，草原般的水波上以及恍惚而飘渺的静虚之中。微风轻轻拂过，远处山坡上，叫不出名字的花草湿漉漉的，一颤，又一颤，不经意间露出了谁人才能体悟到的淡然一笑。而就在那阵风里，在远逸的白云里，那小小墨点似的鹰的翅膀，总是保持着一贯的姿态，并不因此而扑扇，甚至不曾有过半点倾斜的迹象……

是否能以短暂的生命，从自然的天梯山出发，划过悠长时空，达到彼岸——精神的天梯山？山因水而活，水因山而秀，茫茫西北高原，兼具山清水秀者何其之少？而因了一种偶然，天梯山神韵备至。四季烟水环绕，及至深处，始终是说不清道不明的那份感觉。烟波流转中，遥遥望去，石窟内的高大佛像，始终不露神色，一任天地万物在不息延伸的岁月深处滋长，泯灭。水是风景，山是风景，寒来暑往的日月鸟兽是风景，又都是如我一般的游人过客。惟有永恒的矗立，才是无言的大美，才在无所系无所依中，修炼到不露神色的境界。哪怕风啸而来，凌波而去，雾霾迫近，也惟有千百劫打磨后的平静。哦，水边的佛陀，山间的智者，多年以后，一介书生长立于此，仅仅能抵达他的脚下，但却丝毫不觉自己的渺小与脆弱。能够激起胸中的波澜的，仍然是他面对了世事纷扰时的那份定力。

说过了的，我来到天梯山，并没有想过搜寻些什么。在我想来，历史亦如这尊大佛眼里的草木，鸟兽，虫鱼，假使终将留下些许痕迹，却已与本来面目相去甚远了。就像我在远方的城市里，时或见到一些文字，名冠以史，究其本身的排列，恰是美化了的营苟！但历史会留下一些名字。譬如，在我即将离开天梯山时，留恋于那水那石，就想起了一个叫沮渠蒙逊的统治者，还想起了一个叫昙无谶的僧人……

也罢，神幻而真实的天梯山，我想写出的，依然仅仅是自然——自然的岩石，自然的洞窟，自然的水波云影，自然的水鸟，以及那只不知何时已消失了的鹰……

（原载 2014 年 3 月 20 日《甘肃日报》）

二、赋

武威赋

向 阳

余出居武威逾四载，有故友访问之。相携燕游数日，客大惊曰："昔闻武威地处西北，大野萧疏，鸡犬不闻，黄沙蔽日，戈壁旷莽；吏民御橐驼以代步，居土屋而寐炕。今视之高楼林立，通衢广陌，昼见士女如云，冠服致美，夜看雕车星流，霓虹映月；远望沃野千里，亭宇栉比，绿叶萋萋，朱实离离，灌渠纵横，河堤涌波……恍恍然江南也。"余笑曰："传言果欺人哉！武威者，古凉州也，昔为五凉京华，河西都会，襟带西蕃，雄镇丝路；通一线于广漠，控五郡之咽喉；人烟扑地，桑柘稠叠，市廛熙攘，商贾不绝。虽战尘屡起，阨灾频仍，然则文明永续，薪火相继，民心浩气，沛然不衰。更看今朝盛世华旦，日月新躔，万民踊跃，气象万千，浩浩乎发展大势已成焉！"

复引客登钟楼，倚栏而望，曰："近日所游，浮光掠影耳。若夫阜盛之况，非旦夕暴得也。凉州渊源有自，文脉绵长，请为君歌之。"

"登兹楼以追远兮，神思驰而心荡。大禹底绩都野兮，载史记以名彰。休屠初筑姑臧兮，原隰始立城邦。汉武骠骑开疆兮，名武威以犒奖。继魏晋以东渡兮，逐鹿又起五凉。凉州曲 奏紫竹兮，义沙洲又归唐。元昊王霸祀神兮，西夏碑传雄强。百塔寺商会盟兮，归一统而国昌。明清替以民国兮，惟红旗而祚长。探源流以明证兮，望祁连而浩茫。"

"既驰思以抒怀兮，宜览胜而传宣。惊天马出雷台兮，踏飞廉而行健。佐铜车以仪仗兮，犹闻华盖赫喧。冠陇右之文庙兮，扬文明于昊天。高悬匾文瞻仰兮，何煌煌而炳焕。登天梯谒大佛兮，石窟肇始斯山。施彩绘以杰构兮，越千年而蕤鲜。汉医简论阴阳兮，明辩证成渊澜。赐鸠杖恤耄耋兮，书诏令于牍片。罗什塔立祥云兮，三论宗奠震旦。汉武遗诏秺侯兮，日磾功成名贤。贾诩计定官渡兮，阿瞒赤壁悔憾。张澍辑佚钩沉兮，姓氏五书绝编。欲尽人文之胜兮，犹遗珠而蹉叹。"

"踞走廊以形胜兮，兼物华而阜安。喜祁连以积雪兮，布沃流而泽园。复提灌并治理兮，石羊河水澹澹。列车龙驰要冲兮，国道纵横流转。葡萄酒映夜光兮，香馥再闻瓜田。白牦牛传山神兮，食瑶草而珍善。游海藏兴未穷兮，下三峡在漠边。情眷眷以极目兮，四顾犹堪述宣。"

客肃然，曰："闻君之雅歌，耳目一新，兹地物华天宝，源远流长，又是观之，今日或更胜隆欤？"余奋袂而起，曰："尔乃开放肇兴，革故立新，民黎奋跃。启民智，治工业，兴农事，勤招商。南护水源，北治风沙，中建绿洲，沙海遏障。规图生态安全，治理流域繁昌；工业强市硕策，结构调整谋长。壮旺能源化工，精审布局规创；滋培食品工业，葡萄酒堡飘香；节水增收为本，农业经营初彰；市场体系渐成，现代服务兴旺；力促技能培训，拓展劳务市场；招商引资高效，项目遍及城乡；改善民生为重，构建和谐乐邦。凉州奋起强区，古都又发新光；民勤不继涸海，节水生态为纲；古浪军魂犹存，观日亭看田桑；天祝走廊门户，高原夏菜名扬。励精图治，科学发展，奋武扬威，宏业在望。果蔬堆簇飘香，谷实盈仓溢光。百姓殷富安居，市乡丰饶齐芳。看古城焕新颜，蔚然而成泱泱。于是乎承古风之遗韵，诵当世之歌章。"

客闻之欣然，遂畅饮葡萄美酒，酬和凉州词曲。时月出莲云，万里清辉，夜市华灿，归人犹游。主宾举樽酹月，祈福武威，以期来年，更上层楼。

（原载2010年7月26日《光明日报》）

武威赋

——为国庆六十周年作

车安宁

武威，威武也。西部古邑，历史久远，中华文明，一脉相传。“马齐文化”遗迹，五千春秋，依稀可辨！上溯周秦，西戎、月氏、乌孙、匈奴、羌族诸多先民，拓荒潴野泽，修筑姑臧城，发蒙畜养，渔猎而安。往事两千年，汉武挥鞭，河西决战：平边患，通西域，设四郡，屯两关。踞丝路通达，拥河西广袤，雄才伟略，疆土掖展！夫武威之胜览：东望贺兰，南倚祁连雪山；西出玉关，北敞大漠草原。居河西四郡之首，扼走廊咽喉一线。兵家用武，英豪逞雄，耀汉 武军威，因得此名焉！休屠受降，河西安定，凭一方沃土，开万顷良田。水草肥美，农牧兴旺；通货羌胡，市日四合；酒礼之会，下上通焉；吏民相亲，贤于内郡；德政宽厚，四海美名传……

三国曹丕，复置凉州。十六国乱，割据偏安。然五凉轮换，悲歌不断：前凉后凉迭起，南凉迁徙短暂，北凉西凉争雄，皆昙花一现。凉州大马，横行天下，帝王几朝，励精图治，壮志难酬，千古浩叹！呜呼，多少英雄遗恨泪，无数史家扼腕憾！惟文化绚烂，史不绝书，上承建安，下启隋唐，独耀中华文献！

唐有天下，大凉归焉。丝路重镇，生机复现。远眺大漠孤烟，长河落日圆；近看车马交错，歌吹纵横酣。边陲富饶不逊中原繁华，凉州词曲辉映大唐诗篇！葡萄美酒，传千古绝唱；十万灯火，扬当世文坛；凉州霓裳，展乐舞绝伎；武威攻鼓，现沙场豪健。鸠摩罗什塔寺，高僧诵经遏云；天梯洞窟巨佛，僧俗膜拜如流。弘化公主秉义和亲；词赋大家，高蹈酬唱。书城不夜，扑地人烟；瀚海扬波，桑柘稠繁。翁妪恬然，淑女高鬟；官吏奉则，百姓惟善。胡人半解琵琶弹，敢问何似长安？

西夏兴，西凉辅，党项巧匠铸活字，官窑瓷器出塔湾。西夏碑文谁解千古谜谶？百塔蕃书，见证元藏会谈。至明清，丝路出海，边城滞缓。然民风依旧，酒香怡然，贤孝歌悲，社火嬉欢，文庙祭孔，香火不断……

壮哉，武威！随国运张弛，几度雄起衰败。朝代更迭，狼烟与炊烟交幻；世间沧桑，长城与古城依然。中西文化，交融相汇；宗教多彩，西进东渐；商贾云集，八方聚散；中原移民，屯垦戍边。开一片天地，传千秋佳话；留一城文物，存万古镜鉴。武威尚武，文风鼎盛；凉州不凉，米粮满川……

历史名城，流长源远。铜车马阵、鸠杖汉简、天梯群窟、文庙书匾，六博俑、白马作、铜牦牛、木缘塔，皆中华宝柬；尹娘皇台、大云钟楼、罗什舌塔、海藏隐寺、亥母佛洞、雷台道观、祖师高宫、天堂寺院……谁道一朝能建？更张骞使才、去病武略、苏武气节、贾诩谋略、阴铿五律、玄奘宏志、李益七绝、志满功德、章嘉睿智、少穆手楷……流芳百世，际会因缘；张澍、牛鉴、张美如、李于锴等进士举子数百，乃一代风流名士，行迹九州，名垂史编……

几千年时光，过眼云烟；六十载复兴，再现风范！今日武威，高厦林立，广场阔宽；绿茵有致，街衢井然。马踏飞燕，为中国旅游标志；孔圣文庙，乃陇右学宫之冠。胜景棋布，游人如织；商肆匾额，文采斐然；街头妇幼，笑靥灿烂；晨操晚练，彩装竞艳；霓虹争辉， 华灯璀璨，夜市攘攘，行客翩翩……

美哉，武威！晨曦初露，朝霞伴天马齐飞；绿洲与荒漠如染。平畴沃野，碧绿无边；百镇新村，红瓦连天；玉米飘香，金盏花艳。万亩日光棚，四季鲜蔬春光乱；千顷葡萄架，一地翡翠玉珠闪。民勤蜜瓜、古浪杂粮，凉州熏醋香，天祝牦牛白。葡萄酒、人参果、双孢菇，皆绿色珍品。红椒黄瓜绿菜，销海内域外……石羊河治理，天下瞩目，总理关怀，成效初见；强市战略，工业为先，科技引领，创新发展……

盛哉，武威！乌鞘雪岭，隧道洞开。国道高速，漫漫丝路新拓；铁路复线，欧亚大陆桥宽。戈壁旷滩，阳光聚焦，炼硅兼发电；沙漠边缘，风车列阵，创造新能源！大漠如浪，赛车旋风起，农家似锦，紫斑牡丹妍；和谐社会，科学发展。秋高时节，酒香瓜甜，城门楼台观明月，谁不思乡？武威人走南闯北数十万，八方客来此创业知几千？

幸哉，武威！神州一隅，古城又聚新彦。书法遒劲，诗词续写长卷；民风淳厚，改革再赋佳篇。三十八民族，携手比肩；两百万民众，再铸辉煌！与祖国同命运，与天下共婵娟！

（原载 2014 年 10 月 14 日《甘肃日报》）

凉州葡萄诗酒赋

杨才年

西戎游牧，拓一方锦绣；汉武开疆，酿千古风流。于是，古道走廊，葡萄枝蔓千年；西凉故土， 诗酒飘香万里。沃野风畅，广漠日照，祁连雪霁，石羊水急；绿洲绵延，人烟扑地，商侣往来， 酒客云集。人间乐土，葡萄玲珑，浊醪妙理，诗酒芬馨。

夫凉州葡萄，得自西域而植于凉州，酿以成酒而传之中原。与天马兮俱来，随苜蓿兮皆郁。覆荫百里，翠帘千重，串串骊珠，累累烁目。凉州葡萄酒，集天地之灵气，聚葡萄之精华，其色澄明，其味芳馨，饮之甘冽，品之厚醇；衔杯漱醪，举樽纵情；醉而易醒，酣之尽兴。对此豪杰把盏而传奇，尊者举觞而轶闻；乃有文魁酌酒而抒怀，诗仙品醪而流韵。

凉州葡萄酒，盛名起于两汉，美誉溢乎魏晋。诗酒联姻，相映成辉，肇端于初唐，奠业于盛唐。涵酝芳馨，与声律兮共欣；凝合玉液，同诗赋兮齐芳。昔穆天子西征，赤乌氏献 美酒千觚，博望候东归，姑臧人酿葡萄万觞。孟佗以酒换刺史，留笑柄于千古，曹丕颁诏赞美酿，播盛名于四方。梦随骖驾觞凉州，玄宗置酒铁如意；笑看君王酌葡萄，太真晕妆霓裳舞。高歌一曲《凉州词》，壮大唐将士之声威；醉吟三首《清平调》，入梨园子弟之丝竹。帐下饮蒲萄，铁马嘶云；沙场弹琵琶，剑锋酣歌。达夫一醉，泛舟灵云池；嘉州斗酒，倒载尹台寺。城头月出，相逢须醉；玉壶泻浆，乐舞衬悲。抛下葡萄盏，胡儿醉却胡腾舞；醉观西凉伎，卓女当垆伴客恣。胡人善吹觱篥歌，美酒一杯声一曲；边关常吟塞下曲，孤城一片酒万斛。侠客擎盅，饮天山兮不倒；诗人爽咏，品丝路兮悠长。汉魏风骨，浸入醍醐；大唐气象，飞出诗撒。凉州佳酿，香飘广寒；塞上豪情，充斥纸翰。

西夏据凉州，葡萄价重；中国嬗两宋，醽渌弥珍。葡萄不邻，千金难酬。笑凉州之葡萄，东坡铺赋；感斗酒之无价，剑南觞咏。狄台醉眠，风月凄然；葡萄滴血，吹断羌管。醴甘如饴而叹凉州若天外，余沥不到则嗟葡萄似汉江。迄于元代，凉州美酒衰而又兴；至于明清，葡萄佳酿盛而延续。葡萄新酿，瓮封香透，如扫愁帚，似钓诗钩，又引风月三千首。大好红醪，依然醉人，诗酒相映，仍旧生辉。对樽怀古，雄心一片；横吹新曲，高调五凉！

诗酒文化，随国兴而畅，逢时盛则醇，运败则滞，代衰则敝。一壶美酒，浓缩五凉古都之浩繁历史；千首觞咏，荡漾西部民族之兴衰时运。

悠悠乎千古酒香，陶陶然万种诗情。唐情宋意，独钟情于葡萄酒；酒兴丽辞，盖炫耀在凉州词。酒圣雅士，流觞曲水，觞屡至而不拒；诗豪文擘，信意高吟，诗欲成而起舞。帐中将帅，豪兴畅逸，醉里挑灯看剑；边关武臣，剑吟觞咏，塞上赏将犒士。丹青高手，焦墨皴藤，微醺以挥毫写意；翰墨名家，醉酒狂书，胸酣而落墨纵笔。情痴歌伎，流情纵臆，浅斟低唱抚琴瑟；俊彦优伶，饮酒献艺，以醉解愁吹羌笛。豪富巨贾，推杯举盏以遣兴；名贤达贵，迎来送往而酬酢。高朋胜友，狂侃雄辩，究壶中之乾坤；至亲袍泽，叙情话谊，亮杯底之明月。文人对樽唱清歌，红颜纵酒舞云裳。胡姬当垆笑春风，酒客倾壶醉沧桑。智子酌则盈才情，武夫饮而长胆气；将士酣而卧沙场，诗人醉而赋华章。过客倾镶质宝刀，饮者置酒典鹔鹴。雅兴倏至诗作酒，豪情一去醉当歌；胆气忽来跨天马，酒兴骤起挥利剑。笔端醉墨，只将诗思入凉州；剑锋酣情，敢教一箭定天山。琴里新声，尽让酒肠堆红醪；颊上红晕，但使年华醉葡萄。诗情激越，如奏黄钟大吕；酒意醇正，似仰高山流水。

对酒吟诗千行，当歌人生几何？美酒飘香，沁人心脾；诗意飞扬，令人神怡。天地有灵，山舞水吟；岁月无涯，情醉神驰。酒以纵情，醉舞狂歌王侯轻；诗以言志，挥毫泼墨凉州重。酒以成诗，诗薮词苑飘酒香；诗以助酒，垆头酒肆悬丽词。诗意昂然，讴歌琥珀之泽；酒兴酣畅，赋诗杯盏之事。酒醉诗情，诗借酒神采飞扬；诗美酒醉，酒借诗雅情飘逸。诗乃水中酒，酒即文中诗。千古绝句，无伊怎显英雄气；万世华章，缺尔岂能异彩放。酒席歌筵，诗才同酒香一起流光溢彩，同醉天地；诗国醉乡，翰墨共醍醐千古飘香逸情，尽抒胸意！煮酒赋诗颂人生，岂酒史之瑰丽奇光；醉舞狂歌话凉州，亦诗坛之醇美韵事。

方今凉州葡萄酒，回沐于历史遗韵，闻名于丝路走廊。远呈葡萄之甘美，重鉴凉州之欣荣。凉州不凉，醉乡意酣；酒海不干，诗才难量。酒予诗思，诗助酒名；冰杯勿停，熏风解酲。葛地绵绵，酒业方兴而未艾；诗国悠悠，才情渐浓而正涨。放眼凉州大地，葡萄逶迤，酒坊林立，一带流霞，千轴图画，醉何以在酒？漫品葡萄美酒，文质兼备，品牌相映，千家风味，万种情调，酒何不是诗？有悟于兹，于品醪之时，微醺之后，不揣浅陋，拾韵遗兴，聊发凉州葡萄诗酒相生相长之愿。

（原载 2007 年 6 月 29 日《武威日报》）

南城门楼记

宋振林

古往今来，凡人文荟萃之地，屡见名楼。今欣看丝路重镇、五凉古都，要津之地，重建一座气势不凡、独具风韵的仿古城楼，名曰南城门楼。

观其楼，古朴典雅，雕栏飞檐，青瓦红柱，伟岸肃穆，雄立于古城门户。楼前广场图腾柱高耸，凉州八景壮丽秀美，中华古鼎摄人心魄，泮池月坛古香古色，彰显出古城精要。

登其楼，拾级而上，如攀山，如登梯，凌顶远眺，四面来风。晴日，蓝天浩瀚，可展青云之志；祁连绵长，可抒创业之怀。至夜，皓月当空，群声和鸣，弹唱生活之新韵，歌咏未来之壮美。

入其楼，凝眸环顾，感概万千，把酒临风，兴余无限。如振翅行空，思接千里。虽楼堂天地有限，然则，下观书画佳作，上赏民俗风情，仰望星河灿烂，俯视古城新景。真可谓月夜登楼，楼聚文气，山河斑斓，不夜之天，招来雅士放歌吟颂。

每忆古楼往昔，经千年风雨，历数代磨难，虽屡蒙不测，只余残墙断垣。但今逢盛世，国开新元，民族振兴，修楼复景，宏丽壮观。可谓花开花落，不减春秋景色；月缺月盈，自有千古光华。嗟乎，楼不在高，在于得地之灵；楼不在古，在于文气之浓；楼不在名，在于得民之心。

（原载 2011 年 9 月 19 日《武威日报》）

三、诗歌

武威感事

光未然

喜过乌鞘岭，来访武威城。
雷台献钜宝，西夏有奇文。
马踏云雀舞，目迷兵车行。
丝路倾才智，今人赛古人。

（1991 年 8 月来武威时作）

文庙揽胜

牛兆虎

陇右学宫何处寻？晋参孔庙武威城。
尊经阁宝传文道，西夏碑文负盛名。
至圣殿前行教像，状元桥畔读书声。
长江后浪推前浪，奠念宗师继学风。

（原载《甘肃诗词》2016 年第 2 期）

沁园春·武威吟

李保仓

汉武开边，五凉更替，设郡置州。乃边陲重镇，河西都会，陇原门户，丝路咽喉。天马西来，鸠摩东去，白塔和盟千载讴。君知否，昔阴铿李益，一度风流。　名城再展宏猷。君不见，雄姿起绿洲。有高楼林立，园区棋布，通衢大道，连接村头。生态移民，治沙节水，青土湖边草木稠。最骄傲，数葡萄美酒，名冠神州。

（原载 2016 年《天马诗刊·冬至卷》）

凉州葡萄酒

张永钟

葡萄美酒伊凉曲，马上琵琶出塞诗。
丝路临岐休折柳，倾杯话别最相宜。

（选自《张永钟诗词稿》）

武威天梯山独步

伯凤麟

雪覆天梯百代延，传闻步顶即成仙。
平生但愿人间好，年迈未贪仙界安。
几缕丹霞横碧汉，一轮红日上平原。
心收静里觅真乐，眼放长空览大千。

（选自《中华诗人大辞典》）

鹧鸪天·石羊河

刘勤学

绿柳黄沙满眼收，满河春水漠中流。潮寒难冻千重浪，马跃征程蹄未休。
风渐软，雨微稠，荒坡着意化青丘。漫随青土烟波里，云影天光鸣数鸥。

（原载《中华诗词》2012 年第 7 期）

石羊河流域治理

周积祯

奔出群山步未停，一溪残月伴青冥。
长渠有路飞身去，大野无言侧耳聆。
僻地平芜风寂寞，新花老树雨零丁。
年年如是年年是，定叫黄沙起绿菁。

（原载《中华诗词》2012年第7期）

海藏湖秀

张柏年

一弯湖水一条河，风送轻舟鸟作波。
敢问虹桥情几许？新歌更比老歌多。

（原载《中华诗词》2012年第2期）

渔家傲

石新中

鹤发谷水洗荣辱，窟寺塔碑纷诉古。边将骚客说细柳。葡萄酒，青锋宝马美女质。　　日映朝霞破晓雾，月照九畹诗画图。天阔气旺图锐进。聚茶艺，流光溢彩奏小曲。

（选自《石新中诗词选》）

渔家傲·奔马

武建东

怒目扬鬃筋骨异，竹批双耳腾空至，风入四蹄随势起。千万里，驱驰天地如添翅。　　应惜曾经征战事？奋然一跃谁堪比？自古威名知不易。拼一死，沙场恨洒将军泪。

（原载《中华诗词》2014 年第 2 期）

千秋岁·鸠摩罗什寺塔

白　明

扶摇溢彩，倒影梦，突立九重蓬屋。举世高擎三万里，云缠玲珑青玉。红映经墙，生莲四照，塔顶开悬目。凉城花雨，苑中萦绕鼓曲。　　半倚幻觉僧窗，斜阳催近，文峰奇才筑。满寺雕栏 香满路，千树啼乌衔烛。雄蔚浮图，梯空澄碧，烟柳祁连绿。心山延伫，雁声惟向西逐。

（选自《中华诗词十五年年鉴》）

七律·凉州葡萄酒

姚　锐

凉州自古出葡萄，酬客时髦最为高。
文帝诏书无敌匹，孟佗斛酒牧官豪。
王翰醉卧吟佳句，苏轼不俟送美醪。
誉至名城百尺进，超今越古众人褒。

（原载《中华诗词》2013 年第 2 期）

浣溪沙·今日凉州

朱晓华

雄立城头沐艳阳，图腾石柱镇西凉。诗文镌刻诉辉煌。
文化广场飞骏马，花园楼宇遍城乡。商潮如海富家邦。

（选自朱晓华诗集《丹河流韵》）

五律·天梯山下

陆修远

盈眸阔佳境，峰转碧云天。
褐树阴轻雪，黄畦分沃田。
携夫妻责醉，啄草鸟悠眠。
村舍冬阳好，牛掀一斗烟。

（原载《中华诗词》2016 年第 4 期）

怀想

叶　舟

那时候　月亮还朴素　像一块
古老的银子　不吭不响　静待黄昏

那时候的野兽　还有牙齿　微小的
暴力　只用于守住疆土　丰衣足食

那时候　天空麇集了凤凰和鲲鹏
让书生们泪流不止　写光了世上的纸

那时候的大地 只长一种香草
名曰君子 有的人入史 有的凋零

那时候 铁马秋风 河西一带的
炊烟饱满 仿如一匹广阔的丝绸

那时候的汉家宫阙 少年刘彻
白衣胜雪 刚刚打开了一卷羊皮地图

那时候 黄河安澜 却也白发三千
一匹伺伏的鲸鱼 用脊梁拱起了祁连

那时候还有关公与秦琼 亦有忠义
和然诺 事了拂衣去 一般不露痕迹

那时候 没有磨石 刀子一直闪光
拳头上可站人 胳膊上能跑马

那时候的路不长 足够走完一生
谁摸见了地平线 谁就在春天称王

（选自《叶舟诗选》）

甘肃老家

杨玉鹏

门前的黄河水啊
洗过那光脚丫
屋后的胡杨林啊
玩过过家家
水车转了千年
依旧吱呀呀
就像爷爷讲的故事
不会停下
甘肃老家啊
我的甘肃老家
平平凡凡的日子
总有那牵牵挂挂

想你的心瘦成了
祁连的月牙
梦里百次
又回到大漠里安家

院子里还呀是啊
摆着那盖碗茶
院子外还开着那
满墙的牵牛花
麦子熟了盛夏
庄稼再一茬
就像奶奶纳的鞋底
密密麻麻
甘肃老家啊
我的甘肃老家
山山水水的归程
再没有坑坑洼洼
心里的话
说给了飞天的琵琶
再出阳关奏一曲
朋友遍天下
甘肃老家啊
我的甘肃老家
山山水水的归程
再没有坑坑洼洼
心里的话
说给了飞天的琵琶
再出阳关奏一曲
朋友遍天下
啊我的甘肃老家

(2013 年获"西风烈·绚丽甘肃"原创歌曲征集评选演唱活动金奖)

祁连山山居

谢荣胜

清晨，鸟鸣敲醒木窗
雪水河一遍遍清洗身体和日子

修一座寺院，只一个人
钟声在湿润翠绿中拨不出双脚

劈松木柴，一刀，一刀，一刀
用去一整个黄昏落日火炉
熬煮 瓦罐 雪水 野菊花茶
月亮的勺子，慢慢调匀

枪杆河弹拨山谷马头琴弦
点燃牛粪取暖
放牧袅袅炊烟

（原载 2014 年 12 月 4 日《甘肃日报》）

北纬 38 度

李林山

1
北纬 38 度　葡萄妖冶的眉毛
葡萄的心思
在凉州的臼齿里
2
北纬 38 度　眨巴着眼睛
只要有凉州　大唐就没鱼尾纹
3
沉醉的凉州　月风筝
被一串驼铃牵着跑
缠挂在北纬 38 度的枝上
至今取不下
4
北纬 38 度啊　大唐喷香的葡萄干
虽然水分被刀光阴干
但果实内还窖着千把琵琶　万只羌笛
谁咀嚼了　谁的味蕾就结冰
5
我的千层布鞋底

北纬 38 度漂流的航船
好望角　它在我的舌尖

6

北纬 38 度　它住在夜光杯里
搁在大唐的橱窗
就近可踩的高凳　正是凉州

也许　我不过是一滴掺假的酒
是吃完葡萄准备要吐的皮
可我　绝对是诱你上凳子的

（原载《绿风》2012 年第 5 期）

编纂始末

凉州区第一部新方志《武威市志》修编始于1989年，于1998年出版。2005年，根据中国地方志指导小组统一部署，省、市、县（区）启动二轮志书的编修工作。2006年，区委、区政府决定编纂《凉州区志（1990—2009）》。区志办在充分调查研究的基础上，制定了《凉州区志》的编纂方案，并拟定篇目结构。7月，凉州区人民政府办公室下发《关于做好第二轮修志工作的安排意见》(凉政办发〔2006〕151号)《凉州区志（1990—2010）编纂方案》(凉政办发〔2006〕152号)，并调整凉州区志编纂委员会，向全区37个乡镇、7个街道办事处、2个生态指挥部、75个区直部门、4个工业园区和企业，以及28个中央、省、市驻凉单位，征集1990年至2009年20年度的有关资料。2007年1月，全区二轮修志工作会议召开，随后各乡镇、各部门和中央、省、市驻凉企事业单位按照会议要求相继成立修志小组，正式启动了编纂工作。各承编单位高度重视，确定专人整理资料，积极配合编纂工作，完成了资料征集任务。

区志办根据编纂人员的特点和志书篇目结构，采取定时间、定任务，分篇负责，责任到人的措施，通过查阅档案，翻阅历史文献和相关方志、正史，邮寄信函、调查访问等方式收集资料，于2013年形成资料长编。2014—2016年，为了丰富志书内容，完善志书结构，提高志书质量，区志办又制定了相应的工作计划，采取列出条目、摸清底数、提供参考样本、上门对接、面对面交流的工作方法，在继续征集所缺资料的同时，重点指导了交通、金融、通信、石油、烟草、盐务、医院、学校、企业和中央、省、市驻凉企事业单位的编纂资料，重点征集了荣华、青啤、达利、莫高、威龙等大型骨干企业及四大工业园区的编纂资料，重点核实了组织、项目、税务、财政、工商、教育、卫生、计生、公安等志书内容数据的准确性，进一步提高了志书的质量。之后，志书进入总纂审核阶段，通过不断完善总纂方案和调整框架结构，以及审、校、改相结合的形式，严肃认真核实修改。同时聘请市区内专家学者分编进行编辑和修改。经过多方努力，最终编纂完成了《凉州区志》评审稿。根据《甘肃省地方志书审定出版的暂行规定》，对《凉州区志》进行了“三审一评”（初审、复审、终审、专家评议）。

2016年12月，武威市地方志办公室批复凉州区人民政府，同意通过终审。为打造精品佳志，区志办再次组织专家学者进行全面的审阅和修改，并多次召开座谈会，听取修改意见建议。2017年7月，凉州区志编纂委员会召开工作会议，讨论审定修改意见，安排部署修改核对工作。会后，区志办认真落实会议精神和市地方志办公室终审会议修改意见，突出凉州特色，重新编排设计了区志彩页；委托省测绘局制作《凉州区地图》《凉州区街区图》；进一步修订了凡例，重新编纂了大事记、概述、人物、机构沿革、工业经济、文物保护单位等内容，补充党组织建设、企业改革、招商引资、非物质文化遗产保护等资料。对需要核对和补充的材料，列出清单，一一发函，要求各业务单位核对和补充；对收录的人物资料逐一核对，确保准确无误；对所有数据，对照历年统计资料，逐个核实计算。据统计，重新编纂和补充资料20余万字。同时，按出版程序和规定，将志稿提交方志出版社进行审查，并将有关内容反馈有关单位再次征求意见建议。在反复修改后，2018年7月，市志办组织各县志办主任和相关业务人员对《凉州区志》再次进行审查。9月，凉州区志编纂委员会召开工作会议，对《凉州区志》讨论审定，要求尽快印刷出版。

在编纂过程中，严格遵循国务院《地方志工作条例》和《甘肃省地方志工作规定》，坚持地方志编纂的基本原则，坚持地方志姓党的原则，坚持实事求是的原则，坚持适当适度的原则，为编纂精品佳志奠定坚实基础。在突出历史特色、地方特色的同时，着力突出时代特色，把改革、发展作为突出时代特色的一条红线贯穿全书、贯穿始终，努力使全书有思想、有精神、有灵魂。在行文方面力求简洁、朴实、严谨，尽量避免华丽的辞藻、溢美的言辞。记人记事寓褒贬于叙事之中，不做画蛇添足的评论。图表设计力求规范，尽可能实现图文并茂、相得益彰，体现志书视角美与资料性的统一。人物篇部分严格按照凡例规定的标准收录。

《凉州区志》共20编，79章，392节，由序、凡例、概述、大事记、正文、附录组成，全书140多万字，照片290幅，地图2幅。各编的编纂工作自2008年开始后由区志办工作人员和抽调人员李占胜、李旭明、刘鸿祖等担任，2015—2016年由陈开雄、杨发青、张积品、齐作峰、顾元泉、白明等编纂修改，2017年后由办公室工作人员和抽调的丁皎年、尚梅、崔金龙、田峰毓等编纂修改和校对。宋振林、王其英、刘多庆、程对山、丁皎年、刘开柱、魏建荣、杨才年等参与了全书的修订统稿工作。照片由刘忠、胡林山、姜爱平、胡斌、袁志强、姚锐、张国瑜等拍摄提供。

本志从编纂启动至付梓问世，始终得到区委、区政府的高度重视。历届领导对编纂工作倾注了大量的心血，在区志编纂过程中，及时主持召开区志编纂会议，协调解决编纂困难，督查区志资料收集工作，亲自审阅志稿，特别是在志书编写、审定等具体环节中给予及时指导和支持。正是因为历届领导的高度重视、各单位的通力配合、全社会的大力支持，这部区志才能完成编纂工作，并保证了编纂的质量。

一部志书的诞生，离不开社会各界的理解、支持和帮助，更离不开一批热爱家乡、热爱地方志事业的修志工作者辛劳努力，正是他们精心谋篇、反复推敲、苦心鏖战，才形成了140多万字的文献著作，字里行间里浸透着他们的心血和汗水。编纂过程中得到了省史志办副主任钱旭，省史志办县志指导处处长贺红梅、副处长陈谦，武威市地方志办公室历任领导罗文擘、张全生、刘开柱等的精心指导，得到了民勤、古浪、天祝县地方志办公室的大力支持和热心协助，使编纂工作顺利进行。在此向所有关心和支持编纂工作的领导和同志表示衷心的感谢！

编史之难，莫过于撰志。一部志书的编纂成功，是集体智慧的结晶，是数十人甚至数百人共同努力的结果。作为志书编纂主管部门，面对上级领导及众多专家学者的不同见解和要求，虚心听取，认真对待，求同存异，从善如流，在合理吸纳众家之长前提下，不断完善编纂思路，形成特有的志书风格。

在人物收集上，有不少符合入志条件的人物，因无法征集到相关资料，未能被本志收录，甚为遗憾，对此深表歉意！

编修工作历时10载，终于众手成志，统稿成书，其中酸甜苦辣，很难用语言表达，愈到出版之日，愈感修志之难，唯恐收录之未全，记述之欠妥，校核之未精，缺点和疏漏定然不少，唯愿专家学者、方志界同仁和广大读者给予批评指正。

凉州区区志编纂委员会办公室

2019年4月

索　引

D

H

J

M

N

P

Q

R

S

T

W

X

Y

Z

出版说明

根据国务院办公厅颁发的《全国地方志事业发展规划纲要（2015—2020 年）》规定，到 2020 年必须全面完成第二轮地方志书规划任务。为确保这一目标顺利实现，针对当前部分民族地区与贫困地区志书出版经费困难的情况，在中国地方志指导小组组长王伟光、常务副组长李培林的亲自倡议和领导下，自 2015 年 8 月起中国地方志指导小组办公室启动民族地区与贫困地区志书出版资助工程，对经国务院扶贫开发领导小组办公室认定的国家级贫困县（区、旗、县级市），中西部地区、少数民族边疆地区、经济欠发达地区存在出版经费困难的省市县三级综合志书进行出版资助。

民族地区与贫困地区志书出版资助工程既是地方志系统的政治工程，又是全国地方志事业协调发展的促进工程，对于推进第二轮地方志书规划任务按期完成，实现地方志事业区域发展平衡，促进民族地区与贫困地区基础文化建设，具有重要的政治意义和文化意义。2016 年 4 月，该工程入选国家新闻出版广电总局实施的“十三五”国家重点图书、音像、电子出版物出版规划项目。

本书经民族地区与贫困地区志书出版资助工程领导小组批准，入选民族地区与贫困地区志书出版资助工程。

民族地区与贫困地区志书出版

资助工程领导小组办公室

2015 年 9 月